रघुवीर सहाय रचनावली-6

[विश्वसाहित्य से नाटक, उपन्यास और कहानियों के अनुवाद]

रघुवीर सहाय रचनावली

6

दूसरों के घर में

[विश्वसाहित्य से नाटक, उपन्यास और कहानियों के अनुवाद]

संपादक

सुरेश शर्मा

राजकमल प्रकाशन
नयी दिल्ली पटना

ISBN : 978-81-267-2434-5 (सम्पूर्ण सेट)

मूल्य : ₹ 2100
छः खंडों का सम्पूर्ण सेट

पहला पेपरबैक संस्करण : 2013

प्रकाशक : राजकमल प्रकाशन प्रा. लि.
1-बी, नेताजी सुभाष मार्ग
नई दिल्ली-110 002

शाखाएँ : अशोक राजपथ, साइंस कॉलेज के सामने, पटना-800 006
पहली मंजिल, दरबारी बिल्डिंग, महात्मा गांधी मार्ग, इलाहाबाद-211 001

वेबसाइट : www.rajkamalprakashan.com
ई-मेल : info@rajkamalprakashan.com

आवरण : चाँद चौधरी

मुद्रक : बी.के. ऑफसेट
नवीन शाहदरा, दिल्ली-110 032

RAGHUVIR SAHAY RACHANAWALI-6
Edited by Suresh Sharma

काव्य पाठ का मंचन अर्थात् 'कविता आवृत्ति' : 1977

सुरेश शर्मा के साथ : एक समय था
फोटो : वसंत सहाय

**फिल्म 'तरंग' के गीत की रिकार्डिंग के मौके पर
लता मंगेशकर के साथ : रिहर्सल में परामर्श**

लखनऊ का स्कूल, जहाँ रघुवीर सहाय ने आरंभिक पढ़ाई की। पिता हरदेव सहाय यहाँ शिक्षक थे।
फोटो : सुरेश शर्मा

लखनऊ के माडेल मुहल्ला का पैतृक मक।न, जहाँ रघुवीर सहाय का जन्म हुआ।
फोटो : सुरेश शर्मा

जीवन के अंतिम वर्षों में रघुवीर सहाय
फोटो : एस. के. शर्मा

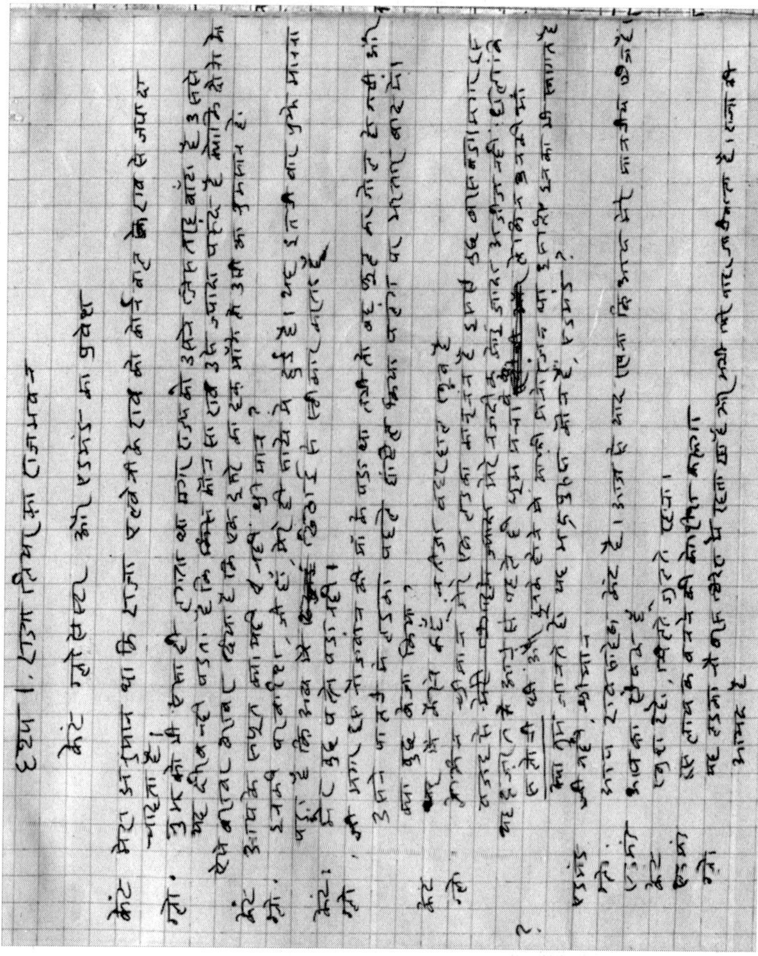

रघुवीर सहाय की लिखावट में शेक्सपियर के नाटक 'किंगलियर' के अनुवाद का एक अंश।

दूसरों के घर में

रचनावली के छठे खंड में रघुवीर सहाय द्वारा अनूदित विश्वसाहित्य के अनुवाद संकलित हैं। इस खंड का आकार बढ़ जाने के कारण सहाय जी द्वारा अनूदित कविताएँ दूसरे खंड में स्थानांतरित कर दी गई हैं। छठे खंड में नाटकों, उपन्यासों तथा कहानियों के अनुवाद हैं। परिशिष्ट के अंतर्गत कुछ पत्र तथा सहाय जी के व्यक्तित्व के बारे में मेरी एक टिप्पणी है। अंत में उनकी जिंदगी के अंतिम दिन की दिनचर्या भी दी गई है।

नाटक से सहाय जी का लगाव जीवन के आरंभिक वर्षों से ही था। शुरू में वे 'इप्टा' से जुड़े थे। पाँचवें दशक के अंतिम दो-तीन वर्षों में उन्होंने अनेक रेडियो नाटक लिखे। बाद में भी समय-समय पर यह सिलसिला जारी रहा। 'अँधेरा' (1948), 'मन की बात' (1951) तथा 'सुख के लिए' (1951) उनके चर्चित रेडियो नाटक हैं। 1958 में उन्होंने एशिया थिएटर इंस्टीट्यूट (आजकल नेशनल स्कूल ऑफ ड्रामा) में रिसर्च ऑफिसर के रूप में विदेशी नाट्य विशेषज्ञों और भारतीय छात्रों के साथ काम भी किया था। 1971 में 'दिनमान' के लगातार तीन अंकों में उन्होंने 'नटकही' लिखी थी। उन्होंने प्रेमचंद की दो कहानियों 'नैराश्य' और 'सुभागी' पर बनी टी.वी. फिल्म के लिए क्रमशः 1980 और '84 में पटकथा और संवाद भी लिखे थे।

नाटकों में उनकी यह अभिरुचि बाद के दिनों में ज्यादातर विश्व के अच्छे नाटकों के अनुवाद के रूप में व्यक्त हुई। उन्होंने अनेक श्रेष्ठ नाटकों का अनुवाद किया। उनके द्वारा किए गए शेक्सपियर के नाटकों के अनुवाद काफी चर्चित रहे। सहाय जी ने शेक्सपियर के नाटकों का अनुवाद सिर्फ कथानक बताने और पाठकों को साहित्यिक आस्वाद देने के लिए नहीं किया बल्कि रंगमंच की आवश्यकता के अनुरूप हिंदी में शेक्सपियर का पुनःसर्जन किया। यह कोशिश हिंदी साहित्य के इतिहास में सिर्फ भारतेन्दु ने की थी। अन्य अनेक शुरुआतों की तरह हिंदी में शेक्सपियर के अनुवाद का आरंभ भारतेन्दु ने ही किया। उन्होंने शेक्सपियर के 'दॅ मर्चेंट ऑफ वेनिस' का अधूरा अनुवाद 'दुर्लभ बंधु' शीर्षक से किया था। यह पहली बार संवत् 1937 की 'हरिश्चंद्र चंद्रिका' और 'मोहन चंद्रिका' में प्रकाशित हुआ था। भारतेन्दु के अधूरे अनुवाद को बाद में पं. रामशंकर व्यास और बाबू राधाकृष्ण दास ने पूरा करके प्रकाशित कराया था। शेक्सपियर के हिंदी अनुवादों में आज भी भारतेन्दु का अनुवाद सर्वश्रेष्ठ है। उन्होंने शेक्सपियर का अनुवाद जस का तस नहीं किया। उन्होंने नाट्यपाठ यथासंभव 'भारतीयकरण' करके प्रस्तुत किया ताकि दर्शकों को वह अपने ही परिवेश की कहानी लगे और उनका सहज साधारणीकरण हो। भारतेन्दु ने 'दॅ मर्चेंट ऑफ वेनिस' में वेनिस का बंशपुर कर दिया है। नाटक के प्रमुख पात्र एंटोनियों का नाम अनंत है। उसके दोस्त सोलेनियो और सेलेरियो भारतेन्दु के नाटक में क्रमशः 'सलोने' और 'सरल' हो गए हैं। अनुवाद की भाषा बोलचाल की है। भारतेन्दु का अनुवाद प्रकाशित होने के लगभग 24 साल बाद 1913-14 में पंडित गंगाप्रसाद उपाध्याय ने शेक्सपियर के कथानक का छह भागों में पुनर्लेखन किया। इसे इंडियन प्रेस प्रयाग ने प्रकाशित किया था। उपाध्याय जी प्रेमचंद के सहपाठी थे। दोनों इलाहाबाद ट्रेनिंग कॉलेज में एकसाथ पढ़े थे। जब प्रेमचंद उर्दू में लिखते थे तो उनकी अनेक कहानियाँ सबसे पहले गंगाप्रसाद उपाध्याय ने उर्दू से अनूदित करके हिंदी में छपाई थीं। उपाध्याय जी ने एक प्रकार से पहली बार शेक्सपियर के नाटकों से हिंदी संसार

को परिचित कराया। उनके बाद सीताराम, बी.ए. रांगेय राघव, धर्मपाल शास्त्री और हरिवंशराय बच्चन ने शेक्सपियर के उल्लेखनीय अनुवाद किए। अभी पाँच साल पहले 1994 में डॉक्टर जी.एन. शर्मा का शेक्सपियर कथा समग्र प्रकाशित हुआ है। इसमें शेक्सपियर के सभी 37 नाटकों का कथानक दिया गया है। शेक्सपियर के अनुवाद की परंपरा में यह नवीनतम प्रयास है। लेकिन इनमें सहाय जी का प्रयास सबसे हटकर है। उन्होंने नाट्य प्रस्तुति को आधार बनाकर अनुवाद किए हैं। ये अनुवाद गद्य में नहीं हैं बल्कि शेक्सपियर की मौलिक नाट्य संरचना के अनुरूप काव्यानुवाद हैं। अपने समय के चार सौ साल बाद शेक्सपियर की प्रासंगिकता इसलिए बनी हुई है क्योंकि वे मानव मन की मूल भावनाओं और संवेदनाओं के सर्वश्रेष्ठ चितेरे हैं। मानव जीवन के आत्यंतिक हर्ष और विषाद को उन्होंने अपनी अद्वितीय नाट्य संरचना के माध्यम से नई पहचान दी है। रघुवीर सहाय शेक्सपियर के अनुवादों में उनके इन गुणों को अपनी सर्जनात्मक क्षमता से बरकरार रखने की कोशिश करते हैं। उन्होंने शेक्सपियर के जिन चार नाटकों का अनुवाद किया है उनके नाम हैं : 'बरनम वन' (मैकबेथ), 'ऑथेलो', 'बारहवीं रात' (ट्वेलफ्थ नाइट) और 'फागुन मेला' (ए मिडसमर नाइट्स ड्रीम)। इनमें 'बरनम वन' प्रकाशित है। शेष तीनों नाटक अप्रकाशित हैं।

'बरनम वन' मैकबेथ का अनुवाद है। यह अनुवाद सहाय जी ने 1979 में किया था। पहली बार इसकी प्रस्तुति राष्ट्रीय नाट्य विद्यालय, रंगमंडल (दिल्ली) के खुले रंगमंच पर की गई थी। निर्देशक थे ब.व. कारंत। मैकबेथ की भूमिका के.के. रैना ने की थी। जी.पी. नामदेव, पंकज कपूर, रघुवीर यादव, उत्तरा बावकर और वागीश कुमार सिंह ने भी इस नाटक में महत्त्वपूर्ण भूमिका निभाई थी। ब.व. कारंत ने यक्षगान शैली में यह नाटक प्रस्तुत किया था। नाटक का प्रदर्शन काफी चर्चित हुआ था। केदारनाथ सिंह ने अपनी खास शैली में कहा था कि 'बरनम वन' के पात्रों का मंच पर एक खास शैली में आना और संवाद बोलकर जाना कभी नहीं भूलेगा! 'बरनम वन' राजकमल से 1980 में पुस्तकाकार प्रकाशित हुआ। 'बरनम वन' के अनुवाद के बारे में सहाय जी पुस्तक की प्रस्तावना में लिखते हैं : "यह अनुवाद करना मेरे लिए रचनात्मक अनुभव था। अंग्रेजी में शेक्सपियर के नाटकों का मूल आधार भाषा है और वह आवाज के उतार-चढ़ाव को अभिनय के लिए इस्तेमाल करती है। इसीलिए भीतरी और बाहरी दोनों घटनाओं के अनुसार वह बढ़ती, ठिठकती, मुड़ती और घूमती चलती है। यही वजह थी कि 'बरनम वन' के हिंदी अनुवाद के लिए मैंने कवित्त छंद चुना जिसमें हर मात्रिक छंद की अपेक्षा आवाज के अभिनय की अधिक संभावना है और जो एकाधिक एवं विविध राग स्थितियों के अनुरूप ढल सकता है।"

आवाज के उतार-चढ़ाव से नियंत्रित रघुवीर सहाय द्वारा किए गए अनुवाद की काव्यभाषा का आनद नाटक के पाठ को बोलकर पढ़ने में भी है। शेक्सपियर के मैकबेथ का नाम बदलकर 'बरनम वन' करने की वजह शायद जन असंतोष को प्रमुखता देनी रही होगी। 'मैकबेथ' को 'बरनम वन' बनाकर रघुवीर सहाय ने शेक्सपियर को आज के समय के अनुरूप बनाने की कोशिश की है। 'बरनम वन' के बाद रघुवीर सहाय ने मंचन के लिए शेक्सपियर के तीन और नाटकों का अनुवाद किया। वे नाटक हैं : 'ऑथेलो', 'बारहवीं रात' और 'फागुन मेला'। इन तीनों नाटकों का अनुवाद पाठ निर्देशक और अभिनेताओं के उपयोग के लिए बनाया गया था। उसे हम उसी रूप में *रचनावली* के अंतर्गत दे रहे हैं। रघुवीर सहाय की पुत्री और रंगमंच की वरिष्ठ अभिनेत्री हेमा सिंह इन नाटकों की अनुवाद प्रक्रिया तथा 'ऑथेलो' और 'बारहवीं रात' के राष्ट्रीय नाट्य विद्यालय द्वारा प्रस्तुतीकरण से सम्बद्ध रही हैं। उनके पास इन नाट्य अनुवादों की जो प्रतियाँ थीं उनमें मैंने देखा कि सहाय जी ने अनेक स्थलों पर अपनी कलम से अनेक परिवर्तन किए हैं। फिर मैंने हेमा जी को ये तीनों ही नाटक सौंपे। उन्होंने काफी परिश्रम और धैर्य से इन नाटकों में सहाय जी के नए संशोधनों को शामिल किया। शेक्सपियर के मूल नाटकों से इन्हें मिलाया और मुझे संपादन के लिए बहुमूल्य सुझाव दिए। वे स्वयं

एक मँजी हुई अभिनेत्री हैं इसलिए इन अनुवादों को नाट्य प्रस्तुति की दृष्टि से सुव्यवस्थित करने में उन्होंने उल्लेखनीय योगदान दिया। इसके लिए मैं हेमा जी का बहुत आभारी हूँ। जगदीश गुप्ता ने नाटक के संशोधित अंशों को काफी मेहनत से व्यवस्थित किया।

'ऑथेलो' का मंचन राष्ट्रीय नाट्य विद्यालय के रंगमंडल ने किया था। इस अनुवाद के निर्देशक थे फ्रित्ज़ बेनेवित्ज़। इस नाटक की प्रस्तुति में जी.पी. नामदेव, अनंग देसाई, उत्तरा बावकर, प्रमोद माउथो आदि थे। नेपथ्य से सहयोग हेमा सिंह, रघुवीर यादव, सुरेखा सीकरी आदि का था। ऑथेलो वैसे संपूर्ण है लेकिन उसके गीत उपलब्ध नहीं हैं। इसी तरह 'बारहवीं रात' के गीत भी नहीं मिले। इस नाटक के कुछ हिस्से राष्ट्रीय नाट्य विद्यालय के छात्रों ने प्रस्तुत किए थे। 'ए मिडसमर नाइट्स ड्रीम' का अनुवाद भोपाल रंगमंडल के लिए सहाय जी ने पहले 'बगर्‌यो बसंत है' शीर्षक से किया था। बाद में इसका नाम 'फागुन मेला' कर दिया। इसका निर्देशन ब.व. कारंत ने ही किया था। सहाय जी ने शेक्सपियर के एक और नाटक 'किंग लियर' का अधूरा अनुवाद किया है। दिसंबर 1988 में उन्होंने 'राजा लियर' नाम से यह अनुवाद शुरू किया था। वे पहले अंक के दो दृश्यों का अनुवाद भर कर पाए। वह अनूदित अंश हम रचनावली में नहीं दे रहे हैं।

सहाय जी ने स्पेन के रचनाकार फेदेरिको गार्सिया लोर्का के 'द हाउस ऑफ बरनाडा ऐल्बा' का अनुवाद 'बिरजीस क़दर का कुनबा' शीर्षक से किया है। यह उर्दू मिश्रित हिंदी में है जिसे हिंदुस्तानी भी कहा जाता है। राजकमल प्रकाशन से यह पुस्तक 1985 में छपी थी। इसका मंचन अमाल अल्लाना के निर्देशन में हुआ था। अल्लाना निर्देशकीय वक्तव्य में नाटक के बारे में लिखते हैं : 'बरनाडा ऐल्बा के केंद्र में मांसल वासना, देह की भूख है, जो लगातार समाज द्वारा आरोपित बर्जनाओं से टकराती है। लोर्का ने इन्हीं आंतरिक यौन उत्तेजनों को इस तरह चित्रित किया है कि ये व्यक्ति के लिए प्रलोभनीय और अनियंत्रणीय बन जाते हैं और इनका भयानक विस्फोट होता है तो वे अंततः व्यक्ति का नाश कर देते हैं।' नाटक के कथ्य के बाद अल्लाना ने रघुवीर सहाय के अनुवाद की भाषा के बारे में महत्त्वपूर्ण बात कही है। अल्लाना लिखते हैं : 'प्रस्तुत नाटक के अनुवाद में रघुवीर सहाय एक ऐसी भाषा विकसित करने में सफल हुए हैं जिसकी अभिव्यक्ति लोर्का की भाषा के समकक्ष है। वह भाषा अभिधात्मक और सपाट होने के बजाय ऐन्द्रिक, उत्प्रेरक और साथ लेकर चलनेवाली है। पद्य/गद्य की लयात्मकता को यथासंभव सुरक्षित रखा गया है...।'

रघुवीर सहाय के अनुवाद की भाषा का यही गुण उन्हें श्रेष्ठ अनुवादक का दर्जा प्रदान करती है। भाषा की इसी सर्जनात्मकता की वजह से वे मूल कृति की संवेदना के काफी करीब पहुंच जाते हैं।

'राशोमोन' जापानी कथाकार र्‍यूनोसुके आकुतागावा की कृति का अनुवाद है। 'राशोमोन' मूलतः जापानी की एक पुरानी रचना 'कोनजाकू मोनोगातारी' पर आधारित है। पर आकुतागावा ने उसे आधुनिक समय के अनुसार नए प्रसंगों के साथ लिखा है। 'राशोमोन' पर फिल्म भी बनी थी जिसे बारहवें अंतरराष्ट्रीय फिल्म समारोह में श्रेष्ठ कथाचित्र का पुरस्कार भी मिला था। मानव समाज में स्वार्थपरता की प्रवृत्ति को इस नाटक में बेहतर ढंग से उभारने की कोशिश की गई है।

1983 में सहाय जी ने 'तीन आधुनिक हंगारी नाटक' शीर्षक से हंगारी के तीन नाटकों का अनुवाद किया था। उन्होंने अपनी सृजनधर्मी संस्था 'कौमुदी' की ओर से उसे प्रकाशित भी किया था। सहाय जी स्वयं शाहदरा के एक प्रेस में मेरे साथ इन नाटकों का प्रूफ देखने जाते थे। इस पुस्तक के सज्जा पक्ष और प्रकाशन में डॉ. श्यामबिहारी राय ने उनकी काफी मदद की थी। तीन हंगारी नाटकों और उसके लेखकों के नाम हैं : 'लोकेशन पर' (इश्टवान चुरका), 'गर्म कमरा' (फेरेंत्स कारिंथी) तथा 'प्रियतम टोट' (इश्टवान अर्केन्यू)। उन्हीं दिनों इनमें से एक नाटक 'गर्म कमरा' का मंचन दिल्ली के हंगारी सूचना और सांस्कृतिक केन्द्र में हुआ था। इसका निर्देशन हेमा सिंह ने किया था। पुस्तक छपने के

बाद सहाय जी ने अभिनेयता की दृष्टि से उसके अनुवाद में सुधार किया था। पुस्तक की वह प्रति हेमा जी के पास थी। हमने संशोधित प्रति को ही रचनावली में शामिल किया है।

नाटकों के बाद रचनावली के इस खंड में दो उपन्यास शामिल हैं। पहला उपन्यास युगोस्लाव उपन्यासकार इवो आंद्रिच का है 'ज़ेको'। 1969 में साहित्य अकादमी से एक पुस्तक छपी थी 'अनीका का ज़माना'। इसमें 1961 में नोबेल पुरस्कार से सम्मानित इवो आंद्रिच के तीन उपन्यास और एक कहानी का अनुवाद छपा था। इस पुस्तक के संपादक थे अज्ञेय। इसी पुस्तक में सहाय जी का यह अनुवाद शामिल है। इस पुस्तक के दूसरे अनुवादक थे सर्वेश्वरदयाल सक्सेना और भारतभूषण अग्रवाल। सहाय जी ने 'ज़ेको' छपने के 16 साल बाद 1985 में एक बार और इवो आंद्रिच के बृहद् उपन्यास 'ना दीनी चुप्रिया' का अनुवाद 'द्रीना नदी का पुल' शीर्षक से साहित्य अकादमी के लिए किया। दो महायुद्धों के बीच दमन की नियति झेलते मनुष्य की कथा इस उपन्यास में कही गई है। यह विश्वप्रसिद्ध उपन्यास 324 पृष्ठों का है। इस खंड के कलेवर में न अँट पाने के कारण हम 'द्रीना नदी का पुल' रचनावली में शामिल नहीं कर रहे हैं। चीनी उपन्यासकार रओ शि के लघु उपन्यास 'वसंतागम' को भी रचनावली में शामिल किया गया है। 'वसंतागम' गहरी मानवीय संवेदना की कथा है। रघुवीर सहाय ने एक और चीनी उपन्यास 'रिक्शावाला' (लाओ श) का अनुवाद भी किया है। लेकिन बड़ा उपन्यास होने के कारण उसे रचनावली में शामिल नहीं किया जा रहा है। रचनावली में हमने रघुवीर सहाय द्वारा अनूदित दो कहानियाँ भी दी हैं। एक तो रओ शि की ही है 'विनाश' तथा दूसरी कहानी दैज़ो कोस्तोलान्यि (हंगारी) की है 'छुट्टी का दिन'। दोनों कथाकारों का परिचय भी दिया गया है। 'विनाश' तो 'वसंतागम' उपन्यास के अंत में परिशिष्ट की तरह संकलित है। 'वसंतागम' पुस्तक विदेशी भाषा प्रकाशन गृह पेइचिंग से 1986 में प्रकाशित हुई थी। हंगारी कहानी साहित्य अकादमी से 1972 में प्रकाशित 'बारह हंगारी कहानियाँ' से ली गई हैं। विश्वसाहित्य के ये अनुवाद दूसरों के घर की कहानी कहते हैं। लेकिन अनुवाद की रचनात्मकता की वजह से ये हमारे घर की कहानियों के ही विस्तार लगते हैं। सहाय जी की कुछ अन्य कृतियाँ जो पृष्ठ सीमा के कारण इस खंड में नहीं समा सकीं उनके नाम हैं : विवेकानंद (रोम्याँ रोलाँ, 1967) तथा 'राख और हीरे' (पोल्स्की उपन्यास, येर्जी आंद्रजेयेवस्की, 1978)। सहाय जी ने के. शिवराम कारंत की नृत्य नाटिका 'भीष्म विजय' के गीतों का रचनात्मक अनुवाद किया था, उन्हें भी स्थानाभाव के कारण हम नहीं दे पा रहे हैं।

इस अंतिम खंड में परिशिष्ट के अंतर्गत नेमिचंद्र जैन के नाम किशोर वय रघुवीर सहाय के कुछ पत्र दिए जा रहे हैं। इससे उनकी उस समय की आत्यंतिक संवेदनशीलता का पता चलता है। बेटी हेमा सिंह के नाम भी दो पत्र हैं। परिशिष्ट के अंतर्गत ही मैंने संक्षेप में सहाय जी के साथ हुई कुछ मुलाकातों की चर्चा की है। सबसे अंत में उनके जीवन के अंतिम दिन की दिनचर्या दी गई है। आशा है, रघुवीर सहाय के ये कृतित्व हमें आज के समय में अपनी पहचान निश्चित करने में महत्त्वपूर्ण भूमिका निभाएँगे। 1991 में मैंने *रघुवीर सहाय रचनावली* पर काम शुरू किया था। लगभग एक दशक तक इसे संभव करने में लगा रहा। अब यह काम पूरा हुआ। नई सदी के आरंभ की पूर्व बेला में यह आपके हाथों में सौंपता हूँ।

—सुरेश शर्मा

क्रम

बरनम वन

[शेक्सपियर के नाटक 'मैकबेथ'
(रचना-वर्ष 1606 ई.) का अनुवाद, 1979]

विमलेश्वरी सहाय को,
परीक्षा की घड़ियों में जिनके सहयोग के लिए
चिर-कृतज्ञ हूँ

प्रस्तावना

यह अनुवाद करना मेरे लिए एक रचनात्मक अनुभव था। अंग्रेजी में शेक्सपियर के नाटकों का मूल आधार भाषा है और वह आवाज के उतार-चढ़ाव को अभिनय के लिए इस्तेमाल करती है। इसीलिए भीतरी और बाहरी दोनों घटनाओं के अनुसार वह बढ़ती, ठिठकती, मुड़ती और घूमती चलती है। हिंदी में मैंने कवित्त छंद चुना जिसमें हर मात्रिक छंद की अपेक्षा आवाज के अभिनय की कहीं अधिक संभावना है और जो एकाधिक एवं विविध रागस्थितियों के अनुकूल ढल सकता है। आरंभ में, और एक-दो स्थलों पर अन्यत्र, मात्रिक छंद का सीमित प्रयोग किया गया है, परंतु वह भी नाटकीय कारणों से, मैकबेथ-पत्नी के प्रलाप का दृश्य जो मूल में गद्य में है तथा अन्यत्र जो स्थल गद्य में हैं, उन्हें गद्य में ही रहने दिया है। मैलकम-मैकडफ़ संवाद का दृश्य पद्य के स्थान पर गद्य में परंतु उसका शेषांश पद्य में कर दिया है, क्योंकि मेरी समझ में उसी तरह वह अधिक प्रभावशाली होता। शेष नाटक मूल के अनुसार पद्य में ही है। शेक्सपियर की भाषा कहीं-कहीं इतनी सरल है मानो अपने युग के आडंबर के बीच वह रचनात्मक अद्वितीयता की एक चमक हो। ऐसे स्थलों पर अनुवाद मूल जैसी सरल भाषा में रहे, यह आवश्यक जान पड़ा। किंतु जिन स्थलों पर नाटककार की भाषा क्लिष्ट, जटिल या आडंबरमयी है और जहाँ उसका एक नाटकीय उद्देश्य है, वहाँ उसकी रक्षा वैसी ही भाषा में करने का प्रयत्न किया है। कुछ स्थल अवश्य ऐसे हैं जहाँ शेक्सपियर मेरी समझ में अकारण ही विलंबित और दुरूह होते हैं या फिर आज के रंगमंच पर उतना स्पष्टीकरण आवश्यक नहीं जितना वह करते हैं, वहाँ उनका अनुकरण नहीं किया है।

इस तरह यह अनुवाद प्रायः प्रत्येक पंक्ति का अनुवाद है, किंतु वास्तव में यह पंक्तियों का नहीं, वाक्यों की आवाज का अनुसरण करता है और वही गूँज पैदा करने की कोशिश करता है जो ऐलिज़ाबेथ-युग के मंच पर होती रही होगी।

मैंने मैकबेथ और बरनम वन तथा उसके वाहक जन को मुख्य मानकर स्काटलैंड और इंगलैंड के राजवंशगत और देशकालपरक सभी संदर्भ छोड़ दिए हैं। इसी तरह शेक्सपियर की भाषा में जहाँ-जहाँ अत्यंत स्थानीय पहचान के प्रसंग आते हैं—जैसे डाइनों के एकाधिक दृश्यों में जो कि तत्कालीन पिशाच विद्या से आक्रांत हैं—वहाँ-वहाँ उन्हें छोड़ या बदल दिया है। पात्रों के नाम यथावत् रखते हुए भी कथा को सार्वजनीन बनाना चाहा है और सप्रयास देशीकरण तो नहीं ही किया है।

राष्ट्रीय नाट्य विद्यालय के रंगमंडल के लिए कारंतजी ने जब मुझे इस अनुवाद का काम सौंपा था तब हम दोनों जानते थे कि यक्षगान शैली का प्रयोग करने से नाटक के कुछ दृश्यों का फिर से संपादन करना होगा। इसीलिए वैसे संपादन का काम अनुवाद के समय नहीं किया गया ताकि यक्षगान शैली का निर्देशक अपने अनुभावन के अनुसार दृश्यविधान में परिवर्तन करने को, और यही नहीं कोई भी निर्देशक भविष्य में इस अनुवाद को यथार्थवादी या अन्य किसी भी शैली में प्रस्तुत करने को स्वतंत्र

रहे। अनुवाद की प्रक्रिया में समय-समय पर निर्देशक से परामर्श उपयोगी रहा और अभ्यास के समय भी किंचित कमियों को पकड़ा और दूर किया जा सका, जिसके लिए मैं निर्देशक और रंगमंडली का आभारी हूँ। प्रथम प्रदर्शन के बाद अनुवाद का एक बार फिर परिमार्जन किया जिसमें श्री स.ही. वात्स्यायन और श्री लोठार लुत्से के बहुमूल्य सुझावों का सहयोग मिला, इसके लिए मैं उनका भी कृतज्ञ हूँ। पुस्तक की पांडुलिपि तैयार करने में मेरी पुत्री हेमा सहाय ने विशेष सहायता की, यह उल्लेख करना भी मुझे प्रीतिकर होगा।

—रघुवीर सहाय

निर्देशकीय

किसी भी निर्देशक के लिए शेक्सपियर एक आदरमूलक भय और एक चुनौती का भाव पैदा करता है। मैं भी इसका अपवाद नहीं हूँ। किंतु विनम्र और समर्पित भाव से शेक्सपियर को छुआ जाए तो नई-नई संभावनाएँ स्वयमेव खुलने लगती हैं। काफी पहले कर्नाटक के ही एक निर्देशक बंधु ने मुझे कथाकली में हैमलेट करने के लिए प्रेरित किया था। किंतु कथाकली एक मुद्रा प्रधान एवं इतनी शास्त्रीय शैली है कि उसकी जटिलताओं में उलझकर प्रस्तुति के अत्यंत दुरूह होने की आशंका बनी रहती है। अतः मैंने कथाकली के बजाय यक्षगान को चुना जिसमें उन्मुक्त गति एवं प्रबल नाटकीयता है। शेक्सपियर को उसी के देश की नाट्य शैली में प्रस्तुत करने में मैं स्वयं को सक्षम नहीं मानता। और यदि वही शैली अपनाऊँ तो मुझे लगेगा कि मैं झूठ बोल रहा हूँ। अतः यक्षगान का प्रयोग मात्र प्रयोग के लिए नहीं बल्कि अपनी विश्वसनीयता बनाए रखने के लिए किया गया है। शेक्सपियर की त्रासदियों में और विशेषकर मैकबेथ में जो वीर, रौद्र, भय, अद्भुत, करुण आदि रस प्रचुर मात्रा में मौजूद हैं वे सार्वभौमिक तो हैं ही किंतु अपनी अतिमानवीय स्थितियों और चरित्रों के कारण यक्षगान के संदर्भ में मुझे अत्यंत निकट के लगते हैं। नाटक में चरित्रों का प्रवेश प्रस्थान, युद्ध एवं भावनात्मक तनावों को शरीर, गति और हाव-भाव आदि के माध्यम से प्रदर्शित करने का विशेष गुण यक्षगान ने विकसित किया है। इस प्रस्तुति में यक्षगान में मैकबेथ नहीं अपितु मैकबेथ में यक्षगान के तत्त्वों का प्रयोग किया गया है।

मैकबेथ का कथ्य मेरी दृष्टि में प्रबल महत्त्वाकांक्षाओं का असीम जंगल है जिसमें से बाहर निकलना किसी के लिए भी सहज नहीं। इसीलिए इस प्रस्तुति का नाम *बरनम वन* है। हम स्वयं अपने लिए डाइनों का निर्माण कर लेते हैं, दुःस्वप्नों के रहस्यमय संसार में भटकते हैं और व्यथाओं के अंधकार में घिर जाते हैं। किंतु दुखद होते हुए भी यह यात्रा दिलचस्प है क्योंकि महत्त्वाकांक्षा की इस यात्रा में आदिम मानवीय भावनाओं और संवेदनाओं का आत्मीय परिचय मिलता है।

इस प्रस्तुति में संगीत का आधार यक्षगान ही है। किंतु अपने पूर्ण एवं शुद्ध रूप में नहीं। अनुवाद में कवित्त छंद का प्रयोग हुआ है जिसकी गति यक्षगान के प्रमुख वाद्य चंडा की गति से पूर्णरूपेण मेल खाती है। शुद्ध यक्षगान का संगीत एवं वाद्य अपने क्षेत्र में सुपरिचित एवं लोकप्रिय है किंतु इनसे अपरिचित दर्शकों के लिए इनकी एकरसता बोझिल न हो इसीलिए एशियायी वाद्यों तथा घंटियों, गांग आदि का प्रयोग भी किया है। यक्षगान के लगभग सभी चरित्र पौराणिक चरित्र हैं और प्रत्येक चरित्र की अपनी विशेष भूषा से एक पहचान है। अतः इस प्रस्तुति में यक्षगान के वेश प्रयोग न करके बाली, जापान, कंबोडिया, बर्मा, इंडोनेशिया आदि एशियायी देशों की विभिन्न रंग परंपराओं से वेशभूषा की प्रेरणा ली गई है।

नाटक के अनुवाद को रघुवीर सहाय ने यक्षगान के लिए किसी प्रकार से सीमित नहीं किया है, वह मूल के समानांतर पूर्ण है और किसी भी शैली में प्रस्तुत किया जा सकता है।

—ब.व. कारंत

मंच पर

डाइनें : मधुमालती, अनिला सिंह, डाली अहलूवालिया; *चर* : जी.पी. नामदेव; *डंकन (स्काटलैंड नरेश)* : अनंग देसाई; *मैलकम,* डोनालबेन (डंकन पुत्र) : पंकज कपूर, रघुवीर यादव; *लेनाक्स* : विजय कश्यप; *रोस* : बसंत जोसलकर; *एंगस* : इकबाल मेंहदी; *मैकडफ़* : राजेश विवेक; *मैकबेथ* : के.के. रैना; *बांको* : वीरेंद्र राज़दान; *मैकबेथ-पत्नी* : उत्तरा बावकर; *परिचारिकाएँ* : अमिता मिश्रा, नूतन सूर्य; *हत्यारे* : प्रेम मटियानी, वागीशकुमार सिंह, अनंग देसाई; *फ्लियांस* : अमिताभ श्रीवास्तव; *सामंत* : जी.पी. नामदेव, अशोक निशेष, इकबाल मेहदी, हनुमान प्रसाद; *प्रेत* : वागीशकुमार सिंह, इकबाल मेहदी, हनुमान प्रसाद, अमिता मिश्रा, विजय कश्यप, बसंत जोसलकर, अशोक निशेष, वागीशकुमार सिंह, रघुवीर यादव, अनंग देसाई, अमिताभ श्रीवास्तव, गुरुचरण बेदी; *चिकित्सक* : अशोक निशेष, *धाई* : अमिता मिश्रा; *सैनिक* : गुरुचरण बेदी, राधेश्याम, रमेशचंद्र; *योद्धा* : प्रेम मटियानी

नेपथ्य में

मंच परिकल्पना, वस्त्रविन्यास तथा रंगोपकरण : रोबिन दास; *सहायक मंच परिकल्पना* : बसंत जोसलकर, अशोक निशेष; *मंच निर्माण* : तरसीमलाल वर्मा, दिलीपचंद; *सहायक वस्त्रविन्यास* : उषा बैनर्जी, अमिता मिश्रा, नूतन सूर्य, वागीशकुमार सिंह, करण सिंह; *रंगोपकरण सहायक* : रघुवीर यादव, डाली अहलूवालिया, ई. जान शॉ, चुन्नीलाल; *प्रकाश परिकल्पना* : जी.एस. मराठे; *सहायक* : सुरेखा सीकरी, राधेश्याम; *संगीत सहयोगी* : ज्ञान शिवपुरी; *कोरस* : उषा बैनर्जी, नूतन सूर्य, मनमोहन, नामदेव; *वाद्यवृंद* : एम. श्रीधर हब्बार, बी. बालकृष्ण, के. देवदास राव, प्रदीप दत्त; *रूप सज्जा* : इंदु घोष; *प्रचार व्यवस्था* : सुरेखा सीकरी, रंजीत कपूर; *मंच व्यवस्था* : प्रेम मटियानी; *सहायक* : अनिला सिंह

अंक : एक

दृश्य : 1

[खुली जगह। गरज और चमक्। तीनों डाइनों का प्रवेश।]

डाइन-1 : आज मिले हैं हम्म
फेर मिलैंगे कब्ब ?
दैव गरजै बिजुरी चमकै मेहा बरसै तब्ब
डाइन-2 : हम्म मिलैंगे जब्ब
कटाजुज्झ हुइ ले
डाइन-3 : संझा के पैले
डाइन-1 : कौन-सी जगहा
डाइन-2 : ऊसर खेत
डाइन-3 : वहाँ मिलेगा मैकबेथ
डाइन-1 : तो मैं चली, उड़न छू
डाइन-2 : खूसट बोले
डाइन-3 : हि हि हू
सब : धूप धुंध औ धुंध धूप हुइ जाय
डाइन टोली धूआँ में मँड़राय

दृश्य : 2

[शिविर में। नेपथ्य में दुंदुभि। सम्राट डंकन, मैलकम, डोनालबेन, लेनाक्स और अनुचरों का प्रवेश। एक लहूलुहान सैनिक से मिलते हैं।]

डंकन : कौन है यह ? रक्तरंजित देह का दुर्दशा इसकी बोलती है
कि यह अवगत है नई विद्रोह की गति से।
मैलकम : यह वही है बीर जो निर्भय अथक
मेरे लिए आद्यंत लड़ता रहा
बंधु आओ,
छोड़कर रण चले जब तुम कहो तब का हाल

राजा से

सैनिक : अनिश्चित थी विजय,
जैसे दो थके तैराक लिपटे हों परस्पर
तैर पाते नहीं हों
राजद्रोही पक्ष का नेता कुटिल है
क्रूरताएँ संपुजित हैं बुद्धि में उसकी
सैन्यबल है,
भाग्यदेवी अंक में बैठी हुई है रक्षिता-सी
किंतु सब कम है
बहादुर मैकबेथ ललकार आगे बढ़ा
धुआँ उठने लगा उसके दुधारे पर
शत्रु के ताज़े रुधिर से
धँसा औ' उस नीच के सामने पहुँचा
कुछ न बोला
नाभि से वक्ष तक उसको चीरकर रख दिया
सिर प्राचीर पर लटका दिया, प्रभुवर

डंकन : वाह उत्तम वीर

सैनिक : ज्यों जहाँ से सूर्य उगता है, वहीं से फूटते हैं भयंकर तूफान
त्यों जहाँ से स्वस्ति आती है वहीं से क्लेश आता है
सुनो, राजा सुनो
शौर्य में था सत्य का बल
शत्रुदल के पाँव उखड़े
तभी राजा नार्वे ने कुमुक भेजी
पुनः हमला हुआ

डंकन : किंतु मेरे शूरनायक मैकबेथ, बांको न पिछड़े!

सैनिक : कहीं गौरैया गरुड़ को, बाध को खरहा डराता है?
दोगुने बल से किया प्रतिघात दोनों ने
शोणितस्नान करना चाहते थे वे कि थे दुहरा रहे
बलिदान ईशा का
कह नहीं सकता
मगर ठहरो, घाव मेरे खुल रहे हैं

डंकन : शब्द तेरे सोहते हैं तुझे जैसे घाव तेरे
सुकृत दोनों हैं
इसे ले जाओ, चिकित्सा करो

[सैनिक को कोई अनुचर ले जाता है। रोस और एंगस का प्रवेश।]

कौन आता है?

मैलकम : रोस का सामंत

लेनाक्स : कितना व्यग्र है यह

रोस : जय हो

डंकन : कहाँ होकर आ रहे हो रोस

रोस : फ़ाइफ़ से महाराज
वहाँ नार्वे की पताका गगन का अपमान करती थी
वहाँ स्वेनो नार्वेपति विपुल दलबल संग
द्रोही पतित काडर की मदद से युद्ध करता था
अंततः प्रत्यक्ष आकर मैकबेथ ने
घात पर प्रतिघात दे देकर निरंतर
थका डाला आततायी, विजयश्री पाई

डंकन : अहा, आनंद

रोस : स्वेनो गिड़गिड़ाता है
मगर हम उसे अपने खेत सैनिक
दफन करने नहीं देंगे
जब तलक धर नहीं देगा स्वर्णमुद्रा दस हज़ार

डंकन : अब और नहीं धोखा देगा वह काडर का सामंत हमें
घोषणा करो उसके वध की
उसकी पदवी से करो मैकबेथ को भूषित

रोस : यही करता हूँ

डंकन : काडर ने जो खोया है वह पाया भद्र मैकबेथ ने

दृश्य : 3

[उजाड़, गरज, तीनों डाइनों का प्रवेश।]

डाइन-1 : कहाँ रहीं बहिनी

डाइन-2 : सूअर मारे गई रही

डाइन-3 : तू कहाँ रहली

डाइन-1 : ठेकेदारों का सरदार
उसकी औरत ठस्सेदार
कोछा भरके चना-चबेना
चबात रही चबर चबर चबर चबर
हम कहा हमहूँ के दे ना
तो छिनार कहत है चल चुड़ैल छूमंतर
मैं जाऊँगी राजभवन में

डाइन-2, 3 : जाओ बहिनी

डाइन-2 : अरे ऐसी मत मारूँगी सबकी सब नकटे हो जाएँगे
इक नकटे को आगे करके सब नकिया करके गाएँगे
नकटों पर राज करैं नकटा परजा नकटी राजा नकटा
बारी-बारी से सब नकटों को नकटे राज दिलाएँगे

डाइन-3 : सुनो नगारा मैकबेथ पधारा

सब : तीनों डाइन सुबह में बसेरा करैं

रात होने पे जंगल का फेरा करैं
कौआ मूते स्यार नहाए
औंधी हँडिया कुतिया खाए
अगडमबगडम लबरलबार
फटफटाँग जंतर तैयार

[मैकबेथ और बांको का प्रवेश।]

मैकबेथ : आज का जैसा दिन जिसमें रुपहली धूप भी है और मनहूस धुंध भी,
पहले कभी नहीं देखा!

बांको : फ़ोरेस कितनी दूर होगा? कौन हैं ये?
जिनका भेष औघड़ और रूप बीहड़ है
जो धरती के जीव नहीं लगते किंतु हैं इसी धरती पर
बोलो! क्या मनुष्यों से बोलते हो तुम?
सुन पा रहे हो तुम क्योंकि तुम तीनों ने अपनी
झुराई उँगली सूखे ओठ पर रक्खी
तुम औरत होगी पर तुम्हारी सूरत यह नहीं कहती

मैकबेथ : बोलो, जीभ हो तो, कि कौन हो

डाइन-1 : जयतु मैकबेथ जय ग्लेमिस के राजपुत्र

डाइन-2 : जयतु मैकबेथ जय काडर के राजपुत्र

डाइन-3 : जयतु मैकबेथ जयतु राजा मैकबेथ होगा

बांको : मैकबेथ, तुम काँप क्यों गए? भयभीत से क्यों हो जबकि
ये शब्द सुखदायक हैं?
हे ईश्वर
तुम माया हो कि वही हो जो तुम्हारी काया है?
मेरे श्रेष्ठ बंधु की तुमने प्रशस्ति की
राजयोग उसको बताया भविष्य में
और वह मंत्रमुग्ध सुनता है
पर मुझसे तुम नहीं बोलतीं
दिव्यदृष्टि से तुम भविष्य का अजान लेख देख यदि सकती हो
कह सकती हो कि कौन बीज अँकुराएगा कौन नहीं
तो मुझसे बोलो
मुझे कोप का न भय है न चाह अनुकंपा की

डाइन-1 : जय

डाइन-2 : जय

डाइन-3 : जय

डाइन-1 : मैकबेथ से न्यूनतर औ' फिर भी महत्तर
उतना प्रसन्न नहीं फिर भी प्रसन्नतर
तुझसे उत्पन्न पुत्र होंगे नृप, तू नहीं
एवमस्तु, जय जय जय मैकबेथ, बांको
बांको, मैकबेथ, जय जय जय

मैकबेथ : ठहरो अधूरी है बात अभी, और कहो

पिता के न रहने पर ग्लेमिस का राजपुत्र मैं हुआ, सही है
काडर का कैसे किंतु जब कि काडर का राजपुत्र फलता-फूलता है?
और राजा का पद तो असंभव है
तुम कहाँ से यह अजब जानकारी लाई हो
और क्यों ऊसर के इस पथ पर रोककर
हमको दिखाती हो लेखा प्रारब्ध का?
उत्तर दो?

[डाइनें लोप हो जाती हैं।]

बांको : धरती में बुलबुले होते हैं जैसे पानी में हैं और ये वही तो हैं
कहाँ गईं?

मैकबेथ : लोप हुई व्योम में जो दिखती देह थी
फूँक-सी समीर में बिला गई
रहतीं कुछ और देर

बांको : क्या जिनकी बात हम करते हैं वे कोई सचमुच थीं?
या कि बावलीबूटी खाकर हतबुद्धि हो गए हैं हम?

मैकबेथ : तुमसे उत्पन्न होएँगे नृप

बांको : तुम नृप होगे

मैकबेथ : काडरसामंत भी; नहीं कहा था उसने?

बांको : ठीक यही शब्द थे यही अर्थ। कौन है?

[रोस और एंगस का प्रवेश।]

रोस : डंकन को जानकर तुम्हारा जयसंवाद हर्ष है
विक्रम तुम्हारा विद्रोह दमन करने में
इतना विलक्षण है कि राजा अभी आश्चर्य करता है
और तभी आशंसा
नार्वे की कठिन शत्रुपंक्ति मध्य
मृत्यु के विचित्र चित्र आँक रहे थे जब तुम निरातंक
ताँता बँध गया था चरों का तब
प्रत्येक लाता था एक और विजय का समाचार

एंगस : हम भेजे गए हैं कि राजा की ओर से तुम्हें धन्यवाद दें
और ले जाएँ दरबार में सादर

रोस : और जो तुम्हारा पारितोषिक है उसके अग्रिम स्वरूप
मुझको आदेश है कि तुम्हें
काडर का राजपुत्र कहा जाए
परमयोग्य राजपुत्र, धारो यह अलंकार
क्योंकि यह तुम्हारा है।

बांको : अरे! क्या प्रेतात्मा ने सच कहा था?

मैकबेथ : काडर का राजपुत्र जीवित है, क्यों यह आभूषण पराया
पहनाते हो?

एंगस : राजपुत्र जो था वह जीता तो अब भी है
किंतु भाग्य के कठोर चक्र के अधीन

उसे अपने प्राण भारी हैं
मिलीभगत उसकी नार्वे से थी
या घर का भेदी था
या दोनों विधि से वह देश-दुर्दशा का कारण बना
मैं नहीं जानता
तो भी उस पापी का राजद्रोह के बदले
निश्चित है शिरोच्छेद

मैकबेथ : *(स्वगत)*
ग्लेमिस था अब हुआ काडर, श्रेष्ठतर फल शेष है
(रोस और एंगस से)
तुम आए, कष्ट किया, धन्यवाद
(बांको से)
पुत्र अब तुम्हारे राजा होंगे। क्यों ? नहीं ?
क्योंकि जो काडर का राज्य मुझे दे गए, उनकी यह
वाणी थी

बांको : संभव है तुमको राजत्व मिले असंदिग्ध
किंतु यह विचित्र है कि अंधकार के अनुचर
कभी-कभी कैसे लुभाते हैं सच के टुकड़े देकर
और फिर कहीं के हम नहीं रहते
होता है सर्वनाश
(रोस और एंगस से)
भाई, एक बात है
[वे उसकी ओर आते हैं।]

मैकबेथ : *(स्वगत)*
दो सत्य कहे गए, मंगलाचरण हैं ये
(प्रकट)
धन्यवाद भद्रगण
(स्वगत)
मानव से प्रबल कोई शक्तियाँ बुलाती हैं
यह अनुभव शुभ नहीं हो सकता, अशुभ नहीं हो सकता
यदि यह अशुभ है तो क्यों अभी-अभी मैंने
यह प्रमाण पाया है ?
काडर का राजपुत्र आज ही बना हूँ मैं
शुभ है तो क्यों मन में यह विचार उपजा है
जिसके सोचे से कलेजा मुँह को आए
वर्तमान के भय से भीषणतर है भविष्य
हत्या की कल्पना कोरी कल्पना ही है
पर क्यों वह झकझोर जाती है दुर्बल मन
संशय कर देता है कर्महीन
जो है, निस्सार है

बांको : देखो, वह ध्यान में डूबा है

मैकबेथ : *(स्वगत)*

दैवयोग दे सकता है यदि राजत्व मुझे

तो वही माथे पर मुकुट धरा सकता है मेरे कुछ किए बिना

बांको : यह जो उपाधि नई पाई है नए वस्त्र जैसी है

जो कि बदन पर बैठेगा बरते जाने से

मैकबेथ : *(स्वगत)*

होना है जो, हो

घड़ी प्रहर सब बीत रहे हैं घोर विषम दिन में से होकर

बांको : श्रेष्ठ मैकबेथ, हम ठहरे हैं

मैकबेथ : बुरा न मानो थका हुआ मन मेरा

भूली-बिसरी बातों में खोया था। प्रिय स्वजनो, तुम प्रतिपल

मानस में बसते हो

चलो, नृपति के पास चलें

जो हुआ सहज वह गुनें, अनंतर, समय गए

कुछ खुलकर इस पर बात करेंगे

बांको : बड़े हर्ष से

मैकबेथ : तब फिर आज यहीं तक

आओ मित्रो

[वे जाते हैं।]

दृश्य : 4

[फ़ोरेस, राजमहल का कमरा : डंकन, मैलकम, डोनालबेन, लेनाक्स और अनुचरों का प्रवेश।]

डंकन : काडर का शिरोच्छेद हो गया?

फिरे नहीं अभी बधिक?

मैलकम : महाराज, अभी नहीं

किंतु मैंने आँखों देखा वृत्तांत जाना है

उसने स्वीकार किया राजद्रोह

माँगा फिर प्राणदान, पछताया

उसके जीवन में था प्राणत्याग ही सबसे पूर्ण कर्म

सहज मरा

जैसे कि अभ्यास नाटक में किए था

डंकन : चेहरे पर पढ़ा जाए अंतर का अभिप्राय

ऐसी विद्या कोई नहीं बनी

भद्र पुरुष वह था

मैंने उस पर अविकल विश्वास किया

[मैकबेथ, बांको, रोस और एंगस का प्रवेश।]

(मैकबेथ से)

हे सज्जन बंधु, अकृतज्ञ हूँ मैं
कितनी भी अनुशंसा कितने भी पुरस्कार
तुम पर मैं वार दूँ
श्रेय जो तुम्हारा है वे उससे कम होंगे

मैकबेथ : मैं तो कर्तव्य कर आप कृतकृत्य हूँ
प्रभुवर, हमारा कार्य आपका प्रेय है
आपकी प्रतिष्ठा की, प्रेम की,
राज्यसिंहासन की रक्षा ही धर्म है

डंकन : इधर आओ
मैं तुमको सींचूँगा तुम लहलहाओगे
(बांको से)
तेजस्वी बांको, कोई कम नहीं है तुम्हारी सिद्धि
ख्याति भी न कोई कम पाओगे
आओ, मैं हृदय लगा लूँ तुमको

बांको : हृदय लगूँ तो भी मैं अर्पित हूँ चरणों में

डंकन : मेरा आनंद अश्रुओं में अवगुंठित है
आत्मीयो, सुनो, सुनो
उत्तराधिकार आज देता हूँ
ज्येष्ठ पुत्र मैलकम को
कंबर का युवराज आज से कहो उसको
उसके सम्मान से वही नहीं, सभी गौरवान्वित हों
अब हम इनवर्नेस को प्रस्थान करते हैं
ताकि हम तुम्हारे कुछ और निकट आ जाएँ

मैकबेथ : ऐसा विश्राम जो कि आपकी न सेवा हो, व्यर्थ परिश्रम ही है
इसलिए आज्ञा दें, मैं स्वयं जाऊँ
औ' आपके शुभागमन से अपनी पत्नी को अवगत कर
उसको प्रसन्न करूँ

डंकन : प्रिय काडर

मैकबेथ : *(स्वगत)*
कंबर का युवराज कार्य में मेरे बाधा
क्या सीढ़ी के इस ज़ीने को लाँघ सकूँगा?
नक्षत्रो, आलोक छिपा लो
भासित मत होने दो मेरी गूढ़ कुटिल महत्त्वाकांक्षाएँ
अनदेखी कर लेने दो आँख को हाथ की
होने दो जो आँख देखने से डरती है, हो जाने दो

[प्रस्थान।]

डंकन : वीर है वह पुरुष, बांको, भद्र भी है
और उसके वचन मेरी आत्मा को तृप्त करते हैं

चलो हम भी चलें
अगवानी करेगा मैकबेथ
उत्तम स्वजन है
[प्रस्थान।]

दृश्य : 5

[इनवर्नेस : मैकबेथ के क़िले के सामने। मैकबेथ की पत्नी का पत्र पढ़ते हुए प्रवेश।]

पत्नी : "मेरी विजय के दिन वे मुझसे मिलीं और मैं आश्वस्त हूँ कि जो मनुष्य को अज्ञात है उसे जानने की शक्ति उनमें है। मैं कुछ और पूछने को व्याकुल था कि वे शून्य बनकर लोप हो गईं। चकित मैं खड़ा था कि राजा का दूत आता है और मुझे काडर का राजपुत्र कहकर पुकारता है, जैसे थोड़ी देर पहले तीनों विचित्र बहनों ने पुकारा था और कहा था कि आगामी काल में मैं राजा होऊँगा। मैंने यह समाचार तुझको लिख भेजा है क्योंकि तू मेरे भाग्योदय की संगिनी है प्रियतमे और इसलिए कि तू अपनी उन्नति के आश्वासन से अनजान उसके आनंद से वंचित न रह जाए। इसे अपने मन में रख, सुखी रह।"
ग्लेमिस तो तू है और काडर हो गया है
और जो भविष्यवाणी हुई है, वह भी तू होगा
फिर भी मुझे तेरे स्वभाव से डर है
उसमें इतनी करुणा है कि वह
लक्ष्य को दबोच नहीं सकता है
तू गौरवलोलुप है
तुझमें महदाकांक्षा कम नहीं
हाँ, उस कौटिल्य की कमी है जो उसे सिद्ध करता है
चाहेगा जिसको तू व्याकुल हो
वह अभीष्ट चाहेगा कि धर्म से प्राप्त हो
कपट करेगा नहीं
फिर भी तू अनधिकार चाहेगा जीतना
महाभाग ग्लेमिस
चाहेगा तू तो वह पाएगा
वह जो पुकार रहा है ऐसा कर मैकबेथ
वह जिसके करने से डरता है अधिक तू
और चाहता है कम कि काम वह हो नहीं
आ, यहाँ आ, तेरे कानों में
मैं अपनी आत्मा उड़ेल दूँ
और मेरे शब्द, वे मोहजाल काट दें जो तुझे
राजमुकुट पाने से रोके हैं

राजमुकुट, जिसे भाग्यदेवी शक्ति से मिलकर
तेरे सर धरने को आतुर है

[चर का प्रवेश।]

क्या समाचार है

चर : महाराज आज रात यहीं पधारेंगे

पत्नी : पागल हो गया है तू
तेरे स्वामी क्या राजा के साथ नहीं हैं?
होते तो आयोजन करने को कहलाते

चर : ऐसा ही कहा है...अभी दूत आया है हाँफता
इतना ही कह सका उखड़े गले से वह

पत्नी : उसका उपचार करो, वह मंगल संवाद लाया है

[चर जाता है।]

कौआ भी फटे सुर से सूचित करता है
डंकन का अंतिम आगमन मेरे दुर्ग में
नैसर्गिक शक्तियाँ, जो मन में उपजाती हैं विकार
आएँ, हर ले जाएँ मेरा स्त्रीत्व, मुझे सर से नाखून तक
निष्ठुर बर्बरता से भर जाएँ, गाढ़ा कर जाएँ रुधिर
रुँध जाएँ करुणा की धमनियाँ पछताना यदि चाहूँ
ताकि नीच निश्चय से विचलित न हो सकूँ
आएँ अदृश्य प्रेत जो कि कहीं उत्पात करते हों
मेरे स्तन दुहें दूध ले जाएँ दे जाएँ गरल, घनी रात आए
धुंध नर्क की गाढ़ी अपने पर ओढ़ ले
कि मेरी पैनी छुरी घाव नहीं देख पाए जो कि वह करती हो
देवता न झाँक सकें कहकर ठहरो, ठहरो

[मैकबेथ का प्रवेश।]

ग्लेमिस महान, महाभाग काडर
इन दोनों से गुरुतर पद के अनंतर अधिकारी
तेरे पत्रों ने मुझे अज्ञानी वर्तमान के पार पहुँचा दिया है
मैं भविष्य का अभी अनुभव कर सकती हूँ

मैकबेथ : प्रियतमे, डंकन यहाँ आज रात आएगा

पत्नी : और कब जाएगा?

मैकबेथ : कल का विचार है

पत्नी : कभी नहीं होवेगा उस कल का सूर्योदय
राजपुत्र, तेरा चेहरा एक कागज है
जिस पर लिखे रहस्य पढ़े जा सकते हैं
समय को छलने के लिए तू समय के समान दिख
आँखों में, हाथों में, बोली में, स्वागत हो
पुष्प-सा अबोध बन, हो उसमें छिपा साँप
आगंतुक का करना होगा ही इंतज़ाम
आज रात जो करना है मुझ पर छोड़ दे

इसके बाद हर दिन हर रात हमारा होगा निर्विवाद वर्चस्व

मैकबेथ : परामर्श करेंगे

पत्नी : तब तक दिख निर्विकार
जिससे संदेह न हो
बाक़ी मैं देखूँगी
[प्रस्थान।]

दृश्य : 6

[इनवर्नेस के किले के सामने : मशालें, डंकन, मैलकम, डोनालबेन, बांको, लेनाक्स, मैकडफ़, रोस, एंगस और अनुचरों का प्रवेश।]

डंकन : दुर्ग यह मनोरम है, शीतल समीर मंद मन मोहे लेता है

बांको : वासंती सूचना देती हुई गौरैया
घर जहाँ बनाती है, वहाँ वायु
कितनी स्वच्छ स्निग्ध हो जाती है
यह मैंने कई बार देखा है
[मैकबेथ-पत्नी का प्रवेश।]
आओ माननीया
प्रेम कभी-कभी बड़ा अत्याचार करता है
फिर भी उस प्रेम का कृतज्ञ होता हूँ मैं
इसका यह अर्थ है कि आज यहाँ आ करके
तुमको जो कष्ट दिया
ईश्वर से कहो, हमें उसका पुरस्कार दे
औ' तुम भी दो हमको धन्यवाद

पत्नी : आपने विगत में उदार अनुकंपाएँ कीं वत्सल
वर्तमान में झोली भर दी सम्मान से
इसकी तुलना में हमारा सर्वस्व
यदि सेवा में अर्पित हो तो भी यथेष्ट नहीं
आप दीर्घायु हों

डंकन : काडर के राजपुत्र कहाँ हैं
हम पीछे-पीछे थे
हमने पथ में चाहा हम आगे जा निकलें
उनका मुहरा बनें
पर वह शहसवार हैं
और उनका तीव्र प्रेम, एड़ लगा
उनको हमसे पहले अपने घर ले आया
देवी, हम पाहुन हैं आज तुम्हारे घर के

पत्नी : हम सेवक साधारण

अपना सब, सब अपने, अपनों का अपना सब
आपकी धरोहर है

डंकन : दो अपना हाथ और ले चलो आतिथ्य के समीप
वह मेरा परम स्नेहपात्र है
हमारी कृपादृष्टि उस पर रहेगी
अनुमति हो,
[चुंबन करता है। प्रस्थान।]

दृश्य : 7

[मैकबेथ के क़िले का आँगन। बाईं ओर दक्षिण द्वार है, एक द्वार दाईं ओर कमरों में खुलता है। इन दोनों के मध्य एक बरोठा है जिससे पीछे एक और द्वार दिखता है। द्वार खुला हो तो ऊपर जाने का ज़ीना भी दिखेगा। इसके सामने दीवाल से लगी एक मेज़ और बेंच है। मशालची और तश्तरियाँ लिए हुए सेवक मंच के आर-पार आते-जाते हैं। जब वे दायाँ दरवाज़ा खोलते हैं, भीतर खाने-पीनेवालों का शोर सुनाई पड़ता है। मैकबेथ का दाएँ द्वार से प्रवेश।]

मैकबेथ : यदि मुझे निश्चय ही करना है वह काम
ठीक उस समय जबकि करना है
तो जल्दी करना ही ठीक है
यदि हत्या अपने दुष्परिणाम ढाँक ले
और उसके मरते ही फलदायक सिद्ध हो
जो है, जो होना है, इसी समय चोट एक
दोनों समेट ले
तो शायद यहीं, यहीं काल के किनारे
हम यहीं इसी दलदल में रहें
और पार उतर जाएँ
किंतु जानते हैं हम, बच नहीं सकते हैं दंड से
हिंसा की शिक्षा लौटकर
अपने शिक्षक को ही शिक्षित करती है।
समदर्शी न्याय का हाथ
हमारी विषमय मदिरा का ले करके पात्र
लगा देता है ओठ से हमारे ही :
डंकन को यहाँ मेरा दोहरा संरक्षण है
एक तो प्रजा और संबंधी हूँ
अतः मुझे दोनों विधि
उसकी हत्या के विरुद्ध होना चाहिए
दूजे हूँ आतिथेय,
मुझे उचित है कि बंद कर दूँ घर के कपाट जो घातक आता हो

न कि स्वयं वध करूँ
यों भी डंकन इतना सौम्य है
सत्ता पा करके भी निष्कलंक
उसके गुण देवदूत जैसे पावन स्वर में
हत्या का पातक धिक्कारेंगे
और घृणा के घुमड़े अंधड़ के ऊपर अंबर में उठती करुणा
शिशुवेदना, मृदु, सुंदर
या कि वायु के अदृश्य अश्व पर सवार स्वर्गदूत स्वयं
जन-जन की आँखों में उस भीषण दृश्य को गड़ा देंगे
ऐसे कि जब आँसू बरसेंगे, पी लेंगे आँधियाँ
अपने संकल्प के घोड़े को एड़ नहीं लगा पा रहा हूँ मैं
बस, मेरी लिप्सा है जो छलाँग भरने का करतब दिखाती है
पर अपने घोड़े की पीठ पर नहीं गिरती

[मैकबेथ-पत्नी का प्रवेश।]

कौन ? तू ? तू कैसे ?

पत्नी : उसका ब्यालू पूरा होने ही वाला है,
तू चला क्यों आया ?

मैकबेथ : क्या उसने मुझको बुलाया है

पत्नी : तू नहीं जानता कि हाँ बुलाया है ?

मैकबेथ : अब हम इस कार्य में और नहीं रत होंगे
उसने सम्मान दिया है मुझे
औ' मैंने भाँति-भाँति के लोगों से आशंसा पाई
इसको तो नई दीप्ति ले करके बन जाना है मेरा अलंकार
हो जाना है नहीं इतनी जल्दी विनष्ट

पत्नी : लालसा कि जिससे रूप तूने सजाया था
क्या शराब में धुत थी ? क्या वह सो गई थी ?
कि अब जब वह जागी है
बुझी-बुझी बीमार आँखों से
अपनी पस्ती पर पछताती है
मैं अब यह समझी हूँ कि यही तेरा प्यार है
क्या तू उतना ही पराक्रमी होने से डरता है
जितना तू लोभी है ?
चाहता रहेगा तू वह जिसको
जीवन का मानता परमधन है
औ' अपनी ही आँखों में कायर बनकर जिएगा तू
उस बिलार की तरह जो मछली ताकती खड़ी रहती है तट पर
पानी में भसने का साहस नहीं करती ?

मैकबेथ : बस बस, अब बस भी कर
कर सकता हूँ वह जो मर्दों का काम हो
इससे अधिक करे, वह मनुष्य है नहीं

पत्नी : तो वह कौन पशु था जिसने मुझको
तेरा मनोरथ बतलाया था ? वह तू ही था
और तब तू मनुष्य था
और अगर अब से कुछ और आगे जाएगा
तो मनुष्य ही होगा और अधिक
जब न जगह निश्चित थी औ' न समय
दोनों ही तुझको जुटाने थे
अब वे आप ही आप आन जुटे हैं यहाँ
और इस अनुकूलता से तू घबराया है
मैं पिला चुकी हूँ दूध
और जानती हूँ प्यार आँचल में कैसे उमड़ता है
पर गोदी में पड़े इकटक निहारते
दुधमुँहे के मुँह से मैं छुड़ा लेती स्तन
पटककर कपार फोड़ डालती
अगर कोई प्रण ऐसा किए हुए होती तेरी तरह

मैकबेथ : यदि असफल हम रहे ?

पत्नी : असफल हम ?
अपने साहस को तू चाँपे रह उसी ठौर
तो हम होंगे न विफल
डंकन सोता होगा
क्यों नहीं ? दिनभर की थकन उसे सुला चुकी होगी
उसके दो रक्षक हैं
दोनों को मद्य-मांस से मैं परितृप्त कर
प्रज्ञा की प्रहरी स्मृति धूमायित कर दूँगी
जड़मति मस्तिष्क मुंडमात्र रह जाएगा
जब सूअर से सोते लुजलुजे मृतप्राय वे होंगे
तब मैं औ' तू मिलकर
क्या नहीं कर सकते असुरक्षित डंकन का ?
कौन दोष धुत रक्षकों पर धर नहीं सकते ?
क्योंकि वही होंगे अभियुक्त
मेरे तेरे अपराध के

मैकबेथ : तू केवल पुरुषों का प्रसव कर
तेरी कठोर धातु मर्द ही गढ़ेगी और कुछ नहीं
लोग नहीं समझेंगे क्या यह
जब डंकन के कक्ष में सोते उन दोनों पर
रक्त हम लगा देंगे, उनके ही छुरे हम बरतेंगे
यह कि वह उन्होंने किया ?

पत्नी : इसके अतिरिक्त और क्या कोई
कहने का साहस कर पाएगा
क्योंकि हम हाहाकार करते हुए

डंकन की मृत्यु पर विलपेंगे

मैकबेथ : मन मेरा स्थिर है अब मैं दृढ़संकल्प हूँ
अपने सब अवयव संलग्न कर
कृत्य यह भयंकरतम साधूँगा
जा, रचा आनंद, जिससे सब छले जाएँ
चोर चेहरा वह छिपा ले जो हृदय में चोर है

[दोनों कमरे के भीतर चले जाते हैं।]

अंक : दो

दृश्य : 1

[वही स्थान : एक-दो घंटे बाद। पीछे के द्वार से बांको और फ्लियांस का मशालची के साथ प्रवेश। वे द्वार खुला छोड़कर आगे आते हैं।]

बांको : कितनी रात गई होगी बेटे ?

फ्लियांस : चाँद डूबता है : मैंने घड़ी नहीं सुनी

बांको : और चाँद बारह बजे डूबता है

फ्लियांस : शायद कुछ और बाद

बांको : लो यह तलवार सम्हालो
स्वर्ग में किफ़ायतशारी हो रही है बत्तियाँ बुझा करके
यह भी लो

[पेटी उतारकर कटार देता है।]

नींद मेरी पलकों पर बैठी है
पर मैं उसे भीतर न आने दूँगा
देवता दयालु हों
मुझमें उन भयकारी दृश्यों को मत जगाएँ
जो कि नींद आने पर जगते हैं।
मेरी तलवार दो, कौन है ?

[मैकबेथ का मशालची के साथ दाएँ द्वार से प्रवेश।]

मैकबेथ : मित्र

बांको : कौन तुम ? सोए नहीं ? राजा सोता है
वह बेहद खुश था; उसने बहुतेरे उपहार बाँटे हैं
और यह एक हीरा तुम्हारी स्त्री के लिए भेजा है
अपने सत्कार से सुख पाकर
अनुपम संतोष में मीठी नींद सो जाने के पहले

मैकबेथ : हम प्रस्तुत नहीं थे

इच्छा अशक्यता की अधीन हो गई
अन्यथा मनोनुकूल सेवा हम कर पाते

बांको : नहीं, सब ठीक रहा
कल रात मैंने तीनों डाइनें सपने में देखी थीं
तुमको तो वे कुछ सच करके दिखा चुकीं

मैकबेथ : मैं उनकी बात नहीं सोचता
तो भी जब एक घड़ी का समय पाएँगे
उस बारे में बातें करके बिताएँगे
यदि तुम चाहोगे तो

बांको : जब भी तुम कहो

मैकबेथ : साथ यदि दोगे समय पर तुम तो गौरव पाओगे

बांको : हाँ, गौरववृद्धि से मेरी कुछ क्षति नहीं
यदि मन निष्पाप और मित्रता निश्छल हो

मैकबेथ : अच्छा, तब सुख से सो

बांको : धन्यवाद औ' तुम भी

[बांको और फ्लियांस अपने कमरे में चले जाते हैं।]

मैकबेथ : जाओ,
अपनी स्वामिनी से कहो
जब मेरा पेय तैयार हो, घंटे पर चोट दें
और तुम जाकर सो

[मशालची का प्रस्थान। मैकबेथ मेज़ पर बैठता है।]

क्या यह कटार है जो मुझे दिखती है ?
मूठ मेरी ओर है; आ तुझे उठा लूँ
हाथ में नहीं आई फिर भी वहीं रक्खी है
अपशकुन, क्या तू सिर्फ दृष्टि की पकड़ में आता है
हाथ की नहीं?
या तू सिर्फ माया है मेरे उद्विग्न मानस से उपजी हुई ?
मैं देख रहा हूँ तुझे उसी ठोस रूप में
जिसमें यह है कि जिसे मैंने खींचा है
तू मुझे वहीं लिए जाती है जहाँ मैं जाता था
औ' तेरे ही समान मेरा हथियार होता
या बाकी इंद्रियाँ मिल करके आँखों को ठगती हैं
या आँखों ने ही शक्ति सबकी हड़प ली है
तू वहीं स्थिर है
औ' तेरे फल पर तेरे हत्थे पर खून के धब्बे हैं
जो पहले नहीं थे
नहीं, नहीं, कुछ नहीं
यह मेरी वासना है जो रूप धरती है
आधा विश्व इस समय मुर्दे-सा पड़ा है
और सुखद सेजों पर नींद के भयानक स्वप्न जागृत हैं

प्रेत औ' पिशाच रँगरेलियाँ मनाते हैं
मौत अपने प्रहरी श्वान की पुकार सुन
चकित और चौकन्नी
बड़े-बड़े डग भरती दबे पाँव आगे को बढ़ती है
दृढ़ धरती, मत सुन आहट मेरी
जान मत कि पाँव मेरे किस ओर जाते हैं
कहीं पाँव तले कोई पत्थर बोल देगा तो
इस क्षण का आतंक सहसा खो जाएगा
जो कि इस क्षण का शृंगार है

[घंटा बजता है।]

मैं जाता हूँ और करता हूँ कृत्य
डंकन, यह ध्वनि मत सुन
क्योंकि यह गुहार है काल की
तेरे लिए स्वर्ग से या नर्क से

[पीछे के द्वार से जाता है और एक-एक कर सीढ़ियाँ चढ़ता है। विराम।]

दृश्य : 2

[मैकबेथ-पत्नी का हाथ में प्याला लिए दाएँ द्वार से प्रवेश।]

पत्नी : वह जिसने उन्हें पस्त कर दिया
मुझे ढीठ कर गई
प्यास बुझी उनमें आग मुझमें दहक गई
शांत शांत, सुनने दो
उल्लू का अट्टहास था
यह पहरुआ है मनहूस रात का
कर्कश, काम पर अपने लगा हुआ
द्वार खुले हुए हैं
खा-पीकर अलसाए रक्षक के खुर्राटे
अपने कर्त्तव्य का उपहास करते हैं
उनके प्यालों में वह मैंने मिलाया है
कि जीवन-मरण अब बहस कर रहे हैं
वे मरे या कि जीते हैं

मैकबेथ : *(नेपथ्य से)*
कौन है अरे! अरे!

पत्नी : हाय, शायद वे जाग गए
और काम नहीं हुआ
कोशिश भर होना और काम नहीं हो पाना
घोर असमंजस है

शांत शांत,
मैंने दोनों की कटारें वहाँ रख दी थीं
मैकबेथ की दृष्टि से बची नहीं रही होंगी
उसमें मेरे सोते हुए बूढ़े बाप का
उनहार अगर नहीं होता
तो मैं स्वयं कर चुकी होती काम
तू, मैकबेथ !

[वह पलटती है और मैकबेथ बाएँ हाथ में दो कटारें लिए दिखाई देता है।]

मैकबेथ : मैंने काम कर दिया, तूने कोई शोर सुना ?
पत्नी : हाँ, सुना; उल्लू की हँसी और झींगुर का रोना
क्या तू भी बोला था ?
मैकबेथ : कब ?
पत्नी : अभी
मैकबेथ : जब कि मैं उतरा ?
पत्नी : हाँ
मैकबेथ : सुनने दो

[वे सुनते हैं।]

कौन सोया है वहाँ दूसरे प्रकोष्ठ में
पत्नी : उसके दोनों बेटे
मैकबेथ : हाथ आगे बढ़ाकर
यह भयानक दृश्य है
पत्नी : मूर्खता है भयानक कहना इसे
मैकबेथ : एक सोते में हँसा था और एक चीखा 'खून'
जिससे दोनों जग पड़े; मैं खड़ा सुनने लगा
पर दोनों ने प्रार्थना की और सो गए
एक ने कहा 'ईश्वर रक्षा करे', 'एवमस्तु' दूजे ने
मानो दोनों ने मुझे रँगे हाथों देखा हो
सुनता रहा, कह नहीं पाया मैं 'एवमस्तु'
जब वह बोला था कि 'ईश्वर रक्षा करे'
पत्नी : इस पर मत सोच इतना
मैकबेथ : किस कारण मेरे मुँह से नहीं निकला 'एवमस्तु'
ईश्वर की रक्षा का योग्य पात्र मैं ही था
और 'एवमस्तु' मेरे कंठ में रुँध गया
पत्नी : इन बातों पर इस तरह नहीं सोचते
पागल हो जाएँगे
मैकबेथ : मुझे लगा मैंने सुनी कोई एक आवाज
'नींद अब न आएगी
मैकबेथ ने नींद का खून कर डाला'
भोली नींद
नींद जो चिंता की गाँठें सुलझाती है

हर दिन का अंत
थके श्रम का जो स्नान है
विक्षत मन का मरहम, प्रकृति का धर्म है
जीवन के भोज का रसमय अनुपान है

पत्नी : क्या कह रहा है तू ?

मैकबेथ : चीत्कार गूँजा था घर-भर में
नींद अब न आएगी
ग्लेमिस ने नींद का वध किया
इसलिए काडर न सोएगा
मैकबेथ अब और नहीं सोएगा

पत्नी : किसका चीत्कार था ?
परमश्रेष्ठ राजपुत्र
क्यों अपनी ग्लानि से अपना पराक्रम क्षय करता है ?
जा, थोड़ा पानी ला
और हाथ से कुत्सित यह प्रमाण धो डाल
क्यों ले आया तू वहाँ से कटारें ये ?
इनकी जगह वहीं है
जा, इन्हें ले जा
औ' सोते सेवकों पर लोहू पोत दे

मैकबेथ : अब मैं न जाऊँगा
सोचकर कि मैंने क्या कर डाला डरता हूँ
उसको दुबारा देखने का साहस नहीं

पत्नी : संकल्पहीन
मुझे दे कटारें
सोए और मुर्दा जड़ होते हैं चित्रवत्
शिशु डरा करते हैं भूत के मुखौटों से
यदि उसमें खून हुआ तो मैं रक्षकों के मुँह रँग दूँगी
क्योंकि यह उन्हीं का किया प्रकट होना चाहिए।

[वह जाती है। खटखटाहट सुनाई पड़ती है।]

मैकबेथ : यह खड़का कैसा है ? मुझको क्या हुआ है ?
हर आहट डराती है
ये मेरे हाथ हैं, ओह ! नोच लेंगे ये आँखों को
क्या सातों सिंधु धो सकेंगे इनका लोहू ?
नहीं, महासागर रँग जाएँगे
हरे अतल कर देगा मेरा यह हाथ लाल

[मैकबेथ-पत्नी आती है।]

पत्नी : मेरे भी हाथ रँगे हैं जैसे तेरे हैं
पर मेरा खून तेरे जैसा सफ़ेद नहीं

[खटखटाहट।]

खड़कन सुन पड़ती है दक्षिण के द्वार पर

लौट चलें हम अपने कक्ष को
थोड़े पानी से धुल जाएगी यह करनी
तब काहे की चिंता ?
दृढ़ता ने छोड़ दिया है तेरा साथ
[खटखटाहट।]
सुन, फिर खड़कन
जा कपड़े रात के बदल ले कि शायद
हमको उठकर आना हो
यों उधेड़बुन में मत खोया रह
[जाती है।]

मैकबेथ : अपनी करनी के सम्मुख आऊँ
इससे बेहतर है सुध अपनी बिसार दूँ
[खटखटाहट।]
डंकन को जगाओ किवाड़ पीट-पीटकर
अगर जगा पाओ तो
[प्रस्थान।]

दृश्य : 3

[खटखटाहट की आवाज बढ़ती जाती है। एक शराबी दरबान का प्रवेश।]

दरबान : कोई शायद खटखटा रहा है। हाँ, खटखटा ही रहा है। कोई अगर नर्क का दरबान होता तो उसकी जिंदगी ताले में घड़ी-घड़ी चाभी घुमाते कटती
[खटखटाहाट।]
खटखटाओ, खूब खटखटाओ। अरे कौन है भाई ? ईश्वर की कृपा से आपका कोई नाम तो होगा ! यह एक व्यापारी है जिसने चोरी-चोरी चने भर लिए कि महँगाई में अपना घर भरे। मगर फसल अच्छी हुई और दाम घट गए और यह गले में फाँसी डालकर चल बसे। आओ भाई आवताव के भगत ! यहाँ तो अभाव में बेभाव की पड़ेगी
[खटखटाहट।]
खटखटाओ, खूब खटखटाओ। अरे भाई कौन है ? हे ईश्वर, यह तो मतबदल है जिसके एक मुँह है मगर ज़बान दो हैं और जिसने एक दल के साथ दग़ा तो बहुत किया मगर दूसरे में मंत्री न बन सका। आओ भाई पलटू, ठीक है, जब दिल बदला तो दल बदला
[खटखटाहट।]
खटखटाओ, खटखटाओ, खटखटाओ, कौन भाई, कौन है ? यह कोई मिलावटी है जिसने असल में नकल की इतनी मिलावट की कि असल की पहचान उसे बिसर गई और यहाँ नर्क में आ पहुँचा। फिर खटखट ! कोई दम भी न ले ? अरे भाई, हो कौन ? यहाँ इतनी ठंड है कि कौरव का अग्निकुंड यहाँ हो नहीं सकता और मैं भी अब नर्क का दरबान नहीं बनता। सोचा था, सब धंधेबाज़ों के थोड़े-थोड़े नमूने बुला लेंगे क्योंकि सबकी उन्नति का मार्ग यहीं को आता है

[खटखटाहट।]

ठहरिए, ठहरिए, अभी आया। ज़रा दरबान का भी ख्याल रखिएगा, प्रभु !

[फाटक खोलता है, मैकडफ़ और लेनाक्स आते हैं।]

मैकडफ़ : कहो बंधु, क्या कल बड़ी रात गए उत्सव पूरा हुआ जो तुम इतनी देर सोते रह गए ?

दरबान : जी हाँ, हम भोर तक पीते-पिलाते रहे और आप जानते ही हैं कि शराब में अवगुण तीन-तीन हैं।

मैकडफ़ : सो भला क्या हैं ?

दरबान : लीजिए सुनिए : एक, आँखें लाल करे, दूसरे नींद लाए, तीसरे पेशाब लाए। लंपटता, मालिक, वह बढ़ाती भी है और घटाती भी है क्योंकि वह काम तो जगाती है मगर काम लायक नहीं रखती। शराब की अति मानो लंपट से दलबदल करती है—उसको बनाती है, उसको मिटाती है, उसको चढ़ाती है, उसको गिराती है, उसको उकसाती है उसको दबाती है, कहने का मतलब है कि उसे खड़ा करती है और बिठा देती है और फिर सोते में दग़ा देकर चारों खाने चित्त कर चल देती है

मैकडफ़ : मुझे दीखता है शराब ने तुझे भी कल चारों खाने चित्त कर दिया था

दरबान : जी हाँ, जी हाँ, कल उसने तो मेरा गला ही पकड़ लिया पर मैं उससे तगड़ा पड़ा और हालांकि मेरे पाँव थोड़ी देर को लड़खड़ा गए, आखिर में मैंने उसे उलटकर दम लिया

मैकडफ़ : क्या तेरे स्वामी की सुबह हुई ?

[मैकबेथ का प्रवेश, रात के कपड़े पहने है।]

जग गए वह, लो हमारी खटखटाहट से

लेनाक्स : नमस्कार, राजपुत्र

मैकबेथ : दोनों को नमस्कार

मैकडफ़ : क्या नरेश जागे हैं ?

मैकबेथ : अभी नहीं

मैकडफ़ : मुझको बुलाया था और मुझे देर हुई

मैकबेथ : मैं उनके पास लिए चलता हूँ

मैकडफ़ : राजा का सत्कार सुखद कष्ट होगा
पर कष्ट तो फिर भी है

मैकबेथ : मन का आनंद ही तो देह का कष्ट है
रास्ता इधर से है

मैकडफ़ : मैं स्वयं जाता हूँ क्योंकि आदिष्ट हूँ

[भीतर जाता है।]

लेनाक्स : प्रस्थान राजा का आज है ?

मैकबेथ : हाँ, ऐसा ही तय था

लेनाक्स : रात कल भयंकर थी
हम जहाँ सोए थे, चिमनियाँ गिर पड़ीं
वायु में विलाप और हत्या का चीत्कार सुन पड़ा
दुखभरे भविष्य में अनिश्चय की उथल-पुथल
और अराजकता की कर्कश चेतावनी
लंबी पहाड़-सी रात-भर
दिया किया उल्लू का अट्टहास

कुछ लोग कहते हैं
कि पृथ्वी उद्विग्न थी और कँपकँपाती थी

मैकबेथ : रात थी भयंकर कल

लेनाक्स : मेरे युवा मानस में ऐसी किसी और रात की कोई स्मृति नहीं

[मैकडफ़ का प्रवेश।]

मैकडफ़ : सर्वनाश, सर्वनाश ! क्या समझूँ ? क्या कहूँ?

मैकबेथ :
लेनाक्स : क्या हुआ?

मैकडफ़ : सर्वनाश खेल गया है अपना खेल अधमतम
हत्या ने पिंजरा तोड़कर
राजा के प्राणों का पक्षी चुरा लिया

मैकबेथ : क्या कहा प्राणों का ?

लेनाक्स : राजा के ?

मैकडफ़ : जाओ औ' स्वयं अपनी आँखों को हतसंज्ञ कर लो
दृश्य वह निहारकर
और तब स्वयं कहो क्या देखा

[मैकबेथ और लेनाक्स जाते हैं।]

जागो, जागो, जागो
तुमुलनाद करके जगाओ
हत्या, हत्या
बांको, डोनालबेन, मैलकम, जागो
मृत्यु की अनुकृति निद्रा त्यागो
साक्षात मृत्यु को देखो
उठो उठो, जैसे क़ब्र से कोई उठे और
आओ जैसे कि कोई प्रेत चलता हो

[घंटे बजते हैं : मैकबेथ-पत्नी का प्रवेश, रात के कपड़े पहने है।]

पत्नी : क्या कारण है कि ये कर्णकटु घंटे
सोतों को उठाकर बुला रहे हैं
बोलो, बोलो

मैकडफ़ : कल्याणी,
मैं जो कहूँगा वह, सुनने के योग्य नहीं आपके
नारी के कानों में शब्द वे मर्मांतक होवेंगे

[बांको आधे कपड़े पहने आता है।]

बांको, बांको, महाराज मारे गए

पत्नी : हाय, हमारे घर में ?

बांको : घर में किसी के हो, महा दुष्कृत्य है
मैकडफ़
कह दो जो तुमने अभी कहा, वह सच नहीं था

मैकबेथ : वह देखने के यदि थोड़ी देर पहले ही
मैं मर गया होता तो सुख से रहता

क्योंकि इस क्षण से अब
जीवन में अर्थ रह नहीं गया
सबकुछ खिलवाड़ है
शील नहीं रह गया, रही न शालीनता

[मैलकम और डोनालबेन दाएँ दरवाज़े से तेज़ी से आते हैं।]

डोनालबेन : क्या कुछ अनिष्ट है ?

मैकबेथ : हाँ, औ' तुम्हारा ही और तुमको पता नहीं
रक्त के प्रवाह का उद्‌गम, आगम, निर्झर
उत्स, हो गया है आज कुंठित तुम्हारा

मैकडफ़ : तुम्हारे पिता मारे गए

मैलकम : हैं ! किसके हाथों

लेनाक्स : दिखता है, उनके कक्ष के पहरेदारों का काम था
हाथ मुँह उनके रक्तरंजित थे
उनकी कटारें भी,
और वे वैसी ही खून सनी
उनकी तकियों पर थीं
आँखें उन्मत्त, एकटक घूरती-सी थीं
उनके हाथों कैसे रहता सुरक्षित
तब प्राणधन किसी का

मैकबेथ : हाँ, फिर भी क्रोध का मुझको है पश्चात्ताप
जो मैंने उनका वध कर डाला

मैकडफ़ : किसलिए ? क्यों किया ?

मैकबेथ : कौन हो सकता है एक क्षण एक साथ
चकित और सहज
क्षुब्ध और शांत स्वामिभक्त और निर्विकार ?
कोई मनुष्य नहीं
मेरा अबाध प्रेम
तोड़ तर्क की बाधा बह निकला
यहाँ पड़ा था डंकन
रजतवर्ण तन पर चित्रित था स्वर्णिम शोणित
और खुले घाव मानो काल के प्रवेश को
कपाट थे खुले हुए
वहाँ, हत्यारे थे
अपने दुष्कृत्य से सराबोर
उनके छुरे रक्त से तर थे मूठ तक
कौन थमा रहता तब जिसमें भक्ति होती
और उसकी अभिव्यक्ति का साहस भो होता

पत्नी : ओह, मुझे ले जाओ

मैकडफ़ : इनको सम्हालो

मैलकम : *(डोनालबेन से)*

हम चुप क्यों धारे हैं ?
इससे सब मानेंगे कि हम इनसे सहमत हैं

डोनालबेन : *(मैलकम से)*
हम यहाँ अभी कुछ कह भी नहीं सकते
जाने किस विवर से निकलकर हमारा काल
कब हमें डस ले
दूर कहीं चले जाएँ
अभी नहीं उमड़ेंगे आँसू हमारे

मैलकम : शोक अभी नहीं पिघलेगा

[सेविकाएँ आती हैं।]

बांको : *(मैकबेथ-पत्नी के लिए)*
इनको सम्हालो

[सेविकाएँ मैकबेथ-पत्नी को ले जाती हैं।]

औ' जब हम ढाँक लें अपनी नंगी सूरत
जो उघरे होने से दुख पाती है, मिलें
और इस जघन्य कृत्य का विश्लेषण करें
ताकि और जान सकें
शंका और भय से हैं व्याकुल हम
ईश्वर की छाया में खड़ा हुआ हूँ मैं
षड्यंत्र के
विश्वासघाती घृणा के विरुद्ध हूँ

मैकडफ़ : मैं भी हूँ

सब : हम सब हैं

मैकबेथ : हम तुरंत आएँ पुरुषोचित अवस्था में
औ' फिर एकत्र हों

सब : ठीक है

[मैलकम और डोनालबेन को छोड़ सब भीतर जाते हैं।]

मैलकम : तुम क्या करोगे अब ?
हम उनकी संगत से दूर रहें
वृथा शोक झूठों को सुगम है, उनको हो
मैं पश्चिम जाता हूँ

डोनालबेन : और मैं पूर्व को
अलग-अलग हम दोनों और अधिक सुरक्षित हैं
आज हम जहाँ हैं वहाँ चाकू छिपा है मुसकान में
जितना नज़दीक खून है जिसका वह उतना खूनी है

मैलकम : हत्या का अस्त्र जो कि छूटा है
अभी अपने ठौर पर नहीं पहुँचा
और हमें उसके
निशाने से बचना ही इष्ट है
इसलिए अश्व लो

और विदा के क्षण में मत बिलमो
द्रुत जाओ
दुर्लभ हो दया तो पलायन ही धर्म है

[प्रस्थान।]

[कुछ सप्ताह बीत जाते हैं।]

अंक : तीन

दृश्य : 1

[फ़ोरेस के महल का एक सम्मेलन कक्ष : बांको का प्रवेश।]

बांको : तुमने सब पा लिया : ग्लेमिस, काडर, नरेश
जैसा तुमसे विचित्र बहनें कह गई थीं
और मुझे शक है कि तुमने यह
छल से हथियाया है
फिर भी तुम्हारी वंशवृद्धि नहीं होगी
ऐसा ही कहा था
बल्कि मैं होऊँगा
अगणित राजाओं का प्रजापति
यदि वे सच कहती हैं
जैसा मैकबेथ, प्रकटा तेरे प्रसंग में
तो तेरे ही समान
मुझको भी क्यों नहीं
फलदायक सिद्ध हों
मुझमें आशा जगाएँ
लेकिन बस, ठहर जाओ

[दुंदुभिवादन, मैकबेथ का राजा और पत्नी का रानी के रूप में प्रवेश। साथ में लेनाक्स, रोस आदि कई सामंत और अनुचर हैं।]

मैकबेथ : यह रहे हमारे मुख्य अतिथि

पत्नी : हम इन्हें भूल सकते हैं क्या?

मैकबेथ : है आज रात को महाभोज का आयोजन
कामना करेंगे हम आपकी उपस्थिति की

बांको : आदेश करें, कर्त्तव्य करूँ

मैकबेथ : क्या आज आपको यात्रा पर भी जाना है ?

बांको : जी, महामान्य

मैकबेथ : अच्छा होता यदि परामर्श हम कर सकते गंभीर आज

पर कल होगा
यात्रा कितनी लंबी होगी ?

बांको : बस, उतनी जितनी अब से लेकर ब्यालू तक
हो सकती है
हाँ, घोड़े यदि थक गए
घड़ी दो घड़ी देर हो जाएगी

मैकबेथ : भूलना नहीं रात का भोज
सुनता हूँ डंकन के बेटे करते विदेश में कुप्रचार
स्वीकार नहीं करते हैं अपना पितृघात
पर यह सब कल
जब राजकाज के प्रश्नों पर हम सोचेंगे
तो विदा रात तक
साथ जा रहा है फ्लियांस ?

बांको : जी, महामान्य
अब देर हो रही है हमको

मैकबेथ : भगवान करे घोड़े फुर्तीले और चुस्त साबित हों
अच्छा, हो सवार, लो विदा

[बांको जाता है।]

मैकबेथ : प्रत्येक का समय अपना है शाम के सात तक
तदनंतर
संगति का लाभ सुखदतर हो
इसलिए इष्ट एकांत हमें
(सबसे)
प्रभु कृपा करें

[सब जाते हैं। मैकबेथ और एक सेवक रह जाते हैं।]

मैकबेथ : सेवक से
क्या वे जन प्रस्तुत हैं ?

सेवक : महाराज, वे दोनों ठहरे हैं द्वार पर

मैकबेथ : ले आओ सामने

[सेवक का प्रस्थान।]

राजा कहलाने से क्या
राजा होकर सुरक्षित रहना ही श्रेयस्कर है
बांको के प्रति मुझे गहरा संदेह है
और उसके राजसी स्वभाव में कुछ है
जिसका भय है
दुस्साहसी है वह, संकल्पवान है
सावधान भी है औ' वीर भी
एक वही है जिसके होने से मैं सचमुच डरता हूँ
आत्मा जिसके सम्मुख कुंठित हो जाती है
उसने डाइनों को फटकारा था

जब राजा कहकर उन्होंने
प्रथम बार मुझको पुकारा था
और उसने पूछा था अपना अनागत
तब डाइनें
दृष्टा भविष्य की हों जैसे, बोली थीं :
'तुमसे निसृत होगा नृपतिवंश'
यदि मेरा राजमुकुट केवल इसलिए है
कि मेरे पुत्रों से छीन लिया जाए
तो क्या मैंने अपने मन को पापिष्ठ किया
बांको संतति के हित ?
उनके हित क्षमाशील डंकन का वध किया ?
उपजाया वैमनस्य अंतर में केवल उनके लिए ?
बांको के पुत्रों के सिंहासन के लिए
मैंने अपनी आत्मा दे दी शैतान को ?
ऐसा है तो मेरे भाग्य आ,
तुझसे भी दो-दो हाथ कर लूँ मैं
कौन है ?

[सेवक दो हत्यारों को लेकर आता है।]

अब जाओ द्वार पर,
वहीं रहो जब तक हम न बुलाएँ

[सेवक का प्रस्थान।]

क्या कल ही तुमसे बात हुई थी ?

हत्यारा-1 : हाँ, प्रभुवर, हुई थी।

मैकबेथ : तो क्या तुमने मेरे शब्दों पर मनन किया ?
क्या तुमने माना
कि दुर्दिन का कारण तुम्हारे, अतीत में
बांको था, मैं नहीं, जैसा तुम समझे थे ?
मैं तो निर्दोष था
यही मैंने कहा था उस पिछली भेंट में सप्रमाण
कैसे तुम छल गए, कैसे सताए गए
किसने षड्यंत्र रचा ऐसे
कि अल्पबुद्धि भी कोई कह उठता
'यह बांको ने किया'

हत्यारा-1 : आपने बताया था

मैकबेथ : निश्चय ही, और भी कहा था कुछ
और आज भेंट का वह ही उद्देश्य है
क्या तुम इतने बड़े धीरज के धनी हो
कि जो हुआ है उसको जाने दो
इतने धर्मात्मा कि ऐसे श्रीमान
और उसकी संतान की कल्याणेच्छा करो

जिसके अन्याय ने
दुर्गति तुम्हारी की
निर्धन तुमको किया ?

हत्यारा-1 : महामान्य, हम भी मनुष्य हैं

मैकबेथ : हाँ, मनुष्य जाति में गिनती तुम्हारी है
जैसे कि श्वान, शुनक, आखेटक, कूकुर औ' मृगदंशक
कुत्तों की सूची में सभी लिखे होते हैं
पर कोई चतुर है, शिकारी है कोई
रखवाला है कोई औ' कोई है स्वामिभक्त
उनके गुणानुसार गृहस्वामी उन्हें
अलग-अलग काम देता है
वैसे ही नर भी हैं
तब यदि नरपंक्ति में महत्त्व कुछ तुम्हारा हो
तो बोलो
और मैं तुम्हें एक काम ऐसा सौंपूँगा
जिससे तुम्हारा शत्रु क्षय होगा
तुम मेरे प्रिय होगे

हत्यारा-2 : मैं, प्रभुवर, दुनिया के दुख इतने सह चुका
इतने थपेड़े मैं खा चुका हूँ कि मैं
कुछ भी कर गुजरूँगा दुनिया से बदला चुकाने को

हत्यारा-1 : मैं भी दुर्भाग्य का मारा थकाहारा हूँ
मुझको तो चाहिए कोई भी रास्ता,
या बिगड़ी बन जाए
या फिर निस्तार मिले जीवन जंजाल से

मैकबेथ : क्या तुम दोनों मानते हो कि बांको
दुश्मन तुम्हारा है ?

दोनों : निश्चय ही महाराज

मैकबेथ : मेरा भी है
और उसके अस्तित्व की हर धड़कन
मेरे मर्मस्थल पर एक चोट जैसी है
यद्यपि मैं चाहूँ
तो अंत करूँ अपने हाथों उसका
किंतु नहीं करता हूँ
कुछ मेरे औ' उसके मित्र हैं,
उनको दुख पहुँचेगा
और उसे मारकर
मुझे सुख नहीं होगा
इसलिए
तुम्हारा सहयोग माँगता हूँ मैं
यह घटना जनसाधारण को अज्ञात रहे

इसके कुछ कारण हैं

हत्यारा-2 : हम आज्ञा का पालन करके दिखलाएँगे

हत्यारा-1 : यद्यपि हमारे प्राण—

मैकबेथ : तुम सच्चे दिखते हो
थोड़ी ही देर में तुमको बताऊँगा
कहाँ छिपे रहना है घात में
ठीक कौन से समय :
आज रात को ही हो जाना है कृत्य यह
राजमहल से काफ़ी दूरी पर
औ' कोई कोरकसर रह न जाए
बांको का पुत्र और सहचर फ़्लियांस भी
जिसका विनाश
अपने बाप के विनाश से कम आवश्यक नहीं
उस काली घड़ी में अंत को प्राप्त हो
तुम दोनों सोच लो :
मैं अभी बुलाऊँगा

हत्यारा-2 : हम दोनों प्रस्तुत हैं महाराज

मैकबेथ : अच्छा, तो ठीक है, जाओ भीतर ठहरो
[हत्यारे जाते हैं।]
तय हुआ ख़ात्मा, बांको
जाती हो स्वर्ग
तो आज रात ही चली जाए तेरी आत्मा
[प्रस्थान।]

दृश्य : 2

[मैकबेथ-पत्नी और एक सेवक का प्रवेश।]

पत्नी : बांको सभा से गया ?

सेवक : हाँ, महिषी, रात फिर आएगा

पत्नी : राजा से कहो जब उनको अवकाश हो,
कुछ क्षण मुझे देंगे

सेवक : ऐसा ही कहता हूँ

पत्नी : सब दिया और कुछ नहीं मिला,
वासना मिटी पर शांति नहीं पाई हमने
तोड़े से क्या आनंद मिला
इससे तो अच्छा था कि स्वयं टूटे होते
[विचारमग्न मैकबेथ का प्रवेश।]
ऐसी क्या बात है स्वामी अकेले आप रहते हैं

संगिनी कोई यदि है तो मलीनता
उपजी उन भावों से जिनको मर जाना था
उनके संग-संग जिनके बारे में वे हैं
जिसका उपाय नहीं, उस पर विचार क्यों
जो हुआ सो हुआ

मैकबेथ : कुचला है साँप को, नहीं मारा
वह फन उठाएगा
डरता है पापी मन उसके विषदंत से
सबकुछ ढह जाए
औ' त्राहि-त्राहि मच जाए लोक-परलोक में
मुझको स्वीकार है
डरे-डरे क्यों खाएँ हम
सोएँ तो सपने आएँ भयंकर
औ' हमको झकझोर दें ?
जिन्हें निजी शांति के हित हमने शांत किया
शांत क्यों नहीं हो गए उनके संग हम?
क्यों असहाय छटपटाते हैं ?
डंकन इस जीवन का विषमज्वर झेलकर
मीठी नींद सोया है
राजद्रोह ने उसका काम यों तमाम किया
अस्त्र, शस्त्र, विष, अथवा वैर अथवा आक्रमण
अब उसका और कुछ बिगाड़ नहीं सकते हैं

पत्नी : सम्हलो सम्हलो, स्वामी
रूखा-रूखा चेहरा अपना सँवार लो
हँसमुख दिखलाई दो
अपने अतिथियों के बीच आज

मैकबेथ : ऐसा ही करूँगा मैं, प्रियतमे,
तुम भी यही करना
बांको की ओर कुछ विशेष दत्तचित्त हो
बोली से आँखों से उसको आदर देना
हम अभी अरक्षित हैं इसलिए मुखौटे से
अंतर के सत्य को ढाँके रहना होगा

पत्नी : ये बातें छोड़ दो

मैकबेथ : हा, मेरे मन को सौ बिच्छू डस रहे
बांको औ' उसका फ़्लियांस अभी जीवित है
यह तुम जानती होगी ?

पत्नी : पर उनके जीवन का पट्टा तो नहीं लिखा

मैकबेथ : यही संतोष है; वे भी तो बध्य हैं
तब तू प्रसन्न हो
इसके पहले कि पेड़ पर लटका चिमगादड़

उड़ निकले रात की खबर देने
भीषणतम कृत्य एक होवेगा

पत्नी : सो क्या है?

मैकबेथ : तू मेरी लाडली, उससे अनजान रह
हाँ, तू जब जानेगी आनंदित होवेगी
आ, अंधी रात दिवस की मलीन आँखों पर
आ, पट्टी बाँध दे
जिस जीवनसूत्र के अटूट बने रहने से
मेरा मन त्रस्त है
आ अपने शोणित-प्यासे अदृश्य हाथों से
वह धागा तोड़ दे
कुहरा गहराता है
कौवा बसेरे की खोज में जाता है
दिन के अम्लान कुसुम सहसा कुम्हलाते हैं
निशिचर अब हेरेंगे अपने-अपने शिकार
विस्मय मत कर मेरे शब्दों पर, धीरज धर
पाप किए से ही मिलते हैं फल पाप के
आ, मेरे संग आ।

[प्रस्थान।]

दृश्य : 3

[जंगल की एक पगडंडी जो उस राजकीय उपवन के द्वार तक जाती है जो महल से कुछ दूर है। दोनों हत्यारे आते हैं, पीछे एक तीसरा है।]

हत्यारा-1 : तुझे किसने भेजा है?

हत्यारा-3 : मैकबेथ ने

हत्यारा-2 : अविश्वास मत कर कि यह हमें बताता है
हमको क्या करना है
वैसे ही जैसे निर्देश था

हत्यारा-1 : तब तू भी साथ था
पश्चिम में झिलमिल है आभा सूर्यास्त की
पथ में विलमा यात्री आतुर हो उठता है
जल्दी आए पड़ाव
और पास आता है हम लोगों का शिकार

हत्यारा-3 : सुन—घोड़े की टाप

बांको : *(दूर से)*
रोशनी दिखाओ रे

हत्यारा-2 : वही है—

बाकी आमंत्रित दरबार में पहुँच चुके

हत्यारा-1 : उसके घोड़े गए

हत्यारा-3 : एक मील के लगभग जाएँगे
पर वह औरों जैसा
राजद्वार तक पैदल जाता है

[बाँको और फ़्लियांस का मशाल लिए हुए प्रवेश।]

हत्यारा-2 : वह देखो रोशनी

हत्यारा-3 : वही है—

हत्यारा-1 : होशियार

बांको : आज रात बरसेगा

हत्यारा-1 : तो बरसे

[पहला हत्यारा मशाल बुझा देता है और दूसरा बांको पर हमला करता है।]

बांको : हाय, विश्वासघात,
भागो बेटा फ़्लियांस, भागो भागो भागो
मेरा बदला लेना—हाय, नीच

[मरता है, फ़्लियांस भागता है।]

हत्यारा-3 : किसने मशाल गुल की ?

हत्यारा-1 : क्या—नहीं करनी थी ?

हत्यारा-3 : सिर्फ़ एक ख़त्म हुआ और पुत्र बच निकला

हत्यारा-2 : आधे से अधिक काम रह गया

हत्यारा-1 : ख़ैर चलें, जो किया है उसकी ख़बर दें

[प्रस्थान।]

दृश्य : 4

[महल का बड़ा कमरा। पीछे की ओर एक चबूतरे पर जिसके दाएँ-बाएँ दो दरवाज़े हैं, दो सिंहासन तथा सामने की ओर बड़ी मेज़ और बैठने के आसन। भोज सजा हुआ है। मैकबेथ, पत्नी, रोस, लेनाक्स और अन्य सामंत और अनुचर साथ-साथ आते हैं।]

मैकबेथ : आइए विराजिए, अपने अनुक्रम के अनुसार पंक्ति में
आदि से अंत तक सबका हार्दिक स्वागत

सामंत : महामान्य, धन्यवाद

[पत्नी को मैकबेथ चबूतरे पर ले जाता है : सामंत बड़ी मेज़ के दोनों ओर बैठते हैं। सिरे पर एक आसन ख़ाली छोड़ देते हैं।]

मैकबेथ : मिले-जुलेंगे सबसे आज हम
आतिथेय जो ठहरे

[पत्नी सिंहासन पर बैठती है।]

मैकबेथ : सिंहासन पर शोभित हैं देवी

समय गए उनकी भी संगति की प्रार्थना करेंगे हम

पत्नी : मेरी ओर से कृपया
मित्रों को जतला दें मेरे मन का उछाह
सबका सुस्वागतम्

[मैकबेथ जब बाएँ दरवाज़े के पास से गुज़रता है तो हत्यारा-1 वहाँ प्रकट होता है। सामंत उठकर मैकबेथ-पत्नी का अभिवादन करते हैं।]

मैकबेथ : देखो, वे उत्तर में धन्यवाद करते हैं
पक्ष दो बराबर हैं :
मैं यहाँ मध्य में बैठूँगा
खुलकर आनंद करो, चलने दो एक दौर

[द्वार पर जाता है।]

मैकबेथ : तेरे चेहरे पर खून है

हत्यारा : तो वह बांको का है

मैकबेथ : बेहतर है वह तेरे तन पर है उसके तन में नहीं
क्या उसे ठिकाने पहुँचा दिया?

हत्यारा : उसकी गरदन प्रभुवर, चाक है
मैंने ही की

मैकबेथ : तू गरदनमारों में वीर है
पर जिसने वध किया फ़्लियांस का
वह भी इक वीर है
यदि तूने ही किया तो तू है परमवीर

हत्यारा : महामहिम, फ़्लियांस बच निकला

मैकबेथ : पुनः प्रबल होता है तब मेरा संताप
अब तक मैं शीतल था, दृढ़ था चट्टान-सा
पूर्ण था
मुक्त और निर्बंध था मैं समीर-सा
पर अब मैं घिर गया, कोटर में बंद हुआ
कील दिया मुझको दुश्चिंता ने
बांको तो ठीक है?

हत्यारा : बांको सुरक्षित है खाई में पड़ा हुआ
सर पर हैं बीस घाव
उनमें से हर कोई काफ़ी है

मैकबेथ : धन्यवाद
साँप मरा, बच निकला, साँप का सँपोला जो
उसमें अवसर पाकर होगा विष का विकास
दंतहीन आज है
जा तू, कल अपन फिर सुनेंगे, जा

पत्नी : हे राजन, आप क्यों रुक गए, पीजिए
भोज प्रीतिभोज नहीं बाज़ारू खाना है
यदि उसमें प्रीति बार-बार प्रकट हो नहीं

उदरभरण है केवल, वह तो ज्योनार नहीं
और अपने-अपने घर पर भी हो सकता है
आप मौन मत रहिए
अपने अतिथियों का करिए मनोरंजन

[बांको का प्रेत आकर मैकबेथ के लिए निर्दिष्ट स्थान पर बैठता है।]

मैकबेथ : मधुरे, यह भली याद दिलवाई
[अतिथियों से।]
जीमिए महानुभाव
इच्छा हो, रुचि हो, जठराग्नि हो एवं आरोग्य हो!

लेनाक्स : महामहिम, आसन ग्रहण करें

मैकबेथ : आज यहाँ राज्य का सुसज्जित गौरव होता
यदि आया होता हमारा सौम्य बांको
बांको का न आना मैं वर्जनीय अवहेला मानूँगा
क्षम्य दैवयोग नहीं

रोस : उसकी अनुपस्थिति, प्रभु, वचनभंग है उसका
आप कृपा कर हमको अपने सत्संग से सम्मानित कीजिए

मैकबेथ : पंगत तो पूरी है

लेनाक्स : यहाँ एक आसन रख छोड़ा गया है, प्रभु

मैकबेथ : कहाँ ?

लेनाक्स : यहाँ, राजेश्वर
महामहिम, क्यों विचलित होते हैं ?

मैकबेथ : यह—तुममें से किसकी करतूत है ?

अतिथि : क्या ? महामहिम ?

मैकबेथ : तू क्या कह सकता है ? कुछ नहीं किया मेरे हाथों ने
मत ये लोहूलुहान केश हिलाकर निहार
[पत्नी खड़ी हो जाती है।]

रोस : भद्रलोक, उठिए, राजेश्वर अस्वस्थ हैं

पत्नी : *(सिंहासन से उतरकर आती हुई)*
बैठिए न, सज्जनो
ऐसा स्वामी को जब तब होता रहता है
और युवावस्था से ही होता आया है
सुनिए, बैठे रहिए
क्षण-भर में वह फिर पहले से हो जाएँगे
आप उधर ध्यान न दें
अधिक देखने से वह और अस्त-व्यस्त होंगे
और अधिक उत्तेजित
जीमिए, उन्हें छोड़ दीजिए
क्या तू मर्द है ?

मैकबेथ : हाँ, औ' निर्भीक मर्द
जिसकी आँखों में

वह दृश्य सहन करने का
साहस है
जो कि स्वयं शैतान देख नहीं सकता है

पत्नी : मायावी इंद्रजाल—
यह तेरी कातरता का ही प्रतिबिंब है
यह वह छुरी है जो तूने तब टँगी हुई देखी थी निरवलंब
औ' तूने कहा था कि डंकन की ओर तुझे ले गई
चौंक-चौंक उठना यों
जैसे सचमुच भय हो
सुने-सुनाए किस्से कहती औरतों को सुहाता है
तुझे नहीं
शर्म खा, क्यों ऐसे चेहरे बनाता है ?
देख शांत हो करके
तू खाली आसन को घूरता खड़ा है

मैकबेथ : देख, देख, वहाँ देख, इधर ताक, तू यह क्या कहती है ?
मैं क्यों डरने लगा
जब कि तू न हिलता है और न ही बोलता
यदि कब्रों औ' समाधियों में रक्खे मुर्दे उठ-उठ लौटने लगे
तो हमको गिद्ध पालने होंगे
औ' उनकी विष्ठा ही हमारा स्मारक होगी

[प्रेत लोप हो जाता है।]

पत्नी : तू पौरुष खो बैठा है अपनी मति खोकर

मैकबेथ : मैं यहाँ खड़ा हूँ तो मैंने देखा भी है

पत्नी : शर्म खा

मैकबेथ : रक्तपात होता रहा है अतीत में
जब कि नियमबद्ध नहीं था शांतिप्रिय समाज
पीछे भी हत्याएँ हुई हैं कि जो कही नहीं जातीं
किंतु यही होता था कि शिरोच्छेद होने पर
मर जाता था मनुष्य, शेष हो जाता था
किंतु आज, आज वह पुनः उठकर आता है
खाँडे के बीस घाव शीश पर लिए हुए
और हमें आसन पर बैठने नहीं देता
यह हत्या से भी भयावह है

पत्नी : *(मैकबेथ की बाँह छूकर)*
राजेश्वर, बंधु बाट जोह रहे

मैकबेथ : भूल गया था मैं यह
मेरे सज्जन मित्रो, चिंतित मत होइए
मेरा विचित्र एक रोग है
जो मेरे परिचित हैं वे जानते ही हैं
आइए, प्रीति हो, चिरायु हो

प्याला दो भरकर दो
फिर मैं भी बैठूँगा

[जब प्याला उठाता है तो प्रेत मैकबेथ के पीछे के आसन पर फिर प्रकट होता है।]

आप जो उपस्थित हैं, उनको शुभकामना
औ' प्यारे बांको को भी जो है नहीं
होता तो कितना अच्छा होता
सबको शुभकामना

अतिथि : हम प्रतिबद्ध हैं, अर्पित हैं

[मैकबेथ अपने आसन पर आना चाहता है।]

मैकबेथ : हट जा, नज़रों से ओझल हो जा,
धरती में समा जा
तेरी हड्डियों में गूदा नहीं
तेरा खून ठंडा है
इन आँखों में जिनसे बाँधे हैं टकटकी
कोई प्रतीति नहीं

पत्नी : यह इनकी आदत है और कुछ नहीं समझें, सज्जनो
हाँ, मज़ा किरकिरा तो कर ही देती है

मैकबेथ : जो मनुष्य के बस का है वह कर सकता हूँ
आ तू धर सिंह रूप गैंडा बन शूकर बन
कोई सा रूप धार यह चोला छोड़कर
फिर मेरी दृढ़ता को जाँच ले
या फिर जीवित हो जा और खड्ग लेकर आ
तब यदि काँपू, ठिठकूँ तो कह मुझको कायर
हट जा, भयकारी छाया, मायाधर मिथ्या, दूर हो

[प्रेत लोप हो जाता है।]

लो, उसके जाते ही मैं फिर से स्वस्थ हुआ

पत्नी : तूने तो रंग-भंग कर दिया, सभा व्यर्थ कर डाली
अद्भुत अस्थिरता से

मैकबेथ : क्या ऐसी होती हैं वस्तुएँ?
औ' एकाएक बदली-सी घिर आ सकती हैं?
तू तो मुझमें विचित्र अनुभव उपजाती है
मैं अपने से ही अनजान हुआ जाता हूँ
जब कि देखता हूँ मैं
तू ऐसे दृश्य देखकर भी अस्थिर नहीं
तेरे गालों की लालिमा उतर नहीं जाती
जब कि मैं सफ़ेद हुआ जाता हूँ

रोस : कौन दृश्य महामान्य?

पत्नी : विनती है कुछ न कहें
और बिगड़ती जाती है इनकी दशा प्रश्न पूछे से

क्रोधित हो उठते हैं
अच्छा, अब नमस्कार
जाने में अपने अनुक्रम को भूल जाएँ
तुरत जाएँ

लेनाक्स : नमस्कार, क्षेम हो, महाराज स्वस्थ हों

पत्नी : सबको शुभकामना

[जाते हैं।]

मैकबेथ : खून माँगता है खून औ' लेकर रहेगा खून
प्रकृति में सबकुछ संबद्ध है
पत्थर हिल उठते हैं, वृक्ष बोल पड़ते हैं
औ' हत्या संसृति से छिपी नहीं रहती है
अब कितनी रात गई ?

पत्नी : पौ फटनेवाली है
रात और दिन में संघर्ष है

मैकबेथ : क्यों, तू क्या कहती है ?
मेरे बुलवाने पर क्यों नहीं मैकडफ़
आने को राज़ी है ?

पत्नी : क्या बुलवा भेजा है ?

मैकबेथ : अभी नहीं, पर मैंने सुना है
कि वह ऐसा कहता है
अब बुलवा भेजूँगा
उसके घर में मैंने रख छोड़ा है अपना भेदिया
कल जाऊँगा डाइन बहनों से मिलने को
उन्हें बोलना होगा आगे की बात, क्योंकि
मैं तुल गया हूँ अब बुरे से बुरे ढब से
वह जानने को जो बुरे से बुरा हो
मेरे हित पहले हैं बाकी सब गौण हैं
लोहू में डूब चुका हूँ इतना
पैरना न चाहूँ तो लौटना जटिल है
जैसे आगे जाना
मेरे मन में कितनी अनजानी बातें उठ आई हैं
पहले उनको करूँ
पीछे पहचानूँगा क्या किया

पत्नी : तू आत्मा के सुख का, निद्रा का भूखा है

मैकबेथ : आ, हम चलकर सोएँ
मेरी यह घबराहट शुरू-शुरू के भय के कारण है
यह अति अभ्यास से सहज होगी
कर्म बहुत कम किए हैं हमने तो अब तक

[प्रस्थान।]

दृश्य : 5

[लेनाक्स और अन्य एक सामंत का प्रवेश।]

लेनाक्स : घटनाक्रम कितना विचित्र है—
डंकन को मैकबेथ पर स्नेह था
लो, वह मारा गया,
बांको अँधेरे में निकला
तो आप कह सकते हैं
उसको फ़्लियांस ने ख़त्म किया
क्योंकि वह, फ़्लियांस भी, फ़रार है
देखा! अँधेरे में चलने का नुक़सान!
मैलकम, डोनालबेन का अपने बाप को
मार डालना कितनी बुरी बात है, बोलो,
मैकबेथ को कितना आघात लगा
उसने तभी तो शराब के गुलाम रक्षकों का
वध कर डाला
कितना अच्छा किया
और ठीक ही तो है
जब वे कुकर्म को अपने नकारते
तो सुनकर सज्जनगण कितने क्रोधित होते
मेरा तो कहना है मैकबेथ
राजकाज करता है भली-भाँति
डंकनसुत यदि उसके क़ब्ज़े में होते
—औ' प्रभु की अनुकंपा है कि वे कहीं और हैं—
पितृघात का फल दोनों चखने को पाते
हे ईश्वर, झूठी कनबतियों
औ' अत्याचारी के घर भोज में न जाने से
मैकडफ़ बना है पात्र राजा के कोप का
आप कह सकते हैं कि वह कहाँ छिपा होगा?

सामंत : डंकनसुत, जिनका अधिकार लिए बैठा है अन्यायी
दूर देश में हैं औ' मैकडफ़ भी वहीं गया
अन्य शक्तियों का संग्रह करने जिनके संबल से
फिर एक बार हम रोटी तोड़ सकें शांति से
रातों को सो सकें
भोजों, जेवनारों को खूनसने छुरों से मुक्त करें
निश्छल सम्मान निष्कपट पाएँ
आज इन्हीं को हम तरसते हैं।
मैकबेथ यह जानकर इतना विक्षुब्ध है कि
लड़ने की तैयारी करता है

लेनाक्स : क्या उसने मैकडफ़ को घर से बुलवाया था?
सामंत : मैकडफ़ के पास जब राजा का चर पहुँचा
उसने उत्तर दिया कि मैं नहीं आने का
लेनाक्स : मैकडफ़, तू दूर रह कि यही बुद्धिमानी है
कोई करुणा करके जा उसको समझाए
ताकि पाप से पंकिल हाथों की करनी से
दुखियारा देश यह हमारा स्वाधीन हो
सामंत : मैं उसको अपनी शुभकामना पठाता हूँ
[प्रस्थान।]

अंक : चार

दृश्य : 1

[तीनों डाइनें मंत्रोच्चार कर रही हैं।]

डाइनें : क्षितिज के बीच, बीचोबीच आँख मीच
तू भूत हो फूत्कार स्फीत भीत चीत्कार क्लीश गुम्फित हा
मुंडन डप्
गुंजन भन भन दुप
क्लिं क्लं क्लां हीन
शांतीं धुप हा
मैकबेथ : अँधियाली रात में रहस्यमयी डाइनो
तुम क्या कर रही हो—?
डाइनें : ऐसा कुछ जिसका कुछ नाम नहीं
मैकबेथ : तुमको, तुम्हारी विद्या को चुनौती है, चाहे जो विद्या हो
उत्तर दो
हहराते अंधड़ उन्मुक्त करो
टूट पड़ें वे देवस्थानों पर
खोले मुँह क्षुब्ध नीलसिंधु औ' जहाज़ों को लील जाए
पट जाएँ हरी-भरी फसलें, तरु उखड़ जाएँ
दुर्ग अपने रखवालों के सर पर आ ढहें
विराट सौध औ' गोपुर के ललाट झुकें, आ लगें
अपनी नींव से
निसर्ग के समस्त बीज लौट-पौट जाएँ
सड़ जाए सृष्टि
तुम मुझको उत्तर दो मेरी जिज्ञासा का

डाइन-1 : पूछ, पूछ
डाइन-2 : बोल, बोल
डाइन-3 : हम उत्तर देवेंगे
डाइन-1 : तू हमसे सुनना चाहेगा या प्रेतों से ?
मैकबेथ : बुलवाओ, उनको भी देखूँ मैं
डाइन-1 : सूअरनी नौ बच्चों को खाए
रक्त उसका कोई ले आए
मेद जो सूली पर से चुए
अग्नि में दे, स्वाहा हो जाए

[गरज : पहला प्रेत, शिरस्त्राणयुक्त मुंड जो मैकबेथ का-सा है, प्रकट होता है।]

मैकबेथ : बतला, अज्ञात शक्ति...
डाइन-1 : वह तेरे अंतर की जाने है
सुन उसके शब्द और बोल मती
प्रेत-1 : मैकबेथ, मैकबेथ, मैकडफ़ से बचो
मैकबेथ : तू जो भी है तूने मेरा भय पहचाना
चेताया, धन्यवाद, टुक ठहर...
डाइन-1 : नहीं नहीं, न रोक उसको
और देख, उससे भी प्रबल प्रेत !

[गरज : एक रक्तरंजित शिशु का प्रवेश।]

प्रेत-2 : मैकबेथ, मैकबेथ, निर्दय बन, निर्भय बन
अविचल रह
हँसकर के टाल दे अपने पर आक्रमण
क्योंकि तू नारी के जने किसी मानव के
हाथों मारा नहीं जाएगा
मैकबेथ : तब मैकडफ़, जी जितना चाहे जी
मुझको तेरा क्या डर
फिर भी मैं होनी से लिखवाकर ले लूँगा
'तू नहीं रहेगा'
मैं पीले चेहरेवाले डर से कह पाऊँगा
'तू असत्य कहता है'
और कड़कती बिजली में भी सो पाऊँगा

[गरज : तीसरा प्रेत, मुकुटधारी शिशु, हाथ में हरा वृक्ष।]

मैकबेथ : यह क्या है, दिखता है राजकुँवर मुकुट धरे
सब डाइनें : सुन, केवल बोल मती
प्रेत-3 : बन कठोर, अभिमानी
भूल जा कि कोई चिढ़ता है करता है आलोचना
होते षड्यंत्र हों, होने दे
जब तक उठकर बरनम बन आएगा नहीं
डंज़िनेन पर्वत पर
तब तक राजा मैकबेथ हार नहीं सकता है

[लोप हो जाता है।]

मैकबेथ : ऐसा होगा नहीं
जंगल को कौन उठा सकता है?
तरु को आदेश कौन दे सकता है
कि भूमि में पैठी जड़ अपनी छोड़ दे?
यह शुभ है समाचार
दबे रहो, कब्र में पराजित विद्रोहियो,
प्रतीक्षा करते रहो,
बरनम के उठने की,
अभिमानी मैकबेथ राज करे,
जीवन की, काल की, समाज की करे सेवा
पर मेरा मन व्याकुल और जानने को है
बोलो, क्या तुममें बताने की क्षमता है
कि बांको के पुत्र
कभी राज करेंगे भू पर?

सब डाइनें : और जान मत मैकबेथ

मैकबेथ : ठीक है, न बतलाओ
शापग्रस्त होगे तुम
बतलाओ...

डाइन-1 : दिखलाओ

डाइन-2 : दिखलाओ

डाइन-3 : दिखलाओ

सब डाइनें : दिखलाओ इसको, दुखने दो इसका दिल
छाया-सी आओ औ' हो जाओ ओझिल

[आठ राजाओं की छायाएँ एक के बाद एक आती हैं, अंतिम के हाथ में प्याला है और सबके अंत में बांको का प्रेत आता है।]

डाइनें : तू क्यों अवाक् है मैकबेथ

[गाती-बजाती हैं और चली जाती हैं।]

मैकबेथ : गईं? कहाँ? जाने दो,
रहने दो लिखी हुई कालपत्र पर यह मनहूस घड़ी
कौन है? चले आओ।

[लेनाक्स का प्रवेश।]

लेनाक्स : आज्ञा हो

मैकबेथ : क्या तुमने देखी थीं डाइनें?

लेनाक्स : जी नहीं

मैकबेथ : जाएँ जिस पथ से वह दूषित हो
उनका विश्वास करे जो वह अभिशप्त हो
घोड़ों की टाप सुनी थी मैंने? कौन था?

लेनाक्स : चर आए हैं प्रभुवर
कहते हैं मैकडफ़

दूर देश निकल गया

मैकबेथ : दूर देश !
काल, तू न बाधा बन क्रूर कर्म की मेरे
लक्ष्य दूर जाता है, आगे बढ़, मैकबेथ
आज से हृदय में जो आए सो हाथों को करने दे
और अभी देर न कर
मैकडफ़ के दुर्ग पर जा, कर दे आक्रमण
उसकी औरत बच्चे मार डाल, उसको निर्वंश कर
यह कोई डींग नहीं
कृत्य यह करूँगा निश्चय डिगने के पहले
किंतु और दृश्य नहीं
प्रकट
आगंतुक कहाँ हैं ? उनके ढिंग ले चलो

[प्रस्थान ।]

दृश्य : 2

[फ़ाइफ़, मैकडफ़ का दुर्ग । मैकडफ़-पत्नी अपने बच्चे और रोस के साथ आती है ।]

मैकडफ़-पत्नी : उसने क्या किया था कि देश छोड़ना पड़ा ?

रोस : धीरज मत खो, बहन

मैकडफ़-पत्नी : उसने तो खो दिया
पागलपन था उसका भागना
दोषी जो कर्म से नहीं है वह
दिखता है दोषी भय करने से

रोस : हम क्या जानें कि वह विवेक था कि भय था

मैकडफ़-पत्नी : क्या ? विवेक ? पत्नी को छोड़कर, बच्चों को छोड़कर
जमाजथा घरदुआर असुरक्षित छोड़कर पलायन विवेक है ?
प्यार नहीं था उसको
वात्सल्यहीन है
पिद्दी भी पलटकर वार करती है
जब उल्लू घोंसले पर हमला करता है
भय ही सबकुछ था और प्रेम कुछ नहीं था ?
किसी भाँति संगत नहीं जो पलायन था उसमें कैसा विवेक ?

रोस : मेरी अच्छी बहन
शांत हो
सज्जन है तेरा पति और मतिवान है
वक्त का उतार-चढ़ाव जानता है वह
और अधिक क्या कहूँ

आज समय ऐसा है कि हम देशद्रोही हैं
औ' हमें पता नहीं
कि भय के मारे यक़ीन अफ़वाहों पर हम कर लेते हैं
और जानते नहीं कि वह भय किसका भय है
सागर की उद्वेलित और उग्र लहरों पर
उतराते डोलते थपेड़े खाते हैं हम
मैं चलूँ,
देर करूँगा नहीं, जल्दी ही आऊँगा
ज्वार उतर जाएगा, या फिर चढ़कर सबकुछ
पहले जैसा ही कर जाएगा
मेरी प्यारी बहन, शुभाशीष

मैकडफ़-पत्नी : इसका पिता है और यह पितृहीन है

रोस : जो मैं बिलमा रहा तो भारी भूल होगी
मेरे रोके न रुकेंगे आँसू, चित्त दुखेगा तेरा
मैं तुरंत जाता हूँ

[प्रस्थान।]

मैकडफ़-पत्नी : बेटे, तेरा पिता नहीं रहा
अब क्या करेगा तू, कैसे जिएगा?

पुत्र : जैसे चिड़ियाँ जीती हैं, माँ!

मैकडफ़-पत्नी : क्या? कीड़ों-मकोड़ों के आसरे

पुत्र : जो भी मिल जाए उनकी ही तरह से

मैकडफ़-पत्नी : मेरे बच्चे, डरना मत कभी
लासे से, जाल से

पुत्र : मैं क्यों डरूँगा, माँ?
ये छोटी चिड़ियों के लिए नहीं होते हैं
चाहे जो कहो, मरा नहीं है मेरा पिता

मैकडफ़-पत्नी : नहीं, वह नहीं रहा
कैसे बिना बाप के रहेगा तू

पुत्र : क्या मेरा पिता देशद्रोही था?

मैकडफ़-पत्नी : हाँ, वह था

पुत्र : कौन देशद्रोही कहलाता है?

मैकडफ़-पत्नी : झूठ बोलता है जो औ' क़समें खाता है

पुत्र : जो ऐसा करें, देशद्रोही कहायेंगे?

मैकडफ़-पत्नी : जो ऐसा करे देशद्रोही कहाएगा और दंड पाएगा

पुत्र : क्या जो क़समें खाएँ और झूठ बोलें वे सभी दंड पाएँगे?

मैकडफ़-पत्नी : उनमें से एक-एक

पुत्र : कौन दंड देवेगा?

मैकडफ़-पत्नी : जो हैं ईमानदार, और कौन?

पुत्र : तब झूठी क़समें खानेवाले मूर्ख हैं
क्योंकि झूठ बोलने औ' क़समें खानेवाले इतने अधिक

हैं कि ईमानदारों की मरम्मत करके रख दें।

[संदेशवाहक आता है।]

संदेशवाहक : सुखी रहें आप, आप मुझे नहीं जानतीं
यद्यपि मैं आपकी महिमा से परिचित हूँ
मुझको आशंका है आप पर कोई संकट
अभी-अभी आनेवाला है
मेरी मानें और आप यहाँ नहीं रहें
बच्चों को लेकर के निकल जाएँ
आपको डराना यों मुझे एक क्रूर कर्म लगता है
हानि पहुँचाना तो बर्बरता होगी
और वह सन्निकट है
ईश्वर रक्षा करे

[प्रस्थान।]

मैकडफ़-पत्नी : जाऊँ तो कहाँ जाऊँ
मैंने किसी का बुरा नहीं किया
हाँ, मुझे याद आया
कि मैं जिस दुनिया में हूँ
वहाँ बुरा करना है बहुधा प्रशंसनीय
और भला करना आत्मघाती कहाता है
तब क्यों मैं नारीसुलभ शब्द यों कहूँ
कि मैंने किसी का बुरा नहीं किया है
ये चेहरे कौन हैं?

[हत्यारे आते हैं।]

हत्यारा : तुम्हारा पति कहाँ है ?

मैकडफ़-पत्नी : जहाँ कहीं हो वह इतनी कुत्सित जगह नहीं
कि तुम जैसे लोग वहाँ पहुँच जाएँ

हत्यारा : वह देशद्रोही है

पुत्र : झूठ बोलता है तू नीच, दुष्ट

हत्यारा : क्या कहा
(मारता है)

पुत्र : मुझे मार डाला माँ, तू अपनी जान बचा
मर जाता है

[मैकडफ़-पत्नी 'खून-खून' कहती हुई भागती है और हत्यारे उसका पीछा करते हैं।]

दृश्य : 3

मैलकम : आओ, कोई निर्जन-सी छाँह खोजकर हम अपना दुखड़ा एक-दूसरे से कह लें।

मैकडफ़ : क्यों ? शस्त्र क्यों न हाथों में लें और अपना दुखी देश उद्धारें ? अब हर दिन सूरज

उगने पर नई विधवाओं का विलाप और अनाथ शिशुओं का क्रंदन सुन पड़ता है। आकाश नई-नई विपदाओं से आहत होकर चीत्कार करता है मानो स्वदेश के दुख से वह दुखी हो।

मैलकम : मैं इसका प्रतिकार करूँगा, वह समय आएगा और मित्र साथ होंगे किंतु यह तो कहो कि वह अन्यायी, आज जिसका नाम लेते हमारी जीभ पर छाले पड़ते हैं, क्या कभी दयालु माना जाता था ? तुम तो उसके प्रिय थे और उसने अब तक तुम्हारा प्राण नहीं लिया। मैं इतना बड़ा नहीं पर इस योग्य तो हूँ कि मेरे बदले में तुम उससे कुछ पा लो और तुममें एक दुर्बल अबोध बकरे को क्रुद्ध देवता पर बलि चढ़ाने की बुद्धि भी है।

मैकडफ़ : मैं कपटी नहीं हूँ।

मैलकम : किंतु मैकबेथ है। कोई शीलवान भी राजसी क्रोध से कुछ कर डाल सकता है। सुनो, मैं समझ नहीं पाता हूँ कि तुम क्या हो और क्यों अपना देश और घर-बार छोड़ चले आए हो। मुझे संदेह होता है।

मैकडफ़ : मैं हताश हो चुका हूँ। अत्याचार, अपना साम्राज्य फैला, मेरे देश का रक्त बहने दे क्योंकि सज्जनता तेरे प्रतिरोध का साहस नहीं करती है। वह तेरे नाम से डरती है। महानुभाव, आपका मंगल हो। मैं वह दुष्टात्मा नहीं हूँ जो आप मुझे समझे हैं। अत्याचारी के चंगुल में दबी हुई समस्त भूमि और दूर देशों से छीनी हुई उसकी संपत्ति भी मुझे डिगा नहीं सकती।

मैलकम : मेरी बात का बुरा मत मानो। मैं यह नहीं कहता कि मुझे तुमसे भय है। मैं भी जानता हूँ कि मेरा देश पापी के जूए तले पिसता है, उसकी आँखें आँसूभरी और शरीर घायल है और हर दिन वह एक और घाव खाता है। मैं यह भी जानता हूँ कि इस अन्याय के विरुद्ध हज़ारों हाथ उठेंगे और एक दिन हम अत्याचारी का सर कुचलेंगे किंतु जिस दिन यह होगा, मैं यह भी जानता हूँ कि उस दिन मेरा देश पहले से अधिक और अनेक विधि से, अपने नए शासक के हाथों दुख का भागी होगा।

मैकडफ़ : ऐसा शासक कौन होगा ?

मैलकम : मैं अपने को कहता हूँ। जानता हूँ कि मुझमें पाप के अनेक रूप इस तरह समाहित हैं कि जब वे प्रकट होंगे, पापी मैकबेथ दूध का धोया दिखेगा और जनता उसे मेरे अनंत दुष्कर्मों की तुलना में देवतुल्य समझेगी।

मैकडफ़ : रौरव नर्क में भी मैकबेथ जैसा पापी नहीं होगा।

मैलकम : मैकबेथ हत्यारा होगा मानता हूँ, मानता हूँ कि वह विलासी, लोलुप, मिथ्या, कपटी, छली, ईर्ष्यालु और सब कुकर्मों से भ्रष्ट है जिनके कई नाम हैं, किंतु मेरी वासना की तो कोई थाह नहीं। तुम्हारी पत्नियाँ, पुत्रियाँ, दाइयाँ, दासियाँ सब मेरी लिप्सा की अग्नि बुझा नहीं सकतीं और जो मुझको रोकेगा वह जीवित रह नहीं सकता। ऐसे किसी से तो भला है कि मैकबेथ ही राज करे।

मैकडफ़ : निरंकुश वासना अत्याचार है और उसने अनेक सिंहासन असमय में खाली कराए हैं, किंतु तुम जिस पर भी आसक्त हो उसे तुम चुपचाप बिना जतलाए माँग ले सकते हो : यों भी, अनेक स्त्रियाँ होंगी जो तुम पर समर्पित होने को लालायित हों और होकर गौरवान्वित हों।

मैलकम : यही नहीं, मुझमें एक अत्यंत बड़ा रोग है कि मेरे लोभ की कोई सीमा नहीं। वह निर्बंध है और मैं किसी सामंत की भूमि, किसी के रत्न, किसी का महल कभी भी

हड़प सकता हूँ और यह भूख ऐसी है कि जितना खाता हूँ उतनी ही बढ़ती है, इसलिए मैं भलों और ईमानदारों के विरुद्ध झूठे अभियोग कर उनका विनाश करता हूँ जिससे उनका धन मेरा हो जाए।

मैकडफ़ : लोलुपता आत्मघाती है : यह देहलिप्सा से कहीं अधिक भीषण है और इसकी जड़ें कहीं अधिक गहरी। इस तलवार ने अनेक राजाओं को मौत के घाट उतारा है, फिर भी तुम चिंता न करो। तुम्हारा देश तुम्हें बहुत दे सकता है और यह दोष अन्य गुणों की तुलना में बहुत साधारण है।

मैलकम : पर वे गुण मुझमें हैं नहीं। राजा होने के योग्य गुण जैसे सत्य, न्याय, संयम, स्थैर्य, कृपा, निष्ठा, करुणा, विनय, श्रद्धा, धीरज, साहस और दृढ़ता मुझे अज्ञात हैं। किंतु दुष्कर्म कई-कई गुने होकर मुझमें विलास करते हैं—हाँ, मुझे यदि सत्ता मिले तो मैं प्रेम के अमृत में नरक घोल डालूँ, जन-जन की शांति को नष्ट कर दूँ और धरती पर जितनी एकता है उसे तोड़ दूँ।

मैकडफ़ : मेरे देश! मेरे देश!

मैलकम : ऐसा कोई व्यक्ति यदि शासन के योग्य हो तो कहो जैसा मैंने बताया है?

मैकडफ़ : शासन के योग्य?—वह जीने के योग्य नहीं। मेरे अभागे राष्ट्र! अत्याचार से तू कब मुक्त होगा? देख, राज्य का सच्चा उत्तराधिकारी अपने ही शब्दों में पतित और अयोग्य है। वह अपने वंश का कलंक है। मैलकम, तेरा पिता संत था, माँ वत्सला थी। पर ईश्वर तेरा भला करे! जो दुर्गुण तूने गिनाए हैं उन्हीं के कारण तो मैं देश छोड़कर आया हूँ—अब कहाँ जाऊँ! बस, आशा की हल्की-सी ज्योति भी बुझ गई।

मैलकम : तेरे ये साधु शब्द सुनकर मेरा सब संदेह जाता रहा। मुझको विश्वास है कि तू सच्चा वीर है। राक्षस मैकबेथ ने इसी तरह के छल से मुझे फुसलाना चाहा था और अब मैं किसी पर सहसा विश्वास नहीं करना चाहता हूँ। मैं तेरे साथ हूँ, तू मुझे राह दिखा, मैंने अपने विषय में जो कुछ कहा था वह सच मत मान। मैंने अभी तक स्त्री को नहीं जाना, झूठ कभी नहीं बोला, पराया धन नहीं ताका, कभी धर्म नहीं छोड़ा, और विश्वासघात शैतान से भी नहीं करूँगा। जीवन में और सत्य में मेरी आस्था है और पहला झूठ वही था जो मैंने अभी अपने बारे में तुझसे कहा था। मैं जो हूँ तेरा हूँ और अपने दुखियारे देश का हूँ। हम तेरे आने के पहले ही एकत्र हो रहे थे। क्यों? चुप क्यों रह गए?

मैकडफ़ : ऐसी प्रिय और ऐसी अप्रिय घटनाएँ एकसाथ देखकर। वह देखो कौन आता है?

[रोस का प्रवेश।]

आओ मेरे प्यारे भाई, देश का क्या समाचार लाए हो?

रोस : हतभाग्य मातृभूमि, अपनी सूरत से वह डरने-सी लगी है। अब वह हमारी माँ नहीं रही, हमारी कब्र बन रही है। वहाँ कोई, जो कुछ भी जानता है, मुस्कुराता नहीं है, आहें और कराहें आकाश को चीरती हैं, और भीषण वेदना ही एक समान सबकी संपत्ति है। जब कोई मरता है तो कोई नहीं पूछता कि कौन था और जो जीते हैं वे अपने गले के हार मुरझाने के पहले मर जाते हैं।

मैकडफ़ : मेरी पत्नी कैसी हैं?

रोस : ठीक ही हैं।

मैकडफ़ : और मेरे सब बच्चे

रोस : वे भी ठीक हैं

मैकडफ़ : पापी ने उनकी शांति में विघ्न नहीं डाला?

रोस : नहीं, जब मैं चला तब वे पूर्ण शांति में थे

मैकडफ़ : शब्दों की कंजूसी मत करो, कुछ और कहो

रोस : जब मैं आया तो अफ़वाह थी कि कुछ और लोग मारे गए हैं, जो सही ही होगी क्योंकि मैंने ज़ालिम का पंजा उठा हुआ देखा था।

(मैलकम से)

अब समय आ गया है कि तुम मदद करो। तुम्हारी एक दृष्टि देश में सैनिकों को जन्म देगी, औरतों को युद्ध करना सिखलाएगी ताकि वे अपने पर आई विपत्ति का दमन कर सकें।

मैलकम : धीरज धरो, हम आ रहे हैं।

रोस : कहीं मैं भी कोई ऐसा शुभ समाचार तुमको दे सकता! पर मेरे पास जो शब्द हैं वे मरुथल में कहने योग्य हैं जहाँ वे किसी कान में न पड़ सकें।

मैकडफ़ : वे जिसके विषय में हैं वह घटना सार्वजनिक है या व्यक्तिगत है?

रोस : ऐसा कौन सच्चा प्राणी है जो दूसरों का दुख न बँटाता हो पर यह मुख्यतः तुम्हारे विषय में है।

मैकडफ़ : यदि ऐसा है तो तुम शीघ्र कह डालो।

रोस : सुनकर तुम मेरी बोली से सदा के लिए घृणा मत करने लगना क्योंकि तुमने ऐसे विदारक शब्द कभी नहीं सुने होंगे।

मैकडफ़ : हूँ, कुछ-कुछ समझ रहा हूँ।

रोस : तुम्हारे दुर्ग पर आक्रमण हुआ, तुम्हारी पत्नी, तुम्हारे बच्चे बर्बर हाथों से काटे गए : कैसे, यह वर्णन करना मेरे बस का नहीं।

मैलकम : हे ईश्वर—अरे बंधु ऐसे मुँह मत ढाँपो, पीड़ा को शब्द दो। वह वेदना जो व्यक्त नहीं होती, भयाकुल हृदय में तड़पती रहती है और उसे विदीर्ण कर सकती है।

मैकडफ़ : मेरे बच्चे भी...?

रोस : हाँ, पत्नी, बच्चे, सेवक, जो भी मिले।

मैकडफ़ : और मैं वहाँ से इतनी दूर था? पत्नी भी?

रोस : मैंने अभी कहा।

मैलकम : धीर धरो : अपने प्रतिकार को हम इस भीषण दुख की औषधि बनाएँगे।

मैकडफ़ : उसके कोई संतान नहीं है। मेरे सब प्यारे छौने? तुमने क्या कहा? सब?

मैलकम : मनुष्य की तरह विरोध करो, मैकडफ़।

मैकडफ़ : करूँगा, पर मुझे मनुष्य की तरह अनुभव भी करने दो।
कौन भूल सकता है वध दिल के टुकड़ों का
ईश्वर तकता रहा
जबकि लिया जाता था उनसे प्रतिशोध
पिता के कारण?

मैलकम : प्रतिहिंसा के इस पत्थर पर तलवार को
सान चढ़ाओ, साथी
क्रोध करो, मत बैठो मन मसोस, हो प्रचंड

मैकडफ़ : हे ईश्वर, खींच दुष्ट मैकबेथ को दूर से
खड्ग की पहुँच में मेरी ले आ

फिर भी वह छूट जाए
तो उसको दे क्षमा

मैलकम : पुरुषोचित शब्द ये तुम्हारे हैं
मैकबेथ का अंतकाल आया है पास
और देते हैं देवता हमको आशीर्वाद
धीर धरो
कोई रात इतनी लंबी नहीं
जिसका दिन ही न हो
चलो, युद्ध की रचना करें, चलो

[प्रस्थान।]

अंक : पाँच

दृश्य : 1

[डंज़िनेन : क़िले का एक कक्ष, चिकित्सक और धाई का प्रवेश।]

चिकित्सक : मैंने दो रात तुम्हारे साथ-साथ उस पर निगरानी की परंतु तुम्हारी बात का कोई प्रमाण न पाया। पिछली बार वह कब चलती दिखी थी?

धाई : जब से महाराज युद्धभूमि को गए मैंने महारानी को कई बार देखा है कि वह बिस्तर से उठती हैं, दोशाला ओढ़ती हैं, अलमारी खोलती हैं, काग़ज़ निकालती हैं, उसे मोड़कर उस पर लिखती हैं, अपना लिखा पढ़ती हैं, फिर उसे बंद कर बिस्तर पर चली जाती हैं और यह सब जब वह करती हैं तो गहरी नींद सोई रहती हैं।

चिकित्सक : यह तो प्रकृति की विचित्र लीला है—एक ही साथ आँखें मूँदने का मधुर आनंद भी और देखने का कौतुक भी। पर यह तो कहो कि रानी को सोते-सोते चलने और अन्य कुछ करने के अतिरिक्त क्या कभी कुछ शब्द कहते हुए तुमने सुना है?

धाई : जी हाँ, किंतु मैं उनके पीछे वे शब्द नहीं कह सकती।

चिकित्सक : मुझसे कह सकती हो और अच्छा हो कि कह डालो।

धाई : न आपसे, न किसी और से क्योंकि मैं जो बताऊँगी उसका गवाह कोई नहीं होगा।

[मैकबेथ-पत्नी का प्रवेश : हाथ में दीया है।]

लो वह आ गईं। मैं निश्चित कह सकती हूँ कि वह गहरी नींद में हैं। ध्यान से देखो, छिपकर खड़े रहो।

चिकित्सक : इनको यह दीया कहाँ से मिला?

धाई : यह तो उनके समीप रखा रहता है। उनका आदेश है कि रोशनी बराबर उनके पास रहे।

चिकित्सक : देखो, आँखें खुली हुई हैं।

धाई : परंतु उनकी चेतना बंद है।

चिकित्सक : अब क्या कह रही हैं? देखो, हाथ कैसे मल रही हैं?

धाई : यह उनकी आदत है, मानो हाथ धो रही हों। मैंने उन्हें कई घड़ी ऐसा ही करते देखा है।

मैकबेथ-पत्नी : अभी एक धब्बा बाक़ी है।

चिकित्सक : सुनो, सुनो, बोल रही हैं। जो वह कहें मैं उसको लिख लूँ जिससे कि बाद में कहीं भूल न जाऊँ।

मैकबेथ-पत्नी : निकल, अभागे धब्बे, कहती हूँ निकल! एक, दो, लो वक्त आ गया, कर डालो। क्या, नर्क में अँधेरा है! छिः स्वामी, सैनिक और भय? हमको भय हो ही क्यों! हमसे कौन जवाबतलब कर सकता है? हाँ, मुझे नहीं मालूम था कि बूढ़े की देह में इतना खून होगा।

चिकित्सक : कुछ सुना तुमने?

मैकबेथ-पत्नी : फ़ाइफ़ के राजपुत्र के एक पत्नी थी, सो अब कहाँ है? अरे, क्या ये हाथ कभी साफ़ नहीं होंगे? बस करो, राजेश्वर, बस करो, ऐसे चौंक-चौंककर तुम सब मज़ा किरकिरा कर रहे हो।

चिकित्सक : भाग जा, भाग जा, तूने वह सुन लिया है जो तुझे नहीं जानना था।

धाई : उसने वह कह दिया है जो उसे नहीं कहना था। इसमें कोई शक नहीं। ईश्वर जाने कि उसने क्या किया है।

मैकबेथ-पत्नी : अभी तक खून की गंध नहीं गई। अरब के तमाम इत्र इतने से हाथ को सुगंधित नहीं कर सकते। ओह, ओह, ओह!

चिकित्सक : कितना गहरा निःश्वास! हृदय क्लेश से भरा है।

धाई : मैं तो ऐसा हृदय अपने सीने में कभी न रखूँ जिससे सारे शरीर की गरिमा घटे।

मैकबेथ-पत्नी : हाथों को धो डालो, रात के वस्त्र पहन लो, ऐसे पीले मत पड़ो। मैं तुमसे फिर कहती हूँ कि बांको दफ़न हो चुका। वह क़ब्र से उठकर नहीं आ सकता।

चिकित्सक : ओह, ओह, यह बात है?

मैकबेथ-पत्नी : सोने चलो, सोने चलो : कोई फाटक पर खटखटाता है : आओ, आओ, आओ : मुझे अपना हाथ दो। जो हो चुका अब वह अनकिया नहीं हो सकता। सोने चलो, सोने चलो, सोने चलो।

[वह जाती है।]

चिकित्सक : क्या अब वह बिस्तर पर जाएँगी?

धाई : एकदम जाएँगी।

चिकित्सक : अफ़वाहें फैली हैं : अस्वाभाविक कर्म से
अस्वाभाविक कष्ट ही उपजते हैं। रोगी मन
बहरी तकियों से अपनी व्यथा-कथा कहते हैं
बेचारी, उसे चिकित्सक नहीं, ईश्वर की अनुकंपा चाहिए
हे ईश्वर, हे ईश्वर, हम सबको दे क्षमा
उसको संरक्षण दे
उसके सब क्लेश मिटा और उस पर दृष्टि रख
अच्छा अब विदा

धाई : विदा, भला हो तुम्हारा!

[प्रस्थान।]

दृश्य : 2

[डंज़िनेन दुर्ग के निकट। ढोल और झंडे। एंगस और लेनाक्स का दो अन्य सामंतों के साथ प्रवेश।]

सामंत-1 : मैलकम की सेना औ' उसके संग मैकडफ़
आने ही वाले हैं
आग प्रतिशोध की सुलग रही है उनमें
उनका आमंत्रण सुन आते हैं भीरु भी

एंगस : बरनम वन के निकट हम उनसे जा मिलें
उसी रास्ते से वे आते हैं

सामंत-2 : मैलकम के साथ डोनःलबेन भी होगा ?

लेनाक्स : नहीं है, परंतु कई और हैं
कई युवा साथ हैं कि जिनकी तरुणाई ने
कल अँगड़ाई ली है

सामंत-1 : दुष्ट मैकबेथ क्या करता है ?

सामंत-2 : डंज़िनेन दुर्ग की सुरक्षा का दृढ़ प्रबंध
कुछ इसको पागलपन कहते हैं
औ' कुछ, जो कम कटु हैं, कहते हैं उग्रता
पर सच तो यह है कि मैकबेथ बौखलाया है
आपे से बाहर हो रहा है वह

एंगस : अब अपने हाथों पर गोपन हत्याओं के
चिह्न देखता है वह
बार-बार कल तक के स्वामिभक्त
करते हैं द्रोह
लोग उसके आदेश पर चलते हैं इसलिए
कि बस वह आदेश है
मन से नहीं चलते
उसका राजत्व झूलता है यों उस पर
कि जैसे पड़ा बौने पर दैत्य का लबादा हो

सामंत-1 : तब उसको कौन दोष दे उद्धत होने पर
जब उसके भीतर जो कुछ भी है
अपनी ही भर्त्सना करता है

सामंत-2 : जो हो, हम बढ़े चलें

लेनाक्स : चलो चलें, बरनम को

[प्रस्थान।]

दृश्य : 3

[डंज़िनेन के दुर्ग का कक्ष; मैकबेथ, चिकित्सक और सामंतों का प्रवेश।]

मैकबेथ : और समाचार यहाँ मत लाओ
तो जाएँ जाने दो
जब तक बरनम का वन
उठ करके डंज़िनेन को नहीं चला आए
मैं क्यों भय से मरूँ ?
मैलकम—वह छोकरा—
क्या उसको औरत ने नहीं जना ?
प्रेतात्माएँ, जो मनुष्यों का विधिविधान जानतीं
मुझसे कह गई हैं यों : 'डर मत, ओ मैकबेथ,
कोई जो औरत का ज़ाया हो तुझे हरा नहीं सकता'
जाओ, विश्वासघातियो, जाओ
औ' कच्ची उम्र के किशोरों से मिल जाओ
मेरा निर्णायक मन, मेरा अंतःकरण
न संशय में डूबेगा न भय से थर्राएगा
[सेवक का प्रवेश।]
यह पीला चेहरा क्यों ?
हट, तेरे मुँह पर मिट्टी पड़े
गीदड़ की शक्ल यह कहाँ से ले आया है ?

सेवक : दस हज़ार हैं

मैकबेथ : गीदड़ ? नालायक !

सेवक : जी, सैनिक

मैकबेथ : जा, मुँह धो करके आ, थोड़ा दूध पी ले
डरपोक ! कैसे सैनिक ? गौखे !
मरदूद ! तेरे चेहरे पर मँडराती हवाइयाँ
डर पैदा करती हैं
कैसे सैनिक ? भकुए !

सेवक : क्षमा मिले, मैलकम के

मैकबेथ : यहाँ से मुँह काला कर
[सेवक का प्रस्थान।]
सेटन !
जब मैं सोचता हूँ तो खिन्न हो जाता हूँ, सेटन !
यह संकट या मुझको मुक्त कर देगा
या मिटा देगा
मैं काफ़ी जी चुका
मेरा जीवन पिपराया पत्ता है,
सड़ता है

वृद्धावस्था के सुख, प्रेमादर, श्रद्धा, सत्संग आदि
मुझे नहीं मिलने हैं
उनके बदले होंगी झूठी खुशामदें
जिनसे छुटकारा चाहता हूँ मैं
पा नहीं सकता—सेटन!

सेटन : आज्ञा हो

[सेटन का प्रवेश।]

मैकबेथ : और क्या ख़बर है?

सेटन : पहले जो आई थी अब उसकी पुष्टि हुई

मैकबेथ : लड़ूँगा मैं तब तलक
जब तलक मेरी हड्डियों पर गोश्त बाक़ी है
मेरा कवच लाओ

सेटन : अभी समय नहीं आया

मैकबेथ : मैं पहने रहूँगा
घोड़े दौड़ाओ औ' छान डालो गाँव-गाँव
जो भय का नाम ले पकड़ करके फाँसी दो
दो मेरा कवच मुझे—

[चिकित्सक से।]

तेरे रोगी का क्या हाल है चिकित्सक!

चिकित्सक : वह किसी व्याधि से उतना अस्वस्थ नहीं
जितना कि आधि से
दुश्चिंताएँ उसे सोने नहीं देती हैं

मैकबेथ : उसे कष्टमुक्त कर
क्या तू उपचार नहीं कर सकता है मन का?
स्मृति से उखाड़ नहीं सकता है कोई दुख?
क्लेश की लिखावट मस्तिष्क से मिटा नहीं सकता है?
मीठी विस्मरणवटी देकर
क्या काढ़ नहीं सकता है अंतर का मैलापन
जिससे मन बोझिल है?

चिकित्सक : यह तो रोगी के खुद करने का काम है

मैकबेथ : औषधियाँ फेंक दो कूड़े में
मुझे नहीं चाहिए
लाओ मेरा कवच, पहनाओ
दो मेरा राजदंड
(सेटन, जल्दी करो)
मेरे सामंत आज मुझसे कतराते हैं, चिकित्सक!
(यह क्या कर रहे हो?)
यदि तुझसे बन पड़े
तो मेरे देश के विकार का निदान कर
और उसको शुद्ध कर, निर्मल आरोग्य दे

मैं तेरी आशंसा ऐसी करूँगा कि दसों दिशा गूँजेंगी
(अरे हटाव भी इसे)
क्या तूने शत्रुओं के बारे में सुना?

चिकित्सक : सुना है महामान्य
रण की तैयारियाँ आपकी सुनी हैं

मैकबेथ : *(कवच के अंश की ओर संकेत कर)*
इसे मेरे साथ लाव
मृत्यु का न मुझको भय न भय है विध्वंस का
कि बरनम वन डंज़िनेन आ नहीं सकता है

[वह जाता है, पीछे-पीछे कवच लिए सेटन।]

चिकित्सक : डंज़िनेन से अगर छूटा मैं भला-चंगा
लाख रूपै दो तो भी इधर नहीं आवंगा।

[प्रस्थान।]

दृश्य : 4

[बरनम वन के निकट का क्षेत्र : ढोल और झंडे : मैलकम, मैकडफ़, एंगस, लेनाक्स, रोस, अन्य सामंत और सैनिक आते हैं।]

मैलकम : भाइयो, वह दिन अब दूर नहीं
जबकि नहीं सोते में हत्या का भय होगा

सामंत-1 : निस्संशय

सामंत-2 : यह जंगल क्या है जो दिखता है सामने?

सामंत-1 : यह बरनम का वन है

मैलकम : हर सैनिक एक डाल काट ले
अपने आगे रक्खे
इस प्रकार हम अपनी
संख्या को शत्रु से छिपा लेंगे
उसे घेर लेंगे देखे जाने के पहले

सैनिक : ऐसा ही होवेगा

[सेना का प्रस्थान।]

दृश्य : 5

[डंज़िनेन दुर्ग के भीतर। झंडों और ढोल के साथ मैकबेथ, सेटन और सैनिक प्रवेश करते हैं।]

मैकबेथ : दुर्ग की दीवारों पर ध्वजकेतन फहरा दो, आने दो
जो वे घेरा डाले, उन्हें पड़े रहने दो

जब तक कि भूख और रोग उन्हें खा न जाएँ
यदि उनमें मिले नहीं होते हमारे भी अनुयायी
हम उनसे जूझते आमने-सामने
मारकर उन्हें उनके घर तक पहुँचा देते
कैसा यह शोर है

[भीतर से स्त्रियों के रोने का स्वर।]

सेटन : औरतें रोती हैं

[जाता है।]

मैकबेथ : मैं प्रायः भूल ही गया हूँ कि भय कैसा होता है।
एक समय था कि जब रात में चीख सुन
ख़ून जम जाता था
दारुण कथा कोई रोंगटे खड़े कर देती थी
अब मैं खुद भय के संग हमप्याला हो चुका
संकट से हमारा मन इतना परिचित है
कि और चौंकता नहीं

[सेटन फिर आता है।]

सेटन : महामान्य, रानी अब नहीं रहीं

मैकबेथ : उन्हें किसी और समय जाना था
तब इन शब्दों के मानी होते
कल और कल और कल भी
घिसट-घिसटकर व्यतीत होएगा
शेषकाल शेष बचे रहने तक
बीते कल जितने हैं सबने प्रशस्त किए रास्ते
क़ब्रों तक, मूढ़ों के वास्ते
छोटी-सी, दीये की लौ, निबट जा
कि जीवन चलती-फिरती छाया है
साधारण पात्र
जो कि खटता है पिसता है
मंच पर
घड़ी-भर
सुनाई फिर नहीं पड़ता
मूरख का कहा हुआ क़िस्सा है जीवन
है गर्जन से तर्जन से भरा और अर्थहीन

[चर का प्रवेश।]

तू बकने आया है जल्दी कह

चर : महामहिम, मुझको बतलाना है जो मैंने देखा है
किंतु जानता नहीं कि वह कैसे बतलाऊँ

मैकबेथ : कुछ तो कह

चर : जब मैं पर्वत की निगरानी कर रहा था
तब मैंने दृष्टि की बरनम की ओर

तो यह लगा कि वह जंगल
धीरे से चल पड़ा

मैकबेथ : झूठा, गद्दार

चर : यदि जो मैं कहता हूँ वह न हो तो मुझे दंड दें
तीन-तीन मील तक आप देख सकते हैं
पास आ रहा है वह
जी हाँ, चलता-फिरता

मैकबेथ : झूठ अगर बोला है तो अगले पेड़ पर ज़िंदा लटका दूँगा
लटका रहेगा औ' भूख से झुराएगा
जो सच कहा तो मुझको परवाह नहीं
संकल्प करता हूँ
और प्रेत की वाणी पर शंका होती है
जो सत्य के जैसा झूठ बोलती थी यह
कि डर मत जब तक बरनम डंज़िनेन को न आए
और आज वह डंज़िनेन चला आता है
अस्त्र लो, अस्त्र लो, और चलो
यदि इसने जो देखा, आया है
तो न भागना होगा और न बिलमे रहना
मैं सूरज के प्रकाश से थक गया हूँ, यह मनाता हूँ
कि विश्व यह विसर्जित अब हो जाए
ख़तरे के घंटे बजाओ, तूफ़ानो, आँधियो, आओ
हम कम से कम कवच धारे तो मरेंगे !

दृश्य : 6

[डंज़िनेन दुर्ग के सामने का मैदान, मैकबेथ का प्रवेश।]

मैकबेथ : यों मुझको घेर लिया, भाग नहीं सकता हूँ
हमलावर कुत्तों से यहीं निबटना होगा
कौन है कि जिसको औरत ने जना नहीं ?
ऐसे ही व्यक्ति से मुझे भय है और किसी से नहीं

[एक सैनिक आता है।]

सैनिक : तेरा नाम क्या है ?

मैकबेथ : काँप उठेगा तू वह सुन करके, मैं मैकबेथ हूँ

सैनिक : इतना घृणास्पद नाम !

मैकबेथ : इतना भयंकर कह !

सैनिक : झूठे, कुत्सित पापी,
मेरी तलवार अभी सिद्ध किए देती है

[लड़ते हैं और सैनिक मारा जाता है।]

मैकबेथ : औरत ने तुझको जना होगा
पर उन हथियारों पर मैं केवल हँसता हूँ
जो कि धारते हैं नर स्त्री के जने हुए
[जाता है : घंटों की आवाज़, मैकडफ़ का प्रवेश।]

मैकडफ़ : शोर इस दिशा में है, दुष्ट, सामने तो आ
तू यदि मारा गया किसी और के हाथों
तो मेरी पत्नी औ' बच्चों के प्रेत मुझे सालेंगे
या तुझको मारूँगा
या इस तलवार को कोरा ही
रख दूँगा म्यान में
[जाता है, घंटे बजते हैं, मैलकम और एक सैनिक का प्रवेश।]

सैनिक : स्वामी इस ओर आएँ
रण में हम जीत गए
अत्याचारी के जन दोनों ओर लड़ते हैं
विजयश्री आज आपकी ही है

मैलकम : शत्रु पक्ष में ऐसे सैनिक भी देखे थे
जो कि हमारी ख़ातिर लड़ते थे

सैनिक : दुर्ग में प्रवेश करें
[जाते हैं, घंटे बजते हैं।]

दृश्य : 7

[मैकबेथ का प्रवेश।]

मैकबेथ : आत्महत्या क्यों करूँ मैं?
आज जीवित प्राणियों को घाव तन पर सोहते हैं
[मैकडफ़ का प्रवेश, दोनों में युद्ध होता है।]
थक गया है तू चला जा
रक्त से बोझिल बहुत है आत्मा मेरी
तू भले रण में कुशल हो
भले ही तेरा दुधारा वध्य वक्षों पर गिरे
वरदान है मुझको कि मेरा प्राण
नारी गर्भ से उत्पन्न कोई हर नहीं सकता

मैकडफ़ : व्यर्थ है वरदान तेरा
जा, कि वह जिसने दिया हो पूछ उससे
वह बताएगा कि मैकडफ़
गर्भ माँ का चीरकर काढ़ा गया था
जन्मा नहीं था

मैकबेथ : नष्ट हो वह जीभ जो यह बोलती है

क्योंकि इसने शक्ति मेरी छीन ली है
ओह, जादूगरनियों पर मत करे विश्वास कोई
जोकि दोहरे अर्थ का खिलवाड़ करती हैं
एक आशा जगाती हैं, एक आशा तोड़ती हैं
मैं नहीं तुझसे लड़ूँगा

मैकडफ़ : तब फिर तू हार मान, कायर
देखेंगे सभी लोग तेरी भुसभरी लाश
और यों कहेंगे 'यह अत्याचारी देखो'

मैकबेथ : मैं न हार मानूँगा
मैलकम के चरणों में गिरने को
और कायरों के मुँह से गाली सुनने को
बरनम वन आया है डंज़िनेन
और सामने तू है, स्त्री का जना नहीं
फिर भी मैं
धारण कर अस्त्रकवच अंत तक लड़ूँगा
आ, जा मैकडफ़ आ, जा
उसको धिक्कार है कि जो पहले 'ठहर' कहे

[युद्ध और मैकबेथ की मृत्यु।]

नाटक

ऑथेलो

[शेक्सपियर के नाटक 'ऑथेलो—द मूर ऑफ वेनिस'
(रचना-वर्ष 1604 ई.) का अनुवाद, 1983]

नाटककार शेक्सपियर

महान नाट्य प्रणेता विलियम शेक्सपियर का जन्म सन् 1564 की अप्रैल में हुआ था। 28 वर्ष की आयु से निरंतर लेखन और अभिनय करते रहे। शेक्सपियर के बारे में पहला हवाला उनके प्रतिपक्षी नाट्यकार की व्यंगोक्ति में मिलता है। उन्हें **ऊँचे काकावतार** और **घमंडी 'शेकसीन'** (शेक्सपियर के नाम को बिगाड़कर 'दृश्य हिला देनेवाला') जैसे विपर्यय से विभूषित किया गया था।

सौनेट एवं नाटकों में शेक्सपियर के काव्य-बोध की भरपूर अभिव्यक्ति हुई है। अपनी महान त्रासदियों की शृंखला का पहला नाटक **ऑथेलो** शेक्सपियर ने लिखा तो उनकी मानव स्वभाव की समझ और उसे भाषा और संक्रिया द्वारा नाटकीय स्वरूप देने की क्षमता अपने उत्कर्ष पर थी। यह नाटक मानवता के विलक्षण रूप से संपूर्ण और गहरे अध्ययन का भंडार है। मानव प्रकृति की जो दृष्टि यह नाटक प्रस्तुत करता है उसमें सभ्यता की ऊपरी, चिकनी परतों के नीचे की उथल-पुथल रेखांकित होती है।

शेक्सपियर की नाट्य शृंखला में **ऑथेलो** को सबसे साफ़ और सुसंगठित नाटक माना जाता है।

52 वर्ष की अवस्था में शेक्सपियर का देहांत हुआ था।

●●

अनुवादकीय

फ़्रिट्ज वेनेट्ज़ि अपने अभिनेताओं को सिखाते हैं कि उन्हें जो करना या कहना है वह किसी आरोपित शैली में से नहीं, समाज और यथार्थ की उनकी समझ के भीतर से निकलना चाहिए। यहाँ शेक्सपियर की भाषा का महत्त्व बहुत बढ़ जाता है क्योंकि वह भी अभिनय के इसी सिद्धांत को बढ़ावा देती है। इसलिए शेक्सपियर का सफल अनुवाद भाषा को अभिनय के तर्क से बेमेल रखकर नहीं किया जा सकता। शेक्सपियर की भाषा अभिनय के तर्क से निर्मित भाषा है, उस पर बनावटी अभिनय की भाषा थोपना सही नहीं है। आज हिंदी की आधुनिक काव्य परंपरा में ऐसे गुण हैं जो यह चुनौती उठा सकते हैं। यह काम मेरा अनुवाद कहाँ तक कर सका है, यह तो दर्शक ही बताएँगे। राष्ट्रीय नाट्य विद्यालय रंगमंडल के लिए शेक्सपियर के **मेकबेथ** के अनुवाद **बरनम वन** की तरह **ऑथेलो** भी निर्देशक के अनुरोध पर किया गया है और **बरनम वन** की ही तरह पाठकों के सामने नहीं, बल्कि दर्शकों के सामने पहले लाया जा रहा है।

अनुवाद के दौरान अभिनेताओं ने मुझ पर विश्वास कर अपने परामर्श दिए और फ़्रिट्ज ने आवश्यक सुधारों का आग्रह किया, इसके लिए कृतज्ञ हूँ।

—रघुवीर सहाय

पात्र-परिचय

ऑथेलो : मूर★
ब्रावेंशियो : डेसडिमोना का पिता
कैसियो : एक सम्मानित सैन्य-पदाधिकारी (लेफ्टिनेंट)
इयागो : खलनायक : सेना में 'ऐन्शेंट' पद पर है
रोडरिगो : वेनिस का एक नागरिक, डेसडिमोना का प्रेमी
ड्यूक : वेनिस का शासक
मोन्तानो : साइप्रस का राज्यपाल
लुडविको : वेनिस के संभ्रांत नागरिक
ग्रेशियानो : ब्रावेंशियो के संबंधी
विदूषक : ऑथेलो का सेवक
डेसडिमोना : ब्रावेंशियो की पुत्री, ऑथेलो की पत्नी
एमीलिया : इयागो की स्त्री
बियान्का : कैसियो की रखैल

[साइप्रस के नागरिक, दूत, संवादवाहक, अफसर, जहाजी लोग (माँझी), गायक तथा सेवकगण, सिनेट (विधान-परिषद) के सदस्य इत्यादि]

मंच पर

रोडरिगो	**बासु पाटिल**
इयागो	**युवराज शर्मा**
ब्रावेंशियो	**ललित बहल**
ऑथेलो	**जी.पी. नामदेव**
कैसियो	**ललित मोहन तिवारी**
सेवक	**चन्द्रमोहन**
	सुरेन्द्र प्रसाद
	राधेश्याम
	रमेश अथवाल
ड्यूक	**अनंग देसाई**
पहला मंत्री	**प्रमोद माउथो**
दूसरा मंत्री	**लोकेन्द्र त्रिवेदी**
तीसरा मंत्री	**ओमप्रकाश**
नाविक	**सुरेन्द्र प्रसाद**
डेसडिमोना	**हिमानी भट्ट**

★ मूर के बारे में रांगेय राघव ने लिखा है : "उत्तरी अफ्रीका के निवासी का एक वंशज जो ईसाई है और इटली का वासी है। यह रंग का काला है क्योंकि उसमें हब्शी जाति का-सा रंग-ढंग बाकी है, वैसी ही आकृति है। एक समय मध्यकाल में मूर बड़े महत्त्वपूर्ण होते थे।"

मोन्तानो	वागीश कुमार सिंह
साइप्रस के निवासी-1	सुरेन्द्र प्रसाद
साइप्रस के निवासी-2	चन्द्रमोहन
साइप्रस के निवासी-3	ओमप्रकाश
एमीलिया	उत्तरा बावकर
बियांका	डॉली अहलूवालिया
लुडविको	प्रमोद माउथो
ग्रेशियानो	लोकेन्द्र त्रिवेदी
सिपाही	चन्द्रमोहन ओमप्रकाश

मंच के पीछे

प्रस्तुति व्यवस्था	लोकेन्द्र त्रिवेदी
मंच रंगोपकरण एवं वस्त्र विन्यास	रोबिन दास
सहायक मंच	रघुवीर यादव
निर्माता मंच	अब्दुल हकीम
सहायक रंगोपकरण	प्रमोद माउथो
सहायक वस्त्र विन्यास	डॉली अहलूवालिया, चंद्रमोहन भरत सिंह नेगी
वस्त्र निर्माण	सरदार चरनजीत सिंह
प्रकाश परिकल्पना	जी.एस. मराठे
सहायक प्रकाश	सुरेखा सीकरी, राधेश्याम, रमेश अथवाल
संगीत एवं ध्वनि	वसंत जोसलकर, सुनील सिन्हा, रा.ना.वि. ध्वनि विभाग
रूप-सज्जा	ललित मोहन तिवारी
प्रचार	सुरेखा सीकरी, बासु पाटिल, अनंग देसाई, हिमानी भट्ट, हेमा सहाय
सहायक निर्देशन	वागीश कुमार सिंह

दृश्य छः के बाद दस मिनट का मध्यांतर होगा।

रंगमंडल प्रमुख	मनोहर सिंह
व्यवस्थापक (व्यावसायिक)	ए.सी. गाँधी
विद्युत तकनीशियन	जी.एस. मराठे
वस्त्राभूषण कार्यभारी	गुरशरन कौर
आरक्षण कार्यभारी	बीवा दास, जी.एस. बेदी

निर्देशक

पूर्वी जर्मनी के श्री वेनेवित्ज़ का जन्म 20.1.1926 में हुआ। आपने कार्ल मार्क्स विश्वविद्यालय से दर्शनशास्त्र तथा समाज-विज्ञान का अध्ययन किया तथा थियेटर इंस्टीट्यूट (वाईमार, पूर्वी जर्मनी) से रंगमंच कला की शिक्षा प्राप्त की। आप 'दास मिनिंजर थियेटर' में 1954 से 1960 तक रंगमंच निर्देशक रहे, उसके बाद 1960 से अब तक वाईमार के 'नेशनल थियेटर' के रंगमंच निर्देशक रहे हैं।

श्री वेनेवित्ज़ अपने क्षेत्र में कई पुरस्कार, जैसे नेशनल पुरस्कार आर्ट-प्राइज और फ़िलीपीन गणराज्य की ओर से 1978 का कालीनंगन पुरस्कार, प्राप्त कर चुके हैं। वे कला अकादेमी (पूर्वी जर्मनी) के फ़ैलो हैं, वहीं के अंतर्राष्ट्रीय रंगमंच केंद्र के उपाध्यक्ष हैं और आई.टी.आई. की तीसरी दुनिया समिति के सलाहकार हैं।

अतिथि-निर्देशक के रूप में अपने देश की कई नाट्य मंडलियों के साथ काम करने के अतिरिक्त श्री वेनेवित्ज़ ने यूरोप, अमेरिका, फ़िलीपीन गणराज्य तथा श्रीलंका में भी काम किया है।

भारत कई बार आ चुके हैं तथा राष्ट्रीय नाट्य विद्यालय में कई नाटकों का निर्देशन कर चुके हैं। रंगमंडल के साथ आपकी यह दूसरी प्रस्तुति है।

निर्देशकीय

यह नाटक मानवीय गुणों की घातकता के बारे में है एक ऐसे संसार में जो कि बाज़ार बना दिया गया है जहाँ मानवता बिक रही है जहाँ

"मिलती है आज पैरवी से वरीयता या फिर सिफ़ारिश से...(I,i)

जहाँ यह ही विवेक है कि..."काम अनकिया नहीं रहे। अनजाना रह जाए।" (III,iii)

जहाँ..."साल हृदय समझता है लोग ईमानदार दिखते हैं तो सचमुच होते हैं"। और "...नकेल पहन यों चला आएगा ज्यों गधे आते हैं।" (I,iii)

जहाँ हम अपने "गुण धूल में मिला" लेते हैं और "भलमनसाहत से उसी की (अपनी) बिनूँगा (बिनते हैं) एक जाल फाँस लेगा जो सबको लपेट में।"

ऑथेलो जब तक वेनिस का रक्षक था 'श्रेष्ठ' और 'विक्रांत' था पर जब उसने मनुष्य की तरह जीने का साहस किया वह ऐसी वस्तु बन गया जिससे भय होता है, आनंद नहीं मिलता। (I,iii)

उस पर 'बशीकरण' और जादू-टोने का अभियोग लगाया गया और वह अपराधी क़रार दिया गया क्योंकि..."ये हरकतें चलने दी गईं समाज में तो बँधुआ दासों की चलने लगेगी राजकाज में" (I,ii)

नाटक राक्षसों के बारे में नहीं एक राक्षसी संसार के बारे में है।

दृश्य सारांश

जब परदा खुलता है तो डेसडिमोना, एमीलिया और ऑथेलो के मृत शरीर शय्या पर पड़े हैं। इयागो बंदी रूप में है। लुडविको इयागो को इस भीषण कांड में अभियोगी ठहराता है और वेनिस लौटकर यह दुखद समाचार सुनाने का दायित्व लेता है। नाटक 'फ्लैशबैक' के तौर पर शुरू होता है, सारी घटनाएँ मानो अदालत में पेश की जाती हैं जहाँ हर पात्र कठघरे में खड़ा है।

दृश्य 1. वेनिस। सड़क।

इयागो और रोडरिगो दोनों मूर ऑथेलो से घृणा करते हैं। इयागो इसलिए कि ऑथेलो ने उसके बजाय कैसियो को अपने उपसेनापति की पदवी दे दी है। रोडरिगो यूँ कि सुंदरी डेसडिमोना ऑथेलो के साथ चली गई है। इयागो मूर की खुशी को मिट्टी में मिला देना चाहता है। वह और रोडरिगो जाकर डेसडिमोना के पिता और नगर के शक्तिशाली अमीर, ब्राबेंशियो को नींद से उठाते हैं और अश्लील ढंग से उसे सूचित करते हैं कि उसकी बेटी इस समय मूर के कब्ज़े में है। हड़बड़ाकर ब्राबेंशियो अपने सैनिकों के साथ मूर की खोज में निकल पड़ता है।

दृश्य 2. सड़क।

इयागो ऑथेलो को चेतावनी देता है कि वह प्रभावशाली अमीर ब्राबेंशियो से सावधान रहे। ऑथेलो को पूरा विश्वास है कि उसकी की गई सेवाओं को राज्य भूलेगा नहीं। कैसियो संदेश लाता है कि ड्यूक ने अत्यंत आवश्यक कार्य से ऑथेलो को बुलवा भेजा है। तभी ब्राबेंशियो पहुँच जाता है और ऑथेलो पर आरोप लगाता है कि उसने टोना करके डेसडिमोना को अपने वश में कर लिया है। ऑथेलो शांतिपूर्वक उसे ड्यूक के संदेश के बारे में बताता है। ब्राबेंशियो अपनी शिकायत ड्यूक के सामने रखने का निश्चय करता है।

दृश्य 3. कक्ष।

ड्यूक और बाक़ी सेनेटर अपने उपनिवेश साइप्रस द्वीप की रक्षा के लिए चिंतित हैं जिसके आसपास तुर्की जहाज़ों के बेड़े मँडरा रहे हैं। ऑथेलो के पहुँचते ही ड्यूक उसका स्वागत करता है और तुर्कियों को मार भगाने का दायित्व उसे सौंप देता है। ब्राबेंशियो ड्यूक को अपने साथ किए गए अन्याय से अवगत कराता है। जवाब में ऑथेलो स्वीकारता है कि उसने डेसडिमोना को ब्याहा लेकिन जादू-टोने से नहीं, अपनी आपबीती सुनाकर उसका दिल मोहा। वह डेसडिमोना को बुला भेजने का निवेदन करता है। आते ही डेसडिमोना स्पष्ट रूप से अपने पति का साथ देने और अपने कर्तव्य का पालन करने की आज्ञा माँगती है। हारकर ब्राबेंशियो अपनी बेटी का हाथ ऑथेलो के हाथ में दे देता है। ड्यूक चाहता है कि ऑथेलो फ़ौरन साइप्रस की तरफ़ रवाना हो। डेसडिमोना प्रेमवश अपने पति के संग जाना चाहती है। तय होता है कि इयागो उसे साइप्रस लिवा ले जाएगा।

रोडरिगो डूब के मर जाना चाहता है लेकिन इयागो को अभी उसकी आवश्यकता है। वह रोडरिगो को अपना सारा रुपया-पैसा समेटकर डेसडिमोना के पीछे साइप्रस चलने की सलाह देता है; एक न एक दिन वह मूर से ऊब जाएगी और तब।

इयागो को मूर से इसलिए भी घृणा है क्योंकि कभी अफ़वाह थी कि मूर उसके बिस्तर पर

सोया था। वह उपाय लड़ाता है कि एक ही दाँव में ऑथेलो के वैवाहिक सुख में विष घोल दे और कैसियो की पदवी भी हथिया ले।

दृश्य 4. साइप्रस।

साइप्रस के गवर्नर मोन्तानो के पास सूचना आती है कि शूरवीर ऑथेलो ने तुर्की बेड़ों का सफ़ाया कर दिया है। मोन्तानो निश्चिंत है कि साइप्रस की बागडोर ऐसे योग्य सेनापति के हाथ में जाएगी। कैसियो ख़बर लाता है कि ऑथेलो का जहाज़ समुंदर के तूफ़ान में कहीं खो गया है। इयागो और एमीलिया के साथ डेसडिमोना आती है। डेसडिमोना के प्रति कैसियो के आकर्षण को इयागो लक्ष्य करता है। जल्द ही ऑथेलो पहुँच जाता है और दोनों प्रेमी एक बार फिर मिलते हैं। इयागो अब योजना बनाता है जिससे कैसियो को ऐसी स्थिति में फँसाया जाए जहाँ वह ऑथेलो का विश्वास खो बैठे।

ऐलान होता है कि सब रंगरलियाँ मनाएँ क्योंकि तुर्कियों की हार हुई है और यह भी कि यह सेनापति ऑथेलो की शादी का जश्न है।

दृश्य 5. साइप्रस का क़िला।

इयागो पहरे पर तैनात कैसियो को शराब पिलाकर मदहोश कर देता है फिर मोन्तानो को बताता है कि कैसियो शराबी है और विश्वास के योग्य नहीं। उधर पहले से तैयार खड़ा रोडरिगो कैसियो को लड़ाई में खींच लेता है। मोन्तानो बीच-बचाव करना चाहता है पर कैसियो उस पर टूट पड़ता है। दोनों लड़ते हैं। इयागो की योजना के अनुसार ठीक इसी समय ऑथेलो पहुँच जाता है और कैसियो को ऐसी अवस्था में पाकर उसे उपसेनापति के पद से हटा देता है। कैसियो को होश आता है कि उसने अपना नाम डुबो दिया। इयागो दोस्त के नाते उसे सलाह देता है कि वह दयालु डेसडिमोना के पास जाकर मदद माँगे। दोनों को यूँ निकट लाकर इयागो चाहता है कि डेसडिमोना मूर की आँखों में गिर जाए, मूर के अंतर में ईर्ष्या अपनी जड़ें फैलाए और तीनों को जकड़ ले।

दृश्य 6. क़िला।

डेसडिमोना कैसियो को वचन देती है कि वह ऑथेलो से उसकी सिफ़ारिश करेगी। कैसियो ऑथेलो को आते देख लेता है और शर्मिंदा होकर जल्दी से चला जाता है। इयागो कैसियो के यूँ भागने पर ऑथेलो का ध्यान दिलाता है और ईर्ष्या का पहला बीज ऑथेलो के अंतर में बो देता है। डेसडिमोना ऑथेलो से आग्रह करती है कि कैसियो को वापस बुला लिया जाए। ऑथेलो उसकी कोई भी माँग नकार नहीं सकता परंतु कुछ देर अकेला रहने की इच्छा प्रकट करता है। एक बार फिर इयागो, कैसियो और डेसडिमोना की मित्रता का प्रसंग छेड़ता है, ईर्ष्या के बीज से अब अंकुर फूटने लगा है। डेसडिमोना अपने स्वामी को अस्वस्थ पाकर अपने रूमाल से उसके सिर पर पट्टी बाँधना चाहती है पर ऑथेलो उसे झटक देता है। एमीलिया रूमाल उठा लेती है जो कि डेसडिमोना को ऑथेलो की सबसे पहली भेंट थी, और उसे इयागो को दे देती है क्योंकि वह उसे पाने के लिए आतुर है। ईर्ष्या की आग में तपता हुआ ऑथेलो आकर इयागो से डेसडिमोना के विश्वासघात का प्रमाण माँगता है। इयागो बताता है कि उसने कैसियो के पास डेसडिमोना का रूमाल देखा था। ऑथेलो का शक और गहरा हो जाता है। वह डेसडिमोना से रूमाल माँगता है, जो कि उसके पास नहीं है। डेसडिमोना अपने-आपको समझाती है कि अवश्य कोई राजकीय उलझन ऑथेलो को सता रही है।

दृश्य 7. सड़क।

डेसडिमोना और कैसियो के प्रसंग छेड़कर इयागो ऑथेलो की ईर्ष्या को और भी बढ़ावा देता है। वह ऑथेलो को एक जगह छिपाकर कैसियो से बियांका के बारे में पूछता है। कैसियो बियांका का परिहास करता है। ऑथेलो समझता है कि वह डेसडिमोना के विषय में बोल रहा है। इतने में बियांका आकर रूमाल कैसियो पर फेंक देती है कि अपनी दूसरी प्रेमिका से ही बनवा ले। अब ऑथेलो डेसडिमोना को खत्म कर देता चाहता है। इयागो सलाह देता है कि ऑथेलो डेसडिमोना का गला घोंट दे और वह स्वयं कैसियो की खबर ले।

वेनिस से लुडविको का आगमन होता है। वह साइप्रस कैसियो के सुपुर्द कर ऑथेलो को सादर वापस ले जाने आया है। कैसियो के प्रति डेसडिमोना का लगाव ऑथेलो से सहा नहीं जाता और वह सबके सामने उसका निरादर कर देता है। लुडविको ऑथेलो का विचित्र व्यवहार देखता रह जाता है।

दृश्य 8. क़िला।

ऑथेलो बार-बार एमीलिया से प्रश्न करता है फिर भी उसे डेसडिमोना की पवित्रता पर विश्वास नहीं होता। वह उसके लिए वेश्या बन चुकी है। इधर रोडरिगो को शिकायत है कि इयागो ने उसका सारा धन लुटा दिया तब भी डेसडिमोना हाथ नहीं आई। वह अपना धन वापस माँगता है। इयागो उसे समझा-बुझाकर कैसियो की हत्या करने के लिए राजी कर लेता है।

दृश्य 9. क़िला।

डेसडिमोना अपने कक्ष में ऑथेलो की प्रतीक्षा करती एक गीत गाती है और मृत्यु को अपने बहुत निकट अनुभव करती है। एमीलिया उसे चुप कराती है। दोनों वैवाहिक नैतिकता और पुरुष जीवन में स्त्री के स्थान के बारे में बातें करती हैं।

दृश्य 10. सड़क।

रोडरिगो कैसियो को मारना चाहता है, दोनों लड़ते हैं और घायल होते हैं। ऑथेलो समझता है कि इयागो ने कैसियो का काम तमाम कर दिया और डेसडिमोना की हत्या करने चल पड़ता है। इतने में लुडविको और ग्रेशियानो आ पहुँचते हैं। इयागो रोडरिगो को छुरी मारकर खामोश कर देता है और कैसियो की सेवा-सुश्रूषा का दिखावा करता है।

दृश्य 11. डेसडिमोना का कक्ष।

डेसडिमोना का असहाय सौंदर्य ऑथेलो को अपने लक्ष्य से डिगा देना चाहता है पर वह उसकी हत्या कर डालता है। जब एमीलिया को पता चलता है कि मालकिन की हत्या हो गई तो वह शोर मचाती है और लुडविको तथा ग्रेशियानो भीतर आते हैं। एमीलिया सबके सामने इयागो की काली करतूतों का राज़ खोलती है और रूमाल की वास्तविक कहानी सुनाती है। इयागो उसकी हत्या करके भाग जाना चाहता है लेकिन जल्द ही बन्दी बनाकर वापस लाया जाता है। ऑथेलो आत्म-ग्लानि से भर उठता है और अपने-आपको खत्म कर लेता है।

अंक : एक

दृश्य : 1

रोडरिगो : हत, मुझको ख़बर ही नहीं दी तूने?
मैं बहुत नाखुश हूँ कि तेरे हाथ में इतने पैसे धर दिए थे और
तूने यह क्या करके रख दिया।

इयागो : कसम से, मैंने सपने में भी यह न सोचा था कि यह होगा
मैं खुद शर्मिंदा हूँ।

रोडरिगो : तू तो कहा करता था कि तू उसका दुश्मन है।

इयागो : सो तो हूँ, अगर और नहीं होऊँ, तो मुझको धिक्कार।
राज्य के तीन सेठ उसको सलाम बजा लाए
कि मुझको सहायक बना ले
और आप गवाह हैं कि मैं इससे कम के लायक नहीं हूँ
किंतु वह अपनी शान में आकर
युद्ध के विशेषज्ञों से बोझिल भाषा में बड़ा आडंबर कर
मेरे मध्यस्थों को निरस्त कर देता है, कहता है जान लो
कि मैं अपना अधिकारी चुन चुका—और कौन है वह?
ओहो हो, एक महान गणितज्ञ
माइकेल कैसियो, फ्लोरेंस का वासी
[जोरू का गुलाम।]
युद्धभूमि में उतरा कभी नहीं
ज्ञान रणनीति का इतना है जितना कत्तिनो को होता है
शुद्ध बक बक बक बक, कोई अभ्यास नहीं बस यही
शूरत्व है उसका किंतु वही लिया गया और मुझे—
जिसके प्रताप को उसने आँखों देखा रोडस में, साइप्रस में
और अन्य देशी-विदेशी रण-क्षेत्रों में
चुप्पे बिठा दिया, परे सरका दिया, तर्क से, कुतर्क से
यह मुशी आदमी शीघ्र ही होगा उपसेनापति
और मैं—*(झंडा ऊँचा रहे)* महामहिम मूर का
उनका आलमबरदार।

रोडरिगो : मैं तो उसका जल्लाद होना चाहूँगा।

इयागो : अरे क्या उपाय है। चाकरी बुरी है यह
मिलती है आज पैरवी से वरीयता या फिर सिफ़ारिश से

पहले की तरह वरिष्ठता से नहीं

रोडरिगो : तब मैं उसके साथ नहीं जाऊँगा

इयागो : घबरा मत, मैं साथ जाऊँगा सेवा करने के लिए
क्योंकि तू रोडरिगो है और जितना यह सच है
उतना ही यह सच है कि मूर में होता तो इयागो नहीं होता
उसका अनुचर तो हूँ पर अपने पीछे चलता हूँ। मैं वह नहीं
हूँ जो मैं हूँ

रोडरिगो : अगर इस कलूटे को रोका नहीं गया तो बहुत आगे
निकल जाएगा।
उसके पिता को पुकारो
जगाओ, पीछे पड़ जाओ, सुख-चैन उसका छीन लो
आवाज़ें करो, घरवालों को चिढ़ाओ
मक्खियाँ छोड़ दो उसके घर

रोडरिगो : यह रहा उसके पिता का घर

इयागो : अरे सुन ब्रावेंशियो इयागो देख-देख, चोर! चोर! चोर! चोर!
अपना घर देख, अपनी लड़की सम्हाल, गठरियाँ सहेज अपनी
चोर, चोर।

[ब्रावेंशियो खिड़की पर आता है।]

ब्रावेंशियो : ऐसी भयानक पुकार का क्या कारण!
क्या हो गया है! अरे!

रोडरिगो : श्रीमान, क्या घर के सारे लोग घर में हैं?

इयागो : दरवाज़ों में ताले पड़े हैं?

ब्रावेंशियो : क्यों जी, यह क्यों पूछा?

इयागो : धत्तेरे की, तू तो लुट गया है, शर्म कर, चोगा तो पहन ले
तेरा दिल घायल हुआ, तू अधमरा हुआ
इसी वक़्त, ठीक इसी वक़्त, अभी एक काला भेड़ा
तेरी भेड़ पर चढ़ा है। जाग, जाग
खुर्राटे भरते लोगों को जगा घंटे बजा
नहीं तो शैतान तुझे नानी बना देगा
जाग, जो कहता हूँ

ब्रावेंशियो : अकल मारी गई है?

रोडरिगो : आदरणीय श्रीमान तेरी आवाज़ पहचानते हैं?

ब्रावेंशियो : नहीं तो, कौन है?

रोडरिगो : मैं रोडरिगो हूँ

ब्रावेंशियो : लौट जा, मैंने तुझसे कहा है कि मेरे द्वार पर मँडराना बंद कर
दो टूक शब्दों में तू मुझसे सुन चुका है कि मेरी लड़की
तुझे नहीं मिल सकती। फिर भी तू बावला, पेट भर,
शराब से मस्त हो, दुष्टता के मारे यहाँ मेरी शांति
भंग करने चला आया।

रोडरिगो : श्रीमान, श्रीमान, श्रीमान

ब्रावेंशियो : मगर तू जान ले मेरी ताकत और मेरा हौसला। तुझे रोना पड़ेगा।

रोडरिगो : धीरे, धीरे, श्रीमान!

ब्रावेंशियो : चोर-चोर क्या बोलता है? यह वेनिस है
मेरा मकान है कोई अहाता नहीं

इयागो : हत्तेरे की, आप तो ऐसे हैं कि शैतान कहे तो भी ईश्वर का नाम न लें। हम आपका भला करने आए हैं और आप हमको लफंगा समझते हैं। आपको अपनी बेटी बरबरी घोड़े को सौंपना मंजूर है कि आपके नाती-पोते हिन-हिनाएँ, खच्चर खानदान बढ़े।

ब्रावेंशियो : तू कौन लोग आदमी है जी

इयागो : मैं एक व्यक्ति हूँ जो यह कहने आया है कि आपकी बिटिया और वह मूर दो पीठवाले जंतु बने जा रहे हैं।

ब्रावेंशियो : तू एक धूर्त है।

इयागो : आप एक मंत्री हैं

ब्रावेंशियो : इसका जवाब तुझे देना पड़ेगा। मैं तुझे जानता हूँ रोडरिगो

रोडरिगो : जी, मैं हर बात का जवाब दूँगा।
आपकी सुपुत्री ने यदि उसको आपकी सम्मति नहीं है।
तो मैं फिर कहूँगा कि मान, रूप, प्रतिभा, धन, एक
अज्ञात कुलशील को सौंपकर जिसका घर-द्वारा नहीं, नीचता की है।
फ़ौरन पता लगाएँ जो वह इस घर में या अपने कमरे में
हो तो मुझको जो सज़ा लिखी हुई हो वह दें कि आपको बहकाया।

ब्रावेंशियो : चिंगारी सुलगाओ। लाओ मशाल दो। मेरे जन जमा करो।
रोशनी! कोई है! रोशनी लाओ!

इयागो : नमस्कार, जाता हूँ। यह न उचित है न मर्यादा के अंदर
कि मूर के विरुद्ध मैं खड़ा किया जाऊँ।
और जो ठहरूँगा तो किया जाऊँगा।
इसलिए उससे नर्क के समान नफ़रत हो तो भी यह आज की
ज़रूरत है कि उसे स्नेह दिखलाऊँ
और यह, सब देखें।
यह तो दिखावा है। आप उसे बिला शक पाना चाहते हैं
तो अरगज सराय पर धावा बोलें। मैं वहीं आकर
मिलता हूँ। नमस्कार। *(जाता है)*

[चोगा पहने ब्रावेंशियो आता है—साथ में मशालें।]

ब्रावेंशियो : तुझे कहाँ दिखी थी वह? क्या कहा? मूर के साथ थी?
तुझसे क्या बोली थी? क्या तेरे ख़्याल से वो शादी
कर चुके?

रोडरिगो : हाँ, मेरा ऐसा ही ख़्याल है।

ब्रावेंशियो : क्या तुम्हें पता है हम उन दोनों को कहाँ पकड़ सकते हैं?

रोडरिगो : मैं उसे खोज लूँगा अगर आप चुस्त गारद लेकर मेरे पीछे चलें।

ब्रावेंशियो : चलो, रास्ता दिखाओ / दरवाज़े खटखटाओ
लाओ हथियार ! उठो, अरे कुछ ख़ास आदमी
बुलाओ। बढ़ो रोडरिगो, तुझको इनाम दूँगा।
[प्रस्थान।]

दृश्य : 2

सड़क

[ऑथेलो, इयागो, सेवकों का मशालें लिए प्रवेश।]

इयागो : मारे हैं मैंने मनुष्य युद्ध में इतने
तो भी मैं नीति मानता हूँ कि वध कपट से न हो
निज हित में अन्याय कभी-कभी मुझसे होता नहीं
नौ-दस बार मैंने सोचा था कि उसे यहाँ पेट में छुरा
घुसेड़ दूँ।

ऑथेलो : नहीं किया यह तो बेहतर किया।

इयागो : नहीं, डींग हाँकता था
आपके विरुद्ध ऐसे छिछैले घिनौने शब्द
बोले
कि मुझमें जो रत्ती-भर दया है वह दिखलाकर मुश्किल से उसे क्षमा कर सका।
पर सुनिए भागवान, ब्याह तो कर लिया ?
जान ले कि भद्रपुरुष ब्रावेंशियो अति माननीय है।
और उसकी वाणी में राजा के आदेश से दुगनी शक्ति है
आपको बिछुड़वा देगा। या ऐसे दंड और दुख देगा
कानून में अधिक से अधिक जो दिला सकता है।

ऑथेलो : उसको यथाशक्ति बुराई करने दो
राज्य सम्राट की इतनी सेवा मैंने की है
कि वे ही उसके दोषारोपों को असिद्ध सिद्ध कर देंगी।
अभी यह रहस्य है परंतु बड़े बोल में
सम्मान का जब समय होगा
घोषणा करूँगा तब राजसी घराने का मैं भी अवतंस हूँ।
औ' मुझको सम्मान जितना दिया जाएगा
उतना समाज में मेरा अधिकार है।
देखो इयागो, डेसडिमोना से नेह जो नहीं
होता, आज़ादी छोड़कर बंधन में बँधता नहीं
दुनिया की दौलत के बदले में—
अरे! रोशनी कैसी?

इयागो : ये उत्तेजित पिता और उसके मित्र हैं
बेहतर है छिप जाएँ।

ऑथेलो : मैं छिपूँगा नहीं, सम्मुख रहूँगा मैं
मेरी प्रतिभा, मेरी निष्ठा, पवित्रता
मेरे पक्ष में होगी। वही हैं ?

इयागो : नहीं वे तो नहीं हैं।

[कैसियो, अधिकारियों और मशालों का प्रवेश।]

ऑथेलो : *(आगंतुकों से)* राजा के अनुचर औ' मेरे उपसेनापति
रात यह निर्भय हो।
मित्रो, क्या ख़बर है।

कैसियो : राजा का नमस्कार सेनापति
फ़ौरन से पेश्तर इसी दम आपको वह याद करते हैं

ऑथेलो : ऐसा क्या कारण है तुम्हारी समझ में ?

कैसियो : मैं यही समझा हूँ कि साइप्रस में हुआ है कुछ
मामला गरम है, कुछ किश्तियाँ, तर ऊपर दर्जनों संदेश शाम से अब तलक
भेज चुकीं।
और अनेक प्रवर वीर जागृत औ' संगठित
राजा के कोष्ठ में विराजे हैं
आपकी ढूँढ़ पड़ी हुई है।
अपने निवास पर जब आप नहीं मिले
तो प्रवर परिषद् ने तीन दल तीन ओर दौड़ाए

ऑथेलो : भला हुआ मैं तुमको मिल गया
बस, दो शब्द यहाँ कहकर के चलता हूँ *(जाता है)*

कैसियो : हे ध्वजधारी, यहाँ क्या काम है?

इयागो : सच मानो आज उसने रत्न पोत पाया है
यदि वह उसका हुआ तो किस्मत खुल गई

कैसियो : मैं कुछ समझा नहीं।

इयागो : उसने विवाह किया।

कैसियो : किससे ?

[ऑथेलो दुबारा आता है।]

इयागो : अरे...आइए सेनापति चलते हैं

ऑथेलो : तुम्हारे संग

कैसियो : वह एक और दल आपको खोजता आता है।

इयागो : यह ब्रावेंशियो है, सेनापति, सावधान! आया है यह
बुरे इरादे से।

[ब्रावेंशियो, रोडरिगो और अधिकारी मशालों और हथियारों के साथ आते हैं।]

ऑथेलो : ठहरो, वहीं रहो।

रोडरिगो : श्रीमान मूर तो यह रहा

ब्रावेंशियो : मारो इस चोर को

[तलवारें खींच लेते हैं।]

इयागो : तुम रोडरिगो ? आइए हम चलें

ऑथेलो : चमक तलवारों की मिट न जाए

ज़ंग खा जाएँगी ओस में
श्रीमान आपकी बयस्कता का हमें आदर है—
अस्त्र आवश्यक नहीं।

ब्राबेंशियो : अरे अधम, धूर्त चोर, कहाँ लुकाई है मेरी बेटी
मायावी, तून किया है वशीकरणे
इंद्रजाल में नहीं बँधी होती
तो सहज पूछता
कि क्या ऐसी सुकुमारी सुंदरी सुखी कन्या
जो विवाह से विमुख थी
जिसने बाँके सजीले अमीर ठुकरा दिए
मेरी जगहँसाई करवाएगी
अपना घर छोड़कर तुझसे कलूटे के अंक में शरण लेगी
जहाँ भीति पाएगी प्रीति नहीं पाएगी।
दुनिया बताए कि
क्या इसमें शक है कि
तूने जादूगरी उस पर
चलाई है।
सुकुमारी देह को मस्त
द्रव्य से भ्रष्ट कर
उसकी मति मंद की :
इस कारण मैं तुझे
पकड़ता हूँ
और क़ैद करता हूँ
दूषित, वर्जित, निषिद्ध
पापाचरण के लिए
बाधाओं और
विरोध करे तो
मारो
चाहे जो हो।

ऑथेलो : रुक जाओ
मेरे समर्थक और शेष तुम रुक जाओ
मुझे लड़ना होता तो बिना कहे लड़ता मैं।
मुझसे आरोप का उत्तर लेने मुझे कहाँ ले जाएँगे ?

ब्राबेंशियो : कारागार में।
समय आने पर कानून और अदालत में
जवाब तलब होगा।

ऑथेलो : और मैं चलने को मान गया तो—
राजा क्या कहेंगे कि जिनके चर हैं
सरकारी काम से मुझे लेने आए हैं?

अधिकारी : सही है महानुभाव

सभा जुड़ी हुई है, आपको अवश्य बुलवाया है

ब्रावेंशियो : सो कैसे ? रात के इस समय सभा जुड़ी ?
चलो, ले चलो इसे
मेरा अभियोग कोई साधारण नहीं है
राजा हो, राज्य के मंत्री हो
मेरा उलाहना अपना सा माने बिना नहीं रहेंगे।
क्योंकि ये हरकतें चलने दी गईं यदि समाज में
तो बँधुआ दासों की चलने लगेगी राजकाज में।

दृश्य : 3

परिषद भवन

[राजा, मंत्री और अधिकारी।]

राजा : ये जो संवाद हैं इतने जुदा-जुदा हैं कि उन पर विश्वास नहीं होता है।

पहला मंत्री : निस्संदेह अलग-अलग ख़बरें हैं
मेरा पत्र कहता है 107 पोत

राजा : मेरा 140

दूसरा मंत्री : और मेरा 200
किंतु वे संख्या पर सहमत न हों तो क्या
ऐसे मामलों में अनुमान और मतभेद चलता है
तो भी सब संवाद पुष्ट यही करते हैं कि तुर्क नौसेना साइप्रस को चल पड़ी

राजा : हाँ, भयानक समाचार सच होगा ऐसा मान लेना मुश्किल नहीं।

नाविक : होशियार-होशियार-होशियार

अधिकारी : युद्ध का समाचार
[नाविक आता है।]

राजा : अब क्या वृत्तांत है?

नाविक : तुर्की अभियान रोडस को चल दिया।
श्रीमान एंजेलो का यह आदेश है कि यह ख़बर पहुँचा दूँ।

राजा : यह कैसा परिवर्तन ?

पहला मंत्री : यह नहीं हो सकता, किसी तर्क से नहीं
यह एक छलावा है कि हम धोखे में रहें
देखिए, तुर्क को जितना ज़रूरी है साइप्रस
रोडस उतना नहीं
और तुर्क मज़े में उसे हड़प सकता है।
क्योंकि रोडस साइप्रस जैसा प्रस्तुत नहीं
यह अगर ध्यान रहे तो हम न मानेंगे
कि तुर्क ऐसा मूर्ख है कि जो पहले करना है
वह बाद में करे

जीत के सहज एक अवसर को छोड़कर
युद्ध एक छेड़े कि जिसमें जोखम है मगर जीत नहीं।

राजा : नहीं, यही मानना होगा कि रोडस गंतव्य नहीं है।

अधिकारी : एक नया समाचार।

[संदेशवाहक आता है।]

संदेशवाहक : ऑटोमन। जय हो करुणानिधान
रोडस के द्वीप की दिशा में तैरते पीछे से आए एक बेड़े से जा मिले।

पहला मंत्री : अच्छा ? मुझे पता था। तुम्हारा अनुमान क्या है ?

संदेशवाहक : तीस मस्तूल हैं—और अब वो लौटने लगे हैं खुलेआम साइप्रस को।
आपके परमभक्त महावीर अनुचर श्रीमान मोन्तानो सविनय संवाद
यह देते हैं,
आप विश्वास करें।

राजा : तब साइप्रस ही जाना निश्चित है।
मार्क्स लूचिको क्या नगर में नहीं?

पहला मंत्री : वह फ्लोरेंस में हैं।

राजा : ख़त लिखो, फ़ौरन से पेश्तर रवाना करो।

पहला मंत्री : यह रहे ब्राबेंशियो और शूरवीर मूर भी

[ब्राबेंशियो, ऑथेलो, कैसियो, इयागो, रोडरिगो और अधिकारी आते हैं।]

राजा : विक्रांत ऑथेलो। अखिल शत्रु ऑटोमन के विरुद्ध हम तुम्हें
तत्काल युद्ध में भेजेंगे।
(ब्राबेंशियो से) आप हमें दिखे नहीं, स्वागत हो—
धीरवर! हमें आज आपका परामर्श इष्ट था।

ब्राबेंशियो : मुझको भी आपका। करुणामय क्षमा करें
मैं उठकर आया हूँ न अपने कर्तव्य से
न उद्देश्य जानकर। सार्वजनिक चिंता से भी
नहीं ग्रस्त हूँ। क्योंकि निजी वेदना का पारावार
मुझे प्लावित किए है। सब कष्टों को लीलकर वह
फिर भी है विशिष्ट।

राजा : क्यों ? क्या हुआ ?

ब्राबेंशियो : मेरी बेटी। हाय मेरी अपनी बेटी।

सब मंत्री : जीवित नहीं रही ?

ब्राबेंशियो : हाँ, मेरे लिए नहीं
भ्रष्ट की गई है वह, हर ली गई है
तंत्र से, मंत्र से, ओझा की लाई जड़ी-बूटी के विष से
क्योंकि, प्रकृति न अंधी है, न दुष्ट है, न मतिहीन
टोना-टोटका बिना कर नहीं सकती थी वह इतनी बड़ी भूल

राजा : जिसने भी की हो यह नीचता कि कन्या को फुसलाया
तुमसे उसे और उसे तुमसे अलग किया
निर्मम विधान में कठोर दंड जो भी लिखा है वह
तुम पढ़ो और दो

चाहे हमारा बेटा ही अभियुक्त हो

ब्रावेंशियो : सविनय धन्यवाद करता हूँ महाराज।
यही है पुरुष वह, वही मूर, जिसे आपका विशेष राजकीय
आदेश शायद यहाँ आया है।

सब : हमको बड़ा खेद हुआ।

राजा : *(ऑथेलो से)* अपने बचाव में तुम क्या कह सकते हो?

ब्रावेंशियो : कुछ नहीं, जो है सही है।

ऑथेलो : शक्तिमान, धीर और पूजनीय श्रीमानो
मेरे महानुभाव, महाभाग स्वामियो।
मैंने इस वृद्ध पुरुष की कन्या को हरा
यह परम सत्य है। निश्चय ही मैंने उसे वरा
मेरे अपराध का आदि अंत यही है, बस यही।
मेरी बोली कठोर और माधुर्य से रिक्त है
क्योंकि संघर्ष के सात कठिन वर्षों में
पिछले नौ मास, इन भुजाओं ने, युद्ध क्षेत्र के शिविरों में ही जीवन जिया।
और तुमुल कोलाहल से अधिक और कुछ मैं जानता नहीं।
इसलिए अपने संबंध में मेरा कुछ बोलना
मनोहर नहीं होगा।
तो भी, जो धीर धरें, तो मैं दोटूक और बेलाग
सारी कहानी बता दूँगा—कौन-सी औषधियाँ, कौन से टोटके, तंत्र-मंत्र
कौन-सी माया-छल और वशीकरण महामंत्र क्या थे जिनके किए जाने का
मुझ पर आरोप है,
जिनसे इनकी कन्या को मैंने पा लिया।

ब्रावेंशियो : वह कन्या इतनी सुशील और शांत है कि मन ही मन
होती है लाज से छुई-मुई—और वही, देशकाल, मर्यादा
धर्म औ' स्वभाव प्रकृति छोड़, उस पर अनुरक्त हो
कि जिसे देखते डरे?
यह विचार खंडित है, दूषित है कि प्रकृति के
सब नियम तोड़कर चल सकती है ऐसी गुणवती
प्रेत-लोक के रहस्य हमें खोजने होंगे कि ऐसा कैसे हुआ
इसलिए मेरा यह दावा है कि विष के रसायन से
या कि मंत्र सिद्ध आसव से उसको हत संज्ञ कर,
इसने जादू किया।

राजा : सिर्फ़ दावा, सबूत नहीं। झीने आरोप और हलके संदेह जो सामने आए हैं
उनसे अधिक प्रकट, पुष्ट और पौढ़े प्रमाण हमें चाहिए
अभाव में दावा सबूत नहीं!

पहला मंत्री : बोलो, ऑथेलो तुम बोलो।
क्या तुमने छिपे-छिपे, छल-बल से टोना कर, युवती के
चित्त को भ्रांत और भ्रष्ट किया? या कि वह सहमत
थी? और दोनों के हृदय एक-दूसरे को समझते थे।

ऑथेलो : मेरी प्रार्थना है कि उसे यहाँ बुलवाएँ
औ' मेरे विषय में अपने पिता के सामने बोलने दें।
जो उसके कथ्य में झूठा मुझे पाएँ
वह आस्था, वह पदवी आपसे मिली है जो, लौटा लें।
यही नहीं, अपने निर्णय से यह जीवन धन छीन लें।

राजा : डेसडिमोना को लाओ।

ऑथेलो : ध्वजधारी संग जाओ, तुम्हें ठिकाने का ठीक-ठीक पता है

[इयागो और सेवक जाते हैं।]

जब तक वह आती है ईश्वर को साक्षी कर
दोष अपनी वासना का मानूँ
आप नीतिज्ञों को सच-सच बताऊँ
कि कैसे इस रूपसी में मेरे लिए प्यार
पनपा और मुझमें उसके लिए।

राजा : ऑथेलो, कहो।

ऑथेलो : उसके पिता का मुझ पर अनुराग था, अकसर बुलाते थे
पूछते रहते थे मेरी जीवन कथा।
एक-एक वर्ष कर कैसे-कैसे युद्ध, आक्रमण दुर्घटना झेलता
मैं बड़ा होता गया
मैं भी कहा करता था छुटपन से ले करके उस क्षण तक का हवाल
घोरतम संकट की घड़ियों की यातना
जल में थल में विपत्ति
जान पर आ बनना, बाल-बाल बच जाना॥
बंधन में विकने के, छूटकर निकलने के,
भेष बदल रहने के जाने कितने प्रसंग!
जिनमें गुफाओं की गहराई, मरुथल के सन्नाटे
पथरीली घाटियों आसमान छूते हुए पर्वत की चोटियाँ
होती थीं
ये थे मेरे बयान—और भी
जातियाँ नर जिनमें नरभक्षी होते हैं
और भी—सर जिनके कंधों पर नहीं बल्कि
उनके तले होते हैं ऐसे लोग!
ये बातें डेसडिमोना निस्तब्ध सुनती थी
घर के किसी काम से उठना भी पड़ा अगर
देर नहीं करती थी, तुरंत लौट आती थी
और फिर सुधबुध भूलकर सुनने लग जाती थी
मैंने यह देखकर, अनुकूल क्षण पाकर
उससे कहला लिया कि संपूर्ण आख्यान एक बार मैं कहूँ
उसने कुछ अंश ही सुने थे, भले मन से सुने हों
मैं सहमत हो गया
फिर तो। अकसर ऐसी चोटों का हाल सुन

जो मैंने यौवन में खाई थीं
उसके आँसू झरे,
जब मैं सब कह चुका
तो मानो मेरे परिश्रम के पुरस्कार में उसने आहें भरीं
आह, वह अद्‌भुत था,
अत्यंत अद्‌भुत था,
मार्मिक,
बोली मैं भली रहती जो यह सब न जानती
पर ईश्वर ऐसा पौरुष मुझे भी देता
कहा : मैं धन्य हुई और यह भी कहा : आपका कोई मित्र मुझे चाहता होता,
और आप अपनी कहानी उसे सिखा भर देते
तो वह सुनकर मुझे अपना बना लेता।
तब इस संकेत पर मैं बोला।
उसने चाहा मुझे, क्योंकि संकट मैंने झेले थे : मैंने चाहा
उसे क्योंकि संवेदना उसने दी
यही है वशीकरण जो मैंने किया है
लो वह आ रही है उसकी साक्षी सुनें।

[डेसडिमोना, इयागो, सेवक आते हैं।]

राजा : ऐसी कहानी तो मेरी बेटी को मोह ले
भद्र ब्रावेंशियो, इस बिगड़ी बात को बना ले।
टूटे हथियारों से लड़ो तो उतना बुरा नहीं
जितना खाली हाथों।

ब्रावेंशियो : विनती है, उसकी भी सुन लें
वह अगर आधा दायित्व स्वीकार ले
तो इस पुरुष पर मिथ्या आरोप का पाप मेरे सर पर
इधर आ, बालिके
क्या तू पहचानती है इस समुदाय में
किसके प्रति तू आज्ञाकारी है ?

डेसडिमोना : मेरे पूजनीय पिता
मेरा कर्तव्य है बँटा हुआ
आपसे मिला है मुझे जीवन और ज्ञान
दोनों ही मुझको सिखाते हैं आपका सम्मान
आप कर्ता हैं मैं अभी तक आपकी पुत्री हूँ
किंतु यह मेरे पति हैं लेकिन जितना सम्मान
मेरी माँ ने दिया अपने पिता से पहले आपको
उतना मुझे अपने स्वामी को देने का अधिकार चाहिए।

ब्रावेंशियो : ईश्वर भला करे। बस अब मैं कह चुका
श्रीमान आप राज-काज में लगें
पैदा नहीं करता मैं संतान, गोद ले लिया होता
इधर आओ हे मूर

ले तुझे सच्चे हृदय से देता हूँ जो तूने पा नहीं लिया होता
तो दूर ही रखता, जो मुझे कहना था कह चुका
मेरी हीरा बेटी, मेरा मन शांत है कि मेरी संतान
और कोई नहीं है
होती तो तेरा भागना मुझे निर्मम बना जाता
और उसके पाँवों में पड़ जातीं बेड़ियाँ

राजा : मैं भी कहता हूँ यह, देता हूँ तुम्हें ज्ञान
दोनों प्रेमी सुन लें, आगे का धरें ध्यान
बीत गया जो दुख वह, समझो हो गया शेष
अब रोने-धोने से होगा नया क्लेश
भाग्य ने नहीं दिया, जो उसने लिया छीन
धीरज उस पीड़ा को कर देगा अर्थहीन
लुटकर भी हँसा उसने चोर को लिया लूट
व्यर्थ सोच में पड़ा तो स्वयं गया टूट

ब्रावेंशियो : अच्छा। तो तुर्क साइप्रस का सबकुछ चुराएँ
ठेंगे से हमारे, हम तो बैठे मुसकराएँ
जिसने उपदेश सुना वह दुख नहीं झेला उसने तो
सुख पाया कि वह नहीं अकेला!
जिसने उपदेश सुना दंड भी पाया है
उसने धीरज बड़े बोझ से उठाया है
सीख दोमुखी है, वह देती है सांत्वना
सांत्वना नहीं देती, तो देती यातना
कभी सुना नहीं शब्द ने ऐसा करा हो
घाव किसी मन का मधुर बोली से भरा हो
हाथ जोड़ता हूँ मैं, आप अपना राजकाज निपटाएँ महाराज!

राजा : तुर्क दल-बल सहित साइप्रस पर धावा बोल रहा है।
ऑथेलो। वहाँ की किलेबंदी तुम खूब जानते हो और
हमारे पास एक अच्छा एवजी है फिर भी सब निर्णयों
को विवेक ही करता है इसलिए वह हमसे कहता है कि
इस काम के लिए ऑथेलो तुम सबसे योग्य हो।
इसलिए तुम अपने सुख औ' सौभाग्य के मधुर स्नेह को
रक्त से रंजित करने के लिए तैयार हो रहो।

ऑथेलो : निर्मम कर्तव्य से विद्वान मंत्रियो
दहकती हुई धरती पर फूलों का सेज बना लूँगा मैं
मैं जानता हूँ कि आज, इस समय, अभी मुझे क्या उचित है
और मैं ऑटोमन के विरुद्ध, युद्ध का बीड़ा उठाऊँगा।
सर झुका आपके सामने इसलिए
माँगता हूँ यह कृपा, उसकी देखभाल करें
उसकी प्रतिष्ठा के अनुकूल खर्च का, निवास का सब तरह प्रबंध हो।

राजा : वह मायके में रहे।
ब्रावेंशियो : मैं नहीं चाहता।
ऑथेलो : मैं भी नहीं
डेसडिमोना : मैं भी नहीं चाहूँगी उस घर में
आँखों के सामने अपने पिता की चिंताएँ बढ़ाती रहूँ
दयावान राजा, करुणा कर बिनती सुनें।
आपकी वाणी में मुझको संबल मिले,
अपने व्रत की रक्षा करूँ।
राजा : क्या चाहोगी तुम डेसडिमोना?
डेसडिमोना : मैं मूर के संग रहना चाहती हूँ
मेरी उद्दंडता और मेरा अभ्युदय
यह दुनिया जान ले
अब मैं तन-मन से हूँ पति की अनुगामिनी
मैंने ऑथेलो का चरित्र पहचाना है
उनके वीरत्व को और उनके कृतित्व को
मैंने अपना स्वरूप औ' स्वभाव अर्पित कर डाला है
इसलिए महानुभावो, यदि मैं यहीं पड़ी रही और वे रण में गए तो वे
उपचार जो प्रिय हैं रह जाएँगे
जिनके कारण मैं उनको प्यार करती हूँ वे अवसर मुझसे छिन जाएँगे
और इस बिछोह का एक कठिन अंतराल झेलना पड़ेगा मुझे
मुझको भी उनके संग जाने की छूट दें।
ऑथेलो : आप उसे जाने दें—
यह नहीं कहता हूँ मोह से, अपनी क्षुधा के लिए
इंद्रिय सुख पाने को, या कि इस विवाह को
फलीभूत करने को
नहीं, बल्कि इसलिए कि उसके मनोरथ को भली-भाँति पूर्ण करूँ।
और सौगंध है कि ऐसा मत सोचिए कि उसके संग होने से
आपके महत्त्व के, आवश्यक काम छूट जाएँगे
नहीं, अगर पंचशर मोह से प्रमाद से
बुद्धि को, दृष्टि को भ्रष्ट करे
मेरा दायित्व कहीं मुझसे निभ नहीं पाए
तो मेरा मुकुट इसी योग्य है कि उससे घरैतिनें हांडी का काम लें।
राजा : यह रहे या जाए, तुम जैसा चाहो निर्णय कर लो
वक़्त का तकाज़ा है जल्दी का
और बस फुर्ती उसका जवाब है।
तुम्हें आज रात को जाना है
ऑथेलो : आज रात को?
राजा : हाँ, आज रात को
ऑथेलो : जी बहुत खुशी से
राजा : नौ बजे सवेरे फिर हम यहाँ मिलेंगे

ऑथेलो, कोई अधिकारी यहाँ रहे
और वह तुम्हारी नियुक्ति का मेरा आदेश और
राजकीय चिह्न आदि जो तुम्हें योग्य है, ले जाए

ऑथेलो : जो आज्ञा! मेरा ध्वजधारी
सच्चा, ईमानदार वह पुरुष है
अपनी पत्नी को पहुँचाने का काम, उसे सौंपता हूँ मैं
वही आपके दिए साधन ले आएगा

राजा : एवमस्तु
शुभरात्रि *(ब्रावेंशियो से)* धीरवर श्रीमान,
गुण से ही रूप है, नहीं तो रूप कोरा है
कहीं अधिक गोरा है
काला नहीं है तुम्हारा दामाद, वह कहीं अधिक गोरा है।

पहला मंत्री : स्वस्ति, वीर मूर, डेसडिमोना को देखना

ब्रावेंशियो : अगर नज़र रखते हो तो उस पर नज़र रहे
धोखा पिता को दिया, कहीं तुमको न दे

[राजा, मंत्रिगण अधिकारी जाते हैं।]

ऑथेलो : वही मेरा प्राण है, सच्चे इयागो,
तुझको प्रिया की देख-रेख सौंपता हूँ मैं
अपनी पत्नी को तू उसके संग कर दे
और उन्हें सुख-सुविधापूर्वक ले आ
आओ डेसडिमोना, बस एक घड़ी शेष है।
प्रेम की, सांसारिक विषयों की, और परामर्श की—
इसको बिता लें संग। वक़्त से बँधे हैं हम।

[मूर और डेसडिमोना का प्रस्थान।]

रोडरिगो : इयागो?

इयागो : कहिए सत्यवादीजी

रोडरिगो : अब मैं क्या करूँ बता

इयागो : मुँह ढककर सो रह

रोडरिगो : मैं अभी डूब मरता हूँ

इयागो : तू ऐसा करेगा तो मैं तेरे पर फिर कभी स्नेह नहीं करूँगा
क्यों डूबेगा तू भला।

रोडरिगो : जब जीवन दूभर हो जाए तो जीना बेवकूफ़ी है
और जब मौत ही हकीम हो तो मौत ही इलाज है

इयागो : अरे कमबख़्त, मैंने दुनिया के सात के चौगुने वर्ष काट लिए और जब से मुझे लाभ और हानि में फ़र्क़ करना आया है मैंने तो एक आदमी नहीं देखा जो खुद अपना ख़्याल रखना जानता हो अरे एक मुर्गी के पीछे डूब मरने से पहले मैं कहूँगा कि यह चोला ले लो और मुझको लंगूर बना दो।

रोडरिगो : मैं क्या करूँ यह बताओ। मैं मानता हूँ कि इतना प्रेम शर्म की बात है पर अब अपने को बदलना मेरे बस में नहीं रहा।

इयागो : बस में नहीं रहा तुम्हारा सर। यह हमारे बस में है कि हम आज रहें। देखो यह देह एक बगीचा है और हमारा मन इसका बाग है इसलिए हम चाहे तो धतूरा बोएँ या चौलाई का साग, दूब पैदा करें या पुदीना एक ही किस्म के पौधे मार भर दें या पचास किस्म की खाली पड़ी रहने दें वह खाद पानी दें—और यह भला-बुरा बनाना-बिगाड़ना हमारे हाथ में है। जीवन के तराजू में एक पलड़ा बुद्धि का एक मायना का नहीं होता तो हम जानवरों की तरह क्या जाने क्या करते, पर हमें अक्ल से जोश ठंडा करना आता है, तबीयत पर लगाम कसना जानते हैं इसी से मेरा यह कहना है कि तुम प्रेम को अपने बाग में लगाई हुई कलम समझो।

रोडरिगो : यह नहीं हो सकता।

इयागो : वह तो सिर्फ़ तन की भूख है और सनकी कमज़ोरी। अरे आदमी बनो। डूब मरोगे ? डूबें बिल्लियाँ और पिल्ले जिनकी आँख नहीं खुली हैं। मैंने तुझे मित्र घोषित किया है और मैं कहता हूँ कि मैं तेरे भाग्य से मोटे-मोटे रस्सों से बँधा हूँ। आज तुम्हें मेरी सेवा की बहुत ज़्यादा ज़रूरत है। सुन् अपने बटुए को भर ले। युद्ध से चिपके रह, भेस को बदल ले, नकली दाढ़ी लगा ले, मैं कहता अपने बटुए को भर, डेसडिमोना मूर से बहुत दिन प्यार नहीं करनेवाली है। अपना बटुआ भर ले। वह भी नहीं करेगा। वह जैसे तपाक से प्यार कर बैठी थी वैसे ही छपाक से अलग हो जाएगी। भर ले पैसे भर ले। ये सूर बेवफा होते हैं। जेबें भर। आभी जो उसको अंगूर है कल निबौली हो जाएगा और वह उसकी देह से जब जी भर लेगी तब अपनी ग़लती पहचानेगी, उसे जवान आदमी चाहिए। इसलिए बटुए को पैसे से भर के रख। अगर तुझे मरना है तो डूबकर नहीं थोड़ी नज़ाकत से मर जितना पैसा बना सकता है बना ले। घुमंतू हवशी एक ओर वेनिस की रमणी का प्रणय-सूत्र एक ओर, और उनके प्रेम का कच्चा धागा इतना मोटा न हो जाए कि मेरी अक्ल के और नर्क भर के टूटे नहीं टूटे तो देख लेना कि तू उसे भोगेगा। इसलिए पैसा बना। डूबने की ऐसी-तैसी, उसका सवाल नहीं उठाता। अपने अरमान पूरे करने में फाँसी चढ़ा दिया जाय सो भला। इसमें क्या फ़ायदा कि औरत मिली नहीं और डूबकर मर गए?

रोडरिगो : मैं अगर डटा रहूँ तो क्या तू मेरा साथ हमेशा देगा ?

इयागो : मेरी तरफ से मजबूत रह। जा पैसा पैदा कर। मैं तुझसे कई बार

कह चुका हूँ और फिर बार-बार कहे देता हूँ, मूर से मुझे नफ़रत है। मेरा मुद्दआ तो नफ़रत है, तेरा भी यही है। हम दोनों उससे एक होकर के बदला लें।
अगर तू उसे भडुआ नहीं बना सका तो भी क्या। तू तमाशा करेगा और मैं देखूँगा। समय के गर्भ में जाने क्या-क्या छिपा है सब प्रकट होगा। जा टेढ़े-मेढ़े बढ़े जा, पैसा जमा कर ले। बाक़ी बात कल होगी। नमस्ते।

रोडरिगो : कल सवेरे कहाँ भेंट होगी।

इयागो : मेरे घर।

रोडरिगो : मैं वहीं पहुँचूँगा।

इयागो : तब जाओ, नमस्ते, सुनता है रोडरिगो ?

रोडरिगो : मैं अपनी सारी जमीन बेच डालूँगा। *(जाता है)*

इयागो : इसी तरह मैं हमेशा बुद्धुओं को अपना बटुआ बनाता हूँ
क्योंकि अगर दुनिया से सीखी हुई अक्ल में बिना किसी फ़ायदे के या मजे के बिना ऐसे बेवकूफ़ों पर खर्च करूँ तो वह बेकार हो जाएगी। मूर से मुझे नफ़रत है और लोग मानते हैं कि मेरे पीछे उसने मेरे बिस्तर में मेरा काम किया था।
पता नहीं क्या सच है किंतु मुझे शक है औ' रहेगा।
मुझे मानता है वह
और भी अच्छा है कि मैं अपना कार्य सिद्ध कर लूँगा।
कैसियो सुदर्शन है। अब उसकी जगह मुझे लेनी है और अपनी प्रतिष्ठा बढ़ानी है। एक पंथ दो काज तब होंगे। कैसे ? कैसे ? देखो। कुछ दिन पश्चात् ऑथेलो के कान भरूँगा कि कैसियो उसकी पत्नी से बहुत मिलता है, सुंदर है, मनोहर व्यवहार है। उस पर संदेह कर ऑथेलो अपनी स्त्री पर अविश्वास करेगा, मूर सरल हृदय है, समझता है लोग ईमानदार दिखते हैं तो सचमुच होते हैं। और वह नाक में नकेल पहन यों चला आएगा ज्यों गधे आते हैं।
आ गया, गर्भ में आ गया राक्षसी दुर्विचार,
अब दिन में इसको जनाएँगे नर्क और अंधकार।

अंक : दो

दृश्य : 1

साइप्रस

[मोन्तानो और दो महाशय आते दिखते हैं। एक कोठे पर हैं।]

मोन्तानो : तुम्हें समुद्र में क्या दीख रहा है?

एक व्यक्ति : कुछ नहीं, ज्वार आया हुआ है
सागर और क्षितिज के बीच एक पाल भी नहीं दिखता

मोन्तानो : आँधी ने सेना को झकझोर दिया है
पानी पहाड़-सा आकर के गिरता है—कोई जहाज़ इससे टिक
नहीं सकता। अब जाने क्या होगा।
तुर्क पोत—तट पर यदि बाँधे नहीं गए, डूब ही जाएँगे।

[तीसरा व्यक्ति आता है।]

तीसरा : समाचार। साथियो
आपकी लड़ाई निबट गई
पागल तूफ़ान ने तुर्कों को वह मारा
कि उनकी मोर्चाबंदी धरी रह गई
एक वेनिस के एक पोत ने तुर्की बेड़े का अधिकांश
ध्वस्त नष्ट-भ्रष्ट होते हुए देखा है।

मोन्तानो : कैसे ? क्या यह सच है?

तीसरा : वह पोत यहीं लंगर डाले है
माइकेल कैसियो—सहायक आ पहुँचा है
ऑथेलो नाम के मूर का मूर रास्ते में है
साइप्रस के शासन की रक्षा का उसको आदेश है

मोन्तानो : बहुत अच्छा हुआ। वह समर्थ शासक है।
आइए तट पर से देखो
कि क्या कोई पोत आता है।
और कहीं शूरवीर ऑथेलो
दिख जाए दूर। दूर तक देखो
यद्यपि जल और गगन एक हुए दिखते हैं।

तीसरा : आइए, देखें
क्षण-क्षण आतुरता बढ़ती है। आइए

[कैसियो का प्रवेश।]

कैसियो : धन्यवाद, युद्धभूमि द्वीप के योद्धागण आप मूर की
ऐसी प्रशंसा करते हैं कि हम यह मनाते हैं कि वह रक्षित रहे क्योंकि
वह मुझसे बिछुड़ गए विक्षुब्ध सागर में।

मोन्तानो : क्या उनका पोत मजबूत है?

कैसियो : काठ उसकी है कठोर चालक अनुभवी और परीक्षित है
इसलिए मैं आशावान हूँ कि कुछ बुरा नहीं होगा और हम मिलेंगे
फिर *(भीतर से चीख-पुकार)* पाल, पाल!

कैसियो : कैसा शोर यह हुआ।
आप तनिक कष्ट करें।
यह ख़बर ले आए कि जो आया कौन है। हाँ कहो यह कौन उतरा है।

दूसरा व्यक्ति : कोई, इयागो है न, सेनापति का ध्वजधारी।

कैसियो : यह तो खूब तेज़ चला
झंझा, उद्दाम लहर, हहराती आँधियाँ

नोकें चट्टानों की बालू की राशियाँ
मानो सुंदरता के सामने हिंसक स्वभाव छोड़
दिव्य डेसडिमोना को रस्ता देती रहीं

मोन्तानो : वह कौन है?

कैसियो : महावीर कप्तान की पत्नी है। साहसी इयागो पथ में उसके साथ है
देखो जहाज़ की संपदा उतरी है।

[डेसडिमोना, एमीलिया, इयागो, रोडरिगो और सेवक आते हैं।]

साइप्रस के वीरो प्रणाम करो।
(झुकता है) जय हो देवी, आकाश फूल बरसाएँ

डेसडिमोना : धन्यवाद शूरवीर कैसियो, स्वामी का कोई समाचार है?

कैसियो : अभी वह पधारे नहीं और मुझे कुछ ज्ञात नहीं केवल
इतना है कि वह भले-चंगे हैं और शीघ्र आएँगे।

डेसडिमोना : हाय, मुझे डर लगता है। तुम लोग बिछुड़े कैसे?

कैसियो : धरती और अंबर के प्रलयंकर द्वंद्व ने हमको बिलगा दिया *(भीतर)*
पाल, पाल, *(तोप की गरज)*
सुनो, सुनो, एक पाल है।
देखो ख़बर लाओ। *(व्यक्ति जाता है)*
ध्वजधारी स्वागत है *(एमीलिया से)* आइए श्रीमती
सज्जन इयागो, मत व्यग्र हो कि मैं शिष्टाचार में विलंब करता
हूँ। ये मेरा संस्कार है कि ऐसे ही अपना आदर प्रकट करूँ *(एमीलिया को चूमता है)*

इयागो : श्रीमंत, जितनी देर आपने उसे चूमा उतनी देर यदि वह
बोलती रहती तो मेरी ही तरह आप भी भर पाते।

डेसडिमोना : उसके तो बोल नहीं फूटता।

इयागो : नहीं-नहीं, बहुत फूटता है
जब मैं सोने जाता हूँ
फूटता रहता है
क़सम से आपके सामने
मैं खुद गवाह हूँ
कि उसकी ज़ुबान उसके
दिल के अंदर है और
सोच-सोचकर डाँटती रहती है

एमीलिया : यह तो तुम बेकार कहते हो।

इयागो : अरे रहने भी दो।
आप लोग, बाहर सती-साध्वी
घर में सुकुमारी
रसोईघर में बिल्ली
दुःख में सौम्य संत
बुरा लगे तो दुश्मन, घर में फ़िज़ूलख़र्च
बिस्तर में कंजूस होती है।

डेसडिमोना : बदनाम करता है। सत्यानाश हो तेरा

इयागो : नहीं, यह सच है, और अगर न हो तो मेरा तुर्क नाम धरें
और आप लोग जब जागें तो खेलें, जब सोचें तो काम करें

एमीलिया : तुम मेरी तारीफ़ रहने दो

इयागो : मैं क्यों करने लगा

डेसडिमोना : और अगर तुमने मेरी तारीफ़ की, तो क्या करोगे भला

इयागो : हे सुशील देवी, यह मुझसे न पूछिए क्योंकि मैं अवश्य
आलोचना करूँगा।

डेसडिमोना : चलो कोशिश करें।
क्या सागर तट पर किसी को भेजा है?

इयागो : जी देवि!

डेसडिमोना : *(स्वगत)* मेरा मन खुश नहीं
पर अपनी असलियत छिपाए हूँ
दिखती हूँ वह नहीं जो कि हूँ। बताओ तो मैं क्या हूँ ?

इयागो : सोच रहा हूँ, जब मेरी खोपड़ी से विचार आता है
तो झोले से चिड़िया फँसाने का लासा मानो निकाला हो,
साथ में दिमाग नोच लाता हूँ
किंतु कल्पना की पीरें उठतीं हैं
आराम से जन देती हैं
गोरा रंग हो और उस पर तेज़ हो अकल।
रंग काम में आए, काम उसे लाए शक्ल।

डेसडिमोना : भली कही।
अच्छा अगर काली हो और अक्लवाली हो?

इयागो : एक तो काली हो दूजे अक्लमंद हो
ऐसा गोरा लाए जिसे काली पसंद हो।

डेसडिमोना : लो, अब इस पर क्या कहूँ?

एमीलिया : अच्छा अगर गोरी हो और नादान हो ?

इयागो : गोरी तो कोई नहीं अब तक नादान मिली
नादानी कर बैठी तो भी संतान मिली

डेसडिमोना : यह सब ताड़ीखाने में
ठट्ठा करने के लिए मूर्खों ने चुटकुले गढ़े हैं।
यह तो बताओ कि उस बेचारी की तारीफ़ में तू क्या बकेगा
क्या कहोगे जो काली हो और बेवकूफ हो ?

इयागो : ऐसी कलूटियाँ और ऊपर से कमअक्ल आप कहाँ पाएँगी?
—काली करतूतें अक्लमंद गोरियों की भला जिनको न आएँगी?

डेसडिमोना : कितना बेदम और बूदम तर्क है एमीलिया।
इसकी बात मत मानना हालाँकि यह तेरा भरतार
क्या ख़्याल तुम्हारा है कैसियो।
क्या इयागो बेहद बदतमीज़ और बिना कहे बक-बक नहीं करता।

कैसियो : उसके शब्द तीर हैं, वह सिपाही ठहरा, कोई विद्वान नहीं
[डेसडिमोना का हाथ थाम लेता है।]

इयागो : *(स्वगत)* अपनी हथेली में उसकी हथेली दाबे है।
हाँ, कुछ फुसफुसाकर बोला। बोल। बोल। अच्छा किया।
हाँ, मुसकराओ तो, उसे देख-देखकर मुसकराओ
भई वाह! खूब चूमते हो नफ़ासत से अपनी
उँगलियाँ फिर ओठ पर अपना हाथ धरा!

[तुरही बजती है।]

मूर, वह आ गया। मैं उसकी तुरही पहचानता हूँ

कैसियो : हाँ, वही तो है

डेसडिमोना : चलो चलें, अगवानी करें

कैसियो : लो, वह आ ही गए।

[ऑथेलो और एक सेवक का आगमन।]

ऑथेलो : आज ही बदा होता गर मरना तो मैं यहीं मर जाता
क्योंकि मेरा मन इतना तृप्त है कि ऐसा
संतोष जाने कब फिर आ पाएगा।

डेसडिमोना : मत कहो ऐसी बात
प्रेम का बिरवा जो हमने लगाया है
जैसे दिन बीतेंगे, पनपता जाएगा।

ऑथेलो : एवमस्तु देवता। कृपा रहे
मेरे पास शब्द नहीं हैं।
इतना आनंद है कि क्या कहूँ। यह लो और
यह लो, *(चूमता है)*
बस यही चुंबन का टकराव हम दोनों में रहे।

ऑथेलो : आओ, चलें दुर्ग में
ज्ञात हो कि मित्रो, युद्ध शेष हो गया, तुर्क डूब मर गए
मेरे इस द्वीप के पुराने बंधु कैसे हैं?
मधुरे, तुम साइप्रस में बहुत स्नेह पाओगी
मुझे बहुत प्यार मिला है यहाँ प्रियतमे
मैं कुछ उत्साह में चंचल हो रहा हूँ और वाचाल हूँ
सुनो भद्र इयागो
तट पर जाओ और मंजूषाएँ उतरवाओ
उन्हें दुर्गपति के हवाले करो
आओ डेसडिमोना, कितना सुखद है साइप्रस में मधुर मिलन।

[इयागो और रोडरिगो को छोड़ सबका प्रस्थान।]

इयागो : *(सेवक से)* जा ज़रा देर में बंदरगाह पर पहुँच और वहीं मुझे मिल।
(रोडरिगो से) इधर आ। बहादुरी दिखानी है तो मेरे कहे
पर चल। उपसेनापति आज रात को गारद की चौकी पर पहरा देगा। मगर पहले
यह सुन ले कि डेसडिमोना
उससे फँसी हुई है।

रोडरिगो : फँसी हुई है और उससे? अमाँ नहीं, यह मुमकिन नहीं।

इयागो : यूँ मुँह पर उँगली रख ले *(ओठ पर उँगली रखता है)* और अपनी

अकल को तेज़ कर। वह जब मूर पर फ़िदा हुई थी तो सिर्फ़ इसलिए हुई थी कि उसकी लंतरानियाँ अजीब-ओ-ग़रीब थीं और उसने बड़ी-बड़ी डींगें हाँकी थीं। ऐसी ही बेपर की हमेशा उड़ाता रहेगा तो क्या वह हमेशा फँसी रहेगी? अकल से काम ले, ऐसा नहीं हो सकता। इस औरत को भी अच्छी सूरत पसंद है। और उस शैतान की सूरत में देखने से क्या मज़ा आएगा? जब जिस्म रोज़-रोज़ वह करते करते ऊब जाया करता है। तो उसको एक नया शिकार चाहिए। उससे भूख बढ़ती है और खाने में मज़ा आता है। चेहरे पर रौनक आ जाती है। उम्र और मिज़ाज़ और शक्ल का एक-सा होना बड़ी चीज़ है और इसमें मूर नाकाम है। अब इन्हीं बातों के न होने से इसके अरमान मर जाएँगे। मन कुम्हला जाएगा। तब उसे मूर से बदहज़मी हो जाएगी और वो उसे उलट देगी। वह अपने-आप किसी दूसरे को चाहने लगेगी। अब देख यह बिलकुल तय है कि यह परसी हुई थाली कौन खाएगा। कैसियो के सिवाय?

मौके का फ़ायदा उठाना उसे आता है। इसके अलावा हसीन है जवान है और वे सब खूबियाँ उसमें हैं जो कि नादानी और जवानी को पसंद है। बड़ा चाक-चौकस है और औरत की उस पर पहले से नज़र है।

रोडरिगो : मुझको यक़ीन नहीं है कि वह ऐसी निकलेगी। आख़िर उसको किस चीज़ की कमी नहीं है?

इयागो : गावदू कहीं के। क्या तूने देखा नहीं ना कि वह उसकी हथेली सहला रही थी। ग़ौर नहीं किया तूने?

रोडरिगो : हाँ, ग़ौर तो किया था।
पर वो तो सिर्फ़ एक लिहाज़ था।

इयागो : ये छिनाला था *(तर्जनी दिखाकर)* कामुक और लंपट चरित्र के इतिहास की भूमिका है यह। जब वे मिले तो उनके ओठ इतने पास थे कि साँसें आलिंगन करती थीं
पाप था मन में रोडरिगो। जब यह मिलना-जुलना राह खोल देता है तो असल काम में देर क्या लगती है, देह को वही तो करना है। छिः, मगर आप महाराज मेरे कहे पर चलें। आपको वेनिस से मैं लाया हूँ आज रात जो कहूँ वो करना।
मैं बतला दूँगा। कैसियो तुम्हें नहीं जानता। मैं वहीं पास ही रहूँगा। कोई बहाना करो, कैसियो गुस्सा हो चाहे उस पर चीखे, चाहे उसे गाली दे जैसा मौका और वक़्त हो वैसा कर।

रोडरिगो : ठीक।

इयागो : महाशयजी, वह बहुत जल्दी भड़क उठता है, हो सकता है आपको मार बैठे। ऐसा उत्तेजित कर कि मार ही बैठे। इससे भी मैं इन साइप्रस के लोगों को विद्रोह करने पर उकसा लूँगा।

और वे जब तक कैसियो को उखाड़ नहीं फेंकेंगे चैन से न बैठेंगे।
इस तरह तेरा रास्ता आसान हो जाएगा, आगे की
आगे बताऊँगा। कंटक मिटेंगे और मिटकर के सुख देंगे क्योंकि इसके बिना
कोई हमारा मनोरथ फलेगा नहीं।

रोडरिगो : तुम ऐसा मौका पैदा कर दो तो मैं यह कर दूँगा।

इयागो : सावधान। थोड़ी देर बाद मुझे दुर्ग में मिलना। मैं उसका
सामान तट पर ले आता हूँ। फिर मिलेंगे।

रोडरिगो : फिर मिलेंगे। *(प्रस्थान)*

इयागो : मुझे तो पूरा यकीन है कि
कैसियो उसको चाहता है,
वह उसको चाहती है यह भी संभव है और इस पर विश्वास होता है
मूर, भले उसे बर्दाश्त मैं नहीं कर सकता
अपना प्रेमी स्वभाव, अपनी उदारता छोड़ता नहीं है
मगर मेरा अनुमान है कि डेसडिमोना को उसकी यह
अनासक्ति महँगी पड़ेगी। प्यार तो मुझको भी उससे है
सहवास ही मिले या नहीं मिले, फिर भी दबी वासना है
बदले की आग इस भाव को बढ़ाती है।
क्योंकि मुझे शक है उस कामी मूर ने, मेरे आसन पर कभी
आसन लगाया था। यह विचार ज़हर बुझी किसी धातु-सा मेरी अंतड़ियाँ खाए लिए
जाता है
और मेरी आत्मा किसी तरह शांत नहीं होगी, न हो सकती है।
जब तक हिसाब
चुकता नहीं होगा। औरत ली औरत दो
यह नहीं कर सका
तो यह करूँगा कि मूर को डाह से भर दूँगा।
ऐसी कि अक्ल के पास उसकी दवा न हो
इस काम में यह वेनिस का छोकरा
जो कि बहुत तेज़ है यदि हत्थे पर चढ़ जाए तो हम अपने इस
माइकल कैसियो को चित्त कर देंगे। मूर के सामने
नंगा कर देंगे उसे
मुझे तो शक है कि कैसियो की भी भर नज़र मेरे बिस्तर पर है।
मूर होगा कृतज्ञ, मुझसे करेगा प्रीति, उल्लू बनाने का,
अपने सुख-चैन के विरुद्ध षड्यंत्र से
दुनिया के सामने पागल कर देने का,
देगा पुरस्कार
बस इतना तय है, मगर नहीं जानता अभी करूँगा या कल
साफ़ नहीं दिखती है दुष्टता कुछ किए बिना पाजीपन की शक्ल।

दृश्य : 2

[सड़क। ऑथेलो का दूत घोषणा करता है।]

दूत : संदेश ऑथेलो का। हमारे उदात्त और शूरवीर सेनापति का यह संदेश सुनो। समाचार आया है कि तुर्की बेड़े का सर्वनाश हो गया। हर कोई जीत की खुशियाँ मनाए। नाचे-गाए, अलाव की होलियाँ जलाए। जिसकी जैसी हैसियत हो धूमधाम करे। क्योंकि इस मंगल संवाद के अतिरिक्त आज उनके परिणय का उत्सव है। यह उनकी कामना की घोषणा है। सारे भंडार खुले रहेंगे। आज पाँच बजे से ग्यारह बजे तलक सबको खुली छूट है। खाओ-पीओ मस्त रहो। साइप्रस के द्वीप की जय हो और जय हो हमारे शूरवीर ऑथेलो की।

[प्रस्थान।]

दृश्य : 3

[साइप्रस का दुर्ग। ऑथेलो, डेसडिमोना, कैसियो और सेवकों का प्रवेश।]

ऑथेलो : भद्र माइकेल, आज तुम चौकसी पर हो
हम अपने को सिवाय आज कहाँ रुकना है।
मौज में आकर विवेक को न भूल जाएँ।

कैसियो : सारे आदेश इयागो को ज्ञात हैं
पर इसके बावजूद मैं अपनी आँखों से सब काम पर नज़र रखूँगा।

ऑथेलो : इयागो सच्चा है।
माइकेल शुभरात्रि, कल जल्दी से जल्दी
हमें तुमसे कुछ बातें करनी हैं। *(डेसडिमोना से)*
आओ प्राणप्रिये
उपवन तो सज गया, खिल जाएँगे सुमन
हम दोनों अब चुनेंगे अपना पुष्पधान
शुभरात्रि

[ऑथेलो, डेसडिमोना और सेवकों का प्रस्थान। इयागो का प्रवेश।]

कैसियो : स्वागत इयागो, चौकसी को चलें

इयागो : अभी इस घड़ी नहीं, उपसेनापतिजी, अभी दस भी तो नहीं बजा। हमारे सेनापति ने डेसडिमोना के प्रेम में आकर हमें जल्दी छुट्टी दे दी। उनका भी क्या दोष। अभी तक उन्होंने उसके साथ एक रंगीन रात भी नहीं गुज़ारी है और वह बड़ी खिलाड़ी है।

कैसियो : वह अत्यंत सुंदर रमणी है

इयागो : और मैं बताता हूँ रमणीय भी है

कैसियो : और क्या, वह बड़ी सुकोमल और स्वच्छ हैं

इयागो : कैसे निहारती है ? मैं कहता हूँ कि मानो निमंत्रण दे रही हो

कैसियो : आकर्षण है उसमें किंतु शील भी है।

इयागो : बोलती है तो क्या प्रेम नहीं जगाती

कैसियो : और क्या कोई कमी नहीं

इयागो : चलो उनकी सेज उन्हें फले। आओ उपसेनापति, मेरे पास शराब का एक अद्धा है और वहाँ बाहर साइप्रस के सैनिक जमा हैं जो काले ऑथेलो के स्वागत में एक घूँट पीने को उत्सुक हैं।

कैसियो : आज नहीं, भाई इयागो, मेरा दिल-जिगर इस पीने के मामले में बहुत कच्चा है, कितना अच्छा होता कि सभ्यता मनोरंजन का और कोई तरीका निकालती।

इयागो : अरे, सब दोस्त हैं। सिर्फ़ एक जाम। मैं भी तो साथ दूँगा।

कैसियो : एक जाम तो आज रात मैं पी चुका, और पानी मिलाकर!
उस पर भी देखो कि उसने यहाँ *(सर में)* क्या गुल खिलाया है।
मुझ बेचारे को ज़रा जल्दी ही चढ़ती है और मैं अपनी इस
कमज़ोरी पर और ज़ोर डालना नहीं चाहूँगा।

इयागो : अरे छोड़ो भी, आज तो जश्न की रात है, सैनिक मतवाले हैं।

कैसियो : हैं कहाँ ये लोग ?

इयागो : यहीं, दरवाज़े पर, अरे उन्हें बुला लो।

कैसियो : अच्छा बुला लूँगा, पर मुझे पसंद नहीं *(जाता है)*

इयागो : बस, एक प्याला अगर इसको पिलवाय दूँ
तो नशे में नशा और चढ़ जाएगा ऐसे खौखियाएगा जैसे
श्रीमतीजी का कुत्ता/रहा रोडरिगो तो उसकी तो खोपड़ी
प्रेम में औंधी हो गई है। डेसडिमोना के नाम पर वह जाम भर-भर
कर पीता है और उसे पहरा भी देना है। साइप्रस के तीन
और सामंत पीकर धुत अपनी शान रखने को कोने में लुढ़के हैं।
चित्त इस वीरों के द्वीप का मैंने छलकते हुए प्यालों से
गड़बड़ कर दिया है और वे भौंचक हैं। अब इन पियक्कड़ों में
मैं क्या कैसियो को चालू कर दूँ जिससे कि द्वीप में बलवा
हो जाए ? लो वे आ गए।

[कैसियो, मोन्तानो और व्यक्ति आते हैं।]

अब जो होता है वह मेरा सपना सच होने की निशानी
ही तो ऐसी नाव चले, कि साथ हो पवन और धार की रवानी हो।

कैसियो : मुझे इन लोगों ने पिला दी। भगवान कसम।

मोन्तानो : डरो नहीं, थोड़ी-सी पी है,
बस एक पव्वा-भर
मैं भी तो सैनिक हूँ।

इयागो : यारो,
शराब लाओ

(गाता है)

ढम ढमा ढम ढम
ढोल बजाएँ हम
मर्द है फौज़ में
जिंदगी गुज़ार दे क्यों न मर्द मौज में।
फौज में क्यों न पिएँ हम हम हम
ढम ढमा ढम ढम
शराब। यारो!

कैसियो : वाह खूब गाना है, खूब, भगवान कसम।

इयागो : मैंने इंग्लैंड में सीखा था, वहाँ के लोग बहुत कड़ी शराब खींचते हैं।

कैसियो : सेनापति स्वस्थ रहें। *(पीता है)*

मोन्तानो : उपसेनापति, मैं सहमत हूँ, साथ दूँगा।

इयागो : अहा प्यारे इंग्लैंड

(गाना)

एक था राजा बहुत ही अच्छा
स्टीफन था उसका नाम
शोहरत उसके नाम की
चारों तरफ थी फैली
भाई पुराने कपड़े पहनो
और रहो दिल थाम
शराब लाओ।

कैसियो : भगवान की सौगंध, यह गाना तो पहलेवाले से भी प्यारा है

इयागो : फिर सुनना चाहते हो?

कैसियो : नहीं, क्योंकि मैं ऐसे काम करनेवालों को नालायक मानता हूँ भइया, ईश्वर सब ऊपर से देखता है और उसे किसी को बचाना है, किसी को नहीं बचाना।

इयागो : सही है, सही है उपसेनापति

कैसियो : मैं अपनी कहूँ तो—सेनापति की या किसी और की निंदा नहीं है यह। मुझे तो वह बचा लेगा।

इयागो : और मुझे भी उपसेनापतिजी।

कैसियो : हाँ मगर, गुस्ताखी माफ हो, मुझसे पहले नहीं उसे ध्वजधारी के पहले उपसेनापति को बचाना है। अच्छा यह किस्सा ख़त्म करो अपने काम में लगो। हे प्रभु! हमारे पाप क्षमा कर। हे भाइयो, तुम अपना-अपना काम देखो। भाइयो मैं पिए नहीं हूँ, हाँ यह मत समझना नशे में हूँ। ये रहा मेरा ध्वजधारी, ये दाहिना हाथ है और ये बायाँ हाथ। मैं अब कोई नशे में नहीं हूँ। ठीक से खड़ा हो सकता हूँ। ठीक ठीक बोल सकता हूँ।

व्यक्ति : बहुत, बहुत, ठीक, ठीक।

कैसियो : अच्छा, बहुत अच्छा, तब यह मत कहना कि मैं नशे में हूँ

[जाता है।]

मोन्तानो : चौकी पर चलो लोगो, चलो चौकसी करें।

इयागो : यह आदमी जो अभी गया, इसे देखिए
यों तो यह सैनिक सीजर के साथ में खड़े होकर
सेना का संचालन करने के योग्य है मगर बेचारे का दुर्गुण तो
देखिए।
वह दुर्गुण ऐसा है जैसे अमावस्या एक ओर, पूर्णिमा एक ओर।
कितना अभागा है।
ऑथेलो का उस पर विश्वास है मगर उसकी नादानी
द्वीप में उपद्रव का कारण न बन जाए एक दिन।

मोन्तानो : पर क्या वह अकसर ऐसा ही रहता है?

इयागो : रोज-रोज पीने लगा है वह सोने से पहले
अगर कहीं नींद में लुढ़क न जाए तो वह आठों
पहर पहरे पर खड़ा रहे।

[रोडरिगो का प्रवेश।]

इयागो : *(स्वगत)* यह क्योंकर आ गया?
तू उपसेनापति के पास जा *(रोडरिगो का प्रस्थान)*

मोन्तानो : खेद है कि मूर ने ऐसे महत्त्व का सहायक पद ऐसे जन्मजात
दोषी को दे रखा है। मूर को यह बता देना ईमानदारी
होगी।

इयागो : मैं नहीं बता सकता, द्वीप का अहित होगा
कैसियो से मुझको अत्यंत स्नेह है, उसके सुधार की सब क़ोशिश
करूँगा। भीतर से आवाज़ *(बचाओ-बचाओ)*
यह क्या है? कैसा शोर

[कैसियो का रोडरिगो के साथ प्रवेश।]

कैसियो : धिक्कार, तू अधम तू धूर्त।

मोन्तानो : क्या हुआ, उपसेनापति?

कैसियो : बदमाश मुझको सिखाता है! मार के बोरे में भर दूँगा

रोडरिगो : मारेगा?

कैसियो : फिर बोला बदमाश *(मारता है)*

मोन्तानो : ठहरो उपसेनापति, हाथ रोक लीजिए *(उसे रोक देता है)*

कैसियो : छोड़ दो मेरा हाथ, नहीं तो सर तोड़ दूँगा।

मोन्तानो : बस करो, बस करो, बहुत चढ़ गई है

कैसियो : चढ़ गई है? *(वे लड़ते हैं)*

इयागो : *(रोडरिगो से अलग)* भागो भागो भागो, भागकर जाओ
और हल्ला मचा दो।

[रोडरिगो का प्रस्थान।]

नहीं उपसेनापति। ईश्वर की इच्छा है। भाइयो
सेनापति देखिए, श्रीमान मोन्तानो देखिए। मालिको देखिए
कैसी चौकसी हो रही है *(घंटा बजता है)*

यह घंटा किसने बजाया ? शैतान ही होगा जिसने बजाया
शहर जाग उठेगा, ईश्वर की इच्छा। उपसेनापति
तुम जीवन-भर को बदनाम हो जाओगे

[ऑथेलो और सेवक आते हैं।]

ऑथेलो : क्या माजरा है ?

मोन्तानो : ओह, ओह, मेरे खून बह रहा है। अरे, मार डाला।
अब उसकी मौत है *(वह और कैसियो भी लड़ते हैं)*

ऑथेलो : ठहरो, क्या जान ले लोगे ?

इयागो : ठहरो, उपसेनापति। श्री मोन्तानो और सब जनो ठहरो
क्या तुम सब भूल गए कहाँ हो और क्या करना है, ठहरो,
सेनापति कुछ कहते हैं, ठहरो कुछ शर्म खाओ।

ऑथेलो : क्यों ? और कैसे और क्या हो रहा है यह
हम भी तुर्क हो गए, वह अच्छे रहे भाग्य ने डुबाकर उन्हें लड़के तो नहीं
दिए। जिसने फिर गुस्सा दिखाने की हरकत की, उसकी
खैरियत नहीं, वहीं कत्ल कर दूँगा।
बंद करो घंटे की भयानक आवाज़
सारा द्वीप भीतर से थर्रा गया है
क्या बात हुई है श्रीमानो
इयागो, तुम सच्चे हो चिंता से म्लान क्यों पड़ गए
बोलो कहो, किसने यह शुरू किया, मेरा ख़्याल करते हो
तो फ़ौरन बोलो।

इयागो : मैं नहीं जानता। मित्र है सब अपना काम कर रहे थे
मियाँ-बीवी की तरह मेल से कि बिस्तर के वास्ते झगड़ा
करने लगे ! और जैसे किसी पापगृह ने मनुष्यों की बुद्धि
भ्रष्ट कर दी हो। तलवारें खींच लीं।
एक-दूसरे की जान के प्यासे हो गए
क्या कहूँ यह झगड़ा कैसे शुरू हुआ ?
युद्ध क्षेत्र में मेरे पाँव क्यों न कट गए?
जो मुझको यह देखने को आना पड़ा।

ऑथेलो : माइकेल! यह कैसे हुआ
कि तुमसे भी भूल हुई ?

कैसियो : क्षमा करें, मैं नहीं बोलूँगा

ऑथेलो : गुणवान मोन्तानो, क्या कारण है कि तुम अपनी
प्रतिष्ठा के टुकड़े-टुकड़े करो ? और अपने यश
को यों गँवाकर, आवारा कहलाओ ?
उत्तर दो

मोन्तानो : कीर्तिमान ऑथेलो, मैं घायल हुआ हूँ। तुम्हारा अधिकारी
इयागो तुम्हें सब बतला सकता है। अपनी सहानुभूति यदि
दुर्गुण कही जाए और हिंसा के विरुद्ध। अपना पक्षपात
एक पाप हो तो मुझे मौन ही रहने दो। क्योंकि आज

रात जो किया है, कहा है, उसमें कुछ अप्रिय है

ऑथेलो : हे ईश्वर अब मेरा रोष भ्रष्ट करने लगा। विवेक
क्रोध शुद्ध निर्णय का संतुलन धुँधलाकर, स्वयं सत्य शोध की
कसौटी बन गया है। कहीं कुछ कर बैठा या कि हाथ उठ
गया तो अच्छे-अच्छे मिट्टी में मिल जाएँगे।
मुझे यह बताओ कि यह टुच्ची मारपीट कैसे शुरू हुई
किसने आरंभ की, और जो इसमें शामिल पाया जाएगा
वह मेरे साथ क्यों न जन्मा हो, ऐसा जुड़वाँ भाई मुझे
खो बैठेगा। यह क्या है ? युद्ध के नगर में जब लोग विक्षुब्ध हैं
जन-जन के अंतर भय से लबालब भरे हुए हैं।
वहाँ अपने घरेलू झगड़े करो रात को ?
और वह भी पहरे की चौकी पर ? यह महापाप है। इयागो !
किसका किया था वह ?

मोन्तानो : तू किसी भय से या भाईचारे से सत्य को छिपाएगा
या बढ़ा-चढ़ाकर बताएगा तो तू सैनिक नहीं।

इयागो : ऐसे ललकार मत
यह जुबान कटकर गिर जाए, भला
पर माइकेल कैसियो का बुरा नहीं करे। जो मैं सच कहने
की कोशिश करूँ तो उसका कुछ नहीं बिगड़े। सारी
बात यह है सेनापति मोन्तानो और हम वादे कर रहे थे
कि इतने में एक शख़्स बचाओ-बचाओ कहता हुआ आता
है और उसके पीछे-पीछे कैसियो नंगी तलवार लिए जान लेने
पर तुला हुआ। श्रीमान यह पुरुष कैसियो से विनय करता
है, छोड़ दो। मैं भी उसके पीछे-पीछे जाता हूँ कि कहीं
उसकी चीखों से सारा नगर डर न जाए। वह तेज़ दौड़
कर आगे निकल गया और मैं पलट भागा क्योंकि तलवारें
टकराने की और कैसियो के गरजने की आवाज़ें सुनी थीं,
जो यहाँ तक नहीं आईं। जब मैं जरा देर में लौट आया तब
मैंने दोनों को गुत्थमगुत्था पाया। जैसे वे तब के जब
आपने अलग किए। इससे अधिक हाल मैं नहीं जानता
लोग आख़िर लोग हैं, भलों भलों से भूल होती है
कैसियो ने उसका कुछ नुकसान तो किया
जैसा कि क्रोध में आकर हितैषी भी करते हैं
तो भी, मुझे पता है कि उस व्यक्ति के हाथों कैसियो
अपमानित हुआ था
बर्दाश्त के बाहर।

ऑथेलो : जानता हूँ इयागो
तेरी सच्चाई और स्नेह ने बात काट-छाँटकर कैसियो
के हित में हलकी कर दी है
कैसियो, तू मुझको प्रिय है

मगर आज से मेरा सेनापति नहीं है।

[डेसडिमोना सहचरियों के संग आती है।]

डेसडिमोना : क्या हुआ प्रियतम ?

ऑथेलो : सब ठीक : मधुमती, चलो सेज पर चलें
(मोन्तानो से) श्रीमान, आपके घावों की चिकित्सा मैं करूँगा।
इन्हें साथ ले आओ

[मोन्तानो ले जाया जाता है।]

इयागो, नगर में ज़रा सावधानी से गश्त करो। और उनको
शांत करो जो इस वाहियात गुल-गपाड़े से घबरा गए हैं
आ डेसडिमोना आ, वीरों के जीवन में किसका क्या अपना है
एक मीठी झपकी है और उसके अंत में टूटा हुआ एक सपना है

[इयागो और कैसियो को छोड़कर सबका जाना।]

इयागो : वीरवर, क्या चोट खा गए?

कैसियो : हाँ, चोट जिसका इलाज नहीं

इयागो : ईश्वर न करे

कैसियो : नाम। नाम। नाम। हाय मेरा नाम डूब गया। मेरे अस्तित्व में जो कुछ मानवीय था वह मर गया है और जो बचा है वह पशु है।
मेरा नाम। इयागो, मेरा नाम !

इयागो : मैं सीधा-सादा आदमी यह समझा कि तुमको शरीर में कोई घाव लगा है। उसमें नाम जाने से अधिक कष्ट होता है। नाम एक फिजूल की दिखावे की चीज़ है। कभी-कभी यों ही मिल जाती है यों ही चली जाती है। तुमने कोई नाम वाम नहीं खोया, समझो कि खोया है तो समझा करो।
अमाँ यार, सेनापति को फिर से खुश करने के बहुत से तरीके हैं। तुमको तो गुस्से में निकाला है सज़ा देने के लिए क्योंकि यह एक राजनैतिक ज़रूरत थी, कोई नफ़रत न थी
—जैसे कि खूँखार शेर को डराने के वास्ते कोई बेचारे कुत्ते को पीट दे। ज़रा विनती करो, प्रसन्न हो जाएगा।

कैसियो : मैं विनती करूँगा कि मुझ पर लानत भेजे ऐसे सेनानी को ऐसा छिछला, पियक्कड़ और बेशऊर अधिकारी बनकर धोखा देने के लिए। नशेबाज है वह और तोते की तरह टाँय, टाँय करता है, और हुल्लड़ मचाता है, शान झाड़ता है और गालियाँ बकता है और बड़बड़ाता है। हाय रे, शराब में छिपे हुए राक्षस, तेरा कोई नाम है तो वह शैतान है।

इयागो : कौन था वह जिसके पीछे तुम तलवार लेकर दौड़े थे ? उसने तुम्हारा क्या बिगाड़ा था ?

कैसियो : मुझको पता नहीं

इयागो : क्या ऐसा संभव है कि पता न हो ?

कैसियो : मुझे बहुत-सी बातें याद आ रही हैं पर कोई साफ़-साफ़ नहीं, मारपीट हुई थी, पर पता नहीं क्यों। हे ईश्वर, लोग क्यों अपने मुँह में अपना दुश्मन बिठाते हैं ताकि वह उनकी बुद्धि हर ले—ताकि हम खुशियाँ मनाएँ, मस्त हो जाएँ और धूमधाम से तालियाँ बजाकर अपने को जानवर बना लें।

इयागो : वाह! तुम तो अब ठीक-ठीक दिखते हो। यह तो बताओ कि चंगे कैसे हुए ?

कैसियो : पहले नशा था फिर उसकी जगह क्रोध ने ले ली। इस तरह मैंने एक अवगुण में दूसरा छिपा देखा और अपने से मुझे नफ़रत हो गई है

इयागो : छोड़ो भी, तुम बड़े उपदेशक बनते हो। देखो भाई, उम्दा शराब एक भली चीज़ है। अगर सही तरीके से पियो तो, अब तुम उसके खिलाफ मत बोलो। और उपसेनापति, मेरा विचार है कि तुम मानते हो कि मैं एक मित्र हूँ।

कैसियो : इसमें क्या शक है। कोई नशे में हूँ ?

इयागो : तुम हो या कोई हो, हर कोई नशे में रहता है। मैं बताता हूँ तुम्हें क्या करना चाहिए। सेना के प्रधान के पत्नी ही प्रधान है। उनके पास जाओ, हाथ जोड़कर क्षमा माँगो, और पीछे पड़ो कि तुमको तुम्हारा पद फिर से दिलाने में मदद दें।
इतनी उदार है वह और इतनी दयालु, इतनी तत्पर है, इतनी ममतामयी कि तुम उनसे जो माँगो उससे अधिक न दें तो इसे वह बहुत बुरा मानती हैं। उनके स्वामी के और तुम्हारे बीच जो टूट आई है, उनसे विनती करो कि उसकी पट्टी कर दें और देख लेना, मैं जितने की कहो शर्त बदता हूँ, कि वह दरार जुड़कर पहले से मजबूत होगी।

कैसियो : तुमने अच्छी सलाह यह दी है। अगर मुझे ठुकरा ही दिया गया तो मैं अभागा हूँ।

इयागो : सो तो ठीक कहते हो। शुभरात्रि, उपसेनापति, अब मुझे चौकी पर चले जाना चाहिए।

कैसियो : शुभरात्रि, सत्यवान इयागो

[कैसियो जाता है।]

इयागो : कौन कह सकता है कि मैं चालबाज हूँ जब सलाह माँगी जाए खुलकर दे देता हूँ और सच्चाई से, जो खरी उतरती है और निस्संदेह मूर को खुश करने का उपाय भी है। तब कैसियो को विकल्प एक बतलाकर, जो सीधे उसका फ़ायदा करे चालबाज क्यों हुआ। देखा ! धूर्त का धरम !
जब यह भोला-भाला मूर्ख डेसडिमोना से बिगड़ी बनाने की मिन्नतें करेगा और वह मूर से ज़ोरदार पैरवी उसकी

करेगी मैं उसके कानों में घोल दूँगा यह विष—
कि वह अपनी वासना बुझाने के लिए उसका पक्ष लेती है फिर
तो वह उसका जितना भला चाहेगी उतना ही मूर की
निगाह में गिरेगी। इस तरह उसके गुण धूल में मिला दूँगा।
भलमनसाहत से उसी की बिनूँगा एक जाल, फाँस लेगा जो
सबको लपेट में। कैसे ? रोडरिगो।

[रोडरिगो आता है।]

रोडरिगो : अरे मैं ऐसे ही चला आया जैसे शिकार में वह कुत्ता जो
मारता नहीं—भौंकने के काम आता है। मेरा धन लगभग
अब खत्म है। आज रात मेरी खूब जमकर कुटम्मस भी
हुई है। इसीलिए मेरे ख़्याल
से अब नतीजा यह निकलता है। बहुत पापड़ बेले, तजुर्बा
हासिल हुआ, जेब खाली हुई और कुछ अकल आई। अब तो भाई वापस
वेनिस चलो।

इयागो : कितने बेचारे हैं जिनके धीरज नहीं
कौन से घाव हैं जो भरते-भरते नहीं भरते हैं
तू तो जानता है कि तंत्र-मंत्र से नहीं, तर्क से चलते हैं हम लोग
और तर्क शनैः-शनैः विकसित होता है
क्यों ? सही नहीं कहा ? कैसियो ने तुझे पीट दिया
और तूने सिर्फ़ एक खरोंच से पत्ता ही काट दिया उसका
धूप में हर फसल पकती है फल मगर पहले फूलते हैं, बाद में पकते हैं
तू तब तक धीरज धर, जय हो भगवान की,
सूरज निकल आया
जा, जा, आराम कर, जहाँ तेरा न्योता है वहीं जा
जा भाई, कह दिया, और अब बाद में बताऊँगा
नहीं। अब चलता बन।

[रोडरिगो का प्रस्थान।]

दो काम करने हैं
मेरी पत्नी को अपनी मालकिन से कैसियो के लिए कहना है।
उसे इस काम पर लगा दूँगा और खुद उसी बीच मूर को
अलग ले जाऊँगा और ठीक उसी वक़्त उसको ले आऊँगा
जबकि वह कैसियो को उसकी पत्नी की मिन्नतें करते हुए
देख ले।
हाँ, अब इसी राह का तू कर अनुकरण
देर और बेरुखी दो हैं इसके दुश्मन।

अंक : तीन

दृश्य : 1

[डेसडिमोना, कैसियो और एमीलिया का प्रवेश।]

डेसडिमोना : चिंता मत कर, वीर कैसियो, तेरी ओर से मुझसे
जो बन पड़ेगा करूँगी।

एमीलिया : मालकिन कीजिए, मैं कह सकती हूँ कि मेरे स्वामी के भी
मन में दुःख भरा है।
मानो कि वही इसका कारण हो।

डेसडिमोना : हाँ। भले आदमी हैं वह। कैसियो, मन में संशय मत रख।
मैं ज़रूर स्वामी और तेरे बीच स्नेह फिर जगा दूँगी,
जैसा कि पहले था।

कैसियो : कल्याणी श्रीमती,
माइकेल कैसियो का भविष्य जो भी हो
आपका आजीवन वह सेवक रहेगा।

डेसडिमोना : साक्षी है एमीलिया,
मैं तेरे पद का आश्वासन देती हूँ
दोस्ती की कीमत, मैं अगर समझती हूँ
तो तू निश्चिंत रह। मैं उसे अंत तक निबाहूँगी।
मैं अपने स्वामी को बैठने नहीं दूँगी
मैं उनको साधूँगी, बार-बार कह-कहकर
हामी भरवा लूँगी।
खाते, पीते, सोते, जागते, हर समय
कैसियो का सवाल उनके हर काम में
सामने खड़ा होगा। खुश हो, जा कैसियो,
तेरे वकील को मरना कुबूल है
तेरा मुकद्दमा वह छोड़ेगा नहीं।

[ऑथेलो और इयागो आते हैं, थोड़ी दूर पर।]

एमीलिया : मालकिन, मालिक पधारे हैं।

कैसियो : श्रीमती, आज्ञा दीजिए।

डेसडिमोना : अरे ! ज़रा ठहरो, और सुनते जाओ
मैं क्या कहती हूँ ?

कैसियो : श्रीमती, अभी नहीं, मैं परेशान हूँ।
चित्त इस समय अपने बस में नहीं है।

डेसडिमोना : अच्छा, जैसा चाहो।

[कैसियो जाता है।]

इयागो : हूँ, यह अच्छा नहीं लगा।

ऑथेलो : क्या, तुमने क्या कहा ?
इयागो : कुछ नहीं श्रीमान : या कि—पता नहीं।
ऑथेलो : कैसियो नहीं था क्या जो
मेरी पत्नी से विदा हुआ ?
इयागो : कैसियो, श्रीमान ? नहीं-नहीं। मैं नहीं मानता कि आपको आता हुआ देखकर
वह अपराधी की तरह खिसक जाएगा
ऑथेलो : मुझे पूरा विश्वास है। वही था।
डेसडिमोना : स्वागत है, स्वामी कैसे हैं?
मैं बात कर रही थी उससे
फरियादी एक आया था बेचारा
आपके क्रोध ने नाहक जिसे मारा।
ऑथेलो : कौन ? किसकी बात कर रही हो ?
डेसडिमोना : वही, उपसेनापति, कैसियो। धीरवर
मेरे शील और शक्ति का तनिक सम्मान आपके मन में है
तो उसे तत्काल क्षमा दान दीजिए।
क्योंकि अगर आपका वह सच्चा भक्त न हो
जो कि नादानी में भूल कर बैठा है—बदमाशी में नहीं
तो मान लूँगी कि ईमानदारी की मुझको पहचान नहीं।
मेरी विनती सुनें, उसको लौटा लाएँ।
ऑथेलो : क्या जो यहाँ से गया वह था?
डेसडिमोना : वह इतने विनय से विदा हुआ
कि अपनी व्यथा का एक अंश मेरे पास मानो अपने साथ
सहने को छोड़ गया
प्रियतम, उसे फिर रख लें।
ऑथेलो : अभी नहीं, सुकुमारी डेसडिमोना, कभी और।
डेसडिमोना : पर वो 'कभी और' जल्दी ही होगा न ?
ऑथेलो : हाँ प्यारी, जल्दी ही, अगर तुम कहती हो।
डेसडिमोना : रात के भोजन तक ?
ऑथेलो : नहीं, आज रात नहीं।
डेसडिमोना : कल खाने के समय ?
ऑथेलो : कल मुझे घर पर नहीं खाना है।
मुझे कप्तानों से दुर्ग में मिलना है।
डेसडिमोना : तो फिर कल रात को, मंगलवार की सुबह,
या मंगल की दुपहर या रात
या बुधवार को सवेरे-सवेरे
बोलो, कोई तो वक़्त तय करो
मगर तीन दिन से ज़्यादा देर
मत करना। वह यहाँ कब आए?
बतलाओ ऑथेलो ? मेरा मन पूछता है क्या ऐसा भी कुछ है
तुम मुझसे माँगो और मैं मना कर दूँ, असमंजस में खोई

खड़ी रहूँ। अरे यही माइकेल कैसियो
प्रेम के दिनों का तुम्हारा सहचर था, जिसने अनेक बार—
जब मैंने तुम्हारी कोई बात नापसंद की
पक्ष तुम्हारा लिया। इसी को वापस बुलाने का निर्णय करने में
इतनी जद्दोजहद। मैं होती तो अब तक कर लेती।

ऑथेलो : बस, अब बस भी करो। जब चाहे तब आए
मैं तुमसे कोई इनकार नहीं कर सकता।

डेसडिमोना : अहा, यह कोई वरदान नहीं, यह तो ऐसे ही है कि मैं आपसे
कहूँ दस्ताने पहन लें, या कहूँ पौष्टिक भोजन करें, या कि देह
आपकी गरम रखूँ, या कि आग्रह करूँ कि अपने विशेष सुख
के लिए अपना भला करें, नहीं-नहीं, जब मुझे कोई माँग
ऐसी करनी होगी, जिसमें कि आपके प्यार की परीक्षा हो तो
वह गंभीर और कठिन होगी और उसे पूरी करते हुए आप काँप
उठेंगे।

ऑथेलो : मैं तुझसे कोई इनकार नहीं कर सकता और इसके बदले में
बस यह अनुरोध है कि मुझे थोड़ी देर अपने हाल पर छोड़ दे।

डेसडिमोना : इससे इनकार करूँ ? नहीं, विदा स्वामी।

ऑथेलो : विदा डेसडिमोना, मैं तेरे पास बस अभी आया।

डेसडिमोना : एमीलिया, आओ। आपका जो मन भाए वही करें,
जैसे भी रहें आप, मैं कहा मानूँगी।

[डेसडिमोना और एमीलिया जाते हैं।]

ऑथेलो : अरी मनमोहिनी। मैं तेरे प्यार में छिन्न-भिन्न हो जाऊँ
पर मैं तुझे प्यार करता हूँ और जब उस प्यार में चूक हो जाती
है जीवन हो जाता है सृष्टि के पहले का अंधकार।

इयागो : श्रीमान

ऑथेलो : कुछ कहा इयागो?

इयागो : जब हमारी महारानी से आप प्रेम करते थे
क्या कैसियो को यह बात मालूम थी ?

ऑथेलो : हाँ, थी। आदि से अंत तक। पर तूने पूछा क्यों ?

इयागो : यूँ ही, कौतूहल था। और कोई बात नहीं।

ऑथेलो : कौतूहल क्यों था इयागो ?

इयागो : मुझको अचरज हुआ कि वह उनसे परिचित था।

ऑथेलो : और क्या? हम दोनों के मध्य कई बार वह आया गया

इयागो : वाकई!

ऑथेलो : वाकई क्या माने ? ऐसा कुछ इसमें तुझे क्या दिखंता है
जिस पर आपत्ति हो। क्या वह ईमानदार नहीं ?

इयागो : भगवन ? ईमानदार?

ऑथेलो : ईमानदार ? हाँ, ईमानदार।

इयागो : श्रीमान, मैं भी समझता हूँ

ऑथेलो : तेरा क्या विचार है ?

इयागो : विचार, श्रीमान ?

ऑथेलो : विचार श्रीमान ?
तू मेरी बात की प्रतिध्वनि क्यों करता है। जैसे कि कोई पिशाच
तेरे मस्तक में छिपा बैठा हो। इतना विकराल, कि तू दिखा
नहीं सकता। तेरे मन में रहस्य कुछ अवश्य है। मैंने अभी-अभी
तुझे कहते सुना था कि यह अच्छा नहीं लगा
—जब कैसियो मेरे कमरे से निकला था। क्या अच्छा नहीं लगा ?
और जब तुझे यह बताया कि मेरे समस्त परिणय प्रसंग में वह
मेरा सखा था तब तेरे मुँह से क्या निकला—वाकई ? और तब
तूने त्योरियाँ बदलकर ऐसे सिकोड़कर समेटकर देखा था जैसे कि तूने तब अपने दिमाग़
में क़ैद कर रखा हो, एक भयंकर विचार। तेरा प्यार मुझसे
अगर सच्चा है तो अपना हृदय खोल।

इयागो : महाराज, आप जानते हैं कि मैं आपका भक्त हूँ

ऑथेलो : मैं मानता हूँ, यह और मानता हूँ कि तू
प्रेम से पूर्ण है और अपने शब्दों को उच्चारित करने के पूर्व
तौल लेता है। इसलिए तेरा अटकना यह बार-बार
मेरी घबराहट बढ़ाता है, ऐसी कई हरकतें झूठों और दुष्टों में
स्वाभाविक होती हैं पर ये सहजन करे तो समझो निर्दयी अंतर का चोर
बोल रहा है।

इयागो : नहीं, नहीं, मैं मानता हूँ कि कैसियो सच्चा है।

ऑथेलो : नहीं, इसमें कुछ और बात भी है।
इयागो, तेरे मन में क्या है बता।
जो ख़राब से ख़राब ख़्याल हो—
वह बता, कड़े से कड़े शब्द कह डाल

इयागो : अपने ख़्याल कहूँ ? यह आपक चैन, औ' आपकी भलाई औ'
मेरे पुरुषत्व औ' मेरे ईमान औ' विवेक को
शोभा नहीं देगा कि अपने ख़्याल कहूँ।

ऑथेलो : तेरा मतलब क्या है ?

इयागो : आदमी का नाम, मेरे प्यारे स्वामी
आत्मा का मूल्यवान रत्न है।
चोर धन ले जाए तो क्या ले जाएगा ?
धन कुछ नहीं के समान एक चीज़ है
कल मेरे हाथ था, आज उसके हाथ है। और हज़ारों हाथों में जाएगा
पर जिसने मेरी मर्यादा लूट ली उसको उस लूट से कुछ हासिल
नहीं हुआ ? मैं ज़रूर लुट गया।

ऑथेलो : हे ईश्वर! तेरे मन की बात जानकर रहूँगा।

इयागो : जान नहीं पाएँगे, खुद मेरा दिल आपके हाथ में क्यों न हो
और अगर मेरे हाथ में है तो कभी नहीं।

ऑथेलो : हा।

इयागो : श्रीमान, डाह से होशियार हो जाएँ। यह कंजी आँखोंवाला राक्षस

जो शिकार करता है
उसी पर हँसता है।
एक छिनाल का मरद खुशनसीब है कि उसे
असलियत पता है, और बेवफ़ा से उसे प्यार नहीं।
पर हाय उस ग़रीब की घड़ियाँ कैसी गुज़रती हैं—
जो उस पर मरता है फिर भी उसे शक है,
मन में है मैल मगर मोह में पड़ा है।

ऑथेलो : आह! यह वेदना!

इयागो : निर्धन और अल्पसंतोषी संपन्न हैं और काफ़ी संपन्न
पर जिस वैभव के
लुट जाने का भय हो
वह अपार संपत्ति ऐसी उजाड़ है जैसे बरफ के दिन।
दया करो भगवान मेरा कुनबा ऐसी ईर्ष्या से मुक्त रहे।

ऑथेलो : क्यों यह सब आख़िर क्यों कहता है।
क्या तू समझता है कि जीवन ईर्ष्या से भर, नित्य मैं उठाता
रहूँगा दुःख चाँद नित्य जैसे घटता-बढ़ता रहता है।
संदेह यदि हुआ एक बार तो
फैसला एक बार में होगा।
इससे मुझे कोई ईर्ष्या नहीं होगी कि वह औरत सुंदर है।
उम्दा खिलाती है, हँसती-बोलती है, साथ उठती-बैठती
नाचती, गाती, बनाती है,
जिसके दिल में सच है उसके जो गुण हैं और अधिक गुण
ही कहलाएँगे। अपनी कमज़ोरियों के कारण, मैं उसके प्रेम में
रत्ती-भर शक नहीं करूँगा।
उसने कुछ देख भालकर मुझको चुना है।
नहीं, सुनो इयागो, मैं आँखों देख लूँगा तभी शक करूँगा,
और जब करूँगा शक, जाँचूँगा।
शक साबित हो गया तो और कुछ नहीं होगा प्रीत मिट जाएगी या
डाह मिट जाएगी।

इयागो : सुनकर खुशी हुई क्योंकि निस्संकोच
भक्ति और प्रीति आपको अब दिखाने का
मुझको कारण मिला। इसलिए आप इन्हें स्वीकार कीजिए।
मैं प्रमाण की अभी बात नहीं करता हूँ।
पत्नी को देखते रहिएगा
साथ में कैसियो जब हो, नज़र रखो ऐसा दिखाएँ कि ईर्ष्या भी
नहीं है और शक भी है। मैं नहीं चाहूँगा कि अपनी उदारता
और भद्रता को आप अपने ही हाथों लुटा बैठें। सावधान! खूब जानता हूँ लोगों
का स्वभाव मैं। वेनिस में पत्नियाँ, खेल खेलती हैं जो
वे भगवान देख लें। स्वामी न देख पाएँ
वह चाहती हैं कि काम अनकिया नहीं रहे। अनजान रह जाए।

ऑथेलो : ऐसा है ?

इयागो : आपको ब्याह कर पिता से छल किया
और जब आपके स्वरूप से उकताया करती थी
तब कहती कि वह प्यार में डूबी है।

ऑथेलो : हाँ, डूबी तो थी।

इयागो : अरे जाइए भी, उस ज़रा-सी लड़की ने ऐसी बनावट की कि बाप
की आँखों पर पट्टी बाँध दी, और वह समझा कि
वशीकरण ही होगा पर दोष बहुत कुछ मेरा है। मैं सर झुकाए हूँ।
मुझे क्षमा कीजिए। बहुत अधिक भक्ति के कारण यह भूल हुई।

ऑथेलो : मैं तो सदा के लिए तुझसे बँधा हूँ।

इयागो : मुझे तो लगता है कि इससे आपका दिल
छोटा हो गया है।

ऑथेलो : तनिक नहीं, तनिक नहीं।

इयागो : मानिए, मुझे ऐसा लगता है। आशा है आप पहचानेंगे कि मैंने
अभी जो कहा हृदय से ही कहा।
विचलित हो गए हैं आप, मेरा अनुरोध है कि उसके बहुत ज़्यादा
अर्थ मत लगाइए।
केवल संदेह है।

ऑथेलो : मैं नहीं लगाऊँगा।

इयागो : और जो लगाया तो महाराज। मेरा ये बोलना
ऐसा बुरा करेगा कि जो मैंने कभी सोचा भी नहीं था
कैसियो तो मेरा अपना है, श्रीमान। आप कुछ परेशान लगते हैं।

ऑथेलो : नहीं, इतना कुछ नहीं। मैं नहीं मानता कि डेसडिमोना वफ़ादार
के सिवाय कुछ और हो सकती है।

इयागो : वह बहुत दिन जिए और आप इस विचार में बहुत दिन जिएँ।

ऑथेलो : तो भी सृष्टि अपने धर्म से हटकर कैसे...

इयागो : यही तो—देखिए, खुलकर कहूँ
उसने कई पैगाम ठुकराए
वर्ण, वर्ग, देशकाल के जो अनुकूल थे,
जबकि सब वस्तुएँ खोजती रहती हैं
सृष्टि में समानधर्मा
छिः इस स्वभाव से उसके
कलुषित विचार अत्यंत संतुलनहीनता
दिखाते हैं।

इयागो : पर क्षमा कीजिए, आमतौर की इस बहस में खासतौर पर उसका
नाम नहीं लेता हूँ। हालाँकि यह कह दूँ कि एक दिन जब
अकल आएगी, संभव है वह अपने आप अपने देश के लोगों से आपकी तुलना
करे और फिर पछताए।

ऑथेलो : विदा, विदा। अगर और कुछ देखे तो मुझे और बता।
अपनी पत्नी को निगरानी पर रख दे। मुझको अकेला रहने

छोड़ दे इयागो।

इयागो : श्रीमान, आज्ञा दें—

ऑथेलो : मैंने क्यों शादी की ? इस भले आदमी ने अवश्य
जितना बताया है उससे कहीं अधिक बेशक कहीं अधिक देखा और जाना

इयागो : *(लौटता है)* श्रीमान, आज्ञा हो आपसे निवेदन करूँ
इस विषय को और आगे मत बढ़ाइए
वक़्त पर छोड़िए
हालाँकि यह उचित है कि कैसियो अपना पद फिर पाए
क्योंकि वह अवश्य ही उसके परम योग्य है
फिर भी कुछ देर अगर उसको टाले रहें
तो इस बहाने से आप उसको और उसके काम को तोड़ेंगे
देखें कि आपकी श्रीमती उसकी नियुक्ति पर
जबर्दस्त आग्रह तो नहीं करतीं
इससे बहुत कुछ प्रकट होगा। इसी बीच
ऐसा जताएँ कि मैं अपने कामों में व्यस्त हूँ
जैसा कि मैं सचमुच हूँ
और उन्हें कुछ न कहें। मेरा यह अनुरोध मान लें, श्रीमान।

ऑथेलो : यह संयम साधूँगा, निश्चिंत रह

इयागो : एक बार फिर आज्ञा लेता हूँ *(प्रस्थान)*

ऑथेलो : शायद इसलिए कि मैं जाति से काला हूँ
और बोलचाल का वह शिष्टाचार जो
दरबारी करते हैं, मैं नहीं कर पाता
या कि इसलिए कि अब उम्र ढल चली है
—पर कोई बहुत नहीं—उसने मुँह फेर लिया।
मेरा अपमान हुआ और अब घृणा में ही मुझको संतोष होगा
—आह यह विवाह का शाप है

[डेसडिमोना और एमीलिया आती हैं।]

पर वो बेवफा निकली
तो देवताओं ने खुद को झुठला दिया है
मुझको विश्वास नहीं।

डेसडिमोना : कैसे हो, तुम मेरे ऑथेलो
भोजन तैयार है
तुम्हारे निमंत्रण पर प्रेम से आए सब द्वीप के निवासी दर्शन को खड़े हैं

ऑथेलो : मेरा ही दोष है

डेसडिमोना : तुम ऐसे बुझे-बुझे क्यों बोल रहे हो ? माँदे हो ?

ऑथेलो : माथे में दर्द है, यहाँ पर

डेसडिमोना : देर तक जगने से हुआ है, मिट जाएगा।
लाओ कस करके बाँध दूँ
एक घड़ी भर में जाता रहे।

ऑथेलो : तुम्हारा रूमाल छोटा है

(रूमाल हटा देता है और वह गिर जाता है) उसे यहीं पड़ा रहने दो
आओ, तुम्हारे साथ मैं घर में चलता हूँ।

डेसडिमोना : अच्छा नहीं लग रहा कि तुमको तकलीफ़ है।

[डेसडिमोना आँथेलो के साथ जाती है।]

एमीलिया : मुझको खुशी है कि रूमाल पा गई।
यह मूर की उसको पहली सौगात थी। स्वामी सैकड़ों बार
समझा चुके थे—जा, उसको चुरा ला।
मगर वह निशानी उसको इतनी प्यारी थी *(क्योंकि मूर ने कहा था कि इसे मत खोना)* और इसे सीने से
लगाए रखती थी वह—
कभी उसे चूमती, कभी बोलती उससे
मैं इस कसीदे की नकल करवा लूँगी
और वह इयागो को दे दूँगी
उसका क्या करेगा वो, ईश्वर ही जाने
मैं नहीं जानती
मैंने तो बस उसकी ज़िद पूरी कर दी।

[इयागो आता है।]

इयागो : क्या है री, यहाँ तू अकेली क्या करती है?

एमीलिया : ऐसे बोल मत बोलो, देखो तुम्हारे लिए एक बात है।

इयागो : मेरे लिए एक बात? यह कोई नई बात नहीं है—

एमीलिया : है?

इयागो : कि बीवी बेवकूफ़ हो।

एमीलिया : अच्छा यह बात है? तो तुम मुझे रूमाल के बदले क्या दोगे?

इयागो : कौन-सा रूमाल?

एमीलिया : कौन-सा रूमाल? वही जो मूर ने दिया डेसडिमोना को
और जिसे चुरा ले लाने को तुम अकसर कहते थे।

इयागो : तो तुमने चुरा लिया?

एमीलिया : नहीं, चुराया नहीं, ग़लती से वह उससे गिर गया। मेरी किस्मत
थी कि मैं वहाँ खड़ी थी,
बस, मैंने उठा लिया,
ये देखो यह रहा

इयागो : शाबाश छोकरी।
ला, मुझे दे दे

एमीलिया : तुम मेरे पीछे पड़े थे कि मैं इसको उड़ा लूँ।
तो तुम्हें इसका क्या काम है।

इयागो : कुछ है, तुझे क्या? *(छीन लेता है)*

एमीलिया : कोई खास काम न हो तो मुझे लौटा दो
बेचारी उसे जब न पाएगी तो पागल हो जाएगी।

इयागो : अब इसको भूल जा।
मुझे इसका काम है

जा, मुझे छोड़ *(जाती है)*
कैसियो के कमरे में
इस रूमाल को छोड़ आऊँगा। ताकि उसे मिल जाए
मामूली बातें भी ईर्ष्या का, ऐसा प्रमाण पुष्ट करती हैं मानो
वेद-वाक्य हों। शायद कुछ बात बने।
मूर का दिमाग़ मेरे ज़हर के असर से बदला है
संकट की कल्पना अपने स्वभाव से
एक विष होती है। पहले तो इसका स्वाद पता नहीं चलता
मगर ज़रा देर में, खून ऐसे दहकता है।
जैसे कि गंधक की खान की आग हो।
मुझको मालूम है।

[ऑथेलो का प्रवेश।]

देखो वो आता है। कोई रस, कोई मद, सृष्टि के समस्त मधुर
निद्रासव
मद्यसार
शमित नहीं कर सकते इसका मन।
कोई उपचार मंत्र इसकी वो मधुर नींद फिर से ला नहीं सकते
जो कल तक तो इसकी थी।

ऑथेलो : हा! हा! यह अविश्वास? ओह अब हमेशा के लिए विदा
मेरी वह सहज शांति
मेरा वह संतोष
वीरों के सुसज्जित दल और महायुद्ध, विदा
जिनसे यश की लिप्सा शूरोचित होती थी
अश्व का निनाद और तूर्य की पुकार, विदा
विजयध्वज और कीर्ति, गर्व और ऐश्वर्य—
युद्ध के प्रतापी क्षण सब विदा। जीवन में कर्म अब नहीं रहा ऑथेलो

इयागो : यह नहीं हो सकता श्रीमान

ऑथेलो : दुष्ट, यह याद रख कि मेरी प्राणप्यारी के व्यभिचार का प्रमाण
तुझे देना होगा। सोच ले, आँखों देखा प्रगाण चाहिए। अन्यथा
मुझमें परमात्मा का जो भी अवतार है
वह मेरे क्रोध को जगाएगा—
और उसका उत्तर देते समय, तू यों पछताएगा कि कुत्ते का
जन्म लिया होता तो बेहतर था।

इयागो : अब यह भी हो गया।

ऑथेलो : मुझको दिखा प्रमाण, या कम से कम उसको सिद्ध कर
ऐसे कि उस सबूत में, खोट या कसर न हो
कोई संदेह बना रह न जाए। या सत्यानाश हो

इयागो : मान्यवर!

ऑथेलो : अगर उसे बदनाम करना है और मुझे यातना देना है
तो, उपासना मत कर छोड़ दे पश्चात्ताप।

भयंकर से भयंकर कुकर्म कर
पाप ऐसे कि आकाश रो पड़े, पृथ्वी भयभीत हो,
क्योंकि नर्क में इससे अधिक और क्या होगा।

इयागो : भगवान, मेरे अवगुण भुला
क्या तुम मनुष्य हो? तुम्हारे आत्मा है? विवेक है? ईश्वर तुमको बचाए
मेरा पद छीन ले।
वाह रे अभागे मूर्ख, तेरा तो प्यार एक मुसीबत है
हत्यारे संसार देख ले, देख ले।
दुनिया में खरा और ईमानदार होना ख़तरनाक है।
इस शिक्षा के लिए धन्यवाद देता हूँ और मित्र आज से
किसी को न मानूँगा। क्योंकि मित्रता ऐसा तिरस्कार देती है।

ऑथेलो : नहीं न जा।
तुझको ईमानदार होना ही चाहिए।

इयागो : मुझे बुद्धिमान होना चाहिए/क्योंकि ईमानदारी एक गधापन है
खो बैठती है अपने कर्म का सुफल

ऑथेलो : साक्षी संसार है, मैं सोचता हूँ कि मेरी पत्नी निष्कपट है
और/सोचता हूँ कि वह ऐसी नहीं है/मैं सोचता हूँ कि तू
निष्पक्ष है। औ' यह भी सोचता हूँ तू वह नहीं है।
मुझको कोई प्रमाण चाहिए/आह मुझे संतोष मिल पाता।

इयागो : दिखता है कि आपको क्लेश खा रहा है। अब मैं पछताता हूँ कि
आपसे क्यों कहा/संतुष्ट होवेंगे?

ऑथेलो : होऊँगा ? क्यों नहीं होऊँगा।

इयागो : और शायद हो जाएँ, पर कैसे?/कितने होवेंगे संतुष्ट आप श्रीमान।
क्या आप तमाशबीन की तरह, आँख फाड़कर उसका
संभोग देखते रहेंगे।

ऑथेलो : वह मरण और नर्क।

इयागो : मेरे विचार से उनको एक उस अवस्था में ले आना मुश्किल है।
तब कैसे ? और क्या ? मैं भला क्या कहूँ ? संतोष है कहाँ ?
यह तो असंभव है कि आप उन्हें इस तरह देख लें। जैसे कि वो
बकरियाँ हों उठान पर, बंदर हों मस्ती में
या भेड़िए हों
या कि नशे में धुत पड़े हुए बेवक़ूफ़
फिर भी मैं कहता हूँ कि अगर परिस्थितियाँ और उनके अर्थ
साफ़-साफ़ सत्य को बताते हों—
तो शायद आपको संतोष हो जाए।

ऑथेलो : मुझे एक जीवित कारण बता यह कि वो बेवफ़ा है।

इयागो : मुझको यह काम पसंद नहीं। मगर चूँकि अब इसमें हाथ डाल बैठा
हूँ, इसलिए नादानी सच्चाई और प्रेम, मुझसे कहलवा लेंगे।
अभी उस दिन मैं कैसियो के साथ लेटा था।
और दाँत में भयंकर दर्द होने से नींद तो ग़ायब थी।

कुछ लोग सोते-सोते बड़बड़ाते हैं।
ऐसा कैसियो भी है। नींद में मैंने उसके मुँह से शब्द सुने।
"प्यारी डेसडिमोना, हम होशियार रहें।
अपने प्यार को छिपाय।"
और तब श्रीमान वो मेरा हाथ पकड़कर मसलने लगा।
बोला "हाय सुंदरी" फिर मुझे चूमा बड़े ज़ोर से।
और अपनी टाँग मेरी जाँघ पर रख ली आह भरी।
फिर चूमा और कहा "वाह री किस्मत तुझे मूर को दे दिया"

ऑथेलो : ओह राक्षस! राक्षस!

इयागो : नहीं, यह सिर्फ़ स्वप्न था उसका।

ऑथेलो : मगर यह बताता है कि, ऐसा हो चुका है।

इयागो : पर हमने देखा तो नहीं है। हो सकता है कि वह आज भी
पवित्र हो। अच्छा इतना बताएँ, आपने एक कढ़ा हुआ
रूमाल कभी अपनी पत्नी के हाथ में नहीं देखा?

ऑथेलो : ऐसा ही एक मैंने उसको दिया था। वह मेरी पहली सौगात थी

इयागो : वह मुझे नहीं पता, मगर ऐसा रूमाल कैसियो लिए हुए था
वह ज़रूर आपकी पत्नी का होगा
मुँह पोंछ रहा था

ऑथेलो : अगर वह वही था—

इयागो : वही था
या कोई और उसी का रूमाल था
दूसरे प्रमाणों से मिलकर वह उसके विरुद्ध है

ऑथेलो : ओह, उसके जाने चालीस हज़ार होती
एक बहुत कम, बहुत ओछी है मेरे प्रतिरोध के वास्ते अब मुझे
यह बात सच दीखती है, सुन इधर इयागो, मैं अपना सब
मोह हवा में उड़ा देता हूँ।
वह गया
जाग रे, जघन्य प्रतिशोध जाग
नर्क के अतल से उठ,
प्रेम, हृदय सिंहासन से उतर!
राजघाट हत्यारे द्वेष के चरणों में मुकुट रख दे
फट जा छाती, जिस पर साँप लोटते हैं, बोझ से अपने।

इयागो : अभी आप शांत रहें

ऑथेलो : ओह खून, खून, खून!

इयागो : सुनिए, धीरज धरिए : शायद मन बदल जाए।

ऑथेलो : कभी नहीं, इयागो। जैसे कृष्ण सागर का बर्फीला वेग
और चिर प्रवाह, मंद नहीं होता है, भूमध्य सागर की ओर
बहे जाता है वैसे ही मेरा भीषण विचार एक बार आगे बढ़, पीछे
मुड़ेगा नहीं, तुच्छ प्रेम के आगे शिथिल नहीं होगा,
जब तक कि एक पूर्ण और प्रबल प्रतिशोध उनको न लील

जाए *(वह घुटनों के बल बैठता है)* लो निर्मल नभ के
देवताओ, ये मेरी प्रतिज्ञा के शब्द हैं।

इयागो : मत उठिए *(इयागो भी बैठता है)*
साक्षी हो आकाश के प्रकाश वह निसर्ग जिसमें
आविष्ट हैं हम सब, साक्षी हो कि आज इसी क्षण
में इयागो ने अपना तन-मन हृदय, पीड़ित ऑथेलो की सेवा
में अर्पित कर दिया है
वह जो आदेश दे, उसका सर झुकाकर पालन करूँगा
कितना ही भयानक काम हो *(दोनों उठ खड़े होते हैं)*

ऑथेलो : तेरा यह स्नेह स्वीकार है, कोरे धन्यवाद से नहीं, मुक्त
प्रेम से। और तत्काल यह कहूँगा कि अपना प्रण पूरा कर
इन्हीं तीन दिन में अब मैं तेरे मुँह से यह सुनना चाहता हूँ
कि कैसियो नहीं रहा।

इयागो : मित्र वह नहीं रहा, आपका कहा होगा। मगर डेसडिमोना
को छोड़ दें।

ऑथेलो : नर्क में डाल दो छिनाल को। नर्क उसको मिले, घोर नर्क।
आओ, हम अलग-अगल जाएँगे। मैं जाकर उस अधम औरत
की तत्काल मृत्यु का साधन जुटाता हूँ।
आज से तू मेरा उपसेनापति है।

इयागो : मैं तो आपका अपना दास हूँ।

[प्रस्थान।]

दृश्य : 2

[एक सड़क।]

डेसडिमोना : रूमाल कहाँ भूल आई मैं एमीलिया

एमीलिया : क्या जानूँ कहाँ भूल आई हैं मालकिन

डेसडिमोना : क्या कहूँ। मेरा अशर्फियों भरा बटुआ खो गया होता
तो दुःख नहीं होता।
और मेरे स्वामी यदि निश्छल नहीं होते। उनके मन में भी
घटियापन होता, जैसे कि ईर्ष्या के मारों में होता है
तो इतनी ग़लती से बहुत क्षुब्ध हो जाते।

एमीलिया : क्या वो ईर्ष्यालु नहीं हैं?

डेसडिमोना : क्या? वो? मेरा अनुमान है कि जहाँ उनका जन्म
हुआ था, वहाँ सूरज के तेज़ ने चित्त के
विकार सब सोख लिए थे उनके

एपीलिया : देखिए आते हैं

डेसडिमोना : अब तो मैं उनको उस वक़्त तक न छोड़ूँगी जब तक कि

कैसियो को बुला नहीं लेंगे *(ऑथेलो का प्रवेश)* कैसे हैं प्राणनाथ।

ऑथेलो : अच्छा हूँ प्यारी *(स्वगत)* आह, यह बनावट, दुखदायी है
तुम कैसी हो डेसडिमोना ?

डेसडिमोना : अच्छी हूँ स्वामी

ऑथेलो : ज़रा हाथ तो देखूँ। यह पसीज रहा है श्रीमती

डेसडिमोना : यह अभी उम्र के असर से अछूता है, इसने दुःख-दर्द कोई
झेला नहीं है।

ऑथेलो : यह कह रहा है कि यह दाता का हाथ है इसमें
गरमाई है, और ऊष्मा है। इस हाथ को दानशीलता से बचाओ
यह हाथ अपने को रोककर रखने का अभ्यास
करे, उपवास, जप-तप, कठोर व्रत, साधना सीख ले क्योंकि एक
इसमें उत्तप्त और द्रवित दुष्ट बैठा है जो अकसर मनमानी करने लगता
है। यह अच्छा हाथ है कुछ छिपा नहीं सकता।

डेसडिमोना : हाँ, यह तो ठीक है। इसी हाथ से मैंने अपना दिल दिया था

ऑथेलो : एक उम्दा हाथ है। कभी एक समय था कि दिल देनेवाले ही
हाथ गहा करते थे। आज का चलन यह है कि हम हाथ देते हैं
दिल नहीं देते।

डेसडिमोना : यह मुझे नहीं पता। अच्छा अब बताओ उस वादे का क्या हुआ।

ऑथेलो : काहे का वायदा, लाड़ली।

डेसडिमोना : मैंने कैसियो को आपसे मिलने बुलवाया है

ऑथेलो : मेरा सर जुकाम से भारी है। अपना रूमाल दें

डेसडिमोना : लीजिए स्वामी

ऑथेलो : वह देना जो मैंने दिया था

डेसडिमोना : वह यहाँ नहीं है

ऑथेलो : नहीं है ?

डेसडिमोना : सचमुच नहीं है श्रीमान

ऑथेलो : यह बुरी बात है
वह रूमाल मिस्र की एक औरत ने मेरी माँ को दिया था
वह जादूगरनी थी और लोगों के दिल की बात जान लेती थी
उसने कहा था कि जब तक यह तेरे पास रहेगा तेरा आकर्षण
हर समय बना रहेगा, तेरे पति तेरे मोह में बँधे रहेंगे।
किंतु इसे खोया या किसी को दे दिया तो उनका मन
तुरंत तुझसे हट जाएगा।
वह इधर-उधर डोरे डालने लगेंगे।
वह अपने अंत समय उसे मुझे दे गई कि जब मेरे ब्याह की
घड़ी आए, मैं उसे अपनी दुल्हन को दूँ, मैंने ऐसा किया। और
इसे भूल मत। उसे अपनी आँख का तारा बनाकर रख
उसका खो जाना या किसी को दे दिया जाना ऐसा
दुर्भाग्य है कि जिसकी तुलना नहीं।

डेसडिमोना : क्या यह संभव है ?

ऑथेलो : यह सच है, उसकी बुनाई के भीतर एक भेद है। एक सिद्ध औरत ने, जिसने दो सौ बसंत देखे थे। एक चमत्कार से उसे बुना था। उसका रेशम पवित्र कीड़ों से उपजा था और क्वारी कन्याओं के रक्त से रंजित, औ' सुगंधित था।

डेसडिमोना : क्या सचमुच यह सच है?

ऑथेलो : बिलकुल सच। इसलिए उसकी सुरक्षा कर

डेसडिमोना : तब तो ईश्वर करता मैंने उसे देखा ही नहीं होता

ऑथेलो : हैं ! ऐसा क्यों?

डेसडिमोना : तुम इतने चौंककर रुखाई से क्यों बोले।

ऑथेलो : क्या वह खो गया है ? चला गया ? बोल। वह नहीं है अब?

डेसडिमोना : ईश्वर रक्षा करे

ऑथेलो : क्या कहा?

डेसडिमोना : नहीं, खोया नहीं है। अगर खो गया हो तो?

ऑथेलो : सो कैसे

डेसडिमोना : मैंने कहा कि वह खोया नहीं है।

ऑथेलो : ले आओ, देखने दो

डेसडिमोना : हाँ, सो तो हो सकता है पर अभी नहीं श्रीमान यह एक चाल है कि मेरी बात टाल दो। कृपया कैसियो को फिर रख लें।

ऑथेलो : रूमाल ले आओ, मुझको अंदेशा होने लगा है।

डेसडिमोना : रहने दो। आप और अधिक योग्य पुरुष नहीं पाएँगे

ऑथेलो : रूमाल !

डेसडिमोना : भगवान के लिए कैसियो की बात करें।

ऑथेलो : रूमाल !!!

डेसडिमोना : वह आदमी जिसने हर समय आपके प्यार से शक्ति
पाई, ख़तरों में साथ दिया
सच तो यह है कि तुम्हीं दोषी हो

ऑथेलो : चली जा

[ऑथेलो जाता है।]

एमीलिया : क्या इस आदमी में ईर्ष्या नहीं दिखती?

डेसडिमोना : मैंने तो कभी नहीं देखी

एमीलिया : कोई पुरुष साल दो साल में नहीं दिख जाता। उनके पास बस पेट ही पेट होता है और हम सिर्फ खाए जाने के लिए होते हैं
वे हमें ठूँसकर खाते हैं और जब पेट भर जाता है तब उगल देते हैं

[इयागो और कैसियो का प्रवेश।]

वह देखो कैसियो और मेरे स्वामी

इयागो : यही रास्ता है बस। उसे करना होगा।
लो, वह यही है। जाओ आग्रह करो

डेसडिमोना : कहो, भद्र कैसियो क्या समाचार है?

कैसियो : वही मामला है बस, श्रीमती फिर विनती करता हूँ कि आपकी

महान कृपा से मैं फिर से अस्तित्व पाऊँ। और उसका स्नेह पात्र बनूँ जिसका मैं सच्चे हृदय से पूर्ण सम्मान करता हूँ। अब और देर मत कीजिए।

डेसडिमोना : अब मेरे कहने में अर्थ कुछ रहा नहीं। मेरे स्वामी अब मेरे स्वामी नहीं हैं जाने क्या हुआ है कि उनका मन और मिज़ाज़ बदला हुआ सा है। तुमको अभी और धीरज रखना होगा। मैं जो कर सकती हूँ वो मैं करूँगी। और चाहूँगी कि उससे कुछ ज़्यादा ही कर सकूँ। अभी इतना ही काफ़ी है।

इयागो : क्या मेरे श्रीमान क्रुद्ध हैं?

एमीलिया : अभी-अभी गए हैं और अजब परेशान दिखते थे।

इयागो : क्या वह क्रुद्ध हो सकते हैं? जब एक तोप का गोला दागा जाता है
तो अपने साथ तेल में भीगे हुए चिथड़ों की धज्जियाँ उड़ाता
है। क्या वो गुस्से में थे ? तब ज़रूर कोई बड़ी बात है।
मैं उनसे जाकर मिलूँगा।
वह अगर सचमुच गुस्से में हों तो इसमें अर्थ है।

डेसडिमोना : जाओ, ज़रूर जाओ।

[इयागो का प्रस्थान।]

वेनिस में राजकाज का कोई प्रश्न है या कोई षड्यंत्र हो सकता है
जो उनको साइप्रस में प्रकट किया गया हो और उनके निश्चिंत
अंतर को व्याकुल कर गया हो। नहीं। हम मनुष्यों को
निर्विकार क्यों समझें। देवता नहीं है वो। मुझे खेद होता
है एमीलिया। कि मैंने नादानी में उनकी निर्ममता का कडुवा
उत्तर दिया। झूठा अभियोग एक उन पर लगाया और उसे
सिद्ध कर डाला।

एमीलिया : भगवान, यह सचमुच राजकाज का कोई प्रश्न हो।
प्रेम की, जलन की कोई समस्या न हो।

डेसडिमोना : वह दिन न आएगा कि ऐसा हो। मैं तो ऐसे कुछ का कारण नहीं बनी
ईर्ष्या एक राक्षस है, अपने को अपने से ही
पैदा करता है।
भगवान, ऑथेलो से हमें दूर रखे।

एमीलिया : ऐसा ही हो मेरी मालकिन।

[प्रस्थान।]

अंक : चार

दृश्य : 1

[सड़क। ऑथेलो और इयागो।]

इयागो : क्या आप सोचेंगे ?
ऑथेलो : काहे की सोचूँगा ?
इयागो : यही, चोरी से चूमना
ऑथेलो : चोरी से नाजायज़ चूमना ?
इयागो : या अपनी दोस्त के साथ एक घंटे तक या और देर तक
बिस्तर में नंगे पड़े रहना नीयत बिगाड़े बिना ?
ऑथेलो : बिस्तर में नंगे और नीयत बिगाड़े बिना
यह तो शैतान से पाखंड करना है
निष्पाप होते हैं और यह करते हैं
जो लोग।
शैतान उनको ख़राब करता है
और वे स्वर्ग के कोप का भाजन बनते हैं
इयागो : वे बुरा नहीं करें तो माफ़ी पाएँगे
पर अपनी पत्नी को मैं एक रूमाल दूँ
ऑथेलो : और फिर ?
इयागो : फिर क्या ? वह उसकी चीज़ है श्रीमान
और जब उसकी है तो जिस पुरुष को चाहे भेंट कर दे।
ऑथेलो : शील भी तो उसकी चीज़ है
तो क्या वह भी दे सकती है
इयागो : शील एक गुण है जो दिखता नहीं
अकसर वह उनमें कहा जाता है
जिनमें वह नहीं होता
लेकिन रूमाल ?
ऑथेलो : तूने कहा तो मुझे याद आ गया
हे ईश्वर, मैं उसे भूल ही जाता तो अच्छा होता
उसके पास मेरा रूमाल था।
इयागो : हाँ, उसका क्या हुआ ?
ऑथेलो : अब उसका ज़िक्र क्या।
इयागो : और अगर मैं कहता कि मैंने उस व्यक्ति को
आपका बुरा करते या कहते सुना है ?
ऑथेलो : उसने कुछ कहा है क्या ?
इयागो : हाँ, उसने कहा है। लेकिन निश्चिंत रहें।
उतना ही कहा है कि जितने से वह मुकर सकता है।

ऑथेलो : क्या कहा है उसने ?

इयागो : अरे
यही—यही कि उसने किया—
मैं नहीं जानता

ऑथेलो : क्या किया ?

इयागो : उसने इकबाल किया ?

ऑथेला : क्या ? क्या ?

इयागो : यह कि वह लेटा था

ऑथेलो : उसके संग ?

इयागो : उसके संग, उस पर जो चाहे कह लो।

ऑथेलो : लेटा उसके संग ? लेटा था उस पर ?
लेटा था उस पर तो तब कहे
जब उसको बदनाम करना हो—
उसके संग लेटा था ?
धिक्कार, कितनी घिनौनी बात
रूमाल, इकबाल रूमाल। उसने इकबाल किया—
किए का फल भुगते—पहले फल भोग लिया
और अब इकबाल करे। थर्रा उठा हूँ मैं
शब्द याद आते हैं तो नहीं दहलाते हैं मुझे
उफ़ वे और नाक-कान—दोनों चेहरों के क्या यह सब सच हुआ होगा ?
इकबाल ? रूमाल, ओह पाप ! *(बेहोश हो जाता है)*

इयागो : चालू रख
मेरी दवा अपना काम चालू रख।
भोले-भाले गधे ऐसे फँसते हैं।
अरे-अरे क्या हुआ।
श्रीमान ऑथेलो।
श्रीमान सुनिए तो *(कैसियो का प्रवेश)*
क्या ख़बर कैसियो ?

कैसियो : क्या बात हो गई ?

इयागो : स्वामी को मिरगी का दौरा पड़ गया है।
वह दूसरा है, एक कल भी पड़ा था

कैसियो : कनपटी मालिश कर।

इयागो : बेहोशी अपन आप जाएगी
आप ज़रा देर के लिए अलग हो जाएँ
—फ़ौरन चंगे हुए।
इन्हें ठीक होकर के जाने दो तुमसे
बड़े काम की कुछ बात करनी है।

[कैसियो जाता है।]

सेनापति, क्या हालचाल है?
सर, सही-सलामत है ?

ऑथेलो : क्या
मजाक मेरा बनाता है ?
इयागो : नहीं, क़सम से नहीं।
मैं तो चाहता हूँ आप
अपनी मुसीबत मर्द की तरह झेलें
ऑथेलो : जिस मर्द को उसकी औरत
ने दगा दिया हो वह एक
पशु है एक राक्षस
इयागो : किसी घनी आबादी में
अनेक जानवर पाए जाते हैं
और अनेक सभ्य राक्षस
ऑथेलो : उसने कबूल कर लिया था ?
इयागो : सम्हल जाएँ श्रीमान, आप एक मर्द हैं।
हर दाढ़ी-मूँछवाला आदमी जोता जाएगा।
तो आपकी तरह हो सकता है वह भी बोझा ढोए, लाखों बिचारे
रात में अपने बिस्तर को, अपना बिस्तर समझते हैं
जबकि वह पराए
का हो चुका होता है।
आपका हाल तो बेहतर है
ओह यह नरक की यातना ही तो है शैतान के हाथों एक क्रूर उपहास
मज़े से छिनाल के ओठों को चूमना और उसे शुद्ध समझते रहना।
नहीं, मुझे जानना पड़ेगा कि सच क्या है
और जब अपना वर्तमान जान लूँगा मैं
उसका भविष्य तब निश्चित हो जाएगा।
ऑथेलो : तू बुद्धिमान है। तय रहा।
इयागो : आप तनिक दूर खड़े ही रहें
धीरज की हद से बाहर न जाएँ
जब आप यहाँ अभी पीड़ा से मूर्च्छित थे
कैसियो आया था
मैंने उसे किसी तरह
परे सरका दिया
और अपना आपा जो खो बैठे थे
उसके झूठमूठ कुछ कारण बता दिए
कहा, तुरंत लौट आना
कुछ बात करनी है। उसने मंजूर किया
आप कहीं छिप रहें
और उसके चेहरे पर ग़ौर से देखना, निंदा के, कुत्सा के,
तिरस्कार के विचार बार-बार आएँगे
क्योंकि मैं सारी कहानी दोबारा सुनवाऊँगा
कहाँ, कब, कैसे, कितनी दफ़ा और कितने पहले

आपकी पत्नी के साथ वह सोया है और अगली बार
कब सोएगा। सावधान, उसके हृदय के भाव देखें।
श्रीमान शांत रहें। नहीं यही समझूँगा कि
आप बौखला गए, और अभी कच्चे हैं।

ऑथेलो : कान खोलकर सुन ले, सुन ले इयागो तू
मक्कारी में कोई कसर न रहने दूँगा
पर—यह भी सुन
खून सर पर सवार है।

इयागो : यह कोई बुरा नहीं।
मगर सब कामों का वक़्त देखना होगा
आप अब खिसक जाएँ

[ऑथेलो एक ओर जाता है जहाँ से कैसियो और इयागो के शब्द उसको नहीं सुनाई पड़ते।]

अब मैं कैसियो से बियांका की बात करूँ
वह एक वेश्या है।
देह का सौदा कर, रोटी और कपड़ा जुटाती है
बेचारी, कैसियो पर जान देती है—
इसी को कहते हैं रंडी की फजीहत
फाँसना अनेक को, फँस जाना एक से
उसका नाम आते ही
रोक नहीं सकती है कैसियो की हँसी यह लो वह
आ गया।

[कैसियो का प्रवेश।]

कहिए उपसेनापति, क्या हालचाल है?

कैसियो : यह पदवी ऐसी है जैसी जले पर नमक।
इसी का अभाव मुझे मारे डालता है।

इयागो : लगे रहो, जमकर डेसडिमोना के साथ
और निश्चय ही तुम्हारा काम होगा
देखो बियांका के हाथ में फ़ैसला अगर होता
तो कितनी तेज़ी से बात बन गई होती

कैसियो : कमबख़्त बेचारी।

ऑथेलो : देखो वह कैसे हँसने लगा।

इयागो : औरत का पुरुष पर इतना प्यार मैंने तो नहीं देखा।

कैसियो : बेचारी बेवकूफ़, कहीं मुझे सच्चे दिल से न प्यार करती हो

ऑथेलो : धीमे से इनकार करता है और टाल देता है हँसकर

इयागो : सुनते हो कैसियो?

ऑथेलो : अब वह उकसाता है कि सारी कहानी कहे,
हाँ हाँ, क्या खूब, क्या ख़ूब।

इयागो : वह कहती फिरती है कि तुम उसको ब्याहोगे?
क्या यह विचार है?

कैसियो : हाँ, हाँ, हाँ, ब्याहूँगा और मैं ? रंडी को ? मेरी अक्ल को क्या इतना कम समझा है ? इतनी तो मोटी नहीं है वह हा, हा, हा,

इयागो : ख़बर यही उड़ी है कि तुम उसे ब्याहोगे...

कैसियो : वाकई ? ऐसा है ?

कैसियो : यह तो बँदरिया ने क़िस्सा उड़ाया है। वह मान बैठी है कि वायदा करूँ न करूँ, मैं उसके इश्क और मोहब्बत में शादी कर लूँगा।

ऑथेलो : इयागो ने मुझको इशारा किया। अब वह कहानी शुरू करनेवाला है।

[ऑथेलो अच्छी तरह सुनने आगे आ जाता है।]

कैसियो : वह अभी यहीं तो थी। हर जगह पीछे लगी रहती है। एक दिन समुद्र के किनारे कुछ वेनिस के लोगों से बात कर रहा था कि वह शोख वहाँ भी आ धमकी और मेरे गले में हाथ डाल ऐसे लिपटने लड़ियाने लगी, लपक कर झपककर आँसू बहाने लगी कि हा हा हा बहरहाल मैं उसका साथ अब छोड़ दूँगा।

इयागो : ऐं, ऐसा। देखो, वह आ गई।

[बियांका आती है।]

कैसियो : यह भी एक छूछँदर है। इस बदबू से शादी करूँ ? इस तरह पीछे पड़े रहने का क्या मतलब—

बियांका : पीछे पड़े मेरी बला। वह जो रूमाल तुमने मुझे अभी-अभी दिया था उसका क्या मतलब। मैं अच्छी बेवकूफ़ निकली जो ले लिया कि उसका कसीदा उतारूँगी ? यह भी क्या खूब है कि कोई चीज कमरे में पड़ी मिले, और आपको पता न हो कौन छोड़ गया है। यह किसी डाइन का टोटका है। और मैं उसका कसीदा उतारूँगी ? लो *(रूमाल फेंक देती है)* अपनी पतुरिया को दे देना। कहीं से भी लाए हो, मैं इसका कुछ नहीं उतारूँगी

कैसियो : क्यों प्यारी बियांका, क्या हुआ। क्या हुआ ?

ऑथेलो : मेरा रूमाल।

बियांका : रात को खाने पर आते हो तो आ जाओ नहीं तो जब कभी भी आ जाना *(जाती है)*

इयागो : पीछे जा, पीछे जा।

कैसियो : जाना ही पड़ेगा नहीं तो सड़कों पर हल्ला मचाएगी।

इयागो : क्या तुम वहीं खाओगे?

कैसियो : हाँ, यही सोचा है।

इयागो : अच्छा, लो शायद मैं फिर आऊँ क्योंकि कुछ बातचीत करने का मन है।

कैसियो : ज़रूर आओ। आएँगे ?

इयागो : अभी तुम चलो, जरूर आऊँगा वापस।

[कैसियो जाता है।]

ऑथेलो : खून उसका किस तरह मैं करूँ इयागो।

इयागो : आपने देखा था कि अपने कुकर्म पर वह कैसे हँसा।

ऑथेलो : और इयागो।

इयागो : अरे वो रूमाल देखा था।

ऑथेलो : क्या मेरा ही था ?

इयागो : वही था ? क़सम से। देखिए तो भला आपकी बेवकूफ़
बीवी की उसे कितनी क़द्र है। उसने इसे दिया और इसने उठा के
रंडी को दे दिया।

ऑथेलो : मैं उसे नौ साल तड़पाकर मारूँगा—एक सुंदर औरत। एक गोरी
औरत। एक प्यारी औरत।

इयागो : नहीं, उसे भूल जाइए।

ऑथेलो : हाँ वो सड़ जाए, गल जाए, आज ही नर्क में पड़े।
क्योंकि अब जी नहीं सकती वह। नहीं, मेरा दिल पत्थर हो गया
है। मैं उसे बजाता हूँ तो हाथ चोट खाता है और उससे सुंदरतर
सृष्टि संसार में नहीं थी। वह सम्राट की अर्धांगिनी हो सकती थी और उस
पर शासन करती।

ऑथेलो : मगर देखो यह कैसी विडंबना, अरे देखो इयागो, यह सब क्या
हो गया। कहीं से ज़हर ला दो इयागो मुझे आज रात।
आज रात इयागो।

इयागो : ज़हर मत दो। बिस्तर में उसका गला घोंट दो। हाँ उसी बिस्तर
में दूषित कर गई जिसे।

ऑथेलो : बिलकुल ठीक, इसी में न्याय है। बहुत अच्छे।

इयागो : और कैसियो का इंतज़ाम तुम मुझ पे छोड़ दो। आधी रात के पहले
कुछ होगा।

ऑथेलो : बहुत अच्छा। *(तुरही)* तुरही। कैसी यह तुरही है।

इयागो : वेनिस से आया है कोई संदेश
लुडविको आए हैं। राजा का कोई संदेश है
देखिए आपकी पत्नी भी साथ है।

[लुडविको, डेसडिमोना, सेवक आते हैं।]

लुडविको : ईश्वर की कृपा रहे वीर सेनापति।

ऑथेलो : मेरा प्रणाम लें श्रीमान।

लुडविको : राजा और वेनिस के सभ्यगण आपको नमस्कार करते हैं।

[उसे एक पत्र देता है।]

ऑथेलो : उनको प्रसन्न करके मैं धन्य हुआ।

[पत्र खोलकर पढ़ता है।]

डेसडिमोना : और क्या हो रहा है भाई लुडविको।

इयागो : श्रीमान, आपको देखकर हर्ष हुआ। साइप्रस में स्वागत है।

लुडविको : धन्यवाद उपसेनापति, कैसियो कैसे हैं।

इयागो : जीवित हैं श्रीमान।

डेसडिमोना : भाई, उनके और स्वामी के बीच एक अनबसी दरार पड़ गई है
मगर आप बिगड़ी बना लेंगे।

ऑथेलो : क्या तुम्हें सचमुच विश्वास है?

डेसडिमोना : श्रीमान?

ऑथेलो : *(पढ़ता है)* यह काम करने में चूक न हो और तत्पर रहो—

लुडविको : वह बोलता नहीं, पढ़ने में व्यस्त है। कैसियो और स्वामी में क्या कुछ मतभेद है।

डेसडिमोना : है। बहुत ही दुःखद है। कैसियो के प्रति मेरे स्नेह की ख़ातिर दोनों की दोस्ती के लिए सबकुछ करूँगी।

ऑथेलो : आग धधक रही है।

डेसडिमोना : स्वामी ?

ऑथेलो : तुम्हें होश है ?

डेसडिमोना : अरे क्या क्रोध में है वो ?

लुडविको : संभव है पत्र से विचलित हो गए हों क्योंकि मेरा ख़्याल है वहाँ से इन्हें देश वापस बुलाया है। कैसियो इनकी जगह कामकाज देखेगा।

डेसडिमोना : सच भला। मैं बहुत खुश हुई।

ऑथेलो : सचमुच।

डेसडिमोना : श्रीमान?

ऑथेलो : मैं तुम्हें बौराया देखकर खुश हूँ।

डेसडिमोना : क्यों प्यारे ऑथेलो?

ऑथेलो : शैतान *(उसे मारता है)*

डेसडिमोना : मैंने इसके लायक कुछ तो नहीं किया था।

लुडविको : वेनिस में इस पर विश्वास नहीं होगा। चाहे मैं क़सम खाकर कहूँ कि मैं भी गवाह हूँ। यह हद के बाहर है। आप मनुहार करें, वह रो रही है।

ऑथेलो : ओह शैतान, शैतान। पृथ्वी यदि नारी के आँसू से गर्भ धारण करती तो हर बूँद जो गिरती घड़ियाल बन जाती। आँखों से दूर हो।

डेसडिमोना : यहाँ पर ठहरकर मुझे आपको दुखाना नहीं है। जा रही हूँ।

लुडविको : निश्चय ही कहा मानती है वो। प्रार्थना करूँगा मैं महामान्य उनको बुला लाएँ।

ऑथेलो : श्रीमती डेसडिमोना।

डेसडिमोना : जी स्वामी।

ऑथेलो : लीजिए, आप इनका क्या करना चाहेंगे ?

लुडविको : कौन, मैं श्रीमान ?

ऑथेलो : हाँ, आपकी इच्छा थी कि मैं इन्हें लौटा लूँ। जी ये लौट सकती हैं और लौट लौटकर लौटती जाए और रोए जी श्रीमती रोए। कहा मानती हैं ये जैसा आप कहते हैं, मानती ही नहीं हैं बहुत मानती हैं। रोना जारी रखें। और इसके बारे में श्रीमान—ओह खूबसूरत बनावट। मुझे देश वापस बुलाया है। चली जाओ फिर बुला भेजूँगा। श्रीमान मानता हूँ आदेश और लौट जाऊँगा वेनिस को।—यहाँ से जाओ *(डेसडिमोना जाती है)*
कैसियो मेरी जगह आएगा। आज रात श्रीमान मेरा निमंत्रण है कि एक संग भोजन हो। आपका स्वागत है श्रीमान साइप्रस में। बकरी, बंदर सबका। *(जाता है)*

लुडविको : यही है उदात्त मूर ? जिसको भरी सभा सर्वगुणसंपन्न कहती है। यही वह प्रकृति है भ्रष्ट जिसे वासना कर नहीं सकती। जिसका अखंड गुण धनुष बाण बंदूक का अकस्मात् वार छील नहीं सकता और छेद नहीं सकता।

इयागो : वह बहुत बदले हैं।

लुडविको : उनका दिमाग़ तो सही है। सिर तो नहीं फिर गया

इयागो : जैसे है, आपके सामने है। मैं अपने मुँह से आलोचना क्यों करूँ। *(अगर वह नहीं है कि जो हो सकते हैं)* मैं यही मानता हूँ कि हो जाए

लुडविको : पत्नी पर हाथ उठाया उसने है ?

इयागो : निश्चय ही ठीक नहीं हुआ वह, मगर मैं कहूँगा कि वही हाथ सबसे बुरा फल देगा

लुडविको : यह उनकी आदत है ? या कि पत्र पढ़कर पारा चढ़ गया था और यह दोष अभी आया है।

इयागो : अफ़सोस, अफ़सोस, यह मेरा धर्म नहीं होगा कि बतलाऊँ जो मैंने देखा औ' जाना है। देखिए और उनके काम खुद बोलेंगे ताकि मैं शब्दों से मुक्त रहूँ। जाइए, ज़रूर उनके पीछे आप जाइए और देखते रहिए कि आगे क्या होता है

लुडविको : दुःख मुझे यह है कि उसने धोखा दिया।

[प्रस्थान।]

दृश्य : 2

[ऑथेलो और एमीलिया का प्रवेश।]

ऑथेलो : तो तुमने कुछ नहीं देखा ?

एमीलिया : और न कुछ सुना न ही शक किया।

ऑथेलो : तुमने कैसियो को और उसे साथ देखा है।

एमीलिया : हर्ज कुछ नहीं था और फिर मैंने हर एक शब्द सुना जो उनकी साँसों से फूटा।

ऑथेलो : क्या ? क्या वे फुसफुसाते नहीं थे?

एमीलिया : कभी नहीं मान्यव.।

ऑथेलो : और तुम्हें बाहर भेजते नहीं थे कभी ?

एमीलिया : कभी नहीं।

ऑथेलो : कि जाओ लेकर आओ पंखा, या दस्ताना या कुछ और या नकद या कुछ भी।

एमीलिया : कभी नहीं मान्यवर।

ऑथेलो : अजब है।

एमीलिया : दाँव पर लगा सकती हूँ निज आत्मा
शर्त अगर बदनी हो कि वह निरपराध है
आपका विचार कुछ और हो तो उसे छोड़ दें

अन्तर को आपके वह दूषित करता है
अगर किसी दुष्टा ने मन से भरा हो यह
तो ईश्वर—उसे, सर्प का शाप दे
क्योंकि अगर वह नहीं निर्दोष,
सत्य और पवित्र है
तो कौन होगा जो पुरुषों में सुखी हो।
औरतें उनकी साध्वी हों
तो भी व्यभिचार के समान अपवित्र हैं।

ऑथेलो : उसे कहो यहाँ आए
जाओ *(एमीलिया का जाना)*
बहुत बोलती है, फिर भी वह
सिर्फ़ एक कुटनी है जिसको इतना कहने का हक नहीं है
यह छिनाल धूर्त है, पाप अब रहस्यों की कोठरी ताला-चाभी सहित
फिर भी वह घुटनों के बल गिरकर प्रार्थना करेगी
मैंने उसे करते हुए देखा है

[डेसडिमोना और एमीलिया का आना।]

डेसडिमोना : स्वामी, क्या आज्ञा है?

ऑथेलो : ऐ चिड़िया, इधर आ

डेसडिमोना : क्या चाहते हैं ?

ऑथेलो : देखूँ तुम्हारी आँखें, मेरी आँखों में देखो

डेसडिमोना : यह कैसी अजब चाह।

ऑथेलो : *(एमीलिया से)* तू अपना काम कर ऐ औरत। जोड़े को अकेला छोड़
और बंद कर किवाड़
खूँखार कोई आ जाए अगर। धंधा कर, धंधा कर, जल्दी जा। *(एमीलिया जाती है)*

डेसडिमोना : पाँव पड़ती हूँ, इस बोली का मतलब ?
इन शब्दों में एक क्रूरता छिपी है।

ऑथेलो : क्यों, तू अपने को समझती क्या है।

डेसडिमोना : आपकी पत्नी, श्रीमान आपकी सच्ची साध्वी पत्नी।

ऑथेलो : कसम खा, आप अपना नर्क भोग,
अन्यथा, अप्सरा समझकर
यमदूत, तुझको पकड़ते हुए झिझकेंगे।
इसलिए नर्क दो बार जा
कसम खा कि तू वफ़ादार है।

डेसडिमोना : ईश्वर जानता है यह।

ऑथेलो : ईश्वर जानता है कि तूने बेवफाई की।

डेसडिमोना : किसके संग स्वामी
मैं क्योंकर बेवफा ?

ऑथेलो : ओह ! डेसडिमोना जा, जा, जा !

डेसडिमोना : हाय यह दुर्दिन, आप क्यों रोते हैं क्या मैं कारण हूँ इन आँसुओं
का स्वामी, हो कहीं आपको शक मेरे पिता पर

कि आपको उन्होंने ही वापस बुलवाया है तो मुझ पर दोष न दें
आपसे रुष्ट हैं
जो वह, तो मुझसे भी रुष्ट हैं।

ऑथेलो : प्रभु की इच्छा होती कि
कष्ट में मेरी परीक्षा ले, लोग अगर बरसाते गालियाँ मेरे नंगे सर पर
डुबो मुझे देते गरीबी में गले तक
बंदिनी बना लेते मेरी देह औ' मेरी आकांक्षा
पा लेता किसी एक कोने में आत्मा के
तब भी मैं कहीं धीर
किंतु वहाँ जहाँ सकल प्राण ही लग गया है
या तो मैं जियूँ या जीना छोड़ दूँ।
वह उद्‌गम जहाँ या बहते या कि सूख जाते हैं—वहीं से त्यक्त हूँ।

डेसडिमोना : आशा है, स्वामी मुझे साध्वी मानते हैं।

ऑथेलो : ओह, हाँ, जैसी बरसात में
बूचड़खाने की मक्खियाँ
जो बियाते ही फिर ग़ायब हो जाती हैं
औ' जो इतनी प्यारी गोरी है और सुवासित है
कि देखे से हूक-सी उठती है
तू पैदा ही नहीं हुई होती।

डेसडिमोना : हाय, पर अनजाने मैंने क्या कर डाला

ऑथेलो : यह सुंदर किताब
वेश्या का शब्द, लिखने को बनी थी? कर डाला क्या?
कर डाला और बाजारू औरत।
कर डाला क्या?

डेसडिमोना : हे ईश्वर, आप यह अन्याय करते हैं

ऑथेलो : क्या तू बदचलन नहीं?

डेसडिमोना : नहीं, ख्रिस्तान हूँ।

ऑथेलो : क्या? वेश्या नहीं है

डेसडिमोना : नहीं, क्योंकि आत्मा सुरक्षित है

ऑथेलो : क्या यह सभव है

डेसडिमोना : हे भगवान, हमें क्षमा दो।

ऑथेलो : तब मैं क्षमा माँगू
मैं तुझे वेनिस की
वह चतुर वेश्या समझा था
जिसने ऑथेलो से शादी की, ऐ औरत
[एमीलिया आती है।]
हम काम कर चुके, यह मेहनताना लो
[उसे कुछ पैसे फेंक देता है।]
दरवाज़ा खोल दो और देखो, किसी को बताना मत

एमीलिया : मालकिन *(ऑथेलो जाता है)*

हमारे स्वामी को क्या हुआ है?

डेसडिमोना : किसको ?

एमीलिया : अरे इन्हीं मालिक को।

डेसडिमोना : तेरा कौन मालिक है।

एमीलिया : नहीं, आपका जो है।

डेसडिमोना : मेरा कोई नहीं, मत मुझसे बोल एमीलिया, रो नहीं पाती हूँ
और आँसुओं के अलावा उत्तर भी नहीं है। दया कर आज रात
मेरे बिछौने पर मेरी सुहागरात का बिस्तर बिछा दे
भूल मत और बुला अपने पति को यहाँ।

एमीलिया : यह कैसा परिवर्तन *(जाती है)*

डेसडिमोना : उचित है कि मेरे साथ यही बर्ताव
हो बहुत उचित।
क्या किया है मैंने कि कारण शक का बने मेरी एक भी चूक ?

[इयागो और एमीलिया आते हैं।]

इयागो : किसलिए याद किया, मालकिन, कहिए आप कैसी हैं ?

डेसडिमोना : कुछ नहीं बता सकती।
शायद उन्होंने मुझे डाँटा हो।
क्योंकि सच कहूँ तो मैं शिशु के समान डाँटने के योग्य हूँ।

इयागो : क्या बात है देवी ?

एमीलिया : हाय, मालिक ने इन्हें इतना निंदराया है, ऐसी गालियाँ दीं,
बोल कड़वे बोले कि दिल के सच्चे उन्हें सह नहीं सकते।

डेसडिमोना : क्या मेरा वही नाम होगा, इयागो?

इयागो : क्या नाम देवी।

डेसडिमोना : वही जो कि इसने कहा कि
मेरे स्वामी ने कहा था कि मैं हूँ।

एमीलिया : उन्होंने वेश्या कहा, कोई भिखमंगा भी शब्द नशे में ऐसे
कह नहीं सकता था अपनी रखैल को।

इयागो : ऐसा उन्होंने क्यों किया ?

डेसडिमोना : मैं नहीं जानती, इतना जानती हूँ कि मैं ऐसी नहीं हूँ।

इयागो : रोइए नहीं, रोइए नहीं हाय, यह दिन देखा।

एमीलिया : क्या इसने इतने छोड़े थे अच्छे रिश्ते
पिता और देश और अपने अनेक मित्र वेश्या कहे जाने को
क्या इस पर कोई न रोएगा।

डेसडिमोना : यह मेरा फूटा नसीब है।

इयागो : कोसो उसी को इसके लिए।
यह हरकत उसने कहाँ सीखी।

डेसडिमोना : नहीं पता, ईश्वर ही जाने।

एमीलिया : फाँसी चढ़ा दो मुझे मगर किसी जन्म के दुष्ट ने
किसी होशियार और तिकड़मी बदमाश ने
किसी चलते पुर्जे जालिम कमीने ने अपने भले के लिए स्थान पाने के लिए

षड्यंत्र न किया हो तो मुझे फाँसी चढ़ा दो।

इयागो : धिक ऐसा कौन होगा, ऐसा नहीं हो सकता।

डेसडिमोना : यदि ऐसा कोई हो, प्रभु उसको क्षमा दें।

एमीलिया : क्षमा उसे फाँसी के फंदे में मिलेगी।
और नर्क हड्डियाँ उसकी गलाएगा यह इसे वेश्या क्यों कहता है
किसके संग रहती है ? किस जगह ? किस समय ? किस तरह ?
और कैसे ?
मूर को किसी बहुत पक्के बदमाश ने बदनाम किया है।
किसी छँटे हुए पाजी, किसी महाकोढ़ी ने
भगवान ! ऐसे बंदों को तू सामने खड़ा कर
और हर शरीफ के हाथ में चाबुक दे
ताकि वे गुंडों को नंगी पीठ पर कोड़े बरसाते
दुनिया में पूरब से पश्चिम तक दौड़ाते चले जाएँ।

इयागो : आहिस्ते बात कर।

एमीलिया : ओ। नाश हो उनका। ऐसा ही कोई चरकटा था जिसने तुम्हारी अक्ल औंधी कर दी थी और मूर और मुझ पर तुम शक करने लगे थे।

इयागो : तू बेवकूफ़ है, चली जा।

डेसडिमोना : हाय, इयागो क्या करूँ, जिससे कि स्वामी फिर मेरे अपने बनें ?
मित्रवर, तुम उनके पास जाओ क्योंकि, सृष्टि की सौगंध
मुझे नहीं पता कि मैं क्यों उन्हें खो बैठी।
लो, मैं नमन करती हूँ
यदि कभी मेरा चित्त उनके अनुराग से भटका हो
मन से, वचन से, या कर्म से
या कि मेरी आँखें, मेरे कान और प्रतीतियाँ
अपनी संतुष्टि को कहीं और खोजने गई हों
या कि उन्हें हृदय से अभी नहीं चाहा
या कभी नहीं चाहा, भले मुझे तुच्छ समझ आज त्याग बैठे हैं
कभी नहीं चाहूँगी तो जीना दूभर हो।

इयागो : विनती है शांत रहें यह उनकी मर्ज़ी है
राज्य की चिंता से त्रस्त हैं।

डेसडिमोना : कहीं कुछ और न हो।

इयागो : यही है, मानिए *(भीतर तुरहियों की आवाज़)*
सुनिए ये बाजे कैसे बुलाते हैं
वेनिस के दूतों का भोजन तैयार है
जाइए भीतर और मत रोइए
सबकुछ भला होगा।

[डेसडिमोना और एमीलिया जाती हैं। रोडरिगो आता है।]

कहो रोडरिगो।

रोडरिगो : मुझे यह नहीं लगता कि तू मुझसे ईमानदारी बरतता है।

इयागो : तो फिर क्या करता हूँ ?

रोडरिगो : हर दिन तू एक नए बहाने से धता दे जाता है इयागो, बल्कि
अब तो यह दिखता है कि जो मुझे चाहिए वह मेरे हाथ से
परे तो किए ही है, आशा को रत्ती-भर सहने नहीं देता है
मैं निस्संदेह अब नहीं सहूँगा और मैं
चुपचाप स्वीकार भी नहीं करूँगा
जैसे अब मूर्खतावश सहता आया हूँ।

इयागो : तू कुछ सुनेगा भी, रोडरिगो ?

रोडरिगो : मैं बहुत सुन चुका और तेरी कथनी और करनी में कोई संबंध नहीं

इयागो : यह मुझ पर अनुचित आरोप है।

रोडरिगो : आरोप कुछ नहीं, सच कहा है। मैं सामर्थ्य के बाहर खर्च कर चुका हूँ। मुझसे जो जेवर तुम डेसडिमोना को देने की ख़ातिर ले गए थे, उनके आधे से एक जोगन को ख़राब किया जा सकता था। तुमने मुझसे कहा कि वे उसे मिल गएं हैं और अब तुरंत मेरा उसका मिलन हो जाएगा मगर कुछ तो नहीं हुआ।

इयागो : बहुत अच्छा, जा-जा।

रोडरिगो : जा-जा, बहुत अच्छा श्रीमान जा जा, मैं नहीं रुकता और बहुत अच्छा भी नहीं है यह। नहीं, मुझे यह सब जालबट्टा लगता है और मैं इससे ठगा जा रहा हूँ।

इयागो : बहुत अच्छा।

रोडरिगो : मैं कहता हूँ कि बहुत अच्छा नहीं है। मैं डेसडिमोना को बता दूँगा अगर वह मेरे जेवर वापस कर दे मैं अपनी माँग वापस कर लूँगा और बतला दूँगा कि माँग नाजायज़ थी। नहीं तो, समझ ले कि तुझसे हिसाब चुकता करना होगा।

इयागो : कह चुका।

रोडरिगो : कह चुका और वही कहा है जो मेरा करने का इरादा है।

इयागो : अरे वाह ! अब मुझे पता चला कि तुझमें दमखम है और इसी क्षण से तेरे बारे में पहले से अच्छी राय बनने लगी है। ला इधर मेरी राय हाथ बढ़ा रोडरिगो तूने मुझसे बहुत सही नाराजगी दिखाई थी पर ऐसे भी सुन ले कि मैंने तेरे काम में ढील नहीं दी थी।

रोडरिगो : फल प्रकट नहीं हुआ।

इयागो : हाँ यह सही है कि प्रकट नहीं हुआ और तुम्हारा शक निराधार नहीं है। मगर रोडरिगो, तेरे में अगर वे चीज़ें हैं जिनको मानने के पहले से अधिक कारण हैं—यानी लगन, हिम्मत और बहादुरी तो आज रात तू इनको दिखा दे।
फिर अगर इसके अगली रात तू डेसडिमोना को नहीं भोगे तो मुझ पर घात लगा और मेरे प्राणों के विरुद्ध षड्यंत्र कर।

रोडरिगो : मुझे क्या करना है, क्या वह समझदारी और अक्ल का काम है।

इयागो : जी, वेनिस से एक विशेष दूत यह कहने के लिए आया हुआ है कि कैसियो ऑथेलो की जगह नियुक्त कर दिया जाए।

रोडरिगो : क्या यह सही है ? तब तो ऑथेलो और डेसडिमोना वेनिस लौट जाएँगे ?

इयागो : अरे नहीं, वह मरिटाइनिया जाएगा और डेसडिमोना को साथ लेकर जाएगा हाँ अगर किसी दुर्घटना से उसका यहाँ रुकना ज़रूरी हो जाए तो और बात है, और सबसे अधिक निश्चित कैसियो को ख़त्म कर देने से होगा।

रोडरिगो : यह क्या कह रहे हो? ख़त्म कर देने से।

इयागो : इसमें क्या शक है—उनको ऑथेलो की जगह काम करने के अयोग्य कर देना है—खोपड़ी तोड़कर।

रोडरिगो : और यह काम तुम मुझसे करवाना चाहोगे ?

इयागो : हाँ, अगर तुममें
फ़ायदा उठाने और साथ-साथ अपना हक पाने की हिम्मत है।
आज रात वह एक रंडी के घर खाने जाएगा।
और वहीं मैं पहुँचूँगा। उसे अभी अपने सौभाग्य का ज्ञान नहीं।
तुम अगर उस पर नज़र रखो, और मैं ऐसा कुछ करूँगा कि वह
बारह और एक के बीच में जाए तो तुम मज़े से उसे मार सकते हो
मैं नज़दीक में मदद को रहूँगा और हम दोनों उसे सर कर लेंगे।
आ, मुँह बाए खड़ा मत रह, मेरे साथ-साथ चल।
मैं तुझे समझाऊँगा कि इस मौत का क्या फायदा है।
तब तू मान जाएगा कि तुझे यह काम करना क्यों ज़रूरी है।
खाने का वक़्त निकला जाता है और रात फिजूल में बीती
जा रही है। इसलिए तैयारी कर लें।

रोडरिगो : इसके कारण क्या हैं मैं
अभी और सुनूँगा।

इयागो : सुनकर तुम संतुष्ट ही होगे। *(जाते हैं।)*

दृश्य : 3

दुर्ग

[ऑथेलो, लुडविको, डेसडिमोना, एमीलिया और सेवक आते हैं।]

लुडविको : मेरा अनुरोध है श्रीमान और कष्ट मत करें।

ऑथेलो : जी कोई हर्ज़ नहीं, चलना मेरे लिए अच्छा रहेगा।

लुडविको : शुभरात्रि देवी। आपका धन्यवाद।

डेसडिमोना : आपकी कृपा है।

ऑथेलो : आप चलते हैं ? ओ डेसडिमोना

डेसडिमोना : जी स्वामी ?

ऑथेलो : तब सोने चली जाओ इसी क्षण, मैं फ़ौरन लौटूँगा, अपनी नौकरानी को विदा करो। भूलना मत।

डेसडिमोना : जी स्वामी, ऐसा ही करती हूँ।

[ऑथेलो, लुडविको और सेवकों के साथ जाता है।]

एमीलिया : अब कैसा हाल है ? वह पहले से अधिक मधुर लगते हैं।

डेसडिमोना : वह कहते हैं कि वह फ़ौरन लौट आएँगे और मुझे आदेश है कि सोने को जाऊँ और तुमसे कहूँ कि तुम छुट्टी करो।

एमीलिया : छुट्टी करो।

डेसडिमोना : उनका आदेश है, इसलिए अच्छी एमीलिया, मेरे रात के कपड़े दो और जाओ। इस वक्त हमें उन्हें नाराज नहीं करना चाहिए।

एमीलिया : कितना अच्छा होता कि आप उनसे कभी मिली नहीं होतीं

डेसडिमोना : नहीं, अच्छा नहीं होता मैं इनके प्यार से
ऐसी प्रसन्न हूँ कि उनकी जिद, उनकी डाँट और उनकी त्यौरियाँ
कपड़े बदलवा दो—प्रेम में पली हैं।

एमीलिया : मैंने जो चादरें आपने कहीं थीं, बिस्तर पर बिछा दी हैं।

डेसडिमोना : कोई फ़र्क़ नहीं पड़ता
हे ईश्वर! कितने नादान हैं हमारे मन
मैं अगर पहले ही मर गई
तो इन्हीं चादरों का मुझे कफ़न देना

एमीलिया : बस रहने दीजिए ये बातें

डेसडिमोना : मेरी माँ के यहाँ एक बारबरा नाम की महरिन थी
वह प्रेमासक्त थी और उसका प्रेम पागल साबित हुआ
और उसे छोड़ गया : उसका एक गाना सरों का था
गाना पुराना था, उसकी कहानी कहता था।
और वह उसे गाते-गाते मरी। वह गाना आज रात
मुझको भुलाए नहीं भूलता
मुझे और कुछ नहीं एक करवट होकर
बेचारी बारबरा की तरह गाना है।
अच्छा, तुम चली जाओ।

एमीलिया : आपका लबादा ले आऊँ।

डेसडिमोना : नहीं यहीं कपड़े बदलवा दो
लुडविको एक भला आदमी है

एमीलिया : आदमी हसीन है।

डेसडिमोना : बोली बहुत अच्छी है।

एमीलिया : वेनिस में मैं एक औरत को जानती हूँ जिसे उसका सिर्फ़ एक ओठ छूने को पैदल फ़िलस्तीन तक आना कबूल था।

डेसडिमोना : *(गाना)*
इसे तह कर दो *(एमीलिया को अपने कपड़े देती है)*
अच्छा अब जल्दी जाओ, वह आते ही होंगे *(गाना)*
नहीं—यह इसके बाद नहीं है। सुनो कौन आ गया?

एमीलिया : यह तो हवा है।

डेसडिमोना : *(गाना)*

तो अब तू जा, शुभरात्रि ! *(आँखें खुजलाती है)*
क्या यह रुलाई का लक्षण है ?

एमीलिया : इसका कुछ अर्थ नहीं।

डेसडिमोना : मैंने ऐसा कहते सुना है और यह पुरुष जाति, ये पुरुष
क्या तू सचमुच मानती है एमीलिया कि ऐसी औरतें हैं जो पतियों
से ऐसी बेवफ़ा हों ?

एमीलिया : कुछ ऐसी होंगी ही बेशक

डेसडिमोना : क्या तू ऐसी हरकत करेगी ? अगर तुझे दुनिया-भर की दौलत
मिल जाए।

एमीलिया : क्यों, आप नहीं करेंगी क्या ?

डेसडिमोना : नहीं, इस निसर्ग के प्रकाश की क़सम।

एमीलिया : मैं भी नहीं, इस प्रकाश में नहीं अंधकार में शायद कर लूँ।

डेसडिमोना : क्या तू ऐसी हरकत करेगी अगर तुझे दुनिया-भर की दौलत मिल जाए।

एमीलिया : दुनिया तो एक बड़ी चीज़ है, एक छोटे से पाप की बहुत बड़ी कीमत

डेसडिमोना : मेरे विचार से सचमुच में तू नहीं करेगी

एमीलिया : सचमुच ये मैं सोचती हूँ कर लूँ और जब कर लूँ तब अनकिया कर दूँ—
हाँ, लो देखो ऐसा काम सोने के छल्ले के बदले मलमल के थान
के बदले या कि ओढ़नी या गरारे, या चार पैसों के
बदले में नहीं करूँगी, हाँ, सारी दुनिया दे दो तो करूँगी।

डेसडिमोना : लानत भेजो मुझ पर मैं अगर दुनिया की दौलत के बदले ऐसा करूँ।

एमीलिया : क्यों ? पाप तो दुनिया में पाप माना जाता है।
और अपने कष्ट पुरस्कार में दुनिया मिल जाए तो वह
पाप आपकी अपनी दुनिया का है और आप तुरंत उसे ठीक
कर सकती हैं।

डेसडिमोना : मैं नहीं सोचती कि ऐसी औरत होगी।

एमीलिया : हैं, दर्जनों हैं बल्कि उतनी हैं जितने फ़ायदों से यह दुनिया
भरी है जो उन्होंने कमाई है।
किंतु अगर औरतें पतिता होंगी तो दोष मैं पतियों का मानूँगी।
मान लो, वे अपने काम में कसर करें दोष जो हमारा है,
सौतों को सौंप दें या कि डाह के मारे खुद जलें और हम पर
रख दें पाबंदियाँ या कहो मारें या जेबखर्च कम कर दें—
क्यों, हममें भी दम है और हम लिहाज करते हैं तो हम बदला
ले सकते हैं, पतियों को ज्ञात हो कि उनकी पत्नियों की संवेदना
उनके समान है, वे देखती हैं और सूँघती हैं और खट्टे और
मीठे दोनों का उन्हें शौक है जैसे पतियों को है। क्या करते
हैं वह एक को छोड़ दूजी करते हैं जब ? खेल ? हाँ खेल ही। और
क्या यह वासना से उपजता है। हाँ मेरे ख़्याल से तो
क्या यह मन की दुर्बलता है हाँ, यह भी सही है।
और क्या हममें वासना नहीं ? खेल का मन नहीं ? दुर्बलताएँ
नहीं ? जैसे पुरुषों में हैं तब वे हमारे साथ भलमनसाहत बरतें

अन्यथा जान लें अवगुण हमारे हमें उनके अवगुणों ने सिखाए हैं।

डेसडिमोना : शुभरात्रि ! शुभरात्रि, ईश्वर मुझे ऐसी शक्ति दे।
कि बुरे और बुरे में भेद करूँ, बुरे को भला कहूँ।

[प्रस्थान।]

अंक : पाँच

दृश्य : 1

[एक सड़क। इयागो और रोडरिगो।]

इयागो : यहाँ इस चौतरे के पीछे खड़े रहो, वह सीधे आएगा
और तेरी कटार की धार से उसका सफाया हो जाएगा।
जल्दी कर, डर मत, मैं तेरे बाजू में रहूँगा।
या तो बन जाएँगे या बिगड़ जाएँगे।
यह समझ और अपने प्रण पर डटा रह

रोडरिगो : तू यहीं निकट रह। कहीं हाथ ओछा न पड़ जाए।

इयागो : यहीं बाजू में हूँ। बेधड़क बन। और अपना मोर्चा सम्हाल

[एक ओर खिसक जाता है।]

रोडरिगो : मुझे इस काम में बहुत दिलचस्पी नहीं
फिर भी उसने मुझे सहमत कर लिया है
यही तो होगा कि एक आदमी ख़त्म होगा, वह निकली तलवार,
वो मरा।

इयागो : मैंने इस मस्से को कसकर रगड़ दिया इससे वह गुस्से में आता है
अब अगर वह कैसियो को मारे या कैसियो उसको
या एक-दूसरे को दोनों ख़त्म करें
हर तरह मेरा फायदा होगा
जियो रोडरिगो, वापस माँगेगा ढेर
सोने, जवाहरात का जो मैंने थे इससे झटक लिए
कहकर डेसडिमोना को उपहार देने हैं
यह नहीं होने दिया जाएगा। कैसियो बच गया
तो वह मन प्राण से, एक सुंदरता का भोग करेगा
इससे मैं कुंठित होऊँगा ही, साथ ही मूर भी
मेरी पोल उसको खोल सकता है, यह बड़ा संकट है
नहीं, वह मारा ही जाएगा, किंतु मुझे उसकी आहट आ रही है।

[कैसियो आता है।]

रोडरिगो : जानता हूँ मैं उसकी आहट। वही है यह।

दुष्टात्मा अब तू मर *(कैसियो पर वार करता है)*

कैसियो : यह वार मेरा कातिल निकला
परं मेरा कवच तू जितना समझता है उससे कठोर है
अभी देखे लेता हूँ *(रोडरिगो से लड़ता है)*

रोडरिगो : ओह, मारा गया

कैसियो : मैं सदा के लिए अपाहिज हो गया हूँ। दौड़ो, दौड़ो, खून, खून

[ऑथेलो आता है थोड़ी दूर पर।]

ऑथेलो : कैसियो की आवाज है, इयागो ने प्रण पूरा कर लिया।

रोडरिगो : हाय मेरे किए का फल।

कैसियो : कोई है, अरे रोशनी लाओ—कोई ज़र्राह मिले।

[ऑथेलो जाता है। लुडविको और ग्रेशियानो आते हैं।]

कैसियो : क्यों, अरे। कोई सुनता नहीं, कोई आता नहीं? खून-खून

ग्रेशियानो : कोई दुर्घटना है : दारुण चीत्कार

कैसियो : मुझे बचाओ।

लुडविको : सुनो।

रोडरिगो : ओ पाजी कमबख़्त।

लुडविको : दो-तीन उठती हैं कराह, रात घनी काली है।
चोर छिपे हो सकते हैं इनमें
असुरक्षित होगा जाना और मदद के बिना

रोडरिगो : कोई नहीं आया? क्या खून में डूबा-डूबा मर जाऊँगा

लुडविको : सुनो।

[इयागो मशाल के साथ आता है।]

इयागो : वहाँ कौन जाता है? खून-खून, किसकी आवाज़ थी।

लुडविको : हमें नहीं मालूम।

इयागो : क्या तुमने आवाज़ नहीं सुनी।

कैसियो : यहाँ! यहाँ! ईश्वर के वास्ते, मुझको बचाइए

इयागो : आख़िर माज़रा क्या है

ग्रेशियानो : यह ऑथेलो का ध्वजधारी है मेरे लाल।

कैसियो : इयागो? हाय मैं घायल हूँ, गुंडे तबाह कर गए, मेरी मदद करो।

इयागो : हाय उपसेनापति, कौन गुंडे हैं वे?

कैसियो : मैं समझता हूँ कि उनमें से एक यहीं पर है और भागने में असमर्थ है।

इयागो : विश्वासघातियो *(लुडविको और ग्रेशियानो से)* तुम लोग कौन हो
आओ कुछ मदद करो।

रोडरिगो : ओह, मैं यहाँ पड़ा हूँ।

कैसियो : यह उनमें शामिल है।

इयागो : हत्यारे, बदमाश *(छुरा मार देता है)*

रोडरिगो : पापी इयागो, कुत्ते

इयागो : अंधकार में हत्या? वे खूनी गुंडे कहाँ गए कितना निःशब्द है यह
नगर खून, खून, खून, आपका परिचय? श्रीमान लुडविको हैं?

लुडविको : जी हाँ

इयागो : दुहाई है। कैसियो यहाँ गुंडों के हाथों आहत हुआ।

ग्रेशियानो : कैसियो ?

इयागो : क्या हाल है भाई ?

कैसियो : मेरा पाँव दो टुकड़े हो गया

इयागो : हाय ईश्वर न करे
रोशनी भाइयो, मैं बाँध दूँगा वह अपनी कमीज़ से

[बियांका आती है।]

बियांका : क्या मामला है जी
कौन चिल्लाया था ?

इयागो : कौन चिल्लाया था ?

बियांका : हाय प्यारे कैसियो, मेरे मधुर कैसियो, कैसियो, कैसियो, हाय-हाय कैसियो

इयागो : अरी मंगलामुखी—कैसियो, क्या तुम्हें किसी पर शक है कि यह तुम्हारी हालत किसने की

कैसियो : नहीं

बियांका : ओह वह बेहोश हो गए, कैसियो, कैसियो, कैसियो

इयागो : सज्जनो, मुझको संदेह है कि यह चिरकुट इस हिंसाकांड में शामिल है,
घबराओ नहीं भद्र कैसियो आव आव, दो मुझे रोशनी। क्या यह
चेहरा देखा हुआ है ? हाँ, मेरा मित्र और मेरे देश का वासी
तू रोडरिगो तू ? नहीं, हाँ तू ही, रोडरिगो।

ग्रेशियानो : वह
वेनिस वाला

इयागो : हाँ, वही, श्रीमान, इनको जानते हैं आप ?

ग्रेशियानो : क्यों ?
जानता था।

इयागो : कैसे हो कैसियो। कुछ भले आदमी इनको सम्हालकर ले चलें। वे सेनापति के जर्राह को तो लाऊँ *(बियांका से)* और आप देवी जी व्यर्थ कष्ट मत करें *(कैसियो से)* वह जो यहाँ मरा पड़ा है, कैसियो कैसियो घना मित्र मेरा था। वैमनस्य तुम दोनों में था ?

कैसियो : लेशमात्र भी नहीं, जान-पहचान तक नहीं।

इयागो : अरे तुम पीले पड़ते जा रहे हो—ओह इन्हें जल्दी उठाकर ले चलो

[कैसियो ले जाया जाता है।]

सज्जनो, आप यहीं रुकें—तू क्यों कुम्हलाई हुई है, पुंश्चली
क्या आप उसकी आँखों में आतंक देखते हैं ?
नहीं, आँखें हटाए नहीं,
तो ज़रा देर में भेद और खुल जाए
इस पर नज़र रखें, मेरा अनुरोध है
इसको ताकते रहें।
देखो ? महाशयो अपराध बोलेगा, चाहे जबान का
हिलना हो जाए बंद।

[एमीलिया आती है।]

एमीलिया : हाय ! क्या हो गया ? बात क्या हो गई है, स्वामी ?

इयागो : कैसियो पर यहाँ आक्रमण अंधकार में किया
रोडरिगो ने और कुछ लोगों ने जो भाग निकले हैं
वह मरणासन्न है और रोडरिगो मर गया।

एमीलिया : हाय ! सज्जन पुरुष, हाय भला कैसियो।

इयागो : यह रंडीबाजी के फल हैं, अरी सुन एमीलिया
उसने दावत कहाँ खाई थी
(बियांका से) क्या इस पर तू चौंकी क्यों।

बियांका : वह मेरे घर खाने आए थे पर मैं इस बात पर नहीं चौंकी।

इयागो : अच्छा ! घर आए थे। मैं हुक्म देता हूँ कि तू मेरे साथ चल।

एमीलिया : सत्यानाश तेरा हो, वेश्या

बियांका : मैं वेश्या नहीं हूँ जीवन में उतनी ईमानदार हूँ
जितनी तुम
—जो मुझे बेईमान कहती हो।

एमीलिया : जितनी मैं। तेरी ऐसी-तैसी

इयागो : सब
सहृदय सज्जनो, चलें, बेचारे कैसियो की मरहम-पट्टी करवाएँ
(बियांका से) चल औरत, तू चलकर सच बता।

एमीलिया : दौड़कर दुर्ग में पहुँच
और स्वामी और स्वामिनी को यह संवाद दे

[एमीलिया जाती है।]

आप आगे चलें *(इयागो को छोड़कर सब जाते हैं)*
वह यही रात है
मुझे बनना जिससे या होना बरबाद है।

[जाता है।]

दृश्य : 2

[ऑथेलो रोशनी लेकर आता है। डेसडिमोना बिस्तर पर है।]

ऑथेलो : यही अभियोग है, यही अभियोग है, प्राणप्रिये
निर्मल नक्षत्रो, बताना नहीं चाहूँगा मैं तुम्हें
यही अभियोग है, तो भी बहाऊँगा रक्त उसका नहीं
दाग नहीं डालूँगा, हिम से भी शुभ्र, संगमरमर से निष्कलंक
स्मारक-सी स्निग्ध उस देह पर
फिर भी उसे मरना है, नहीं तो छलेगी वह कई और पुरुषों को
रोशनी बुझा दो और रोशनी मिटा दो फिर
शांत कर सका तुझे दीपशिखा के समान
फिर पश्चात्ताप हो तो तेरी लालिमा फिर जगा सकता हूँ

किंतु एक बार यदि लौ ही बुझा दी तो
सृष्टि की एक रचना तू ऐसी है
कि तेज प्रभु का कहाँ से लाऊँगा
जो तेरी ज्योति को प्रकाश फिर से दे दे
तोड़ जब लूँगा गुलाब को, उसके प्राणों को हथिया नहीं सकता।
उसे सूखना होगा, मैं तुझे तरु पर ही सूँघ लूँ

[उसे चूमता है।]

आह शांत विश्वास, न्याय का कठोर
हृदय जिससे पसीज जाए, एक और, एक और।
मर जाने के बाद, तू ऐसी ही रहे, तो मैं तुझे मार दूँ
बाद में प्यार करूँ। एक और, और यह अंतिम है
जो इतना मधुर है वह इतना मारक कभी न था
मैं रोऊँगा अवश्य, किंतु वे क्रूर आँसू होंगे
यह क्या ईश्वर की इच्छा है
वहीं मार करती है जहाँ प्रेम देती है। वह जागी।

डेसडिमोना : कौन है ? ऑथेलो ?

ऑथेलो : हाँ डेसडिमोना।

डेसडिमोना : क्या आप सोने आ रहे हैं, स्वामी?

ऑथेलो : डेसडिमोना, तुमने संध्या की प्रार्थना कर ली?

डेसडिमोना : जी स्वामी।

ऑथेलो : तुमको अगर याद आता हो कोई पाप
अभी तक तुम्हारे शील और धर्म के विरुद्ध जो खड़ा हो
उसके लिए क्षमायाचना कर लो।

डेसडिमोना : समझी नहीं स्वामी, आपका अभिप्राय क्या है?

ऑथेलो : बस, कर लो और संक्षेप में, मैं यहीं टहलता हूँ
मैं किसी अप्रस्तुत आत्मा को नहीं मारूँगा।
नहीं नहीं, ईश्वर इससे बचाए, मैं तेरी आत्मा को नहीं मारूँगा।

डेसडिमोना : बात मारने की क्या करते हैं?

ऑथेलो : करता हूँ।

डेसडिमोना : तब ईश्वर की दया मुझ पर हो।

ऑथेलो : एवमस्तु, मेरा मन पूरी तरह यही है।

डेसडिमोना : आप कहते हैं तो आशा है, मुझे नहीं मारेंगे।

ऑथेलो : हुम्म।

डेसडिमोना : फिर भी मैं आपसे डरती हूँ क्योंकि आप आँख तरेरते हैं तो
हिंसक हो जाते हैं डर क्यों लगता है, यही नहीं जानती क्योंकि
मुझे किसी अपराध की ग्लानि नहीं है फिर भी डर लगता है।

ऑथेलो : अपने किए पापों को याद कर।

डेसडिमोना : मैंने जो किए हैं वो तो आपका प्यार है

ऑथेलो : हाँ और उसी के वास्ते तू मरनेवाली है

डेसडिमोना : वह मृत्यु सृष्टि का धर्म नहीं

जो कि प्यार के बदले हत्या से होती है
ओह तुम निचला ओठ चबा क्यों रहे हो
कोई हिंसक विकार झकझोरे देता है सकल देह
ये लक्षण हैं परंतु मैं आशा करती हूँ
वे कोई संकेत मेरे लिए नहीं हैं।

ऑथेलो : शांत हो, अविचलित रह

डेसडिमोना : ऐसा ही करूँगी, किंतु बात क्या है ?

ऑथेलो : रूमाल जो मेरा प्रिय था जिसे मैंने तुझको दिया था वह तूने कैसियो को दिया।

डेसडिमोना : नहीं, तन-मन की सौगंध ले लो, उस व्यक्ति को बुलाकर उससे पूछ लो।

ऑथेलो : प्रेयसी, सावधान! सावधान! मिथ्या से, तू मृत्यु-शय्या पर लेटी है।

डेसडिमोना : हाँ पर लेकिन मृत्यु तो अभी नहीं होनी है।

ऑथेलो : अभी, अभी तू मरनेवाली है।

डेसडिमोना : तब प्रभु मुझ पर दया करें।

ऑथेलो : मैं तथास्तु कहता हूँ।

डेसडिमोना : और आप भी मुझ पर दया करें!
मैंने कभी नहीं दुःख दिया आपको
कैसियो को कभी प्यार दिया नहीं, उतनी
सहानुभूति दी जितनी हर मनुष्य मानव को देता है। मैंने उसे कोई निशानी नहीं दी।

ऑथेलो : ईश्वर साक्षी है, मैंने रूमाल अपना उसके हाथ में देखा। अरी झूठी
औरत, तू मेरे हृदय को पत्थर बनाती है, जो मुझे करना है
उसको मेरे मुख से हत्या कहलवाती है जबकि वह मेरे विचार से
बलि है।
रूमाल मैंने स्वयं देखा है।

डेसडिमोना : तब वह उसने कहीं पा लिया होगा।
मैंने कभी दिया नहीं, उसे बुलवाइए। वह सत्य हो तो वह स्वीकारें।

ऑथेलो : उन्होंने स्वीकारा है।

डेसडिभोना : क्या स्वामी?

ऑथेलो : यह कि उन्होंने तुझको भोगा है।

डेसडिमोना : कैसे ? अनाधिकार ?

ऑथेलो : हाँ।

डेसडिमोना : वह ऐसा कह नहीं सकता है।

ऑथेलो : नहीं, मुँह बंद है उसका। सत्यप्रिय इयागो ने इसका प्रबंध कर दिया है।

डेसडिमोना : आह, मुझे अंदेशा है। क्या वह मर गया है ?

ऑथेलो : उसके रोम-रोम में एक-एक प्राण हो तो उन सबके लिए मेरे विराट
प्रतिशोध में भूख होती।

डेसडिमोना : हाय वह छला गया और मैं लुट गई।

ऑथेलो : हट वेश्या, तू मेरे मुँह पर उसके लिए रोती है ?

डेसडिमोना : आह, मुझे त्याग दीजिए स्वामी, जान से न मारिए।

ऑथेलो : जा छिनाल!

डेसडिमोना : कल आप मेरी जान ले सकते हैं, आज मुझे जीता रह लेने दें।

ऑथेलो : नहीं, तू अगर बच रही।

डेसडिमोना : केवल आधा घड़ी।

ऑथेलो : निर्णय हो चुका है, रुकना संभव नहीं।

डेसडिमोना : इतने में बस एक प्रार्थना कर लूँ।

ऑथेलो : अब समय नहीं बचा *(गला घोंट देता है, द्वार पर एमीलिया)*

एमीलिया : *(भीतर से पुकारती है)* श्रीमान, श्रीमान, सुनिए श्रीमान अरे

ऑथेलो : यह शोर कैसा है? मरी नहीं? अभी तक मरी नहीं?
मैं जो कि क्रूर हूँ, दयावान हूँ अभी
यह नहीं चाहूँगा कि कष्ट में पड़ी-पड़ी तू जिए
इसलिए इसलिए।

एमीलिया : *(भीतर से)* सुनिए मालिक, सुनिए।

ऑथेलो : कौन? वहाँ कौन है?

एमीलिया : *(भीतर से)* ओ मालिक, श्रीमान, आपसे एक बात तो कह लूँ।

ऑथेलो : हाँ, यह एमीलिया ही तो है, धीरे-धीरे करके वह मर गई है
मानो कैसियो की मृत्यु का वह समाचार लाई थी
शोर बहुत कर लिया हाँ अब निश्चल हो जा
स्तब्ध कब्र के जैसी—क्या उसे आने दूँ—यह उचित होगा?
लगता है फिर हिली, नहीं—क्या करना ठीक है?
वह भीतर आती है तो मेरी पत्नी से निश्चय ही बोलेगी।
पत्नी। मेरी पत्नी। कौन-सी पत्नी। मेरी पत्नी नहीं।
शायद अब चाँद और सूरज को ग्रहण लग जाएगा।
और पृथ्वी भय के मारे दरक जाएगी।

एमीलिया : *(भीतर से)* विनती करती हूँ कि मेरी भी सुन लें, दया करें श्रीमान।

ऑथेलो : मैं तुझको भूल ही गया था। अरी एमीलिया, अंदर आ हल्के से दबे पाँव।

[एमीलिया आती है।]

इस समय तुझको क्या काम है?

एमीलिया : आह मेरे मालिक, यहाँ दुखद हत्याएँ हुई हैं?

ऑथेलो : क्या? अभी?

एमीलिया : अभी-अभी श्रीमान

ऑथेलो : यह चंद्रमा का उत्पात है। जितना चाहिए था वह उससे अधिक निकट
पृथ्वी के आया है और लोग उन्मत्त होते हैं।

एमीलिया : श्रीमान कैसियो ने एक तरुण की हत्या की, नाग रोडरिगो और धाम
वेनिस था।

ऑथेलो : रोडरिगो।
मारा गया? और कैसियो?
मारा गया।

एमीलिया : नहीं, कैसियो नहीं मरा।

ऑथेलो : कैसियो मरा नहीं।
हत्या बेसुरी है तब और प्रतिशोध कर्कश हो रहा है।

डेसडिमोना : आह, मुझे बेगुनाह, बेगुनाह मारा है।

एमीलिया : हे ईश्वर, यह कौन चीख पड़ा।

ऑथेलो : कौन ? क्या ?

एमीलिया : खुल गई बात, हाय मालकिन बोली थी ? कोई बचाओ अरे कोई बचाओ, फिर बोलिए श्रीमती प्यारी डेसडिमोना, अरी प्यारी मालकिन बोलिए।

डेसडिमोना : बेगुनाह मौत मैं मरती हूँ।

एमीलिया : हैं ? किसका काम है।

डेसडिमोना : काम किसी का नहीं—मेरा है। दो विदा, मेरे दयालु स्वामी को नमस्कार, दो विदा *(मर जाती है)*

ऑथेलो : क्यों उसकी हत्या कैसे हुई होगी।

एमीलिया : कौन जानता है?

ऑथेलो : तूने स्वयं उसे कहते हुए सुना मैं वह नहीं हूँ।

एमीलिया : उसने कहा था यह, मैं जो सच है वही बोलूँगी।

ऑथेलो : वह रौरव नर्क में जाती है, झूठ बोल मैं था, जिसने उसका वध किया।

एमीलिया : वह जितनी निष्कलंक देवी है तुम उतने ही पापी राक्षस हो।

ऑथेलो : वह पथ से भ्रष्ट हुई और सतीत्व खो बैठी।

एमीलिया : तू उस पर दोष धर रहा है जब तू स्वयं पापी है।

ऑथेलो : वह थी जल के समान चंचल।

एमीलिया : तूने अग्नि के समान क्रोध कर उसको पतिता कहा। अरे, वह देवी पवित्र थी।

ऑथेलो : कैसियो ने भोगा था उसे, पूछ अपने पति से। आह मैं नर्क के अतल में गड़ा था। किंतु मैं ठोस आधार पर, चलकर ही इस हद तक पहुँचा हूँ। यह तेरा पति जानता था।

एमीलिया : मेरा पति ?

ऑथेलो : तेरा पति।

एमीलिया : यह कि इसने अपने पति को धोखा दिया?

ऑथेलो : कैसियो के लिए, यह जो सच्ची होती तो ईश्वर साबुत पुखराज में इस दुनिया की नकल गढ़ देता तो मैं उसके बदले में इसको देता नहीं।

एमीलिया : मेरा पति ?

ऑथेलो : बार-बार पूछती क्यों है, अरी औरत। मैंने कहा तेरा पति।

एमीलिया : मालकिन, छल ने उपहास प्रेम का किया।
मेरा पति यह कहे कि वह पतिव्रता न थीं ?

ऑथेलो : हाँ, औरत कहता हूँ तेरा पति शब्द यह नहीं पता
मेरा मित्र, तेरा पति, निश्छल, अति निश्छल इयागो।

एमीलिया : दिन-प्रतिदिन तिल-तिल कर सड़ जाए।
वह दिल के भीतर से झूठ बोलता है
अपने काले सौदे से वह खुश थी।

ऑथेलो : हा हा।

एमीलिया : जो बुरा से बुरा करना है, कर ले। यह तेरी करतूत स्वर्ग

के योग्य नहीं जैसे कि तू योग्य उसके नहीं था।

ऑथेलो : मौत, अब मौन हो।

एमीलिया : जितनी सकत दुःख सहने की मुझमें है
उसकी आधी तुझमें दुःख देने की नहीं, अरे मूर्ख,
तू माटी का माधो है, तूने कुकर्म किया।

[ऑथेलो तलवार खींचने को होता है।]

परवाह कुछ नहीं तेरी तलवार की, भेद मैं खोलूँगी तेरा जो बीस बार मरना मुझे पड़े। कोई बचाओ। बचाओ। बचाओ। मूर ने मालकिन को मार डाला है, खून-खून

[मोन्तानो, ग्रेशियानो और इयागो तथा मंत्रिगण आते हैं।]

मोन्तानो : क्या मामला है, कहो सेनापति।

एमीलिया : आ गए इयागो ? तुमने भला किया।
कि लोग अपने किए हुए खून तुझ पर गढ़ें।

ग्रेशियानो : मामला क्या है ?

एमीलिया : झूठा प्रमाणित कर दुष्ट को, तू अगर मर्द है
कहता है इसने कहा था तेरी औरत छिनाल है
मैं जानती हूँ कि तूने नहीं कहा : तू इतना नीच नहीं, बोल क्योंकि मेरी छाती फटी जा रही है।

इयागो : मैंने वही कहा जो मैंने सोचा था, उससे अधिक नहीं जितना उसने स्वयं सही, सच पाया था।

एमीलिया : पर तुमने क्या कभी कहा था कि वह बेवफ़ा है?

इयागो : कहा था।

एमीलिया : झूठ तुमने कहा, कुत्सित घिनौना झूठ, मेरी जान की क़सम एक दुर्भाग्य से भरा हुआ दुष्ट झूठ, व्यभिचार कैसियो से किया?

इयागो : कैसियो से, औरत कैसियो कहा ? अपना मुँह बंद कर।

एमीलिया : मुँह बंद मैं नहीं करती।
मुझे बोलना होगा, मेरी मालकिन अपने बिस्तर में कत्ल हुई पड़ी है।

सब : भगवान रक्षा करें !

एमीलिया : और यह कत्ल तेरे कहने से हुआ है।

ऑथेलो : नहीं घूरिए नहीं, श्रीमानो। यह बात सच है।

मोन्तानो : राक्षसी काम है।

एमीलिया : धोखा ! धोखा ! धोखा !
अब मुझे याद आने लगा--पहले ही मैंने गंध पाई थी, अरे नीच
मुझे तभी ऐसा कुछ लगता था।
अब शोक के मारे आत्मघात कर लूँगी
नीचता, हाय-हाय नीचता !

इयागो : पागल हो गई है क्या, जा अभी घर जा।

एमीलिया : सज्जनो, मुझे बोल लेने दिया जाए। इसका कहा मानना मुझको उचित है, लेकिन अभी नहीं, शायद इयागो—मैं घर कभी नहीं जाऊँ।

ऑथेलो : ओह ! ओह ! ओह ! *(बिस्तर पर गिर पड़ता है)*

एमीलिया : नहीं, यहीं पड़ा रह, रो दहाड़ मारकर, क्योंकि तूने उसे मारा है,
जिसके समान प्रेममय और निर्दोष किसी जीव ने कभी आँख नहीं खोली

ऑथेलो : नहीं, वह दूषित थी *(उठता है)*
खेद है, मगर इयागो पता रखता था, हज़ार बार कैसियो के साथ सो
चुकी थी वह, कैसियो स्वीकार करता था, और उसकी राग रंगक्रीड़ा
का पुरस्कार—आश्वासन वह दे चुकी थी—उसी चिह्न को उसकी भेंट
कर जो मैंने पहले उसे दिया। मैंने उसे कैसियो के हाथ में देखा था।
वह प्राचीन रूमाल था, मेरे पिता से मेरी माँ को मिला हुआ।

एमीलिया : ओ भगवन! ओह प्रभु!

इयागो : अरी धत्त चुप रह।

एमीलिया : चुप रह? अब रुक नहीं सकती हूँ। उत्तर की आँधी-सी
हहराती खुलकर मैं बोलूँगी मानव मूर और असुर सब जने सब जने
मुझको धिक्कार दें, बोलूँगी।

इयागो : अक्ल से काम ले, घर जा।

एमीलिया : मैं नहीं जाऊँगी, रे मूर्ख मूर सुन, तू जिस रूमाल की बात करता है वह
मुझे मिला था पड़ा और अपने स्वामी को मैंने दे दिया था क्योंकि
वह बहुधा बड़े गंभीर हो—ऐसी तुच्छ वस्तु के लिए बड़े गंभीर हो कहते थे
उसको चुरा ला तू।

इयागो : बदमाश, लुच्ची...।

एमीलिया : कैसियो को दिया मालकिन ने! नहीं हाय ! वह मैंने पाया था और
पति को दे दिया था।

इयागो : झूठी।

एमीलिया : नहीं नहीं, झूठ नहीं, ईश्वर जानता है सज्जनो, हत्यारे दंभी।
पत्नी को इतना अनाड़ी पति क्यों मिला?

ऑथेलो : स्वर्ग में जो चट्टानें घनगर्जन करती हैं मुझ पर गिरती नहीं?
महाधूर्त!

[मूर इयागो पर झपटता है परंतु मोन्तानो उसका हथियार छीन लेता है। इयागो अपनी पत्नी को मार डालता है।]

मोन्तानो : बाहर से उस पर पहरा दो। उसको जाने मत दो, मारना भले पड़े
मैं भी उसी को पकड़ने जाता हूँ क्योंकि वह कमबख़्त नर्क को जाएगा

[सब जाते हैं। ऑथेलो और एमीलिया रह जाते हैं।]

एमीलिया : मूर, वह पवित्र थी। रे निर्मम मूर, वह तुझे प्यार करती थी। इस सत्य
से मुझे मोक्ष मिल गया। यही शब्द बोलते-बोलते मैं चली।

ऑथेलो : कहाँ जाए ऑथेलो? अब कैसी दिखती है तू भला।
अरे, शैतान के दूत, मुझे दृश्य यह भयंकर अब मत दिखा।
पवन वेग से मुझको फेंक दे, आग में भून, तरल अग्नि के गहरे कुंड
में डुबा दे। हाय डेसडिमोना, निर्जीव डेसडिमोना तू निर्जीव ओह ओह

[लुडविको, कैसियो, मोन्तानो और इयागो (बंदी) अफ़सरों के साथ आते हैं।]

लुडविको : उद्धत अभागा वह आदमी कहाँ है?

ऑथेलो : वह है कि जो ऑथेलो था। यह रहा मैं।

लुडविको : वह साँप कहाँ है। दुष्ट को सामने ले आओ।

ऑथेलो : देखता हूँ उसके पैरों को—किंतु वह कहता ही है, शैतान तू है तो मैं तुझे मार नहीं सकता हूँ।

[इयागो को घायल कर देता है।]

लुडविको : तलवार छीन लो। *(ऑथेलो से हथियार रखा लिया जाता है)*

इयागो : खून बह रहा है पर मैं मरा नहीं हूँ।

ऑथेलो : मुझे दुःख नहीं उसका। चाहूँगा मैं कि तू जिया कर, क्योंकि मृत्यु में तो आनंद है।

लुडविको : हाय ऑथेलो, तू एक समय कितना भला था, दुर्जन के एक षड्यंत्र में फँस गया, क्या तुझसे अब कहें?

ऑथेलो : जो चाहें, अभिमानी, हत्यारा ही कहें
क्योंकि मैंने मान के लिए किया, द्वेष से नहीं किया।

लुडविको : इस पतित ने अपनी दुष्टता अंशतः मानी है, तुम और यह दोनों कैसियो के वध में सहमत थे।

ऑथेलो : हाँ।

कैसियो : सेनापति, मैंने तुम्हारा अहित कभी नहीं किया।

ऑथेलो : यह मानता हूँ मैं, और तुम क्षमा करो ज़रा उस शैतान के बच्चे से पूछो कि मेरा तन-मन उसने मोह में क्यों बाँधा?

इयागो : मत मुझसे पूछो कुछ, जो जानते हो वही, जाने रहो इस क्षण में, और एक शब्द नहीं बोलूँगा।

लुडविको : यह कमरा छोड़ दो, सदा हमारे अधिकार और प्रभाव तुमसे लिए गए। कैसियो साइप्रस का शासक नियुक्त हुआ और इस छली को और कष्टकर शिक्षा देनी होगी, इसलिए वह उसका दास हो। तुम कठिन पहरे में बंद रहोगे कि जिससे तुम्हारे कर्म वेनिसी राज्य में समाचार बन जाएँ
आओ, इन्हें ले चलो।

ऑथेलो : सुनो, अभी जाने के पहले दो शब्द सुनते जाओ, राज्य की मैंने सेवा की है और यह विदित भी है, अब उसका ज़िक्र क्या। मेरा अनुरोध है कि कुकर्मों का आप अपने पत्रों में वृत्तांत लिखें, मुझको वैसा बताओ जैसा हूँ
कोई श्लाघा न करें, अंत में अवश्य कहें समझदार
वह नहीं था, सच्चा प्रेमी था, नहीं ईर्ष्यालु, किंतु किए जाने पर अत्यंत क्षुब्ध या कट्टर यहूदी-सा। यह आप लिख दें, और साथ में यह भी कि एक दिन ऐलोपे में जब एक दुष्ट और तुर्क वेशधारी ने एक वेनिसी राज्य की निंदा की, मैंने उस ख़तनाए कुत्ते की गरदन पकड़ ली—
मार दिया चाकू—यों *(अपने को चाकू मारता है)*
मैंने कत्ल करने के पहले इसे चूमा था। यही शेष है कि अपने को ख़त्म करते हुए, ओठों पर ओठ रखकर मरूँ।

लुडविको : *(इयागो से)* ऐ कुत्ते, दर्द और भूख और विक्षुब्ध सागर से
अधिक त्रासदायी, तुम इस बिस्तर के करुण बोझ को देख लो,
कर्म यह तुम्हारा है। ग्रेशियानो, इस घर की देखभाल तुम करो
और मूर की जो संपत्ति है उस पर कब्जा करो क्योंकि वह

तुम्हारी है। श्रीमान सत्यपाल अब इस पापी शैतान के दंड की, उसके समय और स्थल की—व्यवस्था का आयोजन करें।
इसका पालन होवे।
मैं स्वयं तत्काल प्रस्थान करता हूँ, देश को। लोक में बताता हूँ दुःख भरी दुर्घटना में छिपे कृत्य को।

बारहवीं रात

[शेक्सपियर के नाटक 'ट्वेलफ्थ नाइट'
(रचना-वर्ष 1601 ई.) का अनुवाद, 1980]

पात्र-परिचय*

ऑरसिनो	:	इलीरिया का ड्यूक (राज्यपाल)
सेबास्टियन	:	वायोला का भाई
एंटोनियो	:	समुद्री कप्तान, सेबास्टियन का मित्र
वैलेंटाइन, क्यूरियो	:	ड्यूक के अनुचर
सर टोबी वेल्थ	:	ओलिविया का मामा
सर एंड्रयू एगूचीक		
मैलवोलियो	:	ओलिविया का प्रबंधक
फ़ेबियन	:	ओलिविया का नौकर
विदूषक फेस्ट	:	ओलिविया का नौकर
ओलिविया	:	धनी ज़मींदारिन
वायोला	:	सेबास्टियन की बहन
मारिया	:	ओलिविया की परिचारिका
कप्तान	:	वायोला का मित्र
		सामंत, पुरोहित, नाविक, अधिकारी, गायक वादक और परिचारक

स्थान	:	इलीरिया का एक नगर एवं उसके समीप का सागर-तट

---

* पात्र-परिचय रांगेय राघव के अनुवाद पर आधारित। सहाय जी ने पात्र-परिचय नहीं लिखा था—संपादक

अंक : एक

दृश्य : 1

राज्यपाल का महल

[राज्यपाल क्यूरियो तथा अन्य सामंतों के साथ प्रवेश करते हैं, वादक साथ में हैं।]

राज्यपाल : विरह व्यथा यदि यह संगीत विकसाता है
तो मुझको संगीत से आप्लावित कर दो, बुझ जाए
अग्नि और निबट जाए
आह वही सुर ! विलंबित अवरोह
कानों में जैसे मर्मर हो बयार का
जो कि रातरानी को छू सुरभि चुरा लाई हो
बस करो, रहने दो
अब मधुर नहीं लगता
रे मन ! तू कितना चंचल है रे
तेरे अंचल में समाई है सागर की
सबकुछ कितना ही अनोखा और चोखा हो
क्षण भर में तुझमें विलीन हो जाता है
प्रीति हृदय में इतने सपने जगाती है
कि प्रीति ही समस्त कल्पनाओं का सार है

क्यूरियो : आप क्या आखेट को जाएँगे, स्वामी ?

राज्यपाल : किसके आखेट को ?

क्यूरियो : वानमृग के

राज्यपाल : मनमृग मेरा तो स्वयं बध्य है
ओलिविया से जब नयन मिले थे उस क्षण मेरा मानो
नया जन्म ही हुआ था
तब से मैं मृग हूँ और मेरी कामनाएँ शिकारी कुत्तों-सी
मेरा पीछा कर रही हैं

[वैलेंटाइन आता है।]

कहो, कहो, उसने क्या कहा है?

वैलेंटाइन : स्वामी, उन्होंने मुझे दर्शन नहीं दिया
उत्तर यों दिलवाया अपनी सेविका से

कि सात वर्ष सूरज की किरणें भी
उसके मुखड़े को छूने नहीं पाएँगी
वह उदासीन-सी अवगुंठित रहेगी
आँसू का खारा नल प्रतिदिन उसके भाई की
स्मृति को संजीवन देता रहेगा
ताकि उसे वह सदा अपने संतप्त मानस में सिरजे रहे

राज्यपाल : आह! जिस नारी में इतनी सहृदयता है
कि भाई के स्नेह के लिए यों प्रतिबद्ध है
ऐसी संपूर्ण और परितृप्त नारी होगी कितनी प्रेमदा
जब उसके मानस की अन्य अनुरक्तियाँ
मन्मथ का स्वर्णबाण बींधकर सुला देगा
मन, आत्मा, बुद्धि के अखंड सिंहासन पर
जब विराजमान एकछत्र शासक होगा,
चलो, मुझे ले चलो कुसुमों के कुंज में
कल्पना सरसती है मंजरियों के तले
[जाते हैं।]

दृश्य : 2

सागर तट

[वायोला, कप्तान और नाविकों का आना।]

वायोला : कौन देश है यह मित्रो

कप्तान : यह इलीरिया कहाता है देवी

वायोला : किंतु इस इलीरिया में क्या करूँगी मैं?
वह मेरा भाई तो इलीज़ियम में है।
शायद संयोग से वह डूबा नहीं है। क्यों, क्या कहते हो
तुम नाविको?

कप्तान : आप भी संयोग से बची हैं।

वायोला : मेरे प्यारे भाई, तुमको भी शायद संयोग ने बचाया हो

कप्तान : हाँ, शायद और आप सुनकर आशावान हों
कि जब जहाज़ टूटा था और आप और आपके गिनती के
साथी बचकर हमारी डगमगाती डोंगी पर आ लगे थे, तब
मैंने देखा था आपके भाई को! संकट में भाग्य साथ दे
रहा था। आशा और साहस ने मिलकर उसे बुद्धि दी औ'
उसने सागर पर उतराते मजबूत मस्तूल को जाकर गह लिया
जब तक वह आँखों से ओझल नहीं हुआ था
तब तक तो देखा था मैंने उसे लहरों से जूझते

जैसे वह एरियन* हो जिसके संगीत से खिंची आई डोल्फ़ेन
उसे पीठ पर बिठा हत्या से बचा ले गई थी!

वायोला : इन शब्दों के एवज में लो ये मुद्राएँ
मैं भी बच गई हूँ इसी से तुम्हारे शब्द,
विश्वसनीय लगते हैं वह भी बचा होगा
क्या तुम इस देश को जानते हो?

कप्तान : हाँ देवी, भली भाँति, क्योंकि मैं जहाँ जन्मा और पला
वह इस जगह से सिर्फ तीन घंटे दूर है।

वायोला : कौन है वहाँ शासक ?

कप्तान : एक सभ्य राज्यपाल, यथा नाम तथा गुण।

वायोला : उसका नाम क्या है ?

कप्तान : ऑरसिनो।

वायोला : ऑरसिनो! मैंने पिता के मुँह से नाम यह सुना था, पर
तब यह अविवाहित था।

कप्तान : और आज भी है, वह या कि हाल तक तो था
क्योंकि मास भर हुआ मैं वहाँ गया था,
और तब नयी-नयी खबर यह आई थी
बड़े जो करते हैं, छोटों का गपशप का विषय बन जाता है—
कि रूपसी ओलिविया पर वह आसक्त है

वायोला : यह स्त्री कौन है ?

कप्तान : शीलवती कन्या है—पिता आमात्य थे
अपने पुत्र, उसके भाई के संरक्षण में उसे छोड़ चल बसे
कोई वर्ष भर हुआ
वह भी कुछ समय गए नहीं रहा
तब से उसकी स्मृति में ऐसा कहते हैं
वह प्रण किए है न देखेगी पुरुष को
न बोलेगी पुरुष से

वायोला : कहीं उस महिला की सेवा में रह सकती
और दिन फिरने तक करती अज्ञातवास

कप्तान : यह होना मुश्किल है
क्योंकि वह किसी का निवेदन नहीं सुनती,
नहीं, राज्यपाल का भी नहीं

वायोला : तुम व्यवहार में निश्छल हो कप्तान
और यह स्वभाव कभी-कभी मानो सुंदर घरौंदे में
कुत्सा छिपाए हुए भी पाया जाता है
पर मान लेती हूँ, भीतर
तुम वैसे ही हो जैसे बाहर दिखते हो।
मेरी यह विनती है, और मैं पुरस्कार से झोली भर दूँगी
तुम मुझे छिपा लो और मुझे भेस धरने में जो

---

* एरियन : एक पुराना संगीतज्ञ। डोल्फ़ेन उसकी रक्षक थी।—सं.

शायद मेरे उद्देश्य को स्वरूप दे, मदद दो।
मैं इस राज्यपाल की सेवा करूँगी,
तुम मुझको जनखा बता करके पेश करोगे उसके सामने
व्यर्थ यह नहीं होगा क्योंकि मैं गाती हूँ
और उससे संगीत की भाषाएँ बोल सकती हूँ
इससे मैं योग्य सिद्ध होऊँगी
आगे जो होना है समय ही बताएगा
अपने मौन से समर्थन देते रहना।

कप्तान : उसका जनखा बनो तुम और तुम्हारा गुलाम मैं रहूँ गूँगा,
जब जुबान चुलबुलाए, तो आँखें बंद रहें।

वायोला : धन्यवाद। ले चलो।

[जाते हैं।]

दृश्य : 3

ओलिविया के आवास का एक कक्ष

[सर टोबी वेल्थ और मारिया का प्रवेश।]

सर टोबी : मेरी भतीजी को अपने भाई की मृत्यु पर इतना शोक मनाने का निश्चय कर कैसी मुसीबत खड़ी कर ली है? मैं तो कहता हूँ कि चिंता इस जीवन की शत्रु है।

मारिया : इसमें क्या शक है, सर टोबी। आप जरा रात को जल्दी लौटा करें। आपकी भतीजी, मेरी स्वामिनी आपके देर-सबेर आने-जाने से बहुत आपत्ति करती हैं।

सर टोबी : आपत्ति से तो उन्हें बचना ही चाहिए।

मारिया : हाँ, पर आप अपने को शरीफों की तरह पाबंद रखें।

सर टोबी : पाबंद? *(पाँव को दिखाकर)* मैं तो खूब अच्छी तरह पाबंद हूँ और क्या चाहिए। ये कपड़े अच्छे खासे हैं शराब पीने जाने को और ये जूते भी हैं और न हो तो अपने फीतों से लटककर जा मरे!

मारिया : यह शराब आपको बरबाद कर देगी। कल मेरी स्वामिनी यही कह रही थीं। और यह भी कह रही थीं कि आप उनके लिए एक दिन एक चुगद सामंत ले आए थे।

सर टोबी : कौन? सर एंड्रयू एगूचीक?

मारिया : जी, वही।

सर टोबी : इलीरिया में उसके बराबर कद्दावर जवान कोई नहीं

मारिया : लंबे होने से क्या होता है?

सर टोबी : और उसकी सालाना आमदनी तीन हजार अशरफी है।

मारिया : लेकिन जिस तरह वह उसे उड़ा रहा है उससे तो यही लगता है कि वह एक साल से ज्यादा न चले।

सर टोबी : लानत है उस पर जो यह कहता है। अरे वह बहुत अच्छा तबलची है और बिना किताब पढ़े तीन-चार भाषाएँ रटे हुए ही बोल सकता है और प्रकृति ने उसे बड़े-बड़े गुण दिए हैं।

मारिया : हाँ, वे सब प्रकृति के ही वरदान हैं। क्योंकि बेवकूफ होने के अलावा वह जबर्दस्त झगड़ालू है। और इतनी अकड़ फूँ अकड़ के साथ झगड़ा करता है कि मालूम नहीं होता कि कितना डरपोक है। बुद्धिमानों का विचार है कि शीघ्र ही उसे प्रकृति अपनी गोद में ले लेगी।

सर टोबी : कसम से कहता हूँ जो ऐसा सोचें वे पाजी और बदमाश हैं। कौन लोग हैं वे ?

मारिया : वही जो यह भी कहते हैं कि आपके साथ हर रात वह पीकर धुत हो जाता है

सर टोबी : हाँ, मेरी भतीजी की सेहत के जाग पी-पीकर जब तक मेरे गले में रास्ता है मैं तो उसके लिए पीता रहूँगा और इलीरिया में पीता रहूँगा। जो मेरी भतीजी के लिए इतना न पिए कि चकरघिन्नी हो जाए वह कायर है और भगोड़ा है। वाह, छिनाल, नाम लिया और आ टपका, वह रहे सर एंड्रयू एगूचीक।

[सर एंड्रयू का आना।]

सर एंड्रयू : अख़्वाह, सर टोबी बेल्थ, कहिए कैसे हैं सर टोबी बेल्थ।.

सर टोबी : आख़्वाह, सर एंड्रयू !

सर एंड्रयू : ईश्वर तेरा भला करे प्यारी छुछूँदर।

मारिया : आपका भी, महोदय।

सर टोबी : उन्मुख हो। सर टोबी, उन्मुख।

सर एंड्रयू : वह क्या है ?
मेरी भतीजी की सेविका।
श्रीमती उन्मुख, आपका सान्निध्य चाहूँगा।

मारिया : मेरा नाम मेरी है महोदय।

सर एंड्रयू : श्रीमती मेरी उन्मुख—

सर टोबी : आप भूल कर रहे हैं सामंत, उन्मुख का मतलब है सामने आएँ, हाथ बढ़ाएँ, माँगें, पहुँचें, पढ़ें।

सर एंड्रयू : नहीं-नहीं, मैं सबके सामने यह सब नहीं कर सकता। क्या यही मतलब है उन्मुख का ?

मारिया : विदा, सज्जनो।

सर टोबी : ऐसे ही विदा ले लेने दोगे सर एंड्रयू, क्या तुम्हारा हथियार म्यान में ही रह जाएगा।

सर एंड्रयू : ऐसे ही विदा ले लोगी श्रीमती ? क्या मैं दो-दो हाथ नहीं कर पाऊँगा ? सुंदरी, क्या तुमने समझा है कि अनाड़ी

हाथ आए हैं?

मारिया : मैंने तो आपका हाथ नहीं लिया है।

सर एंड्रयू : सो तो है पर ले लो और यह रहा मेरा हाथ।

मारिया : महोदय, अपना-अपना मन है, मैं कहूँगी कि आपका यह हाथ प्याले को मुबारक हो और आप जाकर प्याले को पिएँ।

सर एंड्रयू : इसका क्या अर्थ है प्रियतमे?

मारिया : यह कि यहाँ आपको रस नहीं मिलेगा।

सर एंड्रयू : मुझे भी यही लगता है। मैं इतना गधा नहीं, मगर आगा पीछा पहचानता हूँ। हाँ, तुमने हमारा परिहास नहीं समझा।

मारिया : वह तनिक शुष्क था।

सर एंड्रयू : क्या तुम कोई और हुनर नहीं जानतीं?

मारिया : क्यों नहीं, बहुत-बहुत-सी बातें जानती हूँ—हाँ तो अब चलूँ? आपका हाथ यह रहा। मुझे बड़ा काम है।

[मारिया जाती है।]

सर टोबी : अरे सामंत, तुम्हें एक घूँट की ज़रूरत है : ओह ओह ऐसे निढाल तो तुम्हें कभी नहीं देखा।

सर एंड्रयू : नहीं देखा होगा शायद, जब तक कि पीकर निढाल न हुआ होऊँ। कभी-कभी सोचता हूँ मेरे भी और आदमियों की तरह अक्ल है। मगर बात यह है कि मैं गोश्त बहुत खाता हूँ और मेरा ख्याल है कि मेरी अक्ल उसी ने कुंद कर दी है।

सर टोबी : इसमें क्या शक है।

सर एंड्रयू : वही तो कहता हूँ, सर टोबी। कल मैं घर चला जाऊँगा।

सर टोबी : शुभास्ते पंथानः प्रिय बंधु।

सर एंड्रयू : शुभास्ते पंथानः क्या है। जाऊँ कि न जाऊँ? ओह यदि मैंने जो समय, पटेबाजी, नौटंकी और शिकार में लगाया है वह भाषाएँ सीखने में लगाया होता—ओह यदि मैंने विद्या कमाई होती!

सर टोबी : तो तुम्हारी खोपड़ी जरा और बढ़िया होती।

सर एंड्रयू : क्यों, क्या विद्या से बाल सुंदर हो जाते हैं?

सर टोबी : इसमें क्या शक है। देखते नहीं कि अपने आप कैसे भुच्च है।

सर एंड्रयू : पर मेरे ऊपर तो सजते हैं, कि नहीं?

सर टोबी : क्या कहने हैं, जैसे किसी डंडे पर ऊन की लच्छी—मैं चाहता हूँ कि कोई श्रीमती तुम्हें टाँग में दबाकर इसका कुछ बुन डाले।

सर एंड्रयू : बस, अब तो मैं कल ही घर जाता हूँ। पर टोबी तुम्हारी भतीजी मुझे नहीं दिखाई देगी और दी भी तो रुपए में पचहत्तर पैसे मुझे शक है कि मुझे नहीं देखेगी। राज्यपाल को भी उसे रिझाने में पसीना

आ रहा है।

सर टोबी : राज्यपाल की उसे तनिक भी चिंता नहीं : वह अपनी हैसियत से ऊपर नहीं ब्याहेगी—न संपत्ति में न वय में न बुद्धि में। मैंने उसे ऐसा प्रण करते सुना है। छिः जब तक जीवन है आस क्यों छोड़ते हो।

सर एंड्रयू : मैं एक मास और ठहरूँगा। मैं भी संसार में
एक विचित्र प्राणी हूँ। कभी-कभी नौटंकी और
तमाशों में खोकर इस दुनिया को भूल जाया करता हूँ।

सर टोबी : क्या तुम भी मटकने-चटकने में कुशल हो।

सर एंड्रयू : इलीरिया में अव्वल हूँ : किसी को ले आओ मगर
शर्त यह है कि मेरे जैसा भला हो
औ' मुझसे बेहतर लोगों से
घट कर हो। हाँ किसी खुर्राट को न ले आना।

सर टोबी : और तुम भाँगड़ा कैसा नाच लेते हो, सामंत!

सर एंड्रयू : खूब-खूब कूद लेता हूँ और मेरे जैसी कलाबाजी तो क्या कोई इलीरिया में खाएगा।

सर टोबी : ये सारे सत्य क्यों संसार से छिपे हैं। क्यों इन गुणों पर पर्दा पड़ा हुआ है, क्या इन पर भी हमारे आधुनिक चित्रकारों की कृतियों की तरह धूल पड़ी रहेगी ?
क्यों नहीं तुम भाँगड़ा करते हुए चर्च जाया करो और
भाँगड़ा करते हुए आया करो।
मैं होऊँ तो चलूँ भी
नाचकर,
तुम क्या समझते हो ? क्या यह दुनिया अपनी अच्छाइयों को छिपाए रखने के लिए बनी है। तुम्हारी टाँग की पायेदार बनावट देखकर ही मैं समझ गया था कि ईश्वर ने वह वृषभ नक्षत्र में गढ़ी होगी।

सर एंड्रयू : हाँ, यह बड़ी मजबूत है और लाल पैजामे में खूब खिलती है : तो हो जाए थोड़ा-सा रागरंग।

सर टोबी : और हमें करना ही क्या है : क्या हम वृषभ राशि में यों ही जन्मे हैं ?

सर एंड्रयू : वृषभ राशि ? उसका तो दिल और दिमाग से संबंध है।

सर टोबी : नहीं महोदय, उसका संबंध है टाँग और जाँघ से,
देखें, जरा तुम कैसे फलाँगते हो—हा, हा, और ऊँचे हा—हा
बहुत अच्छे।

[जाते हैं।]

दृश्य : 4

[वैलेंटाइन और पुरुष भेष में वायोला का आना।]

वैलेंटाइन : अगर राज्यपाल की कृपादृष्टि तुम पर इसी तरह बनी रही, सिज़ेरियो तो तुम बहुत आगे जाओगे—तुम्हें उसके यहाँ काम करते तीन दिन हुए हैं और इतने में ही तुम कोई अपरिचित नहीं रह गए।

वायोला : तुम्हें या तो उसके मौजी स्वभाव से शंका है या मेरी त्रुटियों से जो तुम उसके स्नेह के न रहने का प्रश्न उठाते हो। क्या उसकी प्रीति इतनी अस्थिर है।

वैलेंटाइन : नहीं, मेरा विश्वास करो।

वायोला : करता हूँ, लो राज्यपाल आ गए।

[राज्यपाल, क्यूरियो और अनुचरों का आना।]

काउंट : किसी ने सिज़ेरियो को देखा है क्या ?

वायोला : वह यहाँ प्रस्तुत है महाराज।

काउंट : *(क्यूरियो और अनुचरों से)* तनिक देर परे रहो। *(वायोला से)* सिज़ेरियो तू कम नहीं, बल्कि सब जानता है—मैंने तुझे अपने अंतर का रहस्यग्रंथ खोल कर दिया है इसलिए सभ्य युवक अपनी पदचाप को उसके घर ले जा। रोके से रुक नहीं, प्रवेश कर हो उसके द्वार पर खड़ा बता दे सबको तेरा वह पाँव वहीं जमा रहेगा। तरु-सा जब तक तेरी सुनवाई नहीं होगी।

वायोला : निश्चय ही, प्रभुवर।
यदि अपने दुख में वह इतनी मग्न है
जितनी बताते हैं,
तो कभी नहीं मुझे भीतर आने देगी।

काउंट : कलह करो और शिष्टाचार की सीमाएँ तोड़ दो
चाहे जो करो, खाली हाथ मत लौटो।

वायोला : अच्छा यदि उनसे वार्तालाप कर पाऊँ
तो स्वामी क्या करूँ ?

काउंट : ओह, तब,
भेद खोल मेरी आसक्ति का
और मेरी प्रणय प्रतिज्ञा के वर्णन से उसको विजित कर
तू मेरी वेदना का अभिनय करता हुआ सोहेगा
तेरे युवा चेहरे पर देखकर मेरा दुख
वह भली भाँति समझेगी वह द्रवित होगी
किसी प्रौढ़ दूत के मुख से उतना नहीं।

वायोला : मैं ऐसा नहीं मानता हूँ प्रभु।

राज्यपाल : नवयुवक, मान ले, क्योंकि तूने अभी
यौवन की देहरी पर पाँव रखा ही है।
डायना के ओठ से भी सुकोमल और लाल ओठ
स्वर तेरा
तीखा और ठनकदार लड़कियों-सा
तुझमें झलकता है मोहक पुरुषत्व और
तू मानो बना ही है यह काम करने को
चार-पाँच लोग इसके साथ जाओ
चाहे तो सब जाएँ
क्योंकि मेरे पास जब कम से कम लोग हों
मै अच्छा रहता हूँ
कृतकार्य होकर आ
औ' मेरे सौभाग्य को अपना सौभाग्य जानकर
आजीवन सुखी रह।

वायोला : आपकी नायिका को मैं रिझाने में
कसर नहीं रखूँगा
(स्वगत) क्या झंझट आन पड़ा!
उसको भले ही रिझाऊँ मैं
इसकी पत्नी तो स्वयं मुझको ही बनना है।
[जाती है।]

दृश्य : 5

ओलिविया के आवास का एक कक्ष

[मारिया और विदूषक का प्रवेश।]

मारिया : तू मुझे बता कि तू था कहाँ? अगर नहीं बताएगा
तो तेरी सफाई में मैं अपने ओठ
इतना भी नहीं खोलूँगी कि एक तिनका
अंदर जा सके। तेरी गैरहाजरी के जुर्म में
तेरी मालकिन तुझे लटका ही देंगी।

विदूषक : लटका दें, अच्छा है—जिसके गले में इस दुनिया में
अच्छी तरह फंदा कस दिया जाता है उसे फिर किसी
और छल-फंद का डर नहीं रहता।

मारिया : समझकर कह।

विदूषक : उसे कोई दिखता ही नहीं कि जिससे डरे।

मारिया : यह तो बड़ा टुटपुँजिया उत्तर हुआ। मैं तुझे बताती
हूँ कि "छल फंद का डर" यह उक्ति कहाँ से आई।

विदूषक : कहाँ से आई श्रीमती मेरी?

मारिया : राजनीति से। और तुम्हें चाहिए कि अपनी मसखरी में यह बात कभी कह डालो।

विदूषक : क्यों जिनके बुद्धि है, उन्हें ईश्वर और दे। और जो मूर्ख हैं, वे अपनी प्रतिभा का प्रयोग करें।

मारिया : जो हो, तुम इतने दिन गायब रहे हो
तो फाँसी चढ़ोगे, नहीं तो निकाल दिए जाओगे।
और वह क्या फाँसी के समान ही दुखदायी नहीं होगा ?

विदूषक : अक्सर एक उम्दा फाँसी चढ़कर के लोग एक खराब शादी से बच जाते हैं। और जहाँ तक निकाल दिए जाने का सवाल है—तो वसंत के दिन आनेवाले हैं, दुख कट जाएगा !

मारिया : तो तुम अपनी रट नहीं छोड़ोगे ?

विदूषक : नहीं, नहीं, ऐसा तो नहीं, लेकिन मेरे पास दो नारे हैं।

मारिया : हाँ, एक टूट जाएगा तो दूसरा सँभालेगा। दोनों टूट जाएँगे तो तुम्हारा पायजामा नीचे आ जाएगा।

विदूषक : बहुत सही ! क्या खूब ! बहुत सही ! अच्छा
अब चलती बन—अगर सर टोबी तेरे कहने से पीना छोड़ दें तो मैं मान लूँगा कि तू इलीरिया के हव्वा समाज में सबसे बुद्धिमती है।

मारिया : चुप रह बदमाश, बस जबान बंद कर। वह देखो मालकिन भी आ गईं। अब होशियारी से सफाई दे।

[जाती है।]

विदूषक : वाग्देवी, कृपा कर और मेरे विदूषकत्व को निखार दे। वे बुद्धिमान जो मानते हैं कि तू उन पर कृपालु है बहुधा अब मूर्ख ही सिद्ध होते हैं और मैं भली भाँति जानता हूँ कि तेरी कृपा मुझ पर नहीं है, इसलिए मैं बुद्धिमान कहला भी सकता हूँ। देखो न कणकणादि ऋषि क्या कह गया है। मूर्ख बुद्धिमान से बुद्धिमान मूर्ख होना बेहतर है।

[ओलिविया, मैलवोलियो और अनुचरों का आना।]

आइए देवी ! आपका
मंगल हो।

ओलिविया : इस मूरख को ले जाओ।

विदूषक : क्या भाई ! सुना नहीं ? देवी को ले जाओ।

ओलिविया : चल हट, तू एक नीरस विदूषक है। मेरा जी अब तुझ से भर गया। इसके अतिरिक्त तू कामचोर भी होता जाता है।

विदूषक : दो ऐसे दोष हैं मालकिन, जो मदिरा और सत्परामर्श से दूर होते हैं—क्योंकि जो नीरस विदूषक हो

और उसे पीने को दिया जाए तो फिर वह रसवान हो जाता है। कपटी को कहा जाए कि सुधर जा और वह सुधर जाए तो कपटी नहीं रहा। जो नहीं सुधर पाए तो दर्जी बुलाइए, मरम्मत कर देगा। जो चीज सुधारी जाती है उसमें पैबंद लगता ही है। पुण्य जब खंडित होता है तब उसमें पाप का पैबंद ही तो लगता है औ' पाप जब ढँका जाए तो उसमें पुण्य का पैबंद लगा समझो। यदि यह सहज तर्क समझ में आए तो ठीक है और न आए तो फिर क्या उपाय करूँ। जैसे यदि कोई सचमुच में अस्थिर है तो वह दुर्दिन है, वैसे ही सौंदर्य का फूल भी। देवी ने आज्ञा दी मूरख को ले जाओ इसलिए फिर कहता हूँ कि देवी को ले जाओ।

ओलिविया : महोदय, मैंने उन्हें आपको ले जाने का आदेश दिया था।

विदूषक : आप महा भूल कर बैठीं। श्रीमती, मूँड मुढ़ाए संन्यासी नहीं होते। अर्थात यह समझें कि मेरी खोपड़ी में ये थिगले नहीं हैं जो मेरे तन पर हैं। मालकिन मुझको अनुमति दें कि आपको मैं मूरख सिद्ध करूँ।

ओलिविया : क्या तुम कर सकते हो ?

विदूषक : दक्षतापूर्वक, श्रीमती।

ओलिविया : तो अपने तर्क दो।

विदूषक : मैं शास्त्रार्थ करूँगा देवी, नन्हीं-मुन्नी बिदुषी, उत्तर दें।

ओलिविया : ठीक है, मुझे और कोई काम नहीं है इसलिए मैं प्रस्तुत हूँ।

विदूषक : सुभगे, आप किसका शोक करती हैं ?

ओलिविया : सुविदूषक, अपने भाई की मृत्यु का।

विदूषक : मेरे विचार से वह नर्क में गया, श्रीमती।

ओलिविया : मैं जानती हूँ कि वह स्वर्ग में है, रे मूर्ख।

विदूषक : तब आप और भी मूरख हैं जो स्वर्ग में गए का भी शोक करती हैं। ले जाओ मूर्ख को सज्जनो।

ओलिविया : क्या विचार है तुम्हारा इस मूर्ख के बारे में मैलवोलियो, क्या इसकी मसखरी सुधरेगी नहीं ?

मैलवोलियो : सुधरेगी, क्यों नहीं, अवश्य ही सुधरेगी। तनिक इसे मृत्यु का भय तो सताने दें, वृद्धावस्था जो बुद्धिमानों को शिथिल करती है, मूर्ख को मूर्खतर बनाती है।

विदूषक : ईश्वर आपको झटपट वृद्धावस्था प्रदान करे। जिससे कि आपकी मूर्खता में वृद्धि हो ! सर टोबी तो कसम खाकर कहेंगे कि मैं कोई मक्कार नहीं हूँ पर वह यह विचार दो कौड़ी का भी नहीं मानेंगे कि आप कोई मूर्ख नहीं हैं।

ओलिविया : तुम इस पर क्या कहते हो मैलवोलियो।

मैलवोलियो : मुझको आश्चर्य है कि देवी इस पाजी की खोखली बातों में इतना रस लेती हैं। मैंने देखा था कि एक रोज़ एक साधारण भाँड़ ने इसे हरा दिया था। देखिए, देखिए, सिट्टीपिट्टी गुम हो गयी। आप हँसती रहें और उसे उकसाती रहें तो ठीक है नहीं तो गूँगा बन जाता है। मैं तो कहूँगा कि जो गंभीर लोग ऐसे भाँड़ों की घिसी-पिटी बातों पर ठठाते हैं, भाड़ों के चेले से ज्यादा और कुछ नहीं।

ओलिविया : ओह मैलवोलियो, तुम अपने दंभ से मलिन हो और अपच के कारण रुचि ही खो बैठे, उदार, द्वेष ही और मुक्तमन ही और जिन्हें तुम तोप के गोले समझते हो उन्हें चिड़ियों के शिकार के छर्रे समझो। जो सरकारी विदूषक है वह कीचड़ नहीं उछालता हालाँकि हर समय उपहास करता है और कुछ नहीं और जो विवेकी माना जाता है वह अस्वीकार भी करे तो उसमें उपहास नहीं होता है।

विदूषक : अब आपको शकुनि कुछ कपट सिखा दे तो अच्छा है क्योंकि आप तो विदूषकों की प्रशंसा करने लगीं।

[मारिया आती है।]

मारिया : श्रीमती, द्वार पर एक युवक आया है और आपसे मिलने को बहुत उतावला है।

ओलिविया : ऑरसिनो के यहाँ से आया है? क्या नहीं?

मारिया : सो तो मैं नहीं जानती। सुदर्शन युवक है और उसके कई अनुचर हैं।

ओलिविया : मेरे कर्मचारियों में कौन उसे रोके हैं?

मारिया : सर टोबी, श्रीमती, आपके संबंधी।

ओलिविया : अरे जाओ उसे यहाँ पकड़ लाओ। वह पागलपन की बातें करेगा। लानत है उस पर *(मारिया जाती है)* तुम भी जाओ मैलवोलियो। यदि वह ऑरसिनो का संदेशा लाया हो तो कहना कि मैं अस्वस्थ हूँ या कह देना कि घर पर नहीं हूँ! कुछ करो, उसे तुम लौटा दो।

[मैलवोलियो जाता है।]

देख लिया आपने महोदय कि आपकी प्रतिभा अब थकने लगी है और लोग आपकी बातें पसंद नहीं करते हैं।

विदूषक : मालकिन, आपने हम बिदूषकों का पक्ष ऐसे लिया है कि जैसे आप अपने ज्येष्ठ पुत्र को विदूषक बनाएँगी। वृहस्पति उसकी खोपड़ी में ठूँस-ठूँसकर भेजा भर दें; लो वह आ रहे हैं आपके एक संबंधी जिनका मस्तिष्क अत्यंत क्षीण है।

[सर टोबी का आना।]

ओलिविया : हे ईश्वर, चढ़ी हुई है, द्वार पर कौन है, क्यों भाई ?

सर टोबी : एक भद्र पुरुष है।

ओलिविया : भद्र पुरुष ? कैसा भद्र पुरुष है ?

सर टोबी : वहाँ एक भद्र पुरुष है *(डकारता है)* इस अचार की ऐसी तैसी करूँ—कहो, मियाँ पियक्कड़।

विदूषक : श्रीमान सर टोबी !

ओलिविया : भाई, तुमको इतनी जल्दी अविचार क्यों हो गया ?

सर टोबी : व्यभिचार ! मैं उसके विरुद्ध हूँ। वहाँ द्वार पर है।

ओलिविया : हाँ भाई है, मगर कौन है ?

सर टोबी : कोई हो, चाहे शैतान हो, मेरी बला से, मुझको ईमान दो, खैर, एक ही बात है।

[जाता है।]

ओलिविया : विदूषक, पिये हुए आदमी कैसा होता है ?

विदूषक : डूबे हुए आदमी की तरह, मूर्ख की तरह और पागल की तरह। ताब से अधिक एक घूँट उसे मूरख बनाता है, एक और उसे पागल कर देता है और एक और उसे डुबो देता है।

ओलिविया : जा, तू जाकर प्रबंधक को खोज और उससे कह कि इस भाई को देखे क्योंकि यह नशे की तीसरी हालत में है। जा, इसकी देखभाल कर।

विदूषक : अभी वह केवल पागल हुआ है, मालकिन और मूर्ख पागल की देखभाल करेगा। *(जाता है)*

[मैलवोलियो का आना।]

मैलवोलियो : श्रीमती, वह जो युवक है प्रण किए हुए है कि आपसे बात करके ही जाएगा। मैंने कहा, आप अस्वस्थ हैं तो बोला कि मुझे यह ज्ञात है तभी तो मिलने को आया हूँ। मैंने कहा आप सो रही हैं तो उसे यह भी मालूम था और इसीलिए आपको जगाने चला आया। श्रीमती, उससे क्या कहा जाए ? उसके पास तो हर इनकार का जवाब तैयार है।

ओलिविया : उससे कह दो कि उसकी मुझसे बात नहीं होगी।

मैलवोलियो : उससे यह बात कही गयी है और वह कहता है कि वह आपके द्वार पर आपका कीर्तिस्तंभ बनकर नहीं तो चौकी का पाया बनकर खड़ा रहेगा परंतु आपसे मिलकर ही जाएगा।

ओलिविया : किस तरह का आदमी है वह ?

मैलवोलियो : आदमी जैसा

ओलिविया : ढंग का आदमी ?

मैलवोलियो : बड़ा ही बेढंगा : वह आपसे मिलना चाहता है। आप मिलेंगी या नहीं।

ओलिविया : किस किस्म का और किस उम्र का है वह ?

मैलवोलियो : मर्द कहलाने लायक बड़ा नहीं, और इतना छोटा नहीं कि लड़का कहलाए : मटर की फली जैसा है जिसमें अभी दाने नहीं आए या समझें कि अँबिया जैसा है जो अभी आम नहीं बनी, ज्वार और भाटा के बीच में खड़ा है वह, लड़के और मर्द के बीच में। देखने-सुनने में अच्छा है और तीखा बोलते ऐसा लगता है कि अभी दूध के दाँत नहीं टूटे।

ओलिविया : उसको आ जाने दो। मेरी सहचरी को बुलाओ।

मैलवोलियो : सहचरी, मालकिन बुलाती हैं। *(जाता है)*

[मारिया आती है।]

ओलिविया : मेरी ओढ़नी देना। लाओ मेरे चेहरे पर डाल दो। हम एक बार और ऑरसिनो का संदेशा सुनेंगे।

[वायोला आती है।]

वायोला : इस घर की राजरानी इनमें से कौन है ?

ओलिविया : जो कहना है मुझसे कहो, मैं उनका उत्तर दूँगी। आने का अभिप्राय ?

वायोला : अद्वितीय, दीप्ति और लावण्य की प्रतिमा मुझको कृपा कर बताएँ कि इस घर की कौन हैं क्योंकि मैंने उन्हें पहले कभी देखा नहीं। कहीं मैं अपना निवेदन यों ही सुना डालूँ और वह व्यर्थ जाए तो मुझे दुख होगा क्योंकि एक तो वह अति उत्तम लिखा है और दूसरे मैंने परिश्रम से उसे याद किया है। सुंदरियो, मेरा तिरस्कार मत कीजिए। अपमान मैं तनिक नहीं सह सकता चाहे कितना ही सामान्य हो।

ओलिविया : तुम कहाँ से आते हो भलेमानुस।

वायोला : मैंने जितना याद किया है उससे ज्यादा कुछ मेरे पास कहने को है नहीं और आपका यह प्रश्न मेरे वृत्तांत के बाहर है। शुभाषिणी, मुझे कुछ तो आश्वस्त करें कि आप ही गृहस्वामिनी हैं ताकि मैं अपना संदेशा सुनाना आरंभ करूँ।

ओलिविया : क्या तुम अभिनेता हो ?

वायोला : नहीं, विदुषी देवी; और चाहे जो भी आरोप करें, यह निश्चय ही मानें कि मैं वह नहीं हूँ जो दिखता हूँ। क्या आप ही गृहस्वामिनी हैं ?

ओलिविया : यदि मैं अपने को ठगती नहीं तो हूँ।

वायोला : निस्संदेह, यदि आप हैं तो आप अपने को ठग रही हैं क्योंकि आपके पास जो देने के लिए है पर आपको छिपा रखने का कोई अधिकर नहीं। पर यह तो मैंने अपनी ओर से कहा। अब मैं आपकी प्रशस्ति काव्य का

पाठ करूँगा और तब फिर आपको संदेश का जो मर्म है सो बतलाऊँगा।

ओलिविया : काम की बात पर आओ, प्रशस्ति को छोड़ो, वह मैंने बख़्श दी।

वायोला : किंतु मैंने उसे परिश्रम से याद किया है और उसमें काव्य है।

ओलिविया : तब तो वह और भी बनावट होगी। कृपा करो, उसे रखे रहो। मैंने सुना है कि द्वार पर तुमने तेजी दिखाई और जो वहाँ थे उन्हें संबोधित कम और हैरान अधिक किया। सर फिर गया हो तो चलते फिरते दिखो, अक्ल सही हो थोड़े में कहो। चाँद का ऐसा असर मुझ पर नहीं है कि मैं अनर्गल आलाप में साथ दूँ।

मारिया : महोदय, पाल खोलें, —आपका पथ प्रशस्त है।

वायोला : नहीं, भली महरिन, मैं यहीं थोड़ी देर लंगर डाले रहूँगा। मधुमती, अपनी इस रसिका राक्षसी को तनिक शांत करें। मुझे आदेश दें। अपना कर्तव्य करूँ।

ओलिविया : निश्चय ही तुम्हारा कथ्य वीभत्स होगा, क्योंकि प्रस्तावना भयंकर है। कहो क्या कहना है।

वायोला : वह केवल आपके योग्य है। युद्ध की सूचना मैं नहीं लाया हूँ, न दासता का आग्रह। मेरे हाथ में तो जैतून वृक्ष के पल्लव हैं, मेरे शब्दों में शांति भी उतनी है जितना कि अर्थ है।

ओलिविया : तो भी आरंभ उग्रता से किया। तुम कौन हो और चाहते क्या हो।

वायोला : मुझमें जो उग्रता दिखी थी वह मुझे मिले सत्कार से उपजी थी। मैं क्या हूँ और क्या चाहता हूँ यह कौमार्य सा गोपनीय है। आपके कानों में धर्मवाक्य होगा। वह औरों के धर्मद्रोह।

ओलिविया : हमको एकांत दो। हम इस धर्माचारी की गाथा सुनेंगे।

[मारिया और अनुचर जाते हैं।]

वायोला : परम सुंदरी देवी।

ओलिविया : यह तो धर्मानुकूल ही रहा और इसकी आशंका ही होगी कथ्य कहाँ है तुम्हारा।

वायोला : ऑरसिनो के अंतर में।

ओलिविया : उसके अंतर में। उसके अंतर के किस अध्याय में?

वायोला : इसी भाषा में कहूँ तो उसके हृदय के प्रथम अध्याय में।

ओलिविया : ओह! मैं पढ़ चुकी हूँ वह। वह सब पाखंड है। क्या उसके अतिरिक्त भी कुछ कहना है?

वायोला : श्रीमती! मुझे अपने मुखड़े का दर्शन दें।

ओलिविया : क्या तुम्हें अपने स्वामी का यह भी आदेश है कि मेरे मुखड़े से मंत्रणा करो। तुम अपने कथ्य से बाहर चले गए

हो। किंतु हम पर्दा हटा देंगे और चित्र को दिखाएँगे।
(घूँघट हटाकर) देखिए महोदय, यह चित्र है मेरा—
जैसी मैं आज थी। अच्छा आँका है न?

वायोला : उत्कृष्ट अंकन है—यदि सारा ईश्वर का किया है।

ओलिविया : इसके रंग पक्के हैं। मौसम के आने-जाने का इस पर
असर नहीं होगा।

वायोला : यह सुंदरता है निर्दोष रची हुई
जिसमें गोराई और अरुणाई प्रकृति ने अपने ही
प्रेमी और प्रवीण हाथों से सिरजी है
सुंदरी! तू स्त्रियों में निर्दयतम कहाएगी
विश्व को इसकी अनुकृति दिए बिना
यदि तू इस रूप को अपने साथ ले गयी।

ओलिविया : नहीं महोदय, मैं इतनी हृदयहीन नहीं हूँ। मैं तो
अपने सौंदर्य के गुणों का वर्णन करके दे जाऊँगी। उसकी
तालिका बन जाएगी। और अंग-प्रत्यंग मेरी वसीयत
में दर्ज कर दिया जाएगा। जैसे **एक**, दो अदद ओठ
गुलाबी गुलाबी; **दो**, दो भूरी आँखें जिनमें पलकें भी
हैं; **तीन**, एक गरदन, एक चिबुक आदि-आदि।
क्या आप यहाँ मेरा रूप बखानने को भेजे गए हैं?

वायोला : मैं समझ रहा हूँ कि आप क्या हैं। आप अहंकारी
हैं किंतु आप शैतान भी होतीं तो भी सुंदर होतीं।
मेरे प्रभु और स्वामी रीझे हैं आप पर।
ओह ऐसा प्यार किसी स्त्री के प्रतिदान के बिना
नहीं रह सकता।
चाहे परमसुंदरी होवे आप-सी।

ओलिविया : वह मुझे कैसे प्रेम करते हैं?

वायोला : उत्तप्त आह में, कराह में, बार-बार आपका स्मरण
करके, अश्रु बहा करके।

ओलिविया : तुम्हारे प्रभु जानते हैं मेरा विचार
मैं उन्हें प्यार नहीं कर सकती
तो भी मान लेती हूँ कि वह गुणवान हैं, सुशील हैं
संपत्तिशाली हैं, यौवनधन पूर्ण हैं
बहुजन प्रशंसित हैं, विद्वान, वीर हैं
स्वतंत्र हैं और डीलडौल के सुदर्शन हैं
तो भी मैं उन्हें प्यार नहीं कर सकती हूँ
यह उत्तर उन्हें बहुत पूर्व समझ लेना था।

वायोला : यदि मैं अपने स्वामी की इसी उत्कंठा से
तुम्हें चाहता होता, उतनी ही वेदना
विरह की मुझमें होती उतनी ही निराशा
तो मैं तुम्हारे इनकार में अर्थ कुछ नहीं पाता

वह बाहर ही होता मेरी समझ के

ओलिविया : अरे, तब तुम क्या करते?

वायोला : द्वार पर तुम्हारे, सरो की कुटिया छवाकर
मैं रहता घर में विराजी प्राणप्रिये
को टेरता
अपने तिरस्कृत परिणय को छंदबद्ध
कर गाता सुनाकर उन्हें आधी-आधी रात को
पर्वतशिखर पर पुकारता तुम्हारा नाम
और वायु में ओलिविया ओलिविया की गूँज भर देता
धरती आकाश के तत्त्वों के
मध्य तुम
चैन नहीं पातीं मुझको चाहे बिना

ओलिविया : यह तो बहुत होता
कौन हैं तुम्हारे माता-पिता?

वायोला : अपने हाल से अधिक समृद्ध कुल का हूँ
यों भी संपन्न हूँ; मैं भद्रपुरुष हूँ।

ओलिविया : जाओ, अपने स्वामी से जा कहो उन्हें
प्यार नहीं कर सकती और दूत मत भेजें
हाँ, यदि संयोग से तुमको फिर आना हो
बतलाने को कि उन्हें उत्तर सुन क्या लगा
तो और बात है।
विदा, पंथ शुभ हो : यह लो, मेरी ओर से खर्च कर लेना

वायोला : मैं हरकारा नहीं हूँ किराए का, श्रीमती
अपना धन रखिए आप
देना है कुछ तो मुझे नहीं देवें
देवें मेरे स्वामी को
प्रेम उनके हृदय को कठोर करे और तुम प्रेम करो
और वह अनुरक्त प्रेम
मेरे स्वामी के परिणय-सा ही पावे तिरस्कार।

[जाता है।]

ओलिविया : "कौन हैं तुम्हारे माता-पिता?"
"अपने हाल से अधिक समृद्ध कुल का हूँ
यों भी संपन्न हूँ; मैं भद्रपुरुष हूँ।"
निश्चय ही है, तू, तेरा चेहरा, चालढाल, देह और वाणी
तुझे कई-कई गुना राजसी बनाते हैं,
ठहर-ठहर मेरे मन मत हो उतावला
यदि स्वामी ही यह सेवक होता
अरे यह क्या हुआ!
क्या इतने ही में यह रोग
लग जाता है?

लगता है इस युवक की यह संपूर्ण छवि
अनजाने, अनदेखे आँखों में बसती जाती है : बस जाने दो
कहाँ हो, मैलवोलियो ?

[मैलवोलियो का आना।]

मैलवोलियो : प्रस्तुत हूँ स्वामिनी।

ओलिविया : जाओ, उस चिड़चिड़े संदेशवाहक के पीछे, जो राज्यपाल
का चर है : वह यह अँगूठी छोड़ गया है।
मेरी हाँ या ना के लिए
कहो उससे, मैं अस्वीकार करती हूँ
कहो, अपने स्वामी को यों ही
झूठी आशा देकर : मैं उसके लिए नहीं
कारण इसके मैं समझा दूँगी
यदि युवक कल यहाँ आए तो।
जल्दी मैलवोलियो।

मैलवोलियो : अभी गया, श्रीमती। *(जाता है)*

ओलिविया : कुछ समझ नहीं पाती
देखती हूँ कि आँखों के फुसलावे में
मन ठहर नहीं रहा
भाग्य, तू प्रबल हो, निमित्त हैं हम तो
विधि का लेखा अटल, और ऐसा ही हो।

[जाती है।]

अंक : दो

दृश्य : 1

[एंटोनियो और सेबास्टियन का आना।]

एंटोनियो : क्या तुम अब और नहीं ठहरोगे ? ...या न ठहरो तो
क्या मुझे अपने साथ चलने नहीं दोगे ?

सेबास्टियन : नहीं मित्र, नहीं, मेरे ग्रह अशुभ हैं। कहीं मेरे भाग्य की
मलिनता तुमको न ग्रस ले। मैं विदा चाहूँगा ताकि अपना
दुर्दिन आप ही झेलूँ। कितना बुरा होगा यदि तुम्हारे
प्रेम के प्रतिदान में मेरे दुखों का कोई अंश तुम्हें मिल गया।

एंटोनियो : इतना तो बता दो कि तुम कहाँ जा रहे हो।

सेबास्टियन : नहीं, भाई, मेरी यात्रा में भटकना ही निश्चित है। किंतु
मैं तुम्हारे व्यक्तित्व में इतना शील पाता हूँ कि तुम स्वयं

मुझसे वह जानने का यत्न नहीं करोगे जो मुझे छिपाना है इसलिए मेरा कर्तव्य हो जाता है कि मैं स्वयं बतला दूँ। तो तुम, एंटोनियो, जान लो कि मेरा नाम सेबास्टियन है जिसे मैं रोडरिगो बताता था; मेरे पिता मेसालीन के वह सेबास्टियन थे जिनके बारे में मुझे ज्ञात है कि तुमने सुन रखा है। वह अपने पीछे मुझे और मेरी बहन को छोड़ गए : दोनों एक ही घड़ी में जन्मे थे, यदि ईश्वर की यही इच्छा होती तो एक ही घड़ी में शेष भी हुए होते! किंतु आपने महोदय, वह घटना न घटने दी क्योंकि जिस क्षण आपने मुझको समुद्र की लहरों से बचाया था उससे कुछ घड़ी पूर्व मेरी बहन डूबी थी।

एंटोनियो : हतभागी वह घड़ी!

सेबास्टियन : वह महिला यद्यपि कहा जाता था कि उसकी शक्ल मुझसे मिलती-जुलती है, बहुतों की दृष्टि में सुंदरी मानी जाती थी यद्यपि यह बात मैं अचरज और आदर से पूरी तरह मान नहीं सकता हूँ किंतु इतना बखान निश्चय ही करूँगा कि उसका स्वभाव, ईर्ष्यालु भी मधुर कहते। वह खारे पानी में डूब चुकी है पर मैं मानो उसकी स्मृति बार-बार खारे आँसुओं में और भी डुबोता हूँ।

एंटोनियो : मित्र, क्षमा करना, यदि सेवा में भूल-चूक रही हो।

सेबास्टियन : भद्र एंटोनियो, मेरे कारण तुम्हें कष्ट हुआ, उसे क्षमा करना।

एंटोनियो : जो चाहते हो तुम्हारा प्रेम मेरी मृत्यु का कारण न बने, तो मुझे अपना चाकर रख लो।

सेबास्टियन : यदि तुम नहीं चाहते हो कि जो किया है उसे अनकिया करो, अर्थात उसको फिर मार दो जिसको जिलाया है तो ऐसा मत माँगो, बस अब विदा लो। मेरा हृदय करुणा से भरा है और मेरा मन इस समय अपनी माँ के समान होता है। तनिक और दुखा कि आँखें मेरी कथा कहने लगेंगी। मेरा गंतव्य है : प्रवर ऑरसिनो का देश—सुखी रहो। *(जाता है)*

एंटोनियो : देवता कृपा करें तुझ पर तू जहाँ जाए
ऑरसिनो की सभा में अनेक शत्रु हैं
मेरे, नहीं तो मैं
बहुत शीघ्र तुझे वहाँ जा मिलता
किंतु, जो हो सो हो, मैं तेरा इतना अनुरागी हूँ
कि खतरा भी खेल है और मैं जाऊँगा। *(जाता है)*

दृश्य : 2

[एक सड़क। वायोला का आना, पीछे-पीछे मैलवोलिया है।]

मैलवोलियो : क्या आप अभी-अभी श्रीमती ओलिविया के सम्मुख नहीं थे।

वायोला : अभी-अभी महोदय, वहीं था—साधारण गति से चलता हुआ मैं तब से यहीं तक तो पहुँचा हूँ।

मैलवोलियो : उन्होंने यह अँगूठी आपको लौटा दी है। महानुभाव—आप इसे स्वयं ले आए होते तो आपने मुझे कष्ट से बचा लिया होता। उन्होंने यह भी कहा है कि आप अपने स्वामी को पूरी तरह आश्वस्त कर दें कि वह उनसे कोई मतलब नहीं रख सकतीं; एक बात और यह कि आप उनका विषय लेकर फिर यहाँ आने का कभी दुस्साहस न करें। हाँ, यदि बताना ही हो कि आपके स्वामी को कैसा लगा तो और बात है। लीजिए।

वायोला : अँगूठी तो उन्होंने मुझसे ली थी। मैं इसे नहीं लूँगा।

मैलवोलियो : रहने भी दें, भगवन, आपने तो झुँझलाकर यह उन पर फेंकी थी और उनकी इच्छा है कि यह वैसे ही लौटा दी जाए। अगर आप इसके लिए झुकना स्वीकार करें तो यह पड़ी है आपके सामने—यदि नहीं तो जो पावे सो ले जाए। *(जाता है)*

वायोला : मैंने तो अँगूठी उसे कोई नहीं दी।
मतलब क्या है इस औरत का?
मेरे स्वरूप ने मोह तो नहीं लिया?
उसको, ईश्वर करे ऐसा नहीं हुआ हो
उसने मुझे आँख भर निहारा था
इतना कि मुझे लगा कि आँखों के कारण ज़बान लड़खड़ाई है।
निश्चय ही वाक्य थे उसके उखड़े-उखड़े
वह अवश्य मुझ पर आसक्त है—
और इस चिड़चिड़े दूत के माध्यम से
उसकी कामना ने पुकारा है मुझको
"मेरे स्वामी की अँगूठी" नहीं लेंगी?
अरे! कोई दी भी थी!
मैं उसका इष्ट हूँ : यदि ऐसा हो—और ऐसा है
तो इससे भला है वह बेचारी औरत सपने से लौ लगाय
छद्मवेश, तू कितना कुटिल है!
कि तुझमें छिपा बैठा रहता है शैतान
कितना सुगम है किसी सुंदर छलिया का
छाप डाल देना नारी के कोमल मन पर

दोषी, हाँ, हमारी दुर्बलता है, हम नहीं
क्योंकि हम वही हैं कि जैसे हम बने हैं
अब आगे क्या होगा?
स्वामी तो उसे बहुत-बहुत प्यार करता है
और मैं, विचित्र जंतु, उस पर अनुसक्त हूँ
और वह भूल में पड़ी मुझ पर ही रीझी है
इस सबका क्या होगा?
मेरा पुरुष होना मेरे स्वामी के प्रेम के लिए घातक है
मेरा स्त्री होना, हा! मेरा दुर्भाग्य
व्यर्थ कर देगा
बेचारी ओलिविया की कितनी लंबी-लंबी साँसें?
काल! तू इसको सुलझाएगा, मैं नहीं
यह गुत्थी मेरे खोले नहीं खुलेगी।

दृश्य : 3

ओलिविया के आवास का एक कक्ष

[सर टोबी और सर एंड्र्यू का आना।]

सर टोबी : आइए पधारिए सर एंड्र्यू; आधी रात के बाद बिस्तर में न होना, सबेरे उठना है—प्रातःकाले न च शैयूयायतो—आपने पढ़ा होगा?

सर एंड्र्यू : नहीं, भाई, नहीं पढ़ा : मगर यह मैं जानता हूँ कि देर तक जागना, देर तक जागना है।

सर टोबी : यह तो नहीं सिद्ध होता : यह तो खाली जाप-सा बेकार है। आधी रात के बाद जगे रहना और तब सोने जाना सबेरे कहलाएगी इसलिए आधी रात के बाद सोने को सही समय सोना कहो। देखो न हमारे जीवन में पंचतत्व होते हैं।

सर एंड्र्यू : हाँ, कहते तो यही हैं पर मैं समझता हूँ कि दो ही होते हैं—खाना और पीना।

सर टोबी : तुम बड़े विद्वान हो : तो फिर हम खाएँ-पीएँ, मारिया, लाना तो एक कटोरा भर के।

[विदूषक का आना।]

सर एंड्र्यू : लो यह तो विदूषक आ गया।

विदूषक : मित्रो, क्या तुमने त्रिमूर्ति का चित्र नहीं देखा?

सर टोबी : आओ तीसरे गधे। एक गाना हो जाए।

सर एंड्र्यू : कसम से, मसखरे ने बहुत उम्दा गला पाया है मैं तो चालीस टके देने को तैयार हूँ, मेरे

इसके जैसे पाँव नाचने को और इसका जैसा गला गाने को हो जाए। सच बताऊँ, कल रात तू बहुत बढ़िया मसखरी कर रहा था जब तूने वैपियन के पिग्रोग्रोमिटस के क्यूबस के इक्यनोक्टिकल को पार करने की कहानी बताई थी, वाह वाह ! मैंने खुश होकर तेरी प्रेमिका के लिए 6 टके भिजवाए थे, मिले थे न ?

विदूषक : जी आपकी मेहरबानी, मैंने खीसे में धर ली थीं : क्योंकि मैलवोलियो की नाक कितनी ही ऊँची क्यों न हो, चाबुक की मूठ तो है नहीं जो मैं उससे डरूँ, मेरी मालकिन के गोरे-गोरे हाथ हैं और मंत्रियों के चमचों से हम कुछ परस नहीं सकते।

सर एंड्रयू : शाबाश ! यह हुई आखिरकार कोई बात—अब एक गाना गा।

सर टोबी : शुरू कर दे, छह टके दूँगा, हो जाए एक गाना।

सर एंड्रयू : एक चवन्नी मुझसे भी ले—एक बहादुर देगा तो दूसरा भी।

विदूषक : आप इश्क का गाना सुनेंगे या ऐश का।

सर टोबी : इश्क का, इश्क का

सर एंड्रयू : हाँ, हाँ, ऐश की ऐसी-तैसी।

[विदूषक का गाना।]

सर एंड्रयू : सुभानअल्लाह, माशाअल्लाह।

सर टोबी : खूब, खूब।

[विदूषक का गाना।]

सर एंड्रयू : मेरे शौर्य की सौगंध, कितना मधुर स्वर है।

सर टोबी : आपका निश्वास संक्रामक है।

सर एंड्रयू : निस्संदेह मधुर और संक्रामक।

सर टोबी : नाक से सुनें तो सुगंध से भरा। तो हम पी-पीकर आकाश को चकरघिन्नी कर दें? तो हम एक रुंबा सुंबा गाएँ कि जिसको सुन करके भक्तों की आत्मा उसी धुन से भजन गाने लगे ?

सर एंड्रयू : निस्संदेह, हमारा गाना है "तू बड़ा पाजी है"

विदूषक : "चुप बैठ, तू बड़ा पाजी है" बहादुर ?
हम यह गाएँगे तो मैं भी कहूँगा "तू बड़ा पाजी है"

सर एंड्रयू : यह पहला मौका नहीं है कि मैंने किसी को मुझे पाजी कहने दिया है ! शुरू करो मूर्खराज शुरू करो "चुप बैठ, तू बड़ा पाजी है।"

विदूषक : चुप बैठूँगा तो शुरू कैसे करूँगा।

सर एंड्रयू : अरे आ भी, कर शुरू।

[वह गाना गाते हैं। मारिया का आना।]

मारिया : यह क्या धमाचौकड़ी मचा रखी है। जो मालकिन

मैलवोलियो को बुलवाकर तुम सबको निकाल बाहर न करें तो मेरा नाम नहीं।

सर टोबी : मेरी रानी छम्मकछल्लो, और हम राजनीति करते हैं, मैलवोलियो "दम मारो दम" है और तीन तिकट महाविकट! क्या मैं समानरक्तधारी नहीं हूँ—मैं उसी वंश का हूँ जिसकी वह है। अहहई—देवी *(गाता है)* "प्रेमनगर में बसाऊँगी घर में तज के सब संसार।"

विदूषक : सुभानअल्लाह, बहादुर तो बड़ा मसखरा है।

सर एंड्रयू : हाँ अगर मन चाहे तो बढ़िया मसखरी करता है, और मैं भी कर सकता हूँ : वह बड़ी सुघराई से करता है मगर मैं स्वाभाविक हूँ।

सर टोबी : *(गाता है)* हाय, वह दिसंबर की बारहवीं रात थी।

मारिया : ईश्वर के वास्ते, शांति शांति

[मैलवोलियो का आना।]

मैलवोलियो : मेरे मालिको, आपका सर फिर गया है क्या? क्या हो गया है आपको? क्या आपको कोई अक्ल नहीं, तमीज नहीं, ईमानदारी नहीं, जो आप इतनी रात गए उचक्कों की तरह कूदफाँद कर रहे हैं? आपने मेरी मालकिन के दौलतखाने को कोई ताड़ीखाना समझ रखा है जो आप कमीनों के गाने गा रहे हैं और यह भी नहीं कि जरा आवाज़ को दबा लें या सम्हाल लें? क्या आपमें किसी शख़्स का, जगह का और वक्त का कोई लिहाज़ नहीं रह गया है?

सर टोबी : वक्त का तो हमने गाने में पूरा ख़्याल रखा है—सब तालें वक्त से दी हैं? टाँय-टाँय बंद कर।

मैलवोलियो : सर टोबी, मुझे आपसे साफ-साफ कहना पड़ेगा। अपनी मालकिन के हुक्म से मैं आपसे कह रहा हूँ कि हालाँकि वह आपको बिरादरी के रिश्ते से यहाँ आने देती हैं; आपके हुड़दंगों से उनका कोई रिश्ता नहीं है। इसलिए आप अगर अपने को अपनी बदतमीजियों से अलग कर लें तो आपका इस घर में स्वागत है, नहीं तो, आप उनसे विदा माँग लें और वह बड़ी खुशी से आपको यह चीज़ दे देंगी।

सर टोबी : *(गाता है)* विदा, विदा, प्यारी, यह दुनिया आनी-जानी है।

मारिया : नहीं, नहीं, सर टोबीजी।

विदूषक : *(गाता है)* उठ गया जहाँ से इसका दाना-पानी है।

मैलवोलियो : हालत इतनी खराब है?

सर टोबी : *(गाता है)* पर मेरा जीवन तो अटूट

विदूषक : *(गाता है)* सर टोबी, यह तो झूठ है।

मैलवोलियो : यह तुमने अच्छी कही।

सर टोबी : *(गाता है)* क्या मैं उसको जाने दूँ?
विदूषक : तो इससे क्या और ऐसा क्यूँ?
सर टोबी : क्या मैं उसको जाने दूँ और रोकूँ नहीं?
विदूषक : ना ना ना ना ना ना ना ना ना यह मौजूँ नहीं
सर टोबी : क्या कहा था बेताल हूँ? झूठ बोलते हैं आप। आप हैं क्या, अहलमद ही तो हैं और क्या? क्या तू समझता है कि चूँकि तू बड़ा पारसा है अब न जाम होंगे न कबाब होंगे?
विदूषक : हाँ, जय माता दी, शराब भी चरपरी होगी।
सर टोबी : दुरुस्त है तेरा बयान : जाइए जनाब अपनी चपरास को चमकाइए जाकर, मारिया, एक कटोरा शराब लाना।
मैलवोलियो : मेरी, तुम अपनी मालकिन की कृपादृष्टि का तिरस्कार करोगी अगर तुम इस अभद्र व्यवहार के लिए साधन जुटाओगी; मैं उन्हें सब बता दूँगा, इस हाथ की कसम। *(जाता है)*
मारिया : जा कान फटफटाकर आ
सर एंड्रयू : जब भूखे हो तो शराब पियो, उसको ललकारो और फिर कन्नी काट जाओ और उसको उल्लू बना दो।
सर टोबी : झाड़े रहो बहादुर, मैं तुझको एक चुनौती लिख दूँगा, या कहेगा तो तेरा गुस्सा उसको ज़बानी बता दूँगा।
मारिया : प्यारे सर टोबी, आज रात धीरज धरिए चूँकि काउंट का नौजवान मेरी मालकिन के पास आया था, वह विचलित हो गयी हैं। महाशय मैलवोलियो का जहाँ तक सवाल है, मुझे अकेले उनसे निबट लेने दें। जो मैं उनकी अक्ल घास चरने न भेज दूँ और उनको तमाशा बनाकर न रख दूँ तो समझना कि मैं ऐसी गावदू हूँ कि सोचने का शऊर नहीं।
सर टोबी : हमको बताओ, हमको बताओ, उसकी क्या बातें हैं?
मारिया : माशाअल्लाह जनाब, कभी-कभी तो वह एक किस्म का परहेजगार बन जाता है।
सर एंड्रयू : मुझे भी यही शक था : मैं उसकी धुनाई कर दूँगा।
सर टोबी : क्यों भई परहेजगार होने की यह सजा? प्यारे बहादुर इसका क्या अकाट्य तर्क है?
मेरे पास कोई अकाट्य तर्क नहीं है किंतु यथेष्ट कारण हैं।
मारिया : परहेज़गार का बच्चा, शैतान की दुम
या जो भी हो, है वह बेपेंदी का लोटा—
घमंडी गधा—रट्टू तोता जो
भारी भरकम शब्द सीख लेता है और उनको ऐसे

दोहराता रहता है जैसे घास काट रहा हो : और
समझता है कि ऐसे लच्छेदार जुमले उसको याद हैं कि
सुनकर दुनिया उस पर लट्टू हो जाएगी :
उसकी इस कमजोरी में उससे बदला लेने की मेरी
योजना फले-फूलेगी।

सर टोबी : तू क्या करेगी ?

मारिया : मैं उसके रास्ते पर एक झूठा प्रेमपत्र गिरा
दूँगी जिसमें उसको अपनी दाढ़ी के रंग का,
टाँगों की शक्ल का उसकी चाल के अंदाज का
आँखों की चितवन का, संग का
और रूप का भावभीना
बखान पढ़ने को मिलेगा, मैं अपनी मालकिन,
आपकी भतीजी की लिखावट की हूबहू नकल कर सकती हूँ
यहाँ तक कि अगर हम कुछ दिन बाद देखें तो खुद पहचान
न पाएँ कि यह हममें से किसने लिखा।

सर टोबी : बहुत खूब : अब मैं तुम्हारी चाल समझ गया।

सर एंड्रयू : मेरी अक्ल में भी कुछ धँस रहा है।

सर टोबी : जो पत्र तू गिराएगी उन्हें वह समझेगा कि वे
मेरी भतीजी ने लिखे हैं और वह उनके प्रेम में मग्न है।

मारिया : आपने सही घोड़े पर दाँव बदा है।

सर एंड्रयू : और तुम्हारा घोड़ा उसको गधा बना देगा।

मारिया : गधा, इसमें कोई शक नहीं।

सर एंड्रयू : वाह, क्या बात है।

मारिया : शाही खेल है यह, याद रखना : मुझे मालूम है कि
मेरा नुस्ख़ा कामयाब होगा : तुम दोनों
छिपे रहना और तीसरा विदूषक होगा, जब वह
पत्र को उठाए तुम देखना और लक्ष्य करना कि
पढ़कर उस पर क्या असर होता है—
तो अब जाइए, सोइए और इस खेल के सपने देखिए।
नमस्कार। *(जाती है)*

सर टोबी : नमस्कार देवी पूतना।

सर एंड्रयू : कसमिया, उम्दा औरत है।

सर टोबी : शिकारी कुतिया है, पक्की नस्ल की और मुझसे
हिली हुई है, क्या समझे ?

सर एंड्रयू : कभी मुझसे भी कोई हिला हुआ था।

सर टोबी : चलो सोने चलें बहादुर : तुम अपने घर से कुछ और
रुपया मँगवा लो।

सर एंड्रयू : मुझे तुम्हारी भतीजी का हाथ हासिल न हुआ तो
मेरी बड़ी किरकिरी होगी।

सर टोबी : रुपए तो मँगवाओ बहादुर। वह न मिले तो मेरा

नाम बदल देना।

सर एंड्रयू : जो मैं ऐसा न करूँ तो मैं झूठा, अब जो चाहे समझो

सर टोबी : आओ भी, मैं थोड़ा और रंग जमाऊँगा। अभी इतनी
देर से क्या सोएँ।
आओ बहादुर, आओ बहादुर।

[जाते हैं।]

दृश्य : 4

[राज्यपाल, वायोला तथा औरों का आना।]

राज्यपाल : मुझको संगीत सुनाओ, मेरे दोस्तो नमस्कार
अच्छे सिज़ेरियो, वही एक गीत गाओ
वही किसी बीते युग की धुन जो कल रात मैंने सुनी थी
मुझे लगा था कि पीड़ा को मेरी वह शांत कर गयी थी कुछ
आज की भागदौड़ और हड़बड़ी से भरे युग के तरानों
और बनावटी गानों से कहीं अधिक
गाओ बस एक गीत।

क्यूरियो : क्षमा मिले, वह जो इसे गाता यहाँ पर नहीं है

राज्यपाल : कौन है वह व्यक्ति?

क्यूरियो : फेस्ट, विदूषक, स्वामी, एक मसखरा जिसका काम
श्रीमती ओलिविया के पिता को बहुत पसंद था : वह
घर में यहीं कहीं होगा।

राज्यपाल : उसे खोज लाओ और तब तक धुन बजने दो

[क्यूरियो जाता है, संगीत बजता है।]

सुन रे नौजवान, तू कभी प्यार करे तो
विरह व्यथा के क्षण में मुझे याद करना
क्योंकि मैं जैसा हूँ, सच्चे प्रेमी वैसे होते हैं
विकल और चंचल होता है सब उनके मन
केवल स्थिर होती है प्रेमपात्र की मूरत
कैसी लगी यह धुन ?

वायोला : मानो मंदिर से टकराकर लौटी प्रतिध्वनि है।

राज्यपाल : बड़ा वाक्पटु है तू।
मेरी कसम, तू किशोर है, पर तेरी
आँखें किसी का रूपरस पी चुकी हैं
क्यों बालक ?

वायोला : आपकी कृपा से, हाँ, थोड़ा-सा

राज्यपाल : वह औरत कैसी है ?

वायोला : आपके रंग की।

राज्यपाल : तब तेरे योग्य नहीं। कितनी उमर की है, यह कहो?

वायोला : आपके बराबर ही होगी, प्रभु।

राज्यपाल : हे ईश्वर! तब बहुत बड़ी है!
औरत को उचित है कि अपने से बड़े को ही वरे
तब वह पति के अनुरूप ढल जाएगी
और उसके हृदय पर राज कर सकेगी
रे बालक, हम अपने को जो भी समझें
हमारा मन अस्थिर है अधिक, भ्रांत
अधिक, विकल, चंचल है अधिक और
निर्बल है भंगुर है अधिक औरतों से भी

वायोला : मैं भी मानता हूँ, प्रभु।

राज्यपाल : तब तेरी प्रेयसी तुझसे उत्तरा ही हो
नहीं तो तनाव तेरे प्रेम का रहेगा नहीं
औरतें गुलाब के फूल-सी होती हैं
वे खिलकर छवि दिखलाकर झर जाती हैं

वायोला : ऐसी ही होती हैं; खेद है कि होती हैं ऐसी वे
आना निखार पर और हाय मुरझाना

[क्यूरियो और विदूषक का आना।]

राज्यपाल : ए भाई, गाना कल रात जो सुना था वही गाओ
देखना सिज़ेरियो, वह सीधा साधा है
तकुआ लिए हुए कातते हुए धागा
कातनहारिनें इसे कभी गाया करती थीं
यह भावभीना है और
निष्कलुष प्रेम से ओतप्रोत है
बीते युग के समान

विदूषक : तो साहब शुरू करूँ?

राज्यपाल : हाँ, अवश्य गाइए।

[संगीत बजता है। विदूषक का गाना।]

राज्यपाल : यह तेरी मेहनत का इनाम है।

विदूषक : मेहनत नहीं साहब, मुझे तो गाते में मज़ा आता है।

राज्यपाल : तब मैं तेरे मज़े के पैसे दूँगा।

विदूषक : बेहतर है हजूर, मज़ा कभी न कभी तो मज़ा चखाएगा।

राज्यपाल : अच्छा अब मैं विदा चाहता हूँ तुझसे।

विदूषक : ठीक है, अब मनहूसियत आपके साथ हो और दर्जी
से कहिए कि आपका अँगरखा धूपछाँह का बनाए क्योंकि
आप घड़ी-घड़ी बदलते हैं : ऐसी स्थिरतावाले
लोगों को
मेरा बस चले तो समुद्र पर भेज दूँ ताकि उनकी अच्छी तरह
उथल-पुथल हो जाए क्योंकि
यही तो अच्छी यात्रा का लाभ है। खुश रहिए।

[जाता है।]

राज्यपाल : बाकी लोग भी चलें।

[क्यूरियो और अन्य जाते हैं।]

एक बार और तू सिज़ेरियो,
जा उसी निष्ठुर हृदयेश्वरी के पास
उससे कह कि मेरा प्रेम सागर से निराला है
उसे धूल भरी जमीनें नहीं चाहिए
भाग्य ने उसे जो ऋद्धि सिद्धि दान में दी है
उसको देखता हूँ मैं निर्विकार दृष्टि से
मैं तो मोहित हूँ
उस अतुल रत्न अद्भुत पर जो ईश्वर ने उसे
रूप का दिया है।

वायोला : किंतु वह न चाहे यदि आपको तो क्या हो।

राज्यपाल : ऐसा हो तो मैं यह सुन नहीं सकूँगा।

वायोला : माना, पर क्यों नहीं
मान ले कि कोई नारी है—औ' शासक है—
आपके वियोग में उसी प्रकार से व्याकुल
जैसे ओलिविया के लिए आप हैं
और आप उसे प्यार कर नहीं सकते
आप उससे कह दें यह तो क्या वह सुनेगी नहीं?

राज्यपाल : नारी का हृदय नहीं सह सकता वह पीड़ा
जो मेरे प्रेमदग्ध अंतर में स्पंदित है कोई नारी इतनी
हृदयमयी नहीं है कि कर पाए प्यार इतना
स्थिरता उसमें नहीं
उसकी आसक्ति, हाय क्षुधा ही होती है
मन का अनुराग नहीं, रसना की चाह बस
कि जो जब मिट जाती है, रहती है अरुचि शेष
मेरी कामना समुद्र-सी अथाह है
उसमें उतनी ही समाई है : तुलना हो नहीं सकती
उस प्रेम में जो किसी स्त्री में मेरे प्रति हो
और जो मुझमें ओलिविया के लिए है।

वायोला : हाँ, पर मुझको ज्ञात है।

राज्यपाल : क्या जानते हो तुम?

वायोला : भली भाँति। नारी का प्रेम पुरुष के लिए
सच, वह दिल की उतनी ही सच्ची होती हैं जितने हम
मेरे पिता के एक पुत्री थी और प्यार करती थी एक पुरुष को
वैसे ही जैसे संयोग से मैं स्त्री होता तो प्यार करता आपको

राज्यपाल : फिर उसका क्या हुआ?

वायोला : कुछ नहीं सरकार, प्रेम नहीं प्रकट किया।
फूल में कीड़े-सी मन की गोपन पीड़ा

को क्षय कर लेने दी गालों की लालिमा
चिंता में घुल गयी कुम्हलायी, पिपरायी,
धीरज की मूर्ति-सी उकेरी हुई स्मारक पर
अपनी व्यथा पर मुसकाती जीती रही
क्या यह नहीं था प्रेम ?
हम पुरुष बोलते अधिक हैं सौगंध खाते हैं पर
यह सब दिखावा अधिक है सच्चाई कम
हम कसमें खाने में आगे हैं हमेशा
पर पीछे हैं प्रेम में।

राज्यपाल : प्राण तज दिए तेरी बहन ने प्रेम में ?

वायोला : यह मुझे पता नहीं
मेरे पिता की पुत्रियों और पुत्रों में मैं ही बचा हूँ
क्या मैं उस महिला के यहाँ जाऊँ ?

राज्यपाल : हाँ, यही करना है।
जल्दी ही जा, दे यह रत्न, कह
प्रीति इस हृदय की घटेगी न टूटेगी।
[जाते हैं।]

दृश्य : 5

[सर टोबी, सर एंड्रयू और फ़ेबियन का आना।]

सर टोबी : आइए, पधारिए महाशय फ़ेबियन।

फ़ेबियन : आ गया, आ गया। इस तमाशे में मैं न शामिल हुआ तो अफसोस के मारे मर ही जाऊँगा।

सर टोबी : उस पाज़ी बदमाश कटखने कुत्ते की
फजीहत होगी तो तुम खुश नहीं होगे क्या ?

फ़ेबियन : बहुत खुश होऊँगा भाई। जानते हो जब एक मर्तबा हमने सुअर घेरकर मारा था तो उसने मालकिन से चुग़ली खायी थी और वह मुझसे नाराज़ हो गयी थीं।

सर टोबी : हम फिर सुअर को घेरेंगे और ऐसी ठुकम्मस करेंगे कि
रंग बदरंग हो जाएगा। क्यों ? सर एंड्रयू।
जो नहीं किया तो जीना किस काम का।
[मारिया का आना।]

सर टोबी : यह आ गयी आफ़त की पुड़िया। कहो कैसी हो
मेरी सोने की चिड़िया ?

मारिया : तुम तीनों इस खोखे में छिप जाओ। मैलवोलियो इसी रास्ते से आ रहा है। वह आधे घंटे से वहाँ अपनी ही सूरत से बातें कर रहा था : मसखरी के मज़े

लेना है तो उस पर नजर रखो : मुझे मालूम है कि यह
खत पढ़कर वह चुल्लू से उल्लू हो जाएगा।
मसखरी की कसम, छिप के देखो *(वे छिपते हैं और वह एक परचा गिरा देती है)* पड़े रहो यहीं पर—क्योंकि जो
मछली आनेवाली है वह गुदगुदाने से ही फँसेगी। *(जाती है)*

[मैलवोलियो आता है।]

मैलवोलियो : बलिहारी है भाग्य तुम्हारी बलिहारी है। मारिया ने
एक मर्तबा कहा था कि वह मुझे चाहती हैं और मैंने
भी उन्हें इतने नजदीक आते हुए पाया कि यदि वह आसक्त
हों तो मुझी पर हों। और यह भी तो है कि अपने
सब कर्मचारियों में वह
जो इज्जत मुझे बख्शती हैं, किसी को नहीं मिलती।
इसका मैं और क्या अर्थ लगाऊँ?

सर टोबी : छँटा हुआ बदमाश है।

फ़ेबियन : ठहरो ठहरो : विचारमग्न होकर वह मुर्गे
की दुम बन गया है। कलगी खड़ी किए
किस तरह अकड़-अकड़कर चल रहा है।

सर एंड्रयू : भगवान कसम, जी चाहता है धुनकर रख दूँ।

फ़ेबियन : हल्ला न करो जी।

मैलवोलियो : एक दिन मैं काउंट मैलवोलियो होऊँगा।

सर टोबी : यह मुँह और मसूर की दाल।

सर एंड्रयू : दाग़ दो गोली, दाग़ दो गोली।

सर टोबी : चुप्पे रहो, चुप्पे रहो।

मैलवोलियो : नज़ीर मौजूद है। स्ट्रेची की
रावरानी ने अपने तोशेखाने के दारोगा
से शादी की थी।

सर एंड्रयू : लाहौल बिला कूवत।

फ़ेबियन : सुनते रहो, चक्कर में है, दिमाग़ ठिकाने नहीं है।

मैलवोलियो : जब उनसे शादी के तीन महीने हो जाएँगे
अपने दरबार में बैठा हुआ—

सर टोबी : न हुई गुलेल मेरे हाथ में अभी
वह निशाना लगाता कि खोपड़ी भिन्ना जाती।

मैलवोलियो : अपने अफसरों को तलब करता
बूटेदार मखमली चोगा पहने हुए मैं बिस्तर
से उठकर आता और ओलिविया वहाँ सो रही होती।

सर टोबी : तेरी ऐसी की तैसी।

फ़ेबियन : चुप्पे रहो जी।

मैलवोलियो : और फिर मेरी क्या शान होती! बारी-बारी से हर
पर मेरी निगाह जाती और सबको मालूम हो जाता
कि मैं क्या हूँ और वो क्या हैं। और उनको अपनी

औकात में रहना चाहिए। फिर मैं अपने बिरादर टोबी को बुलवा भेजता।

सर टोबी : न हथकड़ी लगवा दी तो कहना।

फ़ेबियन : अरे ज़रा चुप्पे रहो—देखो देखो।

मैलवोलियो : मेरे सात सिपाही आज्ञाकारियों की तरह उठते और उसे लेने जाते। इस बीच मैं भौं चढ़ाए बैठा रहता—या अपनी घड़ी में चाभी देने लगता या अपनी *(चपरास छूकर)* किसी कीमती रत्न से यों ही ज़रा खेलने लगता। टोबी आता, मुझे सलाम करता—

सर टोबी : तेरी शामत आ गई है।

फ़ेबियन : बोलने को जबान फड़फड़ाती है मगर चुप्पे रहो।

मैलवोलियो : मैं उसकी तरफ हाथ बढ़ाता अपनी मशहूर मुसकुराहट के साथ उस पर नज़रे इनायत करता हुआ।

सर टोबी : और सर टोबी तुम्हारी चाँद गंजी न कर देता ?

मैलवोलियो : यों कहता कि भाई टोबी, मेरे भाग्य ने मुझे तुम्हारी भतीजी का खाविंद बना दिया है इसलिए मुझे यह कहने का हक़ है कि

सर टोबी : क्या ? क्या ?

मैलवोलियो : तुम यह अपनी पियक्कड़ी छोड़ दो।

सर टोबी : भाड़ में जाए तू।

फ़ेबियन : नहीं, नहीं, चुप्पे रहो, नहीं तो हमारा खेल गुड़गोबर हो जाएगा।

मैलवोलियो : इसके अलावा तुम अपने वक्त की दौलत एक चुगद अमीर के साथ बरबाद कर रहे हो।

सर एंड्रयू : यह मेरे वास्ते कहा है, मैं बताए देता हूँ।

मैलवोलिगो : जिसका नाम सर एंड्रयू है।

सर एंड्रयू : मैं समझ गया था कि मुझे कह रहा है क्योंकि कई लोग मुझे चुगद कहते हैं।

मैलवोलियो : *(ख़त देखकर)* यह कागज़ यहाँ क्यों पड़ा है ?

फ़ेबियन : अब कबूतर जाल में फँसा।

सर टोबी : ठहरो, ठहरो, ईश्वर करे इसको इसे ज़ोर से पढ़ने की अक्ल आए।

मैलबोलियो : *(ख़त उठाकर)* मेरी कसम, यह तो मेरी देवी की लिखावट है, उनकी न होने का कोई सवाल ही नहीं पैदा होता। *(पढ़ता है)* मेरे अजनबी प्राणप्यारे को यह ख़त मिले और मेरा सलाम पहुँचे। उन्हीं के वाक्य हैं ! ओ हो, वही मोहर भी है जो वह इस्तेमाल करती हैं। किसके नाम है यह ख़त ?

फ़ेबियन : अब हुए बेटा चारों खाने चित्त।

मैलवोलियो : ईश्वर जानता है कि मुझे प्यार है पर किससे?
यह मेरी जुबान नहीं बताएगी
कहीं दुनिया जान न जाए
"कहीं दुनिया जान न जाए—कहीं यह तू ही तो नहीं है
मैलवोलियो ?"

सर टोबी : तेरा सत्यानाश हो, गधे।

मैलवोलियो : *(पढ़ता है)*
जिसे मैं चाहती हूँ उसे हुक्म दे सकती हूँ
मगर खामोशी का ख़ंजर,
मेरे सीने को चाक कर रहा है
मैं, वो और ओ ने
मेरा सरबस हर लिया है।

फ़ेबियन : यह क्या उलटबाँसी है।

सर टोबी : कमाल की औरत है, भई वाह

मैलवोलियो : 'मैं, वो, और ओ ने मेरा सरबस हर
लिया है'—क्या मतलब, ऐं ज़रा
समझने तो दो, समझने तो दो,
समझने तो दो।

फ़ेबियन : कैसा ज़हर परोसकर रखा है।

सर टोबी : और कैसे कसके बाज़ ने उस पर झपट्टा मारा है।

मैलवोलियो : "जिसे मैं चाहती हूँ उसे हुक्म दे सकती हूँ" ऐं, वह
मुझे हुक्म दे सकती है! मैं उसका सेवक हूँ
वह मेरी मालकिन है। यह तो किसी मंदबुद्धि
की ही समझ में आ जाएगा; इसमें कोई दिक्कत
नहीं—मगर अंत में अक्षर क्या है? ज़रा
देखूँ इनमें कहीं मेरे बारे में कुछ निकलता
है कि नहीं—एम. ओ. ए. आई.

सर टोबी : हाय, हाय, इसका भी कुछ बन जाये। अब वह
सूँघ नहीं पा रहा है।

फ़ेबियन : शिकारी कुत्ता, भटकेगा नहीं हालाँकि हिरन का
पीछा करते रास्ते में लोमड़ी आ गयी है।

मैलवोलियो : एम—से मैलवोलियो—वाह वाह, मिल गया

फ़ेबियन : मैंने कहा न था कि भटकेगा नहीं

मैलवोलियो : मगर इसके आगे कोई तारतम्य नहीं है—
और कुछ बात बनती नहीं, ए होना
चाहिए मगर ओ आ जाता है

फ़ेबियन : और अंत में भी तेरे मुँह से "ओह" निकलेगा

सर टोबी : नहीं निकलेगा तो मैं ऐसी कुटम्मस करूँगा कि ओह
ओह करते ही बनेगी।

मैलवोलियो : और फिर पीछे आई दिखाई देता है।

फ़ेबियन : और तुझे पीछे दिखाई देता तो तू
समझ लेता कि पीछे तेरी शामत
आई है आगे तेरी तक़दीर नहीं चमक रही है।

मैलवोलियो : एम.ओ.ए.आई., यह उतना स्पष्ट नहीं जितनी
पहले की बात थी, मगर इसे कुछ खींचतानकर
कोई अर्थ तो निकाला जा सकता है क्योंकि
ये सब अक्षर मेरे नाम में आते हैं—ठहरो—आगे
और कुछ लिखा है (*पढ़ता है*)
यदि यह तेरे हाथ में पड़े तो पढ़ और सोच—
भाग्य ने मुझे तुझसे बड़ा बनाया है पर बड़प्पन
से न घबरा : कुछ बड़े पैदा होते हैं, कुछ बड़प्पन
हासिल करते हैं और कुछ पर बड़प्पन थोप दिया
जाता है। तेरा भाग्य बाँह फैलाए खड़ा है जा
तन मन आत्मा से उसका आलिंगन कर और
जो तू होनेवाला है उसके लायक बनने के लिए
अपनी पुरानी केंचुल उतार दे और तरोताज़ा दिख
बिरादरों से मुकाबिल हो, नौकरों पर रोआब डाल
जब बोल तो राजकाज की बातें बघार, सबसे
अनोखा दिख; यह तुझे उसकी सलाह है जो
तेरे लिए आहें भरती है। याद है किसने तुझसे
कहा था कि तुझ पर पीले मोज़े खिलते हैं?
और किसने तुझसे कहा था कि मोज़ों पर आड़ी
गेटिस बाँधकर, मैं कहती हूँ याद कर न।
जा, तेरा नसीब चमक जाएगा, बशर्ते कि तू चाहेगा :
नहीं चाहेगा तो भी मैं चाहती हूँ कि दरोगा बना रह
नौकरों के साथ उठ-बैठ और भाग्यहीन। नमस्कार।
लिखनेवाली वह जो तेरे साथ जगह अदल-बदल करना
चाहती है—भाग्यवती दुखियारी।
यह तो इतना स्पष्ट है जैसे सूरज की रोशनी में खुला
मैदान हो। स्पष्ट है। मैं स्वाभिमानी बनूँगा। मैं राजनीति
शास्त्र पढ़ूँगा। मैं सर टोबी को ठीक करूँगा। मैं सर से
पाँव तक वही आदमी बन जाऊँगा जिसका जिक्र ख़त में है।
मैं दिल को बहला नहीं रहा क्योंकि जितना सोचता
हूँ उतना ही दिखाई देता है कि मेरी मालकिन मुझसे
प्यार करती हैं। उन्होंने मेरे पीले मोजों की
तारीफ़ की थी, उन्हें आड़ी गेटिसें मेरे पैर पर अच्छी
लगती थीं और इस तरीके से उन्होंने अपना प्रेम जताया
था और आदेश जैसा देकर कहा था कि उनकी
मनपसंद आदतें डाल लूँ। मेरे ग्रह बहुत अच्छे हैं अब मैं
अनोखा और तगड़ा बनूँगा, पीले मोजे पहनूँगा आड़ी

पट्टियाँ बाँधूँगा। भाग्य प्रबल है मेरा यह देखो कुछ और भी लिखा है।
(पढ़ता है) "यह तो तुझे मालूम हुए बिना रह नहीं सकता कि मैं कौन हूँ। यदि तू मेरा प्यार स्वीकार करता है तो यह तेरी मुस्कुराहट से प्रकट होना चाहिए। मुस्कुराहट तुझ पर फबती है; इसलिए जब मेरे सामने आ तो मुस्कुराते हुए आ मेरे प्यारे, यह मेरा अनुरोध है। हे भगवान, धन्यवाद तुझको। मैं मुस्कुराऊँगा। तू जो कहेगी करने को वही मैं करूँगा।" *(जाता है)*

फ़ेबियन : इस तमाशे के बदले में कोई मुझे ईरान के ख़जाने की हज़ार अशरफियाँ भी दे तो मैं न लूँ।

सर टोबी : यह औरत तो इतनी तेज है कि जी चाहता है इससे शादी कर लूँ।

सर एंड्रयू : मेरा भी यही कहना है।

सर टोबी : और कहूँ कि दहेज में और कुछ नहीं बस एक और ऐसा ही तमाशा दिखा दे।

सर एंड्रयू : मैं भी यही कहना चाहता हूँ।

फ़ेबियन : यह रही हमारी चिड़ीमारिन

[मारिया आती है।]

सर टोबी : आइए, यह सर कदमों में बिछा है।

सर एंड्रयू : यह भी।

सर टोबी : आपका बँधुआ मजदूर बनने को तैयार हूँ।

सर एंड्रयू : मैं भी तैयार हूँ।

सर टोबी : अरे तूने उसे जो सब्ज़बाग दिखाए हैं, जब वे सूख जाएँगे तो पागल की तरह घूमता फिरेगा।

मारिया : अच्छा ! क्या वाक़ई उस पर हमारी चाल काम कर गई ?

सर टोबी : हाँ, जैसे मृत संजीवनी सुरा मरने पर करती है।

मारिया : तुम इस खेल का पूरा मज़ा लेना चाहते हो तो जब वह मालकिन के सामने आए, तब देखना। वह पीले मोज़े चढ़ा कर आएगा और पीले से मालकिन को चिढ़ है। और आड़े पट्टे बाँधकर आएगा जो कि मालकिन की निगाह में बेहूदा फैशन है और उनको बार-बार मुस्कुराहट दिखाएगा जो कि उन्हें बहुत नागवार गुज़रेगी क्योंकि वह सोग मना रही हैं। नतीजा यह होगा कि उस पर बेभाव की पड़ेगी। यह नज़ारा देखना हो तो मेरे साथ साथ आओ।

सर टोबी : चलो, जहन्नुम की सैर को चलें, अरे वाह री आफत की परकाला

सर एंड्रयू : मैं भी चल रहा हूँ।

[जाते हैं।]

अंक : तीन

दृश्य : 1

ओलिविया का बाग

[वायोला आती है। विदूषक भी तंबूरा लिए हुए आता है।]

वायोला : तुझ पर और तेरे संगीत पर देवता कृपा करें। क्या तू तंबूरे के सहारे है?

विदूषक : जी नहीं जनाब, मैं तो चर्च के सहारे हूँ।

वायोला : क्या तू चर्च का मुलाज़िम है?

विदूषक : ऐसी कोई बात नहीं : मैं चर्च के सहारे हूँ क्योंकि मैं अपने घर में रहता हूँ और मेरा घर चर्च के सहारे खड़ा है।

वायोला : तब तो भिखारी बादशाह के पड़ोस में रहने लगे तो तू यह भी कहने लगेगा कि बादशाह भिखारी का बग़लगीर है या तंबूरा चर्च से टिकाकर खड़ा कर दे तो यह कहने लगेगा कि चर्च तंबूरे पर टिका है।

विदूषक : सही फरमाते हैं आप—कैसा ज़माना आ गया है! एक वाक्य आज किसी चतुर आदमी के हाथ में मानो दस्ताना बन गया है—कितनी जल्दी वह उसे उलटकर पहन लिया करता है।

वायोला : यह तो है ही। जो शब्दों के साथ खिलवाड़ करते हैं कितनी जल्दी उन्हें भ्रष्ट कर डालते हैं।

विदूषक : इसीलिए तो मैं चाहता हूँ कि मेरी बहन का नाम ही न रखा जाए।

वायोला : यह क्यों भाई।

विदूषक : बात यह है जनाब कि उसका नाम भी एक शब्द होगा और भूमि के पट्टों में शब्दों का जो इस्तेमाल हो रहा है उससे वे भ्रष्ट हो गए हैं।

वायोला : इसको समझाकर बता।

विदूषक : लीजिए जनाब, बिना शब्दों के मैं कैसे समझाऊँ और शब्द इतने झूठे पड़ चुके हैं कि उनकी मदद से कोई बात समझाने का दिल नहीं करता।

वायोला : मैं कहूँगा कि तू खुशमिज़ाज मसख़रा है और तुझे कोई फ़िक्र नहीं।

विदूषक : जी नहीं जनाब, कोई फ़िक्र तो है, मगर ईमान की बात यह है कि आपकी फ़िक्र नहीं है। अगर इसी का मतलब हो कि कोई फ़िक नहीं है तो मैं कहूँगा कि

आप गायब हो गए।

वायोला : क्या तू श्रीमती ओलिविया का मूरख नहीं है?

विदूषक : नहीं जनाब, श्रीमती ओलिविया के कोई मूर्खता नहीं है। वह कोई मूरख नहीं पालेंगी, हाँ शादी हो जाए तो बात और है। और मूरख यदि अंबिया है तो पति एक आम है—पति ज्यादा बड़ा मूरख हुआ। मैं उनका मूरख नहीं हूँ, बस मैं उनके शब्दों को भ्रष्ट करता हूँ।

वायोला : अरे हाँ, तू उस दिन काउंट ऑरसिनो के यहाँ क्या कर रहा था?

विदूषक : मसखरी, जनाबेआला, सूरज की तरह चक्कर नहीं काटती है वह हर जगह रोशनी है। मैं तो मानता हूँ कि मूरख को आपके मालिक के साथ भी उतना ही वक्त गुजारना चाहिए कि जितना मेरी मालकिन के साथ। मुझे याद आता है कि मैंने आपकी बुद्धि के भी वहाँ दर्शन किए थे।

वायोला : अच्छा, अब तू मुझ पर छींटाकशी करने लगा? मैं तुझसे बात नहीं करूँगा। ले यह अपना खर्च ले ले।

विदूषक : हे ईश्वर, अब जब तू दुनिया में केशों का बंडल भेजे तो इनके लिए एक दाढ़ी भेजना मत भूलना।

वायोला : यकीनन, मैं तुझसे कहता हूँ मैं भी एक दाढ़ी को तरसता हूँ *(स्वगत)* हालाँकि अपने चेहरे पर नहीं चाहता। तेरी मालकिन घर पर हैं?

विदूषक : *(पैसे देखकर)* ये अगर जोड़े से हों तो इनकी वंशवृद्धि नहीं होगी?

वायोला : होगी, अगर इनको काम में लगाया जाए।

विदूषक : तो मैं फ्रीजिया का पैंडारस बनूँगा और इस क्रेसिडा को अपने ट्रायल्स से मिलवा दूँगा।

पागोला : समझ गया, तूने बड़ी खूबसूरती से माँगा है

विदूषक : कोई बड़ी बात नहीं है जनाब, माँगा भी तो एक मंगतिन को : क्रेसिडा मंगतिन थी। मेरी मालकिन घर में हैं। मैं उन्हें खबर करता हूँ कि आप कहाँ से पधारे हैं। आप कौन हैं और क्या चाहते हैं यह मेरे दायरे के बाहर की बात है। मैंने क्षेत्र कहा होता तो वह शब्द घिसपिट गया है। *(जाता है)*

वायोला : इस व्यक्ति में बुद्धि है कि मूर्ख बन सके
और मूर्ख बनने के लिए कुछ ज्ञान दरकार है
मूर्ख को उचित है कि वह जिनसे मसखरी करे
उनके भाव क्या हैं, वह पहचान करता रहे।
व्यक्ति वे कैसे हैं और कैसा वक्त है
और बाज की तरह शिकार नजर आते ही हामिल हो

काम यह परिश्रम का उतना ही
है जितना बुद्ध औ' कला का है।
क्योंकि अक्लमंदी के साथ बेवकूफी दिखाना तो सही है
किंतु अक्लमंद का बेवकूफी करना भ्रष्ट होना है।

[सर टोबी और सर एंड्रयू का आना।]

सर टोबी : नमस्कार महोदय।

वायोला : आपको भी।

सर एंड्रयू : सर्वे भवंतु सुखिनः भंते।

वायोला : एवमस्तु महोदय।

सर एंड्रयू : आपकी क्या सेवा करूँ मैं श्रीमान?

सर टोबी : आप गृह प्रवेश करें। मेरी भतीजी की इच्छा है कि आपको उनसे विनिमय करना है तो आप आ जाएँ।

वायोला : मेरा गंतव्य तो वह ही है, मेरा अभिप्राय है कि मेरी बात का अंत वहीं जाकर होता है।

सर टोबी : अपने चरणों का अनुवीक्षण करें। उनको चलायमान करें।

वायोला : मेरे चरणों को तो पथ गम्य है किंतु
मेरी बुद्धि को आपका यह कथन गम्य
नहीं हो रहा कि मैं चरणों का अनुवीक्षण करूँ।

सर टोबी : मेरा मतलब था चलें, महोदय प्रवेश करें।

वायोला : मैं आपका उत्तर चलकर ही देता पर हम तो बाधित हैं।

[ओलिविया और मारिया का आना।]

अनुपम गुणवती भद्रे, आकाश आप पर सौरभ की वृष्टि करे।

सर एंड्रयू : यह युवक तो बड़ा ही विलक्षण सभाचतुर है
"सौरभ की वर्षा" वाह!

वायोला : मेरे कथ्य के शब्द केवल आपके प्रस्तुत और सावधान कानों के लिए हैं।

सर एंड्रयू : सौरभ, प्रस्तुत, सावधान—मैं तीनों शब्दों को जल्दी से रटे लेता हूँ।

ओलिविया : बगीचे का द्वारा बंद कर दिया जाए और मुझे अकेले बात करना है *(सर टोबी, सर एंड्रयू और मारिया का जाना)* मुझे अपना हाथ दें, महोदय।

वायोला : मेरा कर्तव्य है कि आपकी सेवा करूँ।

ओलिविया : तुम्हारा नाम क्या है?

वायोला : आपके सेवक को सिज़ेरियो कहते हैं युवरानी।

ओलिविया : मेरे सेवक, वह ज़माना लद गया कि जब मिथ्या विनम्रता प्रशंसा कहलाती थी। तुम तो काउंट ऑरसिनो के सेवक हो।

वायोला : और वह आपके हैं और उनका सेवक आपका ही

तो सेवक हुआ—आपके सेवक का सेवक आपका
सेवक है श्रीमती।

ओलिविया : उसकी बात मत करो, मैं उसके बारे में सोचती नहीं
और बेहतर होता कि उसके विचारों में मैं न होती बल्कि शून्य होता।

वायोला : मैं उनकी ओर से आपके मानस में भावना जगाने को
आया हूँ।

ओलिविया : ओह, क्षमा करें यह विनती है मेरी
मैंने तुम्हें बरजा था कि उसका नाम लेना मत
पर कोई अन्य हो निवेदन तो करो
निखिल ब्रह्मांड का संगीत छोड़कर तुमको सुनूँगी मैं।

वायोला : सुंदरी!

ओलिविया : क्षमा करो, विनती है
तुम जब गत बार यहाँ मोहिनी गए थे डाल
तब पीछे से वह अँगूठी मैंने भेजी थी
अपने को अपने सेवकों को भी
और हाय तुमको यों मैंने छला था
कैसी ढिठाई से तुमको मजबूर किया
जानते-बूझते वह वस्तु लेने को जो कि तुम्हारी न थी
इसलिए तुम अवश्य मुझसे नाराज़ होगे
पर तुम क्या कह सकते हो?
तुमने भी मेरी लोकलाज को कील कर
उसको बार-बार आ घेरा है, निर्दयी
तुम सब जानते हो तुम्हें थोड़ा कहा बहुत है
आँचल में हृदय को लिए मैं खड़ी हूँ
तुम कुछ कहो।

वायोला : मुझको तुम पर तरस आता है।

ओलिविया : वह भी प्रेम की एक अवस्था है।

वायोला : नहीं, नहीं, दुनिया जानती है कि अक्सर तरस
दुश्मन पर भी खाया जाता है।

ओलिविया : तब तो यह हँसकर स्वीकारूँगी
जिनके पास कुछ नहीं वे भी गर्व कर सकते हैं
यह कि वह शिकार हुए, भेड़िए के नहीं
बल्कि सिंहराज की

[घड़ी बजती है।]

घड़ी कह रही है कि समय नष्ट मत करो
भले युवक चिंता मत करो, मैं तुम्हें बाँध नहीं लूँगी
बल्कि जब तन मन से परिपक्व होगे तुम
पत्नी तब तुम्हारी एक पूर्ण पुरुष पावेगी
जाओ अपने रस्ते पश्चिम को।

वायोला : अच्छा तो पश्चिम को "चल दिए"

आपका शरीर और आत्मा सुखी रहे देवी
क्या मेरे स्वामी को संदेश कुछ नहीं देंगी ?

ओलिविया : ठहर जाओ
इतना कहे जाओ कि तुम मेरे बारे में क्या सोचते हो।

वायोला : यह कि आप अपने को कुछ मान बैठी हैं
जो आप नहीं हैं

ओलिविया : अपने को ऐसा जो माना हो तो तुमको भी ऐसा
माना है।

वायोला : आपने सही माना : मैं वह नहीं हूँ जो मैं हूँ

ओलिविया : काश अगर तुम होते मेरे मन के जैसे

वायोला : तब क्या जो मैं हूँ उससे अच्छा होता?
होता तो अच्छा था क्योंकि अब आपका मैं
विदूषक हूँ

ओलिविया : उफ्! कितना सुंदर है कड़वी उपेक्षा की
मुस्कान से भरे ओठ पर तिरस्कार।
खून जिस तरह से छिपाए नहीं छिपता है
प्यार भी वैसे ही हो जाता है ज़ाहिर
प्यार में अँधेरा भी उजाला है

सिज़ेरियो : मैं इस वसंत के गुलाबों की, सत्य की, प्रतिष्ठा की,
स्त्रीत्व की शपथ लेकर कहती हूँ
मुझको तुझसे इतना प्यार है कि तेरा दर्प
बुद्धि और तर्क सब मिल जाएँ
घटा नहीं पाएँगे वे मेरी वासना
मेरी बातों से यह अर्थ मत निकालना
कि चाहा है मैंने तो चाहे तू क्यों कर
बल्कि यों समझना यह तर्कसंगत होगा
कि गाँगे से मिले प्यार जो वह अच्छा है पर
बेहतर है प्यार जो कि कोई बिन माँगे दे

वायोला : ईमान की कसम और कसम है जवानी की
मेरा एक अंतर है, एक हृदय, एक मन
और कोई स्त्री नहीं है इसकी स्वामिनी
औ' होगी भी नहीं कोई मेरे सिवाय
नमस्कार, श्रीमती, अब कभी नहीं अपने
स्वामी का दुखड़ा सुनाने को आऊँगा

ओलिविया : नहीं फिर आना कि क्या जाने मोड़ दे
इस विरक्त—
मानस को मेरे उस ओर तू।

[जाते हैं।]

दृश्य : 2

ओलिविया के आवास का एक कक्ष

[सर टोबी, सर एंड्रयू और फ़ेबियन आते हैं।]

सर एंड्रयू : कसम से मैं अब एक पल भी यहाँ ठहर नहीं सकता

सर टोबी : इसका कारण बता, जहर की पुड़िया, कारण बता

फ़ेबियन : आपको कारण बताना चाहिए सर एंड्रयू।

सर एंड्रयू : वल्लाह, मैंने तुम्हारी भतीजी को देखा कि वह
काउंट के प्यादे पर इतनी मेहरबान थी जितनी
मुझ पर वह कभी नहीं हुई : बाग में मैंने अपनी
आँख़ों से देखा।

सर टोबी : क्या उसने भी तुम्हें उस वक्त देखा था, बरखुरदार,
यह बताओ मुझे।

सर एंड्रयू : साफ़-साफ़ देखा था, जैसे मैं तुम्हें देख रहा हूँ।

फ़ेबियन : तो यह समझिए कि यह आपके प्रति उनके प्रेम का प्रमाण है।

सर एंड्रयू : वल्लाह! तुम मुझे उल्लू बना रहे हो ?

फ़ेबियन : महोदय, मैं न्याय की और तर्क की शपथ लेकर
यह बात सिद्ध कर सकता हूँ।

सर टोबी : और इनकी बिरादरी क़यामत के दिन से यही पेशा
करती आ रही है।

फ़ेबियन : उन्होंने आपकी उपस्थिति में उस जवान के प्रति जो लगाव
दिखलाया वह आपको खिझाने के लिए था, आपके
सुषुप्त दर्प को जगाने के लिए था, आपकें
जिगर में आग और गुर्दे में
गुस्सा भड़काने के लिए था जनाब
आपको चाहिए था कि आप उनसे दो-चार होते
और कुछ फड़कते हुए ताज़े-ताज़े चुटकुले सुना के
उस लौंडे की बोलती बंद कर देते।
आपसे यही तो अपेक्षित था और यही आपसे नहीं हुआ
यह दोहरा मौका आपने वक्त के हाथ से फिसल जाने
दिया और आप मेरी मालकिन की दयादृष्टि से ओझल,
उत्तरी ध्रुव चल दिए : वहाँ आप ऐसे जमे पड़े
रहेंगे जैसे डच नाविक के मुँह पर बर्फ़ जमी रहती है :
हाँ कोई वीरता का काम करें या कि चतुराई का
तो शायद मालकिन पसीजें भी।

सर एंड्रयू : जो भी काम करूँ, वीरता का ही करूँगा। मुझको
चतुराई से नफ़रत है : मैं न धर्मात्मा हूँ और न
राजनीतिक हूँ।

सर टोबी : तब अपने भाग्य का वीरता की नींव पर निर्माण कर

काउंट के जवान को युद्ध की चुनौती दे और उसे
ग्यारह जगह घायल कर : मेरी भतीजी देखकर
खुश होगी और याद रख, मर्द की दुनिया में
औरत से कोई सिफारिश इतनी तगड़ी नहीं होती है,
जितनी बहादुरी की ख़बर होती है।

फ़ेबियन : कोई और चारा नहीं है सर एंड्रयू

सर एंड्रयू : क्या तुम दोनों में से कोई मेरी ललकार उसे सुना दोगी?

सर टोबी : जा : वीरोचित शब्दों में लिख डाल : तिक्त और
संक्षिप्त लिखना, हास्यरस कोई ज़रूरी नहीं, भाषा
ओजस्वी और मौलिक हो, लिखने में जितनी निंदा
चाहे लिख डाल। तीन बार तू तड़ाक लिख देना। ठीक
हो जाएगा। और झूठ तो तेरे कागज़ में जितने आ जाएँ
और कागज़ उपन्यास के बराबर हो, लिखता जा।
जा शुरू कर दे। लिखता तो तू मुंशियों के कलम से है
पर ईश्वर करे उसमें खूब तीखापन हो।
जा शुरू कर दे।

सर एंड्रयू : आप कहाँ मिलेंगे फिर?

सर टोबी : हम तेरे दरबे पर आएँगे, अब जा भी।

[सर एंड्रयू का जाना।]

फ़ेबियन : यह कठपुतली आपकी लपेट में खूब है।

सर टोबी : मैं भी दो हजार अशरफियों की लपेट में हूँ जो उससे ली हैं।

फ़ेबियन : उसका लिखा एक मौलिक लेख हमको मिलेगा, पर
आप उसे पहुँचाइएगा नहीं।

सर टोबी : तो फिर फायदा क्या! मैं हर तरह से जवान को
उकसाऊँगा मगर उन्हें बाँधकर लाया जाए तो भी वह
आमने-सामने नहीं होने के। एंड्रयू का हाल तो यह है
कि जिगर को चीरो और इतना खून निकल आए कि
मक्खी के बैठने को काफी हो तो अजायबघर में रख देना।

फ़ेबियन : और उसके दुश्मन उस लड़के की सूरत से खून तो नहीं
टपकता है।

[मारिया आती है।]

सर टोबी : तो पिद्दी आ गयी।

मारिया : जो तुम दिल खोलकर हँसना चाहते हो तो मेरे साथ
आओ। मैलवोलियो क़ाफ़िर हो गया है क्योंकि
कोई ईसाई जो ईमान लाता है ताकि पाप से बचे,
इतनी बेहूदगी की बातों पर कैसे यकीन कर सकता है
हज़रत ने पीले मोज़े पहन लिए।

सर टोबी : और आड़े बंद भी बाँध लिए?

मारिया : अरे कुछ पूछो मत : मैंने उसको ऐसा घेरा है कि बचकर
नहीं जा सकता। उसे चकमा देने को मैंने जो खत वहाँ

गिराया था वह उसके एक-एक शब्द का पालन कर रहा है : जब वह मुस्कुराता है तो इतना मुस्कुराता है कि हिंदुस्तान सहित जो नया नक्शा बना है उसकी रेखाएँ भी कम पड़ जाती हैं। तुमने ऐसा तमाशा नहीं देखा होगा। मेरे हाथ जो पाएँ फेंककर उसे मारने को चुलबुलाते हैं। मुझे मालूम है मालकिन उसे एक लप्पड़ जमाएगी और जब जमाएगी तो वह मुस्कुराएगा और यों कहेगा कि आपने कृपा की है।

सर टोबी : चलो, चलो, कहाँ है वह

[सब जाते हैं।]

दृश्य : 3

एक सड़क

[सेबास्टियन और एंटोनियो आते हैं।]

सेबास्टियन : मैं तो नहीं चाहता था कि तुम कष्ट करो
किंतु तुम्हें शायद कष्ट से ही आनन्द है
तब फिर मैं क्या कहूँ

एंटोनियो : मैं वहाँ तुम्हारे बिना रह न सका
धारधरी तलवार-सी मेरी बेचैनी
एड़ लगा मुझे यहाँ ले आई
और यह सिर्फ तुम्हारे दरशन की नहीं है प्यास
गोकि उसके लिए जहाँ कहो चला जाऊँ
बल्कि यह चिंता थी बिराने परदेस में
जीवन जटिल जहाँ जोखम से होता है
अक्सर अकेले और अजनबी अजाने का
जाने तुम कैसे हो।
चिंता ने स्नेह को बढ़ाया औ' मैं खिंचा हुआ चला आया
प्रियवर तेरी खोज में।

सेबास्टियन : स्नेही एंटोनियो
मैं किन शब्दों में और क्या कहूँ—केवल कृतज्ञ हूँ
कृतज्ञ हूँ—चिरकृतज्ञ
बहुधा उपकारों को इसी भाँति झटक दिया जाता है
खोटे सिक्के देकर
पर यदि मैं उतना ही धनवान होता कि जितना कृतज्ञ हूँ
तो समुचित व्यवहार तुम पाते, अच्छा! अब और क्या?
आओ प्राचीन खँडहरों को देखने चलें।

एंटोनियो : कल देख लेंगे। पहले तो डेरा डालें कहीं।

सेबास्टियन : मैं थका नहीं हूँ और रात में देर है
मेरी तुम मानो, इस नगरी के स्मारक
और कीर्तिमान भवन देखकर के आँखें जुड़ाएँ

एंटोनियो : मुझको क्षमा करना :
मैं इन सड़कों पर जोखम बिना नहीं निकल सकता हूँ
एक बार सागर में काउंट के पोत पर जब हमला हुआ था
मैं उसमें शामिल था। यह उन्हें याद होगा
ऐसे कि यदि मेरा प्राण यहाँ वह हर लें
तो कोई उसका जवाब नहीं।

सेबास्टियन : तुमने उसके बहुत सैनिक मारे होंगे।

एंटोनियो : इतना संगीन नहीं है मेरा अपराध
ऐसी कुछ बन आई थी कि रक्तपात हुआ
उसका भी प्रतिकार बाद में हो गया
करके व्यवहार माल लौटाया लूट का
सारे शहर ने, बस अलग रहा एक मैं
और इसका मोल यहाँ भारी चुकाऊँगा
जो मैं पकड़ा गया।

सेबास्टियन : तब सरेआम मत निकलना तुम

एंटोनियो : सो मुझे शोभा नहीं देता है : यह लो मेरा बटुआ
दक्खिनी मोहल्ले की हस्तिनी सराय में
रहना अच्छा होगा : मैं भोजन के लिए कहता हूँ
समय बिताओ तब तक दृश्य नगर के निहारकर
कौतूहल करो। मैं वहीं मिलूँगा।

सेबास्टियन : तुम्हारा बटुआ क्यों लूँ?

एंटोनियो : कोई खिलौना कहीं भा जाए और उसे लेने का
मन हो तो ले लेना
कौतुक के लिए तो तुम्हारा नहीं है धन।

सेबास्टियन : तो मैं खजांची तुम्हारा हूँ और एक घंटे के लिए विदा हूँ।

एंटोनियो : हस्तिनी सराय को

सेबास्टियन : हाँ, मुझे याद है

[अलग-अलग जाते हैं।]

दृश्य : 4

ओलिविया का बगीचा

[ओलिविया और मारिया आती हैं।]

ओलिवियो : उसको न्योता है, यदि उसने स्वीकार किया
किस विधि सत्कारूँगी क्या उस पर वारूँगी

यौवन तो माँगकर नहीं मिलता
जीत लिया जाता है
मैं बहुत ऊँचे स्वर में बोली—
कहाँ है मैलवोलियो? सौम्य और सभ्य
इस मनःस्थिति से मेरी वह सेवक उपयुक्त है
कहाँ है मैलवोलियो?

मारिया : मालकिन, आ रहा है, परंतु भेस अद्‌भुत है। निश्चय ही उस पर शैतान चढ़ गया है, मालकिन।

ओलिविया : अरे, क्या हुआ? क्या वह बकता झकता है?

मारिया : नहीं, मालकिन, वह मुस्कुराए जाता है और कुछ नहीं। मालकिन किसी पहरेदार को बुलाय लें तब उसको आने दें काहे से कि निश्चय ही उसका सर फिर गया है।

ओलिविया : जाओ उसे ले आओ *(मारिया जाती है)*
वह उतना ही पागल है जितनी मैं पागल
रोना और हँसना यदि एक ही समान हो

[मारिया और मैलवोलियो का फिर से आना।]

कहो मैलवोलियो।

मैलवोलियो : श्रीमती, हो हो

ओलिविया : तू मुस्कुराता है?
मैंने तुझे दुख में बुलाया है

मैलवोलियो : दुख, देवी! मैं भी दुखी ही हूँ : यह आड़े बंद हैं, ये रक्त के प्रवाह को धीमा किए देवे हैं, पर उससे क्या? यदि यह किसी की आँखों को सुहाते हैं तो मैं तो कहूँगा कि जैसे वह गाना है : "तू खुश तो जहान खुश"।

ओलिविया : अरे! क्या हुआ है तुझे भले मानस? तेरा हाल क्या है?

मैलवोलियो : पाँव पीले हैं मगर दिल काला नहीं है, वह उसके हाथ लग गया है और आदेशों का पालन किया जाएगा : हम समझते हैं कि हमने वह प्यारी-प्यारी लिखावट पहचान ली है।

ओलिविया : तू जाकर लेटेगा, मैलवोलियो?

मैलवोलियो : लेटूँगा?

ओलिविया : भगवान तेरा भला करे। तू बार-बार मुस्कुराता है और हाथ चूमता है, क्यों ऐसा क्यों?

मारिया : ठीक तो हो मैलवोलियो?

मैलवोलियो : तुम पूछ रही हो? हाँ ठीक हूँ। बुलबुल कौए को उत्तर दे रहा है।

मारिया : तुम इस बेहूदगी के साथ मालकिन के सामने क्यों हाजिर होते हो?

मैलवोलियो : "बड़प्पन से डरो नहीं"—सही लिखा था।

ओलिविया : क्या मतलब, मैलवोलियो?

मैलवोलियो : "कुछ बड़प्पन लेकर पैदा होते हैं"—

ओलिविया : हाँ !

मैलवोलियो : "और कुछ पर बड़प्पन थोप दिया जाता है"

ओलिविया : भगवान तेरी रक्षा करे

मैलवोलियो : "याद करो कि पीले मोजे किसने पसंद किए थे—"

ओलिविया : पीले मोज़े ?

मैलवोलियो : "और कहा था कि आड़े बंद बाँधा करो"

ओलिविया : आड़े बंद ?

मैलवोलियो : "जा तेरा भविष्य उज्ज्वल है, यदि तू चाहती है तो।"

ओलिविया : मेरा भविष्य उज्ज्वल ?

मैलवोलियो : "यदि नहीं तो दारोगा तो बना ही रह"

ओलिविया : अरे इसके तो सर में गर्मी चढ़ गयी है।

[नौकर आता है।]

नौकर : मालकिन : काउंट ऑरसिनो का नौजवान दूत लौट आया है : मैं बड़ी मुश्किल से उसे वापस लाया। वह आपकी सेवा में प्रस्तुत है।

ओलिविया : मैं उससे मिलने को आती हूँ *(नौकर जाता है)* ऐ भली मारिया, इस भलेमानस की देखभाल होनी चाहिए। मेरा भाई सर टोबी कहाँ है ? कुछ लोग इसकी ओर विशेष ध्यान देने को लगा दो : मैं नहीं चाहूँगी कि इसे कुछ हो जाए। खर्च चाहे जितना हो *(ओलिविया और मारिया अलग-अलग दिशाओं में जाते हैं)*

मैलवोलियो : ओ हो, जब ज़रा मेरे नजदीक आकर देखो। मेरी देखभाल को सर टोबी से गयागुजरा कोई नहीं मिला! यह तो उस ख़त के एकदम अनुरूप है। उन्होंने जानबूझकर उसी को भेजा है ताकि मैं उससे सख्ती से पेश आऊँ; क्योंकि खत में उन्होंने यह कहा था "अपनी मनहूसियत उतार फेंक" लिखती है, "बिरादरी के आदमी से दो-चार हो, नौकरों से सख्त और राजकाज की बातें किया कर, सबसे अलहदा दिख" और भी लिखा था कि किस तरह, गंभीर चेहरा हो, शानदार चाल हो, बोली में बड़प्पन हो जैसे ख़ासुलखास होता है। फाँस लिया मैंने उसे, हाय, यह तो ईश्वर की माया है और हे ईश्वर मैं तेरा कृतज्ञ हूँ ! और अभी जब वह गयी तो कह गयी इस भलेमानस की देखभाल होनी है—मुझे भलामानस कहा—मैलवोलियो नहीं, न मेरी हैसियत का नाम लिया बल्कि भलामानस कहा। अरे सब बातें तो सही उतर रही हैं, संदेह, रत्तीभर संदेह रह नहीं गया है, कोई बाधा नहीं, कोई प्रतिकूलता कोई संशय नहीं—अरे क्या कहा जाए—ऐसा कुछ भी नहीं जो मेरे और मेरी

आशा के फलने में आड़े आए। हे ईश्वर, मैं नहीं
तू ही सब करता है और तू महान है।

[सर टोबी, फ़ेबियन और मारिया आते हैं।]

सर टोबी : कसम ईमान की, कहाँ है वह ? दोजख़ के सारे शैतान उसमें सिमटकर बैठे हों और उनका सरदार खुद उस पर सवार हो तो भी उससे बात करना चाहूँगा।

फ़ेबियन : यह रहा, यह रहा। क्या हाल है आपका, भाई साहब, क्या हाल है जनाब ?

मैलवोलियो : परे रह, धत्तेरे की, मुझे एकांत में मस्त रहने दे, चल।

मारिया : देखो शैतान इसके भीतर से कैसे बोल पड़ा। मैंने नहीं कहा था? सर टोबी, मालकिन ने कहा है कि आप इसकी खूब देखभाल करें।

मैलवोलियो : आ हा, यही तो कहा था ?

सर टोबी : रहो, रहो, शांत हो : हमें इसके साथ मुलायमियत से पेश आना चाहिए : मुझे बात करने दो : कैसे हो ? मैलवोलियो ? क्या हाल है तुम्हारा ? अरे भाई, शैतान को मार भगाओ, ज़रा सोचो वह मनुष्यजाति का शत्रु है।

मैलवोलियो : कुछ पता है क्या बक रहा है ?

मारिया : देख लो, शैतान की जो बुराई की तो कितना बुरा लगा।
कहीं इसे भूत न चढ़ गया हो
अगर यह चल बसा तो मेरी मालकिन को इतना अफसोस होगा कि मैं बता नहीं सकती।

मैलवोलियो : क्या बकती है, औरत !

मारिया : हे ईश्वर।

सर टोबी : सुन मेरी सुन, जरा शांत रह, इस तरह नहीं—देखती नहीं कि वह बौखला उठा है, ठहर, मुझे देखने दे।

फ़ेबिगन : मुलायमियत से भाई, आहिस्ते-आहिस्ते, भूत जबर्दस्त है और उसे जबर्दस्ती पसंद नहीं।

सर टोबी : क्या हाल है पहलवान, कैसे हो मेरे बटेर?

मैलवोलियो : महोदय !

सर टोबी : अरे-अरे, मुरगे आ जा, आ जा। अबे भले आदमी शैतान के साथ कहीं गुल्लीडंडा खेलते हैं ? पकड़के लटका शैतान को; मरदूद।

मारिया : इससे कहो, ईश्वर का नाम जपे, सर टोबीजी नाम जपने को कहो।

मैलवोलियो : नाम जपूँ ? बेसवा

मारिया : देखा ! मैंने कहा था कि ईश्वर का नाम भी सुन नहीं सकता !

मैलवोलियो : चलो हटो, डूब मरो सब के सब ! तुम सब निकम्मे और कमबख्त लोग हो : मैं तुम्हारी किस्म का

नहीं हूँ : आखिर में पता चलेगा तुम सबको।

[जाता है।]

सर टोबी : क्या यह सच कहता है ?

फ़ेबियन : अगर यह अभी मंच पर खेला जाए तो मैं
इसे निरी बेसिरपैर की कहानी कहकर कंडम कर दूँगा।

सर टोबी : हमारा षड्यंत्र उसकी आत्मा में प्रवेश कर गया है भाई।

मारिया : नहीं, अभी छोड़ो नहीं, कहीं वह षड्यंत्र बासी न
पड़ जाए।

फ़ेबियन : अरे हम उसको हवन्नक बना के छोड़ेंगे।

मारिया : हाँ, इस मकान में शांति हो जाएगी।

सर टोबी : चलो हम उसे बाँध के अँधेरे कमरे में डाल दें।
मेरी भतीजी को यकीन हो ही चुका है कि उसका दिमाग
चल गया है; अभी ऐसे ही चलने दो। हमारी मौज है।
और उसकी मुसीबत। जब हम खेल में थक जाएँगे
तब उस पर रहम कर सारी बात खोल देंगे—और एक
पागल बनाने का सेहरा तेरे सर बाँधेंगे—
मगर जरा देखो तो।

फ़ेबियन : फागुन की मस्ती का एक और मसाला मिला।

[सर एंड्रयू आते हैं।]

सर एंड्रयू : यह लो, चुनौती का पत्र है, पढ़ो इसको। कसमिया इसमें
बड़ी तेज़ मिर्च मिलाई है मैंने।

फ़ेबियन : गरम मसाला भी है ?

सर एंड्रयू : और नहीं तो क्या : पढ़के तो देख।

सर टोबी : इधर लाओ *(पढ़ता है)* ऐ नौजवान, तू चाहे कोई हो,
तू है एक मरगिल्ला जीव।

फ़ेबियन : वाह! सत्य और ओज से ओतप्रोत

सर टोबी : यों भौंचक मत रह और खोपड़ी न खुजला कि मैं क्या
ऐसा कहता हूँ क्योंकि मैं इसका कोई कारण बताने का नहीं।

फ़ेबियन : सुलिखित पत्र है और कानून की पकड़ से बचकर लिखा
गया—वाह।

सर टोबी : *(पढ़ता है)* तू श्रीमती ओलिविया के यहाँ आता है और मैं देखता
हूँ कि वह तुझे पतियाती है मगर तेरी जबान वह झूठ
के सिवाय और कुछ नहीं : मेरी चुनौती की वजह यह नहीं है।

फ़ेबियन : अद्भुत संक्षेप है, दिव्य अर्थ *(स्वगत)* हीन है।

सर टोबी : तू जब घर जाता होगा तो मैं तुझे घेर लूँगा और यदि
संयोग से तूने मुझे मार डाला—

फ़ेबियन : बहुत अच्छे।

सर टोबी : तो यही कहा जाएगा कि तूने मुझे कमीने बदमाश की
तरह मारा।

फ़ेबियन : इसमें भी तुमने कानून के चंगुल से बचे रहने का प्रबंध

कर लिया है।

सर टोबी : तू सुखी रह और भगवान हममें से एक पर कृपा करें वह मुझ पर कृपा करेंगे किंतु मैं और भी आशावान हूँ और तू अपनी ख़ैर मना। तेरा दोस्त जैसा कि तू मुझको समझता है और तेरा जानी दुश्मन, एंड्रयू एगूचीक यह पत्र पढ़कर वह विचलित न हो उठे तो समझो उसके भीतर विचलित होने लायक कुछ है ही नहीं। यह मैं उसे दे दूँगा।

मारिया : देने का उम्दा मौका भी है : इस समय वह मेरी मालकिन से वार्तालाप करता है और थोड़ी देर में जानेवाला होगा।

सर टोबी : जाओ सर एंड्रयू अहतमद बन जाओ और बगीचे के नुक्कड़ पर जैसे ही दीख पड़े तलवार खींचना और जैसे ही खींचना गरजकर गरियाना : क्योंकि दुनिया का कायदा है कि एक जोरदार गाली झटके से दी जाए और जरा डपटकर तो मर्दानगी की शान बहुत बढ़ जाती है—मर्दानगी का सबूत देने से उतनी नहीं बढ़ती—चलते फिरते नजर आओ।

सर एंड्रयू : क्यों नहीं, गाली देने को मैं काफी हूँ *(जाता है)*

सर टोबी : अब यह खत मैं नहीं पहुँचाऊँगा क्योंकि नौजवान का बर्ताव दिखाता है कि वह भले घर का लड़का है और समझदार है : उसके स्वामी और मेरी भतीजी के बीच उसका तैनात होना भी यह दिखलाता है। इसलिए यह पत्र, जो कि अत्यंत मूर्खतापूर्ण है उसके दिल में दहशत पैदा नहीं करेगा। वह यही समझेगा कि किसी मिट्टी के माधो ने लिखा है। हाँ, जनाब मैं यह चुनौती ज़बानी पहुँचा दूँगा, कहूँगा कि एगूचीक की शूरवीरता की बड़ी धूम मची है, और नौजवान को ऐसा उकसाऊँगा *(जवानी के जोश में वह हत्थे चढ़ जाएगा)* कि वह उसके क्रोध, दर्प कौशल औ' वेग के भय से भर जाएगा। इस तरह दोनों इतने उत्तेजित हो जाएँगे कि एक दूसरे को खाकर खत्म करनेवाले साँपों का किस्सा हो जाएगा।

[ओलिविया और वायोला आती हैं।]

फ़ेबियन : यह लो, तुम्हारी भतीजी के साथ आ रहा है वह : उनको बतियाने दो। और जब वह रुखसत हो, उसके पीछे लगो।

सर टोबी : तब तक मैं चुनौती के लिए कुछ भयंकर शब्द सोचता हूँ।

[सर टोबी, फ़ेबियन और मारिया जाते हैं।]

ओलिविया : जिससे निवेदन करती हूँ मैं बार-बार
पत्थर का बना हुआ कोई हृदय है वह

बार-बार लोकलाज को मैं बिसराती हूँ
बार-बार भीतर कुछ मुझको बरजता है
कोई उद्यम औ' अदम्य मोह मन में है
बार-बार ठुकरा जो देता है वर्जना

वायोला : जैसी तुम्हारे प्रेम की गति है वैसी ही
मेरे स्वामी की वियोग वेदना की है।

ओलिविया : तो मेरी ओर से अलंकार यह पहनो : इसमें मेरी छवि है
इनकार मत करना, यह बोल-बोलकर तुम्हें दुख नहीं देगी
और विनती करती हूँ कि कल होते फिर आना
ऐसा कुछ नहीं है कि तुम माँगो मैं न दूँ
यदि मर्यादा में रहकर मैं दे सकूँ।

वायोला : और कुछ नहीं। आप मेरे स्वामी को अपना मन दें।

ओलिविया : कैसे मर्यादा में रहकर मैं उनको मन दूँ
वह मन जो मैंने तुमको दे डाला है

वायोला : मैं आपको मुक्त करता हूँ।

ओलिविया : अच्छा कल फिर आना, सुखी रहो
तू हो यदि संग तो नरक भी दुःखद न हो। *(जाती है)*

[सर टोबी और फ़ेबियन आते हैं।]

सर टोबी : भले आदमी तुझे भगवान बनाए रखे।

वायोला : और आपको भी महोदय।

सर टोबी : तेरे पास अपनी रक्षा का जो भी सामान हो तैयार कर ले
तूने कौन से अपराध किए हैं, यह मैं नहीं जानता
किंतु तेरा शत्रु प्रतिहिंसा से भरा हुआ, शिकारी-सा
खूँख़ार तेरे लिए बाग के नुक्कड़ पर बैठा है।
तलवार बाहर कर, फुर्ती से काम ले, क्योंकि तेरा
दुश्मन तेज है होशियार है और घातक है।

वायोला : आपको गलतफहमी हुई है। मुझे विश्वास है कि किसी
व्यक्ति को मुझसे बैर नहीं हो सकता : मेरी स्मृति में
किसी के प्रति अपराध का लेशमात्र नहीं है।

सर टोबी : मैं कहे देता हूँ कि बात ऐसी नहीं है। इसलिए
तुमको अपने जीवन से प्यार है तो अपनी रक्षा को प्रस्तुत
हो क्योंकि प्रतिद्वंद्वी में वह सब हैं जो कि शक्ति
यौवन औ' कौशल औ' क्रोध किसी पुरुष को देता है।

वायोला : कृपा कर यह तो बताएँ कि वह कौन है?

सर टोबी : वह एक बहादुर है
जिसे जब दीक्षित किया गया तो उसकी
तलवार कोरी की कोरी थी और उसे युद्धभूमि
पर नहीं महल के फर्श पर उपाधि मिली। मगर
झगड़ा झंझट में वह उस्ताद है। आत्मा और शरीर में
वह तीन बार विच्छेद कर चुका है और इस समय उसका

आक्रोश इतना अदम्य है कि मौत और मकबरा ही
उसको ठंडा कर सकता है। मरो या मारो यही उसका
नारा है। लड़ता है तो लड़, नहीं हार मान।

वायोला : मैं मकान को वापस जाऊँगा और स्वामिनी का संरक्षण
माँगूँगा। मैं कोई लड़का नहीं हूँ, मैंने सुना है कि कुछ
लोग होते हैं जो यों ही दूसरों को जाँचने के लिए
जानबूझकर झगड़े खड़े करते हैं। हो न हो, यह शख़्स भी
उसी किस्म का है।

सर टोबी : जी नहीं महोदय, कोप का यथेष्ट कारण है
इसलिए तुम आगे बढ़ो और उसको जवाब दो।
तुम मकान को लौटकर नहीं जा सकते
पहले मुझसे ही निबटना पड़ेगा और इससे अच्छा है
कि तुम उसी से निबट लो। इसलिए चलो।
तलवार म्यान से निकालो क्योंकि जूझना तो है ही,
यह निश्चित है। नहीं तो वादा करो कि तलवार
बाँधना छोड़ दोगे।

वायोला : यह तो अभद्र भी है और अद्‌भुत भी।
अरे महाशय मेरे लिए इतना सौजन्य तो
दिखाएँ कि उस बहादुर से पूछूँ कि
मैंने उसका क्या बिगाड़ा है—मेरी कोई
चूक ही रही होगी, जानबूझकर कुछ नहीं किया।

सर टोबी : अच्छा, पूछता हूँ। श्रीमान फ़ेबियन आप इस भद्रलोक
के पास मेरे लौटने तलक कृपया खड़े रहें।

[सर टोबी जाते हैं।]

वायोला : सुनिए महानुभाव, आप इस रहस्य को जानते हैं।

फ़ेबियन : मैं इतना जानता हूँ कि वह योद्धा आपके विरुद्ध
अत्यंत उत्तप्त है और प्राण लेकर या देकर ही रहेगा।
हाँ, ऐसा क्यों है, यह कुछ नहीं जानता।

वायोला : कृपा कर यह बताएँ कि वह कैसा व्यक्ति है।

फ़ेबियन : शक्ल-सूरत से कोई ऐसा महान वीर नहीं दीखता है
जैसा तुम उससे जब लड़ोगे तो पाओगे।
निःसंदेह वह जैसा रणकुशल रक्त प्यासा और
प्राणांतक शत्रु है वैसा तुम इलीरिया में कहीं नहीं
पा सकते। महोदय, तुम उसकी दिशा में चरण धरो।
हो सका तो मैं तुम दोनों की संधि करा दूँगा।

वायोला : तब तो मैं आपका बहुत-बहुत आभार
मानूँगा। मैं तो योद्धा की नहीं पुरोहित की
खोज में आया था। मेरे शौर्य की किसी को
पहचान हो या न हो, मेरी बला से *(जाते हैं)*

[सर टोबी और सर एंड्रयू आते हैं।]

सर टोबी : वल्लाह! आदमी है कि शैतान!
मैंने ऐसा कंटक कभी नहीं देखा था।
मेरी उससे एक झड़प हुई थी और मैंने
करौली चमकाई और वार किया, बस उसने
पलटकर तलवार का वह हाथ फेंका कि
बचाना मुश्किल हो गया। उसके जवाबी वार
ऐसे सधे हुए होते हैं जैसे तुम समझो कि
तुम्हारा धरती पर चलना है—कहते हैं कि वह
ईरान के शाह को तलवार सिखाता था।

सर एंड्र्यू : मैं उससे भिड़ना नहीं चाहता।

सर टोबी : हाँ, मगर अब वह शांत कैसे होगा, फ़ेबियन
बड़ी मुश्किल से उसको वहाँ रोके हुए है।

सर एंड्र्यू : लाहौल बिलाकूवत। मुझे मालूम होता कि वह
तलवारबाजी में इतना बहादुर और होशियार
होगा तो मैं उसको चुनौती क्यों दे बैठता। उससे
कहो कि जाने दे, चाहे तो मेरा
घोड़ा ले जाए। वह किस्सा खत्म करे।

सर टोबी : अच्छा, यह प्रस्ताव रखूँगा—डंटे रहो, घबराओ
नहीं, इसका अंत प्राणों के विनाश के बिना
हो जाएगा। *(स्वगत)* वाह ! वाह !! मैं तुम्हारे
घोड़े पर भी सवारी गाँठूँगा तुम पर तो गाँठ ही
रहा हूँ।

[फ़ेबियन और वायोला फिर से आते हैं।]

(फ़ेबियन से) सुलह कराने के लिए इसने अपना
घोड़ा दिया है। मैंने इसे पढ़ाया है कि नौजवान
भयंकर है।

फ़ेबियन : वह भी इससे बुरी तरह घबराया है और ऐसे
हाँफता है और पीला पड़ गया है जैसे कोई भालू
उसका पीछा कर रहा हो।

सर टोबी : *(वायोला से)* कोई चारा नहीं है महोदय,
वह अपना प्रण पूरा करने को तुमसे लड़े बिना
मानेगा नहीं—और हाँ, उसने बहुत सोचा कि
आखिर किस वजह से वह नाराज है। और वह कहता
है कि कोई बताने लायक बात उसे नहीं मिली।
इसलिए अब उसके प्रण की रक्षा के लिए तू अपना
खड्ग खींच—उसने घोषित किया है कि तुम्हें
चोट नहीं लगेगी।

वायोला : *(स्वगत)* हे ईश्वर, रक्षा कर। तनिक में ही सब जान जाएँगे
कि मुझमें पुरुषत्व की कितनी कमी है।

फ़ेबियन : *(सर एंड्र्यू से)* अगर देखना कि वह बहुत प्रचंड

है, तो फिर खिसक आना।

सर टोबी : आ जाओ सर एंड्रयू, कोई चारा नहीं है, नौजवान अपनी प्रतिष्ठा की रक्षा के लिए तुमसे एक बाजी लड़ेगा। द्वंद्व के नियम के अनुसार वह भाग नहीं सकता। लेकिन उसने मुझे वचन दिया है। क्योंकि वह योद्धा ही नहीं एक भद्र पुरुष भी है कि वह तुम्हें घायल नहीं करेगा। आ जाओ। लड़ जाओ।

सर एंड्रयू : ईश्वर करे, वह अपने वचन का पालन करे।

[एंटोनियो आता है।]

वायोला : यह निश्चय जानो कि यह मेरे मन के प्रतिकूल है।

[सर एंड्रयू और वायोला तलवार खींचते हैं।]

एंटोनियो : *(तलवार खींचकर)* तलवार रख दो। इस नौजवान ने अपराध कोई किया है तो मैं उसका दोष अपने ऊपर ले रहा हूँ।
जो उस पर वार किया तो मैं बदला लूँगा।

सर टोबी : आप कौन हैं जनाब ? कहाँ से आ गए ?

एंटोनियो : मैं वह हूँ, जो इसके खातिर जाने क्या-क्या काम कर सकता हूँ। मैं अगर बताऊँगा कि क्या तो वह कम होगा।

सर टोबी : अच्छा, तो तुम ठेकेदार हो, हो जाएँ दो-दो हाथ।

[तलवार खींचता है। अधिकारी आते हैं।]

फ़ेबियन : सर टोबी, ठहरिए, अधिकारी आते हैं।

सर टोबी : *(एंटोनियो से)* मैं थोड़ी देर में फिर तुमसे लड़ूँगा।

वायोला : *(सर एंड्रयू से)* सुनिए महोदय, तलवार रख दें तो कृपा होगी।

सर एंड्रयू : हाँ, हाँ, बस रखता हूँ। यह तो मैंने वचन ही दिया था। वचन पालन करूँगा। वह अच्छा जानवर है, और मजे में सवारी देगा।

प. अधिकारी : यही आदमी है। अपना कर्तव्य करो।

दू. अधिकारी : एंटोनियो, काउंट ऑरसिनो के द्वारा अभियोग में मैं तुमको बंदी बनाता हूँ।

एंटोनियो : आपने गलत समझा है मुझको महोदय।

प. अधिकारी : जी नहीं, गलत नहीं। चेहरा मैं आपका भलीभाँति पहचानता हूँ, हालाँकि इस समय आप टोपी नहीं पहने हैं। ले जाओ। यह जानता है कि मैं पहचानता हूँ इसे।

एंटोनियो : मुझे मानना होगा *(वायोला से)*
तुम्हें खोजने का यह फल पाया
पर कोई चारा भी नहीं है
मुझे उत्तर देना है
अब तुम क्या करोगे

हाँ, मैं इस संकट में
तुमसे अपना बटुआ माँगूँ तो दे दोगे
मैं जो तुम्हारे लिए कर नहीं पाया हूँ
उसका दुख अधिक है ही
और अपना दुख कम है
तुम चकित खड़े क्यों हो ?
सहज क्यों नहीं होते ?

दू. अधिकारी : चलो अब चलना है।

एंटोनियो : मुझको उस धन में से थोड़ा-सा दे दो न !

वायोला : कैसा धन महोदय,
आपने यहाँ जो उदारता दिखाई है
और आप स्वयं भी संकट में पड़े हैं
इसलिए अकिंचन सामर्थ्य के अनुसार
मैं थोड़े धन का ऋण दे दूँगा
बहुत नहीं है पास
जो है उसका आधा
आप लें।
लीजिए यही मेरा कोष है।

एंटोनियो : अच्छा तुम मुझसे यों मुकर जाओगे साथी
क्या यह संभव है कि मेरी अवस्था से
तुम द्रवित नहीं होते।
मेरी दयनीयता का न उपहास करें
अन्यथा कहीं इतना अधम हो न जाऊँ मैं
कि तुमको गिनाने लगूँ अपने उपकार।

वायोला : वे जो हैं मुझको अज्ञात हैं
चेहरे से बोली से कैसे भी मैं तुमको जानता नहीं हूँ
मनुष्य का विकारशील मानस जिन
झूठ, दंभ, विषय, आदि से जर्जर होता है
उनसे भी क्षुद्र है विकार अकृतज्ञता।

एंटोनियो : हे ईश्वर !

दू. अधिकारी : जाओ, अब जाओ भी।

एंटोनियो : मुझको कुछ कहने दो : यह युवक, यहाँ जो है
इसे मैंने मौत के जबड़ों से छुड़ाया था
और इतने प्यार से इसे रखा
सूरत से होनहार लगता था यह युवक
और मैंने उसको वैसा ही आदर दिया।

प. अधिकारी : तो हमको क्या मतलब, वक्त अब नहीं है, चल।

एंटोनियो : किंतु देवमूर्ति सिद्ध होती है पतित
रूप रंग को सेबास्टियन तूने झुठला दिया
प्रकृति में दोष नहीं है कोई, मन में है

कोई अपंग नहीं, निर्दय ही है अपंग
शील सुंदरता है माना, पर सुंदर है शीलहीन
खाली मंजूषा से
जिस पर हों लिखे हुए बाहर विचित्र चित्र।

प. अधिकारी : इसका सिर फिरता जा रहा है, ले जाओ इसको।
चलो, चलो।

एंटोनियो : चलो भाई, ले चलो। *(अधिकारियों के साथ जाता है)*

वायोला : ये उसके शब्द गहन पीड़ा से उपजे थे
उनमें विश्वास था : पर मुझमें है नहीं
आज प्रिय भाई, तुमको पहचाना गया
सत्य बन, आ री ओ तू कल्पना सत्य बन

सर टोबी : चलो चलो बहादुर, चलो चलो, फ़ेबियन
हम भी दो-चार कवित्त रचें जिनमें गंभीर
उपदेश बताए जाएँ।

वायोला : उसने सेबास्टियन कहा था
वह मेरा भाई तो मेरे दर्पण में प्रतिबिंब के समान है
ठीक ऐसा ही आनन ऐसी ही चितवन और ऐसा ही
वसन वेश
जैसा मैं उसके अनुकरण में पहनती हूँ
अहा, सत्य हो यह तो सागर का खारा जल
प्रेम-सा मधुर है प्रभंजन दयालु है *(जाती है)*

सर टोबी : एक निहायत बेईमान छिछोर छोकरा और चूज़े से
ज्यादा चिड़ीदिल ! इसकी बेईमानी देखो
दोस्त को मुसीबत में दगा दे गया, मुकर गया
और कायरता का सबूत तो फ़ेबियन बताएगा

फ़ेबियन : कायर, एक अत्यंत श्रद्धालु कायर, जिसकी कायरता
में संपूर्ण आस्था है।

सर एंड्रयू : कसम से, मैं इसके पीछे जा रहा हूँ, इसे पीटूँगा।

सर टोबी : झापड़ रसीद करो, तलवार म्यान में रखो।

सर एंड्रयू : हाँ, वही रखूँगा...

फ़ेबियन : आओ, चल के देखें क्या होता है।

सर टोबी : शर्त बद लो, कुछ नहीं होने का।

[जाते हैं।]

अंक : चार

दृश्य : 1

ओलिविया के घर के सामने की सड़क

[सेबास्टियन और विदूषक आते हैं।]

विदूषक : अच्छा मुझे समझा दो कि मैं तुम्हारे लिए नहीं भेजा गया हूँ।

सेबास्टियन : चलिए, चलिए, आप एक गावदू इनसान हैं, मेरा पिंड छोड़िए।

विदूषक : वाह बेटा, हमीं से बन रहे हो, हाँ भाई मैं आपको —क्या जानूँ:
न मुझे मालकिन ने आपके पास भेजा है;
कि आप चलें और उनसे बात करें न आपका नाम श्रीमान सिज़ेरियो है, न यह मेरी नाक है। जो भी चीज़ है, वह समझिए कि नहीं है।

सेबास्टियन : मैं हाथ जोड़ता हूँ अपनी हिमाक़त
का ढिंढोरा कहीं और जाके पीटिए। आपसे मेरी कोई जान-पहचान नहीं है।

विदूषक : ढिंढोरा और हिमाक़त का! ये शब्द इसने किसी महापुरुष के बारे में सुने होंगे, वही एक विदूषक पर लागू कर रहा है। हिमाक़त का ढिंढोरा!
मुझे तो अंदेशा है कि अगर कहीं बनवट का यह मर्ज़ फैल गया तो यह विहंगम दुनिया आपकी नज़ाकत न सीख ले।
कृपा करें, आप अपनी अजनबियत छोड़ दें
और मुझको यह बताएँ कि अपनी मालकिन
के यहाँ क्या ढिंढोरा पीटूँ : क्या यह ढिंढोरा
पीटूँ कि आप आ रहे हैं?

सेबास्टियन : अच्छा, अब मुझे आप बख्शिए,
आपको रकम दूँगा
और अगर फिर भी आप नहीं गए
तो फिर दक्षिणा आप और भी पाएँगे।

विदूषक : वल्लाह! आपने खुला हाथ पाया है। ये बुद्धिमान लोग मूर्खों को पैसा देकर अच्छा नाम कमाते हैं—वैसे ही जैसे कि 12 बरस का लगान देकर कोई भूमिधर बन जाए।

[सर एंड्रयू, सर टोबी और फ़ेबियन आते हैं।]

सर एंड्रयू : अच्छा, तो आप हैं ? वाह वाह! लीजिए आप
भी क्या कहेंगे *(सेबास्टियन को पीटता है)*

सेबास्टियन : ऐसा है तो यह देख, यह ले यह और ले यह और ले
(सर एंड्रयू को पीटता है) क्या यहाँ पागल बसते हैं।

सर टोबी : ठहरिए जनाब, वरना आपकी करौली को दीवार
लंघा दूँगा।

विदूषक : मैं अभी जा करके मालकिन को खबर करता हूँ।
आपमें से कुछ ऐसे सभ्य हैं कि मैं उनकी संगत के
योग्य नहीं। *(जाता है)*

सर टोबी : आइए, मुकाबले पर।

सर एंड्रयू : अमाँ यार, जाने दो : मेरे पास इसका दूसरा इलाज है
मैं इस पर कुटम्मस का मुकदमा चलाऊँगा बशर्ते कि
इलीरिया में कोई कानून वगैरा चलता हो। हालाँकि
असलियत यह है कि पहले मैंने मारा था मगर इसे कौन
पूछता है।

सेबास्टियन : हाथ हटा ले अपना।

सर टोबी : जी नहीं, यों नहीं जा सकते हैं आप। आओ मेरे
नौजवान सिपाही आगे बढ़कर लोहा लो : बड़ा
ताव खा रहे थे—आ जाओ।

सेबास्टियन : हट, परे खड़ा हो *(अपने को छुड़ा लेता है)* अब
बोल क्या चाहता है तू,
लड़ने की हिम्मत है तो तू तलवार खींच *(खींचता है)*

सर टोबी : क्या कहा ? हूँ, तब तो मुझको
इसके छटाँक दो छटाँक लज़ीज खून की दरकार है।

[तलवार खींचता है। ओलिविया आती है।]

ओलिविया : ठहरो, टोबी, ठहरो, तुमको सौगंध है, ठहर जाओ

सर टोबी : श्रीमती...

ओलिविया : तू क्या सुधरेगा ? संस्कारहीन, नीच पर्वत की
आदिम कंदराओं का जीव तू जहाँ
सभ्यता का कोई अर्थ नहीं है—
दूर हो
क्लेश मत मानो, सिज़ेरियो
ऐ उजड्ड, चलता बन

[सर टोबी, सर एंड्रयू और फ़ेबियन जाते हैं।]

मैं अनुनय करती हूँ, मेरे सुशील मित्र
तुम्हें त्रास देने का यह जो असभ्य और अनुचित
षड्यंत्र था
उसमें विवेक से काम लो
क्रोध से नहीं, मेरे घर चलो
वहाँ जब बताऊँगी कि कितनी फिजूल की

हरकतें यह किया करता है
तो तुम महज़ हँस दोगे।
आना ही होगा
न मत कहो। लानत है उस पर शिकार-सा मेरा
दिल उसने चौंका दिया।

सेबास्टियन : अरे, अरे यह क्या है, हवा किधर बहती है?
मैं होश में हूँ या कि यह एक स्वप्न है
कल्पना प्रतीति को डुबो दे विस्मृति निधि में
स्वप्न जो यही हो तो सोने दे सोने दे।

ओलिविया : अरे आओ, मानो भी
क्या तुम करोगे कहूँगी मैं जो-जो

सेबास्टियन : हाँ, देवी।

ओलिविया : याद रहे जो कहा है सो हो।

[जाते हैं।]

दृश्य : 2

[ओलिविया का मकान। मारिया और विदूषक आते हैं।]

मारिया : अरे देखो, यह चोगा पहन लो और यह दाढ़ी लगा लो। उसको यकीन आ जाएगा कि तुम सर टोपास पंडित हो। जल्दी करो। तब तक सर टोबी को बुलाती हूँ। *(जाती है)*

विदूषक : अच्छा मैं पहन लूँगा और उससे ढक जाऊँगा और मेरे ख्याल से ऐसा विचित्र चोगा आज तक किसी ने न पहना होगा। मैं इतना लंबा तो नहीं हूँ कि उपदेशक बन सकूँ और इतना दुबला भी नहीं हूँ कि विद्वान कहला सकूँ पर इससे क्या हुआ, भला आदमी और अच्छा आतिथेय कहलाना भी उतना ही अच्छा है जितना विद्याव्यसनी कहलाना है। तो सहयोगी जोड़ा आ रहा है।

[सर टोबी और मारिया आते हैं।]

सर टोबी : ईश्वर बनाए रखे आपको पुजारीजी।

विदूषक : आशीर्वादम् गतम् सर टोबी : जैसा कि प्राहा के प्राचीन संत ने जिसने कभी कलम कागज देखा तक नहीं था, एक बार राजा गोर्बुडुक की भतीजी को यह ज्ञान दिया था कि वह जो है है : वैसे ही मैं भी प्रधान पुरोहित होने के चलते प्रधान पुरोहित हूँ क्योंकि वह वह नहीं तो क्या है और

है नहीं तो क्या है?

सर टोबी : यह सब उसको बताइएगा सर टोपास।

विदूषक : ऐ, सुनते नहीं, कैदखाने में शांति हो।

सर टोबी : बदमाश, अच्छी नकल कर लेता है—अच्छा बदमाश है।

मैलवोलियो : *(भीतर से)* कौन आवाज़ दे रहा है?

विदूषक : पुरोहित सर टोपास हैं। पागल मैलवोलियो को देखने आए हैं।

मैलवोलियो : सर टोपास, सर टोपास, आप बड़े अच्छे हैं, मेरी मालकिन के पास जाएँ।

विदूषक : उतर दुष्टात्मा, तुझे इस मनुष्य को सताने का साहस कैसे हुआ। ऐ जब बात करता है औरतों की करता है।

सर टोबी : बहुत अच्छे, पुजारीजी।

मैलवोलियो : सर टोपास, इतना अन्याय क्या किसी के साथ हुआ होगा। आप तो अच्छे हैं। यह न समझिएगा कि मैं पागल आदमी हूँ : इन लोगों ने मुझे घुप्प अँधेरे में बंद कर रखा है।

विदूषक : धत्तेरे की। बेईमान शैतान के बच्चे। मैंने तुझको अच्छे नाम से पुकारा है क्योंकि मैं वह भलामानस हूँ जो शैतान से भी सभ्यता दिखाता है। तू कहता है कि इस मकान में अँधेरा है?

मैलवोलियो : नरक का अँधेरा है, सर टोपास।

विदूषक : वाह रे वाह, इसमें तो बड़ी-बड़ी खिड़कियाँ हैं जो दीवार की तरह पारदर्शी हैं और उत्तर दक्षिण दिशा में वह झरोखे हैं जो आबनूस की तरह काले हैं फिर भी तू रोशनी के रुकने की शिकायत कर रहा है?

मैलवोलियो : मैं पागल नहीं हूँ सर टोपास। मैं आपसे सही कह रहा हूँ कि मकान में अँधेरा है।

विदूषक : सिर फिरे, तू गलती करता है। मैं कहता हूँ कि अँधेरा और कुछ नहीं अज्ञान ही है जिसमें तू पड़ा हुआ ऐसे चकराया है जैसे मिस्र के लोग कुहरे में भी न होंगे।

मैलवोलियो : मैं कहता हूँ कि यह मकान अज्ञान-सा अँधेरा है और अज्ञान नर्क की तरह अँधेरा है। और मैं कहता हूँ कि जैसी बुरी मेरे साथ गुज़री है वैसी किसी के साथ नहीं गुजरी होगी। मैं पागल नहीं हूँ—वैसा ही हूँ जैसे तुम हो। न हो तो कोई तर्क करके तुम जान लो।

विदूषक : अच्छा तो यह बता कि पैथागोरस मुर्गियों के बारे में क्या कहता है?

मैलवोलियो : यह कि हमारे पितामह की आत्मा का चिड़िया में आना संभव है।

विदूषक : इस विचार के बारे में तेरा क्या विचार है।

मैलवोलियो : मैं आत्मा का आदर करता हूँ और इस विचार का समर्थन नहीं करता।

विदूषक : तब तेरा भला हो : तू अँधेरे में ही पड़ा रह। तू पैथागोरस के सिद्धांत को मानेगा और किसी उल्लू को मारते डरेगा इस कारण कि उसमें तेरे पितामह बैठे होंगे; तभी मैं तुझे बुद्धि का प्रमाणपत्र दूँगा। जा तेरा भला हो।

मैलवोलियो : सर टोपास, रार टोपास !

सर टोबी : वाह मेरे सर टोपास, तुम्हारा जवाब नहीं

विदूषक : मैं तो हरफन मौला कहलाता हूँ।

मारिया : तूने जो किया है वह दाढ़ी और चोगे के बिना कर सकता था क्योंकि वह तुझे देख नहीं सकता।

सर टोबी : अब उससे अपनी आवाज में बोलो औ' मुझको बताओ कि उसका क्या हाल है *(मारिया से)* अब इस हरकत से इसे बाज़ आना चाहिए। उसको सही सलामत छोड़ दे तो अच्छा हो क्योंकि अब मेरी भतीजी के साथ इतनी बदतमीजी हो चुकी है कि मैं बिना पिटे यह किस्सा आखीर तक नहीं चला सकता। अब आ सको तो मेरे कमरे में आना।

मैलवोलियो : *(गाता है)* प्यारी चिड़िया प्यारी चिड़िया
रानी का क्या हाल बता।

मैलवोलियो : मसखरे !

विदूषक : रानी ज़ालिम है। हे ईश्वर

मैलवोलियो : मसखरे।

विदूषक : हाँय, मगर क्यों। ज़ालिम है।

मैलवोलियो : अरे ओ मसखरे।

विदूषक : प्यार उसे है किसी और से—कौन है जी ?

मैलवोलियो : तू बड़ा भला है मसख़रे, हमेशा की तरह मैं तेरा खयाल रखूँगा बस तू एक दिया एक कलम दवात और एक कागज मेरे वास्ते ले आ। मैं भद्रलोक हूँ इसलिए हमेशा आभारी बना रहूँगा।

विदूषक : अरे मैलवोलियो महाराज।

मैलवोलियो : हाँ, भाई मसखरे

विदूषक : हाय, हाय, अरे आपकी पाँचों इंद्रियाँ धोखा क्यों दे गईं ?

मैलवोलियो : मसख़रे, किसी मनुष्य को इतनी बुरी तरह नहीं सताया गया होगा। मेरा दिमाग उतनी अच्छी तरह सलामत है जितना तुम्हारा है, मसखरे।

विदूषक : उतनी अच्छी तरह। तब तुम ज़रूर सिरफिरे होगे क्योंकि तुम एक मसख़रे के बराबर अक्लमंद हो।

मैलवोलियो : उन लोगों ने मुझे यहाँ असबाब की तरह डाल रखा है। अँधेरे में बंद कर दिया है और मेरे पास पादरी भेजते हैं, गधे कहीं के। और मुझे बदहवास करने की सौ सौ तरकीबें भिड़ाते हैं।

विदूषक : सोच-समझकर बोलना, पादरी यहीं मौजूद हैं *(सर टोपास बनकर)* मैलवोलियो, मैलवोलियो ईश्वर तुझे सद्‌बुद्धि दे। सोने की कोशिश कर और अपनी इस व्यर्थ की इस भड़भड़ को भूल जा।

मैलवोलियो : सर टोपास।

विदूषक : *(सर टोपास बनकर)* भले आदमी उसके साथ संवाद मत करो *(अपना आप बनकर)* किससे, मुझसे कहा? मैं नहीं करता हूँ सर टोपास भगवान आपका भला करे *(सर टोपास बनकर)* खुश रहो, आमीन *(अपने आप बनकर)* रहूँगा रहूँगा।

मैलवोलियो : मसख़रे, मसख़रे अरे ओ मसख़रे!

विदूषक : अरे अरे धीरज तो रखिए। क्या खयाल है आपका? आपसे बात करने के लिए मुझे फटकारा गया है।

मैलवोलियो : भले आदमी ज़रा कागज और कलम दवात तो ले आ —मैं तुझसे कहता हूँ कि मेरा दिमाग सही सलामत है और इलीरिया में किसी का न होगा।

विदूषक : यदि आप होते तो शुभ समाचार था।

मैलवोलियो : इस हाथ की कसम, मैं हूँ। भले मसख़रे भाई, कलम दवात और कागज ला और जो लिखूँगा वह खत श्रीमती को दे आ। चिट्‌ठी पहुँचाने का आज तक इतना बड़ा इनाम नहीं मिला होगा जितना मैं तुझे दूँगा।

विदूषक : अच्छा, मैं तुम्हारी मदद कर दूँगा। साफ-साफ यह बताओ क्या तुम वाक़ई पागल नहीं हो? या केवल बनते हो?

मैलवोलियो : यकीन करो, मैं पागल नहीं हूँ। सच कहता हूँ तुमसे

विदूषक : नहीं, नहीं, मैं किसी पागल पर विश्वास तब तक नहीं करता जब तक उसके दिमाग का सबूत नहीं मिलता। मैं तुमको रोशनी कलम दवात और कागज ला देता हूँ।

मैलवोलियो : मसख़रे, मुझे इनकी सख्त से सख्त ज़रूरत है। जा ज़रा जल्दी जा।

विदूषक : *(गाता है)*

दृश्य : 3

[ओलिविया का बगीचा, सेबास्टियन आता है।]

सेबास्टियन : आकाश उज्ज्वल है सूर्य के प्रकाश से
मोती है हाथ में जो उसने दिया था
छूता हूँ उसे और देखता उसे हूँ और
खो जाता हूँ मैं इस अनुभव के विस्मय में
एंटोनियो अब कहाँ होगा
हस्तिनी सराय में नहीं दीखा
किंतु वह वहाँ था औ' उसने मुझे
सारे शहर में खोज डाला था
उसके परामर्श की मुझे आवश्यकता है
मन मेरा कहता है कि जो हुआ यथार्थ है
संयोग होगा, पर जो है सत्य है
ऐसा ही मेरी इंद्रियाँ बताती हैं कि मैं अपने बस में हूँ
तो भी यह संयोग और अमित अनुकंपा
एक अनहोनी है, तर्क के परे है
ऐसे कि मन होता है मैं यह मान लूँ
कि या तो मैं होश में नहीं हूँ या वह है उन्मादिनी
पर ऐसा होता तो अपने भवन में वह शासन न करती होती
आदेश देती, औ' परामर्श करती हुई
वह इतना सहज, सुधी और दृढ़ नहीं होती
जैसी मैंने देखी : हो न हो कोई रहस्य है
लो वह स्वयं आती हैं।

[ओलिविया और पुरोहित आते हैं।]

ओलिविया : मेरी आतुरता को दोष न दो, मेरे हितैषी हो तो
मेरे और इन पुरोहित के संग मंदिर में चलो
इनके सम्मुख, छत्रछाया में धर्म की
प्रीति का प्रचुर दो प्रमाण प्रीतिबंधन से
ताकि ईर्ष्यालु संशयालु मन मेरे में
शांति का निवास हो। वह गोपन रखेंगे
जब तुम कहोगे तभी प्रकट करेंगे।
और उत्सव मर्यादा के अनुसार होगा
क्यों ? तुम क्या कहते हो !

सेबास्टियन : मैं इन धर्मात्मा के संग जाता हूँ, तू भी आ
सत्यवचन देता हूँ, उससे हटूँगा नहीं।

ओलिविया : तब फिर रस्ता दिखाएँ महाराज
देवता दयालु हों, मुझको आशीष दें।

[जाते हैं।]

अंक : पाँच

[विदूषक और फ़ेबियन आते हैं।]

फ़ेबियन : अच्छा, तो तू मेरा दोस्त है तो मुझे वह खत दिखा।

विदूषक : श्रीमान फ़ेबियन
मेरी भी एक इच्छा स्वीकार करें।

फ़ेबियन : जो माँगो वह दूँगा

विदूषक : तब मैंने यह माँगा कि आप यह पत्र देखने का विचार छोड़ दें।

फ़ेबियन : यह तो वैसे ही हुआ जैसे रानी ने दरबारी का पालतू कुत्ता माँग लिया था और बदले में कुछ माँगने को कहा तो उस भलेमानस ने फिर कुत्ता माँग लिया।

[ड्यूक, वायोला, क्यूरियो और सामंत आते हैं।]

काउंट : आप श्रीमती ओलिविया के सभासद् हैं ?

विदूषक : जी हजूर ! हम लोग उन्हीं की तामझाम हैं।

काउंट : तुझे तो मैं जानता हूँ, क्या हाल है तेरा भले आदमी ?

विदूषक : जी जनाब, दुश्मनों की बदौलत बेहतर और दोस्तों की बदौलत बदतर।

काउंट : यह तो उलटी बात है : दोस्तों की बदौलत बेहतर कहो।

विदूषक : नहीं जनाब, बदतर

काउंट : यह हो कैसे सकता है?

विदूषक : सुनिए जनाब, वे मेरी तारीफ़ करते हैं और मुझे गधा बनाते हैं। और मेरे दुश्मन मेरे मुँह पर कहते हैं कि मैं गधा हूँ तो मेरे दुश्मनों की कृपा से मुझे आत्मज्ञान होता है और मेरे मित्रों की कृपा से मेरा अपमान। इसलिए निष्कर्ष यदि चुंबन के समान है कि दो बार इनकार के बाद एक मिलता है तो चार इनकार दो स्वीकार हुए कि नहीं और मैं दोस्तों की बदौलत बदतर और दुश्मनों की बदौलत बेहतर हुआ।

काउंट : वाह ! यह खूब रही।

विदूषक : कसम ले लीजिए। खूब नहीं रही : आप तो मेरे दोस्त हैं हजूर।

काउंट : मेरी वजह से तुम्हारा हाल बदतर नहीं होगा। यह लो अपनी अशरफी।

विदूषक : अगर दो चेहरे रखना बुरा न समझा जाए तो कहना चाहता हूँ कि इसे दो कर दें।

काउंट : तू तो मुझे गलत सलाह दे रहा है।

विदूषक : अपने मन को जेब में जाने दें और अपने तन को मन का कहा करने दें।

काउंट : लो यह ले, एक और ले, मैं दो चेहरों का गुनहगार सही

विदूषक : साहित्य में तीन दिन हैं और तीन मिनट भी हैं और तीन तिकट महाविकट तो हैं ही, और भी तृतीया विभक्ति में आप कारण बन जाते हैं कर्ण यानी यानी कर्ण और तीन से ही जनाब दौड़ शुरू होती है इसलिए सोचकर देखें—एक, दो, तीन।

काउंट : तू जी भरके मसखरी कर ले, मुझसे अब और रकम नहीं निकाल पाएगा, हाँ अपनी मालकिन को खबर कर कि मैं उनसे मिलने को आया हूँ तो और मुझे उनसे मिलवा दे तो शायद मेरी उदारता जागृत हो।

विदूषक : वल्लाह जनाब, अपनी उदारता को आप ज़रा लोरी सुनाइए, मैं लौटकर आता हूँ। मैं जा रहा हूँ मगर आप यह न कहिएगा कि मेरी पाने की इच्छा लोभ के कारण है बल्कि जैसा आपने कहा है, अपनी उदारता को झपकी ले लेने दें, अभी मैं आकर जगा दूँगा।

[एंटोनियो और अधिकारी आते हैं।]

वायोला : यह है वह शख़्स जिसने मुझको बचाया था

काउंट : यह चेहरा मेरा पहचाना है
हाँ, पिछली बार जब देखा था युद्ध की कलौंछ
से धूसरित वह था
तब एक छिछली-सी डोंगी पर
जिसे कोई पूछता भी नहीं, वह आया
औ' मेरे सर्वश्रेष्ठ पोत से
छेड़ा दुर्द्धर्ष युद्ध
यों कि प्रतिद्वंद्वी भी शाबाश कह उठे—
मगर मामला क्या है?

प. अधिकारी : ऑरसिनो, यह एंटोनियो है, वही जिसने
मलयद्वीप से लादे हुए माल आते हुए
फीनिक्स नाम के पोत को लूटा था
यह वही है जो टाइगर पोप पर चढ़ आया था
औ' आपके भतीजे जवान टाइटस का अंगभंग कर गया
था। आज यहाँ सड़क पर बेग़ैरत बेशर्म
ऊधम मचाते हुए हमने इसे पकड़ा।

वायोला : इसने मुझ पर मेहरबानी की, मेरी तरफ से तलवार उठाई इसने, लेकिन आखीर में यह अजब-सी बातें करने लगा, जाने क्या वजह थी दिमाग बहक गया था।

काउंट : बदनाम डाकू, समुद्री चोर
तू किस मूर्खता के वश दुस्साहस कर बैठा

औ' अपने शत्रुओं के पल्ले आ पड़ा

एंटोनियो : ऑरसिनो, महामान्य
आपके दिये हुए विशेषण यदि त्याग दूँ आप बुरा मत
मानें। एंटोनियो कभी चोर-डाकू नहीं था
हाँ, सही है कि वह शत्रु ऑरसिनो का था
और इसके कारण यथेष्ट थे
मुझे मेरे ग्रह यहाँ ले आए
वह आपकी बगल में खड़ा है कृतघ्न छोकरा
जिसे क्षुब्ध सागर के फेनिल विकराल काल
से मैंने खींचकर छुड़ाया था
उसके जीने की आशा न थी
जीवन मैंने दिया और दिया प्यार अमित और अथक
उसका बनकर रहा
उसके हित अपने को लाया अरक्षित
इस मित्रहीन नगरी में जोखम के सामने
औ' उसकी खातिर हथियार भी उठाया जब वह संकट
में पड़ा
लेकिन तब मेरे साथ खतरा उठाने से कतराकर
यह मुझको पहचानने से मुकर गया
और खड़े कर दिए हमारे बीच पल भर में कई बरस
मेरा ही बटुआ यह मुझको लौटाने से इनकार कर गया
जिसे खर्च करने को दिए हुए इसे मुझे
घड़ी अभी आधी गुजरी नहीं होगी।

वायोला : यह कैसे संभव है

काउंट : वह इस नगर में कब आया था ?

एंटोनियो : आज महाराज, औ' गए तीन मास तक
बिना एक पल के व्यवधान के रात-दिन
संग संग हम रहे।

[ओलिविया और अनुचर आते हैं।]

ओलिविया : कहिए क्या आपकी करें सेवा, उसके सिवाय जो असंभव
है। कौन काम आपके मैं आ सकती हूँ ?
भूल गए तुम अपना वचन सिज़ेरियो

वायोला : श्रीमती !
काउंट : देवी ओलिविया
(दोनों साथ बोलते हैं)

ओलिविया : बोलो सिज़ेरियो, श्रीमान

वायोला : स्वामी ही बोलेंगे, मेरा कर्तव्य मौन रहना है।

ओलिविया : यदि वह पुराना राग ही हो तो श्रीमान
वह मेरे लिए बेसुरा औ' बेताल है
जैसे संगीत में चिल्लपों

काउंट : आह, इतनी कठोर

ओलिविया : नहीं, इतनी अटल

काउंट : हाय, निठुराई यह, ओ निर्मम स्त्री
तेरी आशव औ कृतघ्न मूर्ति को मैंने
इतनी निष्ठा से औ' इतनी अनुरक्ति से
क्या कोई अर्पित आराध्य पर हुआ होगा
जितनी मैं मन की अथाह गहराई से प्रेम का
निवेदन लेकर के हुआ हूँ
हाँ, अब मैं क्या करूँ!

ओलिविया : आप वही करिए जो आपको शोभा दे

काउंट : क्यों नहीं, मन मेरा यदि यह गवाही दे
मिस्र देश के उस कथानक के दस्यु-सा
स्वयं शेष होने के पहले अपने प्रिय का वध कर दूँ
बर्बर ईर्ष्या से भर
जो कि कभी-कभी सभ्यता का प्रमाण है
मगर सुनो : तुमने ठुकरा फेरी है मेरी प्रीति किंतु
कुछ-कुछ पता है मुझे हृदय में तुम्हारे कौन
मेरे ख्याल से मुझे स्खलित कर रहा है
तो तू जी, संगमर्मर का सीना लिए हुए :
लेकिन यह तुम्हारा दुलारा,
जो मैं जानता हूँ कि प्रेमी तुम्हारा है
औ' जिसको, ईश्वर साक्षी है—मैं बहुत प्यार करता हूँ
उसे काढ़ लूँगा मैं उस निर्मम आँख से
जिससे वह सिंहासन पर है विराजमान
आ युवक
संग आ मेरे मन दुष्टता उठी है जाग
मैं उस छौने की बलि दूँगा जो मुझको प्रिय है
ताकि हंस में छिपे गिद्ध को क्लेश हो।

वायोला : मैं हँसते-खेलते और राजी-खुशी
आपकी खुशी के लिए हजार मौत झेलूँगा।

ओलिविया : सिज़ेरियो, कहाँ चले?

वायोला : अपने प्रिय के समीप
जो मुझको इन औरतों से भी प्रियतर है
जीवन से प्रियतर औ' हर नारी से प्रियतर
कई-कई गुना प्रियतर
यदि मैं मिथ्या कहूँ
तो नभ के साक्षियो
प्रेम को कलंक लगाने की पाऊँ सज़ा

ओलिविया : हा, मैं हतभागी तूने कैसा छल किया?

वायोला : किसने छल किया है, अधर्म किसने किया?

ओलिविया : तू खुद को भूल गया? अभी की तो बात है
जाओ पुरोहित को ले आओ।
[एक सेवक जाता है।]
काउंट : चलो, चलो।
ओलिविया : कहाँ चले श्रीमान? मेरे पति रुको, रुको मेरे सिज़ेरियो
काउंट : मेरे पति?
ओलिविया : हाँ, हाँ, पति, इससे इनकार है?
काउंट : इनके पति, और आप!
वायोला : जी, जनाब मैं नहीं।
ओलिविया : खेद है कि तू भय से कुंठित हो
अपनी सच्चाई छिपाता है
डर मत सिज़ेरियो, अपना अधिकार माँग
वह हो जो ज्ञात है तुझे तू है
तब तू वह होगा जो होने से डरता है
निस्संशय
[पुरोहित आता है।]
महाराज, स्वागत है।
आप धर्मवान हैं, बता दें संसार को—
—यद्यपि वह अभी प्रकट करना तय नहीं था
असमय प्रकाशित जो करना पड़ रहा है—
कि घटना घटी है क्या हम दो के मध्य में
पुरोहित : प्रेम के अटूट बंधनों का अनुबंध एक
पाणिग्रहण में परस्पर संपन्न हो
औ' पुनीत मंत्रों के विधिवत उच्चारण में
पुष्ट हुआ दोनों मुद्रिकाओं के विनिमय से
यह समस्त संस्कार मैंने किया है अभी
और घड़ी कहती है कि तब से मेरा जीवन
चुकते-चुकते केवल दो घड़ी चुका है।
काउंट : धूर्त, तू अभी से सियार-सा सयाना है
न जाने क्या होगा तू ज्यों-ज्यों बुढ़ाएगा
कि तेरी लँगड़ी तेरे को ही चित्त कर देगी
बूढ़ा होने के पहले मारा जाएगा
जा, तू सुखी रह इसके संग, किंतु जा
कहीं चला जा जहाँ न हम दोनों फिर मिलें।
वायोला : स्वामी, यह सत्य नहीं
ओलिविया : घबराकर यों मत कह
थोड़ी तो शांति रख कि तू भय से व्याकुल है।
[सर एंड्रयू आते हैं।]
सर एंड्रयू : दुहाई है, दुहाई है : चिकित्सक चिकित्सक,

जल्दी सर टोबी के पास चिकित्सक भेजो।

ओलिविया : बात क्या है ?

सर एंड्रयू : उसने मेरा कपाल फोड़ डाला, और सर टोबी की भी दुर्गति की। हे ईश्वर, रक्षा कर। सौ अशरफी माँगे तो मैं दे दूँगा मगर घर से निकलने को कहे तो न निकलूँगा।

ओलिविया : यह किसकी करतूत है सर एंड्रयू।

सर एंड्रयू : काउंट के जवान सिज़ेरियो की। हम तो उसे कायर समझे बैठे थे मगर वह शैतान का अवतार निकला।

काउंट : मेरा जवान सिज़ेरियो ?

ओलिविया : लाहौल विलाकूवत, वह रहा! तुमने फिजूल ही मेरी खोपड़ी तोड़ी—मैंने तो जो कुछ किया वह सर टोबी के कहने से किया था।

वायोला : मुझसे क्या कहते हो ? मैंने कुछ किया नहीं
तुमने ही खींची थी मुझ पर तलवार व्यर्थ,
मैंने तो भली भाँति बात की हाथ उठाया नहीं।

सर एंड्रयू : खोपड़ी लाल हो जाने को पीटना कहते हैं तो तुमने मुझे पीटा है : मुझे लगता है तुम्हें लाल खोपड़ी से कोई फिक्र नहीं होती

[सर टोबी और विदूषक आते हैं।]

यह लो, सर टोबी लड़खड़ाते हुए आ गए। अब इनकी बातें सुनो पिये नहीं होते तो आपका और भी मनोरंजन करते।

काउंट : कहिए महाशयो, कैसी कट रही है ?

सर टोबी : कुछ नहीं, एक नें मुझे मारा और बात खत्म हो गयी। पियक्कड़, क्या तूने डिक सर्जन को देखा है ?

विदूषक : ओ, वह घंटे भर से पिए हुए पड़ा है सर टोबी। उसकी आँखें दिन के आठ बजा रही हैं।

सर टोबी : तब तो वह बदमाश है और ऊपर से पियक्कड़ है मुझे पियक्कड़ बदमाश से नफरत है।

ओलिविया : अरे हटाओ इसे, इनकी यह दुर्दशा किसने कर डाली?

सर एंड्रयू : आइए, सर टोबी, मैं आपको सम्हालूँगा क्योंकि हम दोनों की मरहम पट्टी एक ही साथ होगी।

सर टोबी : तू क्या सम्हालेगा ख़रदिमाग, बदमाश और सिकुट्टी बदमाश ?

ओलिविया : इसको बिस्तर में लिटा दो और इसके घावों का इलाज करो।

[सेबास्टियन आता है।]

सेबास्टियन : मुझको अफसोस है कि आपका परिजन मैंने घायल किया
किंतु अगर वह होता मेरा सगा भाई
तो भी मैंने यही किया होता

अपने को ऐसे ही बचाकर
आप मुझे यों कैसे देख रही हैं
शायद आपको बुरा लगा
क्षमा करो मेरी मधुमती मुझे
उस प्रण की याद कर जो हमने अभी-अभी किया है

काउंट : *(छंद बदलेगा)* है एक रूप स्वर एक वेश भी एक देह पर दो हैं
जो दिखता है प्रत्यक्ष अरे वह माया जैसा क्यों है

सेबास्टियन : *(छंद पूर्ववत)* मेरे एंटोनियो प्यारे एंटोनियो
जब से तू बिछुड़ा है समय के प्रवाह में
क्लेश बहुत पहुँचाया।

एंटोनियो : तुम हो सेबास्टियन ?

सेबास्टियन : तुमको संदेह है ?

एंटोनियो : कैसे अपने को बाँट लिया तुमने?
बीच से तराशे हुए सेब के दो टुकड़े
इन दोनों से अधिक परस्पर सम नहीं होंगे।
कौन-सा है सेबास्टियन?

ओलिविया : अत्यंत अद्‌भुत।

सेबास्टियन : क्या मैं वह खड़ा हूँ?
मेरे कोई भाई तो नहीं था कभी
न मुझमें वह विद्या है
एक साथ सब जगह होने की
एक बहन थी मेरे
औ' उसको दयाहीन लहरों ने लील लिया
सच कहो, तुम मेरे कौन हो ?
नाम क्या तुम्हारा है, कौन देश के वासी ?
किस कुल के रत्न हो?

वागोला : धाम मेसालीन, नाम पितु का सेबास्टियन
और सेबास्टियन मेरा भाई भी था
धारण किए था वह ऐसे ही वस्त्र जब
उसने जल समाधि ली
रूप और वस्त्र दोनों धरकर मनुष्यों का
भूत यदि आते हों
तब तुम इस वेश में डराने हमें आए हो।

सेबास्टियन : निस्संदेह भूत हूँ।
परंतु उस काया में आविष्ट जो कि गर्भ से लेकर आया था
तुम यदि औरत होतीं : बाकी बातें मेल खाती हैं
गाल पर तुम्हारे अश्रु टपकाता
कहता मैं स्वागत है, स्वागत है, स्वागत है वायोला

वायोला : मेरे पिता के माथे पर एक मसा था।

सेबास्टियन : मेरे पिता के भी।
वायोला : उनका देहांत हुआ जिस दिन उस दिन तेरह
साल हुए थे वायोला को जन्मे हुए
सेबास्टियन : ओह! वह याद मेरे मन में ज़िंदा है
यह सच है उसने जीवन लीला शेष की
जिस दिन उसी दिन बहन तेरह की हुई थी।
वायोला : अब कोई कारण रह नहीं गया
कि आनंदित हम न हों
इस उधार पुरुषवेश के सिवाय
पर जब तक देश, काल, औ' होनी के प्रमाण
से मिलकर सिद्ध न हो कि वायोला मैं ही हूँ
तब तक तू गले न लग और इसकी पुष्टि एक
नगरनिवासी कप्तान द्वारा होगी
मेरा नारी का परिधान उसके पास है
उसकी कृपा से बची मैं इस सामंतभद्र की सेवा करने को
तब से बँधा है भाग्य
मेरा इस श्रीमती औ' इस श्रीमान से
सेबास्टियन : *(ओलिविया से)* तो अब यह सिद्ध हुआ, आपको भ्रम था
किंतु भूल प्रकृति ने मनुष्य की सुधार दी
आपका विवाह एक नवेली से हुआ होता
किंतु आप इसमें तो सफल नहीं हो सकीं
औ' केवल आपको नवेला अलबेला मिला
काउंट : विस्मित मत करिए कि व्यक्ति यह कुलीन है
यदि यह प्रतिबिंब नहीं बल्कि वास्तविकता है
डूबकर जहाज़ ने कराया जो संयोग
मैं उसमें साझी हूँ *(वायोला से)* रे युवक
हज़ार बार तूने कहा है मुझे
मुझसे अधिक प्यारी नारी भी न होगी
वायोला : उन सब कथनों को मैं आज दोहराती हूँ
औ' मेरे अंतर में वे संचित रहेंगे
जैसे सँजोए हैं
रात और दिन करता
घूमता हुआ सूरज अपने हृदय में आग
काउंट : दो, अपना हाथ दो,
और मुझे अपना कमनीय रूप दिखलाओ
वायोला : मेरा परिधान कप्तान के पास है
जिसने उबारा था मुझको समुद्र से
औ' वह इस समय मैलवोलियो का अभियुक्त
होकर के कैदी है।

ओलिविया : वह उसको मुक्त करे : मैलवोलियो को बुलाओ
अरे अरे अब मुझको याद आया
कहते हैं बेचारा विक्षिप्त है वह
अद्भुत प्रकार के विस्मरण के वश
होकर मैं जाने क्यों भूल ही गयी थी यह
[एक पत्र लिए हुए विदूषक फ़ेबियन के साथ आता है।]
उसका क्या हाल है, महाशय।

विदूषक : वाकई श्रीमती उसकी जैसी हालत में शैतान को
हाथ भर दूर रखने की जो कोशिश हो सकती है
कर रहा हूँ : आपको एक पत्र लिख भेजा है। यह तो मुझे
आज सबेरे ही आपके पास पहुँचा देना चाहिए था
किंतु मैंने कहा पागल की पर्चियाँ कोई पवित्र
उपदेश तो होती नहीं—कोई बहुत अंतर नहीं पड़ता
चाहे जब पहुँचा दी जाएँ।

ओलिविया : खोलो और पढ़कर सुनाओ।

विदूषक : तब फिर ज्ञानचक्षु खोलने को तैयार हो जाइए
क्योंकि मूर्ख पागल का संदेश सुना रहा है।
(पढ़ता है) "जय भगवान की, श्रीमती"

ओलिविया : अरे अरे, पागलों की तरह क्यों चीखता है।

विदूषक : श्रीमती, पागल की चिट्ठी पढ़ रहा हूँ
और आप चाहती हैं कि सही-सही पढ़ी जाए तो
ज़रा शोर बर्दाश्त करें।

ओलिविया : कृपा करके आप इसे अपने होशोहवास में पढ़ें।

विदूषक : वही कर रहा हूँ मैं श्रीमती, उसके होश का सही रूप
समझने के लिए ऐसे ही पढ़ना होगा : इसलिए ध्यान दें
महारानी, और इधर कान दें।

ओलिविया : *(फ़ेबियन से)* तुम पढ़कर सुनाओ।

फ़ेबियन : *(पढ़ता है)* "जय भगवान की, श्रीमती आप मेरे साथ
अन्याय कर रही हैं और यह किसी से छिपा नहीं
रहेगा : आपने मुझे अँधेरे घर में डलवा दिया है और
अपने पियक्कड़ भाई को मेरे सर पर बिठा दिया
है जब कि मेरी बुद्धि में कोई बाधा नहीं जैसी आपकी
बुद्धि में है। मेरे पास आपका पत्र है। जिससे प्रेरित
होकर मैंने वह भेस बनाया था : मुझे कोई संदेह नहीं
कि उससे मेरा पक्ष सही और आपका गलत सिद्ध होगा
अब आप ही निर्णय करें। मैं आपको बता रहा हूँ
कि मुझे चोट पहुँची है। धृष्टता क्षमा करें :
मैलवोलियो, जिसके साथ पागलपन हुआ है।"

ओलिविया : यह उसी ने लिखा है?

विदूषक : जी श्रीमती।

काउंट : इसमें तो विक्षिप्तता की गंध नहीं आती।

ओलिविया : फ़ेबियन, उसे छोड़वा दो : यहाँ ले आओ

[फ़ेबियन जाता है।]

श्रीमान आगे की सोचें तो मेरा अनुरोध है
कि आप मुझे अपनी पत्नी की बहन समझें
मेरे निवास पर मेरे आयोजन में
मंगल कारज होवें—क्या यह स्वीकार है ?

काउंट : श्रीमती, आपका अनुग्रह सहर्ष मानेंगे हम
(वायोला से) मालिक तुम्हारा मुक्त करता है तुमको औ'
तुमने जो अपने संस्कार और शरीर के
विपरीत सेवा की
इतने दिन स्वामी मुझको कहा
उसके बदले में यह हाथ गहता हूँ तुम
आज से हुईं अपने स्वामी की स्वामिनी

ओलिविया : अहा, बहन

[फ़ेबियन और मैलवोलियो आते हैं।]

काउंट : पागल क्या यही है?

ओलिविया : यही है महानुभाव
मैलवोलियो कैसे हो ?

मैलवोलियो : अन्याय आपने किया मुझसे श्रीमती
घोर अन्याय किया

ओलिविया : मैंने मैलवोलियो, नहीं, नहीं।

मैलवोलियो : श्रीमती, आपने, दिया है यह पत्र यह पढ़ें
आप कह नहीं सकतीं कि आपकी लिखावट नहीं है यह
इससे अलहदा लिखकर के दिखलाएँ तो
अक्षर और शब्द आप
या अस्वीकार करें अपनी मोहर और अपने षड्यंत्र को
आप कर नहीं सकतीं : तब फिर यह मानिए
कि आपने जताया क्यों मुझ पर अनुग्रह
अपनी मर्यादा के हित में बताइए
औ' मुझसे मुस्कुराने को, बंद पहन आने को
सर टोबी और इतर लोक से दुराने को
क्यों कहा ?
औ' आज्ञा का पालन करने पर
क्यों बंदी कर दिया अँधेरे में, पुरोहित को भेजा
क्यों यह षड्यंत्र किया, बोलिए।

ओलिविया : हाय मैलवोलियो, यह मेरा लेख नहीं
यद्यपि सच है, मेरे लिखे की तरह है

निश्चय ही यह मारिया की लिखावट है
अब मुझे याद आया, पहले पहल वही कहने
आई थी तू पागल हो गया है
फिर तू आया मुस्कुराता हुआ
और उस रूप में लिखा था जो पत्र में
सुन मेरी, शांति से
तुझसे निर्मम खिलवाड़ किया गया है
पर जब हम जानेंगे किसने किया और क्यों
अपने मुकदमे का
तू ही वादी होगा औ' न्यायाधीश भी

फ़ेबियन : दयामती श्रीमती, मुझे भी कुछ कहना है,
न कोई अप्रिय विचार, क्लेश अथवा कंटक इस
अद्भुत मुहूर्त को मैं जिससे विस्मित हूँ
आप म्लान करने दें
और इस विनय के साथ कबूल करता हूँ
कि मैंने और टोबी ने रचाया था षड्यंत्र
मैलवोलियो के लिए
उसकी अभद्रता को दंड देने को
टोबी के कहे पर मारिया ने लिखा था पत्र
जिसके बदले में ब्याह लिया उसे टोबी ने
फिर यह विडंबना
ऐसे घटित हुई
कि उसमें प्रतिशोध नहीं परिहास मुख्य था
यदि दोनों पक्ष की व्यथा का अनुमान करें
तो दोनों पक्ष बराबर ही दीखेंगे।

ओलिविया : बेचारा, मूरख, अच्छा मूरख बना।

विदूषक : अरे, "कोई पैदा ही बड़ा होता है, कोई बड़प्पन पाता है
और किसी पर बड़प्पन लाद दिया जाता है"
श्रीमान इस कथानक में पहला तो मैं था
और दूसरे सर टोबी थे, पर इसको जाने दें
"ईश्वर की कसम मूर्खा, मैं पागल नहीं हूँ।"
पर आपको याद है क्या श्रीमती आप इस नीरस
मसखरे पर हँसती हैं? आप मुस्कुराए नहीं
तो इसकी बोलती बंद हो जाए? काल के चक्र ने
बदला ले लिया है।

मैलवोलियो : मैं सारी चंडाल चौकड़ी से निपट लूँगा।
[जाता है।]

ओलिविया : उसके साथ बहुत बुरी हुई है।

काउंट : उसको समझाओ औ' शांत करो मन उसका

उसको पता कप्तान का अभी बताना है

[फ़ेबियन जाता है।]

जब वह प्रकट होगा, शुभ घड़ी आएगी
हमारी आत्माओं का पवित्र होगा मिलन
तब तक मेरी बहन, हम यहीं रहेंगे
आओ सिज़ेरियो
यही कहलाने तुम
पुरुष बने हो जब तक
और अन्य वस्त्रों में तुम जब विभूषित हो
विश्व तब तुम्हें कहे
कल्पना कामिनी स्वामिनी ऑरसिनो की?

[विदूषक को छोड़कर सब जाते हैं। विदूषक का गाना।]

फागुन मेला

[शेक्सपियर के नाटक 'ए मिडसमर नाइट्स ड्रीम'
(रचना-वर्ष 1595 ई.) का अनुवाद, 1982]

पात्र-परिचय

थीसियस : एथेंस का ड्यूक (राज्यपाल)
इजियस : हर्मिया का पिता
लाइज़ेंडर
डेमिट्रियस : हर्मिया से प्रेम करनेवाले युवक
फ़िलोस्ट्रेट : ड्यूक के रंगारंग कार्यक्रम का प्रबंधक
क्विंस : मिस्त्री
स्नग : लुहार
बाटम : बुनकर
फ्लूट : धौंकनीसाज़
स्नाउट : ठठेरा
रोबिन स्टार्वलिंग : दर्जी
हिप्पोलिटा : एमेजन की रानी, थीसियस की वागदत्ता
हर्मिया : जियस की बेटी, लाइज़ेंडर की प्रेमिका
हेलेना : डेमिट्रियस की प्रेमिका
ओबेरान : परियों का राजा
टिटानिया : परियों की रानी
पक
मटरफूल (पीज़ ब्लासम)
मकड़ीजाल (काबवेब)
शलभ (मौथ)
राई (मस्टर्ड सीड) : परियाँ

अपने राजा और रानी की सेवा में जुटी अन्य परियाँ।
थीसियस एवं हिप्पोलिटा के परिचारकगण

स्थान : एथेंस और पास का वनप्रदेश

अंक : एक

दृश्य : 1

थीसियस का महल।

[आना थीसियस, हिप्पोलिटा, फ़िलोस्ट्रेट और दूसरों का।]

थीसियस : सुंदरी हिप्पोलिटा, ब्याह की शुभघड़ी आ चली
चार दिन में मधुर दूज आ जाएगी
ओह, मगर अँधियारा पाख यह विलम क्यों रहा है।

हिप्पोलिटा : चार दिन अँधेरे में तुरंत डूब जाएँगे
और चार रातें सपनों में कट जाएँगी

थीसियस : जाओ, फ़िलोस्ट्रेट
एथेंसी युवजन में रागरंग को जगाओ,
[फ़िलोस्ट्रेट जाता है।]
हिप्पोलिटा, बाजू के ज़ोर से मैंने तुम्हें पाया था
प्यार हासिल किया बेदरदी करके,
शादी मगर ज़रा दूसरी तरह होगी
धूमधाम के साथ, मौज और मस्ती में।
[आना इजियस, उसकी बेटी हर्मिया, लाइज़ेंडर और डेमिट्रियस का।]

इजियस : जय होवे थीसियस हमारे नरेश की

थीसियस : धन्यवाद, इजियस भले-चंगे तो हैं?

इजियस : बड़ी परेशानी में बेटी हर्मिया की शिकायत कर रहा हूँ।
सामने खड़े हो डेमिट्रियस,
महाराज,
इस शख़्स को मैंने इसके साथ शादी के लिए हाँ कहा था,
लाइज़ेंडर सामने खड़े हो,
दुहाई महाराज,
इस शख़्स ने मेरी बिटिया पर वश किया
तूने लाइज़ेंडर, तूने टप्पे गाकर
प्रेम की निशानियाँ देकर इसका मन मुझसे पलट दिया
बात मानती नहीं ज़िद्दिन हो गई है
दयावंत, आज अभी, आपके हजूर में

डेमिट्रियस से शादी यह नामंजूर करें
तो मुझे एथेंस के अधीन न्याय दिलवाय दें
चूँकि वह मेरी है, मैं उसे सौंप दूँ
या तो इस पुरुष को या कि यमराज को
जैसा हमारे विधान में साफ लिखा है।

थीसियस : क्या कहना है तुझे, हर्मिया?
अक्ल से काम ले सुकुमारी,
पिता ईश्वर समान होता है
तू उसकी रखी हुई मिट्टी की मूरत है।
यह उसके बस में है कि मूरत बनी रहने दें
या कि खंडित करें
डेमिट्रियस होनहार सज्जन है

हर्मिया : लाइज़ेंडर भी है।

थीसियस : अपनी जगह तो है
मगर वह जमाई पिता को पसंद नहीं
इसलिए दूसरा बेहतर कहाएगा

हर्मिया : मेरी नजर से पिता क्यों नहीं देखते?

थीसियस : बल्कि तू उनकी अकल से क्यों नहीं काम लेती?

हर्मिया : श्रीमान, मुझे क्षमादान दें
अनजाने ढीठ हो रही हूँ
क्या जाने आप मुझे निर्लज्ज कहते हों
मुँह दर मुँह अपनी कहे जाती हूँ
मगर सरकार मुझे इतना बताएँ तो
यदि मैं डेमिट्रियस से ब्याह को मना करूँ
तो मेरा बुरे से बुरा हाल क्या होगा?

थीसियस : तब मरना होगा
या मरना न चाहो तो
पुरुष के संग से वंचित रहना होगा जीवन भर
इसलिए सुंदरी हर्मिया
मन को टटोल ले, पूछ ले जवानी से,
उमंगों से पूछ ले,
कि बाप का कहा नहीं माना तो जोगिया बाना पहन लेगी,
घर की घुटन में सदा के लिए कैद
झेलती रहेगी कुआँरापन?
ध्यान में, जपतप में, व्रत में भूली हुई?
देख, जिस गुलाब से इत्र काढ़ा गया
वह कितना खुश है
बनिस्बत उसके जो
काँटों में टँगे-टँगे सूखते हुए जिया,
अकेला मुरझा गया।

हर्मिया : यों ही जियूँगी और यों ही मरूँगी मैं
कुआँरापन किसी के दबाव में न छोड़ूँगी

थीसियस : वक्त है, सोच ले अगली परेवा तक
उसी दिन प्यारी का मुझसे मिलन है
चिरबंधन में बाँधे हम दोनों जाएँगे।
उस दिन तू
बाप के विरोध का दंड भुगत,
यानी मर जाने को प्रस्तुत हो,
या डेमिट्रियस से शादी कर
जैसा उसका मन है।
या फिर तपस्या कर,
पुरुष को भूल जा।

डेमिट्रियस : मान जा, हर्मिया।
छोड़, लाइज़ेंडर,
अपना खोटा दावा मेरे सच्चे हक में।

लाइज़ेंडर : तुम्हें बाप ने प्यार दिया है डेमिट्रियस
मुझे हर्मिया का प्यार पाने दो : बाप को ब्याह लो।

इजियस : बदतमीज लाइज़ेंडर, वह शख्स मुझको पसंद है
और जो मेरा है, वह उसे प्यार से दे दूँगा।
और वह मेरी है, और उस पर अपना हक
मैंने डेमिट्रियस को दिया।

लाइज़ेंडर : महाराज, मैं भी उसी का कुलीन हूँ,
उतना ही संपन्न, बल्कि प्यार मेरा अधिक है
मेरे पास जायदाद ज्यादा नहीं तो उसके बराबर है
और बड़े बोल तो क्या करूँ बोलकर,
सुंदरी हर्मिया मुझे प्यार करती है,
तब अपना अधिकार क्यों न लूँ ?
यह डेमिट्रियस के मुँह पर कह सकता हूँ,
कि उसने नेडार की कन्या हेलेना को प्यार जता
उस पर डोरे डाले, उसको पट्टी पढ़ा
उसको वश में किया
और यह अब उसकी भक्त है
पूजती है उसे
इस दागी बेवफ़ा मर्द को।

थीसियस : ऐसा है कि बात यह मैंने भी सुनी थी
और सोचा था कि डेमिट्रियस से पूछूँगा
अपने चक्करों में मगर भूल गया।
तो भी डेमिट्रियस, इधर आव
और इजियस, तुम भी मेरे साथ
आओ, अकेले में दोनों को समझाऊँ।

इधर तुम मासूम हर्मिया अपने अरमानों को
बाप की मरजी के मुताबिक काँटछाँट लो
वरना एथेंस का कानून
तुमको दबोच लेगा
मौत या कुआँरेपन से तुम्हें हम न बचा पाएँगे।
अरी हिप्पोलिटा! क्यों? उदास मत हो।
डेमिट्रियस और इजियस चल दो
अपने विवाह के कामकाज के प्रबंध में तुम्हें लगाना है
और कुछ तुम्हारे भी मतलब की खास बात कहनी है।

इजियस : मन से वचन से कर्म से -
हम पीछे चलते हैं।

[लाइज़ेंडर और हर्मिया को छोड़ सब जाते हैं।]

लाइज़ेंडर : हे ईश्वर, जितना पढ़ा है और जितना सुना है
कथा में पुराण में
यही पता चलता है कि
सच्ची मोहब्बत में अड़ंगे बहुत हैं
कहीं खानदान का सवाल है

हर्मिया : बाहरी ऐंठ : ऊँचे हैं,
नीचे से रिश्ता कैसे करें?

लाइज़ेंडर : और कहीं दोनों की उमर में फर्क है

हर्मिया : बेमेल : जोड़ी नहीं मिलती है।

लाइज़ेंडर : कहीं दोस्तों की पसंद का सवाल है

हर्मिया : अफसोस : प्रेम किसी और के कहे से किया जाता है!

लाइज़ेंडर : अगर कभी मरजी के मुताबिक मन मिल जाए
जंग, मौत, बीमारी आड़े आ जाती है

हर्मिया : दो दिलों को ये दुनिया मिलने ही नहीं देती
इसलिए संकट में धीरज से काम लें
क्योंकि यह अड़ंगेबाजी पुरानी है।

लाइज़ेंडर : मेरी एक ताई हैं, विधवा हैं
मोटी आमदनी है, बच्चे कोई नहीं
एथेंस से उनका घर सात कोस है
मुझे बेटे की तरह मानती भी हैं
वहीं, मधुर हर्मिया, हम शादी करेंगे।
और उस जगह सख्त एथेंसी कानून
पहुँच नहीं पाएगा।
तुम अगर मुझे प्यार करती हो
तो बाप के घर से कल रात भाग लो।
शहर से दस मील दूर वहीं जंगल में
जहाँ एक बार हेलेना के साथ तुम
मुझसे मिली थीं—

याद है? बसंत का दिन था—
वहीं मैं तुम्हारी प्रतीक्षा करूँगा।

हर्मिया : लाइज़ेंडर, तुम कितने अच्छे हो
कामदेव की कसी कमान की कसम ले लो
मन्मथ के पंचशर सुनहरे की सौगंध
वायदे तोड़ना मर्दों की आदत है
औरतों की नहीं
कल जहाँ बुलाया है वहीं पर बिलाशक
मैं तुमसे मिलूँगी।

लाइज़ेंडर : तब बात पक्की है, मेरी जान!
वह देखो हेलेना आती है—

[हेलेना का आना।]

हर्मिया : रास्ता भला कटे, भली मेरी हेलेना कहाँ चली?

हेलेना : मुझे भली कहती हो? यह 'भली' अनकही कर दो
भली तो डेमिट्रियस की नज़र तुम पर है।
रोग की छूत लग जाती है
काश! रूप की छूत लग जाती
तो मैं तुम्हारा रूप अपने लगा लेती जाने से पहले
कानों के द्वारा तुम्हारा स्वर सीखती
नैनों के द्वारा तुम्हारी चितवन।
सारी की सारी दुनिया अगर मेरी हो
और डेमिट्रियस पर दाँव लगा हो
तो मैं तुम्हारी उनहार बन जाने के वास्ते
सारी दुनिया दे दूँ।
हाय, मुझे सिखला दे
चितवन की मोहनी कैसे डेमिट्रियस पर तू चलाती है।

हर्मिया : मैं उससे चिढ़ती हूँ फिर भी वह मुझे प्यार करता है

हेलेना : काश! इस चिढ़ने से मैं सीख लेती कि यह खूबी
मेरी मुस्कान में क्योंकर हो।

हर्मिया : गालियाँ देती हूँ फिर भी वह प्यार किए जाता है।

हेलेना : काश! यही रंग मेरी दुआ लाती।

हर्मिया : जितना दुराती हूँ, उतना पिछवाता है।

हेलेना : जितना पतियाती हूँ उतना दुराता है।

हर्मिया : उसकी यह नादानी, हर्मिया, मेरी गलती नहीं।

हेलेना : नहीं भूल जो है तुम्हारी सुंदरता है।
काश! यह गलती मुझसे हो जाती।

हर्मिया : निश्चिंत हो जाओ
देख भी न पाएगा अब वह मेरी शकल,
साथ लाइज़ेंडर के मैं जाऊँगी निकल
और उसी वन में जहाँ हम-तुम मिलते थे

पड़े-पड़े अक्सर गुलाब के बिस्तर पर
राज़दान एक-दूसरे को बनाते थे।
वहीं, लाइज़ेंडर का मुझसे मिलन होगा।
इसलिए, प्यारी गुइँया, बिदा,
हमको दुआएँ दो,
किस्मत डेमिट्रियस से तुम्हें मिलवाए
जो कहा सो करना, लाइज़ेंडर
कल आधी रात तक
ये नयन प्रेम के प्यासे बने रहें।

[हर्मिया का जाना।]

लाइज़ेंडर : करूँगा, हर्मिया
हेलेना, अलविदा,
तुम जैसी फिदा हो रही हो,
वैसा डेमिट्रियस भी फिदा हो जाए। *(लाइज़ेंडर का जाना)*

हेलेना : कोई कितना दुखी, कोई कितना सुखी
सारा एथेंस मानता है मैं
इसके समान ही सुंदर हूँ
माना करे, डेमिट्रियस तो नहीं मानता!
सबको पता है, बस उसी को पता नहीं
लट्टू है हर्मिया की आँखों पर वह
आँख प्रेम के नहीं, मन से देखता है वह,
चित्र में तभी अनंग अंधा दिखलाते हैं
तभी तो डेमिट्रियस हर्मिया से आँखें लड़ने के पेश्तर
कसमें खाता था कि मैं सिर्फ तेरा हूँ
और जब हर्मिया ने गरमी पहुँचाई
तो वह पिघल गया, कसमें धुआँ बनकर उड़ गईं
जाती हूँ, उसी को बताऊँगी कि हर्मिया भाग गई
ताकि वह कल रात उसका पीछा करे।
यह खबर देने का फायदा मुझे मिले
तो मुझे खुशी होगी।
बहरहाल, उसके वहाँ जाने और लौटकर आने से
दर्द कुछ मेरा घट जाएगा।

दृश्य : 2

क्विंस का घर।

[आना क्विंस मिस्त्री का, स्नग लुहार का, बाटम बुनकर का, फ्लूट धौंकनीसाज़ का, स्नाउट ठठेरा का, और स्टार्वलिंग दरजी का।]

क्विंस : क्या सारी मंडली हमारी आय गई ?

बाटम : अच्छा तो होयगा कि जिनका-जिनका काम होय
उन्हीं को बुलकारो, लेखा के अनुसार

क्विंस : यह रहा खरा जिसमें सब लोगन के नाम जो एथेंस में
काबिल कहाते हैं कि रावराजा और रावरानी
के बियाह के दिन में रात को नौटंकी करें, लिखे हुए हैं।

बाटम : पहले तो भइया पीटर क्विंस, यह कहो कि नाटक का विसै
क्या विचारा है। फिर पात्रों के नाम पढ़ते चले जाओ। तब
समझ पड़ेगा कि क्या बात हुई।

क्विंस : कसम से, आज का नाटक है अत्यंत करुण
प्रहसन और पैरामस और थिसवी की
बेहद दर्दनाक मौत।

बाटम : मौत बढ़िया साहित्य है और मज़ेदार है। इसमें
क्या शक चचा। अच्छा भइया पीटर क्विंस,
अपने पात्रों को एक-एक करके बुलाइए
खरे के अनुसार, उस्तादों, पीछू खिसककर खड़े हों।

क्विंस : जब मैं नाम लूँ तो "हाजिसर है" कहना।

बाटम : तैयार : आप मुझे मेरा पारट बताएँ
और फिर सबको बताते जाएँ।

क्विंस : तुम, निक बाटम, पैरामस बनोगे।

बाटम : पैरामस क्या है ? आशिक है कि बहादुर है ?

क्विंस : आशिक है, और इश्क में वीरता से मर जाता है

बाटम : इसके खेलने में तो ए ही सही आँसू निकालना होगा
मैं निकलवाऊँगा। दर्शक ज़रा अपनी-अपनी आँख पर नज़र रखें।
तूफान उठवा दूँगा, जमकर विलाप करूँगा।
बाकी-देखा जाएगा, मगर मेरी खाशियत तो
बहादुर बनने में है। अरक्लीज़ का पारट ऐसा
करूँ, लोग देखते रह जाएँ। ऐसा कोई पारट हो
जिसमें चिल्लपों हो, चीख हो, दहाड़ हो
मार कटाजुज्फ़ हो, तो मुझे दे दो।
पत्थर की बौछार में
खड़-खड़ बारम्बार में
ताला टूटे बार में
जब कारागारों का—
तब सुर्ज उदै होगा
दमति सुवै होगा
तब किस्सा तै होगा
किस्मत के यारों का—
यह वीर रस है। आगे चलिए, बाकी पात्रों के नाम बुलाइए।
यह अरक्लीज़ का रंग था, समझे ! बहादुरी का रंग।

आशिकी ज़रा रोता हुआ रंग है।

क्विंस : फ्रांसिस फ्लूट, धौंकनीसाज़

फ्लूट : हाजिर, पीटर क्विंस

क्विंस : फ्लूट, तुम थिसवी बन जाओ

फ्लूट : थिसवी क्या ठहरा? कोई शहरवार है?

क्विंस : यह वह खातून है जिससे पैरामस इश्क फरमाएगा।

फ्लूट : नहीं नहीं भाई साहब, मुझे औरत मत बनाइए,
मेरे दाढ़ी आने लगी है।

क्विंस : क्या फर्क पड़ता है। तुम मुखौटा लगाकर
औरत बन जाओ और मीठे-मीठे सुर में बोलो

बाटम : अगर मुखौटा लगाने की होती हो तो मैं थिसवी बनकर भी
दिखाऊँगा। मैं इत्ती महीन बोली में बोलूँगा—
थिसने थिसने—"ओह प्यारे पैरामस मेरे
राजा, तेरी थिसवी प्यारी, तेरी प्यारी जोरू ?"

क्विंस : नहीं नहीं, तुम पैरामस बनोगे और फ्लूट तुम
थिसवी बनोगे

बाटम : खैर, आगे चलो

क्विंस : रोबिन स्टार्वलिंग, दरजी

स्टार्वलिंग : हाजिर पीटर क्विंस

क्विंस : रोबिन स्टार्वलिंग, तुम थिसवी की अम्मा बन जाओ।
टाम स्नाउट ठठेरा

स्नाउट : हाजिर पीटर क्विंस
तुम पैरामस के बाप हो, मैं थिसवी का बाप।
स्नग लुहार तुम शेर बन जाओ। बस
मेरे ख्याल से नाटक चौकस हो गया।

स्नग : क्या आपने शेर का पार्ट लिखवा लिया है ?
किरपा करके हो, तो मुझे दे दीजिए, काहे से कि
मुझे याद देर से होता है।

क्विंस : तुम अपने मन से बोल लेना। काहे से कि उसमें
दहाड़ना ही दहाड़ना है और कुछ है नहीं।

बाटम : मैं शेर भी बन सकता हूँ। मैं ऐसा दहाड़ूँगा कि जो कोई सुनेगा
उसकी तबीयत खुस कैट हो जाएगी। मैं ऐसा दहाड़ूँगा कि राव
राजा सुनकर कहेंगे 'इससे कहो, फिर दहाड़े, इससे कहो, फिर दहाड़े।'

क्विंस : अगर तुम दहाड़ें बहुत जोर से मारोगे तो रावरानी और उनकी
सहेलियों की छाती दहल जाएगी और वे चीख मारने लगेंगी। तव
तो हमारी गरदन नापी जाएँगी।

सब : सबकी गरदन नापी जाएँगी, एक-एक की गरदन, समझ लेव।

बाटम : मानता हूँ दोस्तो कि जो हमने सुंदरियों को डरा
घबड़वाय दिया तो गरदन नापिए जाएगी, और नहीं तो का।
मगर मैं अपनी बोली ऐसी विस्फारित करूँगा कि मतलब है

कहीन मैं आपको ऐसा दहाडूँगा
जैसे कबूतर हो, मैं आपको ऐसे दहाडूँगा
जैसे बुलबुल हो।

क्विस : तुमको सिवाय पैरामस के कोई पारट नहीं
मिलेगा क्योंकि पैरामस चेहरे मोहरेदार आदमी है। वसंत मेंक
ऐसा ही सज्जन सुंदर दिखता है, शानदार साहिब। इसलिए
तुम्हें पैरामस बनना ही होगा।

बाटम : खैर, मैं बनूँगा। कौन-सी दाढ़ी लगाऊँ ?

क्विस : तुम जौन-सी चाहो।

बाटम : मैं या तो तुम्हारी फूस की दाढ़ी लगाऊँगा या नारंगी
दाढ़ी या वैजयंती दाढ़ी। मतलब है बैंगनी या फ्रांसीसी
सुनहरी दाढ़ी या तुम्हारी एकदम बसंती दाढ़ी।

क्विस : किसी-किसी फ्रांसीसी खोपड़ी पर गंज होती है,
तुम तुम्हें बिना बाल के रहना पड़ जाएगा।
मगर, उस्तादो ये आपके पारट रहे।
मेहरबानी से आज मैं चाहता हूँ कि कल रात तक इन्हें याद
कर लीजिए और कल नगर से एक मील दूर चाँदनी रात में
जंगल में मिलिए। वहाँ हम अभ्यास करेंगे क्योंकि यहाँ शहर
में किया तो भीड़ लग जाएगी और लोग हमारी तरकीबों
का भेद जान जाएँगे। तब तक मैं सारे सामान की सूची बना
लेता हूँ जो कि नाटक में लगेगा। आपसे अनुरोध है दगा मत
दे जाना।

बाटम : हम मिल जाएँगे। बिल्कुल बेफिकर।
मेहनत से बढ़िया से काम करो, नमस्ते।

क्विस : जंगल में मिलेंगे।

बाटम : बस बात पक्की है।
अब जैसा कहते हो वैसा ही कर डालो
नहीं तो हमें क्या पड़ी है।

अंक : दो

दृश्य : 1

एथेंस के पास एक जंगल।

[एक द्वार से परी और दूसरे से पक प्रवेश करते हैं।]

पक : तेरा क्या हाल है, ऐ परी कहाँ घूम रही है

परी : पर्वत पर, घाटी में,
झुरमुट में, झाड़ी में,
चौड़े में, बाड़े में,
पानी में, आगी में
चाँद की कलाओं-सी भागा करती हूँ,
मैं हूँ परियों की रानी की महरी
मकई के भुट्टे उसके लठैत हैं
उनके सर साज रही पगड़ी सुनहरी
अब चलूँ शबनम की डलिया सजाय लूँ
फूलन में मोतियन के बुंदे पहराय दूँ
जाइत है, लबइ चौंचो–
रानी सब लरिकन का संग लिहे अउती हैं–

पक : रागरंग राजा मनाएगा आज रात
खबरदार रानी का चौखटा न दीख जाए
कुढ़न के मारे ओबेरान भन्नाय है
काहे से कि रानी का भोरा एक छोरा है
ओहिका कहूँ से लै आई रही परियाँ
परी राज मन ही मन अकुलाते रहते हैं
कि वन में आखेट को जब हम जावा करें
छोरा को लिहे जाएँ संग-संग घुमावा करें
उधर जबरजस्ती रानी छोरा को रक्खे हैं
फूलन सजाती, देख-देख जी जुड़ाती हैं
अब हाल यू है कि वन में मैदान में
निर्झर के सामने, चाँदनी के तले
दोनों परा-परी मिलते-जुलते नहीं
जब मिलें खिच-खिच, इसी से डराय कर
दोनों के मुसाहब सब भागभाग जाते हैं
दुबक-दुबक रहते हैं बाँजफलों के भीतर

परी : या तो मुझे शकल से धोखा हो रहा है
नहीं तो अवश्य तू वही वेताल है
जिसे लोग रोबिन गुडफेलो कहते हैं,
हो ? कि नहीं हो वही ? जो लरकियन को डराताई
दूध मथ देता है, दरैती में छिपकर घुस रहता है
दरती है घरैतिन नाहक हलाकान होती है।
कभी अंगूरी में जाने क्या करता है
खमीर नहीं उठता
रात के बटोही को भटकाव देता है
ऊपर से हँसता है हहा हहा
जो तेरा नाम पुकारते हैं–पक
उनके सब काम कर देता है चकाचक

वही तो नहीं है तू ?

पक : ठीक पकड़ा तूने,
हम वही मसखरे निशाचर हैं
जज ओबेरान से हम मजाक करते हैं
झूठमूठ घोड़ा बनकर हिनहिनाते हैं
और ओबेरान को हँसाते हैं।
फिर कभी बुढ़िया के सुरुआ के कटोरा में
अमिया का रूप धर
मुँह में बार-बार टकराते हैं
कोई सयानी बनी ज्ञान जब बघारती है
हम उसके सामने तिपाई बन जाते हैं
बैठने चलती है, तले से खिसक जाते हैं
चोर-चोर चीखकर खाँसने लगती है
सारे लोग घंटा भर ठठ्ठा लगाते हैं
दुखने लगता है पेट, आँसू निकल आते हैं
हा हा हा—ठहरो परी रानी ओबेरान आते हैं।

परी : हमारी मालकिन भी आ गई : अरे ई हिंया से
खिसके तो पता हो। *(आना परियों के राजा
ओबेरान का अपने परों के साथ एक द्वार से और
टिटानिया का दूसरे से)*

ओबेरान : चाँदनी रात में घमंडी टिटानिया तू क्यों टपक पड़ी

टिटानिया : ऐं, कौन ओबेरान ? ईर्ष्यालु ? परियो, चलो यहाँ से
चलो मैं इसकी सेज और दोस्ती अब छोड़ चुकी हूँ।

ओबेरान : चल-चल मतलबिन औरत, मैं तेरा मालिक नहीं हूँ क्या ?

टिटानिया : तब तो मैं तुम्हारी अर्धांगिनी भी हूँगी
मगर मुझे पता है
कि तुम कब-कब परी देश से लापता हुए, किस औरत के लिए
मजनूँ बने हुए, निरकुल की बंसी बजाय कर।
गाय कर रसिया फिलिडा को दिन भर रिझाते रहे
बहरहाल, अब आप हिमालय को छोड़कर यहाँ क्यों आए हैं ?
क्योंकि वह आपकी रखैल जो कुदक्कड़ अमेजन है, शिकार की शौकीन,
मुस्टंटी लड़ैतिन थीसियस को ब्याहेगी

ओबेरान : शर्म कर, कुछ तो टिटानिया,
हिप्पोलिटा से मेरी दोस्ती पर छीटे कसती है ?
क्या मुझे पता नहीं तू थीसियस से इश्क फरमाती है ?
क्या तू दौड़ी हुई थीसियस को नहीं खींचकर लाई थी ?
जब पैरिजीनिया ले साथ वह पड़ा हुआ था।
तारों की छाँह में
और क्या सुंदरी एंग्लीस ही नहीं, बल्कि
एरिग्रादने और एंटिओपा से

थीसियस का रिश्ता तूने तुड़वाया नहीं ?

टिटानिया : ये तो सब हमारे शक-शिकवे हैं प्यार के
देखो, फागुन आया और हम नहीं मिले
पर्वत पर, घाटी में, वन में, उपवन में
झरने पर, सागर के तट पर कहीं नहीं
पौन के शोर में झूमर नाचा नहीं
बल्कि तुमने फसाद किया,
मजा किरकिरा किया,
उसका नतीजा यह कि चिढ़ करके पौन ने
कोहरा समुद्र से खींचकर भू पर बरसा दिया
नदियाँ उफना उठीं
खेतिहर का पसीना अकारथ गया, बैल जुआ ढो-ढोकर थक गए
फसलें पक जाने से पहले ही सड़ गईं
सूने पड़े हैं खेत, डाँगर की लाशों पर कौवे मुटाते हैं
लोग कहने लगे हैं—कि रितु बदल जाए, शिशिर आ जाय अभी
संध्या को भजन-कीर्तन अब नहीं होता
बाढ़ के देवता चाँद को कोई मनाता नहीं
उसके प्रकोप से रितुएँ उलट-पुलट गईं
रोग चारों तरफ बढ़ गए और लोग परेशान हैं
कि रोगों की पहचान हो नहीं रही है,
ये सब हमारी कलह की फसल है
हम इनके बीज हैं, हम उनकी पौध हैं
हम इनके जनक हैं ये हमसे जाए हैं !

ओबेरान : तब इसका कर उपाय, यह तेरे बस में है
काहे को टिटानिया, ओबेरान से लड़े ?
मैं तो बस एक नन्हा बालक माँगता हूँ
अपना उसे सेवक बनाऊँगा।

टिटानिया : भूल जाव।
परियों का राज भले ले जाओ बालक नहीं दूँगी
माँ इसकी मेरे ही पंथ की भगतिन थी
नेपच्यून ग्रह की भूमि पर मेरे संग बैठ रातों में मलयज समीर में
अक्सर बतकही किया करती थी।

ओबेरान : इस वन में कब तक तुम रुकोगी ?

टिटानिया : शायद थीसियस के विवाह के बाद तक

ओबेरान : बालक मुझे दे दे तो मैं तेरे साथ चलूँ

टिटानिया : परियों का राजपाट दे डालो तो भी बालक न दूँ
परियो, चलो चलें।

[टिटानिया अनुचरों सहित जाती है।]

ओबेरान : अच्छा, रस्ता नापो, मगर इस वन से तुम
जाने न पाओगी जब तलक

बदला न ले लूँगा मैं इस अपमान का
प्यारे पक, यहाँ आव। याद करो, एक दिन,
मैं एक टीले पर बैठा था
तब मैंने सूँस की पीठ पर बैठी एक
मत्स्य कन्या का मीठा गाना सुना
सागर प्रचंड भी गान वह सुनकर विनत हुआ
कान लगा करके नक्षत्र सुनने लगे

पक : याद है ?

ओबेरान : ठीक तभी चाँद और धरती के बीच कामदेव को
तीर-तरकस लिए मैंने उड़ते देखा।
गौरी कुमारी पर उसने निशाना साध
एक तीर छोड़ा तो वह एक फूल पर जा लगा
दूधिया फूल वह कामशर खाकर के बैंजनी हो गया
मदन मंजरी इसे कहती हैं क्यारियाँ।
ले आओ वही फूल, वही, जो मैंने तुम्हें एक दिन दिखाया था
सोते हुए शख्स की आँख में उसका रस डाल दो
तो वह शख्स, मर्द हो या औरत,
आँख खुलते ही जिस प्राणी को देखेगा
मर मिटेगा उस पर।
वह फूल लाकर दो।

पक : चालिस मिनट में दुनिया का चक्कर काट आऊँगा

[जाता है।]

ओबेरान : इस रस को हासिल कर
मैं टिटानिया को, जब वह सोती होगी, ताकता रहूँगा
और उसकी आँख में एक बूँद दे दूँगा।
जागकर जब, जिसे देखेगी
शेर हो, भालू हो, साँड हो, श्वान हो
वह उस पर तनमन से मुग्ध हो, पीछे लग जाएगी
फिर इस वशीकरण के चलते, वह बालक पहले धरा लूँगा
एक और बूटी है बाद में उसको लगाकर के मंत्र को मिटा दूँगा।
कौन आ रहा है ? मैं तो अदृश्य हूँ,
छिपकर बातें सुनूँ।

[प्रवेश डेमिट्रियस का। हेलेना का पीछे-पीछे आना।]

डेमिट्रियस : मैं तुझे प्यार नहीं करता हूँ, तू पीछे मत आ
लाइज़ेंडर और हर्मिया ! ये कहाँ हैं ?
एक का कत्ल मैं कर दूँगा
दूसरा तो मेरा कातिल है
तूने बताया था जंगल में भाग गए हैं दोनों
मगर मैं निर्जन में, निर्जन खड़ा हूँ,
अपनी हर्मिया से मिल नहीं सकता।

इसलिए, तू यहाँ से निकल, मत मेरे पीछे पड़ी रह लगातार।

हेलेना : तुम मुझे खींचे लिए जाते हो, चुंबक पत्थर हो तुम
खींचना छोड़ दो, मैं पीछे फिर नहीं पड़ूँगी

डेमिट्रियस : मैं तुम्हें फँसाता हूँ, मीठी-मीठी बातें करता हूँ?
या कि साफ-साफ कह चुका हूँ
मैं तुमसे प्यार न करता हूँ न कर सकता हूँ?

हेलेना : इस पर मैं तुम्हें और अधिक प्यार करती हूँ
मैं तो तुम्हारा स्पेनियल हूँ और डेमिट्रियस
जितना पीटोगे मुझे उतनी चापलूसी करूँगी

डेमिट्रियस : मेरे दिल में नफरत बहुत मत भड़काव
तुझे देखकर मैं चंगा नहीं रहता।

हेलेना : और मैं मरीज हो जाती हूँ जब तुम नहीं दिखते।

डेमिट्रियस : तुम बदनामी का बहुत खतरा उठाती हो
रात हो सुनसान में अपना कुँवारापन कैसे बचाओगी?

हेलेना : तुम सच्चे हो इसी में मेरी रक्षा है
तुम्हें देख लेती हूँ, रात नहीं रह जाती
मुझे रात का भय नहीं रहता
जंगल में सुनसान भी नहीं रह जाता
तुम ही तो मेरे संसार हो
जब सारा संसार मुझे देख रहा हो
तब अपने को मैं अकेली कैसे कहूँ?

डेमिट्रियस : मैं तुझसे भागकर वन में चला जाऊँगा
जंगल में जानवर तुझे फाड़ खाएँगे

हेलेना : जानवर इतने निर्दयी नहीं होंगे।

डेमिट्रियस : मैं तेरी बातों का जवाब देने खड़ा नहीं रहूँगा, हट मुझे जाने दे।
अगर पीछे आती है तो समझ ले
कि जंगल में जरूर मैं तुझसे करूँगा बुरा

हेलेना : हाँ, हाँ, मंदिर में, नगर में, मैदान में
तुम मेरा बुरा ही तो करते हो
धिक्कार तुमको, डेमिट्रियस
तुम्हारी बेरहमी औरत को बदनाम करती है
हम मरदों की तरह चाहत के वास्ते लड़ नहीं सकतीं
हम चाहती हैं कि हम रिझाई जाएँ,
हम रिझाने पर मजबूर मत किए जाएँ।

[डेमिट्रियस का जाना।]

मैं तेरे संग आऊँगी, नर्क को स्वर्ग मैं बनाऊँगी
प्रियतम के हाथों से सुख से मर जाऊँगी

[जाती है।]

ओबेरान : तेरा भला हो कन्या
उपवन से वह नहीं जाएगा

तेरे पास आएगा तेरा प्यार माँगेगा।

[आना पक का।]

फूल ले आया

पक : जी हाँ, यह रहा

ओबेरान : ला, मुझे दे दे
रुक नदी तट पर वन थाइम होती है
वहाँ आक्सलिप और वायलेट खिलते हैं
हरी-भरी वुडबाइन
और मधुर गुलाब लता और एलिगँटाइन छाई रहती है
वहीं पर टिटानिया रात को किसी समय सोती है
फूलों के बीच नाच-नाचकर थककर आनंद से,
यही रस मैं उसकी आँख में चुआ दूँगा
जिससे मन में उसके नफरत भर जाएगी।
थोड़ा रस ले जा, और जंगल में खोज,
एक एथेंसी लड़की एक लड़के पर मरती है
वह उसे ठुकराता रहता है
डाल दे रस उसकी आँख में,
मगर जब डालना, तब सबसे पहले
आँखों के सामने यही लड़की पड़े
तुम नौजवान को एथेंसी पोशाक
पहने हुए देखकर पहचान लोगे।
काम होशियारी से करना कि लड़की
जिस प्रेमी पर मुग्ध है, उससे भी ज्यादा
यह लड़का, उस लड़की पर लट्टू हो जाए,
और देख, मुझे मुर्गे के पहली बाँग देने के पहले मिलना

पक : कौनो फिकर नहीं, सरकार
सेवक यह काम कर दिखावेगा।

[जाता है।]

दृश्य : 2

वन का एक अन्य प्रदेश।

[परी रानी टिटानिया अपने अनुचरों के साथ आती है।]

टिटानिया : आओ घूमर नाचो, परियों का गीत गाओ,
इसके बाद बीस पल के लिए चली जाओ,
अब गाना गाकर मुझको सुला दो
आराम चाहिए थकान को भुला दो।

[परियों का गाना।]

पहली परी : चित्तीदार साँपो, दो जीभवालो
काँटेदार साहियो, मुँह मत दिखाइयो
दादुरो, केंचुओ, गड़बड़ मत करना
रानी के नियरे कहीं भूले न आइयो।

समवेत : बुलबुल तू लोरी गा
लला लला ला ला ला लला ला
नजर ना लगाइयो
टोना न मारियो
सुकुमारी रानी के नियरे जिन आइयो।

पहली परी : मकड़ियो न आइयो
दूर कहीं जाल बुनो पकड़ा भाइयो
काले भौंरे लगो परियन के संग ना
घोंघा और घोंघियो करो हमन तंग ना

समवेत : बुलबुल तू लोरी गा
लला लला ला ला ला लला ला
नजर न लगाइयो
टोना न मारियो
सुकुमारी रानी के नियरे जिन आइयों।

दूसरी परी : बाकी सब जाओ, न कोई गड़बड़ी हो
एक परी जरा दूर पहरे पर खड़ी हो

[परियों का जाना, टिटानिया का सोना। ओबेरान का आना और टिटानिया की पलकों पर फूल को निचोड़ना।]

ओबेरान : अब जब तू जागना
जिसे देखना उसे अपना प्रिय मानना
याद में उसकी आहें भरना, कराहना
चाहे वह भालू हो, बिलार हो,
सुअर हो, बिजार हो
जब तेरी आँख खुले
तब तुझे जो दिखे
उसी के वास्ते तेरी कामना हो
जगना जब पास में कोई घिनावना हो

[जाता है। आना लाइजे़ंडर और हर्मिया का।]

लाइजे़ंडर : प्यारी, तुम जंगल में भटक-भटक थक गईं
सच्ची बात तो यह है मैं भी रस्ता भूल गया।
राय हो तुम्हारी तो हम थोड़ा सुस्ता लें
ताकि दिन आराम से बीते

हर्मिया : ठीक है, लाइज़ेंडर, अपने लिए बिस्तर बना लो
मैं तो इस पटरी पर सर टिका लूँगी

लाइजे़ंडर : एक ही पटिया हम दोनों की तकिया बन जाएगी
एक दिल, एक बिस्तर, दो जिस्म, एक जान

हर्मिया : नहीं लाइज़ेंडर, मेरा कहा मानो,
कुछ खिसककर रहो, इतने सिमटकर नहीं लेटो

लाइज़ेंडर : प्यारी मैंने सहज भाव से कहा था, उसका मतलब समझो
प्रेमी प्रेम की भाषा सही समझ सकते हैं
मतलब यह था कि मेरा दिल तेरे दिल से गुँथा है
इसलिए उसे हम एक दिल मान लें
दो सीने, एक डोर से बँधे हुए हैं,
तभी तो दो जिस्म, एक जान!
यही बात मैंने विस्तार से कही है
वह सही है तो मेरी जगह भी यही है।

हर्मिया : लाइज़ेंडर, बातें तू खूब बना लेता है
मैंने कब कहा था यह सही नहीं है?
शायद तुम्हें बुरा लग गया
मगर भले आदमी, शिष्टाचार समझो
थोड़ा पीछे रहो,
मानव समाज में यह दूरी रखना
लड़के-लड़कियों को शोभा देता है
अभी तो दूर रहो, सो जाओ मित्रवर
जब तक तू जिए तेरे प्रेम में न हो कसर

लाइज़ेंडर : ऐसा ही हो, यह मैं भी मनाऊँगा
वफा अगर छोड़ूँगा, संसार छोड़ जाऊँगा

[वे सोते हैं। आना पक का।]

सारे जंगल का चक्कर लगाया
कोई एथेंसवासी न पाया
जिसकी आँखों पे रस आज़माता
प्रेम का जोर उसमें जगाता।
रात है अब अँधेरा हुआ है,
कौन? यह तो वही आदमी है
जिसे कन्या से नाराजगी है
और एथेंस कन्या यही है,
धूल-मिट्टी पे जो सो रही है,
आदमी भी ये होगा अनारी,
सट के सोई नहीं है बिचारी,
जादुई रस तेरी आँख मैं दूँ
इसकी ताकत से दिल तेरा भेदूँ
जब तू जागे तो फिर सो न पाए
प्रेम तुझको रहेगा जगाए
तुझे जब मैं जाऊँ तभी जागना है
तुझे ओबेरान के पास भागना है

[डेमिट्रियस और हेलेना का दौड़ते हुए आना।]

हेलेना : ठहरो, फिर चाहे मार ही डालो, ठहरो तो डेमिट्रियस।
डेमिट्रियस : खबरदार, चली जा, मत मेरे पीछे लग बार-बार
हेलेना : क्या तू अँधेरे में मुझे छोड़ जाएगा, ऐसा मत कर
डेमिट्रियस : तू जाने तेरा काम जाने, मैं चला।
हेलेना : इस पागल दौड़ में तो बस मैं हाँफ गई
जितना मनाती हूँ उतना रूठता है
हर्मिया सुखी है, चाहे जहाँ पड़ी है
कौन है? लाइज़ेंडर? धरती पर?
मर गया कि सोता है
कहीं खून नहीं है, कहीं घाव नहीं है
लाइज़ेंडर, जिंदा हो तो ज़रा जाग जा
लाइज़ेंडर : *(जागकर)* तेरे प्यार में आग से गुजर सकता हूँ
निर्मल हेलेना, तू इतनी निष्कपट है।
कि सीने के पास दिल तेरा दिख जाता है।
डेमिट्रियस कहाँ है? ओह! वह शख्स इसी
लायक है कि पाजी के दो टुकड़े कर दूँ
हेलेना : तुम कहो, लाइज़ेंडर ऐसा मत कहो
क्या हुआ तुम्हारी हर्मिया को चाहता है वह,
स्वामी, तो क्या हुआ हर्मिया फिर भी तुम्हीं को चाहती है।
तब फिर संतोष करो।
लाइज़ेंडर : हर्मिया से संतोष? पछता रहा हूँ
कि कितने दुखद क्षण उसके संग व्यर्थ गए
हर्मिया से नहीं, हेलेना से मुझे प्यार है
कौन नहीं कौवे को छोड़कर कबूतर को चाहेगा
हेलेना : हाय, क्यों मेरा यों उपहास करते हो
मैंने क्या किया है जो यह तिरस्कार सहूँ
कसम से, यह बेईमानी है, एकदम बेईमानी
तुम दुतकारते हो मुझे, क्या यही प्यार है?
खैर तुम खुश रहो मगर मुझे कहना पड़ेगा
कि तुमको शरीफ मानना ही गलत था
हाय, एक मर्द जिस औरत को ठुकराय
उसी का अपमान दूसरा मर्द करे!
[जाती है।]
लाइज़ेंडर : हर्मिया को इसने देखा नहीं है
हर्मिया, तू वहीं पड़ी हुई सोती रह
लाइज़ेंडर के करीब मत फटक
और मुझे प्यार की ताकत के जोर से
हेलेना का प्यार मिले हेलेना की ओर से
[जाता है।]
हर्मिया : हर्मिया *(जागकर)* बचाओ, लाइज़ेंडर बचाओ, बचाओ

किसी तरह मुझे इस साँप से छुड़ाओ
दैया रे हाय, कैसा भयानक यह सपना था
मुझे लगा साँप मेरे सीने को खाने लगा
और तुम हँसते हुए बैठे देखते रहे
लाइज़ेंडर, कहाँ चले गए, लाइज़ेंडर, हे ईश्वर !
अरे सुनते नहीं, चले गए, बिना कुछ कहे-सुने ?
हाय तुम हो कहाँ, बोलो, कुछ सुनते हो ?
कुछ बोलो, प्यारे मैं डर के मारे बेहोश हो रही हूँ
नहीं सुना, तब तुम नजदीक कहीं हो नहीं
या तो तुम आ जाओ, या कि मौत आ जाए

[जाती है।]

अंक : तीन

दृश्य : 1

जंगल। टिटानिया सो रही है।

[क्विंस, स्नग, बाटम, फ्लूट, स्नाउट और स्टार्वलिंग का आना।]

बाटम : अपन सब मौजूद ?

क्विंस : एकदम मौजूद। हिंया रिहर्सल की भौत उम्दा जिघा है। यू हरियर घास हमारा मंच होयगी, ये वनसंजली का झुरमुट नेपथ्य होगा और हम हिंया सारा खेल ऐसा करके दिखावेंगे मानो रावराजा के सामने कर रहे हैं।

बाटम : पीटर क्विंस

क्विंस : क्या कहते हो बुली बाटम?

बाटम : पैरामस और थिसबी के खेल में कुछ बातें ऐसी हैं जिनसे कोई खुसी नहीं होती है। पैले तो पैरामस अपनी जान लेने को तलवार खींचता है। यह बात बड़े घर की बहुओं को गवारा नहीं हो सकती। इसका क्या उपाय करें।

स्नाउट : कसम से, ये तो भैंकर शमश्या है

स्टार्वलिंग : हमें लगता है कि बाकी जो है सो कर लें मगर हत्या को छोड़ दें

बाटम : हरगिज नहीं, मेरे पास एक तरकीब है जिससे सब निपट जाएगा। हमारे बोलने को एक भाषण लिख दो माने ऐसा रहे कि हम तलवार से काहू को मारेंगे नहीं और पैरामस कोई साँच में मारा नहीं जा रहा है और ई बताय दो कि मैं पैरामस, असल में पैरामस नहीं हूँ बल्कि बाटम बुनकर हूँ। ई से दिल जमई हुई

जाएगी और दिल से मैं निकल जाएगा।

क्विंस : ठीक, ऐसा एक भाषण बनवा लेवें। कवित्त के छंद में।

बाटम : नहीं, दुइ मात्रा बढ़ाय दो। सवैया लिखवाय लो।

स्नाउट : महिलाएँ शेर की दहाड़ से घबरा तो न जाएँगी

स्टार्वलिंग : घबरा ही जाएँगी।

बाटम : उस्तादो, ऊपरे हृदय में विचार कर लीजिए। महिला समाज के मध्य में—भगवान रच्छा करें—सिंह को प्रकट करना जबर्जस्त भयकारी बात है।

स्नाउट : इही से हम कहते हैं कि एक अउर भाषण बनाया जाय माने जनाया जाय कि ई जो सिंह है सो असल में सिंह नहीं है।

बाटम : नहीं जी, हम शेर का नाम लेकर सबको बताय दें, उसका आधा मुख शेर की गरदन में से दिखा करे और वही में से ऐसा बोले कि मतलब ये रहे देवियो—या सुंदरी देवियो आपसे बिनती है... या आपसे अनुरोध है—या कृपा करके आपसे अनुरोध है, भै न कीजिएगा, काँपिएगा नहीं, हम सच्चे हृदय से कहते हैं। जो आप समझेंगी कि हम हिंया शेर के रूप में आए हैं तो हमें डूब मरने की बात होगी। नहीं, देवियो ऐसी कौनो बात नहीं है। हम वैसे ही मनुष्य हैं जैसे दूसरे मनुष्य हैं। इतने में शेर अपना नाम बताय दे और स्पष्ट कह दे कि हम स्नग लोहार हैं।

क्विंस : ठीक है, ऐसे ही करिए। परंतु दुई कठिन काम रहते हैं। एक तो जुन्हाई को देर में लाना है काहे से कि आप जानते हैं। पैरामस और थिसवी का चंद्रिका में मिलन होता है।

स्नाउट : जिस रात को हमारा खेला होगा तो क्या उस रात को जुन्हाई छिटकेगी।

बाटम : पंचांग! पंचांग! पत्रा में पढ़ो! देखो जुन्हाई कहाँ है!

क्विंस : हाँ, उजरिया पाख है।

बाटम : तब क्या है कि हम जिस घर में नाटक खेलेंगे उस घर की दरीचा की खिड़की का एक पल्ला खुला हुआ छोड़ दें और वहीं में से जुन्हैया अंदर में आ जाए।

क्विंस : हाँ, ई ठीक है, जो ई नहीं करे, तो एक जना कँटीला झाड़ और लालटेन लिहे चला आए और घोषणा करे कि हम जुन्हाई बन करके आए हैं। हाँ, एक और शमश्या तो रह गई। रंगभवन में दीवार चाहिए होगी, क्योंकि नाटक में लिखा है कि पैरामस और थिसवी ने दीवार की झिरी में से बातें करी थीं।

स्नाउट : दीवार को लाया जा नहीं सकता। क्या कहते हो बाटम?

बाटम : कोई एक जना दीवार की जगह खड़ा हो अपने ऊपर कुछ पलस्तर, चूना, गारा पोत ले जिससे दीवार जान पड़े, उंगलियाँ ऐसे नापकर रखे। उसी फाँक में से पैरामस और थिसवी फुसुर-फुसुर बात करें।

क्विंस : हाँ, ऐसा हो जाए तो काम बन जाए, जाओ सब जने बैठ जाओ अपना-अपना पारट याद कर डालो। पैरामस तुम शुरू करो जब अपना बोल लो, झुरमुट में चले जाओ। ईसी तरह सब जने बारी-बारी से बोलो।

[आना पक का।]

पक : कौन ऐरेगैरे नत्थू खैरे हिंया
परियन की रानी की सेज के बगीच
खड़े कूल्हा मटकाते हैं।
अरे नौटंकी बनाते हैं ये लोग।
हम हूँ तनिक सुनते हैं
जो उचित लगा तो अभिनै भी करेंगे।

क्विंस : बोलो पैरामस, थिसवी आगे आओ।

पैरामस : *(बाटम)* थिसवी, मधुर फूलों का है विषवास

क्विंस : विश्वास, विश्वास

पैरामस : मधुर फूलों का है विश्वास,
तुम्हारी साँसों में मधुमास, प्रियतमे थिसवी
सुनो, यह किसका स्वर है कहो,
यहीं तुम थोड़ा ठहरी रहो
अभी क्षणभर में आता हूँ, तुम्हें चेहरा दिखलाता हूँ,

[जाता है।]

पक : ऐसा विचित्र पैरामस नाटक तो कभी नहीं देखा।

[जाता है।]

थिसवी : अब मुझे बोलना होगा ?

क्विंस : हाँ बोलना ही होगा और नहीं क्या। तुम यह समझ लो। कि वह कोई आवाज सुनने भर के लिए, जाता है और उसे लौट आना है।

थिसवी : परम परतापी पैरामस, गोरे-चिट्टे पैरामस
गुलाब की झाड़ी में सबसे अधिक लाल फूल।
सबसे अधिक फुर्तीले नौजवान और सबसे सुहाने यहूदी
कुम्मैत घोड़े की तरह चुस्त जिसको थकान नहीं आती है
हे पैरामस, मैं निनी की समाधि पर तुझसे मिलूँगी।

क्विंस : निनी नहीं, निनस की समाधि पर, भइया। देखो जी, यह अभी नहीं बोलना है। यह तो पैरामस के जवाब में बोलना होगा। तुम तो अपना सारा पारट सरपट बोले चले जा रहे हो, न कॉमा, न फुलस्टाप। पैरामस, तुम जाओ। 'जब थकान नहीं आती है' ये शब्द थिसवी बोले, तब आ जाना।

थिसवी : कुम्मैत घोड़े की तरह चुस्त जिसको थकान नहीं आती है।

[पक और बाटम गधे का सर लिए हुए आते हैं।]

पैरामस : तुम्हें मेरे ऊपर यकीन है तो थिसवी, मैं सिरफ तेरा हूँ

क्विंस : दैया रे, ई का भवा, भूत भूत, उस्तादो भागो भागो, बचाओ।

[बाटम को छोड़कर सब जाते हैं।]

पक : साथ-साथ लगूँगा, घेरे में घुमाऊँगा
दलदल में, झाड़ी में, झुरमुट में, झाड़ में
घोड़ा बन जाऊँगा, कूकुर बन जाऊँगा
शूकर बन जाऊँगा, भालू का भूत बन जाऊँगा
कभी आग बन धधकूँ, कभी भौंकने लगूँ
कभी हिनहिनाऊँ, कभी गुर्राऊँ, कभी खौखियाऊँगा
बारी-बारी से घोड़ा बन जाऊँगा, कूकुर बन जाऊँगा, शूकर बन जाऊँगा।

बाटम : भाग काहे को रहे हैं? हमको डेराने की तरकीब चलाते हैं?

[स्नाउट लौट आता है।]

स्नाउट : अरे बाटम, भेस बदल लिया तूने? ये क्या तेरे ऊपर लग रहा दीखे है

बाटम : ये क्या दीखे है? तेरी खोपड़ी। तू नहीं पहचानता?

[स्नाउट जाता है। क्विंस आता है।]

क्विंस : ईश्वर बनाए रखे। बाटम, जीते रहो। तुम भी कायाकल्प हो गए। *(जाता है)*

बाटम : यह पाजीपना मैं देख रहा हूँ। हमको गधा बनाय रहे हैं जिससे हम डेराय जाएँ। हम नाहीं डेराएँगे, कर लेऔ जो क़रना चाहो। हम हिंया से खसकेंगे ही नहीं। हियै टहलते रहेंगे, गाना गाते रहेंगे जिससे ई जान जाएँ कि हम डेराए नहीं।

[गाता है।]

कोयल की मीठी गुंजार
तूती की बारीक पुकार

टिटानिया : *(जागकर)* कौन देवदूत मुझे फूलों की सेज पर मदभरी नींद से जगा रहा है?

बाटम : *(गाता है)* कबूतर की गुटरगूँ सुनके जो अरमान जगते हैं
कहीं कौवे के कानों को मधुर वे गान लगते हैं।

टिटानिया : अरे ओ मनोहर मनुष्य,
फिर एक बार गाओ,
कानों में तुम्हारा सुर बस गया,
दीठ में तुम्हारा रूप
और तुम नैन चार होते ही हिरदै में बस गए

बाटम : हमारे विचार से देवीजी, ई का कौनो कारण नहीं दिखाता है, सच्ची बात तो ई है कि भावना और बुद्धि का आजकल संबंध कबहूँ कबहूँ होता है। इतना ही क्यों, दुख तो ई है कि भले आदमियन में भी मित्रता नहीं रहती।

टिटानिया : तू जितना छबीला है उतना चतुर भी है।

बाटम : नहीं नहीं, ऐसा नहीं है। मेरे इतनी चतुराई होती कि

इस वन से निकलकर भाग जाऊँ तो मैंने चतुराई दिखलाई होती।

टिटानिया : जाने की बात ही न सोचो अब,
जाओगे तुम कहाँ,
यहीं रहना होगा, चाहो या न चाहो
मैं कोई साधारण परी नहीं
और अभी मेरे बहार के दिन हैं
और मुझे तुमसे प्यार है
मेरे संग आओ, मैं परियों से तुम्हारी सेवा करवाऊँगी
मटरफूल, मकड़ीजाल, शलभ, राई !

[चारों परियाँ आती हैं।]

मटरफूल : हाजिर हूँ।

मकड़ीजाल : मैं भी।

शलभ : मैं भी।

राई : और मैं भी।

सब : हमें क्या हुक्म है?

टिटानिया : इनका सत्कार करो
आगे-पीछे रहो, सेवा में तैयार,
फल-फूल इनको परोसो, रसभरी, शहतूत
अंगूर, अंजीर
फूलों का ताजा मधु
जाओ चुरा लाओ
दियाबाती करना मधुमक्खी के मोम से
तितली के पंख से पंखा डुलाकर
नींद से जगाय कर, नींद को बुलाय कर
दोनों बेर सेवा करना, सिर नवाय कर।

मटरफूल : जय हो मनुष्य!

मकड़ीजाल : जय हो!

शलभ : जय हो!

राई : जय हो!

बाटम : आप लोग धन्य हैं। आपका शुभनाम हमको बताया जाए।

मकड़ीजाल : मकड़ीजाल।

बाटम : आपसे परिचय बढ़ाने की इच्छा है मकड़ीजाल
भइया, कभी उंगली कट गई तो खून को रोकने में
आपकी मदद लूँगा। और भला आपका नाम क्या है।

मटरफूल : मटरफूल।

बाटम : कृपा करके अपनी माताजी मटरफली से
और पिताजी मटरपौध से मेरा परनाम कहें।
आपसे भी परिचय बढ़ता रहेगा। महाशय आपका नाम।

राई : राई।

बाटम : भइया राईजी, आप भले आदमी हो।

आपकी भलमनसाहत ने आपके खानदान को जाने
कितने मन अचार में डलवाय दिया है। आपकी
दयालुता से मेरी आँखों में झार के मारे अभी से
आँसू निकल पड़े हैं। हम मिलते रहेंगे, राईजी।

टिटानिया : इनकी सेवा में रहो, और इन्हें मेरे कुंज में ले जाओ
चाँद की आँख पुरनम लग रही है
और इसके साथ-साथ कलियाँ
अधूरे अरमानों पर आँसू बहाती हैं
मेरे प्रेमी को न शिकवा-शिकायत हो
वह मौन आ जाएँ।

[टिटानिया, बाटम और परियों के साथ जाती है।]

दृश्य : 2

वन का एक अन्य प्रदेश।

[ओबेरान का आना।]

ओबेरान : जाने टिटानिया जागी है या नहीं,
जागी है तो उसकी नज़र किस पर पड़ी ?
किस पर लट्टू हुई ?
[पक का आना।]
लो, मेरा दूत आ गया है
कहो, क्या खबर है लबड़चौंधो महाराज
इस विचित्र उपवन में निशाचरी कैसी रही ?

पक : मेरी महारानी एक राक्षस से दिल लगा बैठी हैं।
अपने महल के रनिवास में
औंघाई लेती, पड़ी हुई थीं रानी
तभी कुछ मसखरे, अनपढ़े, मिस्तरी
एथेंस की हाट में जो मेहनत-मजूरी से रोटी कमाते हैं
वही जमा होकर एक नाटक का अभ्यास करने लगे
यह नाटक थीसियस राजा के सेहरे के समय खेला जाना था
उन मूरख मिस्तरियों में से एक महामूर्ख
पैरामस बना था,
खेल को छोड़कर झुरमुट में छिप रहा।
बस मैंने पकड़कर वहीं पर उसके सर गधे की खोपड़ी थोप दी।

ओबेरान : यह मेरी कल्पना
से भी उम्दा रहा
मगर क्या तूने एथेंसी युवक की
आँख में प्रेमरस डाल दिया जैसी हमारी आज्ञा रही ?

पक : जी साहब, उसको भी सोते में जा पकड़ा, काम पूरा किया

[डेमिट्रियस और हेलेना आते हैं।]

ओबेरान : छिप जाओ, यही वह एथेंसी है
औरत तो वही है, मर्द कोई और है

डेमिट्रियस : काहे फटकारती हो तुम अपने प्रेमी को,
ऐसी बोली अपने दुश्मन से बोला करो

हर्मिया : मैं तो सिर्फ डाँट लगा रही हूँ
तेरा तो और बुरा हाल मुझे करना है,
तूने जो किया है, वह बुरा किया है।
तूने लाइज़ेंडर की सोते में हत्या की,
मुझे भी मार डाल
दिनकर भी दिन के प्रति इतना सच्चा नहीं हो सकता
जितना लाइज़ेंडर मेरे लिए सच्चा था
वह नहीं सोती हर्मिया को त्यागकर चला गया,
यह हो नहीं सकता कि तूने यह हत्या नहीं की हो
हत्यारे के जैसा पीला पड़ गया है तू

डेमिट्रियस : मरे हुए पीले पड़ जाते हैं, ऐसा पड़ गया हूँ मैं
तेरी निर्दयता ने सीना चाक कर दिया
मगर तू हत्यारी, निर्मल है, शांत है,
मानो आकाश में उजला सितारा हो

हर्मिया : इससे लाइज़ेंडर को क्या गरज ? बता वह कहाँ है ?
आह, डेमिट्रियस, मेरे लाइज़ेंडर से मुझको मिला दे

डेमिट्रियस : मेरा बस चले तो उसकी लाश कुत्तों को खिला दूँ।

हर्मिया : दूर हो कुत्ते, दूर हो। यह सुनकर अब मुझे धीरज नहीं रह गया।
सचमुच तूने ही क्या उसे मार डाला है ?
तब तो मनुष्य कहलाने लायक भी तू नहीं।
सच-सच कह मेरी खातिर, सच कह,
तूने उसे जगा हुआ देखा था ?
तूने उसे सोते में मारा है ? वाह री, वीरता!
साँप ने, बिच्छू ने भी यही किया होता
पर तूने, साँप ने, ऐसे डँसा है
कि दोमुँहा भी इतना दोमुँहा नहीं होगा।

डेमिट्रियस : तुम मुझ पर बेकार गुस्सा हो रही हो
मैंने लाइज़ेंडर का वध नहीं किया है
वह मरा नहीं है, जैसा मुझे पता है।

हर्मिया : तब इतनी कृपा कर, कह दे कि वह ठीक है

डेमिट्रियस : और जो कह दूँ तो मैं क्या पाऊँगा ?

हर्मिया : तब तुझे मेरे सामने कभी पड़ने से छुट्टी मिल जाएगी
तेरी घिनौनी सूरत से मैं विदा लेती हूँ
अब मुझसे तू न मिल, वह जिंदा हो, न हो।

[जाती है।]

डेमिट्रियस : इसका यह रंग है तो इसके पीछे जाकर के क्या होगा?
यहीं कुछ देर को ठहरता हूँ।

[लेटकर सो जाता है।]

ओबेरान : यह तूने क्या किया? एकदम भूल की।
वशीकरण का जादू सच्चे प्रेमी पर चला दिया।

पक : विधि का विधान है कि एक अगर सच्चा है
तो लाखों कसम पर कसम तोड़ते हैं

ओबेरान : आँधी की चाल से जंगल के पार जा,
हेलेना एथेंस को लेकर आ
किसी तरह फुसलाकर उसे यहाँ ले आ
मैं इसकी आँखों पर मंत्र पढ़ दूँगा
जब यह जगेगा, वह उसको दिखेगी।

पक : हम गए, हम गए, दन्न से हम गए।

[जाता है।]

ओबेरान : बैंजनी रंग के जादू के
नयनों में रच बस जा
जब यह जागे,
वह हो आगे,
तब यह उससे माफी माँगे

[पक का आना।]

पक : परियों की सेवा के सेनापति महाराज
हेलेना आ गई, वह युवक भी आ गया,
जिसे मैंने गलत पहचाना था,
प्रेम का निवेदन, देखिए, करता है
इनका तमाशा हम देखेंगे?
मूर्ख ये मनुष्य भी कैसे हैं!

ओबेरान : परे हटकर खड़ा हो, ये हल्ला मचाएँगे,
डेमिट्रियसजी बस तभी जाग जाएँगे।

पक : जब दो एकसाथ एक को रिझाएँगे,
तब अपन देख-देख आनंद पाएँगे।
बात जब कोई बेतुकी होती है,
अपन को सच कहें, भौत खुसी होती है।

[लाइज़ेंडर और हर्मिया का आना।]

लाइज़ेंडर : ऐसा क्यों समझती हो कि मैं तुम्हें प्यार नहीं,
तिरस्कार करता हूँ? तिरस्कार में कहीं आँसू नहीं होते।
देखो, जब मैं कसम प्यार की खाता हूँ, तब मैं रोता हूँ
आँसुओं से भरी ऐसी कसमें सच्ची होती हैं।

हेलेना : ये कसमें हर्मिया के लिए हैं, उसे छोड़ दोगे क्या?
कसम से कसम को तोलो तो पलड़ा बराबर होगा

उससे जो खाई हैं मुझसे जो खाई हैं
दोनों बराबर हैं दोनों वकवास हैं।

लाइज़ेंडर : मैंने जब हर्मिया से कसम खाई थी, अक्ल से काम नहीं लिया था।

हेलेना : अक्ल से काम तुम अब भी नहीं लेते हो, तभी तो हर्मिया
को तज रहे हो।

लाइज़ेंडर : डेमिट्रियस को उससे प्यार है और तुमसे नहीं है

डेमिट्रियस : *(जागकर)* हेलेना! देवी, अप्सरा, मोहिनी, सुंदरी, प्यारी!
इन नयनों की कोई उपमा नहीं है।

हेलेना : धिक्कार, लगता है तुम मेरा उपहास करने पर
तुल गए हो अपने मज़े के वास्ते
तुममें तनिक सभ्यता होती तो ऐसा अपमान तुम नहीं करते।
अगर तुम सच्चे पुरुष हो, जैसे कि दिखते हो
तो किसी महिला से ऐसा व्यवहार तुम नहीं करते
दोनों में होड़ है हर्मिया के लिए
अब दोनों हेलेना का उपहास करते हो
क्या ख़ूब क्या ख़ूब। पुरुषोचित होड़ है।
एक सीधी लड़की को रुलाने की होड़

लाइज़ेंडर : तुममें दया नहीं है डेमिट्रियस, ऐसा मत करो,
क्योंकि तुम्हें हर्मिया प्यारी है, यह तुम जानते हो कि
मुझको पता है। आज मैं सच्चे दिल से, पूरे मन से
हर्मिया पर अपना हक तुम्हारे खातिर छोड़े देता हूँ।
और तुम हेलेना पर अपना, मेरे खातिर छोड़ दो।

डेमिट्रियस : लाइज़ेंडर, अपनी हर्मिया रखो, मुझे नहीं चाहिए
उससे कभी प्यार था भी तो वह अब नहीं रह गया
मेरा दिल मेहमान की तरह उसके घर आया था
और अब हेलेना के घर लौट गया है
अब वहीं रहेगा।

लाइज़ेंडर : हेलेना, ऐसा नहीं है।

डेमिट्रियस : देख, वह तेरी प्रेमिका चली आती है।

[हर्मिया का प्रवेश।]

हर्मिया : आँखें जब हेर कर थक गईं, लाइज़ेंडर
कानों में तब तेरा बोल सुन पड़ा मुझे
क्यों मुझे निर्दयी छोड़कर चला गया?

लाइज़ेंडर : वह भला क्यों रुके, प्रेम जिसे जाने को कहता हो?

हर्मिया : वह कौन प्रेम है जो लाइज़ेंडर को मुझसे विलगा दे?

लाइज़ेंडर : प्रेम लाइज़ेंडर का दूर हेलेना से रहने नहीं देता है।
हेलेना जोत है ग्रहों, नक्षत्रों की, क्यों मुझे खोजती है?
क्या तुझे इतने से पता नहीं पड़ गया?
कि तुमसे मुझे नफरत है तभी मैं चला गया।

हर्मिया : तुम अपने दिल की नहीं कह रहे, यह हो नहीं सकता।

हेलेना : देखो, यह भी षड्यंत्र में शामिल है
अब मैं समझ गई कि तीनों मिल गए हैं।
मेरे खिलाफ यह कारसाजी करते हैं
खतरनाक हर्मिया, नाशुकरी छोकरी,
क्या तूने छल-कपट में फँसा है मुझे?
हम दोनों राज़दान होते थे,
गुइयाँ की वफ़ा और संग-संग बिताया वक्त
जो हम चाहते नहीं थे कि जल्दी कटे
क्या वह सब भुला दिया ?
वह पाठशाला की दोस्ती, बचपन का भोलापन
और क्या अपना पुराना प्यार तुम तोड़ डालोगी ?
अपनी बेचारी सहेली का अपमान करने में
पुरुषों का साथ तुम भी दोगी ?

हर्मिया : अपमान तेरा नहीं करती मैं। लगता है
तुम मेरा अपमान करती हो।

हेलेना : क्या तुमने लाइज़ेंडर को नहीं लगाया है
मेरे अपमान के वास्ते कि मेरे चेहरे-मोहरे की
प्रशंसा करे ?
और दूसरे प्रेमी, उस डेमिट्रियस का
जिसने अभी-अभी तुझे ठुकराया
मुझे देवी, रानी, अप्सरा, अद्वितीय
दुर्लभ और दिव्य कहने को भेजा?
काहे को वह यह सब कहता है उसी से जिससे नफरत करता है?
और क्यों लाइज़ेंडर प्यार से तेरे इन्कार करता है ?
जबकि दिल में उसके प्यार है
और मुझे झूठमूठ प्यार जतलाता है
तेरे उकसाने पर, तेरी मरजी से ?

हर्मिया : मैं समझी नहीं तेरा क्या मतलब है।

हेलेना : हाँ हाँ, क्यों नहीं, दुखिया चेहरे बनाओ
मेरे पीठ पीछे मुझे मुँह बिराओ
तुममें समझ होती, सलीका या शऊर होता
तो मेरी ऐसे तुम फजीहत नहीं करतीं
मगर चलो, भला हो तुम्हारा भी
मेरी भी गलती थी, अब तो यह मेरे न रहने पर मिटेगी।

लाइज़ेंडर : ठहरो मधुर हेलेना, मेरी सफाई सुनो
प्यारी प्राणप्यारी, दुलारी हेलेना।

हेलेना : भई वाह !

हर्मिया : देखो बहन, इस तरह मेरी खिल्ली मत उड़ाओ

डेमिट्रियस : वह विनती करके मना नहीं पाती, तो मैं मजबूर कर सकता हूँ।

लाइज़ेंडर : तेरी धमकियाँ, उसकी विनती से अधिक कारगर साबित न

होंगी।
उसमें भी दम नहीं, उसकी विनतियों में भी दम नहीं।
हेलेना, मैं तुझे जान से ज्यादा चाहता हूँ।

डेमिट्रियस : सुन ले, जितना मैं तुझे चाहता हूँ,
उतना वह कभी नहीं चाह सकता।

लाइज़ेंडर : अच्छा तो दो-दो हाथ करके साबित करो।

डेमिट्रियस : इसी दम करता हूँ। आ जाओ।

हर्मिया : लाइज़ेंडर, यह क्या हो रहा है?

लाइज़ेंडर : अलग हट

डेमिट्रियस : नहीं नहीं,
देखना झपट्टा मारेगा, खौंखियाएगा
फिर दुम दबाकर सटक जाएगा
पाखंडी, हट परे।

लाइज़ेंडर : अपनी औकात में रह बच्चा, कुत्ते के पिल्ले, कमीने
पट्टा छुड़ाकर कहाँ से भाग आया है
अबे भाग, कोड़े-सा झटककर रख दूँगा।

हर्मिया : तुम ऐसे बेलगाम क्यों हुए जाते हो?
यह क्या हो गया है, प्रियतम?

लाइज़ेंडर : प्रियतम! हट पिद्दी, भाग जा
छोड़ मेरा गला, कड़वी नीम, थू-थू।

हर्मिया : ठठ्ठा तो नहीं करते?

हेलेना : ठठ्ठा ही करता है, और तुम भी करती हो।

लाइज़ेंडर : डेमिट्रियस! मैं अपने कौल से हटनेवाला नहीं।

डेमिट्रियस : कौल पर टिके रहो, अच्छा है
मगर तुम्हारा हाल ढीला है।
मुझको यकीन नहीं तुम टिके रहोगे।

लाइज़ेंडर : क्या? मैं उसे चोट पहुँचाऊँ, मारूँ, हत्या करूँ?
हालाँकि उससे नफरत है, मैं उसका बुरा नहीं कर सकता।

हर्मिया : क्या? नफरत करने से और ज्यादा क्या बुरा होगा?
तुम नफरत करते हो? किसलिए
हे ईश्वर यह कैसी नई बात प्रियतम
क्या मैं हर्मिया नहीं? तुम लाइज़ेंडर नहीं?
मेरा दिल वैसा ही साफ है, जैसा अभी ज़रा देर पहले था।
रात शुरू हुई, तब तुम्हें प्यार मुझसे था
रात होते-होते मुझे छोड़कर चले गए
क्यों मुझे छोड़ गए? ईश्वर ऐसा न करे
क्या जानबूझकर छोड़ गए?

लाइज़ेंडर : हाँ, जान की कसम
तेरी सूरत कभी देखूँगा भी नहीं
इसलिए उम्मीद छोड़ दे, संदेह मत कर

यह बिल्कुल तय है हमेशा के वास्ते
कोई खिलवाड़ नहीं है, सच है, मैं तुझसे नफरत करता हूँ
प्यार हेलेना से

हर्मिया : हे ईश्वर, वाह री बहुरूपिन, फूल में छुपी कोड़ी
चोट्टी, तू रात में लुककर मेरे साजन का दिल चुरा ले गई

हेलेना : बहुत अच्छे! क्या कहने!
तुम्हें कुछ शर्म नहीं? आँखों का पानी मर गया है?
थू-थू बनावटी कठपुतली कहीं की।

हर्मिया : कठपुतली ? क्यों भला ? हाँ वही तो बात है
अब समझी कि इसने हम दोनों की तुलना की,
अपना कद बढ़ा लिया
कद में ऊँची है इसलिए, उसकी आँख में ऊँचे चढ़ गई
मैं कद में छोटी हूँ इसलिए, नीचे गिरा दिया मुझे।
बोल ! मैं छोटी हूँ ? क्यों ? रँगी हुई डंडी, बोल ?
इतनी छोटी नहीं कि पंजा बढ़ाकर तेरी आँखें न नोंच लूँ।

हेलेना : सुनिए, आप मेरा मजाक चाहें तो बना लें सज्जनो,
मगर उसे मुझ पर हमला न करने दें
मैं कभी झगड़ालू नहीं रही,
मुझे गाली-गलौज आती नहीं है
सीधी-सी लड़ी हूँ, डरी हुई रहती हूँ
देखिए, वह मुझे मारे-पीटे नहीं
शायद आप समझे हों कि वह मुझसे नीची है
इसलिए मैं उससे लड़ लूँगी।

हर्मिया : नीची है ! फिर कहो !

लाइज़ेंडर : डरो मत, वह तुझे पीट नहीं पाएगी, हेलेना।

डेमिट्रियस : जी हाँ, वह पीट नहीं पाएगी,
आप तरफदारी उसकी करें, तो भी।

हेलेना . ओह, जब उस पर गुस्सा सवार होता है
उसकी जुबान कैंची-सी चलती है
पढ़ने के दिनों में ही वह कटखनी थी
दिखने में छोटी है, मगर खतरनाक है।

हर्मिया : फिर 'छोटी' और 'नीची'
दो ही शब्द रह गए
तुम उसे क्यों मेरा अपमान करने दे रहे हो ?
मैं ज़रा देखूँ तो उसे जाकर।

लाइज़ेंडर : चलती बन, गंठी की
छुटकन्नी, डिबिया सी, बटिया सी

डेमिट्रियस : उसे तंग मत करो, हेलेना को मत कहो
पक्ष मत उसका लो
क्यों मन नहीं है, तो व्यर्थ प्रेम मत दिखाओ

अन्यथा दंड भरना होगा

लाइज़ेंडर : अब उससे मेरा मन भरता नहीं है
पीछे-पीछे चलो, साबित कर दिखाने की हिम्मत हो—
तो दिखाव,
हेलेना पर किसका असल दावा है, तेरा या मेरा।

डेमिट्रियस : पीछे क्यों चलूँ, नहीं, मैं संग चलता हूँ
परछाईं की तरह।

[लाइज़ेंडर और डेमिट्रियस दोनों जाते हैं।]

हर्मिया : देवीजी, यह कलह आपकी मचाई है
नहीं, अब भागो नहीं।

हेलेना : मुझको भरोसा नहीं आप पर रह गया
और मैं मनहूस संगत में आपकी रहना नहीं चाहती
आपके हाथ मारपीट में लंबे हैं,
मेरी टाँगें मगर लंबी हैं इतनी कि भाग लें *(जाती है)*

हर्मिया : मैं चकरा गई हूँ, क्या कहूँ।

[हर्मिया का जाना।]

ओबेरान : यह तेरी चूक का नतीजा है,
देख, ये प्रेमी कहीं लड़ने की जगह ढूँढते हैं
जल्दी से, पक, तू पहरिया के रात को ढक दे
तारे आकाश में छिप जाएँ
दोनों झगड़ालू को इस तरह भटका दे
कि कोई एक-दूसरे के रस्ते में न आए
यह फूल फिर लाइज़ेंडर की पलक पर
मल, इसका गुण है
कि सारी भूलों का निवारण कर देगा
जब नींद टूटेगी यह सारी वंचना
सपने-सी झूठी और व्यर्थ लगेगी उन्हें
तुम तो यह काम करो, मैं उधर रानी से
उसका वह छोकरा माँग लूँ,
फिर उसकी दृष्टि को
दानव के दृश्य से मुक्त करूँ।
सब फिर से ठीक-ठीक हो जाए।

पक : परीराज, यह काम दन्न से कर डालो
रात के दैत्य बादलों को खचाखच कचरते हैं
भोर का तारा उगने लगा है।
भूत औ' पिशाच डर के मारे गिरजों को लौटने लगे हैं
मनहूस आत्माएँ नालों में,
दलदल में जो दफ़न होती हैं।
कीचड़ की सेज पर सोने चली गईं।
...डर से कि दिन में उनकी शरम कहीं दिख न जाए

रोशनी से अलग जानबूझकर पड़ी रहती हैं
काली-कलूटी रात के बिस्तरे पर।

ओबेरान : हम दूसरे किसिम की आत्मा हैं। *(जाता है)*

पक : आगे ले जाऊँगा,
पीछे ले जाऊँगा,
ऊपर ले जाऊँगा,
नीचे ले जाऊँगा,
गाँव में, शहर में, मुझसे सब डरते हैं
देखिए कैसे ये चढ़ते-उतरते हैं
एक तो यह रहा

[लाइज़ेंडर का आना।]

लाइज़ेंडर : कहाँ है डेमिट्रियस, घमंडी का बच्चा?
ज़रा बोलकर देख

पक : यहाँ हूँ बदमाश। तू कहाँ छिप गया?

लाइज़ेंडर : मैं अभी सामने आता हूँ

पक : पीछे आ, मैदान के ऊपर

[डेमिट्रियस का आना।]

डेमिट्रियस : लाइज़ेंडर, फिर बोल
तू कहाँ छिप गया?

पक : मेरी आवाज के पीछे आ
यहाँ मर्दानगी हम नहीं दिखाएँगे। *(जाता है)*

[लाइज़ेंडर का आना।]

लाइज़ेंडर : मुझसे तो वह आगे-आगे चला जाता है
और मुझे पीछे आने को उकसाता है
जब मैं वहाँ आता जहाँ वह बुलाता है
तो आप, जाने कहाँ गायब हो जाता है।
मैं तो सरपट गया मेरा गोड़
अब यहाँ पहुँचूँगा आओ प्यारे प्रभात
डेमिट्रियस मिले तो करूँ दो-दो हाथ *(सोता है)*

[आना पक का और डेमिट्रियस का।]

पक : ह, ह, हा, डरपोक! अब आता क्यों नहीं?

डेमिट्रियस : तू आगे-आगे भाग, भाग कहाँ जाता है
कभी यहाँ, कभी वहाँ, कभी यहाँ जाता है
खड़े रहता नहीं, नज़रें मिलाता नहीं
आखिर तू है कहाँ?

पक : अबे, इधर को मुड़, मैं हियै हूँ

डेमिट्रियस : अबे जा, तू मखौल करता है
हिंया से लंबा हो,
दिन को निकलने दे,
तेरी ऐसी-तैसी

[लेटकर सो जाता है। हेलेना का आना।]

हेलेना : दुःख भरी रात की कठिन घड़ियाँ, काली कठिन
बीतीं, हौले-हौले बीतीं, पल पल, छिन छिन
निंदिया, तू उनके दुख हरती जो हैं बेकल,
मुझको भी अपने से दूर कहीं तू ले चल। *(सोती है)*

पक : अभी तीन ही हुए हैं? एक और आ जाव
एक-एक दो-दो किसम के जोड़े बन जाव
लो मुँह लटकाए वह आ गई बेचारी
कामदेव करते हैं नारी को दुखियारी

[हर्मिया का आना।]

अब आगे और चला नहीं जाता है, मन तो चाहता है, मगर पैर साथ नहीं देते। यहीं पर लेट रहूँ भोर होने तक। ईश्वर लाइज़ेंडर को बनाए रखे *(लेट जाती है और सोती है)*

मिट्टी पर पसरकर खुर्राटे भरो,
आँख में तुम्हारी, मैं औषध लगाता हूँ *(रस को लाइज़ेंडर की आँख में डालता है)*
जब नींद खुलेगी, तब सच्ची खुशी तुझे यहीं पर मिलेगी।
तेरी पहले वाली प्रेमिका आएगी, और यह कहावत तब सच कहलाएगी।
ईश्वर के यहाँ सब जोड़ियाँ मिलती हैं।

[जाता है।]

अंक : चार

दृश्य : 1

[जंगल। लाइज़ेंडर, डेमिट्रियस, हेलेना, और हर्मिया पड़े हुए सो रहे हैं। टिटानिया और बौटम का परियों के साथ आना; पीछे ओबेरान है जो दिखाई नहीं देता।]

टिटानिया : आओ यहाँ फूलों की सेज पर बैठो, मेरा मन है कि तेरे गालों को सहलाऊँ, और तेरी सुंदर जुल्फों में गुलाब का फूल खोंसूँ, और तेरे प्यारे-प्यारे बड़े-बड़े कान चूमूँ, मेरे प्रियतम।

बाटम : मटरफूल कहाँ है ?

मटरफूल : हाज़िर हूँ।

बाटम : जरा मेरी खोपड़ी खुजला देना मटरफूल,
श्रीमान मकड़ीजाल कहाँ है ?

मकड़ीजाल : हाजिर हूँ।

बाटम : श्रीमान मकड़ीजाल, आप बहुत अच्छे हैं, अपने औजार जरा हाथ

लीजिए और उस फूल पर बैठी हुई एक मधुमक्खी को मारकर लाइए और फिर श्रीमान उसका शहद मुझको दे दीजिए। इस काम में आप बहुत थक मत जाएँ और जरा ध्यान रहे शहद की थैली फट न जाए, कहीं आप शहद की थैली लेकर उड़ गए तो मुझे दुख होगा। श्रीमान राई कहाँ गए ?

राई : हाजिर हूँ।

बाटम : जरा आप अपने हाथ दीजिए श्रीमान, बस, बस, कोई फिकर नहीं, टोप लगाए रहें।

राई : मैं क्या सेवा करूँ ?

बाटम : कुछ नहीं श्रीमान, जरा मकड़ीजालजी को खोपड़ी खुजाने में मदद कर दीजिए। लगता है मुझे हज्जाम के यहाँ जाना ही होगा क्योंकि मेरा ख्याल है कि चेहरे पर दाढ़ी घनिष्ठ हो गई है; *(बाटम का मतलब है घनी)* और मैं ऐसा सुकुमार गधा ठहरा कि दाढ़ी के बाल से गुदगुदी होती है तो खुजलाना पड़ता है

टिटानिया : सुनो प्रियतम, क्या तुम कुछ गाना-बजाना सुनोगे ?

बाटम : हाँ, मैं अच्छा गाने का रसिया हूँ। लाओ खड़ताल और चिमटा कहाँ है ?

टिटानिया : और मधुर प्रियतम यह तो बताओ कि तुम्हें क्या खिलाऊँ मैं।

बाटम : थोड़े से हरे चने। यूँ तो मैं तुम्हारे सूखे जौ भी खा सकता हूँ मगर दिल ताजी-ताजी घास को मचलता है। हरी घास, मधुर घास, तेरा जवाब नहीं।

टिटानिया : मेरे पास एक परी है जो गिलहरी के बिल में से खोदकर तुम्हारे लिए मेवे ले आएगी।

बाटम : रहने दो। मुझे एक-दो मुट्ठी सूखी मटर काफी है। मगर यह कृपा करो कि कोई तुम्हारे घर मुझको जगाए नहीं। लगता है निद्रा में लग्न हो रहा हूँ *(बाटम का मतलब है मग्न)*

टिटानिया : तू सो मेरे आलिंगन में सो
परियाँ चली जाओ दूर-दूर कहीं-कहीं को

[परियाँ जाती हैं।]

इसी तरह लता पुष्पवृक्ष को लपेटती है।

[वे सोते हैं। पक आता है।]

ओबेरान : *(आगे आते हुए)* स्वागत हो पक भइया, यह मनहर दृश्य देख रहे हो ?
अब तो यह देखकर टिटानिया के ऊपर मुझे तरस आता है
जब छोकरा मिल जाएगा, मैं इसकी आँखों से यह मायातंत्र दूर कर दूँगा
वैसी ही हो जाओ जैसी चाहती हो तुम। वही कुछ देखो जो देखना चाहो तुम।
अब टिटानिया, तुम जागो, मेरी रानी।

टिटानिया : मेरे ओबेरान, यह मैंने क्या देखा ? मुझे लगा कि मैं एक गधे
पर मोहित हुई।

ओबेरान : यह रहा तुम्हारा प्रिय,

टिटानिया : ऐसा क्योंकर हुआ ?

ओबेरान : थोड़ी देर चुप रहो। पक, इसकी खोपड़ी हटाओ तो

पक : उठ जा, परियों की रानी
चिरैया बोलने लगीं

ओबेरान : अब हम चुपचाप शांति से—
निकल चलें रात की क्लान्ति से—

टिटानिया : आइए महाराज, अपनी उड़ान में
मुझे बतलाइए कैसे इस रात को
मैं यहाँ मनुष्यों के बीच सोती हुई
पाई गई धरती पर अपने अनजान में *(जाते हैं)*

[अंदर तुरहियाँ बजती हैं। थीसियस, हिप्पोलिटा, इजिगस और अनुचर आते हैं।]

थीसियस : जाओ, जंगल के चौकीदार को लाओ
अब मई दिवस का महोत्सव हो गया
और अभी सूरज निकलता है
इसलिए मेरी प्रिया मेरे शिकारी कुत्तों को देखेगी
मगर रुको, वे अप्सराएँ कौन हैं ?

इजियरा : श्रीमान ये मेरी बेटी पड़ी सोती है
ये लाइज़ेंडर है और यह डेमिट्रियस
यह रही हेलेना। मैं चकित हूँ कि ये
चारों यहाँ एकसाथ कैसे पहुँच गए?

थीसियस : निश्चय ही ये तड़के-तड़के उठे होंगे, मई दिवस की पूजाएँ करने को
मगर कहो इजियस, क्या आज के ही दिन
हर्मिया को जवाब देना नहीं था ?

इजियस : जी हाँ, महाराज

थीसियस : जाओ, शिकारियों से कहो कि इन्हें अपने ढोलों से उठा दें।

[ढोल और शोर सुनाई देता है। डेमिट्रियस, लाइज़ेंडर, हर्मिया और हेलेना जगकर चकित होते हैं।]

शुभ दिन है दोस्तो, आई है रुत बसंत की।
चिड़ियों के जोड़े मनाते हैं आनन्द ?

लाइज़ेंडर : क्या कहा महाराज ?

[सब थीसियस के सामने झुकते हैं।]

थीसियस : मुझे पता है तुम दोनों प्रतिद्वंद्वी हो
तब इस संसार में ऐसा मधुर मिलन कैसे हुआ
कि ईर्ष्या के होते भी नफरत नहीं रही ?

लाइज़ेंडर : मैं बता नहीं सकता कि कैसे यहाँ आ गया
मगर मैं समझता हूँ कि हर्मिया के साथ आया था

हमारा इरादा था एथेंस से चले जाने का
कहीं जहाँ एथेंसी कानून के बाहर—

इजियस : बस, बस, महाराज, आपने सुन लिया।
कानून! कानून! इस पर लागू करें!

डेमिट्रियस : श्रीमान, हेलेना ने इनके भाग जाने की चोरी से
मुझे खबर दी थी और यह बताया था
कि ये इसी काम से जंगल को गए हैं
गुस्से के मारे मैं पीछे-पीछे चला
मगर श्रीमानजी, जाने क्या हुआ कुछ पता नहीं
कि मुझमें हर्मिया का प्यार
बर्फ-सा गल गया
अब मुझको तन-मन से
सच्चे हृदय से और निष्ठा से
प्यार हेलेना से ही है
यही, अब मेरी आँखों का तारा है

थीसियस : इजियस, अब हम तुम्हारी इच्छा को नहीं मानेंगे,
जल्दी ही मंदिर में इन दोनों के जोड़े,
बंधन में हमेशा के लिए बँध जाएँगे
और, अब दिन भी चढ़ गया है
इसलिए हमारा आखेट अब नहीं होगा
वापस एथेंस चलें
वहाँ एक शानदार जलसा हम करेंगे।
आओ हिप्पोलिटा।

[थीसियस, हिप्पोलिटा, इजियस और अनुचर जाते हैं।]

डेमिट्रियस : ये बातें दूर कहीं धुँधली-सी दिखती हैं
जैसे दूर के पर्वत मेघ से ढके हों

हर्मिया : मुझे तो लगता है कि पुतलियाँ तानकर
देख रही हूँ। सब कुछ दो-दो दिख पड़ता है

हेलेना : मुझे भी कुछ ऐसा लगता है
मैंने डेमिट्रियस को पा लिया है जैसे रत्न खोया हुआ मिल गया।

डेमिट्रियस : क्या तुम पक्की तरह
जानते हो कि हम जगे हुए हैं?
मुझे तो लगता है
कि हम अभी सोते हैं, सपना देख रहे हैं। क्या तुम्हें याद नहीं
कि रावराजा यहाँ थे और हमें पीछे आने को कहा था?

हर्मिया : हाँ, और पिताजी

हेलेना : और हिप्पोलिटा, ये भी थे

लाइज़ेंडर : और उन्होंने हमें मंदिर में जाने को कहा था

डेमिट्रियस : ऐसा? तब तो हम जगे हैं। आओ, वहीं चलें,
और चलते-चलते अपने सपनों की याद भी करें।

[जाते हैं।]

बाटम : *(जागकर)* जब मेरी बोलने की बारी आए, मुझे आवाज देना और मैं तुरंत बोलूँगा। मेरी अगली लाइन है अति सुंदर पैरामस। अरे-अरे पीटर क्विंस? फ्लूट स्नाउट, स्टार्वलिंग? ईश्वर रक्षा करे, सब यहाँ से भाग लिए। मुझे सोता छोड़ गए? मुझे एक अद्‌भुत दर्शन हुआ। मुझे एक स्वप्न आया। आदमी की अक्ल में समा ही नहीं सकता कि वो सपना क्या था। अगर आदमी अपने सपने को बताने लगे तो वह गधा ही साबित होगा। मुझे लगा कि मैं—अरे कोई आदमी नहीं बता सकता कि क्या लगा! मुझे लगा कि मैं—मेरे—आदमी विदूषक कहलाएगा अगर वह बताए कि जो मुझे लगा वह क्या था। आदमी की आँख ने कभी सुना नहीं, आदमी के कान ने कभी देखा नहीं, आदमी के हाथ ने कभी चखा नहीं, उसकी जबान ने कभी समझा नहीं और उसके दिल ने कभी बताया नहीं कि मेरा सपना क्या था। मैं पीटर क्विंस से कहूँगा कि मेरे सपने पर एक नौटंकी लिखे। उसका नाम होगा बेपेंदी का सपना क्योंकि उसमें कोई बाटम नहीं है और मैं उसे नाटक के अंत में रावराजा के सामने गाऊँगा। अगर नाटक शानदार करना हो तो मैं उसे थिसवी की मौत पर गाकर सुना सकता हूँ *(जाता है)*

दृश्य : 2

ऐथेंस। क्विंस के मकान में एक कमरा।

[क्विंस, फ्लूट, स्नाउट और स्टार्वलिंग आते हैं।]

क्विंस : अरे, क्या बाटम के घर बुलावा भेज दिया? वह अभी घर लौटा या नहीं लौटा?

स्टार्वलिंग : उसकी कोई खबर नहीं। जरूर उसे परियाँ उड़ा ले गईं।

फ्लूट : वह नहीं लौटा तो नाटक चौपट हुआ समझो। तब तो नहीं होगा नाटक! कि होगा?

क्विंस : होना संभव नहीं। तुम्हारे पास एथेंस-भर में ऐसा कोई नहीं जो उसके जैसा पैरामस बनकर दिखावे।

फ्लूट : सारे एथेंस में जितने कारीगर हैं उनमें वह सौ-फी सदी सबसे अक्लमंद है।

क्विंस : हाँ जी और सूरत से भी सबसे अलग है; उसके गले की मिठास का कौनो जवाब नहीं। ऐसा रसिया है

फ्लूट : रसिया नहीं सुरीला कहना चाहिए। रसिया कोई अच्छी चीज नहीं है।

[स्नग लुहार का आना।]

स्नग : गुणीजनो, रावराजा मंदिर से पधारते हैं और उन्होंने दो-तीन

साहबों और मेमों का ब्याह कर दिया है। अगर तुम्हारा खेल जारी रहता तो हम सबकी किस्मत खुल गई होती

फ्लूट : अरे प्यारे बुली बाटम, तूने इस जिन्दगी भर की कमाई खो दी। तुझे तो वजीफ़ा मिल ही जाता। शर्त बद सकता हूँ कि रावराजा उसे अगर पैरामस बनाने के इनाम में वजीफा नहीं देते तो जो सजा चोर की वह मेरी। उसे तो वजीफा मिलता ही। पैरामस खेलने पर वजीफा नहीं देंगे तो क्या देंगे?

[बाटम का आना।]

बाटम : सब लड़के कहाँ गए?

क्विंस : बाटम! शाबाश तू बड़ा बहादुर है, खुश रह।

बाटम : गुणीजनो, मैं कुछ अचंभों की बातें बताऊँगा मगर यह मत पूछना कि वे क्या बातें हैं क्योंकि जो बता दिया तो मैं सच्चा ऐथंसी नहीं रहा। मैं सब बताता हूँ। जैसे-जैसे हुआ, वैसे-वैसे सुनो।

क्विंस : सुनाओ, सुनाओ, भइया बाटम।

बाटम : हम काहे को बताएँ। अपन तो बस इतना कहेंगे कि राव राजा जीमकर उठे हैं। अपना भेष ले आओ। दाढ़ियों में डोरे बाँध लो। जूतों में नए फुँदने लगा लो। महल में फौरन से पेश्तर पहुँच जाओ। सब कोई अपना-अपना पारट याद कर लो क्योंकि सौ बात की एक बात यह है कि हमारा नाटक का खेलना मंजूर हो गया है। वैसे भी थिसवी को साफसुथरा भेष पहनाना और जिस आदमी को शेर बनकर आना है उससे कह देना कि नाखून काटकर नहीं आए क्योंकि नाखून तो शेर के पंजे में लटकने चाहिए। और सुनिए मेहरबान भाइयो, प्याज मत खाना और लहसुन भी नहीं खाना। क्योंकि तुम्हारे मुँह से सुगंध आनी चाहिए और ऐसा होना चाहिए कि उसको सुनकर सब जने कह उठें कि बड़ा मधुर खेल है। बस और कुछ नहीं कहना। जाइए, जाइए, चलते-फिरते दिखाई दीजिए *(जाता है)*

अंक : पाँच

दृश्य : 1

एथेंस। थीसियस का महल।

[थीसियस, हिप्पोलिटा और फ़िलोस्ट्रेट तथा साहबों और सेवकों का प्रवेश।]

हिप्पोलिटा : ये प्रेमी जो बताते हैं, वह किस्सा अजब है

थीसियस : अजब कुछ अधिक है
सच्चा कुछ कम है
ये पुरानपंथी कहानियाँ
ये परियों की कथा

मैं नहीं मानता
प्रेमी और पागल दोनों के दिमाग में
ऐसे ही फितूर उठा करते हैं
ऐसे ही मनगढ़ंत खत्तीपन
अकल से जिनका वास्ता नहीं होता।
पागल और प्रेमी और कवि, तीनों
कल्पना पर जिया करते हैं
रात के अँधेरे में भय खाकर
रस्सी को साँप समझ लेना आसान है—
इन तीनों के लिए।

हिप्पोलिटा : मगर रात का किस्सा पूरा सुन लिया जाए
जिसमें सबके दिमाग उलट-पुलट गए थे
तो कल्पना के कमाल से कुछ ज्यादा दिखता है
जिसमें काफी कुछ असलियत लगती है
हालाँकि उसमें अजूबा और अचरज भी कम नहीं

[प्रेमी लाइज़ेंडर, डेमिट्रियस, हर्मिया, हेलेना आते हैं।]

थीसियस : ये देखो प्रेमीजन आते हैं
कौन से स्वाँग हम करेंगे, नाच नाचेंगे
जिसके तीन घंटे का युग बीत जाए जो
खाने और सोने के बीच में आएगा
कहाँ हैं दिलबहलाव के हमारे कारसाज लोग?
कतैन से तमाशे तैयार हैं? क्या नाटक नहीं हैं?
कि घंटा भर ऊब का हँसी-खुशी कट जाए?
फ़िलोस्ट्रेट को बुलाव।

फ़िलोस्ट्रेट : हाजिर हूँ, महाबली थीसियस।

थीसियस : कहो, क्या इंतजाम वक्त काटने का किया है—
फ़िलोस्ट्रेट?
कौन-सा स्वाँग, कौन संगीत?
आलसी वक्त को कैसे भुलावा दें रागरंग के बिना?

फ़िलोस्ट्रेट : यह फेहरिस्त है तमाशों की, जो कि तैयार हैं
महाराज हुकुम दें—
इसमें से कौन-सा पेश पहले करूँ?

[कागज देता है।]

थीसियस : "नौजवान पैरामस और थिसबी के
प्रेम का एक क्लांतिकारी संक्षिप्त दृश्य,
अति करुण प्रहसन"
यह तो गरम बर्फ जैसी कुछ चीज़ है
दोनों बेमेल की बातों में मेल कहाँ से होगा?

फ़िलोस्ट्रेट : यह नाटक कोई इस शब्द में होता है
मगर यही दसों शब्द इसमें फालतू हैं

तभी तो क्लांतिकारी कहा

थीसियस : तो इसके खेलनेवाले कौन लोग हैं?

फ़िलोस्ट्रेट : मेहनतकश लोग हैं
यहाँ एथेंस में काम करते हैं ये
यह खेल आपके लायक नहीं। पूरा सुन चुका हूँ मैं
इसमें कुछ नहीं,
—कुछ नहीं है इसमें
हाँ, उसके अर्थ को बहुत खींचतानकर
कष्ट से कंठस्थ करके पढ़ा जाए
तो आपको मजा आएगा

थीसियस : मैं नाटक देखूँगा
जाओ उन्हें बुला लाव, देवियो, बैठिए

[फ़िलोस्ट्रेट जाता है।]

हिप्पोलिटा : मुझको गरीबों पर बहुत बोझ पड़ते देखना पसंद नहीं

थीसियस : ऐसा नहीं कुछ देखना पड़ेगा, सुकुमारी।

हिप्पोलिटा : वे कहते हैं कि इन्हें यह विद्या बिल्कुल नहीं आती

थीसियस : तब तो हम उन्हें
मुफ्त में शुक्रिया देकर
भला ही करेंगे

[फ़िलोस्ट्रेट आता है।]

फ़िलोस्ट्रेट : आइए, कृपानिधान,
सूत्रधार आ गए

थीसियस : आने दो *(संगीत बजता है)*

[क्विंस प्रस्तावना पढ़ने आता है सूत्रधार के रूप में।]

क्विंस : आपको हमारी किसी बात का बुरा लगे
तो छिमा करेंगे
बात ये है कि हम बुरा चाहते नहीं
भले मन से हम छोटी-मोटी कला
दिखलाय के जीवन सुफल करेंगे हम
हम हिंया आए हैं हमारा मतलब ई है
आपका मनोरंजन। हमसे जो चूक होगी
आपको दुखाने की नहीं हैं
कलाकार खड़े हैं उनके अभिनै से
परकट करेंगे वे अपने करतब को दिखाएँगे।

थीसियस : यह शख्स भाषा और छंद का विचार नहीं करता है

लाइज़ेंडर : उसने अपना भाषण घोड़े सा छोड़ दिया
कहीं रुकता ही नहीं
इससे हम सबक ले सकते हैं
कि बोलना काफी नहीं होता
ठीक-ठीक बोलना ज़रूरी है।

थीसियस : उसका व्याख्यान अजब उलझा-पुलझा था
सब चीज़ ठीक थी
पर अपनी जगह कोई चीज़ ठीक नहीं थी
अब किसकी बारी है ?

[आना पैरामस, थिसवी, दीवार और चाँदनी का और शेर का मूक अभिनय में।]

सूत्रधार : महाशयो, अचंभा में पड़े हैं आप सब जने
अबहीं अचंभा में सत्य परकासैगा
यह व्यक्ति पैरामस कहाता है जैसा विदित होगा
यह सुंदरी नाम थिसवी प्रसिद्ध है
यह पुरुष चूना और गारा लगाए हुए
खड़ा हुआ दीवार आपको दिखता है
यही दुष्ट दीवार रसिकों को विछोहती
इसी की झिरी से ये बेचारे फुसरफुसर
संभाषण करके संतोष हैं
देखिए विस्मै की बात नहीं
लालटेन, कूकुर के संग झाड़झंखाड़,
चाँदनी रात है। आपको विदित होगा
प्रेम दर्सनि को ई दोनों, चाँदनी रात में
मिलन होता रहे निनस की समाधि पर
ई भयंकर प्राणी सिंह कहलाता है।
थिसवी के प्रथम आगमन पर डेराता है
भय से भागती है थिसवी चादरा छोड़
दुष्ट सिंह रक्त सने दाँतन से चादरा चबाता है
इतने में प्रकट पैरामस होते हैं
वीरभद्र नौजबान भेस में
तुरंत खड़े खड्ग से खंडित करते हैं सीस
सिंह का सटाक से, सहतूत के तले,
थिसवी कटार को करेजा में मारती
आगे का सवाल चाँदनी और दीवार
दूनो प्रेमी जने संवाद बोलेंगे हियें खड़े-खड़े।

थीसियस : क्या शेर भी संवाद बोलेगा ?

डेमिट्रियस : कोई अचरज नहीं जो बोलने लगे
जहाँ इतने गधे बोले वहाँ एक शेर
बोल ही सकता है।

[शेर, थिसवी और चाँदनी का जाना।]

दीवार : इसी कथानक में यह घटना घटती है
कि हम स्नाउट नामक जन
दीवार बनते हैं
ऐसी दीवार कि आप जान लीजिए
फाँक माने झिरी है बीच में वाके

वही है आरपार पैरामस थिसवी
चोरी में फुसफुसाए प्रेमालाप करते हैं
ई जो पलस्तर है, रोड़ी और गारा है
माने दरसाता है कि हम ही दीवार हैं
सत्य भी यही है
यह आड़ी छेद है, दूनो प्रेम दीवाने
यहीं फुसफुसाते हैं।

थीसियस : वाह, वाह। रोड़ी और गारा का भाषण
अद्भुत रहा।

डेमिट्रियस : यह परिच्छेद अत्यंत मनोरंजक है।

[पैरामस आता है।]

थीसियस : पैरामस दीवार के पास आता है, चुप रहो।

पैरामस : हे काल रात्री, काजल-सी कजियारी
तू तुरत होती है जब नहीं होता दिन
हे रात्री, हे रात्री, अहा अहा!
ऐसा जनाता है थिसवी भुलाय गई
दीवार! दया भई सुंदर दीवार तू
थिसवी के बाप और मेरे घर बीच है
दीवार! दीवार दया भई सुंदर दीवार तूँ
तनिक फाँक दरसा दे
झाँक लूँ फाँक से नज़ारा ज़रा कर लूँ।

[दीवार उंगलियों से फाँकें बनाती है।]

सुकरिया, दीवार सभ्यता दिखाई तूँ
भगवान तेरी रक्षा करें।
प्रंतु क्या दीखता? थिसवी तो नहीं है
अरी कपट दीवार, तेरे पार आनंद गायब है
तेरा सर्वनाश हो, ऐसन धोखा दिहिस।

थीसियस : हमें लगता है कि दीवार के समझ
हुई तो पलटकर कोसेगी।

पैरामस : जी नहीं सरकार, वह नहीं कोसेगी
ऐसन धोखा दिहिस पर तो थिसवी के
बोलने की बारी है, अभी वह प्रवेश करेगी
और मुझे दीवार के पार उसे ताकना होगा।
अब हीं आप देखते रहो, देखो वह आय गई।

[आना थिसवी का।]

थिसवी : *(दीवार से)* हमारी आहों को सुन चुकी है
तू पैरामस से हमें जुदा कर
गुलाबी होंठों से मैंने चूमे
हैं तेरे अक्सर जहाँ में पत्थर।

पैरामस : कोई बोला! अब मैं फाँक के निकट

जाता हूँ
देखता हूँ कहाँ है थिसवी
कि जिसका सुर मुझको सुन रहा है।

थिसवी : प्यारे यह तो तुम्हीं जान पड़ते हो, मेरे प्यारे
यह तुम्हीं हो।

पैरामस : हाँ, हमी हैं, तुम और कुछ न समझो
इस निर्मोही दीवार के छेद में से
हमें तुम चूम लो।

थिसवी : हम चूमते हैं मगर ओठ दीवार के
सामने आ जाते हैं, तुम्हारे ओठ कहाँ हैं

पैरामस : तू हमें झटपट निनी की समाधि पर आकर मिलेगी?

थिसवी : दुनिया इधर की उधर हो जाए,
मगर मैं झटपट आऊँगी।

[पैरामस और थिसबी का जाना।]

दीवार : मैंने, दीवार ने, कर्तव्य कर दिया
कर दिया, दीवार यहाँ से टर दिया

थीसियस : अब दोनों के बीच दीवार हट गई
अब दो-दो पशुराज आते हैं
एक सिंह, एक नर

[सिंह और चाँदनी का प्रवेश।]

सिंह : बड़े घर की बहुओ, आपका दिल छोटे से छोटे
खूँखार चूहे को सरकता हुआ देखकर दहल जाया करता है
अब आप दिल थामकर बैठिए
आप काँप उठेंगी और थर्राएँगी
शेर जब गुस्से में बड़े जोर से दहाड़ेगा।
इसलिए पहले तो जान ले कि मैं स्नग लुहार हूँ
भयंकर सिंह मैं ही हूँ कोई और सिंह नहीं
अगर मैं खूँखार होता और यहाँ आता
तो भाई साहब, मेरा तो बुरा हाल हो जाता

थीसियस : प्यारा समझदार शेर है और दिल का भी साफ है

डेमिट्रियस : ऊँचे दरजे का जानवर है बेमिसाल।

थीसियस : अब जरा चाँद की भी सुनें

चाँदनी : ई लानटेन भने दुतिया का चाँद दिखलाती है

डेमिट्रियस : चाँद को सिर पर सींग की तरह पहन लिया
होता तो ठीक था।

चाँदनी : ई लानटेन माने दुतिया का
चाँद दिखलाती है। हम वही मनई
हैं जो चाँद में खड़ा है।

थीसियस : यह तो एकदम बड़ी भारी गलती हो
रही है। आदमी को लानटेन के भीतर

होना चाहिए था, नहीं तो वह चाँद के
अंदर का आदमी कैसे हुआ।

डेमिट्रियस : उसकी हिम्मत नहीं पड़ रही है कि
भीतर चला जाए क्योंकि अंदर कंदील
जोरों से लपलपा रही है।

हिप्पोलिटा : मैं तो इस चाँद से उकता गई हूँ।
यह कुछ बदलेगा या ऐसा ही रहेगा ?

लाइज़ेंडर : आगे चलो, चाँद भाई

चाँदनी : हमनी के इही कहना है कि लानटेन चाँद है, हम
चाँद के भीतर का मनई हैं। उहकी झाड़ी
हमारी झाड़ी है और यह कूकुर हमारा
कूकुर है।

[थिसवी का आना।]

थिसवी : यह रही निनी बाबा की समाधि।
हमारा प्यारा कहाँ है ?

सिंह : ओह *(शेर दहाड़ता है, थिसवी भागती है)*

डेमिट्रियस : खूब गरजे शेर

थीसियस : खूब भागी थिसवी

हिप्पोलिटा : खूब चमके चाँद। वाकई चाँद
बड़ी शान से चमक रहा है।

[शेर थिसवी का चादरा झिंझोड़ता है और चला जाता है।]

थीसियस : खूब झिंझोड़ा शेर

लाइज़ेंडर : इसलिए शेर दफ़ा हो गया।

डेमिट्रियस : और तब पैरामस आ गया।

[पैरामस का आना।]

पैरामस : मधुर चाँद, कैसी रुपहली
किरणें तुम्हारी हैं।
चाँद तुम्हें डटकर चमकने
के लिए धन्यवाद।
तेरी शानदार चमकदार चकाचक चौंध
के कारण।
मुझको हो पाएगा थिसवी का दर्शन।
पर ठहरो, हाय, हाय, यह मुझको दुखद क्या
दिखाता है ?
यह क्या ? कैसे ? मेरी चिरइया का चादरा
खून से सना गया।
सर्वनाश कर डालो एक बार।
हाँ हंत ! हाय-हाय हाहाकार।

थीसियस : यह करुणा और परम मित्र को देखकर कौन दुखी नहीं दिखेगा।

हिप्पोलिटा : मेरा दिल दहल गया, मगर मैं इस आदमी पर तरस खा रही हूँ।

पैरामस : अ ह ह अधम प्रकृति यह सिंह क्यों बनाया
इसी सिंह ने मेरी प्यारी को खाया
वही है—नहीं—वही विश्व सुंदरी थी
वह जो, चाह थी, खुशी भरी
आँसुओ, बहो-बहो जी को दुखाओ
तलवार चमको करो दिल पे घाओ
पैरामस चुक गया, खतम है आत्मा
जहाँ दिल-धड़क थी, वहीं है खात्मा
[अपने को छुरा मारता है।]
इस तरह मैं मरा, मैं मरा, मैं मरा
चल बसा, प्राण आकाश में जुड़ जा
जीभ तू लटक जा, चाँद तू उड़ जा
[चाँदनी जाती है।]
अब मरो, मरो, मरो, मरो, मरो
[मर जाता है।]

हिप्पोलिटा : यह कैसे हुआ भला कि चाँद पहले चला गया
थिसवी बाद में आई और अपना प्यारा पाई।

थीसियस : अब वह आ रही है और उसके भाषण के साथ नाटक समाप्त होगा
[थिसवी का आना।]

हिप्पोलिटा : मेरा बिचार है कि जैसा पैरामस है वैसे हालात में वह लंबा भाषण नहीं झाड़ेगी। आशा करती हूँ वह थोड़े में बोलेगी

थिसवी : प्यारे तुम सो गए।
प्राण तुम खो गए।
पैरामस बोलो तो क्या खतम हो गए ?
नैनों को खोलो तो
मुँद गईं आँखें
ओठ बंद हो गए
फूलों से ओठ ये
कलियों-सी नाक ये
ये गोरे गाल मंद हो गए
थिसवी तू मुँह न खोल
आ जा, तलवार तोल
जान जिस्म हो जुदा
हम चले दोस्तो
थिसवी ने कही है अलविदा
[मरती है।]

थीसियस : चाँद और शेर लाश को दफन करने के लिए रह गए

डेमिट्रियस : हाँ, और दीवार भी रह गई।

बाटम : *(चौंककर)* जी नहीं, मैं बताता हूँ जिस
दीवार में दोनों के पापों को अलग-अलग

किया था वह गिर पड़ी है।
अब आप उपसंहार देखेंगे या हमारी
मंडली का झूमर सुनेंगे।

थीसियस : कोई उपसंहार नहीं। आप समझ लीजिए
आपके नाटक में कहने को कुछ नहीं
बचा। अब उपसंहार क्या! जब सभी
नटों का संहार हो चुका है तो
किसका दिल दुखावें।
यह इतना ठस नाटक था मगर
वक्त खूब कट गया। रात का बोझ
चलो घट गया। दोस्तो सो जाओ।

[जाता है। पक हाथ में झाड़ू लिए आता है।]

पक : शेर भूख के मारे गरजा दहाड़कर,
रोता है कुत्ता चाँद पर फुक्का मारकर,
सोता है हलवर,
काम से थककर।
रात का वक्त है,
कब्रों को खोलकर,
भूत निकलते हैं मजे-मजे डोलकर,
चर्च के सदन में टहलते हैं,
और हम परी लोग, खेल में उछलते हैं
अब सोता पड़ गया,
सन्नाटा बढ़ गया,
इसलिए आया हूँ
गर्द को बुहारने,
दुआरे के आगे
सुबह-सुबह झाड़ू मारने
हम तो छायाएँ थीं, हमें वही जानना।
बुरा अगर लगा हो तो बुरा मत मानना।
यही समझ लेना कि तुम सो रहे थे।
तभी ये नज़ारे प्रकट हो रहे थे।
ये वाहियात किस्सा दिखाया गया है।
फ़कत एक सपना, नहीं कुछ नया है
अगर दोष कुछ हो तो हमको बताएँ
क्षमा आप कर दें हमारी खताएँ
निवेदन नहीं है, उड़ाओ न खिल्ली
खबर तो करो, कल दिखाएँगे दिल्ली
अच्छा प्यारे दोस्तो, सबकी जय-जयकार
वर्ना हमारे बीच में रहे मित्र व्यवहार।

[जाता है।]

बिरजीस क़दर का कुनबा

[लोर्का के 'दॅ हाउस ऑफ़ बरनाडा ऐल्बा'
(चौथे दशक का पूर्वार्द्ध) का रूपांतर, 1985]

निर्देशक का वक्तव्य

यह नाटक

ग्रीक त्रासदी की व्याप्ति और गहराई को छू लेनेवाली लोर्का की रचना 'दॅ हाउस ऑफ़ बरनाडा ऐल्बा' ने उन्नीसवीं शती के प्रकृतवादी नाटक की रूढ़ियाँ छिन्न-भिन्न करके, आधुनिक युग के लिए त्रासदी की एक नई अवधारणा प्रस्तुत की। लोर्का ने ग्रीक त्रासदी से अभिप्राय ग्रहण किए हैं, जिसका एक उदाहरण शीर्षक में ही 'हाउस' पद का प्रयोग है, और ऐसा करके लोर्का चाहता है कि हम उसके नाटक को 'दॅ फाल ऑफ़ द हाउस ऑफ़ ऐट्रियस' के साथ रखकर देखें। इसमें प्रदर्शित बरनाडा की त्रासदी उसके निजी जीवन तक ही सीमित नहीं है, बल्कि वह उसके समूचे वंश के नाश की कहानी बन जाती है। और फिर, ग्रीक त्रासदी की ही तरह, बरनाडा के वंश, उसकी संतति का भाग्य भी प्रारंभ से ही अभिशप्त रहता है। लेकिन ग्रीक त्रासदी में नियति के अटल होने की जो अवधारणा है उसके विपरीत लोर्का ने बरनाडा को इस रूप में चित्रित किया है कि उसे और उसकी बेटियों को प्रभावित करनेवाले दुर्भाग्य की जिम्मेदारी स्वयं उसके ऊपर है। यही वह बुनियादी दृष्टि है जिसके तहत लोर्का बीसवीं शती की चेतना को मूर्त करता दिखाई देता है—उसके लिए मनुष्य स्वयं ही अपने भाग्य का निर्माता है। बाहर की तोड़क शक्तियों के बीच खड़ा करके मनुष्य को यहाँ उन विनाशकारी शक्तियों से लड़ते हुए चित्रित किया गया है जो उसके भीतर विद्यमान हैं।

बरनाडा ऐल्बा के केन्द्र में मांसल वासना, देह की भूख है, जो लगातार समाज द्वारा आरोपित वर्जनाओं से टकराती है। लोर्का ने इन्हीं आन्तरिक यौन उत्तेजनों को इस तरह चित्रित किया है कि ये व्यक्ति के लिए प्रलोभनीय और अनियंत्रणीय बन जाते हैं, और जब इनका भयानक विस्फोट होता है, तो वे अंततः व्यक्ति का नाश कर देते हैं।

बरनाडा अपने आपको और अपनी बेटियों को घर की चारदीवारी में बंद करके रखती है, और नीरस जीवन जीने के लिए विवश करती है। इतना ही नहीं, वह उन्हें इस बात के लिए भी विवश करती है कि वे इस जीवन को निर्विरोध और धैर्य के साथ जिएँ। उन्हें बताया जाता है कि भावनाओं का सामान्य प्रदर्शन भी पाप है। लेकिन अंततः उस चारदीवारी में घुटती उसकी बेटियाँ विद्रोह करती हैं--अपने-अपने समय पर, अपने-अपने तरीके से। उसकी सबसे छोटी बेटी हताशा में फाँसी लगा लेती है, लेकिन बरनाडा उसके लिए एक भी आँसू बहाने को तैयार नहीं है।

नाटक का वस्तुगत द्वंद्व कई रूपों में व्यक्त हुआ है। बरनाडा के चरित्र को ही लें, तो हम उसे एक ऐसी माँ के रूप में पाते हैं, जो अपने कुल की मर्यादा को सुरक्षित और प्रत्येक प्रकार के सामाजिक दूषण से मुक्त रखना चाहती है। लेकिन हम देखते हैं कि संरक्षण की यह भावना दरअसल हर उस तत्त्व को नष्ट करती है जिसमें जीवन और जीवनशैली अभिव्यक्त होती है। जहाँ बरनाडा हर विचार, कर्म और वस्तु को जड़ और गतिहीन बना देना चाहती है, उसकी बेटियों के लिए जीवन एक अनवरत प्रवाह है—परिवर्तनों का एक अटूट सिलसिला। इन युवतियों के लिए उनके भीतर अँगड़ाई लेनेवाली हर भावना और इस घर के बाहर की जिंदगी से जुड़ी हर चीज—फिर चाहे वह प्राकृतिक दृश्य हो, चिड़िएँ हों, चरवाहा हो या उधर से गुजरता कोई सौदागर हो—मधुर और आसक्त करनेवाली

लगती है, इनके नित्य परिवर्तित होते रहनेवाले ऐन्द्रिक रंग और गंध उन्हें बराबर लुभाते रहते हैं। गली से गुजरते हुए एक चरवाहे का एक सामान्य गीत उनके कानों में भौतिक प्रेम और वासना का ऐलान बन जाता है। इसके विपरीत घर के भीतर उन्हें जो जीवन जीना पड़ता है उसे लोर्का ने असहज और अस्वाभाविक दिखाया है, जिसकी परिणति अक्सर भावनाओं की विकृत अभिव्यक्ति में होती है। इस प्रकार जीवन की स्पन्दनमयी सहज प्रवृत्ति और बरनाडा के दमन की जड़ शक्ति का संघटन त्रासद होने के साथ-साथ भावनाओं को परिष्कृत और बहुत कुछ उद्घाटित करता है।

इन दो जीवन-शैलियों का दोहरा सहअस्तित्व लोर्का के भाषा-प्रयोग में दृष्टिगोचर होता है। लोर्का इन युवतियों के आंतरिक यौन-मनोवेगों को भरपूर प्रगाढ़ता और रंगमयता के साथ चित्रित करता है, लेकिन वह अपने शब्दों को नियंत्रित और संयमित करके सचमुच काव्योचित साँचे में ढाल भी देता है। लोर्का का शब्दचयन, उसके द्वारा शब्दों की तराश, शब्दों को उनके मूल, बुनियादी और अनिवार्य अर्थ तक सीमित कर देती है। अतिकथन का तो सवाल ही नहीं है। विपरीत इसके, विषयवस्तु से एक तात्त्विक शक्ति निःसृत होती है, जिसके फलस्वरूप यह रचना लौकिक धरातल से उठकर चेतना के स्तर पर प्रतिष्ठित होती है और यही वह तत्त्व है जो इसे ग्रीक त्रासदी से जोड़ता है।

और यह प्रस्तुति

मूलतः लोर्का की अभिव्यक्ति की यही दोहरी लेकिन साथ-साथ चलनेवाली विशेषताएँ हैं, जिन्हें हमने अपनी प्रस्तुति में उभारने की कोशिश की है। एक तरफ बहुआयामी त्रासद स्थितियाँ हैं, लेकिन उन्हें लौकिक और पारिवारिक ढाँचे में ही रखा गया है। इसकी अभिव्यक्ति एक ऐसी शैली में हुई है जिसमें निहायत औपचारिक प्रस्तुति के साथ यथार्थवादी प्रस्तुति का मेल हो जाता है। अभिनय की शैली में हमने नियंत्रित और साथ ही अपने आपको अभिव्यक्त करनेवाले अनियंत्रित मनोवेगों की द्वंद्वात्मकता को निभाने की कोशिश की है। आंतरिक संघर्ष को इंद्रियगोचर शारीरिक अभिव्यक्तियों द्वारा मूर्त रूप देने की भी हमारी कोशिश रही है।

उदाहरण के लिए, बिरजीस में, जिसका अभिनय अलकनंदा समर्थ ने अद्भुत क्षमता और संयत प्रगाढ़ता से किया है, हमें माँ के व्यक्तित्व के सारे पक्ष दिखाई देते हैं—वह निरंकुश है, दबंग है, अशांत है, स्नेहमयी है। इन सारे पक्षों के साथ हमने यह पक्ष भी जोड़ दिया है कि वह खुद भी एक नारी है, और उसके अंदर भी वैसी ही लालसाएँ हैं जैसी उसकी बेटियों के मन में। उसे एक ऐसी नारी के रूप में देखा गया है जिसके अंतर मे ऐन्द्रिक भावनाएँ उभड़ती हैं, लेकिन वह बराबर उन्हें दबाती रहती है और अपने ऊपर हावी नहीं होने देती। इस प्रकार बिरजीस के रूप में हम जिस औरत को देखते हैं वह न केवल नीरस और जड़ है, बल्कि एक ऐसी औरत के रूप में भी देखते हैं जिसके अंतर में, यदा-कदा ही सही, जीवन के छोटे-छोटे स्पन्दन झलक जाते हैं। ऐसे क्षण शारीरिक माध्यमों से मुखर हुए हैं। पहले अंक में बहुत ही प्रभावशाली ढंग से अभिनीत एक प्रसंग में हम बिरजीस को पोंसिया के शब्दों से उत्तेजित होकर प्रायः कामोन्माद की अवस्था में पहुँची हुई पाते हैं। अंतिम अंक में एक और प्रसंग में बिरजीस पोंसिया के हाथों मालिश से शारीरिक स्तर पर रस लेती है और आनंदमग्न होती है। ऐसे क्षणों को बिरजीस के चरित्र की विशेषताएँ उद्घाटित करने के लिए सँजोया गया है, और इस तरह उसके भीतर घुटते हुए दैहिक उत्तेजनों की परोक्ष अभिव्यक्ति हो गई है। यहाँ एक माँ शरीर की भूख से पराजित होती हुई दीखती है, मगर मानसिक रूप से इस तथ्य को स्वीकार करने के लिए तैयार नहीं है।

रंगमंच साधारण है—सफेदी से पुती हुई दीवारें, जिनके ऊपरी हिस्से पर कुछ झिर्रियों-जैसी खिड़कियाँ हैं, जैसे कोई जीवन के स्पंदन से रहित बंदीघर हो, और यही है बिरजीस का घर। कई प्रसंगों के

अभिनय के लिए उसमें ऐसी दरारों और कोनों की रचना की गई, जहाँ बिरजीस की बेटियाँ अपने अंतरतम की बातें एक-दूसरी से कहती हैं। मंचरचना की मूलतः सफेद पृष्ठभूमि में रंग का मामूली-सा स्पर्श—जैसे दरवाजों पर हरे मनकों से जड़े परदे, उस पूरे परिवेश में आँखों को पकड़ते हैं और वैसे ही बेतुके लगते हैं जैसे किसी परिव्राजिका के गले में रत्नों की माला। मंच की सीधी-सपाट रेखाओं को कुछ सामान्य मेहराबों से उभारा गया है, जिसमें स्पानी तथा इस्लामी स्थापत्य का प्रभाव दृष्टिगोचर होता है।

वेशभूषा में मूलतः काले वस्त्रों का प्रयोग हुआ है, जिन्हें बिरजीस और उसकी बेटियाँ पहनती हैं। इन अशुभ वस्त्रों के ठीक विपरीत, जब आदिला रंगीन वस्त्र पहने दिखाई देती है तो अचानक लगता है जैसे कोई रंग-बिरंगी चिड़िया मंच पर उतर आई हो। सारा परिवेश ऐसा है कि उसमें रंग चौंकाता है, और पात्रों के अंतर में कुलबुलाती वासनाओं को उद्घाटित करने का शक्तिशाली माध्यम बन जाता है।

प्रस्तुत नाटक के अनुवाद में रघुवीर सहाय एक ऐसी भाषा विकसित करने में सफल हुए हैं, जिसकी व्याप्ति लोर्का की भाषा के समकक्ष है। वह भाषा अभिधात्मक और सपाट होने के बजाय ऐन्द्रिक, उत्प्रेरक और साथ लेकर चलनेवाली है। लोर्का के पद्य/गद्य की लयात्मकता को यथासंभव सुरक्षित रखा गया है, लेकिन ध्यान इस बात पर भी रहा है कि हिंदुस्तानी में रूपान्तरित होकर वह अटपटी न लगे, क्योंकि हिंदुस्तानी की अपनी अलग स्वर-संगति है। पात्रों के नामों के चुनाव में एक ऐसी विशेषता उजागर हुई है जो प्राचीनता का बोध कराने के साथ ही दर्शकों से उनका तादात्म्य भी कराती है। एक अर्थ में नामों के इस चुनाव से नाटक में त्रासद प्रभाव उत्पन्न हुआ है।

इस प्रस्तुति का एक सर्वाधिक उत्तेजक पक्ष वह व्यावहारिक प्रक्रिया थी जिसमें विषयवस्तु की व्याख्या पर हम सब सामूहिक रूप से और सर्जनात्मक स्तर पर एकमत हुए। रंगमंच को अगर किसी समाज के सामूहिक जीवन की सच्ची अभिव्यक्ति होना है तो इस तरह के सामूहिक प्रयासों को उत्तरोत्तर महत्त्वपूर्ण और आवश्यक होते जाना होगा।

अमाल अल्लाना

मूल भूमिका अंग्रेजी में लिखित। हिंदी अनुवाद : मोहन गुप्त

अंक : एक

[बिरजीस क़दर के मकान में एक बेहद सुफ़ेद कमरा। दीवारें सुफ़ेद हैं। मेहराबदार दरवाज़े हैं जिन पर टाट के परदे पड़े हुए हैं और उन्हें फुँदनेदार बंदों से बाँध रखा है। बेंत की कुर्सियाँ हैं। दीवारों पर अजीबोगरीब सैरों की तस्वीरें हैं जिनमें किसी में परियों और किसी में राजाओं की भरमार है।

गर्मियों के दिन हैं, मंच पर अफ़सुर्दा ख़ामोशी है। जब परदा उठता है तो वह ख़ाली दिखता है। बाहर से मुअज़्ज़िन की आवाज़ आ रही है।]

पहली बाँदी : *(आते हुए)* इस मुअज़्ज़िन की अज़ान कब ख़त्म होगी। मेरा दिल घबराने लगा।

हसन बाँदी : दो पण्टे से तर्तीलोतज्वीद जारी है। जमाने-भर के हुफ़्फाज़ तशरीफ़ लाए हैं। मस्जिद अज़ीमुश्शान दीखती है। जब फ़ातिहा पढ़ा गया तो कुदसिया गश खाकर गिर पड़ी।

पहली बाँदी : आज वह सबसे ज्यादा अकेली है।

हसन बाँदी : अपने बाप की वह लाड़ली बेटी थी। शुक्र है खुदा का कि घड़ी-भर को हम ख़ाली तो हुए; मैंने कहा, खा लूँ।

पहली बाँदी : जो कहीं बिरजीस बेगम देख लें !

हसन बाँदी : खुद वह आज रोज़े से है इसलिए उसके ख़याल से हम सबको फ़ाका करना चाहिए। बुढ़िया बड़ी ज़ालिम है। मगर मैं उसके भी कान काट लूँ। मैंने कबाब की डोलची खोल ली।

पहली बाँदी : *(मायूस और बेसब्र होकर)* मेरी बच्ची के वास्ते मुझे कुछ न दोगी हसन बाँदी ?

हसन बाँदी : जा, जा, तू भी ले ले और थोड़े-से चने भी निकाल ले। आज इसे पता भी न चल पाएगा।

आवाज़ : *(भीतर से)* बिरजीस !

हसन बाँदी : नानी बोलीं ! ताला बंद नहीं है क्या ?

पहली बाँदी : बंद है और दो-दो चाभियाँ लगी हैं।

हसन बाँदी : जाके अरगल भी लगा देना। उसकी उँगलियाँ कुफ़्ल शिकन हैं।

आवाज़ : *(भीतर से)* बिरजीस !

हसन बाँदी : *(चीखकर)* आती है ! *(बाँदी से)* सब चीज़ें अच्छे तरीक़े से चमका। बिरजीस को हर चीज़ लक़दक़ न मिली तो मेरे रहे-सहे बाल भी नोच के रख देगी।

बाँदी : वाह री औरत !

हसन बाँदी : हर शख़्स पर हावी है। तुम्हारे सीने पर चढ़कर बैठ जाए और साल-भर बैठी रहे और तुम्हें दम तोड़ते देखा करे और अपने पाजी चेहरे पर जो संगदिल मुस्कराहट लिए रहती है उसमें जर्फ़ न आने दे। माँज, माँज रिकाबियाँ माँज !

बाँदी : हर एक चीज़ को चमकाते-चमकाते मेरी हथेलियों पर खून छलक आया है।

हसन बाँदी : वह हर एक से ज़्यादा पाकसाफ़ है। हर एक से ज़्यादा मुहज़्ज़ब, हर एक से ज़्यादा अज़ीम, बेचारे ख़ाविंद को अल्लाह-अल्लाह करके उससे निजात तो मिली।

[अज़ान की आवाज़ रुक जाती है।]

बाँदी : क्या सब-के-सब रिश्तेदार आए थे?

हसन बाँदी : सिर्फ़ इसकी तरफ़ के। इसके शौहर की तरफ़ के इससे नफ़रत करते हैं। वो तो इसकी मैयत पर आए थे, दुआ पढ़कर चल दिए।

बाँदी : सफ़ेमातम कहीं कम तो न होंगी?

हसन बाँदी : बहुत काफ़ी हैं। फ़र्श पर बैठ लेंगे। जब से बिरजीस का बाप गुज़रा है, कोई इस दहलीज़ को लाँघने नहीं आता। वह नहीं चाहती कि कोई उसे उसकी माँद में देखने आए। लानत है उस पर।

बाँदी : तुम पर तो वह मेहरबाँ रही है।

हसन बाँदी : तीस साल से उसकी चादरें धो रही हूँ। तीस साल से उसकी जूठन बटोर रही हूँ। उसे खाँसी का दौरा पड़ा है तो रात-रात-भर मैं जगी हूँ, दिन-दिन-भर किवाड़ों की संध से आँखें सटाए रहती हूँ कि पड़ोसियों की कारगुजारियों पर निगरानी रखूँ और उसको खबरें पहुँचाती रहूँ। खुद अपनी ज़िंदगी के कोई राज़ मेरे अपने नहीं। मेरे वह जानती है और उसके मैं। और इसके बावजूद लानत भेजती हूँ उस पर—उस पर खुदा की मार।

बाँदी : हसन बाँदी!

हसन बाँदी : मगर मैं हूँ चौकस। जब हुक्म होता है तो गुर्राती हूँ। जिस मँगते पर छोड़ दी जाती हूँ उसका टखना दबोच लेती हूँ। मेरे दोनों बेटे उसके खेतों पर काम करते हैं। दोनों शादीशुदा हैं। मगर एक-न-एक दिन यक़ीनन मैं तौबा कर बैठूँगी।

बाँदी : उस दिन तुम क्या करोगी?

हसन बाँदी : दरवाज़ा बंद करके उसके मुँह पर थूकना शुरू करूँगी और थूकती जाऊँगी साल-भर तक। बिरजीस क़दर, यह ले, उस बात का बदला और यह ले उस बात का बदला और उस बात का यह ले! तब बस करूँगी जब वह अधमरी हो चुकेगी जैसे छिपकली लड़कों के हाथों हो जाती है। और छिपकली ही है वह। वह छिपकली, उसका खानदान छिपकली। क्या मुझे उससे हदिस है? हदिस के लायक है क्या उसके यहाँ? पाँच बेटियाँ हैं, पाँच बदसूरत बेटियाँ, सिवाय फ़हमीदा के जो सबसे बड़ी है, उसके पहले शौहर से हैं, और दौलतमंद भी। बाकी सब पहन लें, ओढ़ लें, बेलबूटे काढ़ लें, मगर विरसे में दालरोटी से ज़्यादा कुछ नसीब न होने का।

बाँदी : काश, मेरे नसीब में वही होता!

हसन बाँदी : हमारे तो सिर्फ़ ये हाथ हैं और दफ़न के लिए दो ग़ज़ ज़मीन।

बाँदी : बस वही दो गज़ हम बेकसों के हिस्से में आई है।

हसन बाँदी : *(अलमारी के पास)* शीशे पर कुछ धब्बे हैं।

बाँदी : वो न धोने से जाते हैं न रगड़ने से। *(तिलावत की आवाज़)*

हसन बाँदी : यह आख़िरी फ़ातेहा है। ख़ामोश रहो, मैं बाहर से सुनना चाहती हूँ। मैं क़ाज़ी की आवाज़ पर फ़िदा हूँ। पीरनिज़ामी के उर्स में उनकी आवाज़ मैंने सुनी थी—उनकी आवाज़ टीप की तरफ़ बढ़ी—और बढ़ती गई जैसे छागल में भरते पानी का सुर ऊपर उठता है। आख़िरकार अपनी बुलंदी पर पहुँचकर उनकी आवाज़ फट ज़रूर गई मगर थी वह अज़ीमुश्शान आवाज़। मौलवी क़ादिर हुसैन का कोई सानी नहीं।

मेरी अम्मी मरहूम की जब महफ़िलेमीलाद हुई थी, खुदा उनकी रूह को जन्नत बख़्शे, तो वह आए थे। उस बुलंद-आहंग की आवाज़ से दीवारें थर्रा उठीं, सुभानअल्लाह, और जब उन्होंने फ़रमाया आमीन तो यूँ मालूम हुआ कि शेर दहाड़ा है। *(नकल करती है)* आ...मीन...न...*(खाँसने लगती है)*

बाँदी : सँभलके, कहीं गला दुख न जाए।

हसन बाँदी : दुखती हो तो कोई और जगह ही दुखे...

[हँसती हुई जाती है।]

बाँदी : *(सफ़ाई जारी रखती है)* अल्लाहताला उसके गुनाहों को मुआफ़ कर।

भिखारिन : *(दरवाज़े पर छोटी बच्ची के साथ)* दे खुदा के नाम पर!

बाँदी : और वह अर्सएदराज़ हमारा इंतज़ार करे!

भिखारिन : *(कुछ चिढ़कर ज़ोर से)* दे खुदा के नाम पर!

बाँदी : *(चिढ़कर)* और बासब्र करता रहे।

भिखारिन : मैं टुकड़े जमा करने आई थी।

बाँदी : उल्टे पाँव लौट जाओ। आज के टुकड़ों पर मेरा हक़ है।

भिखारिन : अय, तुम्हारा तो कोई पुरसाहाल भी है। मेरे इस बच्ची के सिवाय कोई नहीं।

बाँदी : कुत्तों का कोई नहीं होता और वो भी बसर करते हैं।

भिखारिन : मगर यहाँ से मुझे हमेशा मिलता रहा है।

बाँदी : चलती-फिरती नजर आ, तू यहाँ आई क्योंकर? फ़र्श पर पाँवों के दाग़ डाल दिए।

[भिखारिन और बच्ची जाते हैं। बाँदी सफ़ाई जारी रखती है। चमचमाता फ़र्श है, अलमारियाँ, चौकियाँ, शीशम के पलँग हैं। बाक़ायदा चमका दिए हैं। मगर हम बाँदियों को लाज़िम है कि एक रिक़ाबी और एक कटोरा लिए हुए कच्चे झोंपड़े में पड़े रहें और उफ़ न करें। या खुदा इतना रहम और कर कि हमारा नामलेवा कोई न रह जाए। और तुम अब दफ़न हो चुके हो तो मुझमें और तुममें फ़र्क क्या रह गया है ग़ौस मोहम्मद किज़लबाश, दबे रहो क़ब्र में और जो तुम पर गुज़रे, चुपचाप बर्दाश्त करो। तुम्हें अब अस्तबल के अँधेरे में यह मौक़ा न मिलेगा कि मेरा साया उठा सको।

पीछे के दरवाज़े से दो-दो की सफ़ में सियाहपोश औरतें दाख़िल होती हैं। वे काले ग़रारे पहने और ओढ़नियाँ ओढ़े हैं, उनके हाथों में पंखे हैं। वे आहिस्तः आहिस्तः आती हैं और मंच भरता जाता है।]

बाँदी : *(चीख़कर)* हाय, ग़ौस मोहम्मद किज़लबाश, अब तुम कभी इन दीवारों का दीदार न कर पाओगे, कभी इस घर में रोटी न तोड़ोगे। तुम्हारे ख़िदमतग़ारों में सबसे ज़्यादा वफ़ादार कोई था तो मैं थी। *(बाल नोचती है)* अब तुम्हारे बाद मैं जीकर क्या करूँगी? क्या रखा है इस जीने में?

[दो सौ औरतें आ चुकी हैं और बिरजीस क़दर और उसकी पाँच बेटियाँ आती हैं। बिरजीस छड़ी का सहारा लिए हुए है।]

बिरजीस : *(बाँदी से)* ख़ामोश!

बाँदी : *(रोते हुए)* बिरजीस!

बिरजीस : शोर कम और काम ज़्यादा। आज तीजे के दिन तुमसे मुकम्मिल सफ़ाई भी न हुई! निकल जाओ! यहाँ तुम्हारी ज़रूरत नहीं। *(बाँदी रोती हुई जाती है)* ग़रीब लोग जानवर की मानिन्द हैं—शायद वो किसी और मिट्टी के बने होते हैं।

पहली औरत : ग़रीबों के भी दर्द होता है।

बिरजीस : लेकिन मुट्ठी-भर दानों को देखकर वो अपना दर्द भूल जाते हैं।

पहली लड़की : दाने ज़िंदा रहने के लिए लाज़िमी हैं।

बिरजीस : तुम्हारी उम्र में कोई बुजुर्गों से ज़बान नहीं लड़ाता।

औरत : चुप हो जा, बेटी।

बिरजीस : मुझे सबक़ सिखाने चली है। बैठ जा। *(वो बैठ जाती है। वक़्फ़ा। ज़ोर से)* कुदसिया, रो मत। रोना ही है तो जा बिस्तर में छिपकर मुँह ढाँप ले। सुन लिया ?

दूसरी औरत : *(बिरजीस से)* खेतों पर काम शुरू करा दिया ?

बिरजीस : हाँ, कल से।

तीसरी औरत : धूप में पिघला सीसा बरस रहा है।

पहली औरत : इतनी शिद्दत की गर्मी बरसों बाद देखी।

[औरतें पंखा झलती हैं।]

बिरजीस : नज़र का शरबत तैयार है ?

हसन बाँदी : हाँ, बिरजीस।

[वह एक बड़े तश्त में रखकर बहुत-से सुफ़ेद पियाले लाती है और उन्हें तक़्सीम करती है।]

बिरजीस : मरदों में भी तक़्सीम कर दे।

हसन बाँदी : उनको सहन में पिलवाया जा चुका है।

बिरजीस : उनसे कहो कि जिस रास्ते से आए हैं उसी से वापस जाएँ। मैं नहीं चाहती कि वो यहाँ से होके गुज़रें।

लड़की : *(फ़हमीदा से)* अतूहर यूसुफ़ मज़लिस के वक़्त मर्दों के साथ शामिल था।

फ़हमीदा : हाँ, था तो।

बिरजीस : उसकी माँ थी। फ़हमीदा ने उसकी माँ को देखा था। अतूहर को न मैंने देखा, न इसने।

लड़की : मैं समझी कि...

बिरजीस : वह जो शख़्स था जावेद, रँडुआ था। तुम्हारी ख़ाला से आँखें लड़ा रहा था। हम सबने उसे देखा।

दूसरी औरत : *(अलग, दबी ज़बान में)* कमीनी औरत, कमीन से कमीनतर।

तीसरी औरत : ज़बान है कि चाकू।

बिरजीस : मज़लिस के वक़्त औरत का किसी मर्द को आँख उठाकर देखना मुनासिब नहीं। हाँ, मौलवी, सिर्फ़ मौलवी पर नज़र जा सकती है क्योंकि वह चोगा पहने रहते हैं। जो इधर-उधर ताके, समझ लो, वह पायजामों के अंदर के गरम गोश्त को ताड़ रही है।

पहली औरत : वाह री पारसा, बूढ़ी नागन।

हसन बाँदी : खुद मरद के आगोश को तरस रही है।

बिरजीस : *(फ़र्श पर छड़ी पीटकर)* बिसमिल्लाह रहमानेरहीम।

बाक़ी सब : अल्लाहो अकबर !

बिरजीस : ऐ क़ादिर अललइल्लाक, हमें राह दिखा और हम पे रहम कर।

बाक़ी सब : रहमानेरहीम !

बिरजीस : ऐ काज़िमुल्हाजात, हमें बदी से बचा और नेकी का सबक़ सिखा।

बाक़ी सब : रहमानेरहीम !

बिरजीस : ऐ रहमते आलम, अपने बंदों पर करम कर।

बाक़ी सब : रहमानेरहीम !

बिरजीस : ऐ रब्बुलआलमीन, गुनहगारों को तू ही बख़्शनेवाला है।

बाक़ी सब : रहमानेरहीम !

बिरजीस : ऐ परवरदिगार, हम तेरी मेहरबानियों के शुक्रगुज़ार हैं !

बाक़ी सब : रहमानेरहीम !

बिरजीस : अपने बंदे ग़ौस मोहम्मद किज़लबाश को जन्नत में जगह दे और रोज़ेक़यामत उस पर बख़्शिश कर।

सब : आमीन !

बिरजीस : ला इलाहेइल्लिलाह...

सब : मोहम्मदन रसूलिल्लाह ! *(दुआ माँगते हैं)*

पहली औरत : अल्लाह तुम्हें सेहत अता फ़रमाए कि तुम मरहूम के लिए दुआ करती रहो ! *(औरतें जाना शुरू करती हैं।)*

तीसरी औरत : अल्लाहताला तुम्हें बरकत बख़्शे।

दूसरी औरत : औरत तुम्हारी बेटियों को शौहर हासिल हों।

[वो बिरजीस के सामने से होकर बाहर जा रही हैं। फ़हमीदा दरवाज़े से सहन की तरफ़ जाती है।]

चौथी औरत : तुम्हारे खेत फ़स्ल-दर-फ़स्ल तुम्हारा घर भरें और तुम्हारा हाथ ख़ाली न हो।

हसन बाँदी : *(हाथ में थैली लिए हुए आती है)* मरदों ने दी है—पीरनिज़ामी की मज़ार पर चादर चढ़ाने के वास्ते।

बिरजीस : उनका शुक्रिया अदा करो।

लड़की : *(कुदसिया से)* कुदसिया !

बिरजीस : *(कुदसिया से, जो रोने लगती है)* शू...*(छड़ी पटकती है, सब औरतें जा चुकी हैं)* जाओ, अपने-अपने घरों को वापस जाओ और जो देखकर गई हो उस पर नुक़्ताचीनी करो ! मैं मनाती हूँ कि अर्सएदराज़ तक तुम्हारे क़दम मेरी दहलीज़ पर दोबारा न आएँ।

हसन बाँदी : तुम्हें शिकायत किस बात की है। तमाम गाँव आया था। ख़फ़ा क्यों होती हो।

बिरजीस : हाँ, आया था। और उनके पसीने की बू और ज़बान के ज़हर से मेरा घर भर गया।

आमिला : अम्मी, यों न कहो।

बिरजीस : यों न कहूँ तो क्यों, इस बदबख़्त कस्बे के बारे में और क्या कहा जाए जिसमें एक दरिया तक नहीं और जिसके कुओं से पानी पीते वक़्त अंदेशा होता है कि कहीं ज़हर न मिला हो।

हसन बाँदी : देखो, फ़र्श की क्या गत बना दी।

बिरजीस : गोया कि बकरियों का रेवड़ गुज़र गया हो। *(हसन बाँदी फ़र्श साफ़ करती है)*

बिरजीस : आमिला, मुझे पंखा दे !

आमिला : लो, यह लो। *(वह उसे हरे और लाल फूलोंवाला एक गोल पंखा देती है)*

बिरजीस : *(पंखा फ़र्श पर फेंककर)* बेवा औरतों को इस किस्म का पंखा दिया जाता है ! मुझे काला पंखा दो और अपने वालिदेमरहूम की रूह की इज़्ज़त करना सीखो।

मुश्तरी : यह लो, मेरा ले लो !

बिरजीस : और तुम?

मुश्तरी : मुझे गर्मी नहीं लग रही है।

बिरजीस : ख़ैर, एक पंखा हासिल कर लो क्योंकि तुम्हें उसकी ज़रूरत पड़ेगी, सोग के आने वाले आठ साल इस मकान में सड़क से हवा का एक झोंका भी न आने पाएगा। हम यहाँ ऐसे रहेंगे जैसे हमने दरवाज़ों और खिड़कियों को ईंटों से चुन दिया हो। मेरे बाप के यहाँ भी यही हुआ था और उनके बाप के यहाँ भी। फ़िलहाल तुम अपने दहेज़ के लिए कशीदाकारी शुरू कर सकती हो। मेरे संदूक में कपड़े के बीस थान मौजूद हैं जिनमें गिलाफ़ और पलँगपोश बन जाएँगे। कुदसिया उन पर कशीदा काढ़ देगी।

कुदसिया : काढ़ूँ या न काढ़ूँ, मेरे तईं एक ही बात है।

आमिला : *(ख़फ़गी से)* अपने न काढ़ो, न सही; तुम्हारे तो यों भी सादे ही फबेंगे!

कुदसिया : न अपने काढ़ूँगी न तुम्हारे। किसी के नहीं। मुझे मालूम है कि मेरी शादी नहीं होगी। मैं खेत पर बोझा ढो लूँगी मगर इस अँधेरे कमरे में दिन-ब-दिन घुटती हुई बैठी न रहूँगी।

बिरजीस : मगर यही औरत का काम है।

कुदसिया : लानत है औरत ज़ात पर।

बिरजीस : इस मकान में तुम वही करोगी जो मेरा हुक्म होगा। अब तुम्हारा बाप नहीं बैठा है कि उसके पास शिकायत करने दौड़ी जाओ। औरतों के वास्ते सुई-तागा तथा मरदों के वास्ते हल और बैल। ख़ानदानी लोगों के यहाँ का यही दस्तूर होता है।

[आदिला बाहर जाती है।]

आवाज़ : बिरजीस! मुझे बाहर आने दे!

बिरजीस : *(पुकारकर)* खोल दो अब इसे!

[पहली बाँदी जाती है।]

पहली बाँदी : मैं तो थक गई तुम्हारी माँ को पकड़ते-पकड़ते। अस्सी बरस का सिन हुआ मगर जिस्म है कि शीशम का दरख़्त।

बिरजीस : यह मेरे ख़ानदान की सिफ़अत है। मेरे दादा भी इसी तरह से मज़बूत थे।

बाँदी : मजलिस के दौरान कई दफ़ा मुझे इसके मुँह पर बोरा पहनाना पड़ा वरना वह तुमको पुकारकर कहती कि पीने को धोवन और खाने को कुत्ते का रातिब, जो मुझे दिया जाता है वही दो, मगर कुछ तो दो।

मुश्तरी : नाशुकरी।

बिरजीस : *(बाँदी से)* उसे सहन में ले जाओ, ज़रा हवा खा ले।

बाँदी : वह अपने अक़ीक के झुमके और अँगूठियाँ संदूकची से निकाल लाई और मुझसे बोली कि मेरा ब्याह है। *(लड़कियाँ हँसती हैं)*

बिरजीस : उसके साथ रहो और ख़्याल रखो कि वह कुएँ पर न जाने पाए।

बाँदी : डरने की कोई बात नहीं। वह कुएँ में कूद नहीं पड़ेगी।

बिरजीस : मुझे इसका डर नहीं है। मैं यह नहीं चाहती कि पड़ोसी खिड़कियों से झाँकें तो वह उन्हें दिखाई दे जाए!

[बाँदी जाती है।]

मुश्तरी : हम जाएँ...पोशाक बदल लें।

बिरजीस : ज़रूर, लेकिन सर से रूमाल न उतारना। *(आदिला आती है)* और फ़हमीदा?

आदिला : *(मानीख़ेज़ आवाज़ में)* मैंने देखा कि वह पिछले दरवाज़े की संध से बाहर झाँक रही थी। मर्द उसी वक़्त बाहर निकले थे।

बिरजीस : और तू ? तू दरवाज़े पर क्या करने गई थी ?

आदिला : मैं देखने गई थी कि मुर्गी ने अण्डे दिए कि नहीं ?

बिरजीस : मगर मर्द तो उस वक्त तक जा चुके थे।

आदिला : हाँ, मगर कुछ शख़्स बाहर खड़े रह गए थे।

बिरजीस : फ़हमीदा, फ़हमीदा...

फ़हमीदा : *(आते हुए)* तुमने आवाज़ दी।

बिरजीस : तुम किसको और किस वास्ते झाँक रही थीं ?

फ़हमीदा : किसी को नहीं।

बिरजीस : क्या यह हमारे आला ख़ानदान की औरतों को ज़ेब देता है कि अपने बाप के तीजे के दिन वह मर्दों को सूँघती फिरें ? जवाब दो ? किसकी तलाश थी तुम्हें ?

फ़हमीदा : मुझे...

बिरजीस : हाँ, तुम्हें।

फ़हमीदा : किसी की नहीं।

बिरजीस : बड़ी मासूम बनती है। *(मारती है)*

हसन बाँदी : *(दौड़कर)* बिरजीस, बस, अब रहने भी दो !

[वह उसे पकड़ लेती है। फ़हमीदा रोती है।]

बिरजीस : हट जाओ मेरे सामने से सब-की-सब। *(सब जाती हैं)*

हसन बाँदी : उसने जो किया नादानी में किया, अलबत: बुरा किया है। मुझे तो उसका सहन की तरफ़ चोरी-चोरी जाना ही बहुत नागवार गुज़रा था। फिर देखती क्या हूँ कि वह खिड़की से कान लगाए खड़ी मर्दों की गुफ़्तगू सुन रही है जो कि हस्बमामूल हमारे कानों के सुनने क़ाबिल नहीं थी।

बिरजीस : यही क़िस्से सुनने आते हैं मातम की मजलिस में। *(बेकरारी से)* क्या बातें हो रही थीं ?

हसन बाँदी : उसी शरबतिया का क़िस्सा था ! कल रात लोगों ने उसके मियाँ को खंभे से बाँध दिया, उसे घोड़े पर डाला और ले के अमराई के भीतर चले गए।

बिरजीस : और उसने क्या किया ?

हसन बाँदी : उसने क्या किया ? वह बहुत खुश थी—कहते हैं कि उसकी छातियाँ खुली हुई थीं और शुजातुल्लाह उसको ऐसे थामे हुए था जैसे रबाब बजा रहा हो, तौबा, तौबा !

बिरजीस : फिर क्या हुआ ?

हसन बाँदी : वही जो होना था ! अलस्सुबह वे लौटे। शरबतिया की काकुलें ढीली थीं और कलाइयों में गजरे थे।

बिरजीस : तमाम कस्बे में यही एक फ़ाहशा है।

हसन बाँदी : क्योंकि वह यहाँ की नहीं है। वह कहीं बाहर की है और जो उसे ले गए थे वे भी बाहरवालों की औलाद हैं। जो हमारे यहाँ के असल हैं वो ऐसे काम में नहीं पड़ते।

बिरजीस : हाँ, लेकिन ऐसे काम को छुप-छुपके देखना चाहते हैं और याद कर-करके उँगलियाँ चाट-चाटकर चटखारे लेने को तैयार हैं।

हसन बाँदी : इसके अलावा वो तमाम बातें कर रहे थे।

बिरजीस : *(अंदेशे से अगल-बगल ताककर)* कौन-कौन-सी बातें ?

हसन बाँदी : मुझे कहते शर्म आती है।

बिरजीस : और मेरी बेटी ने वो बातें सुनीं ?

हसन बाँदी : इसमें क्या शक है ?

बिरजीस : वह अपनी ख़ाला पर गई है। गोलमटोल, सिलबिल किसी ऐरे-गैरे ने भी ज़रा खुशामद की नहीं कि ये उस पर फ़िदा हुईं। या खुदा, क्या-क्या झेलना पड़ता है और क्या-क्या बर्दाश्त करना पड़ता है सिर्फ़ इसलिए कि लोग शराफ़त की हद में रहें और बहशी न हो जाएँ।

हसन बाँदी : बात महज़ यह है, तुम्हारी लड़कियाँ उनूस हो चुकी हैं और अब उन्हें शौहर चाहिए। कुछ कम परेशान नहीं करती हैं तुमको। फ़हमीदा का सिन तो अब तीस के ऊपर होगा।

बिरजीस : ठीक उनतालिस है।

हसन बाँदी : भला बताओ। और आज तलक उसको किसी से इश्क़ नहीं हुआ !

बिरजीस : उनमें से किसी का भी कोई आशिक़ नहीं है और न उसकी ज़रूरत है। वो यूँ ही अच्छी हैं।

हसन बाँदी : मेरा इरादा तुम्हारा दिल दुखाने का न था।

बिरजीस : सौ-सौ मील के दायरे में कोई मर्द इस लायक़ न मिलेगा कि इनके करीब फटक सके। इस क़स्बे के मर्द हमारे तबक़े के नहीं हैं। क्या यह कहना चाहती हो कि मैं अपनी लड़कियों को किसी भी नत्थू-खैरे के हवाले कर दूँ।

हसन बाँदी : तुम्हें किसी दूसरी जगह चले जाना था।

बिरजीस : बहुत खूब ! लड़कियों को बेचने ?

हसन बाँदी : नहीं बिरजीस, हवा बदलने, अलबत्तः कहीं और जातीं तो ये ठाठ न रहते।

बिरजीस : कल्लादराज़ी बंद कर।

हसन बाँदी : तुमसे तो बात करना दुश्वार है। आख़िरकार हम एक-दूसरे के राज़दाँ हैं, हैं कि नहीं ?

बिरजीस : नहीं, हम नहीं हैं। तुम एक मुलाज़िम हो और मुझसे तनख्वाह पाती हो।

हसन बाँदी : लेकिन...

बाँदी : *(आते हुए)* दानियाल मियाँ तशरीफ़ लाए हैं। कहते हैं जायदाद की तक़सीम के बारे में मशवरा चाहते हैं।

बिरजीस : आओ, चलें। *(बाँदी से)* सहन में सफ़ेदी शुरू करवा दो। *(हसन बाँदी से)* और तुम मरहूम के पुराने कपड़े संदूक में बंद करना शुरू करो।

हसन बाँदी : कुछ अदद कपड़े ख़ैरात कर दें।

बिरजीस : हरगिज़ नहीं, एक बटन तक नहीं। वह रूमाल तक नहीं जिससे उसका चेहरा ढाँका गया था।

[वह छड़ी टेकती हुई आहिस्ता-आहिस्ता जाती है। दरवाज़े पर रुककर वह मुड़कर दोनों बाँदियों पर नज़र डालती है। बाहर जाती हैं। वे भी चली जाती हैं। आमिला और मुश्तरी आती हैं।]

आमिला : तुमने दवा खाई थी ?

मुश्तरी : दवा भला क्या करेगी ?

आमिला : पर खाई तो है न ?

मुश्तरी : मैं बिना यक़ीन लाए क़ाम करती हूँ—मशीन के मानिंद।

आमिला : जब से नए हकीम साहेब आए हैं, तुम ख़ुशतर दीखती हो।

मुश्तरी : अंदर से तो मैं वैसी ही हूँ जैसे पहले थी।

आमिला : तुमने ग़ौर किया था ? जुलैख़ा मजलिस में नहीं आई थी।

मुश्तरी : मालूम है। उसका आशिक़ उसे सदर दहलीज़ तक नहीं जाने देता। पहले वह हँसती-बोलती थी। आजकल आँख में सुरमा तक नहीं डालती।

आमिला : आजकल लड़कियों के लिए यह फ़ैसला करना मुश्किल हो गया है कि किसी को आशिक़ बनाएँ या न बनाएँ !

मुश्तरी : बनाएँ या न बनाएँ, क्या फ़र्क पड़ता है ?

आमिला : मुसीबत की जड़ तो असल में ये ज़बानें हैं जो क़ैचियों-सी चला करती हैं और हमें ज़िंदा नहीं रहने देतीं। शायद जुलैख़ा पर भी बुरी गुज़री है।

मुश्तरी : वह हमारी अम्मी से खौफ़ खाती हैं। अम्मी ही एक शख़्स हैं जिन्हें जुलैख़ा के वालिद का क़िस्सा मालूम है और यह राज़ मालूम है कि उन्होंने ज़मीनें कहाँ से हासिल कीं ? जब-जब वह हमारे यहाँ आती हैं, अम्मी ज़ख़्म पर निमक छिड़क देती हैं। उसके बाप ने अपनी एक औरत के शौहर का ईरान में क़त्ल कर डाला था ताकि वह उसको बीवी बना सके। फिर उसने इस बीवी को वहीं छोड़ दिया और किसी और को रख लिया, जिसके एक लड़की पहले से थी। इसके बाद उसको भी छोड़ा और उस लड़की को फाँसा। और जब उसकी दूसरी बीवी यानी इस लड़की की माँ पागल होकर ख़त्म हो गई तो इससे शादी कर ली। यही जुलैख़ा की माँ है।

आमिला : ऐसे शख़्स क़ैदख़ाने में क्यों नहीं डाल दिए जाते ?

मुश्तरी : इसलिए कि मर्द एक-दूसरे की पर्दादारी करते हैं और उनका पर्दाफ़ाश कोई नहीं करना चाहता।

आमिला : इसमें जुलेख़ा का क्या क़सूर ?

मुश्तरी : कुछ नहीं, मगर ज़माना अपने को दोहराया करता है। मैं देख रही हूँ कि हर चीज़ एक खौफ़नाक तरीक़े से अपने को दोहरा रही है और इस लड़की का भी वही हश्र होगा जो इसकी माँ का और इसकी माँ की माँ का हुआ था –दोनों उस मर्द की बीवी थीं जो इसका बाप है।

आमिला : या खुदा !

मुश्तरी : मर्द से आँखें न मिलाना ही अच्छा। मैं छुटपन से ही मर्दों से डरती हूँ। मैं चौक में देखा करती थी कि वे बैलों को जोत रहे हैं, ला-ला के बोरे लाद रहे हैं, हू हक़ कर रहे हैं और ज़मीन को धमक रहे हैं और मैं डरने लगती थी कि अगर मैं बड़ी हुई तो कहीं इनमें से कोई मुझे यकबयक बाँहों में न दबोच ले। ख़ैर—अल्लाह ने मुझे बदसूरत और नातवाँ बनाया है और यक़ीनन ऐसा कोई इमकान बाक़ी नहीं छोड़ा। अच्छा हुआ।

आमिला : यह न कहो, फ़ज़ल तुम्हारे पीछे लगा था और तुम पर मरता था।

मुश्तरी : यह लोगों की ख़ामख़याली थी। एक मर्तबा मैंने रात का फ़िस पहने-पहने खिड़की पर पौ फटने तक इंतज़ार किया, क्योंकि उसने गड़रिए की छोकरी से कहलवा भेजा था कि आऊँगा। मगर आया नहीं। सब कोरी बातें थीं। फिर उसने किसी और से शादी कर ली, क्योंकि वह मुझसे ज़्यादा अमीर था।

आमिला : और शैतान से ज़्यादा बदशक्ल।

मुश्तरी : अपनी सूरत की मर्दों को क्या फ़िक्र। उनके पास ज़मीन हो, हल-बैल हों और पालतू

कुतिया हो जो रोटियाँ भी पका देती हो, बस, काफ़ी है।

आमिला : हाय !

[कुदसिया आती है।]

कुदसिया : क्या हो रहा है ?

मुश्तरी : कुछ नहीं, बैठे हैं।

आमिला : तुम बताओ ?

कुदसिया : मैं सब कमरों के चक्कर लगा आई। यों ही टहल रही थी और दादी की कशीदाकारी देख रही थी। भूरा पिल्ला, शेर से लड़ता हुआ हब्शी—जब हम छोटे थे तो इनको देखकर खुश हुआ करते थे। कितना खुशगवार वक़्त था। शादी की धूमधाम दस-दस दिन तक रहती थी। और चुगलख़ोर आज की तरह मँडराया नहीं करते थे। आज लोग ज़रा साहेब ज़्यादा हो गए हैं। दुल्हनें साड़ियाँ पहनने लगी हैं—शहरों की नकल में, और शरबत की जगह बोतल-बंद पानी चलता है, मगर हम घरों में क़ैद हैं क्योंकि हमारे यहाँ डर है कि लोग क्या कहेंगे।

मुश्तरी : खुदा जाने तब क्या-क्या होता रहा होगा ?

आमिला : *(कुदसिया से)* तुम्हारी जूती का तसमा खुल गया है।

कुदसिया : तो क्या करूँ ?

आमिला : चलोगी तो उलझकर गिर पड़ोगी।

कुदसिया : अच्छा है, एक शख़्स कम हो जाएगा।

मुश्तरी : आदिला कहाँ है ?

कुदसिया : आह ! आज उसने अपना सब्ज़ क़बा पहना जो उसने अपनी सालगिरह के लिए सिया था। अहाते में निकली और पुकारने लगी—'चूज़ो, चूज़ो, ज़रा इधर देखो', मैं बेसाख़्ता हँस पड़ी।

आमिला : अम्मीजान देख लेतीं तो कैसा होता !

कुदसिया : बेचारी, जानेनातवाँ। वह हममें से सबसे छोटी है और अभी उसके भरम टूटे नहीं हैं। या अल्लाह, मुझे उसके दुख दे दे, उसको खुशोखुर्रम रख।

[वक़्फ़ा : फ़हमीदा मंच को पार करती हुई गुज़रती है। उसके हाथ में कुछ तौलिए हैं।]

फ़हमीदा : कितना वक़्त हुआ होगा ?

कुदसिया : बारह बजते हैं।

फ़हमीदा : इतना दिन चढ़ आया ?

आमिला : बस, बजा ही चाहते हैं।

[फ़हमीदा बाहर जाती है।]

कुदसिया : एक बात जानती हो ? *(फ़हमीदा की ओर इशारा करके)*

आदिला : नहीं, क्या ?

कुदसिया : बनो मत।

मुश्तरी : तुम्हारा मंशा क्या है ?

कुदसिया : मुझसे बेहतर तुम दोनों जानती हो, दो भेड़ों की तरह सर से सर जोड़े हर वक्त बैठी रहती हो कि कहीं कोई घुसकर कुछ सुन न ले। मेरा मतलब अतहर यूसुफ़ से है !

मुश्तरी : ओह !

कुदसिया : *(नक़ल उतारती है)* आह ! ज़माने-भर में इसी के चर्चे हैं। अत्हर यूसुफ़ फ़हमीदा से निक़ाह पढ़ाने आ रहा है। कल रात वह मकान के चक्कर काट रहा था और मेरा ख़याल है जल्द ही उसका पैग़ाम आता होगा।

मुश्तरी : मैं बहुत खुश हूँ। वह शरीफ़ इंसान है।

आमिला : मैं भी खुश हूँ। फ़हमीदा के पास दौलत है।

कुदसिया : न तुम खुश हो और न तुम।

मुश्तरी : कुदसिया, कहना क्या चाहती हो ?

कुदसिया : अगर वह फ़हमीदा की सूरत पर फ़िदा होता तो मैं भी खुश होती। लेकिन वह उसकी दौलत का मुरीद है। फ़हमीदा हमारी बहन है मगर अपने ख़ानदान की हमें भी फ़िक्र है और हम जानते हैं कि वह बूढ़ी और बीमार है और हममें से सबसे कम खूबसूरत रही है—बीस बरस के सिन में जब वह पहने-ओढ़े डंडी-सी लगती थी तो समझ लो कि आज जबकि वह चालीस की है, उसका क्या रूप होगा ?

मुश्तरी : यूँ न कहो। क़िस्मत उसी का दरवाज़ा खटखटाती है जिसे उसकी तवक्क़ो नहीं होती।

आमिला : लेकिन आख़िरकार कुदसिया सच तो कहती है। फ़हमीदा को अपने वालिद की तमाम दौलत विरासत में मिली है। इस मकान में सिर्फ़ वह एक अमीर लड़की है और यही वजह है कि अब जबकि अब्बाजान नहीं हैं और जायदाद हमारे अंदर तक्सीम होगी, लोग उसको पूछने लगे हैं।

कुदसिया : अत्हर यूसुफ़ पचीस बरस का है और यहाँ के मर्दों में सबसे हसीन। कुदरतन आमिला, वह तुम्हारा या हमारी आदिला का मुरीद होता—न कि इस मकान में उस औरत की तलाश करता जिसको कोई पूछता नहीं और जो अपने बाप की तरह नकसुरी है।

मुश्तरी : किसे मालूम, उसकी यही पसंद हो।

कुदसिया : मुझसे तेरा मक्कर बर्दाश्त नहीं होता।

मुश्तरी : या खुदा !

[आदिला आती है।]

कुदसिया : कहो, चूज़ों से तुमसे बात हुई।

आदिला : तुमने मुझे क्या काम करने को कहा था ?

आमिला : अम्मीजान देखेंगी तो चोटी पकड़कर घसीट लाएँगी।

आदिला : मुझे इस पोशाक के बारे में बहुत-सी ख़ामखयालियाँ थीं, मैंने सोच रखा था, जिस रोज़ हम कुएँ पर तरबूज़ खाने जाएँगे उस रोज़ इसे पहनूँगी। उस रोज़ मेरी पोशाक हज़ारों में एक होती।

मुश्तरी : प्यारी पोशाक है।

आदिला : और मेरे ज़िस्म पर खिलती भी है। कुदसिया ने आज तक जितनी पोशाकें सीं हैं उनमें यह अव्वल है।

कुदसिया : तो चूज़ों से क्या-क्या बातें हुईं ?

आदिला : उन्होंने मुझे कुछ चीलरें नज़र कीं और इन्होंने मेरी पिंडलियों को चिकोट डाला।

मुश्तरी : ऐसा करो कि इसे सियाही में रँगवा लो।

कुदसिया : इससे बेहतर है कि फ़हमीदा को अत्हर यूसुफ़ से उसकी शादी के मौके पर इसकी सौग़ात दे दो।

आदिला : लेकिन क्या ? अत्हर...

आमिला : क्यूँ, क्या तुम कुछ नहीं जानतीं ?

आदिला : नहीं तो ?

कुदसिया : अब तो जान गईं।

आदिला : मगर यह नामुमकिन है।

कुदसिया : रुपए के आगे सब मुमकिन है।

आदिला : क्या इसी वज़ह वह मजलिस के बाद कमरे से बाहर निकल गई थी और दरवाज़े से सटी खड़ी थी ? *(वक़्फा !)* और वह शख़्स...

कुदसिया : ...कुछ भी कर सकता है। *(वक़्फा)*

मुश्तरी : किन ख़यालों में खो गईं आदिला ?

आदिला : मैं सोच रही हूँ कि सोग ने मुझे मेरी जिंदगी के इतने कमज़ोर लमहे में आ दबोचा है और कि मैं उसे निबाह न पाऊँगी।

कुदसिया : आदी हो जाओगी।

आदिला : *(गुस्से से भड़ककर)* मैं आदी नहीं होऊँगी, मैं ताले में क़ैद होकर नहीं रह सकती। मैं नहीं चाहती कि मेरी खाल तुम्हारे-जैसी हो जाए। मैं नहीं चाहती कि मेरे जिस्म की गोराई इन कमरों में बंद रहकर बरबाद हो जाए। कल मैं अपना सब्ज़ क़बा पहनूँगी और सड़कों पर हवाख़ोरी करूँगी। मैं बाहर जाना चाहती हूँ।

[पहली बाँदी दाख़िल होती है।]

कुदसिया : *(हुक्मराना अंदाज़ में)* आदिला !

बाँदी : बेचारी ! बाप के ग़म में क्या हाल कर लिया है अपना।

[वह चली जाती है।]

मुश्तरी : अश्।

आमिला : जो एक पे गुज़रेगी वो हम सब पे गुज़रेगी।

[आदिला को आराम आता है।]

कुदसिया : बाँदी ने सुन ही लिया होता।

बाँदी : अत्हर यूसुफ़ सड़क के सिरे पर आता दिखाई दिया है।

कुदसिया : चलो, चलके उसे देखें।

[वो तेज़ी से जाती हैं।]

बाँदी : *(आदिला से)* क्या तुम न जाओगी ?

आदिला : मुझे कोई गरज़ नहीं।

बाँदी : जब उसे नुक्कड़ से गुज़रना है इसलिए तुम उसे अपने कमरे की खिड़की से देखना—बखूबी देख पाओगी।

[बाँदी बाहर जाती है। आदिला मंच पर खड़ी रह जाती है। वह पसोपेश में है। एक लम्हे के बाद वह भी तेज़ी से अपने कमरे की तरफ़ चल देती है। बिरजीस और हसन बाँदी आती हैं।]

बिरजीस : बाज़ आए हम जायदाद के मसलों से।

हसन बाँदी : फ़हमीदा के हिस्से में किस क़दर ज़्यादा रुपया आया है।

बिरजीस : हाँ।

हसन बाँदी : और दूसरों के हिस्से में किस क़दर कम।

बिरजीस : यह बात तू मुझे तीसरी मर्तबा बता रही है जबकि तू जानती है कि मुझे इसका ज़िक्र पसंद नहीं। बहुत कम आया है दूसरों के हिस्से में, बहुत ही कम...मुझे बार-बार

इसकी याद न दिला।

[फ़हमीदा आती है। ओटों पर पान रचा है।]

बिरजीस : फ़हमीदा !

फ़हमीदा : अम्मीजान !

बिरजीस : तुमने आँखों में सुरमा डाला, पान रचाया ? आज अपने बाप के तीजे के दिन तुमने सिंगार किया ?

फ़हमीदा : वह मेरा बाप नहीं था ! मेरा तो मुद्दत हुई, गुज़र चुका। तुम भूल गईं ?

बिरजीस : तुम्हें इस शख़्स का, अपनी बहनों के बाप का ज़्यादा शुक्रगुज़ार होना चाहिए बनिस्बत उसके जो तुम्हारा बाप था। इसी की बदौलत तुम्हारा विरसा महफ़ूज है।

फ़हमीदा : इस बात की तो जाँच करनी होगी।

बिरजीस : शर्म-ओ-हया बेच खाई ? तमीज़ से बात कर।

फ़हमीदा : अम्मी, मुझे बाहर जाने की इजाज़त दो।

बिरजीस : बाहर जाने की इजाज़त ? ज़रूर, ज़रूर, ज़रूर दूँगी। पहले ज़रा तेरे दीदों का सुरमा पोंछ लूँ। बेग़ैरत कहीं की—रँगी छछूँदर। अपनी ख़ाला का नमूना है यह। *(रूमाल से उसकी आँखें पोंछ देती है)* दफ़ा हो यहाँ से।

हसन बाँदी : बिरजीस, इतनी हिकारत किस काम की।

बिरजीस : मेरी वालिदा का सर फिर गया है, मगर मेरे होशोहवास दुरुस्त हैं और मैं अपने आपे में हूँ।

[सब लड़कियाँ आती हैं।]

कुदसिया : यहाँ हो क्या रहा है ?

बिरजीस : कोई कुछ 'हो' नहीं रहा है।

कुदसिया : *(फ़हमीदा से)* अगर तुम विरासत के मुआमले में फ़साद फैला रही हो तो यह तुम्हारी ज़्यादती है क्योंकि तुमको सबसे बड़ा हिस्सा मिला है।

फ़हमीदा : अपनी ज़बान जेब में रख।

बिरजीस : *(फ़र्श पर छड़ी पटककर)* इस मुगालते में मत रहना कि मैं झुकाए से झुक जाऊँगी। जब तलक मेरी लाश इस ड्योढ़ी के बाहर नहीं निकलती तब तलक अपने और तुम्हारे मुताल्लिक जो फ़ैसले होंगे, मेरे होंगे।

[आवाज़ें सुनाई पड़ती हैं और अख़्तरी बेगम दाख़िल होती हैं। वह बेहद बूढ़ी हैं और उन्होंने अपने सर पर और सीने पर फूलों की मालाएँ सजा रखी हैं।]

अख़्तरी बेगम : बिरजीस...मेरा दुपट्टा कहाँ गायब हो गया। मेरी एक चीज़ भी तुममें से किसी को नहीं मिलने की। न मेरी अँगूठियाँ, न मेरा पश्मीने का दुशाला। इसलिए कि तुममें से किसी की भी शादी नहीं होनेवाली है—एक की भी नहीं। बिरजीस, मेरी मोतीलड़ी वापस कर दे।

बिरजीस : *(बाँदी से)* इसको यहाँ क्यों दाख़िल होने दिया ?

बाँदी : मुझसे छुड़ा भागी।

अख़्तरी बेगम : मैं भाग निकली क्योंकि मैं शादी करना चाहती हूँ। मैं पछाँह के पहाड़ों के किसी जवाँमर्द की दूल्हन बनना चाहती हूँ क्योंकि यहाँ के मर्द औरतों से कतराते हैं।

बिरजीस : ख़ामोश हो जाओ, अम्मी।

अख़्तरी बेगम : नहीं, नहीं, मैं ख़ामोश नहीं होती। इन अकेली औरतों का शादी के लिए तरसते, इंतज़ार में ख़ाक होते जाना मुझे गवारा नहीं और मैं अपने वतन लौट जाना चाहती

हूँ। बिरजीस, मुझे एक मर्द की ख़्वाहिश है जिसके संग मैं घर बसा लूँ और खुश रहूँ।

बिरजीस : बंद कर दो इसे।

अख़्तरी बेग़म : मुझे बाहर जाने दो, बिरजीस! *(बाँदी अख़्तरी बेग़म को पकड़ लेती है)*

बिरजीस : उसकी मदद करो तुम सब। *(वे सब बूढ़ी को गिरफ़्त में ले लेती हैं)*

अख़्तरी बेग़म : मैं यहाँ से दूर चली जाना चाहती हूँ बिरजीस, शादी करने के लिए—पछाँह के पहाड़ों में...पछाँह के मैदानों में।

[तेज़ी से परदा गिरता है।]

अंक : दो

[बिरजीस क़दर के मकान में एक सुफ़ेद कमरा। बाईं तरफ़ के दरवाज़े सोने के कमरों में खुलते हैं।

बिरजीस क़दर की लड़कियाँ मोढ़ों पर बैठी हुई कपड़े सी रही हैं। कुदसिया कशीदाकारी में लगी है। हसन बाँदी मौजूद है।]

फ़हमीदा : लो, मैंने तीसरी चादर तैयार कर दी।

मुश्तरी : यह आमिला के हिस्से की है।

कुदसिया : फ़हमीदा, अतहर यूसुफ़ का नाम यहाँ काढ़ दूँ।

फ़हमीदा : *(बेरुखी से)* नहीं।

कुदसिया : *(आदिला को आवाज़ देकर)* आदिला, आ रही हो!

आमिला : बिस्तर पर पड़ी होगी।

हसन बाँदी : खुदा जाने उसे क्या हो गया है। जब देखो तो बेचैन, परेशान, काँपती रहती है। गोया कि छातियों के दरम्यान छिपकली बैठ गई हो।

मुश्तरी : उसे कुछ नहीं हुआ है और जो हुआ है वह कमोबेश हम सबको हुआ है।

कुदसिया : सबको, फ़हमीदा को छोड़कर।

फ़हमीदा : मैं बहुत मजे में हूँ और मुझे देखकर जिसका जी जलता हो, अपनी आँखें फोड़ ले।

कुदसिया : भई, हम तो मानते हैं तुम्हारी दो चीज़ें लाजवाब हैं—एक तो जिस्म और दूसरी ज़बान।

फ़हमीदा : मैं खुशकिस्मत हूँ कि जल्द ही इस दोज़ख़ से निजात पा जाऊँगी।

कुदसिया : क्या मालूम निकल पाती हो कि नहीं?

मुश्तरी : ख़त्म करो यह किस्सा।

फ़हमीदा : मैं तो कहती हूँ कि अच्छी रक़म अपने पास हो तो वह बेहतर है बनिस्बत काली-काली आँखों के।

कुदसिया : कहती रहो, हम इस कान सुन रहे हैं उस कान निकाल रहे हैं।

आमिला : *(हसन बाँदी से)* ऐ हसन बाँदी, सहन की तरफ़ का दरवाज़ा तो खोलना, ज़रा हवा आए। *(हसन बाँदी दरवाज़ा खोलती है)*

मुश्तरी : रात-भर उमस के मारे आँख नहीं लगी।

आमिला : मेरी भी यही हालत थी।

कुदसिया : मैं तो उठी थी कि खुली हवा में साँस ले लूँ, काली घटा घिर आई थी और दो-एक बूँदें भी गिरी थीं।

हसन बाँदी : रात का एक बजता था मगर धरती से गोया शोले फूट रहे थे। मैं भी उठ पड़ी थी। फ़हमीदा खिड़की पर अतूहर से मुख़ातिब थी।

कुदसिया : *(तंज़ के साथ)* उतनी रात गए? वह किस वक़्त वापस गया होगा?

फ़हमीदा : जो देख चुकी हो तो पूछती क्यों हो?

आमिला : क़रीब डेढ़ बजे के गया होगा।

फ़हमीदा : दुरुस्त, तुम्हें क्योंकर मालूम हुआ?

आमिला : वह खाँसा था और उसकी घोड़ी की टाप मैंने सुनी थी।

हसन बाँदी : मगर मुझे तो उसके जाने की आहट चार बजे मिली थी।

फ़हमीदा : वह कोई और रहा होगा।

हसन बाँदी : नहीं, यक़ीनन वही था।

आमिला : मेरा भी यही ख़याल है।

कुदसिया : ताज्जुब है! *(वक़्फ़ा)*

हसन बाँदी : सुनो फ़हमीदा, जब वह पहली मर्तबा तुम्हारी खिड़की पर आया तो उसने तुमसे क्या कहा?

फ़हमीदा : कुछ नहीं, कहता क्या? यों ही बातें करता रहा।

मुश्तरी : कितनी अजब बात है! दो शख़्स, क़तई अजनबी, खिड़की पर मुलाकात होती है और मँगनी हो जाती है।

फ़हमीदा : इसमें क्या हर्ज है?

आमिला : मैं होती तो मुझे बहुत अजब लगा होता।

फ़हमीदा : ग़लत है, क्योंकि जब कोई मर्द किसी की खिड़की पर आता है तो वह घर के अंदर आने-जानेवाले नौकरों-चाकरों के ज़रिए जान चुका होता है कि उसको जवाब में हाँ मिलेगी।

मुश्तरी : मान लिया, मगर उसे सवाल तो करना ही होता है।

फ़हमीदा : इसमें क्या शक।

आमिला : *(बेताबी से)* उसने किन अल्फ़ाज़ में सवाल किया था?

फ़हमीदा : किन अल्फ़ाज में करेगा। यही कि 'तुम जानती हो कि मैं तुम्हारा दीवाना हूँ। मुझे एक नेकबख़्त बीवी की ज़रूरत है और वह तुम हो...क़बूल करो।'

आमिला : इन बातों को सुनकर मुझे घबराहट होती है।

फ़हमीदा : मुझे भी होती है, मगर चारा ही क्या है?

हसन बाँदी : कुछ और भी कहता था?

फ़हमीदा : हाँ, वही बोलता रहा।

मुश्तरी : और तुम!

फ़हमीदा : मेरे मुँह से एक लफ़्ज़ भी न निकला, मेरा दिल लबों को आ रहा था। यह पहला मौक़ा था कि मैं रात के वक्त किसी मर्द के साथ तनहा थी।

कुदसिया : और इतने हसीन मर्द के साथ।

फ़हमीदा : देखने-सुनने में बुरा नहीं है।

हसन बाँदी : ये मज़े तो वो जानते हैं जिन्हें कुछ ज़बान से, कुछ हाथ से काम लेने का गुर आता

है। जब मेरा मरद, कल्लन पहली मर्तबा मेरी खिड़की पर खड़ा हुआ था। हा, हा, हा!

आमिला : तो क्या हुआ था?

हसन बाँदी : घना अँधेरा था। मैंने देखा कि वह आ रहा है और जब वह सामने से गुज़रा तो उसने कहा, आदाब अर्ज़ है। 'आदाब अर्ज़ है' मैंने कहा। फिर हम दोनों ख़ामोश खड़े रहे। एक घंटे से भी ज़्यादा देर तक। मेरा जिस्म पसीने से तर-ब-तर हो रहा था। तब कल्लन मियाँ और क़रीब आए और आते ही चले गए, गोया कि सींखचों में से गुज़र जाएँगे। और बहुत आहिस्ते-से बोले—'करीब आओ ज़रा, मैं तुम्हें सहला तो लूँ।'

[सब हँसती हैं। आमिला उठ खड़ी होती है और दौड़कर दरवाज़े से बाहर देखने लगती है।]

आमिला : हाय, मैं समझी अम्मीजान आ रही हैं।

कुदसिया : आ रही हैं तो क्या कर लेंगी हमारा! *(वे हँसती रहती हैं)*

आमिला : श्-श्-श्! सुन लेंगी।

हसन बाँदी : इसके बाद कल्लन मियाँ बड़ी शराफ़त से पेश आए। किसी बदफ़ेल में नहीं पड़े, ताउम्र कबूतर पालते रहे। अभी तुम्हें शादी का तजुर्बा नहीं है, मगर यह जान लो तो अच्छी रहोगी कि शादी के दो हफ़्ते के बाद मर्द को बिस्तर से ज़्यादा दस्तरख़ान प्यारा हो जाता है और फिर दस्तरख़ान से ज़्यादा प्यारा ताड़ीखाना, और वह औरत जो इस पर एतराज़ करती है, करे, कोने में पड़ी आँसू बहाती सड़ा करे।

आमिला : और तुमने यह मंजूर किया?

हसन बाँदी : मैंने उसको बस में रखना सीख लिया।

मुश्तरी : क्या यह सही है कि तुम कभी-कभी उसे पीट दिया करती थीं?

हसन बाँदी : बिल्कुल, एक दफ़ा तो मैंने उसकी एक आँख निकाल ही ली थी।

कुदसिया : सब औरतों को ऐसा होना चाहिए!

हसन बाँदी : मैं तुम्हारी अम्मी के जैसे ख़यालात की हूँ। एक दफ़े की बात है, उसने मुझसे जाने क्या कहा कि मैंने गुस्से के मारे उसके सब कबूतर ख़त्म कर दिए—मूसल से। *(वे हँसती हैं)*

कुदसिया : आदिला बिटिया, तू भी सुन ले।

आमिला : आदिला! *(वक़्फ़ा)*

कुदसिया : मैं देखकर आती हूँ। *(वह बाहर जाती है)*

हसन बाँदी : बिटिया माँदी है।

मुश्तरी : माँदी न हो तो क्या? सोती ही नहीं है।

हसन बाँदी : सोती नहीं है तो करती क्या रहती है?

मुश्तरी : मैं क्या जानूँ, क्या करती रहती है।

हसन बाँदी : ग़ालिबन तुम हम लोगों से बेहतर जानती होगी क्यूँकि दीवार के इधर तुम रहती हो, उधर वह।

फ़हमीदा : लोग जलन के मारे फुँके जाते हैं।

आमिला : इतनी बात मत बढ़ाओ।

फ़हमीदा : उसकी आँखें कहे देती हैं। उसके चेहरे पर वहशत झलकने लगी है।

मुश्तरी : ख़बरदार! औरतों की वहशत का ज़िक्र मना है। इस जगह इस लफ़्ज़ की मुमानियत है।

[कुदसिया और आदिला आती हैं।]

कुदसिया : तुम तो कहती थीं कि सो रही होगी।

आदिला : मेरा बदन टूट रहा है।

मुश्तरी : *(पोशीदा मायने के साथ)* क्या कल रात तुम्हें अच्छी नींद नहीं आई?

आदिला : आई क्यों नहीं?

मुश्तरी : तब? फिर?

आदिला : *(जोर से)* मुझे मेरे हाल पर छोड़ दो! सोऊँ या जागूँ, इससे तुम्हें क्या ग़रज़? अपने जिस्म का मैं जो चाहूँगी, करूँगी।

मुश्तरी : हमें तुम्हारी फ़िक्र होती है।

आदिला : फ़िक्र! खूब रही। क्या तुम सो नहीं रही थीं? ख़ैर, कह लो जो चाहो। काश, मैं ग़ायब हो सकती और कमरे से गुज़र जाया करती और कोई पूछ न पाता कि कहाँ जा रही हूँ।

बाँदी : *(आती हुई)* बिरजीस क़दर तुम्हें बुलाती हैं। बिसाती जाली के नमूने ले आया है।

[आदिला और हसन बाँदी को छोड़कर बाक़ी सब चले जाते हैं। जब मुश्तरी जाने लगती है तो आदिला पर आँखें गड़ाकर कड़ी निगाह डालती है।]

आदिला : इस तरह घूरो मत! चाहो तो मेरी आँखें माँग लो ताकि जवान दिखने लगो और कहो तो अपनी पीठ उधार दे दूँ कि तुम्हारा कूबड़ छुप जाए। मगर जब मैं गुज़रा करूँ तो निगाह न उठा करे।

हसन बाँदी : आदिला, वह तुम्हारी बहन है और बहनों में भी सबसे ज़्यादा चाहनेवाली बहन!

आदिला : यह मेरे पीछे लगी रहती है। मेरे कमरे में झाँककर देखा करती है कि मैं सो रही हूँ कि नहीं? इसने मेरा जीना दुश्वार कर दिया है। हर वक़्त कहती रहती है 'हाय, इस चेहरे पर तरस आता है', 'हाय, अफ़सोस, यह जिस्म यूँ ही ढल जाएगा', मगर मैं यह हरगिज़ न होने दूँगी। मेरा जिस्म उसका होगा जिसको मैं चाहूँगी।

हसन बाँदी : *(दबी आवाज़ में किसी मतलब से)* अतृहर मियाँ को, क्यों न?

आदिला : *(डरकर)* क्या मतलब!

हसन बाँदी : वही, जो तुमने सुना, आदिला।

आदिला : ज़बान बंद करो।

हसन बाँदी : *(ज़ोर से)* तुम समझती हो कि मैंने कुछ देखा नहीं है?

आदिला : आवाज़ नीची रक्खो।

हसन बाँदी : यह चाहती हो तो बेहतर है कि वो ख़याल दिल से निकाल दो।

आदिला : तुमने क्या देखा है?

हसन बाँदी : हम बूढ़ियाँ दीवारों के आर-पार देख लेती हैं। रात को उठकर कहाँ जाया करती हो?

आदिला : तुम्हारी आँखें फूटें।

हसन बाँदी : जब इस किस्म की कोई बात होती है, मेरे सर और मेरे हाथों के आँखें लग जाती हैं। मैं समझ नहीं पाई कि तुम्हारा इरादा क्या था। जब अतृहर तुम्हारी बहन से गुफ़्तगू करने दूसरी मर्तबा आया तो उसके खिड़की के सामने से गुज़रते वक़्त तुम खिड़की पर तक़रीबन उरियाँ क्यों बैठी हुई थीं? और रोशनी जल रही थी और खिड़की के दरवाज़े खुले थे।

आदिला : यह सही नहीं है।

हसन बाँदी : बचपना मत करो। अपनी बहन के रास्ते में न आओ। अगर अतूहर तुम्हारी निगाह में चढ़ गया है तो यह बात अपने दिल में रक्खो।

[आदिला रोती है।]

और यह किसने कहा कि तुम्हारी उससे शादी नहीं हो सकती? तुम्हारी बहन फ़हमीदा मरीज़ है। पहली औलाद की पैदाइश पर चल बसेगी। उसके सँकरे कूल्हे देखो और ढलती उम्र देखो। तजुर्बे से कह सकती हूँ कि वह चल बसेगी। तब अतूहर वही करेगा जो इन इलाक़ों में बीवी के मरने पर सब मर्द करते हैं। वह उससे निकाह पढ़वा लेगा जो जवानतरीन और हसीनतरीन हो और वह तुम होगी। इस उम्मीद पर जी, उसे भूल जा। कुछ भी कर, मगर खुदा के कानून के ख़िलाफ़ न जा।

आदिला : श्...श्...

हसन बाँदी : मैं चुप नहीं हो सकती।

आदिला : अपने काम से काम रख। जासूस, गद्दार!

हसन बाँदी : मैं परछाईं बन के तुम्हारे साथ लगी रहूँगी।

आदिला : तुम्हें चाहिए कि मकान की झाड़पोंछ करो और फिर बिस्तर में बैठकर अल्लाह का नाम लो और तुम बूढ़ी सूअरनी की तरह सूँघती फिरती हो कि मर्द-औरत कहाँ क्या कर रहे हैं ताकि उनके किस्सों को याद करके मज़े ले सको।

हसन बाँदी : निगाहबानी करती हूँ ताकि जब लोग हमारे दरवाज़े से गुज़रें तो थूकते हुए न जाएँ।

आदिला : मेरी बहन के वास्ते यकायक किस क़दर प्यार तुम्हारे दिल में उमड़ आया है।

हसन बाँदी : मुझे तुमसे या किसी से कोई प्यार नहीं। मेरी सिर्फ़ यह गरज़ है कि मैं शरीफ़ों के घर में रहूँ। बुढ़ापे में मुझे लोगों के ताने नहीं सुनने।

आदिला : अपनी नसीहत अपने पास रक्खो। अब उसका वक़्त गुज़र चुका। मैं न सिर्फ़ तुमको, दरगुज़र कर जाऊँगी, तुम जो कि सिर्फ़ एक बाँदी हो, बल्कि अपनी माँ को भी नज़रंदाज कर दूँगी ताकि वह आग बुझा सकूँ जो अपनी रानों में और अपने ओठों में जलती हुई महसूस करती हूँ। तुम मेरे ख़िलाफ़ क्या कह सकती हो? यही न कि मैं अपना दरवाज़ा बंद कर लिया करती हूँ और खुलवाने पर नहीं खोलती? यही न कि मुझे नींद नहीं पड़ती? मैं तुमसे ज़्यादा होशियार हूँ। आओ, खरगोश को हाथ से पकड़ने की कोशिश करके देखो।

हसन बाँदी : मुझसे मत उलझो आदिला, मुझसे मत उलझो। क्योंकि मैं चाहूँ तो शोर मचा सकती हूँ, रोशनियाँ कर सकती हूँ और घंटियाँ बजा सकती हूँ।

आदिला : चार हज़ार माहताबियाँ ले आओ और उन्हें चहारदीवारी पर रखकर चिरागाँ कर दो, जो होना है उसे होने से कोई रोक नहीं सकता।

हसन बाँदी : तुम्हें उससे इतना इश्क़ है।

आदिला : है। उसकी आँखों में आँखें डालती हूँ तो अहसास होता है कि उसका खून मेरे खून में आहिस्ता-आहिस्ता घुलता जा रहा है।

हसन बाँदी : मैं तुम्हारी नहीं मान सकती।

आदिला : तुम्हें माननी होगी। मैं तुमसे दबके रहा करती थी, मगर अब मेरे दिल में तुमसे ज़्यादा ताक़त है।

[फ़हमीदा आती है।]

फ़हमीदा : फिर कोई तक़रार छिड़ गई।

हसन बाँदी : और क्या! वह कहती है कि इस गर्मी में जाओ और दूकान से खुदा जाने क्या

मँगाया है, वह ले आओ।

फ़हमीदा : तुम मेरे वास्ते इत्र ले आई हो ?

हसन बाँदी : बेशक़ीमती इत्र और सुरमा भी। तुम्हारे कमरे में मेज़ पर रख दिया है।

[फ़हमीदा चली जाती है।]

आदिला : और तुम्हें ख़ामोश रहना होगा!

हसन बाँदी : देखा जाएगा!

[मुश्तरी और आमिला आती हैं।]

मुश्तरी : *(आदिला से)* क्या तुमने जाली के नमूने देख लिए ?

आमिला : फ़हमीदा की चादरों के वास्ते जो आए हैं, बहुत खूबसूरत हैं।

आदिला : *(मुश्तरी से, जो कुछ नमूने लिए हुए है)* और ये क्या हैं ?

मुश्तरी : ये मेरे वास्ते हैं! इनको सोते वक़्त पहनूँगी।

आदिला : *(तंज़ से)* इस घर में रहने के लिए मज़ाक समझने का शऊर ज़रूरी है।

मुश्तरी : *(मानीख़ेज अंदाज़ में)* मगर मैं ही पहनूँगी, मैं ही इनको अपने तन पर देखूँगी। मुझे किसी के सामने अपनी नुमाइश नहीं करनी है।

हसन बाँदी : कोई हमें कपड़े पहने देखनेवाला नहीं है।

मुश्तरी : *(मानीखेज़ अंदाज में आदिला की तरफ़ देखकर)* कभी-कभी कोई नहीं भी देखता। मगर मुझे तो बारीक काम की अँगिया पसंद है। मैं अमीर होती तो सब-की-सब लखनऊ की चिकन की बनवाती। यही तो मेरा एक शौक़ बच रहा है।

हसन बाँदी : ये जालियाँ नन्हें-मुन्नों की टोपियों और झबलों के वास्ते बहुत अच्छी हैं। मैं अपने बच्चों को कभी पहना नहीं सकी। अब हमारी फ़हमीदा अपने बच्चों के कपड़े इनसे सजाएगी। उसके बच्चे पैदा होने की देर है, दिन-भर उनके पीछे दौड़ते बीतेगा।

कुदसिया : मैं तो उनके कपड़ों में एक टाँका न लगाऊँ।

आमिला : एक अजनबी के बच्चों को पैदा करूँ ? तौबा-तौबा! देखो, सड़क के पार जो रहते हैं बेचारे, उनको देखो—चार-चार औलादों को पालकर अपने को तबाह कर रहे हैं।

हसन बाँदी : तुमसे बेहतर हाल में हैं वो, कम-से-कम उनके यहाँ लोग हँसते तो हैं और उनके यहाँ से झगड़ने की आवाज़ें तो आती हैं।

मुश्तरी : बहुत खूब। तुम उन्हीं के यहाँ ख़िदमतग़ारी क्यों नहीं कर लेतीं ?

हसन बाँदी : नहीं, मेरे नसीब में यही जोगनों का डेरा लिखा है।

[दूर कहीं से, गोया कई दीवारें पार करके नन्हीं घंटियों की आवाज़ आने लगती है।]

कुदसिया : काम पर वापस जा रहे हैं मर्द।

हसन बाँदी : तीन का वक़्त हो चुका है।

मुश्तरी : और इतनी कड़ी धूप है।

आदिला : *(बैठते हुए)* काश, हम भी खेतों में जा सकते!

कुदसिया : *(बैठते हुए)* हर तबका वह काम करता है जो उसके नसीब में है।

मुश्तरी : *(बैठते हुए)* यह तो है ही।

आमिला : *(बैठते हुए)* हाय!

हसन बाँदी : इस मौसम में जो खुशी खेतों में है, वह और कहीं नहीं। कल सबेरे कटनी के वास्ते लोग आ पहुँचे। चालीस-पचास शकील नौजवान।

कुदसिया : इस साल कहाँ से आए हैं ?

हसन बाँदी : बहुत-बहुत दूर से, पहाड़ों से आए हैं। खुशोखुर्रम, मौसमों को झेले हुए दरख़्तों की तरह। किलकारी मारते और कुलाँच भरते नौजवान! कल रात उनके गिरोह में एक औरत भी आई। वह फ़िरन पहनती है और हाथ में डफ़ लेकर रक़्स करती है। पंद्रह नौजवानों ने उससे तय किया कि उसे अमराई में ले जाएँगे। मैं दूर से उन्हें देख रही थी। जो उससे बोल रहा था, वह एक लड़का था। उसकी आँखें कंजी थीं और जिस्म यों सुता हुआ था जैसे गेहूँ की बाल हो।

आमिला : वाक़ई ?

आदिला : तुम यक़ीनन जानती हो ?

हसन बाँदी : कई साल पेश्तर इस तरह की एक औरत और आई थी और मैंने खुद अपने बेटे को पैसे दिए थे कि वह भी हो आए। मर्दों को इस क़िस्म की ज़रूरत हुआ करती है।

आदिला : उनको सबकुछ मुआफ़ है।

आमिला : औरत के जनम से बदतर कोई सज़ा नहीं।

कुदसिया : हमारी नज़रें भी हमारी अपनी नहीं।

[दूर से गाना सुनाई देता है और नज़दीक आता जाता है।]

आमिला : वो फ़सल काटने चल दिए हैं।

हसन बाँदी : वो रहे, वहाँ, कितना दिलकश गाना है।

(गाने का स्वर)

हाय, हाथ में हँसिया है
और खेत झूमते हैं
गोरी तेरे गालों को
दिलदार चूमते हैं।

[डफ़ और मंजीरे की आवाज़ सुन पड़ती है। वक़्फ़ा। वे सब सुनती रहती हैं।]

आमिला : और उन्हें धूप नहीं सताती।

मुश्तरी : वो शोलों के दरम्यान फ़स्ल काटते हैं।

आदिला : दिल चाहता है कि मैं भी इन्हीं की तरह होती और जब चाहती, आती; जब चाहती, जाती। तब हम वह चीज़ भूल जाते जो हमें खा रही है।

मुश्तरी : क्या भुलाना चाहती हो तुम ?

आदिला : हममें से हर एक कुछ-न-कुछ भूल जाना चाहता है।

मुश्तरी : *(शिद्दत से)* हर एक !

हसन बाँदी : श्-श्

(गाना बहुत दूर पर)

शहरों की लड़कियाँ
खोल दो खिड़कियाँ
फूल दो गुलाब के
हम सजाएँ पगड़ियाँ

हसन बाँदी : क्या खूब गाना है। खोल दो खिड़कियाँ, शहरों की लड़कियाँ !...

मुश्तरी : *(हसरत के साथ)* खोल दो खिड़कियाँ, शहरों की लड़कियाँ...

आदिला : *(बेक़रारी के साथ)* फूल दो गुलाब के, हम सजाएँ पगड़ियाँ...

[गाना और दूर चला जाता है।]

हसन बाँदी : अब वो नुक्कड़ पर जा पहुँचे हैं।

आदिला : आओ, चलकर अपनी खिड़की से उन्हें देखें।

हसन बाँदी : होशियार रहना, दरवाज़े इतने न खुलें कि तुम्हें देखने के लिए वो उनमें धक्के मारने लगें।

[तीनों जाती हैं। मुश्तरी मोढ़े पर बैठी रह जाती है। उसने सर हथेलियों पर टिका रखा है।]

आमिला : *(उसके क़रीब आकर)* ख़ैरियत तो है?

मुश्तरी : गर्मी से दिल घबरा रहा है।

आमिला : और कोई बात तो नहीं।

मुश्तरी : मैं मना रही हूँ कि सावन आ जाए, झड़ी लग जाए, तूफ़ान आ जाए, कुछ भी हो जाए कि ये कभी न ख़त्म होनेवाली गर्मियों के दिन दफ़ा हों।

आमिला : ये चले जाएँगे और फिर आएँगे।

मुश्तरी : क़ुदरतन। *(वक़्फ़ा)* कल रात तुम्हें किस वक़्त नींद आई?

आमिला : मुझे याद नहीं। मैं बेख़बर सोती हूँ। क्यों पूछती हो?

मुश्तरी : यूँ ही। मुझे ख़याल आता है कि मैंने सहन में किसी की आवाज़ सुनी थी।

आमिला : अच्छा?

मुश्तरी : बड़ी रात गए।

आमिला : और तुम्हें डर नहीं लगा?

मुश्तरी : नहीं, मैं पहले भी सुन चुकी हूँ।

आमिला : हमें होशियार हो जाना चाहिए। कहीं गड़रिए तो नहीं थे?

मुश्तरी : गड़रिए तो छह बजे आए थे।

आमिला : हो सकता है कोई छुट्टल-जवान घोड़ा दौड़ रहा हो।

मुश्तरी : *(अपने से; दोहरे मानी के साथ)* हाँ, हाँ, वही होगा। छुट्टल-जवान घोड़ा।

आमिला : हमें पहरा बिठाना पड़ेगा।

मुश्तरी : नहीं, नहीं, किसी से कुछ कहना नहीं, मुमकिन है, मुझे मुग़ालता हुआ हो।

आमिला : मुमकिन है।

[वक़्फ़ा। आमिला जाने को होती है।]

मुश्तरी : आमिला!

आमिला : *(दरवाज़े पर से)* कहो *(वक़्फ़ा)*

मुश्तरी : कुछ नहीं *(वक़्फ़ा)*

आमिला : तुमने क्यों आवाज़ दी? *(वक़्फ़ा)*

मुश्तरी : यूँ ही मुँह से निकल पड़ी, कोई वजह न थी। *(वक़्फ़ा)*

आमिला : ज़रा देर लेट रहो।

फ़हमीदा : *(तूफ़ान की तरह दाख़िल होती है जिससे अभी तक की ख़ामोशी टूट जाती है)* अतूहर की तस्वीर कहाँ गई जो मैंने तकिए के तले रखी थी? तुममें से किसके पास है वह?

मुश्तरी : किसी के नहीं।

आमिला : तुम क्या समझती हो, वह कोई तावीज़ है जो कोई रख लेगा?

फ़हमीदा : तस्वीर कहाँ है?

[हसन बाँदी, कुदसिया और आदिला आते हैं।]

आदिला : कैसी तस्वीर ?

फ़हमीदा : तुममें से किसी ने छिपा रखी है।

कुदसिया : तुम्हारी यह कहने की जुरअत कैसे हुई ?

फ़हमीदा : मेरे कमरे में थी और अब नहीं है।

मुश्तरी : कहीं ऐसा तो नहीं कि तस्वीर आधी रात को कूदकर सहन में चली गई हो ? अतृहर को भी चाँदनी रात में टहलने का शौक़ है।

फ़हमीदा : मज़ाक मत करो मुझसे। जब वह आएगा, मैं उससे शिकायत करूँगी।

हसन बाँदी : इसकी ज़रूरत न पड़ेगी। क्योंकि तस्वीर बरामद हो जाएगी। *(आदिला की तरफ़ देखकर)*

फ़हमीदा : मैं जानना चाहती हूँ कि वह तस्वीर तुममें से किसके पास है।

आदिला : *(मुश्तरी की तरफ़ देखकर)* किसी के पास थी। मेरे पास नहीं है।

मुश्तरी : *(मानी के साथ)* बेशक, तुम्हारे पास नहीं है।

बिरजीस क़दर : *(छड़ी लिए हुए दाख़िल होती है)* गर्मी के बोझिल सन्नाटे में मेरे मकान में क्या तमाशा खड़ा कर रखा है? पड़ोसी दीवारों से कान लगाए बैठे होंगे।

फ़हमीदा : इन लोगों ने मेरे आशिक़ की तस्वीर चुरा ली है।

बिरजीस : *(गुस्से से)* किसने ? किसने ?

फ़हमीदा : इन लोगों ने।

बिरजीस : इनमें से किसने ? *(ख़ामोशी)* जवाब दो। *(ख़ामोशी। हसन बाँदी से)* कमरे की तलाशी लो। बिस्तरों में देखो, तुम्हें ढील देने का यह नतीजा है। मगर मैं तुम्हें अब सबक़ सिखाकर रहूँगी। *(फ़हमीदा से)* तुम यक़ीनन कह सकती हो कि किसी ने छिपाई है ?

फ़हमीदा : जी !

बिरजीस : तुम सब जगह देख आईं ?

फ़हमीदा : जी, अम्मीजान।

[सब सहमे हुए ख़ामोश खड़े रह जाते हैं।]

बिरजीस : ज़िंदगी के आख़िरी दिनों में आज मुझे वह घूँट पीना पड़ रहा है जो एक माँ के लिए सबसे कड़वा ज़हर है। *(हसन बाँदी से)* मिली ?

हसन बाँदी : यह रही।

बिरजीस : कहाँ थी ?

हसन बाँदी : यह...

बिरजीस : बोलो, डरो नहीं।

हसन बाँदी : *(ताज्जुब दिखाती हुई)* मुश्तरी के बिस्तर में चादर के तले।

बिरजीस : *(मुश्तरी से)* यह सच है ?

मुश्तरी : सच है।

बिरजीस : *(उसकी तरफ़ बढ़कर उसे छड़ी से पीटती हुई)* ग़ारत हो, मक्कार कहीं की, बदमाश।

मुश्तरी : *(गुस्से से)* मारो मत, अम्मी, ख़बरदार।

बिरजीस : मारूँगी नहीं तो और क्या ?

मुश्तरी : जब मैं मारने दूँ तब न ! सुना नहीं, हट जाओ।

हसन बाँदी : माँ से बदतमीज़ी मत करो।

फ़हमीदा : *(बिरजीस को पकड़कर)* बख़्श दो अम्मी।

बिरजीस : यह रो-रोकर कहे, तब भी न बख़्शूँगी।

मुश्तरी : मैं तुम्हारी ख़ातिर रोनेवाली नहीं।

बिरजीस : तुमने तस्वीर क्यों चुराई ?

मुश्तरी : क्या अपनी बहन से छेड़खानी भी मना है ? भला तस्वीर की मुझे क्या गरज़ होती।

आदिला : *(जलकर)* यह कोई मज़ाक नहीं था। तुम्हें छेड़छाड़ तो आती ही नहीं। यह कोई और चीज़ थी जो फूट निकलने को इसके सीने में घुमड़ रही थी। इक़बाल क्यों नहीं करतीं ?

मुश्तरी : ख़बरदार, मेरी जुबान न खुलवाओ, क्योंकि मैं बोली तो दीवारों के सर शर्म से झुक जाएँगे और वे ढह जाएँगी।

आदिला : कमबख़्त, जुबान झूठ बोलते थकती नहीं।

बिरजीस : आदिला !

कुदसिया : पागल हो गई हो तुम !

आमिला : और तुम हम सब पर शुबहा करके पत्थर बरसा रही हो।

मुश्तरी : इससे ज़्यादा बदमाशी तो कुछ और लोग कर रहे हैं।

आदिला : कर लें, जो करते हैं तो एकाएक बेपर्दा खड़े नज़र आएँगे और दरिया उन्हें बहा ले जाएगा।

बिरजीस : बदतमीज़ !

फ़हमीदा : अतुहर ने मुझे पसंद किया तो मेरा क्या कसूर ?

आदिला : तुम्हारी दौलत के वास्ते किया।

फ़हमीदा : अम्मी !

बिरजीस : ख़ामोश !

मुश्तरी : तुम्हारे खेतों और बाग़ों के वास्ते किया।

कुदसिया : तो इसमें हर्ज क्या ? सही किया।

बिरजीस : मैं कहती हूँ, खामोश ! मैंने बादल को घिरते देखा था मगर यह न सोचा था कि वह इतनी जल्दी बरस पड़ेगा। उफ़्, तुम लोगों के दिलों की नफ़रत का कितना बड़ा पहाड़ मेरे ऊपर टूट पड़ा है। मगर मैं अभी बूढ़ी नहीं हुई। मेरे पास मेरे बाप का बनवाया यह मकान है और तुम्हारे वास्ते पाँच ज़ंजीरें रखी हुई हैं। लिहाज़ा मेरी तनहाई की ख़बर एक पत्ते को भी न पहुँचेगी। निकल जाओ यहाँ से !

[वो जाती हैं, बिरजीस मायूस बैठी है। हसन बाँदी दीवार के क़रीब खड़ी है। बिरजीस अपने को सँभालती है और फ़र्श पर छड़ी पटकती है।]

मुझे इनको अपने हाथ की क़ूवत का एहसास कराना होगा। बिरजीस, अपना फ़र्ज़ न भूल।

हसन बाँदी : इजाज़त हो तो मैं कुछ अर्ज़ करूँ।

बिरजीस : बोलो, क्या कहती हो। नाहक़ तुमने सुन लिया। ख़ानदान में ग़ैर हमेशा ग़ैर ही रहता है।

हसन बाँदी : अब तो मैंने देख लिया है जो सामने था।

बिरजीस : फ़हमीदा की शादी फ़ौरन हो जानी चाहिए।

हसन बाँदी : बेशक, हमें उस लड़की को यहाँ से दूर ले जाना होगा।

बिरजीस : उस लड़की को नहीं, उस लड़के को।

हसन बाँदी : बिल्कुल, उस मर्द को ही यहाँ से जाना होगा। तुमने तो सबकुछ सोच ही रखा होगा।

बिरजीस : मैं सोच नहीं रही हूँ। कुछ चीज़ें हैं जिनको सोचा नहीं जाता और वह सोची जा

भी नहीं सकतीं। मैं सिर्फ़ हुक्म दे रही हूँ।

हसन बाँदी : और तुम समझती हो कि वह जाने पर राज़ी हो जाएगा।

बिरजीस : *(उठकर खड़ी होती है)* तुम्हारे दिमाग़ में अब कौन-सा ख़याल आने लगा?

हसन बाँदी : शादी तो वह यक़ीनन फ़हमीदा से ही करेगा।

बिरजीस : खुलकर बात करो। मैं तुम्हें बख़ूबी जानती हूँ। अब तुमने हाथ में चाकू उठा लिया है।

हसन बाँदी : मुझे नहीं मालूम था कि कोई पेशगोई को खून समझ बैठेगा।

बिरजीस : क्या तुम मुझे आगाह करना चाहती हो?

हसन बाँदी : मैं तुम पर कोई इल्ज़ाम नहीं रख रही हूँ, बिरजीस। मैं तुमसे सिर्फ़ यह कह रही हूँ कि आँखें खोलोगी तो तुम्हें दिखाई देगा।

बिरजीस : दिखाई क्या देगा?

हसन बाँदी : तुम हमेशा बहुत होशियार बनती रही हो, बिरजीस! तुमने दूसरों के गुनाह सौ-सौ मील से ताड़ लिए हैं। अक्सर मुझे यक़ीन हुआ है कि तुम लोगों के दिल में झाँकना जानती हो, लेकिन अपनी औलाद अपनी औलाद है और इस वक़्त तुमने आँखें बंद कर ली हैं।

बिरजीस : क्या तुम मुश्तरी का ज़िक्र कर रही हो?

हसन बाँदी : मुश्तरी का ही सही। *(ताज्जुब से)* आख़िर उसने तस्वीर क्यों छिपाई!

बिरजीस : *(बेटी का बचाव करती हुई)* वह कहती है कि छेड़खानी की थी, मज़ाक किया था। *(ताज्जुब से)* और क्या वजह रही होगी?

हसन बाँदी : *(हिकारत से)* तुम इस पर यक़ीन करती हो?

बिरजीस : *(सख़्ती से)* मैं यक़ीन ही नहीं करती। यह असलियत भी है।

हसन बाँदी : बस, अब रहने दो। हम तुम्हारे खानदान की बातें कर रहे हैं। अगर सामनेवाले पड़ोसियों की बातें कर रहे होते तो तुम क्या कहतीं?

बिरजीस : अब तुमने चाकू का फल बाहर निकालना शुरू कर दिया है।

हसन बाँदी : *(बेमुरब्बती से)* नहीं, बिरजीस यहाँ कोई संगीन वाक़या हो रहा है। मैं तुम पर तोहमत नहीं लगाती लेकिन तुमने अपनी बेटियों को कभी कोई आज़ादी नहीं दी। मुश्तरी मोहब्बत की भूखी है। कहने को तुम कुछ भी कहती रहो, तुमने उसे फ़ज़्ल क़ुरैशी से शादी क्यूँ नहीं करने दी? क्यों उसी रोज़ तुमने उसे कहलवा भेजा कि न आए, जिस रोज़ वह उससे मुलाक़ात करनेवाला था।

बिरजीस : *(ज़ोर से)* यह तो मैं हज़ार दफ़ा करूँगी। जब तक मैं जिंदा हूँ। क़ुरैशियों का खून हमारे खून से नहीं मिल सकता। उसका बाप गड़रिया था।

हसन बाँदी : और अब तुम देख रही हो कि तुम्हारी अकड़ की बदौलत तुम पर क्या गुज़र रही है।

बिरजीस : हाँ, मुझे अकड़ है क्योंकि मैं इस क़ाबिल हूँ और तुम्हें नहीं है क्योंकि तुम अपनी औक़ात जानती हो।

हसन बाँदी : *(नफ़रत से)* मुझे मेरी हैसियत न समझाओ। मैं अब बूढ़ी हो चुकी हूँ और मैं तुम्हारी एहसानमंद हूँ।

बिरजीस : *(गरम होकर)* ऐसा तो नहीं मालूम होता।

हसन बाँदी : *(नरमी के पीछे नफ़रत के साथ)* मुश्तरी यह वाक़या भूल जाएगी।

बिरजीस : और अगर नहीं भूलती तो अपना नुक़सान करेगी। मैं नहीं मानती कि यहाँ कोई

संगीन वाक़या हो रहा है। यहाँ कुछ हो नहीं रहा है, सिर्फ़ तुम्हारी ख़्वाहिश है कि हो। और अगर किसी दिन कुछ हो भी गुज़रा तो जमाख़ातिर रहो कि बात इन दीवारों से बाहर न जाने पाएगी।

हसन बाँदी : इसका मुझे एतबार नहीं। शहर में ऐसे लोग हैं जो दूसरों के पोशीदा ख़यालात दूर से भाँप सकते हैं।

बिरजीस : तुम्हारी तमन्ना तो यह है कि मुझे और मेरी बेटियों को कोठे पर बैठा हुआ देखो।

हसन बाँदी : कोई किसी का मुक़द्दर क्या जानता है।

बिरजीस : मैं अपना मुक़द्दर जानती हूँ और अपनी बेटियों का भी। एक औरत थी जिसकी जगह कोठे पर थी और अब वह गुज़र चुकी है।

हसन बाँदी : *(गुस्से से)* बिरजीस, मेरी माँ के नाम का लिहाज़ कर।

बिरजीस : तब तू अपनी ये बदगुमानियाँ मुझसे दूर रख।

हसन बाँदी : बेहतर है कि मैं इन क़िस्सों से अलग रहूँ।

बिरजीस : यही तुमको लाज़िम है। अपना काम करो और मुँह बंद रखो। अपनी रोज़ी कमानेवालों का फ़र्ज यही बनता है।

हसन बाँदी : लेकिन हम बैठे देख नहीं सकते। क्या तुम्हारे ख़याल से बेहतर नहीं होगा अगर अतूहर की शादी मुश्तरी से...या...आदिला से हो जाए।

बिरजीस : नहीं, मैं ऐसा नहीं मानती।

हसन बाँदी : *(मानी के साथ)* आदिला! अतूहर की असली चहेती वह है।

बिरजीस : मुरादें हमेशा पूरी नहीं हुआ करतीं।

हसन बाँदी : लेकिन जो हो रहा हो उसको होने से रोकना दिक़्क़ततलब है। अतूहर का फ़हमीदा से यकजाँ होना मुझे नामुमकिन मालूम होता है और दूसरों को भी। यहाँ तक कि हवाओं को भी। कौन कह सकता है कि वह एक हो जाएँ तो एक-दूसरे के अरमान पूरे कर पाएँगे।

बिरजीस : तुमने फिर वही हरकत शुरू कर दी, वही, मुझे घेरना, मेरे दिमाग़ में हौलनाक ख़यालात जगाना। मगर मैं तुम्हारी सुननेवाली नहीं हूँ। और मैंने तय कर लिया है कि तुम जो कह रही हो, अगर वह हो गुज़रा—तो मैं तुम्हारा मुँह नोच लूँगी।

हसन बाँदी : यह धमकी किसी और को देना।

बिरजीस : शुक्र है, मेरी बेटियाँ मेरी इज़्ज़त करती हैं और कभी मेरी मर्ज़ी के ख़िलाफ़ नहीं चलतीं।

हसन बाँदी : दुरुस्त है! मगर जिस वक़्त वह आज़ाद हो जाएँगी, खुली छत पे पहुँचके दम लेंगी।

बिरजीस : और मैं पत्थर मार-मारकर उन्हें नीचे उतार लाऊँगी।

हसन बाँदी : ज़रूर, ज़रूर, तुम हमेशा की बहादुर हो।

बिरजीस : मुझे जद्दोजहद में लुत्फ़ आता है।

हसन बाँदी : मैं कहती हूँ, लोग कितने अजब होते हैं। ज़रा इस उम्र में फ़हमीदा की बेक़रारी तो देखो और वह भी इश्क़ का मारा दिखाई देता है। कल मेरे सबसे बड़े लड़के ने मुझसे बताया कि जब वह सबेरे साढ़े चार बजे बैलों को लिए गुज़र रहा था तो उन दोनों की बातचीत जारी थी।

बिरजीस : साढ़े चार बजे!

फ़हमीदा : *(आते हुए)* यह झूठ है।

हसन बाँदी : उसने यही कहा था।

बिरजीस : *(फ़हमीदा से)* सच-सच बताओ।

फ़हमीदा : एक हफ़्ते से ज़्यादा हो गया, अतहर रोज़ एक बजे रुख़्सत हो जाया करते हैं। झूठ बोलूँ तो मुझ पर ख़ुदा की मार।

मुश्तरी : *(आते हुए)* मैंने भी उसे चार बजे जाते हुए सुना है।

बिरजीस : मगर क्या आँखों से देखा भी है?

मुश्तरी : मैं ताक-झाँक नहीं करती। क्या तुम दोनों आजकल बग़ल की खिड़कियों पर नहीं मिला करते हो?

फ़हमीदा : मैं अपने कमरे की खिड़की से बात करती हूँ।

[आदिला दरवाज़े पर दिखाई देती है।]

मुश्तरी : तब...

बिरजीस : यह हो क्या रहा है?

हसन बाँदी : ख़बरदार नहीं रहोगी तो मालूम हो जाएगा कि क्या हो रहा है। बहरहाल अतहर तुम्हारे घर की खिड़कियों में से किसी एक पर तो था ही और वह भी सबेरे के चार बजे।

बिरजीस : क्या तुम यक़ीनन कह सकती हो?

हसन बाँदी : इस दुनिया में यक़ीनन कोई चीज़ नहीं कही जा सकती।

आदिला : अम्मी, ऐसे शख़्स की मत सुनो जो हमें बरबाद करा देना चाहता है।

बिरजीस : मुझे अपनी हिफ़ाज़त करना आता है। शहर के लोग झूठे गवाह लाना चाहें तो लाएँ, पत्थर की दीवार से टकराकर लौट जाएँगे। ख़बरदार, जो किसी ने इस बात का ज़िक्र किया। लोग तो चाहते हैं कि कीचड़ उछले और हम उसमें सन जाएँ।

मुश्तरी : मुझे झूठ बोलना पसंद नहीं।

हसन बाँदी : यानी कोई बात ज़रूर है।

बिरजीस : कोई बात नहीं हो सकती। मैं इस दुनिया में पैदा हुई हूँ, आँखें खुली रखने के लिए। अब मैं इन आँखों के मुँदने तलक इनको खुली रखूँगी।

फ़हमीदा : मुझे भी कुछ जानने का हक़ है।

बिरजीस : तुम्हें कोई हक़ नहीं है सिवाय फ़र्ज़ अदा करने के। मुझे ग़ैरों की मदद की ज़रूरत नहीं। *(हसन बाँदी से)* और हमारे मसलों में दखल देना बंद करो। बग़ैर मुझे बताए कोई एक क़दम नहीं उठाएगा।

बाँदी : *(आते हुए)* सड़क के सिरे पर लोगों का हुजूम लग गया है और तमाम बाशिंदे निकलकर अपने-अपने दरवाज़ों पर आ खड़े हुए हैं।

बिरजीस : *(हसन बाँदी से)* जा, दौड़कर जा और देखकर आ कि क्या हो रहा है। *(लड़कियाँ भी बाहर दौड़कर जाने को होती हैं)* तुम सब कहाँ चलीं। खिड़की खोले खड़ी रहेंगी, सोग के दिनों में सजेंगी, लाहौल वला कूवत! जाओ, सबकी-सब सहन में जाओ।

[वे चली जाती हैं। बिरजीस भी जाती है। दूर से आवाज़ें सुनाई देती हैं, मुश्तरी और आदिला दाख़िल होती हैं और सुनती हैं मगर सामने के दरवाज़े से आगे जाने की हिम्मत नहीं करतीं।]

मुश्तरी : शुक्र करो कि मैंने जुबान नहीं खोली।

आदिला : मैं भी बोलती।

मुश्तरी : भला तुम कहतीं क्या? बोल के क्या बिगाड़ लेतीं?

आदिला : मैं वही करती हूँ जो कर सकती हूँ और जो मेरे मुआफ़िक होता है। तुम भी इसी

फिराक़ में थीं पर यह मुमकिन नहीं हुआ।

मुश्तरी : जो कर रही हो वह बहुत दिन चलनेवाला नहीं है।

आदिला : मैं सबकुछ हासिल करके रहूँगी।

मुश्तरी : मैं उसे तेरी बाँहों से खींच लाऊँगी।

आदिला : *(आजिज़ी से)* मुश्तरी, मुझे बख़्श दे।

मुश्तरी : वह हममें से किसी को हासिल न होगा।

आदिला : वह मुझे अपनी मलका बनाना चाहता है।

मुश्तरी : मैंने देखा था किस तरह उसने तुझे बाँहों में बाँधा।

आदिला : मैं चाहती न थी, लेकिन ज़ंजीर से बँधी चली आई।

मुश्तरी : तुझे मौत आ जाए तो बेहतर है।

[कुदसिया और फ़हमीदा कमरे में झाँकती हैं। शोर बढ़ता जा रहा है। एक बाँदी बिरजीस के साथ दाख़िल होती है। हसन बाँदी भी एक और कमरे से आती है।]

हसन बाँदी : बिरजीस !

बिरजीस : क्या हो रहा है ?

हसन बाँदी : कुलसुम की बेटी, वह कुँआरी छोकरी, उसके बच्चा पैदा हुआ है और कोई नहीं जानता कि उसका बाप कौन है।

आदिला : बच्चा !

हसन बाँदी : और अपनी शर्म छिपाने के लिए उसने उसे मार डाला। और पत्थरों के तले छुपा दिया। मगर कुत्ते, जो अक्सर ईमानवालों से ज़्यादा रहमदिल थे, उसे खोद लाए और गोया खुदा के इशारे पर लाके उसके दरवाज़े छोड़ गए। अब लोग लड़की को मार डालना चाहते हैं। वो उसे सड़कों पर घसीट रहे हैं और...और अमराई के पार से पगडंडियों पर होते हुए लोग आ रहे हैं और उनकी आवाज़ों के शोर से फ़सलें थरथरा रही हैं।

बिरजीस : आने दो उन्हें, टहनियों के चाबुक और खुरपियाँ लेकर वो आएँ और सब मिलकर उसे क़त्ल कर डालें।

आदिला : नहीं, नहीं, कत्ल नहीं करें।

मुश्तरी : हाँ—और हम भी बाहर चलते हैं।

बिरजीस : और जो बेग़ैरत होएगा, इसकी क़ीमत चुकाएगा।

[बाहर एक औरत की चीख़ और लोगों को शोर सुन पड़ता है।]

आदिला : उसे फ़रार हो जाने दो। तुम बाहर न जाओ।

मुश्तरी : *(आदिला की तरफ़ देखकर)* उसे अपने गुनाह की क़ीमत अदा करने दो।

बिरजीस : *(मेहराब के नीचे खड़े होकर)* ख़त्म कर दो उसे इसके पेश्तर कि सिपाही आ पहुँचें, दहकते अंगारे रख दो, जहाँ उसने गुनाह किया था उस जगह।

आदिला : *(अपना पेट थामकर)* नहीं, नहीं।

बिरजीस : क़त्ल कर दो, क़त्ल कर दो।

[परदा]

अंक : तीन

[बिरजीस क़दर के मकान के भीतरी सहन की चार दीवारें जो आसमानी रंग से पुती हुई हैं। दरवाज़ों से, जिनके पीछे कमरों में रोशनी जल रही है, मंच पर उजास आ रहा है।

बीचोबीच एक चौकी है जिस पर एक ढँके हुए लैम्प से रोशनी आ रही है। बिरजीस और उसकी बेटियाँ खाना खा रही हैं! हसन बाँदी खिला रही है। बी अज़्मत अलग बैठी हैं। जब परदा उठता है तो भारी सन्नाटा तारी है, बस, तश्तरियों और चम्मचों की आवाज़ सुनाई पड़ती है।]

बी अज़्मत : मैं अब रुख़सत होती हूँ। बहुत वक़्त तुम्हारे साथ अच्छा गुज़र गया। *(वह उठती है)*

बिरजीस : ज़रा ठहरो अज़्मत। तुम मिलती ही कहाँ हो।

बी अज़्मत : क्या शाम की नमाज़ की अज़ान हो गई ?

हसन बाँदी : अभी नहीं। *(बी अज़्मत फिर बैठ जाती हैं)*

बिरजीस : तुम्हारे मियाँ का क्या हाल है ? उनका काम कैसा चल रहा है ?

बी अज़्मत : पहले की तरह।

बिरजीस : हमें वह भी कभी दिखाई नहीं देते।

बी अज़्मत : तुम तो जानती हो, वह किस क़िस्म के आदमी हैं। जब से जायदाद के पीछे भाइयों से अनबन हुई है, हज़रत ने सदर दरवाज़े से आमदोरफ्त ही छोड़ दी है। एक ज़ीना ले आते हैं और पिछवाड़े से दीवार चढ़कर आ जाते हैं।

बिरजीस : जवाँ मर्द हैं। और तुम्हारी बेटी का क्या हाल है ?

बी अज़्मत : उन्होंने उसे आज तलक मुआफ़ नहीं किया।

बिरजीस : बजा किया।

बी अज़्मत : मुझे मालूम नहीं उन्होंने तुम्हें क्या बताया है ? मैं तो दुख के मारे मरी जाती हूँ।

बिरजीस : बेटी अगर हुक्मफ़रमाँ न रहे तो बेटी नहीं, दुश्मन हो जाती है।

बी अज़्मत : मैं दख़ल नहीं देती। पीर नियाज़ी की दरगाह में पनाह मिल जाती है, यही ग़नीमत समझती हूँ। लेकिन बीनाई साथ नहीं दे रही है। एक दिन उधर का रास्ता भी छोड़ दूँगी ताकि बच्चों की तफ़रीह का सामान तो न बनूँ। *(दीवार के पीछे एक धमाका सुनाई देता है)* क्या हुआ ?

बिरजीस : घोड़ा है। अस्तबल में बँधा हुआ है और मकान की दीवार पर लातें मार रहा है। *(चीखकर)* उसके मुँह में लगाम दो और अहाते में ले जाओ। *(आवाज़ धीमी करके)* बहुत गरमी चढ़ रही होगी।

बी अज़्मत : क्या उसे नई घोड़ियाँ दिखाई जाएँगी?

बिरजीस : दिन निकलने पर।

बी अज़्मत : तुमने अपना रेवड़ खूब बढ़ा लिया है।

बिरजीस : रक़म खर्च की है और मेहनत की है।

हसन बाँदी : *(बात काटकर)* और इनके घोड़े इस इलाके में बेहतरीन हैं। अफसोस कि आजकल दाम इतने गिर गए हैं।

बिरजीस : सेवइयाँ पकवाई हैं ? कहो तो खिलवाऊँ ?

बी अज़्मत : मुझे ख़्वाहिश नहीं है। *(धमाका दोबारा सुनाई देता है)*

हसन बाँदी : या अल्लाह !

बी अज़्मत : मेरा तो कलेजा काँप गया।

बिरजीस : *(गुस्से में उठती हुई)* क्या मुझे दोबारा कहना पड़ेगा ? उसे खोल दो और पुआल पर लोटने दो। *(ख़ामोशी। फिर गोया साईसों से कहती है)* उसके बाद घोड़ियों को बाड़े में बंद कर दो, मगर उसको खुला छोड़ दो, वरना मार-मारकर दीवार गिरा देगा। *(वह चौकी पर वापस आ जाती है और बैठ जाती है)* वाह री ज़िंदगी !

बी अज़्मत : तुमको मर्दों की तरह भिड़ना पड़ता है !

बिरजीस : बिलकुल *(आदिला चौकी पर से उठ पड़ती है)* कहाँ जा रही हो ?

आदिला : पानी पीने।

बिरजीस : *(आवाज़ तेज़ करके)* ठंडे पानी की सुराही ले आओ। *(आदिला से)* तुम बैठी रहो। *(आदिला बैठ जाती है)*

बी अज़्मत : हाँ, फ़हमीदा की शादी कब मुक़र्रर हुई है ?

बिरजीस : तीन दिन के अंदर वे उसकी मँगनी करने आएँगे।

बी अज़्मत : तुम्हारे लिए कितनी खुशी का मौक़ा होगा !

फ़हमीदा : इसमें क्या शक है।

आमिला : *(कुदसिया से)* नमक बिख़रा दिया ?

कुदसिया : तुम्हारी बला से। जो हो रहा है उससे बदतर नसीब में क्या लिखा होगा ?

आमिला : नमक का बिखरना हमेशा बदशकुन होता है।

बिरजीस : बस करो।

बी अज़्मत : क्या उसने कोई सौग़ात दी है ?

फ़हमीदा : देखो *(वह अँगूठी दिखाती है)*

बी अज़्मत : सुभानअल्लाह ! तीन मोती बेहद खूबसूरत हैं। लेकिन हमारे ज़माने में मोती के मायने होते थे आँसू।

फ़हमीदा : ज़माना बदल चुका है।

आदिला : मैं नहीं मानती। चीज़ों के मायने वही बने रहते हैं। मँगनी की अँगूठी तो हीरे की हुआ करती है।

हसन बाँदी : मौजूँ तो हीरा ही होता है।

बिरजीस : हीरा हो या मोती, देखना तो यह चाहिए कि इनसान का मक़सद क्या है ?

मुश्तरी : या यूँ कहो कि मंशाएइलाही क्या है ?

बी अज़्मत : मैंने सुना है कि तुमने पलँग बहुत खूबसूरत बनवाया है।

बिरजीस : सोलह सौ रुपए ख़र्च हो गए।

हसन बाँदी : सबसे उम्दा चीज़ तो आईनेदार आलमारी है।

बी अज़्मत : वाक़ई लाजवाब है।

बिरजीस : हमारे ज़माने में संदूक हुआ करते थे।

बी अज़्मत : ज़रूरी तो यह है कि जो हो वह खुशअंजाम हो।

आदिला : मगर इसका यक़ीन कौन दिला सकता है ?

बिरजीस : मगर शकोशुबहा क्यों ?

[बहुत दूर से अज़ान सुनाई देती है।]

बी अज़्मत : मैं फिर आऊँगी। अभी तो मुझे शादी के जोड़े दिखाओगी।

फ़हमीदा : जब तुम्हारा दिल चाहे, आना।

बी अज़्मत : जीती रहो—खुदा हाफ़िज़ !

बिरजीस : खुदा हाफ़िज़, बी अज़्मत।

पाँचों बेटियाँ : *(एकसाथ)* अल्लाह हाफ़िज़।

[ख़ामोशी ! बी अज़्मत रवाना होती हैं।]

बिरजीस : हम खा चुके।

[वो उठती हैं।]

आदिला : ज़रा फाटक तक जा रही हूँ खुली हवा में। बैठे-बैठे पाँव दुखने लगे।

[कुदसिया एक मोढ़े पर बैटकर दीवार से पीठ टिका लेती है।]

आमिला : मैं भी चलती हूँ।

मुश्तरी : मैं भी।

आदिला : *(नफ़रत का जज़्बा दबाकर)* मैं कोई खो नहीं जाऊँगी !

आमिला : रात के वक़्त साथ की ज़रूरत होती है।

[वो जाती है। बिरजीस बैठ जाती है। फ़हमीदा मेज़ साफ़ कर रही है।]

बिरजीस : मैं पहले भी कह चुकी हूँ और दोबारा कह रही हूँ कि तुम्हें अपनी बहन मुश्तरी से बात कर लेनी चाहिए। तस्वीर का जो मामला था, वह सिर्फ़ मज़ाक था और तुम्हें लाज़िमी है कि उसको ज़ेहन से निकाल दो।

फ़हमीदा : तुम जानती हो कि मैं उसे पसंद नहीं।

बिरजीस : अपना-अपना मिजाज़ है। मैं किसी के दिल के अंदर की बात बाहर लाना नहीं चाहती। मैं सिर्फ़ चाहती हूँ कि लोग हमें इज़्ज़तदार शरीफ़ ख़ानदान की तरह मिलजुलकर रहता हुआ देखें। समझ में आया ?

फ़हमीदा : जी हाँ।

बिरजीस : तो यह क़िस्सा ख़त्म हुआ।

कुदसिया : *(वह तक़रीबन सो गई है)* इसके अलावा आज नहीं तो कल तुम्हें जाना ही है। *(सो जाती है)*

फ़हमीदा : कोई जाने दे तब न।

बिरजीस : कल रात किस वक़्त तुम्हारी बातचीत ख़त्म हुई ?

फ़हमीदा : साढ़े बारह बजे।

बिरजीस : अतुहर ने क्या-क्या बातें कीं ?

फ़हमीदा : वह खोया-खोया-सा रहता है। बात ऐसे करता है जैसे ध्यान कहीं और हो। पूछती हूँ तो कहता है 'मर्दों के दिमाग़ में तमाम फ़िकरें रहती हैं।'

बिरजीस : पूछा मत करो। और शादी के बाद तो और भी मत पूछना। वह बोले तो बोलना और देखे तो देखना। अच्छी रहोगी।

फ़हमीदा : मगर अम्मी, मुझे शक होता है कि वह मुझसे कुछ छिपाता है।

बिरजीस : जानने की कोशिश मत करो। कोई सवाल मत करो और सबसे ज़रूरी तो यह है कि उसके आगे कभी आँसू मत बहाओ।

फ़हमीदा : क़ायदे से मुझे खुश होना चाहिए। पर मैं हूँ नहीं।

बिरजीस : कोई फ़र्क नहीं पड़ता।

फ़हमीदा : अक्सर रात को मैंने सींखचों के पार अतुहर को गौर से देखा है और मुझे महसूस

हुआ है कि वह दूर कहीं चला गया है जैसे गर्द के गुबार में छिप गया हो जो भेड़ों के पैरों से उठता है।

बिरजीस : यह कुछ नहीं, सिर्फ़ तुम्हारा वहम है।

फ़हमीदा : अल्लाह जाने!

बिरजीस : क्या वह आज रात को आएगा?

फ़हमीदा : नहीं, वह अपनी माँ के साथ शहर गया हुआ है।

बिरजीस : बेहतर है। हम जल्दी सो जाएँगे। कुदसिया!

फ़हमीदा : सो गई।

[आदिला, मुश्तरी और आमिला दाख़िल होती हैं।]

आमिला : कितनी अँधेरी रात है?

आदिला : हाथ को हाथ नहीं सूझता।

मुश्तरी : जो पोशीदा रहना चाहते हों उनकी मौज़ है और चोरों की भी।

आदिला : घोड़ा बाड़े के बीचोबीच खड़ा था। सुफ़ेद, असल से दोगुना बड़ा। चारों तरफ़ के अँधेरे को मिटाता हुआ।

आमिला : वाक़ई एक हौलनाक मंज़र था। जैसे कोई जिन्न हो।

आदिला : आसमान में सितारे इतने बड़े दिख रहे हैं जैसी मेरी मुट्ठी।

मुश्तरी : यह बेचारी खड़ी उनको इतनी देर तक ताकती रही कि गरदन मोच खा गई।

आदिला : क्यों, क्या तुम्हें आसमान में तारे खिले हुए प्यारे नहीं लगते?

मुश्तरी : छत के ऊपर कुछ भी होता हो मुझे उससे कोई ग़रज़ नहीं। जो छत के नीचे हो रहा है उसी से फ़ुरसत नहीं मिलती।

आदिला : तुम हो ही ऐसी।

बिरजीस : जैसी वह है वैसी ही तुम हो।

फ़हमीदा : शब-ब-ख़ैर।

आदिला : क्या सोने चल दीं?

फ़हमीदा : हाँ, अतूहर आज नहीं आ रहा है। *(वह जाती है)*

आदिला : अम्मी, जब कोई सितारा टूटता है या बिजली चमकती है तो यह क्यों कहा जाता है—

बड़ी बी इनायत
छोटी बी हिमायत
कीजिए हिदायत।

बिरजीस : बुजुर्गवार बहुत-सी बातें जानते थे, जो हम भूल गए हैं।

आमिला : मैं तो आँखें बंद कर लेती हूँ कि मुझे टूटता सितारा नज़र न आए।

आदिला : मैं आँखें बंद नहीं करती। मैं तो देखना चाहती हूँ कि वह क्या चीज़ है जो ख़ामोश है और मुद्दत से ख़ामोश! मगर अपने भीतर आतिश छिपाए हुए है।

मुश्तरी : इस फ़लसफ़े की बातों से हमें क्या मतलब?

बिरजीस : और इनको ख़याल में न लाना ही बेहतर है।

आदिला : कितनी हसीन रात है। जी चाहता है जागती रहूँ और खेतों से आती हुई हवा में खड़ी रहूँ।

बिरजीस : नहीं, सोने का वक़्त हो गया है। कुदसिया!

आमिला : सो गई।

बिरजीस : कुदसिया !

कुदसिया : तंग मत करो।

बिरजीस : बिस्तर पर जाओ।

कुदसिया : *(उठते हुए बदमिज़ाजी से)* तुम्हारे मारे कोई चैन से रह नहीं सकता ! *(बड़बड़ाती हुई चली जाती है)*

आमिला : शब-ब-खैर *(वह जाती है)*

बिरजीस : तुम दोनों भी चलती-फिरती नज़र आओ, चलो।

मुश्तरी : क्या वजह है कि फ़हमीदा का मंगेतर आज नहीं आ रहा है।

बिरजीस : वह सफ़र पर गया हुआ है।

मुश्तरी : *(आदिला की तरफ़ देखकर)* ओह !

आदिला : अच्छा, सवेरे मुलाक़ात होगी।

[वह बाहर जाती है। मुश्तरी थोड़ा-सा पानी पीती है और अहाते के दरवाज़े पर निगाह किए हुए धीरे-धीरे बाहर चली जाती है। हसन बाँदी आती है।]

हसन बाँदी : तुम अभी यहीं मौजूद हो ?

बिरजीस : हाँ, इस ख़ामोशी का लुत्फ़ ले रही हूँ और जिसे तुम संगीन वाक़या कहती थीं, उसका यहाँ नामोनिशान न मिलने से हैरान हूँ !

हसन बाँदी : बिरजीस, खुदा के वास्ते इस क़िस्से को यहीं ख़त्म कर दो।

बिरजीस : इस घर में किसी की हाँ या ना के कोई मायने नहीं। मेरी निगहबानी सख़्त है। कोई मेरे ख़िलाफ़ नहीं जा सकता।

हसन बाँदी : बाहर से कुछ ज़ाहिर नहीं होता। मानती हूँ सबकुछ दुरुस्त है। तुम्हारी बेटियाँ यों सीधी-सादी बनी रहती हैं जैसे आलमारी में सजी हुई चीज़ें हों, मगर किसी के दिल के अंदर की हलचल न तुम जान सकती हो, न कोई और।

बिरजीस : मेरी बेटियों के सुकून में कमी नहीं।

हसन बाँदी : यह तो तुम जानो, तुम्हारी बेटियाँ जानें। मैं ठहरी ख़िदमतगार। मेरा जो काम है, ख़िदमत बजा लाना, बस वही करती हूँ।

बिरजीस : हाँ, अब तुम्हारी ज़बान सँभल गई है।

हसन बाँदी : मैं अपनी औक़ात के अंदर हूँ, और क्या।

बिरजीस : तुम्हारी मुश्किल यह है कि तुम्हें परपंच के लिए कोई मसला नहीं मिल रहा है। मैं कहती हूँ कि इस घर में अगर तुम्हें घास दिख जाए तो तुम पड़ोसियों की भेड़ों को यहीं हाँक लाओ।

हसन बाँदी : यह सही नहीं है। तुम्हें मालूम नहीं कि मैं कितने राज़ छिपाए रखती हूँ।

बिरजीस : क्या तुम्हारे बेटों को अत्हर अब भी चार बजे सुबह दिखाई पड़ता है ? क्या वो अब भी इस घर की बदनामी करते घूमते हैं ?

हसन बाँदी : वे बेचारे तो कुछ नहीं कहते घूमते।

बिरजीस : कहते घूमेंगे क्या ? कहने को कुछ हो तब न ! कुछ मिले तब न जिसमें अपने दाँत गड़ा सकें। और मिलेगा कहाँ से जब मेरी निगरानी में कोई कोताही नहीं।

हसन बाँदी : बिरजीस, इस मसले पर मैं इस डर से चुप हूँ कि कहीं तुम कुछ न कर गुज़रो। मगर यह न समझो कि तुम बहुत महफ़ूज हो।

बिरजीस : बहुत महफ़ूज़।

हसन बाँदी : कौन जानता है किस वक़्त क़हर बरपा हो जाए, कौन जानता है कब यकायक खून

का बलबला उठे और तुम्हारे दिल की धड़कन बंद हो जाए।

बिरजीस : इस घर में कोई हादसा न होगा। तुम्हारे अंदेशों की बदौलत अब मैं बाख़बर हूँ!

हसन बाँदी : बेहतर है।

बिरजीस : यक़ीनन बेहतर है।

बाँदी : *(दाख़िल होते हुए)* मैंने बरतन धो डाले। कोई काम है बिरजीस?

बिरजीस : *(उठते हुए)* कोई काम नहीं है। मैं अब आराम करूँगी।

हसन बाँदी : तुम्हें किस वक़्त जगाऊँ?

बिरजीस : किसी वक़्त नहीं। आज रात मैं गहरी नींद सोना चाहती हूँ।

[वह चली जाती है।]

हसन बाँदी : जब समंदर की लहरों के सामने बस न चले तो आसान यही होता है कि मुँह मोड़ लो और अनजान बन जाओ।

बाँदी : कितनी मग़रूर है! और यह नहीं जानती कि खुद अपनी आँखों पर पट्टी बाँधे हुए है।

हसन बाँदी : मैं बेबस हूँ। मैंने कोशिश की कि आई बला टल जाए, मगर अब तो मुझे कोशिश करते हुए भी ख़ौफ़ मालूम होता है। तुम इस ख़ामोशी को महसूस नहीं करतीं? हर कमरे में एक तूफ़ान छिपा बैठा है और जिस रोज़ वह उठेगा, हम सबको बहा ले जाएगा। बहरहाल मैं जो कह सकती थी, कह चुकी।

बाँदी : बिरजीस को मुग़ालता है कि उसके मुक़ाबले कोई ताक़त ठहर नहीं सकती। मगर वह उस ताक़त को नहीं जानती जो सिर्फ़ औरतों के सामने मर्द के पास होती है।

हसन बाँदी : सारा कुसूर अतहर का नहीं है। सही है कि पिछले साल वह आदिला के पीछे फिर रहा था और आदिला उस पर फ़िदा थी, मगर आदिला को चाहिए था कि अपनी हद के भीतर रहती न कि उसे फँसाए जाती। मर्द तो मर्द ही ठहरा।

बाँदी : लोग तो कहते हैं कि उसे आदिला को ज़्यादा समझाने की ज़रूरत नहीं पड़ी।

हसन बाँदी : यह सच है। *(धीमी आवाज़ में)* और लोग कुछ और भी कहते हैं।

बाँदी : खुदा जाने इस घर पर कौन-सी आफ़त आनेवाली है।

हरान बाँदी : काश, कि मैं पहाड़ों के पार कहीं चली जाती और यह घर, यह मैदानेजंग यहीं पड़ा रह जाता।

बाँदी : बिरजीस जल्दी-जल्दी शादी की तैयारियाँ कर रही है और शायद कोई अनहोनी न होने पाए।

हसन बाँदी : मामला हद से आगे बढ़ चुका है। आदिला तुली हुई है, चाहे जो हो जाए। और बाक़ी सब उसे देखकर परेशान हैं।

बाँदी : मुश्तरी भी...?

हसन बाँदी : वह तो सबसे ज़्यादा। ज़हर की पुड़िया है, वह जानती है कि अतहर उसका नहीं हो सकता और उसका बस चले तो वह दुनिया को ग़र्क़ करके रख दे।

बाँदी : कितने बदकार हैं सब-के-सब।

हसन बाँदी : वो औरतें हैं—मर्दों के बिना औरतें। और कुछ नहीं। और इन मामलों में खून का रिश्ता भी तर्क कर दिया जाता है—श्-श्-श्!

[वह सुनती है।]

बाँदी : माजरा क्या है?

हसन बाँदी : *(उठती है)* कुत्ते भूँक रहे हैं।

बाँदी : ज़रूर कोई पिछवाड़े के दरवाज़े के सामने से गुज़रा होगा।

[आदिला सुफ़ेद पेटीकोट और चोली पहने हुए दाख़िल होती है।]

हसन बाँदी : सोई नहीं अभी तक ?

आदिला : मैं पानी पीना चाहती हूँ। *(वह मेज़ पर रखे गिलास से पानी पीती है)*

हसन बाँदी : मैं तो समझी थी तुम सो रही होगी।

आदिला : मुझे प्यास लग आई और मैं जाग पड़ी। तुम दोनों को क्या अभी फ़ुरसत नहीं हुई ?

बाँदी : अभी हो जाएगी।

[आदिला जाती है।]

हसन बाँदी : आओ, चलें।

बाँदी : हाँ, अब तो चलके ज़रा कमर सीधी करें। बिरजीस दिन-भर दम नहीं लेने देती।

हसन बाँदी : चिराग़ ले लो।

बाँदी : कुत्ते बावले हो रहे हैं।

हसन बाँदी : सोने नहीं देंगे।

[वो चली जाती है। मंच तक़रीबन अँधियाला है। अख़्तरी गोद में एक मेमना लिए हुए दाख़िल होती है।]

अख़्तरी : *(गा रही है—)*

ऐ मेमने, बच्चे मेरे
आ, हम पहाड़ों पर चलें
चिड़ियाँ हमारा कर रही हैं इंतज़ार
मैं तुझे रोटी खिलाऊँगी
तेंदुए की हमशकल बिरजीस
लकड़बग्घी कुदसिया
ऐ मेमने, तू पालने में झूल
आ, हम पहाड़ों पर चलें

(हँसती है)

सोऊँ न मैं तू भी न सो
खुल जाएँगे समसम
संगमर्मर की गुफ़ा में
जा छिपें हम-तुम
तेंदुए की हमशकल बिरजीस
लकड़बग्घी कुदसिया
ऐ मेमने, तू पालने में झूल
आ, हम पहाड़ों पर चलें

(गाती हुई चली जाती है)

[आदिला दाख़िल होती है। वह चौकन्नी होकर चारों तरफ़ निगाह डालती है और बाड़े की तरफ़ जानेवाले दरवाज़े से ग़ायब हो जाती है। मुश्तरी एक दूसरे दरवाज़े से दाख़िल होती है और परेशान होकर मंच के बीचोबीच निगरानी रखती हुई खड़ी हो जाती है। वह भी पेटीकोट पहने है। वह एक काला रूमाल सर पर ओढ़ लेती है। अख़्तरी उसके सामने से जाती है।]

मुश्तरी : नानीजान, कहाँ जाती हो।

अख़्तरी बेग़म : मेरे वास्ते दरवाज़ा तुम खोलोगी ? कौन हो तुम ?

मुश्तरी : तुम यहाँ कैसे पहुँच गईं !

अख़्तरी बेग़म : मैं छूट निकली, तुम, तुम हो कौन ?

मुश्तरी : जाओ अपने बिस्तर पर।

अख़्तरी बेग़म : तुम मुश्तरी हो। अब मैंने पहचाना। मुश्तरी, जिसने शहीदों की-सी सूरत बना रखी है—और हाँ तुम्हें बच्चा कब होनेवाला है ? मेरे तो यह हुआ...

मुश्तरी : यह मेमना कहाँ पा गईं ?

अख़्तरी बेग़म : मुझे मालूम है कि यह मेमना है। मगर क्या मेरे मेमना नहीं हो सकता ? कुछ न होने से तो मेमना बेहतर है। बुढ़िया बिरजीस, तेंदुए की हमशकल, और लकड़बग्घी कुदसिया !

मुश्तरी : चीख़ो मत।

अख़्तरी बेग़म : मैं जो कह रही हूँ, सच है। सब तरफ़ घोर अँधियाला छाया है। महज़ इसलिए कि मेरे बाल सफ़ेद हैं, तुम समझती हो कि मैं बच्चे नहीं जन सकती ? मैं जन सकती हूँ—बच्चे पर-बच्चे-पर-बच्चे जन सकती हूँ। यह बच्चा सफ़ेद बालोंवाला होगा और मेरे एक यह औलाद होगी, एक यह होगी और यह एक और होगी। हम सबके सफ़ेद बाल होंगे और हम बर्फ़ से लदे कंगूरों की मानिन्द एक के ऊपर एक पहाड़ की चोटी तक खड़े होंगे। और जब हम सबसे ऊँची चोटी तक पहुँच जाएँगे तो हमारे सफ़ेद सिर मिल करके बादल बन जाएँगे। क्या वजह है कि यहाँ बादल नहीं है ? यहाँ तो सिर्फ़ सोग की मुर्दनी छाई हुई है।

मुश्तरी : चुप...चुप !

अख़्तरी बेग़म : जब पड़ोसन के यहाँ बच्चा होगा, मैं उसकी ख़ातिर निशास्ता ले जाऊँगी और जब मेरे यहाँ होगा तो वह लाएगी। इसी तरह हम देते-लेते रहेंगे हमेशा-हमेशा। तुम्हारे तो बाल पक जाएँगे मगर पड़ोसियों का तुम्हारे यहाँ आना न होगा। अब मुझे जाना चाहिए। जाती हूँ मगर डरती हूँ, कहीं कुत्ते काट न खाएँ। ऐ, क्या खेत तक पहुँचाने न आओगी। मुझे खेत पसंद नहीं, मकान पसंद हैं मगर खुले मकान जिनमें पड़ोसिनें नन्हें-मुन्नों को लिए बिस्तरों में गरमा रही हों और मर्द बाहर तख़्त पर बैठे धूप सेंक रहे हों। अतृहर देव है। तुम सब उसकी आशना हो। मगर वह तुमको चबा जाएगा। क्योंकि तुम्हारी हैसियत चने के दानों की है—नहीं, मेंढकियों की, जिनके ज़बान नहीं है।

मुश्तरी : *(गुस्से से)* चलो, बिस्तर पर जाओ। *(वह उसे धकेलती है)*

अख़्तरी बेग़म : जाती हूँ। मगर दरवाज़ा तो खोल दोगी न ?

मुश्तरी : ज़रूर।

अख़्तरी बेग़म : *(रोते हुए)*

ऐ मेमने, बच्चे मेरे
आ, हम पहाड़ों पर चलें
चिड़ियाँ हमारा कर रही हैं इंतज़ार
मैं तुझे रोटी खिलाऊँगी।

[मुश्तरी उस दरवाज़े में ताला डाल देती है जिससे अख़्तरी गई है और तब अहाते के दरवाज़े पर जाती है। वहाँ वह झिझकती है मगर फिर दो क़दम आगे बढ़ लेती है।]

मुश्तरी : *(धीमी आवाज़ में)* आदिला ! *(ख़ामोशी। वह दरवाज़े की तरफ़ बढ़ती है फिर आवाज़*

देती है) आदिला! *(आदिला दाख़िल होती है। उसके बाल बिखरे हुए हैं।)*

आदिला : आख़िर मेरी तलाश क्यों हो रही है?

मुश्तरी : उसके क़रीब मत जा।

आदिला : तुम कौन होती हो मुझे रोकनेवाली?

मुश्तरी : वह जगह शरीफ़ औरतों के जाने लायक नहीं।

आदिला : हाय, दिल तो कहता होगा कि मैं वहाँ होती।

मुश्तरी : *(चीखकर)* सुनना चाहती हो तो सुन लो। यह सब नहीं चलने दिया जाएगा।

आदिला : यह तो महज इब्तिदा है। मेरे पास अपने को आगे ले जाने लायक ताक़त है, हौसला है और सूरत है जो तुम्हारे पास नहीं है। मुझे इन दीवारों के दरमियान मौत नज़र आती है और मैंने उस चीज़ की तलाश में क़दम बाहर निकाला है जो मेरी है, मेरी अपनी ज़िंदगी है।

मुश्तरी : वह बेईमान आदमी किसी दूसरी औरत के वास्ते आया था। तुम लपककर उसके सामने आ खड़ी हुईं।

आदिला : वह आया था पैसे के वास्ते मगर उसकी नज़र हमेशा से मुझ पर थी।

मुश्तरी : मैं तुम्हें उसको छीन ले जाने न दूँगी। उसकी शादी फ़हमीदा से होगी।

आदिला : मुझसे ज़्यादा तुम जानती हो कि वह उसे नहीं चाहता।

मुश्तरी : मालूम है।

आदिला : तुम्हें मालूम है क्योंकि तुमने देखा है कि वह मुझे चाहता है--मुझे!

मुश्तरी : *(मायूस होकर)* हाँ।

आदिला : *(उसके नज़दीक आकर)* वह मुझे चाहता है, मुझे! वह मुझे चाहता है, मुझे!

मुश्तरी : चाहो तो मेरे सीने में खंजर उतार दो मगर ये अलफ़ाज़ न दोहराओ!

आदिला : यही सबब है कि तुम वह इंतज़ाम कर देना चाहती हो कि मैं उसके साथ न जा सकूँ। तुम्हारा कोई हर्ज नहीं अगर उसके आग़ोश में वह औरत हो जिससे उसे प्यार नहीं। मेरा भी कोई हर्ज नहीं। तुम्हारी तरफ़ से वह चाहे तो सौ बरस फ़हमीदा के संग रहे, मगर तुम्हें यह गवारा नहीं कि वह मुझे बाँहों में ले। इसलिए कि तुम भी उसे चाहती हो...तुम उसे चाहती हो।

मुश्तरी : *(पलटकर)* हाँ, चाहती हूँ। हाँ, मैं सर उठाके कहूँगी कि चाहती हूँ। मेरा दिल तलख़ है और फटा चाहता है जैसे पकता हुआ अनार चटख़ने को होता है। मैं उसे चाहती हूँ।

आदिला : *(जज़्बे के साथ उससे लिपटकर)* मुश्तरी, मुश्तरी, कुसूर मेरा नहीं।

मुश्तरी : मत अपनी बाँहें मेरे गले में डालो। बात बनाने की कोशिश मत करो। अब से मेरा ख़ून तुम्हारा ख़ून नहीं, मैं तुमको अब भी बहन मानना चाहती हूँ मगर क्या करूँ, तुम मुझे सिर्फ़ एक औरत दिखाई देती हो। *(वह उसे धकेल देती है)*

आदिला : किसी के पास कोई चारा नहीं है। जिसको डूबना है, डूबेगा। अतहर मेरा है। वह मुझे दरिया के कनारे झुरमुटों में ले जाएगा...

मुश्तरी : नहीं...

आदिला : जिस दिन से मैंने उसके ओठों को पिया है यह मनहूस मकान मुझसे बर्दाश्त नहीं होता। मैं वही करूँगी जो वह कहेगा। हर शख़्स मेरे ख़िलाफ़ हो जाए, मुझे अपनी दहकती हुई उँगलियों से दाग़ दे; जो अपने को बड़ा पारसा कहते हैं, मुझे ज़लील करें तो करें, कोई शिकायत नहीं, मैं सबकी आँखों के सामने काँटों का ताज सर

पर रखूँगी—वही जो शादीशुदा मर्द की चहेती के हिस्से में आता है।

मुश्तरी : यों मत कहो।

आदिला : क्यों न कहूँ। *(धीमी आवाज़ में)* आओ चलें, सो जाएँ। वह फ़हमीदा से शादी कर ले। मुझे कोई एतराज़ न होगा, बस मैं अकेली किसी छोटे-से मकान में रहने चली जाऊँगी और वहाँ जब-जब उसे ज़रूरत होगी, जब-जब उसका दिल चाहेगा, वह आया करेगा।

मुश्तरी : यह कभी न होने पाएगा। कम-से-कग तब तलक नहीं जब तलक मेरे जिस्म में लहू का एक भी क़तरा बाक़ी है।

आदिला : तुम तो एक कमज़ोर शै हो, मैं चाहूँ तो मेरी कानी उँगली के इशारे पर जंगली घोड़ा घुटने टेक दे।

मुश्तरी : आवाज़ काबू में रखो। मुझे उलझन होती है। मेरे दिल की नफ़रत इतनी जबर्दस्त है कि मैं नहीं चाहती, मगर मुझे तोड़े डालती है।

आदिला : बहनों से मोहब्बत की अच्छी राह दिखा रही हो तुम। अल्लाह की यही मरज़ी रही होगी कि मैं अँधेरे में अकेली रह जाऊँ। वरना तुम्हें इस शक्ल में कभी न देख पाती जिसमें इस वक़्त देख रही हूँ।

[सीटी की आवाज़ें सुनाई पड़ती हैं और आदिला दरवाज़े की तरफ़ मुड़ती है मगर मुश्तरी उसका रास्ता रोक लेती है।]

मुश्तरी : कहाँ जाती हो?

आदिला : दरवाज़े पर से हट जाओ, मुझे जाने दो।

मुश्तरी : जाकर तो देखो।

आदिला : हट जाओ। *(वह एक-दूसरे से कुश्ती करती हैं)*

मुश्ती : *(चीख़कर)* अम्मी, अम्मी!

आदिला : मुझे रास्ता दो।

[बिरजीस दाख़िल होती है। वह पेटीकोट और शाल पहने है।]

बिरजीस : बंद करो यह शोर। मैं कितनी लाचार हूँ कि गबद को एक मर्द भी नहीं।

मुश्तरी : *(आदिला को दिखाकर)* यह उसके संग थी, देखो, इसके साए पर तिनके चिपके हुए हैं।

बिरजीस : *(आदिला की तरफ़ गुस्से से जाते हुए)* इस तरह फ़ाहिशा औरतें लेटा करती हैं।

आदिला : *(उसके मुक़ाबिल होकर)* आवाज़ें अब यहाँ पर कैद नहीं रह सकतीं। *(आदिला अपनी माँ की छड़ी छीनकर दो टुकड़े कर डालती है)* यह रहा ज़ालिम के हथियार का हश्र। ख़बरदार जो क़दम आगे बढ़ाया। सिवाय अतूहर के मुझे किसी का हुक्म क़बूल नहीं।

[कुदसिया दाख़िल होती है।]

कुदसिया : आदिला!

[हसन बाँदी और फ़हमीदा दाख़िल होती हैं।]

आदिला : मैं उसकी हूँ। *(फ़हमीदा से)* यह जान लो और अहाते में जाओ और उससे कह दो। वह इस घर का मालिक होगा।

फ़हमीदा : या अल्लाह!

बिरजीस : बंदूक़! कहाँ है मेरी बंदूक़!

[वह दौड़कर बाहर जाती है, हसन बाँदी उससे आगे निकल जाती है। आमिला

दाख़िल होती है और डरी-डरी सर दीवार से टिकाकर खड़ी रह जाती है। उसके पीछे मुश्तरी आती है।]

आदिला : मैं किसी के रोके से रुक नहीं सकती। *(वह बाहर जाने की कोशिश करती है)*

फ़हमीदा : *(उसे रोककर)* यह न होगा कि तुम अपने जिस्म को मालामाल करके यहाँ से चल दो। चोर, बदबख़्त कहीं की!

कुदसिया : जाती हो जाए, और फिर सूरत न दिखाए। *(बंदूक़ दाग़ने की आवाज़ सुनाई देती है)*

बिरजीस : *(दाख़िल होते हुए)* जाओ, अब उसकी तलाश करके देखो!

मुश्तरी : *(दाखिल होते हुए)* अत्हर का क़िस्सा ख़त्म हुआ।

आदिला : अत्हर! या रब्बा! अत्हर! *(वह दौड़कर बाहर जाती है)*

हसन बाँदी : तुमने उसे मार डाला?

मुश्तरी : नहीं, वह घोड़ी पर निकल भागा।

बिरजीस : ग़लती मेरी थी, औरत के हाथ निशाना नहीं बाँध पाते।

कुदसिया : तब तुमने क्यों कहा कि...?

मुश्तरी : उसको सुनाने के लिए, दिल करता है कि उसके बालों पर खून का दरिया बहा दूँ।

हसन बाँदी : लानत है।

कुदसिया : शैतान!

बिरजीस : अगरचे यूँ भी बेहतर है। *(धमाका सुनाई देता है)* आदिला! आदिला!

हसन बाँदी : *(उसके दरवाज़े पर)* खोलो, दरवाज़ा खोलो।

बिरजीस : खोलो, मत समझो कि दीवारों के दायरे में तुम्हारी शर्म छिप जाएगी।

बाँदी : *(दाख़िल होते हुए)* तमाम पड़ोसी जाग पड़े हैं।

बिरजीस : *(दबी, मगर गरज की मानिंद आवाज़ में)* खोलो, वरना दरवाज़ा तोड़ डालूँगी। *(वक़्फ़ा। सब तरफ़ ख़ामोशी है)* आदिला! *(वह दरवाज़े पर से हट जाती है)* हथौड़ा!

[हसन बाँदी दरवाज़े पर धक्का मारती है। वह खुल जाता है और वह भीतर चली जाती है। जाते ही चीख़कर पलट आती है।]

क्या हुआ?

हसन बाँदी : *(गले पर हाथ रखकर)* अल्लाह ऐसा किसी से न कराए।

[बहनें पीछे हट जाती हैं। बाँदी दुआ पढ़ने लगती है। बिरजीस चीख़ती है और आगे बढ़ती है।]

वहाँ मत जाओ।

बिरजीस : हाँ, मैं नहीं जाती। अत्हर, इस वक़्त तुम ज़िंदा हो और अँधेरे में दरख़्तों के सायों से गुज़रते हुए भाग रहे हो, लेकिन एक दिन तुम ख़त्म होगे। रस्सी काटकर उसे उतार लो। मेरी बेटी कुँवारी मरी। उसे दूसरे कमरे में ले जाओ और ऐसे तैयार कर दो जैसे कुँवारियाँ की जाती हैं। इस वाक़ए के मुताल्लिक कोई एक लफ़्ज़ न बोले। वह कुँवारी मरी!

मुश्तरी : जिसे वह हासिल हुआ, उसने हज़ार खुशियाँ पाईं।

बिरजीस : और मैं किसी को रोते न देखूँ। मौत से रूबरू होना होगा। ख़ामोश। *(एक लड़की से)* ख़ामोश रहो, कह दिया। आँसू बहें तो तब, जब कोई न हो। हम सोग का पहाड़ सर पर झेल लेंगे। बिरजीस क़दर की जवानतरीन बेटी कुँआरी मरी। सुना, क्या कहा मैंने? ख़ामोश, ख़ामोश! मैंने कहा ख़ामोश!

[परदा]

राशोमोन

[जापानी कथाकार र्‌यूनोसुके आकुतागावा की कृति
(रचना-वर्ष 1915 ई.) का अनुवाद, 1983]

[स्थान]

खेल लगभग एक हज़ार वर्ष पूर्व क्योतो (जापान) में खेला गया है—राशोमोन फाटक के सामने, पुलिस कचहरी में और पास के एक जंगल में।

तीनों विभिन्न स्थलों के लिए एक ही सेटिंग काम आएगी।

दाएँ पर राशोमोन फाटक का आभास है। जिस समय की घटना है उसके पहले राशोमोन जापान की प्राचीन राजधानी क्योतो का सबसे बड़ा फाटक था। वह 106 फीट लंबा और 26 फीट चौड़ा और 75 फीट ऊँचा था। उसके ऊपर एक स्तंभ था। पश्चिम क्योतो की अवनति के साथ-साथ, फाटक की हालत बुरी होती गई और वह एक बदनाम खँडहर हो गया जिसमें चोर बसने लगे और लावारिस लाशें फेंकी जाने लगीं।

बाएँ पर एक प्राचीन पुलिस कचहरी का आभास है। यहाँ खड़े होकर जो पात्र बयान देते हैं वे एक अदृश्य मजिस्ट्रेट को संबोधित कर रहे होते हैं—मान लें कि वह दर्शकों के बीच में है।

मंच के अधिकांश पर एक जंगल है जो शहर के बाहर का है। अलग-अलग वक्त में इस जंगल के दो विभिन्न हिस्से दिखाई देने चाहिए—एक में एक बल खाती पगडंडी है, दूसरे में सिडार और बाँस के झुरमुट के बीच एक चौड़ा आँगन है।

हर स्थल की अपनी प्रकाश-व्यवस्था है, राशोमोन फाटक धुँधला, बड़ा, वर्षा से भीगा है। पुलिस अदालत में तेज़ धूप की एक चौड़ी किरण है और जंगल में वृक्षों के बीच से आती रोशनी हर चीज़ पर धूपछाँह का विविध तानाबाना बुन देती है।

इस एकत्र दृश्यबंध के नाना प्रकार के रूप हो सकते हैं। इसका सरलतम रूप यह हो सकता है कि इसमें तीन परदे या दीवारें हों जिन पर तीन भिन्न स्थलों का संकेत करनेवाले दृश्य रँगे हुए हों। इसका बहुत उत्कृष्ट रूप यह भी हो सकता है जो मूल न्यूयार्क प्रदर्शन में था जिसमें जंगल के मुख्य अंश एक बड़े चाक पर बने थे। उसमें कोई आवरण नहीं थे और एक स्थल के बाद दूसरा, ज्यादातर अँधेरे में ही घूमकर सामने आता जाता था। कभी-कभी आलोकित भी होता था। पुलिस कचहरी एक छज्जा था जो मध्य मंच से बाहर निकला हुआ था और अँधेरे में एक चर्खी पात्रों को उठाकर उनके स्थान पर रख देती थी और काम हो जाने पर नीचे उतार देती थी। अतः जब रोशनी आती थी तो लगता था कि पात्र न जाने कहाँ से प्रकट हो गए हैं। यह इतना सहज होता था जैसे सिनेमा में हो रहा हो।

दृश्यबंध की संभावनाएँ अनेक हैं—एक छोर पर सरल तो दूसरे छोर पर जटिल। राशोमोन फाटक सुविधानुसार सीधा-सादा भी हो सकता है बहुत ब्योरेवार भी, मगर यह अवश्य दिखना चाहिए कि वह खँडहर है और उजड़ा हुआ है। रंगशाला की बनावट गवारा करे तो फाटक प्रोसीनियम के द्वार के बाहर भी बनाया जा सकता है। पुलिस कचहरी को एक चबूतरा या एक छोटे से भूखंड पर घास का मार्ग बना देने से काफी होगा—उसके पीछे एक परदा या पत्थर की दीवार का आभास दे देना चाहिए। यह चाहे मंच पर रहे चाहे एप्रन से आगे निकले हुए चबूतरे पर परंतु हर हालत में उसे ऐसी जगह होना चाहिए जहाँ से अभिनेता अँधेरे में चुपचाप आ-जा सकें और कचहरी से जंगल में काम पड़ने पर पहुँच सकें। जंगल ज़ाहिर है कि मध्यमंच का अधिकांश घेरे रहता है। रँगा हुआ परदा (बैकड्राप)

आवश्यक वातावरण और गहराई पैदा करने में सहायक होगा। न्यूयार्क प्रदर्शन में यह प्रभाव साइक्लोरामा पर वृक्षों का इंप्रेशनास्टिक चित्र डालने से पैदा किया गया था।

जंगल का दूसरा स्थल 'बल खाती पगडंडी' सिर्फ रोशनी से ही बताई जा सकती है। या उसे एक कटआउट के रूप में बैकड्राप के काफी आगे लटका दिया जा सकता है और जंगल के भीतरी हिस्से दिखाने के लिए फैला दिया जा सकता है। इतना तो हो ही सकता है परंतु इससे अधिक जितने चाहे उतने कटआउट या तीनआयामी वृक्ष और झुरमुट लगा दिए जा सकते हैं। यदि चाक मिल सके तो मूल प्रदर्शन के कुछ प्रभाव भी उत्पन्न किए जा सकते हैं।

एक बात परंतु बिल्कुल आवश्यक है—दृश्यबंध चाहे जो भी इस्तेमाल किया जाए—वह यह है कि दृश्य और आलोक दोनों ऐसे सजाए जाएँ कि दर्शक का ध्यान एक दृश्य से दूसरे पर अधिक से अधिक संभव सहजता से बदलकर जाता रह सके।

यह एक कल्पनाप्रधान नाटक है। यह किसी भी आकार-प्रकार के मंच के अनुसार बदला जा सकता है। प्रदर्शन के कथाकार का उद्देश्य एक जादुई असर पैदा करना होना चाहिए कि जिससे लोग मंत्रमुग्ध से हो जाएँ। आदर्श स्थिति यह है कि निर्देशक और सज्जाकार तथा इनके कामों से संबद्ध अन्य सभी, कुछ मौलिक और कल्पनाप्रधान तैयार करने में पूरा योग दें।

अंक : एक

राशोमोन फाटक

[प्रारंभिक संगीत बदलकर वर्षा की आवाज बन जाता है तभी रोशनी इस उजाड़ खँडहर इमारत के एक अंश पर पड़ती है जो कभी क्योतो का शानदार सदर दरवाज़ा था। आज वह मूसलाधार झड़ी से भीगा धुँधला सिकुड़ा बैठा है और जीवित नगर के मुख्य प्रवाह से कहीं ज्यादा दूर पड़ गया है। टूटी सीढ़ियों की दरारों में घास उग आई है, ज़ीनों पर कौओं की सफेद बीट छितरी पड़ी है, नीचे जमीन पर एक बड़ा-सा लकड़ी का ड्रैगनमुख लुढ़का पड़ा हुआ है जिसका लाख का रंग जगह-जगह से उखड़ चुका है।

संध्या होने-होने को है। तेज हवा बहने लगी है। फाटक की ओरनी से गुजरकर वह हुंकार रही है।

बैठी जाती छत के नीचे एक सूखे स्थल पर एक बौद्ध भिक्षु पत्थर के फर्श पर सामने थोड़ी-सी आग जलाए बैठा है। उसकी बगल में एक पोटली में उसकी सारी गृहस्थी बँधी रखी है। उसका डंडा एक सड़ते-गलते खंभे के सहारे टिका हुआ है। वह तीसेक साल का है पर अपना काला किमोनो लपेटे और शून्य में ताकते वह उम्र से ज्यादा पका दिखता है—मानो पराजय की मूर्ति हो।

कुछ क्षणों के बाद फाटक से होकर एक लकड़हारा भीगता हुआ दौड़ा आता है। वह हाथबुने कपड़े का पहरावा पहने है जिसकी लाँग बाँधे हुए है और कमर पर रस्सी की पेटी कसे है। उसकी अनगढ़ कुल्हाड़ी पेटी में खुँसी हुई है। वह चारों ओर निहारता सीढ़ियों पर चढ़कर ऊपर आ जाता है। फिर रुककर भिक्षु को देखता है। आदर से नमन करता है।]

लकड़हारा : *(हाँफते हुए)* क्षमा भंते, नगर से भागते-भागते आ रहा हूँ *(जिस दिशा से आया है उसका संकेत करता है)* हाट में जब लोग कहते थे "भिक्षु हमें छोड़ गए" तो मैं मान ही नहीं रहा था। मैं बोला, "तुम्हें भूल हुई है, वह लौटेंगे" *(वह भिक्षु के पास पड़ी पोटली को पहचानकर उस पर दृष्टि डालता है)* तो क्या यह सच है? आप चले जा रहे हैं? *(भिक्षु धीमे से सर हिलाकर हाँ करता है और निराशा से अपना सर हाथों में लेकर बैठ जाता है। लकड़हारा बोलना चाहता है। मुख से शब्द नहीं फूटते। वह लाचारी में चेहरे से पसीना पोंछता है। तभी सहसा उससे और रहा नहीं जाता। वह फिर नमन करता है)* क्या करूँ, बोलना ही होगा, मानता हूँ कि कल पुलिस कचहरी में जो देखा और सुना वह भयानक था जिससे देह थर्रा उठती है। वह समझ के परे है। किंतु मंदिर को, जो आपका स्थान है छोड़कर चल देना—

वह भी तो समझ में नहीं आता।

भिक्षु : जो समझ में आता है सो क्या है?

लकड़हारा : *(सकुचाकर)* मैं ठहरा निरा लकड़हारा। लकड़ी फाड़ते-फाड़ते पुट्ठे सुन्न हो जाते हैं और ठट्ठे पड़कर हाथ मेंढक जैसे सिकुड़े रह जाते हैं, यही मैं जानता हूँ। *(हाथों को दुख से देखता है)*

भिक्षु : *(मानो स्वगत)* भूकंप...

लकड़हारा : हैं?

भिक्षु : आग, अकाल, महामारी—

लकड़हारा : ये तो दैव की इच्छा है जैसे बरखा जैसे घाम। इनका समझ में आना न आना क्या?

भिक्षु : फिर भी ये समझ में आते हैं। भूकंप का विनाश मैं समझ सकता हूँ *(उठते हुए)* परंतु मनुष्य की एक-दूसरे से बर्बरता और अपने से भी *(वह बढ़कर नगर से बाहर जाती सड़क पर आगे की ओर ताकता है)*

लकड़हारा : अब उस रास्ते पर कहीं शरण नहीं है। मैं अच्छी तरह जानता हूँ *(चारों ओर देखकर)* डरावनी जगह है। मगर अभी बादल बरसेगा। यहीं ठहरना भला है।

भिक्षु : *(पलटता है। दृष्टि अपने दोनों के शरणस्थल पर दौड़ाता है। उसका हाथ सड़ते-गलते खंभे को सहलाता है)* महा राशोमोन द्वार—*(एक टुकड़ा भुरभुराकर हाथ में रह जाता है)* यह भुरभुरा रहा है—लोगों के समान।

[क्योतो की दिशा से मंदिर की घंटियाँ समय की सूचना देती हैं।]

लकड़हारा : *(दूसरी ओर देखते हुए)* मंदिर की घंटियाँ वर्षा में बजती हैं तो दूर जान पड़ती हैं। *(लज्जित होकर)* मैं मंदिर तो कभी-कभी जाता हूँ। मेरे कपड़ों से गलते हुए काठ की गंध आया करती है, *(प्रकट)* आपके गुणों का बखान मैंने सुना है। लोग कहते हैं आपने हमें बड़ी-बड़ी शिक्षाएँ दी हैं।

भिक्षु : *(कड़वेपन से)* तुम कल मेरे साथ ही कचहरी में थे। तुमने देखा होगा कि उन्होंने क्या सीखा है।

लकड़हारा : मेरी समझ में नहीं आता। इतने भीषण अपराध—बलात्कार, रक्तपात और उससे भी बुरा यह कि न्यायपाल के सामने *(सर हिलाकर)* कोई तो उत्तर होगा, पर मैं इतना अज्ञानी हूँ कि जान नहीं पाता।

भिक्षु : जितना मैं अज्ञानी हूँ उससे अधिक नहीं हो।

लकड़हारा : ऐसा नहीं है। आप धर्मात्मा हैं—बुद्धिमान हैं।

भिक्षु : *(भावना के उद्वेग में)* हूँ, तब क्यों वे चेहरे मेरे मन में वैसे ही धधक रहे हैं जैसे तुम्हारे मन में हैं और वे राक्षसी शब्द मेरे कानों में गूँज-गूँजकर उत्तर माँग रहे हैं जो मेरे पास है नहीं? *(दूर कहीं बादल गरजता है। लकड़हारा अस्थिर होकर ऊपर देखता है)* अंतर्यामी बुद्ध जानते हैं—वह जानते हैं कि मैं कितना तुच्छ हूँ। *(वह आग के सामने गिरकर बैठ जाता है।)*

लकड़हारा : अरे नहीं, ऐसा न कहिए।

भिक्षु : मेरे पिता कीवा में धनवान दर्पणशिल्पी थे। वह नहीं चाहते थे कि मैं भिक्षु बनूँ पर मैं बनना चाहता था। मैंने उनसे कहा : मनुष्य अपनी आत्मा दर्पण में नहीं देखना चाहता *(वह थका-थका चेहरा घुमा लेता है)* शायद मेरे पिता ठीक कहते थे।

लकड़हारा : *(अवाक् उन्हें घूरता रहता है)* आप कहाँ जाएँगे?

भिक्षु : पता नहीं—पता नहीं।

केशकार : *(ऊपर से)* तुम आठों में से किसी एक नर्क में क्यों नहीं चले जाते ? *(इस आवाज के एकाएक सुनाई पड़ने से कुछ कौवे चौंककर काँव-काँव का शोर करने लगते हैं। भिक्षु और लकड़हारा भी चौंककर ऊपर ताकते हैं जहाँ केशकार बड़बड़ाते हुए टाँड़ में से सर निकालता है)* सोने की जगह मिलना दूभर हो गया *(वह साठ बरस का होने पर भी सधे कदमों से नीचे उतरना शुरू करता है। उसका पहरावा खौसहा और फटहा है और कंधे पर वह एक खुरजी डाले हुए है। उसका चेहरा झुर्रियों का पुंज है और शरीर छीजा हुआ परंतु उसमें एक तरह चौकन्नापन और चौकसी है जो जंगल में रहनेवाले लोगों में आ जाती है। यह मानना कठिन है कि जन्म से ही कभी वह अविश्वासी छोड़ और कुछ रहा होगा।)*

लकड़हारा : *(भिक्षु की ओर सशंक होकर मुड़ता है)* धर्मात्मा, फाटक के किसी और कोने में चलिए।

भिक्षु : क्यों ?

लकड़हारा : मान जाइए, कोई नहीं जानता कि यहाँ कब क्या घटना घट जाए।

केशकार : *(उतरते हुए)* काँव काँव काँव!

लकड़हारा : *(उसकी ओर मुड़कर)* अपना मुँह बंद कर भंगी कहीं के!

केशकार : *(जमीन पर उतरता है)* अपना मुँह बंद करूँ ? तुम्हारे मुँह का क्या करूँ और मुंडे के मुँह का ?

लकड़हारा : *(क्रोध से)* बस, बहुत नीचता हो गई। जिनसे बोल रहा है वह भिक्षु हैं।

केशकार : असंभव, इसने मुझे जगा दिया। भिक्षु तो बहुत करके मुझे औंधाई ला देते हैं।

लकड़हारा : *(भिक्षु का पक्ष लेते हुए)* भगवन, इसकी न सुनें।

भिक्षु : यह कौन है ?

लकड़हारा : यह एक चोर है, सियार है—छँटा हुआ कपटी है।

केशकार : आजकल कपट नहीं तो क्या करके बुढ़ापे तक कोई जी पाएगा ? *(भिक्षु को झुककर नमन करते हुए)* आप पूछते हैं तो मैं केशकार हूँ।

लकड़हारा : जूड़े बनाता है—लाशों से केश चुराकर।

केशकार : क्योतो की सबसे उम्दा लाशों से। उनके प्यारे जिन्हें राशोमोन द्वार के गोबर में दबा जाते हैं। कौवे और मैं मिलकर उनका क्रियाकर्म करते हैं। *(भिक्षु से)* आप अब भिक्षु का जीवन त्याग रहे हैं तो कहें तो आपको एक टोप बना दूँ— लंबे-लंबे, घुँघराले केशवाला *(भिक्षु उठता है और चला जाता है और केशकार दाँत फाड़कर सर हिलाता है)* भूल हुई। ऐसी कोमल भावनाएँ यहाँ देखने का आदी नहीं रहा। मेरे मित्र मुर्दे किसी बात का भी बुरा नहीं मानते *(अपनी देह हाथ से रगड़कर, मानो ठंड खा रहा हो, वह कुछ छिटपुट काठ के गुटके जमा करना शुरू करता है और उन्हें अलाव में फेंक देता है)* जैसे कि एक है—औरत है—सुंदर काले केश हैं—सूखा हुआ साँप का गोश्त सिपाहियों के हाथ बेचा करती थी। कह देती थी मछली है। आज भी यही करती होती, मगर महामारी ने उठा लिया। मुझे पता है कि वह बुरा नहीं मानेगी। *(अलाव के पास पालथी मारकर)* अरे अब तुम्हें सब के सब अच्छे लगेंगे। उन्होंने चुगलखोरी, गालीगलौज, चोरी-चकारी, मारपीट सब छोड़ दिया है। थोड़ा गँधाते हैं पर इससे अधिक तो कुछ जिंदा लोग जो मैं जानता हूँ गँधाते हैं।

लकड़हारा : *(उसको आँखें तरेरकर देखता है फिर भिक्षु की ओर मुँह करता है)* यह उन तीनों जितना ही नीच है जो कल पुलिस कचहरी में आए थे।

केशकार : *(गर्दन पीछे मोड़कर)* मेरे जितना नीच ? वाह, यह तो सुनने लायक बात है। कौन

थे वे भला *(चूँकि दोनों चुप रहते हैं)* क्या हुआ था भला ?

लकड़हारा : *(कुछ देर की चुप्पी के बाद, बेमन से)* एक आदमी मार डाला गया था।

केशकार : बस एक ? बड़ी मंदी रही उस दिन।

[एक क्षण के बाद लकड़हारा आता है और अलाव के पास घुटनों के बल बैठ जाता है। हाथ तापता है। केशकार बुझती हुई आग को हवा देता है।]

लकड़हारा : हत्या की ही बात नहीं थी। हत्या कैसे हुई, यह बात भी थी। जो बातें हमने पुलिस कचहरी में सुनीं...

केशकार : *(भिक्षु की ओर संकेत करके)* वह भी वहीं था ?

लकड़हारा : हमको बुलाया था। दोनों को। बयान लिया था।

केशकार : क्यों ?

लकड़हारा : लाश मैंने देखी थी।

केशकार : *(विस्मित होकर)* कहाँ ?

लकड़हारा : जंगल में। नगर के पूरब। तीन पहर दिन ढल चुका था, 'बृषभ घटी' का समय हुआ होगा। आजकल के मौसम में जंगल में भी दोपहर बहुत गरम रहती है। लकड़ी काटना कठिन है। इससे मैं ठहर जाता हूँ कि ...

केशकार : *(अधीर होकर)* और तभी तुम्हें वह लाश पड़ी दिखी ?

लकड़हारा : नहीं। पहले-पहले वहीं नहीं। पहले मैंने टोपी देखी जो झाड़ी में अटकी लटक रही थी। उसमें घूँघट लगा था।

केशकार : जनानी टोपी ?

लकड़हारा : हाँ, उसे लटकी देखकर अजब लगा—औरतें इस जंगल में बहुत बार आती-जाती नहीं। मैंने पुकारा पर कोई बोला नहीं, तो मैं चलता गया। कुछ कदम आगे मैंने कछुए की हड्डी की बनी कंघी पगडंडी पर पड़ी देखी और फिर देखी एक छोटी-सी रस्सी। और फिर—*(वह चुप हो जाता है)*

केशकार : *(उत्सुकता से)* हाँ-हाँ...

लकड़हारा : और फिर, एक बाँह। बस खाली बाँह, बँसवट से बाहर निकली हुई—उँगलियाँ ऐंठकर अकड़ गई थीं। क्षण भर को मैं समझा कि कोई विचित्र पौधा है, फिर पीछे अँधेरे में देखा एक चेहरा—आँखें फटी-फटी, पुतलियाँ टँगी हुई, मुँह बाया हुआ।

केशकार : मुझे पता है उनके चेहरों पर हमेशा अचंभा दिखाई देता है। हर एक को मौत अपनी कल्पना से कहीं अधिक भिन्न दिखती होगी।

लकड़हारा : मैं दौड़ा—झाड़ियों ने मेरे हाथ-पाँव खरोंचकर लहूलुहान कर दिए मगर मैंने पुलिस थाने में जाकर दम लिया और बात बताई *(चेहरा पोंछकर)* और फिर कल उन्होंने हमें हाज़िर होने को कहा।

केशकार : *(भिक्षु को याद करके)* मगर इसमें वह क्या कर रहा था ?

लकड़हारा : उसने दोनों को देखा था। रास्ते में—जब जंगल में घुसे, उसके पहले।

केशकार : दोनों को ? *(भिक्षु की ओर मुड़कर)* तो कोई औरत सचमुच थी ?

भिक्षु : *(हामी में सर हिलाकर)* हाँ थी। जिसकी हत्या हुई उसकी पत्नी। दोपहर बाद से कियामा से आनेवाली सड़क पर वे मुझे दिखे थे। वह घोड़े पर सवार थी, वह घोड़े को चला रहा था। सामुराह वेश पहने उसका प्रताप देखने लायक था। कमर में तलवार बँधी थी, कंधे पर धनुष और तरकस चढ़ा था। वह *(गहरी साँस लेकर)* इतना ओजस्वी दिखता था।

केशकार : वह मारा कैसे गया ?

लकड़हारा : चीरकर, तलवार से।

भिक्षु : पर कोई हथियार नहीं मिला।

केशकार : *(लकड़हारे से)* और तुम्हें कोई दिखा नहीं ?

लकड़हारा : क्या ? नहीं-नहीं, हाथ, चेहरा बस, यही मैंने देखा था और मुझे और देखना क्या था। मैं वहाँ से एकदम भागा।

केशकार : हर कोई मरे हुओं से हमेशा दूर भागता रहता है। अरे लाश क्या बिगाड़ लेगी ? मेरी बात मानो, जिंदा लोगों से भागा करो *(अलाव में कुछ लकड़ियाँ और डालता है)* कुछ अंदाजा है किसने मारा ?

लकड़हारा : किसी को गिरफ्तार किया है।

केशकार : कोई न कोई हमेशा गिरफ्तार किया जाता है। पर क्या वह दोषी भी है?

लकड़हारा : ताजोमारू है।

केशकार : *(आँखें फैल जाती हैं)* ताजोमारू है ? तब तो पहली बार सही आदमी पकड़ा गया।

भिक्षु : कह नहीं सकता।

केशकार : *(अविश्वासपूर्वक उठते हुए)* इस प्रदेश का सबसे खतरनाक डकैत है और तुम कह नहीं सकते ? अपराध के बीस मील के भीतर कहीं भी पाया जाए, मैं उसी को दोषी ठहराऊँगा।

भिक्षु : यह इतना सहज नहीं है।

केशकार : *(उसके स्वर का विद्रूप करते हुए)* इतना सहज नहीं है *(क्रोध बढ़ता जाता है)* मुझे पकड़ा होता तो काफी सहज हो गया होता। दो पैसे चुराओ, एक जोड़ी जूती उठा लो, एक मरगिल्ली मुरगी पकड़ लो चाहे उसमें मुँह मारने भर का मांस न हो—किसी बेचारी लोथ की खोपड़ी में से एक बाल नोच लो जिसका अब उसे कोई काम नहीं और तुम्हें कहेंगे उचक्का है, साँप से ज्यादा खतरनाक। लेकिन किसी की दौलत हड़प लो, मारो, बलात्कार, तबाही, लूटपाट बड़े पैमाने पर कर डालो और तुम्हारे नाम का जादू पैदा हो जाएगा—लोग तुम्हारे किस्से सुनाने लगेंगे। तुम्हारे गुण गाने लगेंगे। जल्दी ही लोग तुम्हारा लोहा मानने लगेंगे—और यहाँ 'यह इतना सहज नहीं है' *(वह जमीन पर नफरत से थूकता है)*

भिक्षु : तुम वहाँ थे नहीं—तुम्हें नहीं पता उसने क्या-क्या बातें कहीं।

केशकार : तो क्या कहा उसने—ताजोमारू ने ? *(जल्दी से)* जो भी कहा हो, क्या मैं सही मान लेनेवाला हूँ ?

लकड़हारा : *(भिक्षु से)* ऐसे तोलता है जैसे कोतवाल हो। याद है पुलिस कचहरी में क्या कहा था उसने ?

केशकार : *(बैठकर)* कोतवाल ? कौन कोतवाल ?

लकड़हारा : वही जिसने ताजोमारू को धरपकड़ा। जब वह न्यायपाल के सामने बोल रहा था उसके लगभग यही शब्द थे। "महाराज" उसने कहा था, "यह ताजोमारू है, हत्यारा, बलात्कारी, लुटेरा, जनपथ और बनप्रदेश में आतंक मचा रखा है इसने। इसके अपराधों के प्रमाण में मैं कहना चाहता हूँ कि..."

[लकड़हारा बोल रहा होता है तभी कोतवाल की आवाज़ धीरे-धीरे उसका स्थान ले लेती है। साथ ही साथ राशोमोन द्वार पर आलोक धीरे-धीरे क्षीण और पुलिस कचहरी पर तेज हो जाता है। कोतवाल छोटे कद का गठीला

आदमी है। घास की चटाई पर घुटनों के बल एक अदृश्य न्यायपाल के सामने बैठा एक चिट्ठा काफी सारा खोले हुए हाथ में लिए है। उसके बगल में डकैत ताजोमारू ऊपर ताकता बैठा है। उसकी कलाइयाँ पीठ के पीछे बँधी हैं। वह उस वक्त का ढीला मोटा चोगा पहने हुए है। सीना थोड़ा खुला हुआ है।]

कोतवाल : *(लकड़हारे का भाषण जारी रखते हुए)* मैं कहना चाहता हूँ कि ये सब वे पाप हैं जिनके बारे में निश्चित रूप से ज्ञात है कि ये इसी ने किए। दुर्भाग्य से इतना काफी समय न था कि यह सूची पूरी लिख डाली जाती। *(वह नमन करता है)* जो आज्ञा महाराज *(चिट्ठा लपेटता है)* कात्सुरा नदी के तट पर रात का पहला पहर था, मैंने उसे रेती पर पड़े कराहते पाया। उसे घोड़े ने उतार फेंका होगा जो वहीं कुछ गज़ दूर पर खड़ा था *(ताजोमारू बिना उसे देखे चिहुँकता है)*...एक सफेद घोड़ा महाराज। बड़ी सुंदर अयाल थी। जो आदमी मारा गया उसके घोड़े से इसका हुलिया मेल खाता है। एक धनुष भी जिस पर चमड़े की पट्टियाँ मढ़ी हैं, एक काला तरकश और बाज के पर वाले सत्रह बाण—ये उसके पास पड़े हुए थे। कपड़े ? *(ताजोमारू पर नज़र डालकर)* यही जो अभी हैं। एक लंबी सादी तलवार थी...नहीं, आसपास किसी औरत का निशान नहीं था। वह अकेला था और तड़प रहा था *(ताजोमारू बिदकता है)* चोरी के घोड़े ने उठाकर पटक दिया हो तो ज़रा ज्यादा ही चोट लगती है न ? *(ताजोमारू उपहास में हँसता है। कोतवाल ठहरता है फिर हिचकते हुए बोलना जारी रखता है)* जैसा मैंने बताया, मैं वहाँ गया जहाँ वह गिरा पड़ा था और...

ताजोमारू : ताजोमारू को घोड़े ने उठा पटका ? *(वह कोतवाल पर थूकता है जो थोड़ा पीछे हट जाता है)* कोई घोड़ा धरती पर नहीं है जो ताजोमारू को उठा पटके। मैं माँदा था—विष के कारण *(घृणा से)* इसने मुझे पकड़ा *(एक पाँव से कोतवाल पर लात चलाता है और वह पीछे हट जाता है)* जा, भुनगे, चला जा, नहीं तो मसल के रख दूँगा।

कोतवाल : *(न्यायपाल से दुहाई देकर)* महाराज!

ताजोमारू : *(न्यायालय से)* क्या सारे दिन इसकी डींगें सुननी पड़ेंगी कि बड़ी वीरता दिखाई है, आप जानना चाहते हो कि क्या हुआ था, मैं खुद ही बताता हूँ।

कोतवाल : मैं तो कभी *(न्यायपाल स्पष्ट ही उसकी छुट्टी कर देते हैं, वह बहुत नीचे झुककर नमन करता है)*...जी महाराज, जो आज्ञा *(झुके-झुके ही वह उलटे चलकर अँधेरे में गायब हो जाता है।)*

ताजोमारू : ताजोमारू को घोड़े ने पटकनी खिलाई...हुँह। घोड़ा उम्दा था, मजबूत था और सधी चाल चलता था। मैं उसे दिन भर कसके दौड़ा चुका था। मगर गर्मी थी, मुझे प्यास लग आई। ओहसाका दर्रे के पास एक सोता है—आप जानते होंगे—पानी पहाड़ से आता है—मीठा है, पर उस दिन मीठा नहीं था। ज़रूर किसी चीज़ ने उसे विषैला कर दिया था—ऊपर कहीं कोई साँप मरा पड़ा होगा। मैं घंटे भर तक घोड़ा दौड़ाता रहा फिर मेरा पेट दुखने लगा। मुझे चक्कर आने लगे। मुझे सबकी तरह दर्द-वर्द नहीं हुआ करता मगर वह—*(चेहरा बिगड़ जाता है)* नदी की तलहटी के पास आकर तो मुझसे सहा नहीं गया। मैं घोड़े से उतरा और जमीन पर दोहरा हो गया और *(वह रुककर दर्द को याद करके दोहरा हो जाता है फिर इस दुर्बल क्षण से झटके से उबर लेता है)* ताजोमारू घोड़े से गिर पड़ा ? कोई मूर्ख ही ऐसी मूर्खता की बात सोचेगा। *(न्यायपाल*

उससे कोई प्रश्न पूछता है)...वह आदमी ? क्या मैंने उसकी जान ली ? *(वह कंधे हुमासता है)* मुझे पता है कि कहूँ कुछ भी, पेड़ में फाँसी के फंदे से झूलना बदा है। मुझे मालूम है कि आपने तय कर लिया है कि मुझे अपने उन पापों की कीमत चुकाने का वक्त आ गया है जो मैंने किए, जो आप समझते हैं मैंने किए, और जो आपको अंदेशा है कि मैं करूँगा। तो मैं झूठ क्यों बोलूँ *(अपने बंधन ताकत दिखाने के लिए जोर लगाकर तोड़ देता है)* हाँ, मैं ही था, मैं ताजोमारू, जिसने उस आदमी को खत्म किया। किस कारण ?...*(वह मुस्कुराता है)* एक हल्की-सी बयार के कारण *(सर हाँमी में हिलाकर)* आपने सही सुना *(वह उठता है, तभी आलोक पुलिस कचहरी पर मद्धिम और जंगल की बलखाती पगडंडी पर तेज होने लगता है)* तीसरे पहर की जानलेवा गरमी थी। उतनी गरमी में जबड़े खिंचने लगते हैं, पाँव बोझिल हो जाते हैं—*(वह जमुहाई लेता है और कचहरी से सुस्ती के साथ उठकर जंगल की ओर चल देता है)* और जब पाँव बोझिल हो जाते हैं *(वह पाँव फैलाकर पसर जाता है)* तो एक ही काम करने को बच रहता है—*(कचहरी का आलोक बुझ गया है और जंगल पर पूरी तरह गिर रहा है। ताजोमारू एक हरियाली पर पड़ रहता है। पाँव फैलाकर वह आँखें मूँदे खूब आराम से बदन खुजलाता है। एक लंबा मौन अंतराल। तब घने जंगल के भीतर से पति और पत्नी प्रकट होते हैं। पति सामुराई योद्धा का वेश पहने है, खचित चाँदी की मूँठवाली तलवार बाँधे है और पीठ पर तरकश लटकाए है। उसके हाथ, सर का आकार और चाल बता रही है कि वह संस्कारी और सम्माननीय है जबकि डकैत में पशु जैसा पुंसत्व है। वह एक छोटे कद के सफेद घोड़े की लगाम थामे चल रहा है जिस पर उसकी पत्नी सवार है। पत्नी ने चटख रंगदार किमोनो पहन रखा है जो भारी है पर यात्रा के लिए ठीक भी है। वह एक बड़ा-सा 'सेज' टोप पहने है जिससे एक घूँघटनुमा परदा लटक रहा है जो मच्छरदानी की तरह की जाली का बना है और उससे उसका चेहरा एकदम छिप जाता है। पति ताजोमारू को देखकर सशंक हो रुक जाता है। ताजोमारू निंदासा-सा पलभर को आँखें खोलता है फिर मूँद लेता है। पति घोड़े की लगाम थामे चलता जाता है। जब वे दोनों ताजोमारू के नज़दीक पहुँच जाते हैं तो पत्तियों को हिलाता हुआ हवा का एक झोंका आता है और औरत का घूँघट उड़कर पलट जाता है। ताजोमारू की आँखें उसी क्षण निंदासी-सी खुलती हैं जिस क्षण लहराते घूँघट में से उसके चेहरे की एक झलक दिखाई देती है। जब जोड़ा मंच के उस पार जा रहा होता है, उसकी आँखें खुली रहती हैं। अब एक तनाव में वह क्षण भर वहीं पड़ा रहता है फिर उठ बैठता है और सर घुमाकर उनका निगाहों से पीछा करता है। जब वे मंच से बाहर जाने को होते हैं तभी वह सहसा उछलकर उठ बैठता है और साथ ही अपनी तलवार जो बगल में पड़ी थी, उठा लेता है)* ऐ ! *(पति घोड़े की लगाम थामे हुए पलटता है। वह ताजोमारू को देखता है फिर धीरे-धीरे घोड़े को वापस उसकी तरफ ले जाकर रुक जाता है। ताजोमारू सर उठाकर पहले औरत को देखता है फिर आदमी को। फिर वह जानबूझकर घोड़े के चारों ओर चक्कर लगाता है और उन सबको सब दिशाओं से जाँचता जाता है। पति का हाथ धीमे-धीमे तलवार की तरफ जाता है। पति की हरकत लक्ष्य करके)* यह तलवार तो बड़ी सजावटी है *(पति का हाथ मूठ पर जाता है)* चाँदी की मूठ है ? *(पति उत्तर नहीं देता। ताजोमारू उसे आश्वस्त करते हुए हँसता है और अपनी तलवार अपनी पेटी में लटका लेता है)* प्यासे हो ? *(पति उसे हाँ ना कुछ कहे बगैर देखता रहता है। ताजोमारू कमर की पेटी से एक पानी का कुप्पा खोलता*

है और उसे मित्रवत् आगे बढ़ाता है। पति नहीं हिलता-डुलता। ताजोमारू दाँत फाड़कर खुद एक घूँट पीकर दिखाता है कि विष नहीं मिला है) तुम्हारे पास पानी नहीं है और अगला सोता दो मील पर है (पति सूखे ओठों को चाटता है मन में यह तौलते हुए कि पानी ले या न ले फिर वह कुप्पा ले लेता है, पत्नी को देता है। वह सर हिलाकर इनकार कर देती है। पति कुप्पा उठाकर ओठ से लगाता है और छककर पीता है फिर कुप्पा ताजोमारू को उछालकर वापस कर देता है) क्योतो जाना है ?

पति : जंगल पार कर रहे हैं। (वह लगाम पर फिर हाथ रख लेता है मानो चल पड़ेगा)

ताजोमारू : तुम्हें तलवार का शौक है (पति उसकी ओर देखता है) रुपहली मूठवाली, जैसी तुम्हारी है—सुनहली मूठवाली, रतन-जड़ी—लाल-हरे रतन ? (पति अपनी दिलचस्पी छिपाना चाहता है) पहाड़ में एक पुराना मकबरा है। मुझे पता चला, मैंने खोद डाला। वह ऐसी चीजों से भरा पड़ा था (कंधे हुमासकर) मेरे किसी काम की नहीं। तुम्हें मन भाए तो दो-चार बेच दूँगा—सस्ते में।

पति : (बड़ी देर बाद) सुनहली मूठें हैं ?

ताजोमारू : रतन जड़े हैं, लाल-हरे।

पति : (एक क्षण को अंतराल, फिर वह सर हिलाता है) नहीं। (वह जाने को मुड़ता है। घोड़े की लगाम वह दूसरी जगह से पकड़ता है)

ताजोमारू : (जैसे कि कोई सरोकार न हो) ठीक है—किसी और के हाथ बेच दूँगा (वह जाने को होता है)

पति : (ताजोमारू को जाते देखता है। मन में एक ओर लोभ है दूसरी ओर सावधानी। सहसा) कहाँ हैं ?

ताजोमारू : (एकदम पलटकर) वहाँ, उस बाद वाले कुंज में (पास जाकर इशारे से बताते हुए) वह—बँसवट के आगे जहाँ सीडार हैं।

पति : (इशारे के साथ-साथ नज़रें घुमाता है। वह ताजोमारू को गौर से देखता है। अंत में निर्णय कर लेता है) ठहरो।

[वह घोड़े को टहलाकर जंगल में ले जाता है। उसकी बागडोर एक पेड़ के तने से बाँध देता है। फिर लौटकर ताजोमारू के पास आता है जो आदरपूर्वक इशारा करता है—'पहले आप'। पति पलटकर वृक्षों के बीच से निकल जाता है। ताजोमारू उसके पीछे-पीछे जाना शुरू करता है फिर धीमे हो जाता है और रुक जाता है। वह उसको पीछे से देखता जा रहा है। वह पलटता है और आलोक धीमे-धीमे जंगल पर मद्धिम होने लगता है।]

ताजोमारू : जैसा मैंने कहा था, बयार का एक हलका-सा झोंका आया। और मुझे औरत के चेहरे की एक झलक दिखी—या वह कोई सपना था ? (वह पुलिस कचहरी में चला जाता है जिस पर आलोक बढ़ रहा है) वह क्या था, मुझे जानना ही था। उसी प्रथम दृष्टि में मैंने तय कर लिया कि इसे हासिल करना है। चाहे आदमी की जान क्यों न लेनी पड़े। (वह न्यायालय के सामने उकडूँ पालथी मारकर बैठ जाता है) मेरे लिए जान ले लेना कोई बड़ी बात नहीं है। खून से आप 'सभ्य' लोगों को घिन आती है जो तलवार के बजाय पैसे और पदवी से मारते हैं। कभी-कभी तो आप जिनको मारते हैं उनके बारे में कहते हैं कि उन्हीं के भले के लिए मार रहे हैं। उनके भी न मुँह से आह निकलती है न बदन से खून बहता है—वे हट्टे-कट्टे रहते हैं। मगर तो भी (न्यायपाल ने ताड़ना की होगी जिससे वह बोलते-बोलते ठहर जाता है)...मैं असलियत

बता तो रहा हूँ। कहा नहीं कि मैंने कत्ल किया ? मैं जान लेता हूँ ज़िंदगी जीने की खातिर, खाने-पीने की खातिर, लुत्फ उठाने की खातिर। जब भी मैं किसी औरत पर हाथ डालता हूँ उसके मरद की जान लेनी ही पड़ती है। मगर इस बार—अजब बात है—मैं उसे खत्म कर डालना नहीं चाहता था। मैं सोच रहा था कि अगर एक बार एक औरत बिना मरद को खत्म किए भोग सका तो यह...*(विराम होता है। फिर वह 'कैसे समझाऊँ' की मुद्रा में कंधे सिकोड़ता है)* इससे मैंने ऐसी चाल सोची कि आदमी को रस्ते से हटा दूँ और जोरू को अकेले में हासिल कर लूँ। आसान था। वह लोभी था जैसे ये सब होते हैं। मेरे साथ बँसवट तक चला गया। जब हम वहाँ पहुँच गए, मैंने पीछे से धर दबोचा। वह मँजा हुआ लड़ैत था और बदन से तगड़ा था—मुझे छल से उसे घेरना पड़ा। उसने पिंजड़े में फँसे शेर की तरह वार किया। मगर मैंने उसे बाँस की जड़ के साथ बाँधकर रख दिया *(वह खिन्न होकर उस मुठभेड़ की याद करता है)* तब मुझे जनानी की सुध आई जो—

[आलोक जंगल पर बढ़ने लगता है।]

एकदम अकेली वहाँ, उसकी बाट जोह रही थी *(वह उठता है, जंगल की ओर पीछे हटना शुरू करता है)* और मैं लौटकर उसके पास पहुँचा। *(जैसे-जैसे जंगल पर आलोक पूरा तेज़ होता जाता है वैसे-वैसे पुलिस कचहरी पर मंद होता जाता है। ताजोमारू पलटकर जंगल में दबे पाँव भाग जाता है और एक झाड़ी की आड़ में दुबक रहता है। पत्नी घोड़े से उतर पड़ी है और वृक्षों के बीच आगे-पीछे टहल रही है। घूँघट चेहरे पर अब भी डाले हुए है। वह किसी अदृश्य चिड़िया से छेड़खानी कर रही है। चिड़िया चहचहाती है। पत्नी ठंडी हरी घास पर बैठकर उसकी चहचहाहट की नकल उतारकर जवाब देती है। चुपचाप ताजोमारू और पास की एक झाड़ी की आड़ में आ जाता है और पत्तियों की ओट से उसे जी भरकर निहारता रहता है। चिड़िया फिर चहकती है। पत्नी उसे बुलकारती है। जब चिड़िया जवाब में बोलती है तो पत्नी खिलखिलाती है—उसके स्वर में मधुर-सा संगीत है। सहसा मानो अपने पर गड़ी निगाहों का अहसास पाकर वह पलटकर झाड़ी को देखती है। ताजोमारू की चोरी पकड़ी जाती है और वह अचकचाया-सा बाहर निकल आता है।)* तुम्हारे स्वामी ने—यहीं ठहरने को कहा है। वह अपने मन की चीजें छाँट रहे हैं। *(पत्नी उठकर उसको आमने-सामने देखती है और वह नजदीक आता जाता है)* बहुत-सी चीजें उनके छाँटने के लिए हैं। तलवारें, आइने। इसमें उन्हें—*(हठात् वह घूँघट पलट देती है और उस पर नज़रें गड़ा देती है। वह उसके पूर्ण रूप को देखकर जो उत्कृष्ट और कोमल है—ठिठक जाता है और उसके शब्द लड़खड़ा जाते हैं)* कुछ देर लग जाएगी *(दोनों मौन एक-दूसरे पर देर तक आँखें गड़ाए रहते हैं)*

पत्नी : तुमने उनको क्या कर डाला है ? *(ताजोमारू उत्तर नहीं देता। पत्नी घबराई हुई उसकी आँखों में खोजने की एक लंबे क्षण तक कोशिश करती है। फिर एकाएक वह उसके सामने से दौड़कर उस दिशा में भाग जाती है जिसमें उसका पति गया था।)*

ताजोमारू : *(उसको पीछे से ताकता खड़ा रह जाता है)* मैं चाहता तो उसे रोक लेता—

[आलोक बदलता है, साथ-साथ वह पुलिस कचहरी की ओर बढ़ता जाता है और उसको ताकता जाता है।]

पर उसके चेहरे पर वह भाव—हिरनी की-सी चौंकी-चौंकी, फैली-फैली आँखें, काँपते हुए ओठ—*(न्यायपाल की ओर मुँह करके)*—मैं डाह से भर उठा, यह डाह कि उसके

इस रूप का कारण वह आदमी है। अचानक मेरे मन में आया कि वह उसको पेड़ से बँधा हुआ देखे—बेबस लाचार, बेआबरू—*(सर हिलाकर)* क्यों आई, यह मैं नहीं जानता, आज भी नहीं जानता। क्या जाने—*(जंगल पर धीरे-धीरे आलोक बढ़ रहा है)* मैंने उसे उसके पास जाने दिया। और मैं पीछे लग लिया—*(वह पलटकर जंगल में जाकर गायब हो जाता है)*

[मंच चक्कर खाकर जंगल का वह खंड सामने लाता है जहाँ बँसवट में खुला स्थान है। पति बाँस की जड़ से बँधा हुआ है। हाथ पीछे बँधे हुए हैं। बंधन तोड़ने की कोशिश करके असफल हो रहा है। झाड़ी में सरसराहट होती है और पत्नी प्रकट होती है। उसका टोप रास्ते में कहीं रह गया है। पेड़ों में दाएँ-बाएँ ताकती-झाँकती वह अंत में पति को देखकर ठिठकी रह जाती है। वे एक-दूसरे को ताकते रह जाते हैं—वह भय से अवाक्, चेहरा उसकी दुर्दशा देखकर शर्म से पीला पड़ा हुआ। ताजोमारू पत्नी के पीछे से आकर प्रकट होता है। वह दर्प भरी मुस्कान लिए दोनों को देखता, अपनी चाल की सफलता पर इतराता खड़ा रहता है। पत्नी धीरे-धीरे पलटकर ताजोमारू को देखती है, फिर पति को और जो हुआ है उसका अर्थ उसके मन को आप्लावित करने लगता है। हठात् वह अपने वस्त्र में छिपी कटारी बाहर निकाल लेती है और ताजोमारू पर झपट पड़ती है। वह दाँव बचा जाता है और वह पागलों जैसी कटारी से वार करती हुई उसका पीछा करती है। क्रोध और तेज का ऐसा रूप, ताजोमारू ने सोचा न था। वह उसे नचाता है, हर बार उसके प्रचंड वार खाली जाने देता है और हँसता है और उत्तेजित होता चला जाता है। पत्नी अब हाँफने लगी है, उसके बाल खुल गए हैं, चेहरा लाल हो उठा है और वह क्रोध और हताशा से पगलाई हुई-सी लड़े जा रही है। पति अपने बंधन तोड़ने को छटपटाता है पर बेकार। सहसा ताजोमारू औरत की कलाई पकड़ में लेकर उसे मरोड़ने लगता है यहाँ तक कि औरत रोकर कटारी छोड़ देती है। तब उसकी छटपटाती देह को बाँधकर वह मुँह उसके मुँह पर रखने की चेष्टा करता है, उसकी बाँहें उसे आलिंगन में बाँधकर लिपटा लेती हैं। पति आँखें मूँद लेता है, इस दृश्य से सर फिरा लेता है। ताजोमारू के ओठों तले औरत छूटने को छटपटाती है फिर धीरे-धीरे उसका संघर्ष मंद पड़ने लग जाता है। और तब काफी लंबे क्षण के बाद उसका हाथ ताजोमारू की पीठ पर अनजाने में मंद-मंद सरकता हुआ उसे उसके आलिंगन के बदले में लिपटा लेता है।

एकाएक केशकार के कर्कश अट्टहास का स्वर अँधेरे में से गूँजता आता है। आलोक मंद हो जाता है और साथ-साथ राशोमोन द्वार पर धीरे-धीरे बढ़ जाता है।]

केशकार : *(दृश्य में मज़ा लेता हुआ)* यह ताजोमारू के ही बूते का काम है—इसमें कोई शक नहीं। डाकुओं में भी छिनाले में उसका जवाब नहीं। *(बाकी दोनों के निकट जाकर)* दो महीने हुए होंगे। तोरीने मंदिर के पीछे के पहाड़ी दर्रे में किसी दरबारी की बेगम अपनी माँ और बेटी के साथ जा रही थीं, उनको घेर लिया। एक ही वृक्ष के तीन अदद फल। बताओ ताजोमारू ने कौन-सा चखा होगा ? *(उनको उत्तर की आशा में देखता हुआ क्योंकि ये मौन हैं)* बेगम को ? बेटी को, अम्मा को ? *(वह ठठाकर हँसता है)* अरे तीनों के तीनों को।

लकड़हारा : *(आक्रोश में)* ताजोमारू राक्षस है, जंगली जानवर है।

केशकार : लेकिन औरतें इसी में खुश हैं। खासकर के ऊँचे घरानों में पली हुई नखरेवालियाँ जो नज़रें झुकाए-झुकाए चलती हैं। उनको कोई मरद दिख भर जाए जो पसीने से तर हो, बस मुँह में पानी आने लगेगा। *(वह यही बात अश्लीलता से नकल उतारकर दिखाता है। भिक्षु उठकर दूसरे पार चला जाता है)*

लकड़हारा : *(नाराज होकर)* तुम्हें शर्म नहीं आती ? भिक्षु के सामने ऐसा बोलते हो ?

केशकार : वह तो कहते हैं कि अब उन्हें भिक्षु नहीं रहता है। *(बिचककर)* जो हम लोगों जैसा हो जाना है तो अच्छा हो हम लोगों की बोली सीखना शुरू कर दें। *(लकड़हारा भी उठकर भिक्षु को ताकते हुए दूर चला जाता है)* अच्छा, अच्छा, आगे बताओ। इससे ज्यादा गरमाई तो तुम्हारा किस्सा दे रहा है। *(मुँह बनाकर वह आग को फूँकता है, लपटें तनिक-सी लपक उठती हैं)* और क्या-क्या कहा ताजोमारू ने ?

लकड़हारा : कुछ नहीं।

केशकार : कुछ नहीं ? मैं नहीं मानूँगा। औरत को भोगने का आधा मज़ा तो पीछे उसका किस्सा सुनाने में है *(मनुहार करते हुए)* बताओ भी, उसने कुछ और तो जरूर कहा होगा। *(भिक्षु से)* नहीं कहा ?

भिक्षु : *(धीमे-धीमे)* हाँ, उसने कहा था—कुछ और भी कहा था यह कि उसका हत्या का कोई मंशा न था।

[आलोक द्वार पर मद्धम हो जाता है और कचहरी पर तेज। साथ ही ताजोमारू अँधेरे में से निकलकर न्यायपाल के सामने फिर उपस्थित होता है।]

ताजोमारू : चाहा तो मैंने यही था—हत्या नहीं करनी...सही बात है...मरद को नहीं मारना। मुझे औरत दरकार थी बस। *(वह रुककर याद करता है)* मैंने बहुत औरतें पार की हैं। बैठकर सोचो तो समझ में आता है, एक से दूसरी में बहुत फर्क नहीं है। कोई लड़ती है, कोई नहीं। मगर ये वाली *(उलझन में पड़कर)* क्या जाने क्या—मुझे पता है उसकी देह में इच्छा थी, उसके ओठ मेरे ओठों के तले दहकते थे। तो भी, जब मैं उस पर से उठकर अलग हुआ तो वह बस पड़े-पड़े रो रही थी—

[आलोक जंगल पर चला गया है। पत्नी जमीन पर पड़ी हुई है और सिसक रही है। पति बैठा हुआ है, उसकी आँखें कसकर मुँदी हुई हैं, चेहरा अपमान और क्रोध से तन गया है। ताजोमारू दृश्य में बड़े-बड़े डग भरते हुए प्रवेश करता है। वह पत्नी के बगल से चहलकदमी करते हुए जाता है, ठहरता है, उसको अधीरता से देखता है। फिर वापस आता है, पलटता है, फिर उसके पास जाता है।]

उफ़ यह बंद करो *(वह दूर चला जाता है फिर लौटता है)* मैंने तुम्हारे कोई चोट नहीं मारी—तुम मरी नहीं जा रही हो। *(एक क्षण के बाद जबकि सिसकना जारी रहता है)* बंद करो, कह दिया। यह रहा तुम्हारा मरद, इसे खोल दो और अपने रस्ते जाओ *('छोड़ो खत्म हुआ' जैसी मुद्रा बनाकर वह पलटता है और वृक्षों में से होकर बाहर जाना शुरू करता है। पत्नी उठ बैठती है और उसकी ओर मुँह करती है।)*

पत्नी : ठहरो ज़रा।

ताजोमारू : *(ठहरकर पलटता है)* क्या चाहती हो ?

पत्नी : मैं कैसे जीवित रहूँगी, दो पुरुषों की निगाहों में पतित होकर ?

ताज़ोमारू : *(उसे आँख अधमीचे देखता है)* इससे क्या फर्क पड़ता है कि मेरी निगाह में तुम

क्या हो। मुझे तुम्हें फिर कहाँ दिखना।

पत्नी : मैं तुम्हें हमेशा देखती रहूँगी *(इस भयानकता को याद कर आँखें मूँद लेती है)* सोते, जागते—यह कुंज, यह वृक्ष, यह भूमि—ये सब मुझे तब तक दिखता रहेगा जब तक साँस चलती है। *(डकैत मुस्कुराता है, उसे यह विचार अप्रीतिकर नहीं लगता। पत्नी आँसू भरी आँखें उसकी ओर करती है)* कम से कम मेरे पति को यह अवसर दो कि वह अपने सम्मान को लौटा सके और मेरे भी।

ताजोमारू : क्यों दूँ ?

पत्नी : मैं माँगती हूँ।

ताजोमारू : यह सम्मान की चिंता करने की जगह नहीं है

पत्नी : *(बड़ी कठिनाई से)* उन्हें एक अवसर दो। यदि वह विफल रहे—मैं तुम्हारे साथ चली जाऊँगी—तुम्हारी औरत बन जाऊँगी। *(ताजोमारू खड़ा उसको नजरों में तौल रहा है। पत्नी की नज़र उसकी नज़र के सामने झुक जाती है)* डकैत के मन में भी कोई भावना होती होगी—कोई न्याय होता होगा।

ताजोमारू : न्याय ? *(वह इस चाल की निर्लज्जता पर घृणा से गुर्राता है)* वह सामुराई है : द्वंद्व की कला में प्रवीण है। तुम समझती हो कि मैं मूर्ख हूँ जो तुम्हारी मीठी बोली के फंदे में आ जाऊँगा जिससे वह मुझे मार डाले ? *(उसके ओठ फड़क रहे हैं : वह उसे ताक रही है)* या कौन जाने मेरा ख्याल गलत हो ? क्या कहीं तुम्हारे मन में यह है कि शायद मैं ही उसे मार डालूँगा? तुमको यही ज्यादा पसंद होगा ? *(चिढ़ाते हुए)* औरतों की कमी नहीं, मैं तुम्हारी खातिर जोखम क्यों मोल लूँ ?

[एक लंबे क्षण तक उसकी व्याकुल आँखें पुरुष की आँखों में कुछ पढ़ती रहती हैं। तब सहसा वह रेंगकर आती है और अपने दोनों के पास जमीन पर पड़ी अपनी कटारी उठा लेती है। पति छटपटाता है, अपने बंधन तोड़ने में असफल रहता है, वह कटार उठाती है। अपने गले पर मारने की कोशिश करती है। तभी ताजोमारू लपककर आगे आता है और कटारी उसके हाथ से छीनकर दूर फेंक देता है। विजय की हँसी हँसकर वह उसके बाल पकड़कर उजड्डपन से चूमता है। फिर उसे परे धकेलकर वह पति के पास तक जाता है और तलवार खींचकर पति के बंधन काट देता है—साथ ही उछलकर खड़े होकर अपनी तलवार खींच लेता है। अभी तक उसकी दमित पीड़ा और हिंसा के अनुरूप उग्रता से आक्रमण करता है। ताजोमारू पर कसके वार करता है मानो अभी बोटी-बोटी अलग कर देगा पर ताजोमारू भली भाँति बचाव करता है। स्पष्ट ही उसकी युद्ध की कला अपने से सीखी हुई है। पति के समान शास्त्रीय शैली नहीं है तो भी वह उतनी ही कारगर है क्योंकि आदिम आत्मरक्षा के हेतु दैनिक प्रयोग से उत्पन्न हुई है। पति को यह समझ लेने में बहुत देर नहीं लगती कि ऐसे प्रतिद्वंद्वी के सामने अपने-आपको उद्वेग और व्यर्थ खड्ग कौशल के प्रदर्शन में झुका देने में घाटा रहेगा। सारी बगीची में वे एक-दूसरे पर हमला और एक-दूसरे से बचाव बारी-बारी से तनाव और दृढ़ता के साथ करते जाते हैं और समझते जाते हैं कि दोनों को लड़कर मरना है। पत्नी इस दुर्भाग्य भरे संघर्ष को निहारती हुई पीछे की ओर खिसकते-खिसकते अँधेरे में चली जाती है। अंत में एक पेचीदा ले-दे के बाद पति सही मौके पर ऐसा हाथ मारता है कि ताजोमारू की तलवार उसके हाथ से छिटककर

दूर जा गिरती है। इस जीत के बाद वह ताजोमारू की गर्दन उड़ा देने के लिए हाथ उठाता है। ताजोमारू इस नए वार से बचकर दूर छिटककर पीठ के बल गिर पड़ता है। विजय भरी हुंकार करते हुए पति ताजोमारू के गले की तरफ तलवार की नोक बढ़ाता है। मौत के पहले का यह एक लंबा क्षण है। नोक ताजोमारू के गले के पास ही पास आती चली जा रही है। तलवार की धार के सामने भी ताजोमारू अकड़ के साथ पति को घूरता रहता है परंतु उसकी आँखों में प्रशंसा की झलक भी है। हठात् वह पीठ के बल पड़े-पड़े रेंग जाना चाहता है पर पति उसके ऊपर गले पर अड़ी तलवार की नोक हटने नहीं देता। इधर ताजोमारू का शरीर प्रकटतः समर्पण में ढीला हो जाता दीखता है उधर पति पाँव जमाकर तलवार को अंतिम प्रहार के लिए उठाता है। परंतु ताजोमारू जानवर की-सी चालाकी से उसके दोनों पाँव फुर्ती से दबोचकर उसे पछाड़ देता है। तलवार पति की मुट्ठी से छूटकर दूर जा गिरती है। दोनों तलवार को जाकर खुद उठा लेने और दूसरे को उठाने से रोकने के लिए पागलों की तरह जी तोड़ संघर्ष करते हुए हुंकारते और दहाड़ते हैं। ताजोमारू को अपने पाँव पर खड़ा होते ही पति, जो तलवार लेने के लिए रेंग रहा था उसे टँगड़ी मारकर गिरा देता है। किंतु ताजोमारू समय रहते सँभलकर पति को रगेदकर उसे एक बँसवट में ढकेल देता है और तलवार उसके हाथ में आते-आते रह जाती है। हाँफते हुए ताजोमारू हथियार खुद उठा लेता है। सर से ऊपर तक ऊँचा उठाकर उसे नीचे घोंप देता है। इस तरह लड़ाई का फैसला हो जाता है। बँसवट के भीतर से खून को जमा देनेवाली चीख और कराह सुनाई पड़ती है, फिर मौन। ताजोमारू आहिस्ते-आहिस्ते शरीर को सीधा करता है। वह मुश्किल से दम ले पा रहा है। फिर खड़े होकर एक क्षण मृतक पर निगाह डालता है फिर खुले के मध्य में वापस लौटकर चारों ओर पत्नी को हेरता है पर वह कहीं दिखती नहीं। वह आहिस्ते से पलटता है और कचहरी की ओर चल देता है।]

वह बहादुरी से लड़ा।

[आलोक जंगल पर से निपटकर पुलिस कचहरी पर उभरता है। ताजोमारू ने वहीं प्रवेश किया और न्यायपाल के सामने आ गया।]

बड़ी बहादुरी से। सीखे हुए योद्धाओं को सीखे हुए योद्धाओं से ही जूझना चाहिए। जंगल में वह जीत नहीं सकते *(प्रशंसा के भाव से)* तो भी अभी तक यही एक आदमी मिला जिसकी तलवार ने ताजोमारू की तलवार से पंद्रह बार से ज्यादा टक्कर ली...वह औरत ? *(वह कंधे बिचकाता है, फर्श पर उदासीन बैठा रहता है।)* मैं क्या जानूँ, कहीं भाग गई होगी। आसपास कहीं नहीं थी, उसका घोड़ा मेंड़ पर तब भी चर रहा था तो मैं उसे ले गया और उसकी कटारी बेचकर शराब पी गया। बहुत शराब मिली--सीप की मूठवाली थी *(वह व्यंग्य से ठठाता है फिर न्यायपाल के किसी प्रश्न पर खोपड़ी हिलाता है)*...नहीं मैंने उसे खोजा नहीं। उसके सुभाव में कुछ रहा होगा जिससे वह मुझे लुभाई थी लेकिन वह आखिरकार एक औरत ही तो थी--बस और क्या।

[आलोक पुलिस कचहरी पर मद्धिम और राशोमोन द्वार पर तेज हो उठता है। तीनों पुरुष आग के इर्द-गिर्द सिकुड़े घुसे बैठे हैं।]

केशकार : उसने उसे खोजा नहीं, हुँह, कोई अजब नहीं, आगे-पीछे एक दिन कीचड़ में औंधे मुँह पड़ी मिलेगी।

लकड़हारा : क्या मतलब ?

केशकार : ताजोमारू जैसे आदमी के लिए एक खून और क्या माने रखता है।

भिक्षु : नहीं, उसने उसको खत्म नहीं किया।

लकड़हारा : वह औरत पुलिस कचहरी में पेश हुई।

केशकार : *(हँसना बंद कर देता है)* वह पेश हुई?

लकड़हारा : पुलिस ने उसे बहुत दूर नहीं, किसी मठ के पास बरामद किया। वह वहाँ छिपी हुई थी।

केशकार : चलो अब उसे फिर छिपना नहीं पड़ेगा। ताजोमारू ने इकबाल किया है और औरत ने इलज़ाम लगाया है तो पौ फटने के पहले वह फाँसी चढ़ जाएगा।

[एक अजब मानवीय काँव-काँव होती है।]

लकड़हारा : *(चौंककर)* यह क्या बोला ?

केशकार : *(ऊपर ताककर)* कव्वे हैं, फाँसी का नाम सुनकर खुश होते हैं। *(हँसता है)*

भिक्षु : मगर पत्नी ने—उसने उस पर दोष नहीं धरा। उसने एकदम अलग एक किस्सा बताया।

केशकार : अलग ? अलग कैसे होगा ? ताजोमारू ने कबूला था। नहीं न ?

भिक्षु : विचित्र है, मुझे तो वह बिल्कुल वैसी न दिखी जैसी ताजोमारू ने बताई थी। न दुनियादारी, न बनावट, न नखरा। मैं देखता रहा मगर मुझे जो चेहरा दिखा वह इतना कोमल और निरीह था—आँखें ऐसी थीं जैसी उस चिड़िया की हों जिसका डैना नुच गया हो और जो तुम्हारी हथेली में दुबकी बैठी हो।

[जब वह पत्नी का वर्णन करता है, एक स्पाटलाइट मध्यम से तेज होती है जो उसके चेहरे पर पड़ती है। धीरे-धीरे रोशनी राशोमोन द्वार पर मिट जाती है और पुलिस कचहरी के बाकी हिस्से पर आ जाती है। पत्नी चटाई पर बैठी शून्य में देख रही है। उसके पास दोजानू बैठी है उसकी वृद्धा माँ जो न्यायपाल को नमन कर रही है।]

माँ : जी, जी महामहिम। यह मेरी बेटी है किनुमे। मेरी इकलौती बेटी। मेरी अभागिन बच्ची, सूनी-सूनी आँखों से निहारती है मुझे *(निराशा में सर ऊपर-नीचे हिलाती है)* आपके चेहरे से ही समझ रही हूँ, आप अचरज में पड़ गए हैं कि ऐसे कीचड़ में कमल कहाँ से उग आया। देवी की कृपा है। सात बरस देवी के चरणों में मनौतियाँ मानीं तब जाकर आठवें बरस चेरीवसंत में किनुमे ने मुझ निपूती की कोख भरी। चेरी के फूल-सी नन्हीं और कोमल और महकती हुई *(गर्व से)* और मैंने इसे ऐसे ही बनाए रखा। इसे और बच्चों की तरह मामूली नहीं। लंबी बाँहदार रंग-बिरंगे बढ़िया रेशम के कपड़े पहनाए। केशों को गूँथकर कछुए की हड्डी की कंघी से बाँधा। रोज सबेरे पाठशाला भेजती थी, आराम से आती-जाती थी। कभी हाथ मैले नहीं हुए। पुस्तकें ऐसी सुधराई से लेकर चलती थी कि सबकी आँखें इसी पर टिकती थीं—*(न्यायपाल एकाएक टोक देते हैं, वह नमन करती है)* क्षमा सरकार। अपनी बिटिया को दोबारा देखकर मन *(वह सर ऊपर-नीचे हिलाती है)*...जी, यह सही है। जिस पुरुष को मैंने मरे पड़े देखा वह इसका पति था। उसका नाम था ताकोहिको। वह कोफू नगर का सामुराई था। संभ्रांत, बहुत संपन्न। शव-यात्रा में मैं चिड़ियों का पिंजड़ा लेकर जाऊँगी और उसकी उदारता और दयालुता की याद में सबके सामने उन्हें मुक्त कर दूँगी।

मैं जानती हूँ कि उसने ऐसा कुछ नहीं किया होगा जो उसे ऐसी दर्दनाक मौत मिली। *(सर हिलाती हुई)* हाय-हाय, जिस नीच ने उसको मारा उसे आप उसकी करनी का दंड दें। ये डाकू, हमारे देश में छुट्टे घूमते हैं और जंगली जानवरों की तरह हमारा शिकार करते हैं, इनका वही करना चाहिए जो जंगली जानवर का किया जाता है *(सुनती हुई)*...कब ? सरकार ? चार बरस हुए ब्याह हुआ था। बड़ी भारी दावत हुई थी, दो कुलीन परिवारों का मिलन था *(विश्वास जताकर)* देख लीजिए, आप देखते ही जान लेंगे कि मेरी बेटी का रिश्ता माँगनेवाले बहुत लोग आते रहे होंगे। बहुत से देखुवा आए। सब बड़े-बड़े घरों के। मगर ताकोहिको सबसे ज्यादा अधीर था और सबसे ज्यादा गुणी भी। तो भी, बिटिया ने बड़ा मान किया। बड़े समझाने-बुझाने से ब्याह को हामी भरी।

पत्नी : *(एकाएक)* तुम्हें लाजशर्म नहीं रह गई *(माँ चौंककर पलटती है और बेटी की वेदनाभरी आँखों में आँखें डालती है)* मौत सामने खड़ी है और शान बघारे जा रही हो।

माँ : *(न्यायपाल की ओर घबराई हुई मुड़कर)* आप इसकी बातों का बुरा न मानिए हजूर। इसका चित्त अभी ठिकाने नहीं है—विपदा की गारी—

पत्नी : *(न्यायपाल से)* मेरा पति कोफू में सामुराई था और मेरी माँ उस घर में दासी थी *(एक क्षण बीतता है फिर माँ सर नीचा कर लेती है)*

माँ : *(टूटे मन से)* क्या हुआ जो मैंने सीधे-सादे सपनों से मन बहला लिया, किसी का क्या बिगड़ गया इसमें ?

पत्नी : सपनों का यह समय नहीं है। सीधे-सादे भी नहीं *(न्यायपाल से)* वह मेहनती और भरोसेमंद नौकरानी थी। यह भी गर्व की बात है। अक्सर मैं उसका हाथ बटाया करती, कुएँ से पानी खींच लाया करती और देवदारु की पत्तियों से उसे बसाकर बिल्लौर के कटोरे में भरकर मालिक के कमरे में रख आया करती। बच्ची थी तभी से मैंने उनके अँगरखे के सोने के तार अपनी सुई से सँवारना सीख लिया था। आँखों से मैं हमेशा उनको निहारती रहती। दिल से चाहती रहती। पर कभी न सोचा था कि एक दिन यह संभव हो जाएगा—सोचने की हिम्मत ही नहीं पड़ी। लगता था वह मुझ पर कभी निगाह नहीं डालते थे। डालीं भी तो ऐसे जैसे खिड़की के पार देख रही हों। और तब तक दिन—*(उसके चेहरे पर वह याद झलकती है)* मैंने जूड़े में फूल खोंस रखा था, लाल जवा का। उन्होंने हाथ बढ़ाकर उसे छू लिया। मुझे याद है मेरे गाल लाल हो उठे और गला सूखने लगा *(उमड़ते आँसू रोककर)* मैंने उनके मन की पत्नी बनकर दिखाने को सबकुछ किया—सामुराई की पत्नी। मैं वही पहनती जो वे पसंद करते। मैंने चलना, बोलना, भात का कटोरा थामना जैसे उन्हें अच्छा लगता वैसा सीखा। रात को मैं उनकी बगल में लेटती तो इस डर से सोती नहीं कि कहीं जगी और यह सब एक सपना निकला तो ! *(उसके ओठ काँपने लगते हैं)*—एक सपना—*(वह चेहरा हथेलियों से ढँककर सिसकती है। अंत में मानो न्यायपाल के समझाने पर अपने पर काबू कर पाती है)*...समझती हूँ महामहिम। और मैं शांत होकर बताने की कोशिश करूँगी। मैं सबकुछ याद करने की कोशिश करूँगी—जैसे-जैसे जो कुछ हुआ, सब। *(वह थकी-थकी बोलना जारी करती है)* जब डाकू का मुझसे काम हो चुका, वह उठकर मोर की तरह इतरा-इतराकर टहलने लगा, अपने अनेक कारनामों का बखान करने लगा, मेरी तुलना औरों से बेहूदी, गंदी बोली में करने लगा। *(सर हिलाकर)* मेरे पति को कितना दारुण रहा होगा यह—बेबस, बँधे-बँधे,

डाकू की हँसी मेरे कानों में आज भी गूँज रही है।

[वह उठकर खड़ी हो जाती है। हथेलियाँ उठाकर कानों को बंद कर लेती है। ताजोमारू की हँसी अँधेरे में से सुनाई दे रही है। वह उलटे चलकर लौटती हुई खुले की तरफ जाती है और आलोक कचहरी से लोप होकर जंगल पर आ जाता है।]

(खुले के किनारे घुटनों के बल गिरकर) उसके अपमान से भरे शब्द मुझे आज भी सुनाई पड़ रहे हैं—

[पति बाँस की जड़ से बँधा हुआ बैठा है—चेहरा पिपराया और तना हुआ, आँखें कसकर मुँदी हुईं। ताजोमारू एक वृक्ष से धोक लगाकर खड़ा है और एक छोटे से मशक से शराब घुटक रहा है। जाहिर है कि वह इतनी पी गया है कि चढ़ गई है और वह खतरनाक हो गया है। वह पीता है और कुछ शराब छलककर उसके नंगे सीने पर और कपड़ों पर गिर रही है। वह बालों भरी कलाई से मुँह पोंछता है और पत्नी की तरफ कुछ कदम चलकर जाता है।]

ताजोमोरू : हत्तेरे की, जानती है कौन हूँ मैं ? मैं हूँ ताजोमारू। *(जब वह ऐसे ही बैठी रहती है तो दहाड़ता है)* बहरी है क्या ? सुना नहीं, ताजोमारू। कहाँ से आई है जो ताजोमारू का नाम नहीं जानती ? *(वह आँखें तरेरता है, फिर सख्ती से एक बार हँसता है)* अब तो जान गई होगी। *(वह मशक मुँह से लगा लेता है। वह खाली हो चुकी है। खीजकर वह उसे उछालकर फेंक देता है और एक पेड़ से लगकर अपनी पोशाक की परत में से एक आड़ू निकालता है)* बुढ़ापे में सबको बता-बताकर शान जमाया करना। *(वह फल आवाज करते हुए दाँत से काटता है)* कि मशहूर ताजोमारू ने तुम्हारी एक बार ली थी—वही जो मछुए का बेटा है और जंगल का राजा है। *(आड़ू का कौर सड़ा हुआ निकला। वह मुँह बनाकर उसे थूक देता है। तलवार निकालकर वह आड़ू को हाथ में पकड़े-पकड़े सड़े हिस्से को तराशकर फेंक देता है, बाकी को मुँह में भर लेता है)* और इतनी दुखियारी मत बनो। तुम्हारी सारी ज़िंदगी में याद रखने लायक शायद यही एक बात रह जाए *(जूठा हाथ अपने कपड़ों से पोंछकर वह पति को ऊपर से नीचे तक देखता है—ठोकर से उसे नफरत के साथ कोंचता है)* तुमको तलवारों का शौक है, ऐं ? सुनहली मूठवाली लाल, हरे रतन जड़ी—लार टपक पड़ी थी—ऐं न ? *(तिरस्कार से मुँह बनाकर)* कोई बात नहीं, ताजोमारू हमेशा वचन पूरा करता है। यह लो तलवार *(वह तलवार उठाता है मानो एक बार से काम तमाम कर देगा)*

पत्नी : *(सहसा चीखकर)* नहीं-नहीं *(वह उछलकर खड़ी होती है और पागलों की तरह ताजोमारू की तरफ दौड़ पड़ती है। वह घूमकर अपनी तलवार की नोक उसकी तरफ कर देता है। वह उसके जितना करीब आने की हिम्मत कर सकती है, आकर ठहर जाती है। दोनों की आँखें क्षण भर को मिली रहती हैं)*

ताजोमारू : क्यों नहीं ? *(पाशविक परिहास में)* उसे मार डालूँ तो तुम्हारा उपकार ही होगा।

पत्नी : *(घृणा से भरकर)* तुम—जानवर *(ताजोमारू के चेहरे से मुस्कान मिट जाती है। गुस्से से चमककर वह पत्नी के सीने की तरफ तलवार बढ़ा देता है जैसे कि धमका रहा हो। वह उसके आमने-सामने खड़ी है। एक लंबा खतरनाक क्षण बीत जाता है। तब धीरे-धीरे उसकी बाँह ढीली हो जाती है। तलवार नीचे झुक जाती है)*

ताजोमारू : हाँ, मैं जानवर हूँ *(तलवार की नोक से वह उसके घाघरे का दामन कुछ इंच ऊपर उठाता है फिर तिरस्कार के भाव से गिर जाने देता है)* अफसोस है कि तुम नहीं हो *(तब बिना बताए वह पलटकर जंगल में चला जाता है। लंबा अंतराल। पत्नी वहीं खड़ी रहती है, विश्वास करने में असमर्थ)*

पत्नी : वह गया—*(वह फुर्ती से दौड़कर पति तक जाती है, घुटनों पर गिरकर उसकी तलवार खींचकर निकालती है)* वह चला गया और हम ज़िंदा बच गए *(अकस्मात वह पागलों की तरह सिसकने और हँसने लगती है और बड़ी मुश्किल से अपने को इतना सँभाल पाती है कि उसके बंधन काट सके।)* नाराज़ न हों—ये खुशी के आँसू हैं—*(वह उसका एक हाथ हाथ में लेकर प्यार से उठाकर अपने गाल पर रखती है)* मैं देख रही थी रस्सी की रगड़ से तुम्हारे हाथ कटे जा रहे थे, खून निकल आया था। तुमने कितनी वेदना पाई होगी, मेरे स्वामी। मगर मैं तुम्हें बताती हूँ *(उसके कंधे से लगकर)* कि वह, उसका जंगलीपन, उसकी जबरदस्ती मेरा कुछ बिगाड़ नहीं सकीं—क्योंकि मेरे मन में बस हम दोनों के संग-संग रहने की आस थी। उसको वह नहीं डिगा सकता था *(उसकी बाँहें सरककर पुरुष के गले में पड़ने लगती हैं)* जो हुआ मैं भूल जाऊँगी प्रियतम, कसम खाती हूँ और हम पहले जैसे—*(दोनों की आँखें पहली बार चार होती हैं और वह बोलते-बोलते रुक जाती है। उसकी बाँहें धीरे-धीरे उसकी गरदन से उतर आती हैं। वह उसे घूरती रहती है फिर पीछे सरक जाती है)* ऐसे क्यों देख रहे हो मुझे *(वह न बोलता है न हिलता है—सिर्फ मौन। निर्मम तिरस्कार से उसे देखता रहता है)* तुम्हारी आँखें—*(और पीछे हट जाती है)* यह क्या है जो मुझे इनमें दीखता है ? *(उसकी दहशत बढ़ती जाती है और वह घबराकर सर हिलाती है)* नहीं, नहीं, तुम ऐसी बात नहीं सोच सकते *(हथेलियों से चेहरा ढाँकते हुए)* मैं नहीं देख सकती—नहीं देख सकती *(वह रोने लगती है। पति अचल निर्मम बैठा रहता है, उसे घूरता जाता है। सहसा वह उठ खड़ी होती है, उसकी तलवार उठा लेती है और उसे मूठ की ओर से पकड़ा देती है)* लो, यह लो और मुझे मार डालो। यही तुम्हारे मन में है तो मार डालो *(तड़पकर)* मार डालो मुझे मगर इस तरह तिरस्कार से मत देखो—*(वह बैठा रहता है। उसके चेहरे पर कोई भाव नहीं आता-जाता, वह उससे तलवार भी नहीं लेता। धीरे-धीरे औरत का हाथ नीचे आ जाता है।)* नहीं यह तिरस्कार भी नहीं, तुम निर्दय हो *(वह चौंककर अलग हट जाती है फिर पलटकर असहाय, घबराई हुई उसकी ओर देखती है)* मैंने तुम्हारे सिवाय किसी पुरुष को नहीं जाना—किसी की कामना नहीं की। मैंने नहीं चाहा था कि मुझ पर ऐसी गुजरे—*(वह चुप रहता है)* तुम क्या चाहते हो मैं क्या करूँ ? चली जाऊँ और तुमको कभी मुँह न दिखाऊँ ? कहाँ जाऊँगी मैं ? क्या करूँगी मैं, तुम्हारे बिना *(सहसा उसका अहंकार जाग उठता है)* जवाब दो। क्या मैं ऐसी गईबीती हो गई कि तुम जवाब में एक शब्द नहीं बोल सकते—जैसे कुत्ते को रोटी फेंकते हैं, वैसे भी नहीं ? *(उसका गुस्सा बढ़ता जाता है और वह उसकी ओर आती जाती है)* मैं अब वह नहीं हूँ जो तुम्हारे मकान में दासी की बेटी थी। मैं तुम्हारी पत्नी हूँ। मैं तुम्हारी हमनिवाला और हमबिस्तर हूँ। मेरी बात का जवाब दो *(पुरुष की आँखों में तिरस्कार बना रहता है। वह उसके ऊपर तलवार उठाती है)* जवाब दो *(विक्षिप्त होकर)* जवाब दो, जवाब दो ! *(आलोक मिट जाता है और हम अँधेरे में उसका सिसकना सुन पाते हैं। जब आलोक पुलिस कचहरी पर आता है तब वह उसमें चौंधियाई हुई चलती दिखाई देती है।*

वह घुटनों के बल गिर पड़ती है। उसकी देह शिथिल होकर आगे को झुक जाती है। माँ लड़की की ओर निहारती है, उसकी आँखों में इतनी समझ और करुणा है जितनी उसने इससे पहले कभी अनुभव न की थी। फिर अटपटे ढंग से, अनिश्चित भाव से वह उसकी ओर सांत्वना के लिए हाथ बढ़ाती है। माँ का स्पर्श मिलते ही पत्नी का सर माँ की गोद में गिर जाता है। माँ एक लंबे क्षण तक बैठी रहती है। उसकी आँखें नम हैं। वह प्यार से बेटी के बालों पर हाथ फेर रही है। एक क्षण के बाद वह न्यायपाल की ओर सर उठाकर देखती है मानो उसके पूछे हुए किसी प्रश्न का उत्तर दे रही हो।)

माँ : जी, क्या महामहिम ?...जी-जी, मैं इससे पूछती हूँ *(मुलायमियत के साथ बेटी से)* किनुमे, अदालत जानना चाहती है कि क्या तुम्हें और कुछ कहना है।

पत्नी : *(सर उठाते हुए, बुझे स्वर में)* और कहने को क्या है ? *(फिर कोशिश करते हुए)* मुझे बेहोशी आ गई होगी। जब मैं होश में आई, मैंने अपने पति को मरा पाया। तलवार उसके सीने में घुसी हुई थी। *(अपना पीड़ा भरा चेहरा झुकाकर)* तब मैंने जाना कि मैंने उसे मार डाला है। मैं जंगल के भीतर ही भीतर भागती गई। मैंने नदी में डूब मरने की कोशिश की कि यह सूरत कभी किसी को न दिखे मगर नदी ने भी मुझे ठुकरा दिया *(वह वेदना भरे अनुभव से न्यायपाल की ओर ताकती है)* क्या मैं इतनी गईगुज़री हूँ—इतनी गईगुज़री *(आलोक धीमे-धीमे मद्धिम हो गया है। सिर्फ उसका चेहरा स्पाटलाइट में दिख रहा है)*—इतनी गईगुज़री ?

[धीरे-धीरे स्पाटलाइट उसके चेहरे पर से एकदम मिट जाती है।]

[परदा]

अंक : दो

[अंक के तुरंत बाद का समय है। राशोमोन द्वार पर आलोक धीरे-धीरे बढ़ता है। पानी बरस रहा है। भिक्षु, लकड़हारा और केशकार उन्हीं स्थितियों में हैं जिनमें पिछली बार दिखे थे—भिक्षु और लकड़हारा स्पष्टतः पत्नी की कहानी सुनकर द्रवित हो उठे हैं। केशकार पर मगर कोई असर नहीं हुआ है।]

केशकार : *(पत्नी के वाक्य के अंतिम शब्दों और लहज़े की नकल उतारते हुए)* क्या मैं इतनी गईगुज़री हूँ—इतनी गईगुज़री हूँ ?

भिक्षु : उसका वह चेहरा भुलाए नहीं भूलता।

केशकार : ओह ! *(अस्वीकार का संकेत करके)* तो उसके ओंठ काँप रहे थे, वह रो रही थी। औरतें पुरुषों पर बार-बार यही हथियार चलाती हैं और हम बुद्धू हर बात उनकी मान लेते हैं।

भिक्षु : मगर क्यों ? जो उसने अपराध नहीं किया तो कबूला।

केशकार : स्त्री कोई काम क्यों करती है, कोई जान सकता है ? वह छल बुद्धि जानती है। दया जगाती होगी। देखा नहीं, दिल कैसे पानी हो रहा है ? हत्या कबूल कर रही

है मगर चेहरा भुलाए नहीं भूलता। मुँह सूख गया है, आँखें छलछला आई हैं, सच्चाई टपक रही है। और सच्चाई कितना बड़ा गुण है—एक सती-साध्वी को फाँसी पर कैसे चढ़ा दिया जाए?

लकड़हारा : *(भिक्षु से जो मुड़कर परे चला गया है)* इसकी बात सुनकर दुखी न हो। यह—यह सिर्फ तुम्हें सता रहा है।

भिक्षु : तो क्या हुआ? *(थके हुए)* जो कह रहा है उसमें कुछ सत्य है। हम पत्नी के किस्से पर विश्वास करें भी तो कैसे क्योंकि हम वह सुन चुके हैं जो माध्यम ने बताया।

केशकार : *(क्षण-भर उसे घूरकर)* माध्यम ने?

लकड़हारा : *(सर हिलाकर हामी भरता है)* अदालत में एक माध्यम लाया गया था।

भिक्षु : जिसकी हत्या हुई उसकी आत्मा बुलाने के लिए।

केशकार : तो पति परलोक से बोला *(उत्सुक होकर)* क्या कहा उसने *(वह भिक्षु को ताकता है। भिक्षु मौन है। फिर लकड़हारे को। वह मुँह फेर लेता है)* जो दूसरों ने कहा, उससे बहुत अलग कुछ कहा?

भिक्षु : *(मानो स्वगत)* पत्नी की पीड़ा, वह झूठी कैसे हो सकती है? *(सर हिलाकर)* और ताजोमारू, जो फाँसी के फंदे से ज़रा नहीं डरता। जिस आदमी को मरना ही है वह झूठ क्यों बोलेगा?

केशकार : हाँ, और ऐसा भी है कि जब मरनेवाले को झूठ बोलने की जरूरत नहीं तो जो मर चुका है उसे झूठ बोलने की जरूरत नहीं होगी?

[भिक्षु पीड़ा से भरकर हाथों में सर थाम लेता है। अँधेरे में एक आवाज क्रमशः बढ़ती है...यह झुनझुना जैसी घंटियों की है जो चक्कर काटकर एक अद्भुत छंद में बज रही है। भिक्षु के पीछे आकर दुष्टता से आग्रह करते हुए]

मुर्दे ने क्या कहा? क्या कहा उसने?

[आलोक राशोमोन द्वार पर बुझने और कचहरी पर उभरने लगा है। माध्यम के काले-काले बाल चेहरे पर लहरा रहे हैं। वह हाथ में अपनी जादू की छड़ी लिए, जिसके सिरे पर झुनझुने जैसी घंटियाँ बँधी हुई हैं, पागलों की तरह उत्तेजित होकर घुमा रही है। उसकी आँखें मुँदी हैं। चेहरा आविष्ट है। साँस भारी है—एक स्वप्न जैसे नृत्य की तरह वह नाचकर प्रेत को बुला रही है। लहराते, तड़पते हुए वह मुर्दे की आत्मा को बुलाने की चेष्टा कर रही है। जब वह आ जाती है तो घंटियाँ उसके हाथ से गिर पड़ती हैं और वह जमीन पर लोट जाती है। पति की आवाज परलोक से गूँजती हुई, खोखली-सी, आती है मानो माध्यम के कष्ट-पीड़ित मुख से निकल रही हो जबकि ओठ केवल निःशब्द खुल और बंद हो रहे हैं।]

पति की आत्मा : अब मैं अंधकार में हूँ—शून्य में अँधेरे की भँवर के गर्त में। धिक्कार है तुमको। धिक्कार तुमको है कि तुमने मुझे इस काले नर्क में ला फेंका! *(माध्यम अपना बिगड़ा हुआ चेहरा उठाती है, पति की दर्दभरी कराह उसके ओठों से निकलती लगती है। वह साँस नहीं ले पा रही है। फिर जब ले पाती है तो आवाज आगे बोलती है)* मैं तुम्हें बताता हूँ, मैं चाहता हूँ कि तुम सबको मालूम हो कि क्या हुआ *(माध्यम आविष्ट होकर झूमती है)* मेरी पत्नी पर आक्रमण के बाद डाकू बाँस की सूखी पत्तियों पर उसके पार्श्व में बैठा था।

[आलोक मद्धिम होकर माध्यम के चेहरे के एक छोटे अंश पर सिमट आया है और जंगल पर उभरने लगा है। वहाँ बँधा हुआ पति बैठा है—उसकी आत्मा का स्वर माध्यम की दिशा से आ रहा है। पत्नी जमीन पर अधलेटी अधबैठी है—कंधे सिकुड़े हुए, चेहरा नीचे को झुका, बाल खुले, चेहरे पर लटके हुए, आँखों पर छाए हुए। ताजोमारू उसके पास में बैठा है और उससे सधे हुए स्वर में गहरी भावना के साथ बोल रहा है।]

उसकी बोली जहर बुझी थी—औरतों को जो खूब जानता हो ऐसे आदमी की तरह। और रह-रहकर वह उसे छू लेता था।

ताजोमारू : *(उसका हाथ औरत के बालों पर जाता है। फुसफुसाकर)* तुम्हारे बाल शरद की जन्हाई में झिलमिल नदी से चमकीले हैं। बड़ी गरमी जब होती है कभी-कभी, मैं वहीं सो जाता हूँ—तट पर मिट्टी दिन भर धूप खाकर गरम हो रही होती है। तन ढँकने की जरूरत नहीं रहती। और रात को फूल गमकते हैं तो मन बावला हो उठता है, नींद टूट जाती है। कामना बदन को हिलकोरने लगती है। *(पत्नी निश्चल बैठी है। वह सुन रही है। इसका कोई आभास नहीं देती)* पर तुम इन बातों को क्या जानो, नगर में बाँस के बक्से में बंद एक रेशमी आदमी से बँधी-बँधी ? *(वह पति की ओर तिरस्कार से बढ़ता है)* सामुराई योद्धा ! निठल्ले पड़े-पड़े उसके पुरखों का शुद्ध रक्त उसकी देह में पानी हो गया है। क्या वे मुलायम-मुलायम जब तुम्हें पाएँगे तो तुम्हारे बदन को मसल पाएँगे—या वे सभ्य ओठ—क्या वे तुम्हारे ओठों पर काबू कर पाएँगे *(वह गरजकर उसके पास वापस आ जाता है)* ऐसे आदमी उन औरतों के लिए बने होते हैं जिनकी जाँघों में आग नहीं होती। *(पास खिसककर)* तुम तो वैसी औरत नहीं हो। यह तो मैंने तभी भाँप लिया था जब बयार बही थी और मैंने तुम्हारा चेहरा पहली बार देखा—वह शीतल चेहरा जिसे भरे-भरे रसीले ओठों ने वह सुख नहीं दिया जो उसे मिलना चाहिए था। और जब मैंने उनका रस चख लिया है *(पत्नी सर उठाती है। चेहरा लाल हो आया है। ओठ खुल गए हैं। वह ताजोमारू को ताक रही है।)*

पति की आत्मा : मेरी संगिनी, मेरी दुलारी सुकुमारी पत्नी—जब से ब्याह कर आई, कभी उसके चेहरे को इस रूप में नहीं देखा था—कभी नहीं। कभी नहीं।

[कंपित निश्वास के साथ पत्नी पहले अपना हाथ फिर अपने ओठ ताजोमारू के नंगे सीने पर रख देती है और उन्हें ऊपर ले जाते ले जाते डकैत के मुँह से मिला देती है। वह उसे बाँहों में भींच लेता है और वे उन्मत्त, मादक आलिंगन करते हैं। पति यह दृश्य देखकर आँखें मीच लेता है।]

पत्नी : *(काँपते निश्वास)* मुझे ले चलो, मुझे अपने साथ ले चलो। *(ताजोमारू बिजयदर्प से मुस्कुराता है। वह उठ खड़ा होता है, उसे गोद में उठाकर ले चलता है)* ठहरो। *(वह ठहर जाता है, आश्चर्य से उसका मुँह देखता है। वह सर घुमाकर, भौंहें सिकोड़कर पति को ताकती है)* जब तक यह जीवित है, मैं सदा इसकी पत्नी रहूँगी—मैं तन-मन से तुम्हारी न हो पाऊँगी। *(निर्मम स्वर में)* इसे मार दो। *(एक क्षण को ताजोमारू स्त्री पर नजर डालता है। फिर आहिस्ते-से वह उसे नीचे खड़ा कर देता है। स्त्री में हिंसा बढ़ती जा रही है। वह पति की ओर इंगित करती है।)* मार दो—मार दो।

पत्नी की आत्मा : वे शब्द आज भी मेरे चौतरफा तूफान की तरह दहाड़ रहे हैं और मुझे इस गर्त

में और गहरे और गहरे खींचे लिए जाते हैं। कभी मनुष्य के मुँह से ऐसे कुत्सित, ऐसे जघन्य शब्द निकले होंगे ? डाकू—जंगल का वह बर्बर पशु भी उन्हें सुनकर थर्रा गया। *(पत्नी पलटकर ताजोमारू की तरफ वापस मुड़ती है और वह उसे टकटकी बाँधकर देखता है।)* इसने उसकी आँखों में ताका और उसके चेहरे में कुछ घटित हुआ, कोई मद्धिम-सी हलचल, कोई गहरी घृणा—उस मादा के लिए जो अपने जोड़ीदार का भक्षण करती है।

[एकाएक ताजोमारू उसकी गरदन पकड़कर उसे जमीन पर पटक देता है। वह रेंगकर निकल जाना चाहती है मगर वह उसकी टाँगों के बीच पड़ी है।]

ताजोमारू : बोल, इसका क्या करूँ ? तू क्या चाहता है ? इसका काला दिल काटकर निकाल लूँ या छोड़ दूँ ? पत्नी छटपटाती है तो वह पैर से उसकी पीठ दबा देता है। तुम जो कहोगे वही मैं करूँगा। *(पति ताजोमारू की अप्रत्याशित संवेदना से विचलित होकर चेहरा फेर लेता है। ताजोमारू पत्नी की पीठ पर से पैर हटाकर पति की ओर आता है।)* बोल, तेरे ऊपर है। *(पत्नी लड़खड़ाकर उठ खड़ी होती है और जान लेकर जंगल के भीतर भाग जाती है। ताजोमारू पलटकर उसके पीछे दौड़ता है परंतु जब उसकी चीखों का जंगल के भीतर दूर जाते हुए सुनाई पड़ना बंद हो जाता है तो वह खुले के किनारे पर ठिठककर रह जाता है। लौटकर)* भाग जाने दो। उसका चीत्कार सुनकर सड़क से कोई न कोई आ जाएगा। *(सहसा मन बदलकर)* तुम दोनों का सत्यानाश हो—मैं अपनी चिंता में लगता हूँ। *(वह पत्नी की विपरीत दिशा में चल पड़ता है। परंतु रुक जाता है, पति को पलटकर ताकता है। तेजी से उसके पास आकर उसके बंधन काट देता है।)* हम दोनों उसके बिना ही भले। *(वह जाता है।)*

[पति की बाँहें नीचे लटक जाती हैं। वह बिना हिले-डुले अकेला बैठा है।]

पत्नी की आत्मा : सन्नाटा छाया रहा। देर तक। तब मैंने किसी को सिसकते सुना। कोई सिसक रहा था—कौन रहा होगा? *(पति की आँखें आँसुओं से भीगी हैं। सहसा वह दोहरा होता है मुँह छिपाए हुए, मौन रुदन से विह्वल—वह मनुष्य जिसका जीवन, जिसकी आशाएँ, जिसका गर्व, मिट्टी में मिल चुका है। अंत में खड़े होकर वह अंधों की तरह चलता है, फिर वृक्ष के तने से सर टिकाकर वह आत्मसंयम प्राप्त करने की चेष्टा करता है जो उसके जीवन का सिद्धांत है। जब वह आखिर में सर उठाता है तो उसका चेहरा फिर से निर्विकार, निर्दोष हो चुका है। वह अपनी तलवार खींचता है, उसे मौन संकल्प से देखता है। जैसे ही वह उसे उठाकर अपने सीने के ऊपर ले जाता है, जंगल पर आलोक बुझ जाता है।)*

[साथ ही साथ, पुलिस कचहरी पर आलोक आ जाता है और माध्यम दर्द से तड़प-तड़पकर चीखने लगती है और ऐसा अभिनय करके जैसे अपने तलवार घोंपने जा रही हो, मुँह के बल पछाड़ खाकर गिर पड़ती है।]

मेरे सीने में कुछ उठकर गले तक आ गया। मुझे कोई दर्द नहीं हुआ। सिर्फ उँगलियों में एक ठंडापन रेंगकर फैलने लगा और एक झीनी-सी धुंध मेरे इर्द-गिर्द मँडराने लगी। सबकुछ मौन था। आकाश में कोई चिड़िया न बोलती थी, वन में कोई पत्ता न हिलता था। सिर्फ एक अकेली रोशनी बगीची में और पर्वत पर झिलमिलाती थी। उस नीरवता में मैं शांत पड़ा था। होते-करते रोशनी और धुँधली हो गई।

बाँस और सीडार आँखों से ओझल हो गए। तब किसी की धीमी-धीमी आहट मिली। कौन? मैंने ताकना चाहा परंतु अँधेरा इतना घना था कि नहीं दिखा। कोई—किसी का हाथ आया और मेरे सीने में पैठी तलवार की मूठ पकड़ ली—उसे आहिस्ते से खींच लिया। मेरे गले में जो रुँध गया था उसने फैलकर मेरी साँस बंद कर दी और मैं अनंत के अंधकार में डूब गया—डूबता चला गया।

लकड़हारे की आवाज : *(अँधेरे में उग्रता से)* यह झूठ है, झूठ है।

[आलोक तेजी से राशोमोन द्वार पर तेज हो आता है। गरज और बिजली की चमक जिसमें भिक्षु और केशकार लकड़हारे पर टकटकी बाँधे दिखाई देते हैं जो उछलकर खड़ा हो गया है।]

लकड़हारा : इसकी सारी की सारी कहानी झूठी है। उसने अपने-आपको नहीं मारा। उसने—*(वह यह समझकर ठिठक जाता है कि वह क्या कहने जा रहा था।)*

केशकार : *(खड़े होते हुए)* उसने—क्या *(लकड़हारा घबराकर माथे से पसीना पोंछते हुए मुँह फेर लेता है)* तुम्हारे पसीना क्यों छूट रहा है ? *(लकड़हारा पोंछना सहसा बंद कर देता है।)* ऐसा तो नहीं कि तुमने कोई टुकड़ा छिपा रखा है जो हमें नहीं चखा रहे हो?

लकड़हारा : नहीं मैं—मैं कुछ नहीं जानता—*(भिक्षु की पैनी निगाहों से उसकी निगाह टकराती है और वह तुरंत आँखें फेर लेता है।)*

केशकार : *(दाँत निपोरकर)* बस यही बात है कि मुर्दे ने झूठ बोला, और कुछ नहीं।

[भिक्षु धीरे-धीरे उठ खड़ा होता है पर उसकी आँखें लकड़हारे पर से नहीं हटतीं।]

लकड़हारा : क्या जाने—हो सकता है झूठ न बोला हो—*(वह चल देता है)*

भिक्षु : *(लकड़हारे से)* झूठ तुम बोल रहे हो।

लकड़हारा : *(रुककर और पलटकर)* कसम खाता हूँ कि...

भिक्षु : कसम खाने में तुम्हें देर नहीं लगती। यहाँ खाई और आज ही कचहरी में भी खाई थी। *(असलियत समझ में आती है)* मगर तुम्हें मुर्दा नहीं मिला था—तुमने तो उसे जिंदा देखा था—और डाकू और औरत को भी।

केशकार : *(खुश होकर)* इसने सारा कांड देखा होगा।

भिक्षु : *(लकड़हारे की ओर जाकर)* क्यों ? क्यों नहीं कल कचहरी में बताया तुमने *(लकड़हारा भिक्षु की पैनी आँखों से आँख मिलाता है। फिर आहिस्ता-आहिस्ता उसके कंधे ढीले हो जाते हैं, ओठ थरथराने लगते हैं।)*

लकड़हारा : मैं गरीब आदमी ठहरा।

भिक्षु : सच बोलना क्या रईसों का शौक होता है।

लकड़हारा : मैं—मैं फँसना नहीं चाहता था।

भिक्षु : फँसना ? फँसे तो तुम हो ही। यदि इसलिए नहीं कि सत्य सच प्यारा है या आत्मा बोलती है तो इसलिए कि शुद्ध स्वार्थ है। हर बार जब न्याय में चूक होती है, तुम दया की भीख माँगते हो। तुम हर जेल में सड़ते हो, तुम हर फाँसी का फंदा पहनते हो। तुम कितने मूर्ख हो कि छलछंद के इस जाल का पर्दाफाश कर सकते थे परंतु तुम चुप रह गए ? उन तीनों में से एक—कम से कम एक निश्चय ही सच बता रहा था, उसका अपना स्वार्थ चाहे जो रहा हो।

[बादल की धीमी-सी गड़गड़ाहट सुन पड़ती है।]

लकड़हारा : *(उससे अलग जाते हुए)* नहीं *(वह केशकार के आमने-सामने आ जाता है।)*

केशकार : नहीं ? *(लकड़हारा उससे मुँह फेर लेता है।)*

भिक्षु : *(उसे घूरते हुए)* कहना क्या चाहते हो?

लकड़हारा : *(दुखी, अप्रस्तुत, पलटता है)* उनके किस्सों में से एक भी सच्चा न था, वे झूठ थे—सब के सब।

[भिक्षु स्तब्ध खड़ा उसे देखता रहता है। केशकार पहले एक के बाद एक को देखता है फिर कड़वी हँसी हँस उठता है। लकड़हारा, दयनीय-सा ग्लानि से भरा खड़ा हुआ है।]

केशकार : हाय-हाय, मेरा पेट दुखने लगा। माँ ने मुझे जब जना था तब से लेकर अब तक मेरे साथ जितने उम्दा मजाक हुए हैं यह उनमें से एक है। *(भिक्षु झटके से उन दोनों से दूर चला जाता है।)* अभी तक कैसे मिट्टी का लोंदा ऐसा बैठा हुआ था—

लकड़हारा : मैंने कह दिया—मैं नहीं चाहता था कि *(वह अपराधी जैसा आधी बात कहकर रह जाता है और भिक्षु की ओर कनखियों से देखता है।)*

केशकार : कहो, कहो, नहीं चाहता था कि फँस जाऊँ।

लकड़हारा : भूल थी।

केशकार : क्यों ? तुम्हें सबसे पहले अपनी चमड़ी की चिंता हुई, इसमें कोई भूल नहीं थी। जहाँ तक न्याय का प्रश्न है, वह तो गलती करेगा ही, तुम चाहो जो कर लो। इसलिए भला इसी में है कि अपनी अकल पर भरोसा रखो और बचके चलो।

भिक्षु : *(पलटकर)* उसे मत छेड़ो।

केशकार : तुम उसे क्या दे रहे हो जो बेहतर है। क्या तुम कभी किसी जेल में सड़ते रहे हो—या कभी पुलिस की तलवार की ठंडी धार अपने गले पर रख पाई है? हाँ, साहस सहज जान पड़ता है—विहार के आश्रम में खड़े होकर।

भिक्षु : मैं कोई आश्रम नहीं चाहता।

केशकार : तुम चाहते क्या हो? *(भिक्षु अवाक् उसकी ओर देखता है)* जिस दुनिया में तुम रहते हो उसके मैले चेहरे को तुमने देखा नहीं कि भागने को तैयार—और यह जानी सच्चाई तुम्हें गवारा नहीं कि कल किसी पुलिस कचहरी में तीन जने झूठ बोल गए। *(भिक्षु मुँह फेर लेता है और केशकार बनावटी सहानुभूति से बोलता है।)* मुझे पता है—आराम से सो रहे हो और सिरहाने की तकिया ठोकर मारकर हटा दी जाए तो खुशी नहीं होती।

भिक्षु : कोई कारण रहा होगा।

केशकार : कोई कारण नहीं। हर कोई वही बताता है जो वह चाहता है कि दुनिया विश्वास करे।

भिक्षु : नहीं, इसका उत्तर अवश्य होगा।

केशकार : *(सर हिलाकर)* अब भी आशा लगाए बैठे हैं कि कोई पवित्र जंतर-मंतर सड़ाँध को सुगंध बना देगा *(फिर)* तुम बचकर भाग रहे थे भन्ते, भइया भागते ही जाओ। चमत्कार का इंतजार न करो।

भिक्षु : *(एक क्षण बीतता है फिर वह पलटकर केशकार को पैनी निगाह से देखता है)* हो सकता है चमत्कार यहीं हो—इसी क्षण। *(केशकार उसे अवाक् देखता है)* हो सकता है, तुम्हीं हो।

केशकार : मैं?

भिक्षु : वर्षा ने हमें यहाँ राशोमोन द्वार पर बाँध रखा है। मुझे वह सारा भयानक किस्सा—तुम्हें—फिर से सुनाना पड़ रहा है—और तुम्हारे तिरस्कार और विद्रूप में से सत्य को नंगा कर रहा हूँ—*(लकड़हारे की ओर देखकर)* अंततः।

[जब भिक्षु की निगाह उदास लकड़हारे पर जाती है तो केशकार भी उस पर निगाह गड़ाता है। लकड़हारा दोनों से आँख नहीं मिलाता।]

केशकार : अंततः आकाशवाणी *(वह व्यंग्य से हँसता है)* तुम्हारा सौभाग्य है, मित्र। बुद्ध का वरदहस्त तुम्हारे सर पर हो।

लकड़हारा : नहीं, नहीं, मैं...

केशकार : *(बनावटी सख्ती से)* बोलो-बोलो, जब ईश्वर आदेश दे तो पीठ नहीं दिखाते।

[लकड़हारा असहाय भाव से भिक्षु को ताकता है।]

भिक्षु : *(सौम्यता से)* सच बोलने से कभी डरना मत।

लकड़हारा : *(एक लंबा क्षण बीतता है क्योंकि वह ओठ तर कर रहा है। फिर वह सर हिलाकर हामी भरता है।)* अच्छी बात है—मैं तुम्हें बताऊँगा।

केशकार : आह—*(वह किस्सा सुनने बैठ जाता है।)*

लकड़हारा : *(लंबी साँस लेकर)* मैं जंगल में से होकर जा रहा था और मुझे इस औरत की टोपी दिखाई दी।

केशकार : टोपी—जिसमें जालीदार पर्दा टँका हुआ था—पता है। फिर?

लकड़हारा : फिर मैंने आवाजें सुनीं। तो मैं दबे पाँव पास गया और झाड़ी के पीछे दुबककर झाँकने लगा। पति में अभी जान थी। वह वृक्ष के खूँटे से बँधा हुआ था।

केशकार : और पत्नी।

लकड़हारा : वह *(सकुचाकर)* जूड़ा बाँध रही थी।

केशकार : *(अविश्वास से)* जूड़ा बाँध रही थी ? *(एक क्षण सोचकर भिक्षु से)* क्यों नहीं, औरत और क्या करेगी। *(लकड़हारे की ओर पलटकर)* ताजोमारू?

लकड़हारा : वह बैठा हुआ था, घुटनों के बल।

केशकार : घुटनों के बल ? *(लकड़हारा सर हिलाकर हामी भरता है)* ओ हो, यह किस्सा तो मजेदार होगा। ताजोमारू और घुटनों के बल !

[वह हँस-हँसकर खुश होता है। साथ ही राशोमोन द्वार पर से आलोक मद्धिम होकर मिट जाता है और जंगल पर उभर आता है जिससे यह दृश्य दिखता है कि पत्नी जमीन पर बैठी अपनी उलझी लटों में कंघी करके उन्हें सँवार रही है, ताजोमारू उसके पास दोजानू बैठा असहाय भाव से उसे देख रहा है। वह मौन अवज्ञा से मुँह फेरे बैठी है। पति के हाथ-पाँव बाँस की जड़ से बँधे हैं और मुँह में कपड़ा ठुँसा हुआ है।]

ताजोमारू : सुनो *(वह हाथ बढ़ाकर उसे छूना चाहता है पर फिर बेहतर समझता है कि न छुए)* मुझे माफ कर दो। *(जब वह बस अपने केश ही सँवारती रहती है तो वह घुटनों के बल ही खिसककर उसके सामने आना चाहता है)* कितनी बार कहूँ कि माफ कर दो, माफ कर दो *(वह मुँह फेर लेती है जिससे वह फिर उसकी पीठ की ओर मुँह किए बैठा रह जाता है)* क्या तुम समझ नहीं पातीं। जीवन-भर—यहाँ—*(वह अपनी कनपटी ठोककर बताता है)* मैं तुम्हारी जैसी औरत की छवि लिए-लिए घूमा हूँ। जब लड़का था तो पालकी में जाती बड़े घरों की औरतों को ताकता रह जाता था। एक मर्तबा किसी एक का पंखा गिर पड़ा था, मैंने उठाकर पकड़ाया था।

उसका हाथ खिलौने जैसा था—रंगीन मुड़े हुए नख थे—जैसे तुम्हारे हैं—*(वह आदर से उसका हाथ छूता है। वह अपना हाथ खींच लेती है)* देखो—मैं ताजोमारू, जिसके नाम से आधा देश थर्राता है—घुटनों के बल पड़ा हुआ हूँ। तुमसे भीख माँग रहा हूँ। मेरी मानो, मेरे साथ चली चलो।

पत्नी : मुझे रहने दो।

ताजोमारू : *(वह जूड़ा बाँधती रहती है। वह निराश होकर उछलकर खड़ा हो जाता है)* क्या बात है ? यह कि मैं डाकू हूँ ? अच्छी बात है, यह काम छोड़ दूँ *(वह उस पर कुत्सा भरी दृष्टि डालती है। वह एक हाथ ऊपर उठाकर आश्वासन देता है)* मैं वचन दे रहा हूँ। और मैं जो वचन देता हूँ, निभाता हूँ। जिस भिखारी से, जिस चोर से चाहे पूछ देखो, यही कहेगा कि ताजोमारू वचन हमेशा निभाता है।

पत्नी : *(उदासीन)* चले जाओ।

ताजोमारू : *(और अधिक व्यग्र होकर उसके पास जमीन पर बैठ जाता है)* क्या पैसे की बात है ? मेरे पास ढेर का ढेर पैसा है—जंगल भर में जहाँ-तहाँ छिपा रखा है। मेरे साथ निकल चलो तो मैं तुम्हें ऐसी-ऐसी चीजें दिखाऊँगा कि लार टपक पड़ेगी—रेशम, सुलेमानी, हाथीदाँत, हीरा—*(वह जूड़ा बाँध चुकी है और सुन रही है)* याद है तीन बरस पहले जब रायसाहेब यू जी की बेटी अपना दहेज ले जाते हुए राजपथ पर से गायब हो गई थी ? *(स्त्री का सर धीमे से घूमता है)* एक पन्ना इतना बड़ा है जितनी मेरी मुट्ठी *(वह अपनी मुट्ठी आगे करता है। वह मुट्ठी को एकटक देखती है—उसकी आँखें कटोरी-सी फैल गई हैं और वह मंत्रमुग्ध-सी है)* मैं देख रहा हूँ यहाँ तुम्हारे गले के मध्य में, यह कैसा सजेगा। *('पन्ना' उसकी गरदन के मध्य की ओर बढ़ रहा है। वहाँ पहुँचने को होते ही वह एकाएक फिर से 'मुट्ठी' बन जाता है।)*

पत्नी : *(पीछे हटती है)* मुझे छूना मत।

ताजोमारू : *(अचंभे में पड़ गया है, फिर वह माथा पीटता है)* कैसा मूर्ख हूँ मैं ? तुम्हारी जैसी महिला चोरी की धन-दौलत से हाथ काले करेगी ? *(वह उठकर चहलकदमी करता है। उसके आमने-सामने विकट प्रश्न खड़ा है। वह उससे जूझता है—अंत में जो अनिवार्य है उसे मान लेता है)* अच्छी बात है। यह होना है तो यही करूँगा, काम करूँगा। *(फिर घुटनों पर गिरकर, आतुरता से)* हाँ, सर्पदंत की कसम, ठेला खींचूँगा, सड़कों पर पसीना बहाऊँगा, खुरंट जम जाएँगे, मगर तुमको सुख दूँगा—तुम मेरी हो जाओ।

पत्नी : *(वह उसे उपेक्षा से देखती है। उठते हुए किमोनो की सलवटें सुधारती है)* यह बात तुमने सोची भी कैसे।

ताजोमारू : कैसे? *(वह फिर घुटनों के बल उसके पास सरक आता है)* ऐसे कि मैं तुम्हें बहुत चाहता हूँ, मैं—*(वह उस पर चढ़ा चला आता है और वह उसे परे कर रही है।)* मुझे फिर एक चुंबन दो—मुझे बताने दो कि...

पत्नी : *(उसके ओठों से बचने का संघर्ष करते हुए)* नहीं-नहीं, छोड़ दो *(सहसा वह उसे ऐसी उग्रता से धकेल देती है जैसे संभ्रांत स्त्रियों में नहीं पाई जाती। वह लड़खड़ाकर पीछे हट जाता है, स्त्री का किमोनो जिसे पुरुष हाथ से पकड़े हुए था, अनजाने चिर जाता है। वह उस असुंदर चीरे को हक्की-बक्की देखती है)*—मेरा किमोनो !

ताजोमारू : *(अधीर न होने का प्रयत्न करके)* मैं तुम्हें नया मँगा दूँगा।

पत्नी : देखो, तुमने यह क्या कर डाला।

ताजोमारू : मैं तुम्हें दस किमोनो ला दूँगा।

पत्नी : मैंने बस दो बार पहना था।

ताजोमारू : *(उबल पड़ता है)* भाड़ में जाए तुम्हारा किमोनो *(वह चौंककर उसको निहारता है)* हाँ, फिर कहता हूँ, भाड़ में जाए वह और भाड़ में जाओ तुम—*(उसकी ओर एक कदम बढ़कर)* मैं तुम्हें पीटूँगा, मार डालूँगा, जो मेरा कहा नहीं करेगी।

पत्नी : तुममें इतना साहस नहीं है *(फिर आशापूर्वक)* कि है ? *(वह अपनी तलवार धमकाने के अंदाज में खींच लेता है। इस उग्र शिकारी जानवर को ऊपर से नीचे तक निहारकर पत्नी के गालों पर उत्तेजना के आनंद की चमक आ जाती है। फिर धीरे-धीरे वह अपने कमरबंद से अपना पंखा निकालती है। उसे फहराकर चेहरे के सामने ले आती है—पंखे के पीछे से सिर्फ आँखें चमक रही हैं—मादा—पहली बार उत्तेजक आँखें)* तुम जो चाह रहे हो वह अनुचित है। मैं तुम्हारा कहा कैसे करूँ।

ताजोमारू : हुँह।

पत्नी : पत्नी पति की आज्ञा मानती है।

ताजोमारू : ओह, *(एक विचार उपजता है, वह उस पार पति के पास जाता है)* अच्छी बात है, तब मैं इसे खत्म कर दूँगा। *(वह तलवार उठाता है और पति विरोध में गिड़गिड़ाता और कसमसाता है।)*

पत्नी : नहीं-नहीं, ऐसा मत करो।

ताजोमारू : *(पलटकर)* सबसे आसान यही है।

पत्नी : एक महिला सबसे आसान तरीके से नहीं पाई जाती। वह केवल उसकी होती है जो उसके लिए युद्ध को प्रस्तुत हो।

पत्नी : *(यह उसने कभी सोचा न था)* युद्ध? तुम्हारा मतलब है द्वंद्व ? *(एकदम पत्नी दौड़कर पति तक जाती है और अपनी कटारी से उसके बंधन काट देती है)* ठहरो, थम जाओ, क्या कर रही हो? *(संशय से)* मैं सामुराई से खिलवाड़ नहीं करना चाहता।

पत्नी : *(पीछे हटकर। स्वर में आशंका का पुट है)* अब तुम दोनों जानो। *(वह आशा से निहारती है, पति अपने इर्द-गिर्द बँधी रस्सी खोलता है और मुँह में ठुँसा कपड़ा निकालता है। ताजोमारू होशियार होकर पीछे हटते हुए अपनी तलवार की मूठ को आत्मरक्षा में कसकर पकड़ लेता है।)*

पति : *(उठते हुए, अपने पहरावे को सम्हालते और झाड़ते हुए)* तलवार अलग रख दो। *(ताजोमारू मुँह बाए उसे देखता है)* घबराओ नहीं, मैं तुम्हारे दो टुकड़े नहीं करने जा रहा हूँ।

ताजोमारू : मेरे दो टुकड़े?

पति : तुम्हारे साथ दो-दो हाथ करने का मेरा कोई विचार नहीं है। सामुराई की तलवार के इससे अधिक श्रेष्ठ उपयोग हैं। इस हथियार की मर्यादा है।

पत्नी : मेरी मर्यादा कुछ नहीं?

पति : तुम तो इस शब्द का अर्थ भी नहीं जानतीं।

पत्नी : मुझ पर अभी बलात्कार किया गया।

पति : *(अविश्वास से धिक्कारकर)* ओ हो !

पत्नी : मैं लड़ी—मुझे बेबस कर दिया।

पति : *(झिड़ककर)* मेरी अर्द्धांगिनी, मेरे मुँह में कपड़ा ठुँसा हुआ था पर मेरी आँखों पर

पट्टी नहीं बँधी थी।

पत्नी : मैं कर क्या सकती थी।

पति : और क्या—तुम जो हो सो क्या कर सकती थीं।

पत्नी : *(संभ्रांत महिला होने का आवरण तेजी से हटता जा रहा है)* मैं जो हूँ से तुम्हारा क्या मतलब है?

पति : तुमने अपनी कटारी से अभी मेरे बंधन काटे—क्यों नहीं तुमने इसी कटारी से अपना गला चाक कर लिया। सच्चे कुल की वधू ने अपना कलंक धोने के लिए यही किया होता।

पत्नी : अच्छा! कुलवधू ने यही किया होता। किंतु मैं तो वही ठहरी जो मैं हूँ। किंतु मैं तो जो हूँ वही ठहरी।

पति : जो हो और जो हमेशा रहोगी—महरिन की बेटी—छिनाल। *(ताजोमारू हक्का-बक्का उसकी ओर देखता है।)*

पत्नी : तो यही मेरा पुरस्कार है—मेरी अनन्य भक्ति का बदला।

ताजोमारू : *(स्तब्ध रहकर)* महरिन की बेटी? *(वे उसकी बात सुनते ही नहीं)*

पति : *(एक कड़वी हँसी)* भक्ति! तुम समझती हो मैं बच्चा हूँ? अरे जो हमारी देहरी पर आया उससे तुमने आँख लड़ाई। तुमसे यह चतुराई भी न बनी कि पंखे की ओट कर लेतीं। और हमारे बाग में अँधेरे में वे ठंडी साँसें, परदों की आड़ में वे कनबतियाँ।

पत्नी : *(चोट खाकर)* कौन-सी कनबतियाँ?

पति : ओह, बहुत साध्वी बनना बंद करो। मैं तुम्हारा पति हूँ—याद है? मैं जानता हूँ तुम कहाँ की हो और क्या हो। और मैंने इतने समय सब अनदेखी की और किसी तरह अपनी इज्जत ढाँके रखी।

पत्नी : इज्जत! इज्जत—तुम्हें हर समय इसी की पड़ी रहती है।

पति : ब्याह के पहले मुझे सोच लेना था।

पत्नी : घमंडी कहीं के, जानवर?

ताजोमारू : *(सहसा)* ओह, शांत रहो, दोनों के दोनों। *(वे चुप होकर उसकी ओर देखते हैं। वह उन्हें कुत्सा से देखता है, गरदन पर आ बैठा मच्छर गुस्से से मारता है।)* जो हो, यह सब शुरू कैसे हुआ था ? *(याद करके अप्रसन्न होता है।)* वह बयार। मैं सड़क के किनारे पड़ा सो रहा होता मगर वह कमबख्त बयार जगा गई। *(तलवार म्यान में रखकर)* हम सारी बातें भूल जाएँ। *(वह चल पड़ता है परंतु पत्नी उसके पीछे दौड़ती है।)*

पत्नी : रहो, जाओ नहीं। हम कैसे भूल जाएँ?

ताजोमारू : मैं भूल चुका हूँ *(वह जाने लगता है मगर पत्नी उसकी बाँह पकड़ लेती है।)*

पत्नी : तुम इस तरह हमें यहाँ छोड़कर नहीं भाग सकते—बिलकुल नहीं।

ताजोमारू : *(बाँह छुड़ाकर)* मेरा पीछा करना बंद करो—मुझे पसंद नहीं है कि कोई मेरा पीछा करे।

पति : उसे रहने दो। अभी अपमान से मन नहीं भरा? *(दोनों पुरुष उसके पास से दो विपरीत दिशाओं में चल देते हैं। वह एक को फिर दूसरे को असहाय-सी देखती रहती है, फिर सिसकती हुई जमीन पर गिर पड़ती है—पहली बार सचमुच रो रही है। दोनों पुरुष रुककर पलटते हैं और फिर धीरे-धीरे वापस आकर खड़े-खड़े उसको*

ऊपर से ताकते रहते हैं।) ओ हो, यह रिरियाना बंद करो।

ताजोमारू : औरतें हमेशा रोती हैं।

पति : यह मुझ पर आँसू बेकार लुटा रही है। सोचती होगी कि तुमको बुद्धू बना लेगी।

ताजोमारू : मैं? अब नहीं आनेवाला।

पति : मैं उसके चेहरे के चक्कर में आ गया था। सोचा था उसका जीवन सुधार लूँगा—मगर—*(वह असफलता का भाव दिखाता है)*

ताजोमारू : तो क्या हुआ, उसे फिर रसोईघर में तो लगा ही सकते हो।

पत्नी : *(उछलकर खड़ी होती है)* रसोईघर में ! *(वह जिस तरह उत्तेजित हो उठती है यह देखकर दोनों पुरुष एक-एक कदम पीछे हट जाते हैं)* महरिन की बेटी, हाँ वही तो मैं हूँ। मगर रसोईघर में काम करके यह सूँघकर पहचानना आ जाता है कि...*(दोनों को देखकर)* कूड़ा क्या है।

पति : जबान सम्हाल।

पत्नी : *(उस पर गरजकर)* मेरे प्यारे बहादुर पतिदेव, अपनी महान तलवार की वह तुम्हारी बड़ी-बड़ी बातें कहाँ गईं ? हर कोई जानता है कि राई बराबर अपराध पर किसी को भी नष्ट कर देने का अधिकार हर सामुराई को होता है। और इस पुरुष ने तुम्हारा क्या किया है ? तुम्हें कब्जे में करके हाथ-पाँव बाँधकर तुम्हारी जोरू को तुम्हारी आँखों के सामने भोगा है। और तुम्हारा इस पर क्या जवाब है ? तुम सीना तानकर खड़े होते हो, मुझको हुकुम देते हो कि मैं सीने में कटार भोंक लूँ *(घोर प्रताड़ना से)* मैं समझी थी कि मैं तुम्हें मनुष्य बनने का अंतिम अवसर दे रही थी। पर मुझे अपनी भूल समझनी चाहिए थी। मैं तुम्हारे साथ रही हूँ, सोई हूँ, रात में तुम्हारी देह का स्पंदन मैंने अनुभव किया है और शान से सज-धजकर संग्राम को चलने से पहले जब तुम वमन करते थे तो तुम्हारा सर हाथों में सम्हाला है। हाँ, हम दोनों जानते हैं कि तुम्हारे युद्ध न करने का कारण क्या है—तुम कायर हो—*(चीखकर)* कायर—कायर—कायर !

ताजोमारू : *(उसके विस्फोट से आहत होकर)* बस करो।

पत्नी : बस करो? *(उसकी ओर पलटकर)* कौन बोला बस करो?

ताजोमारू : ताजोमारू।

पत्नी : *(उसे सर से पाँव तक देखती है)* ओह—हाँ, दस्युराज ताजोमारू—*(उसकी ओर बढ़कर)* बरसों मैं तुम्हारे रसियापन के, तुम्हारे दुस्साहस के, पाशविक बल के किस्से सुनती रही हूँ। *(इन शब्दों से विस्मित होकर ताजोमारू इतराने लगता है)* और क्षण-भर को मैंने मान लिया था कि शायद वे सच्चे होंगे। मेरे मन में कहीं कोई आशा थी कि तुम्हीं होगे जो मुझे पीटोगे, मेरे लिए लड़ोगे। यह जो बेमतलब जीवन मैं जी रही हूँ इससे मुझे छुड़ा ले जाओगे। मगर नहीं—*(वह उसके और निकट आ जाती है)* जब मेरे पति के हाथ-पाँव बँधे थे और मुँह रुँधा हुआ था तब उसकी जान लेने को तुम बड़े तैयार थे। पर जब मैंने उसे छुड़ा दिया तो तुम्हारे मन में मेरे लिए धधकती वासना लोप हो गई और उसके पीछे तुम भी लोप हो जाने की जल्दी में हो। तुम इससे कुछ अधिक बेहतर नहीं हो—बस अपने आपकी एक छोटी सस्ती नकल हो, एक नाम हो जिसका आकार नहीं—एक शून्य हो।

[वह सीधे उसके मुँह पर थूक देती है। धीरे-धीरे, अवसाद से भरकर वह अपना गला पोंछता है। फिर हठात् स्त्री को इतने जोर से धकेल देता है

कि वह आह करके एक पेड़ के तने से टकरा जाती है। उस पर आँखें तरेरता हुआ वह अपनी तलवार हवा में दो-चार बार भाँजता है और उसके फल को तौलता है। तब वह घूमकर पति की ओर मुँह करता है। पत्नी भी उसी की ओर मुँह कर लेती है। लगता है अब न जाने क्या होगा।]

पति : *(यह बात उसके मन में अभी तक चुभ रही थी)* वमन किया था मैंने, ऐसा।

[ताजोमारू की ओर घूमकर वह भी अपनी तलवार का फल उसे हवा में बड़ी सुघराई से भाँजते हुए तौलता है। पत्नी यह देखकर विजय-गर्व से मुस्कुराती है कि दोनों पुरुषों ने मोर्चा सम्हाल लिया है। कुछ क्षण तक हवा में गरज की गूँज और तलवारों की साँय-साँय भरी रहती है क्योंकि वे अत्यंत उग्रता से हाथ फेंक रहे हैं हालाँकि इतने निकट नहीं आते कि तलवारों के फल आपस में छू जाएँ। अंत में वे मजबूर होकर एक-दूसरे की ओर बढ़ते हैं धीरे-धीरे होशियारी से और उनकी आगे बढ़ी हुई तलवारें हल्के-हल्के कँपकँपाती हैं। जैसे-जैसे वे निकट से निकटतर आते जाते हैं, पत्नी का संतोष बदलकर आशंका बन जाता है यहाँ तक कि जैसे ही दोनों तलवारों के सिरे अंत में आपस में छू जाते हैं वैसे ही उसके मुँह से एक डरी हुई चीख निकल पड़ती है जिससे दोनों तनाव भरे पुरुष ऐसे चौंक पड़ते हैं कि उछलकर एक-दूसरे से दूर हो जाते हैं। सँभलकर वे दोनों कुछ चिढ़ के साथ स्त्री को घूरते हैं। दोनों पुरुष अब सशंक होकर एक-दूसरे के इर्द-गिर्द मँडराते हैं और फिर एक के बाद एक कई पेचीदा हाथ दिखाते हैं मगर सचमुच एक-दूसरे को चोट नहीं देते। थोड़ी देर बाद ताजोमारू कुछ थका-सा रुक जाता है और तलवार झुका लेता है।]

ताजोमारू : क्यों, तुम वार क्यों नहीं करते?

पति : तुम क्यों नहीं करते?

[ताजोमारू आस्तीन से नाक पोंछता है। एकाएक वह अपने प्रतिद्वंद्वी पर हिंसक पशु जैसी आवाज में गरजता हुआ एक शक्तिशाली प्रहार करता हुआ एक शक्तिशाली छलाँग मारकर झपटता है। यह देखने में बड़ा प्रभावशाली जान पड़ता है परंतु इससे होता कुछ नहीं क्योंकि पति ने उसी समय एक शक्तिशाली उल्टी छलाँग लगा ली है। बदले में पति तलवारबाजी के अत्यंत सुंदर और सिद्ध कौशल के नमूने दिखाते हुए आक्रमण करता है। परंतु ताजोमारू मर्यादा अथवा प्रवीणता के प्रति जरा भी सम्मान न दिखाकर पीछे हट जाता है। अभी तक दोनों एक-दूसरे को घाव नहीं लगा पाए हैं। पत्नी पीछे हटकर एक वृक्ष की आड़ से उस द्वंद्व की प्रगति को उत्सुकता से ताक रही है। इधर यह रक्तहीन मूक अभिनय जारी रहता है उधर वह अपने सुरक्षित स्थल से धीरे-धीरे प्रकट होती है। उसे लक्ष्य कर।]

इस तरह खुले में न खड़ी रह।

ताजोमारू : पेड़ की आड़ में चली जा, चोट आ जाएगी।

पति : *(लजाते हुए)* तुम दोनों को तो यह भी नहीं होनेवाला।

[वह वापस वृक्षों के बीच लौट जाती है। दोनों पुरुष खिसियाए हुए-से उसको जाते देखते रहते हैं। फिर वे पलटकर अत्यंत सच्चे क्रोध से एक-दूसरे पर झपट पड़ते हैं और इस बार जैसे-जैसे द्वंद्व का चरित्र बदलकर भयानक

यथार्थ का रूप लेता है वैसे-वैसे जंगल तलवार से तलवार के टकराने की गूँज से भर उठता है। हठात् ताजोमारू पति की टाँगों पर जोरों का वार करता है। मगर वह तुरंत उछलकर किसी तरह बच निकलता है। तलवार सिर्फ माप करके रह जाती है। वह जवाब में खुद ताजोमारू पर दाँव फेंकता है जो खाली जाता है मगर ताजोमारू की कमर से बँधे किमोनो का कमरबंद कट जाता है और किमोनो का नीचे का अंश जहाँ कमरबंद बँधा हुआ था, लटक जाता है। ताजोमारू लटके हुए किमोनो को अपने खाली हाथ से पकड़कर समेट लेता है और द्वंद्व जारी रखता है। परंतु वह जब-तब खिसककर टाँगों में फँसने लगता है। पति अपने को अच्छी स्थिति में जानकर अधिक शक्ति से आक्रमण करता है और ताजोमारू को वृक्षों के और बँसवटों के अंदर-बाहर आगे-पीछे दौड़ाता रहता है। ताजोमारू जान हथेली पर रखकर अपने को बचाता है और जितनी बेईमानियाँ उसे आती हैं, करता रहता है। सहसा एक वृक्ष के ठूँठ का चक्कर लगाते हुए पीछे हटते वक्त ताजोमारू पलटकर हिंसा से हुंकारते हुए तलवार का सीध वार अपने प्रतिद्वंद्वी के सर पर निशाना साधकर करता है। मगर पति कूदकर कन्नी काट जाता है और ताजोमारू की तलवार सिर्फ हवा के दो टुकड़े करती हुई ठूँठ में गहरे धँस जाती है। ताजोमारू झुँझला-झुँझलाकर उसे बाहर खींचता है पर तलवार धँसी की धँसी रहती है।]

पति : *(विजय-दर्प से)* हा-हा !

ताजोमारू : *(पति उसकी ओर बढ़ता है। वह एक हाथ उठाकर उसे रुकने को कहता है)* ठहरो—मुझे एक अवसर दो—*(पति बिना ध्यान दिए बढ़ता ही चला जाता है और ताजोमारू पीछे खिसकता जाता है)* तुम निहत्थे को नहीं मार सकते—नहीं मार सकते *(पति तलवार साधे हुए घोंपने के लिए जैसे-जैसे आगे बढ़ता है, ताजोमारू हटते-हटते पीठ के बल गिर पड़ता है और खिसक-खिसककर भाग जाने की चेष्टा करता है।)*

पति : महाबली ताजोमारू, तेरा वक्त आ गया।

ताजोमारू : *(डर से पीला पड़कर)* न, न, न, न—नहीं-नहीं।

[वह बुरी तरह लात चलाते हुए पड़े-पड़े चक्कर खाता है और पति का निशाना विफल करने के लिए उस पर मुट्ठी भर-भर पत्तियाँ और धूल फेंकता है और बराबर डर के मारे घिघियाता जाता है। क्षण भर के लिए धूल से पति की आँखें अंधी हो जाती हैं और ताजोमारू छलाँग मारकर उसकी उठी हुई भुजा पकड़ लेता है। इसके बाद दोनों पागलों की तरह गुँथ जाते हैं और तलवार पति के हाथ से छिटककर झाड़ियों में जा गिरती है। जोर लगाकर अपने को छुड़ाकर पति घूमकर अपनी तलवार खोजने के लिए झाड़ियों में भाग जाता है। ताजोमारू फिर झपटकर ठूँठ तक जाता है और अपनी धँसी हुई तलवार निकालने लगता है पर वह निकल ही नहीं रही है। इतने में पति दबे पाँव झाड़ियों से अपनी तलवार हाथ में लिए निकलने लगा है। ताजोमारू उसे देख लेता है और आजिजी में एक मुट्ठी धूल पति पर फेंकता है। पति लड़खड़ाकर उलटता और झाड़ियों में जा गिरता है। जैसे ही वह गिरता है उसके मुँह से एक तीखी दर्द भरी कराह निकलती है, इधर ताजोमारू सारा जोर लगाकर अपनी तलवार खींच

लेता है और अपने बचाव को पलटकर तैयार हो जाता है। पत्नी इस बीच इस द्वंद्व की प्रगति कभी कहीं और कभी कहीं खड़ी होकर देखती रहती है। जैसे ही पति झाड़ियों को धीरे-धीरे हटाकर उनमें से निकलने लगता है, पत्नी तनाव भरी उत्सुकता से उधर ताकने लगती है। जब पति सामने आता है तो उसके सीने में उसकी तलवार गहरे घुसी हुई है। पत्नी की साँस ऊपर की ऊपर और नीचे की नीचे रह जाती है।]

पति : मैं—मैं गिर पड़ा—*(उसके चेहरे पर आश्चर्य का दयनीय भाव है, वह उलटकर फिर झाड़ियों में गिर पड़ता है और आँख से ओझल हो जाता है।)*

[धीरे-धीरे पत्नी एक जगह जाती होती है जहाँ से वह पति के शरीर को खड़ी होकर देख सकती है। तब वह ताजोमारू की तरफ नजरें घुमाती है। थककर चूर बोलने में असमर्थ वह अपनी जीती हुई चीज की ओर बाँहें फैलाए बढ़ता है परंतु उसे ऐसा करते देख पत्नी जुगुप्सा के भाव से भर जाती है। वह भय और घृणा से चीखकर उसके सामने से हटती जाती है और पलटकर सीधे जंगल में भाग जाती है। ताजोमारू पीछा करना चाहता है परंतु कुछ कदम दौड़ने के बाद घुटनों के बल गिर पड़ता है और जिस दिशा में पत्नी भागी है उधर मौन ताकता रह जाता है।

जंगल पर आलोक धुँधला हो जाता है। राशोमोन फाटक पर पूरा आलोक हो जाता है। ताजोमारू पर आधा रहता है। द्वार पर वर्षा थम जाती है परंतु अलाव में अब भी जोरों से लपटें उठ रही हैं। केशकार लकड़हारे की कहानी का अंतिम अंश ध्यान से सुन रहा है। भिक्षु सर झुकाए हुए दोनों से विमुख बैठा है।]

लकड़हारा : ...मैं दम साधे झाड़ियों की झाड़ में छिपा बैठा रहा कि कहीं ताजोमारू मेरी साँस की आवाज सुन न ले। मेरा दम घुटने लगा, तभी वह उठ पड़ा। *(जंगल में ताजोमारू थका-माँदा उठकर खड़ा हो जाता है)* उसने अपनी तलवार उठा ली। *(ताजोमारू वही करता है जो लकड़हारा बता रहा है)* और तब—मेरे तो सोचकर रोंगटे खड़े हो जाते हैं। वह मेरे इतने करीब से गुजर गया कि चाहता तो छू लेता। उसके पैरों की चाप जब तक सुन पड़ती रही *(ताजोमारू वृक्षों में जाकर खो जाता है। जंगल का आलोक एकदम बुझ जाता है)*—मैंने पलक तक नहीं हिलने दी। फिर मैं कूदकर उठा और जितना तेज भाग सकता था—जंगल के बाहर भागा...

केशकार : सीधे पुलिस के पास।

लकड़हारा : हाँ।

केशकार : सो तो ठीक, मगर रस्ते में कहानी थोड़ी-सी भूल गए।

लकड़हारा : नहीं। भूला कुछ नहीं। मैं—*(माथा सहलाते हुए)* पता नहीं—शायद मुझे अदालत में बता देना चाहिए था मगर इतने तरह-तरह के बयान...मैं खुद भी चकरा गया कि क्या मेरा दिमाग सही है। समझ ही नहीं पाया—अभी तक नहीं समझ पाया कि वे सब झूठ क्यों बोल रहे थे।

केशकार : *(चिढ़ाते हुए)* अच्छा, झूठ बोल रहे थे?

[कौवे की काँव-काँव फिर सुन पड़ती है।]

लकड़हारा : जरूर बोल रहे होंगे। मैंने जो अपनी आँखों देखा वह मैं जानता हूँ।

केशकार : मैं तुम्हारी आँखों पर उन तीनों की आँखों से अधिक विश्वास क्यों करूँ। मैंने

तुमसे कहा था न कि लोग जो देखना पसंद करते हैं वही देखते हैं और जो सुनना पसंद करते हैं वही बताते हैं। *(लकड़हारा विरोध करने लगता है तो वह हाथ उठाकर उसे रोकता है और खीसें निपोरता है)* परंतु कोई चिंता नहीं—मैं किसी एक किस्से पर विश्वास करूँगा तो तुम्हारे किस्से पर करूँगा। तुम्हारे कारण नहीं बल्कि इस कारण कि उसमें सच्चाई की गंध आती है। उससे निराशा होती है न ? हम सोचना चाहते हैं कि लोग महान होंगे—महान नायक, महान खलनायक, महान यह, महान वह। मगर नहीं, असल में वे ऐसे हैं, छोटे, कमजोर, स्वार्थी, कायर, बेवफा—*(वह भिक्षु के पीठ पीछे विजय-भरी मुस्कान मुस्काता है)* यह चमत्कार देखा तुमने भन्ते?

[भिक्षु के भावहीन चेहरे का रंग उड़ा हुआ है। अपना डंडा और झोला उठाकर वह द्वार के पीछे के हिस्से में चला जाता है, सड़क से दूर जानेवाली सड़क को ताकता खड़ा रहता है। लकड़हारा केशकार पर गुस्से से निगाह डालता है।]

लकड़हारा : तुम हर अच्छी बात की धज्जियाँ क्यों उड़ा दिया करते हो?

भिक्षु : *(अलाव की आग को उकसाते हुए)* यह तो तुम्हारे देखने पर निर्भर करता है। कुछ लोग मानते हैं कि वृक्ष सुंदर होते हैं, फिर भी उन्हें काट गिराते हैं। मैं—न मेरे पास अपना कुछ है न मैं कुछ हूँ—और जाने कब से मैंने अपने को धोखे में रखना छोड़ दिया है। मेरे तईं सच्चाई एक जुगनू है—अभी चमकने लगा, अभी छिप गया। और झूठ—और कुछ नहीं ये खटमल हैं जो मेरे साथ बिस्तर में सोते हैं। मैं तफरीह की खातिर उनका शिकार किया करता हूँ—*(कंधे उचकाकर)* सफाई का यही ढंग है जो मेरे बूते का है। *(सहसा एक आवाज कहीं पीछे से आती है—बच्चे के रोने की अजब-सी रुँधी हुई आवाज। तीनों आदमी घूमकर चारों तरफ अचरज से हेरते हैं।)*

लकड़हारा : सुनो-सुनो, यह कौवा वही है। *(केशकार भागकर कुछ बड़ी-बड़ी धत्रियों के पीछे गायब हो जाता है)* यह क्या है?

[क्षण भर में केशकार कंबल में लिपटी एक पोटली गोद में लिए लौटता है।]

भिक्षु : *(अपना झोला छोड़कर दौड़ते आते हुए)* कोई बच्चा है।

केशकार : यही फेंक जाया करते है। *(कबल को परखते हुए)* कबल तो देखना, ऊन, शुद्ध ऊन है। *(जल्दी से बच्चे पर से कंबल उतार लेता है)* इसका दाम कम से कम होगा...

भिक्षु : *(क्षुब्ध होकर)* क्या कर रहे हो तुम? बच्चे को मुझे दो। *(वह बच्चे को केशकार से छीन लेता है और केशकार किसी तरह कंबल हथियाए हुए रह ही जाता है।)*

लकड़हारा : मैं तुम्हारे हाथ तोड़कर रख देता।

केशकार : *(अलग हटते हुए)* रहने भी दो।

लकड़हारा : तुम—तुम मुर्दाखोर हो—मुर्दाखोर !

केशकार : *(चोट खाकर पलटता है)* और इसके माँ-बाप क्या कहलाएँगे? खुद घड़ी भर मजा लूट लिया, फिर उसका फल मिला तो घूरे में फेंक गए—मैं मुर्दाखोर हूँ तो वे क्या हैं?

लकड़हारा : तुम्हें माँ-बाप और बच्चों के संबंध का क्या ज्ञान?

केशकार : *(विस्मय से कंधे उठाकर)* उसमें ज्ञान की बात है। कभी वे इन्हें उठाकर फेंक आते हैं, कभी ये उन्हें फेंक आते हैं।

लकड़हारा : तुम्हारा दिमाग ही टेढ़ा है। *(आगे आकर भिक्षु की गोद के बच्चे को निहारता है)* देखते नहीं, यह नवजात शिशु नहीं है। चार-पाँच महीने का है। इतने बड़े बच्चे को त्यागते हुए कितनी पीड़ा इन्होंने झेली होगी।

केशकार : *(दुखी होकर)* बस करो भाई, एक दिन में बहुत दुखभरी घटनाएँ जान चुका हूँ, और नहीं।

[बच्चा रिरियाने लगता है।]

भिक्षु : इसे जाड़ा लग रहा है।

लकड़हारा : ठंड खाकर मर जाएगा *(केशकार की तरफ बढ़कर)* कंबल वापस कर दो *(केशकार उसकी अनदेखी करता है और कंबल को जानबूझकर तह करने लगता है)* वापस कर दो, कह रहा हूँ।

केशकार : *(अवज्ञा करके)* अरे, जाओ-जाओ।

[लकड़हारा उससे कंबल छीन लेता है। वे उसके पीछे गुत्थमगुत्था हो जाते हैं—जमीन पर गिर जाते हैं और उसके लिए छीनाछपटी करते रहते हैं। भिक्षु उनकी ओर एक कदम बढ़ता है। बच्चा गोद में है इसलिए कुछ कर नहीं सकता।]

लकड़हारा : *(छीनाझपटी करते हुए)* छोड़ दे।

केशकार : हट जा।

लकड़हारा : छोड़ दे...नहीं तो—नहीं तो पुलिस को बुलाता हूँ।

केशकार : बुला ले, जा, बुला ला। *(अपने को छुड़ाने के लिए जोर लगाता है)* कुछ और भी बातें हैं जो उनको बताई जाएँगी—तेरी बातें। *(लकड़हारा झगड़ना छोड़कर उसे घूरता है)* हाँ, तेरी बातें *(उठ खड़ा होता है, कंबल अब भी पकड़े हुए है)* तू मुझसे न उलझ तो अच्छा है। मैंने तुझे अभी तक बख्श रखा है—समझा?

लकड़हारा : *(समझ न पाकर)* बख्श रखा है?

केशकार : बहुत बख्श रखा है, दोस्त, मेरे प्यारे, ईमानदार, धर्मात्मा दोस्त *(तिरस्कार से)* यह देखते हुए कि तू भी बाकी सबकी तरह झूठा पाखंडी है। *(लकड़हारा उछलकर खड़ा हो जाता है, केशकार पीछे हट जाता है)* तुमने न्यायपाल को बेवकूफ बना लिया, मुझे नहीं बना सकते। *(लकड़हारा चलते-चलते रुक जाता है, उसका चेहरा पीला पड़ जाता है। भिक्षु कुछ न समझकर चौंका हुआ एक से दूसरे पर निगाह डालता रहता है।)*

भिक्षु : तुम किस बारे में बात कर रहे हो?

केशकार : यह खूब जानता है किस बारे में। पूछकर देखिए, देखिए न? *(भिक्षु लकड़हारे पर निगाह डालता है पर वह उससे आँख चुरा लेता है। केशकार साफ-साफ लकड़हारे से पूछता है)* पति की तलवार कहाँ है—वह सजावटी तलवार जिसकी चाँदी की मूठ थी। बताओ मुझे, कहाँ है। हत्या के स्थल से उसे किसी ने नहीं उठाया। फिर भी पुलिस को वह नहीं मिली। क्या हुई, क्या उसे आसमान पी गया या धरती खा गई ?

लकड़हारा : मैं नहीं जानता।

केशकार : तुम नहीं जानते ! *(भिक्षु से)* जरा इसका चेहरा देखिए *(निर्दय भाव से लकड़हारे*

से) माध्यम ने जो कहा था सो क्या कहा था—"कोई दबे पाँव आया और मुर्दे की लाश ठंडी हो नहीं पाई थी कि उसके सीने से तलवार खींचकर निकाल ले गया..."

लकड़हारा : *(बुरी तरह घबराकर सर हिलाते हुए)* नहीं-नहीं।

केशकार : *(अब शेर हो गया है—उसके सीने में अपनी हडैली उँगली गड़ाता है)* उसके कितने पैसे बनाए ? जरूर—बहुत सारे, और मुझे मुर्दाखोर कहते हो? *(लकड़हारा घूमता है तो भिक्षु की पीड़ा भरी प्रश्नभरी आँखों से आँखें चार होती हैं। सहसा वह परास्त हो जाता है, सर सीने पर झुका लेता है। लकड़हारे से)* तुम उसकी भावनाओं का आदर करने को इतने उत्सुक थे कि मैंने सोचा कि तुम्हारी पर्दादारी रख लूँ। समझ गए न, जैसे चोर चोर की रखता है। मगर यही हासिल होता है जब किसी का भला करने चलो तो। *(भिक्षु ने मुँह फेर लिया है, उसका मन टूट चुका है। केशकार द्वार के पीछे के हिस्से में चला गया है। दूर ताक रहा है)* लगता है तूफान थम गया। *(वह पलटता है। लकड़हारा एक खंभे के सहारे टिका पसरा बैठा है)* अरे इतना बुरा मत मानो *(और दोस्ताना स्वर में)* मैंने एक बार एक चित्र देखा था—एक मनुष्य एक कगार से रस्सी में बँधा लटका हुआ था। ऊपर बनैले जानवर तैयार खड़े थे कि ऊपर आए तो खा जाएँ और नीचे एक ड्रैगन मुँह बाए था कि नीचे गिरे तो लील ले। ऊपर एक सफेद चूहा दिन, और एक काला चूहा रात, रस्सी को कुतरते जा रहे थे। *(उसके कंधे पर दिलासे की थपकी देते हुए)* यही होता है, दोस्त। इसलिए जितने क्षण हम यहाँ लटके हुए झूल रहे हैं सही-गलत की बहस में मत पड़ो। *(वह द्वार के पीछे के हिस्से में फिर जाता है और पलटता है।)* जो हो, आप दोनों को धन्यवाद, कि आज शाम को अच्छा मनोरंजन रहा *(कंबल ऊपर उठाकर)* और पुरस्कार भी मिला। *(वह हँसता है, तह किए हुए कंबल को अपनी कमीज के भीतर खोंस लेता है और द्वार के पीछे से तेजी से निकलकर गायब हो जाता है।)*

[बड़ी देर तक दोनों आदमी मौन एक-दूसरे से बिना आँखें मिलाए खड़े रहते हैं। फिर भिक्षु उस पार जाकर अपनी पोटली (या झोला) उठाता है। जैसे ही वह उसे उठाने को झुकता है शिशु फिर रोने लगता है। वह जल्दी से बच्चे को दूसरे हाथ से थामकर सीधा हो जाता है। लकड़हारे ने सर उठा लिया है और ताक रहा है कि भिक्षु किस तरह बेशऊरी से बच्चे को जैसे-तैसे थपथपाकर शांत करा रहा है।]

लकड़हारा : *(पास आकर, संकोचपूर्वक)* सुनो—*(दोनों हाथ बढ़ाकर)* मुझे दो।

भिक्षु : *(मुँह फेरकर कठोरता से)* क्या दूँ? इसके तन के बाकी कपड़े उतार लेने दूँ?

लकड़हारा : *(पीछे हट जाता है, ओठ काँप रहे हैं)* समझ गया। तुम्हारा भी क्या दोष। तुम मुझ पर विश्वास क्यों करने लगे। पर—मेरे अपने छह बच्चे घर पर हैं। वे भी रोते हैं। भूखे, कभी-कभी जड़ाते हुए डरे हुए। *(भिक्षु आहिस्ता से पलटता है। वह इन शब्दों के पीछे छिपा अर्थ बूझने लगा है। उसकी टकटकी के सामने लकड़हारा लज्जित होकर आँखें नीची कर लेता है।)* क्या कहूँ ? *(असहायता का भाव)* रुपहली मूठ की तलवार न जाने कितने आँसू पोंछ लेती है। *(बच्चे का रोना और तेज हो जाता है। वह हिचकियाँ ले-लेकर रो रहा है। लकड़हारे से रहा नहीं जाता। अनजाने ही वह हाथ बढ़ाकर बच्चे को फिर लेना चाहता है)* सुनो—*(इस बार भिक्षु*

उसे रोकने की कोई कोशिश नहीं करता है और वह बच्चे को ले लेता है। होशियारी से और प्यार से वह उसे कंधे पर ले लेता है और उसकी पीठ सहलाकर उसे दुलार में जाने क्या-क्या बोलता रहता है। बच्चे का रोना धीरे-धीरे थम जाता है और लकड़हारा भिक्षु को आश्वासनपूर्वक देखता है) वायु है। *(वह बच्चे को कंधे से हटाकर गोदी में लेकर हलराता है)* तुम्हें एक शिशु को लेकर यात्रा करना कठिन होगा। रास्ता भी निराला है। खड़ी चढ़ाई है—*(संकोचपूर्वक)* कहो तो मैं इसे घर ले जाऊँ, घर में है ही क्या मगर—*(शिशु पर दृष्टि डालकर वह मुस्कुराता है)* यह छोटी-सी मुइंगाँ कितना खा लेगी? *(भिक्षु उस पर टकटकी बाँधे खड़ा रह जाता है। वह अवाक् है। उसके मन में एक विराट अनुभव जन्म ले रहा है। इसी क्षण लकड़हारा शिशु को फिर आगे कर लेता है)* भूल हुई, मुझे यह नहीं कहना चाहिए था।

भिक्षु : नहीं, नहीं, अपने पास रखो *(लकड़हारा भिक्षु को ताकता है)* अपने साथ ले जाओ।

लकड़हारा : लेकिन, तुम अपने कानों से सुन चुके हो कि मैं कायर हूँ, चोर हूँ, लबार हूँ...

भिक्षु : *(हामी में सर हिलाकर)* तुम और भी बहुत कुछ हो। मनुष्य हो, सभी मनुष्यों की तरह।

लकड़हारा : *(आँखें धीरे-धीरे भर आती हैं)* तो तुमने क्षमा कर दिया?

भिक्षु : तुम्हें क्षमा कर दिया? *(दूर नगर की ओर निहारते हुए)* क्षमा पाने के लिए तो मुझे वापस लौटना पड़ेगा। मैं केवल यह सोचा करता था कि मैं लोगों को क्या-क्या सिखा सकता हूँ। *(वह लकड़हारे पर दृष्टि डालता है)* परंतु मुझे तुम सिखा रहे हो।

लकड़हारा : *(मूक सर हिलाकर)* मैं अभी भी नहीं जानता कि क्या समझूँ।

भिक्षु : *(किंचित मुस्कान से)* मैं इस न जानने के लिए बुद्ध का कृतज्ञ हूँ। *(श्रद्धापूर्वक नमन करता हूँ। असमंजस में पड़कर लकड़हारा भी उत्तर में नमन करता है।)*

लकड़हारा : *(अलग होते हुए)* वर्षा थम गई है। *(भिक्षु अपना डंडा और झोला उठाने चलता है)* तनिक देर में धूप भूमि को, वृक्षों को *(चारों ओर देखकर)* द्वार को सुखा देगी।

भिक्षु : *(लकड़हारे की दृष्टि का अनुसरण करते हुए)* राशोमोन न जाने क्यों अब यह अपने कौवों, शवों और सियारों के बावजूद इतना भयकारी नहीं रह गया है। *(शिशु पर दृष्टि डालकर)* इसके मुरमुराते हुए खँडहर में से भी जीवन जाग सकता है *(मंदिर की घंटियाँ समय बताती हैं। लकड़हारा दूर देखता है। भिक्षु कुछ समझ जाता है)* देर हो गई है। घर पर तुम्हारी बाट जोहते होंगे।

लकड़हारा : मुझे जाना ही चाहिए *(भिक्षु उसे देख मुस्कुराता है, लकड़हारा भी मुस्कुराता है—फिर द्वार की सीढ़ियों से उतरने लगता है। उतरते हुए पलटकर भिक्षु से आँखें मिलाता है।)*

भिक्षु : तेरा भला हो!

[कुछ बोल न पाकर लकड़हारा नमन करता है। भिक्षु भी उत्तर में और अधिक झुककर नमन करता है। शिशु को गोद में सँभालकर लकड़हारा पलटता है और जल्दी-जल्दी चलकर जंगल में विलीन हो जाता है। भिक्षु लकड़हारे को ताकता रहता है। जब वह ओझल हो जाता है तब भिक्षु पलटता

है। उसके चेहरे पर जब से हमने उसे देखा तब से पहली बार शांति आई है। वह उस सड़क पर दृष्टि डालता है जिस पर वह पहले जानेवाला था—लौट पड़ता है और सीढ़ियों के एकदम ऊपर चला जाता है। वायु वर्षा के बाद स्वच्छ और स्निग्ध है। वह गहरी साँस लेता है। झोला या पोटली कंधे पर डाल लेता है, फिर मंदिर की घंटियाँ जहाँ बज रही हैं उस ओर, जनसंकुल नगर की ओर और अपने अधूरे काम की ओर वापस चल पड़ता है।]

[परदा]

तीन आधुनिक हंगारी नाटक

[अनुवाद, 1983]

उन रंगकर्मियों को समर्पित जो हँसने-हँसाने
के लिए नाटक खोज रहे हैं

हंगारी रंगमंच

हंगारी में व्यावसायिक रंगमंच करीब 200 वर्ष का हो गया। पिछले 30-35 वर्षों में इसमें एक ही साथ परम्परा और प्रयोग खूब दिखाई दिया है। इसके पहले रंगमंच में नया कुछ तभी होता था जब कोई व्यक्ति अपनी ओर से प्रयोग और पहल करे। तब एक मात्र आयोजित रंगकर्म नैशनल थिएटर में हुआ करता था जो 1837 में बना था। अब 1945 के बाद से हंगारी रंगमंच का पूरा ढाँचा केंद्र से जारी नियमों के अनुसार समझ-बूझकर बदल दिया गया है और योजना के अनुसार बना दिया गया है।

1949 में स्थापित राष्ट्रीय रंगकर्म संगठन का उद्‌देश्य संस्कृति के क्षेत्र में कुछ विशेषाधिकार समाप्त करके रंगकर्म को सच्चे अर्थ में लोकतंत्रीय बना देना था। रंगमंच और नाटक और नाट्यशिल्प की सुविधाएँ सबको मिल सकें इस इरादे से हर थिएटर को सरकारी सहायता दी गई जैसे कि अन्य समाजवादी देशों में दी जाती है। नाटक की प्रस्तुति पर खर्च का करीब 40 प्रतिशत उसे टिकट बेचकर जुटाना होता था, बाकी 60 प्रतिशत या तो केंद्र सरकार या स्थानीय प्रशासन निश्चित रूप से देता था। इसी कारण रंग-मंडलों का गठन, नाटकों का चयन और नाट्य कर्म का व्यापार संगठन ढंग से आयोजित किया जा सका और वे परिवर्तन भी हो सके जो कि नाट्य संसार में स्वाभाविक और बहुधा आवश्यक हुआ करते हैं।

रंगमंच का राष्ट्रीयकरण हो जाने से पुराना नैशनल थिएटर स्टेट ऑपिरा, विगसिन्हाज (आनंद थिएटर) और देब्रेसिन, मिस्कोल्स, पैच और सेगेद नामक प्रांतीय नगरों के थिएटर अपने-अपने काम करते रहे परन्तु 1949 से लेकर आगे के 25 वर्षों में अनेक नए और पहले दर्जे के थिएटर पैदा हुए—जैसे बूदापेश्त में मदाच थिएटर और तालिया थिएटर। यही नहीं प्रांतीय सांस्कृतिक नगरों में भी वेकेश्चका एगेर ग्योर कापोशबार, केचकेमेत और वेसप्रेय में भी स्थाई रंगमंच बने। आजकल 25 रंगमंच हैं जिसमें से अनेक देश के बाहर भी प्रसिद्ध हुए हैं। मनोरंजन के लिए हास्य-विनोद, राजनैतिक व्यंग्य, लोककलाओं के लिए आधुनिक कथाएँ, कठपुतली मंच, बच्चों और किशोरों के लिए थिएटर और साहित्य के लिए विशेष मंच जहाँ हंगरी और विश्व की कविता को महत्त्व मिलता है और अंततः प्रयोगधर्मी "25वाँ थिएटर" आज हंगरी की रंग संपन्नता का परिचय देते हैं।

हंगरी में नाटक को जनता तक पहुँचाने पर जोर है। भौगोलिक और सांस्कृतिक बाधाएँ नाटक के प्रचार के रास्ते में सब देशों में आती हैं। भारत में भी हैं। हंगरी में इन्हें दूर करने के लिए जो प्रयत्न किया गया है उसे यहाँ बताने का उद्‌देश्य भारत में इसी समस्या को सुलझाने में मदद देना है। 1949 से ही बड़े राजकीय रंगमंडलों ने कस्बों और गाँवों में जाना शुरू किया। वहाँ इसके पहले या बहुत घटिया रंगमंच था या था ही नहीं। 1951 के बाद राजकीय दैरिवै थिएटर ने बूदापेश्त से बाहर जा-जाकर अपनी 8-10 रंगमंडलियों के द्वारा वर्ष भर में 2000 प्रस्तुतियाँ करके दिखाईं। अब 11 प्रांतीय रंगमंच भी किसानों और ग्रामवासियों को नाटक दिखा रहे हैं।

बड़े शहरों के मजदूरों को नाटक दिखाने के दूसरे तरीके अपनाए गए। आना-जाना तो कोई बड़ी समस्या नहीं थी क्योंकि देश बहुत विशाल नहीं है और सड़कें अच्छी हैं। समस्या तो यह थी कि औद्योगिक

मजदूर वर्ग को अपनी सांस्कृतिक आवश्यकताओं का खुद पता नहीं था। उन्हें यह ज्ञान देना और उनकी रंगकर्म की माँग को पैदा करना जरूरी था ताकि श्रमजीवी अधिक नियमित होकर नाटक देख सकें। इसके लिए प्रचार और संगठन का विस्तार रंगमंडलों ने कुछ अपनी ओर से कुछ मजदूर संघों की मदद से किया। इससे जनता को रंगमंच की आवश्यकता समझ में आई और रंगमंडलों और बड़े औद्योगिक व्यवसायों के बीच संपर्क बढ़ा। इससे धीरे-धीरे पिछले 10 वर्ष में राष्ट्रीय रंगमंडल संघ के प्रयत्न से इतना हो गया कि 100 पीछे 60 टिकट उसी के माध्यम से बिकने लगे। पर नाटक के लिए पहुँचने का इंतजाम हो जाए तो भी टिकट खरीदने का पैसा कहाँ से आएगा। यह प्रश्न बना रहा। इसका उत्तर यह निकाला गया कि कोई भी टिकट किसी भी थिएटर में एक डालर से अधिक की कीमत का न हो। राज्य की ओर से मिलनेवाली सहायता टिकटों के दाम में घाटा पूरा करने के काम आने लगी और कम आमदनीवाले नागरिक भी नाटक से वंचित रहने को मजबूर न होने पाए। रंगमंच के विकास के लिए युवा समाज का सहयोग जरूरी माना गया। भविष्य को युवा समाज ही बनाता है सो तो है ही, हंगरी में यह बात भी पहचानी गई कि तकनीकी क्रांति के युग में जहाँ ठोस काम आनेवाली सेवाएँ ज्यादा जरूरी होती जा रही हैं और तैयारशुदा रंगकृतियाँ जो कि रेडियो, फिल्म और टेलीविजन से दूसरों तक पहुँचाई जा सकती हैं अधिक महत्त्व पाने लगी हैं, वहाँ वह कला कहीं उपेक्षित न रह जाए जो मानव चरित्र और जीवन के निर्माण द्वारा व्यक्तित्व के विकास और जीवित मानव संबंध की शक्ति देती है। बल्कि यह दिन-प्रतिदिन आवश्यक होता जाएगा कि उसे जीवित रखा जाए। इसलिए राष्ट्रीय थिएटर और प्रांतीय थिएटरों ने युवा जनता के लिए नियमित खेल दिखाने का आयोजन किया है। यह बात भारतीय रंगकर्मियों को लक्ष्य करनी चाहिए कि हंगरी के पचास लाख दर्शकों में से 10 लाख युवक हैं।

अंत में यह सिद्धांत कि जनता रंगमंच तक पहुँच सके या रंगमंच जनता तक पहुँच सके केवल वैधानिक, आर्थिक या भौगोलिक प्रश्न नहीं है। इसका मतलब यह भी है कि रंगमंच जनता का हो। इस प्रश्न का कोई बना-बनाया सीधा-सपाट उत्तर नहीं है। रंगमंच के पास कौन-कौन और कितने नाटक हैं यही बात इसका उत्तर निश्चित करेगी। परिस्थितियाँ तेजी से बदल रही हैं। रंगमंच अपनी नाट्य संपत्ति को सुधारने और बढ़ाने और नए प्रयोग करने में लगा हुआ है।

इस समय हंगरी में 1100 अभिनेता काम कर रहे हैं। यह संख्या तो 30 वर्षों से वही चली आ रही है परंतु काम बहुत बढ़ गया है। कुल 23 रंगमंडल हैं। टेलीविजन साल में करीब 70 नाटक करता है और फिल्म विभाग 20 फिल्में बनाता है। करीब 450 फिल्मों में डबिंग के लिए भी अभिनेता चाहिए होते हैं। रेडियो पर भी नाटकों का प्रसारण बढ़ गया है।

हंगरी कलाकार संघों के प्रधान संगठन ने रंगकलाकारों की कामकाज की सुविधाओं का इंतजाम करने के लिए एक अलग कार्यालय खोला है। जब किसी थिएटर को किसी कलाकार की जरूरत पड़ती है तो वह अपने आपसे उसे ढूँढता है। कभी किसी को ज्यादा काम मिल जाता है, किसी को कम। इस कार्यालय में उनकी मदद होती है जिन्हें काम नहीं मिल रहा होता है। जिनके नाम कार्यालय में दर्ज होंगे उन्हें अभिनय तथा रंगशिल्प के स्थाई और अस्थाई किस्म के काम दिलवाए जाएँगे।

कार्यालय में सब जानकारियाँ रहेंगी कि कहाँ-कहाँ किस-किस तरह के कामों के लिए अभिनेता और शिल्पी चाहिए। अभी केवल फिल्म विभाग में नियुक्त 40 अभिनेताओं को निमंत्रण मिलने पर अपने पुराने रंगमंडलों के साथ काम कर लेने की सुविधा है।

हंगरी में थिएटर जोरों से जारी है। पिछले साल मालूम हुआ कि 22 रंगमंडलों ने 200 से अधिक नई रचनाएँ खेलीं। इनमें 10 पीछे 2 नाटक समकालीन हंगारी लेखकों के थे। अनेक सोवियत-रूसी लेखकों की और 35 विश्व के अन्य अर्थात गैर समाजवादी देशों के समकालीन लेखकों की कृतियाँ थीं। यह बात जानने योग्य है कि शहरों से ज्यादा नाटक गाँवों में हुए और कभी-कभी शहरों से ज्यादा

अच्छे भी हुए। युवा हंगारी लेखकों को संस्कृति मंत्रालय अच्छी आर्थिक सहायता देता है। 10-12 लेखकों को वार्षिक वृत्ति मिलती है। हंगारी में थिएटर के लिए प्रेम केवल भाषा के प्रति गौरव से नहीं उपजा है हालाँकि हंगारी लोग अपनी भाषा और संस्कृति के लिए लड़ते रहे हैं। एक समीक्षक ने जब दर्शक से पूछा कि तुम थिएटर क्यों जाते हो, तब उसने उत्तर दिया—क्योंकि मैं ऐसा कुछ देखना चाहता हूँ जो मुझे न किताबों में मिल सकता है न फिल्मों में, न अखबार में न दूरदर्शन में।

बहुत महत्त्वपूर्ण बात है कि हंगरी में नया थिएटर कैसे शुरू हुआ। जब देश के सामने नैतिक और सामाजिक विकल्प खोजने का संकट पैदा हुआ तब रंगमंच ने इस विकल्प की खोज के दूसरे माध्यमों से अपने को मुक्त करके स्वयं पूरे आवेग के साथ मंच को इसी खोज के लिए अपना लिया और अपने अंदरूनी तनावों को सुलझाना शुरू किया। यह तनाव मंच से फैलकर दर्शक दीर्घा तक जा पहुँचा और संपूर्ण रंग जीवन में उसने आंदोलन कर दिया। यहाँ मैं हंगारी आलोचक मिक्लोश अल्माशी का विश्लेषण उद्धृत करूँगा जो कि भारत की वर्तमान रंग परिस्थिति का भी जवाब है। हम उससे बहुत कुछ सीख सकते हैं। मिक्लोश लिखते हैं—

“हर राष्ट्र के लिए वास्तव में वे ही नाटक कोई मायने रखते हैं जो उसके अपने लेखकों ने लिखे और अभिनेताओं ने खेले हों। बाहर से आए हुए नाटक बहुत हुआ तो कुछ कमियाँ पूरी कर देते हैं और वे जो हलचल पैदा करते हैं वह देसी नाटकों से पैदा हलचल से बिलकुल भिन्न स्वभाव और जाति की होती है। हंगारी दर्शक सबसे पहले अपनी ही छवि को मंच पर देखना चाहता है। अपने ही सीधे-सादे या आनंद भरे अनुभवों को और अपनी ही बेसिर पैर की परिस्थितियों को देखना चाहता है। कल के सोफ़ोक्लीज हो या आज के ग्राहम ग्रीन, नील साइमन या लियनोव हो उनका काम हंगारियों की उस आशा और उत्सुकता का लेवल पूरक बनकर रह जाता है जिसे मन में लेकर वे अपने देसी नाटकों को देखने जाते हैं। उन्हीं देसी नाटकों में वे अपने देश के जीवन के विराट संघर्षों के कुछ निथरे हुए तत्त्व खोज पाते हैं। उन्हीं में वह सबकुछ साकार होता है जो दिन-प्रतिदिन के जीवन में घटित हो रहा है और उन्हीं में वे अपने देश और समाज के अतीत को एक नई दृष्टि से दुबारा जानना सीखते हैं। रंगमंच आत्मबोध का विद्यालय है जिसमें हंगारी यथार्थ उभरकर खेल के साथ-साथ मंच पर प्रकट होता है और खेल के बाद भी प्रकट होता रहता है।”

इस उद्धरण से हम भारतीय रंगकर्मियों को प्रकट हो जाना चाहिए कि हंगारी रंग समीक्षक क्या चाहते हैं : हमारे समीक्षकों की तरह ऊहापोह में नहीं पड़े रहते। उनका मत स्पष्ट है कि एक अच्छे हंगारी नाटक को रोचक होना चाहिए। यही नहीं, वाद-विवाद और आत्मबोध पैदा करना चाहिए और इतना भी काफी नहीं है : उसे दर्शकों को विचलित करना चाहिए। और इस निर्णय पर बाध्य करना चाहिए कि वे किस पक्ष में हैं या क्या पसंद करते हैं।

यहाँ हंगरी के आधुनिक नवनाट्य का एक लंबा विवरण देना संभव नहीं है परन्तु उसकी प्रमुख प्रवृत्तियाँ जो कि निर्माताओं की भी हैं और दर्शकों की भी—भारतीय रंगमंच की तरह केवल निर्माताओं की नहीं—बताना आवश्यक है। हमारे यहाँ के विपरीत हंगारी दर्शक को इतने प्रकार के नाटक देखने को मिलते रहते हैं कि उसे अपनी पसंद की चीज मिल ही जाती है। प्रचलित नाट्य शैली पिछले दस वर्षों में स्वतंत्र हो चुकी है। अब प्रयोगशील नाटक भी हो रहे हैं परंतु उनमें से अनेक महत्त्वपूर्ण हैं और रंगकर्मी—विशेष रूप से लेखक—तरह-तरह के तरीकों और ढंगों का इस्तेमाल करके तरह-तरह की प्रवृत्तियाँ जागृत कर रहे हैं। इस नई धारा का नाटक “टोटेक” था जो कि इस पुस्तक में “प्रियतम टोट” नाम से संग्रहीत है। इसके लेखक का परिचय भी यही दिया गया है। अर्केन्यू इस नाटक के पहले उपन्यास और कहानी के लेखक के रूप में प्रसिद्ध थे। “टोटेक” में उन्होंने नई रंगशैली और यथार्थ की नई दृष्टि एकसाथ दी। दर्शकों पर इसका बड़ा परिवर्तनकारी प्रभाव पड़ा, उन्हें अपनी पसंद के पिटे-पिटाए दायरे से बाहर आना पड़ा। एकदम वास्तविक घटनाओं से हिलगा हुआ यह व्यंग्य और

वैचित्र्य का नाटक है। यथार्थ और विडम्बना इसमें आदि से अंत तक है। पर उनके बीच में कौन प्रमुख है यह प्रकट न करना एक नई शैली दे गया है। ऐतिहासिक अतीत पर व्यंग्य है और मानव मन के ऊलजुलूल बंद दायरों के रहस्य का भेद है। दूसरे महायुद्ध के समय एक मेजर जो मानसिक व्याधि से पीड़ित है और एक छोटे से निराले गाँव में बसे परिवार के पुत्र का अफसर है, परिवार के साथ आकर विश्रांति पाने को ठहरता है परन्तु वह विश्रांति पाने नहीं अपनी परपीड़क व्याधि से दूसरों को अपमानित करने आया है। उस परिवार पर वह अपना आतंक हावी कर देता है। माँ को आशा है कि अफसर प्रसन्न होकर पुत्र को युद्ध की खतरनाक स्थितियों से निकालकर आसान और सुरक्षित काम सौंप देगा। संभवतः संतोष की बात यह है कि वह शारीरिक हिंसा का आश्रय नहीं लेता, गत्ते के बक्से बनाने जैसे हास्यास्पद आतंक से घर भर को अमानवीय बना देता है। पुत्र तो युद्ध क्षेत्र में मारा जा चुका है और एक सरल प्रेममय डाकिए ने वह समाचार जान-बूझकर नहीं दिया है। नाटक का प्रभाव पद से प्राप्त शक्ति और शक्तिवान के भीतर छिपे भय से उत्पन्न विडम्बना दिखाना है। फाशीवाद विरोधी इस नाटक की सहज शक्ति का कारण भी वह व्यंग्य है जो नाटककार ने दो टूक नहीं बताया है। अंत में परिवार के कर्ता "टोट" को बदला लेना अनिवार्य लगता है और वह बदला लेता है मेजर को मारकर।

आजकल के अन्य नाटकों में अन्य कुछ संकट की स्थितियाँ बिना दोहराए हुए आती हैं। योजैफ दरवश का "अतल" अतीत के पक्ष में है मानो कह रहा हो, देखो आज हम कहाँ हैं और कहाँ से आए थे। गाँव के मास्टर का जीवन से मोहभंग परिपक्व होकर प्राप्त कड़वाहट, अमीर गुंडों से साझा, यही इसकी कथावस्तु है। गाबोरनार्जी का "रोकोको युद्ध" एक छोटा आलेख है। सतह पर यह भाषा और अभिनय के साथ खिलवाड़ दिखता है। भीतर से यह युद्ध का विरोध है। हास्य और व्यंग्य ऐसे ही अन्य नाटकों में जीवन के यथार्थ को ताजी भाषा में उभारता है और यथार्थ और रंगकर्म दोनों को कुछ नया दे जाता है। व्यंग्य और विडंबना आज के हंगारी नाटक के मुख्य स्वर हैं। कथावस्तु सामान्य होते हुए भी ये नाटक जीवन के विभिन्न पक्षों और रंगमंच की संभावनाओं को उजागर करते हैं। इल्लैश एक युवक और युवती की साथ रहने की समस्या 'अधीर प्रेमी' नामक नाटक में उठाते हैं। विवाह के साथ ही दोनों को पता चल जाता है कि परंपरा के अनुसार विवाह के दायरे में बँधे रहना उनके लिए कठिन होगा। वे नए साथी ढूँढते हैं। न तो तलाक होता है, न सहधर्मी बदलते हैं, न समझौता होता है। नाटक अधीर पीढ़ी की मानसिक पीड़ा के भीतर गहरे पैठता जाता है। अंत में यथास्थिति स्वीकार करने की संभावना प्रकट होती है। इश्टवान चुरका के एक नाटक में जीवन के परम संकट की घड़ी का चित्रण है। चार पुरुष सप्ताह में एक बार ताश खेलने बैठते हैं और अपना दिल और दुख खोलकर मेज पर रख दिया करते हैं। ताश के खेल में जो सबसे ज्यादा धाकड़ है और हमेशा बाजियाँ जीतता है वही भीतर ही भीतर सुलगकर अपने जर्जर जीवन का परिचय देने से कतराता हुआ धीरे-धीरे टूट जाता है। वह अपना दुख नहीं बताता। दर्शक ही बाकी तीनों की बातों से कुछ जान पाते हैं। अंत में वह प्राण ही त्याग देता है। यह नाटक बुद्धिजीवियों की एक पीढ़ी के एक युग से दूसरे युग में संक्रांति की असलियत बताता है। "लासलो नैमेट का परिवार विस्तार" नामक नाटक भी हंगारी जीवन के संकटों में से एक का वर्णन है। समाज की पुरानी संस्थाएँ डगमगा जाती हैं। पीढ़ियों के बीच तनाव बढ़ जाता है। लोग एक-दूसरे के पास रहते हुए भी अधिकाधिक अकेले होते जाते हैं। प्रेम या परिवार भी उनका अकेलापन मिटा नहीं पाता। नाटककार इस निराशा की जाँच करता है कि क्या कोई व्यक्ति अपने अकेलेपन को अर्थात अपने जीवन के निजी अभाव को अपना जीवन समाज को अर्पण करके पूरा कर सकता है। क्या समाज निजी जीवन के अकेलेपन को, प्रेम-विहीनता को और निराशा को मिटाकर उसके बदले में कुछ दे सकता है। सामाजिक जीवन के ताने-बाने की जाँच करते हुए यह नाटक समाज की आलोचना करता है। मिकलोश ग्यारफाश नई और पुरानी पीढ़ी

के तनाव को अकसर परिहास का विषय बना देते हैं क्योंकि दोनों में प्यार और नफरत दोनों रहती हैं। मजे की बात यह है कि नवयवुकों का जीवन बूढ़ों के लिए हमेशा एक पहेली बना रहता है। बूढ़े उससे चिढ़ते भी हैं और उसे चाहते भी हैं।

यह है संक्षेप में समकालीन हंगारी नाट्य लेखन का चरित्र। वह दूरदर्शन का मुकाबला करने में सफल हुआ है यानी उसने ऐसा कुछ दिया है जो विशिष्ट है। वह क्या है ? सबसे पहले तो वह विचित्रता और व्यंग्य है जिसको बड़ी समझ और सूक्ष्मता से हंगारी थिएटर इस्तेमाल कर रहा है। यह विचित्र और व्यंग्य के प्रति झुकाव दुखांत नाटकों में भी दिखता है और यही ऐतिहासिक घटनाओं को थोड़ी दूर से देखने-परखने की शक्ति भी देता है। मिक्लोश अल्माशी जिनके विचार पहले उद्धृत किए जा चुके हैं, इस संबंध में एक गहरी बात बताते हैं। विचित्र और व्यंग्य का यह गुण उनके अनुसार बूदापेश्त की सड़कों से नाटक में आया है। यह जनता के पास था तो एक प्रचलित मुहावरा, एक कच्चा माल था। रंगमंच में आकर वह एक युग का प्रतिबिंब बन गया। यही विशेष व्यंग्य अथवा हास्य है जो हंगारी नाट्य लेखन की नई धारा को अलग करता है और अनर्गल लेखन को जो किसी समय यूरोप में बहुत चालू हुआ था अलग। यही नहीं दुनिया से निराश हुए बुद्धिजीवियों की अविश्वासी कुढ़न से भी यह हास्य नए हंगारी नाटक को अलग करता है। (इसी संग्रह में प्रस्तुत “प्रियतम टोट” नामक नाटक को जब पहली बार यूरोपीय दर्शकों ने देखा तो वे चकित रह गए। उन्हें यह एक तरफ अनर्गल दिखाई दिया दूसरी ओर उन्हें इसमें फाशीवाद के विरुद्ध गंभीर और झँझोरनेवाला सत्य दिखाई दिया।)

नए हंगारी नाटक का दूसरा विशेष तत्त्व उसका इतिहास दर्शन है। इसी में से वर्तमान को जाँचने और नापने के पैमाने निकलते हैं और सामान्य घटनाओं के महत्त्व को समझा जा सकता है। यह स्कूलों में पढ़ाया हुआ दर्शन नहीं है बल्कि वस्तुओं में छिपा हुआ सत्य है। आनेवाले समय में इतिहास जो करेगा उसके रहस्यों की खोज भी है। सबसे बड़ी बात तो यह है कि एक समाजवादी देश की आंतरिक व्यवस्था में जहाँ अकसर बाहर के लोग एकरस प्रतिबंध की कल्पना करके पूरी व्यवस्था को दूषित और दोषी ठहरा दिया करते हैं, वहीं हंगारी नाट्य लेखन ने एक सूक्ष्म नैतिक संवेदनशीलता और विवेक को प्रतिफलित करके दिखाया है जबकि तथाकथित “स्वतंत्र” व्यवस्थाओं में लेखक अनास्था और अनर्गलता को केवल आत्मरति के लिए इस्तेमाल करता रहा है। नए हंगारी नाट्य लेखन में मनुष्य जिन भूलभुलैयों और चौराहों में रास्ता भूलता है उनका मानवीय अर्थ वह स्वयं समझना चाहता है। उनका अर्थ उस पर किसी बँधे-बँधाए उपदेश द्वारा पहले से ही लाद नहीं दिया जाता। और सबसे बड़ी बात तो यह है कि हंगारी की नई रंगभूमि कर्मभूमि भी है। मिक्लोश अल्माशी के शब्दों में मंच जीवित मानव का कर्मक्षेत्र है, अमूर्त विचारों और भावों का ढेर नहीं। मंचों पर जो दिखता है वह क्रियाशील मनुष्यों की एक-दूसरे पर निर्भर नियति है और उन्हीं की तकलीफें और चाहते हैं।

—रघुवीर सहाय

1

लोकेशन पर

इश्टवान चुरका

पात्र

पहली समधिन
पहला समधी
दूसरी समधिन
दूसरा समधी
दुल्हन
दूल्हा
निर्देशक
सेरडहेयि किश
निर्माता
कैमरामैन
क्लैपर ब्वाय
मकानमालकिन
मकानमालिक
सहायक
बरत्स्केर

अंक : एक

[आज का बूदापेश्त : पहला दृश्य एक आधुनिक लेकिन मध्यवर्गीय फ्लैट में है। वह हर तरह से साधारण दिखता है। मकानमालिक ने उसे एक फिल्म की खिंचाई के लिए किराए पर दे रखा है और सपरिवार वहीं रह भी रहा है। इसलिए फ्लैट में इस वक्त फिल्मवालों का लोकेशन और खिंचाई का तमाम तामझाम फैला पड़ा है। सबेरे का वक्त है और काम का पहला दिन शुरू होने को है। परदा उठने पर व्यस्तता दिखाई देती है। कारीगर बत्तियाँ और तार टीकटाक कर रहे हैं। कैमराकार ने कमरे के एक हिस्से पर कैमरा साधा है और उसके पीछे बिजलीवाला स्पाटलाइट लेकर खड़ा हुआ है तथा सहायक कैमराकार लाइटमीटर देख रहा है। आलोकित स्थल पर दो आरामकुर्सियाँ ऐसी दशा में रखी हुई हैं जैसे इन पर अभी कोई बैठा हुआ हो।]

दूल्हा : *(आता है और चारों ओर देखता है)* अख़्ख़ाह, लत्ति, अमाँ खाना कहाँ गया?

कैमरामैन : आइए-आइए *(हाथ मिलाता है)* खाने की चिंता न करें क्योंकि वह है ही नहीं। किसी को खाने का प्रबंध करने की आज्ञा नहीं है। अब तक तो रिवाज था कि नौकर लोग कुछ करा देते थे—हमारी जेब से दो-चार सौ रुपए बना लेते थे मगर खाना तो खिला देते थे। होटलवाले तो सिर्फ महान ऐतिहासिक फिल्मों का ठेका लेते हैं—हजार घुड़सवार हों, पाँच हजार पैदल हों—उन्हें बड़ा-बड़ा बिजनेस चाहिए। मरा करें भूखों हमारे जैसे टुटपुँजिए।

दूल्हा : भूख भी लगी है और प्यास भी। दस बजे पहुँचने को कहा गया था तो मैंने डबिंग स्टूडियो से नाक की सीध में यहाँ आकर दम लिया।

कैमरामैन : आपका दुर्भाग्य है और क्या।

इंजीनियर : ठीक है, हो गया।

कैमरामैन : जाइए, दाहिनेवाली आरामकुर्सी पर विराजिए।

दूल्हा : कितने एंगिल आजमा चुके हो?

कैमरामैन : शून्य दशमलव शून्य। एक चाँदी की चायदानी गुम हो गई है। पुलिस बुलवाई जा रही थी। दूसरे शब्दों गें सबकुछ बढ़िया तरीके से चल रहा है।

दूल्हा : क्या कहा? चाँदी की चायदानी? यानी कि प्रापर्टी में असली चाँदी भी है?

कैमरामैन : हम लोग लोकेशन पर हैं—न समझे हो तो समझ लो। आरामकुर्सी मेज के करीब लाइए। सबको कह दीजिए हम तैयार हैं।

दूल्हा : अमाँ, अभी काम शुरू भी नहीं हुआ और हम ऊब गए।

[मकानमालिक इस तरह आता है जैसे किसी से भाग रहा हो और पीछे-पीछे निर्माता, सहायक और मकानमालकिन है।]

मकानमालिक : नहीं, नहीं, नहीं, सवाल ही नहीं पैदा होता।

निर्माता : देखो जी, सिर्फ एक बार और कह रहा हूँ कि रसोईघर का ताला खोल दो। हमको भी उसमें काम है।

दूल्हा : क्या खाना वहीं रखा है ?

निर्माता : *(दूल्हा से)* नमस्ते जी, *(मकानमालिक से)* तुम्हारी नहीं की ऐसी-तैसी। देखो जी, हमने किराए पर सिर्फ बड़ा कमरा नहीं लिया है जहाँ खास शूटिंग होगी बल्कि सारा मकान और उसकी सब चीजें ली हैं। उनके बगैर हमारा काम नहीं हो सकता। आई बात समझ में ?

मकानमालिक : मुझे अपनी कीमती चीजें ताले में रखनी पड़ेंगी। नहीं रखूँगा तो मेरी आँखों के सामने से गायब हो जाएँगी। वह चायदानी कम से कम 5000 फोरिंट की रही होगी। जी हाँ, पाँच हजार की। भाई जी, अगर आप मकान का माल ही बटोर ले जाएँगे तो किराए को लेकर क्या करूँगा। सवाल ही नहीं पैदा होता।

सहायक : घर में कोई आला नहीं है जिसमें आप अपनी कीमती चीजें रखकर ताला ठोंक दें ? क्या बहुत माल जमा कर रखा है ?

मकानमालिक : जी हाँ, भगवान ने दिया है।

निर्माता : तब तो कोई चारा नहीं है—सिवाय इसके कि हम इसी दम पैकअप करें और प्रस्थान करें। और तुमको पीतल का एक नया फार्दिग जो नहीं मिलेगा सो तो नहीं ही मिलेगा, ऊपर से हमारा जो समय यहाँ पर नष्ट हुआ है उसका हरजाना तुम्हें भरना पड़ेगा जो कि 50000 फोरिंट के आसपास बैठता है।

मकानमालिक : शूटिंग जारी रखिए ! मगर कोई चीज न चुराइए। हाथ साफ कर गए ! पहले ही दिन का यह हाल है तो पंद्रह दिन न जाने कैसे गुजरेंगे ?

निर्माता : ऐसे तो नहीं चलेगा। हमको रसोईघर चाहिए। वहाँ मेकअप होगा। वह आर्टिस्टों का ड्रेसिंग रूम बनेगा।

दूल्हा : मैं तो समझा था कि वहाँ खाना रखा जाएगा।

सहायक : खाना कहीं नहीं है।

दूल्हा : दुख का विषय है।

निर्माता : *(एकाएक अक्ल आती है)* देखिए, देखिए देवीजी। आप खुद खाने का इंतजाम क्यों नहीं कर देतीं। ऐसा कर लो, आप रसोईघर खोल दो। एक तरफ मेकअप चलता रहेगा, एक तरफ आप और आपके पतिदेव खिलाते-परसते रहेंगे। करना क्या है, बरा कोई तीन किलो हैम और पचास बन ले आओ, कॉफी बना लो और चेरीब्रांडी लाके रख दो—मगर यह सब मेरी पीठ पीछे करना। दो हफ्ते में तुम्हारी नसुट्टी चायदानी के पैसे न निकल आए तो कहना और जो हमारी शूटिंग खत्म होने तक चायदानी ही कहीं से निकल आई तो क्या कहना। न निकली तो मैं तुम्हारे बिल में कहीं से कुछ बढ़ा दूँगा। सजावट का कोई करार नहीं था मगर चायदानी के बदले हम यहाँ जाते वक्त रंगाई-पुताई करवा जाएँगे। *(मिलाने को हाथ बढ़ा देता है)*

मकानमालिक : क्या इसके मतलब हुए कि हम बिजनेस करेंगे।

सहायक : हाँ, यह तुम्हारा अपना बिजनेस होगा।

मकानमालिक : सचमुच? ऐसा हो सकता है? मना तो नहीं है? *(वह एक अलौकिक आनंद से भर उठता है और सब पुराने दुखड़े भूल जाता है)* हम अपनी खुद की कैंटीन खोलेंगे? *(पत्नी को लिपटा लेता है)* सुन रही हो तुम, रानी—हमारी कैंटीन! आप लोग यहाँ क्या सिर्फ दो हफ्ते ठहरनेवाले हैं?

सहायक : उससे क्या फर्क पड़ता है, हम चले जाएँगे तो तुम यहाँ बार लगा लेना, सारा मोहल्ला यहाँ फट पड़ेगा।

मकानमालिक : *(रसोईघर की चाभी देते हुए)* यह रही रसोईघर की चाभी। जा, तू दौड़कर सुपरबाजार हो आ रानी। साहबान ! गारंटी है कि सर्विस फर्स्ट क्लास होवेगी। दाम वाजिबी और सैंडविच मोटे-मोटे। निर्माताजी, नरम गरम शोरवा कैसा रहेगा ? सिगरेट मँगवा लूँ ? क्या राय है ?

निर्माता : बेशक, जो चाहें *(चाभी लेकर चला जाता है)*

सहायक : *(कैमरामैन से)* पीटर ने पूछा है कि अब फुल रिहर्सल करा दें ?

कैमरामैन : कोई दिक्कत नहीं।

सहायक : *(जाते हुए मकानमालिक से)* कोक भी ले आना कई बोतल, और बियर भी—और चाकलेट !

मकानमालकिन : *(जाते हुए)* हमें सब पता है कि क्या लाना है। यही तो हम मनाया करते थे। मेरे पति ने नाम हासिल करने की बड़ी कोशिश की मगर सफल न हुए। स्पोर्ट में तो कोई चांस ही नहीं था उनका। कभी कोई काम पकड़ा कभी कोई काम छोड़ा। समाजसेवा भी थोड़ी-सी करके देखी...आज कैसा कमाल हो गया ! सर्विस फर्स्ट क्लास होगी, न हो तो कहना *(जाती है)*

मकानमालिक : ये सब चीजें सुपरबाजार से ले आओ रानी *(स्पाटलाइट के नीचे रखी आरामकुर्सी में से एक उठा लेता है)* यह यहाँ कुछ ठीक नहीं लग रही।

कैमरामैन : छोड़ दो, हमें ठीक वहीं चाहिए।

मकानमालिक : *(मुँह बनाकर जाता है)* ठीक नहीं लग रही है।

क्लैपर ब्वाय : मुझे माछेर झोल चाहिए।

मकानमालिक : एक टिन मछली का ले आना रानी और लाल मिर्च भी।

दूल्हा : यह जगह अजीब है...की इसने समाजसेवा और इनाम मिली कैंटीन। वाह-वाह—

[निर्देशक। समधिन और समधिन 2 को अंदर लाता है। उनके पीछे-पीछे दोनों समधी और दूल्हा आते हैं—सहायक, दुल्हन और निर्माता भी। सब जमा हो जाते हैं। कुछ लोगों को खुले दरवाजे पर ही खड़े रह जाना पड़ता है।]

निर्देशक : *(तपाक से और शान से दूल्हा से हाथ मिलाता है मानो पहली बार मिले हों)* नमस्ते जी, आपसे मिलकर खुशी हुई। *(चारों ओर देखता है)* बढ़िया। तशरीफ रखिए देवियो। ज्यादा वक्त नहीं लगेगा। मुझे लग रहा है कि मैं कप्तान हूँ और हमारा जहाज खुलनेवाला है और मैं अपने नाविकों के सामने भाषण कर रहा हूँ। नाविको, सागर को देखिए, सागर अनंत है और मौजें मार रहा है।

पहला समधी : एक डबल रम...

निर्देशक : हम यहाँ एकत्र हुए हैं एक यात्रा पर निकलने को। हम कामेडी के सागर में पाल खोलकर निकल पड़ेंगे। इस पुस्तक को फिल्माने के अधिकार लेने के लिए मुझे कई लड़ाइयाँ जीतनी पड़ीं। लेखक ने अपनी रचना का सारांश मुझे इस प्रकार बताया था : यह एक कहानी है जो परत दर परत खुलती है। कोई भी कहानी थोक में दर्शकों को नहीं दी जा सकती। परत दर परत उसके छिलके उतारने पड़ते हैं। तो हमें काहे के छिलके उतारने हैं ?

पहली समधिन : केले और संतरे के। पीटर भइया, हम तुम्हारा मतलब समझ गए हैं। हम किताब पढ़ चुके हैं और हमने तुम पर विश्वास किया।

निर्देशक : आपकी कृपा है। जो हो, हमें इस तरह साथ-साथ काम करने का दूसरा अवसर फिर कहाँ मिलनेवाला है। इसलिए...*(अभिनेता ऊबकर अपनी जगह से उठकर एक-दूसरे से हाथ मिलाते हैं और यों ही फालतू बातों में वक्त को गुजरने देते हैं)* कृषि सहकारिता के क्षेत्रसंचालक के बेटे का बूदापेश्त के किराना-दूकानदार की बेटी से विवाह निश्चित हुआ है। दोनों समधियों का परस्पर परिचय तो खैर नहीं है परंतु बच्चा अपने रास्ते पर रवाना हो चुका है। विवाह के दिन दोनों भावी समधी किराने की दूकान पर केले के पीछे लड़ पड़ते हैं। विवाह के समय उनकी भेंट होती है। "अरे तो आप थे ? छोड़िए, भूल जाइए, उन बातों में क्या रखा है" जैसा दृश्य होता है। ठीक है ? मैंने सबकुछ स्पष्ट कर दिया है न ? यह सब यथार्थ जीवन को लेकर है—सिचुएशन कामेडी। इससे अधिक स्पष्ट करना आवश्यक नहीं। हमको कुछ नहीं करना है, बस शुरू कर देना है। यह एक महान काम होगा और करने लायक कहलाएगा लेकिन तभी जब इसमें आस्था हो। जैसे कि मैंने अभी कहा सागर अशांत है परंतु कप्तान का हृदय शांत है, यह मैं आपको विश्वास दिलाता हूँ। आइए, तब फिर इस कृति को दूर के किनारे तक पहुँचा आवें। सारी बात स्पष्ट हो गई न ? धन्यवाद। *(कैमरामैन से)* हम समधिनोंवाले दृश्य से शुरू करेंगे, ठीक है ? बढ़िया। तब फिर समधी लोग आज जा सकते हैं। एक बार फिर धन्यवाद *(उनसे हाथ मिलाता है)*

दूसरा समधी : क्या इतने के ही लिए हमें यहाँ 6 बजे सबेरे उठाकर लाए हो ?

निर्देशक : हाँ, मेरे साथ काम ऐसे ही शुरू होता है, बेशक आपको एक पेग पिलवा दूँगा।

निर्माता : आधा पेग।

दूसरा समधी : मैंने तो एक शब्द नहीं कहा और वह भी न के बराबर सुनाई पड़ा।

पहला समधी : बरायकरम, आधा रम।

निर्देशक : दुल्हन ! पत्यि हेटेन्यि ! कहाँ हो तुम ? यहाँ आओ ! चलो ! चलो ! कर क्या रही हो ? तुम्हें दोपहर के पहले रेडियो पहुँचना है ? है कि नहीं ? तो जाओ अपना काम ख़त्म करो और लौट के आओ। दोनों समधिनें यहीं रुकें। फुल रिहर्सल है। यानी कि जाएँ और मेकअप करें *(वे फौरन जाती हैं)* बाकी लोग ध्यान से काम कर रहे हैं, इसके लिए धन्यवाद *(दूल्हा से)* तुम यहीं रहो, हमें तुम्हारी जरूरत होगी। *(दोनों समधी और दुल्हन का प्रस्थान)*

कैमरामैन : स्विच आफ।

निर्देशक : मुझे निर्माता से भी कुछ कहना है *(उसका तरीका बदल जाता है : पहले के प्रसन्न भाव की जगह बौखलाहट ले लेती है)* वे मुझे क्या समझते हैं ? इंस्पेक्टर मैग्रेट ? जेबकतरों का दुश्मन ? चाँदी की चायदानी की खूब रही ! पीटर हयटमंस्कि, दो बार—क्या नाम है कि वह—पुरस्कार जीत चुका है—अब क्या उसे यही काम रह गया है कि उचक्कों को हँकाया करे ? हद हो गई। इन हालात में काम नहीं हो सकता मुझसे।

कैमरामैन : लाइट और कैमरा दुरुस्त है। चाहो तो हम एक टेक ले सकते हैं।

निर्माता : शायद तुम्हें मेरा यह सुझाव याद आवेगा कि हमें यह सेट स्टूडियो में खड़ा करना चाहिए था। मुझे मालूम था कि लोकेशन पर जाने से कोई न कोई हंगामा खड़ा हो जाएगा। अच्छे लोकेशन रह ही कहाँ गए हैं। एक ज़माना वह भी था कि लोग अपने मकान सिर्फ मुलाहजे में हाजिर कर दिया करते थे कि लो भाई शूटिंग करो। आज सिर्फ तब मकान देते हैं जब रकम ऐंठने को मिल रही हो और जो भी काम पैसे

की खातिर किया जाता है उसमें स्वार्थ की सड़ाँध लाजिमी है। इससे अच्छा कोई फ्लैट नहीं मिलेगा। बल्कि यही फ्लैट तो तुमने माँगा था। तुम्हारी पसंद है।

निर्देशक : रहने के वास्ते सही है मगर काम करने के वास्ते वाहियात है। कॉफी कहाँ है?

निर्माता : एक मिनट में आ जाएगी। मैंने खुद इंतजाम कर दिया है। इस बीच नकद पैसे की इस अर्जी पर दस्तखत कर दो *(कागज सामने रख देता है)*

निर्देशक : यह कैसे हुआ कि रकम बस इतनी-सी बनी? मेरा तो ख्याल था कि जब बाहर की शूटिंग दस दिन से ऊपर होती है तो निर्देशक की पत्नी साथ जा सकती है और उसे हर दिन का भत्ता भी मिलता है।

निर्माता : माफ करना, मगर यह देखकर कि पत्यि हेटेन्यि हीरोइन बनी है, मैं कसमिया कह सकता था कि तुम अपनी बीवी को लाओगे नहीं *(खिसियाता और हें-हें करता है)*

निर्देशक : क्या मालूम तब तक पत्यि हेटेन्यि ही मेरी बीवी हो जाए—या कोई और हो जाए। मैं तो सिर्फ यह जानता हूँ कि बीवी होगी और उसका भत्ता होगा।

निर्माता : लो ऐसे ही सही, हम दूसरा फार्म भर लेते हैं।

निर्देशक : *(सहायक से जो जाने को है)* कुछ पता लगाके लाए?

सहायक : कार की मरम्मत हो रही है। कारबरेटर में नुक्स था। तीसरे पहर मिल जाएगी।

निर्देशक : तो कार मेरी पत्नी को लेती आए!

सहायक : कब्रिस्तान का मामला मगर फिलहाल वहीं का वहीं अड़ा हुआ है। मुझे एक नया वाकिफ मिल गया है—राष्ट्रीय मरण लेखपाल—मगर वह अभी तक राजी नहीं हुआ है इसलिए डील बैठा नहीं है।

निर्माता : *(शोक प्रकट करने को तत्पर)* कौन चल बसा?

निर्देशक : कोई नहीं।

सहायक : कोई अजब नहीं अगर समस्या चुटकी बजाते हल हो जाए। अगर दोनों दाँतसाजों में से एक हट जाए और उसकी जगह कोई ज्यादा माकूल आदमी आ जाए...तो आप राजी हो जाएँगे?

निर्देशक : कुछ कहा नहीं जा सकता। अगर मैं बगल में दफन होता हूँ तो कोई दाँतसाज हटकर कहीं और जाना ही क्यों चाहेगा? सिड़ी होगा जो चाहेगा। उसके लिए मेरा पड़ोस तो गौरव की बात होगी। उसी का पड़ोस मेरे अनुकूल नहीं! कुछ और जानकारी लाओ। उस लेखपाल से बात करो। मेरी कब्र उन दोनों दाँतसाजों के बीच में नहीं खुद सकती—और फिर केरेपेशि कब्रिस्तान में आखिर कितने दाँतसाजों को जगह दी जाएगी—कोई तुक भी तो होना चाहिए। मैं चाहता हूँ कि कुछ काम कर पाऊँ मगर सही दिमाग से काम करने के लिए जरूरी है कि एक भली सी कब्र हो—यानी कि यह आश्वासन हो कि मेरी एक प्रतिष्ठित कब्र होगी, मैं उसके योग्य हूँ। उफ, सोचकर ही घबराहट होती है कि मुझे कितनी समस्याओं से निबटना पड़ रहा है। शूटिंग अभी शुरू भी नहीं हुई और मेरा दिमाग जवाब दे रहा है। मैं मामूली मामूली बातों पर या किसी भी चीज पर जो काम में रोड़ा अटकाए, वक्त नहीं बरबाद कर सकता। अभिनेत्रियों को बुलाओ। फौरन आएँ। मुझे काम करना है—काम। हर एक पर मेहनत का भूत सवार हो जाना चाहिए।

[सहायक और निर्माता जाते हैं।]

(कैमरामैन से) मेरे वास्ते निर्माता ने दो सलामी खरीदी हैं, मगर मुझे अब नहीं चाहिए—तुम्हें चाहिए?

कैमरामैन : मेहरबानी है—एक ले लूँगा।

निर्देशक : दूसरी मैं तुम्हें दे दूँगा, नाविक बशर्ते कि जब क्लैपर बोर्ड बंद हो तो तुम्हारी जबान भी बंद हो जाए।

क्लैपर ब्वाय : मैं कहिए तो कब्र की तरह खामोश हो जाऊँ और मेरा क्लैपर बोर्ड भी।

[दोनों अभिनेत्रियाँ अपनी भूमिका के लिए सजकर आती हैं। पहली समधिन बोसीदा सा ड्रेसिंग गाउन पहने है मगर अपना निजी हैंडबैग भी लिए हुए है। दूसरी समधिन घर में पहनने का चोगा डाले हुए है मगर उसे पहने रहने में उलझन हो रही है।]

कैमरामैन : स्विच आन!

निर्देशक : *(कैमरामैन से)* तुम मुझे दिखाओ कि यह दृश्य तुम्हारे ख्याल से कैसे दिखना चाहिए। एरझेबेट, जरा इधर आइए! डोर, आप उधर जाइए। ठीक, अब नाश्ते के समय का एक प्यारा सीन बन गया।

[दोनों अभिनेत्रियाँ निर्देशक की बताई हुई आरामकुर्सियों पर बैठती हैं। निर्देशक दोनों के बीच गोल मेज पर बैठ जाता है। वह पहले एक की ओर फिर दूसरी की ओर रुख करके समझाता है।]

पहली समधिन : क्या फिल्म इसी सीन से शुरू होती है?

निर्देशक : नहीं, शुरू होती है एक सीन से जिसमें प्रेमी-प्रेमिका चुंबन कर रहे हैं और परिस्थिति को बेपर्दा कर रहे हैं।

दूसरी समधिन : नौजवान चुंबन कर रहे हैं और कुछ बेपर्दा कर रहे हैं—हम क्या बेपर्दा कर रहे हैं?

निर्देशक : यह सीन फिल्म की आधारभूत बातों का परिचय कराता है और आधारभूत यह है कि यह एक कामेडी है। जीवन के यथार्थ में कामेडी। कामेडी को बेपर्दा करेंगे।

दूसरी समधिन : क्या इसके माने यह हुए कि नौजवान बेपर्दा नहीं करेंगे?

निर्देशक : दूल्हा जाकर दुल्हन को नहीं बताता है कि उसका बाप अपने शहर में तरह-तरह के काले धंधे कर रहा है और इसी तरह दुल्हन नहीं बताती है कि उसका बाप खरीदारों को लूट रहा है। यह तो कहानी का गंभीर पक्ष है।

दूसरी समधिन : मगर नौजवानों को यह सब करके तो दिखाना ही है।

निर्देशक : बेशक दिखाना है, मगर वह खास बात नहीं है। ये युवा लोग तो पैदा ही इस व्यवस्था से हुए हैं। उनके बाप कोई पिछड़े गँवार नहीं हैं, अपटुडेट हैं।

पहली समधिन : तुम्हारा मतलब है कि धोखाधड़ी अपटुडेट है।

निर्देशक : नहीं, मैं तो सिर्फ एक नाटक की व्याख्या कर रहा हूँ। लेखक ने मुझे बताया है कि आज कुछ लोग ऐसे हैं कि उन्हें अपनी खुद की बेईमानी का पता नहीं *(रुकता है क्योंकि कोई बात याद आ गई है)* एक मिनट के लिए माफ करेंगे...एसिस्टेंट...

सहायक : *(तुरंत दरवाजे के पीछे से सर निकालता है)* माफ कीजिए, मैं अभी तो मुख्य लेखपाल को फोन मिला रहा हूँ।

निर्देशक : वही तो, मुझे अभी-अभी एक बात याद आई। हो सकता है कि कब्रिस्तान का वह हिस्सा जहाँ कोई दाँतसाज न हो, डालर देकर खरीदना पड़ जाए। शायद सिर्फ वही एक रास्ता निकले। कोई बात नहीं, खरीद लूँगा। समझ गए? फिर मेरा अगला कदम...

सहायक : समझ गया, कप्तान।

निर्देशक : माफी चाहता हूँ देवियो, बात यह है कि कब्रिस्तान में कब्र की जगहों का टिकट कटने का आज अंतिम दिन है। कब्र की जगह! जीवन में एक दिन आता है

कि सामाजिक प्रतिष्ठा के प्रतीक हम पर एक तरह से जबरन लाद दिए जाते हैं। *(कैमरामैन से)* तुमने अपनी कब्र की जगह पक्की करा ली है कि अभी नहीं कराई ?

कैमरामैन : मैं तो एक कोठरी में रहता हूँ। अभी तो मैं फ्लैट के लिए पैसे बचा रहा हूँ।

निर्देशक : हम कहाँ थे ?

पहली समधिन : हम वहीं थे जहाँ मैंने किसान औरत का पार्ट स्वीकार किया था।

निर्देशक : ठीक किया था और वही पार्ट तुम्हें करना भी है।

पहली समधिन : मैं उसे समझ नहीं पा रही हूँ, मगर कोई बात नहीं।

निर्देशक : क्या समझ नहीं पा रही हैं आप ?

पहली समधिन : पीटर, झिकझिक करने से क्या फायदा। मुझे कम से कम दो साफ-साफ डाइरेक्शन तो दो जैसे यह कि मुझे कहाँ बैठना है, कहाँ खड़े होना है और क्या करना है। यह कौन है ?

निर्देशक : यह दूसरी समधिन है।

पहली समधिन : उ हु हु !

दूसरी समधिन : मैंने सुना है कि यह फिल्म एक कहानी पर बन रही है।

निर्देशक : हम पहले इसकी डाकुमेंटरी बना रहे थे। मगर वह काम तो असंभव निकला। ये सब सचमुच के लोग हैं, रोजमर्रा के लोग। तो ऐसे में क्या करना चाहिए, उसे वास्तविक जीवन पर आधारित कामेडी बना देना चाहिए।

दूसरी समधिन : मुझे अपना गीत नहीं मिला है—मैं गाऊँगी क्या।

निर्देशक : कुछ नहीं।

सहायक : *(आता है)* एक्सक्यूज मी। बात यह है कि रेडियो समाचार विभाग से एक रिपोर्टर अभी-अभी आए हैं और फिल्म के ऊपर आपका इंटरव्यू संक्षेप में चाहते हैं।

निर्देशक : इसका सवाल ही नहीं पैदा होता। हम काम में व्यस्त हैं। मुझे प्रचार की परवाह नहीं। ठहरो, मैं लंच पर उससे मिल लूँगा।...क्या बताऊँ मैं ?

सहायक : समझा कप्तान। *(जाता है)*

निर्देशक : परिस्थिति उलझी हुई है। उलझी है मगर सरल है। आप दोनों समधिनें बननेवाली हैं। एक भावी समधिन होने के नाते...आप बताइए आप भी परिस्थिति को ऐसे ही देखती हैं कि नहीं देखतीं ?

कैमरामैन : हाँ, मैं समझता हूँ कि यह सीन सहज ढंग से ही करना चाहिए—एक गुसलखाने से निकलकर इधर आएगी और दूसरी नाश्ता लेकर इधर से जाएगी।

निर्देशक : उत्तम! इस दौर में जरूरी बात यह है कि चरित्रों के बारे में जानकारी सामने आए।

कैमरामैन : स्विच आफ।

निर्देशक : वे ही हैं जो सबसे अधिक...मैं कहना चाहूँगा कि वे इस कथानक के—और तुलना में देखें तो विश्व के सकारात्मक हीरो हैं—मैं समझता हूँ कि यह बात स्पष्ट ही है।

पहली समधिन : तो हम इन्हें सकारात्मक बनाएँ।

निर्देशक : आधा सकारात्मक।

दूसरी समधिन : दूसरे शब्दों में दो खुर्राट बुढ़ियों का रोल। फिर वही करने को मिला।

निर्देशक : आप यहाँ बैठिए और नाश्ता कीजिए।

दूसरी समधिन : और मैं क्या करूँ ? बैठी निहारूँ ?

निर्देशक : आप नाश्ता कर चुकी हैं।

दूसरी समधिन : पीटर, मैं ठीक-ठीक नहीं समझ पाई हूँ कि तुम क्या चाहते हो। तुम चाहते हो कि

मैं यहाँ आधा घंटे तक बैठकर ताकती रहूँ कि वह नाश्ता कर रही है। दर्शक बोरिय के मारे मर जाएगा। भइया, आजकल खाना खाने के लंबे-लंबे सीन कोई नहीं करता

निर्देशक : लंबा-लंबा नहीं होगा। इस बीच में कैमरा घूमता रहेगा।

दूसरी समधिन : कैमरे का काम तो उससे बन जाएगा। *(दुल्हन सहायक के साथ आती है, उसने चम के जाँघिए पहन लिए हैं और खीसें काढ़कर नाच और मटक रही है)*

निर्देशक : बीच में आ पड़ी हूँ। माफ कीजिएगा। एक मिनट लूँगी। मैं सिर्फ तुम्हें यह पोशाव दिखाने आई थी। कैसी लगती हूँ? हमारे एक पड़ोसी विदेश से लाए हैं—चमड़े क छूकर देखो—खरीद लूँ ? *(खुले दिल से, भोलेपन से और इसीलिए मचलकर)* हाँ तुममें से कोई खरीदना चाहे तो मैं छोड़ दूँगी कि तुम्हीं ले लो। इसे कहाँ-कहाँ पहनन चाहिए ?

दूसरी समधिन : शराब की पार्टियों में।

निर्देशक : और पूछो : बुलाया जाता है तब तुम आती क्यों नहीं। जाओ लेट रहो और पढ़ो अपने को कुछ सिखाओ, थोड़ी देर यही करो।

[दुल्हन जाती है।]

(सहायक से) उसको सम्हालो और उस पर नजर रखो कि वह फिर न पीने लगे

सहायक : ड्राइवर ने कहा कि वह रेडियो तो गई ही नहीं। रास्ते में रुककर म्यूजियम काफे में तीन ब्रांडी चढ़ाई और वापस आ गई।

निर्देशक : उसको सम्हालो *(सहायक जाता है)* हम कहाँ थे ?

दूसरी समधिन : हम वहाँ थे जहाँ हमें दृश्य का अर्थ समझ में आ गया था। मैं प्रवेश वहाँ से करती हूँ ?

निर्देशक : जरा शांत होइए। हमें एक-दूसरे के काम करने के ढंग का आदर करना चाहिए। आप सबके साथ काम करके मुझे बहुत गौरव मिलता है।

दूसरी समधिन : तुम हमें बेहतर पार्ट दिया करते थे, पीटर।

पहली समधिन : क्या तुम इस पंसारी और किसान से चिढ़ते हो ?

निर्देशक : चिढ़ता न होता तो उन पर फिल्म न बना पाता।

पहली समधिन : क्या किसी से इसीलिए नफरत करना उचित कहलाएगा कि वह पंसारी है ?

निर्देशक : दुर्भाग्य से कुछ पेशे हैं जिनके अंदर कोई चीज होती है कि नफरत करनी ही पड़ती है। समाज अपने आप हमारी भूमिकाएँ निश्चित कर देता है। हालाँकि यह बात कहो तो कोई मानेगा नहीं।

पहली समधिन : कहीं आप अभिनेताओं को नफरत के काबिल लोगों में तो नहीं गिनेंगे।

निर्देशक : अगर आप निर्देशकों को उस दर्जे में न गिनें तो।

दूसरी समधिन : हमारी क्या मजाल कि हम निर्देशकों को दर्जों में बाँटें।

पहली समधिन : मुझसे कहा गया कि मुझे किसान की औरत बनना है। मैंने सोचा कि असली जीती-जागती दमदार किसान की औरत देखे हुए मुझे इतना वक्त बीत गया है कि मैं एक औरत गढ़ लूँगी। सिचुएशन क्या है ? ठीक-ठीक बताइए, मैं यहाँ ड्रेसिंग गाउन पहने क्यों बैठी हूँ ? कोई देखेगा तो कैसे पहचानेगा कि मैं किसान की औरत हूँ ?

निर्देशक : आज विवाह का दिन है। विवाह बूदापेश्त में होगा और पंसारी के फ्लैट में दावत है। इसलिए हम लोग लोकेशन पर हैं। इस तरह सस्ता पड़ता है। सचमुच के गाँव में तो आप विवाह भोज करने चलेंगे तो कम से कम सौ निमंत्रण भेजने होंगे और

उन्हें बकरा, बछड़ा, सुअर वगैरह तर माल ठुँसाने पड़ेंगे। दो-तीन पीपे शराब के खुल जाएँगे सो ऊपर से। राष्ट्रीय बचत हमारा नारा है। हमारे कृषि सहकारिता के अध्यक्षों को मना कर दिया गया है कि ऐसी फिजूलखर्ची की दावतें न किया करें।

पहली समधिन : आपने ऐसा कहीं पढ़ा है ?

क्लैपर ब्वाय : जी नहीं, इन्होंने सिर्फ रेडियो पर सुना था।

निर्देशक : मुझे विश्वस्त सूत्रों से मालूम हुआ है। फिजूलखर्ची के खिलाफ कोई कानून नहीं बना है मगर उस पर नाराजगी दिखाई जाती है। और जिम्मेदार सहकारिता के अध्यक्ष को ऊपर की नाराजगी का ख्याल तो रखना ही पड़ेगा।

पहली समधिन : इससे मुझे क्या मतलब पीटर प्यारे, मुझे सिर्फ यह बता दो कि मुझे यह चरित्र कैसे दिखाना है। मुझे उसे भोज-विरोधी बना देना है या किसान-विरोधी ? क्या मैं उसका अलगाव दिखाऊँ और दिखाऊँ तो किस चीज से अलगाव दिखाऊँ। और वैसे भी यह ड्रेसिंग गाउन पहने हुए उससे अलगाव ले आना तो असंभव है। इस सिचुएशन में सर फोड़ लूँ फिर भी तेल—संकट तो नहीं बता सकूँगी, सिचुएशन है क्या ?

निर्देशक : एक मिनट को माफ करें *(चिल्लाता है)* एसिस्टेंट !

[एसिस्टेंट आता है।]

वह रिपोर्टर कहाँ है ? मैं इसी वक्त उससे मिलूँगा *(अभिनेत्री से)* वे इंडस्ट्री पर आरोप करते हैं कि हम लोग किसी से मिलते नहीं; मैं उसे इंतजार में खड़े नहीं रख सकता। एक छोटा-सा इंटरव्यू दूँगा। ठीक है ?

सहायक : वह चला गया है।

निर्देशक : चला गया है ? किसने जाने को कहा उससे ? क्यों चला गया ? सब का सर फिर गया है क्या ? कल कहा जाएगा कि मैंने उसे गरदनिया देकर निकलवा दिया ? वह क्यों चला गया ? *(अभिनेत्री से)* यही दुनिया का चलन है। कोई अपना फर्ज नहीं निबाहता।

सहायक : मगर मरण लेखपाल से फोन पर बात हो गई है। सब ठीकठाक हो गया है, दो सौ डालर लगेंगे, केंद्र में कब्र के लिए जगह तय हो जाएगी।

निर्देशक : मेरे पड़ोस में किसको दफन किया जाएगा ?

सहायक : यह तो मुझे अभी नहीं मालूम।

निर्देशक : पता लगाओ। जब दो सौ डालर देना है तो दाँतसाज तो दूर किसी नामी सर्जन के पड़ोस में भी दफन नहीं होना चाहूँगा—नहीं, नहीं! कोई साधारण जन मेरे पड़ोस में न दफन किया जाए—सिर्फ राजनैतिक, कलाकार या सेनापति चलेगा।

सहायक : नाविक कैसा रहेगा ?

निर्देशक : ऐं, मैंने सुना नहीं।

सहायक : क्या होटी को समुद्र से घर बुलवा लिया जाए—सफेद घोड़े पर आ जाए—उसे घोड़े समेत दफन नहीं किया गया होगा परंतु कुछ फोरिंट देकर उसके बगल में एक कुम्मैत घोड़ा लिटा दिया जाएगा।

निर्देशक : *(चारों ओर भौंचक-सा देखता है। वह एक शब्द नहीं समझ पाया है। इस बीच सहायक खिसक जाता है)*

निर्देशक : *(कठोर स्वर में : अभिनेत्री से)* आप बूदापेशत में तीन-चार दिन से आई हुई हैं। आपका इरादा इधर-उधर ताकने-झाँकने का है कि देखें कहाँ-कहाँ क्या हो रहा है। आप घोंघे की शक्ल की पेस्ट्री बनाती हैं और उसका सामान साथ में लाई हैं।

पहली समधिन : क्या वह सब भी फिल्म में दिखाया जाएगा?

निर्देशक : नहीं, दिखाया नहीं जाएगा।

पहली समधिन : कितनी बुरी बात है, बस यही ड्रेसिंग गाउन दिखाया जाएगा—हुँ।

दूसरी समधिन : आजकल किसान भी ड्रेसिंग गाउन पहने घूमते हैं।

पहली समधिन : इस तरह के फैंसी ड्रेसिंग गाउन?

निर्देशक : हंगारी कंपनियाँ फैंसी ड्रेसिंग गाउन नहीं बनाती हैं।

पहली समधिन : खैर, मुझे वे पसंद भी नहीं, छोड़ो। अच्छा तो मैं यहाँ क्यों हूँ?

निर्देशक : आप अभी गुसलखाने से निकलकर आई हैं। अपनी पैनी अकल से आप जान ग हैं कि हर सबेरे नहाना शरीफों का रिवाज है।

दूसरी समधिन : इतना बढ़ाकर मत दिखाओ, बूदापेश्त में पैसेवाले भी रोज नहीं नहाते।

निर्देशक : हाँ, लेकिन जब उनके यहाँ गाँव से कोई मेहमान आया हुआ रहता है तो नहाते हैं शान दिखाने के लिए, और इसलिए तुम्हें आधे घंटे नल के नीचे बैठकर साबुन रगड़ना पड़ेगा। खाल खुजलाने लगेगी।

पहली समधिन : क्या मुझे खुजलाना भी है?

निर्देशक : अगर अपने अभिनय में फिट कर सको तो खुजलाओ भी। तुम्हें पानी से नफरत होती है।

पहली समधिन : यह तो बिलकुल असंभव अभिनय है। मैं कॉफी पी रही हूँ और अगर मैं यह दिख रही हूँ कि मुझे किसी चीज से नफरत है तो ज़ाहिर है कि ऐसा दिखेगा कि मुझे कॉफी से नफरत है।

निर्देशक : अच्छा, अब मैं फिर से एक बार में सबकुछ बताता हूँ। आप गुसलखाने से निकली हैं और खूब मुँह रगड़ने से आपका चेहरा लाल हो रहा है। और आप उनका नाश्ता ला रही हैं। आप दोनों एक-दूसरे के साथ बड़े शिष्टाचार से पेश आ रही हैं। और याद रखिए कि यह कामेडी है, कामेडी, कामेडी। आशा है स्क्रिप्ट की कोई दिक्कत नहीं रह गई होगी और हम एक फुल रिहर्सल कर लेंगे। *(दूसरी समधिन से)* आप उधर वहाँ से नाश्ता लेकर आइए।

कैमरामैन : यहाँ से! स्विच आन।

निर्देशक : *(कैमरामैन की तरफ देखता है)* असिस्टेंट कहाँ है *(अचानक चिल्लाता है)*-अब हो क्या रहा है! ट्रे कहाँ है।

असिस्टेंट : *(तुरंत प्रकट हो जाता है। अपनी गलती छिपाने के लिए और जोर से चिल्लाता है)* फुल रिहर्सल शुरू होनेवाला है। साइलेंस प्लीज। रिहर्सल। ट्रे, ट्रे चाहिए मुझे, ट्रे प्लीज।

कैमरामैन : क्या कैमरा लगेगा?

निर्देशक : नहीं, अभी हम टेक नहीं कर रहे हैं।

कैमरामैन : स्विच आफ।

निर्देशक : तुम जहाँ हो वहीं पर ठहरो।

सहायक : *(कोई लाकर ट्रे देता है, वह क्लैप करता है)* यह लो।

[वे निर्देशक के साथ कैमरे के पास खड़े हो जाते हैं। दोनों अभिनेत्रियाँ दृश्य शुरू करती हैं, एक-दूसरे की तरफ घूरकर देखती जाती हैं और यह बात जाहिर करती जाती हैं कि उन्हें निर्देशों के अभाव में अपने आप ही अपना निर्देशन करना है। वे मुस्कुराती हैं, खिसियाती हैं।]

निर्देशक : बी सीरियस प्लीज।

पहली समधिन : *(बगैर अपनी आवाज में उतार-चढ़ाव लाए हुए अपना पार्ट करना शुरू करती है और सारी चीज को बहुत गंभीरता से नहीं लेती)* जब लयोश आएगा तो मैं उससे कहूँगी—पहला काम तुम्हें यह करना है कि नहाना है *(पार्ट छोड़कर, निर्देशक को संबोधित करती है)* यह लयोश मेरा पति है क्या ? यहाँ अभी आया क्यों नहीं ? ऐसे अच्छे पार्टों से तो ईश्वर बचाए।

निर्देशक : *(जरूरत से ज्यादा जोर के साथ)* कितनी अक्लमंदी का सवाल आपने पूछा है ? यही तो सारे नाटक का विषय है। मुझे मालूम है ऐक्टर शुरू से लेकर आखिर तक कभी स्क्रिप्ट नहीं पढ़ते। यही वजह है कि मुझे उन्हें शुरू से सबकुछ समझाना पड़ता है। फिर से समझिए : एक समधी-समधिन दूसरे समधी-समधिन से अभी तक मिले नहीं हैं। आपके पति समधी नं. एक रेलवे स्टेशन पर पहुँचेंगे। वहाँ से वह फल की दुकान पर जाएँगे क्योंकि वहाँ उन्हें केले बिकते दिखाई दे रहे होंगे।

पहली समधिन : मैंने स्क्रिप्ट शुरू से आखिर तक पढ़ रखी है। मैं सिर्फ यह जानना चाहती हूँ कि तुम उसे कैसे खेलना चाहते हो। मैं किसान हूँ तो कहाँ की किसान हूँ, पलोत्स की, सगेड की, देब्रेत्सेन की या बश की?

[निर्देशक इस प्रश्न पर चकित रह जाता है : उसे कुछ फैसला करके बताना है। एक क्षण का मौन।]

निर्देशक : ये सब सतही बातें हैं।

पहली समधिन : मगर ये तो छिप नहीं सकतीं !

दूसरी समधिन : हम इसको सिचुएशन कामेडी कैसे बनाएँगे ?

निर्देशक : हम इसकी परतें खोलेंगे।

दूसरी समधिन : कभी हम भी चाहते हैं कि कोई जानदार पार्ट करने को मिले जिसमें भावनाओं का उफान हो मगर पैसे इस तरह के कामों के मिलते हैं। क्या आगे चलें ?

मकानमालिक : *(वह बिना किसी को देखेदाखे प्रवेश करता है और हाथ में सैंडविच की ट्रे लिए हुए कैमरा और अभिनेत्रियों के बीच में आकर रुक जाता है। सहायक की ओर घूमकर)* सैंडविच का दाम तीन फोरिंट रख सकते हैं ? लीजिए, एक आप भी लीजिए।

सहायक : मैं पहले ही कह चुका हूँ कि एक सैंडविच ढाई फोरिंट का होगा।

[उसे पकड़कर बाहर ले जानेवाला ही है कि वह अपनी बात ज्यादा बड़े अधिकारियों से कहना शुरू करता है।]

मकानमालिक : लेकिन हमने इस सैंडविच में मोटा-मोटा हैम रखा है और मक्खन में भी कोई कंजूसी नहीं की है। लीजिए, निर्देशकजी, आप चखकर देखिए।

निर्देशक : देखो जी, इस क्षण यह जगह अभिनय कला का पवित्र मंदिर है। आई बात समझ में ? मंदिर में सैंडविच बेचने का साहस करोगे तो ईश्वर का कोप तुम्हें भुगतना पड़ेगा, आई बात समझ में। खबरदार जो यहाँ कदम रखा—चमड़ी उधेड़कर रख दूँगा।

मकानमालिक : मगर सोसेजों की तो मैंने चमड़ी उधेड़ दी है।

निर्देशक : मैं काम करना चाहता हूँ—काम करना चाहता हूँ—और यही मैं सबसे कह रहा हूँ।

सहायक : *(सहमे हुए मकानमालिक को बाहर ले जाता है)* ढाई फोरिंट बस, ज्यादा बहस मत करो।

मकानमालिक : इसमें तो मेरा घाटा हो जाएगा। यह मेरे जीवन का पहला धंधा है। मैं घाटा नहीं उठाना चाहता।

सहायक : हैम और सासेज की पतली-पतली कत्तलें लगाओ और नुकसान कॉफी में और ब्रांडी

में पूरा कर लो। *(उसे बाहर निकाल देता है)*

निर्देशक : अब मैं इस सीन को शुरू से आखिर तक देखना चाहता हूँ। चलिए, आइए, दिखाइए।

कैमरामैन : स्विच आन।

पहली समधिन : *(कुछ तैयारी के बाद फिर से शुरू करती है)* जब लर्यांच आएगा, मैं कहूँगी कि सबसे पहले तो तू नहाकर आ।

निर्देशक : ओफ, एरझेबेट यह बैग क्या है जो तुम लिए हुए हो? तुम अभी तो गुसलखाने से नहाकर निकली हो। यह बैग किसने थमा दिया तुम्हें?

पहली समधिन : मेरा है, भइया। इसमें मेरे पैसे, कागजात और जेवरात हैं। वह मैं किसी को ऐसे नहीं देनेवाली—रसीद और पूरे सामान की सूची लेकर दूँगी।

दूसरी समधिन : तो मैं भी जाकर अपना बैग लिए आती हूँ, उसमें सिर्फ इत्र की शीशी है। मगर बैग तो बैग ही हुआ न।

निर्देशक : आशा की जाती है कि दोबारा ऐसा नहीं होगा।

पेपर हेरोल्ड्स — लैपर ब्याय : आशा बेकार है क्योंकि हमारा काम खत्म होते-होते यहाँ एक कील भी अपनी जगह नहीं बचेगी।

निर्देशक : ठीक है, ठीक है, मगर उस बैग के साथ इतना चिपके रहने की जरूरत नहीं।

पहली समधिन : अमेरिका में उचक्कों के मारे कोई सड़क पर निकलने की हिम्मत नहीं करता। हवाईजहाज में बैठने का मतलब है हाइजैक हो जाना, और अब काम के वक्त भी चैन नहीं है। छोड़ो भी, यहाँ आगे काम करने से कोई फायदा नहीं...

निर्देशक : काम जारी रखिए प्लीज, नहीं तो हम शेड्यूल में पिछड़ जाएँगे। सबस्ट्रक्चर, बिल्डअप, इस वक्त तक सब स्पष्ट हो चुका है।

दूसरी समधिन : क्या नहाने का पानी कुछ ज्यादा गरम था, बहन?

पहली समधिन : गरम ही अच्छा है। पुरानी हड्डियों को उसी की जरूरत है। और मैं नाश्ता रसोई में ही कर लेती। कोई खास भूखी भी नहीं हूँ। *(अपनी सारी कड़वाहट रिहर्सल में ले आती है)*

दूसरी समधिन : तुम्हारे कान में साबुन लगा रह गया है *(जवाबी कड़ुवाहट से)*

पहली समधिन : कान में रह जाए तो क्या फर्क पड़ता है। *(ड्रेसिंग गाउन के कालर से पोंछ देती है और यह संकेत देती है कि अंतिम लाइन स्क्रिप्ट में नहीं थी)* साबुन ही तो है, क्या कर लेगा? मैंने गुसलखाना रगड़कर साफ कर दिया था।

दूसरी समधिन : अरे क्यों परेशानी उठाई। मैं तो हर एक के नहाने के बाद रगड़कर साफ कर दिया करती हूँ। कल रात भी किया था।

पहली समधिन : मैंने भी नहाने से पहले फिर रगड़ दिया था।

दूसरी समधिन : क्या तुम कहना चाहती हो कि मैंने गंदा छोड़ दिया था?

निर्देशक : यह तो बड़ी घटिया नोकझोंक है। मैंने रगड़ा है, तुम रगड़ती हो। हम दोनों गुसलखाने को रगड़-रगड़कर खत्म किए दे रहे हैं। मानो हम दोनों में नहाया नहीं है खाली गुसलखाना रगड़ा है।

पहली समधिन : *(शान से निर्देशक का कहा अनसुना कर देती है और उसके ऊपर बोलती चली जाती है)* नहीं, बिलकुल नहीं। मैं तो सिर्फ यह कह रही हूँ कि यह मेरी आदत है। *(अब वह निर्देशक से संबोधन करती है)* मैंने नहाया है। देख लीजिए, सिर भीगा हुआ है।

निर्देशक : *(इशारा करता है कि जारी रखो। दोनों जारी रखती हैं। अब उनकी आवाज में करुणा है)*

दूसरी समधिन : मैं विम लगाती हूँ।

पहली समधिन : विम मैं भी लगाती हूँ। और वह भी, जो पेस्ट आता है—क्या नाम है उसका ?

दूसरी समधिन : विम सबसे अच्छा है। विम हो और बढ़िया स्पंज हो। लकदक गुसलखाने में ही मजा आता है।

पहली समधिन : यह तो मैं भी जानती हूँ। मैं सिर्फ बुर्राक गुसलखाना पसंद करती हूँ। क्या उसमें अभी भी साबुन लगा हुआ है *(निर्देशक को देखती है)* मेरा मतलब है कान में ?

निर्देशक : जाहिर है।

दूसरी समधिन : मगर अभी आध घंटे पहले तो उसने पोंछकर निकाल दिया था ?

निर्देशक : वह भी जाहिर है।

दूसरी समधिन : इसका मतलब है कि हम जाहिल हैं।

पहली समधिन : मतलब यही निकलता है।

दूसरी समधिन : सिर्फ एक बार सही, इस तरह का संवाद मैं पुरुषों के मुँह से सुनना चाहती हूँ। मार्क्स, हेगिल, ईश्वर, देश, स्वाधीनता और प्रेम पर ये अपनी अकल बघारते हैं और हमारे पल्ले गुसलखाना, विम और साबुन पड़ता है।

पहली समधिन : *(ठेठ किसान औरत की-सी जानी-पहचानी दुखभरी आवाज बना लेती है)* मेरे लिए तो यही नियामत है। ईश्वर की दया है कि मेरे दिन फिरे। गाँव में तो नहाना हो तो हमें पहले पानी गरम करना पड़ता है। *(कड़वाहट से)* मगर किसको पड़ी है। हमारी किसको पड़ी है। क्या यहाँ पर मैं इन पंक्तियों की जगह मायकोव्स्की की कोई कविता न पढ़ लूँ ? लुहार ईवान कोजिरेव घर बदलकर नए फ्लैट कैसे गया ? *(पढ़ती है)* स्नानघर और स्नान—यह मैंने एक बार सन पचास में पढ़कर सुनाई थी। वैसे यह पुरुषों की कविता है।

निर्देशक : नहीं, इसकी यहाँ जगह नहीं।

कैमरामैन : स्विच आफ।

दूसरी समधिन : *(उत्तेजित होकर निर्देशक से बोलती है)* पीटर, तुमको मानना पड़ेगा कि यह सारा सीन बेतुका है। मैं सारा वक्त मेज पर नाश्ता परसने में खर्च नहीं कर सकती और न मैं यहाँ बैठकर इसकी कॉफी में चम्मच चलाती रह सकती हूँ न उसे पी सकती हूँ। यह सीन रसोई में होना चाहिए। मैं तो पगला जाऊँगी। दो घरैतिनें बैठकखाने में बैठकर नाश्ता नहीं करतीं—दोनों में से कोई भी राजरानी नहीं है।

निर्देशक : मैं रसोई के सीन कभी नहीं करता, श्रीमती डोर देवी। मुझे उनसे चिढ़ है और पब्लिक को भी उनसे चिढ़ है। मैं पहले बता चुका हूँ कि आपको बड़ी शिष्टता से वह सीन करना है। शिष्टता आपके भीतर से चू रही है।

दूसरी समधिन : तब तुम्हें मेरे ऊपर शीरा उँड़ेलना पड़ेगा। क्योंकि लाइनों और ऐक्शन के बिना मैं अपने अंदर से कोई चीज चुआ नहीं सकती—

निर्देशक : अरे, अरे, तुम्हारे कान की लौ में तो अब भी जरा-सा साबुन रह गया है...मैं चाहता हूँ कि यह सीन...इस तरह हो जैसे कि रसोईघर में ही हो रहा है।

पहली समधिन : कोई बात नहीं।

निर्देशक : ये दोनों बुजुर्ग औरतें हैं इसलिए गप लड़ाने में हिचकें नहीं।

दूसरी समधिन : प्लीज, इसे छोड़ दीजिए और नहीं तो फिर मुझे इसमें मत रखिए।

निर्देशक : गप, मैं कह रहा हूँ। जाइए गप कीजिए।

दूसरी समधिन : सृष्टि भर में कोई स्त्री नहीं मिलेगी जो खड़ी-खड़ी खाली ताकती रहे और दूसरी

औरत बैठी खाती रहे। खासतौर से बारात के दिन जब हजारों काम पड़े रहते हैं। आप समझ ही नहीं पा रहे हैं कि यह कितना नकली है क्योंकि आप ठहरे पुरुष।

निर्देशक : देखो डोर, हर समाज में समूह होते हैं। हमारा भी एक समूह है। यह एक श्रेष्ठ समूह है। यह विचारोत्तेजक कामेडी है। मैं इसे एकदम असाधारण तो नहीं कहूँगा; मैं यह कहना ज्यादा पसंद करूँगा कि इसमें विचारोत्तेजक क्रांतिकारिता है।

क्लैपर ब्वाय : भगवान बचाए।

कैमरामैन : मैं मानता हूँ कि चिंतन क्रांति के पहले भी हो सकता है और बाद में भी। क्रांति के पहले क्रांतिकारी चिंतन आता है और बाद में विचारपूर्ण क्रांतिकारी चिंतन आता है। दूसरे शब्दों में, भोजन के पहले और भोजन के बाद दोनों में अंतर होता है।

निर्देशक : शाबाश। थैंक्यू। यह हुई क्रांतिकारी भावना। इसलिए अब इसको ध्यान में रखकर जरा गंभीर हो जाएँ। *(सहायक से : थके हुए, परास्त लगभग मनहूसियत भरे स्वर में)* मुझे अभी तक कॉफी नहीं दी गई ? कॉफी का प्रबंध क्यों नहीं है ? क्या यहाँ कैंटीन नहीं है ?

सहायक : मैं फौरन लाता हूँ पीटर। किसी और को भी चाहिए ?

क्लैपर ब्वाय : हर एक को चाहिए।

निर्देशक : *(बाहर जाते-जाते)* एक मिनट...मुझे कुछ ले जाना है। *(दरवाजे पर ठहर जाता है। अपनी नाक की हड्डी ऐसे पकड़े हुए है जैसे चश्मा लगाए प्रोफेसर पकड़ते हैं। फिर कमरे के मध्य में लौट आता है जैसे विचारमग्न हो।)* क्या वे संदेह जिनका हमारे पास कोई उत्तर नहीं है और हमारा निरा अस्तित्व, ये दोनों निरपेक्ष किए जा सकते हैं ?

[सहायक बाहर चला गया है : बाकी लोग निर्देशक को हैरत से ताक रहे हैं।]

(कैमरामैन के पास जाकर) मैंने दो धन मीटर हरी खाद खरीदी है। अगर इसे अकारात्या ले जाने के लिए गाड़ी मिल जाए तो एक बढ़िया काम हो जाए। अगले साल मेरे यहाँ बहुत बड़े-बड़े फूल निकलेंगे। *(चला जाता है)*

दूसरी समधिन : मुझे गुलामी बर्दाश्त करने की आदत पड़ चुकी है। मुझे गुलामों के जमादार के कोड़ों और अत्याचारों की भी आदत पड़ चुकी है। पर यह बात मैं नहीं समझ पा रही हूँ, यह विचारोत्तेजक क्रांतिकारी सिचुएशन कामेडी किस दुनिया की क्या चीज होती है?

पहली समधिन : मैं तो समझी थी कि यह लड़का सिर्फ सेकेंड असिस्टेंट है। मैं सेरडहेयि का इंतजार कर रही हूँ कि वह आए तो हम काम में लग जाएँ। इस फिल्म में लत्सि सेरडहेयि किश इसका सहायक क्यों नहीं है ? इसने अब तक जितनी फिल्में बनाई हैं उनमें वही इसके साथ रहा है।

कैमरामैन : मैं क्या जानूँ। मैं खुद इसके साथ पहली बार काम कर रहा हूँ।

क्लैपर ब्वाय : लगता है कि सेरडहेयि को अपना कोई प्रोडक्शन मिल गया है। अगर वह डाइरेक्ट कर रहा है तो समझिए कि अकेला ही कर रहा होगा।

पहली समधिन : मैं जानती होती तो कांट्रेक्ट पर दस्तखत ही नहीं करती। *(मकानमालकिन ट्रे में कॉफी लेकर आती है। पीछे-पीछे सहायक और जरा देर में निर्देशक आता है)*

मकानमालकिन : लीजिए साहब आ गई। *(कॉफ़ी के प्याले उठा-उठाकर देती है)*

क्लैपर ब्वाय : धन्य हो देवी जी।

निर्देशक : मेरी कॉफ़ी हिसाब में लिख लो।

मकानमालिक : ज़रा अपना शुभ नाम बता देंगे?

निर्देशक : *(चेहरे पर 'यह क्या पूछती है?' ऐसा भाव)* हयटमंस्कि...सिर्फ कप्तान लिख लो। काफी है।

मकानमालकिन : जी साहब, कप्तान लिख लिया। जो जी चाहें आर्डर करें, हमारे पास हर चीज है सिर्फ सैंडविच ही नहीं, गर्म-गर्म खाना भी तैयार है। अपने मन की चीजें चुन सकेंगे। *(सलाम करके जाती है।)*

निर्देशक : देखता हूँ कि आप लोग मुझे अब पसंद नहीं कर रहे हैं। एरझेबेट और डोर, क्या आप मुझे चाहती हैं? यह समझ लेना चाहिए कि हमें एक-दूसरे के मामलों में और विचारों में और ऐसी ही चीजों में कम से कम थोड़ी दिलचस्पी लेते रहना है। यह फिल्म हो सकता है एक लम्बी सीरीज बन जाए।

कैमरामैन : हे ईश्वर, रक्षा करो।

निर्देशक : हमारा साथ-साथ काम करना हो सकता है कई बरस तक जारी रहे। मैं तमाम हंगारी जीवन को एक-एक परत उतारकर खोलना, एक बहुत तेज चाकू से छीलकर उघारना चाहता हूँ...तरह-तरह के लोकेशनों पर...आप सबके साथ...हम सबको एकजुट रहना चाहिए, इस एक परम लक्ष्य की ओर पहुँचने के लिए। *(अंत में उसे किसी चीज की याद आ जाती है जिससे वह प्रसन्न हो जाता है।)* अच्छा तो सुनें : आप अभी-अभी गुसलखाने से निकली नहीं हैं बल्कि आप बैठी हुई हैं, रोटी पर मक्खन लगा रही हैं। हाँ, यह बात हुई। टोस्ट, इससे और सहज और क्या हो सकता है? प्रापर्टी, मुझे एक टेक के वास्ते दो-चार टोस्ट चाहिए। नहीं, ठहरिए, ठहरिए; टोस्ट की जरूरत ही क्या है। बिस्कुट ठीक रहेगा। आप अत्यंत विभोर होकर बिस्कुट पर मक्खन फैला रही हैं। कामेडी।

दूसरी समधिन : *(सुने पर विश्वास नहीं हो रहा है)* मैं बिस्कुट पर आत्मविभोर होकर मक्खन फैला रही हूँ, इसके बाद मुझे क्या फानूस से लटककर झूलना है? क्रांतिकारी सिचुएशन कामेडी में बिस्कुट मक्खन लगाना है। ईश्वर, तुम कहाँ चले गए?

पहली समधिन : मैं किधर से आती हूँ?

निर्देशक : आप गुसलखाने से आती हैं। लाइए, यहाँ एक और पेंच पैदा करें। एक मिनट, आप सब लोग कहीं इस "क्रांतिकारी" शब्द का गलत अर्थ न लगा लें। यह क्रांति मेरे भीतर है, मेरे लक्ष्यों के भीतर है। मैं प्रतिबद्ध हूँ, मेरे हाथ में एक चाकू दे दिया गया है। चाकू एक हथियार है पर मैं जीवन भर शांतिप्रिय रहा हूँ। इस चाकू से मैं चाहता तो इन चरित्रों को और आपको खुरच डालता परन्तु मैं सिर्फ उनकी परतें उतार रहा हूँ।

दूसरी समधिन : बहुत-बहुत धन्यवाद। आपकी अनुकंपा है।

निर्देशक : आपकी परतें नहीं बल्कि कहानी की परतें उतार रहा हूँ। आज दुनिया जटिल हो गई है। हर एक के बीबी-बच्चे होते हैं। मेरे बच्चे तो अब उस युग में प्रवेश कर रहे हैं कि जिसमें फिल्म समालोचना स्कूलों में पढ़ाई जाने लगेगी। निस्संदेह इस पढ़ाई में उनके पिता का उल्लेख किया जाएगा। यह चाकू जो मुझे दिया गया है उसका इस्तेमाल मुझे इस तरह से करना है कि मेरे बच्चों के शिक्षक को कक्षा के सामने सिवाय मेरी प्रशंसा के और कुछ कहने का अवसर ही न मिले।

दूसरी समधिन : *(मक्खन रोटी पर लगाने का अभिनय करती है। पहली समधिन आती है, बैठ जाती*

है। दोनों मिलते-जुलते हैं।)*

कैमरामैन : स्विच आन।

पहली समधिन : जब लयचि आएगा मैं कहूँगी, पहले तू जाकर नहा।

दूसरी समधिन : नहाने का पानी कुछ ज्यादा ही गरम नहीं था क्या ?

सहायक : *(भूल सुधारते हुए)* नहाने का तुम्हारा पानी...

निर्देशक : नहाने का तुम्हारा पानी कुछ ज्यादा ही गरम नहीं था क्या ? हाँ, यह इस तरह अधिक ग्रामीण जान पड़ता है।

दूसरी समधिन : नहाने का तुम्हारा पानी कुछ ज्यादा ही गरम नहीं था क्या ?

निर्देशक : *(टोकते हुए)* देवियो *(बड़े तपाक से जारी रखता है जैसे बड़ी अकल की बात कह रहा हो।)* हम एक पतनशील संस्कृति के दर्शन की व्याख्या करने जा रहे हैं। दुर्भाग्य से समाजवाद भी यह पतन रोक नहीं पाया। *(दूसरी समधिन से)* आपका बर्ताव ऐसा होना चाहिए जैसे आपके घर में जनानी 'बिदे' है। मगर है नहीं *(पहली समधिन से)* और आप ऐसा दिखाएँगी जैसे आपके घर में पायखाना है जब कि आपको हाजत रफा करने बाहर जाना पड़ता है—बाहर पुराने जमाने के हंगारी बमपुलिस में।

दूसरी समधिन : *(निर्देशक के हाथ में एक फोरिंट चुपके से डालकर)* कमाल का निर्देशन है, एक फोरिंट तो इस पर जब कहो तब निछावर किया जा सकता है। मैं इसका प्रचार करूँगी। ऐसा बर्ताव करो जैसे घर में बिदे हो—"हमारी दुकान के पड़ोस में गोश्त वाला है। हम व्यापारी लोग एक-दूसरे का साथ देते हैं न ? कलमान केले और सबसे उम्दा आड़ू उसके लिए अलग रख दिया करता है और वह हमें सुंदर-सुंदर पोर्क चाप दिलवा देता है।" यह घर में बिदे होने जैसा ठीक-ठाक हो गया कि नहीं पीटर ? "और बकरा, बछड़ा और कभी-कभी कलेजी भी, समझे ?"

पहली समधिन : और मुझे कलेजी बहुत पसंद है। *(फुसफुसाकर)* तुम दो पन्ने आगे निकल गई हो।

पहली समधिन : होगा। हम लोगों से बर्फ में जमा हुआ सरकारी गोश्त खाया ही नहीं जाता है। *(निर्देशक को देखती है।)* मैं कुछ समझ ही नहीं पा रही हूँ कि ठीक हुआ कि नहीं ? साफ-साफ निर्देश न हों तो मुश्किल होती है। मुझे लगता है कि जमा गोश्त के पीछे कोई छिपा अर्थ है।

निर्देशक : वह तो बस एक बात कही है।

पहली समधिन : एक जगा हुआ बक्तव्य है *(अपने पार्ट पर आ जाती है)* तो हम दोनों को जो चाहिए मिल जाता है। जब कृषि सहकारिता बनी, मैंने कल्पना नहीं की थी कि वह इतनी जल्दी विकास कर जाएगी। लोग बदल गए हैं : उनमें आपस में दोस्ती ज्यादा है और एक-दूसरे की मदद भी वे करते हैं—पैसे से भी, वैसे भी। प्रगति का यही एक रास्ता है।

निर्देशक : हो गया—खूब, खूब। अद्‌भुत आ रहा है—गोश्त और फल ! देखा।

पहली समधिन : हमारा गोश्तवाला चाप, बीफ या जो हम कहें हमारे लिए अलग रख दिया करता है।

दूसरी समधिन : हरेक का कोई गोश्तवाला होता है। मेरे पति का एक मित्र है जो राजदूतों के लिए खुली दूकान का मैनेजर है, बस फोन उठाओ और बछड़े की कलेजी, हिरन का गोश्त, स्टीक जितना चाहो मँगा लो। मुझे तो अकसर अपने मेहमानों के सामने बड़ा असमंजस होता है क्योंकि उन सबको तो मैं अपने दोस्त का पता बता नहीं सकती। बहुत कम लोग हैं जो जमा हुआ गोश्त खाते हैं।

क्लैपर ब्याय : ठीक यही बात है। सब के सब अक्लमंद हो गए हैं। मैं तो अपने लिए गोश्त सीधा बूचड़खाने से ले आता हूँ। अगर कटकर गरम-गरम निकला हुआ न हो तो नहीं खरीदता।

निर्देशक : बस, बस, अपनी बकवास रहने दे। सब जानते हैं कि तू शाकाहारी है।

क्लैपर ब्याय : था। अब नहीं हूँ। गोश्त खानेवालों की जमात में आ गया हूँ। वहाँ मेरी जबर्दस्त इज्जत होती है—बूचड़खाने में उससे ज्यादा किसी की इज्जत नहीं होती जो शाकाहार छोड़ चुका हो।

कैमरामैन : मैं जानना चाहता हूँ कि सरकारी दूकानों से चीज़ खरीदनेवाले कोई हैं भी ?

पहली समधिन : वाह री कामेडी !

कैमरामैन : यह एक नाजुक मसला है। राष्ट्र ने चोरी और ठगी सीख ली है।

निर्देशक : सीख ली है ?

पहली समधिन : यही मैं भी पूछती हूँ : सौदा दूकानों से कौई खरीदता है, मंच पर अभिनय कौई करता है, चर्च में प्रवचन कौई करता है, नाटक कौई लिखता है? कौई ? बताओ है ? क्या लोग अपना-अपना काम कर रहे हैं ? क्या हम शेरों को पालतू बनाने के लिए किसी के हाथ में कोड़ा नहीं पकड़ा सकते ? कैसे कहाँ क्या गड़बड़ हो गई है ? क्या वजह है कि सिर्फ क्लासिक भूमिकाएँ ही मुझे सच्ची जान पड़ती हैं। मैं हेमलेट की माँ, गरट्रूड और लेडी मैकबेथ कर चुकी हूँ। वे आज की तुलना में कहीं ज्यादा कुटिल चरित्र थे पर उन्हें करने में, उन्हें जनता को दिखाने में मुझे कोई संकोच नहीं लगा—देखो, मानव चरित्र ऐसा हो सकता है, ऐसे हम हैं। पर अब मुझे शंका होती है कि कहीं मैं छल तो नहीं कर रही हूँ।

दूसरी समधिन : हम कहीं रत्ती भर प्रामाणिकता ही पैदा कर पाते...

पहली समधिन : जनता जान जाएगी कि मैं भी गोश्तवाले से गोश्त खरीदती हूँ। सब वहीं से खरीदते हैं तो अब यही कर सकते हैं कि बैठकर आँसू बहा लें।

निर्देशक : हम कामेडी पैदा कर रहे हैं देवियो, प्लीज, यह बात समझने की कोशिश कीजिए।

पहली समधिन : सवाल यह नहीं है। अगर जनता मंच पर गरट्रूड के रूप में मेरी तारीफ करती है तो मैं एलेबेट कालोत्सि जानती हूँ कि मैंने इस दुश्चरित्र हत्यारिन की भूमिका ठीक से अदा की है। और इस बात में कोई संदेह है ही नहीं कि जनता जानती है कि सचमुच यह औरत न तो हत्यारिन है न दुश्चरित्र है।

दूसरी समधिन : *(खाँसकर गला साफ करती है)*

पहली समधिन : *(उसकी तरफ देखती है)* वक्त ही बताएगा श्रीमतीजी *(असल बात पर आ जाती है)* मगर यहाँ तो मैं समझ ही नहीं सकती कि जनता क्या जानेगी या मुझको सचमुच क्या मानेगी क्योंकि गोश्तवाले से मैं भी गोश्त खरीदती हूँ। मैं अपने ढंग से वही कर रही हूँ जो दर्शक खुद करते हैं और दर्शक यह बात जानते हैं। मुझमें और जो साधारण चरित्र मैं दिखा रही हूँ अब उसमें कोई अंतर ही नहीं रह गया है। यह भूमिका तो अब कोई बाहर का व्यक्ति ही विश्वसनीय बना सकता है। हम क्यों जमा गोश्त न पसंद करनेवालों का विरोध कर रहे हैं जब कि हम खुद खून से तर ताजा-ताजा गोश्त हड़प करना चाहते हैं।

निर्देशक : निवेदन है...यह सिर्फ एक पार्ट है...जैसा गरट्रूड का पार्ट होता है, वैसा ही पार्ट और कुछ नहीं। इससे कोई फर्क नहीं पड़ता कि संयोग से आपने भी गोश्तवाले से गोश्त खरीदने का सिलसिला बना रखा है। आप घैरतिन नहीं हैं। आपको थैला लेकर सौदा

लाने की फुर्सत नहीं है। आपका कसाई आपके लिए गोश्त अलग रख दिया करता है, यह आपके एक प्रशंसक की भलमनसाहत है और क्या!

पहली समधिन : *(भावोद्वेग से लगभग सिसकते हुए)* क्या तुम समझने की कोशिश भी नहीं करना चाहते ? क्या तुम समझते हो कि मैं सचमुच के कसाई की बात कर रही हूँ, जिसके भी हाथ में चाकू है वह एक कसाई है...यह नहीं समझते ?

निर्देशक : तो आप कहना चाहती हैं कि मैं कसाई हूँ ?

पहली समधिन : हो भी सकते हैं। असंभव नहीं है। मैं चाहती नहीं कि आप हों, मगर हो जाएँ तो अचरज नहीं। *(निर्देशक के चेहरे पर चोट खाने का भाव देखती है तो कुछ मृदु हो जाती है)* आप जानते हैं मेरा यह मतलब नहीं है। कसाई शब्द तो केवल एक प्रतीक है। यहाँ कसाई याने मेरी चेतना में कोई कलंक जिसका मतलब है मिलीभगत और गद्दारी।

निर्देशक : समझ रहा हूँ। आपको आश्वस्त करने के लिए मैं यहाँ घोषणा करता हूँ कि इस फिल्म का निर्देशक मैं किसी गोश्तवाले का ग्राहक नहीं हूँ। फिर सुन लीजिए—कप्तान का कोई कसाई नहीं।

दूसरी मालकिन : तब आप क्यों नहीं मुझको इस दृश्य में चलने-फिरने देते?

निर्देशक : अरे, क्या हम कोई वादविवाद कार्यक्रम करने जा रहे हैं? कर भी सकते हैं परंतु दुर्भाग्य से पैसे हमें इसके लिए नहीं दिए जा रहे हैं। नैतिकता और मूल्यों पर बहस हम किसी गोश्तवाले की दूकान पर बैठकर करें तो कैसा रहे। जो हो, आपको पैसे सिर्फ रोज के काम के मिलेंगे।

पहली समधिन : तो आप यह समझते हैं। हालाँकि एक ईमानदार कार्यकर्ता की हैसियत से मेरा काम है कि उस सवाल का जवाब तलब करूँ। मुझे उस पार्ट पर बहस करनी है। नहीं तो मैं उसे खेल ही नहीं सकती। इस नाटक की नैतिकता को समझे बिना मैं एक शब्द भी उच्चारण नहीं कर सकती। ठीक है। आपका गोश्तवाला नहीं होगा तो नहीं होगा। मगर जरा मुझे सोचने तो दीजिए। एकदम आँख मूँदकर क्या मैं उन लोगों पर कीचड़ उछालने लगूँ जो मेरी रोटी दे रहे हैं तो किस आधार पर ? और इससे मेरा क्या फायदा होगा ? *(कुछ रुककर)* दोनों औरतों को बेईमान दिखाने की क्या जरूरत है ?

निर्देशक : समझा एरहोबेटनी, समझा, औरतें भ्रष्ट नहीं हैं परंतु संत भी नहीं हैं। आप इस भूमिका में वीरगाथाओं की महान किसान औरत नहीं दिखा सकतीं—न नानी की कहानी की दयालु परी बना सकती हैं। आप ओल्ड मदर हबर्ड नहीं हैं।

पहली समधिन : आप मेरी बात को गंभीरता से समझना ही नहीं चाहते हैं।

निर्देशक : गंभीरता से ही समझ रहा हूँ। आपके पास निर्णय करने के नैतिक आधार हैं। मुझे निश्चय है कि हैं। हम सबके पास हैं मगर असल बात तो यह है कि वे आधार मेरे पास भी हैं या नहीं। मैं कप्तान जो हूँ।

दूसरी समधिन : *(परास्त होकर)* चलो मान लो, ऐसा ही सही, नहीं तो फिल्म पिछड़ गई तो दोष हम पर लगेगा *(पहली समधिन से)* सुना है जो ऐक्टर सुस्त पाए जाएँगे उन्हें अगले प्रोडक्शन में काम नहीं दिया जाएगा। क्वालिटी को कोई नहीं पूछता। जल्दी की कीमत है। उनको चाहिए ऐसे ऐक्टर जो बस उठें और मशीन की तरह अपना पार्ट उगलकर आ जाएँ। सोचनेवाला आदमी नहीं चाहिए। हमको जवान होना चाहिए, सुंदर होना चाहिए, सकारात्मक होना चाहिए और सोचनेवाला तो किसी हालत में नहीं होना चाहिए।

निर्देशक : तुम्हारे कहने का मतलब क्या है डोर ? तुम बहुत अन्याय कर रही हो। मेरी खिल्ली उड़ा रही हो। मुझे समझ में नहीं आ रहा है कि तुम यह सब कह कैसे रही हो। हमने कोई पहली बार तो साथ काम किया नहीं है और शायद आखिरी बार भी नहीं कर रहे हैं। ऐक्टर लोग क्या-क्या कहा करते हैं उसकी मुझे परवाह नहीं। अरे, मैं तो जब काम करता हूँ तो और कुछ होता ही नहीं सिवाय व्याख्या के। कृपया इस बात का लाभ उठाने की कोशिश न करें कि आप एक विशिष्ट वर्ग में हैं इसलिए ये चरित्र सिर्फ आप ही खेल सकती हैं।

दूसरी समधिन : मैं तुम्हारे बारे में नहीं कह रही थी। या कम से कम सिर्फ तुम्हारे बारे में नहीं कह रही थी। पूरे निर्देशक समाज के बारे में कह रही थी। छोड़िए। जाने दीजिए। मेहनताने के बँटवारे को लेकर भी कुछ गड़बड़ियाँ हैं। मैं तो साफ कहती हूँ कि मैं असंतुष्ट हूँ। मेहनताने सही नहीं बाँटे गए हैं।

निर्देशक : आपने अनुबंध पर दस्तखत कर दिए हैं?

दूसरी समधिन : कोई रोल हो जिसमें बढ़िया मेकअप हो, जिसे देखकर सारी दुनिया वाह-वाह करे, तो ठीक है; कुछ कम पैसे में भी किया जा सकता है। मगर इस तरह?

निर्देशक : हाँ, ज्यादा पैसे चाहिए ताकि गोश्तवाले की जेब में जा सकें।

दूसरी समधिन : मैं सचमुच की कसाई होऊँगी जो इस बात को सुनकर चुप रहूँ। हाँ, पैसे कम हैं।

निर्देशक : कम हैं डोर जी, जरूर कम हैं। जानती हो कप्तान को कितना मिलता है। कप्तान यहाँ मैं ही हूँ। भला कितना मिल रहा है मुझे इस नौटंकी के लिए ? मैं तुम्हें यकीन दिला रहा हूँ कि हम लोग और कुछ नहीं कर रहे हैं सिर्फ एक कमर्शल फिल्म बना रहे हैं। और उससे कितना मिल रहा है ? क्या तुम समझती हो मुझे उतना मिल रहा है जितना तुम्हें मिल रहा है?

[मौन।]

मैं जानता हूँ तुमने यह विषय क्यों उठाया। *(सहायक से)* पत्यि हेटेन्यि को बुलाओ। फौरन।

[सहायक जाता है।]

दूसरी समधिन : पीटर, यह क्या बेकार की बात कह रहे हो ? तुम्हें समझना चाहिए कि लोग कभी-कभी पैसे बढ़ाने की बात करते हैं। मैं नहीं माँगूँगी तो काम करते हुए बराबर मन कचोटता रहेगा कि माँगा होता तो मिल गया होता। ऐसे मेरा मन कचोट नहीं रहा है।

[पत्यि हेटेन्यि और सहायक आते हैं।]

निर्देशक : पत्यि, तुम गोश्तवाला रखे हो?

दुल्हन : मैं, गोश्तवाला? *(बिलकुल गलत समझकर)* गोश्तवाला? यह मज़ाक है तो बहुत भद्दा मज़ाक है।

निर्देशक : मैं बिलकुल गंभीर हूँ। मेहरबानी करके बताइए। आप कब से एक पीटर हयटमंस्कि नामक गोश्तवाले की प्रेमिका हैं?

दुल्हन : यह कोई पहेली बुझौवल है क्या? तुम्हें गोश्तवाला किसने बना दिया?

निर्देशक : मैं चाहता हूँ कि हरेक तुम्हारा जवाब सुने। बोलो, कब से हो?

दुल्हन : काफी समय से। तीन साल से।

निर्देशक : यह बताओ इस दौरान मैंने कितने रोल तुम्हें दिए हैं।

दुल्हन : यह पहला है।

निर्देशक : जब तुमने हाल में उदाहरण के लिए कोंडोरोशि के खातिर एक रोल किया था तो

तुम्हें कितने पैसे मिले थे? जितने अभी मिल रहे हैं इतने ही थे या कम थे?

दुल्हन : इतने ही मिले थे।

निर्देशक : धन्यवाद, जाइए।

दुल्हन : यह माजरा क्या है?

निर्देशक : यों ही एक मामूली-सी बात है।

दूसरी समधिन : यह सवाल पूछने की जरूरत नहीं थी, पीटर।

निर्देशक : मैंने कहा कि तुम्हारा काम हो गया। जरूरत होगी तो बुला लूँगा।

[दुल्हन जाती है।]

देखो डोर, कुछ नियम-कानून होते हैं। हरेक को एक सही-सही फीस मिलती है। तुम्हें न तो बहुत ज्यादा मिल रही है न बहुत कम मिल रही है। वही मिल रही है जो तुम्हें मिलनी चाहिए।

पहली समधिन : तुमने कुछ सिद्ध नहीं किया। हम मिस हेटेन्यि को और बाकी सबको जानते हैं। हो सकता है उनकी वह तुम्हारे साथ पहली फिल्म हो मगर इन तीन बरसों में तुम्हारे गुट के साथियों से जो तीन दर्जन लीडिंग रोल उन्हें मिल चुके हैं उनको क्यों नहीं गिनते? बहुत खास-खास लोगों का एक गुट काम कर रहा है। मुश्किल यही है कि उसके तरीके हमेशा पकड़ लिए जाते हैं।

निर्देशक : क्या आप मुझे यह ज्ञान देने की कृपा करेंगी कि यह भूमिका आपको किन परिस्थितियों में प्राप्त हुई?

पहली समधिन : बाजार में मैं अपना भाव खुद तय करती हूँ—चाहो तो कह लो पुराने मोहिकनों में से मैं ही बची हूँ। मेरे नाम से अदल-बदल नहीं की जा सकती। एक तरफ यह, दूसरी तरफ यह कि मैं यह रोल करने में समर्थ हूँ। पार्ट क्यों मिला मुझे? क्योंकि मेरा नाम है। क्योंकि मेरा भाग्य अच्छा नहीं है। तुम्हें मेरे नाम की जरूरत थी। मेरे महान नाम की। कभी-कभी ऐसे लोगों की जरूरत पड़ती है जिनको लेकर सौदा नहीं किया जा सकता। जो सिर्फ सच्चे कलाकार होते हैं *(लंबी साँस लेती है)* मगर मैंने भर पाया। यह मेरा आखिरी सीजन है। मैं रिटायर होने जा रही हूँ।

दूसरी समधिन : ठीक कहती हो।

निर्देशक : हाँ, वह बिलकुल ठीक कहती हैं। मगर बात यह है कि मैं इस धंधे में बहुत दिनों से हूँ देवियो। इतना तो मैं भी बता सकता हूँ कि जब दो अभिनेत्रियाँ हड़ताल कर देती हैं—और यह हड़ताल ही तो है और क्या है?—तो कोई ठोस वजह होती है। क्या आप उस पर रोशनी डालेंगी? जो बात हो कह डालिए। यह सब आत्ममंथन बंद हो। कहिए, कहिए जरा हम लोग सुनें तो। क्या कारण है कि आप मेरे काम में बाधा डाल रही हैं।

पहली समधिन : तुम्हारा मन बहुत व्याकुल है, पीटर। तुम इतने पस्त थे तो तुमने यह काम लिया ही क्यों? सच तो यह है कि हम काम करना चाहते हैं।

दूसरी समधिन : हमें साफ-साफ निर्देश दीजिए तो हम पाँच मिनट में सीन करके दिखा दें।

निर्देशक : मुझे अपने साथी चुनने में ज्यादा अकल लगानी चाहिए थी। टाइमटेबुल बनाने में बेकार लगायी। वक्त पर मेरा बस नहीं, उसका जैसा तकाजा होना है वैसा करना पड़ता है।

दूसरी समधिन : हमें सेरडहेयि के साथ काम करने की आदत पड़ चुकी है।

निर्देशक : तो यह बात निकली। सेरडहेयि साहब खुद एक निर्देशक हो गये हैं। अब मैं उनसे

यह कहने का अधिकारी नहीं रह गया कि मेरे सहायक बनें।

दूसरी समधिन : उनके साथ काम करने का अभ्यास हमें आपके साथ काम करते वक्त ही हुआ। कितनी शांति से काम करते हैं वह।

पहली समधिन : आपको आजकल किसी ऐसे काम का जिम्मा लेना चाहिए जो इतना थकानेवाला न हो।

निर्देशक : मेरा दिमाग परेशान हो चुका है और मेरे साथी मुझे कोई मदद नहीं दे रहे हैं। सब मेरे विरुद्ध हो गए हैं। मालिक-मजदूर जैसा रिश्ता बन गया है। मालिक कितना भी उदार हो मजदूर उसे हमेशा एक नीच पूँजीपति के रूप में, एक शोषक के रूप में देखते हैं। इस तरह तनाव बढ़ता ही जाता है। तो मालिक क्या करे? उसके पास मजदूर को बरखास्त कर देने के सिवाय कोई चारा नहीं रह जाता। मजदूर उसके काम में रुकावट डालते हैं और इस बात का फायदा उठाते हैं कि मालिक मुसीबत में फँस गया है और बुराइयों से समझौते करने को मजबूर है।

पहली समधिन : *(खड़ी हो जाती है)* तो मैं एक बुराई हूँ? मुझे इस पर एतराज है। आप जाकर फिल्मों की जगह डाकुमेंटरी क्यों नहीं बनाते?

निर्देशक : आप हद के बाहर जा रही हैं।

दूसरी समधिन : हमको जिस वातावरण की आदत पड़ी हुई है वह हमें नहीं मिल रहा है। उसकी कमी अखर रही है। क्या जरूरत थी आपको जाकर बेचारे लत्सि सेरडहेयि किश से झगड़ा मोल ले बैठने की? वह तो ऐसे मौकों पर हमेशा कोई न कोई रास्ता निकाल लिया करता था।

निर्देशक : मैं कहता हूँ, यह गलत बात है।

पहली समधिन : कहते रहिए *(दूसरी समधिन से)* हमको इन महाकसाइयों के सामने इतना अपमान पी जाना पड़ता है : ये हमें इंसान तक नहीं समझते। ठीक है, अब मुझे मौका मिला है। ये हरदम ऐक्टरों को अपमानित करते नहीं रह सकते।

निर्देशक : ठीक है। सुन लिया। मुझमें प्रतिभा नहीं है, ईमानदारी नहीं है और मेरी सारी फिल्में सेरडहेयि की बनायी हुई हैं। समझ गया। इस परिस्थिति में और काम बिल्कुल असंभव है। और हड़ताल में पैसा व्यर्थ बरबाद होना है—मालिक का भी मजदूर का भी। मुझे आप सबकी कोई दरकार नहीं रह गयी है। *(चीखता है)* क्या आप समझते हैं कि मैं जानता नहीं कौन यह सब करा रहा है? मैं जानता हूँ किसने आपको भड़काया है। आप इस फिल्म में अड़ंगा लगाना चाहते थे? ठीक है, मैं आपको देख लूँगा। और आपके भड़कानेवालों को भी देख लूँगा। सेरडहेयि किश जैसों को कृतज्ञ होना चाहिए कि उन्हें जीवन में एक बार निर्देशक होने का मौका दिया गया...उन्हें अपने पुराने दोस्तों की पीठ में छुरा नहीं मारना चाहिए। *(सहायक से)* मैं निर्माता से मिलना चाहता हूँ। अभिनेत्रियाँ जाएँ और अपना मेकअप उतार लें। उन्हें जहाँ जाना होगा गाड़ी उन्हें छोड़ आएगी। चाहें तो सीधे रंगमंडल कार्यालय जाएँ, शिकायत लिखकर दे आवें। मैंने आपको बदनाम किया है? ठीक है, मैं जिम्मेदार हूँ। मगर याद रखिए बात यहीं खत्म नहीं होती है। अभी तो आपको और आपके भड़कानेवाले को मजा मालूम होगा। देखते हैं; कौन इस धंधे में रहता है और कौन डाकूमेंटरी बनाने जाता है। और यह भी देखेंगे कि अंत में टिकट कलेक्टरी और दरबानी करता कौन दिखायी देता है। *(कैमरामैन से)* तुम मत डरो जी। तुम्हें किसी मुश्किल में नहीं डाल रहा हूँ। तुम्हें कोई झूठी गवाही नहीं देनी है। तुमने सुना कि मैंने इनकी बदनामी की।

जो कुछ हुआ उसकी जिम्मेदारी मैं लेता हूँ।

कैमरामैन : एक्सक्यूज मी, पीटर, तुमने तो उनकी कोई बदनामी नहीं की। अच्छी बात तो यही थी।

निर्देशक : मैंने नहीं की?

कैमरामैन : नहीं, अच्छी बात तो यही थी। तुमने कोई अपमानजनक बात नहीं कही।

निर्देशक : ओह, तब ठीक है। हाँ, ठीक तो है *(चीखता है)* ऐसे छुट्टी नहीं पा जाओगे। निकल जाओ बुढ़ियो। कहो तो सौ बार यही कह सकता हूँ।

पहली समधिन : तुम हमेशा एक बात भूल जाया करते हो—यह कि तुम जिनके साथ काम कर रहे हो वे भी इंसान हैं।

दूसरी समधिन : हटाओ भी। चलो चलें। मगर मैं ऐसे नहीं छोड़ दूँगी। *(सिसकती है)* आज तक किसी ने मुझसे ऐसे बात नहीं की थी। हमारी यह हैसियत रह गई है...?

पहली समधिन : रह ही गई है। हम इसी के लायक हैं। हमें उसी वक्त विरोध करना चाहिए था जब हमें पहली बार बेवकूफी के डाइरेक्शन दिए गए थे।

निर्देशक : सिर्फ वे ही यहाँ रहें जो काम पर हैं। आप हड़ताल पर हैं, बाहर जाइए।

पहली समधिन : तुम अपना सारा दम इसी कोशिश में निकाले दे रहे हो कि अपने को बचाए रखो। तुम्हारे अंदर राई बराबर प्रतिभा होती तो भी तुम कोई उम्दा काम करके नहीं दिखला पाते क्योंकि तुम दूसरों को धकियाते-धकियाते खत्म हो जाते। हम इंसान हैं। एक्टर भी इंसान होते हैं और हम इंसानों का अभिनय करके भी दिखाना चाहेंगे। इंसान! लंगूर के निर्देशन में। रो मत! उसने जैसा किया है वैसा भरेगा। *(वे जाती हैं)*

निर्देशक : अब अवकाश होता है। मैं सीधे बड़े दफ्तर जा रहा हूँ ताकि जो जरूरी है किया जा सके। यहाँ चीजें सम्हालकर रखिए। कोई हटे नहीं और पत्यि हेटेन्यि कहीं पीकर धुत न हो जाए।

कैमरामैन : आपको उनसे ऐसे नहीं बोलना चाहिए था। सबकुछ ठीक हो जाता अगर आपने उनका अपमान नहीं किया होता तो।

निर्देशक : तुम नहीं जानते। जाहिर है कि वे लोग सारी चीज में शुरू से ही विघ्न डालने की कोशिश कर रहे थे। वे साबित करना चाहते थे, कि मैं अपना काम अच्छी तरह नहीं जानता और ऐसा क्यों चाहे रहे थे, यह भी मैं जानता हूँ। शुरू में उन्हें बुढ़िया कह दिया था इसीलिए—कितनी अजब बात है।

कैमरामैन : वे एक तमाशा खड़ा करेंगे—और उनको हक है कि करें—*(सहायक और निर्माता आते हैं। निर्माता को सहायक से मालूम हो चुका है कि क्या-क्या हो चुका है)*

निर्माता : आशा है तुम्हें मालूम होगा कि हमें अभिनेत्रियों की फीस देनी है और अब तो वह किसी न किसी के वेतन में से काटकर निकाली जाएगी। साधन इतना है नहीं कि हम दो नए चेहरे ले आएँ। टका पास नहीं है। हमने यह नहीं सोचा था कि दो मशहूर अभिनेत्रियाँ जो खास रोल कर रही हैं, चली जाएँगी। सोचकर देखो भाईजान, यह कैसे चलेगा?

निर्देशक : आप जानते ही हैं कि यह सब हो क्यों रहा है। जानते हों तो बेहतर है। सेरडहेयि ने उन सबको भड़काया है...मैंने उसे निर्देशक बनाया और उसका यह पुरस्कार मिला...मैं उसका नाम इस धंधे से पोंछकर मिटा दूँगा। मैं बरत्सकेर को बता दूँगा कि इसे एक भी फिल्म और दी गई तो मैं काम छोड़ दूँगा।

निर्माता : सेरडहेयि को पैसा नहीं मिल पाया। वह इस साल कोई फिल्म नहीं बना रहा है मगर

दूसरी तरफ तुम यह जानते हो कि उन दो बुढ़ियों में से एक का पति क्या है।

निर्देशक : वह किसी अस्पताल में विशेषज्ञ है।

निर्माता : हाँ, मगर उसके पास पदवी है। वह कर्नल है *(विराम)*

निर्देशक : क्या अभी यहाँ सब लोग हैं? सौ बात की बात यह है कि यह एक हड़ताल थी, नियोजित हड़ताल थी। कर्नल की पत्नी हो तो हुआ करे उसे हड़ताल नहीं करने दी जा सकती। मैंने उन्हें निकाल बाहर किया है। मैं उनसे जाकर नहीं कह सकता कि आइए, वापस आइए। मैं नहीं कह सकता।

निर्माता : वे अभिनेत्रियाँ हैं।

निर्देशक : मैं अपनी हँसी नहीं उड़वा सकता...

निर्माता : *(बात काटते हुए)* कितनी मर्तबा मुझे यह बात तुम्हें बतानी पड़ेगी कि वे अभिनेत्रियाँ हैं। उन्हें यह जानकर कोई आश्चर्य नहीं होगा कि तुम उनके साथ फिल्म जारी रखना चाहते हो। हम उन्हें कुछ दिन के पैसे फालतू दे देंगे। और क्या।

निर्देशक : ऐक्टर निर्देशकों को यह बताते फिरें कि उन्हें क्या करना चाहिए तो हो चुका। फिर तो वह दिन भी दूर नहीं रह जाएगा कि ऐक्टर अपने-अपने निर्देशक आप चुनेंगे। ऐक्टर को निर्देशकों पर राय देने का कोई हक नहीं है। ऐसा कभी सुना ही नहीं। मैं उनके साथ काम करने से इनकार करता हूँ और एक बार मैंने जो कह दिया सो कह दिया। मैं इस फिल्म की दुनिया से उनका नामोनिशान मिटाकर रख दूँगा—उनका भी, साथ में सेरडहेयि का भी।

निर्माता : मैं सब सुलझा दूँगा। बस माफी माँग लो। फिक्र मत करो, वक्त आने पर उनको देख लेंगे, मगर अभी तो ऐसे रहो जैसे कुछ हुआ ही नहीं है। यह कहकर तुम बच नहीं पाओगे कि हड़ताल के दोषी वे हैं क्योंकि बाद में सब लोग पूछते फिरेंगे कि हड़ताल क्यों की। मेरी बात सुनो पीटर, मान लो कि ये जो हैं ये इंसान नहीं हैं और सब ठीक हो जाएगा। एक दमड़ी की औकात नहीं है उनकी।

निर्देशक : क्या वे बाहर खड़ी सिसक-सिसककर रो रही हैं।

निर्माता : *(बच्चे की तरह फुसलाते हुए)* हाँ, ठीक कह रहे हो। वे बाहर खड़ी सिसक-सिसक रो रही हैं। मैं उनसे ठहरने को कह आया हूँ और अब मैं जाता हूँ, उनसे बात करता हूँ। तुम्हारी तरफ से माफी माँग लूँगा। तुम तो समझते हो, कर्नल बड़ी चीज होती है। वे काम भी करना चाहती हैं और उनको पछतावा भी है। तुम भी आज की घटना से परेशान हो चुके हो। जो मैं कह रहा हूँ उसके अलावा कोई रास्ता नहीं है। नहीं तो हम सबका सत्यानाश हो जाएगा।

निर्देशक : मैं रसोईघर में जाता हूँ। देखता हूँ शायद चाँदी की चायदानी कहीं मिल जाए।

सहायक : कुछ खाने को मिलना चाहिए। बुढ़िया ने कुछ पका रखा है। बढ़िया महक आ रही है।

निर्देशक : मेरे पेट में सबेरे से एक कौर भी नहीं पड़ा। *(लगभग रोआँसा होकर)* इससे बुरा और क्या होगा। जिसको पालपोसकर बड़ा किया वही आस्तीन का साँप निकला और अब मुझे डसना चाहता है। मैंने उसे आदमी बनाया और ये दोनों बुढ़िया कहती हैं कि वह फिल्में डाइरेक्ट करता है। सारा फिल्म जगत चौपट हो गया है। नाम इतना बड़ा है और कि एक मामूली कामेडी निभा नहीं सकतीं दोनों की दोनों। उनसे कह देना कि मैं बरत्स्केर को फोन करने गया हूँ।

सहायक : वह तो तुम मुझ पर छोड़ दो। खाना खाओ और पलटके आओ।

निर्देशक : ठीक कहते हो। मुझे यह मानना ही नहीं चाहिए कि वे इंसान हैं। वे वैसे ही हैं जैसे कोई रोल होता है।

सहायक : इससे भी बदतर। वे कुतिया हैं।

निर्देशक : इतना बढ़ाकर कहने की जरूरत नहीं। वैसे तुम ठीक कहते हो।

[जाता है।]

सहायक : जीवन में पहली बार फर्स्ट असिस्टेंट बना। इसी ने बनवाया। अब तो मेरा बेड़ा गर्क है।

निर्माता : अपनी रें-रें बंद करो और अभिनेत्रियों को ले आओ *(सहायक जाता है)*

कैमरामैन : मालूम नहीं तुम करना क्या चाहते हो। मगर असलियत यह है कि औरतों ने ठीक कहा था। उन मशहूर एक्ट्रेसों से इस तरह से बात नहीं करनी चाहिए।

क्लैपर ब्वाय : और उन्हें एक भी ठीक डाइरेक्शन नहीं दिया गया। मैं 40 साल से काम कर रहा हूँ। इस तरह के ऊटपटाँग डाइरेक्शन देकर फिल्में डाइरेक्ट नहीं की जातीं।

निर्माता : तुम्हें ठीक वक्त पर फिल्म तैयार करके देनी ही चाहिए। जो हो, उन दोनों की बात सही हो तो भी पीटर का कहना दुरुस्त है कि ऐक्टर अपने मन से डाइरेक्शन नहीं दे सकते। निर्देशक का कहा वैसे का वैसे उनको मानना पड़ेगा। अनुबंध पर दस्तखत करने के पहले अभिनेता को यह बात समझ लेनी चाहिए तब पैसा हमारे हाथ में आकर रहेगा।

सहायक : *(दरवाजे पर खड़ा है)* यहाँ नहीं है। अपनी आँखों से देख लीजिए *(समझाता है)* वे उस हवा में साँस भी नहीं लेना चाहती जिसमें वह लेता है।

निर्माता : *(आगे जाकर औरतों की अगवानी करता है)* देवियो, मैंने उस जांगलूस को चलता कर दिया। जो कुछ हुआ उसके वास्ते मैं माफी माँगता हूँ। *(इस बीच दोनों अभिनेत्रियाँ मंच पर आती हैं और मध्य में खड़ी हो जाती हैं)* ऐसे महान प्रतिभाशाली कलाकारों का ऐसा अपमान !...मगर आप तो समझदार हैं, देखिए, मँजे हुए निर्देशकों के साथ काम करने पर ऐसे तनाव पैदा हो ही जाया करते हैं। बड़े आदमियों के बड़े नखरे।

पहली समधिन : क्षमा करेंगे। हमने तो कोई कठिनाई खड़ी नहीं की थी।

दूसरी समधिन : बिलकुल नहीं। हमने तो बहुत कुछ बर्दाश्त किया। हमने तो कान ही बंद कर लिए।

पहली समधिन : जब तक हुआ बर्दाश्त किया।

निर्माता : जो हो। गरदन तो मेरी कट रही है—और मेरा कोई कसूर नहीं। मुझे तो हरेक का भला देखना है। इस स्क्रिप्ट में दम है। अच्छी फिल्म बन सकती है। और पैसा तो मेरी ही जेब से आना है। 5 दिन और लग जाएँगे। सिर्फ दस्तखत कीजिए। मगर मैं अगर 5 मिनट के अंदर उससे नहीं कहता कि काम शुरू हो सकता है तो वह हमारे साहब बहादुर आंटाल वरत्केर को फोन कर देगा और फिर हम कुछ नहीं कर पाएँगे। पहली शिकायत ही हमेशा सुनी जाती है। आप लोग तो जानती हैं दुनिया का कायदा। देवियो, मुझे मालूम है कि आपके पास भी अपने तरीके हैं, अपने रास्ते हैं। आप अपील भी कर सकती हैं। बस, जरा बदमजगी से बचना चाहती हैं। और क्या। तो दोस्तो और साथियो, मैं आप सबको कैसे समझाऊँ कि आप सब इस मामले में निर्दोष हैं। समझाऊँ भी तो समझा नहीं पाऊँगा। हाँ, एक उपाय है। वह यह कि आप लोग भूल जाएँ कि वह कोई इंसान है। वह एक कठपुतली है। एक तमाशा है। उसको समझिए कि है ही नहीं। यकीन जानिए जरा देर में घुटनों के बल दिखाई देगा। बस, फिर हम अपना काम आराम से निपटा लेंगे।

पहली समधिन : पाँच दिन और वाली बात तो ठीक है और माफी वाली बात भी। मैं तो माफी मँगवाती भी नहीं।

दूसरी समधिन : और मैं यह भी नहीं कहती कि वह घुटनों के बल घिसटे।

पहली समधिन : मगर यह साफ है कि इस तरह से काम करना असम्भव है।

निर्माता : छोड़ो, बस जो बताए करती जाओ।

दूसरी समधिन : वह कुछ बताता ही नहीं। सबेरे से तनाव बढ़ा रहा है। उसके ज़बान पर गाली आती है मगर कह नहीं पाता है।

पहली समधिन : सेरडहेयि को वापस लाइए।

कैमरामैन : सेरडहेयि का नाम न लो। हम सबकुछ बर्दाश्त कर सकते हैं, सेरडहेयि को नहीं। यह आग उसी की लगाई है। सारा तमाशा उसकी वजह से खड़ा हुआ। वही तो इससे जलता है।

निर्माता : *(उसे हाथ के इशारे से परे कर देता है)* बस करो। इसमें और मामले फँसे हुए हैं। देवियो, फिलहाल मैं आपको सिवाय पाँच और दिनों की फीस के और कोई वायदा नहीं कर सकता। लेकिन मैं भरसक कोशिश करूँगा कि सेरडहेयि पकड़ में आ जाए। सिर्फ इतना चाहता हूँ कि फिलहाल कोई उसका नाम न ले। मेहरबानी करके दूसरे कमरे में जाइए। मैं उससे कुछ और कहना चाहता हूँ।

दूसरी समधिन : क्या हम मान जाएँ?

पहली समधिन : और हम कर ही क्या सकते हैं। मुझे तो सारी चीज़ से चिढ़ हो गई है। हम लोगों को जाने कब का विद्रोह कर देना चाहिए था, अब क्या कर सकते हैं। *(वे दूसरे कमरे में चली जाती हैं)*

निर्माता : *(दाँत भींचकर)* और अगर फिर आप लोगों ने बात इतनी बढ़ाई तो सबको खदेड़ कर दम लूँगा। सबको मिट्टी में मिलाकर रख दूँगा। नामोनिशान मिटा दूँगा। *(कैमरामैन, क्लैपर ब्वाय और सहायक तीनों से कहता है)* जाइए उसे बुला लाइए, *(सहायक जाता है)*

कैमरामैन : किस्सा अभी खत्म नहीं हुआ। आपने सेरडहेयि को ले आने का वायदा कर लिया है। और सेरडहेयि राजी नहीं होने का।

निर्माता : तुम अभी कच्चे हो बेटे। मैं तुमसे कहता हूँ उसने यह बवेला ही इसलिए उठाया कि वह एक असिस्टेंट पा जाए जो कि उसकी फिल्म को डाइरेक्ट कर दे। मैं तो सोचता था कि वह बीमारी की छुट्टी ले लेगा। मगर यह नया रास्ता निकाला। कभी-कभी वह ताड़ने नहीं देता कि उसके मन में क्या है। मगर उसकी सूझ की दाद देनी पड़ेगी। उसने यहाँ बड़े ऊँचे से शुरू किया था क्योंकि उसे खुद फिल्म डाइरेक्ट करने को मिली थी। इसीलिए उसने वह मसखरा असिस्टेंट रखा था। मगर गाड़ी खिसकी ही नहीं। अब तो सबकुछ सेरडहेयि पर है। अगर वह गम में औंधा पड़ा नहीं होगा—उसकी किताब उन्होंने फिर नामंजूर कर दी है—तो वह कल यहाँ आ जाएगा। वह भी रोजी के लिए काम ढूँढ़ता रहता है।

कैमरामैन : हम जीवन से ही सीखते हैं। मैं इस फिल्म में अब तक बहुत दिलचस्पी नहीं ले रहा था। पर अब मैं यह जानने को बेताब हो गया हूँ कि यह कैसे बनती है। बहुत-बहुत बेताब।

निर्देशक : *(आता है : कुछ खा रहा है जिससे उसका मुँह भरा हुआ है)*

निर्माता : खाओ, पियो, मस्त रहो, प्यारे पीटर।

निर्देशक : क्या हो रहा है? क्या वे अभी तक बैठी सिसकियाँ भर रही हैं? जरा सोचिए तो कितनी मामूली-सी बात के पीछे हम इतने परेशान हुए।

क्लैपर ब्याय : मैं तो ऐसी कोई हरकत नहीं कर सकता। आजकल इनफ्लुंएजा फैला हुआ है।

निर्माता : *(हँसते हुए)* यह समझ लो बिगनित्स्की, घुटने टेको नहीं तो मैं खाल उधड़वा दूँगा। जिस तरीके से माँगो, माफी माँगो पीटर। पैसे का जिक्र नहीं करना। मैंने इंतजाम कर दिया। अब हम तुम्हें यहीं छोड़ते हैं *(जाने के पहले सीने से लगाता है)* दिल मैला न करो, फिल्म ज्यादा जरूरी है।

[निर्माता उस कमरे के दरवाजे खटखटाता है जहाँ दोनों अभिनेत्रियाँ हैं, झुककर नमन करता है और चला जाता है।]

निर्देशक : *(दुख भरे स्वर में)* मैं पंद्रह मिनट में शुरू करना चाहता हूँ। *(खड़े-खड़े इंतजार करता है : माफी माँगने के लिए अपने को तैयार करता है)*

[अभिनेत्रियाँ दरवाजे पर दिखाई देती हैं। दूसरी समधिन डोर फुष्टशि की आँखें रोते-रोते लाल हो गई हैं; एरझेबेट कालोत्सि सीधी खड़ी है। निर्देशक उनके सामने बड़े शिष्टाचार के साथ धीरे-धीरे बाकायदा जमीन तक झुक जाता है।]

निर्देशक : *(झुके-झुके, खड़े-खड़े)* सब झगड़े की जड़ यह लोकेशन है। मैंने अपनी सारी पिछली फिल्में स्टूडियो में शूट की हैं। आज शाम को मैं लत्सि सेरडहेयि से बात करूँगा तो उसकी वजह यह नहीं है कि मुझे एक बैसाखी चाहिए। बल्कि यह है कि आप देवियों को मैं प्रसन्न करना चाहता हूँ। मेरी क्षमायाचना के प्रतीक स्वरूप...

पहली समधिन : यह बात हुई कप्तान। तुम वाकई जानते हो कि निर्देशन कैसे किया जाता है।

अंक : दो

[एक सप्ताह बाद। शाम हो गयी है। शूटिंग जारी है। सीन उसी कमरे में है। उसमें जानबूझकर बेतहाशा इस्तेमाल से हुई टूट-फूट दिखाई दे रही है। कैमरा स्पाटलाइट के समतल और समानांतर है। निर्देशक कैमरे के बगल में एक ऊँची सरकौवाँ कुरसी पर बैठा हुआ है। शूटिंग एक नए आदमी लासलो सेरडहेयि किश के निर्देशन में चल रही है। सब काम सुगमता से हो रहा है। अभिनेताओं को पता है कि उन्हें क्या करना है। वे हमेशा सेरडहेयि किश का मुँह जोहते हैं और निर्देशक ऐसा जताता है मानो उसे मालूम नहीं कि अब उसकी नहीं चल रही है। क्लैपर ब्याय डॉली को सरकाता है और कैमरामैन ध्यान से काम में तल्लीन है। पहली समधिन, पहला समधी और दूल्हा दृश्य में हिस्सा ले रहे हैं।]

पहला समधी : उस फलवाले के यहाँ भी यही हाल था जिसके साथ मेरा झगड़ा हुआ था। मैंने देखा जिसे देखो आता है और लाइन में खड़ा होता जाता है और मैंने सोचा, धत्तेरे की, क्या यहाँ डालर बँट रहे हैं? लाइन लगेगी तो काहे के लिए लगेगी भाई? तो साहब यकीन करेंगे, केले बिक रहे थे। कर लीजिए क्या करेंगे। मैं भी खड़ा हो गया क्यू

में। सोचा यहाँ आते-आते रास्ते में खाने के लिए एक-दो दर्जन ले लूँगा। मगर जैसे ही मेरी बारी आयी पता चला कि खत्म हो गए। पट्ठे ने केले का खाली बक्सा मोड़कर फेंक दिया। "मैंने सब बेच डाले" वह कहता है। मैं परे खड़ा होकर दूसरे ग्राहकों के चले जाने का इंतजार करता हूँ। इंतजार करता रहा फिर मौका देखकर पट्ठे से कहा, बड़ी नरमी से कहा, कि मुझे कहीं से एक गुच्छा केलों का निकाल दे क्योंकि मैं पहाड़ से आया हुआ हूँ। किसान हूँ। हमारे यहाँ केले नहीं होते। "देखते नहीं कि अब केले नहीं बचे।" वह कहता है। फिर वह गोदामघर में चला गया। मैं इंतजार करता रहा कि आँख मारकर बुलाएगा तो पीछे-पीछे मैं भी जाऊँगा मगर मैं इंतजार ही करता रहा। करता ही रहा। वह बाहर निकला नहीं। जब निकला तो ऐसा गुजर गया जैसे मैं हूँ ही नहीं। "ऐसा मत करो भाई फलवाले, मैंने आध घंटे इंतजार किया है।" बड़ी भलमनसाहत से मैंने कहा—"मैं वही कृषि सहकारिता किसान हूँ जो आँधी-पानी झेलकर तुम्हारे लिए सब्जी उगाता है। कहाँ हैं केले?"

[मकानमालिक सैंडविच की किश्ती लिए आता है। जाहिर है टेक खराब हो जाता है।]

मकानमालिक : सैंडविच, पेस्ट्री, कॉफी।

सेरडहेयि : ठहरो, कौन आ गया यह? टेक चौपट कर दिया।

निर्देशक : यह मकानमालिक हैं, यह फ्लैट इन्हीं का है।

सेरडहेयि : क्या इनको किसी ने यह नहीं बताया कि जब हम शूटिंग कर रहे हों तब इन्हें यहाँ धमाचौकड़ी मचाने का कोई हक नहीं?

निर्देशक : हरेक को पता रहता है कि क्या-क्या मना है।

मकानमालिक : दुहाई है, मगर मुझे कैंटीन चलाने की इजाजत दी थी और जहाँ तक मैं समझता हूँ वही एक चीज है जो यहाँ ठीक-ठीक चल रही है—खफा न होइएगा।

निर्देशक : अजब बात है कि मुझसे रहा नहीं जाता। येनो, बढ़ाना तो एक कैवियार का सैंडविच इधर।

कैमरामैन : स्विच ऑफ।

मकानमालिक : इस धंधे में तो मैं मँजा हुआ हूँ। मैं खोंचा ही लगाया करता था।

निर्देशक : हाँ, हाँ, वह तो हम जानते हैं। हम जानते हैं तभी तो तुम्हारा फ्लैट किराए पर लिया है। मेरे हिसाब में लिख लेना।

सेरडहेयि : श्रीमानजी, गुस्ताखी माफ हो तो पूछूँ यह फ्लैट इतना गलीज और लावारिस क्यों दिखता है? इस पर बम गिरा होता तो भी इससे अच्छी हालत में दीखता। यहाँ तो काम शुरू ही नहीं हो पाया है। पिछले हफ्ते हमने सिर्फ दो-एक रिहर्सल किया फिर छुट्टी कर दी। मैं समझ ही नहीं पा रही हूँ कि यह स्लम किराए पर क्यों लिया गया।

मकानमालिक : आप लोग जब चले गए तो मैंने तो यहाँ कदम तक नहीं रखा। हम दोनों मियाँ-बीवी रसोईघर में खोखों पर सोते रहे।

सेरडहेयि : रहने भी दो। ऐसा है तो फिर फर्श के पटरे किसने उखाड़ दिए ? दीवाल का कागज किसने उकेल दिया और दीवाल पर थूक किसने दिया ?

मकानमालिक : आपने और आपके कर्मचारियों ने...

सेरडहेयि : आज सबेरे कुछ घंटों के अंदर ? मैं कहता हूँ यह जगह कल सबेरे तक साफ हो जानी चाहिए। हम सूअर की माँद में अब एक दिन भी काम नहीं कर सकते।

और अगर चाहते हो कि तुम्हारी कैंटीन बंद न करवा दूँ तो सैंडविच का दाम घटाओ।

मकानमालिक : आपकी तारीफ ?

सेरडहेयि : इससे तुमसे कोई मतलब नहीं।

मकानमालिक : मैं यह तकलीफ उठाकर एहसान ही कर रहा हूँ। मुझे इसमें कोई मुनाफा नहीं मिल रहा है। अब मकान किसी को किराये पर न दूँगा। अब आपसे कभी कोई करार नहीं करूँगा। मेरे बस का नहीं। मैं तो सिर्फ देखना चाहता हूँ कि फिल्म में आखिर में क्या होता है। बरायमेहरबानी अब सैंडविच और न लें। मैं हिसाब नहीं लिख सकता। लोकोंचिक जी ने क्या लिया है ?

पहला समधी : लाकोंचिक *(सुधारता है)*

मकानमालिक : आपने क्या लिया था ?

पहला समधी : पनीर की पोंगिया।

मकानमालिक : कितनी ?

पहला समधी : दो।

मकानमालिक : *(सेरडहेयि से)* मगर यह करार में लिखा हुआ है। अगर मेरी संपत्ति को होनेवाला नुकसान 30 प्रतिशत से ज्यादा होता है तो आपको मकान की सारी मरम्मत, सफाई-पुताई कराके देनी पड़ेगी और यह जो हुआ है 30 प्रतिशत से काफी ज्यादा है। देखना है कि आप करार को अपनी तरफ से निभाते हैं या नहीं। क्योंकि अगर आप महज किराया देकर रह जाते हैं तो मेरे लिए सौदे में कुछ नहीं बचता।

सेरडहेयि : अब आ गए न असलियत पर मेरे दोस्त। नुकसान हर हालत में 30 प्रतिशत से ज्यादा ही बैठता। तुम अपने हाथों अपना मकान बर्बाद करते या न करते इतना नुकसान बैठ ही जाता। और यह भी सुन लो कि हम अपने साथ डाइनामाइट लाए हैं और जब फिल्मन पूरा हो जाएगा तो मकान को उड़ा देंगे। इससे अगर तुम जिंदा बच रहे होगे तो तुम्हें एक नया अछूता फ्लैट मिल जाएगा। पुराने किले के पूर्वी खंड से तुम्हारा काम चलेगा ?

मकानमालिक : मैं पूछता हूँ कि आप मेरी टाँग क्यों खींच रहे हैं। इस वक्त यह मेरा मकान है।

सेरडहेयि : आपको सख्त गलतफहमी है। इस वक्त यह आपका मकान नहीं है और आइंदा आपको यहाँ अंदर आना हो तो पूछकर आइएगा। आई बात समझ में ? कल सबेरे तक मुझे इस घर में रत्ती भर धूल नहीं दिखाई देनी चाहिए। हमने सूअर की माँद किराए पर नहीं ली है। एम.आई.जी. फ्लैट लिया है। और जहाँ तक मैं जानता हूँ मध्यवर्ग की घैरतिनें गंदगी के पीछे हाथ धोकर पड़ी रहती हैं। सॉरी, इस सबके वास्ते मुझे खेद है। चलिए आगे चलें। *(मकानमालिक जाता है)* क्या हम एकालाप से शुरू करें पीटर ?

निर्देशक : हाँ, बेहतर है।

कैमरामैन : स्विच आन।

सहायक : क्वायट प्लीज, टेक।

सेरडहेयि : टेक।

इंजीनियर : *(नेपथ्य से)* गेट रेडी। टेक।

क्लैपर ब्वाय : सीन चार, टेक दो।

सेरडहेयि : शुरू।

पहला समधी : वे कहाँ हैं ?

पहली समधिन : वे क्यों कहते हो ? अब वे हमारे रिश्तेदार हैं।

पहला समधी : नहीं, अभी नहीं। रिश्ता अभी भी तोड़ा जा सकता है। है न बेटे ?

दूल्हा : यह सब सोचने का वक्त नहीं है मेरे पास पिताजी। मैं यह सूट ही नहीं पहन पा रहा हूँ।

पहला समधी : मैं तुम्हारी पीड़ा समझ सकता हूँ। मैं भी नहीं पहन पा रहा हूँ।

पहली समधिन : *(एक आदमी से दूसरे तक बार-बार जाती है। दोनों को तैयार होने में मदद देती है जैसे कफ के बटन लगाती है। आदि-आदि। इस बीच सेरडहेयि बाँहें इस तरह झुलाता है जैसे संगीत के कंडक्टर झुलाते हैं और उनका उत्साह बढ़ाता है। उसका मुख्य उद्देश्य दृश्य में जान पैदा करवाना है)* दूल्हे के बाप को रसोईघर में बुलाया गया है। वह भी तुम्हारे ही जैसा है। काम के अलावा और किसी चीज से मतलब नहीं है। जितनी देर कर सकें करते ही रहते हैं काम।

पहला समधी : जिस पर ग़ल्ले की जिम्मेदारी होती है वह हर वक्त मौके पर मौजूद रहा करता है, क्योंकि जो नहीं रहा तो वापस आने पर कुछ हाथ नहीं लगेगा।

सेरडहेयि : *(ताली बजाता है)* जरा ठहरो एरझेबेट, आई एम सॉरी। गलती मेरी है। मैंने तुम्हें सबसे जरूरी चीज तो बताई ही नहीं। *(अपनी बात सुधारता है)* मतलब यह है कि कप्तान हयटमंस्कि ने तो बताई ही होगी...क्यों न पीटर ?...शायद यूँ ही तुम्हारे ध्यान से उतर गई होगी...बात है 'काम' शब्द के बारे में। तुम तो यह शब्द ऐसे बोलती हो जैसे सचमुच 'काम' कह रही हो।

पहली समधिन : तो क्या काम का मतलब काम नहीं है ?

सेरडहेयि : हर्गिज नहीं। यहाँ 'काम' का वही अर्थ है जो हेराफेरी का होता है। कुछ ऐसा करो कि जब तुम कहो 'काम' तो ऐसा ही अर्थ निकले।

निर्देशक : इस पर तो हम लोग काफी बात कर चुके हैं कि नहीं ?

कैमरामैन : मुझे तो मतलब इससे है कि कैमरे में दिखता क्या है ?

पहली समधिन : *(सिर्फ सेरडहेयि को आडंबर के साथ संबोधित करती हुई)* थैंक्स लत्सि, तुमने सारी बात एकदम साफ कर दी।

सेरडहेयि : अपने घर में दूकान भी कर सकते हो, सहकारिता मंडली के उपाध्यक्ष भी हो सकते हो। तो भी काम तुमको एक बेईमानी जान पड़ता होगा।

पहला : समझ गया। *(करके देखता है)*...क्योंकि जो नहीं रहा तो वापस आने पर कुछ हाथ नहीं लगेगा।

सेरडहेयि : खूब, अच्छा किया। मगर कहीं कुछ भी जरूरत से ज्यादा नहीं होना चाहिए और अहंकार बाद में लाया जाएगा। हाथों का इस्तेमाल जरा ज्यादा करो। तुम्हारे अंदर लालच है। दिखाओ उसे, कोई चीज कसकर पकड़ लो।

पहला समधी : ओ.के. फाइन। चलो अभी तैयारी बढ़िया है। इसी वक्त कर डालें।

[हाथ के इस्तेमाल का अभ्यास करता है।]

सेरडहेयि : *(कैमरामैन से)* जब मैं तुम्हें कोंचूँ तो हाथों का क्लोज अप लेना। चलो फिर से शूटिंग करें। पीटर, कोई बात है जो तुम बताना चाहोगे?

निर्देशक : यह एक बहुत महत्त्वपूर्ण दृश्य है। इसमें सब चीजें वैसी ही रहनी चाहिए जैसी हमने रखवाई थीं। *(ऊँची कुरसी से उतर आता है)* मुश्किल तो यह है कि मुझे एक बहुत जरूरी फोन करने जाना है। खैर ! कोई बात नहीं। मेरा ख्याल है कि ऐसे नए-नए प्रयोगों को पककर तैयार होने में वक्त लगता है। *(आवाज का लहजा बदलकर)*

समझ नहीं पा रहा हूँ कि अगर मरम्मतवालों ने वक्त से लिफ्ट की मरम्मत नहीं की तो हम क्या करेंगे ? सब सत्यानाश हो जाएगा। *(सेरडहेयि की तरफ देखकर)* यह बात सीख लो कि जब हम रीटेक किसी और ऐंगल से करने लगें तो हमें जरा देर की छुट्टी कर देनी चाहिए। ऐक्टर कोई मशीन नहीं है कि जब चाहा चालू और जब चाहा बंद कर दिया। यह भी रचनात्मकता की मनोवैज्ञानिकता का एक रहस्य है। *(जाता है)*

सेरडहेयि : *(जबान पर आई हुई गाली रोक लेता है)* बकवास।

[ऐक्टर लोग आराम करते हैं। वे इस बेकार की छुट्टी से नाराज हैं।]

पहली समधिन : यह छुट्टी कब तक रहेगी?

कैमरामैन : स्विच ऑफ।

सेरडहेयि : सुनिए, सब लोग सुनिए *(सुर नीचा कर लेता है)* मेरा सुझाव है कि उसे सिर्फ यह दिखाने के लिए कि हम और कुछ नहीं करेंगे आप सब लोग अपनी-अपनी जगह पर फिलहाल बने रहें क्योंकि यह हमारी पहली बड़ी सेटिंग है। चूँकि अभी हमारा कोई खास काम नहीं हुआ है मेरी राय में बेहतर होगा कि हम कुछ मौलिक मामलों को आपस में तय कर लें। मुझे दिखता है कि कप्तान आमतौर से जितना तुनुकमिजाज रहता है उससे कुछ ज्यादा हो गया है।

पहली समधिन : अब आगे से हमें कोई बहुत अच्छे डाइरेक्शन मत देना नहीं तो वह हर पाँच मिनट बाद छुट्टी करवाने लगेगा।

कैमरामैन : बहुत ज्यादा छुट्टियाँ नहीं कर पाएगा क्योंकि पैसा बहुत जल्दी खत्म हो जानेवाला है।

सेरडहेयि : अच्छा, अब कुछ बातें सुलझा ली जाएँ। यह उस किस्म का नाटक है कि जिसको या तो हम मिक्साथ के सारे तंज के साथ करें या फिर करें ही नहीं। जो असल चीज हमें प्रेषित करनी होती है वह यह नहीं है कि हमारे चरित्र खोटे और चोट्टे बदमाश हैं, बल्कि यह तथ्य बताना होता है कि वे भटक गए हैं, अपने आपे को भूल बैठे हैं। काम में हेराफेरी वे अपना हक मानने लगे हैं और ढीठ हो गए हैं। सिर्फ कभी-कभी अपनी आत्मा की किसी भीतरी परत में उन्हें उस वक्त एक तरह का तनाव होता है जब उन्हें काम की याद आती है और वे यह समझ नहीं पाते हैं कि ऐसा तनाव उनके अंदर क्यों हो रहा है। वह क्या चीज है जो किसान को इतना होशियार बना देती है कि वह सरिहन देखते हुए भी कि सबके सब केले बिक गये हैं माने बैठा रहता हो कि अब भी कुछ केले कहीं रखे होंगे भले ही असलियत यह है कि केले कहीं नजर नहीं आ रहे हैं। यही असल बात है...वह आदमी जो कि जानता है कि कथनी और करनी के बीच में मैले का एक गँधाता कुंड बना हुआ है। कैसे जाना उसने? किसने उसे यह समझ दी? उसने खुद दी, क्योंकि उसके अपने कर्मों के लिए उसकी अपनी अंतरात्मा गवाही नहीं देती। जब हम खूबसूरत लाल सेब को छीलते हैं तो पाते हैं कि भीतर से वह सड़ा हुआ है। मगर हम उसे सिर्फ छीलते हैं और मुस्कुराते हैं। मिक्साथ की तरह। वह एक महान विचारक और लेखक था भले ही आजकल उसकी निन्दा जरा फैशनेबुल मानी जा रही है।

पहली समधिन : आई एम सारी, पर मैं समझी थी कि हम लोग सिचुएशन कामेडी कर रहे हैं।

सेरडहेयि : यही मुझे दिखाई पड़ा था।

पहला समधी : तो फिर क्या हम एकालाप को छोड़कर चलें?

सेरडहेयि : नहीं, हम उसे आगे जाकर फिर लेंगे।

पहली समधिन : लत्सि, तुमने यह काम मंजूर क्यों कर लिया? जब समझौते का सौदा पटाया जा रहा था तो मैं तो निश्चित थी कि तुम मंजूर नहीं करोगे।

सेरडहेयि : मैंने इसे मंजूर उसी वजह से किया जिस वजह से तुम बुढ़िया कही जाने के बाद भी लौट आईं।

पहली समधिन : तुम गलत समझ रहे हो। मैं पाँच दिन के फालतू पैसों की खातिर नहीं लौटी हूँ। पैसे की मुझे फिक्र नहीं है। मेरे पास जो चाहिए सबकुछ है। गाड़ी की मुझे कमी नहीं, मकान है, टीसा के किनारे, किताबें, रिकार्ड, जो मुझे भाये खरीदने का बूता है। मगर मैं ज्यादा पैसे माँगती हूँ तो अपने से कम उम्र के साथियों के फायदे सोचकर माँगती हूँ क्योंकि उनको पैसे की जरूरत है।

पहला समधी : ब्रोतल के लिए।

पहली समधिन : ईश्वर उन्हें बनाए रखे। मुझे मालूम है कि शहर भर में यही कहा जा रहा है कि मैं पैसे के लालच में लौट आई। आई लौट तुम्हारी बला से। पहली बात तो यह कि उसने मेरी सारी माँगें पूरी कर दीं। दूसरी यह कि तुम्हारे बारे में जो कड़वी बातें उसने कही थीं उनके बावजूद तुम लौट आए और तीसरे उसने ठीक मेरे सामने झुककर मत्था टेका। मगर मेरे लिए इसका कोई महत्त्व नहीं। मैं तो कहती हूँ कि हर वक्त कोई-न-कोई, किसी-न-किसी से यह जो बदला लेता रहता है इसका सिलसिला खत्म होना चाहिए। पिछले हजार साल से सच पूछो तो यही एक काम हो रहा है और कुछ होता ही नहीं। पहली मर्तबा, मैंने इस चक्र को तोड़ दिया है, मैंने एक चोट खाकर दूसरी खाने से इनकार किया, यह तो सही है मगर मैं काम करने को भी राजी रही। सबकुछ भूल जाओ और काम करते रहो।

कैमरामैन : यह मेरी दूसरी फिल्म है। सब लोग मुझसे कहते थे कि हयटमंस्कि के साथ काम करना गौरव की बात है मगर मेरी आँखों से कुछ न छिपता हो तो मैं क्या करूँ। इतने गौरव की बात न होती तो अच्छा रहता।

दूल्हा : हमने सुना है कि उन्होंने आपकी किताब नामंजूर कर दी है।

सेरडहेयि : आपने दुरुस्त सुना है। मुझे भी सब बातें मालूम हो गई हैं। यह भी कि उसने समझा कि मैंने आप सबको हड़ताल पर जाने को भड़काया। खैर इससे मेरा कुछ बिगड़ता नहीं। फिर भी मेरे दिल में एक लालसा है, एक अकेली लालसा, जिसके आगे मैं सबकुछ भूल जाता हूँ। मैं सेल्यूलायड की महक पर मुग्ध हूँ। मैं झाँकता रहता हूँ कि फिल्म के अंदर क्या डाला जा रहा है। आप समझे! सारे पत्ते मेज पर बिछा दिए गए हैं। आइए इस काम को लगके करें नहीं तो जिंदगी दूभर हो जाएगी। 'जिंदगी' शब्द पर जोर दे रहा हूँ।

पहला समधी : भले ही कप्तान लगके न करें।

सेरडहेयि : हमारे सामने कोई चारा नहीं है। हम इसे बेमन से नहीं कर सकते। यह हमारा काम है। यही है जिसकी बदौलत हमें रोज रोटी मिलती है और देवियो और सज्जनो, हमें कबूल करना चाहिए कि वह काफी मोटी होती है। हमें लगन रखनी पड़ेगी। परिस्थिति क्या है, यह बात माने नहीं रखती। कप्तान की सनक माने नहीं रखती...मगर हम माने रखते हैं। हमारा आत्मसम्मान सबसे अधिक कीमती चीज है। हाँ, उन्होंने मेरी किताब नामंजूर कर दी। वह न मुझे चाहते हैं न मेरी किताब को। मगर उन्होंने वायदा किया है कि अगर इस टीम को मैं दलदल से एक बार उबार लाऊँ तो...क्या मैं यकीन

करूँ उन पर ? हाँ, मैं उन पर यकीन करूँगा। जितना चाहे धोखा दे लें, मेरा क्या बिगाड़ लेंगे ? यह मैं जानता हूँ कि जब आखिरकार मैं सफल होऊँगा तो इस पेशे में मेरे जैसा तजुर्बेकार दूसरा न होगा। हो सकता है कि यह मेरा मुगालता हो। वह दिन आते-आते हो सकता है मैं चुक गया होऊँ और मेरे पास कहने को कुछ रह न जाए। फिर भी, मेरी रात की नींद तो हराम नहीं है क्योंकि न मैंने किसी का हक मारा है न किसी को दगा दिया है न किसी आदमी को, न औरत को, न बच्चे, बूढ़े को न देश को न आदर्श को। चाहे कप्तान रहूँ चाहे खलासी रहूँ चाहे मल्लाह, मेरे लिए सब समान है। काम मेरे लिए सबसे बड़ी चीज है। इस रेत से भरे छकड़े में, इस नाटक में, मुट्ठी भर सोना छिपा हुआ है और मैं नहीं चाहता हूँ कि वह हमारी अंजुलि में से झरकर बह जाए। तुम बिलकुल सही कहती हो एरझेबेट, हमें बीती को बिसार देना चाहिए और भूल जाना चाहिए कि किसने क्या किया, कैसे किया, क्यों किया। जो हुआ सो हुआ। अब उसके कोई माने नहीं रह जाते। हम वह करें जो हम सबसे अच्छी तरह कर सकते हैं। मैं कृतज्ञ हूँ कि आप सब मेरे साथ हैं इसलिए मैं भी चाहता हूँ कि आप समझ लें कि हमें काम पूरा करके दिखा देना है, चाहे जो हो। हमें इसको एक कलाकृति बनाना है—कम-से-कम कलाकृति के तुल्य तो बनाना ही है। और कोई रास्ता नहीं है।

दूल्हा : चलिए, फिर अभी शुरू करें।

पहली समधिन : तुम्हारी किताब का विषय क्या था लत्सि।

[एक आदमी जो आत्महत्या पर तुला हुआ है, वह जाने कहाँ किसी दूर के गाँव में किसी झोंपड़ी में पड़ा जानवर का जीवन बिता रहा है, एक पुराना मित्र आकर उसकी रक्षा करना चाहता है। उसे अपने साथ ले जाकर उसमें अक्ल पैदा करना चाहता है कि वह अपने प्रति जो कर रहा है वह कितना व्यर्थ है। वह उसे यह समझा लेने में तो सफल होता है कि आत्मघात सही रास्ता नहीं है परंतु तब तक बात हाथ से निकल चुकी होती है। आदमी मर जाता है। इस बीच, मित्र को खुद यह बोध होता है कि उसका अपना जीवन एक अंधी गली में फँस गया है और एकमात्र ईमानदार रास्ता यही बच रहा है कि वह आत्महत्या कर ले।]

पहला समधी : ओफ, ओह।

दूल्हा : *(बनावटी भोलेपन से)* तो तुम्हें इस पर फिल्म क्यों नहीं बनाने दी भला ?

सेरडहेयि : *(निर्विकार भाव से)* यह सामयिक नहीं है। मैं बहुत-सी बातों को धूमिल दिखाता हूँ।

पहली समधिन : मैं तुम्हारे अंदर खौलते हुए ज्वालामुखी की आवाज सुन सकती हूँ। क्या तुम जानते हो कि यह किसी भी वक्त फूट सकता है। जब आलोचक किसी लेखक में तुम्हारी तरह कठोर अनुशासन पाते हैं तो उसके विरुद्ध छिपे-छिपे कोई न कोई षड्यंत्र रच लेता है।

सेरडहेयि : *(बात हँसकर टाल देता है)* मैं हूँ माउंट एटना, अरे नहीं, मैं तो सिर्फ एक गुसलखाने का गीजर हूँ।

पहली समधिन : अभिनेताओं के मन में यह धारणा रहती है कि निर्देशक की तानाशाही उनके दुखों का मूल कारण है। निर्देशक पहले हमारे व्यक्तित्व को हमसे छीन लेते हैं। और अंत में वे हमारी सफलता भी हमसे छीन लेते हैं। मगर आज हम देख रहे हैं कि इतने

प्रतिभाशाली निर्देशक को किस तरह अपमान का घूँट पीना पड़ रहा है। *(निर्देशक आता है और वे एक-दूसरे को निहारते हैं। फिर भी पहली समधिन बोलना जारी रखती है और निर्देशक उसको टोकता भी नहीं)* क्या निर्देशक निर्दय होते हैं या कि वे दयनीय होते हैं। क्या वे कोई खूँखार भेड़िए हैं कि हमें गप से निगल जाएँगे? हँसी आती है सोचकर। मेरा ख्याल है कि रोग की जड़ इससे कहीं ज्यादा गहरी है। सवाल यह है कि क्या दुनिया को, जनता को हमारी परवाह है? इन दिनों मैं खुलकर अभिनय करते हुए डरने लगी हूँ। मुझे अपने ही हाथ-पाँव डराते हैं और मेरा अपनापन मुझे डरावना लगता है। मुझे लगता है कि सामने बैठे दर्शक मेरे आकार को नहीं देख रहे—क्योंकि उसमें कोई स्वरूप नहीं रहा, कोई अर्थ नहीं रहा। उसमें केवल हाड़-मांस है, रुधिर है। मैं कुछ रक्षा नहीं कर सकती, मैं सचमुच कोई भारी तप नहीं कर सकती। मैं शब्द बोलती हूँ परन्तु मैं उन शब्दों में मौजूद नहीं होती हूँ। क्या मैं बूढ़ी हो गयी हूँ? पुरानी पड़ गई हूँ। मैं भावना से ही अभिनय कर सकती हूँ परन्तु मुझे लगता है कि वैसा अभिनय कोई चाहता नहीं है। क्यों ? क्या लोगों की भावनाएँ मर गयी हैं ? ऐसा है तो भयंकर है, लोग पागल हो गये हैं।

निर्देशक : तुम यह सब क्यों कह रही हो एरझेबेट कालोत्सि ?

पहली समधिन : क्योंकि मुझे शक है कि कहीं मेरी ही कोई गलती न रही हो। शायद निर्देशकों की गलती नहीं है। किसी निर्देशक की भी नहीं। समझे? किसी की भी नहीं। हम एक-दूसरे के खिलाफ खड़े हो गए हैं और छोटे-छोटे देशों की तरह एक-दूसरे से लड़-झगड़ रहे हैं *(बदले स्वर में)* मैं आपको समझाना चाहती हूँ कि जो कुछ हुआ उसके बाद भी मैं यहाँ क्यों हूँ। और क्यों हूँ मैं यहाँ ? किसी का कोई अधकचरा विचार साकार करने के लिए जो कि चाहे अच्छा हो या चाहे ऐसा-वैसा हो, मेरा नहीं है। एक समय था कि मैं मंच को मेरा अपना मानती थी। अब नहीं मान पाती। अब वह उद्योग का है, राज्य का है और निर्देशक का है। अच्छे से अच्छे निर्देशक के साथ काम करते हुए भी मुझे लगता है कि मुझ पर एक ठप्पा लग गया है। माफ कीजिएगा मैं जो कह रही थी थिएटर के बारे में कह रही थी, फिल्म की बात और है।

निर्देशक : *(उसका हाथ चूमने को होता है मगर वह शालीनता से हाथ हटा लेती है)* धन्यवाद एरझेबेट, जब कहो तब शुरू करने को तैयार हूँ।

दूल्हा : टीम वर्क।

सेरडहेयि : टेक के लिए तैयार हो जाइए।

निर्माता : *(दोनों हाथ ऊपर उठाए हुए आता है और निर्देशक के पास जाकर खड़ा होता है)* एक मिनट। गजब हो गया। लिफ्ट बन ही नहीं पा रही है। पाँच मिनट के अंदर वह यहाँ आ जाएँगे और लिफ्ट बंद पड़ी होगी।

निर्देशक : *(बहुत उत्तेजित हो जाता है)* मैं आगे से कभी लोकेशन पर नहीं आऊँगा। कमबख्त दूसरी-तीसरी भी नहीं छठी मंजिल...सर चकरा रहा है। क्या करें ? अभी-अभी तो वह दिल के दौरे से उठे हैं।

निर्माता : हम सब नीचे जाकर उनसे मिल लेंगे। हम लोग बरोठे में बैठकर बातें कर लेंगे। मेज और कुर्सियाँ नीचे मँगवा लेता हूँ। कॉफी और सैंडविच भी आ जाएँगे। देवियो और सज्जनो, मैं बहुत माफी चाहता हूँ लेकिन श्री बरत्स्केर हाल ही में दिल के दौरे से उठे हैं। हम लोगों को ही उनसे मिलने नीचे जाना होगा।

निर्देशक : हमारे प्रिय साहब हमसे मिलने आ रहे हैं। मैंने पहले आपको नहीं बताया क्योंकि

मैं तनाव को बढ़ाना नहीं चाहता था। दिक्कत सिर्फ एक है। ग्यारह बज चुका है और हमारी वजह से सारी इमारत की नींद खराब होगी।

निर्माता : क्या करूँ? उनका आना रोक नहीं सकता क्योंकि मुझे मालूम नहीं कि वह इस समय कहाँ होंगे। हाल ही में अस्पताल से लौटे हैं इसलिए उनसे यह आशा करना सही न होगा कि वह छः जीने चढ़कर यहाँ पहुँचें। हमें खुद जाना चाहिए।

पहली समधिन : मैं अपनी अकल पर इतना जोर डाल रही हूँ कि कहीं दिमाग ही न फट जाए। मगर कुछ समझ में नहीं आ रहा है। यह सब हो क्या रहा है ? दिल के दौरे के बाद आधी रात को बरत्स्केर को यहाँ आने की जरूरत क्या पड़ गयी ? किसने कहा उनसे आने को ?

निर्देशक : वह यहाँ पधारकर हमारा मान बढ़ा रहे हैं और जितना मैं उनको जानता हूँ उसके आधार पर कह सकता हूँ कि वह प्रशासन की ओर से कोई महत्त्वपूर्ण घोषणा भी करेंगे। कर्ज या फीस वगैरह के बारे में कोई घोषणा जिसका हमसे बहुत गहरा संबंध होगा।

सेरडहेयि : माफ कीजिएगा, टोक रहा हूँ मगर बगल के कमरे में एक झूला कुर्सी है। हममें से चार आदमी उन्हें उसमें बैठाकर यहाँ ले आ सकते हैं। आप कहें तो मैं इंतजाम कर दूँ। वहाँ नीचे बरोठे में वह महत्त्वपूर्ण घोषणा कैसे करेंगे?

निर्माता : क्या ? हम लोग उन्हें महाराजा की तरह डाँडी में कंधे पर चढ़ाकर ऊपर लाएँ? दिमाग खराब हो गया है ?

निर्देशक : वह बुरा न मान जाएँगे ? सोचेंगे हम उनका तमाशा बना रहे हैं।

सेरडहेयि : शर्त बद लीजिए चाहे जितने की, वह राजी हो जाएँगे। अरे, वह तो गद्गद हो जाएँगे। यह तो आपके आदर का प्रमाण होगा। वह फिल्म मंडली से मिलने आ रहे हैं और उन्हें इतना हार्दिक स्वागत मिल रहा है। फिल्म में उनको कोई मौलिकता न दिखाई दे न सही, स्वागत में तो दिखाई देगी। *(क्लैपर ब्वाय से)* नाविक, पाल खोल दो। रास्ता साफ है।

क्लैपर ब्वाय : जी, जी कप्तान हमें कहिए तो हम अपने वयोवृद्ध बरत्स्केर महाराज को कंधे पर चढ़ाकर स्वर्ग तक पहुँचा आवें। हाँ, नाविक डबल-डबल रम के हकदार हो जाएँगे।

निर्देशक : रम तो मेरे जिम्मे रही।

सेरडहेयि : *(निर्माता और निर्देशक से)* आप दोनों नीचे पहुँचें और फाटक पर इंतजार करें। अगर आपने सारा किस्सा पहले ही बता दिया होता तो हम इतनी साँसत में न पड़ते। मैं कहीं से एक मृगछाला भी उनके तले बिछाने को ले आया होता।

पहली समधिन : तुम्हारी कुछ समझ में आता है लत्सि, माजरा क्या है ?

सेरडहेयि : जितना तुम्हारी समझ में आ रहा है उतना ही मेरी समझ में आ रहा है। इन्होंने मेरे कान में भनक तक न पड़ने दी, हालाँकि जाहिर है कि इन्हें उनके आने की खबर थी।

दूल्हा : बीमार हैं तो आधी रात को उठकर यहाँ क्यों चले आ रहे हैं? ऐसे लोगों की क्यों परवाह करें।

सेरडहेयि : चिंता न करो। निरीक्षण की सजग दृष्टि हमारे ऊपर केंद्रित होगी और क्या? श्री बरत्स्केर प्रशासन की ओर से यह चेतावनी सुनाएँगे कि इस फिल्म को किसी तरह की डाक्यूमेंटरी न बना दिया जाए। वह यह भी साबित करेंगे कि यह निर्देशक डाक्यूमेंटरी बनानेवाला आदमी नहीं है।

पहली समधिन : यह डाक्यूमेंटरी का किस्सा क्या है।

निर्देशक : ताकि कोई कह न सके कि यह आदमी डाक्यूमेंटरी भी बनाकर दिखाए। अगर यह बात खुल गई कि प्रशासन का एक लाड़ला उल्लू का पट्ठा है तो बड़ी बदनामी हो जाएगी। उसे महान निर्देशकों की पंक्ति में बैठने से ईश्वर भी नहीं रोक सकता।

पहली समधिन : मामा, मगर इस बीच में लत्सि भैया, तुम्हारा बुढ़ाना कोई रुक तो नहीं जाएगा।

सेरडहेयि : देखो कोई आदमी कप्तान तभी बन सकता है जब उसके मस्तिष्क की कोशिकाओं के एक निश्चित प्रतिशत में पनीर भरा हो।

[दूसरी समधिन और दूसरा समधी आते हैं क्योंकि किसी ने उनको आ जाने का आदेश दिया है।]

दूसरा समधी : कोई कह रहा है कि कुछ काकटेल वगैरह होने जा रहा है...सच है?

पहला समधी : हो सकता है इसमें कोई मसहलत हो।

पहली समधिन : खैर, हम जो कर सकते हैं करके दिखा देंगे।

पहला समधी : हो सकता है...

दूसरी समधिन : क्या यह सही है कि हमें पैसे लौटा देने पड़ेंगे ? मैं तो नहीं लौटाने की। कोई नाटककार भूख से मर रहा हो तो उसे भी मैं अपने पैसे नहीं देनेवाली।

दूल्हा : नहीं जी, बस एक डाँट पिलाकर छोड़ देंगे साहब। वह भी क्या करें। उनका काम है सबको कसकर रखना।

सेरडहेयि : डाँट पिलाने का सवाल ही नहीं उठता। आपकी जरा देर में एक दकियानूसी भलेमानस से मुलाकात होनेवाली है। उनको कहते हैं श्रीमान कोंट्रा सेलेक्शन...यह शब्द आपने कभी पढ़ा है? बचपन में लैटिन पढ़ी थी? *(वह सर पर हाथ फेरता है)* समझे! हाँ, उनके पास कुछ टिकियाँ भी रहती हैं जिन्हें आपको निगलना पड़ता है।

पहली समधिन : तुम्हारा इरादा क्या है भाई?

सेरडहेयि : श्री बरत्स्केर शीघ्र ही यहाँ मौजूद होंगे और घोषित करेंगे कि यह छटंकी ही पहलवान है और यह भी कि जो उस पर उँगली उठाएगा वह प्रशासन पर उँगली उठाएगा। कहीं ऐसा न हो कि मैं अपना आपा खो बैठूँ और कुछ खरी-खरी सुना डालूँ। यही था जिसने मेरी किताब नामंजूर की।

पहली समधिन : किसी की पीठ पीछे इस तरह बुराई करना भद्दी बात नहीं है? और उसकी बुराई जो हमारा नेता है? यह बहुत गलत काम हो रहा है।

दूसरा समधी : पुराने जमाने में हमें दो ही भूमिकाएँ करनी पड़ती थीं। एक मंच पर और एक वास्तविक जीवन में। अब वास्तविक जीवनवाली भूमिका के भी कम-से-कम दो-दो भाग और हो गए हैं और इतनी भूमिकाएँ करते-करते अंत में दिमाग चकरा जाता है। यही वजह है कि चारों तरफ तनातनी, बदहवासी और बौखलाहट फैल रही है। और यही वजह है कि आज कोई महान लोग नहीं रह गए हैं। व्यक्तित्व तो कहीं दिखाई ही नहीं देता।

दूल्हा : इसमें कोई शक नहीं कि भविष्य अब समूह का है, समवेत का है।

पहला समधी : सुंदर शब्द है समूह—और समवेत का क्या मतलब है?

पहली समधिन : अगर जितने लोग मंच पर खेल रहे हैं अपने-अपने दिल चीरकर दिखाने लगे तो दर्शकों को क्या दिखेगा। बहुत सारे लाल-लाल चीरे। इसका कोई मतलब निकलेगा? हो सकता है निकल भी आए मगर जो मुझे दिल निकालकर दिखाना हो तो दर्शक देख सकेंगे कि मैंने उसे निकाला है और वह मैं उन्हें पेश कर रही हूँ। उन्हें। क्योंकि

यही करने को मेरा जन्म हुआ है। समवेत? हो सकता है कि भविष्य समवेत रंगमंच का हो। परंतु जब होगा तब मैं उसमें नहीं होऊँगी।

पहली समधिन : मैं समवेत रंगमंच भी स्वीकार कर लूँगा। मैंने अब तक इतने पापड़ बेले हैं और इतनी बार मुझे काम देना बंद किया गया है कि मुझे कोई फिक्र नहीं रह गयी है। समवेत होना है तो समवेत हो। तुम ठीक कहती हो। यह कोई अच्छी बात नहीं कि पीठ पीछे बुराई की जाए। मैंने एक शब्द भी बुराई का नहीं कहा।

मकानमालिक : *(आता है)* क्या मैं उधर जा सकता हूँ?

सेरडहेयि : क्यों?

मकानमालिक : क्योंकि शायद मेरी घरवाली वहाँ है।

सेरडहेयि : जाइए।

[मकानमालिक जाता है।]

दूसरी समधिन : अरे, तुम लोग सुनते हो? मेरा ख्याल है कि मैंने उसकी घरवाली को देखा था। मैंने देखा था कि वह लाइटिंग मैनों में से एक के साथ खिसक गयी थी। उन दोनों में कम-से-कम बीस बरस की दूरी तो थी ही।

पहला समधी : थी। तुम्हारा ख्याल है। अब मेरा ख्याल है कि इस वक्त दोनों के बीच कोई दूरी नहीं है।

दूसरी समधिन : लाइटिंग मैन पीकर धुत था और वह भी कुछ हवा में उड़ रही थी।

निर्माता : *(दौड़कर आता है। खुश होकर वह सेरडहेयि से हाथ मिलाता है)* तुम एक जीनियस हो दादा, वह तो उस पर बैठ गया। खूब चकर-चकर कर रहा है। एकदम गद्गद हो गया।

सेरडहेयि : *(नीरस स्वर में)* मैंने कहा था। क्या मुझे सारी कार्रवाई में मौजूद रहना होगा।

निर्माता : न रहो, कोई बात नहीं। हम उसे बता देंगे कि यह सूझ तुम्हारी थी।

सेरडहेयि : कोई जरूरत नहीं।

[दरवाजा खुलता है। क्लैपर ब्वाय आता है। चार मजदूरों को रास्ता दिखाते हुए जो झूला कुर्सी में बरत्स्केर को लिए हुए आ रहे हैं। वे बरत्स्केर सहित कुर्सी को कमरे के मध्य में रख देते हैं। निर्देशक और दूल्हा साथ-साथ एकदम पीछे आते हैं। दूल्हा अभिनेताओं के दल में शामिल हो जाता है और निर्देशक कैमरे के पीछे खड़ा हो जाता है। मजदूर मकानमालिक और अन्य लोग दरवाजे के आस-पास मँडराते रहते हैं। बाद में निर्माता का इशारा पाकर चले जाते हैं। बरत्स्केर उठ खड़ा होता है और अभिनेत्रियों से शुरू करके बारी-बारी से हाथ मिलाता है।]

बरत्स्केर : साथियो, मुझे इस झूला कुर्सी में ही बैठे रहना पड़े तो कोई मुजायका नहीं। जब पालने में रहा होऊँगा तबसे अब तक इतना सुख नहीं मिला। ओह, कितने वक्त पहले की बात है। हाय, मैं आपके स्नेहसिक्त आदर से कितना विह्वल हो उठा हूँ। मैं वास्तव में गद्गद हूँ। यकीनन आप सब मानते होंगे कि ऊँची जगहों पर जो होते हैं, जैसे मैं हूँ, वे भी इंसान होते हैं। ऐसे अवसरों पर जैसा कि आज मेरे जीवन में है, कोई साहब की तरह बर्ताव नहीं कर सकता। मुझे अनुभव हो रहा है कि हम सब सहयोगी हैं, साथी हैं और हैं भी। क्या नहीं हैं? हम एक बड़ा सुखी परिवार हैं। सोच-सोचकर मेरा मन भर आता है। आप एक आदर्श उदाहरण हैं और मुझे इस बात पर बहुत गर्व है। शुक्रिया कामरेडो, शुक्रिया। मैं यहाँ खाली हाथ नहीं आया हूँ। मगर जो मैं

लाया हूँ वह उस अद्‌भुत स्वागत की तुलना में कुछ नहीं है जो आपने मुझे दिया है। पर उसकी बात बाद में करेंगे। काम कैसा चल रहा है?

निर्देशक : हम अभी शुरू में ही हैं बरत्स्केरजी, मगर हमें कोई तकलीफ नहीं है।

दुल्हन : *(अचानक आगे बढ़कर एक गुलदस्ता देती है जैसा उसे पहले से सिखा रखा गया है)* बरत्स्केरजी, इसे हमारे समूह की ओर से स्वीकार करें।

[झुककर अभिनंदन करती है।]

बरत्स्केर : *(विह्वल होकर)* ओह, आपकी इनायत है। *(दोनों गालों पर चूमता है)* यह क्या चीज फिल्मा रही हैं आप?

निर्देशक : एक आधुनिक सिचुएशन कामेडी। एक तरह का लोकनाटक।

बरत्स्केर : बहुत खुशी की बात है। आजकल आधुनिक सिचुएशन कामेडी की सख्त जरूरत है। *(सेरडहेयि को देख लेता है)* सेरडहेयिजी ? आपको यहाँ देखकर खुशी हुई। यही भावना रहनी चाहिए। आदमी को काम करते रहना ही उचित है। कहाँ, किसके साथ और किस पद पर इसका कोई महत्त्व नहीं, महत्त्व इसका है कि काम करे। अवॉगार्द चीजों के लिए हमें अभी कुछ इंतजार करना पड़ेगा। आप भी कोई बच्चे नहीं हैं सेरडहेयिजी, आपको यह तथ्य मानना पड़ेगा कि अवॉगार्द के लिए अभी वक्त नहीं आया। अवॉगार्द जनता का, हमारी जनता का उपहास करता है क्योंकि वह दौड़कर आगे निकल जाता है और पलटकर पीछे देखता है और भीड़ से कहता है "तुम पीछे क्यों रह गए। तुम हमारे बराबर कभी नहीं पहुँच पाओगे।" हमें अपनी जनता की हँसी उड़ाने का कोई अधिकार नहीं है। हमें लोगों को अपने साथ लेकर चलना है। उनको राह दिखानी है। कदम-कदम। हमें चाहिए कि उन्हें आगे देखना सिखाएँ। अवॉगार्द के साथ दिक्कत यही है कि वह हमेशा पीछे मुड़कर देखता है। समसामयिक कला भीड़ के साथ चलती है—उसके साथ आनंद मनाती हुई और गाती हुई।

सेरडहेयि : मैं सुर में सुर मिलाकर गा नहीं सकता, बरत्स्केरजी।

बरत्स्केर : मगर आपके कान सुन तो ठीक सकते हैं।

सेरडहेयि : वे भी कोई बहुत ठीक नहीं हैं।

निर्देशक : मुझे बड़ा अफसोस हो रहा है कि मैंने साउंडवालों को अभी-अभी छुट्टी दे दी। हमें यह महत्त्वपूर्ण नैतिक प्रवचन टेप कर लेना चाहिए था।

निर्माता : तो क्या मैं साउंड का प्रबंध करूँ?

बरत्स्केर : नहीं, प्लीज परेशान न हों। ये मेरे मौलिक विचार हैं और मैं उन्हें कई बार दोहरा चुका हूँ, चाहे शब्द थोड़े बहुत बदल जाते हों और निस्संदेह जब तक जिऊँगा इनको दोहराता रहूँगा। मैंने अपने विश्वासों की कीमत चुकाई है सेरडहेयिजी, आपको यकीन नहीं आ रहा?

सेरडहेयि : जरूर आ रहा है। मगर मैं अपनी आस्थाएँ भी बता सकूँ तो अच्छा होगा। शायद मैंने उनकी काफी कीमत नहीं चुकाई होगी फिर भी हैं वे मेरी आस्थाएँ।

बरत्स्केर : सुनिए, सुनिए, सेरडहेयिजी, मैं यहाँ इसलिए नहीं आया हूँ कि आपसे एक व्यक्तिगत बहस में उलझ पड़ूँ। यकीन जानिए कि मुझे वाकई अफसोस है कि आपको अपनी खुद की फिल्म डाइरेक्ट करने को अभी तक नहीं मिली। आप भी अपना नाम रोशन करना चाहते होंगे। मैं समझ सकता हूँ। वास्तव में मुझे कौतूहल है कि देखूँ आप क्या करके दिखा सकते हैं। मगर क्या करूँ? फिलहाल यह संभव नहीं जान पड़ता। *(बड़ी शान से सेरडहेयि की तरफ से मुड़कर पहली समधिन की तरफ देखता है।)*

मिस कालोत्सि, सुना है कि आप अवकाश ले लेना चाहती हैं। अपने निर्णय पर पुनर्विचार करें, मिस कालोत्सि, आपमें चुस्ती और फुर्ती है और आपका स्वास्थ्य उत्तम है। फिर से सोचें। फिल्म और थिएटर और निस्संदेह जनता को आपकी आज भी जरूरत है।

पहली समधिन : मुझे अपनी कोई जरूरत नहीं, जो हो, यह तो पार्ट पर निर्भर है। अगर थिएटर मुझे कोई ऐसा जानदार पार्ट देता है जिससे मुझे स्फूर्ति मिले तो मैं उसे स्वीकार कर लूँगी। मगर मैं अभिनय की दुनिया में पड़े रहकर क्या करूँगी अगर वहाँ रहने का मतलब सिर्फ यह हो कि तनख्वाह के तौर पर पेंशन मिलती रहे और इसके अलावा कुछ हासिल न हो।

बरत्स्केर : मुझे यकीन है कि फिल्म और थिएटर आपको ऐसा कुछ जरूर देगा जो आपके लिए उचित होगा। मैं खुद पड़ताल करूँगा।

पहली समधिन : धन्यवाद।

बरत्स्केर : मगर मैं आप लोगों के बहुमूल्य समय में से बहुत सारा बर्बाद नहीं करना चाहता। आप कहें तो मैं अपने यहाँ आने का कारण बताऊँ। साथियो *(दुल्हन को देख लेता है)* आप इतनी उदास क्यों लग रही हैं? आपकी जैसी एक स्वस्थ युवा अभिनेत्री, जिसको इतने उम्दा पार्ट मिले हों...कोई बात हो गयी है क्या?

दुल्हन : मैं सिर्फ थकी हुई हूँ बरत्स्केरजी।

बरत्स्केर : थकी हुई? आपकी उम्र में तो मैंने यह शब्द सीखा तक नहीं था।

दुल्हन : मगर मैं सीख गयी हूँ बरत्स्केरजी। मैं जल्दी सीखती हूँ।

बरत्स्केर : जल्दी सीखना भी जरूरी है। बहुत तारीफ की बात है। साथियो, मैं यह अत्यंत प्रसन्नता पूर्वक घोषित करता हूँ कि आपका प्रोडक्शन जिसका नेतृत्व पीटर हयटमंस्कि कर रहे हैं जिनको हममें से हर कोई दिल से चाहता है, प्रशासन द्वारा और उत्सव नामांकन समिति द्वारा जिसका मैं अध्यक्ष हूँ, एक विशिष्ट सम्मान के लिए चुन लिया गया है। यह फिल्म जो आप लोग बना रहे हैं अगले वर्ष गोल्डन टुंड्रा फेस्टिवल में दिखाई जाएगी। *(ताली बजाना शुरू करता है जिससे सब लोग ताली बजाते हैं)*

निर्देशक : *(सुधारते हुए)* टुंड्रा स्क्वेरेल।

बरत्स्केर : थैंक्यू, हाँ टुंड्रा स्क्वेरेल में। यह एक बहुत ही असाधारण घटना है कि हम उस उत्सव के लिए एक ऐसी फिल्म नामांकन कर रहे हैं जो कि अभी बनकर पूरी भी नहीं हुई। मुझे यकीन है कि मुझे यह समझने की जरूरत नहीं कि हम इस प्रकार का काम तभी करते हैं जब बहुत ही अधिक आश्वस्त हों कि निर्देशक से जिस काम की आशा है, निश्चय ही वह अत्यंत उत्कृष्ट होगा। और जहाँ तक पीटर हयटमंस्कि का सवाल है हमें उनसे श्रेष्ठतम प्रतिमानों के अनुसार परिणाम मिलते रहे हैं और उनके अभिनेताओं और सहायकों की उत्तम टीम का तो कहना ही क्या। तो मैं यही कहना चाहता था साथियो; बस एक बात और कहूँगा, यह कि प्रशासन इस प्रोडक्शन की प्रगति पर बड़ी दिलचस्पी से नजर रखेगा और कोई समस्या आई तो उसके सुलझाने में निश्चय ही मदद करेगा। मैं आपको यह भी कहता हूँ कि जो सहायता हम आर्थिक अनुदान के रूप में दे रहे हैं और अन्य रूपों में भी देने को राजी हो सकते हैं, उसे दृष्टि में रखते हुए हम किसी तरह की ढील बर्दाश्त नहीं करेंगे।

पहला समधी : यह हुई न खरी बात। धन्यवाद। हममें से कुछ लोग थोड़ा तनाव महसूस करने लग गए थे।

बरत्स्केर : मुझे यकीन है लाकोंचिक जी कि उन कुछ लोगों में आप नहीं रहे होंगे!

निर्देशक : *(दो शब्द कहने की इच्छा करता है और बरत्स्केर कहने देता है)* तमाम प्रोडक्शन टीम की तरफ से सच्चे हृदय से मैं आपका धन्यवाद करता हूँ कि आपने हमें इतना सम्मान और साथ में अपना विश्वास दिया। मैं वायदा करता हूँ कि हम आपकी बात पूरी कर दिखाएँगे।

[पहले गलियारे और फिर बगल के कमरे से चिल्लाहट सुनाई पड़ती है। मकानमालकिन दौड़ी हुई आती है। पीछे-पीछे मकानमालिक दौड़ता आ रहा है। यह उसकी पिटाई करता है और वह चीखती हुई उसके घूँसों से बच निकलने की कोशिश करती है।]

मकानमालकिन : मुझे जाने दे, सूअर कहीं के, मुझे जाने दे।

मकानमालिक : मैं तेरे टुकड़े-टुकड़े कर डालूँगा। निकल जा यहाँ से और उस गुंडे को अपने साथ लेती जा।

मकानमालकिन : बचाओ!

मकानमालिक : छिनाल, तुझे अपने पर शर्म नहीं आती! यहाँ ! दिनदहाड़े ! क्या तू चाहती है कि जो तू कर रही है लोग उसकी फिल्म बनाएँ। निकल ! दफा हो।

निर्माता : क्या बात है। क्या हो रहा है? यहाँ आ धमकने को तुझसे किसने कहा?

मकानमालिक : मैं आपको आपके पैसे लौटा दूँगा और आप यहाँ से फौरन चले जाएँगे। आप। सब के सब।

निर्माता : बाहर निकल जाओ और शोर बंद करो ! हम यहाँ गोष्ठी कर रहे हैं। यह एक समारोह का अवसर है।

मकानमालिक : आप यहाँ कुछ नहीं कर सकते। आपने मेरा घर बर्बाद कर दिया और मेरी बीवी को खराब किया। मैं भर पाया।

निर्माता : निकल जाओ। सुना कि नहीं ? बाहर। शोर बंद। चुप होते हो कि नहीं?

मकानमालिक : यह मेरा फ्लैट है *(बीवी के चेहरे पर तमाचा जड़ता है)* और यह मेरी बीवी है।

निर्माता : ले जाओ इसे बाहर कोई !

मकानमालिक : *(अपनी बीवी का पीछा करता है। दोनों बरत्स्केर के चारों ओर दौड़ने लगते हैं जिससे निर्माता और निर्देशक बहुत उत्तेजित हो जाते हैं।)*

मकानमालकिन : मैंने कुछ नहीं किया है। हम लोग नीचे बरोठे में बैठे बतिया रहे थे। बतिया रहे थे। सूअर कहीं के। क्या बतियाने पर भी कोई रोक लगी है।

निर्माता : मैं माफी चाहता हूँ बरत्स्केरजी। ये लोग पिए हुए हैं। यहाँ शराब किसने आने दी ? कोई है? इनको ले जाओ बाहर!

मकानमालिक : *(अपनी तरफ बढ़ते हुए दो मजदूरों से)* खबरदार, हाथ मत लगाना। मैं पुलिस को बुला लूँगा। मेरे पास सबूत है। *(दोनों मजदूर उसके सामने ठिठक जाते हैं और उसको छूते नहीं)*

निर्देशक : *(हताश होकर)* लत्सि, प्लीज कुछ करो। आई एम सारी बरत्स्केरजी, पर क्या करें, लोकेशन पर काम करने की कुछ मजबूरियाँ होती ही हैं।

बरत्स्केर : कोई बात नहीं। काफी इंटरेस्टिंग है।

मकानमालिक : तुम अपना अनुबंध अपने पास रखो और पैसा भी ले जाओ। अब यहाँ और शूटिंग नहीं होगी। मैं किसी फिल्मवाले को आइंदा यहाँ कदम नहीं रखने दूँगा। और आप इस छिनाल को भी ले जाइए। जब से आप लोग यहाँ आए हैं इसको मस्ती चढ़

गयी है। हर वक्त अपने यारों के साथ पिया करती है।

निर्माता : मैं एक मिनट में पुलिस को बुलाता हूँ।

क्लैपर ब्वाय : आइए, इसकी खोपड़ी बजा दें। बरत्स्केरजी ने इस तरह के दृश्य तो पहले भी देखे होंगे—नहीं देखे हैं क्या सर?

बरत्स्केर : जहाँ तक मेरा सवाल है, मैं मामलों को शांति से निपटाने के पक्ष में रहता हूँ।

मकानमालिक : रहने दे तू कुछ भी निपटने-निपटाने को मेरे मकान में। आते वक्त तो गिड़गिड़ाते हैं कि आ जाने दो, जाने कहाँ की नेमत बख्श देंगे और मकान बरबाद करके छोड़ जाते हैं। फिर कैंटीन से कुछ खरीदते नहीं और जो लेते हैं वह उधार खाते हैं, तीन किलो सलामी गायब हो गई। मिनट भर की शांति नहीं। हर चीज में टाँग अड़ाते हैं और ऊपर से इस बात का बेजा फायदा उठाते हैं कि मेरी बीवी शक्ल की अच्छी और अक्ल की कच्ची है। वह समझ रही है कि जो कोई भी फिल्म में है वह डबल मर्द है। मुझे हरजाना मिलना चाहिए। मेरी बीवी को शराब पिलाकर खराब किया गया।

निर्माता : क्यों? इसलिए कि वह चीखे जा रही थी? कोई है जो इसे पकड़कर बाहर कर दे। मुँह बंद करो और दफा हो *(मकानमालिक की बाँह पकड़कर मरोड़ता है और उसे बाहर धकेल देता है)* आइ एम सॉरी, बरत्स्केरजी।

निर्देशक : *(चीखता है)* मैंने सबसे कह दिया था कि यहाँ शराब नहीं आने दी जाएगी। किसने आने दी यहाँ शराब। किसी न किसी को जवाब देना पड़ेगा इसका। आइ एम सॉरी बरत्स्केरजी।

बरत्स्केर : शांत हो जाएँ। कामरेडो शांत हो जाएँ। सब मसले निपटा लें और काम जारी रखें। लोकेशन पर समस्याएँ हमेशा आती रहती हैं। जीवन जटिल है। समस्याओं से बोझिल है।

मकानमालकिन : मैंने कुछ नहीं किया। हम दोनों बस बतियाते रहे। जलता है। सूअर कहीं का, हमेशा जलन के मारे मरा जाता है। आप तो—मैं देख रही हूँ कि आप तो—शुद्ध भले आदमी हैं। जरा इसे समझा दीजिए। वह हमेशा भले आदमियों की बात मान लेता है।

बरत्स्केर : देखिए, मैं मानता हूँ कि यह काम मेरे बस का नहीं।

[सब लोग हँसते हैं।]

सेरडहेयि : *(वह नहीं हँसता, सपाट स्वर में)* वैसे ही जैसे इस फेस्टिवल प्रोडक्शन में हिस्सा लेना मेरे बस का नहीं है। मैं इतनी महान किसी फिल्म पर काम करने के योग्य अपने को नहीं पाता। तुमने जो कुछ भी किया उसका शुक्रिया एरझेबेट, मुझे खेद है कि मैं अब इस फिल्म में और समय नहीं लगा सकता। सबको प्यार ! और पीटर, तुम्हें सफलता की शुभकामनाएँ। मैं यहाँ आने के लिए और मेरी आँखें खोलने के लिए मैं आपका भी कृतज्ञ हूँ, बरत्स्केरजी। हाँ, यह तो आप जानते होंगे कि यहाँ शराब लाने का जवाबदेह मैं नहीं हूँ।

निर्देशक : क्या सबका सर फिर गया है? हे ईश्वर, कहाँ जा रहे हो लत्सि?

सेरडहेयि : सौभाग्य से मेरे पास एक डिग्री है। मैं केमिस्ट हूँ। मैं फिल्म इंडस्ट्री छोड़े जा रहा हूँ और पलटकर देखनेवाला भी नहीं।

[जाने को होता है।]

पहली समधिन : लत्सि, तुम्हें नहीं जाना चाहिए *(उसके पीछे जाती है और बाँह पकड़ लेती है)* पागल मत बनो *(बरत्स्केर से)* उसको भूल जाइए, वह बहुत परेशान है। बेचारा। प्रशासन उसका साथ क्यों नहीं देता?

बरत्स्केर : मैं पता लगाऊँगा *(निर्देशक से)* यहाँ तो बहुत-सी समस्याएँ उलझी पड़ी दिखाई देती हैं हयटमंस्किजी।

पहली समधिन : सेरडहेयि को मौका नहीं दिया गया, इसके लिए पीटर जिम्मेदार नहीं है।

सेरडहेयि : सही कहा एरझेबेट सही कहा, मैं ही अकेले जिम्मेदार हूँ। यकीन करो, इस धंधे में बने रहने का मुझे कोई अधिकार नहीं है। मैं निर्देशन करने का अवसर कभी नहीं पाऊँगा। मेरा जीवन इसी तरह के प्रोडक्शनों में लगे-लगे बीत जाएगा। काम शुरू भी नहीं हुआ कि उत्सव के लिए नामांकन हो गया। इतना ही देखकर खून खौल उठता है। और खर्च कितना है ? ढंग से आयोजित प्रोडक्शन से पाँच गुना। पर उससे किसी को क्या। आपने मेरा ख्याल किया। आपका एहसान है। यकीन कीजिए, आपसे विदा लेते बहुत दुःख हो रहा है। मगर वापस आया भी तो सिर्फ नमस्ते करने के लिए आऊँगा।

बरत्स्केर : एक मिनट ठहरो सेरडहेयि।

सेरडहेयि : जी?

बरत्स्केर : यह फिल्म तुम्हीं पूरी करोगे।

सेरडहेयि : फिल्म तो अभी शुरू भी नहीं हुई बरत्स्केरजी।

बरत्स्केर : देखो, मुझे लगता है कि मुझे गलत खबर दी गई है। वहाँ जितनी बताई गई थीं उससे ज्यादा समस्याएँ हैं यहाँ—क्या बताएँ पीटर, ऐसा लगता है कि बहुत-सी मुश्किलें एकसाथ तुम्हारे सामने खड़ी हो गई हैं, निजी समस्याएँ, कला का ऊहापोह, विचार मंथन, बहुत ज्यादा बोझ हो गया है तुम पर। इस समय लगता है कि तुम अकेले इन समस्याओं से निपट नहीं पाओगे।

निर्देशक : इस समय ? अकेले ? इस लोकेशन पर तो काम ही असम्भव है। हमें वापस स्टूडियो जाना चाहिए। हम जाएँगे।

बरत्स्केर : उससे कुछ हासिल नहीं होगा। मुझे दिख रहा है कि तुम्हारे दिमाग में चीजें साफ नहीं हैं। जो नेता अनुशासन नहीं रख सकता वह डूबेगा। सब चीजें एकसाथ तुम्हारे सर पर आ पड़ी हैं। यदि मैंने यह देखकर भी नहीं जाना और तुरंत मदद करने की कोशिश नहीं की तो मैं इस विभाग का अध्यक्ष होने योग्य नहीं *(सेरडहेयि को हाथ बढ़ाता है)* सेरडहेयिजी, आइए आमने-सामने फैसला कर लें। हमारी रेलगाड़ी है। कौन हैं जो कूदकर उतर जाना चाहते हैं और कौन हैं जो हर कीमत पर टिकट खरीदकर जाना चाहते हैं। हम सब जानते हैं कि जो कूदकर उतर जाते हैं उनका क्या होता है। आइए, समझौता कर लें। आप दोनों इस फिल्म को साथ-साथ क्यों नहीं पूरा कर लेते? आप सहायक नहीं रहेंगे। आपको सहभागी-सहनिर्देशक बना दिया जाएगा। स्वतंत्र रूप से साथ-साथ काम करने का आपका पहला अवसर होगा—एक जीना ऊपर चढ़ना होगा यह। मैं आपकी समस्याएँ समझ सकता हूँ। आपको भी मेरी मदद की जरूरत है। जो गरम दिमाग के होते हैं और जिन्हें दुनियादारी नहीं आती वे जिन्दगी में बड़ी मुश्किलें उठाते हैं। आप दोनों एक-दूसरे के बढ़िया पूरक होंगे, अब तक भी रहे हैं पर अब फर्क यह होगा कि 'बाकायदा' होंगे।

निर्देशक : नहीं, नहीं, मैं छुट्टी ले लूँगा या हो सकता है अस्पताल चला जाऊँ थोड़े वक्त के लिए। मेरी तबीयत ठीक नहीं है, जैसा आप कहते हैं। आपकी मदद के लिए मैं आपका हृदय से आभारी हूँ। हम इस प्रोडक्शन को कुछ समय के लिए स्थगित कर देंगे। मैं इस्तीफा दे दूँगा। मैं एक संकट में से गुजर रहा हूँ। मैं अपने काम और

अपनी समस्याओं के बीच फँस गया हूँ। निजी जीवन, सार्वजनिक चेहरा, केरेपेशि कब्रिस्तान! मेरे भी आत्मा है, मैं अहंकारी नहीं हूँ, मैं झूठा नहीं हूँ।

बरत्स्केर : निश्चय ही आप नहीं हैं, इंसान हैं।

निर्देशक : मैंने भी जीवन में एक-दो काम कर दिखाए हैं।

बरत्स्केर : जरूर आपने कर दिखाए हैं।

निर्देशक : यह बड़ा कठिन धंधा है। कल रात मैंने सपना देखा कि मैं एक सिंह हूँ।

बरत्स्केर : जरूर आप सिंह थे।

निर्देशक : फिर देखा कि मैं सीधा खड़ा हूँ और खड़े-खड़े पत्थर का बाघ बन गया हूँ। वैसा जैसा एक पुल पर है वैसा, और मैंने मील का पत्थर निगल लिया। मैं थक-सा गया हूँ मगर आप मुझ पर तरह न खाएँ। मुझे भी कोई पछतावा नहीं है। सबसे अच्छा यही होगा कि प्रोडक्शन स्थगित कर दिया जाए...और...क्या कहूँ...

बरत्स्केर : यह तो सोचा भी नहीं जा सकता। हमने उसे उत्सव में दिखाना अभी से तय कर लिया है। थोड़े दिन की छुट्टी करें और फिर नये जोश से आरंभ करें। यह सिर्फ एक कलाकार को चुनौती नहीं होगी बल्कि शिक्षक को होगी—कोई न कोई प्रतिभाशाली नौजवान तुम्हारे संरक्षण में विकसित होने को है *(सेरडहेयि को संकेत देता है कि उसे निर्देशक के करुण चेहरे पर ध्यान नहीं देना चाहिए)* वक्त जल्दी ही बदल जाएगा। ठीक है? *(हाथ एक बार फिर सेरडहेयि की ओर बढ़ाता है)*

पहली समधिन : लत्सि, अकल से काम लो।

[दोनों समधिन सेरडहेयि की बाँहें पकड़कर उसे बरत्स्केर तक ले जाती हैं। दोनों हाथ मिलाते हैं।]

बरत्स्केर : इधर आओ, पीटर।

निर्देशक : *(लड़खड़ाता हुआ आता है)*

बरत्स्केर : *(निर्देशक के गले में हाथ डालता है। तीनों एक-दूसरे के हाथ पकड़ लेते हैं)* यही भावना होनी चाहिए। कहो तो यहीं पर तीनों भाई-भाई बन जाने की रस्म कर लें। मेरी आत्मा बड़ी अशांत रहेगी जो मैं किसी प्रतिभाशाली को अपनी बिरादरी से बिछुड़ जाने दूँगा। एक बात साफ है। हमें सब छोड़कर अपने साथियों में इंसान की तलाश करनी चाहिए, ठीक वैसे ही जैसे हम अभिनेताओं को इंसान समझते हैं और अभिनेता हमें इंसान समझते हैं। इंसान—हम सब इंसान हैं। यहाँ तक कि मैं भी हूँ, अगर आप कहें तो। कलाकार एक-दूसरे का आदर करें, यह एक महान अनुभव है। आगे बढ़िए और आदर्श उपस्थिति कीजिए।

पहली समधिन : तथास्तु।

बरत्स्केर : जी, क्या कहा आपने?

दूसरी समधिन : हमें कोई एतराज नहीं, बरत्स्केरजी।

सेरडहेयि : मुझे भी नहीं है। एक भी नहीं। मैं यह अवसर स्वीकार करता हूँ जो आपने मुझे दिया है बरत्स्केरजी, राजा स्वर्ग सिधारे राजा का राज बना रहे। धन्यवाद, मैं तो अभी से निर्देशक जैसा अनुभव कर रहा हूँ—सहनिर्देशक जैसा।

बरत्स्केर : क्या तुम इसे मजाक समझ रहे हो?

सेरडहेयि : और नहीं तो क्या। मैं खुद अपने को एक मजाक समझता हूँ।

बरत्स्केर : वह तो तुम जानो तुम्हारा काम जाने। सब बातें साफ हो गईं कि नहीं? तुम्हारा काम प्रोडक्शन को बटोरकर फिर से खड़ा करना है। देवियो, आपकी बुद्धिमत्ता, स्फूर्ति

और सद्भावना के लिए कृतज्ञ हूँ।

निर्माता : *(आता है और फौजी तरीके से बरत्स्केर को सूचित करता है)* बरत्स्केरजी, मैं खबर दे रहा हूँ कि स्थिति सुधार दी गई है। सारी घटना भावनात्मक थी। स्त्री वास्तव में हमारे एक आदमी से सिर्फ बात कर रही थी और वे लोग नीचे की दुकान से शराब चोरी छिपे ले आए थे। मैंने शराबी मजदूर को घर भेज दिया है। उसकी बोर्ड के सामने पेशी करेंगे।

बरत्स्केर : ऐसा मत करना। एक बार अनदेखी कर दो।

निर्माता : हाँ, हाँ, वैसा ही कर देंगे। खुशी की एक और बात है कि लिफ्ट फिर काम करने लगी है।

बरत्स्केर : बहुत खूब, अब मैं आपसे विदा लेता हूँ कामरेडो। अगर मुझे शक न होता कि आप व्यंग्य मान लेंगे तो मैं आपसे यही कहता कि जो अच्छा काम किया है उसे जारी रखें। हाँ, अगर आप कुछ वक्त के लिए आराम करना चाहें तो वह ठीक है। *(अभिनेताओं और अभिनेत्रियों के पास जाता है। पहले दोनों अभिनेताओं और फिर अभिनेत्रियों से हाथ मिलाता है—ऐसे कि उनके सामने इतना झुकता है कि लगता है कि हाथ चूमनेवाला है मगर नहीं चूमता।)* मैं समझ सकता हूँ कि आप पर कितना कुछ निर्भर है देवियो। यह सारा मामला मैं आपके हाथ में सौंपता हूँ जो कि मेरे ख्याल से बहुत योग्य हाथ हैं। सब ठीक हो जाएगा *(हाथ हिलाकर चला जाता है)*

निर्माता : *(ऐसे देख रहा है जैसे विश्वास न हो क्योंकि निर्देशक उसके पीछे-पीछे नहीं जाता)* पीटर-पीटर, *(पीछे-पीछे जाने के लिए इशारा करता है)*

निर्देशक : *(सेरडहेयि को थके-थके इशारा करता है कि वह पीछे-पीछे नहीं जाए)*

निर्माता : नहीं, नहीं, तुमको हो क्या रहा है पीटर? सो रहे हो कि जाग रहे हो?

पहला समधी : उसकी नियुक्ति हुई है। वह सह-निर्देशक है।

दूसरी समधिन : जी हाँ, अब दोनों सचमुच के दोस्त बन गए हैं।

निर्माता : क्या कहा?

सेरडहेयि : आओ, आओ, पीटर आओ, इसमें तुम्हारा ही भला है। *(निर्देशक को सँभालकर बाहर ले जाता है। दोनों चले जाते हैं।)*

निर्माता : मुझे यकीन नहीं होता। यहाँ उसने सेरडहेयि को नियुक्त कर दिया और मैं वहाँ मकानमालिक की खोपड़ी पिलपिली करता रह गया। सेरडहेयि को तो डाक्यूमेंटरी यूनिट में जाना था। इस फिल्म में उसे फर्स्ट असिस्टेंट रहना था और फिर उसकी अवनति की जानी थी। ऐसा ही तय था। *(कैमरामैन से)* क्या तुम यहाँ थे?

कैमरामैन : सेरडहेयि ने कहा कि उसने भर पाया और वह अब फिर से दवा बेचना चाहता है इसलिए बरत्स्केर ने उसे निर्देशक बना दिया।

निर्माता : मैं तो चकरा गया हूँ। इतनी ताकत खर्च करके जितनी अभी तक की है, मैंने तीन पौराणिक फिल्में बना डाली होतीं। अब हम क्या बिना पैसे के शुरू करेंगे?

दुल्हन : पीटर तलाक लेकर परिवार को छोड़ देना चाहता है। वह कहता है कि हम दोनों साथ रहें और शादी कर लें। मैं क्या करूँ? कहाँ छिप जाऊँ? मैं गाँव चली जाती मगर अभी काम नहीं करूँगी तो खाऊँगी क्या? और सबसे बड़ी मुश्किल तो यह है कि वह मुझे चाहता नहीं है, मैं जानती हूँ? वह सिर्फ शान जमा रहा है। सिर्फ बदला लेने के लिए वह तलाक लेकर परिवार को छोड़ने तक को तैयार है। सिर्फ इसलिए कि लोग उसकी खुशामद करें कि अरे, तुम्हारे जैसा कामरेड घर क्यों छोड़

रहा है ? यही वजह है। समझता है कि मैं इतनी बोदी हूँ कि कुछ जानती नहीं। उससे यह कहते मुझे हिम्मत नहीं पड़ती कि तू किसी और को पकड़ और चूल्हे में जा। यों तो मुझे हफ्तों छूता तक नहीं मगर कोई पार्टी या जलसा वगैरह हो तो चाहता है कि मैं वहाँ उसकी गोदी में घुसी रहूँ।

दूसरा समधी : वह आदमी जानता है कि उसकी हार हो रही है। और उसका आखिरी वक्त आ गया है।

दूसरी समधिन : बिलकुल यही बात है। शायद वह तलाक का बखेड़ा अपनी जान बचाने के लिए खड़ा कर रहा है। उसे हटा दिया गया है इसलिए कि उसका निजी जीवन बिगड़ गया है, इसलिए नहीं कि उसमें प्रतिभा नहीं है। वह एक युवा अभिनेत्री से प्यार कर बैठा है।

दूल्हा : उसकी आँखें कैसी दमक रही थीं जब वह उससे कह रहा था कि मुझे ठीक से सुनाई भी नहीं पड़ता। बड़ा धाकड़ है वह आदमी।

दूसरी समधिन : इतना कोई धाकड़ भी नहीं है।

दूसरा समधी : तुम उसे कभी लिफ्ट में देखना।

पहली समधिन : ओफ ओह। बड़ी मुसीबत है! तुम्हारे ख्याल से क्या आज यहाँ शूटिंग चलेगी?

निर्माता : मैं क्या जानूँ ?

पहली समधिन : पहले तो वे हमारे अंदर फूट डालते हैं, वादे करते हैं, अपमान करते हैं, चोट पहुँचाते हैं और हमारा वक्त बर्बाद करते हैं। फिर क्या होता है ? पता चलता है कि हम कुछ हैं ही नहीं। उन्हें सिर्फ अपने मामलों से गरज है। सस्ती सौदेबाजियाँ...बहुत हो गया बस ! बस ! यह धंधा तो हमें पागल करके छोड़ेगा।

दूल्हा : कामरेड बरल्केर ने कहा था कि एक-दो दिन छुट्टी रहेगी।

निर्माता : तो रहे। मेरे लिए छुट्टी न छुट्टी बराबर है।

सहायक : *(आता है और निर्देशक के कान में कहता है)* एम्बुलेंस बुलवा लेना अच्छा रहेगा। वह अभी तक होश में नहीं आया।

अंक : तीन

[उसी कमरे में अंतिम दृश्य जिसमें विवाह का समारोह दिखाया जाना है, शूटिंग के लिए तैयार है। मेहमान एक विराट मेज के चारों ओर बैठे हुए हैं। प्रमुख स्थानों पर परिचित पात्र बैठे हैं : पहली-दूसरी समधिनें, पहले और दूसरे समधी, दुल्हन और दूल्हा। कुछ नयी बात भी है क्योंकि मेहमानों के बीच में मकानमालकिन, मकानमालिक, निर्माता, सहायक और सबसे अधिक आश्चर्य तो यह है कि निर्देशक भी बैठे हुए हैं। सब लोग अपने-अपने पार्ट के लिए सजेधजे तैयार हैं, प्लेबैक शुरू होनेवाला है।]

निर्देशक : प्लेबैक ठीकठाक है ? काहे का इंतजार कर रहे हैं हम लोग ? किसका इंतजार कर रहे हैं ?

कैमरामैन : निर्देशक का...मेरा मतलब है कि सहनिर्देशक का...

निर्देशक : और कहाँ मर गया है...सहनिर्देशक। मैंने सीन तैयार कर लिया है। खुद एक्स्ट्रा की तरह तैयार होकर बैठ गया हूँ क्या यूँ ही ?

कैमरामैन : उसे जाकर प्रशासन से मिलना था और उसने कहा था कि वह समय से वापस आ जाएगा।

पहला समधी : तो क्या उसकी 'आत्महत्या के पक्ष में' पुस्तक मंजूर हो गई ? खुद को खत्म करने वालों को रास्ता खुल गया ?

सेरडहेयि : *(आता है और निर्देशक से हाथ मिलाता है, औरों से हलो कहता है)* माफ कीजिएगा, देवियो और सज्जनो, देर हो गई *(चारों तरफ देखकर)* देखता हूँ कि पोशाकें बहुत उम्दा हैं। तो हम यहाँ तक आ पहुँचे। अब यह आखिरी सीन रह गया है।

कैमरामैन : हाँ, यह सीन आखिरी होना चाहिए।

सेरडहेयि : मगर जैसे यह बना है वैसा तो तय नहीं हुआ था।

कैमरामैन : मैंने पीटर से कहा था कि यह...

सेरडहेयि : सुनो पीटर, इसमें तो शान-शौकत दिखाने पर जोर रखना था। जरा दीवाल की हालत तो देखो ? *(मकानमालिक से)* यह दीवाल भी हम ही लोगों ने बिगाड़ी है ? क्यों न ? तुम्हें शर्म नहीं आती ?

मकानमालिक : मुझे शर्म आने की कोई वजह नहीं दिखती। उस आदमी को दिखनी चाहिए जो मेरी बीवी से 'छायावादी' प्रेम कर रहा था।

मकानमालकिन : अब यह किस्सा फिर शुरू किया ?

निर्माता : शुक्र है कि सब काम पूरा तो हुआ। तुम एक शब्दकोश खरीद लो और छायावादी प्रेम का पूरा अर्थ समझ लो।

दूसरी समधिन : हो सकता है प्रेम के इस प्रकार की उसमें परिभाषा न दी गई हो।

सेरडहेयि : हमें ज्यादातर मेहमानों को दूसरी दीवाल के सामने बिठाना चाहिए। वह दीवाल कम से कम थोड़ी तो बेहतर दीखती है।

पहली समधिन : क्या ऐसा करना सचमुच जरूरी है लत्सि ? तुम जानते हो कि मैं बिना वजह सवाल नहीं उठाया करती।

सेरडहेयि : मैं मानता हूँ कि सोलह आना जरूरी है। मेहमानों को फिर से बिठाना पड़ेगा।

निर्देशक : मेरी कोई भी सेटिंग वैसी नहीं रहने पाएगी जैसी मैंने बनाई है।

सेरडहेयि : बेकार की बहस है। जरा दीवाल को देख तो लो फिर कहना। क्या आज पंसारी ऐसे घरों में रहते हैं। उधर से इधर आ बैठने में एक मिनट लगेगा। सहायक...! नाविक ! एक डबल रम।

क्लैपर ब्वाय : हाँ, हाँ, कप्तान एक रम। हम छुट्टी के समय उसे पी लेंगे।

सेरडहेयि : यह मेज जरा-सी आगे को खिसका लो। दुल्हन-दूल्हा, अपनी अपनी कुर्सियाँ लो और यहाँ बीच में बैठ जाओ। समधिनें बच्चों के पास बैठें। कोई औरतों की कुर्सियाँ पकड़ा लाओ...शुक्रिया। मैं एक पार्टी स्टैंड और दो कुर्सियाँ वहाँ और एक ट्वेटी स्टैंड मेज के सामने चाहूँगा *(निर्देशक और निर्माता से)* आप मेहमानों के तौर पर यहाँ एक-दूसरे के आमने-सामने बैठें। आपके पत्नियाँ नहीं हैं...

निर्देशक : हमारे पास एक छदाम नहीं है।

सेरडहेयि : मेकअपवाली, चलो, हमें एक लंबे बालोंवाली छात्रा भी चाहिए...नहीं, नहीं, नहीं चाहिए। मकानमालिक आप दोनों यहाँ निर्माता के पास बैठिए *(समधी से)* आप यहाँ बैठिए और गाते रहिए। आपका अंतिम शाट होगा।

पहली समधिन : मेज कहाँ रहेगी ?

सेरडहेयि : मेज ठीक है...आपकी तरफ से कैसी दीखती है इसका सवाल नहीं है, सवाल यह है कि कैमरा क्या देखता है। *(कैमरामैन से)* तुम मेहमानों का क्लोजअप शाट लो।

निर्देशक : अब तो बिलकुल बर्दाश्त नहीं होता। मेरा भी क्लोजअप लिया जाएगा। और यह मूँछ लगी रहेगी ? *(मूँछें उखाड़ फेंकता है)*

दूसरी समधिन : तुम पर फब रही थी...तुम्हारे चेहरे पर आब आ गई थी।

निर्देशक : अब तो सबको बड़ी मसखरी सूझ रही है।

सेरडहेयि : हर कोई अपनी-अपनी जगह पर जाएँ। जरा देखें यह सीन कैसा दिखता है *(कैमरामैन को बताता है कि वह कैसे शाट चाहता है)* मेहमानों को खुशी से भरा हुआ दिखना चाहिए मानो चारों तरफ गुलाब खिले हुए हैं। अब तक के घूसमघूसा और सर फुटव्वल को भूल जाएँ।

मकानमालिक : मैं तो उसको नहीं भूल सकता।

सेरडहेयि : मैं उसकी नहीं कह रहा जो यहाँ हुई थी, उसकी कह रहा हूँ जो फिल्म में हुई थी।

मकानमालिक : मुझे नहीं मालूम था कि फिल्म में फाइट भी थी।

मकानमालकिन : फाइट नहीं तो और क्या होती ? यह झुंड फाइट करने और गाली बकने के अलावा और कर ही क्या सकता है ?

निर्माता : क्या तुम्हारी अक्ल में यह बात घुस ही नहीं सकती कि इस वक्त तुम दोनों अभिनय कर रहे हो ?

निर्देशक : हम इनको छोड़ दें और दो असली अभिनेता बुला लें। इस तरह कैसे काम होगा ? मैं भी असली-असली अनुभव नहीं कर रहा हूँ। जरूर इतने महान अभिनेता हमारे साथ काम करते हुए अचकचा रहे होंगे।

पहली समधिन : मुझे कोई दिक्कत नहीं।

दूसरी समधिन : और मैं तो हमेशा नौसिखियों से घिरी रहती हूँ।

निर्माता : हम और अधिक अभिनेताओं पर खर्च नहीं कर सकते। जेब खाली हो गई है।

सेरडहेयि : यों भी उनकी जरूरत नहीं है। मैं हर एक के दिमाग में यह बात बैठा देना चाहता हूँ कि यह अंतिम शाट है। मैं इसमें खुशखुश हलके-फुलके और हँसते-खेलते मेहमानों को देखना चाहता हूँ। हम हंगारी हैं। हम भाई-भाई हैं। हम अमर रहेंगे ! जैसी भावना वाला दृश्य हो जाए !

मकानमालकिन : मेरा मन इन रँगरेलियों का नहीं होता है। मैं किस वजह से खुश होऊँ।

निर्माता : मैं इसकी जान ले लूँगा। कसम से मार डालूँगा इसे।

सेरडहेयि : मान जाइए हजूर। आप जितना चाहे उतना रोना चेहरा बनाकर बैठे रहें। मैं सिर्फ यह चाहता हूँ कि आपकी आँखें मेरे ऊपर गड़ी रहें। सारा वक्त आप मुझे देखते रहें, समझे।

निर्देशक : यह असंभव है। उसका रोआँसा चेहरा तमाम सीन को चौपट कर देगा।

सेरडहेयि : उसको बचा लेंगे।

निर्देशक : *(कैमरामैन से)* कैसे बचा लेंगे ? ऊपर से या नीचे से ?

कैमरामैन : मैं नहीं जानता। मैंने अभी इस पर सोचा नहीं।

सेरडहेयि : वह मुझ पर छोड़ो।

निर्देशक : क्षमा कीजिएगा, यह इतना आसान नहीं है जितना आप समझ रहे हैं। यह नाटककार के फैसला करने का सवाल है। कोई मेहमान दुखी दिखाया जा रहा है तो उसकी

कोई वजह नाटककार के मन में होनी चाहिए। हम जनता को भरमा नहीं सकते।

सेरडहेयि : मैं आपको यकीन दिलाता हूँ, वह हँसेगा।

मकानमालकिन : वह दिन आ चुका।

निर्देशक : मैं नहीं चलने दूँगा यह। मैं जब अपनी ही फिल्म में एक्स्ट्रा होने को तैयार हूँ तो मुझे इतनी आशा करने का अधिकार है कि अंतिम दृश्य चौकस हो। कितना रा स्टाक बच रहा है ?

कैमरामैन : करीब दो सौ मीटर।

निर्देशक : बस तो हो चुका, वह नहीं हँसा तो सारी फिल्म कूड़े में जाएगी और दोबारा बना भी नहीं पाओगे। *(निर्माता से)* क्या आप कहीं से कुछ और रा स्टाक ला सकते हैं ?

निर्माता : न, एक सेंटीमीटर भी नहीं, हमने सब खर्च कर डाला।

निर्देशक : पता नहीं गया कहाँ सब।

पहली समधिन : आप लोग कोई समझौता कर सकें तो करें, मैं तब तक बाहर घूम आऊँ। इस झगडे का मुझसे कोई वास्ता नहीं।

सेरडहेयि : अपनी-अपनी जगह पर रहें सब लोग। आइ एम सॉरी एरझेबेट, मगर यह जीवनमरण का प्रश्न है।

निर्देशक : उनको भी यही फिक्र है कि वे अपनी जगह पर क्यों नहीं हैं।

मकानमालिक : *(पत्नी से)* थोड़े से सैंडविच और कॉफी ले आ। बिक्री का सबसे बढ़िया वक्त वही होता है जब बहस हो रही हो।

सेरडहेयि : *(कठोर स्वर में)* मैंने कहा हर कोई अपनी जगह पर है ? अभी भों करके रोना होगा।

निर्देशक : अच्छा-अच्छा, बहुत गरम मत हो।

सेरडहेयि : तुम चकर-चकर करके काम में अड़ंगा लगा रहे हो।

निर्देशक : चकर-चकर ? क्या कहा ? फिर से कहना !

पहली समधिन : यही कहा। तुम कैसे भी हो इस फिल्म का अंत बिगाड़ना चाह रहे हो।

निर्देशक : *(एक अजब तीखी हँसी हँसता है)* मैं अपनी फिल्म बिगाड़ना चाह रहा हूँ ? सुनकर हँसी आती है।

पहली समधिन : तब तुमने अंतिम सीन पर यह बेमानी बहस क्यों शुरू की ?

निर्देशक : बेमानी ? वक्त आने पर सारा मामला एक निष्पक्ष समिति के सामने हम लोग उठाएँगे। मुझे विश्वास है कि सबसे अधिक अपमानजनक शब्द कहने का पुरस्कार मैं जीत कर नहीं आऊँगा।

दूसरी समधिन : तुम अब भी जीत सकते हो। हम लोग अभी मौजूद हैं।

निर्देशक : अपने को बहुत समझ रहे हो। मैं शादी के मेहमानों में एक एक्स्ट्रा, फालतू करेक्टर, गाली-गलौज करने लगूँ ? कभी नहीं।

निर्माता : बुरा मत मानो पीटर, मगर मुझे तुमसे कहना पड़ेगा कि मुँह बंद रखो।

निर्देशक : क्या कहा आपने?

निर्माता : यह सीन इतना आसान है कि हम पाँच मिनट में पूरा करके फेंक दे सकते हैं।

निर्देशक : निर्माता लोग कला के मामलों में कब से टाँग अड़ाने लगे ?

निर्माता : मैं भी इस दलदल में गर्दन तक डूबा हुआ हूँ जैसे कि तुम हो। मुझे इससे कोई पैसे भी नहीं मिल रहे हैं। मैंने चारों तरफ हाथ पसारकर इस फिल्म के लिए भीख माँगी थी। और उसका यह नतीजा है ? मैं भी तुम्हारी तरह एक एक्स्ट्रा बना हुआ

हूँ। शादी के मेहमानों में से एक मेहमान। क्या तुम समझते हो कि यह मेरा काम है? तुम भी जानते हो और मैं भी जानता हूँ कि मुझे यह क्यों करना पड़ रहा है। इसलिए बराय मेहरबानी इस आखिरी दौर में अड़ंगा मत लगाओ।

निर्देशक : मैं अड़ंगा नहीं लगा रहा हूँ। अपनी फिल्म डाइरेक्ट कर रहा हूँ।

पहली समधिन : सो तो बहुत साफ दिखाई दे रहा है।

सेरडहेयि : *(सहायक से)* असिस्टेंट, इतनी कृपा कीजिए कि जरा मेरी तरफ से श्री बरत्स्केर को फोन कर दीजिए। कह दीजिए कि मैं आखिरी शाट पूरा नहीं कर पा रहा हूँ इसलिए जरा देर से पहुँचूँगा।

सहायक : कितनी देर से...

निर्देशक : उससे कोई फर्क नहीं पड़ता। यह तो सिर्फ धौंसपट्टी है।

सेरडहेयि : कोई आधे घंटे में, थैंक्यू। अब मैं चाहता हूँ कि हर कोई अपनी जगह पर आ जाएँ।

निर्देशक : बरत्स्केरजी अभी-अभी बीमारी से उठे हैं। हफ्ते भर से दफ्तर नहीं आए इसलिए शाम के इस वक्त तुम्हारी खातिरदारी कहाँ से करेंगे?

सेरडहेयि : हाँ, अभी कुछ कमजोर जरूर हैं मगर अच्छी संगत से उन्हें हमेशा फुर्ती आ जाया करती है।

निर्देशक : *(लगभग हताश होकर)* अच्छा ऐसा है? तो आप उनसे किस विषय में वार्तालाप करने जा रहे हैं, जरा बताएँ?

सेरडहेयि : अरे, ऐसे ही इधर-उधर की बातें होंगी। अवॉगार्द, नैचुरलिज्म आजकल की फिल्में, आजकल के निर्देशक और कुछ मैं अपनी योजनाएँ भी बताऊँगा। यकीन नहीं हो रहा है? मेरी अपनी योजनाएँ। आप उनसे किन विषयों पर बात करते हैं?

निर्देशक : उन्होंने मुझे आज तक अपने घर बुलाया ही नहीं।

सेरडहेयि : तो फिर आप शांति से बैठ जाइए और एक अच्छी मुस्कुराहट दीजिए।

निर्देशक : कितनी अजब बात है कि कोई अपना सितारा इतने कम वक्त में चमका लेता है।

सेरडहेयि : यह तुम्हारा सोच है जो अजब है।

निर्देशक : क्या अजब है और क्या नहीं है यह तो मैं बरत्स्केरजी को जाकर बताऊँगा।

सेरडहेयि : जाइए, जाइए।

निर्देशक : तुम्हारी योजनाएँ यानी मूर्खताएँ?

सेरडहेयि : बेशक बरत्स्केरजी आपकी सलाह खुशी से सुनेंगे।

निर्देशक : हाँ सुनेंगे, बशर्ते कि उस वक्त तक मैं उनकी निगाहों में एकदम नालायक न साबित कर दिया जाऊँ।

सेरडहेयि : जो वह तुम्हारा जिक्र न छेड़ेंगे तो मैं भी न छेड़ूँगा। खाने के वक्त गपशप लोग कुछ मजेदार चाहते हैं इस वजह से तुम्हारा जिक्र बातचीत में शामिल करना मुझे...जरा मुश्किल मालूम होगा।

निर्देशक : बस, बहुत हो चुका। फिलहाल तुम इस फिल्म के सहनिर्देशक हो। कह लो कि चालीस फीसदी तक—और अभी तक मेरा ही हुक्म चल रहा है। बंद करो। सब लोग घर जाएँ। यह गुस्ताखी बहुत हो चुकी। मैं सारी स्क्रिप्ट फिर से लिखवाऊँगा। अंतिम सीनवाला सीन रहेगा ही नहीं। मैं अपने गंभीर विचार सस्ती तफरीहों के दलदल में डूब जाने नहीं दे सकता। देवियो और सज्जनो, आपको धन्यवाद। आज का काम खत्म हुआ। यूँ भी इस सीन को इस किस्म के लोकेशन पर शूट करना असंभव है। यह तो एक पूरा पागलखाना है। हम स्टूडियो में सेट बनवाएँगे और जिप्सियों की

टोली बुलवाएँगे और तीस एक्स्ट्रा और नचनिए होंगे। एक विशाल भोज दिखाया जाएगा। आप लोग जाते क्यों नहीं ? क्या मेरे साथ यही करेंगे ? *(कोई टस से मस नहीं होता)* चले आए राजदुलारे और मेरी जगह आकर जम गए, जब कि सारा परिश्रम मैंने किया था। क्या मेरी कोई हैसियत रह ही नहीं गई। क्या मैं आपको जाने का हुक्म नहीं दे सकता ? जाइए, घर जाइए, चलते फिरते दिखाई दीजिए। *(एकाएक अभिनेत्रियों का अपमान करने की याद आती है)* दफा हो बुढ़ियो...और तुम भी बदमाशो और बबुओ *(कोई नहीं उठता)*

पहली समधिन : ताज्जुब, इस सबके हम कितने आदी हो जाते हैं।

दूसरी समधिन : हाँ, कुछ समय के बाद इसके बिना अच्छा ही नहीं लगता।

दूल्हा : यह बबुआ क्या मेरे वास्ते कहा गया था ?

दूसरी समधिन : प्यारा शब्द है कि नहीं ? और तुम्हारे लिए संयोग से सही भी लगता है।

पहली समधिन : समवेत भावना, समझे ? अपमानों को बराबर-बराबर बाँटना चाहिए।

पहली समधिन : ठीक है। मगर सच भी है कि इस असफलता के हम सब जिम्मेदार हैं। अभी देखना कितनी मुसीबत खड़ी होगी।

दूसरा समधी : मैं सारी बातचीत में एक शब्द भी नहीं बोला। हर आदेश का पालन किया। और मेरी वजह से किसी सीन का रिटेक नहीं करना पड़ा। कप्तानगिरी के सवाल में भी मैंने टाँग नहीं अड़ाई। मेरे लिए सब बराबर हैं। कोई भी निर्देशन करे।

निर्देशक : *(खोया हुआ-सा खड़ा यह सब सुनता रहा है और हर बोलनेवाले के चेहरे को भौंचक-सा देखता रहा है। अब मानो जागकर लंबी साँस लेता है)* कोई बात नहीं। मुझे कोई फर्क नहीं पड़ता। क्या तुम समझते हो कि मैं नहीं जानता कि मैं इस पेशे के लायक नहीं हूँ। मैं शुरू से ही जानता था। हर कोई जानता था फिर भी मुझे जैसे-तैसे इसमें डाल दिया गया। मुझे सबसे ज्यादा बड़े काम दिये गए और मैंने नाम कमाया। जी, यह न समझिए कि आपमें कोई बड़ी प्रतिभा है। कुछ समय तक आप अपनी चमक दिखा लेंगे। और क्या। मुझे आपसे नाराजगी भी नहीं है। मुझे नाराजगी सिर्फ झगड़ा करानेवालों, निर्माताओं, जड़ काटनेवालों, आस्तीन के साँपों, टुंड्रा स्क्वेरेल और आम आदमी से है। यह तो कुछ उदाहरण दिए। असल में मुझे नाराजगी अपने से ही है। मेरा बस चलता तो मैं अपने को खत्म कर देता। किसी का कोई भविष्य नहीं है, सिर्फ...यकीन जानिए...

दूसरी समधिन : सिर्फ क्या ?

निर्देशक : क्या मालूम ? भूल गया। शायद मेरा भविष्य हो, किसी और जगह। शुभकामनाएँ सेरडहेयिजी, शायद इतने के बाद आपमें से कोई मुझे अब उतना गधा नहीं समझ रहा हो जितना पहले समझता था, और मैं यह भी जानता हूँ कि जो इस फिल्म को अंत में पूरा न होने दे रहा हूँ तो क्यों ? यह मेरा आखिरी दाँव है। हा, हा, हा चलो, चलो, पत्नि, हा, हा, हा हयटमंस्कि को केरेपेशि कब्रिस्तान में दो दाँतसाजों के बीच जगह मिली तो यों ही थोड़े मिली ? वही मेरा आखिरी पड़ाव होना है। धत्तेरे की, मैं बने-बनाए कामों में अड़ंगा मारने में उस्ताद हूँ। हे, हे, हे, आओ प्यारी पत्नि चलें *(कड़वी हँसी हँसता है)* आप चाहें तो बुरा मानें, मगर दुल्हन अब भी इस पतित आदमी के हाथ में है जो कि मैं हूँ। चलो पत्नि, पीटर खत्म हुआ।

दुल्हन : मैं नहीं जाने की और तुम भी बैठ जाओ तो बेहतर होगा और यह काम समाप्त हो जाएगा। हर कोई कहता है कि यह एक महान लघु फिल्म निकलेगी।

निर्देशक : मैं तुम्हारी बात नहीं समझा। मैंने तुमसे अपने साथ आने के लिए कहा है।

दुल्हन : मैं नहीं आती।

निर्देशक : *(सेरडहेयि से)* मुबारक हो, ऐसों ही को तो मैं मँजा हुआ खिलाड़ी कहता हूँ। मैं चीं बोलता हूँ। मुझे भी कुछ निर्देश दीजिए।

[बैठ जाता है।]

सेरडहेयि : *(मानो कुछ हुआ ही न हो)* पीटर, तुम्हें कुछ बोलना नहीं है, मुस्कुराना है।

निर्देशक : यह कौन-सा पात्र है जिसका मैं अभिनय कर रहा हूँ। कोई रिश्तेदार है ?

सेरडहेयि : नहीं, यह पड़ोस का वह गोश्तवाला जो इनके यहाँ गोश्त पहुँचाता है।

निर्देशक : कसाई। धन्यवाद। एक क्षण रुकिए, जरा मैं इसको अंदर बैठा लूँ। कसाई...

सेरडहेयि : *(केवल निर्देशक से)* तुम थोड़ा-सा नशे में लगते हो। थोड़े खब्ती भी हो। मैं क्या करूँ। चरित्र ही ऐसा है। ठहरो, मैं दिखाता हूँ कि मेरी समझ में इसको कैसा होना चाहिए। *(अभिनेताओं से)* आप अपना-अपना जारी रखें *(निर्देशक की कुर्सी पर बैठ जाता है)*

पहला समधी : *(खड़ा होता है, गाना शुरू करता है और दूसरे समधी को अपनी ओर पकड़कर खींचता है।)* "नशे में चूर तीन लड़कियाँ थीं..."

सेरडहेयि : *(दृश्य को दाँत फाड़कर देखता रहता है। निर्देशक को संकेत देता है कि वह यह सीन इसी तरह कराना चाहता है)* हम तुम्हारी खीस के क्लोजअप से शुरू करेंगे और फिर वापस कैमरा तुम्हीं पर लाएँगे। तुम्हारा चेहरा एक अति उत्तम बाराती का चेहरा है। कैसा रहेगा ?

निर्देशक : बढ़िया। बस यही कमी है कि मैं करूँगा नहीं।

निर्माता : जरा हिम्मत करो पीटर, मैं भी कोई ऐक्टर नहीं हूँ मगर कर रहा हूँ—कसाई का पार्ट छोटा है तो क्या ? उसका महत्त्व है।

पहली समधिन : यह सब तो अभ्यास से आता है।

सेरडहेयि : *(मकानमालिक और मकानमालकिन से)* आप लोगों को भी यह मुँह लटकाकर बैठने की जरूरत नहीं।

मकानमालिक : हमारी खटपट हो गयी है—हरेक से और एक दूसरे से भी।

मकानमालकिन : मैंने इसे बहुत समझाया।

निर्माता : तीन गवाह कसम खा रहे हैं कि वह छायावादी प्रेम था।

मकानमालिक : तुम मुझसे बात मत करो।

मकानमालकिन : निर्माता ने भी कहा था कि वह छायावादी प्रेम था।

सेरडहेयि : देखिए, आप लोगों को काम के पैसे दिए जा रहे हैं। मुझे आपकी छायावादी हरकतों से कोई दिलचस्पी नहीं है। बैठ जाइए, बाँह अपनी बीवी के गले में डालिए और जब मैं इशारा करूँ तो उसको चूमिए। मुझे एक पटाखेदार चुम्मा चाहिए।

मकानमालिक : *(बीवी के गले में हाथ डालता है और उसे चूमता है)*

सेरडहेयि : बेकार। और सच्चाई के साथ करना है। देखो, चूँकि तुम अभिनेता नहीं हो, नौसिखिए हो इसलिए हम तुमको थोड़ी-सी पीने को दे सकते हैं।

मकानमालिक : मैंने जो कमाया है उसे मैं पीकर नहीं उड़ानेवाला हूँ।

निर्देशक : पैसे मैं दूँगा। क्या पसंद है ?

मकानमालिक : ऐसी बात है तो मैं एक व्हिस्की पीऊँगा।

निर्देशक : तो कैंटीन में व्हिस्की भी रखते हैं आप, क्यों ?

मकानमालकिन : क्यों नहीं, हमारे पास सब चीज है। व्हिस्की तो खूब बिकी। आपको दूँ एक, सोडा और बर्फ डालकर ?

निर्देशक : मुझे दोनों बराबर हैं।

मकानमालिक : मुझे खाली व्हिस्की देना, न सोडा न बरफ *(मालकिन जाती है)*

दूसरी समधिन : क्या यह वाकई आखिरी शाट है ?

सेरडहेयि : बिलकुल आखिरी ?

दूसरी समधिन : मुझे तो अब यह फिल्म अच्छी लगने लगी। *(शरारत से हँसती है)*

मकानमालकिन : *(शराब लाती है और गिलास आदमियों को पकड़ाती है)*

मकानमालिक : तुमने इसे कप्तान के खाते में लिख दिया ?

मकानमालकिन : हाँ।

मकानमालिक : तब तो ठीक है, चियर्स। साहब लोग ठीक कहते हैं—बीती ताहि बिसार दे। मरना ही है तो एक ही बार मरा जाए।

[निर्माता से गिलास टकराता है। उसने भी एक गिलास उठा लिया है।]

निर्माता : अब तो मानते हो कि उस वक्त मेरे सामने और कोई चारा न था क्योंकि बरत्स्केर जी आ गए थे।

[दोनों गले मिलते हैं।]

मकानमालिक : मैं समझता हूँ *(गिलास खाली करके बीवी को चूमता है) चलिए, जारी रखें।*

सेरडहेयि : मैं बहुत खुश हूँ। कोई सवाल पूछना है। *(पलटकर कैमरामैन की तरफ देखता है)* लसि ?

कैमरामैन : तैयार हूँ।

सेरडहेयि : संगीत एकाएक नहीं शुरू होगा। मैं ताली बजाऊँगा, मैं पहले देखूँगा कि ये हँसमुख चेहरे कैसे दिखाई दे रहे हैं। *(दूल्हा और दुल्हन से)* यह बात आप दोनों पर लागू नहीं होती। आप दोनों एक-दूसरे को घूरे जा रहे हैं *(ताली बजाता है)*

[हर कोई अपनी-अपनी जगह ले लेता है। दोनों समधिनें अपना पार्ट करती हैं। कैमरा सब चेहरों पर घूमता है।]

सेरडहेयि : बहुत अच्छे। बढ़िया हुआ। अब हम टेक ले रहे हैं।

सहायक : *(सहायक की हैसियत से चिल्लाता है)* क्वाइट प्लीज़, टेक शुरू हो रहा है।

[बैठ जाता है और अपनी भूमिका सम्हाल लेता है।]

सेरडहेयि : रोल करो। *(ताली बजाता है)* शुरू—

पहला समधी : *(खड़ा होता है, गाता है)* "नशे में चूर तीन लड़कियाँ थीं" *(जब वह गाता है तो कैमरा हर चेहरे पर चलता है, औरतों से शुरू करके दूल्हा-दुल्हन तक। जैसे-जैसे अभिनेता समझते जाते हैं कि अब वे फोकस में नहीं हैं वैसे-वैसे वे शिथिल होते जाते हैं मगर नौसिखिए लोग शुरू से आखिर तक अभिनय जारी रखते हैं)* कोई केले वेले हैं ?

दूसरी समधिन : हाँ, हैं।

पहला समधी : वही तो मैं कहता हूँ...और तुमसे कहता हूँ कि *(सुननेवालों को लगता है कि वह कोई गलती कर बैठा है)* अपने केले किसानों को बाँटते मत रहो नहीं तो यह क़िस्सा खत्म ही न होगा।

सेरडहेयि : *(दोनों बाँहें ऊपर उठा लेता है जिससे पता चले कि दृश्य अभी जारी है। फिर एकाएक उन्हें गिरा लेता है)* हो गया। *(निर्माता फ़ौरन निकल जाता है)*

निर्देशक : आप सबने जो कुछ किया उसके वास्ते शुक्रिया। *(अपना मेकअप उतारना शुरू करता है)* इस दौरान छोटी-मोटी कई बातें हुईं। उनके लिए माफी चाहता हूँ। आप खूब सफल हों और हमेशा सफल होते रहें। बुरा न मानें। मुझे तुरंत भागना है...मैंने वह कमबख्त कब्र दो सौ डालर देकर खरीदी है मगर उसकी अभी तक सूरत भी नहीं देखी। जरा देर में कब्रिस्तान बंद हो जाएगा। मगर हो सकता है वक्त से पहुँच जाऊँ। नमस्ते।

सेरडहेयि : इत्मीनान से जाइए, नमस्ते।

निर्देशक : *(जाने लगता है फिर वापस लौटता है)* कोई गलतफहमी न रह जाए इसलिए बता दूँ कि इस फिल्म से मैंने तरक्की पाई है। मैं जानता हूँ कि अब मेरी जगह कहाँ है। मैं कोई केमिस्ट नहीं हूँ। मेरी कोई और योग्यता नहीं है। पर मैं अपने लिए कुछ काम ढूँढ लूँगा। कुछ नहीं मिलेगी तो कहीं दो गज की जगह तो मिल ही जाएगी। दुख तो यह है कि इस तकलीफदेह दुनिया से मुझे प्यार हो गया है। कोई बात नहीं। असल चीज तो यह है कि मेरी आँखें खुल गयी हैं और मैं आजाद हूँ। एकदम आजाद *(जाता है)*

सेरडहेयि : असिस्टेंट।

सहायक : जी।

सेरडहेयि : उसके पीछे-पीछे जाओ। उसको नजरों से ओझल न होने दो। उसका अगला काम नाटकीय आत्महत्या का दृश्य होगा। मैं जानता हूँ कि उसका दिमाग कैसे चलता है—आज तो वह ऐसा दृश्य कर ले जाएगा लेकिन कल उससे बनेगा नहीं।

सहायक : उसकी वजह से मैं सेकंड असिस्टेंट डीमोट कर दिया गया था। मेरी बला से वह फाँसी चढ़ जाए।

दूल्हा : मैं जाता हूँ उसके पीछे। सारी बातों के बावजूद वह है एक बेचारा अभागा आदमी।

दूसरी समधिन : हाँ, सो तो वह है ही।

दूल्हा : हर तरह से शुक्रिया लत्सि भाई। कोई ऐसी-वैसी बात हो जाए तो मुझे याद कर लेना।

सेरडहेयि : जरूर कर लूँगा, नमस्ते।

[दूल्हा जाता है।]

सहायक : आपको यह भी बता दूँ कि आपने पहले जो आदेश दिया था जैसे पीटर के हथियार रखवाने के लिए दे रहे हों, वह मैंने पूरा कर दिखाया। बरत्सकेर साढ़े आठ बजे आपका इंतजार करेंगे।

मकानमालकिन : *(एक तश्त लाती है। पीछे-पीछे निर्माता है)*

निर्माता : लत्सि, यहाँ मौजूद हरेक की तरफ से तुमको मुबारकबाद! तुम्हारे अपने पहले निर्देशन के उपलक्ष्य में शुभकामनाएँ। कप्तान! जिंदाबाद! बरत्स्केरजी को बधाइयाँ।

सहायक : मैं भी आपको मुबारकबाद देना चाहूँगा। यह कामेडी अगर आप न आते तो कभी खत्म नहीं होती।

[फौरन चला जाता है।]

दूसरी समधिन : यह कोई इतनी बुरी फिल्म नहीं है। जनता देखेगी तो उसे लुत्फ आएगा, भले ही समीक्षक लोग इसकी छीछालेदर करें। करें तो करते रहें।

दुल्हन : पीटर मुझसे शादी करना चाहता है। आप अपनी राय नहीं देंगे कि मुझे अब क्या करना चाहिए? हर कोई समझता है कि मैं आवारा हूँ मगर मुझमें भी प्रतिभा है।

मुझे पता है *(जाती है)*

सेरडहेयि : *(निर्माता से। जोर देकर)* आपने जो मदद की उस सबके लिए शुक्रिया दूँ। आपने मेरा साथ दिया, कृतज्ञ हूँ। हम करें क्या, ऐसे ही करना पड़ता है। एक बात मगर कहूँगा। वह यह कि ऐक्टरों को पैसे देने में कहीं कोई कसर न छोड़िएगा और वक्त पर उन्हें ले जाने के लिए गाड़ियाँ तैयार रहनी चाहिए।

[निर्माता जाता है।]

पहली समधिन : *(उसे घूरकर देखती है)* ऐक्टरों को ? ऐक्टरों को?

सेरडहेयि : *(पलटता है)* क्या बात है ? शायद आप लोग ऐक्टर नहीं हैं, कहिए तो फिल्म आर्टिस्ट मान लूँ ?

पहली समधिन : कुछ कहने की जरूरत नहीं। ऐक्टर सब सही-सही समझते हैं *(सब कोई जाते हैं। कैमरामैन जो कि कैमरा बाँध रहा है, रह जाता है)*

क्लैपर ब्वाय : बरायमेहरबानी इस तरह बाँधिए कि मेरी छुट्टी न कर दी जाए। जब तक साँस चलती है, आपके साथ काम करते रहना चाहूँगा।

[जाता है।]

सेरडहेयि : यह भी सोचता है कि मैं उसी तरह का कप्तान हूँ। *(कैमरामैन से)* और ऐसा ही तुम भी सोचते हो ? कि नहीं ?

कैमरामैन : मैं इनकार तो नहीं कर सकता।

सेरडहेयि : अफसोस है, मैंने सोचा था कि तुम्हारे कैमरे की नजर ज्यादा तेज होगी।

[कैमरामैन जाता है।]

सेरडहेयि : अगर कोई अपने साहब के साथ एक बार खाना खा ले तो क्या वह खुशामदी कहलाने लगेगा ? यही माना जाता है। क्योंकि यही तरीका है—महान हंगारी तरीका अगर मेरा भी भेजा पनीर का बना होता तो मैं भी दलील दे रहा होता कि कोई चारा नहीं है—हरेक को समझौता करना ही पड़ता है—वगैरह-वगैरह। मैं बहस नहीं कर रहा; समझौता तो करना ही पड़ता है। जो जितनी बड़ी उपलब्धि चाहता है वह उतना ज्यादा समझौता करता है। और ऐक्टर ? यहाँ जितने मौजूद हैं कोई भी या तो असल बात समझते नहीं या समझते भी हैं तो दिखाते हैं कि समझते नहीं।

पहली समधिन : *(करीब-करीब सारे कपड़े बदलकर अपने निजी कपड़े पहन लिए हैं)* मैंने उसे बुढ़िया कहने पर माफ कर दिया था लेकिन मैं तुम्हारे मुँह से ऐक्टर सुनना बर्दाश्त नहीं कर सकती। हजार बार बुढ़िया सुनने से भी मुझे इतनी चोट नहीं पहुँचेगी जितनी एक बार ऐक्टर कहने से।

सेरडहेयि : मानता हूँ, साथ-ही-साथ आप भी समझने की कोशिश कीजिए कि मैं अब आपके प्रति वही भावना नहीं रख सकता जो पहले थी। मेरा आपकी आँखों के आगे कायाकल्प हो चुका है। आपको क्या अधिकार है कि आप मुझसे एक युवक सहायक के तरह के व्यवहार की उम्मीद करें। मैं एक निर्देशक हूँ, निर्देशक। हम दुश्मन हैं, समझीं। *(एक घुटने पर गिरकर उसका हाथ थामता है और चूमता है)* हम दुश्मन हैं, बुढ़िया।

पहली समधिन : *(हाथ खींच लेती है और उसके सिर पर रख देती है)* क्या इस कामेडी की इतनी बड़ी कीमत चुकानी पड़ेगी ?

2

गर्म कमरा

फेरेंत्स कारिंथी

पात्र

पहला ग्राहक
दूसरा ग्राहक

[तुर्की हमाम। हम हमाम के सबसे गरम और सबसे भीतरी कमरे में हैं। साफ लिखा दीख रहा है 110-120 अंश; मंच पृष्ठ में एक ही द्वार आने-जाने के लिए है। यह धक्का देने से अपने आप खुलने-बंद होनेवाला द्वार है। इसमें अपारदर्शी शीशा लगा है। इसके पीछे एक और कमरा है जो इतना गर्म नहीं है। दीवारों पर खपड़े जड़े हैं; नलों और ताप यंत्रों का अंतहीन जाल बिछा हुआ है। दीवार के सहारे-सहारे लकड़ी की आरामकुर्सियाँ रखी हुई हैं। जरूरत से ज्यादा बड़ा दीवाल-थर्मोमीटर लगा हुआ है। खींचकर घंटी बजाने के लिए लंबी रस्सी लटक रही है। उसके बगल में लिखा है "खतरा हो तभी बजाएँ। कई और तख्तियाँ लगी हुई हैं।" गर्म कमरा केवल स्वस्थ शरीरवालों के लिए है" "अपना जोखम आप उठाकर बरतें", "पसीना खाल के छेद खोल देता है", "जब तक बर्दाश्त हो तभी तक रहें" आदि-आदि।

कमरा खाली है और परदा उठने के कुछ क्षण बाद तक खाली ही रहता है। पहला ग्राहक आता है। वह सिर्फ तौलिया लपेटे हुए है, चश्मा पहने है और अखबार हाथ में लिए है। कुर्सी चुनकर वह बैठ जाता है। बगल के कमरे में झाँकता है—शायद वहाँ टँगी घड़ी देख रहा है। चश्मे पर भाप जम गयी है, उसे पोंछता है। चश्मा चढ़ाकर अखबार खोलकर उसे पढ़ने लगता है। कुछ क्षण बाद दूसरा ग्राहक आता है। तौलिया यह भी लपेटे हुए है। वह किसी ख्याल में डूबा हुआ और झिझकता-सा है। जाहिर है कि वह पहली बार तुर्की स्नानघर में आया है। वह भी बैठता है परंतु बैठते ही उठ खड़ा होता है। कुर्सी का आसन बहुत गर्म है। थर्मोमीटर पढ़ता है। दूसरी कुर्सी ढूँढता है। यह भी बहुत गरम है। वह तिलमिलाता है। कई बार बातचीत शुरू करने की कोशिश करता है। अंत में...]

दूसरा ग्राहक : अहम् गु गु गु गुस्ताखी माफ, आपको कुछ पता है कि यहाँ इतना गर्म क्यों है? *(पहला ग्राहक कोई ध्यान नहीं देता)* जरा सुनिए, यहाँ कितनी देर रहना होता है।

पहला ग्राहक : *(अखबार से सर उठाए बगैर) हुँह ?*

दूसरा : गजब है....यहाँ तो नर्क हो रहा है। गरमी के मारे। आपको नहीं लगता ? *(थर्मोमीटर को देखता है) अरे 126 !*

पहला : *(पुष्टि के लिए वह भी थर्मोमीटर को देखता है)* ओ हो हो हो।

दूसरा : हद हो गई...इस गर्मी के मौसम में यहाँ...उफ ! बर्दाश्त के बाहर है। सड़क पर क्या कोई कम गर्मी थी ? और यहाँ तो ऊपर से दम भी घुटता है...कहीं से हवा क्यों नहीं आने देते...कोई खिड़की-विड़की नहीं खोली जा सकती ?

पहला : ह ह?

दूसरा : मैं आपसे पूछ रहा हूँ....यहाँ कितनी देर रहना होता है ? क्या मेरी बात सुनाई नहीं पड़ी?

पहला : क्या कहा?

दूसरा : मेरा मतलब है कितनी देर रहना जरूरी है?

पहला : जरूरी?

दूसरा : क्यों—आपको गरमी नहीं लग रही है क्या? ये लोग इतनी गरमी क्यों पैदा कर रहे हैं? दिमाग तो सही है?

पहला : यह गरम हवा का कमरा है।

दूसरा : तो?

पहला : तो इसकी हवा गरम होनी चाहिए।

दूसरा : बला की गरम? यह तो बर्दाश्त के बाहर गरम है।

पहला : जो आपको पसंद नहीं तो आप सागर किनारे चले जाइए।

दूसरा : सागर के किनारे—हा हा हा, आपको कोई अंदाजा है कि वहाँ आज की गरमी में इस वक्त क्या हालत होगी? हवाखोरों की इतनी भीड़ होगी कि आठ बजे ही रास्ते पर चलना मुश्किल हो गया होगा।...कुछ भी हो यहाँ बेहतर है। गनीमत है कि सारी जगह में सिर्फ दो आदमी दिखाई दे रहे हैं। मुझे कपड़े रखने का बक्सा तुरंत मिल गया। एक मिनट भी इंतजार न करना पड़ा।

पहला : तो इसलिए आप यहाँ आ गए?

दूसरा : और क्या...आ गया।

पहला : क्योंकि यहाँ और कोई नहीं है?

दूसरा : *(खीजकर)* क्यों? क्या आपको यहाँ भीड़ नजर आ रही है?

पहला : यह तो अपनी-अपनी नजर है *(वह फिर पढ़ने लगता है। अंतराल।)*

दूसरा : *(तिलमिलाता है)* ये लोग इसे भापस्नान क्यों कहते हैं? भाप कहाँ है? *(पहला ग्राहक पढ़ता रहता है)* मैं आपसे पूछ रहा हूँ...भाप कहाँ है?

पहला : हुँ ह?

दूसरा : मैं आपसे कह रहा हूँ कि यहाँ भाप का नाम तक नहीं है।

पहला : तो?

दूसरा : तो मैं आपसे दोबारा पूछ रहा हूँ कि...ये लोग इसे भापस्नान क्यों कहते हैं?

पहला : यह सारा कुछ तुर्की हमाम है—सोना, गरम स्नान, भापस्नान। इसमें एक भापघर है एक गरम कमरा है, गरम तालाब है, ठंडा तालाब है, फुहारा है। यह जो है गरम कमरा ठहरा।

दूसरा : दूसरे शब्दों में यह भापस्नान का वह हिस्सा है जिसमें भाप नहीं होती।

पहला : कितना सटीक समझा है आपने, वाह! *(वह फिर पढ़ना शुरू करने की कोशिश करता है...अंतराल)*

दूसरा : और यह घंटी—यह? *(पहला ग्राहक पढ़ता रहता है)* यह किसलिए है?...आप बताएँगे?

पहला : क्या?

दूसरा : घंटी। किसलिए है? बताएँगे?

पहला : जो लिखा है पढ़ लीजिए।

दूसरा : *(पढ़ते हुए)* "खतरा हो तभी बजाएँ" कैसा खतरा?

पहला : जैसे कोई बीमार हो जाए।

दूसरा : तो उस वक्त घंटी बजाने से क्या होगा?

पहला : कोई आएगा और उसे बाहर ले जाएगा।

दूसरा : अगर कोई बीमार हो, बेहोश हो गया हो तो वह घंटी बजा कैसे सकता है।

पहला : यह मैं क्या बताऊँ। हो सकता है ? इतना बीमार न हो।

दूसरा : अगर घंटी बजाने काबिल रह गया है तो बाहर चले जाने काबिल भी रह गया होगा—कि नहीं ?

पहला : मैंने इस पर कभी गौर नहीं किया।

दूसरा : यों कहना चाहिए कि घंटी का इस्तेमाल लोग सिर्फ बहुत सीमित दशाओं में कर सकते हैं और वे ही कर सकते हैं जो सिर्फ आधे बीमार हों।

पहला : एक तार्किक बुद्धि का चिंतन है।

दूसरा : क्यों नहीं ! हर परिस्थिति में जो एकदम तत्त्व की बात होती है मैं वह फौरन पकड़ लेता हूँ। मैं कहीं जाता हूँ तो पहुँचते ही जो बातें देख लेता हूँ वे दूसरे बरसों में नहीं देख पाते।

पहला : आपमें कितनी विनम्रता है !

दूसरा : मैं तो केवल सच्चाई बता रहा हूँ।

पहला : क्या तुर्की हमाम में आने का आपका यह पहला मौका है ?

दूसरा : इससे क्या फर्क पड़ता है। कुछ क्षणों मैं सब पहचान लेता हूँ कि आगे-पीछे क्या है, दाएँ-बाएँ क्या है...मैं बड़े हाल में से गुजरा ही था कि मुझे रट गया कि यहाँ क्या-क्या सेवाएँ मिलने की बात लिखी हुई है...टब विभाग में आपको टब स्नान मिलेगा; इंफ्रा रेड विभाग में इंफ्रा रेड इलाज मिलेगा; मिट्‌टी विभाग में मिट्‌टी का लेप मिलेगा; दमा विभाग में आपको...

पहला : दमा मिलेगा।

दूसरा : क्या कहा ?

पहला : जाहिर है...दमा विभाग में दमा ही तो मिलेगा और क्या ?

दूसरा : हूँ।

पहला : नाम से ही जाहिर है।

दूसरा : *(उदास होकर)* बड़ी दिलचस्प बात है।

पहला : बड़ा विचित्र सिलसिला है। साँस लेने से दमा आपके शरीर में प्रवेश कर जाता है। दो-तीन बार में ही आपको लगने लगता है कि अब साँस लेने में दिक्कत शुरू हो गई...खर्र खर्र साँय साँय आवाज आने लगती है...

दूसरा : इतनी जल्दी !

पहला : दो हफ्ते के इलाज के अंदर आपको खाँसी के दौरे पड़ने लगते हैं...सरदर्द, ऐंठन और घुटन होने लगती है। चेहरा नीला पड़ जाता है। नब्ज धड़धड़ करने लगती है। और गले से काला बलगम आने लगता है।

दूसरा : वाह ! वाह !

पहला : और फिर तो मर्ज और बिगड़ सकता है—साइनस में सूजन, एम्फीसिमा।

दूसरा : ये सारी चीजें दमा विभाग में मिल जाती हैं ?

पहला : हाँ, मगर इंतजार करना पड़ता है। लाइन लगी रहती है न ? नंबर बाँट दिए जाते हैं। *(अंतराल)*

दूसरा : कुछ और बताइए, भाई।

पहला : किस बारे में ?

दूसरा : यही सब इलाज वगैरह के बारे में...

पहला : आपको किस विशेष विभाग के बारे में बताऊँ ?

दूसरा : जिसके बारे में चाहें बताएँ...पतले होने के विभाग के बारे में सही।

पहला : ओह, वह तो सचमुच बहुत ही सफल नवीनतम प्रयोग है। आपको दो बड़े-बड़े गरम बेलनों के बीच में डाल दिया जाता है और आप चपाती की तरह चपटे-चपटे निकल आते हैं...आप सचमुच पतले हो जाते हैं।

दूसरा : इसमें इतनी तारीफ की क्या बात है ?

पहला : इससे बड़ी ताजगी आ जाती है, आपको लगता है मेरा नया जन्म हुआ है...यह इलाज कराके देखेंगे ?

दूसरा : मेहरबानी, शायद कभी कराऊँ *(अंतराल)* दूसरे शब्दों में क्या आप समझते हैं कि मैं कोई बुद्धू हूँ।

पहला : अच्छा ? तो आपने मुझको नहीं समझा था बुद्धू ? आते ही पूछने लगे..."यहाँ इतना गरम क्यों है ?"..."भाप कहाँ है ?...खिड़की क्यों नहीं खोली जा सकती ?"

दूसरा : वह और बात है। पूछने का कारण था।

पहला : मैं जानता हूँ...*(घड़ी की ओर देखकर)* आपको वक्त काटना था।

दूसरा : यही समझ लीजिए कि मेरे लिए यह पूछना एक दिमागी कसरत है—जिससे मैं अपनी होशियारी जाँचता हूँ *(गोपनीयता से फुसफुसाकर)* समझते हैं?...गुस्ताखी माफ हो तो कहना चाहता हूँ कि मैं एक जीनियस हूँ।

पहला : ऐसा ? आपको देखकर तो ऐसा नहीं लगता।

दूसरा : नग्नता जो है सो व्यक्ति को इतना निर्वैयक्तिक कर देती है कि आश्चर्य होता है...वह एक प्रकार की एकरूपता आरोपित कर देती है...जब हम कपड़े उतार देते हैं तो अपनी सामाजिक विशेषता भी उतार देते हैं...हमारी पहचान के चिह्न मिट जाते हैं। बोलिए, इस पर क्या कहते हैं आप ? यह विचार मैंने अभी-अभी पाया है।

पहला : बधाई हो, बधाई हो। कितना साफ-सुथरा और गहरा विचार है।

दूसरा : अरे, मैं किस योग्य हूँ।

पहला : क्या मैं जान सकता हूँ कि किस क्षेत्र में आप सक्रिय हैं—मेरा मतलब है जीनियस के रूप में। बुरा न मानिएगा।

पहला : मेरा जीनियस किसी विषय से बँधा हुआ नहीं है...मैं किसी भी क्षेत्र गें कदम रखूँ ऐसी ही ऊर्जा पैदा करता हूँ जैसी उल्का खंड के पृथ्वी से आकर टकराने से होती है...मैं, मैं हर काम कर सकता हूँ।

पहला : जैसे...

दूसरा : अरे अब क्या बताऊँ। मोटर मैकेनिक, मजिस्ट्रेट, रेडियो एनाउंसर, होटलवाला, गीत लेखक, पुरोहित, गोताखोर, नाटक का निर्देशक, सफाई-सहायता कर्मचारी और दर्शन का अध्यापक, माली, विमान चालक, महावत और संसद सदस्य...

पहला : संसद सदस्य...क्या मैं जान सकता हूँ...किस पार्टी के ?

दूसरा : इसका जवाब देने से मैं इनकार करता हूँ।

पहला : आजकल आप क्या कर रहे हैं ? यदि इसमें कोई भारी रहस्य छिपा न हो तो बता दीजिए।

दूसरा : मैं एक कारखाने के मनोरंजन केंद्र का निरीक्षक हूँ।

पहला : किस उद्योग का कारखाना है ?

दूसरा : टीन के पीपे और पाइप बनाने का।

पहला : ऐसा लगता है कि जमाने ने आपकी जीनियस की कद्र नहीं जानी।

दूसरा : न जाने। मुझे कोई चिंता नहीं है। मैं खुद उसकी कद्र जानता हूँ। बस मेरे लिए यह काफी है...मुझे लगता है कि आपके मन में इस विषय में अभी भी कुछ शंकाएँ हैं...क्या आप समझते हैं कि मैं ठट्ठा कर रहा हूँ ? ...क्या आप इस बात का प्रमाण चाहते हैं ?

पहला : किसका ?...इस बात का कि आप एक जीनियस हैं ?...यानी कि क्या इसकी भी कोई जाँच ईजाद की गई है ?

दूसरा : कोई भी बात जो सामान्य आदमी की बुद्धि के बाहर हो, वह पूछ देखिए...पूछिए क्या पूछना चाहते हैं ?...कहिए तो मैं बूझकर बता दूँ कि आपका धंधा क्या है। केवल सात प्रश्न पूछूँगा...और इतने में ही जान लूँगा।

पहला : जैसा वह कार्यक्रम होता है। टेलिविजन पर 'पहचानिए क्या पेशा है ?'

दूसरा : आप जवाब में बस हाँ या ना जो चाहें कह सकते हैं। अगर न हाँ कहना संभव हो न ना कहना तो बस दोनों हाथ उठा दीजिएगा।

पहला : चलिए शुरू करिए।

दूसरा : अच्छा अब मैं अपने दाँव दिखाता हूँ...इससे आपको कम से कम जीवन में एक बार यह जानने का मौका तो मिल जाएगा कि जीनियस काम कैसे करता है।

पहला : भूमिका ज़रा लंबी हो गई।

दूसरा : अच्छा...आप बुद्धिजीवी हैं इसके लिए सवाल की तो जरूरत ही नहीं, ये तो आपके रुआँसे थोबड़े पर पोस्टर जितने मोटे-मोटे अक्षरों में लिखा हुआ है...बुरा न मानिएगा।

पहला : मैं बहुत कृतज्ञ हुआ।

दूसरा : सवाल नं. एक...अभियांत्रिकी ?

पहला : नहीं।

दूसरा : दूसरे शब्दों में...मानविकी। हाँ, आज के युग में यही संघर्ष है...दो परस्पर विरोधी संस्कृतियों का संघर्ष। एक दूसरे के खिलाफ खड़ी हुई दो ताकतों का संघर्ष ? नंबर दो। कोई व्यावहारिक काम करते हैं।

पहला : नहीं।

दूसरा : दूसरे शब्दों में...सैद्धांतिक ? क्यों महाराज ? क्या वह सैद्धांतिक क्षेत्र है ? बुरा न मानिएगा...आपकी पसरी हुई थुलथुल काया को देखकर लगता है कि आप कुर्सी तोड़ा करते होंगे...इसलिए सैद्धांतिक ही होगा। रिसर्च का काम है ?

पहला : आप जीते...और मेरी काया के बारे में जो आपने कहा उस पर मैं ध्यान नहीं दे रहा हूँ।

दूसरा : यह तीसरा सवाल था...अब आगे चलें। कालेज या हाईस्कूल में मास्टरी का तो सवाल ही नहीं उठता....क्योंकि वह तो व्यावहारिक काम है और आपने उस पर नहीं भी इतने ज़ोर से और झट से किया...किसी शोध मंडली में हैं ?...किसी शोध संस्थान में ?

पहला : क्या यह चौथा सवाल था ?

दूसरा : नहीं, यह तो केवल एक निष्कर्ष था...मैं जो सोचता हूँ, बोलता जाता हूँ...अब सिर्फ यही काम बच रहा है कि आपके विशेष वर्ग का पता लगाया जाए...यह आसान

नहीं होगा...क्योंकि विशेष वर्गों की संख्या तो बढ़ती ही जाती है...इस खोज के लिए मेरे पास अभी चार बाजियाँ बाकी हैं।

पहला : पूछिए।

दूसरा : सवाल नंबर चार "राजनीतिक विचारशास्त्र ?" *(पहला ग्राहक दोनों हाथ उठाता है)* दूसरे शब्दों में...न तो हाँ, न ना। ...सवाल नंबर पाँच...किसी किस्म के अर्थशास्त्री हैं या ऐसे ही कुछ ? *(पहला ग्राहक वही संकेत दोहराता है)* अहा। फिर वही। अच्छा आगे चलें...उस काम का कोई संबंध राजनीति से है...मगर ठीक ऐसा नहीं..विचार शास्त्र से भी है...मगर एकदम ऐसा नहीं...अर्थशास्त्र से भी कुछ संबंध है...मगर वह ठीक अर्थशास्त्र नहीं। तीनों तत्त्व उसमें शामिल हैं...बस आ रहा है पकड़ में...आने ही वाला है...अच्छा जरा गौर से सोचता हूँ।

पहला : सोचिए।

दूसरा : चलिए उन सब विज्ञानों को लेते हैं जिन पर विचार किया जा सकता है : भूगोल, इतिहास, समाजशास्त्र, नृतत्व...इनको दो भेदों में बाँट लें और छठे प्रश्न को खर्च कर डालें...इतिहास...भूगोल ?

पहला : निशाना सही बैठ रहा है।

दूसरा : और आपसे जब मैं कह रहा था कि आप एक जीनियस से टकरा गए हैं तो आप मान नहीं रहे थे...देखिए अब सिर्फ एक बात साफ करने को रह गई है। यह मेरा सातवाँ और आखिरी सवाल है...इतिहास ?

पहला : नहीं।

दूसरा : पौबारह। तब भूगोल ठहरा।

पहला : *(प्रसन्न होकर)* नहीं।

दूसरा : भूगोल नहीं है ! *(वह चकित है)*

पहला : जैसा कि मैंने आपसे निवेदन किया उत्तर है : नहीं।

दूसरा : और इतिहास भी नहीं है ?

पहला : दिल थामकर सुनिए, नहीं है।

दूसरा : याने कि मशीन ही कहीं बिगड़ गई है, तार शार्ट हो रहे हैं...यह अभूतपूर्व है...मेरे साथ ऐसा तो कभी हुआ ही नहीं...पहली बार ऐसा हो रहा है...यह कमबख्त गरमी जो न कराए सो थोड़ा। हार मानी...आप जीते।

पहला : दुर्भाग्य से आपने छठे प्रश्न पर ही उत्तर जान लिया था।

दूसरा : क्या मतलब ?

पहला : उत्तर है ऐतिहासिक भूगोल...या कहिए भौगोलिक इतिहास।

दूसरा : यह क्या बला होती है ?

पहला : इसमें हम इतिहास में किसी एक प्रदेश को लेते हैं और उसकी जाँच उस आर्थिक और समाजवैज्ञानिक दृष्टिकोण से करते हैं जो भूगोल ने निर्धारित किया है। साफ समझ में आ गया ?

दूसरा : जरूरत से ज्यादा साफ हो गया। अच्छा रहता कि आपने कुछ मोटी-मोटी बात बताई होती।

पहला : अच्छा...आपका मनोरंजन केंद्र है कहाँ ?

दूसरा : ग्रेट लेक के किनारे...बाँध के पास।

पहला : अच्छा तो सुनिए...ऐतिहासिक भौगोलिक अनुसंधान के अनुसार इस स्थान की स्थापना

बारहवीं शताब्दी में सन 1139 के अध्यादेश के अधीन हुई थी जिसमें स्पष्ट लिखा है कि मठ के महंत प्रभु की अनंत कीर्ति की स्मृति में एक बाँध बनवाकर मुक्त हों या फिर उसका स्मरण करते हुए अनंत काल तक बंधन में पड़े रहें...वैज्ञानिक इन दोनों में से जैसा चाहें वैसा अर्थ लगा लें।

दूसरा : *(संदेह से)* क्या आप फिर से मजाक करने लगे? क्या यह भी कोई दमा विभाग की ही तरह की बात है?

पहला : नहीं...इसका तो दस्तावेज मौजूद है।

दूसरा : भइय्या रे, मैं तो तप रहा हूँ।

पहला : *(तौलिए से अपना बदन पोंछते हुए)* अभी तो सचमुच बहुत गरम नहीं हुआ। कभी-कभी 130 डिग्री तक हो जाता है।

दूसरा : आप यहाँ आमतौर से कितनी देर ठहरते हैं?

पहला : जैसी जरूरत हो! बीस, पच्चीस, तीस मिनट...जितनी देर रहूँ उतना अच्छा। मुझे तो स्वास्थ्य के लिए पसीना बहाना है।

दूसरा : यहाँ भी यही हाल है...डाक्टर ने कहा है।

पहला : अगर मैं साथ-साथ किसी काम में व्यस्त रहूँ तो मुझे कष्ट कम होता है। तभी मैं कुछ न कुछ पढ़ने को ले आया करता हूँ।

दूसरा : हाँ, यह तो मैंने भी देखा था। जो खाली बैठे-बैठे घड़ी की सुई को मिनट-मिनट पर झटका देकर बढ़ते देखा करूँ तो लगेगा कि समय कभी खत्म ही नहीं होगा।

पहला : बिलकुल, वैसे तो हर मिनट अनंत लगता है।

दूसरा : लेकिन मान लीजिए मैं किसी से बतियाता रहूँ तो बात का विषय जितना रोचक होगा...

पहला : उतनी ही तेजी से समय बीतता जाएगा। मानता हूँ।

दूसरा : अच्छा तो फिर हम लोग साथ-साथ पसीना बहाएँ।

पहला : बहाएँ *(बदन पोंछता है)*

दूसरा : भई वाह, बहुत जल्दी आपके पसीना टपकने लगा। मुझे तो बड़ी वेर लगती है। मैं बस सिंकता रहता हूँ और भुगतता रहता हूँ। बदन पर पसीना कहीं छलछलाता भी नहीं। *(वह व्यायाम करने लगता है...बैठक लगा रहा है)*

पहला : धत्तेरे की। कर क्या रहे हैं?

दूसरा : पसीना निकलने की प्रक्रिया को तेज कर रहा हूँ।

पहला : मगर मेरी खोपड़ी पर क्यों भाई?

दूसरा : *(कई बैठकों के बाद)* हाँ, अब कुछ हुआ। बदन भीग गया। *(अंतराल)*

पहला : यह बताइए कि यह गरम कमरा आपको क्यों बताया गया था।

दूसरा : गुर्दे और पित्ते की कमजोरी मिटाने के लिए। बड़ी गंभीर बीमारी है।

पहला : अरे छोड़िए भी, मेरी रीढ़ की हड्डी की तकलीफ आपको आधा घंटे के लिए हो जाए तो रोते दिखाई देंगे।

दूसरा : रीढ़ की हड्डी! मुझसे क्या कहते हैं?...मैं तो दो चटखी हुई गुरियाँ लिए हुए जिन्दा हूँ और मुँह से उफ नहीं निकलती।

पहला : सुनिए, इधर सुनिए, दो गुरियाँ चटख गई होतीं तो चलते-फिरते नहीं दिखाई देते। सर से पाँव तक मिस्र की ममी की तरह प्लास्टर चढ़ा होता और चीख-चीखकर आसमान सर पर उठा रहे होते।

दूसरा : मेरे एक्सरे देख लीजिए—क्या आप कहना चाहते हैं कि पहली मंजिल से कूदने के बाद भी किसी की रीढ़ साबुत रह सकती है?—पहली मंजिल : और उसमें मियानी भी जोड़ लें।

पहला : आप कूदे क्यों?

दूसरा : अपने राजनैतिक विचारों के कारण।

पहला : कौन से राजनैतिक विचार?

दूसरा : इस सवाल का जवाब देने से मैं इनकार करता हूँ।

पहला : खैर, मुझे बात जँचती नहीं। निवेदन है कि मुझे नया और पुराना दोनों तरह का मर्ज पित्ते में है और खाँसी ऊपर से *(खाँसता है)* आप कहें तो डाक्टरी रपटें दिखा दूँ?

दूसरा : सौदा तय। मेरी रतौंधी के मुकाबले यह क्या है?

पहला : रतौंधी...वह क्या चीज है?

दूसरा : मुझे रात को सुझाई नहीं पड़ता।

पहला : रात को किसी को सुझाई नहीं पड़ता। *(गाता है)* जो चूमा भी तो क्या मुझको मजा आया अँधेरे में, कि चेहरा नाजनी का दिख नहीं पाया अँधेरे में।

दूसरा : आप मेरी शारीरिक कमजोरी का उपहास न करें तो मैं आभार मानूँगा। यह एक बहुत कठिन बीमारी है। इसने मुझे सेना की नौकरी से निकाल बाहर किया था।

पहला : ये अच्छी चाल चली थी आपने।

दूसरा : अच्छा तो यह सुनिए! अँधेरा तो दूर, मुझे धुँधलके में भी नहीं सूझ पड़ता।

पहला : क्या आपका मन हमेशा बुझा-बुझा रहता है?

दूसरा : मनस्तत्व को इसमें न घसीटें तो बेहतर है। डाक्टरों ने पता लगाया है कि मेरे अंदर चौदह तरह की न्यूरोसिस है।

पहला : यह बताइए, कभी आपको निराशा का जबर्दस्त दौरा पड़ा? कई-कई दिन कोने में बैठे रहना...न खाना न पीना...नोबेल पुरस्कार प्राप्त डाक्टर को भी चोंच दिखा देना...

दूसरा : आपको पड़ा था क्या?—आप तो खा-पीकर मस्त हो रहे हैं, आपको क्या पड़ा होगा?

पहला : *(चिढ़कर)* क्या मतलब है आपका...यानी कि मुझे यहाँ तकलीफ उठाने में मजा आ रहा है...और मुझे आपकी बेवकूफी की बातें सुनने की फुरसत है और मैं घोड़े की तरह पसीना बहा रहा हूँ और प्राकृतिक जल चिकित्सा करा रहा हूँ...

दूसरा : कहाँ से लेते हैं जल?

पहला : स्पार्कलिंग से।

दूसरा : आप आर्टीजियन से क्यों नहीं लेते? चमत्कारी है...आप बुढ़ऊ तूशिंगर को जानते हैं जो यहाँ नियम से आया करते हैं?

पहला : तूशिंगर?

दूसरा : ध्यान से सुनिए। चौरासी बरस के हैं। अस्पताल से घर भेज दिए गए थे कि घर ही में मुक्ति पाएँ। डाक्टरों ने जवाब दे दिया था। और सुनिए, आर्टीजियन विहार में चार सप्ताह इलाज के बाद क्या हुआ कि अट्ठारह बरस की एक कुमारी कन्या पर चढ़ बैठे, परिणामतः उसे दाई के पास ले जाना पड़ा।

पहला : वाह, वाह!

दूसरा : यह तो कुछ नहीं। आपने कभी क्रिम्स्की का नाम सुना है?

पहला : कभी नहीं।

दूसरा : हाँ, आपने नहीं सुना होगा क्योंकि वह नाटक लिखते हैं और उनमें रत्ती भर प्रतिभा नहीं है। उनका कोई नाटक आज तक खेला नहीं गया। जब मैं निर्देशक था मैं भी उनके गड्डी भर नाटक रद्द कर चुका हूँ। तो आप समझे, आठ दिन तक रोज सबेरे एक गिलास आर्टीजियन।

पहला : इससे उन्हें लाभ हुआ था ? क्या उन्होंने लिखना बंद कर दिया था ?

दूसरा : बंद ? नहीं। उलटे यह हुआ कि उनका नया एबसर्ड नाटक अब की जाड़ों में एक ही साथ ब्राडवे में और मास्को के आर्ट थिएटर में खेला जाएगा।

पहला : स्पार्कलिंग के मुकाबले यह बकवास है। अब यह सुनिए। मेरे चचा एकदम अपाहिज थे, एकदम गावदू, लटे हुए बूढ़े आदमी जिन्होंने जो किया उसी में घाटा उठाया। सुनिए, स्पार्कलिंग का एक, बस एक गिलास पिया, और अगले दिन नेशनल लाटरी निकली। *(अंतराल)*

दूसरा : *(उठ पड़ता है)* धन्यवाद। बहुत हो चुका।

पहला : बस।

दूसरा : अब फुहारे के नीचे खड़े होना है और तालाब में नहाना है।

पहला : *(तौलिया से बदन पोंछते हुए)* आप उस तालाब में डुबकी लगाएँगे ?

दूसरा : क्यों न लगाऊँ ?

पहला : कोई दुनियाजहान की दौलत यहाँ लाकर रख दे तब भी उसमें न उतरूँ। सोचिए तो जाने किस-किसने उसमें मूता होगा।

दूसरा : *(बैठ जाता है)* वाकई ?

पहला : विदेशों में तो ऐसा तरीका निकाल लिया है कि कोई मसाला डाल देते हैं तो पता लग जाता है—पानी रंगीन हो जाता है—

दूसरा : और जो कोई पकड़ा जाए तो उसका क्या करते हैं ?

पहला : अलग-अलग तरीके हैं। जैसे अमेरिका में ...कुछ प्रदेश हैं जहाँ मौत की सजा दी जा सकती है।

दूसरा : देखा, यह अंतर है। रूस में उसकी अक्ल दुरुस्त करने के लिए उसे साइबेरिया भेज दिया जाएगा। विश्वास करिए कि अगर वह लौट आया तो उसकी हिम्मत न पड़ेगी कि तालाब में मूते। *(अंतराल)* यह बताइए कि आपका यहाँ कितनी देर पड़े रहने का इरादा है।

पहला : हमारे पास ढेरों समय है—ठीक है ?

दूसरा : तो मैं सिंक गया।

पहला : थोड़ी देर और ठहरिए।

दूसरा : आप मुझे ठहरने के लिए क्यों कहना चाहते हैं ?

पहला : आप तशरीफ ले जाएँगे तो मैं यहाँ अकेले ज्यादा नहीं ठहर सकूँगा। कोई साथी रहे तो सहना जरा आसान हो जाता है।

दूसरा : अरे, कोई और आ जाएगा। आप उससे बातें करते रहिएगा।

पहला : इस गर्मी के मौसम में तुर्की हम्माम में हमारे सिवा और कौन आएगा।

दूसरा : *(बाहर देखते हुए)* यह तो सही है...यहाँ तो कोई है ही नहीं।

पहला : देखा ? मिलकर हम दोनों झेल लेंगे।

दूसरा : क्या ख्याल है आपका ? क्या अब तक मेरे चार पौंड छँट गए होंगे ?

पहला : इतनी जल्दी ? क्या मजाक करते हैं...आध पौंड भी नहीं छँटा होगा।

दूसरा : यह आप सिर्फ इसलिए कह रहे हैं कि मैं यहाँ रुका रहूँ।

पहला : जाइए। वजन करके देख लीजिए।

दूसरा : दुर्भाग्य है कि यहाँ आते समय मैंने अपना वजन नहीं किया...इसलिए अब मैं बता ही नहीं सकता कि पसीने में कितना वजन बह गया होगा।

पहला : ठीक-ठीक चार पौंड ही क्यों छाँटना है, भाई ?

दूसरा : डाक्टर का हुक्म है।

पहला : *(संदेहपूर्वक)* चार पौंड ?

दूसरा : ह, ह, ह।

पहला : किस रोग के कारण ?

दूसरा : बता चुका हूँ—गुर्दे और जिगर की तकलीफ है।

पहला : पहले तो आपने मसाना कहा था।

दूसरा : हाँ, वह भी है। गुर्दे, जिगर और मसाना।

पहला : और कोई अंतड़ी-वंतड़ी भी बता दीजिए।

दूसरा : मेरा मजाक क्यों बना रहे हैं।

पहला : मजाक यहाँ कौन किसका बना रहा है ? आप जानना चाहते हैं कि आपका रोग क्या है ? खाक पत्थर कोई रोग नहीं है।

दूसरा : फिर मैं यहाँ भुगत क्यों रहा हूँ ?

पहला : यही पहेली तो मैं बूझना चाह रहा हूँ। तो यह पहेली बूझने के लिए मुझे कितने सवाल पूछने की अनुमति है।

दूसरा : *(कुढ़कर)* हूँ, आप मुझे बख्शिए जनाब।

पहला : क्यों जीनियस महाशय अगर मैंने आपको सवाल पूछने दिए थे तो अब आपको भी जवाब देने पड़ेंगे।

दूसरा : आपके ,कुछ हाथ नहीं लगेगा।

पहला : नहीं लगेगा ? सुनिए—आप यहाँ डाक्टर के आदेश पर पसीना बहाने और वजन घटाने नहीं आए हैं...बिलकुल नहीं। आप केवल अपने अहंकार के कारण ऐसा करने आए हैं...क्योंकि आप बहुत मोटे हो गए हैं और थुलथुल हो गए हैं, इसलिए। ...हमें सत्य को स्वीकारना चाहिए। आप एक मुटाए हुए सुअर हैं।

दूसरा : ठहरिए, एक हद होती है...

पहला : आ हा...आपकी एक प्रेमिका है।

दूसरा : यह कहाँ से आपके दिमाग में आ गया।

पहला : आ हा आ हा, मैं जानता हूँ...अब तो सब स्पष्ट है। मनोरंजन केन्द्र का निरीक्षक, छुट्टी के मौसम में यहाँ शहर में क्या करने आएगा ? मैं बताता हूँ। उसने अपनी बीवी को वहाँ पीपा और पाइप मनोरंजन केंद्र में छोड़ दिया है और यहाँ चोरी से अपनी प्रेमिका से मिलने चला आया है...।

दूसरा : पहली बात तो यह है कि आया था कार की सर्विस कराने।

पहला : अच्छा बहाना है। दरअसल कोई बहाना भी नहीं है। बात बिलकुल साफ है। उधर कार की सफाई हो रही है इधर आप तुर्की हमाम में ताजा हो रहे हैं और शाम को प्रेमिका को कार में लेकर निकलेंगे। अब कहिए, जीनियस कौन है ? आप या मैं ?

दूसरा : *(हँसते हुए)* एक गलती कर ही गए ? मान लेते हैं कि आपकी बात सही है। मैं एक औरत से मिलने आया वगैरः वगैरः...यह सच भी हो तो भला ठीक-ठीक चार पौंड कम करने की मुझे क्या जरूरत आ पड़ी। हमारे मधुर मिलन के पूर्व चार पौंड घट जाने से क्या फर्क पड़ जाएगा ?...कार में तो मेरा डीलडौल आ ही जाता है और औरत के लिए अगर मेरा वजन पहले ठीक था तो चार पौंड छोड़ कौन-सा बड़ा फर्क आ जाएगा ?

पहला : शायद कोई प्रण कर रखा होगा।

दूसरा : ठंड।

पहला : शर्त बदी होगी।

दूसरा : हिमखंड।

पहला : युवती ने कहा है कि चार पौंड घटाकर आओ।

दूसरा : उत्तरी ध्रुव।

पहला : आहा—कोई नई दोस्ती बनाई है और आप पहली मर्तबा उसके सामने बेपर्दा हो रहे हैं।

दूसरा : डीप फ्रीज—273 डिग्री।

पहला : क्या कहूँ !

दूसरा : आपको बता दूँ ? चार पौंड घटाने हैं अपनी पतलून के कारण।

पहला : पतलून ?

दूसरा : पतलून। दूधिया डैक्रन—समझे—एकदम नई काट, चिपकी-चिपकी। अभी-अभी दरजी ने बनाकर दी। शहर का सबसे बढ़िया दरजी है और मैं इसे आज रात को पहनना चाहता हूँ। मगर यह इतनी कसी हुई है कि मैं जिप ही नहीं चढ़ा पाता। या तो पतलून बड़ी कराई जाए—और इसमें एक हफ्ता लगेगा—या मैं कम से कम चार पौंड वजन कम करूँ।

पहला : यह चार पौंड ठीक-ठीक कैसे मालूम हुआ ?

दूसरा : दो इंच बराबर होते हैं चार पौंड के...ठीक ?

[अंतराल।]

पहला : अच्छा, चलता हूँ।

दूसरा : आप जा रहे हैं।

पहला : यह तो आप देख ही रहे हैं।

दूसरा : एकाएक इतनी जल्दी क्यों... ?

पहला : मैंने भर पाया।

दूसरा : आप ही मुझे यहाँ रोके हुए थे।

पहला : देखिए, मैं तो अब गरमा चुका *(थर्मामीटर देखता है)* 130 डिग्री।

दूसरा : ठीकमठीक।

पहला : उफ, मेरे तो पसीना बहने लगा है।

दूसरा : मेरे भी, मैं तो बहना जा रहा हूँ। मगर जब मैंने यहाँ आने का निश्चय किया है तो मैं यहाँ रहकर ही जाऊँगा।

पहला : यह तो आपकी इच्छा है। *(वह चलने लगता है)*

दूसरा : आप मेरी संगत क्यों नहीं चाहते ?

पहला : चाहूँ न चाहूँ, आपसे मतलब ?

दूसरा : बस मुझे मतलब है। क्या कारण है ?

पहला : आपका दम्भ, निर्लज्जता, अहंकार...सुन लिया ? भई वाह, यह विश्वप्रसिद्ध जीनियस एक नई पतलून के पीछे मोटापा घटाना चाहता है।

दूसरा : *(गंभीरतापूर्वक)* गलत समझे हैं आप। लक्ष्य कभी महत्त्वपूर्ण नहीं होता। महत्त्वपूर्ण होता है—प्रयत्न, संकल्प।

पहला : *(नीरस होकर)* दार्शनिक।

दूसरा : मगर आप क्यों वजन घटाना चाह रहे हैं ?

पहला : विश्वास कीजिए, एक वाहियात पतलून की खातिर नहीं।

दूसरा : फिर किस खातिर ?

पहला : मेरे लिए वजन घटाना परम महत्त्व का विषय है—जीवन-मरण का प्रश्न है।

दूसरा : जीवन-मरण क्या मतलब ?

पहला : वह मेरा व्यक्तिगत मामला है।

दूसरा : यानी कि आप मुझसे छिपाए रखना चाहते हैं।

पहला : धत्तेरे की, अरे आपसे न जान न पहचान।

दूसरा : यही वजह है कि आप बिना संकोच के मन की गठरी खोल दें—अरे, न दोबारा कहीं मिलना होगा—न आपको पछतावा होगा कि क्यों बता दिया....जैसे कभी-कभी हम लोग अपने बड़े से बड़े रहस्य रेलगाड़ी में चलते अजनबियों को बता दिया करते हैं वैसे ही बता डालिए।

पहला : और इस दरम्यान आप अपने दो-चार औंस छाँट लीजिए। चार पौंड घटाना जल्दी हो जाएगा।

दूसरा : आपके पौंड घटना इस बीच कोई बंद थोड़े ही हो जाएँगे। मगर वज़न घटाना आपके लिए जीवन-मरण का प्रश्न क्यों है ?

पहला : जटिल बात है।

दूसरा : बोलिए, बोलिए, समय की क्या कमी है।

पहला : मैंने अपने-आपको भयंकर मुसीबत में फँसा लिया है। मेरी एक समस्या है।

दूसरा : मतलब।

पहला : आप वास्तव में जानना चाहते हैं ?

दूसरा : सबकुछ जानना चाहता हूँ।

पहला : तो सुनिए...सवाल यह है कि...क्या जब अतीत में हमारे पूर्वजों ने इस देश पर अधिकार जमाया था तो उन्हें यहाँ रोमन सैनिक छावनियाँ मिली थीं।

दूसरा : यहाँ ? कहाँ ?

पहला : और क्या। यहीं। इसी जगह। शायद ठीक यहीं जहाँ हम बैठे हुए हैं।

दूसरा : तो आपका क्या मत है ?

पहला : मैं तो कहता हूँ कि हाँ मिली थीं।

दूसरा : रोमन छावनियाँ ? अच्छा, बड़ी खुशी की बात है। मगर समस्या क्या है सो तो बताएँ।

पहला : समस्या यह है कि इस सिद्धांत को चुनौती दी गई है...ठीक-ठीक बताऊँ तो एक व्यक्ति है जिसने इस पर अविश्वास प्रकट किया है। उसने इसे खंडित कर दिया है...एक-एक तथ्य एक-एक वक्तव्य लेकर उसे साबित कर दिया है। उस व्यक्ति का सिद्धांत आरंभ से अंत तक एकदम निराधार अवैज्ञानिक मनगढ़ंत है।

दूसरा : तो क्या हुआ ? वह उसकी अपनी राय है।

पहला : ठीक है। मगर उसकी राय भी तो अब सरकारी राय हो गई है...विश्वविद्यालय, अकादेमी दोनों उसके पक्ष में हैं...वह प्रतिनिधि है...शांति सम्मेलन में वह जाएगा।

दूसरा : और आपको परे सरका दिया गया है।

पहला : जी हाँ, एक वाहियात एकदम फालतू शोध संस्थान के भीतर मुझे बैठा दिया है। सैद्धांतिक संस्थान के भीतर।

दूसरा : आप पलटकर जवाब क्यों नहीं देते ?

पहला : मैं सबकुछ करके हार चुका। मैंने उसकी धारणा के मूल सिद्धांत पर आक्रमण किया, मैंने उसकी एक-दो अन्य खोजों पर प्रश्न उठाया, मैंने उसके शोध को चुनौती दी...यदि मैं इशारा भी करूँ कि उसका कोई मामूली-सा ब्यौरा गलत हो सकता है तो वह तुरन्त ढूँढ़कर जवाब ले आता है। वह मेरी बात को काट देता है...रौंदकर रख देता है...दुतकार देता है...इस विवरण में केवल हम दोनों विशेषज्ञ हैं। किसी और को इसमें कोई दखल नहीं...मगर वही आचार्य है, वही विद्वान है।

दूसरा : वही है जो हमेशा सही माना जाता है।

पहला : ऐसा ही है।

दूसरा : तो क्या आपने हार मान ली ?

पहला : मैं हार माननेवालों में से नहीं हूँ।

दूसरा : आप करना क्या चाहते हैं ?

पहला : मैं बचा रह जाना चाहता हूँ।

दूसरा : उसके मरने के बाद बचे रहना चाहते हैं ?

पहला : इस संघर्ष में जीतने का यही रास्ता है।

दूसरा : बचे रह जाएँगे तो उसके सिद्धांत को काटकर गलत सिद्ध कर देंगे ?

पहला : हाँ, यही विचार है। तब वह जवाब में बोल नहीं पाएगा।

दूसरा : सिर्फ इस कारण कि मर चुका होगा।

पहला : और क्या...एक बार वह गया और मैं बच रहा तो मैं सही सिद्ध हो जाऊँगा।

दूसरा : उम्दा चाल है...पर मैं यह नहीं समझ पाया कि वजन घटाने का इससे क्या संबंध है।

पहला : यह डाक्टरी विद्या और आँकड़ा बिद्या दोनों से प्रमाणित हो चुका है कि दुबले-पतले लोग मोटे लोगों की अपेक्षा औसतन 5-10 वर्ष अधिक जीते हैं।

दूसरा : क्या वह मोटा है ?

पहला : 208 पौंड। जब वह विश्वविद्यालय जाता है तो उसे मोटरगाड़ी से उतारने में दो दरबान लगते हैं। शरीर से तो मैं भी भारी हूँ परंतु जब से मैंने समझ लिया है कि मुझे लगन के द्वारा, धीरज के द्वारा और नियमित पसीना बहाने के द्वारा उससे अधिक काल तक बचे रहना है, मैंने वजन घटा लिया है।

दूसरा : क्या इस सबसे ज्यादा आसान यह नहीं होगा कि आप उस मोटे सूअर का कत्ल कर दें ?

पहला : वैसा करना मेरी नैतिकता के विरुद्ध है...मैं मानवतावादी हूँ...उस पर अपने-आप फालिज गिरने दो।

दूसरा : तो आप यहीं पर कष्ट भोगना अधिक पसंद करेंगे।

पहला : मैंने 6 महीने में 22 पौंड घटा लिया।

दूसरा : बढ़िया, मगर जब इतना घटा लिया है तो कष्ट भोगते रहने की जरूरत क्या है ?

पहला : मैंने बताया था...मैं मूलतः मोटा हूँ।

दूसरा : हार्मोन के कारण।

पहला : अरे, कुछ पूछिए मत, खाने से जी नहीं भरता। मैं पेटू हूँ—सूअर हूँ...कभी-कभी अपने को रोकना चाहूँ तो भी नहीं रोक पाता। जैसे पिछली रात को...

दूसरा : क्या हुआ पिछली रात को ?

पहला : तीन बज रहा होगा...मैं जग पड़ा, मारे भूख के बेहाल था...लग रहा था कि तुरंत नहीं खाऊँगा तो जान निकल जाएगी...रसोईघर में भागा...फ्रिज खोला, जो वहाँ मिला सब हड़प कर गया, रुकते नहीं बना, ठंडी सेम, कच्चे खीरे, एक पौंड टमाटर, छह कतले रोटी के मक्खन के साथ...चार लोगों की खुराक भर का शोरबा और उसमें जो भी पड़ा हुआ था वह सब वैसे का वैसा...गरम करने की भी ताब न थी...एक डिब्बा कुत्ते का रातिब...

दूसरा : दूसरे शब्दों में खाने के पीछे आप पागल हो जाते हैं।

पहला : खा-खाकर बेहोश हो जाता हूँ।

दूसरा : अब आपको दुख हो रहा है।

पहला : यह मेरा प्रायश्चित है।

दूसरा : विरक्ति ? आत्मग्लानि ?

पहला : मैंने जो कल रात को खाया था अपने को सताकर उसी को पचा रहा हूँ।

दूसरा : महज इसलिए कि जीवित रहने में 208 पौंडवाले को पीछे छोड़ जाएँ।

पहला : यही मेरी एक आशा बची है।

दूसरा : अब आप ईमानदारी से बताइए....असल में आप दोनों में से किसकी बात सही है ? रोमन यहाँ रहे थे या नहीं रहे थे ?

पहला : मेरी बला से—ऐसी-तैसी में जाएँ रोमन...*(अंतराल)*

दूसरा : अब मैं सचमुच चला।

पहला : आपके चार पौंड इतनी जल्दी नहीं घट गए होंगे।

दूसरा : ठीक है—शायद फिर कभी आऊँगा।

पहला : ऐसा नहीं करना चाहिए। थोड़ी देर और रहिए। मुझे तो खूब बढ़िया पसीना आ रहा है *(पसीना पोंछता है)*

दूसरा : आप रह-रहकर अपना बदन पोंछते क्यों हैं ?

पहला : बदन सुखा लेने से जोरों से और पसीना निकलता है...आप जानते हैं त्वचा...अर्थात त्वचा के छिद्र....

दूसरा : कभी-कभी लोग काठ की करछुल भी इस्तेमाल करते हैं।

पहला : हाँ, वह भी एक संभावना है, वह आर्द्रता को पोंछ लेने की दूसरी विधि है....क्या आप पूछ रहे हैं कि दोनों में से कौन-सी विधि उत्तम है ?

दूसरा : मैं कुछ नहीं पूछ रहा हूँ *(वह जाने को होता है)*

पहला : *(तुरंत)* मतों में भेद है...दो विचारधाराएँ हैं और दोनों में बड़ी-बड़ी बहसें हो चुकी हैं। कोई भी हार मानना नहीं चाहता। प्रत्येक आश्वस्त है कि एकमात्र न्यायोचित विधि...एक विवाद खड़ा हो गया है...आचार्य प्रत्येक विधि के पक्ष में तर्क देकर लड़ रहे हैं। जो हो, आदेश हुआ है कि इस विषय में संपूर्ण स्वतंत्र चेतना रहनी चाहिए। जो चाहे वह जी भरके खुरचे या पोंछे उसे कोई रोके नहीं *(ये शब्द वह जितनी जल्द हो सकता है बोल जाता है फिर कुरसी पर से कूदकर उछल पड़ता है)* अच्छा, फिर मिलेंगे।

दूसरा : *(रोकता है)* ए, मैं आपको इतनी आसानी से नहीं जाने दूँगा।

पहला : *(उसे धक्का देकर हटा देना चाहता है)* जाने दीजिए।

दूसरा : आपने मुझे फुसलाकर यहाँ रोक लिया...अब आप मुझे यहाँ अकेला छोड़कर नहीं जा सकते।

पहला : हम चलकर फुहारे में नहा लें फिर लौट आएँगे।

दूसरा : यह उचित नहीं है...उचित नहीं है। आप यहाँ तब तक रहिए जब तक कि मेरे चार पौंड घट न जाएँ।

पहला : क्या आप मुझे पकड़कर बाँध लेंगे ?

दूसरा : आप समझते हैं कि शरीर की शक्ति ही सबकुछ है। क्या आपका मनोवैज्ञानिक युद्ध भी शक्ति का दुरुपयोग नहीं है ?

पहला : सुनिए...आप यहाँ के मालिक नहीं हैं। आप इस वक्त लेक पर नहीं हैं....यह पीपा और पाइप मनोरंजन केंद्र नहीं है। मैं खूब समझ सकता हूँ, आपने वहाँ क्या आतंक मचा रखा होगा।

दूसरा : कान खोलकर सुन लीजिए, मैं आपको अपने यहाँ के सबसे पतले पाइप में घुसेड़ दूँगा।

पहला : पाइप में...किस तरह ?

दूसरा : बैठ जाइए, बताता हूँ।

पहला : मैं बैठने से इनकार करता हूँ, मैं बाध्य किए जाने से इनकार करता हूँ।

दूसरा : *(समझाते हुए)* मनोरंजन केंद्र में मनोरंजन के अधिकारी लोगों के लिए दो तरह के कमरे रखे गए हैं—पीपे और पाइप।

पहला : क्या ?

दूसरा : आप जब तक बैठिएगा नहीं तब तक बताऊँगा नहीं।

पहला : *(आकृष्ट होकर अधबैठा हो जाता है)* पीपे और पाइप ?

दूसरा : पीपे बड़े हैं, ज्यादा आरामदेह हैं, ज्यादा हवादार हैं और उनकी खिड़की से झील दिखाई देती है।

पहला : और पाइप।

दूसरा : पाइप के मुँह सब पिछवाड़े की तरफ हैं। हर रात को मुझे 4-5 व्यक्तियों को पाइप के सँकेरे मुहाने में ठूँस देना पड़ता है। रात को 6 बजे मैं पेंचदार ढक्कन बंद कर देता हूँ और भोर तक न कोई अंदर आ पाता है न बाहर जा पाता है। वहीं एक पर एक लदे पड़े बिलबिलाते रहते हैं। सबेरे 6 बजे के बाद मैं उनको फिर दबाकर निकाल लेता हूँ।

पहला : क्या आप उनके साथ इतनी सख्ती बरतते हैं?

दूसरा : ये ही ऊपर के आदेश हैं...कोई ढील नहीं की जा सकती।

पहला : और मान लीजिए...आप कभी छुट्टी पर हों ?

दूसरा : मेरा एक योग्य एवजी है...मेरा चेला है...तो फिर ?...क्या फुहारे में नहाना नहीं है ?

पहला : और यह कौन तय करता है कि कौन कहाँ भेजा जाएगा ?—आप ?

दूसरा : अरे छोड़िए भी, मुझे केंद्रीय कार्यालय से एक बनाई सूची मिल जाती है...फरवरी क्या जनवरी में ही कारखाने में स्थान पाने के लिए धकापेल शुरू हो जाती है। किसे पीपा मिलेगा, किसे पाइप मिलेगा।...अरे इसके तो बड़े-बड़े किस्से हैं...वहाँ नाक रगड़ी जाती है—दोनों की जड़ काटी जाती है—हर साल अच्छी से अच्छी जगह अपने लिए

रखवाकर उसमें रेंग जाया करते हैं लोग...

पहला : अच्छी जगह माने पीपा ?

दूसरा : अनेक सीधे-सादे कर्मचारी जिनमें तिकड़म की योग्यता नहीं होती, साल के बाद साल पाइप से ही संतोष करते रहते हैं—सबसे सुंदर, सबसे आरामदेह पीपे, नंबर एक, नंबर चार और नंबर ग्यारह प्रधान प्रबंधक, कर्मचारी निदेशक, पार्टी सचिव, मुख्य अकाउंटेंट के लिए सुरक्षित रहते हैं।

पहला : और आप ? आपके हिस्से में क्या आता है ?

दूसरा : पीपा मिलना तो मेरा विशेषाधिकार है।

पहला : नेह, मैं तो पाइप में ही रहना पसंद करूँगा।

दूसरा : *(दुष्टता से)* आपके प्रतिद्वंद्वी, 208 पौंडवाले आचार्य को...मैं एक पीपा दिलवा दूँगा जिसका दरवाजा दक्खिन को खुलता होगा...आखिरकार वह अकादेमी का सदस्य है।

पहला : नेह...*(अंतराल)*

दूसरा : *(सहसा)* अब हमको चल देना चाहिए।

पहला : आप जाइए।

दूसरा : आप फुहारे में नहाएँगे नहीं ?

पहला : मेरे पीछे मत पड़े रहिए।

दूसरा : *(हँसकर)* तो आपने मुझे मुक्ति दे दी।

पहला : हाँ, अगर इतनी ही सहनशक्ति आपमें है तो यही समझ लीजिए। अगर आप मेरे जैसे मरगिल्ले आदमी से पिट जाने में खुश हैं जिसे एक पीपा भी नहीं मिलनेवाला तो यही सही।

दूसरा : सुनिए जनाब, मुझे कोई आज तक पीट नहीं सका।

पहला : मगर हार तो आप मान ही गए हैं। विश्वप्रसिद्धप्रतिभा जो प्रत्येक क्षेत्र में, प्रत्येक स्थिति में जगमगाती है...जो हर स्त्री को वश में कर लेती है।

दूसरा : यह तो मैंने नहीं कहा।

पहला : यह तो जिस तरह आप बोलते हैं, उठते-बैठते हैं उसी से प्रकट है—कौन है वह छोकरी ?

दूसरा : पहली बात तो यह है कि वह छोकरी नहीं है...मैं मान ही नहीं सकता। वह अत्यंत शालीन गंभीर कामकाजी लड़की है—इक्कीस वर्ष की उम्र है और अभी से जल प्रदाय के कार्यालय में सुपरवाइजर हो गई है।

पहला : आप कब से उसे जानते हैं ?

दूसरा : डेढ़ बर्ष से।

पहला : और आपने उसे फाँसा तो होगा ही।

दूसरा : *(निश्चिंतता से)* आप मानें या न मानें, डेढ़ साल बाद आज भी इस लौंडिया का तौर-तरीका ऐसा है जैसे वह आज भी कुँवारी हो...वह बकोटती, काटती, खसोटती है और झगड़ती है...

पहला : शायद जो तुम उसके साथ करते हो उससे उसे मजा नहीं आता तभी...चिपकी पतलून पहन लेने से ही तो सबकुछ नहीं हो जाता न।

दूसरा : क्या मतलब ?

पहला : कभी-कभी ऐसा होता है...ये सारे मशहूर बाँके बिस्तर में हमेशा इतने बाँके नहीं साबित होते।

दूसरा : बस, बस, बहुत हो चुका।

पहला : यह कैसा आदमी है जो जरा-सी गर्म हवा से डरा जाता है ? आपको पॉप तुशिंगर का पानी पीना चाहिए—ताकत के लिए।

दूसरा : बस, बस, जबान बंद करिए, समझे।

पहला : जल प्रदाय की उस बकोटनेवाली लड़की को मैं काबू में ला सकता हूँ...एक बार मैं उसे पार कर दूँ तो वह राजी हो जाएगी।

दूसरा : खबरदार। इस मामले में आगे मत बोलिएगा। पछताएँगे।

पहला : *(जिद पकड़कर)* अरे जाइए, मैं तो बोलूँगा...और सुन लीजिए, मैं आपकी पत्नी को भी कुछ करके दिखा सकता हूँ। जाने कब से बेचारी की उपेक्षा होती रही है...

दूसरा : *(क्रुद्ध होकर)* अरे अधकचरे, बदनाम नकली वैज्ञानिक महोदय, सुनते हैं कि नहीं ?

पहला : जी, जी,...मैं एक्सप्रेस रेलगाड़ी पकड़कर सीधे लेक पर जाता हूँ...पीपा और पाइप कंपनी के मनोरंजन केंद्र का पता लगाता हूँ...श्रीमती निरीक्षक को खोज निकालता हूँ और उन्हें बताता हूँ कि मैं उनके प्यारे पतिदेव के पास से आ रहा हूँ जो कि आपको तृप्त नहीं कर पाते हैं...कर ही कैसे पाएँगे। यह नगण्य...नपुंसक...जिससे जरा-सी गरम हवा बर्दाश्त नहीं होती...

दूसरा : ठीक है। अरे घिनौने दोगले, देख लेते हैं किसमें ज्यादा बर्दाश्त है *(वह फिर कुर्सी में पसर जाता है)*

पहला : ठीक है, देख लेते हैं। *(अंतराल)* फू ओ ओ ओ ह

दूसरा : उ ह ह ह ह

पहला : यह तो आत्महत्या है।

दूसरा : हाँ, जी, मगर यह आत्महत्या का गलत तरीका है।...मैं तो मीनार से कूदकर मरना पसंद करूँगा।

पहला : छिः ताकि अपना मलीदा बन जाए। जब नीचे आइएगा तो खून से सना लोथड़ा रह जाएगा। मैं तो टब में गरदन तक गरम पानी में बैठूँगा और गैस पाइप की टोंटी खोल दूँगा।

दूसरा : गैस पाइप ही खोलना है तो बाथ टब में गरम पानी की क्या जरूरत है।

पहला : मैंने यही कार्यक्रम बनाया है, आप क्या कर लीजिएगा।

दूसरा : एक मिनट पहले आप कह रहे थे कि 208 पौंडवाले से ज्यादा लंबी उमर चाहते हैं आप।

पहला : वह तो एक लंबी और जटिल विचारप्रक्रिया का निष्कर्ष था। परंतु उसके पहले कई और कार्यक्रम भी बना चुका था।

दूसरा : अच्छा...खैर यह जो आपने बनाया बेहूदा कार्यक्रम है...मैं आपसे बता रहा हूँ, फाँसी लगाकर लटक जाना ज्यादा शालीन होता है...यह एक सुंदर, आभिजात कृत्य है...और मैंने सुना है कि रति-सुख में जो संवेदन होता है यह उसके अधिक निकट पड़ता है।

पहला : और जो हाथ-पाँव पटकने पड़ते हैं, दम घुटता है, चेहरा नीला पड़ जाता है वह ?

दूसरा : तो आप बताइए कोई बेहतर तरीका ?

पहला : विष...और कोई नहीं।

दूसरा : ओह, उससे तो आमतौर पर आदमी बचा लिया जाता है। पेट से पंप करके और जाने किन-किन वाहियात तरीकों से ?

पहला : साइनाइड। वह बिलकुल सुरक्षित तरीका है। पाँच सेकेंड लगते हैं।

दूसरा : लगते होंगे—मगर कैसे होते हैं वे पाँच सेकेंड—नर्क में पाँच हजार वर्ष के समान—

पहला : देखिए भाई साहब, अक्ल का इस्तेमाल कीजिए। मैंने तो सारी योजना मन में ठीक कर रखी है। पहले मैं कस करके नींद लानेवाली दवा खा लूँगा, जिस वक्त मुझे लगेगा कि नींद आ रही है, मैं हाथ बढ़ाकर बिस्तर की बगलवाली मेज से आँतों में जाकर घुलनेवाले तत्त्व में मिला हुआ साइनाइड उठा लूँगा।

दूसरा : आँतों में घुलनेवाला ?

पहला : वह केवल आँतों में पहुँचकर असर करेगा। तब मुझे गहरी नींद आ चुकी होगी। मुझे पता भी नहीं चलेगा कि मैं कब मर गया।

दूसरा : अरे, अरे, तब तो आप मरने के सारे मजे से ही वंचित रह जाएँगे—*(अंतराल, कराहता है)* आह-आह ह ह!

पहला : क्या तबियत खराब हो रही है ? देखिए, आप चाहें तो चले जाइए।

दूसरा : चला जाऊँ ? खूब, ताकि आप मुझ पर हँसें ?

पहला : कहाँ तकलीफ हो रही है ?

दूसरा : हर अंग में, सब जगह...

पहला : सब जगह का क्या मतलब, ठीक-ठीक बताइए, क्या-क्या दुख रहा है ?

दूसरा : सबकुछ...खोपड़ी, दिल, फेफड़ा।

पहला : फेफड़ा दुखता ही नहीं...ऐसा हो ही नहीं सकता।

दूसरा : ऐसा है कि मेरा फेफड़ा दुखता है।

पहला : अच्छा पसीना पोंछ लीजिए।

दूसरा : *(पोंछकर)* ऐसे ?

पहला : अब बेहतर है ?

दूसरा : कुछ विशेष नहीं।

पहला : देखिए, यह पागलपन है। हम जो यहाँ कर रहे हैं वह पागलपन है।

दूसरा : *(सहमत होकर)* अंत में हम वाकई बीमार हो जाएँगे।

पहला : और एक घंटा पहले हमें एक-दूसरे का परिचय तक न था।

दूसरा : मुझे ज्ञात ही न था कि आपका भी अस्तित्व है।

पहला : तब तक मैं सुखी था *(अंतराल)*

दूसरा : हम मोटर दौड़ के दो प्रतिद्वंद्वी है...जो पहले कभी नहीं मिले।

पहला : और वे दौड़ शुरू कर देते हैं।

दूसरा : बिना कारण।

पहला : अक्ल से परे।

दूसरा : वे कार दौड़ाते हैं।

पहला : पिछवाते हैं।

दूसरा : दम नहीं लेते।

पहला : हार नहीं मानते।

दूसरा : सिर्फ यह साबित करने के लिए कि मेरी कार ज्यादा तेज है।

पहला : कि मैं ज्यादा अच्छी गाड़ी चलाता हूँ।

दूसरा : पटरी से उतर जाते हैं।

पहला : खाई में गिर जाते हैं।

दूसरा : यह हिमाकत है...आजकल की कारें ताकत में सब बराबर हैं।

पहला : तब तो आगे निकलने में और भी मजा है।

दूसरा : और और भी ज्यादा पागलपन।

पहला : देखो, हम भी वैसी ही बेवकूफी कर रहे हैं...वक्त रहते इसे बंद करें हम लोग, ठीक है ?

दूसरा : दूसरे शब्दों में...

पहला : हम दोनों यहाँ से चल दें।

दूसरा : बढ़िया, चल दें।

पहला : आइए *(दूसरे को पहले चलने का इशारा करता है)*

दूसरा : आइए *(वैसा ही इशारा करता है)*

पहला : पहले आप।

दूसरा : पहले आप।

पहला : फर्क क्या पड़ता है।

दूसरा : फर्क नहीं पड़ता तो आप ही क्यों नहीं पहले चलते ?

पहला : यही मैं आपसे पूछता हूँ....आप क्यों नहीं चलते ?

दूसरा : हाँ, जिससे आप जीत जाएँ। मैं आपकी सब तरकीबें समझता हूँ।

पहला : *(तीखेपन से)* क्या आपको मेरे वचन पर विश्वास नहीं ?

दूसरा : नहीं, मैं तो केवल नम्रता दिखा रहा था। मैं चाहता था कि आपको ही प्रथम स्थान मिले।

पहला : *(क्रुद्ध होकर)* आपको मेरे वचन पर अविश्वास कैसे हुआ ? आपको तो कृतज्ञ होना चाहिए कि मैं आप जैसे संदिग्ध व्यक्ति से बात करने को राजी हो गया हूँ।

दूसरा : किसके मुँह से ये बातें सुन रहा हूँ ? उसके जो कुत्ते का रातिब चुराकर खा लेता है !

पहला : जुबान बंद करिए।

दूसरा : अरे नकली वैज्ञानिक—वह जिसकी सफलता उसके प्रतिद्वंद्वी की मौत पर निर्भर है...क्या समझते हैं आप ?...मैं अब आश्वस्त हो गया हूँ कि यहाँ कोई रोमन-वोमन नहीं थे। अगर आप कहते हैं कि थे, तो मैं आश्वस्त हूँ कि नहीं थे।

पहला : *(गुस्से से उबलते हुए)* निकल जाइए यहाँ से।

दूसरा : आप निकल जाइए।

पहला : खबरदार, इसके पहले कि मैं आपे से बाहर हो जाऊँ आप यहाँ से निकल जाइए।

दूसरा : यह गरम कमरा आपकी जायदाद नहीं है। किस अधिकार से आप मुझे खदेड़कर बाहर कर रहे हैं !

पहला : किस अधिकार से ? अपनी भुजाओं के अधिकार से।

दूसरा : हा-हा....वाह। महान मानवतावादी। ठीक है देखते हैं, किसमें अधिक बल है *(वे दोनों गुत्थमगुत्था हो जाते हैं और एक-दूसरे को धकेलकर बाहर करने लगते हैं)*

पहला : खबरदार, जमादार जीनियस।

दूसरा : *(घंटी बजाने के लिए हाथ बढ़ाते हुए)* मैं घंटी बजा दूँगा...नौकर को बुला लूँगा।

पहला : *(उसके हाथ पर मारकर उसे हटा देता है)* हट जाइए यहाँ से...अपने मैले हाथ अलग करिए।

दूसरा : *(हाँफकर)* मैं बीमार हो गया हूँ।

पहला : *(क्रुद्ध होकर)* झूठ। अच्छा तमाशा है ? आप सचमुच बीमार होते तो घंटी नहीं बजा

पाते। घंटी बजाने भर की ताकत है तो यहाँ से निकल जाने की भी ताकत होगी।

दूसरा : वह सीमित परिस्थितियों का प्रश्न है। मैं आधा मूर्च्छित हो चला हूँ।

पहला : *(उन्माद से)* आप क्या आधे मूर्च्छित हो चले हैं ? मैं तो पूरा मूर्च्छित हो गया हूँ—मेरी चेतना खो रही है, मैं निर्जीव हो चला हूँ।

दूसरा : *(साँस लेने को मुँह बाकर)* निर्जीव ? मैं तो टें बोल रहा हूँ *(साँस लेने की कोशिश करता है)* मगर पहले आप महाशय, पहले आप।

पहला : *(दम घुट रहा है)* अब सहा नहीं जाता। देखिए, मुझसे उठकर बैठा भी नहीं जा रहा है...मैं हाथ भी नहीं उठा पा रहा हूँ! कहीं ऐसा तो नहीं कि...आह *(वह कुर्सी पर से गिर जाता है)*

दूसरा : हा हा हा—मैं जीत गया...*(वह घंटी की तरफ हाथ बढ़ाता है मगर इतना कमजोर है कि उसकी रस्सी खींच नहीं पाता। वह मरकर जमीन पर गिर पड़ता है)*

पहला : *(सर उठाता है)* यह मेरी जीत है। वह मुझसे पहले मरा। *(वह भी मरकर गिर जाता है)*

3

प्रियतम टोट

इश्टवान अर्केन्यू

पात्र

मेजर
श्री टोट, अग्निशमनटोली प्रधान
श्रीमती टोट
आगिक, उसकी पुत्री
डाकिया
टोमै, रेक्टर
आचार्य त्सिप्रिअनि, मनश्चिकित्सक
श्रीमती गिज़ि, एक बदनाम स्त्री
सफ़ैया
श्री लरिंत्स्के, पड़ोसी
एक शानदार मेजर
डा. आल्फ्रेड एवानबर्गर, सात वर्ष का लड़का
नौकर

स्थान

हंगारी पर्वतों में एक गाँव

समय

दूसरे महायुद्ध के दौरान दो सप्ताह

अंक : एक

दृश्य : 1

[टोट के मकान के बाहर; पृष्ठभूमि में चीड़ के कुछ वृक्ष और घाटी तथा पर्वतों का दृश्य।]

डाकिया : *(एक अजब-सा आदमी, गाँव भर का बुद्धू कहा जा सकता है, फटेहाल मगर डाकिए की टोपी और थैले से लैस)* लोग कहते हैं कि मेरी मति मंद है। लोग कहते हैं मैं कुओं में थूककर गंदा कर दिया करता हूँ, और जो धुले कपड़े टँगे सूखते रहते हैं उनमें नाक पोंछ लिया करता हूँ...इन बातों का एक शब्द भी सच नहीं है। सच तो यह है कि मैं अपने ही चूतड़ में इतने जोर की लात मार सकता हूँ कि दो हैट भर ऊँचाई उछल जाऊँ *(अपना टोप जमीन पर रख देता है)* इसके बदले में लोग मुझे एक गिलास बीयर दे दिया करते हैं *(कूदता नहीं है। टोपी फिर पहन लेता है)* तब कूदकर अवश्य दिखा देता हूँ और लोग यह भी कहते हैं कि मैं डाक के साथ हेराफेरी कर दिया करता हूँ। हाँ, यह बिलकुल सही है। जैसे डाक्टर त्सिप्रिअनि ने मेरा कभी बुरा नहीं किया बल्कि अपने दवाखाने से मेरा इलाज भी किया। तो भी मुझे वह अच्छे नहीं लगते *(एक बड़ा लिफाफा निकालता है)* अगर इसमें राज्यपाल की दावत का निमंत्रण हो तो *(उसे फाड़कर कूड़ेदान में फेंक देता है)* उन्हें यह सुख क्यों पाने दिया जाए ? मास्टरजी का बेटा मोर्चे पर घायल हो गया था। उन्हें अभी तक यह खबर नहीं मिली। उधर उनकी बेटी ने तीन जुड़वाँ बच्चे एकसाथ जने, मैंने तार में तीन की जगह दो कर दिया। मुझे सम संख्याएँ पसंद हैं। तीन में तीसरा तो फालतू था। यह सब तो मैं भलमनसाहत में करता हूँ, इसके बदले में बीयर तक नहीं पीता। और फिर वह टोट परिवार है। मैं उन्हें खासतौर से चाहता हूँ क्यों? क्योंकि वे संख्या में चार हैं—दो, चार, छह, बढ़िया। और उनका बेटा मोर्चे पर है। ईश्वर न करे उसे कुछ हो जाए। आज उसका कार्ड आया है। कभी मैं उसका कार्ड पहुँचा देता हूँ, कभी उठाकर अलग डाल देता हूँ। कुछ को तो मैं यों ही फाड़कर फेंक दिया करता हूँ—बस खत्म। देखें, पिछली बार उसने क्या लिखा था। *(अपने टोप में से एक और पोस्टकार्ड निकालता है)* "दुख की बात बता रहा हूँ कि मुझे बड़े-बड़े दस्त आ रहे हैं"...यह मैंने उठाकर अलग रख दिया। दस्त अपने आप बंद हो जाते हैं—मगर कभी-कभी बिगड़ भी जाते हैं...देखें इस बार क्या लिखा है—"प्यारे अम्मा बाबू और आगिका खुशी की बात है कि मेरे दस्त बंद हो गए और मैं फिर भला-चंगा हो गया"...देखा ! मैंने अम्माँ बाबू को ख़ामख़ाह फ़िक्र में पड़ने से बचा लिया। यह समझ लीजिए कि जिसकी अकल मंद है वह अक्लमंद भी है। *(पढ़ता*

जाता है) "मगर मैं तुम्हें इससे भी ज्यादा अच्छी ख़बर दे रहा हूँ..." अच्छी ख़बर, चलो दी तो आख़िरकार *(घर की तरफ जाता है)* "टोट लोगो, डाक आई है, खुशख़बरी लाई है।"

[खिड़की खुलती है, मरिष्क और आगिक उत्सुक होकर बाहर झाँकती हैं। टोट निकलकर आता है]

मरिष्क : *(चिट्ठी लेकर उत्साहपूर्वक पढ़ती है)* "हमारे अत्यंत आदरणीय मेजर साहब जिनके बारे में कई अच्छी बातें मैं पहले ही बता चुका हूँ, पक्षधरों से लगातार परेशान रहने के कारण बड़ी दयनीय मानसिक अवस्था को प्राप्त हो गए हैं, इसलिए वह दो सप्ताह की बीमारी की छुट्टी लेकर आराम करने जा रहे हैं। मैंने उन्हें किसी तरह राजी कर लिया है कि वह...*(वह और नहीं पढ़ पाती। कार्ड बेटी को दे देती है)* तुम पढ़ो।"

आगिक : "...मेरे प्यारे अम्मा-बाबू का आतिथ्य स्वीकार करें। यह काम आसान नहीं था क्योंकि अपनी वर्तमान मानसिक दशा में वह किसी के ऊपर बोझ नहीं बनना चाहते थे..."

मरिष्क : सुना तुमने प्यारे लयोश।

टोट : हाँ, सुना।

आगिक : "मगर जब मैंने अपने गाँव की जलवायु के सारे लाभ समझाए और अपने सुंदर बरामदे की शीशेदार खिड़की से दिखनेवाले बाबोन्यू पर्वत और घाटी का नज़ारा बताया तो क्या हुआ कि हमारे मेजर साहब ने यह न्योता स्वीकार कर लिया। तुम समझ सकती हो कि इसका कितना बड़ा फायदा मुझे मिल सकता है।"

मरिष्क : मालिक की मेहरबानी है। डाकियाजी के लिए एक गिलास वाइन लाओ। *(आगिक उसे एक गिलास वाइन देती है और वह उसे पीकर इजाजत लेकर चला जाता है।)*

डाकिया : हमारे ग्युल भइया सलामत रहें।

आगिक : क्या इस गाँव में कोई मेजर साहब आए हैं? शायद कभी नहीं।

टोट : और अभी जो आ रहे हैं उनकी दिमागी हालत बुरी है।

मरिष्क : वह अच्छे हो जाएँगे...पढ़ो-पढ़ो बिटिया।

आगिक : हमारे प्रिय मेजर साहब को शोर बिलकुल बर्दाश्त नहीं होता मगर इस बात से परेशान न होना : यही नहीं, उन्हें कुछ किस्म की गंध भी बहुत नागवार गुजरती है। कुछ हैं, जो वह किसी तरह भी नहीं सह सकते। कुछ हैं, जैसे चीड़ की गंध इनसे उनको आराम मिलता है।

मरिष्क : *(गर्व से)* हाँ, हमारे यहाँ चीड़ के बहुतेरे दरख़्त हैं।

टोट : मगर वे कौन-सी गंध हैं जो उन्हें बर्दाश्त नहीं?

आगिक : हमारे ग्युल भइया ने उनका तो कहीं नाम नहीं लिया।

टोट : हाँ, मगर जान लेने से फायदा है *(वह सूँघता हुआ इधर-उधर चलता है)*

[दोनों औरतें खिड़की बंद करके अंदर चली जाती हैं। टोट की नजर किसी पर पड़ती है और वह कहता है।]

हलो डाक्टरजी,

[परनाले का सफैया चार पहियों पर लगा पंप खींचता हुआ आता है। इसे मंच के एक किनारे छोड़कर वह टोट के पास आता है।]

सफैया : हुकम ब्रिगेड कमांडर साहब।

टोट : मेरे बेटे के कमांडिंग आफिसर दो सप्ताह के लिए यहाँ आ रहे हैं। उनको बू से परेशानी होती है।

सफैया : आ रहे हैं, मुबारक हो, हम पंप करना शुरू कर दें?

टोट : मैं क्या बता सकता हूँ डाक्टरजी, मेरी नाक को तो उसकी आदत पड़ चुकी है। मैं क्या जानूँ कि बदबू आती है कि नहीं आती।

सफैया : *(गहरी साँस लेकर सूँघता है)* मैं सच्ची बात कहूँगा। आजकल आपका संडास जरा ज्यादा ही बू मार रहा है मगर इतनी बदबू भी नहीं है कि न सही जाए।

टोट : तो हमें क्या करना चाहिए?

सफैया : आप चाहें तो पंप करके संडास खाली कर दूँ मगर आप नहीं चाहेंगे तो नहीं खाली करूँगा। जैसा कहें वैसा करूँ।

टोट : अगर बदबू मारता है तो पंप करके मैला निकाल देना चाहिए, डाक्टर, क्या मालूम कि वह हमारे ग्युल के लिए जीने-मरने का सवाल हो?

सफैया : मेरी जगह कोई गैर जिम्मेदार सफैया होता तो यही सलाह देता...मगर मैं जरा इस पर गौर कर रहा हूँ। मान लें कि हम पंप करना शुरू कर दें। तो क्या होगा? हम कूड़े को काछेंगे तो सब मथ जाएगा...ब्रिगेड कमांडर साहब, साफ़ से साफ़ पोखर को भी अगर मथ दीजिए तो उसे निथरते-निथरते और फिर से साफ़ होते-होते वक़्त लग जाता है। मेरी बात समझ में आई?

टोट : *(गौर से सोचकर)* तो तुम सोचते हो कि हम उसे ऐसे ही रहने दें डाक्टरजी?

सफैया : *(ठंडी साँस लेकर)* देखिए भाई, वकालत छोड़कर मैं खुश हूँ। इस नौकरी में मैं दस गुना कमा रहा हूँ...मगर यह कहाँ जानता था कि इस धंधे में कानून से भी ज्यादा पेचीदा मामलों से निपटना पड़ेगा...मेरी राय में, दो बुराइयों में से जो कम हो उसी को मंजूर करना चाहिए। सवाल यह है कि मेजर साहब को बू कितनी नापसद है? आपके बेटे ने इस बात पर रोशनी नहीं डाली?

टोट : *(घर के अंदर आवाज देता है)* मरिष्क, आगिक।

[श्रीमती टोट व उनकी बेटी खिड़की के बाहर मुँह निकालकर झाँकती हैं।]

हमारे ग्युल ने गंधों के बारे में ठीक-ठीक क्या लिखा था।

मरिष्क : *(अपने गरेबाँ में से दो कार्ड निकालती है)* इसमें जो लिखा है सो तो यह है कि "वह कुरु गंधों से बहुत चिढ़ जाता है।"

सफैया : ठीक है, बात कुछ साफ़ नहीं है परंतु इसमें चिंता की कोई बात नहीं। आपने ऐसा क्यों सोचा कि इस गंध को शायद वह बुरा माने?

मरिष्क : इसलिए कि एक बार हमारे यहाँ एक किराएदार था जिसने इसकी शिकायत की थी।

आगिक : और वह कोई मेजर भी नहीं, सिर्फ रात की रेलगाड़ी का कंडक्टर था।

मरिष्क : और मेजर की तो नाक ज्यादा तेज होती है।

आगिक : किसी-किसी दिन, खास तौर से इतवार को, मुझे भी उस गंध से चिढ़ होती है और मैं कोई मेजर तो नहीं हूँ।

मरिष्क : प्यारे, दौड़कर जाओ और पड़ोसियों को बुला लाओ। *(वह अंदर जाती है और वहीं से पलटकर आवाज देती है)* अक्ल लड़ाओ मेरे प्यारे लयोश।

टोट : पर मैं अक्ल कैसे लड़ाऊँ? क्या कहते हो डाक्टर?

सफैया : पहले तो यह पता लगाना चाहिए कि आपके मेहमान आ कब रहे हैं। अगर मैं अभी मैले के कुंड को खलबला दूँगा तो उसे निथरने में कम से कम दो सप्ताह लगेंगे। क्या हमारे पास इतना वक्त है?

टोट : वह पहली गाड़ी से आ रहा है।

सफैया : तब तो पंप से परहेज करना ही अक्लमंदी होगी, प्यारे ब्रिगेड कमांडर साहब।

टोट : ऐसा? तुमने बड़े मन से अच्छी सलाह दी है। इसके लिए शुक्रिया!

सफैया : यह तो मेरा फ़र्ज था।

टोट : इसके बदले में मैं क्या नजर करूँ?

सफैया : कुछ नहीं टोटजी।

टोट : नहीं, ऐसा कैसे हो सकता है?

सफैया : सिर्फ पंप चलाने के पैसे पड़ते हैं। मैं राय देने के पैसे नहीं लेता। *(पंप घसीटते हुए प्रस्थान)*

[श्रीमती टोट, आगिक और डाकिया लौट आते हैं। दो पड़ोसी श्रीमती गिजि और श्री लरिंत्स्के भड़भड़ाते हुए घुस आते हैं।]

मरिष्क : मेरे प्रियतम लयोश, मैंने अपने अच्छे पड़ोसियों को बुला लिया है।

टोट : सुनिए, जरा इसे सुनिए...हम आपको अपने बेटे की चिट्ठियों का मजमून सुना रहे हैं।

मरिष्क : *(पढ़ना शुरू कर चुकी है)* "जैसे-जैसे रवानगी का दिन पास आता जाता है मेजर साहब मेरे ऊपर कुछ और मेहरबान होते जाते हैं। स्पेशल ट्रेन नोवियोस्कोल से खुलती है और उन्होंने इजाजत दी है कि मैं रेजिमेंट की मोटरगाड़ी में उनके साथ स्टेशन तक जा सकता हूँ।"

लरिंत्स्के : यह तो सचमुच खुशख़बरी है।

श्रीमती गिजि : मुबारक हो।

मरिष्क : "एक और ख़ास बात जो मैं तुम्हारे ध्यान में लाना ज़रूरी समझता हूँ। पक्षधरों और डाकुओं से लगातार खतरा बने रहने के कारण हमारे मेजर साहब को रात को नींद न आने की बीमारी हो गई है और उन्हें पूरे आराम की जरूरत है। मैं जानता हूँ कि हमारे प्रिय पिता की बड़ी इज्जत है इसलिए वह कह देंगे तो मोहल्ले में कोई कानफोड़ आवाज न सुनाई पड़ेगी।

डाकिया : ये बात हुई।

लरिंत्स्के : यहाँ कितनी शांति है।

मरिष्क : बेशक है। हमारे यहाँ एक रजिस्टर है। एक बार गर्मियों में एक अतिथि ने लिखा "यहाँ जो मौन है सो काले मखमल के समान काला और मुलायम है।"

आजिका : मैंने रजिस्टर का वह वाक्य कई बार पढ़ा है और हर बार पढ़कर जाने कैसा-कैसा होने लगता है।

श्रीमती गिजि : तो हमारे यहाँ जो शांति है उसमें गड़बड़ क्या है?

मरिष्क : ऐसा लगता है कि कुछ ऊँचे अफसर कान में खटकनेवाली आवाजों से चिढ़ते हैं...

लरिंत्स्के : कौन-सी आवाजें हैं वे?

टोट : हम अगर इसका यह अर्थ लगाएँ तो ठीक होगा कि आँधी की या झड़ी की आवाज या चिड़ियों का चहचहाना बंद कर देने की जरूरत नहीं है।

लरिंत्स्के : अगर होती तो बड़ा दुख होता।

टोट : मगर सिर्फ़ कभी-कभी, और खासतौर से आपकी दिशा से हमें कभी-कभी एक थोड़ी-बहुत अप्रिय आवाज सुनाई पड़ती है...

लरिंत्स्के : चटखारे की आवाज?

मरिष्क : हाँ, वैसा ही कुछ।

लरिंत्स्के : असल में जब कभी मैं ठंडी बीयर पीता हूँ तो चटखारा लेता हूँ। मगर अब तो वह पुरानी बात हो गई है। मैं बीयर पीना ही छोड़ दूँगा।

मरिष्क : धन्यवाद, लरिंत्स्केजी।

टोट : आपने हमारा बड़ा खयाल रखा।

श्रीमती गिजि : मगर आपने मुझे क्यों बुलाया? मैं तो किसी को भी जो पिए हुए हो या अपने होश में न हो, खाना नहीं परोसती। मैंने एकदम सामने बिस्तर के सिरहाने यही सूचना लिखकर लगा दी है।

टोट : मैं आपकी बात का विश्वास करता हूँ देवीजी। बस एक छोटी-सी बात है जिसके बारे में कुछ पूछना चाहूँगा। आपके बगीचे का फाटक जरा चरमराता है।

श्रीमती गिजि : आप इसे छोटी-सी बात कहते हैं?

मरिष्क : जरा-सा तेल डालने की जरूरत है।

श्रीमती गिजि : वह अलग बात है मगर इस चरमराने का एक खास मतलब है जिसका मेरे धंधे से संबंध है *(चिंतित होकर)* जरा समझिए, मेरे ज्यादातर ग्राहक लीसा जमा करने वाले हैं। यूँ तो भले आदमी हैं मगर जरा सुस्त हैं इसलिए जब फाटक चरमराना शुरू करता है तो मैं समझ जाती हूँ कि अगला ग्राहक आ गया और पहले वाले को जल्दी से विदा कर देती हूँ जो देर से बैठा हुआ है। अगर मैं फाटक में तेल डाल दूँ तो मेरा तो घाटा हो जाएगा।

टोट : तो क्या उन ग्राहकों को वक्त से भगाने का कोई और तरीका नहीं है?

श्रीमती गिजि : ब्रिगेड कमांडरजी, उनको इसी आवाज़ की आदत पड़ी हुई है।

टोट : समझ गया। क्या आपकी आमदनी में जो घाटा होगा उसका आप मुआवजा चाहेंगी?

श्रीमती गिजि : जी नहीं, आपकी मेहरबानी है टोटजी, आप जैसे भलेमानुष के लिए कुछ भी कर सकना मेरे लिए खुशी की बात है। अच्छा टोटजी, इस समय चलती हूँ, नमस्ते।

टोट : आपका बहुत-बहुत धन्यवाद!

[लरिंत्स्के और श्रीमती गिजि का प्रस्थान।]

मरिष्क : नमस्ते *(उन्हें जाते हुए देखती है)* कितने भले आदमी हैं ये लोग, कितना सहयोग करते हैं। मेरे प्यारे लयोश, हर कोई तुम्हें चाहता है। अब तुम्हारी सूची में क्या लिखा है?

टोट : *(पढ़ते हुए)* बुढ़िया श्रीमती सच को उनकी कुतिया के भौंकने की शिकायत करना।

डाकिया : मैंने उनसे कहा था कि कुतिया को जंगल के चौकीदार की मढ़ैया में ले जाएँ। मगर वह नहीं मानीं।

मरिष्क : तो अब हम क्या करें?

डाकिया : मैंने उसका गला घोंट दिया।

आगिक : श्रीमती सच का?

डाकिया : नहीं, कुतिया का...क्या श्रीमती सच का घोंटना था?

मरिष्क : अरे नहीं, नहीं, हरगिज नहीं।

डाकिया : टोटजी के लिए मैं जो कहो, कर सकता हूँ।

टोट : बड़ी मेहरबानी है आपकी, मगर इसकी जरूरत न होगी। अच्छा और क्या है?

आगिक : मैंने दोनों बसों के ड्राइवरों को मना कर दिया है कि मोड़ पर आते-जाते भोंपू न बजाया करें।

टोट : ठीक किया और श्रीमती कस्ट्रेनेर ने अपनी पिसाई की मशीन का क्या किया?

मरिष्क : वह पिसाई करना छोड़ देंगी।

टोट : *(सुनता है)* सुनो, इस वक्त भी कर रही हैं।

मरिष्क : यह कैसे? मैंने तो पंद्रह दिन के लिए उनकी पिसाई करवा दी।

टोट : तो क्या मैं कोई और आवाज सुन रहा हूँ?

[वे सब ठहरकर सुनने लगते हैं। इसके बाद एक-एक करके वे डाकिए की ओर मुड़ते हैं और कान लगाए हुए एक-एक कदम उसकी तरफ बढ़ते हैं।]

बेटे, क्या ये तुम हो?

डाकिया : मैं?

मरिष्क : यही है।

डाकिया : यह तो मेरी साँस की आवाज है। मेरे सीने में ऐसे ही खरखर होता रहता है।

टोट : अच्छा बचुआ, समझ लेओ, अब से जब भी तुम डाक लेकर आओगे उधर से त्सिप्रिअनि के घर पहुँचने पर एक गहरी साँस सीने में भर लोगे और इधर जब इस्टुबेनहामर की झाड़ी के आगे पहुँच जाओगे तभी साँस बाहर निकालोगे।

डाकिया : यह तो बड़ा लंबा रास्ता है।

टोट : जरूर, छोटा नहीं है।

डाकिया : और कहीं मेरा दम घुटने लगा?

मरिष्क : *(अपने बच्चों की रक्षा करती हुई शेरनी की तरह)* दम घुटने लगे तो घुट जाए मगर हमारा इकलौता बेटा दूर मोर्चे पर जान की बाजी लगाए लड़ रहा है और उस वक्त तुम हमारे घर के आसपास कहीं साँस छोड़ने की जुरअत न करना।

डाकिया : *(डरकर पीछे हट जाता है)* नहीं, नहीं, हर्गिज नहीं करूँगा...टोटजी के लिए कौन-सा ऐसा काम है जो मैं नहीं करूँगा *(जाता है)*

मरिष्क : एक बुढ़िया का गला घोंटने को तैयार है। मगर खुद जरा-सा दम घुटने से परेशान हो रहा है।

टोट : शांत रहो प्यारी मरिष्क। उसके इरादे बुरे नहीं होते मगर उसकी खोपड़ी में भेजा नहीं है...*(सुनते हुए)* अब तो सब शांत हो गया है।

मरिष्क : हाँ, मुझे भी ऐसा ही लग रहा है।

आगिक : और दिन भी बहुत चढ़ आया है।

मरिष्क : *(आंगिक से)* चलो अपने प्यारे पापा के लिए एक सिगार ले आओ *(टोट सिगार जला लेता है। मरिष्क तसले में मटर छीलने लग जाती है। तीनों निश्चिंत हो गए हैं)*

आगिक : कल इस वक्त तक वह यहाँ आ गए होंगे।

मरिष्क : और उस वक्त तक उसे तंग करनेवाली कोई चीज यहाँ न होगी।

टोट : कतई कोई चीज नहीं।

मरिष्क : मुझे अब जाकर चैन मिला।

आगिक : *(सहसा)* पापा, मेजर कैसा होता है?

टोट : कैसा होता है के क्या मायने?

आगिक : उससे कैसे बात की जाती है? महाशय कहें जैसे आचार्य त्सिप्रिअनिजी को कहते हैं या सरकार कहें जैसे लक्जमबर्ग के ड्यूक को कहते हैं?

टोट : जहाँ तक मैं समझता हूँ उसे मेजर कहना या मेजर साहेब।

आगिक : आपका मतलब है कि मेजर इन औरों से छोटा होता है ?

टोट : नहीं, बल्कि इसका उलटा है। लक्जमबर्ग ड्यूक के पास एक-दो जंगलात हैं। आचार्य जी के पास उनके विज्ञान को छोड़कर और कुछ नहीं है। मेजर कोई चीज होता है। वह हुकुम देता है। उसके एक सुनहरा सितारा होता है। वह अफसर होता है।

आगिक : *(खोई-खोई-सी)* अफसर, अफसर *(धीरे-धीरे वह उठकर खड़ी हो जाती है और लय से गुनगुनाने लगती है)* अफसर, अफसर, अफसर।

टोट : ठीक है, ठीक है बिटिया, अब सँभल जाओ।

मरिष्क : कितना सुहाना और शांत सबकुछ है। मालूम नहीं उसे कैसा लगेगा।

आगिक : काले मखमल की तरह है।

टोट : हम लोग मेजर साहब के स्वागत के लिए तैयार हैं। *(अंत में निश्चिंत होकर वह घर के अंदर जाता है।)*

[मंच पर रोशनी बदलती है।]

डाकिया : *(एक पोस्टकार्ड पढ़ते हुए)* "मैं एक के बाद एक बातें बताता जा रहा हूँ। तुम्हें दिक्कत तो होगी मगर सुनो। जब मेजर से बात करना तो उसकी खोपड़ी से ऊँचे न निकल जाना। उसका कद औसत से छोटा है। बुरा मानेगा।" *(सोचते हुए)* यह तो मुश्किल हुई। टोटजी का कद औसत से बड़ा है। सब के सब एक ही कद के क्यों नहीं होते ? नहीं होते तो मैं इसका कोई इलाज नहीं कर सकता। हाँ, अगर एक नहीं तीन मेजर आते : एक काफी ठिगना, एक लंबा और एक और भी लंबा तो छोटे-बड़े होने से किसी को तकलीफ नहीं होती। पर मैं करूँ क्या, मुझे इस कार्ड से जल्दी छुट्टी पानी चाहिए *(उसे फाड़कर कूड़ेदान में फेंक देता है। जाता है)*

[मंच का पिछला हिस्सा आलोकित है। वृक्षों के सामने बस अड्डा का चिह्न लगा हुआ है। कई प्रकार के छोटे-मोटे पात्र आते हैं। जैसे एक पुराना बैंड बाजा फिर उत्साहित और सजे-धजे टोट परिवार के लोग, टोटजी अग्निशमन-टोली-प्रधान की पूरी वर्दी पहने हुए हैं, आगिक फूल लिए हुए है।]

मरिष्क : तीन बज गए। मेरा दिल सीने में समा नहीं रहा है।

टोट : लो, बस का भोंपू सुनाई देने लगा ?

मरिष्क : मुझे तो कुछ सुनाई नहीं दिया।

टोट : अभी, अभी फिर बजा।

आगिक : मैं बताऊँ ? बस का भोंपू पापा को दरअसल सुनाई नहीं पड़ सकता क्योंकि हमने ड्राइवर को मोड़ पर भोंपू बजाने को मना कर दिया था।

मरिष्क : तू बहुत चख-चख करती है।

टोट : बेचारी बदहवास है...क्या मेरे टोप पर धूल जमा है आगिक ?

आगिक : जरा-सी...*(वह आदर के साथ फूँककर उड़ा देती है)* ओ हो पापा, आप कभी-कभी कितने अच्छे लगने लगते हैं।

[बस की घरघराहट नजदीक आने लगती है।]

टोट : वह आ गई।

मरिष्क : हाँ, मुझे दीख रही है।

आगिक : *(उत्तेजित होकर आगे आती है)* अफसर, अफसर, अफसर।

टोट : यहीं रहो, वह हमारे पास आएँगे।

[वे पंक्ति बाँधकर खड़े हो जाते हैं। बैंड बजने लगता है। इंजिन की आवाज बंद हो जाती है और एक नहीं बल्कि दो मेजर निकल आते हैं। पहले चमकदार घुड़सवारी बूट पहने और बेंत लिए एक शानदार व्यक्ति आता है। कुछ देर बाद एक धूल भरा थका, बेशऊर आदमी आता है जिसे कोई देखता भी नहीं।]

टोट : *(शानदार मेजर के सामने बाकायदा आकर)* हुजूर मेजर साहब। मेरा सौभाग्य है कि आप आए। मैं टोट हूँ।

शानदार मेजर : तो आपको मुझसे क्या काम है?

टोट : *(पीछे हटता है और आगिक को आगे करता है)*

आगिक : *(आगे आने की हिम्मत नहीं करती। फूल बढ़ा देती है। चिकनी आवाज में)* आदरणीय मेजर का हम स्वागत करते हैं और आशा करते हैं कि हमारी कुटिया में विश्राम करके आप सुखी होंगे।

[इस बीच टोट दम्पत्ति धीरे-धीरे आगे बढ़ आए हैं।]

शानदार मेजर : *(उन्हें सर से पाँव तक देखकर)* क्या आपमें से कोई लक्जमबर्ग के ड्यूक लियोनहार्ड हैं।

[भय के मारे सब चुप हैं।]

मरिष्क : ड्यूक?

शानदार मेजर : हाँ, मैं उनके साथ शिकार पर जाने के लिए आया हूँ।

आगिक : *(विनम्रता से)* मैं बताऊँ। श्रीमान ड्यूक हम लोगों में उपस्थित नहीं हैं पर मैंने उनकी गाड़ी बाहर खड़ी देखी थी।

शानदार मेजर : ऐसा है तो आप किसी को नाहक क्यों तंग कर रहे हैं।

[जल्दी-जल्दी चलकर जाता है।]

मरिष्क : *(चारों ओर देखकर और दूसरे मेजर को पहचानकर चिल्लाती है)* हे भगवान, दो-दो मेजर आए हैं।

[निःसंकोच वे धीरे-धीरे दूसरे मेजर की तरफ बढ़ते हैं।]

टोट : मेजर साहब...महानुभाव।

मेजर : *(चारों ओर देखकर पलक झपकाते हुए)* टोट लोग कहाँ हैं?

टोट : माफी चाहते हैं...हम ये रहे।

मेजर : *(गलत दिशा में देखते हुए)* अच्छा तो आखिरकार...

टोट : हम यहाँ रहे सरकार।

मरिष्क : वहाँ नहीं...यहाँ, इधर देखिए *(वह आगिक को मेजर की तरफ बढ़ा देती है)*

आगिक : *(पहले से भी अधिक उत्तेजित होकर)* हम आदरणीय मेजरजी का स्वागत करते हैं और आशा करते हैं कि हमारी कुटिया में विश्राम करके आप सुखी होंगे।

मेजर : *(गुलदस्ता झपटकर ले लेता है और आगिक के पीछे-पीछे चलकर किसी प्रकार टोट परिवार को देख लेता है।)* जीती रहो बिटिया। मुझे कुछ सूझता ही नहीं। नौ महीने धूल-गर्द और अँधेरे में बिताने के बाद इतनी धूप की आदत डालने में देर लगती है...मोर्चे पर मेरा सदरमुकाम एक स्कूल में है। मैंने उसके चारों ओर मिट्टी का घेरा डलवा दिया है ताकि कम से कम रात को वहाँ आकर लोग मेरी शांति नष्ट न करें...वहाँ अँधेरा रहता है...*(आँखें मलते हुए)* इसलिए मेरी आँखें चौंधिया गयी हैं...तो आ गए *(हाथ मिलाता है)* आप टोट साहब हैं? और आप मरिष्क हैं। हैं

न ? और ये आगिक हैं ? कितना सुहावना है यहाँ। कैसी उम्दा हवा है और कितना सन्नाटा है। ओफ ओह, मोर्चे के शोर और गंध में नौ महीने बिताने के बाद...*(टोट को देखता है फिर अपने पीछे मुड़कर देखता है। रुकता है)* मैं क्या कह रहा था ?

आगिक : *(प्रशंसा भाव से)* शोर और गंध के बाद...

मेजर : हाँ, मुझे अब तक विश्वास नहीं हो रहा कि मैं देश लौट आया हूँ। फिर भी मैं हर चीज पहचान रहा हूँ। क्योंकि आपके लड़के ने मेरा ख्याल करके मुझे सबकुछ पहले से ही बता दिया था...*(अपने पीछे पलटकर घबराकर देखता है)* यह बाबोन्यू है और यह रही घाटी...*(बदले स्वर में)* श्रीमान टोटजी, यह मेरी पीठ के पीछे क्या है ?

टोट : कुछ नहीं, क्लाइन का जो बियर गार्डेन था, वही और रेक्टरी।

मेजर : तब तो ठीक है। पक्षधरों ने रात को हमले कर-करके मेरा दिमाग बौखला दिया है *(अपने पीछे फिर देखता है)* मगर आप फिक्र न करें। आप तो ऐसे रहें जैसे मैं यहाँ हूँ ही नहीं। मैंने आपके लड़के से पहले ही कह दिया था कि मैं आऊँगा तो इसी शर्त पर कि किसी को मेरी वजह से दिक्कत न हो। मैं किसी के लिए जंजाल नहीं बनना चाहता। *(स्वर बदलकर)* टोट, क्या मेरी पीठ के पीछे अजब सा कुछ दिखाई देता है ?

टोट : कुछ अजब-सा नहीं दिखता मेजर साहब !

मेजर : मैंने इसलिए पूछा क्योंकि तुम हमेशा उसी तरफ देखते रहते हो।

टोट : मैं तो आपकी ही तरफ देख रहा था साहेब।

मेजर : देखो टोट, यह कोई कम बुरी बात नहीं है कि दुनिया का एक हिस्सा हमेशा हमारी पीठ के पीछे रहता है। अब उसकी तरफ देखते रहने से और मुश्किल ही तो पैदा होगी। क्या मैंने कुछ गलत कहा ?

[टोट परिवार वास्तव में उलझन में पड़ गया है।]

क्या मैंने अपनी बात साफ नहीं कही ?

मरिष्क : हाँ, आपने कही क्यों नहीं, बिलकुल कही। लयोश, जरा होशियार रहो। कहाँ देखना है इसका ख्याल रखो।

टोट : *(चिढ़कर)* कहाँ देखूँ मैं, जरा बता दें।

मेजर : ओह कहीं भी देखो। मैंने कह दिया न कि मेरी कोई खास फरमाइश नहीं है *(खड़े-खड़े दो बार तेजी से पलटता है)*

टोट : *(वैसे ही पलटे लेकर)* ठीक ?

मेजर : क्या कहूँ।

टोट : *(फिर से पलटे लेता है)* और अब ?

मेजर : शायद पहले से बेहतर था।

[टोट सर झुका लेता है।]

नहीं, ऐसा मत करो। कोई तुम्हारे पीछे झाँके तो क्या तुम्हें अच्छा लगेगा ?

टोट : मेरी समझ में नहीं आता कि क्या करूँ।

मरिष्क : करूँ क्या, आँखें ऊपर उठा रखो लयोश।

[टोट आँखें उठाकर देखता है।]

मेजर : नहीं, नहीं, उसमें तो बड़ी दिक्कत होगी। मैं उसकी इजाजत नहीं दे सकता। इसके अलावा मेरा दिमाग, पक्षधरों की रात-दिन की करतूतों से इतना जर्जर हो गया है कि उसकी वजह से मैं अपने मेहरबान मेजबानों पर कोई बोझ नहीं डालना चाहता।

यह सब मेरी ही गलती है।

मरिष्क : बिलकुल नहीं, आपकी नहीं है *(टोट से)* प्रियतम टोट, कुछ करो भी।

टोट : क्या ?

आगिक : मैं बताऊँ ? कहें तो, अगर पापा अपना हेलमेट थोड़ा-सा आँख पर झुका लें तो चाहे जिधर देखें, कोई फर्क नहीं पड़ेगा।

मेजर : शाबाश, तुम्हारी मुन्नी की खोपड़ी में भेजा है।

मरिष्क : *(मेजर से)* आप तो तारीफ कर रहे हैं, प्रियतम टोट अपना हेलमेट झुका लो न।

टोट : *(भय से चकित होकर)* मेजर साहब, मैं अपने हेलमेट से अपना मुँह कैसे ढँक लूँ। यह काम, और तो जाने दीजिए कायदे के खिलाफ है। राष्ट्रीय अग्निशमन टुकड़ी सभा की नियमावली के अनुसार प्रत्येक अग्निशमक के टोप में लंबाई और विस्तार के बीच 90 डिग्री का कोण तो होना ही चाहिए...पर यह तो छोटा सवाल है। मुझे अपने से पूछना यह है कि गाँव में लोग क्या कहेंगे ? क्या यह बताने की जरूरत है कि अग्निशमन टुकड़ी को अपनी थोड़ी-बहुत प्रतिष्ठा रखनी पड़ती है। जो अग्निशमक पियक्कड़-सा आड़ी-तिरछी टोपी लगाए डगमगाता फिरेगा उसकी इज्जत क्या होगी? इससे तो बेहतर होगा कि मैं उँगलियों और पंजों के बल चलता नजर आऊँ।

आगिक : हे भगवान, हम पापा को ऐसी कोई हरकत कभी न करने देंगे।

मेजर : हरगिज नहीं। मैं कभी ऐसा न होने दूँगा। यही नहीं, मैं आपसे विनती करूँगा कि आप मेरा यहाँ होना ही भूल जाएँ। जैसे आप रहते हैं, रहें। मान लें कि मैं हवा हूँ। अगर मुझे लगा कि मैं आपको किसी तरह दुख पहुँचा रहा हूँ तो मैं तुरंत चला जाऊँगा।

मरिष्क : सुन रहे हो प्रियतम टोट।

टोट : *(दुखी होकर लंबी साँस भरता है)* मुझसे नहीं होगा।

मरिष्क : यह आदमी ऐसा ही है...तुम सिर्फ अपनी ही सोच सकते हो क्या ?

टोट : *(साँस भरता है)*

मरिष्क : क्यों भूलते हो कि जाड़ा आ रहा है। रूस का जालिम जाड़ा जिसमें लोग जम जाते हैं और बर्फीली आँधियाँ बहती हैं...*(रोने लगती है)*

[वे सब टोट को देखते रहते हैं, वह थोड़ी देर तो जिद पकड़े रहता है फिर हार मानकर अपना टोप आँख पर झुका लेता है।]

टोट : लो।

मेजर : बहुत उम्दा। इस मसले का इतना अच्छा हल कोई हो नहीं सकता था।

आगिक : किसी ने दुनिया भर में मेरे पापा-सा कोई न देखा होगा।

मरिष्क : और यह तुम्हारे ऊपर अच्छा भी लगता है।

आगिक : पापा इस तरह और भी प्यारे लगते हैं।

मरिष्क : *(उससे सटकर)* देखा, प्रियतम टोट थोड़ी-सी भलमनसाहत से क्या-क्या चमत्कार नहीं हो सकते।

मेजर : *(चिंतित होकर)* मगर देख लो, कहीं तुम्हारे देखने में तो दिक्कत नहीं आती टोट भाई।

टोट : हरगिज नहीं मेजर भाई।

मेजर : यह सुनकर बड़ी खुशी हुई—तो चलें।

मरिष्क : जरूर-जरूर इधर से आइए।

मेजर : *(एक कदम आगे बढ़ाता है फिर ठहरता है)* सड़क का हाल क्या है? क्या रूसी तोपें वहाँ तक पहुँच सकती हैं *(सबके चेहरों पर डर देखकर अपने को सम्हाल लेता है)* देखा? मुझे अभी तक यकीन ही नहीं आया कि मैं अपने देश आ गया हूँ। *(फिर चलता है, ठहरता है)* परंतु हम लोग कुछ दूर-दूर हो जाएँ तो कोई हर्ज न होगा। पाँच-पाँच फीट का फासला रखें। यहाँ टोटजी, आगिक, यहाँ। *(टोट परिवार बिना हिचक चुपचाप आज्ञा पालन करता है)* फार्मेशन, क्विक मार्च *(एकाएक किसी बात से डरकर)* होशियार, हवाई हमला। *(गिरकर पट लेट जाता है। टोट परिवार डरा हुआ उसके चारों ओर खड़ा हो जाता है। मेजर खुर्राटे लेने लगता है, वह सो गया है)*

[वे सब एक-दूसरे को ताकते हैं।]

मरिष्क : चलो चलें। कुछ करो प्रियतम लयोश।

टोट : क्या करूँ मैं? *(वह मेजर का सूटकेस नीचे रख देता है। खुर्राटे भरते मेजर को वे मिलकर उठाते हैं। टोट उसे उठाता है और उसका सूटकेस घर की ओर ले चलता है।)*

आगिक : *(अकेली, अत्यंत उत्तेजित होकर)* अफसर, अफसर, अफसर!

[भाग जाती है।]

दृश्य : 2

[टोट के घर में शीशा मढ़े बरामदे के अंदर मरिष्क मेजर की जैकेट पर इस्तरी कर रही है। आगिक जोरों से उसका जूता चमका रही है। दो अतिथि हैं। श्रीमती गिजि और पादरी टोमै। वे फुसफुसाकर बात कर रहे हैं और मेजर सो रहा है।]

आगिक : *(पंजों के बल दरवाजे तक जाती और भीतर झाँकती है)* वह अब भी बाईं करवट पड़े हुए हैं।

पादरी : बाईं करवट लेटना शरीर के लिए अच्छा नहीं पर बताओ हम क्या कर सकते हैं।

श्रीमती गिजि : दरवाजा खुला हुआ है तो जरा मैं भी झाँककर देख लूँ...आप बुरा न मानें तो—

टोट : हाँ हाँ, जाइए, देख आइए।

आगिक : मगर आपको सिर्फ उनका बायाँ पैर दिखेगा और वह भी जरा-सा।

श्रीमती गिजि : मैं उतने से ही आदमी को जान लेती हूँ *(उत्सुक होकर झाँकती है)* आह, कितना सुंदर, बहुत सुंदर *(एक बार और झाँकती है)* हाय! वह तो पलट गए।

टोट : ठीक किया, चित लेटने से दिल पर दबाव नहीं पड़ेगा।

मरिष्क : भगवान बनाए रखें।

श्रीमती गिजि : *(बहुत भावुक होकर दरवाजा बंद करती हैं)* हे ईश्वर, ईश्वर इन आँखों ने वह रूप देखा! *(टोट से)* जब देखो तब लीसावाले, गँवार किसान...मेरी जिन्दगी में बस वही रह गए हैं, क्या मन में कुछ ऊँची कामनाएँ जागना पाप होता है, पूज्य पादरीजी?

टोमै : *(असमंजस में पड़कर)* मैं क्या बताऊँ बेटी, मगर जो तुम कह रही हो उसमें दम है...

श्रीमती गिजि : यही तो...*(टोट से)* क्या आप जानते हैं कि मेजर साहब भुने सेब पसंद करते हैं या नहीं ?

टोट : यह क्यों पूछा ?

श्रीमती गिजि : मेरे यहाँ एक खास चीज बनती है...मेरे पलंग के सिरहाने लोहे की एक छोटी-सी अँगीठी है और उस पर हर वक्त कुछ सेब रखे हुए सिंका करते हैं। मेरे मेहमान उन पर फिदा हैं।

आगिक : तुम्हारे सेब जल नहीं जाते ?

श्रीमती गिजि : मेरे सेब नहीं जलते। काम करते-करते अपने आप मेरा हाथ बढ़ जाता है और मैं उन्हें फेर देती हूँ। मैंने तो सिर्फ इसलिए कहा कि हो सकता है कहीं तुम्हारे मेहमान किसी वक्त सिंका सेब खाना चाहें।

मरिष्क : आपकी मेहरबानी है।

टोट : मगर मुझे लगता है कि इस वक्त वह भले-चंगे नहीं हैं।

श्रीमती गिजि : ऐसा न समझना कि मैं पीछे पड़ रही हूँ। मगर बाद में जब वह चंगे हो जाएँ, मैं जो भी दे सकती हूँ, देकर मुझे खुशी होगी।

टोट : यह तो आपकी बड़ी कृपा है।

श्रीमती गिजि : अच्छा; फिर आऊँगी *(जाती है)*

आगिक : *(उसको जाते हुए घूरती हुई)* क्या समझती हैं ? क्या हम सेब भूनना नहीं जानते ?

टोमै : तुम बच्ची हो, अभी समझोगी नहीं मुन्नी, *(टोट के सिर पर तिरछा टोप देखता है)* यह अपने टोप का तुमने क्या किया बेटे ?

टोट : *(उदास)* वह ऐसा ही चाहता है...पता नहीं क्यों उसे मुझसे चिढ़ है।

टोमै : उसे चिढ़ क्यों होगी?

आगिक : ऐसा न कहिए कि चिढ़ है पापा, बेचारे अच्छी तरह खड़े भी तो नहीं हो पाते।

मरिष्क : हम तीनों को जुटना पड़ा तब जाकर उनके कपड़े खुले। फिर तो वह तीसरे पहर भी सोते रहे।

आगिक : और उन्हें अजब-अजब सपने आते रहे होंगे क्योंकि वे बुरी तरह हाथ-पाँव पटक रहे थे...

टोट : मैं जो करता हूँ वही उसको नापसंद हो जाता है।

टोमै : मेरे बच्चे, मेरे बच्चे, तेरे अहंकार ने तुमको ग्रस लिया है। अपना टोप सीधा कर दे...थकान के मारे उसके मुँह से कुछ शब्द निकल गए होंगे...देखना, जब वह थोड़ा सो लेगा तो ठीक हो जाएगा। अच्छा प्रभु रक्षा करें *(जाता है)*

सब : प्रभु रक्षा करें।

[पादरी अभी जाता हुआ दिख ही रहा है कि मेजर बाहर आता है—पाजामा पहने, बाल बिखराए, डरा हुआ।]

मेजर : कौन था ?

मरिष्क : पूज्य पादरीजी।

मेजर : तुम उन्हें जानती हो?

मरिष्क : क्यों नहीं।

मेजर : तुम किसी पर विश्वास न करना। मेरी पिस्तौल हमेशा मेरी तकिया के नीचे रहती है। अगर वह फिर दिखे तो उसे गोली मार देना, मरिष्क!

मरिष्क : *(डरी हुई)* जी, जी, हाँ, हाँ, मेजर।

मेजर : *(टोट को देर तक देखता है। वह सम्हल जाता है और अपना टोप तिरछा कर लेता है। मेजर चला जाता है)*

मरिष्क : हाय, बेचारा!

आगिक : *(प्यार से)* कितना दुःख उठाया होगा उन्होंने।

टोट : *(बुझा हुआ)* तुमने देखा कि उसने मेरी ओर कैसे ताका था?

मरिष्क : उसने तुम्हारी ओर ताका नहीं था प्रियतम लयोश।

टोट : कोई बात उसके मन में है जो उसे परेशान कर रही है।

मरिष्क : तुम अपने को क्यों सताते हो? *(उसके पास जाकर उसे सहलाती है)* यहाँ की शांति, एकांत, ताजी हवा उस पर असर करेगी। धीरज रखो। उसे आराम करने दो, जरा खा-पीकर मोटा हो जाने दो, और तब जब वह दरवाजा खोलेगा, वह मुस्कुराकर कहेगा "मेरे दोस्त टोट" *(चुप हो जाती है)*

मेजर : *(दरवाजे से आता है। उसके बूट और बटन चमक रहे हैं, वह टोट की ओर देखकर खीसें निपोरता है और बाँहें फैला देता है)* मेरे दोस्त टोट।

[टोट आशा से भरकर ऊपर देखता है।]

मैं खूब सोया।

[टोट खड़ा हो जाता है।]

मुझे बड़े भयानक सपने आए थे, पर अब मैं मानो एक नया इनसान बन गया हूँ।

मरिष्क : सुन रहे हो प्रियतम लयोश।

टोट : *(सुने पर विश्वास करने का साहस नहीं है परंतु धीरे-धीरे मुस्कुराना शुरू करता है)*

मेजर : और चीड़ों की गंध, तुम नहीं समझ सकोगे कि इसका मुझ पर क्या असर हो रहा होगा क्योंकि...

[टोट परिवार के सदस्य एक-दूसरे को देखते हैं।]

और यह जो सन्नाटा है, वाह-वाह। जरा-सा भी शोर नहीं—किसी की फुसफुसाहट तक नहीं।

[टोट परिवार प्रसन्नता से मुस्कुराता है।]

आगिक : काले मखमल की तरह खामोशी—है कि नहीं? ऐसा ही हमारे किसी मेहमान ने कहा था।

मेजर : कुछ-कुछ ऐसा ही है...सुनो दोस्तो, मोर्चे पर नौ महीने के कान फोड़नेवाले शोर और सिर फाड़नेवाली बदबू के बाद अब तुम्हारा निमंत्रण स्वीकार करके मुझे कितनी खुशी हो रही है। यह मैं तुम्हें बता नहीं सकता।

मरिष्क : और हमें कितनी खुशी हो रही है हम भी नहीं बता सकते—हम जानते भी नहीं थे कि हमारे बेटे का कमांडर इतना स्नेही, इतना उदार होगा *(आह भरकर)* मेरे प्यारे बेटे ग्युल...

मेजर : उसकी आप चिंता न करें। वह मुझे रेलगाड़ी तक छोड़ने आया था। हम दोनों ने हमाम में गुसल किया फिर कैंटीन में एक-एक बियर पी। मैंने उससे वायदा करा लिया कि वह रात होने के पहले लौट जाएगा। जब तक रोशनी रहती है तब तक पक्षधरों से खतरा नहीं रहता...चिंता न करें, आपका ग्युल बिलकुल सुरक्षित है। नमस्ते। *(जाता है)*

मरिष्क : उसने बियर पी थी? उसने गुस्ल किया था?

आगिक : और वह दिन रहते वापस लौट गया था?

टोट : हे भगवान, शायद हमारे सपने पूरे होंगे ! शायद वह घ्युल को अपना सहकारी नियुक्त कर देगा !

मरिष्क : घ्युल, मेरे बच्चे घ्युल, बस तुम्हें कहीं कुछ हो न जाए ! बर्फ से कहीं तुम जमकर खत्म न हो जाओ—तुम बचे रहो बस, सब ठीक हो जाएगा...

टोट : *(इस बीच अँधेरा हो गया है)* देर हो गई है। चलो सोने चलें।

आगिक : देखो कितना सुहाना है...लीसावाले अपने अलाव जलाने लगे हैं।

मरिष्क : अफसोस की बात है कि मेजर साहेब सो गए हैं।

टोट : मैं तो बड़े जोर से ऊँघ रहा हूँ...जरा उधर थोड़ा-सा खिसको बिटिया रानी !

आगिक : मगर मैं तो पापा की धोक लगाए बैठी रहना चाहती हूँ।

मरिष्क : छोड़ो बेटी, देख रही हो कि तुम्हारे पापा पसरकर लेटना चाहते हैं।

टोट : *(बड़े जोरों से अँगड़ाई लेते हुए पसरता है)* ऊँह मेरी अम्माँ, मेरी प्यारी अम्माँ, तू मुझे क्यों छोड़ गई।

मेजर : *(तुरंत प्रकट हो जाता है। घबराया हुआ)* क्या हो गया, क्या कोई घायल हो गया ?

मरिष्क : कुछ नहीं हुआ, मेजर साहब।

मेजर : मैंने किसी की कराह सुनी।

टोट : *(लज्जित होकर)* वह मेरी थी।

मेजर : तुमने अपनी माँ का नाम लिया ?

टोट : यह एक बुरी आदत है और क्या ? जब भी मैं पाँव फैलाकर कमर सीधी करना चाहता हूँ, मैं जोर से कराहा करता हूँ।

मेजर : ऐसा है ?

टोट : मगर क्या कोई दर्द से थोड़े कराहता हूँ। मुझे जो आराम मिलता है उससे कराहता हूँ।

मेजर : *(उसे ऊपर से नीचे तक कड़ी नजर से देखता है)* यह जानकर बड़ी खुशी हुई *(अपने कमरे में चला जाता है)*

[परिवार उठ पड़ता है। एक-दूसरे को नमस्ते करता है। मंच पर अँधेरा है। और एक क्षण के लिए खाली है। कोयलवाली घड़ी बजती है और कोयल अंदर-बाहर आती-जाती है। मेहमान का कमरा खुलता है और मेजर दौड़कर अंदर आता है—एक हाथ में टार्च और दूसरे में पिस्तौल है। वह इधर-उधर देखता है कि आवाज कहाँ से आ रही है और लकड़ी की उस मूरत से टकरा जाता है जिस पर मरिष्क ने मेजर की अभी इस्तरी की हुई वरदी टाँग रखी है। अंत में उसे आवाज के स्रोत का पता चल जाता है और वह पिस्तौल दागकर कोयल को मार गिरा देता है। घड़ी का शोर बंद हो जाता है। तब उसे बगल के कमरे में एक आवाज सुनाई देती है और वह दौड़कर मेज के पीछे छिप जाता है। पीछे से सर उठाकर देखता है तो उसे मूरत वरदी पहने दिखाई देती है।]

मेजर : ठहरो : कौन है *(वह मूरत पर गोली दागता है)*

[लंबे-लंबे नाइटगाउन पहने डरा हुआ टोट परिवार भागा-भागा अंदर आता है, वे लोग घबराए हुए चारों ओर ताकते हैं और फिर मेजर के कमरे की तरफ पंजों के बल चलकर जाते हैं। मेजर निश्चिंत होता है। मेज के नीचे से निकलकर पिस्तौल अलग रख देता है। कैंची मारकर बैठ जाता है। बोलचाल के लहजे में कहता है।]

कितनी प्यारी शाम है।

[टोट परिवार डरकर पलटता है, फिर जबर्दस्ती मुस्कुराने की कोशिश करता है। टोट अपनी कमीज अपनी पतलून की पेटी में डालने की कोशिश करता है। आगिक बत्तियाँ जला देती है।]

मरिष्क : *(अपनी झालरदार कमीज के बटन अचकचाकर बंद करती हुई)* हाँ, सचमुच शाम यहाँ बहुत प्यारी होती है।

आगिक : अब इतनी गरमी नहीं रह गई।

मरिष्क : आप नज़ारे की ओर मुँह करके बैठिए।

मेजर : *(पलटता नहीं)* धन्यवाद। मुझे ऐसे भी नज़ारा दिखाई दे रहा है *(साफ़ है कि वह ऊब गया है और कोई काम करने को बेचैन है, उसकी बेचैनी बढ़ती जाती है)*

[टोट लोग इस बात को साफ-साफ लक्ष्य करते हैं। वे उसे प्रसन्न करने की जीतोड़ कोशिश करते हैं पर इसमें असफलता बढ़ती जाती है। धीरे-धीरे वे हताश हो जाते हैं।]

मरिष्क : इस समय जंगल से चीड़ की सुगंध उठा करती है।

टोट : यह जो कुछ आप देख रहे हैं, यह पाँच हजार एकड़ से अधिक बड़ा जंगल लक्जमबर्ग के ड्यूक का है—

मेजर : ऐसा है?

मरिष्क : यह लीसा चुआने का मौसम है। अगर मेजरजी परली तरफ बैठेंगे तो उन्हें अलाव जलते दिखाई देंगे।

मेजर : *(चारों ओर देखकर)* मुझे दिखाई दे रहे हैं।

आगिक : वह अलाव देख रहे हैं जो वहाँ ऊपर चमक रहा है? ठीक वहीं गए बरस लोगों ने कुत्तों की मदद से 15 पाउंड का एक बिज्जू पकड़ा था...

मेजर : वाकई?

आगिक : *(उत्तेजना में)* ऐसा ही सुना था...मेरे पास एक गिलहरी है। उसका नाम है मिस्सू।

मरिष्क : तुम कितनी भुलक्कड़ हो।

आगिक : ओह हाँ, हाँ...गिलहरी है नहीं, थी मेरे पास...

टोट : लीसा चुआने के दिनों में सारे देश से लीसावाले आते हैं। वे पेड़ में घाव लगाकर उसके नीचे कटोरा बाँध देते हैं।

मेजर : कितनी दिलचस्प बात है।

टोट : और लीसा चूकर उसमें जमा हो जाता है।

मेजर : वाकई?

टोट : जी हाँ। *(मौन।)*

[टोट और कोई बात करने की सोच नहीं पा रहा है मगर मरिष्क उसका दिल बहलाने को लाल जिल्द में बँधी कोई किताब ले आती है।]

मरिष्क : यह हमारा रजिस्टर है। हमारे सबसे अच्छे अतिथि इसमें अपनी राय लिख जाते हैं *(वह उसे दे देती है। मेजर उसे देखभालकर बिना खोले हुए वापस कर देता है)* क्या मेजरजी को यह पसंद आई?

मेजर : जी हाँ, आई।

आगिक : *(पढ़कर सुनाती है)* "मंदाग्नि और उदरशूल से अनेक वर्ष त्रस्त रहने के बाद मुझे

श्रीमती टोट के पकाए भोजन से चमत्कारी लाभ हुआ"—"श्रीमती गुस्टाव मोरवई।" *(वे सब आशा से भरकर मेजर की ओर देखते हैं। कोई उत्तर नहीं आता फिर भी आगिक किसी उम्मीद से पढ़ती जाती है)* "जब कि राष्ट्र जान हथेली पर रखकर कम्युनिस्ट आतंक से जूझ रहा है। तब एक व्यक्ति जिसे शोर पसंद नहीं, इस घर में जो कि शांति का द्वीप है, आराम पाएगा"—अलडार फिलटोरि—हंगारी राजकीय नृत्यमंडली में ढोलकिया।

[वे अब भी आस लगाए हुए हैं परंतु अतिथि पत्थर की तरह चुप है। मरिष्क मुँह लटकाकर बैठ जाती है। एक भयानक मौन। मेजर धीरे-धीरे टोट की ओर सर घुमाता है।]

मेजर : तो श्रीमान टोट, क्या खबर है ?

टोट : *(सहसा चौंककर)* कोई विशेष खबर नहीं महाशय।

मेजर : आपको कैसा लग रहा है ?

टोट : अच्छा है, धन्यवाद।

मेजर : आप कितने भाग्यवान हैं *(वह उठ खड़ा होता है मानो सोने जा रहा हो। परिवार भी खड़ा हो जाता है परंतु मेजर फिर बैठ जाता है। टोट खड़ा रहता है, बाकी निराश होकर बैठ जाते हैं। मेजर टोट को सर से पाँव तक देखता है)* क्या हुआ ?

टोट : कुछ नहीं साहब, कोई खास बात नहीं हुई।

मेजर : तो आप खड़े क्यों हुए ?

टोट : ओह ! हाँ, *(बैठ जाता है)* मैं बैठना भूल गया था।

मेजर : क्या आप भले-चंगे हैं ?

टोट : मुझे कोई तकलीफ नहीं है मेजर साहब।

मेजर : तो यह बताइए कि इतने भले-चंगे होने की आपके पास वजह क्या है ?

टोट : *(सोचते हुए)* भले-चंगे होने की क्या वजह है ? बस मैं हूँ भला-चंगा।

[दर्दनाक मौन। मेजर नाक की सीध में ताकता रहता है। फिर एक बार दोबारा टोट को देखता है।]

मेजर : यह बताइए कि क्या आप हर शाम को यहाँ बैठते हैं?

टोट : करीब-करीब हर शाम को मेजर साहब।

मेजर : आप उस वक्त करते क्या हैं ?

टोट : बस हवाखोरी करता हूँ।

मेजर : और कुछ नहीं करते ?

टोट : *(कुछ सोचने के बाद)* नहीं, कुछ खास तो नहीं...*(सोचता है)* हाँ, कभी-कभी मैं तसल्ली कर लिया करता हूँ कि कहीं आग तो नहीं लगी है।

मेजर : *(उछल पड़ता है। बाकी भी खड़े हो जाते हैं)* बहुत अच्छे। अगर आप चाहें तो मैं आपके साथ देखने चलूँ।

टोट : इसमें देखना बहुत नहीं है *(वह मेजर के साथ बरामदे के दरवाजे तक जाता है। बाहर देखता है; पहले दाएँ और फिर बाएँ फिर वापस आकर बैठ जाता है)*

मेजर : बस हो गया ?

टोट : जी *(मेजर निराश होकर बैठ रहता है। दोनों स्त्रियाँ वहीं बैठी रहती हैं जहाँ थीं। फिर एक दर्दनाक सन्नाटा)*

मेजर : *(विचलित होकर)* अब समझा। आइए, हम लोग शतरंज खेलें।

टोट : *(एकदम घबराकर)* क्षमा कीजिएगा मेजर साहब, मुझे शतरंज नहीं आती।

मेजर : शायद आप डोमिनो खेलना चाहते हैं।

टोट : असल में बात यह है कि मैंने कभी कोई खेल खेला ही नहीं।

मेजर : कोई बात नहीं, आइए हम लोग पोनटून खेलें।

टोट : मगर ताश तो मुझे बिलकुल ही नहीं आता।

मेजर : *(बुरा मान जाता है और खड़े होकर अपने कमरे की तरफ चल देता है)* तो आप बस बैठे रहते हैं और कुछ नहीं करते और कहते हैं कि आप भले-चंगे हैं, ठीक है। अच्छी बात है। *(जाकर दरवाजा बंद कर लेता है)*

मरिष्क : *(रुआँसी होकर)* प्रियतम लयोश, तुमने उनके साथ ताश क्यों नहीं खेला?

टोट : *(गुस्से से थरथराते हुए)* जब मुझे नहीं आता तो कैसे खेलूँ?

आगिक : पापा कभी-कभी अड़ जाया करते हैं।

मरिष्क : अपने बाप के ऊपर टीका-टिप्पणी करती है? चुप रह।

टोट : *(थका हुआ)* चलो सोया जाए।

[सब खड़े हो जाते हैं। मगर दरवाजा खुलता है और अतिथि फिर प्रकट हो जाता है। सब अपनी-अपनी कुर्सी पर धप से बैठ जाते हैं।]

मेजर : *(अपनी भीतरी घबराहट को दबाते हुए)* भई टोट, मुझे आपसे सिर्फ एक बात जाननी है। क्या कभी आपको किसी चीज की कमी खटकती नहीं?

टोट : मेरा एक लकड़ी का सिगार होल्डर खो गया...पर उसका जिक्र क्या।

मेजर : मैं किसी ठोस चीज की बात नहीं कर रहा था। मैं तो चाहता हूँ कि आप समझें कि स्वस्थ रहने के लिए व्यायाम न करने से क्या नुकसान होता है *(ठहरकर इंतजार करता है)*

[टोट परिवार भौंचक रह जाता है, हर कोई सोचता है कि दूसरा कोई कुछ बोलेगा। मेजर की घबराहट बढ़ती जाती है। परंतु बड़े आत्मविश्वास से वह दोस्ताना अंदाज में समझाता है।]

नहीं समझे? देखिए, दोस्तो। कमरा अँधेरा हो तो जरा-सी आवाज भी कई गुना होकर सुनाई देता है। इसी तरह खाली बैठे रहना शरीर पर वही असर डालता है जो अँधेरा कान पर! वह भीतर की आवाजों को ऊँचा कर देता है, आँखों के सामने धोखे खड़े कर देता है, दिमाग में भन्नाहट भर देता है। जब मेरे सैनिक खाली बैठे रहते हैं तो मैं उनसे कहता हूँ अपनी पतलून के बटन काटकर फिर से टाँको! इससे उनको मानसिक संतुलन पाने में मदद मिलती है। अब आप ज्यादा अच्छी तरह समझ गये होंगे कि मैं क्या समझाना चाहता था।

मरिष्क : *(बहुत ही अनिश्चय से)* अगर हमारे आदरणीय मेजरजी की पतलून में कोई बटन गायब हो तो आगिक और मैं मिलकर एक मिनट में टाँक देंगे।

मेजर : *(बिलकुल पस्त होकर)* आपने मुझे एकदम गलत समझा *(अपने कमरे की तरफ जाते हुए दरवाजे पर रुकता है)* अच्छा जाने दीजिए। क्या आपके घर में कोई धागे का गोला निकलेगा जो बुरी तरह उलझा हुआ हो?

मरिष्क : देखती हूँ, शायद मिल जाए। मेजर साहब को किसलिए चाहिए?

मेजर : सुलझाने के लिए। मैं निठल्ला नहीं बैठा रह सकता—आपकी तरह।

आगिक : *(थोड़ी देर बाद, उत्साह से)* मैं कुछ बताऊँ? ऐसा है कि माँ और मैं दोनों कभी हाथ पर हाथ धरे नहीं बैठे रहते।

मेजर : तो आप दोनों क्या करते रहते हैं ?

आगिक : शाम के इस वक्त जब कोई काम नहीं होता तो हम डिब्बे बनाते हैं।

मेजर : *(संदेह मन में रखे हुए)* डिब्बे। कौन से डिब्बे ?

आगिक : वही, मेरा ख्याल है पट्टियाँ पैक करने के काम आते हैं।

मरिष्क : ये देखिए, यह रहा।

[मेजर की उत्सुकता बढ़ जाती है। वह उसके पास जाता है।]

आगिक : और यह रहा गत्ता।

[मेजर लौटकर उसके पास आता है, उसे अच्छा लगने लगा है।]

मरिष्क : *(उसकी उत्सुकता को भाँपकर)* गत्ता हम एगेर के सानिटास पट्टी कारखाना से मँगवाते हैं।

आगिक : पहले हम उन्हें मार्जिन कटर से काट लेते हैं और फिर उनके डब्बे बनाते हैं।

मेजर : *(आश्चर्य से)* वाह! कमाल की चीज है यह मार्जिन कटर।

मरिष्क : *(पटरे पर जड़ी चाकू जैसी कोई छोटी-सी मशीन लाती है)* यह रही...हम इसे कतरनी कहते हैं।

[इसके बाद हर चीज बहुत जल्दी-जल्दी की जाती है।]

आगिक : पापा ने इसको बनाया है।

मेजर : बहुत ही दिलचस्प बात है यह।

मरिष्क : इनकी उँगलियाँ ऐसी चीजें बनाने में कमाल करती हैं। इसको मेज पर भी लगाया जा सकता है।

मेजर : अच्छा तो जल्दी लगाके दिखाइए।

मरिष्क : क्या यह सचमुच आपको बहुत पसंद आ रहा है मेजर साहब ? अब हम इस हत्थे को यहाँ लगाते हैं।

आगिक : यह हमारे डिब्बे का नमूना है। मैं गत्ते पर कतरनी चलाती हूँ।

मेजर : तुमने मुझे यह सब पहले क्यों नहीं बताया ? यह तो सचमुच अद्‌भुत है।

मरिष्क : और अब मैंने गत्ते को यों मोड़ दिया।

मेजर : यह हुई न बात। तुमने गत्ते को किस तरफ से मोड़ना शुरू किया था ? *(बैठकर गत्ते के एक टुकड़े को उठाता है और नमूने के चारों तरफ मोड़ता है। वे सब उसकी तरफ देख रहे हैं, खुशी से वह डिब्बे को उठा लेता है)* देखो-देखो। कैसा बना ?

मरिष्क : *(खुशी से ताली बजाती है)*

आगिक : *(मेजर को इस भाव से देखती है जैसे वह कोई देवता हो)*

मेजर : *(प्रोत्साहित होकर)* आगिक ! मुझे कुछ और गत्ते दो।

मरिष्क : अरे नहीं-नहीं...यह आप क्योंकर कर रहे हैं। आप तो हमारे मेहमान हैं। आपको यह तुच्छ काम हम नहीं करने देंगे।

मेजर : मरिष्कजी, मुझे यह काम करने से रोकिए मत। मुझे इसमें मजा आने लगा है...क्या आप चाहती हैं कि मैं डिब्बे न बनाऊँ ? अगर ऐसा है तो मैं अभी अपना बोरियाबिस्तर बाँधकर चला जाऊँगा। *(खड़े होकर तेजी से अपने कमरे की तरफ जाता है)*

मरिष्क : *(घबराकर उसका रास्ता रोकती है)* देखिए, जाइए मत, कृपा करके बैठ जाइए, मेजर साहब।

मेजर : *(बैठकर गत्ते को मोड़ने लगता है)* अच्छा तो फिर लग जाइए, सब लोग डिब्बे बनाने में *(यह शब्द उसे जँचता नहीं)* नहीं...डब्बाने में।

मरिष्क : सचमुच जादू है हाथ में।

आगिक : यह तो मम्मी और हम दोनों से ज्यादा बढ़िया डब्बे बनाते हैं।

मेजर : *(ऊपर मुँह उठाता है। उसकी नजरें टोट पर टिक जाती हैं)* क्या आप हमारा साथ नहीं देंगे ?

टोट : *(चौंककर)* कौन ? मैं ?

आगिक : पापा ?

[टोट परिवार हँस पड़ता है। मेजर उन्हें घूरता है। वे सब हँसना बंद कर देते हैं।]

टोट : गत्ते मोड़ने होंगे ?

मेजर : *(गत्ता मोड़ना बंद करके टोट को देखता है)* क्यों नहीं !

टोट : क्या आपका मतलब है कि मैं डिब्बे बनवाऊँ *(मेजर के घूरने से घबराकर)* मुझमें तो वह कारीगरी नहीं है जो इनको बनाने के लिए चाहिए।

मेजर : साफ-साफ क्यों नहीं कहते टोट कि डिब्बे बनाने को तुम घटिया काम मानते हो।

टोट : जो काम हमारे आदरणीय मेजर कर रहे हों उसे भला मैं घटिया कैसे समझ सकता हूँ ? बिलकुल नहीं। आप मेरी बात को समझाने की कोशिश कीजिए सर, हम बहुत ही साधारण लोग हैं। न तो हम लोगों के पास ऊँचे ओहदे हैं न खिताब। सारी जिंदगी हम साधारण लोगों के बीच ही जीते हैं। ऐसे लोगों के दिमाग छोटे होते हैं, इधर-उधर बहुत ताक-झाँक किया करते हैं ये सब। सोच के देखिए, अगर मेरे घर पर डिब्बे बनाने की खबर फैल जाए तो मैं कहाँ का रहूँगा ? जब कभी कहीं आग लगेगी और मैं गाँव में खतरे की घंटी बजाऊँगा तो मेरी कोई इज्जत न करेगा। वे सब ऐसे कमांडर की बात सुनने से अपने बिस्तरों में पड़े-पड़े फुक जाना बेहतर समझेंगे।

मरिष्क : इसका मतलब तुम डिब्बे बनाना तुच्छ काम समझते हो और शायद तुम चुपके-चुपके मुझको भी घृणा से देख रहे हो।

टोट : नहीं, इसका बिलकुल उलटा। मेरा मतलब यह था मेजर साहब कि आपकी बात और है। एक मेजर जो चाहे कर सकता है।

[मेजर से नजर मिलते ही उसकी जबान लड़खड़ा जाती है।]

मेजर : *(खड़ा हो जाता है। गुस्से भरी आवाज में)* क्या कहा तुमने ? फिर से कहो जो अभी तुमने कहा।

टोट : *(भर्राई आवाज में)* मैंने बस यही कहा था मेजर साहब कि आप अगर चाहें तो...

मेजर : *(औरतों से)* आप दोनों ने क्या सुना नहीं जो ये कह रहे हैं ? आपकी चुप्पी से लगता है आप इनका समर्थन कर रही हैं *(टोट से)* तुमने मुझको क्या समझ रखा है ? इस तरह मुझसे बात करने की तुम्हारी हिम्मत कैसे हुई ?

टोट : मेरी हिम्मत? पर मैंने गलत क्या कह दिया ?

मेजर : जिस शब्द से तुमने मेरा मजाक उड़ाया उसे दुहराकर मैं अपनी जबान खराब नहीं करूँगा। पर इतना सुन लो, अगर फ्रंट पर ऐसा करते तो गोली से उड़वा देता।

मरिष्क : लयोश, तुमने उनको क्या कह दिया ?

टोट : तुम भी तो थीं यहाँ कि नहीं ? तुमने तो सब सुना है। जो मैंने कहा।

मरिष्क : हो सकता है कि मैंने ठीक तरह से न सुना हो। जाओ प्रियतम लयोश, उनको मनाओ जाकर।

टोट : *(स्वाभिमान से)* मैं क्यों जाऊँ, उनसे कहो जाके ये सब...

मरिष्क : मैं इतनी हिम्मत नहीं करूँगी...

आगिक : मेरे ख्याल से मम्मी का मेजर के पास जाना ज्यादा ठीक रहेगा।

[टोट और उसकी लड़की मरिष्क को हल्के से मेजर के दरवाजे की तरफ धकेलते हैं। वह धीरे से खटखटाती है और अंदर घुस जाती है। दरवाजे के अंदर दोनों जवाब के आने का इंतजार कर रहे हैं। वे वहाँ से हिलने की बात सोच भी नहीं सकते।]

मरिष्क : *(बाहर आती है। बुरी तरह थकी हुई है)* उसने समझा था कि तुम उसका मजाक उड़ा रहे हो।

टोट : पर ऐसा मैं कतई नहीं कर रहा था।

मरिष्क : हाँ, यह मैं जानता हूँ कि तुम हमेशा ठीक बात ही करते हो।

टोट : *(आगिक से)* और तुम मुझको इस तरह क्यों देख रही हो ?

आगिक : मैं कुछ कहूँ ? मुझे ऐसा लगता है कि पापा जब भी जरा घबराए हुए या थके हुए या प्यासे होते हैं तो उनके बात करने के ढंग से कुछ और ही अर्थ निकल आते हैं।

टोट : क्या मतलब है तुम्हारा ?

मरिष्क : शायद तुम्हारी आवाज में उतनी शिष्टता नहीं झलकती जितनी कि जरूरी है *(उससे विनती करती हुई)* कृपा करके अंदर जाकर बिगड़ी बात सुलझा लो। उससे माफी माँग लो !

टोट : *(अकड़कर अपने टोप को सीधा करके)* नहीं, मैं माफी नहीं माँगूँगा।

मरिष्क : प्यारे लयोश, सोचो तो, हमारा केवल एक ही लड़का है। याद करो कितना संघर्ष करना पड़ता है गरीब माँ-बाप को अपने लड़के को कुछ बनाने के लिए। कितने साल मैंने पुराने सिनेमा में सफाई करते हुए गुजारे। और तुम अपनी आकर्षक खूबसूरत रेलवे पोशाक में प्लेटफार्म के किनारे इसी आशा में खड़े रहा करते कि किसी यात्री का सामान उठाकर चार पैसे कमाओ।

टोट : *(आह भरता है)*

आगिक : *(संकेतपूर्वक)* बरफ के दिन आ रहे हैं, रूस की बरफ, अंधड़ और कुहरा....*(वह बाप के शरीर से लिपटती जाती है और उसे दरवाजे की तरफ धकेलती जाती है)* और बरफ में पक्षधर दबे पाँव आ रहे हैं। उनकी कमर में चाकू बँधे हैं। उनके दाँतों के बीच चाकू दबे हैं...

[टोट धीरे-धीरे परास्त हो जाता है। मरिष्क भी उसे खींच रही है।]

आगिक : और पापा को माफी माँगने की भी ज़रूरत नहीं है। सिर्फ कह देना है कि मुझे मालूम नहीं था...

[दोनों औरतें टोट को धकेलकर दरवाजे के अंदर कर देती हैं। वे वहीं काँपती खड़ी रहती हैं।]

आगिक : मम्मी, मैं कुछ कहूँ ?

मरिष्क : कहो बिटिया।

आगिक : मैंने सुना था पापा ने क्या कहा था...

मेजर : क्या कहा था ?

आगिक : कैसे बताऊँ...उन्होंने कहा था, उन सबके मुँह में घुसेड़ दूँगा...

मरिष्क : *(आँखें हाथ से ढाँप लेती है)* मत कहो, मत कहो...*(मुँह उठाती है। दरवाजा आहिस्ते से खुलता है)* वह आ रहे हैं...

[मेजर बाहर आता है। बहुत प्रसन्न दिख रहा है और मुस्कुरा रहा है। टोट की पीठ थपथपाता है। टोट खुश तो नहीं है परंतु जबर्दस्ती मुस्कुरा रहा है।]

मेजर : क्या बात है? मरिष्क—यहाँ खड़ी क्या कर रही हैं? और ये उदासी किसलिए? उदासी का कारण कहीं हमारी गलतफहमियाँ तो नहीं? या कुछ हो गया है?

मरिष्क : नहीं मेजरजी, कुछ नहीं हुआ है।

मेजर : तब फिर काम चालू कर दें। एक मिनट भी बरबाद न जाए। *(टोट को देखता है)* टोटजी, अब तो आप हमारा साथ देंगे कि अभी भी नहीं?

टोट : क्यों नहीं, बिलकुल दूँगा। मेरे बैठने के लिए जरा-सी जगह बनाइए आप।

मेजर : *(खुशी के मारे उसमें फुर्ती आ जाती है)* बिलकुल आपको जगह मिलेगी...मैं चाहता हूँ कि मार्जिन कटर मुझे दे दिया जाए। अच्छा आगिक, तुम यहाँ बैठो और टोट तुम मेरी जगह पर आ जाओ।

[वे सब डिब्बे बनाने में लग जाते हैं। मेजर के मार्जिन कटर से काटने की आवाजें आ रही हैं। बाकी सब गत्तों को मोड़ रहे हैं। और टोट पर निगाह भी रखे हुए हैं।]

टोट : *(गत्ते को बहुत कोशिश के बावजूद बहुत ही फूहड़ ढंग से मोड़ रहा है। अंत में एक टेढ़ा-मेढ़ा आलू के आकार का डिब्बा बनता है। बहुत ही निराशा से उसकी ओर देखता है)* यह कुछ ठीक नहीं बन पाया।

मेजर : उससे कोई फर्क नहीं पड़ता। मुख्य बात यह नहीं है कि कैसे बन रहा है। अच्छा तो खैर, कुछ समय बाद बनाना आ जाएगा। मुख्य बात है कि हम सब एकसाथ काम कर रहे हैं, हाथ पर हाथ धरकर नहीं बैठे हैं। और इस तरह हमारा समय कटता जा रहा है।

[वे सब चुपचाप काम कर रहे हैं।]

क्या तुम लोगों को काम में मजा आ रहा है?

आगिक : जी हाँ, बहुत मजा आ रहा है।

मेजर : और टोटजी, आपको?

[मंच पर रोशनी में परिवर्तन।]

डाकिया : *(मंच पर आता है, अपनी घड़ी में समय देखता है)* ग्यारह बज चुके हैं। टोट तो नौ बजे तक सो जाते हैं...*(निराश होकर सर हिलाता है। एक और मिलिट्री पोस्टकार्ड निकालता है)* "रात जब पक्षधरों का खतरा सबसे अधिक होता है, तब वह मौज मनाना चाहता है और साथी तलाशता है, उस समय वह बिलकुल नहीं चाहता कि कोई सोने चला जाए और ऊँघना, खासतौर पर जम्हाई लेना तो उसे बुरी तरह परेशान कर देता है।" *(डाकिया सामने ताकने लगा है। कुछ सोच में पड़ जाता है)* पहले की आई चिट्ठियों को इधर-उधर करके मैंने अच्छा नहीं किया! अब यह मेरी जिम्मेदारी हो जाती है कि भगवान न करें टोट कहीं जम्हाई ले बैठे *(सोचता है)* पर मैं सोचूँ ही क्यों कि ऐसा होगा। जम्हाई लेने की तो वह कभी सोचेगा भी नहीं और वह भी मेजर के सामने? कभी नहीं *(कार्ड फाड़ देता है और मंच पर से चला जाता है)*

[कुछ समय बीत चुका है। टोट ऊँघ रहा है।]

मेजर : इस समय पता नहीं कितना बजा होगा पर आप लोगों की जब सोने की इच्छा हो तो बता दीजिएगा।

टोट : *(ठंडी साँस भरकर खड़ा हो जाता है, मरिष्क और आगिक हल्के से उसे खींचकर वापस उसकी जगह पर बैठा देती हैं)*

मरिष्क : सोने ? अभी से सोने को ?

आगिक : मुझे बिलकुल अच्छी तरह से तो याद नहीं आ रहा है पर इतना जरूर कहूँगी कि आज के दिन जितनी जगने की इच्छा हो रही है उतनी पहले कभी नहीं हुई।

मेजर : *(टोट को देखता है)*

टोट : *(मेजर के देखने का अर्थ समझ जाता है। वह मेजर की नजर से बचने की कोशिश करता है। जैसे मक्खी उड़ा रहा हो)*

मेजर : और टोटजी आप ?

टोट : आपने क्या कहा साहब ? *(एक और मक्खी उड़ाता है)* मैं ? मैं भला-चंगा हूँ।

मरिष्क : हमें तो आपकी फिक्र है हमारे मेजर साहब।

मेजर : दुर्भाग्य से मुझे कभी अच्छी नींद नहीं आती।

टोट : पर इस साफ-सुथरी पहाड़ी हवा में...*(भूल जाता है कि क्या कहने जा रहा था)* एक मिनट...*(सामने को ताकता है)* अरे हाँ, इस तीखी पहाड़ी हवा में वे भी निंदासे हो जाते हैं जिन्हें नींद न आने की पुरानी बीमारी है।

मेजर : मगर मुझे तो यह भी फायदा नहीं करती, मुझे तो सबेरे तक डिब्बे बनाने को मिल जाएँ तो खुश रह सकता हूँ।

[सारा परिवार भय से भरकर उसे ताकता है।]

मरिष्क : सबेरे तक ?

टोट : *(मूर्खों की तरह हँसता है)* हा-हा-हा!

[मंच पर रोशनी बदलती है। एक घंटा और बीत गया है।]

मेजर : बहुत देर हो गई है कि नहीं हुई ? आप लोग बताइए ?

आगिक : नहीं-नहीं, बिलकुल नहीं हुई।

मरिष्क : *(निंदासी होकर)* मगर लीसावालों के अलाव तो बुझने लगे हैं...

मेजर : यह तो श्री टोट बताएँगे।

[वह और मरिष्क टोट को ताकते हैं और टोट उत्तर नहीं देता। मरिष्क उसे झकझोरती है।]

टोट : *(अनजाने ही झूमने लगता है)* अन्तू केरे मन्तू केरे...*(चौंककर सँभल जाता है)* मेजर साहब, मैं कुछ नहीं बोला था।

[मंच पर रोशनी बदलती है। एक और घंटा बीतता है। थकावट से एकदम चूर सारा परिवार डिब्बे बना रहा है।]

मेजर : आपके स्नेही बेटे ने जब कहा था कि यहाँ आपके पास आकर मेरा स्वास्थ्य तो सुधर ही जाएगा, मुझे बड़ा आनंद भी आएगा, तब मैंने नहीं माना था और देखिए वही हुआ।

मरिष्क : *(मशीन की तरह डिब्बे बनाती हुई अचानक चौंक पड़ती है)* क्या ! क्या हुआ ?

मेजर : मुझे अब ऐसा लगने लगा है जैसे कि मेरा यहाँ आपके यहाँ नया जन्म हुआ है। शांति तो है ही, चीड़ की सुगंध भी है। यही नहीं यह दिव्य आनंद भी है *(गंभीरता*

से) टोटजी।

[टोट जग उठता है, फिर नींद में गिर पड़ता है।]

मेजर : मुझे एहसान चुकाना आता है...जब मैं वापस मोर्चे पर लौटूँगा मेरा...पहला काम होगा...सुन रहे हैं टोटजी ? आप सोने तो नहीं लगे ? कि सोने लगे ?

टोट : अरे हाँ *(आँखें मुँद जाती हैं। वह उन्हें खोल लेता है)* अरे नहीं।

मेजर : लौटकर मेरा पहला काम होगा कि आपके बेटे ग्युल को लेकर सदर मुकाम में बढ़िया आरामदेह दफ्तर में अपने साथ लगा दूँ।

आगिक : मम्मी, तुमने सुना ?

मरिष्क : *(उस दशा में पहुँच चुकी है जहाँ से अब खुश होना भी कठिन है। वह जबरदस्ती मुस्काती है)*

आगिक : और पापा, आपने सुना *(चिल्लाकर)* हमारे दयालु मेजर साहब हमारे ग्युल को अपने साथ सदर मुकाम में काम करने ले जाएँगे। मेजर साहब जिंदाबाद!

मेजर : क्यों टोटजी, कैसा रहेगा ?

[टोट मेजर को आँखें फाड़कर घूरता है फिर बड़ी लंबी जम्हाई लेता है।]

मेजर : *(टोट को घूरता है और कतरनी छोड़ देता है। उसके चेहरे पर क्रोध है)*

[आगिक भी पिता को घूरती है। इतनी देर मौन रहने से मरिष्क भी चौकन्नी हो जाती है। वह भी अपने पति को घूरती है।]

मरिष्क : क्या हुआ ? अब तुमने क्या कर डाला प्रियतम लयोश ?

टोट : मैंने जम्हाई ली।

मरिष्क : *(मेजर से)* इन्होंने जम्हाई ली।

[मेजर कुछ नहीं बोलता। वह उदास दीखता है। क्रम से पहले मरिष्क फिर आगिक और अंत में टोट को शक होने लगता है कि कोई बात गलत हो गई है। दुखद मौन छाया रहता है।]

मेजर : *(निराश होकर)* क्या जाने यह सब कैसे हो गया, आखिरकार मैं बार-बार पूछ रहा था कि आप थके तो नहीं हैं।

मरिष्क : पर इन्हें नींद आ रही है मेजर साहब...

मेजर : तब इन्होंने जम्हाई क्यों ली ?

आगिक : पापा? आपने जम्हाई क्यों ली ?

टोट : *(थकान के मारे बोल नहीं पा रहा है)* मुझे तो जब जम्हाई आती है तो उसका मतलब यह नहीं होता कि नींद आ रही है।

मेजर : तो क्या मतलब होता है ? आपने जम्हाई ली तो क्या शायद इसलिए कि आपको मजा आ रहा था ?

मरिष्क : बिलकुल यही बात थी।

आगिक : पापा का यही हाल है। वह सिर्फ मजे के लिए छींकते भी हैं। उन्हें सर्दी-वर्दी नहीं लगी होती !

मेजर : *(अविश्वास से)* मैं तुम्हारी बात पर शक नहीं करता मगर मैं नहीं चाहता कि दोबारा ऐसा हो।

मरिष्क : आप ऐसा सोचते ही क्यों हैं मेजर साहब।

मेजर : तो फिर हम डिब्बे बनाना जारी रखें ?

टोट : *(आगे को झुककर गिर पड़ने को है मगर किसी तरह सँभल जाता है)* श्रीमानजी,

क्या आप मुझसे पूछ रहे थे?

मेजर : हाँ!

टोट : क्या मैं आपको सच-सच बताऊँ?

मेजर : बेशक, क्यों नहीं बताते।

टोट : सुनिए, मैं...

[मरिष्क उसे कोहनी मारती है।]

मैं दरअसल चाहता हूँ कि थोड़ी देर और डिब्बे बनाता रहूँ।

मेजर : *(खुश होकर)* तब तो हम डिब्बे बनाते चलें।

[वे डिब्बे बनाते जाते हैं। उधर भोर हो जाती है। मुर्गा बाँग देता है।]

मेजर : *(चारों ओर ताककर)* अरे, कितना बुरा हुआ। सवेरा हो गया। सोने को जाना चाहिए।

टोट : *(मेज पर गिर पड़ता है)*

मरिष्क : *(थके स्वर में)* कितना बुरा हुआ।

मेजर : *(विदा लेते हुए)* वाकई, बहुत मजेदार दिलबहलाव था।

मरिष्क : *(दोनों हाथों पर जोर देकर उठ रही होती है। वह लड़खड़ा रही है)* हमें भी बड़ा मजा आया।

मेजर : कल भी करेंगे।

मरिष्क : बहुत अच्छा लगेगा।

आगिक : मेजर साहेब आपको खूब अच्छे-अच्छे सपने आएँ *(प्रशंसा का भाव लिए वह उसे दरवाजे तक पहुँचाती है)*

मेजर : सबको नमस्ते *(वह कतरनी अपने साथ उठाकर अपने कमरे में घुस जाता है)*

[मौन। तभी टोट मेज पर औंधा पड़ा खर्राटा लेने लगता है। मरिष्क कुर्सी में धसक जाती है परंतु किसी तरह ताकत जुटाकर खड़ी होती है और टोट को हिलाकर जगाने लगती है। उसमें जीवन का एक ही लक्षण है कि वह खर्राटा भरता रहता है। मरिष्क उसे उठाने की कोशिश करती है, पर नहीं उठा पाती।]

मरिष्क : बिटिया आ, जरा हाथ लगा।

[दोनों एड़ी-चोटी का जोर लगाकर टोट को उठाते और मेज से खींचकर अलग करते हैं। पर उसे ले नहीं जा पाते।]

आगिक : ओह!

मरिष्क : यह तो जितने भारी थे उसके दुगुने हो गए हैं।...लाओ इनके कंबल, यहीं ले आओ...

[आगिक दौड़कर जाती है। मरिष्क अपने पति को खड़ा रखने में लगी है और वह उसके ऊपर गिरा पड़ रहा है। आगिक फर्श पर कंबल और तकिया का बिस्तर बिछा देती है। दोनों टोट को लिटाने की कोशिश करते हैं। जो हो, टोट अचानक जग पड़ता है। दोनों को धकेलकर परे कर देता है और बौराया हुआ-सा गाने लगता है।]

टोट : कब तक गाओगी तुम गाना मेरी कबूतरी, गोरी कबूतरी...*(आह भरता है, पसर जाता है और सो रहता है)*

मरिष्क : *(अपने कमरे में सोने को जाती हुई रुकती है)* घुल...घुल, मेरी आँखों के तारे...*(नींद के मारे अपने पति पर भहराकर गिर पड़ती है)*

आगिक : ओफ...लगता है मुझे भी नींद-सी आ रही है, *(कुछ कदम लड़खड़ाकर चलती है फिर दोनों पर गिर पड़ती है)*

[मंच पर रोशनी बदलती है।]

डाकिया : *(मंच के पार जाता है)* तार है...हंगारी रेड क्रास। हमें आपको बताते हुए दुख होता है कि कारपेरल ग्युल टोट, सात सौ सात बटा सात, लड़ते हुए खेत रहे...*(वह कराहते हुए ऊपर देखता है)* ओफ, हे भगवान...क्या करूँ ? इस तार को फाड़कर फेंक दूँ। *(वह उसे फाड़ डालता है और कूड़ेदान में फेंक देता है। प्रस्थान)*

[पृष्ठभूमि में आलोक होता है।]

मरिष्क : *(सोते-सोते बोल रही है)* उसने बीयर पी, गुसल किया और दिन चढ़े वापस रवाना हो गया...हे भगवान, हमारा मेहमान खुश रहे...

आगिक : *(चौंक उठती है)* अफसर, अफसर!

अंक : दो

•

दृश्य : 1

[एक सप्ताह बाद शीशेदार बरामदे में डाकिया खुली खिड़की से झाँकता है। मरिष्क, आगिक को चिट्ठी लिखा रही है।]

मरिष्क : पढ़ो क्या लिखा।

आगिक : "ईश्वर की अनुकंपा से मैं तुम्हें यह शुभ समाचार दे रही हूँ कि मेजर साहेब का वजन हफ्ते भर में तीन पाउंड बढ़ गया है। उन्हें अब भयानक सपने नहीं आते और वह तुम्हें अपने दफ्तर में लगानेवाले हैं...

मरिष्क : *(डाकिया से)* सुना ?

डाकिया : जी।

आगिक : "दुर्भाग्य से, उन्हें डिब्बे बनाने का शौक जरा ज्यादा ही है। वह सबेरे से पहले रुकना ही नहीं जानते। हम दोनों तो इतनी मेहनत बर्दाश्त कर लेते हैं परंतु तुम्हारे बिचारे पापाजी को रात भर जागना भारी पड़ता है..."

[टोट सोतानींदी में मंच पर आता है और दूसरी ओर लड़खड़ाता हुआ चला जाता है।]

मरिष्क : *(आगिक के पास जाती है और पढ़ती है)* "हम दोनों ने सीख लिया है कि बीच-बीच में झपकियाँ ले-लेकर कैसे सोया जा सकता है। उदाहरण के लिए दोपहर के खाने के वक्त जब शोरबा ठंडा हो रहा हो तो एक झपकी ले लो..." *(वह इस्तरी का काम हटाकर रख देती है)*

आगिक : *(पढ़ना जारी रखती है)* "बिचारे पापाजी कभी-कभी ऐसा ऊँघते हैं कि उन्हें पता नहीं होता किधर जा रहे हैं..."

टोट : *(आता है और सीधे मंच के नीचे वादकों के घेरे की तरफ चल पड़ता है। मरिष्क*

दौड़कर उसे रोकती है और अलग ले जाती है)

आगिक : "कल जब हमसे एक डिब्बा गिर गया, बेचारे मेज के नीचे घुसकर उसको उठाने लगे। तुमको पता है कि जब कभी वह मेज के नीचे घुसते हैं तो खेल-खेल में आगिक का तलुआ गुदगुदा देते हैं। उस दिन निशाना चूक गया और उन्होंने मेजर का तलवा गुदगुदा दिया। इससे वह इतना चिढ़ गया कि उसने डिब्बे बनाना बंद कर दिया हालाँकि अभी सवेरा नहीं हुआ था। मगर खैर, तुम परेशान न हो, हम लोग सब भले-चंगे हैं और तुम्हें प्यार भेजते हैं। तुम्हारी माँ *(चिट्ठी उठाकर उस पर दस्तखत कर देती हैं)* और आगिक..."

मरिष्क : *(चिट्ठी लेकर उसे डाकिया को दे देती है)* लो, इसे ले जाओ और डाक में डाल दो *(यह देखकर कि वह खिसकता ही नहीं)* क्या सुना नहीं तुमने ?

डाकिया : *(अचकचाकर)* जी, जी ?

मरिष्क : ओह, डाकिया भाई को एक गिलास वाइन तो देना...*(आगिक खिड़की से उसे एक गिलास वाइन पकड़ा देती है)*

डाकिया : भगवान आपके दुलारे बेटे का भला करें।

मरिष्क : अच्छा अच्छा...इसे डाक में डाल देना।

आगिक : आओ, तैयार हो जाएँ।

[फुर्ती से जैसे कोई रस्म अदा कर रहे हों, वे डिब्बे बनाने के लिए तैयार होते हैं। गत्ते जमाकर गड्डी बनाते हैं। मरिष्क दौड़कर अपने पति को बुलाती है।]

मरिष्क : आँखें खोलो प्रियतम लयोश।

[टोट आँखें झपकाता है।]

मरिष्क : थोड़ी-सी और खोलो आँखें *(वह उसे बिठाती है और खुद भी बैठ जाती है। आगिक से)* बेटी, उन्हें बुला लो।

आगिक : *(मेजर के दरवाजे तक चुपके-चुपके जाती है)* मेजर साहब, हम तैयार हैं।

[इंतजार और खामोशी। दरवाजा खुलता है और मेजर वहीं से मार्जिन कटर और ढेर सारे डिब्बे पकड़ा देता है।]

मेजर : *(अंदर से ही रूखे स्वर में)* शुरू करो। अपने आप।

मरिष्क : *(डरी हुई)* मेजर साहब गत्ते नहीं मोड़ेंगे ?

मेजर : नहीं।

मरिष्क : तो आपका क्या करने का मन है साहेब ?

मेजर : टहलने का।

आगिक : *(थोड़ी देर मौन रहता है जिसमें डर छिपा हुआ है : फिर वह शरमाती हुई पुकारती है)* इतनी रात गए ? मैं कुछ कहूँ ? यहाँ अभी तक सड़कों पर बत्तियाँ नहीं लगी हैं।

मेजर : मैं अपने कमरे में ही टहलना चाहता हूँ *(जाता है)*

[भयानक सन्नाटा।]

मरिष्क : *(हाथ बाँधती और खोलती है)* बेटा, प्यारे बेटा, अब तुम्हारा क्या होगा ? हमने क्या अपराध किया है ?

आगिक : मेरा ख्याल है तलवा गुदगुदानेवाली बात से वह अब भी नाराज हैं।

मरिष्क : *(परेशान होकर आगिक से)* मुनिया, तुमसे तो वह नाराज नहीं है। जाओ उससे बात कर लो, कहो कि मेरे पापा की यह पुरानी आदत है और उनका इरादा बदतमीजी

करने का नहीं था...जल्दी जाओ...

[आगिक मेजर के कमरे में दौड़कर आती है।]

मरिष्क : उसे नींद आने लगी थी। वजन बढ़ने लगा था।

टोट : मैं समझ गया हूँ। वह फिर मुझ पर बरस पड़ना चाहता है।

मरिष्क : प्रियतम लयोश, तुमने कोई गलती नहीं की है।

आगिक : *(भीतर आती है। मौन। वह अपने पिता को घूरती रहती है)*

मरिष्क : क्या हुआ बिट्टो, वह चिढ़ा हुआ नहीं है न!

आगिक : *(दरवाजे की तरफ डरी हुई कनखियों से देखती है)* है।

मरिष्क : किससे ?

आगिक : बताते हुए डर लगता है...हाय, बताना ही पड़ेगा। *(लंबी साँस भरकर टोट की ओर डरकर देखती है)* हुआ यह था कि जब पापा मेज के नीचे घुसे तो उन्होंने मेजर के टखने पर काट खाया।

टोट : क्या? क्या खाया मैंने ?

मरिष्क : *(डपटकर)* बकबारा! तुम्हारे पापा कटखने नहीं हैं !

आगिक : *(बिना विश्वास किए हुए)* नहीं हैं।

टोट : यह तो कभी सुना नहीं।

[मौन। दोनों औरतें टोट को ताक रही हैं। टोट भौंहें सिकोड़ते हैं। दोनों औरतें असमंजस में पड़कर मुँह फेर लेती हैं। मौन। आगिक लंबी साँस लेती है। टोट उसकी ओर देखते हैं। आगिक असमंजस में खाँसती है। मरिष्क लंबी साँस लेती है और सर हिलाने लगती है।]

टोट : तुम सर क्यों हिला रही हो ?

मरिष्क : *(जोर-जोर से रोने लगती है)*

टोट : रो क्यों रही हो ? बोल नहीं सकतीं ?

मरिष्क : *(अपना दुख दबाकर)* हम बस इतना ही कहना चाहते हैं प्रियतम लयोश कि जरा थोड़ी-सी अधिक सावधानी रखो।

आगिक : और कोई चीज मेज से नीचे गिर जाए तो पापा आप कुछ न करें, मैं उठा लूँगी।

मरिष्क : यही बेहतर रहेगा।

टोट : दिमाग सही है ? तुम इस बकवास पर विश्वास करती हो ?

मरिष्क : बिलकुल नहीं।

आगिक : बात सिर्फ यह है कि पापा मेज के नीचे न घुसा करें।

टोट : कहना क्या चाहती हो। मेरी कोहनी से लगकर एक डिब्बा नीचे गिर गया था। मैंने मेज के नीचे जाकर उसे उठा लिया।

आगिक : यह तो ठीक किया मगर आप नाराज न हों, आप मेज के नीचे जरा ज्यादा देर तक टिके रहे।

मरिष्क : यह सही है, मुझे भी लगा था।

टोट : शायद मैं थोड़ा-सा सो गया होऊँगा। मैंने किसी को काटा नहीं।

मरिष्क : बेशक, गुदगुदाना और चीज है और काटना और चीज।

आगिक : इसमें किसी को कोई शक नहीं है। मगर आप कहें तो बताऊँ, कोई बिना वजह नहीं चिढ़ता...संभव है कि पापा ने मेजर साहब का टखना कुछ इस तरह गुदगुदाया हो कि काटने जैसा लगा हो।

टोट : यह नामुमकिन है। कोई आदमी जिसका दिमाग सही हो, गुदगुदाने और काटने को एक ही नहीं समझ सकता।

मरिष्क : मैं भी नहीं समझती।

आगिक : तो आप कहें तो पूछूँ कि वह चुरमुराहट काहे की थी ?

टोट : कैसी चुरमुराहट, क्या कोई चीज टूटी थी ?

मरिष्क : मुझे भी कुछ ऐसी ही आवाज सुनाई दी थी।

टोट : *(अनिश्चय बढ़ता जा रहा है)* वह क्या रही होगी ? *(सोचता है)* हो सकता है मैंने डिब्बा चुरमुरा दिया हो।

मरिष्क : हाँ, क्यों नहीं, यह भी हो सकता है।

आगिक : मैं पापा से बहस नहीं करती परंतु आवाज डिब्बे के चुरमुराने की-सी नहीं थी।

टोट : तब काहे की-सी थी ?

आगिक : हो सकता है मैं समझी न होऊँ मगर मुझे ऐसा सुनाई दिया जैसे किसी के दाँतों के नीचे हड्डी चरमरा रही हो।

मरिष्क : मुझे भी ऐसा ही लगा था।

टोट : हे भगवान, मेरा तो सर चकरा जाएगा। तुम सचमुच मानती हो या कहूँ कि मुझे मनवाना चाहती हो कि...*(वह ठहर जाता है और दोनों को चकराया हुआ देखता है)* सच कहता हूँ, मैंने जिंदगी में कभी किसी को नहीं काटा।

मरिष्क : यह सही है।

आगिक : बेशक, पापा ऐसे आदमी नहीं हैं। मगर आप नाराज न हों कि मैं ऐसी बातों का जिक्र कर रही हूँ तो ऐसा पहले भी तो हो चुका है कि पापा ने बिना वजह कोई अजब-सी हरकत कर डाली है।

टोट : *(और भी अनिश्चय में पड़कर)* क्या-क्या ? मैंने ? जैसे क्या ?

आगिक : जैसे पिछली बार गरमियों में जब हम लोग इतवार को घूमने निकले थे, आपने पूजनीय श्री टोमै की बहुत बेइज्जती की थी।

टोट : यह कोरी गप्प है।

आगिक : नहीं, मैं तो वहाँ थी; पापा के साथ चल रही थी और मैं शर्म के मारे गड़ गई...पापा ने पादरीजी को बड़े आदर से नमस्कार तो किया मगर उनकी नाक पर इतनी जोर का झापड़ मारा कि उनका टोप ही उड़ गया।

टोट : क्या कहा ? मैंने पादरी की नाक पर झापड़ मारा ? क्या ऊटपटाँग बकती हो ? यह तो हो सकता है कि उनकी नाक पर कोई मक्खी बैठी हो, उसे उड़ाया हो, मगर झापड़ मारा ? हे भगवान, मरिष्क, तुम्हारी नजरों में मैं ऐसा आदमी हूँ ?

मरिष्क : तुम्हारे बारे में कोई ऐसी बातें उड़ाए तो मैं कभी यकीन नहीं कर सकती। हाँ इतना कह सकती हूँ कि पादरीजी कई महीने तक मुझसे उखड़े-उखड़े रहे।

टोट : तुम दोनों को मुगालता हुआ है। कोई इत्तिफाक होगा।

मरिष्क : *(चिढ़ने लगती है)* इत्तिफाक। तुम्हारे लिए हर चीज इत्तिफाक होती है। वह भी इत्तिफाक था कि तुम्हें रोज-रोज रेलवे स्टेशन से दफा कर दिया जाता था।

टोट : *(चोट खाकर)* तो अब तुम वह किस्सा भी सुनाओगी ? तुमको नहीं मालूम था कि रेलवे मास्टर अपने बुद्धू भतीजे को नौकरी दिलाना चाहता था ?

मरिष्क : *(उबल पड़ती है)* और इसके लिए वह तुम्हारी ही नौकरी लेना चाहता था, क्यों ? वह किस्सा मैंने बहुत सुन रखा है। मगर वह सही नहीं है। हुआ यह था कि इटली

के महाराजा, वही मिसकीन से, प्यारे से, विक्टर एमानुएल हंगारी की राजकीय यात्रा कर रहे थे। तो हुआ यह था कि महामहिम राज्यपाल ने मिसकीन महाराजा को शिकार खेलने की दावत दी। फिर हुआ यह कि सारा स्टेशन कई दिन तक धुलाई-पुताई, सफाई करता रहा और पौध लगाता रहा...

टोट : उस बात से इस सबका कोई ताल्लुक न था।

मरिष्क : और जब सबकुछ जगमगाने लगा और सफेद पोशाक पहने लड़कियाँ कतार बाँधकर खड़ी हो गयीं और स्काउट और युवा वाहिनी और बैंड-बाजा आ गया तो स्पेशल रेलगाड़ी के आने का सिगनल दिया गया।

टोट : बस, बस, अब मत कहो।

मरिष्क : और सारा स्टेशन—स्टेशन मास्टर से लेकर चपरासी तक प्लेटफार्म पर लाइन से खड़ा हो गया...

टोट : बस, बस, अब मेरे कान और नहीं सुन सकते।

मरिष्क : *(अप्रत्याशित घृणा से)* चुप रहो। ठीक उसी क्षण जब कि स्पेशल रेलगाड़ी स्टेशन से होकर गुजरने लगी, एक चपरासी ने *(टोट की ओर कड़ी नजर डालकर)* जिसका बेचारे महाराजा ने जिंदगी में कोई नुकसान नहीं किया था, एकाएक गाड़ी की तरफ पीठ की, पतलून उतार दी और बेहद बदतमीजी के साथ अपना चूतड़ रेलगाड़ी को दिखा दिया।

टोट : तुम ऐसा कह रही हो ? तो या तो तुम्हारा दिमाग फिर गया है या मेरा फिर गया होगा।

मरिष्क : *(उछलकर खड़ी होती और दरवाजे की तरफ इशारा करती है)* दिमाग फिर गया होगा मेरी बला से। तुमको अपने बेटे का ख्याल करना चाहिए। तुम अभी जाकर मेजर साहेब से माफी नहीं माँगते तो तुम्हारा इकलौता बेटा खुले में खड़ा बर्फ होता रहेगा।

टोट : *(लड़खड़ाते हुए)* मगर माफी काहे के लिए माँगूँ !

मरिष्क : अपने बौखलेपन के लिए, मेज के नीचे रेंगकर अपने लड़के के सबसे बड़े हितैषी का टखना चबा लेने के लिए।

टोट : *(चारों ओर पागल की तरह ताकता है फिर हार मानकर मेजर से मिलने चला जाता है)*

[मरिष्क और आगिक दरवाजे पर आशा से आँख गड़ाए रहते हैं।]

मेजर : *(तेजी से बाहर आता है और टोट को दोस्तों की तरह साथ लाता है। मेज पर जाकर)* लो हम आ गए। कुछ नहीं हुआ था। मगर डिब्बे बनाने के पहले मैं यह बात साफ कर देना चाहता हूँ कि मैं डिब्बे तभी बनाऊँगा जब आप सबकी उसमें बिलकुल दिलचस्पी हो और अब जब कि यह छोटी-सी गलतफहमी हमने दूर कर ली है, मैं चाहूँगा कि टोट महोदय मेरे साथ ऐसी ही स्पष्ट दोटूक बातें किया करें। आप थक जाएँ तो मुझे फौरन बता दें मगर जब डिब्बे बना रहे हों तो दिल से बनाएँ *(मार्जिन कटर का दस्ता गुस्से से उठाकर फेंक देता है)* देखा ! मेरी बात खत्म भी नहीं हुई थी...

टोट : *(चौंककर)* क्या हो गया ?

मेजर : यही तो पूछना है ? क्या हो गया ?

टोट : कुछ नहीं हुआ है।

मेजर : आपने बाएँ की तरफ मेरे पीछे की ओर देखा था ?

टोट : ओह वह ! वह तो एक तितली आ गई थी।

मेजर : कैसी तितली ?

टोट : उसके दो पीले और एक लाल धब्बा था।

मेजर : जब हम डिब्बे बनाते रहते हैं, आप तितलियों में मगन रहते हैं।

टोट : मैंने तो सिर्फ तितली पर नजर डाली थी।

मेजर : जरूर आपने सिर्फ नजर डाली थी, मगर आपका दिमाग कह रहा था कि इसको पिछवाओ, पकड़ो, मार डालो, है न ? यही बात है न ?

टोट : *(धीरे-धीरे सर हिलाकर)* ऐसा आप क्यों सोचते हैं महोदय।

मेजर : *(टहलता है, सोचता है और लौट आता है)* देखो, दोस्तो मैं डिब्बे बनाने का दीवाना हूँ मगर यह ऐसे नहीं चल सकता। अगर आपका ध्यान काम के वक्त और कहीं रहता हो तो क्या फायदा ? खत्म करो किस्सा।

टोट : *(विनम्रतापूर्वक)* मैं मेजर साहब से जबान लड़ाने की गुस्ताखी तो नहीं करूँगा मगर, माफी चाहता हूँ। यह बहुत मुश्किल है कि कोई बात दिमाग में न आने दी जाए।

मेजर : आप एक गलतफहमी की गिरफ्त में आ गए हैं। यह बात एकदम बेबुनियाद है। मिसाल देखिए। हम खाते हैं। खाया कैसे जाता है मैं बताता हूँ, खाना लेंगे ? चबाएँगे, मुँह में लार आएगी, निगलेंगे *(उसे केक का एक टुकड़ा देता है)* इन सब कामों की एक कड़ी बनेगी तब खाना होगा। इसमें कोई चीज बाधा नहीं देती ? क्या आपके दिमाग में इस बीच कोई बात आई ?

टोट : *(भावमग्न)* एक बार जब मैं रेलवे में था, मैंने एक गिलहरी पकड़ ली। बच्चों ने उसे बहुत प्यार दिया, फिर भी वह भाग गयी...

मेजर : *(अधीर होकर)* आप अजब आदमी हैं टोटजी। दूसरी मिसाल लेते हैं। क्या आपको राष्ट्रीय गीत याद है टोटजी ?

टोट : ठहरिए, बताता हूँ...हाँ...'भगवान रक्षा करे हमारे देश महान की।'

मेजर : सही है। इस बार भी क्या आपका दिमाग कहीं और था ?

टोट : नहीं, इस बार नहीं।

मेजर : गनीमत है ! देखो दोस्तो। मैंने मोर्चे पर जवानों को देख-देखकर सीखा है कि निठल्लापन बहुत खतरनाक चीज है। किसी का दिमाग खाली रहे तो उसके विचार उसके साथ खिलवाड़ करने लगते हैं या वह उसी जाल में फँस जाता है जिसमें टोटजी अपनी लाल-पीली तितली के साथ अभी-अभी फँस गए थे...परंतु यहाँ आपके आरामदेह मकान में, मैंने इस मर्ज का सही इलाज जान लिया है—वह है डिब्बे बनाना...मेरी बात साफ हुई ?

आगिक : हुई, इतनी जैसे धूप होती है।

मरिष्क : सिर्फ जहाँ-तहाँ कुछ साफ़ नहीं हुआ है।

टोट : सिर्फ जहाँ-तहाँ।

मेजर : कोई हर्ज नहीं। यह तो मैं नहीं कहता कि इस वक्त जब कि आपके दिमाग थोड़े बहुत थके हुए हैं, आप मेरे तर्कों को पूरी तरह समझ जाएँ...अभी तो हम सिर्फ डिब्बे बनाने के कार्यक्रम की बात करें...मेरे यहाँ आने के पहले आप कैसे बनाते थे ?

आगिक : मैं गत्ता काटती थी और मम्मी उसे मोड़ती थीं।

मेजर : और टोटजी क्या किया करते थे ?

टोट : मैं हवा खाता रहता था।

मेजर : हाँ, अब समझ में आया। अब खुद गत्ता काटता हूँ और आप उसे तीनों मोड़ते हैं। पहले एक के मुकाबले एक था, अब एक के मुकाबले तीन हैं...इसलिए आप सब ऊबते हैं, ऊँघ जाते हैं और आपका दिमाग भटक जाता है।

आगिक : *(बहुत खुश होकर)* ओह ! हाँ, हाँ !

मेजर : मगर मुझे देखिए, मैं जब यहाँ आया था तो मेरा दिमाग परेशान था, मुझे भयानक सपने आया करते थे और मुझे कहीं भी सुरक्षित नहीं लगता था। पर अब मैं कह सकता हूँ कि इस रमणीक स्थान में मैं नीरोग तो हो ही गया हूँ, मुझे नया जीवन मिल गया है। मैं भूल ही गया हूँ कि युद्ध क्या होता है।

मरिष्क : *(विभोर होकर)* सुना तुमने प्रियतम टोट !

टोट : *(कठिनाई से सर हिला पाता है)*

मेजर : यह कैसे हुआ ? मुख्य रूप से डिब्बे बनाने के अद्‌भुत परिश्रम से। विश्वास करें, जब से आँख खुलती है बेकरारी से इंतजार करने लगता हूँ कि कब शाम हो और कब डिब्बे बनें।

आगिक : मैं भी इंतजार करने लगती हूँ।

मरिष्क : हम भी *(टोट की तरफ इशारा करके)* यह भी।

[टोट जोर लगाकर सर हिलाता है। टोट और मरिष्क एक-दूसरे से सट जाते हैं और सो जाते हैं।]

मेजर : *(कविता की तरह बोलता है)* इस काम में कोई ऐसी बात है जिससे मनुष्य ऊँचा उठता है, कोई शुद्ध सौंदर्य, अनंत शांति है...डिब्बे बनाना संसार का सबसे श्रेष्ठ काम है।

आगिक : *(उत्तेजित होकर)* कितनी सही बात है।

मेजर : कभी-कभी स्वप्न देखने लगता हूँ कितना अच्छा होता कि बहुत से, बहुत से आदमी डिब्बे बनाने में अपना वक्त लगा सकते। एक दिन शायद यह दिन आएगा कि समस्त मानवता को इस काम में लगने के लिए राजी किया जा सकेगा।

आगिक : *(खड़ी होकर)* हे भगवान, कहीं ऐसा संभव हो पाता तो कितना अच्छा होता।

मेजर : हाँ, यह जरूरी है कि इस पर जबर्दस्त नियंत्रण न रहे। प्रत्येक राष्ट्र अलग-अलग रंग के डिब्बे बनाए, या अलग-अलग शक्ल के बनाए। डच लोग गोल बनाएँ, जैसी उनकी पनीर होती है। फ्रांसीसी बजनेवाले डिब्बे बना सकते हैं। रूसियों को भी डिब्बे बनाने दिया जा सकता है बशर्ते कि हम पहले उन्हें हरा दें और उनके डिब्बे भी छोटे-छोटे रहें—दियासलाई की डिब्बियों के बराबर।

आगिक : काश कि वह दिन मेरी जिंदगी में ही आ पाता।

मेजर : यह जल्दी नहीं आ पाएगा मगर यदि यह विचार स्वीकृत हुआ तो सारी मानवता हमें असीसेगी।

आगिक : मेजर साहब, मैं आपका हाथ चूमना चाहती हूँ।

मेजर : नहीं, मैं इसकी इजाजत नहीं दे सकता—सिर्फ यह हो सकता है *(वह आगिक के मत्थे पर चूमता है फिर उसे जाने देता है और अनंत में दूर देखता रहता है)* मधुर सपनों, मधुर-मधुर सपनों ! *(टोट को देखकर गंभीर स्वर में)* टोट *(टोट दंपत्ति चौंककर उछल पड़ते हैं)*

मेरे दोस्तो, आशा है आप इस मार्जिन कटर का इस्तेमाल समझ गए होंगे?

आगिक : *(खुश होकर)* हाँ...इसमें कोई मुश्किल बात है ही नहीं...मुश्किल सिर्फ यह है कि हमारी हाशिया करतनी छोटी है और मेजर साहब उतनी जल्दी गत्ता नहीं कतर पाते जितनी जल्दी हम डिब्बे बना लेते हैं।

मेजर : खूब, आपकी बिटिया की बुद्धि सूर्य के समान प्रकाशमान है। तो टोटजी, बाकी, सब तो बाएँ हाथ का खेल है, कि नहीं।

टोट : *(कुछ समझ नहीं पाता है कि क्या कहना चाहिए)* क्यों नहीं।

मेजर : खूब, और हमें क्या करना है?

टोट : क्या करना है? पता नहीं।

[मरिष्क और आगिक उसे चिंतित होकर घेर लेती हैं।]

मरिष्क : उफ, बनो मत, प्रियतम लयोश...

आगिक : पापा, सुनिए, इधर देखिए, अभी मैंने क्या कहा था।

टोट : कि यह हाशिया कतरनी छोटी है।

मेजर : खूब। और अब अगला कदम क्या होगा?

टोट : कुछ नहीं।

आगिक : ओह पापा, इतना मत अड़िए।

मेजर : तुम्हें अपने पिता से ऐसे बात नहीं करनी चाहिए। धीरे-धीरे उनकी समझ में आ जाएगा।

मरिष्क : हम जरा-सी मदद कर दें जिससे वह समझ जाएँ।

मेजर : ऐसा करके हम उनका भला नहीं करेंगे, बुरा ही करेंगे मरिष्कजी, क्योंकि इससे उनके स्वाभिमान पर चोट होती है। देखो टोट, तुम्हारे पाँव में जूता काटता है तो तुम क्या करते हो?

टोट : एक मिनट...बताता हूँ...मैं लँगड़ाता हूँ।

आगिक : पापा, पापा, पापा।

मेजर : उन पर जोर न डालें, उन्हें हुरियाएँ नहीं—मैं हट जाता हूँ। शायद मेरे रहने से उन्हें दिक्कत हो रही है, आप भी मरिष्कजी, और आगिकजी, उनके मानसमंथन में विघ्न न डालें...*(वह पलटकर परिवार के इर्द-गिर्द चक्कर काटता रहता है)*

[थोड़ी देर मौन। फिर टोट खड़ा हो जाता है और अपने बिस्तर की ओर जाने लगता है।]

मरिष्क : क्या कर रहे हो मेरे प्रियतम टोट? बैठ भी जाओ। तुम्हे सोचना है।

[वे उनके इर्द-गिर्द परेशान होकर मँडराते हैं।]

जरा-सा ठहरो, मैं तुम्हारे सर की मालिश कर दूँ...अच्छा लगता है?

टोट : मजा आ गया।

मरिष्क : सोच पा रहे हो?

टोट : नहीं।

मरिष्क : शायद सुंघनी सुँघाने से इनको फायदा हो।

[आगिक दौड़कर बाहर जाती है।]

सर झुकाएँ ताकि खून दौड़कर सर में आए...अब अच्छा लगता है?

[आगिक एक बड़ा लखलखा सुंघनी जिसे सुँघाने से बेहोशी दूर हो जाती है लेकर वापस आती है।]

टोट : *(अपने बिस्तर की ओर जाते हुए)* तुम्हें पता है कि अच्छा क्या लगेगा—लेटना।

मरिष्क : नहीं, नहीं, नहीं, *(आगिक से सुंघनी ले लेती है)* गहरी साँस लो प्रियतम टोट।

[टोट सुंघनी को सूँघता है। दोनों औरतें आतुरता से प्रतीक्षा करती हैं।]

टोट : *(उन्हें परे सरकाकर)* मुश्किल यह है कि जिस क्षण मैं सोचना शुरू करता हूँ ऐसा लगता है कि कोई चीज मेरे ऊपर चढ़ी बैठ रही है।

मरिष्क : क्या कुर्सी-मेज हटा दें ?

टोट : कुर्सी-मेज क्या करेगी ?

मरिष्क : तब क्या चीज दिक्कत कर रही है।

टोट : दीवाल।

मरिष्क : दीवाल ! तो हम बगीचे में चलें ?

टोट : वह यह दीवाल नहीं है। जो दीवाल दिक्कत दे रही है वह मेरी खोपड़ी के अंदर है...

मेजर : *(दयापूर्वक)* सुनिए भाई टोटजी।

टोट : मुझे कई एक उत्तर सूझे पर उनमें से सही कोई न था।

मेजर : *(बैठ जाता है)* कोई हर्ज नहीं। मेरे साथ भी अक्सर ऐसा ही होता है।

टोट : वाकई ?

मेजर : मैं कुछ सलाह दूँ, शांत और ढीले रहिए। अपने कोट के बटन खोल दीजिए।

[टोट बटन खोल देता है। वे उसके चारों ओर आस लगाए बैठे हैं। जोरदार प्रयत्न करके टोट सोचने की कोशिश करता है।]

टोट : *(थोड़ी देर के मौन के बाद, अपनी उत्तेजना दबाकर)* मेजर साहब, लगता है कि एक विचार आ रहा है।

मेजर : आने लगा ? वाह भाई वाह, तो क्या विचार है वह।

टोट : *(निश्वास छोड़कर)* दुर्भाग्य से मेरे सर में वह बात नहीं आई जो मैं चाह रहा था, कोई और ही आ गई।

[सबके सब निराश होकर बैठ जाते हैं।]

आगिक : पापा जरा...

मेजर : हम लोग उनको तंग न करें...क्या आपको थोड़ी-सी कॉफी दी जाए ?

टोट : *(हाथ उठाकर उन्हें दखल देने से रोकता है)* तो यह हाशिया कतरनी बहुत छोटी है...हाँ, हाँ, हाँ, कोई बात बस पकड़ में आ रही है—

[बाकी तीनों आहिस्ता-आहिस्ता उठ खड़े होते हैं।]

फिर गायब हो गई।

[वे फिर बैठ जाते हैं। मौन।]

क्या बजा है ?

मेजर : *(विनम्रता से)* वक्त की कमी नहीं है।

टोट : *(उछल पड़ता है)* आह ! *(उदास हो जाता है। बैठ जाता है)* नहीं कुछ नहीं, *(लंबी-लंबी साँसें लेने लगता है)* क्या कमर की पेटी ढीली कर दूँ...

मेजर : क्यों नहीं : आपको आराम मिले तो पतलून उतार दीजिए।

टोट : *(एकाएक खड़ा हो जाता है, उसे पीड़ा हो रही है। पसीना बह रहा है, साँस भारी चल रही है। वह इशारा करता है कि उसने कोई विचार पा लिया है। उसकी सारी देह ऐंठ रही है)* आ रहा है, आ रहा है, आ रहा है *(सीधा तन जाता है)* मेजर साहब, मेरी मरिष्क, आ गया, आ गया। यह हाशिया कतरनी अगर बहुत छोटी है

तो हमें इससे बड़ी कतरनी बनानी चाहिए। हा, हा, हा *(खुशी से हँसता है)*

मेजर : मैं जानता था! बधाई हो टोटजी, बधाई हो।

[वे सब टोट को प्यार और आदर दिखाते हैं।]

टोट : *(दरवाजे तक लड़खड़ाता जाता है)*

मरिष्क : *(आगिक से, प्रसन्न होकर)* इनको बगीचे में ले जाओ और साथ रहो।

[आगिक टोट को ले जाती है, मेजर अपना मार्जिन कटर बजाते हुए अपने कमरे में चले जाते हैं।]

मरिष्क : *(सपनों में खोई-सी)* वह कभी खाली हाथ घर नहीं आता था...हमेशा सिगार, चाकलेट, कुछ न कुछ लाया ही करता था...मगर हम तो नहीं कह रहे हैं कि कुछ लाए—खाली हाथ आ जाओ मगर घर आ जाओ, मेरे घुल।

श्रीमती गिजि : *(पहने-ओढ़े छिपती हुए आती हैं)* नमस्ते, श्रीमती टोटजी।

मरिष्क : कहिए जी, क्या खातिर करूँ आपकी।

श्रीमती गिजि : मैं थोड़े से भुने सेब लाई थी और आपको यह न लगे कि मैं घर में जरा ज्यादा घुसी जा रही हूँ तो मैं जरा मेजर साहब से बात भी करूँगी।

मरिष्क : *(उसे घूरकर देर तक ताकती रहती है। उसकी नजरों में तिरस्कार का लेश भी नहीं है बल्कि कुछ चिंता है। श्रीमती टोट अपनी उपलब्धियों में किसी को हिस्सा नहीं देना चाहती हैं। आगे चलकर उनकी ईर्ष्या और भी प्रकट हो जाती है)* जरूर करिए। *(वह मेजर का दरवाजा खटखटाती है)* मेजर साहेब!

मेजर : *(बाहर आता है)* जी—?

श्रीमती गिजि : *(उसकी आँख से आँख मिलाने की हिम्मत नहीं करती बल्कि गिड़गिड़ाती हुई मरिष्क से कहती है)* जरा इन्हें मेरा परिचय दे दीजिए।

मरिष्क : *(मेजर से)* आप श्रीमती गिजि हैं।

मेजर : मुझे मालूम है, आपकी क्या खातिर करूँ?

मरिष्क : *(श्रीमती गिजि से)* यह आपकी क्या खातिर करें?

श्रीमती गिजि : *(मेजर से सारे दृश्य में संबोधन नहीं करती)* हाय, श्रीमती टोटजी, जरा इनसे कहिए कि किसी वक्त जरा देर के लिए हमारे यहाँ भी हो लें।

मरिष्क : क्या आप इनके यहाँ हो लेंगे किसी वक्त?

मेजर : मुझे लगता है कि यह संभव न होगा।

श्रीमती गिजि : सिर्फ पंद्रह मिनट के लिए।

मरिष्क : *(मानो अनुवाद करके)* सिर्फ पन्द्रह मिनट के लिए।

मेजर : पन्द्रह मिनट यहाँ, पन्द्रह मिनट वहाँ, काश कि एक घंटे में कई पन्द्रह मिनट होते।

मरिष्क : लीजिए, सुन लिया होगा आपने।

श्रीमती गिजि : इससे कह दीजिए कि ऐसा नहीं है कि सिर्फ लीसावाले मेरे यहाँ आते-जाते हैं। देखिए यह नहीं है कि मैं जहाँ-तहाँ मुँह मारती फिरती हूँ।

मेजर : मुझे यकीन है कि नहीं फिरती।

श्रीमती गिजि : *(मरिष्क से)* और यह देखती हैं आप कि यहाँ एक मेजर आया और मेरे धंधे का तिरस्कार कर गया। आखिर आज भी दुनिया में ईमानदारी से मेहनत करके रोटी कमाने की कोई इज्जत है।

मरिष्क : *(मेजर से)* कहती हैं कि आखिर आज भी ईमानदारी से मेहनत करके रोटी कमाने की कोई इज्जत है।

मेजर : समझता हूँ सुशीलाजी। यह सही है कि मुझे यहाँ रहते हुए मिलने-जुलने जाना चाहिए। मगर कब ? कब जाऊँ ? और मैं पंद्रह मिनट के लिए यों ही निकल गया तो टोट परिवार क्या सोचेगा ?

मरिष्क : *(उसे मुस्कुराकर देखती है)* और क्या।

मेजर : देखिए दुनिया में सबसे महत्त्वपूर्ण चीज है उपस्थिति। हमेशा मौजूद रहना चाहिए। हर जगह मौजूद रहना चाहिए। मोर्चे पर मेरे सिपाही मेरा इंतजार करके बेकरार हैं। कभी-कभी मैं उस दिशा में ताकता हूँ जिधर मेरी रेजिमेंट है *(दूर ताकता है, बाकी सब उसी दिशा में ताकते हैं)* आह, यह तो प्रवंचना है देवीजी, मुझे सचमुच खेद है कि मैं एक ही साथ दो जगहों में नहीं मौजूद हो सकता।

मरिष्क : *(संतुष्ट होकर)* उन्हें सचमुच खेद है।

मेजर : *(एक फोटो निकालता है)* खैर, कृपा करके इस तुच्छ विकल्प को मेरे बदले में रख लीजिए *(मरिष्क को फोटो देता है)*

मरिष्क : *(श्रीमती गिजि को देती है)* एक तुच्छ विकल्प के रूप में।

श्रीमती गिजि : *(खुशी से)* क्या मैं इसे लटका लूँ ?

मरिष्क : क्या वह इसे लटका लें ?

मेजर : और क्या, क्यों नहीं।

श्रीमती गिजि : अपने पलँग के सामने ?

मेजर : कहीं भी। मैं आपको वहीं से देखा करूँगा।

श्रीमती गिजि : धन्यवाद, बहुत धन्यवाद।

मरिष्क : आपको बहुत धन्यवाद दे रही हैं *(श्रीमती गिजि से)* फिर मिलेंगे।

श्रीमती गिजि : फिर मिलेंगे *(जाती है)*

आगिक : *(बगीचे से खुश-खुश दौड़ी जाती है)* बन गया, तैयार है मम्मी, आओ जरा हाथ लगाओ।

मेजर : देखूँ, देखूँ।

[वे सब खुश-खुश बगीचे में दौड़कर जाते हैं और फौरन वापस आ जाते हैं। टोट और श्रीमती टोट नया मार्जिन कटर ला रहे हैं। यह एक बड़ी-सी मशीन है जिसके चार पाए हैं और एक बड़ा-सा फल है—जैसा बध करने के गिलोटीन में होता है, मेजर खुशी से दमकता हुआ उनके साथ-साथ आता है।]

मेजर : *(बड़े जोर के धमाके के साथ मशीन का दस्ता चलाता है : धम्म)* वाह! इसकी आवाज भी जोरदार है, बधाई हो टोटजी, यही चीज है जिसके मैं सपने देखा करता था।

आगिक : मेजर साहब, आपकी मेहरबानी है।

मेजर : आइए इसको आजमाएँ। आइए शुरू करें, वक्त बरबाद नहीं होना चाहिए।

[परिवार डिब्बे बनाने पर एक-एक काम बाँटकर जुट जाता है। टोट डिब्बों को मेजर को देता है और वह उन्हें आवाज करनेवाली इस बड़ी मशीन पर काटता है।]

मेजर : भाई खूब, कैसी बढ़िया बनाई है मशीन।

आगिक : मेरे पापा के हाथों का कमाल है।

मेजर : यह मशीन एक बार में चार-चार को निपटा सकती है।

आगिक : तो चार डाल दीजिए।

मेजर : क्या जरूरत से ज्यादा न हो जाएँगे ?

आगिक : मुझे तो ठीक लगते हैं *(टोट से, जो सोते-सोते गत्ता पकड़ा रहे हैं)*

पापा, एक साथ चार-चार गत्ते दीजिएगा।

टोट : *(चुपचाप अपनी कुर्सी पर से लुढ़क पड़ता है और मेज के नीचे गिरकर एकदम सो जाता है)*

मेजर : *(रुककर रुखाई से)* क्या हो गया?

मरिष्क : बेचारे ने सोचा कि कोई घूस आ गया।

मेजर : किस किस्म का घूस?

मरिष्क : कभी-कभी बाग में से घूस आ जाते हैं। *(वह और आगिक काल्पनिक घूस को इतना शोर मचाकर दौड़ाते हैं कि टोट आखिरकार जाग पड़ता है। अपनी कुर्सी पर आकर बैठ जाता है।)* चलो जारी रखो, घूस बाहर चला गया।

मेजर : *(उत्साह से)* एक मिनट ठहरो, मैं चार गत्ते एकसाथ लगाता हूँ *(मशीन को धमकने लगता है)* भाई वाह, मक्खन की तरह काटती है। दोस्तो, गाना गाया जाए, क्यों?

आगिक : मैं तो गाऊँगी।

मेजर : और टोटजी आपका क्या ख्याल है?

[वे टोट की ओर देखते हैं और वह कोई उत्तर नहीं देता, सिर्फ मेजर को ताकता रहता है और धीरे-धीरे चबाने जैसा मुँह चलाने लगता है और निगलता है फिर चबाता है फिर निगलता है मानो उसके मुँह में रबर भरा हुआ हो। मेजर धमकना बंद कर देता है। वे सब टोट को ताकते हैं। वह चबाता रहता है।]

मरिष्क : उन्हें कुछ कहना नहीं है।

मेजर : शायद वह कुछ चबा रहे हैं।

मरिष्क : इधर उनकी यह आदत बन गई है कि वह थोड़ा-सा गोश्त मुँह में रखे कई-कई दिन तक चबाते रहते हैं और निगलते नहीं।

मेजर : तो थूक क्यों नहीं देते?

आगिक : पापा हम सब आपसे विनती करते हैं कि आप उसे थूक दें।

टोट : *(आँखें निकली पड़ रही हैं। वह पहले आगिक को देखता है और फिर मेजर को और बड़ी मेहनत करके चबाना जारी रखता है)*

मरिष्क : लयोश!

टोट : *(एक बार और प्रयत्न करता है परंतु जमुहाई रोक नहीं पाता। वह मेजर के मुँह के सामने जमुहाई ऐसे लेता है मानो दहाड़ रहा हो)*

[मेजर घबराकर करीब-करीब गिर ही पड़ता है।]

मरिष्क : *(व्यग्र होकर)* लयोश, लयोश, यह तुमने क्या कर डाला प्रियतम टोट।

[टोट डरा हुआ चारों तरफ ताकता है।]

कैसे पिता हो तुम? क्या तुममें अपने बेटे के लिए कहीं दर्द नहीं?

मेजर : *(धीरे-धीरे स्वस्थ होता है। दयापूर्वक)* आप इनसे क्यों नाराज होती हैं मरिष्कजी, इन्होंने कुछ तो नहीं किया।

मरिष्क : इन्होंने केवल जमुहाई ली थी *(फूटकर रो पड़ती है)*

मेजर : कहा नहीं जा सकता, सिर्फ इसलिए कि किसी ने मुँह खोला, यह नहीं कहा जा सकता कि वह जमुहाई ले रहा है।

मरिष्क : हाय, यही होता तो फिर क्या था...

आगिक : शायद यही सही है। वह जमुहाई क्यों लेंगे? क्या वह कोई ऊबे हुए हैं या निंदासे हैं या बीमार हैं?

मेजर : *(सहज ढंग से)* उन्हें खुद बताने दीजिए...टोटजी, आपने जो किया था वह क्या था ?

टोट : मैंने ? कुछ तो नहीं *(चारों ओर डरा हुआ-सा देखता है)* शायद मैंने जरा-सा मुँह खोला था...क्या कुछ हर्ज हो गया ?

मेजर : नहीं, नहीं, कोई हर्ज नहीं। आपने जमुहाई नहीं ली तो कोई हर्ज नहीं।

टोट : मैंने ? जमुहाई ? तौबा, तौबा। मैं तो जमुहाई सपने में भी न लूँ।

मेजर : बड़ी खुशी की बात है। आखिरकार जमुहाई या कहें कि वह मानसिकता जिससे जमुहाई का जन्म होता है, उतनी ही हानिकर है जितना सोचना है...तो अब तो आपका दिल जमुहाई लेने को नहीं कर रहा है ?

टोट : कतई नहीं।

मेजर : और आगे भी नहीं करेगा ?

टोट : कतई नहीं, आगे भी नहीं।

मेजर : देखा मरिष्कजी *(टोट से)* तो क्या आप कुछ एहतियात बरतना चाहते हैं ? सचमुच दिल से चाहते हों तभी कहिएगा जिससे आगे आपको जमुहाई लेने पर मजबूर न होना पड़े।

टोट : यकीनन, यकीनन।

मेजर : ठीक, यही मुझे उम्मीद थी। तो इसे तय कर लें। कोई बहुत जरूरी नहीं है, फिर भी...आपने कहावत सुनी होगी : 'जमुहाई लेना सहज, मत लेना दुश्वार' आपने यह कहावत कभी सुनी नहीं ? मेरी अपनी बनाई हुई है।

आगिक : और कितनी सही है।

मेजर : इस संबंध में मेरा बहुत अनुभव है। मोर्चे पर आप समझिए कि जो सिपाही रात को पाली पर होते हैं—जमुहाई ले ही लिया करते हैं। यह कोई अच्छी बात नहीं है क्योंकि जो जमुहाई लेगा वह आसानी से सो भी जाएगा और जो सो जाएगा वह गोली से मारा जाएगा...*(हँसता है)* हा, हा, हा, यहाँ मगर बात कुछ और है : हम लोग डिब्बे बना रहे हैं। वहाँ मैं क्या करता हूँ कि जो संतरी की ड्यूटी पर सोता है उसे एक आड़ू की गुठली दे देता हूँ ताकि वह मुँह में रखे रहे और जब ड्यूटी बदले तो अगले को दे जाए *(टोट के मुँह को देखता है)* मरिष्कजी, आपके घर में कोई गुठली नहीं होगी।

मरिष्क : माफी चाहती हूँ मेजर साहेब, बात यह है कि आलूबुखारे खत्म हो गए हैं और आड़ू अभी आए नहीं हैं।

मेजर : कोई बात नहीं। हम कोई और चीज ढूँढ़ लेंगे। *(बदहवास होकर खोज शुरू करता है—टोट के मुँह को देखता है, खिड़की से जेरेनियम का गमला उठा लेता है मगर सर हिलाकर उसे वापस रख देता है। एक क्षण वह अपने कमरे के अंदर दौड़कर जाता है और चमड़े का एक बटुआ लेकर आता है और टोट के मुँह का मुआयना करते-करते उसमें से एक छोटा कैमरा निकालता है। वह टोट का मुँह घुमाता है ताकि उसका मुँह अच्छी तरह देख सके)* क्यों जी ?

मरिष्क : मुस्कुराओ, प्रियतम लयोश।

आगिक : पापा हमेशा गंभीर रहते हैं।

मेजर : उससे क्या फर्क पड़ता है। बल्कि अच्छा ही है। *(वह कैमरा अलग रख देता है और अपनी पिस्तौल निकाल लेता है और उसे तौलता है)* ठीक तो यह सब है परंतु एकदम ठीक कोई नहीं...अब समझा, अब समझा, पहले क्यों नहीं याद आया *(वह दौड़कर*

जाता है और एक छोटी-सी टार्च लेकर आता है। उसका बटन दबाता है तो टार्च बज की आवाज भी करती है और जल भी उठती है) वहाँ हम लोग इसे "चहक" कहते हैं। सुना? जब इसको दबाते हैं तो यह चहकती है। *(उसे तपाक से टोट के सामने रख देता है)* ये लीजिए टोटजी!

मरिष्क : हाय, हाय, मैं तो सोच भी नहीं सकती थी।

आगिक : लेकिन कितनी सीधी-सादी चीज है।

टोट : *(टार्च उठाकर देखता है। उसे बजाता है और लजाता है)* वाकई बढ़िया चीज है।

मेजर : *(संतुष्ट होकर)* इसे काम में लाओ टोटजी।

टोट : *(चारों ओर देखकर)* क्या करूँ। इसका क्या करना है?

मरिष्क : *(हँसकर)* तुम क्या समझते हो? जल्दी से मुँह में रख लो, बस हो गया।

टोट : क्या कहती हो?

मरिष्क : मगर ध्यान रखना, कहीं लील न लेना प्रियतम लयोश!

मेजर : हाँ, न तो इसे कुतरना, न चबाना, न निगलना, बस लेमनचूस की तरह चूसते रहना।

टोट : *(चौंककर)* क्या आपका मतलब है कि मैं इसे मुँह में रख लूँ?

आगिक : और क्या *(हँसती है)*

टोट : *(मेज पर घूँसा मारता है)* खामोश।

[आगिक डर के मारे चुप हो जाती है। टोट टार्च को उठाकर देखता है फिर नीचे रख देता है।]

मगर यह तो टार्च है।

मरिष्क : हाँ, और क्या, टार्च ही तो है, प्रियतम लयोश।

टोट : और मैं इसे मुँह में रख लूँ?

मरिष्क : *(उसका संकोच समझ नहीं पाती है)* क्यों नहीं? ओह अब समझी .....*(मेजर से)* बेचारे, डरते हैं कि कहीं गलती से निगल न जाएँ।

मेजर : उसकी आप चिंता न करें टोटजी, शुरू में कुछ अजब-अजब-सा लगता है मगर टार्च की आदत वैसे ही पड़ जाएगी जैसे नकली दाँत मुँह में रखने की पड़ जाती है।

टोट : *(केवल अपनी पत्नी को देखता है)* और तुम मुझसे ऐसा करने को कह रही हो मरिष्क रानी?

मरिष्क : तो क्या हुआ? मैंने कभी तुम्हें ऐसी सलाह दी है जो तुम्हारे भले के लिए न हो?

टोट : तुम वाकई कह रही हो? *(एकाएक परास्त हो जाता है, फिर उछलकर बजती हुई टार्च को दोनों हाथों में ऐसे पकड़ता है जैसे दबाकर चूर-चूर कर डालेगा)* यह चीज...यह चीज..

मरिष्क : *(छीनकर)* क्या कर रहे हो?

टोट : *(काँपकर अपने को सँभालता है। पहले टार्च को फिर औरों को घृणा से देखता है जो कि मुस्कुराकर उसको प्रोत्साहित करते हैं। कराहकर वह टार्च अपने सामने रख लेता है)*

मरिष्क : *(उसके पास प्यार से आती है। वह देख सकती है कि उसके पति का मन टूट चुका है। वह टार्च ले लेती है)* अब आराम से खोलो...

[टोट आज्ञा पालन करके मुँह खोल लेता है। मरिष्क सावधानी से टार्च को उसके ओठों के बीच रख देती है फिर उसका मुँह बंद कर देती है और उसके चेहरे को प्यार करती है और चूमती है।]

मेजर : चलो, हो गया काम...जायका बुरा तो नहीं लग रहा?

टोट : *(गरदन कड़ी करके हिलाता है)*

आगिक : मैं बताऊँ? अब पापा का मुँह गोल-गोल लगने लगा है इसलिए ये और भी सुंदर लगते हैं।

मरिष्क : मुझे भी ये ऐसे ज्यादा अच्छे लगते हैं।

मेजर : आपने देखा कि आप कितने लोकप्रिय हैं।

[टोट गरदन कड़ी करके हामी भरता है।]

हाँ, तो और आगे चलें...*(कतरनी के पास जाता है)* मैं इसमें पाँच गत्ते बैठाने की कोशिश करता हूँ...मगर शुरू करने से पहले मैं यह बता देना चाहता हूँ कि हालाँकि अभी तक मैंने अपने कमरे में लेफ्टीनेंट मिकुलिट्स को रखा है, मोर्चे पर वापस पहुँचते ही मैं उसकी जगह तुम्हारे बेटे को दे दूँगा। वहाँ रहने का मुख्य लाभ यह है कि जिस स्कूल में मैं रहता हूँ वह हमेशा पहरेदारों की दोहरी कतार से घिरा रहता है...

[मरिष्क और आगिक यह सुनते ही दौड़कर मेजर के पास जाते हैं और उसे अपनी कृतज्ञता से लाद देते हैं।]

आगिक : धन्यवाद, बहुत-बहुत धन्यवाद, भलेमानस मेजरजी।

मरिष्क : हम आपका एहसान कभी चुका नहीं सकते।

टोट : *(इस गड़बड़ में कोई उस पर ध्यान नहीं देता और वह टार्च मुँह में लिए चल पड़ता है। मगर गलत दिशा में जाकर दीवाल से लड़ जाता है। फिर वह पलटकर दरवाजा पा लेता है और अनदेखा सीधे बाहर चला जाता है)*

मेजर : बस, बस, धन्यवाद देना खत्म कीजिए...मैं बेकरार हो रहा हूँ। आइए शुरू करें... आइए। कहाँ गए टोटजी?

आगिक : वह शायद एक मिनट में आ जाएँगे।

मरिष्क : *(परेशानी में हाथ मलती है।)* पता नहीं, पता नहीं। *(दरवाजे तक जाती है और बगीचे में आवाज देती है)* लयोश! *(कोई उत्तर नहीं आता। मरिष्क दौड़कर बाहर जाती है और उसकी पुकार दूर जाती हुई सुनाई पड़ती है।)* लयोश लयोश...*(मंच पर अँधेरा हो जाता है)*

डाकिया : *(पीछे दृश्य बदलता रहता है तभी वह आता है)* मैं यह बताना जरूरी समझता हूँ कि मैं चिट्ठियों के साथ हेराफेरी करता हूँ तो कोई अपने फायदे के लिए नहीं...हाँ, मैं यहाँ न रहूँ तो हर काम उलटा-पुलटा हो जाए। मैं वह तार पहुँचाता कैसे? आप ही बताइए। हाँ, डाक्टर त्सिप्रिअनि के कोई बेटा होता और उनके पास वैसा तार आया होता तो और बात होती। उनके पिछवाड़े एक टेनिस कोर्ट है। लोग गेंद को आगे-पीछे फेंकते रहते हैं : देखकर नजर उसी खेल पर अटक जाती है...मगर जब टोटजी अपना टोप पहन लेते हैं तो बात कुछ और ही हो जाती है। वह इधर से उधर नहीं होते। उनका सबकुछ अत्यंत संतुलित रहता है...मुझे एक मजबूत आरी मिल जाए और उनको बीच से चीर दूँ तो वह एकदम बराबर-बराबर दो हो जाएँगे और यह देखने लायक दृश्य होगा...मगर वह तार आया और फिर चिट्ठियाँ आती रहीं मानो लिखनेवाला जिंदा है...तार जल्दी आता है। चिट्ठियाँ पहले की लिखी देर से पहुँचती हैं। पर क्या मैं सब चिट्ठियाँ-विट्ठियाँ पहुँचा देता मानो लिखनेवाला जिंदा है? नहीं यह कैसे हो सकता है। एकसाथ दो विरोधी बातें कैसे सम्हाली जा सकती

हैं...एक बार मैंने एक ही साथ खड़े होने और बैठने की कोशिश कर देखी थी। पर वह कोशिश सफल हुई नहीं। तभी मुझे अस्पताल ले गए थे। तब से मैं लोगों का बड़ा ध्यान रखता हूँ कि उनकी जिंदगियाँ उलझ-पुलझ न जाएँ...*(जाता है)*

[दृश्य आलोकित हो जाता है।]

दृश्य : 2

[रिक्टरी का एक कमरा। दीवाल पर एक बड़ा-सा सलीब है और एक लोहे का बड़ा पलँग है जिस पर पादरी टोमै पड़े हुए खर्राटे भर रहे हैं।]

मरिष्क : *(आहिस्ते से खटखटाती है)* नमस्ते पादरीजी।

टोमै : *(आँख मलकर उठ बैठता है)* क्या बात है, क्या तुम धुले कपड़े प्रेस कर लाई हो मरिष्क बहन।

मरिष्क : मेरे पति लापता हो गए हैं टोमैजी।

टोमै : कहाँ चले गए ?

मरिष्क : यही तो मैं जानना चाहती हूँ...मेरी नजर हटती नहीं है कि वह गायब हो जाया करते हैं...और मेरे यहाँ मेहमान ठहरे हैं इसलिए मैं हर वक्त उन पर नजर रख नहीं सकती।

टोमै : *(आह भरकर)* इस नन्हें से शांतिमय गाँव में क्या सब लोग पागल हो गए हैं ? आज ही सबेरे लक्जमबर्ग के ड्यूक लीयोनहार्ड ने मुझे बुलवा भेजा कि मैं बताऊँ कि वह क्या करें क्योंकि उन्हें लग रहा है कि वह कम्युनिस्ट हुए जा रहे हैं।

मरिष्क : बेचारे, उनकी यह दशा कब से हुई ?

टोमै : सवेरे ठीकठाक थे, घुड़सवारी को निकले थे कि हालत बदल गई।

मरिष्क : हचके लगने का असर होगा। तो आपने क्या उपदेश दिया ?

मरिष्क : उपदेश ? कम्युनिस्ट को ? मुँह धो आएँ। परंतु तुम्हें भी कोई सलाह देना आसान नहीं होगा बच्ची, क्योंकि हमें तुम्हारे पति की संवेदनशीलता का भी ध्यान रखना है और तुम्हारे मेहमान की भी।

[खुर्राटे की आवाज।]

मरिष्क : आपने ठीक कहा, वह तो छोटी-सी टार्च भी मुँह में लेने को तैयार नहीं।

टोमै : वह घमंडी आदमी है, बहुत घमंडी...तुम उसे कुर्सी से बाँधकर क्यों नहीं रखतीं। तब वह नहीं भाग पाएगा।

[फिर खुर्राटे की आवाज। वे चकित होकर एक-दूसरे की ओर देखते हैं।]

मरिष्क : उससे काम नहीं बनेगा क्योंकि बेचारों को अगर एक ही जगह देर तक बैठे रहना पड़े तो वह एकदम सो जाते हैं।

टोमै : तो गले में एक पट्टा डाल दो। ऐसा है कि मेरे पास एक सभा बुलानेवाली घंटी है...

[बड़े जोर का खर्राटा। मरिष्क घबराकर चारों ओर देखती है।]

मरिष्क : घंटी ? *(मुस्कुराकर)* तब तो वह बकरी बन जाएँगे। परंतु मुझे लगता है कि घंटी की आवाज से मेजरजी बौखला उठेंगे।

टोमै : तो मैं और क्या सुझाऊँ...*(जोरों से खर्राटे)* सुन रही हो ? क्या तुम खर्राटे ले रही हो मरिष्क ?

मरिष्क : मैं ? नहीं, नहीं, हरगिज नहीं।

टोमै : तो कौन है ?

[खर्राटा बढ़ता जाता है। वे चारों तरफ खोजते हैं। अंत में उन्हें टोट मिल जाता है...वह पलँग के नीचे ढेर हो रहा है। बड़ा हल्ला करके वह उसे बाहर निकाल लाते हैं और किसी प्रकार जगाते हैं।]

टोट : *(दोनों के हाथों से उठाया जाकर वह चारों ओर देखता है)* जय हो टोमैजी।

टोमै : जीते रहो...यहाँ कैसे घुस गए बेटा ?

टोट : *(सहज भाव से)* खिड़की से।

टोमै : मगर क्यों ?

टोट : क्योंकि दरवाजा बंद था।

टोमै : तुम्हारा मतलब है कि तुमने जागरूक मन से सारी योजना पहले ही सोच ली थी...*(टोट को ऊपर से नीचे तक आश्चर्य से देखता है। मरिष्क से)* बच्ची, हमें यहाँ अकेला छोड़ दो।

[मरिष्क जाती है।]

टोमै : मुझे सबकुछ सच-सच बता दो।

टोट : मैं क्या करूँ ? सच मानिए मैं मन से बहुत संघर्ष कर चुका हूँ, कई दिनों से मेरे ऊपर यह भूत सवार है कि मैं किसी चीज के अंदर छिप जाऊँ।

टोमै : काहे के अंदर ?

टोट : कोई चीज हो...जहाँ भी होता हूँ यही ख्याल दिल में रहता है कि कोई छिपने लायक जगह मिल जाए तो छिप जाऊँ...यह कोई अच्छी बात नहीं है मैं जानता हूँ। मगर क्या करूँ...इस वक्त भी, आपसे बात करते-करते मैं सब्र नहीं कर पा रहा हूँ। मन चाहता है आपके चोगे में घुस जाऊँ।

टोमै : बेटे ! मेरे बेटे...*(आह भरता है)* ऐसा हट्टा-कट्टा भरापूरा आदमी और यह बात ? छिः छिः *(अपना चोगा उठाता है)* अच्छा, अगर तुमको आराम मिले तो कोई बात नहीं। मेरे चोगे के अंदर थोड़ी देर के लिए आ जाओ।

टोट : *(पादरी की टाँगों को ललचाई निगाह से देखता है)* सच तो यह है कि आ जाऊँ तो बहुत आराम मिलेगा। वाकई बहुत आराम मिलेगा। मगर मैं नहीं आऊँगा। क्या करूँ ? कहीं मोह के वश में न आ जाऊँ ? नहीं आऊँगा।

टोमै : यह तुम्हारे स्वभाव के अधिक अनुकूल प्रतीत होता है। तो अब हमें क्या करना है ? युद्ध जारी है, अखबार प्रतिदिन विजय के समाचार छाप रहे हैं। परंतु हम सब और भी डरे हुए आतंकित दिखते हैं.....ओफ ! मैं फिर भाषण करने लगा। अपने को सँभालो बेटे। सोचो, सोचकर बताओ कि तुम्हारी चिंता का क्या कारण है ताकि मैं तुम्हारी थोड़ी सहायता कर सकूँ।

टोट : *(सोचता है)* श्रीमान टोमैजी, तीन बातें हैं जो मुझे सता रही हैं।

टोमै : वे क्या हैं, सो कहो बेटे ?

टोट : पहली तो यह कि हमारे महामान्य मेहमान चाहते हैं कि मैं टोप से आँखें ढाँपे रहूँ जो कि बेहूदा भी है और नियम विरुद्ध भी।

टोमै : अच्छा, और कहो !

टोट : और कभी-कभी मैं टाँग पसारकर अँगड़ाई लेना चाहता हूँ और अँगड़ाई लेते समय मैं थोड़ा-सा कराहना चाहता हूँ...

टोमै : *(चिढ़कर)* और क्या ?

टोट : वह भी मना कर दिया है। और मेरी तीसरी शिकायत यह है कि सब समय मुझे उसकी टार्च अपने मुँह में रखनी पड़ती है ताकि जमुहाई न लेने पाऊँ।

टोमै : समझा। *(नाराज होते हुए)* तो क्या वह इतनी बड़ी टार्च है ?

टोट : नहीं, बड़ी तो नहीं है। अंडे से ज्यादा बड़ी नहीं होगी।

टोमै : समझा। तुम्हें उसे निगलना नहीं पड़ता है न ?

टोट : निगलने कहाँ देते हैं, मुझे उसे लेमनचूस की तरह चूसना पड़ता है।

टोमै : *(क्रोध फूट पड़ता है)* बस ! यही सब तुम्हारी शिकायतें हैं ? यही तुम्हारी महामुसीबत है ? *(दरवाजे से आवाज देता है)* बच्ची ! अंदर आ जाओ। *(मरिष्क आती है)* तुम खुद सुन लेतीं तो अच्छा रहता। आज की असलियत क्या है। युद्ध के मध्य में हैं हम लोग और जहाँ दूसरे जान जाने के डर से थर-थर काँप रहे हैं, अपनों के बिछड़ने के लिए विलाप कर रहे हैं वहाँ यह अपनी हगनी-मुतनी समस्याएँ लिए चला आ रहा है। इसे तो कृतज्ञ होना चाहिए कि भगवान इसके बेटे के कमांडिंग अफसर को उसके दरवाजे तक ले आया। ले जाओ इसे, मैं इसका चेहरा भी नहीं देखना चाहता।

[यह देखकर कि कोई उसे देख नहीं रहा है, टोट खिड़की से कूदकर बाहर आ जाता है।]

मरिष्क : पर मैं उसको करूँ क्या ?

टोमै : उसे पुरोहित नहीं चाहिए...उसे ईश्वर नहीं चाहिए...उसे चाहिए मनश्चिकित्सक।

मरिष्क : ओह ! अच्छा, अच्छा, मैं उसे प्रोफेसर त्सिप्रिअनि के पास ले जाती हूँ। शायद वह कोई जुगत करें।

टोमै : हाँ, वह विश्वप्रसिद्ध हैं।

मरिष्क : *(अपने पति की अनुपस्थिति देखे बिना, वह दरवाजे की ओर बढ़ती है)* प्रियतम लयोश, पादरीजी को प्रणाम करो।

टोमै : *(उसी तरह टोट की अनुपस्थिति बिना देखे हुए)* जाओ शांति से रहो, बेटे। अपने हृदय को अहंकार के मिथ्या दर्प से रिक्त करो।

मरिष्क : हाँ, और अपनी अड़ियल जिद्द से भी।

टोमै : निरामिष व्रत रखो और प्रार्थना का प्रयत्न करो। युद्ध जारी है। हम सबको कष्ट झेलना है।

मरिष्क : *(दरवाजे पर से)* आओ, अब चले आओ प्रियतम लयोश *(जाती है)*

टोमै : *(अकेले)* हे पिता, तुम अंतर्यामी हो, तुम स्वयं जानते हो कि मैं भी कोई चीज मिल जाए तो उसके अंदर छिप जाने को व्याकुल हो रहा हूँ।

[मंच पर अंधकार हो जाता है।]

दृश्य : 3

[प्रोफेसर त्सिप्रिअनि का कक्ष। प्रोफेसर अपनी मेज पर बैठे हैं। टोट उनके सामने है। जाँच के समय मरिष्क एक किनारे हाथ बाँधे खड़ी है।]

त्सिप्रिअनि : *(अपनी जलती हुई सिगरेट खड़ी करके)* यह क्या है ?

टोट : *(आह भरता है, सर हिलाता है)*

त्सिप्रिअनि : *(अपना मोमबत्तीदान दिखाता है)* और यह ?

टोट : *(उसे घूरता है। सर हिलाता है और आह भरता है)*

त्सिप्रिअनि : *(एक पाँव से जूता उतारता है। उसे सीधा खड़ा करता है)* यह क्या है ?

टोट : मैं नहीं जानता।

मरिष्क : *(रुआँसी होकर)* प्रोफेसर त्सिप्रिअनि, इनका दिमाग इस वक्त जरा ज्यादा ही सुस्त काम कर रहा है।

त्सिप्रिअनि : *(उसे परे हटने का इशारा करता है। जूते को फीते से पकड़कर नचाता है)* ध्यान से देख लो।

टोट : क्या यह बाँसुरी है ?

मरिष्क : *(हाथ मलती हुई)* ओह प्रियतम लयोश...

त्सिप्रिअनि : अरी औरत, बीच में न आ। *(टोट से)* हाँ, बाँसुरी है। अच्छा ! अब यह बताओ कि इसका कौन-सा सिरा ऊपर का है ?

टोट : *(ऊपर देखता है, नीचे देखता है, चारों ओर देखता है)* कोई नहीं।

त्सिप्रिअनि : अद्‌भुत पकड़ है। और आप टोटजी, आप नर हैं कि नारी ?

टोट : *(सीधे सामने ताकता रहता है)*

त्सिप्रिअनि : या और ही कुछ हैं।

टोट : *(खुशी से सर हिलाता है)* और ही कुछ।

मरिष्क : *(हताश होकर)* भगवान का नाम लो...

त्सिप्रिअनि : अरी औरत, रीं रीं न कर...कोई गलत बात नहीं हुई है। *(टोट से)* और अगर कोई और कुछ है तो क्या उसे ठंडे पानी में डुबोया जाए ? या न डुबोया जाए ?

टोट : नहीं।

त्सिप्रिअनि : एकदम सही *(सीधा खड़ा होता है)* बधाई हो श्रीमती टोट। आपके पति की दशा अत्यंत स्वस्थ है।

मरिष्क : ऐसा आप कैसे कह रहे हैं ? वह तो बिना वजह बड़ बड़ बड बड़ करते रहते हैं—और मेज के नीचे रेंग जाते हैं और काट खाते हैं—यह स्वस्थ होना कहलाएगा ? और इनके सर में कोई दीवाल भी खड़ी है।

त्सिप्रिअनि : *(दिलचस्पी लेकर)* दीवाल ? किस तरह की दीवाल ? क्या वह सफेदी से पुती हुई है ?

टोट : *(सोचता है)* हाँ, मगर जहाँ-तहाँ उसकी पपड़ियाँ उखड़ रही हैं।

त्सिप्रिअनि : *(अपने सर की ओर इशारा करता है)* मजे की बात है। मेरे भी सर में एक दीवाल है। क्या तुम्हारी गिर पड़ने को हो रही है ?

टोट : वह मेरे ऊपर आई जा रही है।

त्सिप्रिअनि : *(हँसकर)* वाह री दीवाल। जानते हो कि ऐसे में क्या करना चाहिए। आपको उस दीवाल को तीन-चार मोटे-मोटे चीड़ के कुंदों के धस लगा देने चाहिए। ठीक हो जाएगी। और जहाँ तक आपका प्रश्न है, देवीजी, आपको खुशी के मारे फूल जाना चाहिए और अपने पति पर गर्व करना चाहिए। जहाँ तक इनके स्नायुतंत्र का प्रश्न है वह इतना सख्त है जितना घोड़े का होता है।

मरिष्क : *(रिरियाते हुए)* मगर प्रोफेसर साहब, इन्हें घर कैसे ले जाऊँ। आप तो जानते हैं हमारे यहाँ कौन ठहरा हुआ है और यह आदमी जो यहाँ खड़ा है उसे खुश रखने के बजाय

कभी उसके मुँह के सामने जमुहाता है, कभी गर्दन लंबी कर उसके पीछे झाँकता है, कभी बच्चों की तरह छिप जाता है...अब यह जूते को बाँसुरी बताने लगा...और आप कहते हैं कि स्वस्थ है।

त्सिप्रिअनि : मेरे चिकित्सालय में ऐसे लक्षणवाले रोगी अक्सर आया करते हैं। देवीजी, आजकल मैं उस आदमी को बीमार कहता हूँ जो जूते को जूता कहने का साहस करता है। आश्चर्य होता है? हर युग की अपनी एक न एक विशेषता हुआ करती है। हमारे आज के युग में वह विशेषता है 'भ्रांति'। एक युग था कि लोग कुकुरमुँहे देवताओं की पूजा किया करते थे, या बाहर निकली अंतड़ियों की शक्ल देखकर भविष्य बताया करते थे परंतु क्या उनके मन रोगी थे...? नहीं...हाँ, अगर इनकी मेजर से पटती ही नहीं तो मैं जो बता रहा हूँ उससे तुम्हें क्या फायदा होगा?

मरिष्क : इसीलिए तो उसे आपकी मदद चाहिए, प्रोफेसर साहब।

त्सिप्रिअनि : आप मेरी बात सुनेंगी ही नहीं, देवीजी।

मरिष्क : मैं?

त्सिप्रिअनि : कोई नहीं सुनता है मेरी बात...क्या कहते हैं लोग मुझे कस्बे में? हुँह।

मरिष्क : *(असमंजस में)* महामान्य आचार्य डाक्टर त्सिप्रिअनि प्रतिष्ठा आचार्य विश्वविद्यालय...

त्सिप्रिअनि : आपका मतलब है डाक्टर सिड़ी। कहो-कहो, डरती क्यों हो।

मरिष्क : *(एक पाँव से दूसरे पर खड़े होते हुए)* यह तो मैंने किसी को कहते सुना नहीं प्रोफेसर त्सिप्रिअनि साहेब...

त्सिप्रिअनि : इसमें शरम की कोई बात नहीं है...आजकल...हाँ टोटजी, क्या आप एक मिनट के लिए खड़े होने का कष्ट करेंगे। *(टोट खड़ा हो जाता है। प्रोफेसर उसे सर से पाँव तक घूरता है)* आपकी लंबाई क्या होगी टोटजी?

टोट : मैं औसत से जरा-सा ज्यादा लंबा हूँ।

त्सिप्रिअनि : ठीक है। और मेजर क्या तुमसे नाटा है?

टोट : परम आदरणीय मेजर हद से हद मेरे कंधे तक पहुँचते हैं...

त्सिप्रिअनि : मेरा भी यही अनुमान था। सारे झगड़े की जड़ यही है, मेरे दोस्त। यह जो लंबाई का अंतर है उसी की कीमत आपको चुकानी पड़ रही है और इसका दोष मेजर को है। यही होता है देवीजी। आजकल हर नाटा मेजर यह चाहता है कि वह बड़ा दिखे और अगर उसे सारे दिन गरदन उठा-उठाकर दूसरों को देखना पड़ा तो वह बुरा मानता है।

मरिष्क : सुन रहे हो प्रियतम लयोश।

टोट : हाँ, पर मैं कर क्या सकता हूँ?

मरिष्क : तुम बस अपनी सोचते हो पर यह हमारे ग्युल के जीवन का सवाल है। क्या तुम अपने को कुछ दिन के लिए सिकोड़ नहीं सकते?

टोट : *(कोशिश करता है)* होता नहीं? मैं अपना आकार नहीं बदल सकता।

मरिष्क : सुन रहे हैं प्रोफेसर साहब। यह है इनका मेरे साथ बर्ताव और आपका ख्याल है कि जो बाप अपने बेटे को मौत के मुँह में झोंक सकता है उसका दिमाग खराब नहीं है।

त्सिप्रिअनि : मैंने कहा था कि आप मेरी बात मानेंगी नहीं...यह तथ्य कि वह अपना आकार स्पष्ट रूप से पहचान रहे हैं स्वस्थ मानस का लक्षण है : इन दिनों देवीजी कोई अपना आकार नहीं पहचानता। यह भी आज के युग का लक्षण है जैसे चारों ओर फैली

भ्रांति है। जो छोटे हैं वे अपने को विराट मानते हैं और जो दूसरों से डेढ़ बित्ता भी बड़े हैं वे अपने को छोटा दिखाने के पीछे सब छोड़ने को तैयार हैं। आपको विश्वास नहीं होता ? मैं आपको उदाहरण दिखाता हूँ। *(दरवाजे पर जाकर आवाज देता है)* फ्रेडी...जिसको बुलाया है वह यहाँ छिपकर रहता है परंतु मुझे भरोसा है कि आप उसका रहस्य खोलेंगी नहीं...

डा. एगेनबर्गर : *(सात बरस का लड़का रोता हुआ, पहिएदार जूते पहने लुढ़कता आता है)*

त्सिप्रिअनि : क्या हो गया फ्रेडी ?

डा. ए. : उस जंगली कुत्ते हेक्टर ने मुझे धक्का देकर गिरा दिया।

त्सिप्रिअनि : इतने बड़े आदमी को रोना नहीं चाहिए। देवीजी को अपना नाम बताओ।

डा. ए. : मगर मैं झिड़ककर भगा दिया जाऊँगा।

त्सिप्रिअनि : नहीं, ऐसा नहीं होगा। यह महाशय हमारे यहाँ के आग बुझानेवाले हैं।

डा. ए. : *(नम्रता से)* डाक्टर एगेनबर्गर सहायक प्रोफेसर *(नाक सुड़कता है, देखता है कि कहीं कुत्ता हेक्टर आ तो नहीं रहा)* मेरी पुस्तकें पाँच देशों में प्रकाशित हुई हैं।

त्सिप्रिअनि : कुत्ते से डरो मत मुन्ने। तो तुम्हारी किताबें किस विषय में हैं ?

डा. ए. : कोलेस्टरिन वाहक रसायनों का वर्धमान नियोप्लाज्म पर प्रभाव...जाऊँ ?

त्सिप्रिअनि : हाँ, मगर जरा देवीजी को बता जाओ कि तुम्हारी उम्र क्या है...

डा. ए. : *(कमरे में चक्कर काटता घूमता है)* यहाँ खड़ा हूँ नन्हा बच्चा, पहने हुए कमर में कच्छा...*(भाग जाता है)*

त्सिप्रिअनि : देखो देवीजी, वह कैंसर का इलाज खोजना चाहता था मगर विश्वविद्यालय ने उसे निकाल बाहर किया। आज ऐसा ही वक्त आ गया है। मनश्चिकित्सा पत्रिका में एक यहूदी डाक्टर के विषय में लेख है जिसकी कमर पचास इंच मोटी थी मगर वह फिर भी ताले के छेद से घर के भीतर बाहर आता-जाता था...अपने पति की बात समझने की कोशिश कीजिए। आज इससे अधिक स्वाभाविक क्या होगा कि कोई किसी चीज के अंदर छिप जाने की कोशिश करे।

टोट : *(थोड़ी देर वह मेज की ओर ललचाई निगाह से देखता रहता है। अब वह खड़ा हो जाता है)*

मरिष्क : क्या बात है ?

टोट : *(झुककर चारों ओर देखता है)* कुछ नहीं।

मरिष्क : तुम जा कहाँ रहे हो ?

टोट : मैंने देखा कोई चीज लुढ़ककर नीचे गई है।

मरिष्क : *(उसे खींचकर)* कोई चीज लुढ़ककर नीचे नहीं गई है प्रियतम लयोश...*(त्सिप्रिअनि से)* देख रहे हैं, इधर हम इस जंजाल में फँसे हैं उधर आप प्रोफेसर साहब, इनको बढ़ावा दे रहे हैं।

त्सिप्रिअनि : चिंता न करें देवीजी, हर चीज का इलाज है। *(घंटी बजाता है। टोट से)* और आप भी चिंता न करें। *(सीधे खड़े हो जाएँ। सीना तानकर।)*

नौकर : *(आता है)*

त्सिप्रिअनि : जरा फायर ब्रिगेड कमांडर का घोड़ा ले आओ।

[नौकर *जाता है।*]

(टोट से) मैं आपको छिपाने जा रहा हूँ टोटजी। यदि कैंसर विशेषज्ञ यहाँ शरण पा सकता है तो हम आग बुझानेवालों को भी स्थान दे सकते हैं...

[नौकर एक झूलना घोड़ा और खिलौने का चाबुक लेकर आता है। प्रस्थान।]

टोट : *(खुशी-खुशी कूदकर घोड़े पर चढ़ जाता है)* हे, हे, हे, हो, रैली हो...

मरिष्क : उतर जाओ प्रियतम लयोश।

टोट : काहे का डर? *(वह खुशी-खुशी झूलता रहता है)* रैली हो...

त्सिप्रिअनि : खुश होइए कि आपके पति चंगे हो गए देवीजी और शांति से घर जाइए।

मरिष्क : इनके बिना घर जाऊँ? परंतु मेजर डिब्बे बनाने को वहाँ बैठे हैं। *(टोट से)* सुनाई दे रहा है तुम्हें। तुम्हारे ग्युल की जिंदगी और मौत का सवाल है, प्रियतम लयोश।

टोट : *(झूलने घोड़े पर बैठे-बैठे)* तुम मुझसे और क्या चाहती हो? *(त्सिप्रिअनि से)* मैं बाप के कर्तव्य जानता हूँ और जो मैं कर सकता था, किया है। मैंने शराबी की तरह टोप से आँखें ढाँपीं, मैं बिना सोए रहा, बिना जम्हाए रहा। मैंने कसकर अँगड़ाई भी नहीं ली और यह अपने में मुश्किल काम है—और मेजर की टार्च मेरे मुँह में रख दी गई तब भी मैंने उसे उगला नहीं। परंतु मैं एक ही जीवन लेकर आया हूँ और अब मैं यहीं रहूँगा और झूलता रहूँगा...

मरिष्क : उतरो और साथ चलो।

टोट : काहे का डर?

मरिष्क : लयोश, मेरे साथ आओ और डिब्बे बनाते रहो ताकि तुम्हारे बेटे का लेफ्टीनेंट मिकुलिट्स की जगह लेना पक्का हो जाए।

टोट : तुम्हारा मतलब यह है कि मैं फिर डिब्बे बनाऊँ? इसकी बजाय मैं मर न जाऊँ?

मरिष्क : जरा आप ही इन्हें समझाइए प्रोफेसर साहब। मैं इन्हें यहाँ इसलिए नहीं लाई थी कि इनकी भ्रांति और भी बढ़ जाए।

त्सिप्रिअनि : मैंने कहा था न देवीजी कि आप मेरी सलाह से संतुष्ट नहीं होंगी? आप क्यों आईं मेरे पास? आप तो जानती ही हैं जैसे सब जानते हैं कि 16 वर्ष से एक पागलखाना चला रहा हूँ और मैं खुद *(उद्विग्न होकर खड़ा हो जाता है)* हाँ, मैं भी हूँ—इसीलिए मैं इस तरह की सलाहें दिया करता हूँ क्योंकि मुझे यकीन है कि जो आज हो रहा है वह हमेशा नहीं चल सकता। *(नौकर आता है। त्सिप्रिअनि को एक जकड़ जाकेट पहना देता है। मरिष्क प्रोफेसर के शब्द सुनते-सुनते और अधिक भयभीत होती जाती है। वही भय टोट को होने लगता है। प्रोफेसर बोलता जाता है)* जो कुछ हो रहा है...वह समाप्त होकर रहेगा। यह नासपीटी लड़ाई और यह सारा मनहूस ढाँचा खत्म हो जाएगा।

मरिष्क : *(डरी हुई झूलने घोड़े के सामने खड़ी होती है)* सुन रहे हो प्रियतम लयोश?

त्सिप्रिअनि : *(उसके इर्द-गिर्द घूमते हुए)* और तब तुम्हारे प्यारे मेजर को लोग फाँसी चढ़ा देंगे। और तुम्हारे मेजर के कमांडिंग अफसर को भी फाँसी चढ़ा दिया जाएगा...

टोट : *(प्रोफेसर को भयभीत होकर देखता है और घोड़े पर से उतर आता है।)*

त्सिप्रिअनि : मेजर के कमांडर के कमांडर को भी फाँसी चढ़ा दिया जाएगा।

मरिष्क : लयोश, चलें, भागें, *(पति का हाथ पकड़कर उसे ले जाती है)*

त्सिप्रिअनि : *(शांत हो जाता है, झूलने घोड़े पर बैठ जाता है)* और तब हर कोई उतना बड़ा या छोटा होगा जितना वह चाहेगा, सोने की फिर से अनुमति होगी और हम अँगड़ाई भी ले सकेंगे।

[धीरे-धीरे मंच पर अँधेरा होता जाता है। एक क्षण में वह जगमगा उठता है और उस पर टोट का शीशेदार बरामदा दिखाई देता है। एक पुराने लोकप्रिय

गाने की धुन सुन पड़ती है और टोट परिवार और मेजर एक पंक्ति में खड़े दीखते हैं। नृत्य की लय से वे गत्ता उठाते, काटते और डिब्बा बनाते हैं। टोट जो कि निकलकर सामने आ जाता है—औरों की तरह ही बराबर हाथ चलाता रहता है। इस बीच बाकी सब अँधेरे में लोप हो जाते हैं। टोट अँधियारे मंच को देखता है। उसे एक ओर एक दरवाजा दिखाई देता है। उसका चेहरा चमक उठता है। वह दरवाजे तक जाकर उसे खोलकर अपने को उसमें बंद कर लेता है।

मंच पर रोशनी तेज़ हो जाती है।]

दृश्य : 4

[टोट परिवार के बाग में एक कोठरी, जिसके भीतर संडास है। उसके चारों ओर फूल के पौधे जो तीसरे पहर की धूप में चमक रहे हैं।]

मेजर : *(घर के बाहर आता है, संडास में जाना चाहता है। दरवाजा अंदर से बंद है। वह खटखटाता है। भीतर से कोई सभ्यता से खाँसता है। मेजर लौटकर घर में चला जाता है।)*

मरिष्क : *(डरते-डरते आती है)* इसके भीतर कल से बैठे तुम भगवान जाने क्या कर रहे हो, प्रियतम टोट। *(जोरों से खटखटाती है। भीतर से अर्थमय खाँसी। अधीर होकर)* लयोश, जवाब दो! और कितनी देर तुम्हें लगेगी?

टोट : *(भीतर से)* मेजर कब जा रहा है?

मरिष्क : मेजरजी कल से पहले नहीं जानेवाले हैं।

टोट : तो मैं थोड़ी देर और यहीं रहूँगा।

मरिष्क : तुम हमेशा अपने मजे की सोचते रहते हो *(गुस्से से त्योरियाँ चढ़ाती है। घर की तरफ आवाज देती है)* एक मिनट के लिए यहाँ आना मुन्नी *(आगिक आती है)* मैं बाजार जा रही हूँ। तुम्हारे पापा इसके अंदर बैठे हुए हैं। मेजर अपने कमरे में चहलकदमी कर रहे हैं।...इन दोनों का ख्याल रखना मुन्नी *(जाती है)*

आगिक : *(बैठ जाती है, खड़ी होती है। समझ नहीं पाती कि क्या करे। फिर एकाएक अपने लंबे सुंदर बाल खोलकर बिखरा देती है। और इंतजार करती है)*

मेजर : *(घर के बाहर आता है। चेहरा कठोर है। खटखटाता है, अंदर से खाँसी। वह पलट जाता है)*

आगिक : *(आवाज में कंपन है)* कितना सुहावना दिन है।

[मेजर उसे बिना देखे चला जाता है।]

धूप खिली हुई है मगर गरमी नहीं है।

[मेजर चलता चला जाता है।]

क्या मैं आपसे कुछ पूछूँ मेजर साहेब?

मेजर : *(रुकने को बाध्य होकर भी आगिक की ओर नहीं देखता है)*

आगिक : मैं जानना चाहूँगा कि मेजरजी, क्या कभी आपको ऐसा लगा है कि आप बिना वजह उदास हो गए हैं या कभी एकदम खुश हो गए हैं और बात-बात पर खूब हँसने

को जी चाह रहा है ?

मेजर : *(खौंखियाता हुआ देखता है)* मुझे क्या पता ? *(जाता है)*

आगिक : *(अत्यंत गंभीर होकर दरवाजा खटखटाती है)* पापा, ओह पापा, पापा *(सहसा वह शर्ट स्कर्ट के अंदर कर लेती है और मोहक मुद्रा में इंतजार करती खड़ी हो जाती है।)*

मेजर : *(पाँव पटकता हुआ आता है)*

आगिक : *(हिम्मत बटोरकर उसका रास्ता छेंककर खड़ी हो जाती है)* मैं मेजर साहब से एक बहुत बड़ी चीज माँगना चाहती हूँ *(अपने शर्ट का गला खोलकर बोलती चली जाती है)* मैंने पहले कभी आपसे ऐसी चीज माँगने की हिम्मत नहीं की मगर आज जब कि हम संयोग से इस प्रकार मिल गए हैं, मैं मेजर साहब को अपने मन की अभिलाषा बताना चाहूँगी...

मेजर : *(चिढ़कर)* वह क्या है ?

आगिक : मैं आपसे यह कहना चाहूँगी मेजर साहेब कि आप मेरी ओर नजर भरकर देखिए और फिर बताइए कि सबसे पहले क्या बात आपके मन में आती है *(जल्दी-जल्दी उसाँस भरती इंतजार करती है)*

मेजर : *(रूखे स्वर में)* तुम्हारे बाबू क्या अभी तक संडास में बैठे हैं ?

आगिक : *(निराश होकर घर में भाग जाती है)*

मेजर : *(गुस्सा दबाकर दरवाजे से)* हैलो...

टोट : *(अर्थ भरी खाँसी खाँसता है)*

मेजर : *(गुर्राता हुआ)* क्यों जी, क्या हो रहा है ?

टोट : *(खाँसता है)*

मेजर : *(संडास की कोठरी पर घूँसे मारता है)* यह क्या है ? बहरे हो गए हो या मक्कारी कर रहे हो। मैं बिस्तर बाँधकर अभी रवाना हो जाऊँगा...

मरिष्क : *(डरी हुई दौड़ी आती है)* हाय भगवान...मेजरजी साहेब, मैं आपके पाँव पड़ती हूँ, थोड़ा धीरज *(संडास से)* लयोश, क्या कर रहे हो। क्या तुम्हारे दिल नाम की चीज है कि नहीं *(मेजर से)* अभी आते हैं। एक मिनट लगेगा....छिन भर।

मेजर : छिन भर ! मैं यही शब्द कल सबेरे से सुन रहा हूँ। पहले मैं समझा कि पेट दुख रहा होगा...

मरिष्क : नहीं, नहीं, मैं आपसे झूठ नहीं बोल सकती, मेजरजी, दुर्भाग्य से पेट नहीं दुख रहा है।

मेजर : तो वही बात निकली जो मैंने सोची थी। वह बस बैठे हैं—सोच रहे हैं, योजना बना रहे हैं, कोई भयंकर षड्यंत्र कर रहे हैं।

मरिष्क : *(चीखकर)* सुन रहे हो प्रियतम लयोश ? सुन रहे हो तो बोलते क्यों नहीं ? तुम अपने इकलौते बेटे को मौत के मुँह में धकेल दोगे ?

टोट : *(आहिस्ते से दरवाजा खोलता है, सीट पर से उठ खड़ा होता है और बाहर आ जाता है)* मेजरजी, साहेब, मैं तो समझ ही नहीं पा रहा हूँ कि आपने मेरे बारे में ऐसे शब्द क्यों कहे...

मेजर : तो आप वहाँ भीतर बैठे क्या कर रहे हैं ?

टोट : कुछ नहीं।

मेजर : क्या वाहियात बात है...तब अंदर से बंद क्यों कर लिया।

टोट : मेजरजी साहेब, मैं कसम खाता हूँ कि मैंने कई दिन से किसी चीज के बारे में कुछ सोचा ही नहीं है।

मेजर : आप सोच नहीं रहे हैं ?

टोट : सोचूँगा क्यों ? मैं चुपचाप बैठा रहता हूँ, कोई मुझे छेड़ता नहीं। मच्छर भनभनाते रहते हैं और अगर दरवाजा बंद कर लूँ तो मुझे ऐसा लगता है जैसे मेरी प्यारी माँ बेचारी मुझे गोद लिए हलकोरे दे रही है...

मेजर : *(सहसा दयालु होकर)* आपने मुझे पहले क्यों नहीं बताया ? और आप बहाने क्यों बना रहे हैं ? बैठिए, बैठिए, बैठ जाइए...हाँ एक बात है, मुझे एक विचार आ रहा है...हम आपकी मुन्नी से कहेंगे कि वह क्लाइन के बियरखाने तक दौड़ जाए और दो ठंडी बियर खरीद जाए।

मरिष्क : *(खुश होकर)* मैं बाटल ओपनर ले आऊँ ?

[मरिष्क और आगिक दौड़ जाते हैं।]

मेजर : टोटजी, ऐसा मत सोचिएगा कि मैं आपको धकेल बाहर करना चाहता हूँ मगर ऐसा है कि क्या यहाँ थोड़ी-सी और जगह हो सकती है ?

टोट : *(खुशी और गर्व से जरा खिसक जाता है)* जी हाँ, जरूर है और यह मेरे लिए सम्मान की बात है कि आप यहाँ...

[मेजर टोट की बगल में बैठ जाता है। दोनों एक-दूसरे में ठँस जाते हैं।]

टोट : क्या कहूँ, जगह जरा तंग है...

मेजर : तो क्या हुआ, कोई हर्ज नहीं।

[आगिक बियर ले आती है। दो गिलास डालती है और दोनों को पेश करती है। टोट और मेजर एक-एक गिलास ले लेते हैं। आगिक जाती है।]

टोट : आप नीरोग रहें, श्रीमानजी। *(चीयर्स करते हैं)*

[वे अपने-अपने गिलास नीचे रखे तश्त पर रख देते हैं। थोड़ी देर मौन रहता है।]

मेजर : पिकनिक के लिए यह एक सुंदर जगह है।

टोट : कुछ पुराने जमाने की-सी है...परंतु गाँव में यही तो होगी।

मेजर : मुझे तो इसी में खुलकर आराम मिल जाएगा...आप नीरोग रहें। *(चीयर्स करते हैं)*

टोट : और आप भी श्रीमान।

[वे पीते हैं। थोड़ी देर मौन।]

मेजर : यहाँ कितना अच्छा लग रहा है। मेरा बस चलता तो मैं यहाँ से कभी न टलता।

टोट : मैं तो टलने की सोचता ही नहीं।

मेजर : मैं समझता हूँ...यह खरखराहट कैसी है ?

टोट : पत्तियों की है और कुछ नहीं।

मेजर : और यह भनभनाहट कैसी है ?

टोट : एक पतंगा है और कुछ नहीं।

मेजर : किस तरह का पतंगा है ?

टोट : एक सुनहला गुबरैला।

मेजर : कितना प्यारा नाम है।

[थोड़ी देर को मौन। वे गिलास उठाकर एक-दूसरे की शुभकामनाएँ करते हैं फिर पीते हैं।]

मेरा मन उठने का नहीं हो रहा है।

टोट : मेरा भी।

मेजर : मगर शाम को आप मिल रहे हैं डिब्बे बनाने के लिए या कहीं आप इस काम से थक तो नहीं गए।

टोट : कृपया ऐसे शब्द मुँह से न निकालिए।

मेजर : मैं जानता हूँ, मैं जानता हूँ...*(टोट के गले में बाँह डाल देता है)* कितनी मजे की बात है, शुरू में हम लोगों में मतभेद थे पर अब हम उनसे फारिग हो गए...ईश्वर को धन्यवाद।

टोट : ईश्वर को धन्यवाद।

मेजर : *(पीता है, उसे चढ़ रही है)* टोटजी *(चिढ़ाते हुए)* टोटजी!

टोट : हा, हा, हा...

मेजर : मैं जानता हूँ, सुनो टोटू।

टोट : टोटू ? हा, हा, हा...

मेजर : मैं कहता हूँ कि क्यों न हम गाएँ ?

टोट : हा, हा, मगर क्या गाएँ।

[मेजर शुरू करता है। टोट स्वर पकड़ लेता है। एक दूसरे के गले में बाँहें डाले वे दाएँ-बाएँ झूमते हुए गाते रहते हैं।]

[गीत]

मरिष्क : *(दबे पाँव गाना सुनने पास आती है। खुशी के आँसू आँखों से पोंछती है)* द्युल, द्युल, हाय द्युल तुम यहाँ होते तो यह दृश्य देखते मेरे आँखों के तारे द्युल...

[मंच पर अँधेरा हो जाता है।]

दृश्य : 5

[बस अड्डे पर। टोट परिवार थकावट से चूर चला आता है। मेजर का चेहरा सुख और स्वास्थ्य से दमक रहा है। ब्रास बैंड भी लाया जा सकता है।]

मरिष्क : तो हम आ गए।

आगिक : और अब तो बिछुड़ना ही होगा।

मेजर : सच कहता हूँ मेरे मित्रो, आपसे विदा लेने का दिल नहीं चाहता।

मरिष्क : दो सप्ताह कैसे फुर्र से उड़ गए, है कि नहीं प्रियतम टोट ?

टोट : *(आँखें मुँदी हुई हैं। बीच-बीच में वह एकदम भहरा पड़ते हैं, परंतु जिधर गिरते हैं उधर पत्नी या पुत्री, दोनों में से जो हुआ उन्हें पकड़कर फिर खड़ा कर देते हैं)* हाँ, हाँ, फुर्र से।

मेजर : आप लोगों से बहुत प्रसन्न हूँ मैं भाई टोटजी, मगर ध्यान रहे पुरानी आदतें फिर न डाल लें।

टोट : *(धीरे-धीरे मेजर के ऊपर गिरने लगता है। बड़ी मुसीबत से दोनों औरतें उन्हें सीधा खड़ा करती हैं)* नहीं, नहीं, नहीं डालूँगा।

मरिष्क : हमारे बच्चे को हमारा बहुत-बहुत दुलार दीजिएगा और आपको कष्ट तो होगा परंतु

यह थोड़ा-सा हलवा भी उसे पहुँचा दीजिएगा।

मेजर : पहुँचा दूँगा, मरिष्क...और मैं बातें कम काम ज्यादा करता हूँ। इसलिए मैं अपनी कृतज्ञता कुछ करके दिखाऊँगा।

[बस की आवाज आती सुनाई पड़ती है।]

आगिक : *(उदास)* बस आ रही है।

मरिष्क : *(आँसू रोके नहीं रुक रहे हैं)* हमें कितनी खुशी है कि आपको हमारी कुटिया में सुख मिला।

मेजर : ऐसे अवसर पर भी मजाक की इजाजत हो तो कहूँगा कि यह अनुभव इतना अच्छा था कि रहा ही नहीं होगा *(जबर्दस्ती हँसता है)*

[आगिक उसके साथ हँसना शुरू करती है, फिर मरिष्क फिर टोट भी हँसते हैं पर वे मजे में नहीं हँस रहे होते हैं, सिर्फ हँसी के जरिए बच निकल रहे होते हैं। जब मेजर हँसना बंद कर देता है वे तुरंत चुप हो जाते हैं।]

(बस का शोर कम हो जाता है) अब मुझे चलना ही होगा। *(मरिष्क का हाथ थाम लेता है)* सारी सुविधाओं के लिए धन्यवाद।

मरिष्क : हमारी शुभकामनाएँ लेते जाइए मेजर साहब।

मेजर : *(आगिक के गाल सहलाता है)* नमस्ते आगिक।

आगिक : फिर आइएगा हमारे घर मेजर साहेब।

टोट : *(उसे लगता है कि उसकी बारी आ गई मगर गलती से वह मरिष्क से हाथ मिलाने लगता है)* यात्रा सुखद रहे मेजर साहेब।

मरिष्क : *(उसका मुँह मेजर की तरफ घुमा देती है)* मेजर इधर हैं।

टोट : *(मेजर से हाथ मिलाते हुए)* धन्यवाद मरिष्क।

मेजर : खुश रहिए।

आगिक-मरिष्क : *(एकसाथ)* खुश रहिए।

मेजर : नमस्ते *(चलने को होता है, फिर पलटता है)* आप सच-सच कह रहे हैं न कि मैं आप पर बोझ नहीं था?

टोट परिवार : *(हाथ हिलाकर)* बिलकुल नहीं, हरगिज नहीं, यात्रा सुखद हो।

मेजर : *(हाथ हिलाकर बस के अंदर चला जाता है)*

[बस फिर गरजने लगती है। टोट परिवार हाथ हिलाते हुए मुस्कुराता है। बस चलना शुरू करती है और चली जाती है। जैसे-जैसे उसकी आवाज मंद हो जाती है वैसे-वैसे टोट परिवार के चेहरों पर से मुस्कान भी धीमी हो जाती है। पहले टोट, फिर मरिष्क हाथ हिलाना बंद कर देते हैं।]

आगिक : *(दिल टूट गया है)* वह चले गए।

मरिष्क : अपने पापा की वह बाँह थाम लो, मुन्नी।

टोट : जरूरत नहीं है...*(उन्हें इशारे से परे कर लेता है, सीधा तनकर खड़ा हो जाता है और अपना टोप सही कर लेता है)* चलो छुट्टी हुई *(आत्मविश्वास के साथ)* आओ चला जाए मरिष्क *(पुरुषोचित चाल से चलता है)*

[पृष्ठभूमि में अँधेरा हो जाता है। उधर सेट बदल जाता है इधर डाकिया आता है। हाथ में एक सैनिक पोस्टकार्ड है।]

डाकिया : *(पढ़ता है)* "मुझे याद है कि अपनी गिलहरी मित्सू भाग गई थी...हम सब बच्चे रोने लगे परंतु बाबू ने कहा : वह नालायक गिलहरी आजाद होना चाहती है...उसे हमारे

प्यार की भी जरूरत नहीं...कितने सुंदर ढंग से उन्होंने यह बात कही। मैंने भी तब से सीखा है कि अच्छे आदमी होना मुश्किल काम है और यह भी कि हर कोई अच्छा भी होता है, बुरा भी। परिस्थितियाँ तय करती हैं कि कोई व्यक्ति कौन-सा मोड़ लेगा। मगर मैं नहीं जानता कि कौन-सी परिस्थितियाँ मुझे चाहिए। शायद अभी मेरी उम्र नहीं हुई है और मैं जिंदगी को समझता नहीं।" *(वह कार्ड को दोनों तरफ देखता है और आह भरता है)* ऐसे चार कार्ड थे और अब तीन रह गए हैं। और मुझे हमेशा सम संख्याएँ पसंद आती हैं...दो, चार—छह—आठ...*(वह कार्ड के टुकड़े-टुकड़े कर फेंक देता है। जाता है)*

दृश्य : 6

[टोट दंपत्ति और आगिक शीशे के बरामदे में एक-एक कर आते हैं। वे चारों ओर देखकर आहें भरते हैं।]

मरिष्क : आ गए घर...अब सबकुछ ऐसे ही पड़ा रहने दें। चलकर सो जाएँ।

टोट : ओह नहीं, पहले सब ठीकठाक कर लें। मेज पोंछकर साफ कर दो मरिष्क। बिटिया आगिक, यह बिस्तर यहाँ से हटा दो। मैं अभी एक मिनट में आया। *(वह मार्जिन कटर उठा लेता है और उसे बगीचे में ले जाता है। जब तक वह वापस आता है बरामदा साफ-सुथरा हो चुका है। वह चारों ओर देखकर संतुष्ट होता है और कोयल-घड़ी में चाबी भरता है जिससे कोयल बोल पड़ती है।)* अब से हम सबेरे में नाश्ता, शाम को खाना खाएँगे और रात में सोएँगे। हम यह सब वैसे ही किया करेंगे जैसे हम पहले किया करते थे।

मरिष्क : अपनी-अपनी मर्जी के मुताबिक रहेंगे प्रियतम लयोश, तुम्हारे लिए सिगार ले आऊँ ?

टोट : ले आओ *(वह अपनी पुरानी जगह पर बैठता है।)*

[मरिष्क उसका सिगार ले आती है, आगिक उसे दियासलाई से जलाती है। दोनों टोट के दाएँ-बाएँ बैठते हैं। अँधेरा होने लगता है।]

मरिष्क : कैसी सुहानी शाम है।

टोट : लीसावालों ने अलाप जला लिए हैं।

मरिष्क : रात बहुत हो गई, तुम्हें नींद नहीं आती ?

टोट : अजब बात है, मेरी तो अब नींद ही गायब हो गई। दरअसल मैं बहुत मजे में हूँ...*(सुख की आह भरता है)* रानी, जरा-सा खिसक जाओ...

आगिक : पापा, आप फैलके अँगड़ाई लेना चाहते हैं ?

[वे उसके लिए जगह बनाते हैं।]

टोट : *(अँगड़ाई लेकर उँगलियाँ चटखाता है)* ऊह, मेरी अम्मा, अरी अम्मा रे ऊह *(शब्द उसके गले में ही रुँध जाते हैं, बाँहें झूल जाती हैं)*

मेजर : *(जोरों से मुस्कुराता हुआ दरवाजे में प्रकट हो जाता है। हाथ में सूटकेस है)* दिख रहा है कि आपको अपनी आँखों पर यकीन नहीं हो रहा है। जी, यह मैं ही हूँ।

[सभी को अप्रसन्नता होती है। टोट उठकर खड़े होना चाहता है परंतु गिर पड़ता है।]

मरिष्क : *(न हिलती है न बोलती है)*

मेजर : एगेर मैं अपने टिकट पर मोहर लगवाने जा रहा था कि स्टेशन मास्टर ने बताया कि पक्षधरों ने एक रेल पुल उड़ा दिया है इसलिए तीन दिन तक रेल नहीं चलेगी...क्या करेंगे आप इस पर ?

[कोई नहीं बोलता। वे आँखें फाड़े हुए मेजर को ताकते रहते हैं।]

(कार्रवाई के लिए तैयार चारों ओर देखता है) तो अब जब कि हम यहाँ आ गए हैं...मैं जानता हूँ कि हमारे पास क्या काम है ? तो डिब्बे बनाए जाएँ ? *(चुप रह जाता है। चारों ओर ताकता है)* मगर नए गार्जिन कटर का क्या हुआ ? कहाँ चला गया वह भाई टोटजी ?

टोट : *(किसी प्रकार उठकर खड़ा होता है। अप्राकृतिक स्वर में)* मार्जिन कटर ? तुमने देखा है मरिष्क ? ओह हाँ, मैं ही तो उसे बाग में ले गया था।

मेजर : वह मशीन बाग में ? क्यों ? कहाँ ?

टोट : *(तुरंत)* यहीं पर, झाड़ियों के पास है, आइए दिखाएँ।

[टोट फिर पहले सा चैतन्य हो गया है। वह बाग की ओर चलने का इस तरह दृढ़ इशारा करता है कि कोई इनकार नहीं कर सकता। वह मुड़कर पीछे नहीं देखता। परंतु जब वह चला जाता है तो मरिष्क और आगिक डर के मारे जड़ हो जाती हैं। थोड़ी देर सन्नाटा रहता है फिर मार्जिन कटर की धड़ाम से आवाज सुनाई पड़ती है। दोनों औरतों का सारा शरीर सिहर उठता है। दूसरी बार धड़ाम की आवाज आती है। वे फिर सिहरती हैं। वे सीधे सामने देखने लगती हैं। और इंतजार करती हैं।]

टोट : *(हाथ पोंछते हुए अंदर आता है। शांति से)* तुम दोनों ऐसे खड़ी क्यों हो ?

मरिष्क : *(काँपते ओठों से)* तुम्हारा इन्तजार कर रहे थे।

टोट : बहुत रात हो गई, चलो सोएँ।

आगिक : *(अपने पिता को भयभीत आँखों से देखती है)*

मरिष्क : *(अपने कमरे की ओर जाती है, फिर हिचककर रुक जाती है)* तुमने उसके तीन टुकड़े किए प्रियतम लयोश ?

टोट : *(गिनकर)* तीन ? नहीं, क्या तीन ही करने थे ? मैंने तो चार बराबर-बराबर टुकड़े किए। क्या गलत किया ?

मरिष्क : ठीक किया, मेरे प्रियतम टोट। क्या ठीक रहेगा, यह तुम हर बार ठीक-ठीक जानते हो।

[थोड़ी देर सन्नाटा।]

(भयभीत होकर) मेरा बेटा ! मेरा बबुआ ! मेरा दुलारा बबुआ !

नाटककारों का परिचय

इश्टवान चुरका

इश्टवान चुरका नए लेखकों में सबसे अधिक सक्रिय और सफल हैं। *लोकेशन पर* नामक नाटक में हंगारी के फिल्म संसार को क्षेत्र बनाकर उन्होंने वही प्रश्न पूछा है जो हंगारी में आधुनिक समाज का मुख्य प्रश्न है। इस नाटक में बुद्धिजीवी और कलाकार के मन का सबसे बड़ा और निरंतर अनुत्तरित रहनेवाला प्रश्न उठाया गया है। एक सफल निर्देशक कई वर्ष से अपने आपको एक प्रतिभाशाली और महत्त्वपूर्ण कलाकार मानता चला आ रहा है। अब एकाएक एक फिल्म की लोकेशन पर शूटिंग के समय कुछ तनावभरी परिस्थितियाँ बनती हैं और उसकी प्रतिभा की कमी एकाएक प्रकट हो जाती है। मूल समस्या उसमें प्रतिभा की कमी की नहीं है बल्कि यह है कि उसकी प्रतिभा की कमी के कारण लंबे समय से दूसरे कलाकारों की प्रतिभा का बलिदान होता रहा है। यही नहीं उनकी योग्यता, समय और धीरज का भी नाश होता रहा है। उधर दूसरी ओर एक सहायक निर्देशक है जिसे कभी कोई वास्तविक काम को निपटाने में अपनी योग्यता दिखाने का अर्थात् अपनी ही फिल्म बनाने का अवसर नहीं मिला। परिणामतः एक समय के बाद वह स्वयं अपने से ही असामंजस्य का अनुभव कर रहा है और जब निर्देशक महोदय बेआबरू होकर चले जाते हैं तो उनकी भ्रष्ट की हुई विरासत को सँभालने अर्थात् अधूरी फिल्म पूरी किए जाने का जिम्मा दिए जाने पर वह इतना प्रतिभाशाली नहीं रह गया है। समाज मनुष्य को उसके योग्य स्थान पर नहीं रखता और रखता भी है तो ठीक समय पर नहीं रखता।

लोकेशन पर से इश्टवान चुरका के नाटककार के रूप में विकास का, जो कि 1952 से 18 बर्ष की उम्र में शुरू हुआ, एक नया चरण आरंभ होता है। बहुतों का विचार है कि वह आगे चलकर 1979 में दिवंगत इश्टवान अर्केन्यू के बराबर ही सफल होंगे।

फेरेंत्स कारिंथी

इस पुस्तक में संग्रहीत नाटकों के लेखकों में से मेरा व्यक्तिगत परिचय केवल फेरेंत्स कारिंथी से है और वह भी इतना स्वल्प है कि उनके कृतित्व पर उस परिचय के नाते कोई टिप्पणी करना कोई दंभ ही होगा। परंतु उनसे भेंट की एक झलक यहाँ देना चाहता हूँ। इससे शायद अनुमान किया जा सकेगा कि दो व्यक्तियों के परस्पर संबंध के भीतर, जो एक हमाम के भीतर की गर्मी में बनता है, उनकी आकांक्षाओं, वर्जनाओं और कुंठाओं का आदान-प्रदान लिखने का धीरज और दम कारिंथी को कहाँ से मिला। मेरी संक्षिप्त हंगारी यात्रा में वह मेरे अनुरोध पर मुझसे मिले। उनकी एक लंबी कहानी "ऐमिल दुकिच का जन्म दिन" का अनुवाद साहित्य अकादमी के लिए *बारह हंगारी कहानियाँ* नामक पुस्तक के अंतर्गत मैं कर चुका था। (इस संग्रह में पाँच कहानियों का अनुवाद भारतभूषण अग्रवान ने किया

था, शेष का मैंने) उस कहानी में एक युवा मन की उमंग और अधूरी आशा से भरी एक शाम, जो अपने वृद्ध एवं शालीन शिक्षक के घर मस्ती के नियंत्रित वातावरण में मनाई जाती है, अंत में एक अनजान स्त्री से देह प्रसंग के साथ समाप्त होती है। यह कोई सफलता नहीं एक पराजय ही है जिसकी पीड़ा को सुख के साथ मिलाकर कारिंथी ने देखने का धैर्य रखा है। ऐसे कहानीकार से बूदापेश्त के एक भोजनालय में जिसमें इतिहास के प्रसिद्ध राजाओं के चित्र दीवारों पर रचित थे जब भेंट हुई तो एक सहृदय वातावरण रच गया। उन्होंने अपने लेखन की कुछ योजनाओं का जिक्र किया जिसमें एक यह थी कि वह छोटे नाटक लिख रहे हैं क्योंकि हंगरी में मौलिक नाटकों की कमी है। वहाँ उपन्यासों से रूपांतर करके नाटक बनाने की जरूरत समझी गई है और इस पर काफी विवाद भी चला है कि क्या इस तरह अच्छे नाटक बन सकते हैं। इश्टवान अर्केन्यू ने भी इसी पुस्तक में प्रकाशित 'प्रियतम टोट' को दो बार लिखा। एक बार उपन्यास के रूप में, दूसरी बार नाटक के रूप में और घटनाक्रम को नाटक लिखते समय इस तरह दुबारा क्रम दिया जिससे नाटक की जरूरत मौलिक रूप से पूरी हो। उदाहरण के लिए डाकिया टोट के पुत्र की मृत्यु का समाचार जो कि सिर्फ दर्शक जान पाते हैं, पात्र नहीं, उपन्यास के आरंभ में देता है, नाटक के मध्य में। कारिंथी ने चलते समय मुझे अंग्रेजी में अनूदित अपने दो नाटक दिए जो कि अमेरिका में प्रकाशित हुए हैं। मेरी यह इच्छा जानकर कि भारत पहुँचकर मैं इन्हें हिंदी में उलथा करके खेलूँगा, वह खुश हुए। परंतु मुझे विश्वास है कि मेरे आज से पहले ऐसा न कर पाने से वह अप्रसन्न नहीं हुए होंगे। यह दो नाटक थे *हाट एयर* (हंगारी में *गुयएज फियुर्दे)* और *स्टाइनवे ग्रांड* (हंगारी में *बोएजेन डोरफर)* दोनों में दो-दो पात्र हैं। *गुयएज फियुर्दे* में दोनों मंच पर दिखाई देते हैं, *बोएजेन डोरफर* में केवल एक। दूसरा अदृश्य रहता है। *गुयएज फियुर्दे*, जिसका अनुवाद मैंने *गर्म कमरा* के नाम से किया है, खेलने में आसान लगता है क्योंकि इसमें *बोएजेन डोरफर* की तरह एक आदमी अपना अकेलापन मिटाने के लिए और प्रकारांतर से दूसरों के पीड़न के लिए अपने कई प्रतिरूप, कई आवाजें इस्तेमाल नहीं करता परंतु *गर्म कमरा* दोनों अभिनेताओं पर दूसरी तरह की जिम्मेदारी डालता है। दोनों ही अकेलेपन की पीड़ा और तनाव से त्रस्त हैं और एक-दूसरे को पीड़ित भी करते हैं किंतु इस पीड़ा में सहानुभूति की अंतरधारा बराबर बहती है। दोनों में से कोई विजयी नहीं होता और *बोएजेन डोरफर* की तरह यह परपीड़न की मजबूरी नाटक समाप्त होने के बाद आगे के लिए जारी नहीं रहती। यहाँ दोनों ही थककर गर्म कमरे की गरमी में निष्प्राण हो जाते हैं। केवल एक ऐसा मानता है कि चूँकि वह बाद में मरा इसलिए वह जीता। *बोएजेन डोरफर* में अभिनेता का कौशल प्रधान है, *गुयएज फियुर्दे* में निर्देशक का क्योंकि उसे दोनों प्रतिद्वंद्वियों के परस्पर आचरण को व्यर्थ के तनाव का अभिनय दिखाने में मदद देनी है, सचमुच का तनाव दिखा देने की भूल से रोकना है।

इश्टवान अर्केन्यू

इश्टवान अर्केन्यू उपन्यास लेखक से नाटककार बने। वह मानते थे कि नाटककार एक सामूहिक आत्मकथा लिखता है अर्थात् मंच पर एक विचित्र कथा के बहाने हमारी सामूहिक हिंसा की नाटकीय प्रस्तुति करता है। 1951 में उन्होंने "सागर का नृत्य" कहानी लिखी थी जिसमें एक पागलखाने के निवासी, जो खुद अपने लिए और समाज के लिए खतरनाक हैं, विद्रोह करके भाग निकलते हैं। फिर जमा होकर वे जुलूस निकालते हैं। जनसभा करते हैं। आतंक मचा देते हैं और सैनिक शासन लागू कर देते हैं। इस सिरफिरी दुनिया के वर्णन से लेकर 1964 में लिखे टोटेक प्रियतम टोट तक अर्केन्यू ने महत्त्वपूर्ण विकास किया। उनकी दृष्टि में इन 25 वर्षों में जो कि यूरोप के महायुद्ध के बाद के वर्ष हैं, यह अंतर आया

कि अब वह एक ही पागल को कई भले-चंगे लोगों के बीच में दिखा रहे हैं। टोटेक अर्केन्यू की सबसे प्रसिद्ध ट्रैजी-कामेडी है। इसका विषय युद्ध है। वह कहते हैं 'आप इसको देख-देखकर हँसेंगे पर उस हँसी के साथ भय की सिहरन भी छिपी होगी। इसलिए यह कामेडी नहीं ट्रैजी-कामेडी है। जब यह नाटक खेला गया तो यूरोप में प्रचलित अनर्गल नाटक का हंगारी में प्रवेश प्रायः वर्जित था। पर इस नाटक में हंगारी समीक्षकों ने पहली बार एक वास्तविक अर्थ में अनर्गल शैली का परिचय पाया जिसका एक गहरा मानवीय और सामाजिक अभिप्राय भी है। यूरोपीय समीक्षकों ने स्वीकार किया कि उनके यहाँ के अनर्गल नाटक से आगे जाकर हंगारी जैसे छोटे और विराने देश के एक अनजान लेखक ने एक नई ही सृष्टि कर डाली है।

अर्केन्यू के यहाँ तर्कमुक्त बुद्धि के सामने जो दृश्य अनर्गल दिखते हैं वे जीवन की अनिवार्य परिस्थितियों के मध्य खेले जाते हैं और लेखक सब प्रकार के अमानवीयकरण का सामना करते हुए जर्जर मानव गौरव के पक्ष में आवाज उठाता है। एक समीक्षक ने लिखा है कि अर्केन्यू जब अनर्गल को मानवीय बना देते हैं तो उनका उद्देश्य यह बताना नहीं होता कि मनुष्य को अंत में निराश होकर बैठे रहना चाहिए बल्कि उनकी यह शैली सामाजिक आलोचना का वाहन बनती है। "टोटक" (प्रियतम टोट) नाटक में जब मेजर के परपीड़क फाशी व्यवहार के बदले टोट मेजर के टुकड़े-टुकड़े कर डालता है तो उद्देश्य यह दिखाना है कि मनुष्य के सहने की सीमा होती है और लेखक की इस आस्था को प्रकट करना है कि अपमानित मनुष्यों में विद्रोह की नैतिक शक्ति का निवास है। अर्केन्यू से पूछा गया था कि यह नाटक क्या प्रश्न पूछता है और क्या उत्तर देता है। वह बोले थे : यह पूछता है कि क्या दलितों की सहनशीलता अपार होती है या नहीं होती है और यह उत्तर देता है कि एक सीमा होती है जहाँ सहन-शक्ति चुक जाती है और हम विद्रोह करते हैं। वास्तव में यह नाटक एक अनर्गल यथार्थवादी ट्रैजी-कामेडी है जिसमें एक गंभीर सामाजिक अर्थ छिपा हुआ है।

इश्टवान अर्केन्यू का 1979 में निधन हो गया।

ज़ेको

[युगोस्लाव उपन्यासकार इवो आंद्रिच
के एक लघु उपन्यास का अनुवाद, 1969]

एक

पहले महायुद्ध के कुछ वर्ष बाद सारायेव्स्का और क्नेज़ा मिवोशा राजमार्ग को मिलानेवाली अनेक ढालू गलियों में से एक में एक नई सुंदर पंचमंज़िली इमारत खड़ी की गई। अपनी तिरछी छत के कारण ईर्ष्या-भरे पड़ोसियों को वह छःमंज़िली दीखती थी। उसका साज़-सामान ऐसा तो नहीं था कि पूरी तरह माडर्न नाम की पात्रता पा सके, लेकिन इमारत अच्छी-ख़ासी बनाई गई थी और साफ़-सुथरी रखी जाती थी। नींव से लेकर छत तक उसकी धुली-पुती सफ़ाई देखकर अधिक बच्चोंवाले या माभूली आमदनीवाले किराएदार उधर आने का हौसला नहीं करते थे।

घर का मालिक...लेकिन इस बात को छोड़ें, क्योंकि यह बताना बहुत मुश्किल होगा कि घर का असल मालिक कौन था। एक तो यह सवाल यों ही बहुत पेचीदा था, दूसरे बहुत-से और सवालों ने उसे और पेचीदा बना दिया था, जैसे आचार, विवाह, जवानी के सपने, और युद्ध से पहले के बेल्गराद नगर के जीवन के बारे में विलंबित पश्चात्ताप। मिल्कियत का सवाल तो यहाँ हल नहीं किया जा सकता; लेकिन इमारत का शासन असंदिग्ध रूप से मदाम मार्गरीटा कटानिच के हाथ में था—वह सारी इमारत में 'काला साँप' के नाम से प्रसिद्ध थीं। वही फ़्लैट किराए पर उठाती थीं, किराया वसूल करती थीं; किराएदारों से लड़ती, झगड़ती और सुलहनामे करती थीं, टैक्स चुकातीं और सरकारी अधिकारियों के सवालों का जवाब देती थीं। और व्यावहारिक रूप से वही इमारत की मैनेजर-निरीक्षक भी थीं, क्योंकि निचली मंज़िल में जो वश्का से आया हुआ निमुच्छा 'मैनेजर' रहता था और जिसकी शक्ल ठीक ऐसी थी मानो एक मुर्ग़ी का चूज़ा गरदन काटी जाने से बचकर भाग आया हो, वह केवल मदाम मार्गरीटा का वेतनभोगी कारिंदा था। सच बात यह है कि हर मामले की बागडोर उन्हीं समर्थ हाथों में थी।

मदाम मार्गरीटा अपने पति और बेटे के साथ इमारत की दूसरी मंज़िल में छः कमरों के एक बड़े फ़्लैट में रहती थीं। लेकिन पति और लड़के की कुछ और बात करने से पहले मदाम मार्गरीटा के बारे में कम से कम कुछ और बता देना ज़रूरी है। उनकी उम्र पचास के पास पहुँच रही थी, वज़न एक सौ अट्ठानवे पाउंड था, क़द नाटा, बाल बिलकुल भूरे और बादशाही ज़माने के ढंग से ऊँचे काढ़े हुए होने के बावजूद हमेशा—यहाँ तक कि क्रिसमस के दिन भी—बेतरतीब दीखनेवाले। एक अजीब और आक्रामक उत्साह से भरे रहने के कारण उनका सारा शरीर मानो फड़कता और झटके खाता रहता था। यह उत्साह उनके स्वभाव का असल निचोड़ था। यह तो था कि हथिनी जैसी मोटी टाँगों की जोड़ी के कारण उन्हें चलने-फिरने में कठिनाई होती थी, लेकिन टाँगों से ऊपर का उनका शरीर बड़ा जीवंत और उद्यमी था। और इस जीवंतता की एक चरम अभिव्यक्ति उनके मुटाए हुए पीले चेहरे में दीखती थी, जिस पर एक असम गहरी रेखा-सा उनका बड़ा मुँह चिपका हुआ था जिसके भीतर से बत्तीस नक़ली दाँत एक मिनट में एक सौ बीस शब्द दागते रहते थे। दो बड़ी-बड़ी गोल आँखें, जिनकी काली पुतलियाँ थोड़ी-सी पपोटे में फैल गई थीं, अपनी अविश्वासी-लालची-भयानक-तीखी चितवन में इस भारी-भरकम शरीर की रक्षा और आघात के लिए हर वक़्त तैयार सारी शक्ति और एकोन्मुखता प्रतिबिंबित करती रहती थीं।

भारी शरीर और आधी दर्जन यथार्थ और कल्पित बीमारियों के बावजूद मदाम मार्गरीटा हर वक़्त

हर जगह मौजूद रहती थीं। अपने ही बड़े फ़्लैट में एक गोलाई में बने हुए कमरों में वह एक महाकाय मकड़ी की तरह घूमती रहती थीं, कभी गली की, कभी बग़ीचे की और कभी इमारत के मुख्य गलियारे की ओर झाँकती हुई। किस तरह वह सबकुछ देख लेती थीं, हर किसी से जवाब-तलब कर लेती थीं और हर किसी पर हुकूमत कर लेती थीं! लेकिन इतना भी काफ़ी नहीं था। हुकूमत करने, प्रतिबंध लगाने, लोगों को वश करने और कुचलने की आकांक्षा उनमें इतनी अदम्य थी कि उनकी शक्ति के सामने एक पूरा फ़ौजी रेजीमेंट भी नगण्य हो जाता। और जब भाग्य ने उनके अपनी इस शक्ति के उपयोग का घेरा इतना छोटा कर दिया था तब जो भी इस घेरे के अंदर आता था—पति, लड़का, किराएदार—सबको उनकी इस शासन की अदम्य इच्छा का पूरा दबाव सहना पड़ता था।

और इस स्त्री को जीवन ने एक पति दिया था जो उससे हर बात में भिन्न था—एक शांत, छोटा-दुबला आदमी जिसका सबकुछ पालतू और मँजा हुआ जान पड़ता था—उसका चेहरा, उसकी चाल, उसकी पोशाक, उसकी बातचीत। असल में यह पति उसे उसके मिल-मालिक पिता की एक सहेली ने दिलाया था जो मिल-मालिक के घर महायुद्ध से पहले के तीन साल रही थी : उसकी पीढ़ी की भाषा में महायुद्ध से पहले का मतलब था 1914 से पहले। अपनी उलझी हुई वसीयत में मिल-मालिक ने और अनेक चीज़ों के साथ यह शानदार इमारत भी—लड़की के नाम 'ऐश-आराम' के लिए वसीयत कर दी थी। और इस जवान मार्गरीटा के समर्थ, इस्पात जैसे कड़े शरीर की और कभी न हँसती आँखोंवाले अजीब चेहरे की ओर यह छोटा-सा पालतू आदमी आकृष्ट हुआ था जो अनंतर उसका पति बना।

उसका जन्म पांचेवो में हुआ था लेकिन वास्तव में जन्मभूमि बेल्गराद ही थी। वह दो बरस का था जब उसका बाप, जो एक मामूली संगीत-शिक्षक था, परिवार को लेकर बेल्गराद आ गया और स्थायी रूप से वहाँ बस गया। उसकी माँ उसके बचपन में ही मर गई और उसका पालन-पोषण और शिक्षा पिता के द्वारा ही हुई जो कि इतना गंभीर और चुप्पा था कि कोई उसे गूँगा भी समझ ले सकता था।

पेशे से मार्गरीटा का पति कातिब था और शाही फ़रमानों के दफ़्तर में काम करता था। इसके अलावा कई दूसरी और निजी संस्थाओं के लिए भी दस्तावेज़ों की किताबत करता था क्योंकि ऐसा हुनर और ऐसे सुंदर अक्षर सारे बेल्गराद में दुर्लभ थे। यों तो उसका अच्छा-ख़ासा मर्दाना नाम था—इसीडोर लेकिन पत्नी ने उसे ज़ेको (खरगोश) नाम दे रखा था, और परिवार में तथा दोस्तों में वह इसी नाम से पुकारा जाता था। यहाँ तक कि उसका लड़का भी उसे 'पापा' न कहकर ज़ेको ही पुकारता था और बचपन से, यानी जब से उसने बोलना सीखा था तब से यही पुकारता आया था और हर जगह हर कोई हमेशा उसे ऐसे ही नामों से पुकारता था—ज़ेको, ज़ेकानि, ज़ेचको।

गंभीर, प्रतिदिन ताज़ा हजामत बनानेवाला और बड़ी नफ़ासत से कपड़े पहननेवाला, यह भला और दयावान व्यक्ति पिछले लगभग बीस बरस से पत्नी रूपी अजगर को खींचता चला आ रहा था। (एक बोस्नियायी किराएदार का तो कहना था कि वह समुद्री नाव को किनारे की सूखी रेती पर खींचता चल रहा है।) अपनी जवानी की इस दुर्दम लेकिन आश्वस्त वासना का—मिल-मालिक की सौतेली लड़की के कोरे पहलवानी शरीर पर अधिकार करने की कामना का मूल्य वह इस गुलामी में चुका रहा था जिसका अब उसे कोई अंत नहीं दीखता था।

इस जोड़े की केवल एक संतान हुई, एक लड़का जिसका जन्म उन्नीस सौ पंद्रह में उनके विवाह के आरंभिक महीने में और महायुद्ध की विकट परिस्थितियों में हुआ। यह लड़का अब बीस बरस का लंबा-तगड़ा जवान था, गोरे, घुँघराले बाल, शहर का जाना-माना खिलाड़ी और टेनिस का चैम्पियन, अनेक व्यायाम समितियों और खेल-कूद परिषदों का सदस्य, बिगड़े दिमाग़ का और आवारा, जिसमें माँ के दर्प के साथ सबकुछ के प्रति एक अजीब जानवर-सी उदासीनता मिली हुई थी। उसका सुंदर रूप उसे किससे मिला था यह कोई नहीं जानता था। उसका नाम था मिहाइलो। माँ उसे मिशेल पुकारती

थी, दोस्तों ने उसे टिगार (बाघ) नाम दे रखा था और बेल्गराद के समाज में या खेल-कूद प्रेमी जनता में वह इसी नाम से प्रसिद्ध था। और उसकी आँखों की पुतलियों में एक पीली चमक इस नाम को सार्थकता भी देती थी। कुछ-कुछ अपनी माँ की तरह, जो इतनी मोटी हो जाने से पहले अपनी आँखों और अपनी अप्रत्याशित तेज़ हरकतों के कारण गर्म प्रदेशों के किसी बड़े गेहुँअन साँप की याद दिलाती थीं।

यह सुंदर और अत्यंत आत्म-केंद्रित युवक, जिसका न कोई ख़ास पेशा था न समाज में कोई विशेष स्थान, जिसमें न कोई नैतिक भावना थी और न रत्ती भर वह चीज़ जिसे उसका पिता 'मानवीय संवेदना' कहता, एक मात्र जीवित व्यक्ति था जो मदाम मार्गरीटा की मर्ज़ी के ख़िलाफ़ जा सकता था, यहाँ तक कि मदाम मार्गरीटा का बचाया हुआ अंतिम पैसा तक उससे ले सकता था। उसकी फ़िज़ूलख़र्ची और आवारगी पर उसकी माँ बिगड़ती थीं, उसे फटकारती थीं और कभी उस पर बुरी तरह बरस पड़ती थीं, लेकिन फिर भी किसी बात के लिए न नहीं कर सकती थीं। और अंत में उसकी हर हरकत क्षमा भी कर देती थीं।

जो हो, उस घर में जो कुछ होता था वह माँ-बेटे के बीच ही होता था। दोनों मिलकर पिता की तो हर मामले में संपूर्ण उपेक्षा ही कर देते थे। ज़ेको कभी कुछ कहता-कहता भी रुक जाता था क्योंकि उसे खुद अपने विचार बेकार, अर्थहीन और बेवकूफ़ी भरे लगने लगते थे। यों उसका वेतन, जो वह लाकर समूची गृहस्थी के लिए दे देता था, नगण्य नहीं था, लेकिन इससे भी घर में उसकी इज़्ज़त बढ़ती नहीं थी। कभी बहुत ज़रूरत होने पर उसे लाचार मार्गरीटा से अपना ही पैसा माँगते हुए भी बड़ी झिझक होती थी इस डर से कि कहीं वह साफ़ जवाब न दे दे।

तो खरगोश इसीडोर, काला साँप मार्गरीटा और बाघ मिहाइलो का परिवार उस छःमंज़िली इमारत के किराएदारों को इसी रूप में दीखता था। कुनबे को सब किराएदार 'चिड़ियाघर' कहते थे, और हर नया किराएदार फ़्लैट की चाबियों और मार्गरीटा की अनगिनती निर्मम शर्तों के साथ ही यह नाम भी स्वीकार कर लेता था। लेकिन सच्चाई यह है कि किसी भी परिवार का असली जीवन न तो उतना जटिल होता है न उतना सरल जितना वह पड़ोसियों को दीखता है या जैसा उसे पड़ोसी बखानते हैं। थोड़ी-सी भी बदली हुई परिस्थिति में परिवार के लोग भी और उनके आपसी संबंध भी एक बिलकुल दूसरी रोशनी में दीखने लगते हैं, और यह रोशनी उन्हें पड़ोसियों के परिचित रूप से बिलकुल भिन्न रूप में दिखने लगती है।

सड़क पर हमारे पास से गुज़र जानेवाले और बहुत-से लोगों की तरह इसीडोर कटानिच भी जितना वह दीखता था उससे कहीं अधिक भला भी और दुःखी भी था। हाँ, शक्ल-सूरत से दुःखी दीखने पर भी वह उससे कहीं अधिक दुःखी था। वास्तव में वह उन लोगों में से था जिनका जीवन जितनी ही तेज़ी से वह अंत की ओर बढ़ता जाता है उतना ही अपने आरंभ से बेमेल दीखने लगता है।

बचपन में वह बड़ा प्रतिभाशाली बालक समझा जाता था : तेज़ आँखें, भरे सुंदर ओठ, अच्छी स्मरणशक्ति और एक अत्यंत सुरीला गला जिसे उसका संगीत-शिक्षक 'देवता-का-सा' कहा करता था। हाई स्कूल में भी वह उन गिने-चुने लड़कों में से था जो अपने अध्यापकों का भी और अपने सहपाठियों का भी प्यारा था। स्कूल की साहित्य-सभा में वह अपनी कविता और गद्य दोनों सुनाता था और दोनों में एक गंभीर उदीयमान प्रतिभा दीखती थी। प्यानो बजाने में भी वह कुशल था और चित्रकला में और भी कुशल। वास्तव में उसकी विशेष प्रतिभा चित्रकला में ही थी लेकिन सन् उन्नीस सौ आठ में जब आस्ट्रिया के बोस्निया और हर्ज़ेगोबिना पर कब्ज़ा करने के बाद से संकटों का आरंभ हुआ और बेल्गराद के जीवन में उथल-पुथल मच गई, तब विद्यार्थियों का जीवन भी अव्यवस्थित हो गया। इस प्रतिभाशाली लड़के के जीवन पर इस उथल-पुथल की चोट ठीक उस समय हुई जब उसके ये सारे गुरुमंत्र समन्वित हो सकते थे। उसके साथी जैसे कर्म और अध्ययन से गप्पबाज़ी और आवारागर्दी

को अधिक पसंद करते थे, और अपने को ठीक-ठीक अभिव्यक्त करने का कोई तरीका न जानते थे, न खोजते थे, उन्हीं का अनुकरण वह भी करने लगा। मैट्रिक तो उसने जैसे-तैसे कर लिया लेकिन उसके बाद से ही उसे वह भीतरी शून्य सताने लगा जिसमें और आसपास की चहल-पहल और तेज़ ज़िंदगी में एक अजीब और बड़ा दुःखद विरोध उसे दीखता था। उसे ऐसा जान पड़ने लगा कि चित्रकला, कविता और संगीत की सब प्रतिभाएँ उसके भीतर कहीं उलझ गई हैं जैसे धरती के नीचे मीठे पानी के सोते कहीं मिलें और किसी अदृश्य टूटन में डूबकर सूख जाएँ। उसके पेंसिल और क़लम के रेखाचित्र न केवल उसके स्कूल के साथियों में प्रसिद्ध थे जिन्होंने अपनी पत्रिका में 'युवा कलाकार के हल्के स्पर्श और सुघड़ रेखा' की प्रशंसा की थी, बल्कि पेशेवर चित्रकारों में भी प्रसिद्ध थे। लेकिन ज्यों-ज्यों दिन बीतते गए, यह 'सुघड़ रेखा' स्वयं उसी के लिए कम स्पष्ट और अर्थवान होती गई और उसकी धारणा पक्की होती गई कि उसके रेखाचित्रों की सारी प्रशंसा ग़लत थी, ठीक वैसे ही जैसे एक ज़माने की उसके संगीत-शिक्षक द्वारा उसकी संगीत-प्रतिभा की प्रशंसा ग़लत थी। अंततः जब आगे पढ़ने का सवाल उठा तब उसके पिता को, जो पहले ही कला संबंधी हर बात को संदेह की दृष्टि से देखता था, उसे क़ानून पढ़ने के लिए मजबूर कर देने में विशेष कठिनाई नहीं हुई। जवान इसीडोर सबकुछ एक स्वप्न-से में करता गया मानो इन सब बातों का अब उसके जीवन और उसके भाग्य से कोई संबंध ही न रहा हो। एक ओर अपने में विश्वास खोकर और दूसरी ओर अपने आसपास के जीवन को समझना असंभव पाकर वह क़ानून विद्यालय में उसी ग़ैर जिम्मेदारी भाव से जा भरती हुआ जैसे कोई एक दिन एकाएक उठकर विदेशी सेना में भरती होने चला जाए।

उसने अपनी नई पढ़ाई शुरू ही की थी कि 1912 के शरत् में पहला बालकन युद्ध शुरू हो गया। इसीडोर कटानिच का भीतरी सूनापन एकाएक समाप्त हो गया : वह भरती हो गया और फिर एक व्यापक उत्साह की प्रेरणा पाकर इस विश्वास में डूब गया कि युद्ध में उनका पक्ष न्याय और सत्य का पक्ष है। लेकिन जवानी और उत्साह युद्ध की बर्बरता को नहीं छिपा सकते और वह सोचने और सवाल पूछने को फिर बाध्य होता रहा। युद्ध में क्रियात्मक भाग लेने का अवसर उसे थोड़ा ही मिला क्योंकि उसे बार-बार टाइफ़स ज्वर का शिकार होना पड़ा। बेल्गराद लौटने तक वह बहुत दुबला और गंजा हो गया था। थोड़े दिन घर रहने पर धीरे-धीरे उसके बाल फिर उग आए, नवजात शिशु की तरह बारीक और नरम। सुधरते स्वास्थ्य के साथ जीवन का एक आनंद भी उसमें फिर से जागने लगा, जो कुछ उसके सामने था उस सबके लिए एक हल्की-सी कृतज्ञता की भावना, यहाँ तक कि छोटी से छोटी चीज़ भी उसके इस कृतज्ञ भाव को जगा देती थी।

उसकी यह मनःस्थिति बहुत दिन रही और इसके कारण युद्ध और हार-जीत की बातों का गंभीरतर चिंतन टलता रहा। मार्गरीटा से उसका परिचय हुआ तो वह इसी मनःस्थिति में था और तब से हर काम और हर विचार मार्गरीटा से ही जुड़ गया। प्रेम के आवेग ने उसे एक रोग की तरह जकड़ लिया और जो दबे हुए राग, कविता, संगीत और चित्रकारी में अभिव्यक्ति नहीं पा सके थे, सब इसके साथ जुड़ गए।

उन्नीस सौ तेरह के शरत्काल में उसने शाही फ़रमानों के दफ़्तर में इस आशा के साथ नौकरी कर ली थी कि अगले बरस विश्वविद्यालय में अपनी आख़िरी क़ानूनी परीक्षा दे सकेगा। लेकिन यहाँ उसे काम मिला किताबत का ही : तमगों के साथ की जानेवाली प्रशस्तियों में नाम आदि लिखने का काम। उसके हाथ के अक्षर मकड़ी के जाले से बारीक होते थे और आद्याक्षरों का रंजन और अलंकरण भी वह बड़े सुंदर ढंग से कर सकता था, जिससे कि दफ़्तर के उच्च अधिकारी, कर्नल, दरबार के सहायक सभी प्रसन्न थे।

उसके कमरे से अपनी सैनिक वर्दियों में अकड़ से गुज़रते हुए सैनिक अधिकारी हाथ में चाबुक लिए और सीने पर तमगे सजाए हुए, युद्ध से नए-नए लौटे होने के कारण सधे पैरों से चलते हुए

और अपने कोटों के लाल गुलूबंद के ऊपर से मुस्कुराते हुए अकसर कहा करते : यह छोटा-सा आदमी मानो दीखता ही नहीं, लेकिन वह है, और है खूब...

और ज़ेको एक के बाद एक फ़रमान और विज्ञप्ति पर अलंकृत सुलिपि में अक्षर लिखता हुआ मानो एक सपने में अपनी क़लम की बारीक रेखाओं का अनुसरण करता हुआ चला जा रहा था। उसे यह कभी ध्यान भी नहीं होता था कि यही किसी आदमी का एक मात्र पेशा या कि अच्छी आमदनी का साधन भी हो सकता है। लेकिन उसके मामले में ठीक ऐसा ही होता जा रहा था।

अप्रैल में बहुत दिनों के अनिश्चय के बाद मार्गरीटा ने अंत में उसका प्रस्ताव स्वीकार कर लिया। बूढ़े मिल-मालिक ने अच्छा-ख़ासा दहेज दिया और पितावत् आशीर्वाद भी, लेकिन इसीडोर कटानिच को दोनों में से किसी चीज़ का ख़ास मोह नहीं था। उसने मिल-मालिक का हाथ चूमा, लेकिन उन दिनों तो वह सारी दुनिया का हाथ उसी तरह चूम ले सकता था।

फिर उसके बाद से वह स्थिति आ गई जिसकी चर्चा लोग बहुत कम करते हैं लेकिन जिससे कष्ट वे सबसे अधिक पाते हैं। शुरू से ही शादी का सच्चा रूप उनके सामने आ गया : एक तरफ़ से बड़ा भारी भ्रम और दूसरी तरफ़ से बड़ा भारी धोखा।

लेकिन तभी एक और भी घटना घटी जिसकी बात ज़ेको ने कभी नहीं सोची थी। सन् 1914 का महायुद्ध।

अपनी पीढ़ी के लोगों के साथ ही उसे भी सेना में भरती होना पड़ा।

निर्वासन के तीन वर्षों में ज़ेको तारान्तो, कार्फू और तूलौन में रहा—एक तूफ़ानी और डरावने युग में एक उपेक्षित छोटी-सी इकाई। उसने बेलग्राद में अपनी पत्नी से संपर्क करने की बहुत कोशिशें की किंतु सब व्यर्थ हुईं। बाप की सिर्फ़ एक चिट्ठी उसे मिली लेकिन इसमें न तो ज़ेको की स्त्री का कोई उल्लेख था न उनकी संतान का। जब उसने दुबारा इनके बारे में पूछा तो उसे कोई जवाब नहीं मिला; इसके बदले पिता के पड़ोसियों से, जिनसे उसके परिवार का परिचय भी बहुत नहीं था, एक चिट्ठी यह सूचना लाई कि बूढ़े कटानिच की मृत्यु उसी तरह चुपचाप अकेले में हो गई जिस तरह उसका सारा जीवन बीता था। 1918 की गर्मियों में जाकर ही ज़ेको को पत्नी की एक चिट्ठी मिली जिसके अनेक आँसू भरे और पढ़े न जा सकनेवाले शब्दों में से किसी तरह वह इतना अर्थ पा सका कि 'बेटा मिहाइलो पिता को बहुत-सा प्यार भेजता है।'

जनवरी 1919 में बेलग्राद लौटने पर ज़ेको ने पुरानी मार्गरीटा का खँडहर ही पाया, और उसके साथ एक हृष्ट-पुष्ट पिंगल केशी चार बरस का लड़का भी। ऐसे समय में भी, जब इतनी बहुत असाधारण अचरज भरी अविश्वसनीय घटनाएँ हो रही थीं, ज़ेको को यह परिवर्तित स्थिति स्वीकार करने में बड़ा कष्ट हुआ। बात सिर्फ़ बढ़ती हुई उम्र या शारीरिक परिवर्तन की ही नहीं थी; मार्गरीटा ढीली हुई और बिखरी हुई जान पड़ती थी और उसकी हरकतों में एक अजीब तेज़ी और तीखापन आ गया था और एक ख़तरनाक बड़बोलापन भी उसमें आ गया था।

जो लड़की मार्गरीटा वह छोड़कर गया था उसके बदले यह औरत मार्गरीटा उसे मिली, और उसके साथ मिली मार्गरीटा की कहानी जिसमें दुश्मन के अधिकार के समय की दूसरी कहानियों की तरह दुःखद सच्चाइयों और घटिया झूठों की ऐसी खिचड़ी थी जिसके दाने अलग नहीं किए जा सकते थे। पतिविहीन होकर मार्गरीटा को बड़ा कष्ट भोगना पड़ा और फिर यह जानकर कि वह गर्भवती है उसका कष्ट और भी बढ़ गया। बूढ़े मिल-मालिक को आस्ट्रियनों ने उन दिनों नज़रबंद कर रखा था। सूने बेलग्राद में अपने को अकेला पाकर वह सावा नदी के पार ज़ेमून में अपने एक रिश्ते के भाई के पास रहने चली गई। वहीं लड़के का जन्म हुआ। वह तो यही समझ रही थी कि बेटा अनाथ है, क्योंकि पति का कोई पत्र उसे बहुत दिनों से नहीं मिला था। संयोग से कुछ समय बाद ही मिल-मालिक को नज़रबंदी से छोड़ दिया गया और उसी की कृपा से बच्चे को साथ लिए वह जीवित रह सकी। इसके

कोई साल-भर बाद वह बेल्गराद लौटी और उसके बाद कहीं जाकर उसे पति का कुछ समाचार मिला।

यह सारी कथा मार्गरीटा ने सुनाई जिसके साथ बहुत-सी उपकथाएँ भी जुड़ी हुई थीं। उसी ने अब युद्ध की समाप्ति के बाद ज़िंदगी बिताने की कई योजनाएँ भी पति के सामने रखीं।

सच बात यह थी कि ज़ेको को मार्गरीटा के युद्धकालीन जीवन के और भी कई समाचार मिलते रहे थे। पांचेवो से उसकी दो बूढ़ी चचेरी बहनों ने मार्गरीटा के युद्धकालीन जीवन का कुछ दूसरा ही चित्र प्रस्तुत किया था। उनका कहना था कि आस्ट्रियाई अधिकार के दौरान मार्गरीटा का आचरण 'ऐसा नहीं था कि उससे हमारे ख़ानदान की प्रतिष्ठा बढ़े।' उन्होंने ज़ेमून स्थित एक सैनिक पूर्ति अधिकारी का उल्लेख करते हुए इस बात पर संदेह प्रकट किया था कि बच्चे का वास्तविक पिता कौन है, क्योंकि उसका बपतिस्मा तो 1915 के जून महीने में ही हुआ था और जन्मों के खाते में उसका जन्म इसके बाद ही 1915 की जनवरी के नीचे दर्ज कराया गया था। बूढ़ा कटानिच जीवित होता तो शायद कुछ और विश्वसनीय समाचार दे सकता लेकिन वह तो यों भी बहुत कम बोलता था।

पांचेवो वाली कथा पर मार्गरीटा की बड़ी जबर्दस्त प्रतिक्रिया हुई, लेकिन उसमें कोई संकोच नहीं था मानो इस संघर्ष में उसे मज़ा आ रहा हो। उसका दावा था कि वो सचमुच एक उत्पीड़िता है, कि बच्चे का जन्म सचमुच 1915 की जनवरी में हुआ था जिसका लिखित प्रमाण मौजूद है, कि जन्म के बाद महीनों तक वह खुद जीवन और मरण के बीच मँडराती रही और यों भी उस काल में किसी को होश नहीं था कि कब क्या करना चाहिए, कि बपतिस्मा इसीलिए जून में कराया गया। लेकिन अकसर तो अपनी सफ़ाई में वह ऐसे ही या इससे भी कहीं भयानक आरोप पाँचेवो वाली अपनी अविवाहित प्रौढ़ा ननदों पर लगा दिया करती थी।

दोनों ओर से आकर उस पर टूटती हुई इन भयानक लहरों के बीच खड़ा ज़ेको न साँस ले पाता था न कुछ साफ़ देख पाता था। और इसके अलावा और भी कई दिशाओं से और किनारों से कई लहरें आकर उस पर टूट रही थीं। उसके आसपास सबकुछ बदल गया था, टूट गया था और उथल-पुथल में था; पहले ही बहुत बड़ी दुनिया से घबराकर लौटे हुए आदमियों के लिए यह सब और भी घबरा देनेवाला था। शरणार्थी जीवन ने उसके सामने का क्षितिज तंग और धुँधला कर दिया था और उसकी विवेक-शक्ति नष्ट कर दी थी। ज़ेको में अभिमान या संकल्प-शक्ति और अधिक होती तो वह पांचेवो वाली बहनों के आरोप की सच्चाई की पुष्टि दूसरी जगह से भी कर सकता था। लेकिन यह ज़माना थकान का और अर्धसत्यों के स्वीकार का ही था; ऐसा ज़माना जिसमें सत्य का आग्रह, जो कि मनुष्य की जीवनी-शक्ति की सर्वोत्तम अभिव्यक्ति है और आत्म-सम्मान का एक विशेष रूप है, ज़ेको जैसे आदमियों में अकसर शिथिल हो जाता है।

शुरू में तो उसे अकल्पनीय लगा कि यह स्त्री उसकी पत्नी और यह स्थान उसका घर हो सकता है, कि वह अब से यहीं बसेगा, यहीं खाए-पीएगा, और अपनी बाक़ी ज़िंदगी यहीं गुज़ारेगा। लेकिन हुआ ठीक यही।

बूढ़े मिल-मालिक ने भी कुछ सहायता की। वह मानो युद्ध से बिलकुल नहीं बदला था, वैसा ही शांत और अविचल दीखता था मानो अपने कारोबार और संपर्क की ऊँचाई से सब पर करुणापूर्वक मुस्कुरा रहा हो।

लेकिन मार्गरीटा की बहन मारिया से और भी आत्मीयता पाई। युद्ध से पहले मारिया एक शर्मीली बल्कि डरपोक छोटी लड़की थी, अब वह बहुत विकसित हो गई थी—केवल शरीर से उतना नहीं जितना अपने बर्ताव और ढंग में। घने और नमी के कारण हमेशा चमकते रहनेवाले काले बालों से घिरे हुए पीले चेहरे में जड़ी हुई गहरी पर चमकीली आँखोंवाली यह युवती सदा प्रसन्न रहती थी। उसकी शांत मुस्कुराहट और सद्भावना भरा युवा उत्साह उसके स्वभाव को उसकी बहन से बिलकुल अलग कर देता था। युद्ध के बाद के पहले वर्ष में जो सबसे अधिक संकट और यंत्रणा का वर्ष था, मारिया

उन्हीं के साथ रही। मारिया की दोस्ती से ज़ेको को अपने पारिवारिक जीवन में ऐसा कुछ मिला जिसे सुख कहा जा सके।

लौटने के कुछ दिन बाद ही ज़ेको ने शाही फ़रमानोंवाले दफ़्तर में अपना पुराना वाला काम फिर शुरू कर दिया। सबकुछ अब पहले से कहीं बड़ा हो गया था—काम, पद, वेतन, सब। जैसे बेल्गराद नगर बढ़ और फैल रहा था, वैसे ही सबकुछ बढ़ और फैल रहा था—बड़ी तेज़ी से और बिना किसी प्रकार की व्यवस्था के।

दो वर्ष बाद बुड्ढा कारख़ानेदार चल बसा और मार्गरीटा के लिए और चीज़ों के साथ रहने को वह पंचमंज़िला मकान भी छोड़ गया जिस पर उस वक्त काम जारी था, काम पर लगे इंजीनियरों में से एक को मारिया भा गई और उसने तुरंत उससे विवाह का प्रस्ताव कर दिया।

वह बश्का का रहनेवाला सीधा-सादा भलामानस था, सीधा इतना कि बुद्धू कहा जाए, लहीम-शहीम इतना कि जैसे दैत्य हो। लंबाई में वह दो मीटर से सिर्फ़ दो सेंटीमीटर कम था मगर यह कसर उसके चौड़े विशाल कंधों, फुर्तीले डगों और चौड़े मेहनती हाथों से पूरी हो जाती थी। वह कोई असाधारण शिल्पी न था, संसार उसका सीमित था। नाम था युवान डोरोश्की और डोरोश-डोरोश कहकर पुकारा जाता था।

मारिया जब अपने पति के साथ शबात्स जाने लगी तो ज़ेको सचमुच दुःखी हुआ किंतु वह प्रसन्न भी था।

अब वह मार्गरीटा और उस अपने लड़के के मध्य अकेला रह गया जिसकी वल्दियत अब भी उसे स्पष्ट नहीं थी।

युद्धोत्तर दारिद्र्य से उबरकर, अच्छी आय देनेवाले विशाल भवन की मालकिन बनकर और कतर-ब्योंत और दुआ-सलाम के सहारे अपनी पूँजी बढ़ाकर मार्गरीटा खुद भी पसरने और गरुआने लगी। वह दबंग और रोबीली होती गई और अंततः उस रूप को प्राप्त हो गई जो इमारत भर में और पड़ोस में काला साँप के नाम से विख्यात था।

उसके अलँग उसका लड़का भी बड़ा हो रहा था और माँ-बाप, संगी-साथी और पढ़ाई-लिखाई सहित सारी दुनिया की तरफ़ से अजब तरह की लापरवाही दिखा रहा था। पहले तो वह फुटबाल का खिलाड़ी बना, फिर टेनिस का चैंपियन हो गया और आख़िरकार एक पक्का आधुनिक बेल्गरादि छैला बनकर ही माना।

इस बीस बरस में बेल्गराद बढ़कर एक विशाल असाधारण नगर हो गया और ज़ेको का घर एक 'चिड़ियाघर' बन गया। उधर खुद उसने अपना मन घर और समाज के प्रति ऐसा विचित्र कर लिया जैसा हम पहले बता चुके हैं।

उन दिनों के जीवन पर कुछ कहना आसान काम नहीं है, विशेष रूप से ज़ेको की तरह के व्यक्ति के विषय में, जिसने ज़िंदगी को दिया भी बहुत कम और उससे पाया भी बहुत कम हो। उन दिनों बेल्गराद में—सम्मान और संस्कार से हीन जीवन की व्यर्थता को न पहचानते हुए उसके जैसे बहुत-से लोग रहते थे। इनमें से बहुतेरे कभी संकट में नहीं पड़े; लेकिन इसीडोर कटानिच पड़ा।

स्वभाव का दब्बू, ज़ेको जाने कब तक इन्हीं परिस्थितियों में पड़ा रहता लेकिन समय बीतने के साथ मार्गरीटा अपने पर और अपने लड़के के उद्वेगों पर नियंत्रण में काफ़ी असमर्थ हो गई। ज़ेको के मन में अनेक उपाय आए। उसने तरह-तरह के अकरणीय हल और असंभव रास्ते सोचे। उसने सोचा, सबकुछ छोड़ चलूँ और शहर के छोर पर कहीं अकेला रहने लगूँ; भागकर इतनी बड़ी दुनिया में खो जाऊँ; कोई हंगामा खड़ा करके विवाह-विच्छेद कर दूँ। हर उपाय उसने तोला फिर परे सरका दिया और

उसके लिए यह गुत्थी बनी ही रही कि ऐसा परिवार कैसे हो सकता है जिसमें न माँ में कोई सभ्य मानवीय लक्षण हो न बेटे में—कम से कम उस पहलू में तो नहीं ही जो वे ज़ेको को दिखाते थे।

दफ़्तर में भी उसकी दशा कुछ बेहतर न थी। ज़ेको उस प्रकार का व्यक्ति था जिसका घर में जैसी जगह होती है वैसी ही बाहर बन जाती है। दफ़्तरवाले उसके शिल्प-कौशल का उपयोग करते पर मनुष्य के रूप में उसकी अनदेखी कर जाते। शाही फ़रमान विभाग का बुड्ढा चपरासी कुछ आश्चर्य, कुछ दया से कहता, "इन ज़ेको महाशय को कोई कुछ नहीं समझता—कोई भी नहीं," और जब इस शहर में कहा जाता है कि कोई कुछ नहीं समझा जाता तो बहुधा उसका अर्थ होता है कि वह हर किसी के पाँवों से रौंदा जाता है।

दफ़्तर के बाहर भी यही हालत थी। अपने घर में अकेला और अपमानित वह कोई वस्तु, कोई व्यक्ति, कुछ भी ढूँढ़ रहा था जिससे अपना नाता जोड़ सके। वह क़हवाघर जाने लगा जहाँ उसके सहकर्मी प्रतिदिन विशिष्ट मेज़ों पर इकट्ठे हुआ करते थे, परंतु उसने पाया कि वह वहाँ का भी नहीं है। यह अनुभव उसे सालने लगा कि वे कभी उससे बोलते नहीं—मज़ाक तक नहीं करते, यह भी कि उसे स्वयं कुछ नहीं कहना था और अगर उसने कभी कुछ कहा भी तो किसी ने सुना नहीं : अकेलेपन के क्षणों में उसने याद किया कि किसी समय वह चित्र आँका करता था : अपनी कविताएँ तक उसे याद आईं और भी सब याद आया—उसका वह दिव्य स्वर भी। मगर कला का यह संसार उसके लिए मुद्दत हुई बंद हो चुका था; और जगहों की तरह यहाँ से भी वह निकाल फेंका गया था।

उसकी युवावस्था की एक ही चीज़ उसके पास बच रही थी—पढ़ने की लत। किंतु उसका पढ़ना भी बहुत समय से अस्थिर और आकस्मिक रूप में ही हो रहा था। बहुत-से लोग शांति और एकांत की खोज में ही पढ़ते हैं उन्हीं की भाँति वह भी ख़ास-ख़ास क़िताबें ही पढ़ना चाहता और बड़ी मुश्किल से उसे ऐसा साहित्य मिल पाता जो उसके अपने वास्तविक जीवन से उसे दूर ले जा सके।

इस प्रकार यह अंतिम द्वार भी मानो अपने सामने उसे बंद होता दिखाई देने लगा।

दो

1930 के आसपास एक वक्त आया कि ज़ेको की दशा हीन से हीनतर हो गई। मार्गरीटा की शक्ति का उस समय चरमोत्कर्ष था। उसका पुत्र लूमड़, तगड़ा टिगार वक्त से पहले जवान होने के लक्षण दिखाने लगा था और उसकी बढ़ती हुई उद्दंडता से जीवन का दुःख और भी दुःसह हो चला था। उस समय ज़ेको का वज़न सिर्फ़ एक सौ दस पौंड रह गया था। बात करता तो आँखें पनीली हो जातीं, हाथ काँपने लगते। उसकी बदहवासी उसकी किताबत में भी झलकने लगी। वह समाज से भागने और काम से डरने लगा। मार्गरीटा और टिगार उसे जीवन से काँछकर फेंक देना चाहते हैं। ज़ेको के मन में आत्महत्या का विचार जागा।

यह कलुषित विचार जो तीसरे दशाब्द के समृद्ध बेल्गराद को विषाक्त कर रहा था, ज़ेको का सतत सहचर और एकमात्र संतोष बन गया। उसमें स्वास्थ्य और विवेक का जो भी अंश था वह आत्महत्या का विरोध और इस विचार की निश्चित रूप से भर्त्सना करता। परंतु उसकी दुर्बलता और निराशा गुरुतर थी और वह उसे आत्महत्या की ओर खींचे ही लिए जाती। इस आदमी में स्वाभिमान और संतुलन की जो अक्षय भावना थी वह उसे संसार से पलायन की कोई शालीन युक्ति खोजने को विवश कर रही थी—ऐसी युक्ति हो जिससे न फ़जीहत हो न तमाशा बने, वह अपने पागलपन में अपने आपसे कहता।

यह जीवन समाप्त कर देने की धुन में डूबा हुआ मृत्यु के सबसे सुगम और निराडंबर उपाय की खोज में वह सावा नदी के तट पर रेल पटरी के किनारे-किनारे घूमने लगा। उसे मृत्यु नहीं मिली,

नदी मिली और मिली नदी की अद्‌भुत जीवन-लीला।

मई के एक दिन उस ऊबड़-खाबड़ नदी-तट पर जहाँ आड़े-तिरछे घरों और झोंपड़ों, बेड़ों और बजरों की बेतरतीब क़तार लगी हुई थी घनी निराशा के क्षणों में घूमते-घूमते उसे एक पुराना परिचित एक जर्जर उल्टी डोंगी पर बैठा हुआ दिखाई दिया। उसका नाम था माइका जार्जेविच,—सेनाकप्तान—प्रथम श्रेणी—अवकाश प्राप्त। ज़ेको ने उसे 1912 के युद्ध में युवा सेकंड लेफ़्टिनेंट देखा था और फिर एक बार 1915 में तूलौन में उससे भेंट हुई थी। युद्धांत के बाद भी एक-दो बार ज़ेको ने उसे देखा था पर इतना ही जान पाया था कि वह न जाने क्यों सेना छोड़ गया है। अब देखा कि वह धूप में तपी नंगी पीठ लिए सावा में मछली मार रहा है। ज़ेको उसकी बग़ल में बैठ गया और दोनों में बातें होने लगीं।

कप्तान माइका ठिंगना हृष्ट-पुष्ट आदमी था, उसकी गोल खोपड़ी हमेशा घुटी रहती थी और उसकी काली आँखों में एक अजब तरह की चमक पाई जाती थी। सेना में लड़ाकू प्रथम श्रेणी का कप्तान रहकर और साठ प्रतिशत अपाहिज होकर वह युद्ध के बाद तुरंत अवकाश प्राप्त सूची में रख दिया गया था। अब वह सेन्याक में किसी जगह एक कोठरी में रहा करता था।

"सच पूछो तो यार, मैं सावा के बूते जीता हूँ—इसी पानी और इन्हीं लोगों के साथ।"

ज़ेको ने, जो अब तक अपने ही ख़्यालों में डूबा हुआ था और कुछ देख नहीं पाया था, चारों तरफ़ आँखें खोलकर निहारा। वाक़ई नदी-तट पर स्नान करनेवालों, मज़दूरों, मछुओं, आवारों, और न जाने कहाँ से आए और न जाने क्या करनेवालों की चहल-पहल थी।

ज़ेको दूसरे दिन फिर आया और कप्तान माइका वैसी ही दरियादिली के आलम में उसी जगह बैठा हुआ था जैसे कोई बुत कहीं बिठा दिया जाए।

"भइया, मैं बादशाह की तरह रहता हूँ।" कप्तान माइका उससे कहने लगा; 'बादशाह' पर उसने मसखरेपन के साथ ज़ोर दिया और हाथों से बादशाहत का ख़ाका खींचा। "कोई मुझे नहीं छेड़ता। कैसा भी मौसम हो मैं यहीं सावा पर, मछली फँसाता मिलूँगा। इससे न तो मछलियों का कुछ बिगड़ता है न मेरा ही कुछ भला होता है और यों यह कारोबार जारी रहता है। लेकिन इन लोगों से, नदी-तट के इन लोगों से मेल-जोल हो जाता है। इस तट पर मैं एक-एक बजरा, एक-एक घाट, एक-एक बेड़ा, एक-एक झोंपड़ी और एक-एक ढाबा पहचानता हूँ। यहाँ खाना खाया, वहाँ ताश की बाज़ी खेली और कहीं और झपकी ले ली। शाम को खाने को मछली रहती है और उसके साथ थोड़ी-सी दाल। इसमें कोई फ़र्क़ नहीं आने दे सकता। हर साल सात-आठ महीने यों ही गुज़ारता हूँ। पतझड़ आता है तो कुछ दिन के लिए गाँव हो आता हूँ। वहाँ भी ऐश है। वसंत में बेल्गराद लौट आए और इसी सावा के हो लिए। बस फिर पतझड़ तक की फ़ुरसत।"

यों कप्तान माइका बोलता रहा, कभी ज़ोर-ज़ोर से तमाम ब्यौरा बताकर अपने निठल्लेपन और बेफ़िक्री का गुन गाता रहा मगर ज़ेको का ध्यान इस पर नहीं गया लेकिन एक पुराने साथी पाने पर उसे ख़ुशी थी जो हँसने-बोलने को तैयार था और जो जीवन का ज़िक्र उमंग के साथ करता था। वह न तो ठीक-ठाक जानता था कि यह जीवन किस प्रकार का है न वह समझ पाया था कि सावा में ऐसा क्या जादू है। वह इतना ही जान रहा था कि वह एक स्वस्थ और संतुष्ट दीखनेवाले व्यक्ति के आमने-सामने है। उसे एकाएक अपनी ज़िंदगी की और जो चीज़ उसे यहाँ खींच लाई थी उसकी याद आई और कप्तान माइका ने मानो उसे ताड़ लिया; उसने उसके कंधे पकड़कर उसे झकझोर दिया।

"और तुम तो भाई, बहुत ही घट गए। मोटे तो ख़ैर कभी नहीं थे लेकिन अब तो अघिया गए हो" कप्तान माइका ऊँचे स्वर में बोला (शायद ज़ोर से बोले बगैर वह कुछ कह ही नहीं सकता था।)

ज़ेको का गला रुँध गया, आँखें छलछला आईं और पहली बार उसका जी हुआ कि अपने जीवन के बारे में खुलकर बोले मगर उसके अंदर का संकोच इस इच्छा से ज़्यादा बड़ा साबित हुआ

और वह भुनभुनाकर रह गया :

"तुम तो खुद ही समझते हो...मेहनत, परेशानियाँ...हर एक की यही..."

"बस रहने भी दो यार, यह हर एक की न कहो, गोया कि तुम हर एक में हो। जाने दो उनको जहाँ जाते हों और तुम एक डगैन ले आओ, साथ में कई काँटे लाना। और यह कलफ़दार कालर और चारजामा उतार फेंको और यहाँ मेरे पास बैठ जाओ—बल्कि पास नहीं कुछ खिसकके बैठो नहीं तो इन गधों की तरह तुम भी मेरी मछलियाँ हँका दोगे। बैठो तो यहाँ और मैं कहता हूँ कि हफ़्ते भर में देखना यह धूप और यह पानी तुम्हें क्या से क्या बना देगा—आदमी बन जाओगे आदमी, समझे। अक़्लमंद जो हैं वे सावा पर ही रहते हैं; मेरा कहा मानो! और वह कहाँ..." यह कहकर उसने एक पर एक गँजे हुए अजब से ख़ाकी रंग के मकानों के ढेर की तरफ़ उँगली उठाई, जो बेल्गराद का केंद्र था, पर वह बोला कुछ नहीं, उसने सिर्फ़ नदी में थूक दिया।

ज़ेको लौटकर फिर नदी पर आया, इसलिए नहीं कि कप्तान माइका ने कहा था—वह तो ज़ेको को हमेशा अजब-सा लगता था—बल्कि इसलिए कि उसके भीतर जो भी था, नदी की तरफ़ उसे खींचे ला रहा था। तभी जब वह उस दिन बेड़े पर माइका के पास बैठा था तो वह अपने को इस सावा नामक पागलपन से अलग नहीं कर पा रहा था।

कहने की ज़रूरत नहीं कि मार्ग्गरीटा ने उसका विरोध किया।

"तुम्हें हो क्या गया है! बुढ़ापे में मछुओं की संगत करोगे? सठिया गए हो।" फुंकारती हुई मार्ग्गरीटा बोली जो किसी की खुशी नहीं देख सकती थी। "जुआरियों और लफंगों के बीच किसी शरीफ़ आदमी को सावा पर जाते देखा है तुमने?"

यह औरत हर चीज़ में किस तरह खुरपेंच करती है और कैसे ज़बान चलाती है? जाने कहाँ से इसमें यह मर्ज़ आया? ज़ेको सोचने लगा। लेकिन यही तो वह बरसों से सोच रहा था और किसी नतीजे पर पहुँच नहीं पा रहा था। फिर उन दोनों में डगैन ख़रीदने और नदी-तट के लायक़ कपड़े बनवाने पर 'तू-तू' 'मैं-मैं' हुई। उसके दिल में शक था कि ज़ेको ने अपने लिए कोई शग़ल ढूँढ़ लिया है जिसे मैं रद नहीं कर सकती और वह मेरे हाथ से निकला जा रहा है। यह सोचकर वह आग-बबूला हो गई। फिर उसने बरसना शुरू किया तो कमर पर हाथ रखकर वाही-तबाही बकती गई मगर आश्चर्य कि ज़ेको टस से मस न हुआ। बड़े धीरज से वह अपने अभीष्ट से चिपका रहा मानो कोई अपने जीवन के एकमात्र संकल्प के लिए अनंत यातना भोगने को तैयार हो जाए।

इतने पर भी हो सकता था कि अंततः ज़ेको हार मान लेता किंतु मार्ग्गरीटा स्वयं न जाने क्यों अचानक ढीली पड़ गई। ज़ेको और सावा दोनों के लिए गालियाँ उसकी ज़बान पर अब भी आ रही थीं लेकिन अब उसका विरोध उतना अविकल न था। स्पष्ट था कि ज़ेको के जाने में उसे कोई फ़ायदा दीख गया था। किसी को नहीं मालूम हो सका कि क्या फ़ायदा था। वस्तुतः मार्ग्गरीटा उन औरतों में से थी जो अपनी इच्छा और अपने हित के प्रतिकूल कुछ भी होने पर तो आसमान सिर पर उठा लेती हैं लेकिन कहीं अपना फ़ायदा दीख जाए तो ऐसे बन जाती है जैसे इनको कोई खुशी नहीं है।

सबसे बड़ी बात तो यह थी कि ज़ेको अब सावा का आदमी हो गया था, उसने मछली पकड़ने का 'क ख ग' कप्तान माइका से सीखा। यह शिक्षा बहुत संक्षिप्त थी। सनकी कप्तान ने अपने छात्र को जिस भाषण से विषय-प्रवेश कराया उसमें और सबका उल्लेख था, केवल विषय का नहीं था।

'मैं कोई उपदेशक तो हूँ नहीं और तुम मछली मारना क्या सीखोगे। मछली मारने में रखा ही क्या है। यहाँ बैठो, पानी को निहारो और अपने विचारों को सोचो। (यह वाक्य उसने रूसी में कहा क्योंकि वह सैनिक अकादेमी में कुछ समय पहले सीखी रूसी के अपभ्रंश अवशेष दोहराना पसंद करता

था) और जब जी भर जाए तो पानी में कूद पड़ो, तरो-ताज़ा होकर फिर सोचना शुरू कर दो।"

असमंजस में पड़कर ज़ेको ने स्वीकार किया कि वह तैरना नहीं जानता। "वाह" कप्तान माइका ने डगैन पर से नज़र उठाए बिना मुलायमियत से कहा, "तुम भी अच्छे आदमी हो। स्कूल पास कर लिया, इधर-उधर की विद्या भी सीख ली, लेकिन तैरना नहीं जानते। वाह री विद्या की पढ़ाई। असल बातें तो तुमने सीखी ही नहीं। कोई तुम्हें पानी में उठाकर फेंक दे तो सिल की तरह अपनी विद्या और बुद्धि लिए-दिए डूब जाओगे।"

ख़ैर, इससे कुछ बिगड़ा नहीं। ज़ेको सावा पर जाकर जम गया—धूप में तपता हुआ और पहले से अधिक आश्वस्त और उस भयंकर कल्पना से मुक्त जो उसे कुछ समय पहले ढकेलकर नदी-तट पर लाई थी।

माना कि घर पर हालत इतनी ख़राब थी लेकिन उसका बोझ अब उतना दुस्सह न था क्योंकि अप्रैल और नवंबर के मध्य ज़ेको के पास सावा का संसार उपस्थित हो गया था।

सावा पर पहली गर्मियों के दौरान ज़ेको ने बहुत-से दोस्त बनाए। लेकिन इस विशिष्ट और विचित्र संसार के मर्म तक घुस पाने में काफ़ी समय लगा। आरंभ में वह जहाँ जाता, कप्तान माइका के साथ जाता।

तटवासी कहने लगे, "कप्तान माइका को एक डिप्टी मिल गया है।"

बेल्गराद के बहुत-से रहनेवालों को इस तटवासी समाज का, जो कि रेलवे पुल से लेकर चुकारित्सा तक फैला हुआ था, शायद पता ही न था। इस खड़े दलदली और बंजर पुश्ते पर, जो कहीं उजाड़ तो कहीं हरियाला था, एक पूरा राष्ट्र नदी के आसरे जन्म लेता, जीता और मृत्यु को प्राप्त होता है।

सावा तट पर का यह जन-संकुल, जो छह-सात महीने के मेले के लिए जमा होता है, दो वर्गों में विभाजित है। बड़े वर्ग में बेल्गराद के नागरिक हैं—नहाने, मछली पकड़ने, नाव खेने की इच्छा से वे यहाँ मनोरंजन के लिए, औरत के लिए, व्यायाम के लिए या महज़ कपड़े उतार देने के लिए और कपड़ों के साथ नागर जीवन का सबसे भारी बोझ उतार देने के लिए आते हैं! दूसरे वर्ग में सावा के स्थायी या मौसमी निवासी हैं : मछुए, मल्लाह, और कारीगर—अधिकतर लोहार, बढ़ई, गाड़ीवान, बेड़ों और गुसलख़ानों के ठेकेदार और छोटे-छोटे चायघरों के मैनेजर, जो कि एक जगह गड्डमड्ड थे और आपस में जुड़े और चिपके जैसे एक तरफ़ को झुके हुए दीखते थे। इन सबके अतिरिक्त यहाँ क़िस्म-क़िस्म के धंधे करनेवाले आवारा और कोई धंधा न करनेवाले आलसी भी पाए जाते हैं।

विचित्र संकलन है इन सब लोगों का। इनमें मज़दूर भी थे और गृहस्थ भी और चुप्पे और शर्मीले बिन ब्याहे भी, और थे पेशेवर तस्कर, जुआरी, गवैये, छैले और ठग और वे भी थे जिन्होंने कभी पी ही नहीं और वे भी जो कभी नशे से बाहर निकले ही नहीं; हुल्लड़बाज़ और दंगाई भी थे और भेड़ की तरह मधुर स्वभाववाले भी। किंतु इन सबमें एक समान वृत्ति थी : शहर ने इन सबको चुपचाप न जाने कैसे चुन-चुनकर निष्कासित कर दिया था और वे सावा के तट पर आ गए थे। हर एक का जीवन के साथ कुछ हिसाब चुकता होना बाक़ी रह गया था। कुल मिलाकर ये सब लोग बेल्गराद में एक दूसरे छोर पर रहनेवाले इन जैसे लोगों के मुक़ाबले अधिक जीवंत, अधिक रोचक और संभवतः अधिक अच्छे और अधिक निर्दोष लोग थे। शायद इसलिए कि ये पानी के प्रवाह के किनारे रहते थे जो कि सबकुछ धोकर बहा ले जाता है और इसलिए कि ये लोग सूर्य के शुद्ध आलोक में रहते थे जैसे उष्ण प्रदेशों में रहते हैं। इस समाज में केवल सीज़न के दौरान जान पड़ती थी। जाड़ों में शहर का यह हिस्सा राजधानी के नक़्शे पर से ग़ायब हो जाता था और इसके अधिकांश निवासी अपने छोटे-छोटे घरों में दुबक रहते थे या इधर-उधर चले जाते थे।

सावा तट पर कर्म का प्रभाव, स्वभाव और समय भी कुछ अलग ही था; और कुकर्म का भी। क्योंकि यहाँ सीज़न की धूप में बहते पानी की तरल तरंगित सतह पर, सरकती बालू पर और नदी-द्वीपों

के हरे-भरे सरों के झुरमुटों में सबकुछ होता था; सबकुछ खुले में होता था।

जब ज़ेको ने सावा-जनों की तुलना मार्गरीटा और अपने साथियों से की तो हमेशा नदी का पलड़ा भारी रहा। उसकी पत्नी अकसर पियक्कड़ों और घुमक्कड़ों से उसके मिलने-जुलने पर फटकार भेजती लेकिन ज़ेको कोई जवाब न देता। वह अपने परिचितों की याद करने लगता जो कि भले ही पानी में खखारते, एक-दूसरे पर हँसते, क़र्ज़ चुकाना भूलते और अकसर और लंबी-चौड़ी गालियाँ जुबान पर लाते थे लेकिन जो मार्गरीटा की तरह भयंकर नहीं थे, न उतने पतित और क्षुद्र थे। यह सच है कि ज़िंदगी ने उनको भी कभी-कभी कमीनपन और दुष्टता दिखाने पर मजबूर किया था, लेकिन यह भी सच है कि उनमें निःस्वार्थ, निष्प्रयोजन करुणा और उदारता जब-तब जाग्रत हुआ करती थी।

ज़ेको हर साल सावा जाने लगा; पहले वह कप्तान माइका के साथ जाता था फिर अकेले जाने लगा और उसने इन लोगों को और उनके जीवन को अच्छी तरह पहचान लिया। यह कोई अविकल आविष्ट समाज न था बल्कि नदी की तरह चंचल और प्रवहमान था। हर साल इसमें नए लोग आते। हर साल कुछ वहाँ चले जाते जहाँ लोग चले जाया करते हैं—दुनिया में काम की तलाश में, क़ब्रिस्तान में या जेलख़ाने में। बिछुड़े साथियों का नाम इज़्ज़त से लिया जाता था और आगंतुकों को कम से कम पहले सीज़न भर अविश्वास की नज़र से देखा जाता।

गर्मियों में जहाँ हज़ारों की भीड़ लगती थी उस तोपोला के अनेक आधुनिक तट-विहारों के अलावा नदी-तट का एक प्रिय स्थान एक स्नानघर था। इसका कोई नाम न था। हरे रंग के तख़्तों से यह बना था; इसी के पास नदी में पैठा हुआ एक नीचा, तनिक तिरछा छोटा चायघर था जिसके ऊपर आइवी बेतहाशा उगी हुई थी और ऊपर से एक विराट बबूल जातीय वृक्ष छाया किए हुए था। यह कप्तान माइका का प्रधान कार्यालय और ज़ेको के तट-विचरण का आरंभ-स्थल था।

इसका मैनेजर था स्टाँको मेशिच। यह एक भारी-भरकम, लंबा-तड़ंगा, पतली टाँगों और विशाल उदरवाला आदमी था जिसका रोएँदार सीना था और बाँहें तगड़ी थीं। उसका ठस सिर, दाढ़ी बढ़ा चेहरा और हँसती हुई दुष्ट आँखें थीं। हर कोई उसे मास्टर स्टाँको कहता था, न मालूम क्यों। उसकी पत्नी और लड़की बारी-बारी से गल्ले के पास बैठतीं, नौकर स्नान-कोठरियों की देखभाल करता और वह खुद तट पर यह कहकर सैर किया करता कि वह काम कर रहा है। सीज़न भर मास्टर स्टाँको एक ही क़िस्म के कपड़े चढ़ाए रहता। उसकी पोशाक थी चौड़ी मोहरी का नीचा, काला जाँघिया जो बिलकुल सुथन्ना मालूम होता और एक बूचा टोप जो कि तुर्की टोपी जैसा दीखता। मुँह में सिगरेट स्थायी रहती, बस यही उसका साज़ था। इसी धज से वह बेड़ों, घरों, चायघरों और दूसरे स्नानघरों के चक्कर काटा करता। नहाकर पेड़ के नीचे नाश्ता करनेवालों से गप लड़ाता और नावों में उधर से गुज़रनेवाले मछुओं से मोल-तोल और झिक-झिक करता रहता।

वह नदी-तट की इस छोटी-सी नगरपालिका का अनिर्वाचित, अघोषित परंतु सर्वसम्मत प्रधान था; अतः वही विवादों का विचारक और जन-साधारण का दिग्दर्शक था।

स्टाँको का धंधा था नावें, मोटर, रेफ्रीज़रेटर, स्टोव, अलमारियाँ और तरह-तरह का लोहा-लक्कड़ और काठ-कबाड़ ख़रीदना और मरम्मत करके बेचना। उसका बहीखाता उसकी खोपड़ी के भीतर था। उसका गणित अचूक था। उसने कभी किसी काम में कोई ग़लती नहीं की; फिर भी उसके पास कभी पैसा नहीं रहा। अगर उसकी भली बीवी लड़-झगड़कर, कतर-ब्योंत कर कुछ रुपए अलग दबाकर न रख देती तो उन लोगों के पास सावा के किनारे का वह छोटा-सा कठघर भी न होता। कभी-कभी मौज में आकर स्टाँको अपने हाल का वर्णन यों करता :

"उस लखपती पीरो स्टेबविच को जानते हो न ? हम दोनों हाई स्कूल के पहले दर्जे से साथ-साथ लताड़े रहते और हम दोनों ने साथ ही साथ काम शुरू किया था। आज वह बेल्गराद का बहुत बड़ा ठेकेदार है। उसके तीन मकान हैं। एक तो ग्राबलजाँस्का मार्ग पर है। छहमंजिला है। लोग पूछते हैं,

कैसे बनाया। मुझसे पूछो। पहली बात तो यह है कि वह लंबा हाथ मारता है और मैं छोटी-मोटी हेराफेरी करता हूँ। दूसरे—तुमसे क्या छिपाना—मुझे पीने का शौक़ है और मैं मज़ा लेता हूँ। तो वह एक ईंट उठाता है और मैं बियर का गिलास; वह ईंट और मैं बियर; मुझे दारू और सबकुछ भी पसंद है। बस इसी तरह एक-एक दिन गुज़रते जाते हैं। यह है असल बात। ईश्वर तो हम दोनों के साथ है। मेरे साथ ख़र्च में, उसके साथ बचत में। और फिर भी मुझे लोग कहते हैं मालिक और उसे कहते हैं, माफ़ कीजिएगा, दोग़ला कंजूस। यही है दुनिया का हाल।"

स्टाँको को दार्शनिकता का रोग नहीं था लेकिन उसने अपना एक दर्शन बना रखा था। उसके स्नानघर की दीवार पर दरवाज़े के पास एक तख़्ती लटकी रहती थी :

'यह भी न रहेगा।'

पहले तो मामूली दफ़्ती पर ये शब्द लिखकर टाँगे गए थे लेकिन नहानेवालों और हवा और धूप ने मिलकर दफ़्ती को सड़ा-गला डाला। फिर स्टाँको ने एक नई तख़्ती बनवाकर सफ़ेद रोग़न की ज़मीन पर काले से लिखवाया। नए ग्राहक अकसर उससे पूछते कि इस वाक्य का मतलब क्या है। आम तौर से स्टाँको कोई जवाब ही न देता, खाली पूछनेवाले को अपनी भूरी आँखों से घूर लेता जो कि हँसने पर शैतानी के मारे अधमुँदी हो जातीं लेकिन अचरज या गुस्से से फैलकर गोल हो जाया करती थीं। जवाब न देना तो ग़नीमत थी; जब वह जवाब देता तो और भी सख़्ती से देता। एक दिन एक दुबले-पतले ललमुँहे आदमी ने लगातार चेक लहज़े में यह पूछकर उसे तंग कर दिया कि इस विचित्र वाक्य का मतलब क्या है और इससे फ़ायदा क्या है।

आजिज़ आकर मास्टर स्टाँको ने कहा कि यह लोगों को चेताने के लिए है कि सभी पदार्थ क्षणभंगुर हैं।

"हर समझदार आदमी जानता है।"

"हर समझदार आदमी जानता तो है लेकिन यह लिखा उन मूर्खों के लिए गया है जिन्हें पूछे बिना कल नहीं पड़ती।"

स्टाँको का पड़ोसी था नऊम चायवाला। वह मेसीडोनिया का रहनेवाला, दोहरे बदन का कामकाजी आदमी था। ज़्यादा बातचीत उसे पसंद न थी। उसका कठघर रंग-बिरंगे पत्तों से बना था। दरवाज़े पर मख़मली फूल और आइवी की बहार थी। सामने की तरफ़ कोई दस-बारह मेज़ें हर इतवार को बुर्राक सफ़ेद मेज़पोशों से ढकी-बिछी रहतीं। नऊम सीज़न भर यहाँ रहता और अच्छी-ख़ासी कमाई करता। उसके बीवी-बच्चे जिन्हें वह 'यहाँ सानना नहीं चाहता' शहर में रहते थे। यों तो वह मितभाषी था लेकिन ज़िक्र आने पर वह यह ज़रूर बताता कि उसका एक लड़का वकील है और एक लड़की हाई स्कूल में पढ़ती है।

स्टाँको का एक और पड़ोसी और नदी-तट का स्थासी निवासी था मिलान स्ट्रैगराट्स। यह लंबा, खिचड़ी बालोंवाला, लंबी मूँछों और तीखे नाक-नक़्शवाला आदमी था। यह भी बोलता कम था और चलता भी दिक़्क़त से था क्योंकि बहुत दिन बीते (मालूम नहीं कब और कैसे) उसका दाहिना पैर कट गया था और अब एक नक़ली टाँग लगी हुई थी। वह अपनी लंबी, लाल बालोंवाली पत्नी को लेकर एक अधगिरे घर में रहता था। वह नदी परिवहन विभाग का कर्मचारी, मछुआ, मल्लाह और हरफ़न मौला रह चुका था। अब वह जाल सीने, औज़ार सुधारने का काम अपने घर के ठीक सामने घर से कहीं बड़े एक अखरोट वृक्ष के नीचे किया करता था। लोग कहते थे, मगर कोई प्रमाण न था, कि मिलान पुलिस का मुख़बिर रह चुका है, बल्कि शायद इसी चक्कर में अपनी टाँग भी गँवा चुका है। अब उसे मुआवज़े के तौर पर कुछ पेंशन मिल रही है। यह बात खुल्लमखुल्ला न कही जाती, हाँ, किसी भिश्ती या मछुए के साथ कई राकिया पीने के बाद आपको बताया जाता :

"मिलान का क़िस्सा किसको नहीं मालूम है..."

अगर आप पूछते कि क़िस्सा क्या है तो जवाब आता :

"कौन-सा क़िस्सा ? मैं क्या जानूँ।"

और फिर कहनेवाला हाथ की भंगिमा से कहीं दूर किसी स्थान की ओर इशारा करता जहाँ न तो अच्छा है न सुंदर है और जहाँ के बारे में बोलना भी उचित नहीं है।

मिलान चिड़चिड़ा, घुन्नहा आदमी था जो बोलता था तो गुर्राता जान पड़ता था हालाँकि वह लँगड़ाकर चलता था और चुप ही रहता था फिर भी हर कोई उससे डरता था और चाहता था कि चाहे चार पैसे गँवाने पड़ें लेकिन उससे टकराना न पड़े; हर कोई उसे खुश रखना चाहता था, स्टाँको भी, जो कि दूसरों के मुक़ाबले उससे अधिक मुलायमियत से बात करता था। यह ठीक-ठीक बताना बहुत मुश्किल है कि यह धाकड़ आदमी अपनी सत्ता का प्रयोग कैसे करता था किंतु यह कहा जा सकता है कि वह इतने इत्मीनान से दूसरों पर रोआब जमाता था कि हर एक ने उसके उद्दंड व्यवहार को अनिवार्य मानकर स्वीकार कर लिया था। उसके गुस्से से बचने के लिए लोग छोटी-मोटी तकलीफ़ गवारा कर लेते लेकिन उसे नाराज़ न करते हालाँकि इससे न तो वह कृतज्ञ होता न उसके अंतर की अटल और अपार घृणा कम होती।

हमारे मध्य में ऐसे लोग होते ही हैं। पुलिस प्रधान कार्यालय में ही नहीं क़स्बे के दुकानदारों, सरकारी मंत्रियों और समाचारपत्र के संपादकीय विभागों और स्कूलों में ऐसे लोग मिल जाएँगे। अपने देश में ऐसे हेकड़ीबाज़ों और परोपजीवियों को कौन नहीं जानता जिनके शानियल, गुस्सैल मुखड़ों के पीछे केवल खोखला शून्य है और कौन है जिसका आत्म-गौरव और आत्म-हित ऐसे लोगों के हाथों नष्ट न हुआ हो। कौन है जिसके हृदय में ऐसे लोगों के स्वैराचार का डंक न गड़ा हो। ये लोग कभी पूरे प्रदेश में व्याप्त हो जाते हैं, कभी एक पलटन या एक कक्षा में सीमित रहते हैं। कभी-कभी एक व्यक्ति को ही शिकार बना पाते हैं और कभी मिलान की तरह नदी-तट के सौ वर्ग गज़ निर्धन मोहल्ले पर छा जाते हैं।

मिलान से ही ज़ेको को एक दिन कप्तान माइका के बारे में कुछ नई बातें मालूम हुईं।

उमस भरे दिन के बाद शाम हो चली थी। मिलान रोज़ की तरह अख़रोट के नीचे घास पर बैठा था और सावा के कुछ लोग उसके चारों ओर घेरा बनाए खड़े थे। वे सब वालयेवो की राकिया (कच्ची शराब) पी रहे थे जो कोई चखने के लिए ले आया था। ज़ेको चुपचाप घेरे के बाहर खड़ा हो गया।

मिलान ने गिलास ख़ाली करके ओठ चाबे जिससे कि उसकी सफ़ेद मूँछ बाहर को उभर आई और किसी पिछले तर्क का विस्तार करते हुए उसने बिना किसी की ओर देखे सख़्ती से कहा—

"क्या, कौन, माइका को कह रहे हो ? वह एक बिदूषक है जो सारी ज़िंदगी अपने को बुद्धू साबित करता पूगा है। वह कम्युनिस्ट है और नहीं तो उनका आदमी तो ज़रूर है। वह 1921 में सेना से ख़ारिज किया गया था। उसके पास दफ़्तर की मशीन पर टाइप की हुई कम्युनिस्ट पर्चियाँ मिली थीं। बात बिलकुल साफ़ है। उसे तो जेल जाना था। लेकिन बस कुछ ऐसे ही हो गया...फिर उसे पेंशन मिलने लगी। अब वह दबकर रहता है और ऐसे बनता है जैसे कभी कुछ हुआ ही न हो लेकिन मैं उसका एतबार नहीं करता।"

कहकर मिलान स्ट्रैगराट्स ने एक ओर थूक दिया।

बिना किसी को जताए ज़ेको भीड़ से निकल आया।

उसके ऊपर एक डर हावी हो गया था। वह डर जो शहर के रहनेवालों के मन में हमेशा मँडराया करता है, निरे शब्दों का डर, अपने भीतर छिपे अचरजों का डर, वह डर जो हर विचार के पहले आकर खड़ा हो जाता है और शब्द के यथार्थ और सत्य की जाँच नहीं होने देता।

उस दिन से वह कप्तान माइका को बड़े ग़ौर से ताकने लगा। उसकी दृष्टि में कौतूहल, स्नेह, आदर और भय मिल-जुलकर एक हो गए थे। इस व्यक्ति के हँसोड़पन का मतलब क्या है। इस सबका

मतलब क्या है ? क्या यह सिर्फ़ दिखावे का मुखौटा है ? यदि हाँ, तो मुख कहाँ है और कैसा है ?

एक मर्तबा उसने एक दर्द-भरा सपना देखा। कप्तान माइका और मिलान स्ट्रैगराट्स उसके सामने खड़े उसकी वफ़ादारी का सबूत माँग रहे हैं। स्ट्रैगराट्स उदास है, उसकी खिचड़ी दाढ़ी ख़सख़सी है, उसकी मुस्कुराहट अगम्य है जैसे विदेशी भाषा होती है। और माइका बैठा, पाँव हिलाता मुस्कुरा रहा है। और उसी दिन की तरह बोल रहा है जब वह पहले मिला था।

'समझदार आदमी सावा के किनारे रहते हैं...'

उसने सीधे-सादे ढंग से हँसकर यह कहा था लेकिन मानो ज़ेको के पीछे दूर कहीं किसी को ताड़कर वह अजब तरह से आँख मार देता था। इस हरकत से ज़ेको चक्कर में पड़ जाता; वह अशोभन थी और कुछ अपमानजनक भी। तो भी उसे माइका अच्छा लगता था और वह उससे जैसे भी हो कुछ कहना और सुनना चाहता था, लेकिन स्ट्रैगराट्स के रहते यह हो नहीं सकता था।

ज़ेको किसी चीज़ से उलझ रहा था। वह उसे पलटता और मोड़ता लेकिन वह उसे सुलझा न पाया यहाँ तक कि आख़िर में सबकुछ कष्टकर और अद्भुत हो गया और जब वह जगा तो उसे बड़ी राहत मिली।

कप्तान माइका की जो कहानी मिलान ने सुनाई थी वह कुछ दिनों तक उसको बार-बार याद आती रही। फिर वह सबकुछ भूल गया। कहानी भी और कहानी से उपजा भय भी। लेकिन अक्सर जब वह माइका के साथ नऊम के चायघर के दरवाज़े पर बैठा धूप सेंकता होता तो उसकी नज़र माइका के गोल घुटी खोपड़ी पर जा टिकती और तब उसे मालूम होता कि वह न जाने क्यों माइका को बहुत अधिक चाहता है और इसमें कोई जोखम हो तो उठाएगा। और हो भी तो कितना बड़ा जोखम होगा। असल में स्ट्रैगराट्स जैसे आदमी हमारे जीवन में एक बड़ी विडंबना हैं और उसके बारे में सोचने से ही परेशानी होने लगती है।

स्टाँको का एक और पड़ोसी था आइवान इस्त्रानिन। यह पेशे से बढ़ई था। नाव बनाने में सिद्धहस्त था और अपनी पत्नी मारियेटा को लेकर वहीं रहता था।

यह स्टाँको की भाषा में पेचीदा मामला था। दोनों इस्त्रिया से आए शरणार्थी थे। मारियेटा आइवान से उम्र में बड़ी, अधिक अनुभवी और निरंकुश स्त्री थी। आइवान भूरे बालों और आसमानी आँखेंवाला छरहरा व्यक्ति था। उसे देखकर लगता था कि कोई कमज़ोर लड़का शरीर से बड़ा हो गया है। वह कसकर मेहनत करता। रविवार की शाम को नशा करने का शौक़ीन था लेकिन सवेरे वह बराबर कुँस्का मार्ग के कैथोलिक गिरिजाघर में जाया करता था।

★★★

गर्मियों भर आइवान नावें और डोंगियाँ मरम्मत करता और नए बजरे बनाता रहा। चौड़ी मोहरी का सूती पतलून और फटही कमीज़ पहने, नंगे पाँव, बालों में बुरादा भरे वह अपने दो शिष्यों के साथ दिनभर जुटा रहता मगर काम पूरा होने को ही न आता। मारियेटा की अपनी अलग ज़िंदगी थी : वह आँख मूँदकर पैसा बरबाद करती, हर मौसम में नया प्रेमी करती और हर प्रेमी के बदलने के साथ अपने को कुछ और गिरा लेती। तट पर इस दंपत्ति का जीवन गपशप का ख़ास मसाला और तिरस्कार का प्रमुख विषय था। आइवान पत्नी से कुछ कह न पाता। बस सबकुछ अपनी आँखों से देखता और सहता रहता। अच्छा होता कि वह शांति से सहता, मगर नहीं वह कभी हर एक से, ख़ास करके ज़ेको और चायवाले नऊम से अपना रोना रोता और कभी उँगली उठानेवाले पड़ोसियों से अपनी पत्नी का पक्ष लेकर तर्क करता। इस तरह इस युगल ने सावा किनारे की शांति हर ली थी मगर उसकी रोज़-रोज़ की 'तू-तू', 'मैं-मैं' झाँय-झाँय, रोवा-रोहट, गाली-गुफ़्ता, ले-दे और अंत में निर्लज्ज सुलह देखकर लोगों

का दिल बहलता रहता था।

एक बार की गर्मियों में, जो सावा किनारे ज़ेको की चौथी थी, ऐसा कुछ हुआ जिससे आइवान के दोस्त भौंचक रह गए। रविवार को सवेरे-सवेरे जब ढाबे में कोई न था आइवान वहाँ आया, दो-चार गिलास राकिया चढ़ाए और वेदना से त्रस्त व्यक्ति जैसा विकृत मुँह बनाकर नऊम से अपने मन की कथा कहने लगा।

"ईश्वर जाने क्या होनेवाला है, कुछ समझ नहीं पा रहा हूँ। मेरी औरत ने अब पैसे चुराना शुरू कर दिया है। मुझे लगता है, भगवान क़सम, नऊम, कुछ बहुत बुरा होकर रहेगा।"

"जाने भी दो," नऊम बोला। उसका यह तटस्थ और संयत 'जाने भी दो' इस लहज़े में कहा गया था कि कहना कठिन था कि वह मारियेटा की निंदा कर रहा है या आइवान पर तरस खा रहा है या दोनों की निंदा कर रहा है और दोनों के साथ इस सारे संसार की भी, जो "बुरा है, बहुत बुरा है।"

उसी दिन बड़ी देर ताक में बैठे रहकर शाम होते-होते आइवान ने मारियेटा को उसका बक्स खोलते पकड़ लिया। इसमें वह पैसा रखता था और मारियेटा ने इसकी दूसरी चाबी बनवा ली थी। जब वह पकड़ी गई तो उसके हाथ में सौ दीनार का नोट था। आइवान ने एक अधबनी नाव के पास पड़ा एक भारी वसूला उठा लिया और फुर्ती से सधे बढ़ई की तरह उस औरत को हनने लगा; यहाँ तक कि उसके लंबे-चौड़े कारख़ाने के उस अँधेरे कोने में वह ख़ून से लथपथ ढेर हो गई।

तब वह रुका, स्ट्रैगराट्स के घर की ओर चला जहाँ अख़रोट के तले दर्ज़न-भर आदमी, कुछ रविवारीय सज-धज में, कुछ तैरने के जाँघिए पहने जमा थे। ख़ून से सने हाथ ऊपर उठाकर आइवान रोते-रोते चीखा :

"पुलिस को बुलाओ, पुलिस को बुलाओ !"

हाथ में गिलास थामे अवाक् भौंचक आदमी उसे देखते रह गए।

यों तो नदी किनारे कोई बात बड़ी नहीं मानी जाती पर इस घटना को असाधारण माना ही गया। पड़ोसियों को मुंसिफ़ के सामने गवाही के लिए बुलवाया गया और अधिकांश सावा-बिरादरी मुक़दमा देखने गई। लोग घर लौटकर बेचारे आइवान पर तरस खाते, "वह मर्द बच्चा नहीं," लेकिन बयान सबने उसके पक्ष में दर्ज किए। ऊपर से उसके स्लोवेनी वकील की होशियारी काम आई और वह सिर्फ़ दो साल की क़ैद पाकर रह गया।

अन्यथा सावा-बिरादरी को ऐसी दुर्घटनाओं का अनुभव न था। स्त्रियाँ बच्चों को लेकर लड़तीं और पुरुष धंधे की छोटी-मोटी बातों को। वे काम करते-करते लड़ पड़ते और फिर राकिया पीते-पीते सुलह हो जाती। या फिर राकिया पीते-पीते लड़ पड़ते और काम के वक्त सुलह हो जाती।

अभागे आइवान इस्त्रानिन के मकान से कुछ क़दम पर सड़क के किनारे जोका लोहार की छोटी-सी दुकान थी : यह लकड़ी की बनी थी; तंग, अँधेरी, धुआँभरी। इस दुकान में चिनगारियों की चमक और बुझाए हुए फ़ौलाद की सिसियाइंध भरी रहती।

रोज़ इधर से गुज़रते हुए ज़ेको ठहरकर देखता, उसका दोस्त जोका लाल लोहे को हथौड़ा लेकर इस तरह कूट रहा है जैसे किसी दुश्मन पर पिल पड़ा हो। काम करते वक्त वह और कुछ नहीं देख पाता था—साथ जुटे सहायक को भी नहीं। कुछ काम बताता तो दाँत भींचे-भींचे ही बोलता था। पर जब धीरे-धीरे ठंडा होकर काला पड़ता हुआ इस्पात हथौड़े के तले मनचाहा रूप ग्रहण करने लगता तो लोहार की समाधि टूटती और उसे आसपास खड़े लोग दिखने लगते, उनकी बात सुनाई पड़ने लगती और उनको अपने सवाल का जवाब भी मिलने लगता।

लोहारी से कुछ दूर घर था, लोहारी से न बड़ा न बहुत बेहतर, बच्चों से खचा जो तर-ऊपर के थे और एक-दूसरे की कान-खिंचाई किया करते थे। उसकी लंबी सुथरी पत्नी मिलेना घर और बच्चे

सहेजकर रखती थी।

और जब दिन ढलने पर नऊम के ढाबे के दरवाज़े बैठे चार आदमी लोहार की लगन और संतान-संख्या के बहाने से उसे छेड़ते तो वह खिसियाने लगता :

"ठीक है, ठीक है, बच्चे तो जितने हों थोड़े हैं।"

लोहारी से कुछ उतरकर मिस्त्री कार्लो ज़ेमुनाट्स की, जिसे सब ड्रागी, ड्रागी कहते थे, दुकान थी। यह भी पटरों की बनी थी और जोका की दुकान से कुछ बहुत बड़ी न थी अलबत्ता इसके भीतर रोशनी और सुघराई कहीं अधिक थी। फ़र्श यहाँ भी कच्चा, सीला, ऊँचा-नीचा था। दीवारें रंदा किए पटरों की बनी और मशीनी तेल और धूल के मैले पलस्तर से भूरी हो रही थीं। एक दीवार पर ज़ेको की नज़र हमेशा दो चीज़ों पर जा टिकती। एक तो फ़ोटो थी जिसमें गोद में बच्चा लिए एक औरत बैठी थी और दूसरी थी तसवीर के नीचे खुँसा काग़ज़ का सस्ता नक़ली लाल गुलाब।

कार्लो का परिवार ज़ेमुन रहता था। वह बेहद चुप्पा आदमी था। बोलता तो सिर्फ़ माइका से और वह भी अकेले में।

इन दोनों संसारों का अंतर ज़ेको के मन में निरंतर हलचल पैदा किया करता। वह कुछ कहना चाहता तो कप्तान माइका से ही कह सकता था। खुद माइका की बातों में लच्छेदार कहावतों और ऊटपटाँग मुहावरों के सिवाय कुछ न होता लेकिन ज़ेको को वह बोलने का मौक़ा देता था और ध्यान से सुनता भी था।

ज़ेको तटवासियों को ही नहीं, उनमें से भी बहुतों को पहचानने लगा था जो बेड़े पर या झाड़ियों में बैठे मछली मारते थे। इनमें लगन के पक्के शिकारी थे, दिल के भले थे और टिर्रिहे थे और फिर निरे झक्की थे जो घंटों पानी में बंसी डाले बैठे रहते। वह रंग-बिरंगे, हल्ला-गुल्ला करते नहानेवालों के मजमे देखा करता जिनमें कुछ सचमुच खिलाड़ी थे, कुछ महज़ वक़्त काटनेवाले थे और ये सब सावा की सतह पर तैरते-तैरते आराम-आमोद या नए-नए शग़ल की खोज में या फिर सिर्फ़ फ़ैशन के मारे तितर-बितर हो जाते। उसने बहुत-से दिन और बहुत-सी गर्मियाँ यों ही दृश्य देखते-देखते गुज़ार दीं।

बहुधा वह तट पर कुछ आगे जाकर एक छोटे-से बेड़े तक जा पहुँचता जो बेल्गराद की किसी परिवहन कंपनी का था और जब लदान न हो रहा हो तो सूना पड़ा रहता था।

ज़ेको बेड़े पर जा बैठता। वह धातु के छोटे-छोटे पीपों पर टिका हुआ निरंतर आगे-पीछे डोलता रहता और उसके नीचे पानी की लगातार कलकल सुनाई दिया करती। कभी-कभी ज़ेको को लगता कि सबकुछ तैर रहा है, सामने नदी, नीचे बेड़ा, दूर पर द्वीप जो विराट हरी नौका जैसा दिखता है और ऊँचे पर शहर जो विचित्र जलयान-सा खड़ा है और काले मेगडान का क़िला उसकी चोंच है। वह बैठा पानी का प्रवाह निहारा करता। वह तेज़ धूप में सुरमई और सिलवटदार होकर ऐसे चमकता जैसे इस्पात का बना हो लेकिन था वह इतना रेशमी कि मछुआ नावें, किश्तियाँ और डोंगियाँ उस पर से निःशब्द फिसलती चली जाती थीं। आँख आधी मूँदकर देखो तो लगता कि सब चीज़ें एक-दूसरे से बराबर टकराती जा रही हैं मगर टूटती-फूटतीं नहीं।

इतने में काना मछुआ स्वेटा एक बेढंगी कोलतार पुती नाव में आता दिखाई दिया। था तो वह उस पार का मगर शायद ही कोई दिन जाता हो जब वह इस पार न आए। वह पुट्ठे पर बैठा एक ही पतवार से खेया करता। उसके पाँव के पास नाव में लगानेवाला एक मोटरइंजिन पड़ा था—ज़ंग खाया हुआ उसका बायलर ऊपर को खड़ा था। यह यंत्र स्वेटा को किसी के झोंपड़े में या सरकारी गोदाम में कहीं मिल गया होगा और अब वह उसे चुकारित्सा के किसी लोहार के पास ले जा रहा

था जो उसे कौड़ियों के मोल ख़रीदकर साफ़ कर जलक्रीड़ा के असंख्य शौक़ीनों में से किसी के हाथ बेच दे। स्वेटा सैकड़ों अधनंगे नहानेवालों के बीच अकेला आदमी था जो पूरा लिबास पहने था।

सर पर काली टोपी थी : कोट के नीचे गले तक बटनबंद वास्कट, टाँगों में सूती पतलून और पाँवों में बिना मोज़े के सलीपर थे। यही कपड़े वह क्रिसमस पर भी पहनता था और हमेशा वह कालिख़ पोते रहता। जब उससे कोई कहता कि क्या धुँआरे से गिर पड़े थे तो वह अपनी अकेली आँख झपकाकर अपने काले चिमड़े हाथ से ठुड्डी खुजलाने लगता; ध्यान उसका अपने धंधे पर ही रहता जिसमें चोरी-चमारी ही अधिक करके शामिल थी। स्टाँको, जिसे सावा पर चलने, तैरने या तिरनेवाली हर वस्तु की अचूक पहचान थी, कहता था कि इस संसार की जो चीज़ ईश्वर के खूँटे में बँधी हो वही स्वेटा के हाथ से बच सकती है। कभी किसी ने स्वेटा को दूर तक दौड़ाया था तभी उसकी दाईं आँख गई थी।

यह तो सब जानते थे। स्टाँको का नौकर शाम के वक़्त स्वेटा को कोठरियों के चक्कर काटते देखता तो फ़ब्ती कसता, "ज़रा सँभलके रहना, बताए देता हूँ, अबकी गई तो फिर न मिलेगी।" मनहूस और उदास स्वेटा अपने शिकार के पीछे पनिया कीड़े की तरह रेंगा करता। बेचारा! उसकी क़िस्मत में लिखा था कि चाहे भले इरादे से ही आए, उसकी सूरत देखकर लोग चौकन्ने हो जाएँगे।

स्वेटा की नाव सफ़ेद धुएँ की लकीर पीछे छोड़ती जा रही थी : यह स्वेटा के मुँह से बुझे-अनबुझे हरदम लगे रहनेवाले छोटे काले पाइप से निकल रहा था। स्टाँको का कहना था अगर स्वेटा यह पाइप दाँत से न चाबे रहे तो सावा में गिर ही पड़े।

अब ज़ेको की अधमुँदी आँखों के झरोखे से एक रंग-बिरंगी नाव दिखाई दी। एक पुरुष खे रहा था : वह कपड़े का टोप लगाए था, उसकी बाँहें और कंधे धूप में तपते-तपते तँबिया गए थे। एक सुंदर स्त्री नीला स्नानखंड पहने छाता खोलो नाव के सिरे पर बैठी थी; वह अवश्य रूसी प्रवासिनी रही होगी।

ज़ेको ने सोचा, इस अधेड़ नाविक का संपूर्ण शक्ति लगाकर अपना यह बोझ खेना कितना करुण है किंतु यह विचार पल भर में तिरोहित हो गया। स्वेटा के पीछे छूटते हुए धुएँ की लकीर-सा।

अब ज़ेको का दृष्टि-पथ एक छोटे काले जहाज़ 'क्राइना' ने अवरुद्ध कर लिया था जिसके धुँआरे से उगला हुआ गाढ़ा काला धुआँ बादल जैसा बन गया था और पानी की चमकीली सतह पर अपनी परछाईं डाल रहा था। यह छोटा मगर ताक़तवर जहाज़ दो बड़े लदे-लदाए बजरे खींचता जा रहा था। दूसरे बजरे की छत पर सफ़ेद रंग का एक कठघर बना था जिसकी खिड़की में फूलदान रखा दीखता था। कठघर के पीछे से निकलकर एक जवान औरत नंगे पैर हाथ में एक बड़ा-सा बरतन लिए हुए आई और बरतन का पानी सावा में फेंककर चली गई : उसके पीछे-पीछे एक छोटा-सा सफ़ेद कुत्ता आकर उछलने-कूदने लगा।

फिर कुछ क्षण के लिए नदी सूनी हो गई। केवल पानी की वह उथल-पुथल, जो बजरों के गुज़रने से हुई थी, आलोक-धारा को विशृंखल करके दृष्टि आकृष्ट करती रही।

किंतु पानी स्थिर न हो पाया था कि गोल डोंगी, सुंदर जापानी काठ की बनी, आठ आदमियों को लिए दृष्टिगत हुई : यह छिछली थी और कुलचिह्न से अंकित सफ़ेद बनयाइन पहने खेवनहारों के बोझ से पानी में दबकर प्रायः अदृश्य हो गई थी। डोंगी तालबद्ध लय से पतवारें बाहर निकालती और समेटती और खनखजूरों की तरह सरकती चली जाती थी। शिक्षक सुकान पर बैठा दिशायंत्र दोनों हाथों से साधे था, उसके गले में लटके भोंपू से उसकी भोंडी आवाज़ 'एक-दो, एक-दो...' आदेश देती गूँज रही थी (ज़ेको को एकाएक टिगार, अपने घर और मार्गरीटा की दुःखद स्मृति हो आई)। ज़ेको को खेलने-कूदनेवाले नापसंद थे और नापसंद इसलिए थे कि वह उन्हें जानता नहीं था बल्कि जानता था तो केवल अपने लड़के और उसके दोस्तों के माध्यम से।

खेलकूद आदमी का दिल मज़बूत और दिमाग़ कमज़ोर कर देता है, ज़ेको ने सोचा, और पौरुष

और साहस की जगह वह उजड्डपन और आक्रामकता सिखाता है, तिकड़म और जुआ तो सिखाता ही है। इन चीज़ों से हमें वास्ता ही क्यों हो ? आक्रामकता तो यों ही बहुत काफ़ी है। और लालच भी।

बिजली की तेज़ी से एक शिकारा गुज़र गया और वह इतना लंबा और छिछला था कि खेनेवाला पानी पर बैठा मालूम होता था। दो लंबी पतवारें उठीं और डैनों की तरह फड़फड़ाईं। आदमी की आँखों पर धूप का चश्मा था। उसकी भूरी चमड़ी पर तेल की मालिश हुई थी जिससे उसके पुट्ठे धूप में ऐसे चमकते थे जैसे भीगा हुआ काँसा हो। शायद यह कोई स्लोवेनी है, व्यापारी होगा, ज़ेको ने सोचा।

तब एक मामूली सफ़ेद नाव रेंगती हुई निकली, जिसमें दो जोड़ पतवार लगे थे और एक पूरा परिवार सवार था। पति-पत्नी खे रहे थे। दो औरतें सिरे पर बैठी थीं और दो लड़के एक तरफ़ झुककर कभी पानी अपने ऊपर छिड़क रहे थे, कभी उसमें अपना मुँह देख रहे थे। एक भारी-भरकम झबिया खाने के सामान से भरी रखी थी जिसमें से एक बड़ा-सा तरबूज़ झाँक रहा था; क़रीब ही एक बेंत की टोकरी में शराब की बोतल थी। यह है नए ज़माने की तसवीर : पति नौजवान और नौबढ़ है, पत्नी घमंडिन और फ़ैशनपरस्त; लड़के दोनों स्कूल में हैं, सास है, जिससे बुढ़ापे में धूप बर्दाश्त नहीं होती और साली है जिसके लिए नदी पर वर की खोज हो रही है क्योंकि थल पर खोज कर हार चुके हैं। ये लोग द्वीप के परले सिरे पर कहीं ठहरकर सरों की छाँह में भोजन करेंगे, फिर मच्छर मारते-मारते सो जाएँगे।

इस तरह ज़ेको की आँखों के सामने से बेलग्राद के जीवन की प्रत्येक संभव झाँकी गुज़रती रही। यह कभी विचित्र, कभी अद्‌भुत और अकसर ऊटपटाँग दिखाई देती मगर होती हमेशा जानदार थी। सावा जीवनमयी है, ज़ेको ने सोचा, और जीवन संगठित होना चाहिए, आकस्मिक, अतार्किक, अव्यवस्थित नहीं। खुद तो वह नहीं जानता था कि कैसे हो लेकिन उसने एक ऐसी व्यवस्था की कल्पना की, जिससे जीनेवाले हर एक को अपनी सही जगह मिली हुई हो।

और ज़ेको सोचने लगा : कौन-सी जगह स्टाँको को दी जाए जो कि इसी वक़्त मेरे पास से गुज़र रहा है, उसकी छाया अभी क्षण-भर को मेरे ऊपर पड़ी थी। विशालकाय, जीवंत, होशियार स्टाँको को ऐसे तो नहीं रहना चाहिए। उसे धूप में छाया खोजते हुए घूमते नहीं रहना चाहिए और जब-तब छिटपुट काम करना चाहिए, जैसे वह करता है। बड़ी मुश्किल से घर-भर के खाने को और गाहे-बगाहे एक गिलास दाल या तंबाकू ख़रीदने को वह पैसा जुटा पाता है। बहुत-सी बातें हैं जो नहीं होनी चाहिए।

ज़ेको को खुद यहाँ तेज़ धूप में बेड़े पर पड़े-पड़े ऊँघते और जागते फ़ैसला नहीं करना चाहिए कि जीवन में क्या हो और क्यों हो।

तो भी वह एक व्यवस्था की परिकल्पना करता रहा—उस अनुशासन की नहीं जिसकी हमारे यहाँ लोग बहुत बात करते हैं बल्कि एक समुचित रचनात्मक व्यवस्था की जिसमें प्रत्येक को अपना अभीष्ट प्रायः प्राप्त हो जाए। और तब उसने सावा किनारे की वह शक्ल अपने मन में देखी जो सचमुच होनी चाहिए थी। सब लोग अधिक अच्छा काम कर रहे हैं और अधिक आराम से रह रहे हैं, स्टाँको और आइवान इस्तानिन और उसकी अभागी मारियेटा और स्वेटा और मिलान स्ट्रैगराट्स भी—सब नए आदमी बन गए हैं और संसार में उनके लिए निश्चित स्थान है, सब...

सहसा बेड़ा हिला, ज़ेको की विचारधारा टूटी, उसका स्वप्नलोक विशृंखल हो गया। धातु के पीपे विशाल घंटों की तरह बज उठे और पानी उछलकर पटरों पर आ रहा : एक तेज़ मोटरबोट गरजती हुई चली आ रही थी। चौंककर ज़ेको ने इस वेगवती तन्वंगी नौका पर दृष्टि स्थिर कर दी। वह इस नौका, आरिज़ोना, को पहचानता था और इसके मालिक को भी। वह एक वेल्ज़ ठेकेदार और दलाल था। इस गठीले युवा की बग़ल में दो लड़कियाँ दोनों प्रोफ़ेसर क्राल्येविच की पुत्रियाँ थीं। वे उसी समूह की थीं जिसका ज़ेको का पुत्र टिगार था। ये सुंदर, स्वस्थ स्त्रियाँ, जिनके गले में सुर और शरीर में

प्रसन्नता और स्फूर्ति थी बेल्गराद का स्वच्छंद स्वर्णिम तरुण जीवन बितातीं, बनकर सर्बियाई शब्दों को खींचकर बोलतीं कि 'र' कुछ मंद और कोमल हो जाए : न तो उनकी पढ़ाई ख़त्म होने को आती और न उनका विवाह होता और एक महीने में वह उतना फूँक डालतीं जितना उनके बाप दो में कमाएँ।

सशक्त सुंदर नाव पानी को बड़े मज़े में काट रही थी और जब वह ज़ेको के सामने से सनसनाती गुज़री तो उसने देखा : एक जवान लड़की की सुडौल बादामी बाँह फैली हुई है और उसके सिरे पर मानो वही खिले फूल की तरह एक शोख़, रंग-बिरंगा पेरिसी रूमाल फड़फड़ा रहा है।

तीन

सावा का परिचय पाए ज़ेको को सात वर्ष हो चुके थे और आठवाँ सीज़न चालू था कि एक और परिवर्तन घटा; और उसका व्याकुल जीवन कुछ और सह्य हो गया।

उसकी साली का परिवार डोरोश्की-परिवार शबात्स से बेल्गराद आकर रहने लगा।

प्रथम महायुद्ध के शेष होने पर जब इंजीनियर डोरोश्की और मारिया शबात्स चले गए थे तो कुछ दिन तक ज़ेको के पास चिट्ठी-पत्री आती-जाती रही। पर यह सिलसिला अधिक दिन नहीं चला। जब इंजीनियर काम से बेल्गराद आता तो मार्गरीटा और ज़ेको को यहाँ मिलने आता और अपनी संक्षिप्त भाषा में शबात्स का हाल-चाल बता जाता। उनके पास चार बच्चे थे। आमदनी भरपूर थी। कारख़ाने के पास ही एक मकान में, जिसमें बाग़ भी था, वे रहते, अच्छा खाते और अच्छा पहनते। बाग़ की सेवा डोरोश्की अपने हाथों करता।

शबात्स के सत्रह साल के प्रवास में मारिया को ज़ेको ने सिर्फ़ एक बार देखा। एक साल सर्दियों में डोरोश्की कंपनी की गाड़ी में बेल्गराद आया था और लौटते हुए ज़ेको को अपने साथ लिवा ले गया था। जब उनका सबसे बड़ा लड़का फ़िलिप हाई स्कूल कर चुका तो उन्होंने बेल्गराद आकर रहना तय किया। यह 1938 के शरद की बात है।

उन्होंने टापचाइडर पहाड़ी पर मकान ढूँढ़ निकाला : यह उन अनाम खड़ी गलियों में से एक पर था जो टाल्सटाय मार्ग को जगह-जगह से काटती हैं। पुराने ढर्रे का छोटा-सा मकान था; उस पर अटारी बनी थी और बाग़ भी था जिसे सँवारने में इंजीनियर छछूँदर की तरह जुटा रहता। दोनों पार्श्व में शानदार अट्टालिकाएँ थीं जिन्हें प्रसिद्ध वास्तुकारों ने बनाया था और इनके चारों ओर प्रशस्त उपवन थे जिनमें ख़ूबसूरती के साथ क्यारियाँ काढ़ी गई थीं—सिल्वर फ़र, मैगनोलिया और न जाने कौन-कौन-सी जापानी झाड़ियाँ लगी हुई थीं।

मारिया बहुत नहीं बदली थी, सिर्फ़ ज़रा दुबली हो गई लगती थी मगर दुबली भी वह अनुपात से हुई थी। उसका चेहरा झुर्रियों से भर गया था। जब वह हँसती या बोलती तो ये कभी मिट जातीं, कभी झलकने लगतीं। दोनों कनपटियों पर सफ़ेदी आ चली थी मगर माथे पर का गुच्छा अब भी काला और चमकदार था जैसे नम हो। वह वैसी ही प्रफुल्ल और जीवंत थी जैसे पहले थी। बच्चों को वह समर्पित थी किंतु उसकी ममता में उस दिखावट-बनावट की झलक भी न थी जो बहुधा बाहर की दबी-ढँकी भली स्त्रियों में पाई जाती है, जैसे कि उनकी दबी हुई शोख़ी इस रूप से फूट निकली हो।

डोरोश में भी कोई परिवर्तन नहीं दिखा सिवाय इसके कि उसकी शारीरिक और मानसिक विशेषताएँ कुछ और उजागर हो गई थीं—वह और भी अधिक चुप्पा हो गया था और उसकी कमर कुछ और झुक गई थी।

ज़ेको को सबसे ज़्यादा खुशी बच्चों को देखकर हुई। कई साल बीते जब वह शबात्स गया था तो वे सब ढेर-भर नन्हे-मुन्ने थे और उसके लाए उपहारों के लिए आपस में झगड़ रहे थे। खैंची-भर अरतन-बरतन की तरह वह कमरे में भरे हुए थे। हर एक बढ़ रहा था और बाढ़ के एक दौर में

था—जैसे नई दूब के अँखुए फूट रहे हों और उन्होंने धरती को अपनी हरियाली से ढँक लिया हो। उनके भीतर-बाहर कहीं कुछ ऐसा नहीं था जो स्थिर हो।

अब सब बच्चे स्कूल जानेवाले हो गए थे। सबसे बड़ा फ़िलिप अपने पिता की तरह लंबा, झुका और शांत था पर उसके चेहरे पर अक़्लमंदी की झलक थी जो डोरोश के नहीं थी। उसके बाद थी लड़की येलित्सा, फ़िलिप से दो बरस छोटी। भूरे बाल, भूरी आँखोंवाली यह छरहरी तगड़ी लड़की अपनी कक्षा में लैटिन में सबसे तेज़ और मारिया के शब्दों में 'मेरे बच्चों में सबसे अधिक रोचक' थी। छुटपन से ही इस लड़की में ईश्वरदत्त प्रतिभा थी। येलित्सा से छोटी थी दानित्सा; गुड़िया जैसी गोलमटोल और पढ़ने से ज़्यादा खेलने की शौक़ीन। सबसे छोटा था ड्रागान जो अभी प्राथमिक स्कूल से निकला था। मारिया इस 'चौक़ड़ी' की सेवा में अथक भाव से रात-दिन उनकी इच्छाएँ पूरी करती रहती।

डोरोश-परिवार बेल्गराद क्या आया कि ज़ेको को एक और घनी छाँह मिल गई, जहाँ वह सर्दियों में सावा के 'बाजार बंद' होने पर जा सकता था।

उनके घर में निश्चिंतता और शांति रहती सिवाय तब जब बच्चे बीमार पड़े हों या नंबर कम आने से उदास हो रहे हों या फिर डोरोश के वेतन के भीतर कोई अप्रत्याशित ख़र्च निकालना कठिन हो रहा हो। यह उन घरों में से था जहाँ चिंताएँ-बाधाएँ क्षण-भर में परे कर दी जाती हैं और हँसते-खेलते वक़्त काटना जहाँ का नियम होता है।

कैसा ही मौसम हो, ज़ेको इनके यहाँ सप्ताह में कम से कम एक फेरा ज़रूर लगाता, आम तौर से शाम को जब डोरोश काम से वापस आ गया हो। उसकी यात्रा का सबकुछ सुखद होता : उनके घर तक पैदल जाना, मिलना और लौटना भी।

चेसनट के वृक्षों तले ज्वेज़्दा जानेवाली खड़ी चढ़ाई चढ़ते हुए वह देखता, सावा अपने द्वीपों सहित फैली हुई है। दूसरी तरफ़ दीखता ज़ेमून नगर, स्रेम का मैदान, डेन्यूब का चौड़ा पंजा और उसका ऊँचा आलोकित उत्तरी तट उसे अपार विश्व के खुले कपाट-सा लगता। चारों ओर निहारकर उसे कैसी तृप्ति मिलती : यथार्थ से पलायन की वह संतुष्टि, क्षण-भर की वह आत्म-विस्मृति, ज़ेको जैसी प्रकृति और परिस्थिति के मनुष्य के लिए कितनी प्राणपद थी। और जब टाल्सटाय मार्ग से चलता हुआ वह अंततः उस पतली नामहीन गली में पहुँचता जहाँ डोरोश रहता था तो यह तृप्ति उल्लास बन जाती।

सर्दियों में रसोईघर में और गरमी में दहलीज़ में वह मारिया और डोरोश के साथ चाय पीने बैठता। इस मकान में उसके अपने घर से कहीं कम सामान था और यहाँ न जाने क्यों हर चीज़ सहज और सुगम जान पड़ती। चाय ज़्यादा स्वादिष्ट थी, केक ज़्यादा मज़ेदार, बातें ज़्यादा खुशमज़ाक और बातों और ख़्यालों के बीच होते थे क़हक़हे जो मार्गरीटा के घर में कोई जानता न था। बच्चे घर आते तो स्कूल की समस्याएँ बताने लगते। नन्ही-सी चौकन्नी मारिया अपने लहीम-शहीम पति के पास बैठती और अपने छोटे मेहनती हाथ मेज़ पर रख लेती।

सब बच्चों में येलित्सा ज़ेको को बहुत अच्छी लगती थी : मारिया को भी हालाँकि वह कभी कहती न थी। लेकिन येलित्सा में बेल्गराद आने के एक वर्ष के भीतर परिवर्तन दिखाई देने लगा। हाई स्कूल का छठा दर्जा पास करके गर्मियों की छुट्टी में वह अपनी कक्षा के साथ समुद्र तट की सैर को गई। वहाँ से लौटी तो उसका रंग धूप में तप गया था और वह कुछ बड़ी-बड़ी लगने लगी थी; चेहरे पर एक स्थिर तीखापन आ गया था और आँखों का दुर्लभ भूरापन, जो पहले हर समय विविध प्रकार की छटा बिखेरता रहता था, अब स्फटिक के समान कठोर हो गया था। उसके भरे-भरे ओठ पतले और गुलाबी हो गए थे। डोरोश जैसी उसकी चौड़ी मुसकान, जिसमें उसके मज़बूत सुंदर दाँत चमक उठते, अब नहीं थी; उसका बालसुलभ चापल्य और सहज विश्वास लोप हो गया था; केवल कभी-कभी, छुट्टियों की तरह, प्रकट होता था। अब वह हरेक से आँखें मिलाकर बात करती थी। ओठ कसे बंद रहते और चेहरा सधा रहता। जब-तब जो कुछ अब नहीं था उसके अंतिम अवशेष जैसी हँसुली

के ऊपर कंठ के मर्मस्थल में कोई चीज़ मानो एकाएक उभर आया करती।

ये सब परिवर्तन निश्चय ही अकस्मात् नहीं हो गए थे, एक-एक करके उन दिनों हुए थे जब वह पाँचवीं कक्षा में पढ़ रही थी। ज़ेको ने इन्हें लक्ष्य भी नहीं किया, मारिया ने उसे दिखाया। उस बच्ची ने, जिसे वह अपना जैसा मानता था, बड़े होकर अपने-आपको उसी से नहीं, अपने घर भर से एकदम अलग कर लिया था और वह हर चीज़ निर्मम-तटस्थ दृष्टि से देखने-परखने लगी थी। सिर्फ़ बड़े भाई से उसका कुछ अपनापा बचा था किंतु उससे भी वह दो-टूक, खरा व्यवहार करती। इस तरुण प्राणी का मानस केंद्र किसी अन्य अव्यक्त अज्ञात स्थल पर पहुँच गया था। सहसा यह स्पष्ट हो गया कि ऐसा कुछ हो चुका था जो ज़ेको की आँखें देख ही न पाई थीं—जैसे कि बंद रही हों।

वह क्रिसमस में उसके लिए एक विख्यात समकालीन कवि का चमड़े की जिल्द बँधा संकलन ले आया। पुस्तक उसे लौटाते हुए येलित्सा ने रूखे स्वर में कहा :

"आपको धन्यवाद, ज़ेको काका। देखिए बुरा न मानिएगा लेकिन बात यह है कि मैं न तो क्रिसमस का उपहार लेती हूँ न इस तरह की किताब पढ़ना चाहती हूँ।"

अपना अचरज और असमंजस छिपाने की कोशिश में ज़ेको ने बात हँसी में उड़ा देनी चाही लेकिन नहीं उड़ा सका।

"अच्छा, तो क्या हुआ...किताब तो रख लो..."

" 'रख लो' क्या माने ? मैंने आपसे कहा नहीं कि मैं नहीं रख सकती।"

और उसने किताब मेज़ पर इस तरह रख दी जैसे कि सड़क पर पड़ी मिली कोई अनजान चीज़ हो।

ऐसी घटनाएँ और बातचीत डोरोश्की के यहाँ आए दिन होने लगीं। जब माता-पिता बात करते तो येलित्सा पहले चुप रहती फिर उनका एक वाक्य चुनकर उसके दो खंड करके दो परस्पर विरोधी बातें तर-ऊपर रख देती, उनसे निष्कर्ष निकालती और तब उन्हें इत्मीनान से ख़ारिज कर देती जैसे वे टूटे काँच के टुकड़े हों।

★★★

हमारे घरों में ज़्यादातर लोग इस तरह बोलते रहते हैं जैसे कि सोच रहे हों। यह वार्तालाप विक्षुब्ध जल की भाँति बहता जाता है और बोलनेवालों के जीवन में जो कुछ भी अस्पष्ट, असुरक्षित और अनगढ़ होता है उसे साथ बहाए लिए जाता है; यही सब निथरकर और छनकर वार्तालाप में बच रहता है। बहुत करके इससे कभी कोई हल नहीं निकलता। यह जारी रहता है और साथ ही समय, परिस्थिति और संयोग जिसे कहते हैं, उसकी प्रक्रिया जारी रहती है; हल अपने आप निकल आता है।

मेज़ पर येलित्सा निर्मम और निराकार भाव से इस पारिवारिक वार्तालाप की धज्जियाँ उड़ा देती। भाई से ज़ोर-ज़ोर से बहसें होतीं और छोटी बहन दानित्सा को तो वह रुलाकर ही छोड़ती।

"चलूँ अपनी सफ़ेद कमीज़ धो डालूँ," दानित्सा जमुहाई लेकर कहती।

"जाओ, धोओ जाकर," येलित्सा का जवाब आता।

"लेकिन मेरा उठने को जी नहीं चाहता, कल मुझे कक्षा के साथ संगीत-सभा में जाना होगा और मेरा मन नहीं हो रहा।"

"मन नहीं हो रहा है तो न जाओ।"

"लेकिन जाना होगा; प्रधानाजी, मेरे मित्र..."

"संगीत-सभा में होगा क्या ?"

दानित्सा घबराकर रह जाती।

"मुझे क्या मालूम क्या होगा।"

"यह बिलकुल ग़लत तरीक़ा है। प्रधानाजी और मित्रों से तुम्हें क्या मतलब ? मतलब तो यह है कि तुम्हें संगीत-सभा में जाना है या नहीं। इसको अपने मन में तय कर लेना चाहिए कि संगीत-सभा तुम्हें पसंद है या नहीं और तब जाने या न जाने का फ़ैसला हो जाएगा।"

"अच्छा, बस अब आप रहने दीजिए..."

दानित्सा घबराकर, लाल होकर मुँह दूसरी तरफ़ घुमा लेती और तमतमाई हुई मेज़ छोड़कर चली जाती।

पिता येलित्सा को बरजती हुई दृष्टि से देखते।

"इस बच्ची को उपदेश सुनाकर सताने की तुम्हें क्या ज़रूरत थी ?"

"ये उपदेश नहीं हैं। उपदेश के ठीक उल्टे हैं।"

एक क्षण के लिए अप्रीतिकर शांति छा जाती है, एक-एक करके वे लोग मेज़ छोड़कर उठ जाते।

यह दृश्य कभी इससे भी तीखा और कभी इससे कुछ नम्र होकर डोरोश-परिवार की दिनचर्या में नियम से घटित होता रहता। घर में माँ ही एक व्यक्ति थी जिसके प्रति येलित्सा ने तनिक भी अधैर्य कभी नहीं दिखाया यद्यपि उससे भी वह एक प्रकार से उदासीन और विमुख ही रहती। मारिया चुप रहती। बस सिर्फ़ परिवार के तर्क-वितर्क सुनती रहती।

येलित्सा के स्वभाव में परिवर्तन के ये बाहरी लक्षण थे। उसके भीतर क्या हो चुका था, यह न तो स्पष्ट था और न बताया जा सकता था।

किंतु वर्ष शेष होते-होते रहस्य खुल गया। इसका आविष्कार करनेवाली थी मार्गरीटा।

"बहन के यहाँ जाने का मेरा जी नहीं करता।" वह एक दोपहर को खाने पर बोली। "मारिया ख़ब्ती है, एकदम ख़ब्ती है; और डोरोश दब्बू है। वह हमेशा दबा रहा है; और बच्चे, उन्हें साम्यवाद का रोग लग गया है। डोरोश का भतीजा सिकुट्टी सिनीशा यह रोग लगानेवाला है। और वह दुष्ट कुतिया येलित्सा, उसने भाई और माँ दोनों का दिमाग़ ख़राब कर दिया है। लोग अँगुली उठाते हैं कि सारा घर कम्युनिस्ट हो गया।" निवाला ज़ेको के गले में अटक गया और वह एकाएक मारिया और उसके घर को ख़ासतौर से बच्चों को एक अनजान ख़तरे से बचाने के लिए, उनका साथ देने के लिए, उनके साथ एक होने के लिए छटपटाने लगा हालाँकि वह बिलकुल नहीं जानता था कि मामला क्या है।

तमतमाया हुआ, हकलाता हुआ उसने मार्गरीटा के आक्षेपों का विरोध किया। और दावा किया कि मारिया एक समझदार औरत और धनी माँ है और येलित्सा एक बहुत ही होनहार संतान है जो लड़कपन की उस दशा से गुज़र रही है जिसमें किशोर मन उद्विग्न रहता है।

"और फिर यह बताओ कि लड़के अगर अपने वक़्त के हिसाब से न चलें तो क्या करें ?"

"अच्छा, तुम भी कम्युनिस्ट हो गए हो क्या ? मालूम होता है कम्युनिस्टों के पीछे-पीछे चलनेवाले बेवक़ूफ़ों में तुम्हारा भी नाम लिख लिया गया है।"

"मैं नहीं हूँ मगर..."

"अगर-मगर कुछ नहीं...तुम ज़रा वहाँ आना-जाना कम करो, उस घर पर शक किया जाता है। उस दिन पार्टी में महापौर की पत्नी ने साफ़-साफ़ कहा।"

"बस करो मार्गरीटा, ईश्वर के वास्ते बस करो।"

"ईश्वर की दुहाई मेरे सामने न दो। क्या नाम है कि 'अड्डे' पकड़े गए हैं और 'कम्युनिस्ट कोष' का भेद मिला है और मिला कहाँ, रुमस्काँ मार्ग के बड़े-बड़े घरों में। अमीरों के बच्चों को खाने की कमी नहीं और काम ऐसे हैं जैसे भिखमंगों के होते हैं। और उनके माँ-बाप की आँखों को दीखता नहीं। मेरी बेवक़ूफ़ बहन की तरह।"

टिगार ने जमुहाई ली और लंबी अँगड़ाई लेकर कलाई की घड़ी पर नज़र डाली। ज़ेको को लगा कि उसने जो कुछ खाया है, गले में लौटा आ रहा है और उसका दिल किसी प्रबल अशुभ उद्वेग से धड़क रहा है जिसमें आक्रोश भी है, भय भी और सबसे अधिक यह इच्छा है कि वह जहाँ है, वहाँ से चला जाए।

चार

जो अंतर्राष्ट्रीय युद्ध अगस्त 1939 में पौलेंड पर जर्मन आक्रमण से आरंभ हुआ वह ज़ेको के घर के लिए किसी महत्त्व का न था। बहुत-से और घरों की तरह वहाँ भी अख़बार कभी-कभार सरसरी नज़र से देखे जाते। ज़ेको शीर्षकों पर दृष्टि डालता, टिगार खेल-कूद का पृष्ठ खोलकर बैठा रहता और मार्गरीटा विज्ञापनों और विवाह और अंत्येष्टि की सूचना पढ़ लिया करती। 'राजनीति से लगाव' किसी को न था। जो हो, उस शरद में मार्गरीटा ने आटा, शक्कर और 'रहनेवाली' तमाम जिन्स ख़रीद डाली थी और ज़ेको रेडियो पर विदेशी स्टेशन सुनने लगा जो पहले कभी सुनता न था। नतीज़ा यह हुआ कि बिना यह चिंता किए कि कब और कैसे यह सब आरंभ हुआ, पोलैंड के भविष्य के प्रति अत्यंत सतर्क हो गया।

यहाँ भी मार्गरीटा उसके आड़े आई। झल्लाकर वह रेडियो बंद कर देती, ज़ेको को घूरती और फ़रमाती :

"तुम फ़िज़ूल बिजली ख़र्च कर रहे हो। पोलों के लिए बड़ा दर्द है तो वहीं जाओ और उनके साथ बैठकर रोओ। मैं तो खुश हूँ कि हिटलर ने उनको दुरुस्त कर दिया।"

इतना कहकर वह कुहनी तक उघरी बाँह झटककर बताती कि लोग और राष्ट्र किस तरह 'दुरुस्त' किए जाते हैं।

और ज़ेको अपने सामने उसकी वह थुलथुल सलोतर बाँह देखता रह जाता। वे मार्गरीटा की नृशंस पीली बाँहें हैं—मगर वे भारी और तगड़ी भी हैं—बाँहें जो शासन करती हैं, लेती, लूटती हैं पर श्रम कभी नहीं करतीं और देतीं शायद ही कभी हैं, उनकी आकृति में मानुषिक प्रायः कुछ नहीं है। कोहनियों पर घिसे पैबंदों जैसे तेलौस, मैले काले दाग़ हैं जिन्हें देखकर ऊँट या बंदर की खाल की याद आती है।

अंततः ज़ेको उस बाँह पर से दृष्टि हटा लेता, उठ पड़ता और बिना बोले कमरे से बाहर हो जाता।

फिर कई दिन तक पोलैंड, जर्मनी या युद्ध का कोई उल्लेख न होता। युद्ध का असर हुआ था तो यही कि मार्गरीटा दिन-रात पेंचीदा मंसूबे बाँधा करती और ज़ेको के मन में गोपन विचार आया करते जिनका अर्थ उसे स्वयं स्पष्ट नहीं था। लेकिन सावा का हाल और था। सितंबर की कड़ी धूप में, सीज़न के आख़िरी सैलानी खुलेआम पोलैंड के दुर्भाग्य पर दुःख प्रकट कर रहे थे। सावा-वासी यह बातचीत कान लगाकर सुनते हालाँकि खुद वह इतने होशियार थे कि अपने मुँह से कुछ कहना उन्हें कठिन जान पड़ता।

जब जर्मनों की विजय का प्रसंग होता तो स्टाँको दारू के घूँट ज़रा जल्दी-जल्दी लेता और मूँछें पोंछकर कहता, "ठीक है, भाई ठीक है..."

यह 'ठीक है' वह इस तरह खींचकर एक विशेष अर्थ के साथ कहता जो शायद स्वयं उसे स्पष्ट न था किंतु इतना निस्संदेह प्रकट करता था कि वह वर्तमान स्थिति से प्रसन्न नहीं है और कोई बेहतर हल चाहता है।

स्टाँको का नौकर इससे कहीं अधिक मुखर था और जिन अलंकारों से अपनी बात कहता था

उन्हें दोहराना आसान नहीं है; उसके वक्तव्य से गालियाँ निकाल दें तो राजनीतिकों और राष्ट्रों के नाम के अतिरिक्त कुछ न बचेगा।

जो लोग नऊम के ढाबे के सामने या अख़रोट के वृक्ष के नीचे एकत्र होते, उनका अभिमत निर्विवाद होता; हाँ, उसे अभिव्यक्त वे विविध प्रकार से करते थे।

कप्तान माइका बाक़ी सबसे अधिक मौन और शांत रहता और हर समय गहरे विचार में मग्न लगता : बार-बार वह भाँति-भाँति के स्वर में एक ही बात कहता, "देखे लेंगे,...सब देख लेंगे।"

चिढ़कर मिलान स्ट्रैगराट्स ने पूछा, "क्या देख लेंगे ?"

"देख लेंगे...गाना नहीं सुना...

बेटे का होगा बपतिस्मा
तो बाप को पता चल जाएगा"

"हूँ" गुर्राकर स्ट्रैगराट्स ने कहा। सबके सब ठठाकर हँस पड़े।

टापचाइडर पहाड़ी पर मारिया के घर में भी युद्ध पर बहस हो रही थी। फ़िलिप और येलित्सा संसार के घटनाचक्र में गहरी दिलचस्पी दिखा रहे थे मगर वे अपने मन की या तो अपने मन ही में रखते या अपने स्कूल साथियों से कहते; बड़े उनका भेद न पाकर आशंकित हुआ करते। मारिया चिंतित थी, यह उसकी सायास मुसकान से जाना जाता था। किंतु, वह कहती कुछ न थी।

घर लौटकर ज़ेको को मार्गरीटा से मालूम हुआ कि 'युद्ध-भंडार' की अभिवृद्धि में उसने कौन-सा नया तीर मारा है।

"अब मेरे पास अट्ठाईस पौंड धोबिया साबुन हो गया। कितना उम्दा साबुन है। बिलकुल मलाई, बाज़ार-भर में इससे बढ़िया न मिलेगा। चले लड़ाई, चाहे तीन साल चले, हमको कमी नहीं होने की।"

यह बखान वह अपने लड़के से कर रही थी मगर वह दो क्या एक कान से भी नहीं सुन रहा था।

और ज़ेको सोच रहा था, जाने कितने लोग हैं जो मार्गरीटा की तरह ऐसे रहते हैं। जैसे कुछ लोगों को काम है कि ज़िंदगी-भर युद्ध करते रहे और हमारा काम यह है कि हम इतनी रसद जमा कर लें कि जब तक दूसरे लड़ते रहें और युद्ध के पहलेवाले दिन न लौट आएँ तब तक चलती रहे।

अतएव युद्ध का पहला वर्ष और बहुत-से घरों की तरह इस घर में भी 'युद्ध' की नहीं 'भंडार' की चिंता में गुज़र गया।

इस तैयारी की दशा में बेल्गराद रविवार 6 अप्रैल, 1941 को दूर से आती साइरन-ध्वनि के शोर से जग पड़ा : तुरंत बाद बम के धमाके सुनाई पड़े जो जर्मन वायुसेना, युद्ध की घोषणा के बिना बेल्गराद के अरक्षित नगर पर गिरा रही थी।

और उस दिन अपने ही घर में पहली बार ज़ेको ने गृहस्वामी और कर्त्ता की सम्मान्य भूमिका ग्रहण की। उसके निर्देश सुने ही नहीं माने भी गए।

साइरन तड़के ही बजने लगा था पर ज़ेको की आँख उससे नहीं मार्गरीटा की चीख़-पुकार और कोठे पर के घर में भगदड़ के शोर से खुली थी। आँख खोलते ही उसने एक अद्भुत दृश्य देखा। उसका लड़का रात का पायजामा और ऊपर से गरम कोट पहने न जाने कहाँ से आया सैनिक टोप सर पर रखे खड़ा था। टिगार की आस्तीन पकड़कर मार्गरीटा फ़र्श पर घुटने टेके बैठी विलाप कर रही थी। वह भी रात का अँगरखा पहने थी, कंधे पर दुशाला पड़ा था मगर पाँव खाली थे। घिघियाते हुए वह अपने लड़के से गैस मास्क खोज लाने को कह रही थी और लड़का गुस्से से जवाब दे रहा था।

"क्या मास्क-मास्क लगा रखी है! कपड़े पहनो और नीचे जाओ।"

नवयुवक ने अपने को माँ से छुड़ा लिया और रफ़ूचक्कर हो गया। मार्गरीटा रेंगकर ज़ेको के पलँग के नज़दीक आई। उसके पाँव उसके लंबे अँगरखे में अरझ रहे थे और वह बेहाल थी।

"यह रहे...ज़ेको, दय्या रे, कहाँ गए मास्क ?"

ज़ेको उठ पड़ा। झटपट उसने कपड़े पहने और मार्गरीटा को भी पहनवाए। तेज़ बुखार की तरह थरथर काँपते हुए मार्गरीटा अपना सारा वज़न लिए-दिए उस पर टिक गई और बार-बार कहने लगी :

"ज़ेको, जल्दी करो, जल्दी करो!"

फिर वह एकाएक चीख पड़ी :

"बटुआ, ज़ेको, मेरा बटुआ!"

ज़ेको ने खोजकर उसका भारी चमड़े का बटुआ दिया और अपनी पत्नी को फिर से सँभालकर तहख़ाने की ओर ले चला।

"डरो मत; देखो, अब शांति हो गई, समझीं। घबराओ मत, घबराओ मत।"

इस प्रकार उस बदहवास औरत को सँभाले हुए उसे ले जाना पड़ा। यह मोटा अपरिचित शरीर कितना निष्प्राण, कितना लिद्दड़ है, उसने सोचा।

तहख़ाने में हाय-तौबा मची हुई थी। औरत-मर्द आपस में बमचख कर रहे थे और बच्चे वक़्त से पहले जग जाने से रोए चले जा रहे थे।

मार्गरीटा ने जैसे ही अपने लड़के के सर पर टोप देखा, उसने ज़ेको की बाँह छोड़ दी और फिर चीखने लगी।

"माइकेल, माइकेल," वह चिल्लाई मगर टिगार ने बिना उसकी ओर मुँह किए टका-सा जवाब दिया, "बैठ जाओ और मुँह बंद रखो।"

ठीक उसी समय पहला बम फटा; पीछे ताबड़तोड़ कई धमाके सुनाई पड़े, इतने कि एक से दूसरे में फ़र्क़ करना मुश्किल था। लगता था कि धरती उबलते ज्वालामुखी की भाँति उफना रही है और कुल इमारत भहराकर ढेर हुई जा रही है।

एक धमाका बहुत निकट था और उसने मकान को मानो हुमासकर झकझोर डाला। उसने दिल दहला दिया। भय के मारे लोगों के दाँत बजने लगे।

'मार दिया स्टेशन को' मकान के चौकीदार ने अविकल, लगभग हास्यास्पद स्वर में कहा।

दारोग़ा वहाँ मार खाए आदमी की तरह खड़ा आँसू पोंछ रहा था और बन-बनकर उसाँस ले रहा था। ज़ेको ने ज़रा ध्यान से देखा तो समझ में आया कि वह नशे में धुत है। उसने उसे अपने औज़ार लाकर अपने साथ छत पर चलने को कहा।

आगे-आगे ज़ेको कंधे पर बेलचा रखे चला। काँपते और लड़खड़ाते क़दमों से दारोग़ा पीछे हो लिया।

जब वे बरसाती पर पहुँचे तो दारोग़ा ठहर गया; हकलाकर बोला : "कहीं...कहीं वे फिर न आ जाएँ ?"

ज़ेको ने उस पर ज़ीने के ऊपर से निगाह फेंकी और अकेला ही ऊपर चढ़ गया।

बरसाती का दरवाज़ा खोलते ही उसे सूखी वसंती हवा में धूल का अनुभव हुआ। छत पर निकलकर उसने शहर पर नज़र दौड़ाई तो मालूम हुआ कि किसी अजनबी देश में है। जानी-पहचानी छतों की जगह उसके सामने पीली गर्द की पारदर्शी धुंध फैली हुई थी; ऊँचे पर गहरा नीला आकाश तो दीखता था पर नीचे धरती कहीं नज़र न आती थी। आँख को कुछ सूझता न था और कानों में विचित्र ध्वनियाँ, छोटे-मोटे धड़ाके और दबे-दबे धमाके गूँज रहे थे मानो दैत्याकार मनुष्य भीमाकार औज़ारों से चारों

ओर के धुंधभरे शून्य में कोई चीज़ ठोंक-पीट रहे हों।

ज़ेको ने अटारी का मुआयना किया; विस्फोट से उड़कर वहाँ चिंगारियाँ और गुम्मे आ गिरे थे पर किसी अनफूटे बम का या किसी ख़तरनाक चीज़ का कोई चिह्न नहीं था। ज़ीने से उतरते हुए ज़ेको को दारोग़ा सीढ़ियों पर ठीक वहीं खड़ा मिला जहाँ वह उसे सुबकते हुए छोड़ गया था; जैसे रोते बच्चे पर ध्यान नहीं दिया जाता ऐसे ही वह उसकी अनदेखी करके आगे बढ़ा और तहख़ाने में उतर गया।

प्रकाश की धारा ने उसको घेर लिया। सबकी नज़रें उस पर आ टिकीं और चारों तरफ़ से सवाल पूछे जाने लगे। उसी क्षण प्रसिद्ध हो गया कि ज़ेको वह आदमी है जो डरना नहीं जानता।

प्रारंभिक आक्रमणों में किसी समय संक्षिप्त विराम आने पर ज़ेको अपने सैनिक कमान में हाज़िरी देने तमाम रास्ता पैदल चलकर ज्वेज़्दा पहुँचा। मगर वहाँ कोई न था। स्पष्ट ही कमान पलायन कर गई थी।

और भी आक्रमण होते रहे तथा बदहवास लोग तहख़ाने की ओर भागते रहे और घर में चिल्ल-पों मचती रही, किंतु स्वयं ज़ेको फिर कभी तहख़ाने में नहीं छिपा। वह अपने निर्जन घर में, भूख-प्यास भूलकर अपने मन के नए विचारों में अकेले डूबा बैठा रहता। वह इतना अभिभूत था कि उन क्षणों में जिनमें शायद भय उसे आप्लावित कर तहख़ाने को खदेड़ ले जाता, चिंतन का आवेग ही उसे रोक कर रखे रहा।

इस प्रकार जले-झुलसे-उजड़े बेल्गराद में जर्मन आधिपत्य के अंतर्गत जीवन का एक नया चरण आरंभ हुआ।

मार्गरीटा को अपने भय और उन अनेक रोगों से पार पाते हुए बहुत समय लगा जो उसके कथनानुसार तहख़ाने में बीते कुछ दिनों के मध्य उसको लग गए थे। और टिगार भी अब निरीह और निष्क्रिय हो गया था। परंतु एक दिन मार्गरीटा का चचेरा भाई ज़ेमून से आ टपका और बड़े जोश के साथ जर्मनों के गुणों का और क्रोशिया के तथाकथित स्वतंत्र राज्य के सुखों का जिसमें ज़ेमून स्थित था, बखान करने लगा। कालांतर में, मार्गरीटा और टिगार का बेल्गराद के बाहर आना-जाना शुरू हो गया और तरह-तरह का सामान, विशेषकर के खाद्य ख़रीदने अक़सर ज़ेमून की यात्रा होने लगी।

वर्दीधारी लोगों ने उनके घर आना शुरू कर दिया (ऐसे अवसरों पर ज़ेको अपने कमरे का द्वार अंदर से बंद कर लेता)। टिगार नगरपालिका में व्यस्त हो गया। वह दाईं बाँह पर सम्मानसूचक हरा पट्टा बाँधे रहता। मार्गरीटा अपने दीनारों से, जिनका मूल्य गिरता जा रहा था पिंड छुड़ाने के लिए क़िस्म-क़िस्म की चीज़ें खरीद रही थी जो निश्चित रूप से संदिग्ध थीं।

एक दिन ज़ेको सावा किनारे भी गया, पर जिस जीवन का रस उसने कभी वहाँ लिया था उसका अब कहीं लेशमात्र न था। सब न जाने कहाँ लोप हो गए थे; केवल मिलान स्ट्रैगराट्स उसी तरह हर चीज़ पर वही दर्पपूर्ण दृष्टि डालता उसी अख़रोट तले बैठा था। कप्तान गाइका का नाम पहले उसी ने लिया और बताया कि संकट के दिनों में शायद वह कहीं बिला गया था। उसकी तिरस्कार भरी हँसी जनहीन तट पर गूँज गई। सबकुछ अजनबी और अनजाना लग रहा था जैसे मकान सचमुच उठा कर कहीं से कहीं रख दिए गए हों। अगले ग्रीष्म में तट पर जीवन फिर जागा पर इस बार कारख़ानों में काम करनेवाले कारीगर और मज़दूर नए ही लोग थे और बालू पर और बेड़ों पर धूप सेंकनेवाले जर्मन थे।

घर से जितना हो सके मुक्त रहने के लिए ज़ेको टाल्सटाय मार्ग के फेरे अकसर लगाने लगा। किंतु वहाँ भी विभ्रम और मौन से ही उसका साक्षात हुआ। येलित्सा और फ़िलिप या तो घर से नदारद

मिलते या बरसाती में होते और जब उनसे सामना होता भी तो अनमनी रूखी नमस्ते करके वे निकल जाते। उनका बाप, जो बोलने-बतलाने में कभी तेज़ न था, डर के मारे गूँगा ही हो गया था और नहीं समझ पा रहा था कि किधर जाए। मारिया अपने बच्चों के लिए चिंताकुल थी। कहती वह कुछ न थी पर उसकी निष्प्रभ आँखों में उसकी चिंता का प्रतिबिंब स्पष्ट था।

किसी से बोलने की इतनी उत्कंठा ज़ेको ने कभी नहीं जानी थी, और लोग थे कि बोलना ही नहीं चाहते थे।

जब उसे कोई पुराना परिचित मिलता उससे यही पूछता :

"वाह रे ईश्वर, कैसा वक़्त आया है भइया।"

यही तो बात है, ज़ेको मन में कहता। हम सब एक दूसरे से प्रश्न पूछते रहेंगे। उत्तर देना कोई नहीं चाहेगा, देगा नहीं, देने का साहस नहीं करेगा।

एक रविवार को भोर के समय साराजेव्स्का मार्ग पर उसे एक मित्र जाता मिला तो वह पूछ बैठा, "क्या ख़बर है ?" मित्र ने अचरज से आँखें फाड़कर कहा, "बहुत बुरा हाल है दोस्त, यही ख़बर है। तेराज़िए चौक जाकर अपनी आँखों से देख लो।" मित्र ने तो अपनी राह ली पर ज़ेको घर का रास्ता छोड़ शहर के बड़े चौक तेराज़िए की ओर मुड़ गया। वह नहीं जानता था कि वहाँ उसे क्या देखने को मिलेगा पर उसका समस्त अंतर उसे ठेलकर लिए वहीं जा रहा था।

बालकाँस्का मार्ग पर आकर ज़ेको उस भीड़ में शामिल हो गया जो तेराज़िए जा रही थी। भीड़ में उत्तेजना थी पर प्रदर्शन नहीं था। उनमें बहुलांश पुरुष थे, उनमें से अनेक युवा थे। उस दिन असाधारण गरमी थी इसलिए वे कोट नहीं पहने थे और उनकी उजली कमीज़ों की आस्तीनें कुहनी तक चढ़ी हुई थीं।

जब ज़ेको तेराज़िए पहुँचा तो चौक पर मनुष्यों की नदी उफना रही थी। जलूस देखकर लगता था मानो यह किसी विशाल शवयात्रा का अंश हो। अपने इर्द-गिर्द के लोगों की दृष्टि का अनुसरण करने पर ज़ेको ने देखा : लोहे के लालटेन के खंभे के सिरे से जहाँ दो शाखाएँ फूटती हैं एक रस्सी टँगी हुई है और उससे एक आदमी लटक रहा है; उसके पीछे दूसरे खंभे से दूसरी रस्सी और दूसरा आदमी और फिर कुल चौक में इसी तरह एक के बाद एक। उसने आँखें झुका लीं और सोचा कि उलटे पाँव लौट जाए, मगर फिर उसने जाना कि यह संभव नहीं है और उसे जलूस के साथ चलते रहना ही होगा, सबकुछ देखना होगा। और वह चलता गया और उसने सबकुछ देखा यद्यपि उन क्षणों में वह नहीं जानता था कि वह कहाँ जा रहा है और क्या देख रहा है। उसे लग रहा था कि पैरों के नीचे पक्की सड़क उसे हुमास रही है और उसे और इस जनसंकुल भीड़ को बरबस आगे लिए जा रही है। उसकी दृष्टि एक खंभे से दूसरे पर, एक आदमी से दूसरे पर घूमती चल रही थी : उसने देखा, उसके तन पर किसानों का पहनावा था...तो यह था जो तेराज़िए में हुआ था।

गर्मियों की खुली धूप में ठहरी हवा में टँगे हुए मुर्दे सर से पाँव तक साफ़ दिखाई दे रहे थे। फंदे के ऊपर उनके रक्तहीन सर छोटे मालूम होते थे और पाँव ऐसे लटक रहे थे जैसे ज़मीन टोहना चाहते हों। उतना ही स्पष्ट ज़ेको ने देखा कि अंतीना क़हवाघर के सामने मेज़ें बिछी हुई हैं और उन पर बियर और चुंगिए सजे हुए हैं और मेहमान—जर्मन सैनिक और कुछ नागरिक बैठे हुए हैं। खंभों के नीचे पूरी सैनिक वर्दी पहने दृढ़ जर्मन सैनिक संतरी खड़े थे मानो इस्पात के, पत्थर के या उससे भी कठोर किसी धातु के बने हों। और ज़ेको को लगा कि वह चलता हुआ कालीन जिस पर वह तेराज़िए पहुँचने पर क़दम रख चुका था उसे अनायास उन विदेशी संतरियों में से एक तक ले जाएगा और वह उससे जाने-अनजाने टकरा जाएगा। यह टकराव तेराज़िए में वाक़ई हंगामा पैदा कर देता।

वह संतरी के बिलकुल पास आ गया था, और पास और पास...और फिर उसने उस सशस्त्र व्यक्ति की समस्त कठोरता और अपनी समस्त दुर्बलता एक क्षण के लिए एकसाथ अनुभव की और उसने देखा कि भीड़ के साथ वह भी उससे आगे निकल गया है। गुज़रते वक़्त उन दोनों के बीच कुछ इंच का ही अंतर था पर वह गुज़र तो गया ही था।

वही भीड़ जो धकेलकर उसे संतरी के भयंकर निकट ले गई थी अब उसे दूर लिए चली जा रही थी। अब जाकर उसे मालूम हुआ कि उसने दाँत भींच रखे हैं और मुट्ठियाँ कस ली हैं। वह तेज़ चलना चाहता था पर जलूस से अपने को अलग करना मुश्किल था क्योंकि लोग सामने से भी चले आ रहे थे; एक दुःखद कर्तव्य जैसे किसी दुर्निवार आग्रह ने उसे विवश किया कि वह फाँसी पर झूलती लाशों पर एक नज़र और डाले। चलते-चलते सर घुमाकर उसने देखा—दो लाशें दिखीं जिनकी पीठ उसकी ओर थी और जो इमारतों के अगवाड़ों और भीड़ भरी सड़कों के चौखटे में जड़ी-सी जान पड़ती थीं।

वह और तेज़ चलने लगा। भीड़ छँटने लगी। बिना चाहे वह टापचाइडर पहाड़ी की ओर चल पड़ा। किसी से बोलने की उत्कंठा प्यास की तरह उसको जला रही थी। और जब उसने सड़क पर से गुज़रते लोगों को देखा तो उसने सोचा, क्यों न ये सब यहीं घास पर बैठ जाएँ और जो देखकर आए हैं उसकी बात करें।

उसने मारिया को रसोईघर में खाना पकाते और दो किसान औरतों से, जो रविवार की छुट्टी मना रही थीं, गप लड़ाते हुए पाया। बच्चे घर पर नहीं थे और डोरोश अपने हरे-भरे बैंगनों की सेवा में पसीने से लथपथ चुपचाप इस तरह जुटा हुआ था जैसे अपने डीलडौल को लिए-दिए उन्हीं में खो जाना चाहता हो।

जैसा बहुधा रविवार को होता था, मार्गरीटा दिन-भर के वास्ते लड़के के साथ ज़ेमून चली गई थी और खाना रख गई थी कि ज़ेको गरम करके खा लेगा। आज के दिन अकेले खाने से बचने के लिए ज़ेको सबकुछ करने को तैयार था मगर आज ही मारिया ने उससे खाने को न पूछा और स्वयं कहने की ज़ेको की हिम्मत न पड़ी। उसने विदा ली और पहाड़ी से उतर चला।

प्रत्यक्ष था कि कोई बातचीत करना नहीं चाहता। सहानुभूति के अस्फुट शब्द और निराशा की छटपटाहट--बस।

और ज़ेको ने मन में कहा, जब किसी समाज पर घोर विपत्ति आ पड़ती है, जब वह सबसे अधिक व्याकुल होता है और जब परस्पर आश्रय और समवेदना सबसे अधिक आवश्यक होती है तभी उसी व्याकुलता के वश लोग एक-दूसरे को सहारा देने और धीरज बँधाने में सबसे अधिक असमर्थ हो जाते हैं।

ज़ेको के ख़ाली घर में अजब तरह का सन्नाटा छाया था। उसकी दीवारों के भीतर आकर उसे पूरी तरह समझ में आया कि उसने आज सवेरे तेराज़िए पर सपने जैसा क्या देखा था। वह दृश्य फिर साकार हो उठा और वह व्यथा फिर जाग उठी जो उसने पहले अनुभव की थी।

मार्गरीटा जो खाना रख गई थी उसमें से उसने केवल कुछ पनीर, फल और रोटी ले ली। उसका उद्वेग बढ़ता गया। गर्मियों के तीसरे पहर का एकांत उस शीतल निर्जन घर में अनंत असह्य हो उठा। कलाइयों में, गरदन में वह रक्त का स्पंदन अनुभव कर रहा था; मानो समस्त देह को, बाह्य जगत् को यह आंदोलन मथे डाल रहा था। श्लथ होकर वह लेट रहा। पीठ के बल पड़े-पड़े वह आँखें फाड़कर सफ़ेद छत की ओर ताकता रहा; उसे लगा कि वह भी निरंतर कँप रही है—बहुत धीरे-धीरे मगर स्पष्ट रूप से; उसके नीचे सोफ़ा भी उसी लय से डोल रहा है।

ज़ेको कूदकर उठ खड़ा हुआ और कमरों में घूमने लगा। उसके चारों ओर का सभी कुछ अस्थिर हो उठा था और एक ही उद्वेग से स्पंदित हो रहा था।

वह रसोईघर में गया जहाँ खिड़की से पहाड़ी दीखती थी जिस पर पड़ोस का मकान खड़ा था। पहाड़ी की सीधी उजाड़ ढलान पर उसने नज़रें गड़ा दीं, वहाँ भी वही स्पंदन था।

ज़ेको ने सोचा, तेराज़िए लौट जाऊँ; जैसे कि वहीं जहाँ से यह संताप मिला है जाकर वह हिसाब चुकता कर सकता है। परंतु यह विचार उसकी उत्तेजना से उपजा था, व्यावहारिक उपाय न था। वह वहाँ जाता भी तो अकेले, इस क्षोभ को लेकर जो उसे यहाँ से वहाँ भटका रहा है, कैसे जाता।

नहीं; कोई उपाय नहीं है, कोई राह नहीं है। वे हत्या कर रहे हैं। आदमियों की जान ली जा रही है और कुछ लोग चायघरों में बैठे हैं। ठीक फाँसी के नीचे खा-पी रहे हैं और कुछ लोग घर में घुसकर बैठ रहे हैं कि देखना, सुनना, जानना न पड़े। उसने भी वही किया था पर अब वह अपने को उससे छुड़ा नहीं पा रहा था जो उसने देखा था। वह सब उसके अंतर में पैठ चुका था। उपाय की खोज में डूबा हुआ वह रसोईघर की खिड़की से नीचे बहती नाली को और सामने खड़ी सीधी पहाड़ी को देख रहा था जिसने रसोईघर में रोशनी छेंक रखी थी।

उसने देखा कि खिड़की के नीचे उसकी इमारत की दीवाल से एक पतली कगर निकली हुई है। न मालूम क्यों किस कारीगर ने इसे बनाया होगा। इस कगर के बाद थोड़ा अंतर देकर सामने की पहाड़ी पर एक अधबना चबूतरा निकला हुआ था—बीच में नीचे नाली थी। चबूतरा ज़मीन से कोई पंद्रह फ़ुट ऊँचा था और धूप के अभाव में बौनी झाड़ियों और काई से ढका रहता था।

यह उन अनेक विचित्र वस्तुओं में से थी जो प्रारंभिक बीसवें दशक के हमारे बेल्गरादी वास्तुकार बना गए हैं : तब हर एक को जल्दी से जल्दी जो भी मिले वह सामान लेकर बिना बहुत सोचे-समझे अपनी निजी इमारत खड़ी कर लेने की जल्दी रहा करती थी। उस ज़माने में संग्रह की प्रबल उतावली थी, दायित्व की भावना का समग्र विकास नहीं हुआ था और श्रम और पूँजी का मुक्त अपव्यय करना साधारण बात थी।

ज़ेको सहसा खिड़की पर चढ़कर बाहर उसका पटरा पकड़कर लटका और कगर पर उतर आया। उस पर सरकते-सरकते वह बरसाती पानी के पाइप तक जा पहुँचा और उसे एक हाथ से पकड़कर कगर से पहाड़ी पर एक पाँव रख दिया। 'मुश्किल नहीं है, कुछ भी मुश्किल नहीं है।' मन में यह कहते हुए उसने पूरी ताक़त से छलाँग लगाई और वह पहाड़ी चबूतरे पर था। यहाँ वह चाहे तो बैठ भी सकता था।

उसने चबूतरे पर बरसों की जमा बरसाती मिट्टी और बजरी साफ़ की और बैठ गया। उसका दिल धड़क रहा था और आँखों के सामने गरमी और परिश्रम के कारण, जिसकी उसे आदत न थी, अँधेरा छा रहा था। मगर कंकरीट का यह चबूतरा जो गोरैया के घोंसले की तरह नाले के ऊपर टँगा हुआ था उसके घर की छतों और दीवालों की तरह थरथरा नहीं रहा था। शायद ज़ेको भी उस स्थिति को पहुँच गया था जहाँ वह स्थिर हो जाना चाहता था।

सशंक भाव से उसने परिस्थिति का निरीक्षण किया। पड़ोसी का अख़रोट उसके सर पर छा रहा था और साराजेव्स्का मार्ग के पुराने नीचे-नीचे मकानों की छतों के ऊपर से दूर तक संकीर्ण दृश्य झलक रहा था—उसे सावा और डेन्यूब का संगम और उसके पीछे काले मेगडन का तीखा उभार दिखाई दिया। यह एक अभिनव दृश्य था। पहले उसने नगर को इस विचित्र कोण से कभी नहीं देखा था। इस घर में रहते उसे कई वर्ष हो गए थे किंतु इस सुंदर सुरक्षित एकांत स्थल में पैठ सकने की संभावना उसे कभी सूझी ही न थी। और इसे संभव करने में उसने और कुछ नहीं अपने को केवल भय से और क्षुद्र संकोच से मुक्त कर लिया था और दोनों कगरों के व्यवधान को फलाँगने का साहस किया था। ऐसे संकल्प बहुत बड़े नहीं होते किंतु ठीक समय पर किए जाएँ तो कभी-कभी आत्मा को बचा लेते हैं।

ज़ेको अपनी नई परिस्थिति को विचारता वहाँ देर तक बैठा रहा। परंतु उसके असामान्य अनुभव की ताज़गी भी उसे बहुत देर तक शांति नहीं दे सकी। उतनी ही देर तक दे सकी जब तक उसकी असाधारण चेष्टा से उत्पन्न थकान और उत्तेजना बनी रही और फिर सवेरे का दृश्य उसकी स्मृति में हहराता हुआ लौट आया। उसी के साथ लौटी वह व्याकुलता जिससे वह बचकर भाग आया था और फिर निर्मम आत्म-ग्लानि : कितना बचकाना था यह विचार कि कोई लड़कों की तरह नाला फाँदकर इस पीड़ा से त्राण पा सकता है!

उसका त्रास उसके पीछे लग गया। हाँ, वह उसके पीछे पड़ गया! और उसका नाम लेकर पुकारने लगा। दूर से आता एक धीमा स्वर निकटतर और स्पष्टतर हो रहा था : "ज़ेको, ज़ेको..."

तब उसने रसोईघर का द्वार खुलते सुना और साक्षात् मार्गरीटा का सुपरिचित कर्कश स्वर नाले के पार से गूँजता सुनाई दिया :

"ज़ेको!"

तत्क्षण तेराज़िए का दृश्य, अपने एक-एक नृशंस चित्र सहित इस छोटे-से चौतरे पर अवतरित हो गया। ज़ेको सीधा खड़ा हो गया। शरीर काँप रहा था। मार्गरीटा रसोईघर की खिड़की में तीसरे प्रहर के प्रखर आलोक में प्रकट हुई। उसके सर पर टोप था और मुँह और आँखों के चौगिर्द झुर्रियों से उखड़कर नाक और कानों के पास एकत्र पाउडर से उसका चेहरा सफ़ेद हो रहा था।

"ज़ेक..."

और वह औरत अटक गई, अधूरा शब्द उसके मुँह में ही रह गया, आँखें अचरज से निकल पड़ीं, बाँहें उठी रह गईं। दाहिने हाथ से उसने अपने सीने पर सलीब का चिह्न खींचने का दिखावा किया।

"ईश्वर के नाम पर...ज़ेको!"

यह उग्र रूप देखकर और यह तेज़ तर्रार बोली सुनकर ज़ेको का रहा-सहा धीरज भी जाता रहा और एक बार फिर आवेश ने उसे झकझोर डाला।

उसके सीने में तेराज़िए की प्रतीतियाँ उतर आईं : ट्रामगाड़ियों की गड़गड़ाहट, लटकी हुई लाशों के नीचे जमा होती भीड़ की सुगबुगाहट और अंतीना क़हवाघर के सामने की मेज़ों पर सजी रोटियाँ और छुरी-काँटे। और अब बौखलाई हुई मार्गरीटा—संपूर्ण दृश्य को रौंदती हुई प्रकट हुई और उसका नाम पुकारने लगी।

रसोईघर की खिड़की पर वह औरत बिफर रही थी और बक रही थी :

"धत्तेरे की...तुम वहाँ पहुँच कैसे गए, तुम वहाँ कर क्या रहे हो?"

सर से पाँव तक काँपते ज़ेको ने अनुभव किया : वह जवाब देना भी चाहता है और देने में असमर्थ भी है। यह अनुभव कुछ ऐसा था जैसे वह स्वप्न में दुष्ट-अधम लोगों से भीषण तर्क में उलझा अपनी सच्ची आशंका और अवज्ञा को यथाशक्ति ऊँचे स्वर में जी-जान से अभिव्यक्त करना चाह रहा है किंतु उसे न तो चीख़ने के लिए स्वर मिल रहा है न मारने के लिए शक्ति। वह रसोईघर की खिड़की की ओर झुका और ज़ोरों से हाथ हिलाकर मार्गरीटा पर दबे-बैठे गले से चीख़ा :

"छोड़ दो मुझे तुम सबके सब! जाओ, फाँसी को देखो जाकर, छोड़ दो मुझे, मैं कहता हूँ तुम सबके सब!"

उसका स्वर मुश्किल से सुनाई दे रहा था पर उसका चेहरा लाल हो आया था, आँखें जल रही थीं और उसके हाथ ऐसे चल रहे थे जैसे हमला कर बैठेंगे।

मार्गरीटा खिड़की पर से थोड़ा-सा पीछे हट गई और चबूतरे पर का आदमी एक पाँव पर से दूसरे पर उछलने लगा क्योंकि अपने क्लेशकर उद्वेग की निवृत्ति के लिए जिस चहलक़दमी की उसे ज़रूरत थी उसके लिए वहाँ जगह न थी। कहीं कोई शांति न पाकर उसका स्वर एकदम रुँध गया।

उसने अपने शब्दों में शक्ति भरने के लिए आवाज़ कुछ तीखी की, लहजा बदलना चाहा।

"छोड़ दो मुझे, मैंने कह दिया। तुम ज़ेमून भर में मक्खन और कोको जमा करती फिरती हो, यहाँ बेल्गराद के अंदर लोग फाँसी चढ़ाए जा रहे हैं। शर्म करो, शर्म ! अगर हम इनसान होते तो तेराज़िए जाकर चीखते 'फाँसी का सत्यानाश हो, खूनी हिटलर का सत्यानाश हो !'..."

"ज़े...ज़ेको !" मार्गरीटा ने चीत्कार किया और वाद्यवृंद-निर्देशक जैसे किसी तुरही की बोली धीमी कराने के लिए हवा में हाथ मारे, ऐसे परेशान होने लगी, मगर वह आदमी कातर उद्धत स्वर में चिल्लाता गया :

" 'निकल जाओ, आततायी, हत्यारों का नाश हो'—ये नारे लगाने चाहिए हमें, समझे, ये नहीं कि..."

औरत खिड़की से मुड़कर भागी और रसोईघर का द्वार भड़ाक से बंद होता सुनाई दिया। ज़ेको मौन था क्योंकि उसका गला रुँध गया था। उत्तेजना से क्लांत होकर वह बैठ रहा और बीमार की तरह पीछे ढलान से टेक लगा ली। आँखें मूँद लीं। उसकी साँस फूल रही थी और शरीर थरथरा रहा था।

इस सँकरे स्थल पर, जो चारों ओर से घिरा था, अँधेरा छाने लगा था, एकदम सन्नाटा था, ग्रीष्म के दिनों में रविवार की संध्या का सन्नाटा।

मार्गरीटा रसोईघर में फिर प्रकट हुई, मगर इस बार झिझकती हुई आई। उसका मुख भय से विकृत था और ओठ काँप रहे थे।

"ज़ेको, ज़ेको !"

उसने दबे स्वर में पुकारा जैसे दुलार से किसी डरे हुए जानवर को पुचकार रही हो। ज़ेको ने उत्तर नहीं दिया मगर जब वह पुकारना बंद कर चुकी तो वह सहसा उठा, पैर बढ़ाकर नाले के पार रखा और एक छलाँग में इधर की कगर पर पहुँचकर खिड़की से होता हुआ रसोईघर में आ रहा। मार्गरीटा उसे ऐसे देख रही थी जैसे वह राक्षस हो परंतु तत्काल खिड़की बंद करना वह नहीं भूली।

उस रात उनके घर में क्या हुआ, यह न तो कोई देख पाया न सुन पाया। वे दिन ही ऐसे थे कि ज़ेको, काला साँप और टिगार में कोई भी बहस हो जाती तो यकीन करना पड़ता।

ज़ेको और मार्गरीटा के मध्य चबूतरे पर क्या हुआ था इसकी शायद ही किसी को ख़बर लगी हो, तो भी मार्गरीटा को इतना अधिक ख़तरा मालूम हुआ कि उसने यह सोचकर कि क्या जाने किसी ने देख ही लिया हो, सब आवश्यक उपाय कर डाले।

उसने ज़रा भी वक़्त नहीं गँवाया। अगले दिन सवेरा होते ही दारोग़ा को आदेश दिया कि इमारत के प्रत्येक खंड पर एक-एक किराएदार को बता दे कि श्री ज़ेको 'सख़्त बीमार' हैं। उससे कहा गया कि कोई पूछे, बीमारी क्या है तो बताए 'दिमाग़...'। यह शब्द दारोग़ा ने ऐसे कहा जैसे किसी विदेशी शब्द का उच्चारण कर रहा हो। और अच्छी तरह समझाने के लिए वह अपनी ओर से इतना और करता कि दाहिने हाथ की तर्जनी से माथे के मध्य में वृत्त खींचकर बताता। तरस खाकर किराएदार हाथ हिलाते।

ज़ेको को तेज़ बुखार चढ़ आया और तीन दिन रहा। मार्गरीटा ने मारे डर के डॉक्टर नहीं बुलाया कि कहीं ज़ेको को फिर क्रोध का दौरा न पड़ जाए और वह प्रलाप करने लगे। बल्कि उसने अपनी बहन मारिया से सलाह माँगी जिससे वह अरसे से नहीं मिली थी। उसने उसे सारा क़िस्सा सुनाया और कहा कि ज़ेको को समझाओ कि फिर ऐसा तमाशा न खड़ा करे क्योंकि आजकल इससे भी छोटी बात पर घर का घर गोली से उड़ा दिया जाता है।

मारिया अत्यंत चिंतित हो उठी और उसने तुरंत डॉक्टर बुलाने की राय दी मगर मार्गरीटा राज़ी न हुई। किंतु जब ज़ेको से बात की तो मारिया इस नतीज़े पर आई कि अब डॉक्टर की कोई ज़रूरत नहीं रही है।

सबकुछ ठीक ही रहा। ज़ेको फिर चलने-फिरने लगा। कभी कोई किराएदार सामने पड़ जाता तो वह कुछ तरस, कुछ कौतूहल से उसे नमस्कार करता; फिर तो यह भी गईगुज़री बात हो गई।

ज़ेको के असाधारण दौरे और उसके तीव्र ज्वर ने अपना कोई असर नहीं छोड़ा था और घर का ढर्रा भी कोई विशेष नहीं बदला था। तो भी चबूतरे पर का विचित्र कांड अपने ढंग से मार्गरीटा की स्थिति निर्बल और ज़ेको की सुदृढ़ कर गया। परिणामतः पत्नी और पुत्र दोनों ज़ेको से कुछ और अदब से पेश आने लगे हालाँकि इसका मतलब यह नहीं कि उनके दिल में उसके लिए कोई प्यार पैदा हो गया था; उनका व्यवहार ऐसा ही था जैसे कहीं बिना फूटा बम पड़ा हो तो उसके पास से गुज़रनेवालों का होता है।

ज़ेको अब नौकरी नहीं कर रहा था। मार्गरीटा बार-बार उसे समझाने की कोशिश कर चुकी थी कि उसकी पेंशन से पूरा नहीं पड़ता और उसे अधिकारी सत्ता के यहाँ काम ढूँढ़ लेना चाहिए पर उसने यह सुझाव इतनी दृढ़ता से ठुकरा दिया था कि अब वह फिर इसका ज़िक्र करते डरने लगी थी।

वह परिवार के खाद्य-संग्रह में और भी बझी रहने लगी थी। उसके मन में संभव-असंभव, यथार्थ-काल्पनिक, वास्तविक-अवास्तविक सभी प्रकार की आशंकाएँ बढ़ती जा रही थीं। टिगार, जिसे बदन बनाने और आराम करने के अलावा किसी चीज़ से मतलब न था, और भी निकम्मा और खाऊ साबित होता जा रहा था। ऊपर से वह इतना डरपोक और बेशऊर था कि उसकी माँ को मजबूरन उसे बच्चे की तरह पालना पड़ता था।

ज़ेको उन दोनों के मध्य था। अब उसे किसी का डर न था। उसकी ज़रूरतें कम थीं; वह इन दोनों को ऐसी नज़र से देखता जैसे ये कच्ची उम्र के लड़के हों। वे जो कुछ कहते उस पर वह मुस्कुरा देता। और जब वह ऊबता या घुटता तो रसोईघर की खिड़की से फाँदकर अपने राज्य में पहुँच जाता। यह स्थल ज़ेको का युद्धकालीन आविष्कार था। वहाँ बैठकर वह सोच-सोचकर प्रसन्न होता कि मार्गरीटा की सत्ता कैसे क्षीण हुई और वह कैसे बंधनमुक्त हुआ। यद्यपि उसके और मार्गरीटा के मध्य केवल गज़-दो गज़ की दूरी रहती थी, वास्तव में दोनों को विभाजित करनेवाला इससे बड़ा कुछ और था—ज़ेको का उस अंतर को लाँघने का साहस और कौशल। इस साधारण करतब और उसमें छिपे सूक्ष्म जोखम ने ज़ेको को इतना प्रेरित किया कि वह ख़तरे और साहस के विषय पर विचार करने लगा। ख़तरा खोजो, उसे भेदो और मुक्त हो आओ। इसमें इतना जोखम नहीं जितना दीखता है क्योंकि मानो या न मानो, ख़तरा तो घात में रहता ही है और हमला करता ही है चाहे कोई उससे भागनेवाला हो चाहे चिपका रहनेवाला हो।

भय पर वश करने की सामर्थ्य अच्छी चीज है किंतु मूलतः वह व्यर्थ का धंधा है और हारते की लड़ाई है क्योंकि वस्तुतः हमारे अंतर में भय अधिक होता है, बल उतना नहीं और वह भी अंततः शेष हो जाता है—बच रहता है केवल भय। और हम मनुष्यों के भय भी क्या होते हैं—महामारी, रोग, कोई नई खोज, पुलिस-कानून (वे भी जिन्हें हमसे न मतलब है न हो सकता है), रात के अँधेरे में हमारी अपनी भावनाएँ जिनकी जड़ें किसी यथार्थ में नहीं—हमारे दुर्बल स्नायु में होती हैं।

अतएव ज़ेको ने स्पष्ट जान लिया कि भय का सर्वनाश केवल उसे निर्मूल करके हो सकता है। मनुष्य में भय की अनुभूति ही नष्ट करनी होगी जैसे विकृत टांसिल ग्रंथियाँ गले से निकाल फेंकी जाती हैं।

ये भावनाएँ इतनी विकीरित और अभिनव थीं कि अपने चबूतरे की बाट पर बैठे ज़ेको को चक्कर-सा आने लगा, उसे एक नया भय हो रहा था—भय न होने का भय—मानो ख़तरे के उन्मूलन का विचार अपने में ही एक ख़तरा हो—कम से कम उसके जैसे छोटे आदमी के लिए तो हो ही। सचमुच यह बोध, उस पर एक ऐसे बोझ की तरह बैठ गया जिसे उसे ढोना ही है और उसके तले उसका कुल शरीर लड़खड़ा रहा है। समय-समय पर वह भयातुर हो उठता था किंतु वह रुका नहीं, हारा नहीं। क्योंकि जब कोई संकल्प स्थिर हो जाता है और चरित्र का बल उसे प्राप्त होता है तो वही मनुष्य का स्वरूप निर्धारित करता है। ज़ेको का भय छोटा हो गया और वह स्वयं बड़ा हो गया।

पाँच

चबूतरे से ज़ेको ने ज़ेमून शहर की रोशनियाँ देखीं जो अब उस्ताशी के हाथों में एक 'शत्रु विदेश' का अंग बन गया था। उसने सावा नदी देखी जिसे कप्तान माइका दिव्य कहा करता था और जो अब महाबली फ़ाशी शक्तियों की कृपा पर आश्रित घृणा, अज्ञान और विषाक्त भावनाओं से पोषित 'सर्बियाई' और 'क्रोशियाई' सरकारों के अधीनस्थ दो अभागे राज्यों की परस्पर सीमा बन गई थी। वह आकाश में उड़ते अनेक विमानों को और सावा में खींचे जाते बजरों को एक-एक करके ताकता रहा जो शत्रु की अधिकार सेना की सेवा में लगे हुए थे।

वह अपने में डूबा ख़ाली-ख़ाली आँखों से चारों ओर हेरता बैठा था कि मार्गरीटा फिर एक बार उसकी विचार-शृंखला तोड़कर घुस आई और उसे चौंकाकर मजबूर कर दिया कि वह उस पर और उससे संबद्ध विषयों पर सोचे।

दासी से झगड़ती हुई उसकी पत्नी का विक्षिप्त स्वर रसोईघर से उसके कानों में आ रहा था। आह, मार्गरीटा और उसकी नौकरानियाँ-यही रिश्ता उसके व्यक्तित्व की संपूर्ण अभिव्यक्ति करता था और इसी में निर्बल पर शासन और अत्याचार करने की उसकी अदम्य अपरिमित वर्गगत लालसा तुष्टि पाती थी।

कई वर्ष से वह मार्गरीटा और उसकी नौकरानियों को आता देख रहा था। कभी-कभार उसने दख़ल देने की कोशिश भी की थी मगर आख़िरकार उसे हमेशा हटना पड़ा था।

यह सच है कि कुछ छोकरियाँ कामचोर थीं और कुछ चीज़ें उठा ले जाती थीं और पेशगी पैसे दो तो उसे लेकर चंपत हो जाती थीं। मगर और भी नौकरानियाँ थीं : मेहनती लड़कियाँ, और वे मार्गरीटा के घर कुछ ही दिन काम करके छोड़ देतीं, उसे धोखा देने की नीयत से नहीं बल्कि इसलिए कि उस घर में जीना और साँस लेना दूभर था; चार पैसों और मार्गरीटा की रोटियों के लिए खटना और बातें सुनना तो दूर की बात है।

और ज़ेको ख़ूब समझता था कि मार्गरीटा के आश्रय में रहना, उसके अधीन काम करना क्या होता है। पूरा काम कर डालने से ही उसे संतुष्ट कर देना संभव न था, वह भोर से रात तक फ़िज़ूल बक-बक करके नौकरानियों की जान खा लेती; गिद्ध की-सी आँखों से वह उनको घूरती जैसे वह जानना चाहती हो कि वे क्या सोच रही हैं, किससे मिलती-जुलती हैं, कौन-कौन रिश्तेदार इनके हैं। वह उनकी चिट्ठियाँ खोल लेती, उनके असबाब खँखोल डालती और बिस्तर-गद्दे झार लेती। अठारह बरस की लड़कियों को तो वह कभी नहीं बख़्श सकती थी क्योंकि वे शाम को अपने युवा मित्रों के साथ टहलती थीं, रात को बासी तरकारी नहीं खाती थीं, क्योंकि वे गाती थीं, हँसती थीं या उदास होती थीं, क्योंकि घटिया सलूकों पर वे अपना नाम कढ़वाती थीं, क्योंकि दाँत मढ़वाती थीं, क्योंकि किसी से प्यार करती थीं या सुंदर लगती थीं और कुल मिलाकर अपने काम के घंटों से और मार्गरीटा की आवश्यकताओं से परे एक अपनी ज़िंदगी जीती थीं।

मार्गरीटा घंटों इस विषय पर बोलती रह सकती थी कि नौकर जितने होते हैं सब कितने दुष्ट, अकृतज्ञ और निकृष्ट होते हैं। उसे अपने घर में बीस एक साल में आने और जानेवाली सब नौकरानियों की सूची याद थी। कुछ तो ऐसी थीं जिन्हें वह कभी भूल नहीं सकती थी।

एक मर्तबा उसके यहाँ एक नाटी-दुबली लड़की स्त्रेम से आई थी जो सिर्फ़ तीन दिन रही। तीसरे दिन वह गलियारा बुहार रही थी तो मार्गरीटा उसके पीछे लग गई और फ़र्श की एक-एक दरार दिखाकर लगी नुक्स निकालने और हुक्म जताने। सहसा लड़की ने बुहारी रोक दी, बोली कि मैं ऐसे घर में काम नहीं करती और मेरा हिसाब चुकता कर दिया जाए। मार्गरीटा ने गरम होकर पैसे देने से इनकार किया क्योंकि नौकरानी ने काम छोड़ने की बाक़ायदा सूचना नहीं दी थी और तमाम बातें सुनाते हुए उसे 'रंडी' बना डाला।

"अच्छी बात, मैं रंडी भली, पर तुम कैसी बीबी हो जो ऐसे बोल बोलती हो। भूखों मर जाऊँगी पर मैं तुम्हारी जैसी नागिन की नौकरी न करूँगी..."

मार्गरीटा ने पुलिस बुलाने की धमकी दी, बकते-झकते गलियारा सर पर उठा लिया। आख़िरकार लड़की ऐसी चीख़ी जैसे दौरा पड़ा हो और जो झाड़ू उठाकर मार्गरीटा पर लपकी तो उससे भागकर रसोईघर में छिपते ही बना। झाड़ू फेंककर लड़की बोली :

"झाड़ू से तुम्हारा भला न होगा, तुम तो पिस्तौल से ठीक होगी। देख लेना किसी दिन वह भी होकर रहेगा।"

लड़की चली गई और मार्गरीटा तत्काल पुलिस में रपट लिखा आई। दस वर्ष पहले की यह घटना मार्गरीटा जब-तब सुनाया करती थी और जब सुनाती तो गुस्से से काँपने लगती और आँखें तरेरकर उसे कोसती :

"देखो तो चुड़ैल को, मुझे पिस्तौल मारने आई थी—पिस्तौल मारेगी! ऊपर से जब पुलिस में रपट लिखाई तो वहाँ उनको हँसी आने लगी, देखो तो ज़रा।"

ज़ेको को एक अन्य घटना स्पष्ट याद आ रही थी। वह लड़की लंबी और गोरी थी। उदास उसकी आँखें थीं और सुघर चाल थी। जब वह काम करने आई तो उसके पास एक चौड़ा काला दुपट्टा था। एक दिन तो उसने मार्गरीटा को भुगता और दूसरे दिन काला दुपट्टा छोड़-छाड़कर घर को चल दी। फिर उसने उधर झाँका तक नहीं। उस एक दिन में उस पर क्या गुज़री होगी कि वह ऐसे भागी जैसे कोई ताऊन से भागे और पलटकर न देखे। वह अपनी मालकिन को भेंट में एक दिन की अपनी मेहनत ही नहीं, एक दुपट्टा भी दे गई थी।

और मार्गरीटा यह क़िस्सा भी हर एक को सुनाती। वह कभी नहीं समझ पाई कि सुननेवाला नौकरानी को तो जो समझे, उसे क्या समझता होगा।

कई बरस गुज़र चुके थे। कई नौकरानियाँ आ-जा चुकी थीं। यही ढर्रा चला आ रहा था।

आज फिर वह एक लड़की पर बिगड़ रही थी जिसे घर से आए दो-चार दिन ही हुए थे और उस बिचारी को डरा रही थी कि युद्ध के दिनों में लोग सीधे बेगार टोली में भेज दिए जाते हैं क्योंकि लड़ाई चल रही है और जर्मनों से निपटना कोई हँसी-ठट्ठा नहीं है। यह धमकी नई थी मगर झगड़ा वही था जैसा बीस साल से चला आ रहा था।

और ज़ेको इसी अपनी औरत के विषय में सोच रहा था जो हर दृष्टि को कुंठित और हर विचार को विशृंखल कर रही थी। कर्कश, ततैया! उसके हाथ हर वक़्त मानो खुजलाया करते, वह कुछ न कुछ सीधा किया करती चाहे अपने तन पर चाहे कहीं और। जितना वह बोलती नहीं उतना हाथ नचाती। उसके चेहरे पर दोनों भाव रहते—हत्या के पात्र के भी और हत्यारे के भी।

यह झुँझलाहट, यह हिंस्र भाव उसके मुख पर सारे दिन रहता; वही सूरत लिए हुए वह सो जाती और चूँकि नींद से न तो वह मृदु होती न बदलती सवेरे उठकर वह नया दिन फिर उसी बर्बर चेहरे

से शुरू करती जिसमें पीड़ा तो थी परंतु शालीनता नहीं थी। उसमें विकृति थी जिसमें सहानुभूति और करुणा की गुंजाइश न थी। किंतु उसकी मनहूसियत से भी घिनौनी और दुखदाई थी उसकी मुसकान जो धुंध में बिजली की चमक जैसी आती और चली जाती, सिकुड़े हुए निर्जीव-से ओठ फड़क उठते, झुर्रियाँ—जिन्हें देखकर आदर नहीं उपजता था। बनकर मुस्कुराने की यह विफल कोशिश देखकर ज़ेको को रविवार की दोपहर को मुस्कुराती किसान-बालाओं की या सीधे-सादे पुरनिया लोगों की धूप जैसी मुस्कुराहट की या फिर हँसती आँखों के गिर्द सैकड़ों झुर्रियोंवाली बुड्ढी की याद आई।

ज़ेको ने अपनी पत्नी की ओर देखा और उसके उस रूप की तुलना की जब वह एक मज़बूत लड़की थी जिसे ज़ेको चाहता था और जिसे उसने किसी बुरी घड़ी में एकसाथ और सदा के लिए प्राप्त कर लिया था।

ज़ेको ने अपने विवाहित मित्रों और उनके घरों की याद की। उसने जाना कि उसका अपना मामला विशेष रूप से कठिन है परंतु विशिष्ट नहीं है। ऐसे ही चक्र में फँसे परिवारों की संख्या बहुत बड़ी है और मार्गरीटा जैसी चरित्रवाली स्त्रियाँ भी कम नहीं हैं; हाँ, मार्गरीटा की हरकतों का आकार-प्रकार भयंकर हो गया है। यह सब सोचते-सोचते वह अकसर अपने से पूछता कि अपने को स्त्रियाँ कहने वाले इन जंतुओं की सृष्टि का क्या उद्देश्य है। ज़ेको पूछता, ये औरतें जो अपने को गृहिणी कहती हैं अपना काम हँसकर क्यों नहीं करतीं, चिड़चिड़ाती और कुड़कुड़ाती क्यों हैं। क्या वजह है कि अच्छा पति हो, स्वस्थ बच्चे हों और खाता-पीता घर हो फिर भी तमाम औरतें घर में फुफकारती फिरती हैं, दासियों को गरियाती हैं, बच्चों को धुनकती हैं, पति को काटने दौड़ती हैं, टेलिफ़ोन पर घुड़कती हैं और बाज़ार में मछेरियों की तरह झिकझिक करती हैं।

और ज़ेको अपने से पूछता : समाज में ऐसा क्या कारण है जिसने इन युवतियों को इतनी जल्दी तिक्त, नीरस घरैतिन बना दिया जिसके दिल में दया और दिमाग़ में अक़्ल नहीं; ज़बान में ज़हर और नज़रों में अविश्वास है—संक्षेप में वह सब है जो सुशीलता और सुंदरता का काल है। निश्चय ही वह कारण बीमारी नहीं है, क्योंकि विकृत भले ही हो ये स्त्रियाँ अपने पीड़ितों से कहीं अधिक उम्र पाती और बुढ़ापे का सुख भोगती हैं। ग़रीबी भी कारण नहीं है। केवल एक ही संभावना बच रहती है। यह एक सामाजिक अभिशाप है : मनुष्य के सबसे शुद्ध और स्वार्थी तत्त्व को और जीवन के सबसे हीन, तुच्छ और घटिया तत्त्व को मान्यता दी जाती है। वही कारण है। यह अभिशाप इस समाज-व्यवस्था की और स्त्रियों की मिथ्या शिक्षा की स्वाभाविक उपज है।

उफ़, ज़ेको के विचारों का कोई अंत न था। वह अपनी पत्नी को वर्षों से देखता चला आया था और वह हमेशा बाक़ी दुनिया को छा लेती रही थी जैसे कि ठीक इसी समय रसोईघर में उस वाहियात और फ़िज़ूल बहस ने उसके ध्यान का सूत्र तोड़ दिया था जो कि कुछ दिनों से उसके लिए परम आवश्यक हो उठा था। मार्गरीटा के सामने पड़ते ही ज़ेको की चंचल कल्पना—जिससे वह विश्व के राज्यों और युद्धों को, परिवारों और समाजतंत्रों को, अपने ढंग से जोड़ता और तोड़ता था—भीड़ में छोटे-से आदमी की तरह खो जाती।

और अंततः जब उसने मार्गरीटा का स्वर ही नहीं उसका अस्तित्व भी अपने जीवन से निकाल बाहर किया तो उसने अपने से पूछा कि इस समाज में इतने सारे लोग निरुद्देश्य-निसम्मान क्यों जीते हैं। क्यों वे एक-दूसरे को जीवन में ठगते और निदराते हैं और युद्ध में नोचते और खाते हैं ?

इन प्रश्नों का उत्तर ज़ेको को नहीं मिला और उसकी समझ में आया कि एक निर्जन चबूतरे पर बैठे आदमी को जवाब मिलना असंभव है वैसे ही जैसे कि कुछ समय पहले सावा से किनारे अकेले पड़े रहने पर असंभव सिद्ध हुआ था। किंतु ज़ेको इन प्रश्नों को टाल भी नहीं पाया। उलझे प्रश्नों और मार्गरीटा की बोली के बीच वैषम्य दिन-प्रतिदिन तीखा होता गया और ज़ेको ने घर छोड़कर टाल्सटाय मार्ग की शरण लेना शुरू कर दिया।

वास्तव में ज़ेको के उग्र विस्फोट और अनंतर बीमारी का एक ठोस योगदान तो यह हुआ कि उससे बहुधा टापचाइडर जाने से मार्गरीटा का विरोध कम हो गया; यही नहीं वह स्वयं ज़ेको को वहाँ भेजती ताकि उसका 'भेजा' शांति और हरियाली में रहकर ठंडा हो जाए। परंतु वास्तव में वह भेजती उसे इसलिए थी कि वह फिर कहीं चबूतरे पर दिखाई न दे। यह ख़तरा बराबर उसे बना रहता।

और ज़ेको जाता।

पहली बार जब बीमारी से उठकर वह टाल्सटाय मार्ग गया तो येलित्सा उससे कुछ और दिल खोलकर मिली और ऐसे बोली जैसे बहुत समय से नहीं बोली थी। बात करते हुए वह रह-रहकर आँखें झपकाती मानो तेज़ धूप में कहीं दूर की कोई चीज़ वह पहचानने की कोशिश कर रही हो।

ज़ेको विस्मित और प्रसन्न था।

और फ़िलिप ने आकर अल्हड़पन से उससे हाथ मिलाया।

किंतु दूसरे ही दिन वे संक्षिप्त-सा नमस्कार करके ही रह गए—या शायद ज़ेको को ऐसा लगा ही था। जो हो, ज़ेको को यह स्पष्ट रूप से मालूम हो गया था कि पहाड़ पर खड़े इस छोटे-से घर में उसकी जगह है और यदि कोई हल कहीं है तो वह उसे यहीं ढूँढ़ निकालेगा। और वह अकसर टापचाइडर पहाड़ी जाया करता और मारिया और डोरोश और बच्चों से बातें किया करता। वह उन्हें पसंद ही नहीं करता था, उन्हें समझने भी लगा था।

छह

यह दावा सोलह आने सही नहीं है कि 1941 और 1944 के मध्य बेल्गराद 'यूरोप का सबसे अभागा नगर' था, परंतु सच यह है कि उसमें बेमिसाल पाप और नीचता मिलती थी और साथ ही मिलती थी उतनी ही महानता और उतनी ही सहिष्णुता। ये सब टाल्सटाय मार्गवाले मकान के हिस्से में भी पड़ी थी।

स्वभाव से सदाशय, इंजीनियर डोरोश अधिकाधिक आत्मलीन होते गए थे। वह तेज़ी से बूढ़े होते जा रहे थे मानो उनका विशाल शरीर संसार पर घटित अत्याचारों की मार सह रहा हो।

मारिया नहीं बदली थी, हाँ, उसकी दृष्टि शायद अब पहले से अधिक अस्थिर हो गई थी और उस घनीभूत आकुल आशंका की झलक देती थी जिसका कारण केवल वही अपने मन में जानती थी।

और बच्चे घर की सबसे बड़ी पहेली और सबसे महत्त्वपूर्ण लोग बन गए थे।

फ़िलिप क़ानून के दूसरे वर्ष में पढ़ रहा था; वह पिता की तरह शांत और माँ की तरह धुनी और उद्यमी था। विश्वविद्यालय में पढ़ाई हो नहीं रही थी इससे वह घर पर रहता और हर समय कुछ ऐसे काम में व्यस्त दीखता जिसका जहाँ तक ज़ेको की अक़्ल काम करती, न तो रूप ही स्पष्ट था न परिणाम ही प्रकट था। येलित्सा बढ़कर भरी-पूरी लड़की बन गई थी, बहुत लंबी न थी; उसने हाई स्कूल पास कर लिया था और अब उसे 'कोई काम न था' हालाँकि भाई की तरह वह भी सारा दिन व्यस्त रहा करती थी। तीन वर्ष पूर्व उसके स्वभाव और आचरण में जो परुष और निषेध अकस्मात् प्रकट हुआ था वह मृदु हो आया, फिर लुप्त हो गया। अब वह बात करती तो मुख पर मुसकान आ जाती, पर यह एक सुरक्षित मन की नई मुस्कान थी, उसकी आँखों में स्नेह था, उसकी चाल-ढाल कुछ और सहज थी।

दानित्सा भी बड़ी हो गई थी और अब वह नाज़ुक नखरेवाली बिटिया नहीं रह गई थी जिसे बेल्गराद स्कूल के नाम से बुख़ार आता था। द्रागान छोटा ही था—साँवला और चंचल और अपनी माँ पर पड़ा था। स्कूल बंद थे इसलिए उसका बचपन कुछ अजब क़िस्म से गुज़र रहा था। जब उसकी माँ और बहनें उसको कह-सुनकर पढ़ने बिठातीं तो वह कुढ़कर अपने से पूछता, यह कैसा ज़माना है कि 'स्कूल

नहीं है मगर पढ़ाई स्कूल से भी सख़्त हो रही है।'

घर में आने-जानेवाले बच्चों की संख्या बढ़ गई। रोज़ाना आनेवालों में था क़ानून का विद्यार्थी सिनिशा नामक एक लड़का। शरीर से दुबला, लंबा और आँख से कमज़ोर—इसके लंबोतरे चेहरे पर हमेशा एक प्रौढ़ दृढ़ भाव रहता। अन्य एक क़ानून का विद्यार्थी जो अकसर आता-जाता था चुकारित्सा के एक लोहार का धर्मपुत्र था। उसका नाम था मिलान मगर उसके फुटबाल खेलने की उम्र में कभी उसका नाम 'रिज़र्वा' (फ़ालतू) पड़ चुका था और अब यही नाम उसके गले मढ़ गया था।

और भी नवयुवक आते थे; कुछ विद्यार्थी थे, कुछ को देखने से लगता था कि श्रमिक हैं। परंतु वे ज़्यादा देर के लिए नहीं, बहुधा दरवाज़े तक ही आते थे और परिवार से कभी उनका परिचय नहीं हुआ।

आक्रमण के वर्ष के पहले ग्रीष्म में ज़ेको ने बच्चों से अपना संबंध नए सिरे से स्थापित किया। इन तरुणों और उस बयोवृद्ध के बीच संबंध कहीं कम, कहीं अधिक घनिष्ठ था परंतु वह निरंतर बढ़ा और विकसित हुआ।

वे साथ-साथ कोठे पर जाकर रेडियो सुनते और विदेशी स्टेशन लगाते हुए आवश्यक सावधानी बरतते। किंतु बच्चे ज़ेको के सामने ज़्यादा बोलते नहीं थे। रेडियो मास्को सुनने के बाद फ़िलिप और रिज़र्वा में दो-चार बातें होतीं। ज़ेको चुप ही रहता। ख़बरें खत्म होते ही वह बाग़ में या रसोईघर में मारिया के पास पहुँच जाता और उसे थोड़े में बताता कि मोर्चे पर और दुनिया में क्या हो रहा है। होते-करते यह एक नियम ही बन गया। लेकिन डोरोश इतना सतर्क और भीरु था कि उसने ब्योरा छोड़कर संक्षेप में इतना ही सुनने की इच्छा प्रकट की कि 'हमारी जीत हो रही है या हार', बस। फिर तो यह तरीक़ा बन गया कि उसे हर बार यही बताया जाता कि 'सब ठीक है'।

डोरोश अपनी पतली-लंबी बाँहें सर से ऊँची उठा लेता जिसका मतलब था कि वह भी 'अपने लोगों की' जीत चाहता है परंतु मुसीबत में पड़ने से अब भी डरता है।

महीने, दिन, रातें, घंटे और मिनट बीतते गए, सब अपने में अनंत और असह्य। ज़ेको का अधिक से अधिक समय टापचाइडर में और कम से कम उस मकान में बीतने लगा जिसे वह अपना कहता था। वास्तव में, समय बीतने के साथ-साथ, ज़ेको को इस घर में ऐसा लगने लगा कि वह घर में है और अपने घर में ऐसा है कि वह कोई मेहमान है। जैसे-जैसे ज़माना और बिगड़ा, ज़ेको की दोस्ती बच्चों से और भी घनी हुई।

कोठे पर रेडियो सुनने जाते हुए ज़ेको के कान में अकसर उनकी बहस के कुछ अंतिम शब्द पड़ जाते या कोई मज़ाक़ या कोई हवाला ऐसा सुनाई पड़ जाता जिसे वह समझ न पाता। उसके सामने कोई बात खुलकर नहीं होती थी पर अब उससे पहले की अपेक्षा कम छिपाया जाता था।

एक बार फ़िलिप ने बहस के दौरान हँसकर कहा : "चिंता नहीं, ज़ेको चाचा से हम खुलकर बोल सकते हैं..."

इन शब्दों ने ज़ेको में एक उदात्त और अभिनव सुख का संचार किया।

मारिया से वार्तालाप में ज़ेको अकसर बच्चों का ज़िक्र ले आता परंतु, मारिया उनकी गतिविधि और योजनाओं पर कभी कुछ न बोलती। हाँ, किसी बच्चे का नाम आने पर ज़रा-सा सर उठाकर बैठ जाती मानो अच्छी तरह सुन पाना चाहती हो। बस। और ज़ेको उसे बताने को व्यग्र हो उठता कि वह इन नौजवानों को कितना चाहता और मानता है, कि जिससे इन्हें घृणा है उसी से उसे भी कितनी घृणा है, कि जो इन्हें प्रिय है वही उसे भी प्रिय है और यह कि वह उनके प्रति चिंतित है, उनकी सहायता करना चाहता है—जानता नहीं कैसे करेगा—हाँ, कुछ ऐसा है और जो शायद ये कर न पाएँगे या जानते नहीं कैसे कर पाएँगे, वह चाहता है इनकी बला अपने ऊपर ले ले या...उफ़, जब वह अपनी भावनाएँ ढंग से एकत्र भी नहीं कर सकता तो उन्हें अभिव्यक्त कैसे करे ?

समय के इस अमानुषिक किंतु संकल्पमय दौर ने ज़ेको को वह दिया जो बंजर जीवन के कई दशक नहीं दे सके थे। इसने जीवन में गति भरकर वह काम पूरा कर दिया जो ज़ेको ने स्वयं कई वर्ष हुए सावा के किनारे आरंभ किया था। बहुत-सी बातों का बोध उसे कुछ समय पूर्व हो चुका था परंतु यह उसने इसी वर्ष जाना कि उसका जीवन कितना निष्पौरुष रहा है और मनुष्य के कितने कम दायित्व उसने निबाहे हैं। इस युद्ध में मोर्चे सभी जगह थे : रण में थे ही, संपूर्ण समाज में थे, उस घर में थे, जिसमें वह रहता था, और उसके अंतरतम में थे। इस द्वैत के सामने पड़ने पर निर्णय करना कठिन न रह गया। परंतु उसे यह कहीं अधिक स्पष्ट था कि वह किसके विरुद्ध है, यह उतना नहीं कि किसके पक्ष में है। वह घटनाओं पर विचार करना ही नहीं, उन पर कुछ असर डालना, कोई ऐसा काम करना चाहता था जिसमें उसका कुछ उपयोग हो, जो किसी सार्थक दिशा में ले जाए। उसे बोध हुआ कि छिटपुट विद्रोह, चाहे पिछली गर्मियों के तेराज़िए फाँसी कांड के पहलेवाले विस्फोट जैसे उग्र ही क्यों न हों, निजी यंत्रणा और व्यर्थ छटपटाहट से अधिक कुछ नहीं हैं। उसने जाना कि उस बोध का प्रतिफल होना चाहिए कर्म और कर्म का होना चाहिए एक सुनिश्चित लक्ष्य, कि साहस तभी साहस है जब उसका कोई उद्देश्य हो और यह कि साहस का वास्तविक महत्त्व और अर्थ निश्चित होगा उस कर्म से जिसके लिए साहस उद्दिष्ट हो।

संकल्प और निर्णय उस व्यक्ति के लिए बहुत आसान न था जिसने इतने दिन तक जीवन में जो पाया हो, कुढ़कर, खीझकर वैसे ही स्वीकार किया हो। परंतु युद्ध का ताप सबको कुछ और जल्दी पुष्पित, परिपक्व और फलीभूत करता है। ज़ेको अपना भविष्य बच्चों की, उन नौजवानों की आँखों से देखने लगा जो उसके लड़के की उम्र के थे। पर इसमें बुरा क्या था? इस समय तो सबसे पहले उसे सदा के लिए अपने पतित निष्फल जीवन से निष्कृत होकर पुरुष की तरह खड़े होना और जीना चाहिए था।

ज़ेको मारिया से बहुत कुछ बताना चाहता था क्योंकि वह उसके इतने क़रीब थी। पर वह कभी कुछ बता न पाया क्योंकि जब भी वह कुछ कहना शुरू करता, वह झेंपकर अटक जाता—क्योंकि यह मानव-मन की एक विचित्रता है कि बहुधा लोग अपने भीतर के सुंदरतम को प्रकट करते झिझकते हैं। तो भी ज़ेको की अभिव्यक्ति संपूर्ण हो जाती थी चाहे अटपटे अधूरे संकेतों से ही हो, क्योंकि खुद कम बोलनेवाली मारिया में एक असामान्य गुण था : वह दूसरे को सुनना और समझना जानती थी।

अपने को सदा असफल और ग़लतफ़हमी का शिकार समझनेवाला, अपने में असंगत, दूसरों के लिए दुरूह, ज़ेको समय पाकर विशद और सुगम हो गया और इस तरह उनके और निकट आ गया जिनका हित वह सबसे अधिक चाहता था। 1942 के वसंत में ज़ेको बच्चों के काम में हाथ बटाने लगा पर उसने यह कभी न पूछा कि उनका उद्देश्य क्या है, या काम कितना है या यही कि उससे अंत में होगा क्या।

स्वेतोसाव्स्का मार्ग पर अपने पेंशनयाफ़्ता स्कूल-अध्यक्ष पिता के साथ रहनेवाले सिनिशा से उसकी जान-पहचान कुछ और बढ़ी। निस्संदेह सिनिशा इन सब 'बच्चों' का, और शायद किसी अधिक बड़े दल का भी नेता था परंतु उसकी गतिविधि की ख़बर दूसरों से कुछ मालूम नहीं हो सकती थी और खुद वह कुछ बताता न था।

दुबला और लंबा, वह असाधारण रूप से विनम्र और सौम्य था, हमेशा ऐसा दीखता जैसे अभी आया हो और अभी जा रहा हो। और ज़ेको की नज़र में सिनिशा का हर काम आकस्मिक होता। उसकी हरी मंददृष्टि आँखें प्रायः झुकी रहतीं और वह किसी को देखता तो मानो आँख से नहीं संपूर्ण शरीर से देखता; और वह सबकुछ देख लेता, बल्कि कहना चाहिए, जान लेता जो वह जानना चाहता हो। वह जितने आहिस्ते उठता-बैठता था उतने ही आहिस्ते बोलता भी था मानो शब्दों को महत्त्व

न दे रहा है और मानो जो कह रहा है वह अभी उसके मन में आया है : और उसका व्यवहार कुछ ऐसे व्यंग्य से मंडित था कि ज़ेको को तनिक घबराहट होती पर यही उसे बहुत अधिक आकृष्ट भी करता।

इसीलिए जब अंततः उसने ज़ेको का अहसान लेना ठीक समझा तो हस्बमामूल कह दिया :

"ज़ेको चाचा, अगर आप राज़ी हों तो...और अगर आपको दिक़्क़त न हो तो..."

और ज़ेको ने कहा, "यह सोचना ही ग़लत है कि मुझे दिक़्क़त होगी।"

ज़ेको का खुशख़त यहाँ काम का साबित हुआ। वह कमाल के साथ पहचान-पत्रों और प्रमाण-पत्रों के हस्ताक्षरों और दस्तावेज़ों की नक़ल करने लगा और यह काम भी उसने अपनी स्वाभाविक निष्ठा और धीरज से किया।

उसने लग्गा लगाया उन प्रमाण-पत्रों से जिन्हें दिखाकर लोग अनिवार्य कार्य से मुक्ति पाया करते थे। जब समझौता-सरकार ने यह कार्यक्रम आयोजित किया तो नवयुवकों के इससे छूट निकलने के उपाय आविष्कृत किए गए। बितोल्स्का मार्ग पर केंद्रीय दमकल घर में जहाँ भरती होती थी, शरीर-परीक्षा के लिए लोगों की लंबी क़तारें लगी रहतीं। कुछ ही दिन में पता चल गया कि स्वस्थ शरीर के कोरे प्रमाण-पत्रक परीक्षकों की मेज़ों पर से उड़ाए जा सकते हैं। इन पत्रकों में युवकों के नाम भर दिए गए कि वे इन्हें लेकर बेखटके शहर में आएँ-जाएँ और श्रमकार्य-दस्तावेज़ के बिना घूमनेवाले लड़कों की टोह में लगी पुलिस उनका कुछ बिगाड़ न सके।

सिनिशा की पहली सेवा ज़ेको ने इन्हीं पत्रकों में मुख्य परीक्षक और वैद्य के मूल हस्ताक्षर उतार कर की।

इस प्रकार का पहला काम करते हुए ज़रा देर को ज़ेको ने क़लम रख दिया और अविचल विचारमग्न जाली दस्तावेज़ को निहारता बैठा रह गया। उसने अपने हाथ को निरखा मानो उसने हाथ को पहली मर्तबा देखा हो जो जाने कितने वर्ष से और कितना निरुद्देश्य लिखता और आँकता चला आ रहा है। आज इस तरह बैठकर इस ज़रा-से काम में हाथ बझाना कितना सुखद है; जब तक दम है तब तक वह ऐसी चाहे कितनी शुद्ध और श्रेष्ठ जालसाज़ियाँ करता रह सकता है।

यों ज़ेको ने शुरुआत की और फिर उसने अन्य कई तरह के दस्तावेज़ों की नक़लें कीं और नोक-पलक सुधारी जो इंजीनियर के घर से भाँति-भाँति से चुरा लाए जाते थे और एक सिरे से बदलकर पक्की मोहर और हस्ताक्षर सहित वापस ले जाए जाते थे। इन दस्तावेज़ों की संख्या ही से ज़ेको को अंदाज़ा मिल गया कि एक ही उद्देश्य को समर्पित व्यक्तियों की संख्या कितनी बड़ी थी।

अनंतर ज़ेको को और काम सौंपे गए। शक्ल-सूरत से वह शरीफ़-भला नागरिक था ही, उसे चीज़ें और चिट्ठियाँ पहुँचाने का काम अकसर दिया जा सकता था। उसके घर में जो टेलीफ़ोन गार्गरीटा के नाम से लगा था, ख़बरें और संदेश देने के काम आता।

ये काम कितने ही छोटे और अकिंचन क्यों न रहे हों, ज़ेको के लिए बड़े गौरव के थे क्योंकि इनसे उसे बोध होता था कि वह जीवित है, सही दिशा में अग्रसर हो रहा है, कुछ कर रहा है और किसी काम आ रहा है। यह सावा की तरह न था, जहाँ उसे कप्तान माइका की मित्रता मिली थी और जहाँ उसने जीवन को जीवन की तमाम समस्याओं सहित वैसा ही पाया था जैसा वह है। और यह उसकी चौतरिया भी नहीं थी जहाँ से उसने छूछे विद्रोह के नारे बुलंद किए थे और जहाँ घंटों उन मसलों पर चिंतन में मग्न रहा था जिनका ज़िंदगी से कोई ख़ास मतलब नहीं।

ज़ेको का मन शांति और स्वाभिमान से भर गया यद्यपि न यह शांति अविकल थी न वह स्वाभिमान निस्संशय था।

टाल्सटाय मार्ग से पहाड़ी उतरते हुए, नगर के अँधेरे और आकाश के बड़े-बड़े उजले तारों को निहारते हुए, जो चेसनट की हिलती डालियों में से ऐसे झलकते मानो हवा में लौक रहे हों, वह बहुधा

शंका और कायरता से विह्वल हो उठता : वही तुच्छता, नगण्यता की पुरानी विशृंखल भावना जो कभी-कभी संपूर्ण निस्सहायता और निराशा का रूप धर लिया करती थी।

तब उसे याद आता कि कभी-कभी उसके आते ही कमरे में बच्चे और मारिया तक मौन से उसका स्वागत करते हैं, बातचीत थम जाती है और सिनिशा की आँखों में रूखा उपहास झलकता है।

इनकी याद से उसका अहं चोट खा जाता जैसा कि उस वक्त होता है जब किसी का मन टूटा हुआ होता है : उसे लगता है कि वह कभी इनका अपना नहीं हो सकता, कि वह कोई नहीं और कुछ नहीं है जो कि वह हमेशा रहा है, एक निरुद्देश्य व्यक्ति जिसके लिए समाज में कहीं स्थान नहीं क्योंकि वह समाज के तकाज़े पूरे नहीं कर सकता, क्योंकि उसमें अपनी सदाशयता को साकार करने योग्य न आत्मबल है न चरित्र है।

उसे भय लगता; पुलिस का उतना नहीं जितना असाधारण का, गति का और परिवर्तन का भय। भय के क्षण में व्याकुल प्रश्नों का अनवरत क्रम आरंभ हो जाता। ये जो कुछ कर रहे हैं, क्या है वह? क्या यह कोई फुटकर युवा-हलचल है जिसके पीछे वास्तव में कोई है नहीं? वे चाहते क्या हैं? वे जा किधर रहे हैं?

इन प्रश्नों का उत्तर वह सब समय नहीं दे पाता तो भी वह जानता था कि जो भी हो वह उनके साथ है। और वह समझता था कि इस प्रकार के काम में यदि कोई सभी शंकाएँ निवारित होने की प्रतीक्षा करने लगे तो बहुत लंबी प्रतीक्षा करनी होगी।

किंतु ऐसी भी शामें आतीं जब शहर लौटते हुए उसमें एक अस्पष्ट किंतु दुर्दम आत्मविश्वास जाग उठता : वह एक अच्छे काम में लगा कार्यकर्ता था, मित्रों के बीच एक उपयोगी मित्र था और इन बच्चों से ही नहीं उन सबसे संपृक्त था जो उनके पीछे अदृश्य खड़े थे।

मौसम बदलते रहे और पहाड़ी पर उजाला घटता-बढ़ता रहा और उसे ऐसे विविध द्वंद्व मन में लिए बेल्गराद के उत्तरी आकाश के उसी तारापुंज पर दृष्टि ज़माए पहाड़ी से उतरकर बार-बार नीचे आते हुए सप्ताह, मास और वर्ष बीत गए। और जैसे-जैसे वर्ष बीतते गए, क्लांति और शंका के क्षण भी विरल होते गए। साथ ही साथ उसे विश्व-घटनाओं का और अपने कार्य से उनके संबंध का परिचय गहरा होता गया और उसे अपने निज की और मनोभावों की चिंता उतनी नहीं रह गई। वह अँधेरे शहर के छिटपुट दूधिया उजालों को देखता और ऊपर जगमगाते आकाश को निहारता जिसमें सप्तर्षि नन्हे-नन्हे तारकों के समूह के मध्य ऊर्ध्व में भुजा उठाए खड़े थे।

लोग कुछ कर रहे हैं, ज़ेको अपने से कहता : वह उनमें से कुछ को जानता है और उनका हाथ बँटा रहा है। यह विचार उसे एक नई तुष्टि देता और वह उसी को लिए सो जाता और गहरी नींद सोता।

यह निराकुलता अखंडित नहीं रहनेवाली थी।

1942 के ग्रीष्म में फ़िलिप बेल्गराद के आसपास कहीं लापता हो गया। वह कंधे पर थैला डाले पड़ोस के गाँवों में 'भोजन की खोज में', जैसा कि उन दिनों श्लेष में कहा जाता था, जाया करता था। एक बार वह गया तो लौटकर नहीं आया। शीघ्र ही विशेष पुलिस के कारिंदे के साथ डोरोश के घर आकर दो सिपाहियों ने ख़ानातलाशी ली। कारिंदे ने घुड़ककर कहा कि वह ऐसे 'लापता' होने का मतलब खूब जानता है, कि इस घर पर दलगत गतिविधि की तहकीक़ात के लिए नज़र रखी जाएगी और माँ-बाप लड़के के ज़िम्मेदार होंगे। वे रात के दो बजे आए, दोबारा आए और एक बार फिर तलाशी ले गए। किंतु फिर कुछ नहीं हुआ।

ज़ेको ने कभी नहीं पूछा कि फ़िलिप को क्या हुआ या कि वह कहाँ गया। मारिया ने इसका ज़िक्र नहीं छेड़ा और बच्चे वैसे ही रहते रहे जैसे थे, परंतु उनके मित्र कुछ और सावधानी से और कम आने-जाने लगे। उनका 'स्वतंत्र युगोस्लाविया' रेडियो सुनना और ज़ेको की 'सेवा' करना जारी

रहा। 'सामग्री' अब डोरोश के मकान में नहीं बल्कि सड़क से कुछ उतरकर एक काठ की झोंपड़ी में तैयार की जाने लगी जहाँ एक बुढ़िया रहती थी।

पड़ोस के दो अंगूरबाग़ और उनके बीच की बाड़ की वस्तुतः अदृश्य फाँकों से होकर इस झोंपड़ी में चुपचाप टाल्सटाय मार्ग से किसी के देखे बिना आया जा सकता था।

दूसरा अड्डा था रिज़र्वा के धर्मपिता का मकान, परंतु ज़ेको वहाँ कम ही भेजा जाता था और जब जाता भी था तो घर में प्रवेश नहीं करता था, नीचे के कारख़ाने में ही जाता था।

ज़ेको को एक और अड्डे का पता था; सुना-सुनाया; वह साबा के तट पर एक गोदामघर में था। इस संपर्क-सूत्र का रखवाला था चिट्टे बालोंवाला, उज़ित्से के आसपास का निवासी वूल नामक एक फुर्तीला नवयुवक; हमेशा मुस्कुरानेवाला वह उतावला दिखता, सरपट बोलता और तेज़ चलता। ज़ेको को वह भला किंतु कुछ भयंकर भी लगता और जब भी वह मिलता ज़ेको सोचता : यह उन लोगों में से है जो न अपने को बख्शते हैं न किसी और को।

इस प्रकार टाल्सटाय मार्ग का मकान 'छुट्टी' पा गया और जैसा ज़ेको ने समझा पुलिस उसे एक वर्ष तक भूले रही। किंतु अगले नवंबर में उस घर और ज़ेको दोनों को एक करारा झटका लगा।

एक दिन सवेरे दानित्सा ने किसी पड़ोसी के घर से ज़ेको को फ़ोन किया और उससे टाल्सटाय मार्ग पर आने को कहा। जब वह पहुँचा तो घर में उथल-पुथल हुई पड़ी थी। पहले दानित्सा ने ही बताया, "वे लोग येलित्सा को कल रात ले गए।"

ज़ेको को लगा जैसे सबकुछ अकस्मात् जड़ होकर रह गया है; हवा, समय, आवाज़ें और खून, सबकुछ। क्या कहा जा रहा है, वह कुछ सुन ही नहीं पा रहा था।

तीन जर्मन और विशेष पुलिस का एक कारिंदा तीन बजे रात को आए थे और उन्होंने मकान की तलाशी ली थी और येलित्सा से तैयार हो जाने को कहा था। उन्होंने टेलीफ़ोन का तार काट दिया, टेलीफ़ोन और कोठे से रेडियो भी साथ ले गए। अलबत्ता उन्होंने घरवालों को येलित्सा के लिए कुछ कपड़े और खाने की एक पोटली बाँध देने दी।

येलित्सा ने हरेक को चूमा मानो स्टेशन जा रही हो, और गेस्टापो की मोटर में बैठ गई। उसमें असाधारण रूप से तेज़ रोशनीवाली बत्तियाँ लगी थीं और चालक की सीट के बग़ल में एक चोरबत्ती भी थी।

ज़ेको ने घर का मुआयना किया जिसमें तलाशी के प्रमाण स्पष्ट दिख रहे थे। वह उस चौकी के पास ठहरा जिस पर रेडियो रहता था और जिस कोने में टेलीफ़ोन रहता था वहाँ उसने वह तार देखा जो पिलास से धरके काट दिया गया था। ज़ेको इन चीज़ों को इतने ग़ौर से देख रहा था जैसे जो कुछ हुआ है उसका अर्थ इन्हीं में कहीं दिखाई दे जाएगा।

वह सिनिशा को कुछ संदेशे देने घर से बाहर निकल गया। आखिरकार शाम हुई और घर में अकेले उसने इस घटना के आतंक से साक्षात् करके एक ऐसी पीड़ा अनुभव की जो उसने कभी जानी नहीं थी। "वे उस बच्ची को ले गए हैं" वह अपने से निस्तेज यंत्रवत् बार-बार कहता रहा और उसके भीतर एक दर्द घुमड़-घुमड़कर ऐसी व्यथा उपजाता रहा जो उसके जीवन-भर झेले तमाम कष्टों से भिन्न थी।

कई दिन तक उसे भूख न लगी न नींद आई और उसने देखा कि मार्गरीटा और टिगार के प्रति उसकी जुगुप्सा मानो साकार हो उठी है। सिनिशा ने उसे होशियार कर दिया था कि टाल्सटाय मार्ग पर जो कुछ देखा या सुना था उसे कहीं प्रकट न करे किंतु यह चेतावनी अनावश्यक ही थी क्योंकि वह यों भी न करता।

उसे उस दिन की याद ही न रह गई थी जब उसने मार्गरीटा के शब्दों पर ध्यान दिया था और अपने व्यवहार पर उसकी प्रतिक्रिया जानने को उसके चेहरे की ओर निहारा था। अब उसके

लिए सबकुछ का मापदंड था युद्ध, या ठीक-ठीक कहें तो वह युद्ध जो बेल्गराद के इस आश्चर्यजनक रूप से छोटे मगर महत्त्वपूर्ण अंश—टाल्सटाय मार्ग के बच्चों की आँखों से दीखता था। और पिछले कुछ दिनों में तो उसके सब विचार सिमटकर येलित्सा और उसके भविष्य तक सीमित रह गए थे।

ज़ेको को मति-विभ्रम होने लगा। उसे येलित्सा का स्वर सुन पड़ता; वह नींद से जागकर उठ बैठता और उसके दिल में वही आशंसा, वही स्नेह होता जो इस लड़की के प्रति उसने सदा सहेजा था। 'ठोस आदमी है', 'स' के उच्चारण में दाँत भींचकर येलित्सा ने कहा था, आधी रात को ऐसे वाक्य बार-बार ज़ेको को याद आते और तुरंत एक टीस उठती।

"साथी लड़ रहे हैं" न जाने कितनी बार 'लड़ाई' शब्द उसके भीतर गूँजकर उसे आमूल हिला चुका था। उसने यह शब्द वैसे ही सुना जैसे येलित्सा उसे सहज और गंभीर स्वर से बच्चों की तरह बोलती थी—अगर अपनी शक्ति की इतनी चेतना होने पर भी कोई बच्चा कहला सकता है, तो! उसके मुँह से यह शब्द सुनकर ज़ेको ने उसका अर्थ पा लिया। यह अभिवृद्ध हुआ ज़ेको की इस कल्पना से कि फ़िलिप और रिज़र्वा रेलगाड़ी में बैठे चले जा रहे हैं मानो वे बेल्गराद के कोई सामान्य नागरिक की तरह खाद्य की खोज में निकले हों, जैसा कि वे पुलिस को बताते थे। और उसे यह सोचकर सांत्वना मिली कि वह संघर्ष के इतने निकट है।

रात को वह अचानक इस आशंका से त्रस्त होकर उठ बैठता कि शायद वे इस समय लड़की को यंत्रणा दे रहे हों : ठंड से जमे अपने शयन-घर में वह पसीना पोंछने लगता मानो उसी को यंत्रणा दी जा रही हो। ऐसा क्यों है कि यह युवती जो कम्युनिस्ट है, भली और सुंदर है, एक गंदी अँधेरी कोठरी में, ठूँस दी जाती है, भूखी रखी जाती है और पीटी जाती है जब कि मार्गरीटाएँ और टिगार खुली धूप में घूमते-फिरते हैं, ताज़ी हवा में साँस लेते हैं और आराम की ज़िंदगी बसर करते हैं। यह निर्मम भेद ही यथेष्ट प्रमाण है कि विश्व के आज के द्वंद्व में कौन-सा पक्ष सत्य है।

और येलित्सा की क़ैद जितनी लंबी खिंचती गई, ज़ेको को उतना ही ज्ञान होता गया कि समस्या शुद्ध व्यक्ति की, लड़की और उसके माँ-बाप की समस्या नहीं है। उसके विचारों का उत्स व्यक्तियों से हटकर व्यापक मुद्दओं में जा रहा था।

अपनी आत्मव्यथा में, और युद्धजन्य दुःखों में ज़ेको को टाल्सटाय मार्ग के परिवार के बीच रहकर सांत्वना मिलती, जो कि इस समय उसी की भाँति सांत्वना का भूखा था।

अब उसे मारिया के चरित्र की गहराई की थाह मिली। आँसू नहीं, छटपटाहट नहीं, फिज़ूल के शब्द नहीं। उसके पीले चेहरे का रंग कुछ और पक आया और आँखें पहले से ज़्यादा खोई-खोई रहने लगीं—बस येलित्सा का नाम सुनकर वह चौंक पड़ती।

परंतु सबसे बड़ा आश्चर्य तो यह था कि ऐसे मौकों पर वह विनम्र, भीम, डोरोश अत्यंत शालीनता और तत्काल बुद्धि से काम लेता।

दानित्सा ने भी साहस का परिचय दिया, उसके भाई ड्रागान ने भी, जो अपने चारों ओर की सब चीज़ों को अपनी काली आँखों से निहारता रहता था—वे उसकी माँ को पड़ी थीं। ये दोनों सहमे हुए और गंभीर दीखते थे।

वे सब येलित्सा की गिरफ़्तारी से बहुत घबरा गए थे परंतु मानो सबमें समझौता था कि रत्ती-भर कमज़ोरी नहीं दिखाएँगे। 'और यही उस लड़की से उन्हें जोड़े हुए था जिसे वे इतना प्यार करते थे और जिसके लिए वे दुःखी थे।

वे येलित्सा की बात तभी करते जब बहुत ज़रूरी होता और वह भी काम की बात होती। सप्ताह में एक बार वे उसके लिए खाने और धुले कपड़े की पोटली बाँध देते। डोरोश और बच्चों का जिम्मा था कि खाना तैयार रहे परंतु, पोटली बाँधना और पहुँचाना मारिया का काम था और वह इसमें कोई दूसरा हाथ नहीं लगने देती थी। यह काम उसने ख़ासतौर से अपने सर लिया था और बिलकुल अपने

हाथों से ही वह उसे करना चाहती थी ठीक वैसे ही जैसे कभी उसने अपने शरीर से ही येलित्सा को जना था और अपने स्तनों से ही दूध पिलाया था। बच्चे पोटली लादकर बानित्सा के बंदी-शिविर तक ले जाने में उसका साथ देते : एक-दो बार कभी मौसम बेहद ठंडा हुआ तो उसने ज़ेको को भी साथ आने दिया था।

सर्दियाँ तेज़ हवा और कड़ाके का जाड़ा लेकर आईं। मारिया छोटे-छोटे मगर सधे हुए डग भरती चल रही थी, अपना काला दुशाला उसने एक ओर से लपेट लिया था कि हवा से बच सके और वह हवा के मुक़ाबले तन गई थी। बग़ल में ज़ेको लाल रंग का थर्मस और सेब की टोकरी लिए चल रहा था और मारिया ने खाने की पोटली अपने हाथ में रखी थी। ज़ेको के पाँव से बड़े बूट बर्फ़ पर फिसल जाते, उसकी पदचाप से एक खोखली गूँज उठती और वह मानो मारिया के क़दमों की नपी-तुली-सधी लय पर ताल देती चलती।

ज़ेको बतकही शुरू करना चाहता, पर बेकार। उसके शब्द फ़ौरन तेज़ हवा में खो जाते और मारिया पहले कुछ बतलाती भी पर फिर सन्नाटा खींच जाती। यह स्पष्ट था कि बानित्सा के रास्ते में उसका मन बोलने को नहीं करता था। ज़ेको अपने को फ़ालतू और उलझा हुआ पाता।

बानित्सा से कुछ दूर रह जाने पर उन्हें उसका बड़ा-सा फाटक और उसके सामने लंबी क़तारों में लोग, अधिकांश में औरतें, पोटलियाँ लिए इंतज़ार करते दिखाई दिए। वे सरदी के मारे पाँव पटकते और मुट्ठी में फूँक मारते थे और अपने बंडल और डिब्बे कभी इधर कभी उधर रख-उठा रहे थे।

मारिया ने ज़ेको से थर्मस ले लिया, उसे धन्यवाद किया और कहा कि घर जाए। वह पल-भर ठिठका, पर मारिया ने कड़े स्वर में आदेश की तरह अपना कथन दोहरा दिया। उसने पोटली सँभाली और निःशब्द आगे बढ़ गई। वह एक क्षण निश्चल खड़ा रह गया।

बड़ा फाटक बंद था और उसके दोनों पार्श्व में छोटे-सँकरे सींखचेदार दरवाज़े थे और उनके बग़ल में गारद के लिए ताकें बनी थीं। इन दरवाज़ों के आगे दो लंबी पंक्तियाँ खड़ी थीं। दाहिने हाथ के दरवाज़े के आगे की पंक्ति ज़्यादा लंबी थी, और सड़क के पार तक चली गई थी। मारिया इसी में खड़ी हो गई।

पोटलियों की जाँच और स्वीकृति अभी आरंभ नहीं हुई थी।

दर्द-भरी उलझन लिए ज़ेको आख़िरकार इस दृश्य से अपने को विलग कर घर की ओर चल पड़ा। चलते-चलाते उस बाएँ दरवाज़े की पंक्ति से आती हुई आवाज़ें हवा में बिखरी हुई सुनाई दीं। कुछ औरतें एक बूढ़े से झगड़ रही थीं कि उसने उनके सामने क्यों थूका। औरतें सब एकसाथ बोल रही थीं और उनके शब्द पल्ले नहीं पड़ रहे थे। नाटे बूढ़े ने जिसके तन पर किसान जैसे कपड़े और निरी कालिख़ थी, टगढकर औरतों को जवाब दिया। केवल कुछ कड़ुवे कर्कश शब्द ज़ेको के कान तक पहुँचे, "अब तो जानो मैं ईश्वर पर थूकूँगा।"

ज़ेको पलटा और सड़क के सहारे चल दिया जो बर्फ़ की सफ़ेदी से प्रायः छिप गई थी, सिर्फ़ स्ले और गाड़ियों की लीकें उस पर ज़ख़्मों की तरह पहचान में आती थीं।

वापसी में उसके पास कोई सामान न था पर वह मारे बोझ के झुका जा रहा था मानो पंक्ति में प्रतीक्षा करते-करते लोगों की सब गठरियाँ, पोटलियाँ, पीड़ाएँ, क्लेश उसने लाद लिए हों।

जाड़ा बीत चला। फ़रवरी में वसंत के छलावे, दखिनी बयार और बेजानिस्का कोसा पर लाल सूर्यास्त दिखाई देने लगे और मौसम गरम हो उठा।

एक दिन मारिया बानित्सा से वापस आई तो उसके हाथ में पोटली थी। पहरेदारों ने उसे लेने से इनकार कर दिया था और यह तक नहीं बताया था कि येलित्सा कहाँ है। और पहली बार ज़ेको ने मारिया की आँखों में आँसू बल्कि आँसू नहीं आँसुओं की हल्की-सी झलक देखी जो पल में आई और पल में चली गई।

अगली बार मारिया गई तो उसकी पोटली ले ली गई और फिर हर बार ले ली जाती रही मगर एक दिन उसे कोरा वापस कर दिया गया।

रेडक्रास में किसी ने मारिया को बताया कि बानित्सा से अट्ठारह औरतें एक रात रेलवे स्टेशन ले जाई गई थीं और वहाँ से जर्मनी में किसी बंदी-शिविर को भेज दी गईं। नाम केवल पंद्रह के मालूम हुए। येलित्सा का नाम उनमें नहीं था जिससे यह धुँधली-सी उम्मीद बनी रह गई कि शायद उन तीन नामहीन यात्रियों में वह भी रही हो।

सात

फ़रवरी में युद्ध का एक नया दौर शुरू हुआ जिसमें दिखाई दिया कि शायद मित्र विमान बेल्गराद पर जल्द ही बमबारी शुरू करें और शहर में हवाई हमले से बचाव की बे-हिसाब तैयारियाँ होती नज़र आईं। महीनों तक अख़बारों में नियम छपते रहे और जनता को आवश्यक एहतियाती कार्रवाइयाँ समझाई जाती रहीं। सार्वजनिक शरणालय चौड़े किए गए; पुराने तहख़ानों की जाँच और सफ़ाई और मरम्मत होने लगी, नए तहखाने ख़ासतौर से जर्मनों के लिए बनने लगे। बाज़ारों में लोग काला काग़ज़ ख़रीदते दिखाई देते जिससे कि घर के शीशे मढ़ सकें क्योंकि इसका आदेश अधिकारियों ने यह कहकर दिया था कि उल्लंघन की कड़ी से कड़ी सज़ा मिलेगी।

एक दिन सिनिशा ज़ेको से यों ही पूछ बैठा कि हवाई हमला हुआ तो वह क्या करेगा। सवाल से ज़ेको चौंका।

"क्या करूँगा? वही जो करना चाहिए।"

"तुम बेल्गराद छोड़ने की तो नहीं सोच रहे ज़ेको चचा?" सिनिशा ने अपनी मंद आँखें झुकाकर पूछा।

"नहीं," ज़ेको का जवाब था और उसने इतना और कहना चाहा : 'नहीं, मेरी यहाँ ज़रूरत हो तो नहीं' पर वह सकुचा गया और चुप रह गया।

"यानी मुसीबत आ पड़े तब भी नहीं?" सिनिशा ने अपने ख़ास व्यंग्यात्मक अंदाज़ में पूछा।

"नहीं, मैं समझता हूँ तब भी नहीं," ज़ेको धीरे से बोला।

"तुम बहादुर हो ज़ेको चचा।"

सिनिशा ने फ़ौरन विषय बदल दिया और कुछ हँसने-हँसाने की बातें करने लगा, इतना ही हुआ। पर ज़ेको समझ गया कि हवाई हमला होने पर उस पर कुछ जिम्मेदारी आ पड़ेगी और इस विचार ने उसमें एक प्रकार का स्निग्ध आत्म-संतोष भर दिया।

मार्गरीटा झाँय-झाँय करती हुई घर-भर में आ-जा रही थी और हर चीज़ से टकरा रही थी, ज़ेको से और नौकरानी से और उनका नाम लेकर ऐसे पुकार रही थी जैसे उन्हें देख नहीं रही हो। वह चीज़ें तो ज़रूरी-ग़ैरज़रूरी सब इकट्ठा किए ले रही थी पर जो चिल्ला रही थी वह बिलकुल ग़ैर-ज़रूरी था।

ज़ेको ने उसे शांत करने की और समझाने की कोशिश की कि ये साइरन केवल चेतावनी के हैं। किंतु वह यह समझा ही रहा था कि साइरन फिर रँभाया और इस बार उसने आसन्न संकट की घोषणा की। डर के मारे मार्गरीटा के होश-हवास फ़ाख़्ता हो गए मगर ज़बान उसकी कतरनी की तरह चलती रही।

"आ गए हत्यारे, हाय! माइकेल, मेरा बेटा, कहाँ गया माइकेल! बकसिया की चाबी किधर गई, फिन्का, वहाँ खड़ी क्या कर रही है? उजबक की तरह घूरती क्या है?"

इसी उथल-पुथल के, दौड़-भाग, चीख-पुकार के बीच ज़ेको ने किसी तरह उस बदहवास औरत को तहख़ाने में दाखिल कर दिया। टिगार पहले से ही वहीं मौजूद था। वह टेबिल टेनिस खेल रहा

था और वहीं से सीधा तहख़ाने में चला गया था। उसे न किसी व्यक्ति की चिंता हुई थी न किसी वस्तु की। उसकी माँ ने रोते-रोते उसकी तरफ़ प्यार से देखा। माँ ने उसकी पीठ पर हाथ रखना चाहा मगर उसने उसे झटककर परे कर दिया और निश्चल, निःशब्द अपनी ही चिंताओं में डूबा, झुका बैठा रहा। ऐसे क्षणों में टिगार से कोई कुछ करा नहीं सकता था; उसका हिलना-डुलना, बोलना-चालना, किसी को देखना तक बंद हो जाता मानो आत्म-रक्षा के लिए उसे एक-एक बूँद शक्ति की ज़रूरत हो।

फ़रवरी और मार्च में एकाएक बिजली कटी। दो-तीन बार साइरन भी सुन पड़ा--एक लंबी खिंची हुई आवाज़ जिसका मतलब 'प्रथम चेतावनी' होता था और जो छोटी-छोटी उन चीत्कारों से भिन्न थी जिन्हें लोग कुत्ते का रोना कहते थे और जिनका मतलब होता था 'आसन्न संकट।'

जैसे ही रोशनी गई, ज़ेको के मकान में हंगामा मच गया। मार्गरीटा ने चीख़ना, पुकारना और कराहना शुरू कर दिया और वह एकदम ऊल-जलूल सवाल पूछने तथा फ़िजूल की रायें देने लगी। हबड़-हबड़ करके वह चोरबत्ती खोजने लगी जो उसकी जेब में रखी थी और अपने साथ तहख़ाने में जाने के लिए सामान जमा करने लगी।

ऐसे मौक़ों पर टिगार जान के डर से घबराए हुए जानवर की तरह हो जाता और पहले तो माँ को जल्दी और चुप रहने को कहता रहता फिर खुद चिल्लाने लगता।

तहख़ाने में जाने को तैयार हो चुकती तो मार्गरीटा ज़ेको को ज़ोर-ज़ोर से हुक्म देना शुरू करती कि आग बुझा दो, खिड़कियाँ खोल दो।

और माँ-बेटे जब आख़िरकार तहख़ाने में चले जाते जो ज़ेको अँधेरे में ब्यालू पूरा करता और रसोई में चूल्हा ठंडा करके झटपट अपनी छत पर कूद आता। वहाँ से ज़ेको काले आकाश को निहारता और अंधकार को काटती हुई जर्मन सर्चलाइटों की रोशनियाँ किसी बड़ी घड़ी की सुइयों की तरह घूमती हुई और विराट आकाश को मनहूसियत से मापती हुई ऊँचे बादलों में विलीन हो जातीं।

समय-समय पर ज़ेको के पास की सड़कों पर सिपाहियों की पदचाप और गाड़ियों की गरज और उनका रास्ता छोड़कर हटते हुए सिपाहियों की आहट सुनाई पड़ती।

ये ज़ेको के लिए गंभीर अर्थमय क्षण होते, उसे भय, साहस के साथ युद्ध पर सोचने का फिर अवसर मिलता।

अगर चेतावनी की अवधि लंबी होती तो ज़ेको अपने कमरे में लौटकर अँधेरे में ही कपड़े बदलकर सो रहता। दूसरे दिन मार्गरीटा से झिड़कियाँ सुननी पड़तीं जो उसकी अधिकांश अन्य बातों की तरह लाचारगी और निराशा से भरी होतीं। यह लाचारगी मार्गरीटा की ही नहीं उसके संपूर्ण वर्ग की आंतरिक विशृंखलता का स्पष्टतया प्रमाण थी। उस वर्ग को बदलती दुनिया में दिशा खोजना अधिकाधिक कठिन हो रहा था।

हवाई हमले शुरू हुए 16 अप्रैल, 1944 को ईस्टर के दिन सवेरे क़रीब दस बजे। उस वक़्त ज़ेको बाहर निकल रहा था, काम से नहीं बल्कि मार्गरीटा से दूर भागने के लिए जो उस समय अपनी नई नौकरानी, फ़िलोमिना नाम की एक छोटी गुलाबी लड़की को फटकार रही थी।

बेल्गराद के गिरजाघरों में घंटियाँ बज रही थीं। घंटियों की आवाज़ शहर पर मँडराते हुए शुरू गरमियों के विराट आकाश के अनंत में खो गई।

तब साइरन सुन पड़े जिन्होंने गिरजाघरों की घंटियों की बुझती हुई कराह को ढक लिया और रविवार की तल्लीनता तोड़ दी। ये 'प्रथम चेतावनी' के साइरन थे—कई लंबी और खिंची हुई सीटियाँ, जिनके आरंभ और अंत में एक झनझनाती-सी आह निकलती थी। उधर साइरन बजा इधर मार्गरीटा प्रकट हुई, चेहरा डर से बिगड़ा हुआ था।

ज़ेको मार्गरीटा के बैठने के लिए कोई और कैसी भी जगह ढूँढ़ रहा था क्योंकि उसकी टाँगें जवाब

दे रही थीं, मगर टिगार अपनी जगह से टस से मस न हुआ मानो किसी को वह जानता ही न हो।

अपनी पत्नी के लिए जगह खोज पाते ही ज़ेको ने तहख़ाना छोड़ दिया। ज़ीना चढ़ते हुए उसे मार्गरीटा मरी-मरी घायल आवाज़ से मिन्नत करती हुई सुनाई दे रही थी कि होशियार रहना। हालाँकि उस वक़्त तक उसे खुद इतना होश न रह गया था कि वह ज़ेको से क्या चाहती है।

ख़ाली मकान में पहुँचकर उसने सब खिड़कियाँ खोल दीं और रसोईघर से होकर अपने चबूतरे पर जा कूदा। रेडियो बता रहा था कि "शत्रु के प्रबल विमान दल मांटेनिग्रो और सर्बिया के ऊपर उड़ रहे हैं।"

नीचे रेलवे स्टेशन से किसी इंजिन की तीखी और लंबी सीटी सुनाई दे रही थी परंतु वह भी हठात् बंद हो गई और फिर वह संपूर्ण शांति छा गई जो आक्रमण की प्रतीक्षा करते नगरों में पाई जाती है।

ज़ेको ने अपने चौतरे पर से फैले दृश्य पर दृष्टि डाली। एक ओर का दृश्य डेन्यूब के द्वीपों पर ठहरी धुंध में विलीन हो गया था। दूसरी ओर उसके सीमांत पर मकानों का पुंज था और उनके सम्मुख ज़ेमून स्टेशन की छायाकृति नज़र आ रही थी। ज़ेको के ठीक सामने था बेल्गराद स्टेशन जिसके आगे रेलगाड़ियों की एक क़तार खड़ी थी, फिर सावा नदी का तट और फिर सर उठाकर देखने से दीखता काले मेगडान का शिखर और सावा और डेन्यूब का संगम और वहाँ संगम पर द्वीप, पिछोला, खाड़ियाँ जो दर्पण के टूटे टुकड़ों की तरह धूप में चमक रही थीं।

सन्नाटा तो विचित्र था ही, उससे भी विचित्र था नगर का क्षितिज जो स्पष्टतर और प्रखरतर हो उठा था मानो आसन्न संकट के भय से उसने एक नई शक़्ल बना ली हो।

सन्नाटा विमानभेदी तोपों की दबी-दबी आवाज़ों से टूटने लगा जो शहर के पूर्व एक उपनगर में लगी हुई थीं। तोपों की ऊँची-नीची गरज वर्तुलाकार होकर फैलती और अंत में इस क्षेत्र में सुनाई पड़ती जो कि अभी तक मौन और अचल खड़ा हुआ था।

इस प्रकंपित गंभीर वातावरण को चीरता इंजनों का निरंतर और मंद शोर कहीं से आने लगा। ज़ेको ने अपने दाहिने हाथ से आँखों पर छाँह करके ऊपर ताका पर कुछ देख नहीं सका। उसने आँखें नीचे कर लीं, वे सीधे सूरज को देखने से चौंधिया गई थीं और उनमें पानी आ गया था। तब उसने काफ़ी नीचे उड़ते हुए कई छोटे सफ़ेद विमान देखे। पश्चिम से आकर ये स्टेशन के ऊपर सावा पुल के निकट से गुज़रे और जैसे समुद्री पक्षी पानी की सतह के पास-पास उड़ते हुए अचानक ऊपर को उड़ान भरते हैं; वैसे ही आकाश में उठ गए। ज़ेको ने उन्हें गिना : आठ थे और नवाँ पीछे-पीछे अकेला उड़ रहा था। पहले तो ज़ेको ने सोचा कि ये जर्मन हवाई जहाज होंगे किंतु एकाएक उसने देखा कि दूर पर रेल के दो डिब्बे ज़मीन से ऐसे उठ गए जैसे जानवर पिछली टाँगों पर खड़े हो जाते हैं। साथ में काली मिट्टी और गर्द का एक गुबार भी उठा। ज़ेको तुरंत समझ गया कि ये मित्र-विमान हैं जर्मनों के नहीं और यह सोचकर कि एक स्वप्न सच हो रहा है उसकी देह कंटकित हो उठी। रेल के डिब्बे ज़मीन पर आ गिरे; उनमें से काला धुआँ उठ चला और ऊँचे ही ऊँचे उठता और फैलता गया। चमचमाते सफ़ेद विमान सावा पर होकर उड़े और ऊपर को दौड़ लगाकर ज़ेको के दृष्टिपथ से बाहर हो गए।

अब अंतिम विमान दिख पड़ा। उस पर एक लाल दाग़ चमक रहा था जैसे कोई फूल सजा हुआ हो। और जब वह नदी के ऊपर पहुँचा उसमें से छोटे-छोटे गोले, रुई के विशाल फाहे जैसे निकल पड़े; पहले दो और फिर तीसरा। यह विमान भी दृष्टि से ओझल हो गया, वे सफ़ेद फाहे आकाश में डोलते-फिरते रहे फिर हवा के बहाव में पड़कर धीरे-धीरे उस दिशा के विपरीत तैर गए जिसमें विमान जा रहे थे।

रेल के डिब्बों से धुआँ और ऊँचा उठता गया और उसके मूल को लपटों ने लाल रंग दे दिया। उत्तेजना से तना हुआ ज़ेको बिलकुल भूल गया कि वह कहाँ है, कौन है और उसे केवल एक चीज़

याद रह गई : यह कि अंततः शत्रु को मारा और मिटाया जा रहा है—शत्रु जो कि उसके सब विचारों का और सब घृणा का केंद्र बन गया था।

आकाश के तीनों सफ़ेद गोले धीरे-धीरे नीचे आने लगे, खुलकर वे पैराशूट बन गए, और बेज़ानिया के पीछे कहीं गिरकर ज़ेको की आँख से एक-एक करके ओझल हो गए।

ज़ेको अचरज में पड़ा सोच रहा था कि यह सबकुछ गर्मियों के किसी खाली दोपहर के किसी खेल की तरह क्यों लग रहा है कि प्रतिरक्षा-तोपें एकाएक सबकी सब गरज उठीं। लगभग उसी क्षण ताबड़-तोड़ कई बम फटे—5 या 6 होंगे और उनके फटने के साथ उनकी विचित्र गूँज और इमारतों के भहराने की गड़गड़ाहट सुनाई दी। परंतु इन सब आवाज़ों को दबा लिया ज़ेको के सर पर से लगातार अंधड़ की तरह गुज़रते हुए हवाई जहाज़ों के शोर ने।

कुल मिलाकर ऐसा लगता था मानो दो बनैले जंतु एक-दूसरे से टकरा गए हों और एक में गुँथकर धूल और रौंदी हुई बनस्पति के बवंडर में फुर्ती से दाँव-पेंच दिखाते हुए तीखी से तीखी और भयंकर से भयंकर आवाज़ें पैदा कर रहे हों।

इतने में ज़ेको अचेत हो गया किंतु बस क्षण-भर के लिए और फिर चौकन्ना होकर उत्सुकता से भरा उठ बैठा।

उसने गरदन पीछे लटकाकर आँखों पर हाथ से छाँह कर ऊपर निर्मल आकाश को ताका। हवा मानो थरथरा रही थी और नीचे धरती बम के विस्फ़ोटों और गिरती इमारतों के धमाकों के मिले-जुले असर से काँप रही थी। और ज़ेको के भीतर भी सबकुछ थरथरा रहा था जैसे वह किसी कंकरीली-पथरीली सड़क पर लढ़िया में बैठा जा रहा हो।

ऊपर ऊँचाई पर जिसे ज़ेको ने न जाने क्यों तेरह हज़ार फ़ुट से अधिक आँका, कई काले बमबार टेढ़ी-तिरछी क़तारों में ऐसी गति से उड़ते जा रहे थे जो धीमी और कालातीत जान पड़ती थी। ज़ेको गिनने लगा : चार, सात, ग्यारह, सोलह, बाईस और तभी क़तारों के दोनों पार्श्व में नए विमान निकल आए जिससे उसका हिसाब बिगड़ गया और वह चकरा गया। आकाश चारों ओर से घिरे आते विमानों से छा गया। इस काले चँदोवे के ऊपर पानी में नन्हीं मछलियों जैसे लड़ाकू विमानों की चमचमाती झलक आँख-मिचौनी खेल रही थी।

नए बम-विस्फोटों के धमाकों ने ज़ेको का ध्यान तोड़ा : इस बार वे सावा के ज़ेमूनवाले किनारे से आ रहे थे। ज़ेमून हवाई अड्डे पर मिट्टी के स्तंभ हवा में खड़े लहरा रहे थे और उन्हीं में हवाई पट्टी से टूटे कंकरीट के खंड भी थे।

और इसके बाद तत्काल विमान-संपुंजन पश्चिमोत्तर की ओर बढ़े और आकाश में विलीन हो गए। केवल उनका शोर सुनाई देता रह गया, फिर शोर की गूँज रह गई और फिर मौन छा गया। दूर कहीं से पहले तीन बार, फिर दो बार, और फिर एक बार तोपों की गरज आई जैसे वर्षा के बाद बूँदें एक-एक कर टपकती हैं। फिर जो सन्नाटा छाया वह सर्वव्यापी और संपूर्ण था। ज़ेमून हवाई अड्डे से काले गुबार की एक दीवार उठकर खड़ी हो गई।

तब ज़ेको ने देखा कि धूल उस तक पहुँच रही है, और वह उसे अपनी आँखों में और जीभ के तले अनुभव कर रहा है। पहली बार वह भयातुर हो उठा और उस संकट से भागकर, जो गुज़र चुका था, वह चबूतरे पर से झटपट वापस लौट आया।

वह अपने घर में भरती हुई धूल में से होता हुआ तहख़ाने की ओर बढ़ा। रास्ते में अकस्मात् उसने उस भय पर काबू पा लिया जो उसे चबूतरे पर खदेड़ लाया था।

सबसे ऊपर के ज़ीने पर खड़े होकर उसे नीचे तहख़ाने में तरह-तरह से सिकुड़े-फैले पड़े मनुष्यों का समूह बहुत अच्छी तरह दिखाई दे रहा था।

एक बार कई वर्ष पहले वह अपने एक रिश्ते के विद्यार्थी भाई को, जो विक्षिप्त था, देखने

बेल्गराद पागलख़ाने में गया था। अस्पताल के चिकित्सक उसे उस आम बैठक में ले गए थे जहाँ मरीज़ दिन के वक़्त रहते थे।

तहख़ाने की धुँधली रोशनी में ठसाठस भरे मनुष्यों को देखकर उसे वही भूला हुआ दृश्य याद हो आया।

उसने देखा, दर्जनों तरह की विचित्र मुद्राओं में लोग लेटे, बैठे और खड़े हैं, स्त्रियाँ मुर्दा पीले चेहरे लिए माथे पर गीले चीथड़े लपेटे, औंधी पड़ी हैं। उसने देखा, कुछ पुरुष घुटनों पर कोहनियाँ टिकाए और हाथों से चेहरे छिपाए बैठे हैं, तो कुछ दीवार से पीठ लगाकर चिपके हुए सर को ऐसे पीछे डाले खड़े हैं जैसे ज़ंजीर से बाँध दिए गए हों। उसने कुछ जोड़ों को कातर आलिंगन में बँधे देखा और कुछ को एक-दूसरे से कतई मुँह फिराए बैठा पाया। विकृत चेहरों और सूरतों का वहाँ अंबार लगा था जैसे वे छटपटाकर जड़ हो गए हों।

चेहरों के इस जंगल में से ज़ेको की तरफ़ दो बाँहें उठीं और उनके पीछे दिखा मार्गरीटा का चेहरा जिस पर कोई रंग न था; उसकी आवाज़ लड़खड़ाती, रिरियाती मगर फिर भी हुक्म चलाती हुई थी :

"ज़ेको...हे ईश्वर, यह क्या हो रहा है ?"

इस विचित्र स्थिति में ज़ेको अचकचा गया पर कुछ कहना था इसलिए बोला, "सब ठीक है, सब शांत हो गया है..."

उसी वक़्त एक अकेला मगर ज़ोरदार धड़ाका हुआ, शायद कोई नियतकालिक बम था, और [illegible] तुरंत शांति छा गई। उस मौन में तहख़ाने के ज़ीने पर खड़े व्यक्ति को नफ़रत भरी नज़रें, हाथ और घूँसे संबोधित करने लगे :

"बंद कर दरवाज़ा...बेवकूफ़ !"

"गधा कहीं का—ये हम सबकी जान ले लेगा।"

"सब शांत ही तो है।" किसी ने बदहवास विद्रोह का यह सिलसिला ख़त्म करते हुए व्यंग्य भरे स्वर में कहा, जिसके दौरान स्त्रियों ने वह-वह बातें कही थीं जो अभी तक वे सिर्फ़ मन में [illegible] थीं।

औरतें अब और भी ज़ोरों से सिसकने लगीं और उन सब सिसकियों के ऊपर मार्गरीटा की [illegible] लंबी आह सुनाई पड़ने लगी।

ज़ेको भागा। गलियारे में वह तीसरी मंज़िल के किराएदार एक इंजीनियर से टकरा गया जो अपने कमरे से उत्तेजित और एक तरह से खुश-खुश सीढ़ियाँ उतरता आ रहा था। वह खुद सवाल पूछता और खुद जवाब देता।

"देखा तुमने ? मैंने तो सब देखा। मैं जानता हूँ कि ग्रोब्ल्यास्काँ मार्ग पर खूब पड़ी और [illegible] बाज़ार पर तो कोई शक ही नहीं।"

इंजीनियर ने ज़ेको की बाँह में हाथ डाल दिया। अनजाने ही दोनों सड़क पर निकल आए।

कहीं चिड़िया तक पर न मार रही थी। सन्नाटा पहाड़ सा खड़ा था। ऊँचे कहीं से एक भनभनाहट [illegible] एक पतली निरंतर एकरस आवाज़ आ रही थी जैसे वह भी सन्नाटे का अंश हो।

दोनों नेज़ा मिलोशा चौराहे तक गए और वहाँ खड़े देखते रहे कि एक फैला-फैला पीला-[illegible] गुबार शहर के दक्षिण-पूर्व भाग के ऊपर उठ रहा है।

तभी अलबानिया मीनार पर से एक लंबा अटूट साइरन बजा, फिर चुकारित्सा से एक और [illegible] फिर डेन्यूब से एक और।

ख़तरा टल गया था।

ज़ेको तत्क्षण टाल्सटाय मार्ग की ओर चल पड़ा। चिंता से विह्वल वह चढ़ाई पर दौड़ता गया।

लोग शरणालयों से निकल-निकलकर उसके पास से गुज़रते जा रहे थे। वे सब उत्तेजना के मारे ज़ोर-ज़ोर से बोल रहे थे, उनमें से कुछ हँस रहे थे पर हँसी न स्वस्थ थी न भली थी। कई के मुँह से शराब महक रही थी।

पहाड़ी पर से साफ़ दिखाई देता था कि स्टेशन पर चार ठिकानों पर रेल के डिब्बे खड़े जल रहे थे। ज़ेमून धुएँ और धूल के बादल में विलीन हो गया था और दक्षिण-पूर्व बेलगराद भी।

टापचाइडर पहाड़ी पर कोई बम नहीं गिरे थे मगर फिर भी जब तक ज़ेको ने अपना परिचित वह छोटा-सा मकान वसंत की अंकुरित हरियाली के मध्य अछूता खड़ा नहीं देख लिया तब तक उसे चैन नहीं आया।

डोरोश के घर में सबकुछ उलट-पुलट पड़ा था। इंजीनियर और दानित्सा हवाई हमले से दहशत खा गए थे। लड़की की आँखों में डर समा गया था और समय-समय पर उसकी पूरी देह थरथराती थी जैसे कँपकँपी छूट रही हो। और डोरोश, पीला और मौन, ऊटपटाँग चीज़ें जमा कर रहा था, काग़ज़ात पलट रह था और समय-समय पर बर्रा उठता था जैसे किसी को सुनाकर कह रहा हो "मुझसे नहीं होगा, मैं यहाँ नहीं रहने का बम के वास्ते, नँह"।

मारिया और द्रागान शांत और संयत थे।

पहाड़ी से ज़ेको स्वेतोसाव्स्क पहाड़ी गया कि सिनिशा की ख़ैरियत पूछ आए और यह भी मालूम कर ले कि कोई काम तो नहीं है। सिनिशा ने उससे अपने ढंग का संक्षिप्त और दुरूह परिहास किया और वह हमेशा से अधिक चंचल दिखाई दिया। जब ज़ेको ने उसे हवाई हमले का अपना देखा हाल सुनाया तो उसके मुँह से बारम्बार निकला :

"मित्रों ने काम कर दिखाया, ज़ेको चाचा, कर दिखाया।"

उसने ज़ेको से पूछा कि क्या वह आज ही नगर का दौरा करके और यह देखने जाएगा कि कितना नुक़सान हुआ है और यह भी कि कुछ ख़ास-ख़ास मकानों पर बम गिरे हैं या नहीं और अगर गिरे हैं तो उनमें कौन-कौन मरा है। उसने ज़ेको से कहा कि ख़बर लाकर मुझे मत देना, टापचाइडर पहाड़ी दे आना, वहाँ से वूल या कोई एक बच्चा उसे ले आएगा।

ज़ेको बम-ध्वस्त नगर में घूमा, खँडहरों और उनके भीतर दारुण दृश्यों को उसने देखा और दीया जलने तक अपने घर थका-हारा लौट आया।

वहाँ मार्गरीटा और टिगा बहस करके तय कर रहे थे कि यहाँ से अच्छा और सुरक्षित शरणालय कहाँ मिल सकता है। उसने ज़ेको को उसे छोड़कर जाने पर जली-कटी सुनाई कि वह उसे छोड़कर चला गया, घर-बार की उसे फ़िक्र नहीं और वह टापचाइडर पहाड़ी पर घूमता रहता है। उसने कहा, "मुझे पक्की ख़बर है कि आज रात को बेलगराद मिट्टी में मिला दिया जाएगा।" और फिर एक क्षण पहले की अपनी बोली भूलकर ज़ेको से पूछने लगी कि हम भागकर कहाँ जाएँ।

"कहीं नहीं।"

उसने नफ़रत और भय से जड़ और गूँगी होकर उसकी तरफ़ देखा और फिर रुआँसी आवाज़ में न जाने क्या कहा और फिर एकाएक उसका बचा-खुचा क्रोध जाग्रत हो आया, वह उसके सामने खड़ी उछलने लगी और मेज़ पर घूँसा मार-मारकर चीखने लगी :

"'कहीं नहीं' का क्या मतलब ? हाय दय्या, मैं तो कहो सातों समुंदर पार चली जाऊँ। तुम्हें मरना हो तो मरो, बेवक़ूफ़ दास, तुम जनम के मूरख हो, मेरी जान मुझे प्यारी है, दुनिया भर से प्यारी है, मैं मैं..."

वह फिर लाचार होकर फूट-फूटकर रोने लगी।

अंततः ज़ेको किसी तरह खिसक गया और उसने अपना कमरा अंदर से बंद कर लिया। कुछ देर वह आँखें बंद किए सुनता रहा कि घर के अंदर हंगामा मचा हुआ है और कल्पना में देखता रहा कि ध्वस्त मकानों के अंदर से चीथड़ों में लपेटी लाशें निकाली जा रही हैं। आख़िरकार उसे नींद आ गई क्योंकि वह बहुत पैदल चलने और जाने क्या-क्या देखते रहने से थक गया था।

तड़के वह घर में चीख़-पुकार और झन्न-पटक सुनकर जग पड़ा। वह बिस्तर से निकल आया। मार्गरीटा गरज रही थी और एकसाथ तमाम से सवाल पूछे डाल रही थी—"हम कहाँ जाएँगे ? किस सवारी से जाएँगे ? क्या ले जाएँगे ? और जो चीज़ें घर में छोड़ जाएँगे उनका क्या होगा ?"

पिछले दिन के दृश्य और ध्वनियों से अभी तक बोझिल ज़ेको ने औरत की तरफ़ बिलकुल ध्यान नहीं दिया जो कि स्वस्थ और साबुत अपने सजे-धजे ठीक-ठाक घर में उन लोगों से अधिक दुःख मना रही थी जिन्हें कल ज़ेको ने खँडहरों के पास अपना सबकुछ खोकर खड़े देखा था।

"ज़ेको, ज़ेको," मार्गरीटा रह-रहकर चीख़ती मगर ज़ेको कोई जवाब न देता जैसे ज़ेको किसी और का नाम हो, वह पागल की तरह अपना असबाब बाँध रही थी और आँख मूँदकर जो हाथ आता उसे झपटकर रखे ले रही थी। सहसा उसके हाथ शिथिल हो गए, आँखें आँसुओं से भर आईं और वह फ़र्श पर धम से बैठ गई; बैठ गई तो फिर वहीं की वहीं एक खुले बक्स के पास बैठी ही रही। पर फिर वह उठी, ज़ेको को पुकारा और फिर उससे कोई जवाब नहीं मिला और वह सामान बाँधने लगी। वह कभी किसी दुःखी छोटी लड़की की तरह सिसकती, कभी छिनाल की तरह गरियाती।

टिगार उसके पीछे डरा, दबा, दुम की तरह लगा हुआ था। पिछले दिन की तरह वह ज़्यादा बोल नहीं रहा था। उसकी आँखों से डर झाँक रहा था और जब माँ से उसकी आँखें चार होतीं तो वे दोनों जड़वत् एक-दूसरे को दो हताश जानवरों की तरह घूरने लगते। जब टिगार आँखें नीची कर लेता तो वह सिसकना शुरू कर देती और झूठमूठ सामान बाँधती रहती।

उनकी 'कार्यकुशलता' का, उस सदर्प आत्म-विश्वास का कहीं नाम-निशान तक न बाक़ी रह गया था जिससे वे कभी महाशक्तिशाली दिखाई दिया करते थे।

जब दिन निकल आया तो टिगार हारकर किसी मोटर ठेला या घोड़ागाड़ी की तलाश में निकला, उसे दरवाज़े तक पहुँचाकर आँखों में आँसू भरे काँपती आवाज़ में वह चिल्लाई :

"कहीं से लाओ, चाहे जर्मनों से लाओ, जो माँगे वह दो मगर यहाँ से निकलने के लिए सवारी लिए बिना न आओ।"

उस दिन घर में एक क्षण को शांति नहीं थी। मार्गरीटा असबाब बाँधती, क्लेश करती, दुनिया-भर का रोना एक ही साथ रोती—मकान का, मेज-कुरसी का, अपनी सुरक्षा का और जो मन में आता कभी कुछ, कभी कुछ बोलती जाती। वह जहाँ-जहाँ से मदद की उम्मीद हो सकती थी वहाँ टेलीफोन कर रही थी और जब कहीं से जवाब न आता—क्योंकि बम-ध्वस्त नगर में तार टूट गए थे—तो फिर रोने लगती और टेलीफ़ोन पटककर बंद कर देती।

ज़ेको बीचोंबीच कमरे में बैठा नाश्ता कर रहा था। उसकी पत्नी ने जिसका मिज़ाज ठिकाने आ गया था उसकी तरफ़ घूरकर गुस्से से मगर भय और आदर से देखा :

"तुम क़िस्मतवाले हो जो तुम्हारा दिल इतना सख़्त है" और ज़ेको शांति से खाता रहा और उसे लगा कि बीस बरस से भी अधिक समय में पहली बार वह अपने घर में अपनी मेज़ पर बैठकर मज़े लेकर खा रहा है और उसे न मार्गरीटा की कोई फ़िक्र है न उससे कोई डर है।

और जब वह ऊटपटाँग वाक्य जोड़कर बकने-झकने लगी और उसकी भारी-भरकम देह और उसकी क्षुद्र संपत्ति का इस लोक में और परलोक में महत्त्व जीवन से भी अधिक हो गया तो ज़ेको ने उसे आहिस्ता से टोक दिया :

"तुम कोई चीज़ नहीं हो।"

और जब वह उसकी भावनाओं के प्रति निर्मम होकर परंतु क्रोध से नहीं, उसे अपने विचार बतलाने लगा तो उसने उसकी आँखों में आँखें डाल दीं और अनुभव किया कि वे आँखें, जिनसे उसकी अनुपस्थिति में भी वह वर्षों आतंकित रहा, असाधारण किसी तरह न थीं। उनमें कभी भी कुछ नहीं था और आज तो कुछ था ही नहीं और उसने यह अनुभव किया तो उसे यह एक ही साथ हास्यास्पद और करुण लगा परंतु, न वह हँसा न दुःखी हुआ क्योंकि अब वह मुक्त हो चुका था।

टिगार एक घोड़ागाड़ी लेकर आ पहुँचा और उसकी अपनी माँ से निरर्थक बक-बक शुरू हो गई। ज़ेको ने कई सुझाव देकर उनकी मदद करनी चाही और वे सुझाव मान भी लिए गए जैसा कि पहले कभी हुआ ही नहीं था।

तय हुआ कि वे लोग जेलेज़्निक जाकर उस ग्वाले के यहाँ ठहरेंगे जो रोज़ दूध दे जाता था। जब ज़ेको ने कहा कि मैं शहर में ही रहूँगा और मकान की चौकसी करूँगा तो वे बहुत खुश हुए।

अब सब काम फुर्ती से क़ायदे से होने लगा। फिर भी मार्गरीटा घर में हर कमरे के दरवाज़े पर ठहरती, सीने पर सलीब का निशान बनाती और दारोग़ा को घुड़कती जो असबाब बँधवाने में हाथ बँटा रहा था। ज़ेको को पुकारकर वह चिल्लाई :

"सब चीज़ों का ध्यान रखना...खिड़कियाँ बंद कर देना...हरे बक्स में कुछ पकवान है। दूसरे बक्से मत खोलना..."

आखिरकार वे चले। ज़ेको उन्हें गाड़ी में बिठाने लगा। रह-रहकर मार्गरीटा को याद आता कि वह कुछ भूल आई है और वह चीख़ पड़ती, फिर वह चीज़ उसकी जेब से ही बरामद होती। ले-देकर वह गाड़ी में तरह-तरह के बक्सों और बंडलों से घिरी बैठ गई। वह गाड़ीवान के पास बैठी थी और वह उसे ऐसे बता रहा था कि पाँव कहाँ रखो जिससे लटके नहीं जैसे किसी नासमझ बच्चे को बताया जाए। टिगार गाड़ी में सब सामान के ऊपर ओढ़ाए हुए एक गद्दे के ऊपर चढ़ा बैठा था। उसके चेहरे पर वही हमेशा की उलझन थी, वह अपनी ही समस्याओं में डूबा हुआ था।

ज़ेको सदा दरवाज़े पर खड़ा उन्हें देखता रहा और जब गाड़ी चल दी तो उसने हाथ हिलाकर ऐसे बिदा दी जैसे कोई बच्चे मई दिवस का मेला देखने जा रहे हों।

मकान में लौटकर, जहाँ सब सामान यों बिखरा पड़ा था मानो डाका पड़ा हो, ज़ेको ने कुछ वक़्त उसे समेटने में लगाया, फाटक जैसी खुली अलमारियों के कपाट बंद किए, हर चीज़ अपनी जगह पर सहेजी।

जब वह इससे निबटा तो उसने हाथ धोए और आरामकुर्सी में पसरकर चैन की साँस ली और अपनी नई आज़ादी का सुख चुपचाप उसके मन में भर गया। सहसा उसे याद आया कि उसे टापचाइडर एक संदेश ले जाना था। उसने घड़ी देखी तो चौंक पड़ा, दस बज गए थे।

जब वह नेज़ा मिलोशा मार्ग के छोर पर पहुँचा तो उसने देखा कि सब सवारियाँ शहर के बाहर जा रही हैं और शहर के अंदर कोई नहीं आ रहीं। दादीन्ये की सड़क पर पहुँचते-पहुँचते उसे पहला साइरन सुनाई दे गया। उसके बाद तुरंत ख़तरा टलने का भोंपू बजा। ज़ेको ने चाल तेज़ की, सारे शरीर से पसीना छूटने लगा। जर्मनों से भरी मोटरगाड़ियाँ उसके पास से भयंकर रफ़्तार से गुज़र रही थीं और सब दादीन्ये और टापचाइडर की बस्तियों की ओर जा रही थीं।

ज्वेज़्दा चौराहे के पास एक युवती देहातिन उसके बराबर हो ली। उसके कंधे पर एक बहँगी थी जिसके एक सिरे पर दूध के ख़ाली टीन और दूसरे पर एक गठरी थी। इस प्रदेश की किसान औरतों की अपनी ख़ास तेज़ चाल से चलती हुई वह मारे घबराहट के तमतमाई जा रही थी : वह आगे को तनिक-सा झुककर चल रही थी, पाँव उठाती तो जाँघों पर ज़ोर डालकर और कंधे के बोझ से कभी दाएँ झुकती कभी बाएँ। उसने ज़ेको से पूछा कि भोंपू जो बजा है सचमुच ख़तरेवाला है कि ख़ाली होशियार करनेवाला।

"जल्दी कर, जल्दी कर, सड़क से हटकर किसी झुरमुट में चली जा," ज़ेको ने ऐसे आश्वस्त भाव से कहा जैसे उसे मालूम हो कि क्या होने जा रहा है।

"हे ईश्वर, सबके सब मर जाएँ, सबके सब..."

हालाँकि वह घबराई हुई थी पर वह मुस्कुराती दीखती थी। पता नहीं असलियत क्या थी। उसका स्वस्थ, भरा-पूरा मुँह और सुडौल सफ़ेद दाँतों की गठन अपने आप ऐसी थी कि जो अनायास मुस्कुराहट जैसी जान पड़ती।

डेन्यूब के पास कहीं से विमानभेदी तोपें गरज उठीं। और भी तेज़ चलते हुए ज़ेको टाल्सटाय मार्ग की ओर मुड़ गया। देहातिन उसके पीछे-पीछे आई और टापचाइडर सड़क के मोड़ पर भी साथ लगी रही। डोरोश्की-निवास तक आते-आते उसने आगे बढ़कर पूछा कि क्या मुझे यहाँ शरण मिल जाएगी क्योंकि अकेले मुझसे चलते नहीं बनेगा।

मकान और बाग़ीचा ख़ाली पड़ा था। ज़ेको ने आवाज़ दी तो मारिया ने तहख़ाने से जवाब दिया।

वह ड्रागान को लिए मोमबत्ती की रोशनी में तहख़ाने में बैठी थी। डोरोश और दानित्सा उन असंख्य लोगों के समान आज सवेरे ही घर से चले गए थे जो नए हवाई हमले के भय से कोशुतन्याक और बानोवो पहाड़ियों में कहीं छिप रहना चाहते थे।

वे दोनों ज़ेको को देखकर प्रसन्न हुए और उन्होंने देहातिन से भी बैठ जाने को कहा। चैन की साँस लेकर उसने बहँगी उतार रखी और रूमाल से अपने माथे का पसीना पोंछने लगी।

तहख़ाने में शांति और शीतलता थी। मोमबत्ती की लौ सीधी उठ रही थी। विमानभेदी तोपों की गरज दूर पर धीमी और दबी-सी सुनाई पड़ी। तत्काल वह तेज़ हो आई और इस बार उसमें पास आते हवाई जहाज़ों की पिछली बार से भी तेज़ घड़घड़ाहट शामिल थी। लगभग इसी समय धड़ाके सुन पड़े। साथ में एक अजब तरह की सीटी बजी और धमाका हुआ जिससे तहख़ाने का फ़र्श और घर की दीवालें हिल उठीं। तहख़ाने का दरवाज़ा ऐसे खड़खड़ाया जैसे कोई उसे जबर्दस्ती खोले डाल रहा हो।

ज़ेको ज़ीने की पहली सीढ़ी पर खड़ा था, उसके बगल में ड्रागान उसका हाथ थामे हुए था। जैसे ही गरज-धमक शुरू हुई मारिया अपनी कुर्सी से कूदकर बच्चे के पार्श्व में आ खड़ी हुई।

दाँत भींचे, आँखें फाड़े ज़ेको ने अपने आसपास सबकुछ साफ़-साफ़ देखा, हालाँकि मोमबत्ती की लौ उन्मत्त होकर काँप रही थी।

देहातिन हाय-हाय करने लगी और फिर ठुड्डी के नीचे हथेलियाँ बाँधकर घुटनों में सर देकर बैठ रही। गर्भस्थ शिशु की तरह इसी अवस्था में बैठी वह सिसकने लगी तो सिसकती ही गई।

मारिया सीधी खड़ी थी; उसका हाथ लड़के के कंधे पर था और वह रह-रहकर ज़ेको की ओर देखती थी मानो अपने भावों की पुष्टि चाहती हो। जब मोमबत्ती की रोशनी स्थिर होती तो ज़ेको को मारिया के अचंचल चेहरे पर, उसकी आँखों में एक तेज़ नीली चमक दिखाई देती जैसी कि उसने उसमें या किसी में भी पहले नहीं देखी थी। और जब लड़का नज़रें उठाकर उसकी ओर देखता तो उसकी गंभीर और विस्मित आँखों में भी ज़ेको को उसी गहरी नीली ज्योति की झलक दिखाई देती—हाँ, वह अपेक्षया क्षीण और मंद होती।

ज़ेको को एक तीखा अहसास—मृत्यु का, अपनी समाप्ति की संभावना का हुआ; जो इतने निकट जान पड़ रही थी और यह जानते हुए कि एक कमज़ोर मकान के नीचे एक उथला तहख़ाना छोटे-से धमाके से भी कितनी रक्षा कर सकता है उसने व्याकुल होकर चाहा कि सर के ऊपर इंजिनों की मंद गरज को, धमाकों की गूँज को, दरवाज़े के भड़भड़ाने और तहख़ाने में तथा खोपड़ी के ऊपर के घर में सब ढीली चीज़ों के चरमराने और खड़खड़ाने को एकदम बंद कर दे। लड़के का हाथ पकड़े हुए उसे लगा कि वह एक से बहुत हो गया है और जीवन और मृत्यु के मध्य कुछ क्षणों और कुछ इंचों के अंतराल में अनंत संघर्षरत जिन बच्चों को तीन वर्ष में उसने जाना था उन सबके हाथ वह पकड़े हुए है।

उस दिन मित्र-वायुसेना ने जर्मन सेना पर, जो बेल्ग्राद के नगर और क़िले में जमी हुई थी, तीन हमले किए।

तीसरा सबसे भारी था। बंद दरवाज़े से हवा का रेला ऐसे आया जैसे महीन परदे से विचित्र ठंडी हवा आए। उनके कपड़े फड़फड़ाए और शरीर कंटकित हो उठा। मोमबत्ती बुझ गई। हवा गर्द से बोझिल हो गई। किसान औरत रोने लगी।

परंतु तभी एकाएक सब शांत हो गया। उन्होंने मोमबत्ती फिर जलाई, तहख़ाने में ताज़ी हवा आने के लिए दरवाज़ा खोल दिया और बाहर चले आए। देहातिन वहीं की वहीं वैसे ही विचित्र ढंग से बैठी रही।

अंत में 'सब ठीक' का साइरन सुनाई दिया। दिन तीन पहर से अधिक चढ़ आया था।

अब वे दहलीज़ से धूप में आकर खड़े हुए तो वे धूल से भरे पीले दिख रहे थे। देहातिन आँखें झुकाए मौन थी मानो अपने पर शर्मिंदा हो। धीरे-धीरे वह स्वस्थ हो रही थी और मुँह धोने और पानी पीने के बाद फिर उसकी असली सूरत, बोली और चाल लौट आई। स्वस्थ आरक्त मुस्कुराहट के साथ उसने अपनी बहँगी कंधे पर तौली और ज़ोर-शोर से सबको धन्यवाद करती यह चिल्लाती विदा हो गई कि 'ईश्वर उनको एक-एक को समझे...'

ज़ेको ने दहलीज़ में ही द्रागान और मारिया के साथ खाना खाया। लड़के ने मन भरकर खाया और जी खोलकर बातें करता रहा। ज़रा देर में दिन-भर की बमबारी की ख़बरें लेकर वूल हाज़िर हुआ। वह हमेशा से ज़्यादा उत्तेजित और उतावला हो रहा था। ज़ेको ने उसे वह जानकारी दी जो वूल को सिनिशा तक पहुँचानी थी, उससे अपने मकान में मिलने का समय तय किया और द्रागान को 'मेरा जंगी दोस्त' का संबोधन करता हुआ विदा हो गया।

जब वह ज्वेज़्दा पहुँचा तो उसने शहर को लपटों और धुएँ से घिरा पाया। नीचे सावा के तट पर सेन्याक से लेकर चुकारित्सा तक झोंपड़े सुलग रहे थे। उसने देखा कि आग की लपेट में आकर स्टाँको को हरा स्नानालय छिन्न-भिन्न हो गया है और नदी उसे बीच धारा में बहा ले गई : 'यह भी नहीं रहेगा !'

जब वह नेज़ा मिलोशा मार्ग पर पहुँचा तो वहाँ बमबारी के प्रथम प्रमाण उसे दिखे। ज़ेको का मकान अछूता बच गया था परंतु उसके आगे साराजेव्स्का मार्ग पर भारी क्षति हुई थी और सड़क के बीचोंबीच मुँह बाए बड़े-बड़े गड्ढे टूटे हुए जलकलों के पानी से भरे पड़े थे।

ज़ेको का मकान विस्फोटों से उड़ी धूल, मिट्टी, चिंगारियों और पत्थरों से भरा था। जलकल, टेलीफ़ोन और बिजली कट गई थी। जीवन पीछे लौट गया था मानो देश-काल का अतिक्रमण कर गया हो, सबकुछ ऊबड़-खाबड़ और आदिम हो गया था। पानी की खोज करनी होगी, रोशनी का कुछ बंदोबस्त करना होगा : उन चीज़ों का जो कभी अपने आप आया करती थीं।

झाड़ू-बुहारू करते-करते शाम हो गई। उसने एक मोमबत्ती जलाई और गुसलख़ाने में चला गया। वह सहेजकर रखे बरतनों से किफ़ायत के साथ पानी लेकर मुँह धो रहा था कि दरवाज़े पर खड़खड़ाहट सुनकर चौंक पड़ा। मकान का दारोग़ा आया था। उसे खड़ा होना मुश्किल हो रहा था और उसकी घिग्घी बँधी हुई थी।

"श्रीमान ज़ेको जी, अब मुझसे नहीं होगा। मेरी औरत कल कुमोद्राथ जा रही है। क्या करूँ समझ में नहीं आता। मैं कहता हूँ कि ये भोंपू दुनिया की सबसे बड़ी अलामत हैं। बम का डर मुझे नहीं। भोंपू जब शुरू होता है तो मेरी टाँगें जवाब दे जाती हैं और जब ख़त्म होता है तो मैं अधमरा ही होता हूँ। मुसीबत है ! मेरी तो समझ में नहीं आता क्या करूँ।"

ज़ेको उसे विदा तो बड़ी मुश्किल से ही कर पाया परंतु फ़ैसला कल तक स्थगित करने पर उसे राज़ी करा लिया।

उस रात वह घोड़े बेचकर सोया। जगा तो दिन चढ़ आया था। कपड़े पहने और नीचे आकर दारोग़ा को देखा तो वह जा चुका था। ज़ीने पर हाथ में बक्से और कंधे पर कंबल लिए मकान छोड़कर जानेवालों की भीड़ थी।

बाहर सड़कें भी आदमियों से भरी थीं—पैदल और सवारी पर वे सब एक ही दिशा में टापचाइडर की ओर जा रहे थे।

ज़ेको यह अनंत जन-प्रवाह देर तक देखता रहा। लोग झुंड बनाकर धक्कम-धक्का करते हुए भेड़ों की तरह किसी ऐसी जगह की खोज में जा रहे थे जहाँ बम न गिरते हों। बूढ़े आदमी और पुरनिया औरतें थीं जो घिसट रहीं थीं, स्वस्थ नौजवान लोग थे जो गाड़ियों पर लदे थे, हाथ में एक-एक राकिया की बोतल और बग़ल में एक-एक गठरी थी, माएँ थीं जो बच्चों की उँगली पकड़े उन्हें जल्दी चलने को झिड़कती हुई खींचती चल रही थीं। मानो चींटियों की एक व्याकुल बाँबी थी जिसमें क़तारें उभरतीं, मिलतीं और फिर खो जातीं।

और इस मजमे में से जर्मन सैनिक मोटरों और मोटरसाइकिलों पर चढ़े अनायास रास्ता बनाते सीधे गुज़रते जा रहे थे मानो छिछले पानी को पार कर रहे हों।

दिन के दस बजे तक सब सड़कें सूनी हो गईं। ख़ाली मकानों की ऊपरी मंज़िलों की खिड़कियाँ पूरी खुली पड़ी थीं।

एक चौक के बीचोंबीच खड़ा अकेला ज़ेको बारी-बारी से चारों तरफ़ देख रहा था, और जान रहा था कि यह असाधारण गरम दिन विचित्र और अनंत लग रहा है और इसका कोई नाम नहीं है।

और तब वह सड़क पर अपने नीचे घर की ओर उतर चला। सदर दरवाज़े में घुसने के पहले उसने सड़क के पार की एक सुंदर एकमंज़िली पुरानी चाल की इमारत पर नज़र डाली जिसमें एक प्रशासन अधिकारी की विधवा स्त्री अपने बेटे और बहू को लेकर रहती थी। उस विधवा की टाँगों को लकवा मार गया था और कई बरस से वह खिड़की के पास बैठी ही रहा करती थी। ज़ेको को जब उसका निस्तेज चेहरा खिड़की के शीशों के पीछे धूप से आलोकित दिखा तो वह चौंक पड़ा। उसका बेटा और उसकी बहू और शायद महरी भी जा चुके थे और उसे अकेला छोड़ गए थे।

ज़ेको असमंजस में खड़ा रह गया और फिर न जाने क्यों उसने अपनी टोपी उतारकर इस स्त्री को जिसे वह केवल चेहरे से पहचानता था, सलाम किया। धँसी आँखोंवाले उस पीले बूढ़े चेहरे पर एक उदास मुस्कान हल्के से आई और चली गई जैसे वह बहुत दूर से मुस्कुरा रही हो। और ज़ेको लपककर अपने निर्जन घर में विलीन हो गया।

अनेक दिन तक फिर हवाई हमले नहीं हुए। जीवन फिर से जागने लगा। तीन दिन बाद आक्रमण-सेना के अख़बार फिर छपने लगे। टेलीफ़ोन बजने लगा और फिर बिजली भी आ गई। कुछ बाद में जलकल की मरम्मत भी हो गई। तो भी जीवन असाधारण और सीमित ही रहा। तड़के लोग गोल बनाकर निकल जाते और नौ बजते-बजते शहर से बाहर डेरा डाल देते। शहर चौथे पहर तक प्रायः सुनसान पड़ा रहता।

आठ

एक के बाद एक काम ज़ेको को सौंपा जाने लगा। एक दिन सिनिशा ज़ेको से मिलने पहली बार उसके घर आया। अपनी मंद आँखों से उसने मकान का चारों तरफ़ सावधानी से निरीक्षण किया।

चहलक़दमी करते-करते वह सहसा ज़ेको से पूछ बैठा, "क्या तुम माइका जार्जेविच नाम के किसी आदमी को जानते हो जिसे कप्तान माइका कहते हैं?"

ज़ेको को अचरज भी हुआ, खुशी भी। उसके मन पर एकाएक एक तसवीर खिंच आई : कई

वर्ष पहले की सावा और मिलान स्ट्रैगराट्स के मुँह से कप्तान माइका का ज़िक्र ("कम्युनिस्ट कहीं का") और फिर उसका घास पर थूक देना।

"हाँ, हाँ, मैं उसे जानता हूँ," इसके बाद क्या कहना चाहिए यह न समझ पाकर ज़ेको ने हँसकर इतना और जोड़ दिया, "भला मानस है।"

"भला...? बुरा नहीं है। मतलब तो इससे है कि तुम उसे खुद जानते हो।"

हमेशा की तरह ज़ेको सिनिशा के व्यंग्य से कुछ बिदका, परंतु सिनिशा को इसकी परवाह कहाँ। वह बोलता गया : "वूल तुम्हें लेने आएगा और आकर जहाँ ज़रूरी है ले जाएगा और बाक़ी बात जब ज़रूरी होगा मालूम हो जाएगी।"

बाहर जाते हुए सिनिशा ने ज़ेको की ओर ऐसे हाथ बढ़ाया जैसे उससे गले मिल रहा हो पर उसे छुआ नहीं बल्कि कमरे में चारों ओर नज़र डालकर आहिस्ता से पूछ लिया :

"तुम हवाई हमले के समय यहीं रहते हो ?"

"यहीं।"

"और तुम झेल लेते हो ?"

"झेल लेता हूँ—हाँ" ज़ेको ने दबी ज़बान से कहा क्योंकि उसे सिनिशा का व्यंग्य याद था।

"मुझसे तो नहीं होता," सिनिशा चट से बोला।

"तुमसे नहीं होता ?"

"हाँ, नहीं होता। पर तुम बहादुर ठहरे, ज़ेको चाचा।"

उसके चेहरे पर मुस्कान थी पर उससे आँखों का वास्ता न था। वह ओठ और ठोड़ी तक ही थी जिससे चेहरा बच्चों-सा भोला लगता था।

इस तरह उन्होंने एक-दूसरे से विदा ली।

दो दिन बाद सवेरे सात बजे के आसपास वूल आया तो वह तगड़ा और लाल दिख रहा था। उसका चेहरा ताज़ा धुला हुआ था और बाल अभी तक भीगे थे। उसने ज़ेको से पूछा कि "क्या कोई और व्यक्ति मकान में है ?" ज़ेको ने कहा, कोई नहीं है। तब वूल ने पूछा कि क्या शाम को भी तुम अकेले होगे और ज़ेको ने जवाब दिया कि हाँ। वूल बोला, मैं अँधेरा होते ही आऊँगा और तुम्हें ले जाऊँगा। उसने यह भी कहा कि मैं नगर-अधिकारियों से एक-दो परमिट ले आने की कोशिश करूँगा जो शाम की रेलगाड़ियों से कर्फ़्यू के बाद आनेवालों को दिए जाते हैं। ज़ेको कुछ और ब्यौरा जानना चाहता था, ताकि कुछ और जाने और उसके साथ वह भी कुछ प्रबंध करे परंतु वूल ने, जो तेज़ी और तपाक से मुस्कुरा रहा था—कहा, नहीं सब ठीक है और वह जैसे दन से आया था वैसे दन से चला गया और जब वह चला गया तो उसकी कुछ बेचैनी ज़ेको के मकान में मानो मँडराती हुई रह गई।

दिन चढ़ता गया और ज़ेको बार-बार यह बातचीत याद करता रहा और हर बार जब वह याद करता कि उसे शाम को वूल के साथ शामिल होना है तो वह विह्वल हो उठता।

तीसरे पहर बादल घिर आए और भयंकर आँधी-पानी का प्रकोप हुआ। इतने ज़ोर की झड़ी लगी कि ज़ेको के मकान से चारों तरफ़ दिखाई नहीं देता था। और जब वर्षा थमी तो आकाश ऊदा और उदास रह गया और रोज़ से बहुत पहले ही सारे शहर में अँधेरा छा गया।

ज़ेको अपने घर के चौड़े दीवानख़ाने में बैठा पढ़ रहा था, हालाँकि रोशनी इतनी कम हो गई थी कि वह पढ़ नहीं पा रहा था। वह बत्ती जलाने उठा ही था कि सदर दरवाज़े के ताले में बाहर से किसी के चाबी लगाने की आवाज़ आई। वह चौंक पड़ा। धुँधलके में उसके सामने टिगार खड़ा था।

वह एक लंबी बरसाती ओढ़े, सर पर फ्रांसीसी बेरे टोपी लगाए और हाथ में चमड़े का थैला लिए था।

अपने पिता से नमस्कार किए बिना वह बताने लगा कि ज़रा देर हुई मैं जेलेज़निक से एक दोस्त की मोटरसाइकिल के पीछे बैठकर चला था और वह कुछ चीज़ें लेने आया है जो उसे और उसकी माँ को चाहिए।

उसने अपना कोट नहीं उतारा बल्कि अलमारियों में कपाट भड़ाभड़ बंद करता हुआ एक कमरे से दूसरे में जाने लगा। उसने दरवाज़े खोले और जो चीज़ें लेनी थीं, लेकर अपने चमड़े के थैले में डाल लीं।

हवा में घुटन थी। ज़ेको अंदर ही अंदर थरथरा रहा था, अपने बेटे की उपस्थिति और उसकी हरकतों से उसका जी जल रहा था। पर टिगार को कोई जल्दी न थी। ज़ेको का धीरज छूटने लगा। सहसा उसे ख़्याल आया कि अभी वूल न आ जाए और टिगार को देखे जबकि ज़ेको ने आज सवेरे ही उसे विश्वास दिलाया था कि घर में कोई और न होगा। वूल कहीं टिगार के होने से कुछ और न समझे और सिनिशा कहीं उसकी विश्वसनीयता पर संदेह न करे—इस आशंका से व्याकुल होकर ज़ेको दरवाज़े से टिका खड़ा रह गया।

टिगार दीवानख़ाने में घुसा और बिना बोले-चाले बाप के सामने से होकर उसके कमरे को चला। ज़ेको ने दरवाज़े के दस्ते पर हाथ रखकर बाँह से दरवाज़ा छेक लिया। तब जाकर टिगार के मुँह से बोल फूटा कि उसे ज़ेको के कमरे से बिजली का बल्ब चाहिए। ज़ेको को एक शब्द भी सुन न पड़ा: उसके सर में खून चढ़ रहा था और आँखें लाल हो रही थीं। उसने नवयुवक का हाथ दरवाज़े से परे धकेल दिया और फटी हुई उखड़ी आवाज़ में कहा, "तुम्हें यहाँ आने की कोई ज़रूरत नहीं!"

"क्या बकते हो!"

"हट जाओ," ज़ेको गरजा और टिगार के सीने पर सारी ताकत से एक धक्का दिया।

ज़ेको को लगा कि सबकुछ नींव से हिल गया है—घर, असबाब, वे दोनों—और सबकुछ ज़मीन पर आकर चकनाचूर हो जाएगा—परंतु कुछ नहीं हुआ।

"क्या...क्यों..." टिगार सर नीचा किए घबराहट के मारे हकलाने लगा।

ज़ेको के साँस फिर आ गई। उसके चारों ओर हर चीज़ अपनी जगह आ गई और उसने आश्चर्य से जाना कि हर व्यक्ति मारने और अपने को बचाने में समर्थ है।

उसने अपने फैले हुए हाथों को देखा जैसे पहले कभी नहीं देखा था। उसने मेज़ पर से कोई सख़्त चीज़ उठा लेनी चाही परंतु कुछ मिला नहीं : वह सिर्फ़ गरज सका : "निकल जाओ, निकल जाओ बदमाश कहीं के!"

टिगार की आँखें फटी-फटी रह गईं जैसे उसको भूत दिख गया हो। उसकी सारी ताक़त एकाएक न जाने कहाँ चली गई थी। और वह डरा हुआ दरवाज़ा खोलकर चुपचाप बाहर निकल गया। ज़ेको के चारों ओर घूमता हुआ दीवानख़ाना थम गया और शाम के धुँधले प्रकाश में वह पहले-सा शांत हो गया। सड़क से बार-बार फटफट करके मोटरसाइकिल चालू होने की आवाज़ आई।

आधे घंटे बाद वूल आ पहुँचा। उसके हाथ में एक पिचका-पिचकाया काले बाज़ार से ख़रीदा हुआ बक्सा था जिसे ज़ेको ने देखते ही पहचान लिया। इसी बक्से में तीन महीने हुए, वह देस्पोतोवाश्का मार्ग से चुकारित्सा को नौ पौंड शक्कर ले गया था और शक्कर के अंदर कोई चीज़ थी जो उसके लिए बिलकुल नई थी। वूल ने झटपट एक साँस में उसे आज शाम के काम का पूर्वांश समझा डाला। उन्हें तत्काल चल देना होगा पर साथ-साथ नहीं। पहले वूल जाएगा। वे गोस्पोदार्का सराय के पीछे सुरंग के पास मिलेंगे। अगर अँधेरा इतना हुआ कि चेहरा न पहचाना जाए तो वूल 'किसानों की-सी' धुन पर सीटी बजाएगा (वह सीटी बजाने लगा और अपनी उज़िल्ले धुन की बेसुरी नक़ल पर हँस पड़ा) तब फिर उन रास्तों से होकर जिन्हें ज़ेको अच्छी तरह जानता है वे नऊम के चायघर के सामने नदी-तट पहुँच जाएँगे जो कि ज़ेको को अच्छी तरह याद है। वहाँ उन्हें जिससे मिलना है उससे मिलेंगे,

जो चीज़ लेनी है वह लेंगे और तुरंत विभिन्न रास्तों से लौट आएँगे। वूल को परमिट तो नहीं मिल पाया था परंतु न मिलने से कोई हर्ज नहीं था क्योंकि यह निश्चित ही था कि वे कर्फ़्यू लगने के पहले ही लौट आएँगे।

ज़ेको को परमिट न मिलने से घबराहट हो रही थी; वह वूल के निश्चिंत व्यवहार से उलझन में पड़ गया था। यही नहीं, वह सोच रहा था कि उसके इस अभियान और कप्तान माइका में क्या संबंध है जिसके बारे में सिनिशा ने पूछा था और क्या वास्तव में ज़ेको की उससे उस शाम को भेंट होनेवाली है। परंतु उसने कुछ पूछना उचित नहीं समझा।

वूल पहले रवाना हुआ और साराजेव्स्का मार्ग पर चल पड़ा। थोड़ी देर पीछे ज़ेको भी निकला और उसने नेज़ा मिलोशा मार्ग की तरफ़ जानेवाला रास्ता पकड़ लिया।

रात घुप अँधेरी थी। बाक़ी बेल्गराद की तरह सड़कों पर रोशनी नहीं थी और खिड़कियाँ ढकी हुई थीं। विशेष छादनों से ढके लैंपों से सड़क के घिसे पत्थरों पर थोड़ी-थोड़ी मद्धिम रोशनी पड़ रही थी। तीसरे पहर की वर्षा के बाद भी आकाश मेघाच्छन्न था जिससे युद्धकालीन प्रकाश-व्यवस्था से आलोकित सड़क ऐसी दिखती थी जैसे नीची छतवाला कोई लंबा अँधेरा तहख़ाना हो।

थोड़ी-थोड़ी देर पर कोई सैनिक गाड़ी सड़क पर से गुज़र जाती। उसकी मद्धिम बत्तियों की फाँक से रोशनी के दो बिंदु ऐसे झलकते जैसे अँधेरे कमरे में लाश के सिरहाने मोमबत्तियाँ जलती हों। पैदल चलनेवाले इक्का-दुक्का ही थे और उनकी पहचान उनकी पदचाप से होती थी। दो तरह की आहटें थीं, जर्मन आततायी सैनिक की सधी पदचाप और आक्रांत राष्ट्र के नागरिक की डरी, थकी-हारी, तेज़ और सावधान पदचाप।

भुतही रात थी। घड़ी में ठंड हो जाती, घड़ी में उमस के मारे दम घुटने लगता। कितना अच्छा और कितना आसान होता अगर रात के वक़्त यहाँ ख़तरा उठाते चलने के बजाय कोई अपने कमरे में ही सुरक्षित और शांत बैठा रहना। ज़ेको ने अपने मन में ऐसे विचार आते देखे, पर केवल एक क्षण के लिए; वे जैसे अनजाने फुर्ती से आए थे वैसे ही चले गए।

उसकी पहली जैसी आशंकाएँ फिर उसके मन में नहीं उठीं। अँधेरे में जर्मन सैनिक के क़दम उसे डरा नहीं पाए बल्कि और आश्वस्त कर गए कि यही एक मात्र सही और संभव रास्ता है। वह इस सड़क पर चलते हुए इतना खुश था कि उसका जी चाहा गा उठे; वह उन मूर्ख, दंभी, सधे क़दमों पर हँसना चाहता था, उन क़दमों पर जो वह जानता था कि सर्वनाश और पतन की ही ओर ले जाएँगे।

अँधेरे चौकों में अकसर ज़ेको को घबराई हुई औरतें पीठ पर चुराकर ले जाती बोरियाँ लादे दिखाई देतीं। क्या ये माएँ हैं जो जारकोवो और जेलेज़निक गेहूँ और चरबी ले जा रही हैं जिससे उनके बच्चे और वे ज़िंदा रह सकें ? या ये काले बाज़ार में बेचने जा रही हैं ? जाती हों तो जाएँ मगर वे अमानुषिक फ़ौलादी क़दमों से उस तरह के झूठे आत्म-विश्वास के साथ नहीं चलतीं जिससे काली सेना ने पराजित राष्ट्र को आतंकित और अपने को उत्साहित करना चाहा है, तो बाक़ी सब ठीक है। और कौन जाने इस अँधेरे में मेरे जैसे और वूल जैसे लोग भी हैं जो सड़क पर किसी सौंपे हुए कर्तव्य के पालन के लिए भटक रहे हैं। इस ख़्याल ने ज़ेको को चैतन्य कर दिया : उसे लगा कि अँधेरे में वह और वे, सबके सब अपने कर्तव्य लिए एक-दूसरे की उपस्थिति का बोध कर रहे हैं।

न कोई डर रह गया न कोई हिचकिचाहट रही। और फिर जर्मन सैनिकों के क़दम सुनाई पड़े—कभी अकेले संतरी के, कभी दल के दल के : टप-टप टापा-टुपा, टप-टप...परंतु, अब उनसे ज़ेको विचलित नहीं हुआ क्योंकि उनके बावजूद अपने भीतर वह एक पूरी सेना की पदचाप सुन रहा था जो इस अँधेरे में मूक और अदृश्य थी और इसी कारण अजेय भी, जो समस्त भय से मुक्त कर देगी, समस्त बत्ती गुल समाप्त कर देगी। और उन क़दमों का इस धरती को रौंदना बंद कर देगी जो कि सब मनुष्यों की धरती है।

और ज़ेको आहिस्ता-आहिस्ता मगर जमा-जमाकर पाँव उठाता गया मानो दिन निकला हुआ हो और वह जाने-पहचाने प्रिय-परिचितों के साथ जलूस में चल रहा हो। जहाँ-तहाँ सड़क बमबारी से फटी-उखड़ी पड़ी थी और गड्ढे थे जिनके चारों तरफ़ बोर्ड लगा दिए गए थे। अँधेरा इतना घना था कि ज़ेको को हाथ से टटोलकर रास्ता बनाना पड़ा।

गोस्पोदार्स्का सराय पहुँचकर वह ठहर गया। अँधेरा घटाटोप था जैसे कोई दीवार हो जिसके पीछे जीवन नहीं है। और फिर एक बार उसे घबराहट मालूम हुई, परंतु इस बार वह बिलकुल अकारण और अनायास थी। बस क्षण-भर को रुककर उसने तुरंत अपने को सँभाला और पहले से कुछ धीमी चाल से चुकारित्सा की ओर चल दिया।

रेल की पटरी के तले से जानेवाली सुरंग से गुज़रते हुए ज़ेको ने वूल की सीटी की प्रतीक्षा की परंतु कहीं कोई आवाज़ न थी। सुरंग से निकलकर वह दाहिने मुड़ा और अपने पहचाने सँकरे रास्ते पर चल दिया।

वह फिर क्षण-भर रुका और फिर एक बार ठहरकर कोई आवाज़ सुनने को कान लगाया। कुछ नहीं सुनाई पड़ा। उसने तय किया कि लौटकर चौराहे पर चला जाए। तभी सुनाई पड़ी—सीटी की धीमी लहरियाती हुई धुन। ज़ेको ने वैसी ही सीटी बजाकर जवाब देने को ओठ काढ़े ही थे कि किसी पुरुष की अँधेरे में कड़कती ललकार सुन पड़ी : "ठहर जाओ।"

कोई सड़क पर से पुकार रहा था और सुरंग उसके आदेश से प्रतिध्वनित होकर ऐसी गूँज रही थी कि ज़ेको को न तो आदेश सुनाई पड़ा न उसकी गूँज बल्कि केवल एक गड़गड़ाहट सुन पड़ी मानो समूची सुरंग टूटकर भहरा रही हो।

अँधेरे में एक चोरबत्ती चमकी और सुरंग का दायरा नापने लगी। उसी वक़्त एक गोली दगी—फिर दो और फिर तीन। और फिर कई एक। ज़ेको गिन न सका क्योंकि वह सावा की दिशा में कच्चे रास्ते पर भाग चला था। उसके पीछे गोलियाँ सनसनाती आ रही थीं और जो विचित्र आवाज़ पैदा कर रही थीं वह बाल्कन युद्ध के किसी भूले-बिसरे कांड की याद दिलाती थीं। ज़ेको के चारों ओर घोर अंधकार था परंतु उसे यह अजब-सी फ़िक्र थी कि सारी दुनिया उसे देख रही है। एक बार फिर गोलियों की गूँज आई साथ में सीटी बजने की तीखी आवाज़ भी, पहले कहीं दाहिने हाथ और फिर दूर कहीं आगे। दौड़ते हुए ज़ेको की साँस फूल रही थी और वह बराबर अपने पिछवानेवालों से किनारा काटने की तरकीब करता गोलीकांड के स्थल से ही नहीं उस चायघर से भी दूर पहुँच जाने की फ़िराक में था जिसमें उसके जाने की बात हुई थी। (कप्तान माइका की तसवीर उसके मन में कौंध गई) और अगर गश्ती दस्ता उसके पीछे लगा ही रहा तो वह उसे नऊम के चायघर से जितनी दूर हो सके, ले जाएगा।

उसने अंदाज़ से समझा कि वह कच्चे रास्ते की झाड़ियाँ पीछे छोड़ आया है और अब नदी-तट के समानांतर की परिचित सड़क पर है जो ठेलों और लढ़ियों के लिए थी। उसने यह सड़क पार कर ली।

केवल दो गोलियाँ और दगीं पर वे बहुत दूर पर थीं और फिर सन्नाटा छा गया। ज़ेको का दिल उत्तेजना से धड़कने लगा और साँस उखड़ने लगी।

उस सड़क पर से हटकर जहाँ वे उसे आसानी से खोज लेते, उसने तय किया कि नदी के तट पर उतर जाए वहाँ से एक के बाद एक और बेड़े और झोंपड़ियाँ लाँघता हुआ रेल की पटरी तक पहुँच जाए और उसे किसी स्थल पर पार कर नेज़ा मिलोशा मार्ग जा पहुँचे। सब बातें उसके दिमाग़ में आईं, कर्फ़्यू लगाने की बेला का नगिचाना, गोलीकांड के स्थल पर उसका कोई चिह्न न होना, वूल और उसका बक्स; और साथ ही वह आँखों से अँधेरा चीरता और पैरों से धरती टटोलता पगडंडी खोजता चला जो उसे तट के किनारे-किनारे ले जाए। उसने सोचा, शायद वह पुराना बेड़ा अभी

वहीं हो जो धातु के पीपों पर खड़ा हुआ था, तो वह सीधे वहीं जाएगा।

दूर कहीं फिर संतरियों की सीटियाँ बोलीं—तीखी धमकी की तरह। कहीं पगडंडी मिल जाती! नदी से जितने निकट और चायघर से जितनी दूर हो उतना अच्छा। जूते की नोक से टटोलकर आख़िरकार उसे नदी का छोर मिल गया परंतु तभी उसने यह भी जाना कि उसके पाँव तले की ज़मीन बैठने लगी है और वह धँसती मिट्टी के साथ-साथ डूबने लगा है। वह नदी का तल टोहने के लिए छटपटा रहा था और चाह रहा था कि ऊपर कोई चीज़ हो तो हाथ से पकड़ ले। वह डूबता जा रहा था हालाँकि समझ यही रहा था कि वह डूब नहीं रहा है। परंतु हर चीज़ उसे तल की ओर खींचे लिए जा रही थी—अँधेरा, मिट्टी और पानी जो हाल की वर्षा में किनारों पर चढ़ आया था और उस स्थल पर असाधारण गहरा हो गया था। और वह डूब गया। न कोई आवाज़ हुई, न कोई निशान बचा।

कुछ दिन बाद 'नोवो व्रेमा' अख़बार में यह संवाद छपा :

"मेरा विक्षिप्त पति आइसोडोर कटानिच हमारे घर से इस मास की 23 तारीख़ को निकल गया और तब से नहीं लौटा है। वह एक सुरमई सूट, पतला काला हैट और भूरे जूते पहने है। कोई उसका अता-पता जानता हो तो इस समाचारपत्र के कार्यालय पर संपर्क करे।—मार्गरीटा कटानिच

इस विज्ञापन का उत्तर किसी ने नहीं दिया और ज़ेको की कोई ख़बर किसी को नहीं हुई। उन दिनों सावा बहुत सारी लाशें बहाकर ले जाती थी जिनमें से अधिकांश झुरमुटों और छिछले पानी में खो जाती थीं या फिर लहरों द्वारा डेन्यूब के तट पर पटक दी जाती थीं। उनकी अंत्येष्टि किसान लोग कर दिया करते थे और न वे कोई एलान करते थे न लिखकर रपट भेजते थे।"

वूल उस रात किसी तरह निकल् भागा। दो दिन बाद उसने देस्पोतोवाश्का मार्ग पर अपने साथियों से संपर्क किया और उन्होंने भरसक खोज की कि ज़ेको का क्या हुआ। उन्हीं गर्मियों में उनकी गतिविधियाँ और विस्तृत हो गईं और उनमें नई शक्ति, गति और स्फूर्ति आई जिसने तेज़ी से निकट आते मुक्तिपर्व को संभव बना दिया। वे अकसर ज़ेको का ज़िक्र करते रहे और उसे अपने बीच का-सा समझकर उसका शोक मनाते रहे।

—

वसंतागम

[रओ शि के चीनी उपन्यास (रचना-वर्ष 1929 ई.)
का अंग्रेजी से अनुवाद, 1986]

1

वसंतागम के कुछ ही समय बाद दूसरे चांद्रमास का आरंभ था। फिर भी बेमौसम गर्मी थी, जैसे ग्रीष्म के आरंभ में होती है। फ़ूरुङ कस्बे में एक मिडल स्कूल के स्वागत कक्ष में तीन युवा शिक्षक चुपचाप बैठे अपना-अपना अखबार पढ़ रहे थे। रह-रहकर वे मत्थे से पसीना पोंछते, नहीं तो स्कूल के फाटक की ओर ताकने लगते। उन्हें किसी का इंतजार था पर कोई बोल कुछ नहीं रहा था। आधा घंटा बीत गया। तीनों में देखने में सबसे ज्यादा अच्छी शक्ल और पोशाक जिसकी थी, उसका नाम था छ्येन चङशिङ। उसने अखबार रख दिया। वह उठ खड़ा हुआ, खिड़कियों तक गया और पूरब की तरफ के सारे पल्ले खोल दिए।

फिर कुछ बिगड़कर उसने कहा, "ईश्वर अपना काम करना भूल गया है। पाँचवें महीने का मौसम इस महीने में क्यों दे रहा है ? आज दिन में दो बार तो मैं यों ही कपड़े बदल चुका हूँ। सबेरे मैंने मेमने के फर वाला चोगा उतारकर गिलहरी की खाल वाला पहना। अभी तीसरे पहर उसे बदलकर यह नीली साटन पहनी। क्या इसे भी उतार फेंकूँ और कमर तक नंग-धड़ंग हो जाऊँ ? क्या कहते हैं आप, श्री थाओ ? आपको नहीं लगता कि इस साल युद्ध, अकाल या ताऊन जैसी कोई और विपत्ति फिर आएगी ?"

थाओ मूखान किताबों के शेल्फ के पास बैठे थे। वह तीस के रहे होंगे। मोटे ताजा, गोलमटोल साँवले चेहरेवाले, उन्होंने स्कूल खोला था और अब उसके प्रिंसिपल थे। उन्होंने उत्तर में छ्येन को सिर्फ मुस्कराकर एक नजर देख लिया।

मगर उनके सामने बैठा शिक्षक—कुछ नाटा, और कुछ तगड़ा आदमी बैठे गले से बोल पड़ा। "ए, अपने इस विशाल प्राचीन देश में हम विपत्तियाँ झेलते रहते हैं। पिछले तीन बर्षों में च्याङसू और चच्याङ में युद्ध हुआ है। कानसू में भूकंप आया, हनान में डाकू लूटमार करते रहे हैं और शानतुङ में बाढ़ आई है। परंतु यहाँ फ़ूरुङ कस्बे में हम इस सबसे दूर बचे रहे हैं। हम शांति से जीते हैं।"

"मैं कह देता हूँ कि कुछ न कुछ बुरा होनेवाला है," छ्येन ने झुंझलाकर कहा। "मौसम को तो देखो कैसा है।"

नाटा आदमी खड़ा हो गया। "प्रिंसिपल थाओ, क्या आप मानते हैं कि असामान्य मौसम समाज में अस्थिरता का अशुभ संकेत है ?" उसने बेअदबी से पूछा।

थाओ ने फिर फाटक की तरफ देखा। अखबार नीचे रखकर सदा स्थिर चित्त रहनेवाले प्रिंसिपल ने मुस्कराकर जवाब दिया, "कौन कहता है ? मौसम में परिवर्तन तो प्राकृतिक घटना है जबकि मनुष्य की अधिकांश विपत्तियाँ उसकी अपनी पैदा की हुई होती हैं। जैसे युद्ध..."

उन्होंने बात पूरी नहीं की। सर उठाकर उन्होंने आकाश को देखा। पहले से कुछ अधिक गंभीर होकर उन्होंने कहा, "लगता है, तूफान आनेवाला है।"

दीवार घड़ी ने तीन बजाए। हर कोई चुप था।

"तीन तो बज ही गए," थाओ ने कहा। "श्री श्याओ क्यों नहीं आए ? फ़ाङ मओ, हमारे हिसाब से उन्हें अब तक पहुँच जाना चाहिए था। वर्षा हो गई तो वह तरबतर हो जाएँगे।"

सामने बैठा व्यक्ति फ़ाङ मओ बोला, "वह आते ही होंगे। स्टीमर दो घंटे हुए, लगा था। घाट से यहाँ तक दस ली (पाँच किलोमीटर) से थोड़ा ज्यादा ही तो है।"

छ्येन ने खिड़की से बाहर ताका। उसका गुस्सा घटा नहीं था। उसने पूछा, "क्या भरोसा है कि वह आज आएँगे ? अभी तक क्यों नहीं आए ? उनके पैरों में कोई दोष तो नहीं है।"

"वह आएँगे," थाओ ने मुस्कराकर समझाया। "वह अपने वचन से कभी पलटते नहीं। उनकी रजिस्ट्री चिट्ठी जो परसों आई थी वह यह थी कि वह आज बिलफेल पहुँच जाएँगे। यही नहीं, उन्होंने लिखा था कि उनका सामान उठा लाने के लिए स्कूल का कोई सेवक भेज दिया जाए। मैंने आरुङ से कह दिया था।"

"तब थोड़ी देर और देखें।"

छ्येन के तौरतरीकों में कुछ वैसी ही गर्मी थी जैसी किसी तेज मिजाज युवती में होती है। वह लौटकर अपनी कुर्सी पर आकर बैठा रहा।

उसी समय तेरह-चौदह बरस का एक विद्यार्थी हाँफता हुआ दौड़ा आया और खुशी से चिल्लाया, "श्री श्याओ आ गए, श्री श्याओ आ गए ! देखो वह छात्रों का-सा सूट पहने हुए हैं।"

तीनों आदमी उठे और उन्होंने खुशी से मुस्कराकर मुख्य फाटक की तरफ देखा। क्षणभर में एक नौजवान अहाते में घुसता हुआ दिखाई दिया। वह मझोले कद का था, नाकनक्श से दुरुस्त, चेहरा थोड़ा खिंचा हुआ और रंग फीका था। मगर उसकी आँखों में चमक थी और ओठों पर एक सहृदय मुस्कान। उसके धूलभरे लंबे बालों से प्रकट था कि वह लंबी यात्रा करके आया है। वह गाढ़े नीले रंग का छात्रों जैसा सूट पहने था और सीधा चल रहा था। पैरों में चमड़े के काले बूट थे। आरुङ, जो उसका असबाब ला रहा था, के पीछे-पीछे वह स्कूल भवन की तरफ बढ़ा। थाओ और दूसरे लोग उसकी अगवानी को गए। प्रिंसिपल ने मिलाने को हाथ बढ़ाया। नवागंतुक ने कसकर उनका हाथ पकड़ा।

"कठिन यात्रा करके आए हो, पुराने दोस्त !" थाओ ने कहा। "कितनी अच्छी बात है कि तुम आ गए। हमारे विद्यार्थी निश्चय ही भाग्यवान हैं।"

विनम्रता से कुछ विनोद में नवयुवक ने पलटकर जवाब दिया, "अहा, साफ-सुथरी ताजा हवा में फिर साँस लेने को मिला। मुझे गाँवों से प्यार है। जमाने के बाद मैं आज की तरह का मधुर वसंत देख रहा हूँ।"

थाओ ने दूसरे दोनों व्यक्तियों का परिचय कराया। उन्होंने सर झुकाकर, मुस्कराकर भेंट की, फिर सब स्वागत कक्ष में चले गए। थाओ ने असबाब के बारे में आरुङ को कुछ आदेश देकर फिर कहा, "छह बरस, पूरे छह बरस हम दोनों को मिले हो गए। तुम बहुत बदल गए हो, पुराने दोस्त !"

किताबों के शेल्फ के सामने कुर्सी पर बैठकर नवागंतुक ने कमरे में चारों ओर निगाह दौड़ाई—यही स्कूल का पुस्तकालय भी था—और उत्तर दिया, "हाँ, शायद मैं नार्मल स्कूल के दिनों से अब बहुत बदल चुका हूँ। मगर आप तो अभी पहले जैसे ही जवान लगते हैं।"

बगल में बैठे फ़ाङ मओ ने जोड़ा, "पहली नजर में श्री श्याओ श्री थाओ से बड़े जान पड़ते हैं। क्या उमर है आपकी, श्री श्याओ ?"

"सत्ताईस।"

"मेरे ही जितनी।" फ़ाङ मओ खुश हुआ।

मगर थाओ, जो संकोचवश झुके बैठे थे, खुशी से सिहर रहे थे। "जो कड़ी मेहनत करता है, जल्दी बुढ़ाता है।" उन्होंने समझाया, "जाहिर है कि हम लोगों ने प्रगति नहीं की है। क्या आप नहीं मानते श्री छ्येन ?"

छ्येन सुस्त-सा बैठा था, ईश्वर जाने क्या सोच रहा था। यह प्रश्न उसे व्यंग्य के तीर जैसा चुभा और वह बोला, "सही है, आपकी बात शायद सही है।"

आकाश में धीरे-धीरे घनी बदली छा गई और अँधेरा घिर आया। निश्चय ही कहीं कोई तूफान उठने को हो रहा था।

उसका नाम था श्याओ च्येनछ्यू। उसके माँ-बाप न थे, बाल-बच्चे भी नहीं। छह बरस हुए वह और थाओ हाङ्चओ के प्रांतीय नार्मल स्कूल से स्नातक हुए थे। दोनों में एक कमरे में रहते-रहते और साथ खाते-खाते अच्छी दोस्ती हो गई थी। लेकिन परीक्षा पास करने के बाद दोनों अपने-अपने रास्तों पर चले गए क्योंकि दोनों की रुचि अलग-अलग थी। इसके बाद छह बरस तक श्याओ चीन की विशाल भूमि पर जहाँ-तहाँ भटकता रहा। वह हानखओ गया, क्वाङ्चओ गया। तीन बरस से वह पेइचिङ में रह रहा था क्योंकि उसे वहाँ के ऊँटों की शानियल चाल और उत्तरी सर्द हवा की हुंकार अच्छी लगती थी। इसलिए सबसे अधिक समय वह पेइचिङ में रहा था। पर वह ऊब गया और जैसे ही उसे चच्याङ आने का थाओ का निमंत्रण मिला, वह तुरंत राजी हो गया।

हालाँकि चच्याङ उसका जन्मप्रांत था, वहाँ उसका अपना कुछ न था, न मकान न जमीन। वह बचपन में अनाथ हो गया था और उसकी किसी वयस्क चचेरी बहन ने उसे पाला-पोसा था। उसकी चचेरी बहन ने उसे स्कूल में पढ़ाने का प्रबंध किया। प्राइमरी स्कूल से स्नातक होने के बाद वह नार्मल स्कूल में भर्ती हुआ। वह इस बहन के प्रति कृतज्ञता प्रकट करने की आस कर रहा था परंतु उसका परीक्षाफल आने के पहले ही वह चल बसी। वह संसार में अकेला रह गया। उसके विचार, उसकी दृष्टि विषाद और निराशा से भर गई। उसके अभिन्न मित्र लगभग नहीं थे। थाओ ही उसे याद रखते थे और कभी-कभार दोनों में चिट्ठी-पत्री आती-जाती थी। थाओ विद्या के प्रति उसके परिश्रम की प्रशंसा करते थे और जब स्कूल का फिर से गठन और विस्तार हुआ तो उन्होंने श्याओ को फ़ूरुङ आकर हाथ बटाने का आग्रह किया।

स्कूल को देख-परखकर श्याओ को अच्छा लगा। उसने सोचा, दो या तीन वर्ष तो रहेगा ही। शायद ज्यादा भी रह जाए। डाक्टर ने बताया था कि उसका हृदय दुर्बल है और अक्सर उसे नगर का जीवन क्लेशों से भरा लगा करता था। बस जब वह स्वच्छ, पवित्र, फूलों जैसे बच्चों को देखता तो वह मुस्करा देता। स्कूल की इमारत बड़ी तो नहीं थी पर नई और अर्द्धपश्चिमी शैली में बनी थी। गलियारों और रोशनी का अच्छा प्रबंध था। ऐसा ही स्कूल होना चाहिए। थाओ ने उसे एक बगिया के बगल में एक कमरा दे दिया था। जब श्याओ ने आते ही खिड़की खोली तो देखा कि आलूचे के फूलों से पंखुड़ियाँ झरने लगी हैं।

श्याओ ने कमरे के एक-दो चक्कर लगाए। अतीत में ऐसा कुछ नहीं था जिसे छोड़कर कोई दुख हुआ हो। वह यहाँ इस क्षण से नया जीवन आरंभ करेगा। सप्ताहभर की यात्रा से थका हुआ वह अपने नए बिस्तर पर लेट गया। जब वह खुश हुआ करता था, उसे दूसरों के दुर्भाग्य का ध्यान आ जाया करता था। इस समय उसे एक दृश्य याद आने लगा जो उसने तीन घंटे पहले स्टीमर पर देखा था। एक दुखांत कहानी का परिणाम उसकी स्मृति में फिर से घटित होने लगा।

नदी की शांत धारा में छोटे से स्टीमर में फ़ूरुङ तक की यात्रा तीन घंटे लेती थी। किनारे पर की सूखी घास को निहारता श्याओ रेलिंग से लगा बैठा था। उसके सम्मुख काले कपड़े पहने एक जवान औरत थी। उसका व्यवहार निर्भीक और निस्संकोच था, परंतु उसकी आँखों में किसी गहरी वेदना की झलक थी मानो गए पावस में कोई भयानक घटना घटित हुई हो। घुटने पर सात बरस की एक बच्ची थी—प्यारी-प्यारी आँखें, लाल-लाल गाल और पकी चेरी जैसे ओठ—वह सोहनी बच्ची थी। वह दो संतरों के साथ खेल रही थी—स्पष्ट ही उसे उनके रंग ने मोह लिया था। जवान औरत दो बरस के एक शिशु को स्तन से दूध पिला रही थी।

एक बूढ़े ने इस माँ के पास बैठी एक बुढ़िया को संबोधन करके पूछा "श्री ली को दरअसल हुआ क्या ?"

"वह मारे गए," बुढ़िया ने दर्दभरा जवाब दिया।

"ऐसा है ?" बूढ़े को बड़ा आश्चर्य हुआ।

बुढ़िया ने पहले उदासीनता और फिर क्रमशः उत्तेजित होते हुए बताया, "बदकिस्मती से ऐसा ही है। वह ह्वेइचओ नगर में उत्तरी फाटक के बाहर मारे गए—ह्वेइचओ के युद्ध में। कहते हैं नगर के फाटक काँसे की दीवार जैसे जबर हैं और भीतर किलेबंदी भी है। श्री ली के पक्ष ने पंद्रह दिन तक आक्रमण किया परंतु नगर में घुस न सके। अंत में श्री ली क्रोधोन्मत्त हो गए। बेचारे सीधे-सादे आदमी ! उन्होंने अकेले टक्कर लेने की अनुमति माँगी। हाथ में बंदूक, पेटी में छुरा, जेब में हथगोले, पीठ पर बंदूकची लिए वह असली योद्धा दिखते थे," बुढ़िया ने रोते हुए बताया। "अँधेरी रात में वह आगे बढ़े। मगर दीवार पर चढ़ना शुरू भी न किया था कि एक तोप गरजी और बंदूक की गोलियों की बौछार आई। श्री ली दीवार के पास मरे पड़े दिखाई दिए।"

बुढ़िया ने आँसू पोंछे। "जब दुश्मनों ने देखा कि श्री ली के साथ कितने बहादुर जवान हैं तो डर के मारे उनके छक्के छूट गए और वे भाग खड़े हुए। श्री ली के लोग शहर में घुस गए। मगर श्री ली तो मर चुके थे। जिन दोस्तों ने उनकी लाश देखी उन्होंने बताया कि वह गोलियों से छलनी हो गई थी—मधुमक्खी के छत्ते जैसी। दइया रे !"

बुढ़िया रो-धोकर कुछ शांत हुई तो आगे बोली, "हमारी शाङहाए यात्रा बेकार रही। श्री ली का असबाब और कपड़े-लत्ते गायब हो गए थे और हम उनकी मौत का मुआवजा भी नहीं वसूल कर सके। लोग कहते हैं कि शाङहाए पर अभी तक सुन नामक उस आदमी का राज है जो ह्वेइचओ के रक्षकों से मिला हुआ है। वे सब श्री ली के आदमियों के दुश्मन हैं। इसलिए हम खुले आम निकलने की बहुत हिम्मत नहीं कर सके। हम दो-तीन जगहों में ही गए थे जो दफ्तर जैसी नहीं दिखती थीं। वे गुप्त जगहें थीं। वहाँ जो थे उन लोगों ने बताया कि हमें मौत का मुआवजा मिल जाएगा, मगर यह नहीं बताया कि कब। हम शाङहाए में पड़े-पड़े पैसा बरबाद कर रहे थे तो हम घर आ गए।"

वह रुकी। "यह बेचारी माँ और इसके दोनों बच्चे कैसे जिएँगे? उनके पास कोई जमीन नहीं है। वह जो शाकभाजी की बगिया थी वह पारसाल श्री ली के क्वाङतुङ जाने के खर्च में बिक गई। उन्होंने दो बरस तो घर में एक पैसा भी नहीं भेजा और अब तो वह जान से ही जाते रहे। श्री ली के कुछ आदर्श थे—वह उम्दा आदमी थे। परंतु वह कुछ बना नहीं पाए, हालाँकि कई बरस खाक छानते रहे। आखिरकार वह सिपाही बन गए। उन्होंने अपनी पत्नी से झूठ बताया कि वह अफसर के पद का इम्तिहान देने क्वाङचाओ जा रहे हैं। कौन जानता था कि ठीक उस समय जब उनका भाग्योदय होनेवाला था तो गोलियाँ उन्हें खत्म कर जाएँगी ?"

सुननेवालों ने सर हिलाकर लंबी साँस भरी। कई लोग एकसाथ बोल पड़े कि क्या किस्मत है कि चढ़ती जवानी में ऐसी बुरी मौत मिली ! कोई क्या कर सकता है कि इस पर किसी का बस नहीं।

युवा विधवा की आँखों से आँसू बह रहे थे। उसने मुँह फेर लिया ताकि दूसरे यात्री उसकी पीड़ा देख न पाएँ। कुरते का दामन उठाकर उसने आँसू पोंछे। जब बुढ़िया का किस्सा खत्म हुआ तो विधवा ने बच्चे का प्यारा चेहरा निहारा मानो उसमें अपना भविष्य पढ़कर वह अपने मन की वेदना और निराशा को भुला लेगी। बच्ची मुस्कराए जा रही थी और लाल-लाल गोल संतरों से खेले जा रही थी।

अपनी माँ की ओर देखकर उसने पूछा, "माँ, क्या घर आनेवाला है ?"

"हाँ!" उसकी आवाज मृदु और भावविहीन थी।

"क्या मुझे घर पहुँचने पर संतरे खाने दोगी ?"

"अभी खा लो।"

छोटी बच्ची खुशी में झूम उठी। उसने संतरों को छीला, और उनके लाल छिलकों को उछालकर अपनी माँ के सीने से लग गई। उसने एक संतरा अपनी माँ और एक छोटे भाई को दिया, बाकी खुद खा लिए।

उसने दुबारा पूछा, "क्या घर आ गया ?"

"हम बहुत जल्दी घर पहुँच जाएँगे," माँ ने खीजकर कहा।

"मुझे अपना घर अच्छा लगता है," छोटी बच्ची गर्व से बोल उठी। "वहाँ मेरी गुड़िया है।"

श्याओ स्टीमर की रेलिंग छोड़कर चुपचाप गलही की ओर चलने लगा।

जहाज जब घाट पर पहुँचा तब उसने विधवा को बच्चे को गोदी में उठाए और छोटी लड़की के आगे-आगे चलते हुए देखा। वह बूढ़ी औरत जिसने उसे कहानी सुनाई थी, हाथों में कपड़ों की गठरी लिए हुए आगे बढ़ती चली जा रही थी। वे सब धीरे-धीरे एक छोटे से रास्ते पर जा रहे थे।

श्याओ कुछ चिंतित होकर बिस्तर से उठ पड़ा जैसे कि जहाज पर उसका कुछ खो गया हो। वह खिड़की के पास खड़ा होकर बाहर ताकने लगा। हवा बहनी शुरू हो चुकी थी अब तक। खुश्क वातावरण में थोड़ी बूँदाबाँदी भी हो गई थी। श्याओ ने अपना बक्सा खोला। अपनी कुछ प्रिय पुरानी पुस्तकों को निकालकर उसने उन्हें सफाई से किताबों के स्टैंड में लगा दिया। फिर उनमें से एक ग्रंथ लिया और उसमें कुछ पुरानी कविताएँ पढ़ीं। वह अपना मन नई यादों पर से हटा लेना चाहता था।

2

उत्तरी हवा बहुत वेग से चल रही थी। संध्या होते-होते दिन की गर्मी खत्म हो गई। वातावरण में ठंड बहुत अधिक बढ़ गई।

थाओ ने श्याओ, फ़ाङ मओ और छ्येन को रात के खाने के लिए अपने घर पर आमंत्रित किया। वह स्कूल से एक ली की दूरी पर एक पुराने किस्म के घर में रहते थे जिसके सिंदूरी खंभे वर्षों से सूर्य की किरणों के स्पर्श से स्याह पड़ गए थे। थाओ ने अपने इन अतिथियों को अपने अध्ययन कक्ष में बैठने के लिए कहा। लैंप की रोशनी में अलमारियाँ, मेजें, कुर्सियाँ और छत फीकी लाल दिख रही थी। कमरे को देखकर श्याओ को अपने बचपन की धुँधली यादें आने लगीं। किसी भी व्यक्ति ने ज्यादा बातचीत नहीं की। ऐसा प्रतीत हो रहा था कि उस जगह एक खास तरह की उदासीनता भरी थी जिसके भय से वे सब बातचीत नहीं कर रहे थे। थोड़ी देर बाद, उन्हें खिड़की के बाहर से एक लड़की की आवाज सुनाई पड़ी। श्याओ को वह आवाज पहचानी-सी लगी। थाओ मूखान ने कमरे में घुसकर कहा, "श्याओ, मेरी बहन तुमसे मिलना चाहती है।"

उनकी बात खत्म होने के पहले ही एक तेईस-चौबीसवर्षीय लड़की दरवाजे की चौखट पर आ खड़ी हुई।

"मैं तुम्हारे परिचय कराए बिना ही अंदाजा लगा सकती हूँ कि इनमें से श्री श्याओ कौन हैं," उसने खुश होकर हँसते हुए अपने भाई से कहा।

"तब तो तुम खुद ही अपना परिचय दे सकती हो उन्हें," उन्होंने तपाक से कहा।

लड़की हिचकिचाई। श्याओ के चेहरे पर नजर गड़ाते हुए वह धीरे से बोली, 'मैं क्यों दूँ अपना परिचय ? वह तो मुझे पहले से ही जानते हैं। अब हम एक-दूसरे को पहचान गए हैं। इतना काफी है।"

थाओ श्याओ को देखकर मुस्करा दिए। "मेरे पुराने दोस्त, तुम पूरा चीन घूम आए हो, पर मैं शर्त लगाता हूँ कि तुम मेरी बहन जैसी लड़की से कहीं भी नहीं मिले होंगे।"

वह कुछ थकी हुई-सी लग रही थी और दरवाजे से टेक लगाए खड़ी थी, उसका सर झुक गया

था। उसके व्यवहार में जो एक प्रसन्नता दिख रही थी उसकी जगह एक गंभीर उदासीनता ने ले ली। अचानक उसने श्याओ की तरफ मुस्कराते हुए उससे पूछा, "क्या आपको लगता है कि मैंने आपको पहले कहीं देखा है ?"

"कह नहीं सकता," उसने जवाब दिया।

"तीन गर्मियों पहले हाङ्चओ में क्या आप कलिङ पहाड़ी पर नहीं ठहरे थे ?" उसने अनायास पूछ लिया।

श्याओ ने क्षणभर सोचा। "मैं वहाँ करीब एक महीना रहा था।"

"अपनी कुछ सहपाठिनों के साथ मैं भी ठीक वहीं रहती थी। हम आपको संध्या के समय झील के किनारे टहलते हुए देखा करती थीं। आप एक घंटा टहलते, फिर चले जाते। यह रोज का हाल था। आपके बाल लंबे थे और पीछे कढ़े रहते थे। उनसे आपकी गर्दन ढकी रहती थी। ठीक ?"

श्याओ मुस्कराया। "शायद मैं ही था। पतझर में मैं पेइचिङ चला गया।"

लड़की ने उसाँस भरकर अपने भाई से कहा, "अफसोस कि मैं तब नहीं जानती थी, जानती होती तो इन्हें जरूर बुलाया होता।" श्याओ को उसने कहा, "मैं बहुत निडर हूँ। एकदम उद्दंड। आप बुरा न मानिएगा। हम पहले मिलते-मिलते रह गए हैं। आगे हमें अक्सर मिलकर बातचीत करनी चाहिए। आप बड़े विद्वान हैं, मेरा भाई आपके बारे में बहुत बताता है। मैं आपसे सीखना चाहती हूँ। क्या आप मुझे शिक्षा देंगे और निःसंकोच बिना हिचक सिखाएँगे ? मैं एक ऐसी लड़की हूँ जिसे सचमुच की विद्या नहीं मिली। 'लड़की' एक दयनीय शब्द है। इस शब्द का 'विद्या' के साथ मेल नहीं किया जाता। विद्वानों की सूची में आपने कितनी स्त्रियों के नाम देखे हैं ? परंतु मैं विद्वान बनने पर तुली हुई हूँ। मैंने कहा था कि मैं उद्दंड हूँ। जिन कामों को लोग कहते हैं कि ये लड़कियों के लायक नहीं हैं उन्हीं को मैं करना चाहती हूँ। नतीजा यह है कि मुझ पर लोग हँसते हैं और मैं अपना लक्ष्य पाने से रह जाती हूँ।

'मैं तरस खाने लायक लड़की हूँ, श्री श्याओ ! मेरा भाई कहता है कि मैं सिढ़ी हूँ पर शायद यह कहना ज्यादा सही होगा कि मैं दयनीय हूँ। पढ़ी-लिखी नहीं हूँ, इसलिए जो समझ में आता है, वही करती रहती हूँ। परिवार में सिर्फ माँ—वह अभी खाना पका रही हैं—और भाई है। दोनों मुझे बहुत प्यार करते हैं। इसलिए मैं अपनी मनमरजी कर लेती हूँ। मैंने उच्चतर माध्यमिक पास किया है, भौतिकी पढ़ी थी। मैं दो साल कालेज गई, फिर कानून पढ़ने लगी। माँ और भाई कहते हैं मैं बीमार हूँ। वे मुझे घर पर रखना चाहते हैं, पर मैं अब और कानून नहीं पढ़ना चाहती। मेरा मन है कि साहित्य पढ़ूँ। मुझे ललित कलाओं से हमेशा प्रेम रहा है। मैंने भौतिकी तो इसलिए पढ़ी कि लोग कहते हैं कि लड़कियों से गणित की साधना नहीं हो सकती। दरअसल मैं चाहती नहीं थी। फिर मैंने सोचा कि जब गरीब लोग अदालत की शरण लेते हैं तो हमेशा हारते हैं। मुझे वकील बनना चाहिए और गरीबों के मुकदमे उठाने चाहिए। अब मैं देखती हूँ कि वह संभव नहीं है।

"श्री श्याओ, मेरा भाई कहता है कि आप संगीतज्ञ हैं। मैं आपके साथ संगीत का अध्ययन करना चाहूँगी, लेकिन आपको मुझे जीवन की कला की भी कुछ शिक्षा देनी होगी। मैं जानती हूँ कि आप दार्शनिक भी हैं। आप सोचते होंगे कि मैं बहुत बातूनी हूँ। मगर मैंने अपने बारे में इतने विस्तार से केवल इसलिए बताया है कि आप मेरा शिक्षण और सुधार और भी बढ़िया कर सकें। क्या आप मेरा निवेदन मानेंगे, श्री श्याओ ?"

अपने इस लंबे विशृंखल भाषण के साथ वह सारे कमरे पर छा गई। बोलते-बोलते कभी वह फर्श को ताकती थी तो कभी श्याओ को। कभी उदास, कभी प्रसन्न, वह अनायास बोल रही थी। उसकी बात असर करती थी मगर साथ ही साथ यह भी लगता था कि वह कोई बिगड़ी हुई बच्ची है। अन्य लोग एकदम चकाचौंध थे। श्याओ मुस्कराते हुए उसे गौर से देख और सुन रहा था। वह बहुत सुंदर थी। उजला और भरा-भरा चेहरा, चिकनी मुलायम चमड़ी, बड़ी-बड़ी चमकती आँखें, काली

भौंहें, सीधी नाक, छोटे से लाल-लाल ओठ, कानों तक लटके हुए काले बाल—वह प्यारी लगती थी और साहसी तो थी ही।

"तुम्हारी बहन की बातें सुनकर मैं अपने को खाली बेवकूफ समझने लगा हूँ," श्याओ ने थाओ से कहा। फिर लड़की की ओर मुड़कर बोला, "तुम्हारी बातों का क्या जवाब दूँ, समझ में नहीं आता।"

वह मुस्कराई। "यही जवाब काफी है और दूसरा जवाब होता ही क्या। आप अपने साथ कुछ स्वरलिपियाँ लाए हैं, श्री श्याओ ?"

"कुछ हैं।"

"क्या मुझे बजाने को देंगे ?"

"क्यों नहीं।"

"हमारे घर पर एक पुराना पियानो है। हालाँकि मैं अच्छा नहीं बजा पाती। बीथोवन उस पर बजाए तो उसका मूनलाइट सोनाटा बढ़िया निकल आएगा। कल आप मुझे बजाकर सुनाएँगे, श्री श्याओ ?"

"मेरा अभ्यास छूटा हुआ है। एक जमाने से मैंने पियानो छुआ नहीं।"

"बनिए नहीं।" उसका स्वर धीमा था।

"क्या श्री श्याओ अच्छा बजाते हैं ?" फ़ाङ मओ ने चकराकर पूछा।

"हाँ," थाओ बोले। "जब हम स्कूल में थे तब वह अच्छा ही बजाते थे। जरूर आज और भी अच्छा ही बजाते होंगे।"

"तब मैं भी श्री श्याओ से सीखना चाहूँगा," फ़ाङ मओ ने कहा।

"क्यों मुझे लज्जित करते हैं ?" श्याओ शरमा-सा गया। "सच्चाई छिप नहीं सकती। बाद में जब आप लोग मेरा बजाना सुनेंगे तो खुद समझ जाएँगे।"

"अच्छी बात है।"

हर कोई चुप था। थाओ की बहन—लान—चौखट के सहारे खड़ी थी। वह अब अप्रसन्न दिखाई दी। वह किसी की ओर देख नहीं रही थी। सर झुकाए हुए भौंहों में बल डाले वह विचारमग्न थी। छ्येन पैर हिलाते हुए छत को ताक रहा था, मानो कोई निबंध बना रहा हो। लेकिन जब लान बोलती थी तो वह तुरंत उसको ध्यान से देखने लगता था। जब वह बोल चुकती थी तो छत की सजावट पर फिर ध्यान जमा लेता था।

"भाई, श्रीमती ली वापस आ गई है," लान ने कहा। "बेचारी !"

"ओह ! तब ली ?..." भाई के वाक्य पूरा करने से पहले ही लान श्याओ की ओर मुड़ी। "क्या आपने एक नन्ही बच्ची और एक शिशु लिए हुए एक छब्बीस-सत्ताईस बरस की औरत को जहाज पर देखा था ?"

श्याओ ने नजरें झुका लीं। "हाँ," वह बेमन से बोला। "मैंने उसकी पूरी कहानी सुनी।"

"तब तो, भाई, यह खबर सही है," लान दुख से बोली। "श्री ली वास्तव में मर चुके हैं।"

स्कूल के प्रिंसिपल का चेहरा खिन्न हो गया। "मृत्यु हमेशा वास्तविक होती है," उन्होंने कहा। "मैंने कभी कोई अवास्तविक मृत्यु नहीं सुनी। हालाँकि कुछ झूठमूठ के मामले होते हैं लेकिन ली को कोई ऐसा नहीं मानता। श्याओ, तुम्हें याद है कि ली नामक एक विद्यार्थी के साथ मैं अक्सर नार्मल स्कूल के प्रथम वर्ष में घूमा करता था ? जो मारा गया है, वही आदमी था।"

श्याओ क्षणभर सोचता रहा। "उसने पहले वर्ष के बाद स्कूल छोड़ दिया था। जिंदादिल, साफगो आदमी था।"

"जहाज में तुमने जो औरत देखी थी, वह उसकी विधवा है।"

सबके दिल एकाएक बुझ-से गए। प्रिंसिपल ने विषय बदल दिया और आज की उथलपुथल की बात करने लगे। क्या जाने क्या होनेवाला है ? जाने कितने नौजवान मारे गए हैं। वे सब देशभक्त

थे और अक्सर निर्धन परिवारों के थे। संपन्नतर परिवारों के लड़के खतरा उठाने को तैयार नहीं थे। उनकी आकांक्षाएँ भी होतीं तो वे दूसरी दिशाओं में जाना चाहते। तभी तो उन्होंने यह स्कूल खोला था। वह प्रतिभाशाली युवजन का निर्माण चाहते थे। वह शिक्षा में अपने को लगा देंगे। कल के युवक-युवतियों के लिए कुछ वास्तविक रचना कर जाएँगे। साथ ही थाओ ने स्वर ऊँचा किया मानो स्कूल के भविष्य की अपनी योजनाएँ बताने जा रहे हों कि वह कैसे सुधारा और बढ़ाया जाएगा कि एक नौकर आया और बोला कि खाना मेज पर लगा दिया गया है।

"ठीक उस समय जबकि वार्तालाप दिलचस्प होने लगता है हमें खाने को कह दिया जाता है," फ़ाङ मओ चिड़चिड़ाया। "मुझसे पूछो तो कभी-कभी मैं खाना नहीं, बात करना चाहता हूँ।"

"पहले खा लें तो जीभर बतियाने के लिए और ताकत आ जाएगी," थाओ बोले। "अभी तो सारी रात पड़ी है।"

लान उनके साथ मेज पर नहीं बैठी। जब खाना आधा हो चुका तो वह कमरे में आई और दीवार से टिककर खड़ी हो गई। "मैं मूर्ख हूँ, मुझे शऊर नहीं है," वह हँसकर बोली। "जब लोग खाते हैं तो मुझे देखकर अच्छा लगता है। आप लोगों की बहस से मैं सीखना भी चाहती हूँ।"

वे सिद्धांतों की बात कर रहे थे। ऐसा लगता था कि हर युवा को कुछ सिद्धांतों में विश्वास करना ही होगा, नहीं तो वह यौवन के सारे महत्त्व से अनजान रह जाएगा। फ़ाङ मओ सबसे ज्यादा बोल रहा था। उसने कहा, "हर एक के कुछ निर्देशक सिद्धांत होते हैं। सिद्धांत ही मनुष्य का जीवन स्थिर करते और समाज के भविष्य की दिशा निश्चित करते हैं।" उसे तीन जन-सिद्धांतों* में आस्था थी, क्योंकि देश की रक्षा उन्हीं से होती। "जो नौजवान स्त्री-पुरुष देश के कल्याण की चिंता करते हैं स्वभावतः तीन जन-सिद्धांतों के समर्थक हैं।" फिर उसने पूछा, "बाकी आप लोगों की क्या मान्यता है ?"

उत्साह के साथ छ्येन एकदम बोल पड़ा। "मुझे पूँजीवाद में विश्वास है," वह कहने लगा। "हम बिना व्यापार-युद्ध के विदेशियों को हरा नहीं सकते। चीन योरपीय, अमरीकी और जापानी लोगों के लिए मंडी बन गया है। वे चीनी वित्तसाधन का खून चूस रहे हैं। कोई दूसरे सिद्धांत चीन को बचा नहीं सकते। वे सिर्फ अपने को बहलाने की बातें हैं जैसे कि गरीबों को यह कहना कि गोश्त खाना छोड़ दो तो अमर हो जाओगे। सिर्फ पूँजीवाद युद्ध सरदारों को उखाड़ सकता है और हमारे उद्योग, शिक्षा और परिवहन का विकास कर सकता है। देश को बचाने के लिए, मैं कहूँगा कि पूँजीवाद और व्यापार-युद्ध सबसे ज्यादा जरूरी हैं।"

अपना आखिरी वाक्य उत्तेजना में बोलकर उसने सामने बैठे नवागंतुक पर नजर डाली कि देखें वह समर्थन करता है या विरोध। परंतु श्याओ चुप रहा। थाओ भी नहीं बोले। फ़ाङ मओ ने कहा कि पूँजीवाद तीन जन-सिद्धांतों में शामिल है क्योंकि वे भी चीन के विकास के लिए विदेशों से उधार लेने के पक्ष में हैं। लान एक तरफ खड़ी बार-बार श्याओ और अपने भाई पर नजर डालती रही। श्याओ ने सिर्फ यही कहा कि उसे भूख लगी है, बहस भोजन के बाद कर लेना।

फ़ाङ मओ थोड़ी ज्यादा पी गया था। हाथों के अभिनय से उसने उत्तर के लिए आग्रह किया। "आपका क्या ख्याल है, श्री श्याओ ? निश्चय ही आपके निर्देशक सिद्धांत होंगे। सिद्धांत मनुष्य के चिंतन का प्रमाण होते हैं। आपके जैसे दृढ़ व्यक्ति के बहुत ऊँचे सिद्धांत होने ही चाहिए।"

श्याओ मुस्कराया। "मेरे कोई नहीं हैं। सिद्धांत अगर बहुत ऊँचे हों तो बेकार होते हैं।"

"नहीं हैं ?" फ़ाङ मओ ने चंचल होकर पूछा। "क्या आपने इस विषय में पुस्तकें नहीं पढ़ीं ?"

"मैंने एक-दो देखी हैं।"

"और आपको एक भी नहीं मिली जिस पर विश्वास करते ?"

---

* राष्ट्रीयता, जनवाद और जन-जीविका—सबसे पहले बीसवीं शताब्दी में सुन यातसेन ने प्रतिपादित किया। ये क्वोमिनताङ के आदिकाल में उसका राजनीतिक कार्यक्रम बने।

"असल में तो मिली थी पर मैं उस पर बात नहीं कर पाऊँगा। इसीलिए कहता हूँ मेरे कोई सिद्धांत नहीं।"

फ़ाङ मओ पिए हुए तो था ही। संदेह से उसे घूरने लगा। कहीं श्याओ कम्युनिस्ट तो नहीं है ? फिर उसने सोचा, तो क्या हुआ ? क्या यह क्वोमिनताङ पार्टी की नीति नहीं है कि कम्युनिस्टों और सोवियत संघ के साथ मिलकर काम किया जाए ? हालाँकि कम्युनिज्म...पर उसने इसके आगे नहीं सोचा। दीवार के सहारे खड़ी लान की ओर मुड़कर उसने पूछा, "आपका क्या ख्याल है, सुश्री थाओ ? कृपया बताइए कि आपके निर्देशक सिद्धांत क्या हैं ? हम सब तो बता चुके। आपके भाई शिक्षा के पक्ष में हैं। श्री छ्येन पूँजीवाद के, और आप ?"

रुआँसी होकर लड़की ने कड़वे स्वर में जवाब दिया। "मैं ? मुझसे पूछ रहे हैं ? मैं तो स्वार्थी व्यक्तिवाद के पक्ष में हूँ, क्योंकि समाज के केंद्र में मैं हूँ। जिसमें लाभ है वह मेरा है, जिसमें लाभ नहीं है वह मेरा नहीं।"

श्याओ ने अचरज से उसे घूरा। परेशान-सा फ़ाङ मओ लाल हो गया। कोई कुछ बोला नहीं। अंत में थाओ ने अंतिम पकवान परोसने के लिए नौकर को बुलाया।

खाना खाकर मेहमान चले गए। हवा तेज हो गई थी और सर्दी सहसा बहुत बढ़ गई थी। झीने-झीने कुहासे जैसी फुहार झरने लगी।

3

अगली सुबह श्याओ जल्दी जग गया। उसने देखा खिड़की के बाहर एक उजास झलमला रहा है और वह बिस्तर में ही उठ बैठा। परदा हटाकर उसने जाना कि जोरों की बरफ गिर रही है। धरती ने सफेद अंचल ओढ़ लिया था। घास, फूल, टहनियाँ, सब आध-आध इंच बरफ से ढके हुए थे।

वह कपड़े पहनकर बाहर निकला। आरुङ ने उसके मुँह धोने के लिए गरम पानी ला दिया। दोनों ने मौसम की अस्थिरता पर कुछ बातचीत की।

"कल न जाने कितने गरीबों ने सोचा होगा कि अब से मौसम गरम हो जाएगा," आरुङ ने कहा, "और वे अपने रूईदार कपड़े गिरवी रखने ले गए होंगे। कौन जानता था कि एकाएक इतनी सर्दी बढ़ जाएगी। कहीं उनमें से कुछ लोग ठंड से ठिठुरकर मर न जाएँ।"

श्याओ ने सुस्ती से मुँह धोया और गलियारे में आगे-पीछे टहलने लगा। उसे जहाज पर का दृश्य फिर याद आया। कौन जाने विधवा और उसके दोनों बच्चे ठिठुरकर खत्म हो गए हों। आरुङ ने ऐसा ही कहा था। अंदर से परेशान श्याओ गलियारे में चहलकदमी करता रहा। अंत में उसने तय किया कि वह उन्हें देखने जाएगा। सौभाग्य से इतवार का दिन था।

वह आरुङ के कमरे में चला गया। नौकर उठ खड़ा हुआ।

"आपको कुछ चाहिए, श्री श्याओ ?"

"नहीं, मैं सिर्फ तुमसे यह पूछने आया था कि श्रीमती ली कहाँ रहती हैं—वही जिनके युवा पति क्वाङतुङ में मारे गए।"

आरुङ ने पलभर याद किया। "वह कल ही शाङहाए से लौटी हैं ?"

"सही।"

"वह उसी जहाज से फ़ूरुङ लौटीं जिससे आप आए?"

"हाँ, उनका पता जानते हो ?"

"वह पश्चिम गाँव में, यहाँ से सिर्फ तीन ली की दूरी पर रहती हैं।"

"वहाँ कैसे पहुँच सकते हैं ?"

"आप उनके घर जाना चाहते हैं, श्री श्याओ ?"

"हाँ, उनके पति मेरे सहपाठी थे।"

"ओह, कोई मुश्किल नहीं।" नौकर ने इशारे से रास्ता बताया। "स्कूल के फाटक से सीधे पश्चिम को जाएँ, पुल पार करें और नदी के साथ-साथ चलते जाएँ। जब बड़े-बड़े पापलार वृक्ष दिखाई देने लगें तो समझ लें पश्चिम गाँव आ गया। भीतर जाकर पूछ लें। आसान है। उनका घर गाँव में घुसते ही पड़ता है। यहाँ से वहाँ तक सिर्फ तीन ली चलना पड़ेगा।"

श्याओ घर लौट आया। कुछ चिढ़ा-सा था। खिड़की पर खड़ा वह बगीचे पर गिरती बरफ को खोया-खोया-सा देखता रहा।

नौ बज गए थे मगर बरफ़ की झड़ी कम ही नहीं हो रही थी। आरुङ के बताए रास्ते पर श्याओ ने पश्चिम गाँव की ओर कदम बढ़ाए। वह कलवाले ही कपड़े पहने था, सिर्फ मटमैले रंग का ओवरकोट, काले जूते और छात्रों जैसी एक टोपी और पहन ली थी। रास्तेभर नदी का चमकता हुआ सफेद किनारा मिला और चमकते हुए सफेद खेत पड़े। वह तेजी से चलता गया—"कभी सर झुकाए और कभी सामने देखते। उसमें अदम्य उत्साह था, मानो कोई बड़ी तगड़ी चिड़िया पर मार रही हो। क्या विधवा कल जहाज के अपने सहयात्री को पहचान लेगी। पहचान ले तो क्या ? कोई अंतर नहीं पड़ेगा। श्याओ उस प्रकार का व्यक्ति था जो मानते हैं कि जो जैसा हो रहा है उसे वैसा होने देना चाहिए। उसके पास पहले से निश्चित कोई योजना न थी। वह चाहता था कि समय बाबा उसके सर पर थपकी देकर कहें, "यही सही रास्ता है, बेटे।" परंतु इस समय भागने का कोई रास्ता न था—उसे उस नन्ही बच्ची से प्यार था और उसकी अभागिन माँ से सहानुभूति। इसलिए वह चलता गया और बरफ पर उसके साफ और गहरे चरणचिन्ह पीछे छूटते गए मानो उसके टखनों में कोई रस्सी लिपटी हो जो स्कूल के फाटक से लेकर विधवा के अहाते तक खुलती चली आ रही हो।

वह उसके किवाड़ के सामने करीब पाँच मिनट तक सुनता रहा। पर अंदर क्या हो रहा है इसकी कोई आवाज कान में न पड़ी। हल्के से उसने किवाड़ खटखटाया। तनिक देर में वह खुला और विधवा बाहर आई। उसकी आँखें लाल हो रही थीं और उनमें आँसू थे, बाल बिखरे थे और चेहरे पर उदासी छाई थी। वह समझी थी कि जो बुढ़िया जहाज पर साथ में थी वही आई है। एक अनजबी नवयुवक को देखकर उसका मन दरवाजा भेड़ देने को हुआ। श्याओ ने हाथ से किवाड़ खोले रखा। उदासीभरे मंद स्वर में उसने कहा, "कृपया क्षमा करें, क्या श्री ली का घर यही है ?"

सिसकियों से विधवा युवती का गला रुँध आया। काफी देर तक वह बोल न सकी और अंत में पूछा, "कौन हो तुम ?"

श्याओ ने टोपी उतार दी और उससे बरफ झाड़ डाली। धीरे-धीरे दुख से भरे स्वर में वह बोला, "मेरा नाम श्याओ है। मैं श्री ली का मित्र था। कई बरस हो गए उनकी कोई खबर नहीं मिली। मुझे नहीं मालूम हुआ कि उनका देहांत हो गया है। मैं कल ही फ़ूरुङ पहुँचा हूँ, मिडल स्कूल में पढ़ाने के लिए। मैंने उनके बारे में स्कूल के प्रिंसिपल श्री थाओ से पूछा। तभी मुझे पता चला कि उनका निधन हो चुका है। मैंने आपके परिवार की दशा के बारे में भी सुना। अपने पुराने मित्र की याद करके मैं बिना बुलाए आपसे मिलने आ गया। आपके बच्चे कहाँ हैं ? मिलवाएँगी ? उनसे मिलकर ऐसा लगेगा जैसे श्री ली से ही फिर मिल रहा हूँ।"

विधवा युवती कुछ उलझन में पड़कर उसे देखने लगी। हालाँकि वह दूर या नजदीक का कोई संबंधी न था, वह उसे भीतर आने से मना कर ही नहीं पाई।

"इधर से आइए," उसने कहा। "मेरा घर अब घर जैसा नहीं रह गया है।"

उसके कपड़े झिरझिरे थे और वह ठंड से थरथरा रही थी। उसके स्वर में कड़वाहट थी। उसका हर शब्द मानो उसकी काँपती देह के अंतस में से निकल रहा था। श्याओ किवाड़ भेड़कर सर झुकाए

पीछे-पीछे चला। घर के भीतर अँधियारा-सा था और धूल भरी थी। वे एक कमरे से होकर पीछे के एक कमरे में पहुँचे। वह कुठरिया-सा था। दो बच्चे बिस्तर पर बैठे थे। चिथड़ा गुदड़ी लपेटे हुए वे इतनी ठंड खा रहे थे कि उठ भी न पाए। नन्ही बच्ची अपने छोटे भाई को बिस्कुट खिला रही थी। शिशु रोता जाता था और खाता भी जाता था।

"छाएल्येन," नन्ही बच्ची को माँ ने पुकारा। "तुम्हारे चचा तुमसे मिलने आए हैं।"

भौंहें चढ़ाकर बच्ची ने श्याओ को ताका और हैरान रह गई। श्याओ उसके पास गया और वह मुस्करा दी। वह पलंग की पटिया पर बैठ गया। पास झुककर पूछा, "मुझको जानती हो, बिटिया ?"

हाथ में बिस्कुट थामे उसने गुड़िया हिलाई।

"पर मैं तुम्हें जानता हूँ।"

"कहाँ से ?" बच्ची चकित हुई।

"तुम्हें संतरा पसंद है न ?"

बच्ची हँसी।

"क्या बताऊँ, आज संतरा नहीं लाया," वह बोला। "मगर कल मैं तुम्हारे लिए बड़े-बड़े दो लाऊँगा।"

उसने बच्ची के नन्हे-नन्हे हाथ पकड़े। ठंड से सूजे और लाल उन हाथों को उसने चूमा। फिर वह उठकर खिड़की के पास एक कुर्सी पर जा बैठा। बाहर कराकर बरफ गिर रही थी। श्याओ ने कमरे में चारों ओर देखा। वह पुराना और खोह-सा दिखता था। सारे असबाब और बरतन-भाँडों पर मनहूसियत छाई हुई थी। विधवा ने बच्ची को कपड़े पहनाए। वह एक शब्द नहीं बोली। मानो दिल पत्थर हो गया हो। शिशु शाङ्हाए से लाए बिस्कुट खाते-खाते अपने यहाँ आए अतिथि को देखता और सर्दी के मारे ठुनकता रहा। नन्ही बच्ची गंभीर थी, उसने श्याओ के चेहरे का निरीक्षण किया। वह भी इस दुख की भागीदार थी, वह भी कुछ बोल न पाई। वह सर से पाँव तक काँप रही थी। बीच-बीच में वह अपने हाथों पर गरम-गरम साँस डालती। कमरे की घनी शांति में बरफ गिरने की सरसराहट सुनाई दे रही थी। बीच-बीच में बरफ के बड़े-बड़े धब्बे खिड़की पर आ लगते।

"अब आपने जीविका के लिए क्या सोचा है ?" श्याओ ने पूछा।

विधवा ने प्रश्नभरी आँखों से उसे निहारा। "क्या करें, श्रीमान ?" वह धीरे-धीरे बोली। "मैं सोच ही नहीं पाती कि हम कैसे घर चलाएँगे।"

"कोई जायदाद है ?"

"थोड़ी-सी थी, मगर श्री ली ने सब बेच डाली।"

युवती की आँखें फिर छलछला आईं।

"कोई रिश्तेदार है जो मदद करे ?"

"गरीबों के रिश्तेदार कहाँ होते हैं ?"

वह किसी तरह मुस्कराई। श्याओ चुप हो गया। वह समझ नहीं पाया कि क्या कहे। विधवा ने उसे जिज्ञासु की तरह संबोधित किया, "मगर मेरा ख्याल है कि लोग जिंदा रहने का कोई न कोई रास्ता खोज ही लिया करते हैं ?"

"क्यों नहीं," उसने जवाब दिया। "ईश्वर अंधा तो नहीं है।"

"आप अभी तक ईश्वर को मानते हैं ?" युवती तनिक विचलित होकर पूछ बैठी। "मैंने तो मानना बहुत पहले छोड़ दिया था। आपने क्या कोई प्रमाण पाया है कि ईश्वर के आँखें हैं ?"

"नहीं, नहीं। मगर मैं मानता हूँ कि अंत में सज्जनों को कष्ट उठाने से मुक्ति मिलती है।"

"वह केवल नाटक में होता है। मंच पर अच्छे की ही अंत में जीत होती है। मगर मेरे पति तो बंदूक की गोली से भून दिए गए ! आप बताएँ, श्रीमान, मैं इन बच्चों को कैसे पालूँ-पोसूँ ?" विधवा ने चिल्लाकर पूछा।

उसकी आँखों से आँसू झरने लगे। श्याओ हक्काबक्का रह गया। नन्ही बच्ची ठंड से व्याकुल होने लगी। माँ ने दीवार पर टँगी एक फटी पुरानी फतूही उतारी और बच्ची पर लपेट दी। वह उससे एकदम ढक गई। सिर्फ दोनों आँखें चमकती रहीं। विधवा ने उसाँस भरी।

"मैं अपनी दरिद्रता का रोना किसी के सामने नहीं रोना चाहती, मगर इन दोनों निर्दोष बच्चों की खातिर बिना बोले रह नहीं सकती।" वह सिसकती हुई कह रही थी, "घर में बस डेढ़ पाव चावल रह गए हैं।"

श्याओ तुरंत उठ खड़ा हुआ। उसने सम्हल-सम्हलकर बोलना शुरू किया मानो उसे ख्याल हो कि कहीं यह स्त्री उसकी बातों से चौंक न जाए।

"सुनिए, मैं यहाँ क्यों आया, सो बताता हूँ। मैं आपके दोनों बच्चों का जिम्मा लेना चाहता हूँ। क्या आप छाएल्येन को रोज कुछ घंटे के लिए छोड़ने को राजी होंगी ? मैं चाहता हूँ कि वह हमारे स्कूल में पढ़े। मैं तीस यूवान महीना कमाता हूँ। मेरे लिए बहुत है। आधा आपको दे दिया करूँगा। ठीक होगा ? आने से पहले मैंने सोचकर देख लिया है।"

विस्मय से भुजाएँ उठाकर विधवा बोली, "श्रीमान, आप क्या कह रहे हैं ?..."

"मैं युवा हूँ। मेरे कोई आश्रित नहीं। लो..." पाँच यूवान का नोट निकालते हुए उसका गला भर आया। किसी तरह मुस्कराकर उसने नोट मेज पर रख दिया। उसका हाथ काँप रहा था। "अब आप चावल खरीद लें।"

स्त्री मारे आनंद के विभोर होकर बिस्तर पर गिर पड़ी।

"श्रीमान, क्या आप...क्या आप बुद्ध हैं ?"

"वह सब कहने की जरूरत नहीं। मैंने ऐसा कुछ नहीं किया।" वह बच्ची की ओर मुड़ा। "कल से तुम मुझे चाचा कहोगी न, छाएल्येन ?"

बच्ची ने, जो हर बात देख-समझ रही थी, हामी भरी। श्याओ ने उठकर उसे प्यार से गोद में उठा लिया, दोनों गालों को चूमा फिर बिठा दिया और कहा, "मुझे वापस स्कूल पहुँचना है। मैं कल तुम्हें लेने आऊँगा। तुम पढ़ोगी ?"

"हाँ," लड़की ने अपनी मीठी बोली में जवाब दिया।

उसने उसके ठंडे-ठंडे हाथ चूमे और अपने गालों से लगाए। "मैं अब चलता हूँ," उसने विधवा युवती से कहा। "बीती पर इतना दुख न करो।"

वह बाहर आया तो काफी खुश था। नन्ही बच्ची बाहर खड़ी-खड़ी उसको जाते हुए निहारती रही, वह नहीं चाहती थी कि उसके सहृदय चाचा चले जाएँ। श्याओ ने पलटकर हाथ हिलाया। फिर वह बरफ में लोप हो गया।

विधवा युवती मेज पर रखे धन को आश्चर्यचकित देखती रह गई। उसका जी चाह रहा था कि रो पड़े। भाग्य ने उसे वरदान दिया था और वह समझ नहीं पा रही थी कि उसे कैसे स्वीकार करे। क्या वह इस अजनबी की अनुकंपा को ठुकरा दे ? उसने उसे अपने बच्चों के हित में स्वीकार लिया था। ईश्वर जानता है वह कितनी कृतज्ञ थी।

4

बरफ पर चलते हुए श्याओ को लग रहा था कि उसके पंख लग गए हैं। वह बरफ से ढके खेतों को देखकर मुग्ध हो गया था। पृथ्वी एक सुंदरी-सी थी जो ऊनदार श्वेत वस्त्र पहन आई थी। उसका मन आकाश में उड़ा जाता था। हृदय असीम आनंद से भर उठा था। उसे सुङ राजवंश के एक कवि की कुछ पंक्तियाँ याद आईं :

मेरी उत्तर की खिड़की से दिखता है नृत्य हिमानी का,
मैं चौंक उठता हूँ सोच-सोच पिछवाड़े की गलियों में रहते हैं
जाड़े में कितने गरीब झीने-झीने कपड़े पहने;
दौड़ाते रहते हैं अमीर सुंदर भवनों से सेवकगण
मदिरा खरीद ले आने को,
सर्दी से ठिठुरे विद्वान की फिक्र कौन करे ?

श्याओ लौटकर स्कूल पहुँच गया।

दो घंटे तक बरफ में रहने के कारण थके हुए श्याओ ने कमरे का दरवाजा खोला कि कुछ देर आराम कर ले और ताजा हो जाए। उसे आश्चर्य हुआ कि लान उसकी किताबों के स्टैंड के सामने खड़ी किसी निरीक्षक की भाँति उसकी किताबें जाँच-परख रही है। जब उसने श्याओ को आते देखा तो जो किताब खोले हुए थी, उसे बंद कर दिया और घूमकर मुस्कराई। क्षणभर को वह ठिठका खड़ा रह गया।

"माफ करें, श्री श्याओ। मैं घंटेभर से ऊपर से आपकी किताबें देख रही हूँ। मैंने करीब-करीब सब देख डालीं।"

श्याओ पलंग की पटिया पर बैठ गया। "सो तो अच्छा है, मेरे पास कानून की कोई किताब है ही नहीं। और कोई किताब पसंद आई ?"

वह हिचकिचाई, उसे यह टिप्पणी अच्छी नहीं लगी थी। धीमे से उसने जवाब दिया, "कई हैं जो मैं पढ़ना चाहूँगी—भले ही मैं उन्हें समझ न पाऊँ।"

"मैं अभी-अभी श्रीमती ली के यहाँ गया था।" उसने ऐसे कहा जैसे यह कोई स्वीकारोक्ति हो।

"मुझे पता है।"

श्याओ को विस्मय हुआ कि इसने कैसे जाना, परंतु वह बोली, "आरुङ ने मुझे बताया था। वे लोग कैसे हैं ?"

सर झुकाकर दोनों हाथ मलते हुए श्याओ ने धीरे-धीरे बताया, "दयनीय दशा है। बच्चे सर्दी के मारे रो रहे हैं। उनके पास चावल भी नहीं है।"

लान चुप रही। वह समझ नहीं पाई कि क्या कहे। श्याओ बोलता रहा, "बच्चे बड़े प्यारे हैं। मैंने तय किया है कि उनकी मदद करूँगा।"

"वह भी मुझे पता है," लान ने अनायास कहा।

कुछ चकित होकर श्याओ मुस्कराया और बोला, "परंतु अभी तक मैंने तो कुछ किया नहीं है, आपको कैसे जान पड़ा ?"

लान बनावटी हँसी हँसी और बच्चों-सी बनकर बोली, "बस, मुझे पता है और नहीं तो आप उनके घर जाते ही क्यों ? हममें से कोई क्यों नहीं गया ? क्या इसलिए कि बरफ गिर रही थी ? भाई और बाकी लोग आग के चारों ओर बैठे शराब पीते रहे। आप ही अकेले क्यों बरफ में गए ?"

श्याओ की आँखें फैलकर रह गईं और वह लान को एकटक देखता रह गया। उसे केवल यह दिखा कि उसके सुंदर गोरे चेहरे पर जो लाली आई थी उससे उसकी मृदु त्वचा की दीप्ति कैसी बढ़ गई है। केवल काली आँखों की पुतलियाँ चल रही थीं। उनको घेरे लंबी-लंबी बरौनियाँ प्यारी लगती थीं। श्याओ को लगा कि वह जल्दी-जल्दी साँस ले रहा है। वह उठा और कमरे में चहलकदमी करने लगा।

"मुझे हमेशा लगता रहता है कि मैं किसी छोटे-से पिंजड़े में कैद हूँ। मैं बाहर की दुनिया में कैसे

रहा जाता है सो जानती ही नहीं और मुझे लगता है कि मैं कभी भी बाहर जाकर यह जान नहीं पाऊँगी," लान ने कहा।

"आप ऐसे क्यों कहती हैं ?"

"ठीक ही तो है, मुझे ऐसा नहीं कहना चाहिए।"

"बैठेंगी नहीं ?"

"ठीक है," वह मुस्कराई। "मैंने अभी तक यह तो बताया नहीं कि मैं क्यों आई हूँ। मैं चाहती हूँ कि आपका पियानो बजाना सुनूँ। योंही किसी धुन में मैंने उसे आज सबेरे आतिशखाने के पास रखवा लिया था। फिर मुझे आपकी याद आई और दौड़ी हुई यहाँ आ गई। पर आप नहीं थे। आरुङ ने बताया कि आप पश्चिम गाँव गए हुए हैं और मैं तुरंत समझ गई कि क्यों गए हैं। सबेरा तो करीब-करीब गुजर गया। आप खाने के बाद आ सकेंगे ?"

"जी, निश्चय ही।"

"ओह," वह बोली, "कितनी अच्छी बात है। मेरी सब आशाएँ पूरी हो गईं।"

वह फिर श्याओ को एकटक देखने लगी। उसने कहा कि वह जा रही है, पर वह हिली नहीं, जाने का उसका मन नहीं था।...

तीसरे पहर बरफ का गिरना रुक गया। चमचमाती हुई सफेद बरफ जमीन पर ऐसे बिछ गई जैसे बहुत से सफेद फूल बिछे हों।

पाश्चात्य संगीत की कुछ स्वरलिपियों के पत्रक बगल में दाबे श्याओ लान के घर की ओर चला। वह दरवाजे पर इंतजार कर रही थी। दोनों घर के एक कक्ष में चले गए। कमरा साफ-सुथरा, सुसंस्कृत और मद्धिम रोशनी से भरा हुआ था। दीवार पर कुछ तस्वीरें थीं, मेजों पर कुछ प्राचीन कृतियाँ थीं। श्याओ को इन सब वस्तुओं में बहुत रुचि न थी। वह सीधा पियानो तक गया और बैठ गया। आतिशखाने की आग पर हाथ सेंकते हुए वह शिष्टाचार के तौर पर कुछ बोला, फिर उसने पत्रक खोले और बजाना शुरू कर दिया। उसकी शैली अत्यंत साधारण थी। लान ने कहा, "बहुत अच्छा।" मगर वह जानता था कि यह केवल शिष्टाचार है।

उसने बजाने के लिए एक नृत्य संगीत चुना। यह औरों से कठिन था और उसकी उँगलियाँ भी कोई बहुत फुरतीली नहीं थीं। बजाते-बजाते उसने रुककर लान को मुस्कराकर देखा। फिर उसने कुछ रोमानी गाने बजाए। लान कान लगाए सुनती रही। वह पियानो से टिककर खड़ी हो गई और उसकी कुंजियों से आते स्वरों पर ध्यान एकाग्र कर प्रत्येक कोमल और शुद्ध स्वर को सुनने लगी। उसकी आँखें सामने दीवार पर गड़ी थीं—मानो वह एक भी स्वर छूट जाने नहीं देना चाहती थी।

बजाना बंद करने पर श्याओ ने कहा, "ऐसा ही है। संगीत मेरे लिए उस चिड़िया के समान है जो न जाने कब से अपना पिंजड़ा छोड़ चुकी है—वह अपने पुराने स्वामी को कभी पहचान नहीं सकती।"

"कुछ और बजाइए," लान ने अनुनय की।

"मैं स्वरलिपि तो नहीं बना सकता पर मैंने एक गीत जरूर बनाया था। मैं उसी को बजाकर सुना दूँगा। परंतु वचन दें कि हँसेंगी नहीं।"

"बिल्कुल नहीं हँसूँगी।"

उसने एक पुरानी संगीत पुस्तिका से, जिसकी जिल्द ढीली हो गई थी, कुछ स्वरलिपियाँ निकालीं। इन्हीं कागजों में उसका गीत था। शीर्षक था—वसंत फिर न आएगा। श्याओ ने उसे सामने रख लिया और लान पर नजर डाली, मानो परखना चाह रहा हो कि उसकी भावनाएँ खुद उसके जितनी गहरी हैं या नहीं। भौंहों में बल डाले लान ने पीड़ा भरी मुस्कान के साथ उसे देखा। वह और सीधा होकर बैठ गया, अपना आसन सम्हाला, एक क्षण सोचा, फिर उँगलियों को कुंजियों पर ले आया। वह बजा रहा था और गा रहा था :

धुँधला कोहरा,
उजली धुंध,
सुबह से छाई;
कहाँ चले पंथहीन यात्री ?

चरण तले हैं विशाल मैदान,
साम्य अनंत भूमि,
है बारह मास का साथ सिर्फ अपनी ही छाया का
धीरे जा, धीरे जा।

उन वसंत पतझर की याद है ?
जब सागर के जल पर खेली थी चाँदनी
पर जब हो जाएँगे केश धवल
अंतर में झलकेंगे रंग सूर्यास्त के।

तब क्या रह जाएगा ? कोने में एक कब्र
आँसू, सफेद वस्त्र
अंतहीन पीड़ा, औ' वेदना
पर वसंत एक बार जो गया और फिर न आएगा।

यौवन के हे वसंत, यौवन के हे वसंत
तुम तिरते बादल हो,
टहनी से झरे हुए फूल हो
धूल में दबा दिया जिसे जाती बयार ने।

संगीत के स्वर कमरे में उतरते रहे फिर बहकर बाहर फैल गए और बरफ के ठंडे अंचल में काँपे। फिर क्षणभर बाद लान के हृदय में गूँजे जिससे वह सिहर उठी। यह वेदना से भरी दुखद सिहरन थी। लान बहुत उदास हो गई। उसने उस मधुर संगीत के प्रत्येक स्वर को गहराई से सुना, गीत के प्रत्येक शब्द को पूरे अर्थ सहित समझा। उसने यह नहीं सोचा था कि श्याओ इतना विषादग्रस्त और भावुक होगा। गीत के अंतिम स्वर गूँजकर बुझ गए तब उसने दबे स्वर में पूछा, "आपने यह कब लिखा ?"

"तीन साल पहले।"

"आपने यह क्यों लिखा ?"

"क्योंकि मेरा पतझड़ आ गया है।"

उसकी ओर बिना देखे वह बोली, "परंतु वसंत तो अभी नहीं आया। अभी तो केवल दूसरा चांद्रमास ही चल रहा है। वसंत आनेवाला है।"

पियानो के कुंजी-फलक पर हाथ रखकर उसने हताश स्वर में जवाब दिया, "जो हो, मुझे पता है। मैं ऐसा आदमी हूँ जिसे पतझड़ में घने बादलों के नीचे पीली पत्तियाँ झड़कर गिरती हुई अच्छी लगती हैं।"

"आपको यह गाना अब और नहीं बजाना चाहिए," वह अनायास बोली।

श्याओ ने अपने को सँभाला और कहा, 'मैं अपनी कमजोरी आपको दिखाना नहीं चाहता था।

मैंने उस पर अपनी इच्छाशक्ति से विजय पा ली है, इसीलिए काफी समय तक मेरे मन में न तो कोई राग जागा और न कोई विषाद आया था। क्या आपका मन कहीं इससे भावुक तो नहीं हो गया है ? मेरे बजाने से वह हुआ हो तो मुझे क्षमा करें। यदि मैंने सोचा होता कि कौन से गाने आपको अच्छे लगेंगे तो मैंने यह नहीं चुना होता।"

उसने देखा कि लान उसकी बात सुन नहीं रही है। श्याओ चुप हो गया। उसका हृदय भी विह्वल हो गया था क्योंकि संवेदनशील भावनाओं ने उसे मुग्ध बना दिया था। इस बार उसने एक कठिन गाना चुना और आँखें स्वरलिपि पर टिका दीं।

लान का मन मानव अस्तित्व की विवेचना में डूबा हुआ था। अंततः उसका यह यौवन क्या है ? क्या एक तरह का मुखौटा है ? वह क्या था जिससे अतीत में श्याओ को चोट पहुँची और इस बात से लान पर क्या असर होगा—वह सोच नहीं पा रही थी। अभी इस क्षण वह उसका हाथ तो छू सकती थी पर क्या वह उसका हृदय छू सकेगी ? लान ऐसी कल्पना नहीं कर पा रही थी कि वह एक अतल में कूद पड़े। वह उन व्यक्तियों में से थी जो केवल सतह पर तिरते हैं, मानो एक क्षणभंगुर तितली विशाल सागर पर फड़फड़ाती उड़ रही हो।

बड़ी देर तक दोनों में से कोई न बोला। बाहर सबकुछ जड़ और ठंडा था। केवल ओलतियों से बिखरकर बरफ के टपकने की आवाज आ रही थी जैसी आधी रात को दूर से घंटे बजने की मंद आवाज हो।

श्याओ उठा और फुरती से पियानो पर लान के बैठने के लिए जगह खाली कर दी।

"अब आप कुछ बजाइए।"

वह उसकी ओर एकटक देखने लगी। "मैं ? नहीं, अरे नहीं," उसने असमंजस में पड़कर इनकार किया।

श्याओ फिर पियानो बजाने की बेंच पर बैठ गया। वह कुछ समझ ही न पाया कि क्या करे। हाथ मलने लगा मानो वे ठंडे हो गए हों।

5

उस रात को सात बजे श्याओ अपने निजी कमरे में लैंप के पास बैठा हुआ था। 'मेरे नए वातावरण ने मुझे पूरी तरह वशीभूत कर लिया है,' वह सोच रहा था। 'आज सबेरे और फिर तीसरे पहर मैं दो अलग-अलग प्रकार की स्त्रियों की भावनाओं के आवेग के सामने पड़ा था और उस अनुभव ने मुझे एक तरह से सुन्न कर दिया है। मैं खुश हूँ या दुखी हूँ ? यह केवल एक शुरुआत है। मुझे सावधान रहना चाहिए। मुझे स्त्रियों की आँखों में कोई ऐसी चमक देखकर हट जाना चाहिए जिसमें तर्क न हो।'

किसी ने दरवाजा खटखटाया। श्याओ ने खोला। थाओ ने मुस्कराते हुए जेब से एक पत्र निकाला और उसे यह कहकर दे दिया, "यह मेरी बहन ने दिया है। वह तुमसे कुछ किताबें माँगना चाहती है। शामभर वह खोई-खोई-सी रही। खाना नहीं खाया। सोने भी चली गई। लान थोड़ी अजब-सी है। बात यह है कि वह बहुत ज्यादा बुद्धिवती है। मुझे हर समय ऐसे हुक्म दिया करती है जैसे वह नहीं, बल्कि मैं छोटा हूँ। लान को माँ में भी विश्वास नहीं है। वह तो बस जो चाहती है, तय कर लेती है और कर डालती है। हम सब उसे 'महारानी' कहते हैं। समझ नहीं पाता कि उसका क्या करें। तुम्हारे आने से पहले लान ने कहा था कि वह संगीत सीखना चाहती है। तुम संगीत जानते हो यह बात तो उसके मन की होगी ही। वह बहुत जल्दी सीखती है। वह शायद तुमसे कुछ संगीत लिपियाँ माँगना चाहती है।" श्याओ बताना चाहता था कि वह पहले ही कुछ स्वरलिपियाँ उसे दे चुका है कि थाओ

मुस्कराया और चला गया।

श्याओ ने लिफाफा नहीं खोला। लगता था मानो कभी भी खोलना नहीं चाहेगा। उसने नीले लिफाफे में रखा पत्र दराज में रख दिया। वहाँ वह कामदेव के पंखों जैसा मुड़ा पड़ा रहा। श्याओ कमरे में टहलने लगा। उसने सोचा था कि कक्षा के लिए तैयारी कर लेगा, परंतु काम में उसका मन ही नहीं जम रहा था। उसे बड़ी थकान लगने लगी। लान जैसी लड़कियाँ, जिनकी प्रशंसा की जा सके, बहुत कम होती हैं, उसने सोचा। एकाएक उसने पत्र निकाल लिया। 'देखूँ क्या लिखती है,' अपने से बोला। लिफाफा फाड़ा तो अंदर दो नीले कागजों पर घना-घना लिखा था। उसने पढ़ा :

श्री श्याओ,

यह आपके नाम मेरा पहला पत्र है। आप इस बात को अपनी डायरी में टाँक लीजिए।

आपको जाने हुए मुझे केवल चौबीस घंटे हुए हैं और आपसे बोले हुए तो चार भी नहीं हुए। इसी बीच आपका चरित्र, दृष्टि, व्यवहार और चिंतन मुझ पर ऐसी छाप डाल गया है कि जो भुलाए न भूलेगा। आपका नाम और छवि मेरे हृदय पर उत्कीर्ण हो गई है, कभी मिट नहीं सकती। आपका एक प्रभामंडल है। क्या किसी देवदूत ने आपको अवतरित किया है।

मैं जितनी पीड़ित आज तीसरे पहर हूँ, कभी नहीं हुई थी। मर भी रही होती तो इतनी दुखी न होती। मैं आपको रोती हुई क्यों न दिखाई दी, श्री श्याओ ? इसलिए कि आपने मुझे चेताया कि मैं वास्तव में क्या हूँ। आप अपने यौवन का वसंत बीत जाने की पीड़ा बता रहे थे, परंतु वह वसंत आपने कम से कम एक बार देखा तो था। जबकि मैं—मेरा वसंत कभी नहीं आया। इस बात को किन शब्दों में कहूँ, श्री श्याओ ? जिस क्षण से मैंने पाया कि संसार में कितनी कटुता और कुरूपता है—यह सात-आठ वर्ष पहले की बात है, बल्कि जब मैंने होश सँभाला क्योंकि मैं जीवन के अयथार्थ पक्षों से ही अपने सुखों की आशा करने लगी। मैं लोगों से ऐसे खेली जैसे कि बिलौटे से खेलती। मुझे कुछ भी वास्तविक नहीं लगता था। मैंने केवल आनंद के द्वार पर अनेक रंगों की वर्षा कर दी और कुहासे में नाचती रही। पर उस कुहासे में क्या कहीं कोई वसंत था। भोर में मैं अधिक स्फूर्ति लेकर आई, दोपहर में मुरझा गई परंतु मेरा वसंत नहीं आया। मुझे लगा कि लोग, लोग नहीं, राक्षस हैं। इसलिए मैंने अपने यौवन को घबराकर जल्दी ही दूर कर दिया। यह आत्महत्या करने जैसा था। कई वर्षों से मैं एक कुहासे में रह रही हूँ और अपने को खुश माने बैठी हूँ। आज आपने चेताया कि कितनी दयनीय हूँ मैं। अपने निजी यथार्थ अस्तित्व को बचानेवाले करुण स्वरों से आपने मुझे चेताया।

श्री श्याओ, कहीं आप यह न सोचते हों कि मैं विक्षिप्त हूँ—अनुशासनहीन, संस्कारहीन, घमंडी और भावुक। क्या आप सचमुच ऐसा ही सोचते हैं ? यदि आपने उत्तर में दबी जबान में भी हाँ कहा तो, श्री श्याओ, मैं अपने को खत्म ही कर लूँगी। परंतु यदि एक प्रश्न हो कि क्या मैं ऐसी—अनुशासनहीन, संस्कारहीन, घमंडी और भावुक—कभी बहुत पहले थी, तो मेरा उत्तर निश्चय ही होना चाहिए, "हाँ।"

क्या आप मेरी पीड़ा की थाह ले पाएँगे, श्री श्याओ ? आपकी पवित्र चाबी ने मुझे झूठ के अपने कारागार से मुक्त करा दिया और सत्य के द्वार में प्रवेश करने दिया है। मानो मैं मृतकों के बीच से जीवित उठ आई हूँ। कितनी बड़ी वेदना और निराशा से मैं निकली हूँ।

मेरा ऐसा हाल क्यों हो गया ? मैं हिम के द्वीप पर ध्रुवीय भालू के समान हूँ जो जमी हुई श्वेत चौंध में एक श्वास के लिए हाँफ रहा है। मेरी माँ, मेरे भाई—छोड़िए किसी को दोष नहीं देना चाहती। श्री श्याओ, क्या आप मानते हैं कि मनुष्य मूलतः भला होता है। इन घिरती हुई परछाइयों में आपकी करुणाभरी आँखें भला देखती हैं, मुझे बुराई के सिवा कुछ नहीं दिखाई

देता।

मुझे ऐसी थोथी बातों में नहीं पड़ना चाहिए। शायद आप नाराज होंगे कि आपका समय बरबाद कर रही हूँ। पर जो भी हो, मैं अपने खोए यौवन को खोजने, उसे लौटाने और उसमें जो कुछ बचा है उसकी बूँद-बूँद का रस लेना चाहती हूँ।

कृपया उत्तर दें। मुझे आशा है मुझ पर आपकी इतनी अनुकंपा होगी जितनी आपने विधवा युवती पर की है। मेरा मन यंत्रणा से व्याकुल है।

हमारे बगीचे में आपको आराम मिले। इस आशा सहित,

—थाओ लान

जब श्याओ पत्र पढ़ चुका तो उसमें संकोच भरा था। कैसे उत्तर दे ? लान यहाँ सामने होती तो वह केवल उसकी आँखों में आँखें डालकर उसका हाथ कसकर पकड़ लेता। वह एक शब्द भी नहीं कह पाता, एक शब्द भी नहीं। पर वह तो अपने कमरे में अकेला था। वातावरण ठंडा और नीरस था। हवा के झोंके टहनियों पर से बरफ के गोले के गोले उछालकर गिरा रहे थे और वे हरियाली में से उड़कर निकलती हुई छोटी-छोटी चिड़ियों की तरह नीचे आ रहे थे। श्याओ फिर विचारमग्न हो गया। वह मुस्करा रहा था। उसने कागज निकाला और कुछ रोशनाई तैयार की। वह उत्तर देने को हुआ।

तभी उसका सहयोगी फ़ाङ मओ आ गया। उसे और कोई काम नहीं था। वह शायद सिर्फ सर्दी की शिकायत करना चाहता था और रात लंबी थी। उसे इतनी जल्दी सोने का मन नहीं था, इसलिए नवागंतुक युवक से उसने अनेक यात्राओं पर गप्प लड़ानी चाही। फ़ाङ मओ का चेहरा चौकोर जैसा कहा जाएगा। वह अत्यंत सच्चाई के साथ बोलता था। वह जानना चाहता था कि पेइचिङ में क्या हो रहा है—राजनीतिक स्थिति क्या है, नए प्रधानमंत्री कैसे व्यक्ति हैं, शिक्षा पर व्यय के विषय में शिक्षा मंत्रालय के विचार क्या हैं और प्राथमिक विद्यालय के अध्यापकों को वेतन में वृद्धि होने की कितनी आशा करनी चाहिए।...

श्याओ ने उसे वह जो जानता था बताया और ऐसा लगा कि वह संतुष्ट हुआ है। हालाँकि श्याओ को अपने पत्र की याद थी पर उसने ऐसा कोई संकेत नहीं दिया कि वह फ़ाङ मओ के जाने की प्रतीक्षा कर रहा है। दोनों देर तक गप्प लड़ाते रहे। बातचीत चीन के भविष्य पर आई अर्थात यह कि क्या क्रांति की कोई आशा है, क्या यह सफल होगी। इस प्रश्न पर श्याओ को कुछ नहीं कहना था। उसने फ़ाङ मओ को ही बोलने दिया।

फ़ाङ मओ ने कहा कि क्रांतिकारी सेना शीघ्र ही च्याङसू और चच्याङ पहुँच जाएगी। क्वोमिनताङ पार्टी के सदस्य हर जगह बहुत सक्रियता से अपना काम कर रहे थे। चीन शीघ्र ही फलने-फूलने लगेगा। आज से तीन महीने में सारी असमान संधियाँ रद्द कर दी जाएँगी। चीन को अपनी खोई भूमि वापस मिलेगी और लोग एक सशक्त देश के नागरिक कहलाएँगे।

"हमारा इतिहास चार हजार वर्ष पुराना है, श्री श्याओ।" उसने कहा। "हमारी संसार की सबसे पुरानी सभ्यता है। पश्चिमी देशों से बहुत पुरानी। परंतु आज विदेशी हमारा अपमान कर रहे हैं। पूर्व में हमारा छोटा-सा पड़ोसी—जापान भी यही करता है। शर्म की बात नहीं है ? मैं चाहता हूँ कि क्रांति शीघ्र सफल हो। फिर चीन ऐसी प्रगति करेगा कि लोग हैरान हो उठेंगे। वह फिर एक बड़ी शक्ति बन जाएगा।"

श्याओ सिर्फ सर हिलाकर मुस्कराया। फ़ाङ मओ का प्रवचन समाप्त हुआ। कुछ देर कमरे में मौन रहा। फ़ाङ मओ बैठा सोच रहा था। सहसा उसने श्याओ की मेज पर नीला लिफाफा देखा जिसके कोने में थाओ लान का नाम अंकित था और उसकी उत्सुकता जाग उठी।

"क्या सुश्री थाओ ने आपको पत्र लिखा है ?" उसने पूछा। और लिफाफा उठा लिया।

"हाँ," श्याओ का उत्तर था।

फ़ाङ मओ ने लिफाफे पर लिखे शब्द पढ़े "अपने भाई की मार्फत" और उसने छूटते ही कहा, "सुश्री थाओ विचित्र लड़की हैं। वह सुंदर हैं—इतनी सुंदर कि वैसी बहुत लड़कियाँ नहीं हैं—और अद्‌भुत रूप से बुद्धिवती हैं। वह प्राचीन चीनी भाषा में निबंध भी अच्छी तरह लिख सकती हैं। माध्यमिक स्कूल से कक्षा में प्रथम रही हैं, पर उनका स्वभाव अजब है। वह बहुत घमंडी हैं। संस्कार तो हैं ही नहीं। आप उनके घर उनके भाई से मिलने जाएँ तो वह भीतर चली जाएँगी और वहाँ से किसी नौकर को कहेंगी कि आपसे बात करे। वह खुद यह कहने का कष्ट नहीं उठाएँगी कि 'मेरा भाई घर पर नहीं है।' सुना है कि जब वह स्कूल में थीं तो अनेक नवयुवक उन पर दीवाने थे। वे चिट्ठियाँ लिखते, उपहार भेजते, मिलने की विनती करते परंतु वह उनसे सिर्फ खेलती रहतीं और हँसते हुए चली जाती थीं।

"पुरुषों की वह बड़ी आलोचना करती हैं। वह एक नजर में हरेक को ताड़ लेती हैं। यही कारण है कि आज तक—क्या उम्र है उनकी, तेईस-चौबीस ?—उन्होंने शादी नहीं की। सुनता हूँ कि किसी पुरुष के लिए उनके मन में प्यार नहीं जागा। हालाँकि लोग तरह-तरह की बात उड़ाते हैं, वह वास्तव में किसी को चाहती नहीं। श्री छ्येन आजकल उनका पीछा कर रहे हैं। उनका बरेखिया हर दूसरे-तीसरे थाओ परिबार गें जाता रहता है। थाओ की माँ पक्ष में जान पड़ती हैं—श्री छ्येन फ़ूरुङ के समृद्धतम परिवार के हैं। उनके पिता बड़े अफसर थे और उनका अपना प्रभाव है। श्री छ्येन खुद व्यापारिक कालेज के स्नातक हैं। उन्होंने एक चौखूँटी टोपी पहनी है। श्री छ्येन ने अपने अहाते पर 'विद्वान परिवार' तख्ती लगा रखी है। हालाँकि सुश्री थाओ श्री छ्येन* की परवाह नहीं करतीं, उन्हें धन की तो इच्छा करनी चाहिए। उनकी माँ और भाई दोनों में सहमति हो तो उन्हें सहमत होना ही पड़ेगा। लड़की पच्चीस से ऊपर की हो जाए तो उसके लिए वर मिलना आसान नहीं रहता। वैसे भी श्री छ्येन देखने में अच्छे हैं और माँ को यह विचार भाता है कि लान अपने ही कस्बे के व्यक्ति से विवाह करें—इससे माँ-बेटी एक-दूसरे से जल्दी-जल्दी मिल सका करेंगी। इसलिए ऐसा दीखता है कि शादी में बहुत देर न होगी। मैं तो कहता हूँ अगले साल इसी मौसम में शायद हम लोग विवाह भोज में शराब पी रहे होंगे।"

फ़ाङ मओ दिल खोलकर हँसा। श्याओ मुस्कराया।

घड़ी ने दस बजाए। गाँव में यह बहुत रात मानी जाती है। ऊपर से उस रात कड़ाके की ठंड और बरफ गिर रही थी। फ़ाङ गओ को झुरझुरी आ गई। वह उठा खड़ा हुआ।

"श्री श्याओ, आप यात्रा से थके हुए आए होंगे और मौसम भी बहुत ठंडा है। आप जाकर सो रहें।"

फ़ाङ मओ ने विदा ली और चला गया।

श्याओ ने अपने कमरे में कुछ चक्कर लगाए। उसे लान की चिट्ठी का फ़ौरन उत्तर देने का मन नहीं हो रहा था। ऐसा नहीं कि वह ठंड खा रहा हो और सोना चाह रहा हो। प्रेम में रात और दिन, ग्रीष्म और शीत का कोई अंतर नहीं रहता। किंतु श्याओ में प्रेम का सामर्थ्य ही नहीं जान पड़ता। वह कम से कम यह स्वीकार नहीं करना चाहता था कि वह किसी ऐसी लड़की से प्रेम करता है जिसके लिए कोई और इच्छा कर रहा है।

उसने कागज उठाकर अलग रख दिया और अगले दिन की कक्षाओं की तैयारी के लिए पढ़ने लगा।

अगले दिन धूप निकल आई। श्याओ कई घंटे पढ़ाता रहा। छात्रों को बड़ा अच्छा लगा।

तीसरे पहर तीन बजे वह तेजी से पश्चिम गाँव की ओर चल दिया। विधवा युवती ने उसे देखा

* 'छ्येन' का मतलब 'धन' है।

तो रोने लगी। वह और उसकी नन्ही छाएल्येन खुश थी कि वह आया। विधवा ने उसे एक चायदानीभर चाय बना दी। अपनी कृतज्ञता प्रकट करने का उसके पास यही साधन था। उसने श्याओ से पूछा कि उसका घर कहाँ है और उसकी भेंट उसके पति से कब और कहाँ हुई थी। विधवा का स्वर विनम्र और मृदु था। श्याओ ने छाएल्येन को गोद में उठाकर—बच्ची जरा भी नहीं झिझकी—विधवा युवती के प्रश्नों का संक्षिप्त उत्तर दिया। युवती यह सुनकर आश्चर्य में पड़ गई कि अभी तक श्याओ का विवाह नहीं हुआ।

"आपके जैसे पुरुष का परिवार न हो, यह कैसे संभव है?" उसने धीमे से पूछा।

"परिवार न हो तो मनुष्य जो चाहे करने को स्वतंत्र रहता है," श्याओ का उत्तर था।

"परिवार का होना बेहतर होता है," विधवा युवती ने कहा। "आप जैसे सद्पुरुष को घर बसाना चाहिए।"

'घर' से उसका मतलब था 'गृहिणी'। श्याओ इस विषय पर बात नहीं करना चाहता था। उसकी दृष्टि में स्त्रियों का जीवन भावनाओं से बना होता है, उनमें दार्शनिक विचार नहीं होते। वह छाएल्येन की पढ़ाई की बात करने लगा। यद्यपि विधवा चाहती थी कि उसकी बच्ची पढ़े तथापि वह श्याओ पर बोझ नहीं डालना चाहती थी। परंतु उसने स्वीकार किया कि उसके पति अपने जीवनकाल में बच्ची को शिक्षा दिलाना चाहते थे क्योंकि वह बहुत होशियार थी।

"तब मैं प्रबंध कर दूँगा," श्याओ ने कहा। "खर्च बहुत थोड़ा होगा।"

दोनों सहमत हुए कि माँ छाएल्येन को पश्चिम गाँव और फ़ूरुङ कस्बे के बीच का पुल पार करके प्रतिदिन सबेरे उस पार ले जाया करेगी। श्याओ तीसरे पहर पुल पार वापस ले आया करेगा। परसों से पढ़ाई शुरू होगी। बच्ची ने जब सुना तो वह खुशी से उछल पड़ी। उसके साथ खेलनेवाले कुछ साथी फ़ूरुङ में स्कूल जाते थे। जाने वह कब से उन्हें कंधों पर बस्ते लटकाए देख-देखकर ईर्ष्या किया करती थी।

6

शाम को जब श्याओ अपने कमरे में आया तो उसे खुद अजब-अजब-सा लग रहा था, मानो कोई बात हो जो अभी तय न हुई हो। ऐसा नहीं कि उसी दिन छ्येन को देखकर और अनायास लान की याद करके उसे किसी प्रकार की आशंका या विक्षोभ हुआ हो। श्याओ की आँखों में छ्येन और कुछ नहीं, एक छैला था। छैलाओं की तरह ही वह चेहरे पर पाउडर-क्रीम लगाता और बालों में पोमेड मलता ताकि चेहरा-मोहरा और बाल शीशे जैसे चमकदार दिखें। उसकी पोशाक शोख और खुशबूदार हुआ करती थी। वह पोशाक से मेल खानेवाले तरह-तरह के अलंकार साथ रखता था। देखने में भड़कीली तितली जैसा बन जाता था। वह बन-बनकर, खोया-खोया-सा और खींच-खींचकर बोलता था। ये सारी विशेषताएँ छैलावर्ग की थीं।

श्याओ ने लान का पत्र एक बार फिर पढ़ा। इस लड़की की भावनात्मक सुहाती का, जिसे वह बस जरा-सा जानता था, वह क्या करे? वह अत्यंत संवेदनशील और तीव्र थी। वह उत्तर न देता तो उसे बुरा लगता। पर वह लिखता भी तो क्या। क्या उसी का एक सहयोगी उससे विवाह को उत्सुक नहीं था? श्याओ अपने-आपको यह धोखा नहीं दे सका कि लान से पत्रव्यवहार करना केवल विनम्र सामाजिक वार्तालाप होगा, प्रेमपत्रों का आदान-प्रदान नहीं।

वह क्या कहे? श्याओ सोचता रहा, सोचता रहा, परंतु वह लान को सांत्वना देने योग्य कोई सीधे-सादे और सटीक शब्द नहीं खोज पाया। उसे लगा कि सारे शब्दकोश को कूड़े में फेंक देना चाहिए। श्याओ ने कमरे में चहलकदमी की, विचारा। बोल-बोलकर वाक्यों को परखा। अपने हृदय की शांत

गहराइयों में उसकी मुस्कराहट, उसकी चितवन, उसकी हामी देखी। पर क्या उत्तर दे, यह नहीं जान सका। आधे घंटे के प्रयत्न को व्यर्थ जानकर उसे अपने पर हँसी आने लगी। उसको जो निष्कर्ष मिला वह उसके मुँह से यों फूट पड़ा, "जो बात तुम कहने को तैयार नहीं होते वह कही नहीं जानी चाहिए।"

वह बैठकर समाज विज्ञान की एक पुस्तक के पन्ने पलटने लगा। अपने आप एक प्रतिरक्षात्मक सिद्धांत आविष्कृत कर उसने पत्र न लिखना ही ठीक समझा। यही नहीं, वह यह भी मानने लगा कि यह सिद्धांत उसके तर्क की विजय है।

अगले दिन सबेरे दस बजे श्याओ ने एक कक्षा खत्म की। उसने सोचा बगीचे में टहले और धूप खा ले। पर जब वह क्षणभर के लिए कमरे में लौटा तो लान पीछे-पीछे भीतर आ गई। वह मुस्कराई, परंतु हाँफ भी रही थी। जब वह कुछ सुस्ता ली तो उसने पूछा, "क्या मेरे भाई ने आपको मेरा पत्र दिया था ?"

"हाँ।"

"क्या आप उसका उत्तर नहीं देंगे ?"

"उत्तर कहाँ से शुरू करूँ ?"

वह हँसी मानो श्याओ कोई मूर्ख हो। उसके अंतर में छिपा विषाद एक मौन निश्वास बनकर निकला। लंबे अंतराल के बाद वह बोली, "मुझे आपसे कुछ और कहना है।"

जेब से एक पत्र निकालकर उसने उसे बहुत सँभालकर दिया मानो कोई बहुत मूल्यवान वस्तु दे रही हो। श्याओ ने मुस्कराकर वह ले लिया। लिफाफे पर एक नजर डालकर उसने उसे दराज में ऐसे रख लिया मानो उसे वहाँ देर तक रखना चाहता हो।

लान ने कमरे में चारों ओर निहारा। सर झुकाकर बोली, "क्या नन्ही छाएल्येन स्कूल पढ़ने आने वाली है ?"

"हाँ, कल से।"

"क्या वह आपकी बेटी होगी ?"

श्याओ चौंका। "कौन कहता है ?"

वह मुस्कराई। "आपको यह पूछना नहीं चाहिए।"

विषय बदलने के लिए श्याओ ने कहा, "वह बड़ी होशियार प्यारी लड़की है।"

"मानती हूँ कि होगी," लान सहमत हुई। "मैंने उसे कभी देखा नहीं।" वह ठिठकी और फिर आनंदपूर्वक बोली, "जब आएगी तो मैं उसे कुछ कपड़े दूँगी।"

फिर उसका स्वर उदासीन हो गया। "यहाँ गाँव में खबरें बहुत जल्दी फैलती हैं, श्री श्याओ।"

"क्या कहना चाहती हैं ?" श्याओ को बड़ा रहस्य लगा।

वह तिक्तता से मुस्कराई। "कुछ भी तो नहीं।" श्याओ ने खिड़की की तरफ मुँह कर लिया। "मुझे जाना चाहिए," वह बोली। "आज से मैं प्रथम कक्षा को अंग्रेजी पढ़ाया करूँगी। मेरे भाई सहमत हो गए हैं। प्रतिदिन सबेरे दस से ग्यारह तक। पहले जब वह मुझसे पढ़ाने को कहा करते, मैं सर उठाकर पलटकर जवाब दिया करती, 'अभी तो मैं घर पर पड़ी स्वास्थ्यलाभ कर रही हूँ।' और आज वह नहीं चाहते कि मैं पढ़ाऊँ पर मैं आग्रह कर रही हूँ। वह इसमें दखल नहीं दे सकते। क्या उन्होंने आपको बताया नहीं ? आह, मुझे खुद पता नहीं मैं क्यों यह काम कर रही हूँ।"

श्याओ ने सर हिलाया। विजय भावना में भरी वह लौट गई।

वह पलंग पर निराश-सा बैठ गया। पर उसे सारी स्थिति हास्यास्पद भी लगी। उसने दराज खोलकर लान का पत्र निकाला। वह मेज पर ऐसे झुका जैसे इंजील पढ़ रहा हो और पत्र पढ़ने लगा :

श्री श्याओ,

आज दोपहर और गोधूली दोनों समय जब बच्चे घर गए तो मुझे निराशा हुई कि आपका उत्तर नहीं आया। इस समय रात के दस बजे हैं। आप कल उत्तर दें इस अनुरोध के साथ मैंने स्वयं आपको लिखने का निश्चय किया है।

मुझे विश्वास है कि आप मुझे पागल नहीं समझते। समझते हों तो भी जवाब दें। आपको क्या कहना है ? सो कहें, जैसे कि मैं भी हमेशा कहती हूँ। मेरे तो दिमाग में जो आता है, कह डालती हूँ।

आप अवश्य मुझे अपने विचार बताएँ। मानव अस्तित्व के महान नैतिक सिद्धांत नहीं, मैं उन्हें नहीं समझती। मेरे विषय में आपके आलोचनात्मक विचार। मैं जानती हूँ मुझमें अनेक कोरकसर हैं। यह भी कहा जाता है कि मैं बदमिजाज हूँ। मेरा भाई और माँ मुझे बाँध नहीं पाते। मैं उनकी बात सुनती नहीं पर आशा है कि आप मुझे सुधार लेंगे।

आप मुझे अपने भविष्य की योजनाएँ भी बताएँ और अपनी जन्मभूमि और परिवार के विषय में भी लिखें।

हम जब आमने-सामने होते हैं तो शायद बोल नहीं पाते, इसलिए परस्पर पत्र लिखना ही सुगमतर होगा। आप उत्तर अवश्य दें, भले ही मैं ही डाकिया बनूँ।

क्या आपको यहाँ आराम नहीं है ? मेरे भाई बताते हैं कि आप बहुत खुश नहीं हैं। शायद कोई और कारण होगा। स्कूल में तरह-तरह के लोग हैं।

आप उनकी बातों का बुरा न मानिएगा। उनमें से कुछ सचमुच तरस खाने लायक हैं—हास्यास्पद से भी अधिक।

आपके जवाब के इंतजार में

श्याओ का हृदय उत्तेजना से धकधक करने लगा। उसे अपना होश नहीं रहा। वह संसार में अकेला रहा था। यद्यपि उसने चीन में अनेक यात्राएँ की थीं फिर भी वह अकेला था। पर आज यहाँ इस कस्बे में एक लुभावनी और अत्यंत सुंदर लड़की उसे अपने प्रेम के पल्लवों में इतना कसकर बाँधे ले रही थी कि वह छूट नहीं पा रहा था। यद्यपि वह जानता था कि यह लड़की उच्छृंखल है और शायद उससे सिर्फ खेल रही है। यह कैसे कहा जा सकता था कि निश्चय ही यह प्रेम नहीं है ? अतीत में उसने बहुधा इस शब्द का मनोयोग से विश्लेषण किया था। पर आज वह इनकार नहीं कर पा रहा था कि वह लान से प्रेम करता है। पतझड़ के उसके विचारों को वर्षा के सघन मेघों ने गहराकर घेर लिया है। जो कागज उसने कल रात को उठाया था पर बरता नहीं था, उस पर उसने लिखा :

मैं तुम्हें कैसे अभिवादन करूँ ? एक युवक को उस लड़की के प्रति क्या संबोधन करना चाहिए जिसे वह मानता हो। तुम चूँकि स्पष्ट चिंतन करती हो और युवाओं के समान निर्भीक हो इसलिए शायद मैं तुम्हें छोटी बहन कह सकता हूँ।

मैंने तुम्हारा पत्र पढ़ा और पढ़कर दुख हुआ। ऐसा लगा कि तुमने मेरे अतीत के अकेलेपन के अँधेरे को झकझोर डाला है और मेरे निस्पंद दुस्साध्य भविष्य को चकनाचूर करके रख दिया है। कृपया अपने उत्तप्त आवेगों को नियंत्रण में रखो, बहन। यह उत्ताप ही दूसरों को जला सकता है।

मैं न जाने कहाँ-कहाँ घूमा हूँ। और मेरी छाया ही मेरी संगिनी रही है। किसी जंगली की तरह मैं अपनी छाया को अपनी आत्मा मानता हूँ। और मेरे पास छाया के अलावा दूसरी चीज है ही क्या ? कुछ नहीं। फिर भी मैं भविष्य में वैसे ही रहना चाहता हूँ जैसे कि अतीत में। स्वतंत्रता ही मेरा लक्ष्य है और परिवार उसके लक्ष्य के रास्ते में एक फंदा है।

जैसा हमारा समाज और हमारी सरकार है उसके रहते मैं पारिवारिक जीवन के आनंद की कल्पना नहीं कर सकता। मैं हर बात को केवल शांति से देख सकता हूँ और जो मेरे हृदय में बसा है उससे निष्ठापूर्वक प्रेम कर सकता हूँ। हमारा वक्त सीमित है। जीवन की यात्रा में मैं उसमें से निर्भीक गुजरकर अंत को प्राप्त होना चाहता हूँ। परंतु तुम्हारी भावनाओं का अवदाह मुझे आकृष्ट करता है। चिंगारियाँ सुंदर होती हैं और ऊष्मा जीवन का प्रेरक तत्त्व है। परंतु तुम हर बात को तर्क की कसौटी पर कसने का प्रयत्न न करो, प्रिय बहन। इससे तुम और अधिक दुखी होगी।

इससे अधिक और कुछ नहीं कहना है। तुम सुखी रहो!

—श्याओ

वह उठा, अपने बक्स तक गया और उसे खोला। किताबों, कपड़ों और अन्य वस्तुओं के ढेर में से उसने एक पुराना ग्रंथ उठाया और उसके पृष्ठों के बीच दबी हुई दो बड़ी-बड़ी लाल-लाल मैपिल की पत्तियाँ निकालीं। उन्हें सँभालकर रखे हुए दो-तीन साल हो चुके थे। परंतु वे अब भी बहुत अच्छी हालत में थीं। श्याओ ने पत्तियों को चिट्ठी के अंदर और चिट्ठी को लिफाफे के अंदर रख दिया।

जब दोपहर की घंटी बजी तो वह विद्यार्थियों के साथ बाहर आ गया। लान ने उसे अपने निकट रहनेवाले एक लड़के का नाम बताया था। उसी को यह पत्र श्याओ ने दिया। चतुर बच्चा गुरकराया और सर हिलाकर मुस्कराता चला गया।

तीसरे पहर थाओ श्याओ से मिलने आए। वह व्यग्र दीख रहे थे। दोनों थोड़ी देर स्कूल के मामलों पर बात करते रहे फिर थाओ ने श्याओ को बगीचे में बुलाया कि वह किसी विषय में उससे बात करना चाहते हैं। टहलते-टहलते थाओ श्याओ से अनुरोध ही करने लगे कि वह उनकी मदद करे।

"आप जानते हैं कि मेरी बहन को सँभालना कितना कठिन है," उन्होंने शुरू किया। "उसने मेरे हाथ-पाँव बाँध दिए हैं। आप भी जानते हैं कि श्री छ्येन उससे बिवाह के उत्सुक हैं। मेरी माँ इसके बारे में संतुष्ट लगती थीं। परंतु यह लान के जीवन में इतनी महत्त्वपूर्ण बात होगी कि मैं चाहता हूँ कि इसका निर्णय वह स्वयं करे, इसलिए मैंने कोई राय नहीं दी। मेरी बहन ने माँ से कहा कि जो उसे तीन हजार चाँदी के यूवान हर साल देगा और तीन साल के लिए उसे विदेश जाने देगा, वह लौटने पर उसी से विवाह कर लेगी। भले ही वह अंधा हो या लँगड़ा हो, सोलह का हो या साठ का।

"श्री छ्येन उसे धन देने को राजी हैं, पर उन्होंने कुछ और शर्तें रख दीं। वह पहले विवाह करके उसके साथ अमरीका जाना चाहते हैं। यद्यपि मेरी बहन सहमत नहीं हुई है पर माँ सोचती हैं कि विदेशी भूमि में उसके अकेली भटकने से ज्यादा अच्छा होगा कोई साथ रहे। लान जैसी लड़की को बिना डोर की पतंग की तरह उड़ निकलने कौन मूरख देगा ? इस तरह मेरी माँ ने छ्येन को कमोबेश स्वीकार कर लिया है।

"परंतु आज खाने के समय जब उन्होंने लान को बताया कि छ्येन परिवार शुभ मुहूर्त में सगाई के उपहार भेजेगा तो लान फूट-फूटकर रोती हुई अपने कमरे में भाग गई। मेरी माँ लान को बहुत चाहती हैं। उसे समझाने की उन्होंने बड़ी कोशिश की। लान जिद्द करती रही कि यह संबंध तुरंत तोड़ दिया जाए। यह सब आज हुआ।"

थाओ ने बगीचे में चारों ओर चौकन्नी निगाह डाली, फिर स्वर दबाकर बोले, "मेरी माँ जानती हैं कि लान को समझाने-बुझाने से कोई फायदा नहीं है। इसलिए उन्होंने सगाई तोड़ने का कठिन कार्य मुझे सौंपा है। लान कहती है आधी रात के पहले सब फैसला हो जाना चाहिए। लान हमारी रानी है, श्याओ। मैं क्या करूँ ? श्री छ्येन जैसे ही सुनेंगे, अपनी अध्यापकी से इस्तीफा दे बैठेंगे। खैर, उसकी तो मुझे परवाह नहीं। पर उनका परिवार बहुत प्रभावशाली है। उनके पिता किसी समय वित्त उपमंत्री थी। क्या वे लोग हमारी चलने देंगे ? भले ही लान ने अपनी शर्तें रखी थीं लेकिन माँ ने उनमें

परिवर्तन स्वीकार कर लिया था। यह काम तो मेरे लिए तलाक दिलाने से भी कठिन साबित होगा। मैं क्या कारण बता सकूँगा ?"

उन्होंने निराशा में सर खुजलाया। कुछ ठहरकर लंबी साँस लेकर बोले, "आप बुद्धिमान हैं, श्याओ। मुझे बताइए कि यह कैसे हो ?"

श्याओ ने उनकी ओर ताका। क्या यह ईमानदार दोस्त उसका मजाक बना रहा है ? पर उसने थाओ को गंभीर उत्तर दिया।

"यदि आपकी बहन सचमुच इसका विरोध करती है, तो देर लगाओ। छ्येन परिवार धीरे-धीरे शांत हो जाएगा।"

"वह निश्चय ही इसके विरुद्ध है," थाओ ने मलिन स्वर में सर झुकाए हुए कहा।

"तब देर लगाओ," श्याओ ने दोहराया।

"देर, देर," थाओ ने हताश होकर कहा। "लान सचमुच क्या चाहती है, कौन जानता है ? मैं तो उसके लिए टाल सकता हूँ, पर वह तो एक क्षण नहीं रुकना चाहती। मैं क्या करूँ ?

श्याओ सहसा झेंप गया। मुँह फेरकर वह हँसा।

"आप उसके भाई हैं इसलिए आप ही को निबटना पड़ेगा।"

दोनों ने बगीचे में टहलना समाप्त किया और अपने-अपने घरों को लौट गए।

7

अगले दिन सबेरे विधवा की नन्हीं बच्ची छाएल्येन स्कूल आई।

श्याओ उसके इंतजार में पुल पर खड़ा था। उसकी माँ उसे लाई और वे सब एक बार फिर मिले। सबेरे में अच्छी ताजगी थी। सूरज से धरती चमक रही थी और बयार शीतल और मधुर थी। खेतों में हरे अँखुवे मानो कई इंच बढ़ते दिखाई दे रहे थे। पुल के नीचे जलधारा बहती जा रही थी और छोटी-छोटी मछलियाँ अपना भोजन झपटने के लिए निर्मल जल में उछल-उछलकर चमक रही थीं। श्याओ ने छाएल्येन को आहिस्ते से गोद में उठा लिया और उसके गालों पर चूमने लगा।

"हम अब स्कूल जाएँगे," श्याओ ने कहा। वह युवा माँ से बोला, "आप घर जाइए। आप यहाँ खड़ी रहेंगी तो वह जाने को तैयार न होगी।"

बच्ची ने निर्भय होकर माँ की ओर देखा फिर धीरे-धीरे श्याओ पर नजरें टिका दीं। उसके बालमन में यह पुरुष उसके पिता के ही समान दीख रहा था। उसके प्रसन्न मुख पर असमंजस-सा छा गया। बिधवा ने बच्ची के कपड़ों को हल्के से सुधार दिया।

"तुम आज से श्याओ चाचा की आज्ञा मानोगी। दूसरे बच्चों से लड़ोगी नहीं। सभ्यता से खेलना और अच्छी लड़की की तरह पढ़ना। याद रहेगा ?"

"जी अम्मा," बच्ची बोली। उसने नवयुवक की तरफ देखा। "क्या स्कूल में संतरों का पेड़ है, चाचा श्याओ ? माँ कहती हैं कि स्कूल में संतरों का पेड़ है।"

स्त्री हँसी। श्याओ समझ गया कि क्या लालच दिया गया है।

"हाँ है। और मैं जल्दी तुम्हें संतरा खरीद दूँगा।"

वह हाथ पकड़े-पकड़े नन्ही बच्ची को स्कूल की ओर ले चला। वह मुड़-मुड़कर अपनी माँ को देखती जाती थी और माँ भी यही कर रही थी। दूर जाकर विधवा युवती ने हाथ हिलाकर विदा दी।

"जाओ, जाओ, श्याओ चाचा के साथ जाओ। माँ तुम्हें शाम को ले जाएगी।"

श्याओ ने छाएल्येन की बाँह पकड़कर उसका ध्यान बँटाने के लिए कहा, "हमारे स्कूल में सब कुछ है। संतरों के पेड़ हैं, सेब के फूल हैं। तुम जानती हो न सेब क्या होता है ? और हमारे यहाँ

बहुत-बहुत से छोटे-छोटे दोस्त हैं। वे शेर, भेड़, चील और चूजे बनाना जानते हैं, और सबके सब साथ-साथ खेलते हैं। अभी देखना।"

वे बच्चों की-सी बातें करते रहे और जरा ही देर में छाएल्येन भी खुश हो गई।

स्वागत कक्ष में प्रिंसिपल थाओ और फ़ाङ मओ तथा कई अन्य अध्यापकों ने उस लड़की को घेर लिया। उन्होंने उसकी शक्ल-सूरत की तारीफ की और उसके दुर्भाग्य पर दुख प्रकट किया। सबने एक स्वर में कहा कि उसके पिता ने देश के लिए जान दी। थाओ ने श्याओ का कंधा थपथपाया।

"आप सचमुच मोक्षदाता हैं, भाई। किसी दिन आप बुद्ध हो जाएँगे।"

"और जब इस लड़की को वर मिलेगा," फ़ाङ मओ ने मजाक बनाते हुए कहा, "तो सिर्फ श्याओ को ससुर होने का सौभाग्य प्राप्त होगा।"

श्याओ ने सर हिलाया। उसे बातचीत की यह धारा पसंद नहीं आई। उसने गंभीर होकर थाओ से कहा, "मजाक छोड़िए। मैं चाहता हूँ कि आप उसकी फीस माफ कर दें।"

"जरूर, जरूर। और मैं किताबों का खर्च भी दे दूँगा।"

थाओ अपने काम में लग गए। श्याओ ने मिडल स्कूल के तीन-चार छात्रों को बुलाया।

"इस बिटिया को बाग में ले जाओ और इसे नमूना कक्ष दिखाओ। और इसके साथ थोड़ी देर खेलो।"

बच्चे छाएल्येन को लेकर बाहर चले गए। सब भूल गए कि वह एक बेचारी पितृहीन बच्ची है।

श्याओ उसे जाते देखता रहा। 'महारानी तो यह हैं,' उसके मन में आया।

दस बजे लान अंग्रेजी की कक्षा पढ़ाने आई। वह देखते ही नन्ही छाएल्येन को चाहने लगी। मानो उसने पाया हो कि बच्ची की काली-काली आँखें उसकी अपनी आँखों से भी ज्यादा आकर्षक हैं। लान ने बच्ची को दुलराया और उससे कुछ सवाल पूछे। बच्ची ने जरा भी हिचके बिना जवाब दिए और उसके जवाब साफ़ और सरल थे। लान ने बच्ची के गोल-गोल मुलायम हाथ खोले। बे खिले हुए कमल की पंखुरियों जैसे थे। उसने बच्ची की कोमल हथेलियाँ चूम लीं। श्याओ पास आया। नन्ही बच्ची धीरे-धीरे लान के पास से हटकर उसके पास आ गई और प्यार के मारे आसपास इतराने लगी।

"तुमने कुछ शब्द सीखे ?" उसने पूछा।

"हाँ।"

"सुनाओ तो।"

धीरे-धीरे रुक-रुककर छाएल्येन ने कुछ वाक्यांश बोले। लान और श्याओ दोनों ठहाका मारकर हँस पड़े। श्याओ ने बच्ची का हाथ थपथपाया।

'वे वहाँ क्या गा रहे हैं, श्याओ चाचा ?" छाएल्येन ने पूछा।

"गाना।"

"क्या मैं भी बाद में कभी गा सकूँगी ?"

"क्यों नहीं। तुम भी तीसरे पहर गाओगी।"

बच्ची ने बहुत ख़ुश होकर आशा से भरकर उसकी ओर देखा। श्याओ लान की ओर मुड़ा।

"उसमें वही गुण हैं जो तुममें हैं। उसे भी संगीत अच्छा लगता है।"

लान ने मोहनी मुस्कान डाली। "वह आपकी तरह भी तो है। आप भी तो संगीत-प्रेमी हैं।"

श्याओ ने उसे निहारा। लान की ओर इशारा करके उसने नन्ही बच्ची से पूछा, "तुम इन अध्यापिका को क्या कहती हो ?"

छाएल्येन हिचकिचाई, फिर सर हिलाने लगी। वह क्या जानती।

"मुझे दीदी कहा करो," लान ने कहा। "थाओ दीदी ठीक रहेगा।"

श्याओ उसे देखता रहा। उसने कुछ भौंहें सिकोड़ीं। "इन्हें अध्यापिक थाओ कहा करो," वह बोला।

छाएल्येन ने हामी भरी।

"मैं अध्यापिका जैसी बन ही नहीं सकती," लान बोली। "मुझसे होगा नहीं। मैं दीदी ही बन सकती हूँ। अध्यापक थाओ, यह नाम तो मेरे भाई को दो।"

"ठीक। छाएल्येन, तुम इन्हें थाओ दीदी कहना पर मुझे श्याओ दादा कहना पड़ेगा।"

"माँ कहती हैं कि मैं आपको श्याओ चाचा कहा करूँ," बच्ची बालसुलभ उलझन में पड़कर बोली।

लान हँसी। "आप हारे।"

श्याओ ने सर हिलाया। तभी घंटी बजी। तीनों पूर्णतया संतुष्ट अपनी-अपनी कक्षाओं में चले गए।

नवयुवक का खाने का मन नहीं था। उसने कमरे का दरवाजा भीतर से बंद कर लिया और कमरे में चहलकदमी करने लगा। मेज पर एक पत्र, जो लान ने विदा लेते हुए दिया था, खुला पड़ा था। उसमें जो लिखा था उसका अर्थ स्पष्ट था :

श्री श्याओ,

क्या आप सचमुच मुझे अपनी छोटी बहन बनाना चाहते हैं? आप मुझे जरूरत से ज्यादा मंदबुद्धि तो नहीं मानते हैं? आपके जैसा बड़ा भाई पाकर मैं कितनी खुश हूँ, परंतु मेरा सहोदर बड़ा भाई तो मूर्ख है। मैं ऐसा इसलिए कहती हूँ कि यदि आप सचमुच मेरे बड़े भाई हैं तो मैं कभी विवाह न करूँगी। मैं आपके साथ सारा जीवन रहूँगी, आपकी देखभाल करूँगी, आपको मन से समर्थन दूँगी और आपकी सहायिका बनूँगी। कितना अच्छा होता कि आप मेरे सहोदर बड़े भाई होते, कि मेरे पिता, जो परलोक में हैं, मुझे आपके जैसा भाई दे गए होते! कितनी अभागी हूँ मैं। पर इसमें क्या अंतर है? क्या आप मेरे सहोदर बड़े भाई के समान नहीं हैं? मेरा सर चकरा रहा है। मुझे बचाइए, श्री श्याओ, मेरे प्यारे बड़े भाई।

मुझे लगता है अब से मेरे घर का शांत वातावरण क्षुब्ध हो जाएगा। माँ मुझे सबसे ज्यादा प्यार करती थीं, पर अब नहीं करतीं क्योंकि मैं उनकी बात मानती नहीं। अतीत में जब मैं दुखी हुआ करती थी, मैं उनकी छाती पर सर रखकर रो लिया करती थी। जब वह पूछती थीं कि क्या हुआ, तो मैं और भी जोरों से रोने लगती थी मानो जब तक आँसू रहेंगे रोती रहूँगी। 'कुछ नहीं हुआ, माँ!' मैं कहती, 'बस रोने का मन हो आया।' 'क्या सोचती है तू?' माँ पूछतीं। और मैं कहती, 'कुछ नहीं सोचती। बस रोना चाहती हूँ!'

मैं उनके गाल से गाल सटा लेती और वह मेरी पीठ थपथपाकर मुझे कहतीं, 'मेरी बुद्धू बिटिया।' मैं सोने चली जाती और सारा दिन सारी रात सोती रहती। तब जाकर कहीं कुछ मन हल्का होता।

परंतु आज, बड़े भाई श्याओ, माँ मुझे अपने सीने पर सर रखकर रोने नहीं देतीं। मैं उनके निकट जाते डरती हूँ। हे ईश्वर, मैं कहाँ रोने को जाऊँ? उस व्यक्ति से अधिक अभागा कौन होगा जिसके आँसू भी किसी को स्वीकार नहीं?

बड़े भाई, मैं आपसे पूछती हूँ : क्या जीवन का कोई अभिप्राय है। क्या किसी को अपने वातावरण के अनुसार ऐसे हो जाना चाहिए जैसे धार में पड़ा हुआ फूल हो जो बहता चला जाए और अंत में सड़-गलकर समाप्त हो जाए। या उसे संघर्ष करना, प्रतिरोध करना और अपनी इच्छा के अनुसार निश्चित पथ पर आगे बढ़ना चाहिए। श्री श्याओ, आप जो कहेंगे मैं वही मानूँगी। कृपया राह दिखाएँ।

कितना ही और भी कहना है। आपके स्वास्थ्य की कामना करती हूँ।

सदैव आपकी छोटी बहन—लान

नीचे यह पुनश्च था :

आपकी पहली मुलाकात की स्मृति में मैं लाल पत्तियाँ हमेशा सम्हालकर रखूँगी। परंतु आपको क्या भेजूँ ?

श्याओं को यह पत्र दोबारा पढ़ने की इच्छा नहीं हुई। उसने उसे सम्हालकर दराज में रख लिया। कागज लेकर उसने उत्तर लिखा :

लान बहन,

आपके भाई ने मुझे आपकी समस्या के बारे में विस्तार से बताया है। मैं छ्येन को समझता हूँ, परंतु कहूँ क्या ? इसके अलावा मैं और क्या कह सकता हूँ कि अपने आवेश को रोककर रखा करो और अपने स्वास्थ्य को बिगड़ने से बचाने के लिए एक व्यापकतर दृष्टि से देखना सीखो ?

मैं बराबर अपने पर चिल्लाता रहता हूँ—अपने निजी सुख की वृद्धि के लिए हर समय चिंता न किया करो, क्योंकि यह वह समय नहीं है जब व्यक्तिगत जीवन में सुख की वृद्धि की जा सकती हो। क्या तुम मुझसे सहमत नहीं हो, बहन ?

तुम कौन-सा रास्ता चुनो, यह सलाह देने की मुझे जरूरत नहीं है। क्योंकि तुमने रास्ता चुन ही लिया है। क्या यह सही नहीं है ?

आशा करता हूँ कि हठधर्मी से तुम अपने स्वास्थ्य की हानि नहीं करोगी और अपने को रुलाओगी नहीं। मैं भी वर्षों से रोया नहीं। ऐसा नहीं कि आँसू नहीं आते। छोटा था तो फौरन रो पड़ता था—खाना बहुत गरम होता या बहुत ठंडा होता तो रोता। आज मैं आँसू बहाने से इनकार करता हूँ !

श्याओ ने अंत में हस्ताक्षर घसीट दिया। उसने कोई स्नेहसूचक वाक्य नहीं जोड़े। परंतु वह अगले दिन तक पत्र पहुँचाने के लिए बैठा नहीं रहा। उसने प्राथमिक शाला के एक लड़के को अपना देवदूत बनाया और उसके हाथों पत्र पहुँचा दिया।

वह स्वागत कक्ष में चला गया ताकि उसमें जो एक अपरिभाषित बेचैनी आ रही थी वह शांत हो जाए। वहाँ अध्यापक खाने के बाद गप्प लड़ा रहे थे और 'वादों' पर बड़ी-बड़ी बातें कर रहे थे। श्याओ को देखते ही फ़ाङ मओ और अधिक वाचाल हो उठा।

"अहा, श्री श्याओ। मैंने इनसे इनका सिद्धांत जानना चाहा था पर इन्होंने बताया नहीं। आज मैं वह जान गया।"

श्याओ और अन्य लोग चुप रहे।

"वह निराशावादी हैं। वह चीन की राजनीति, चीन के समाज आदि के बारे में जो भी कहते हैं उसमें निराशावाद भरा होता है।"

थाओ उठ खड़े हुए मानो अपने प्रिय मित्र के पक्ष में तर्क देना चाहते हों। "बिल्कुल नहीं," वह तुरंत बोले। "श्याओ अत्यंत आशावादी हैं। निराशावादी निष्क्रिय होते हैं। पर मेरा मित्र तो निर्भीक और सक्रिय है। मुझे इनका कोई नाम रखना हो, यदि हर व्यक्ति पर एक लेबल लगाना हो, तो मैं इन्हें आत्मत्यागी कहूँगा।"

औरों ने सर हिलाया। श्याओ आहिस्ते से कमरे में टहल रहा था।

"आप लोगों पर इस तरह लेबल नहीं लगा सकते जैसे राजा उपाधियाँ बाँटते हैं। जो चाहें कहें, मैं तो मैं ही रहूँगा। मुझे अपनी परिभाषा स्वयं करनी हो तो मैं कहूँगा—मैं जाड़ों की रात में आतिशखाने की वह चिंगारी हूँ जो क्षणभर चमककर बुझ जाती है।"

इस पर कोई कुछ नहीं कह सका।

8

तीसरे दिन छाएल्येन कक्षा में नहीं आई। श्याओ को यह बात अजब लगी। किंतु थाओ को कारण सूझ गया।

"ज्यादातर बच्चों को पढ़ना अच्छा नहीं लगता। घर में कैसा भी हो, माँ के साथ रहना ही उन्हें अच्छा लगता है। माँ की बगल ही उनके लिए सबसे सुखद स्थान होती है। हमारा स्कूल वास्तव में काफी अच्छा है, परंतु दो दिन यहाँ आकर फिर छाएल्येन आना नहीं चाह रही है।"

तीसरे पहर तीन बजे श्याओ ने पढ़ाना समाप्त किया। मानो टहलने निकला हो। इस तरह वह चला और विधवा के घर की ओर बढ़ा। उसने रास्ते में दो सेब खरीदे। फ़ूरुङ में सेब कभी-कभी दिखाई देते थे। वे कागज में लपेटे शीशे के मर्तबान में रखे बिक रहे थे। सेब लिए हुए श्याओ नदी के किनारे-किनारे चला। उसने मेघ छाए आकाश को निहारा और हृदय में शांति और संतोष का अनुभव किया।

ऊँचे-ऊँचे पापलारों के नीचे से गुजरते हुए उसने छाएल्येन का दरवाजा देखा। विधवा युवती अहाते में बैठी कपड़ों की मरम्मत कर रही थी। उसका छोटा बच्चा पास में खेल रहा था। उन लोगों ने उसे आता देखा तो नमस्ते की और छोटे बच्चे ने दोनों हाथ हिलाए। मानो कुछ कहना चाह रहा हो। श्याओ ने मन में सोचा कि छाएल्येन कहाँ है। उसने एक सेब निकाला और बच्चे को बुलाया।

"लोगे, भैया ?"

बच्चा डगमगाते हुए आगे बढ़ा। श्याओ ने उसे उठाकर एक सेब दिया। बच्चे ने उसे दोनों हाथों में लेकर कागज नोच डाला और फल की खुशबू सूँघी।

"तुम्हारी दीदी कहाँ है ?"

"दीदी ?"

"उसने सबेरे कहा, पेट दुखता है," माँ ने बताया। "मत्था गरम था तो मैंने कहा कि वह घर में रहे। छाएल्येन स्कूल जाना चाहती थी पर मैंने नहीं जाने दिया। मैंने कहा अध्यापक डाँटेगा नहीं। उसने खाना भी नहीं खाया, पर मैंने सोचा एक जून नागा करेगी तो कुछ न बिगड़ेगा। लेटी हुई है। बड़ी देर से सो रही है।"

"मैं उसे देखना चाहता हूँ," श्याओ बोला।

तीनों घर के अंदर गए। श्याओ बिस्तर के पास आया तो छाएल्येन ने आँखें खोलीं मानो उनकी आहट से जाग गई हो। श्याओ ने उसका नाम पुकारा और वह खुश होकर बोली, "आप आए हैं, श्याओ चाचा ?"

"तुम स्कूल नहीं आईं, इसलिए मैं तुमसे मिलने चला आया।"

"माँ मुझे जाने नहीं देती थी!" बच्ची ने माँ को देखकर शिकायत की।

"कोई बात नहीं," श्याओ फट से बोला। "कोई बात नहीं।" क्षणभर ठहरकर उसने पूछा, "अब कैसी हो ?"

"अच्छी हूँ।" नन्ही बच्ची हँसी। "मैं सब तरह अच्छी हूँ। मैं उठूँगी।"

"कुछ और आराम करो। मैं तुम्हारे लिए सेब लाया हूँ। श्याओ उसे सेब देकर पलंग के पास बैठ गया। उसका माथा छुआ। उसे हरारत थी।

"दुर्भाग्य से मैं थर्मामीटर नहीं ला पाया," उसने कहा। "नहीं तो हम ठीक-ठीक जान लेते ज्वर कितना है।"

माँ ने भी बच्ची का माथा छुआ। "ठीक है। सोने से बदन गरम हो गया है।"

छाएल्येन सेब पाकर खुश हो गई। लगा कि उसने कभी सेब देखा ही न था। उसने उस पर होंठ लगाए, फिर उसे हथेली में ले लिया। दोनों बच्चों को सेब ऐसे लगे जैसे मरुभूमि में प्यासे को पानी

मिल गया हो। श्याओ को उन्हें देख-देखकर मजा आता रहा।

"खाओगी ?" उसने छाएल्येन से पूछा।

"हाँ, हाँ !"

"थोड़ी देर बाद खाना," माँ ने सलाह दी। "एक बार खा लोगी तो खत्म हो जाएगा। दुर्लभ वस्तुओं को देर तक चलाना चाहिए।"

"कोई बात नहीं," श्याओ बोला। "खा लेने दीजिए। मैं कल दो और ले आऊँगा।"

"और मत खरीदिएगा। बड़े महँगे हैं," विधवा ने उदासी से कहा। "बच्चों का कभी मन नहीं भरता, कितना भी ला दो।"

मगर श्याओ ने जेब से चाकू निकाला और सेब छीले। आधा घंटा हो गया होगा। बाहर झीनी-झीनी बरसात होने लगी।

"अच्छा बहनी," श्याओ ने छाएल्येन से कहा। "अब मुझे चलना चाहिए--पानी बरसने लगा।"

"थोड़ा रुकिए, श्याओ चाचा," लड़की मचलकर बोली। "अभी मत जाइए।"

मगर वर्षा जोरों से हो रही थी। श्याओ ने भौंह चढ़ाई, "अभी समय रहते चला जाऊँ तो ठीक है, बहनी। अँधेरा हो जाएगा तो रास्ता नहीं सूझेगा।"

"अभी साफ हो जाएगा, जरा देर में साफ होता है।"

"पानी तो जोर का है," विधवा युवती ने कहा, "और हमारे पास आपको देने के लिए छाता भी नहीं है। थोड़ी देर और ठहरिए, श्री श्याओ। दुर्भाग्य है कि घर में कोई सब्जी भी नहीं है, नहीं तो खाना खिलाकर भेजती।"

"मुझे चलना ही चाहिए।" श्याओ उठ खड़ा हुआ।

"आप तर हो जाएँगे। देखूँ कहीं से एक छाता माँग लाऊँ।"

झड़ी बँध गई थी। छाता माँगने जो जाता उसे भी छाता चाहिए होता।

"माँगने मत जाइए। मैं थोड़ी देर प्रतीक्षा कर लूँगा।"

"माँ, श्याओ चाचा ठहर रहे हैं !" छाएल्येन बिस्तर पर से ही चहकी।

"खाना यहीं खा लीजिए," युवती ने आग्रह किया। "मैं कुछ अंडे तल दूँगी।"

"यहीं खाइए, हमारे साथ खाइए," बच्ची मचलने लगी।

"खाने के बाद मुझे जाना पड़ेगा," श्याओ ने नम्रता से कहा।

बच्ची ने क्षणभर सोचा। "नहीं, कैसे जाएँगे पानी जोर से बरस रहा होगा तो। आप और मैं पलंग के इस तरफ लेट जाएँगे और माँ और छोटा भैया उस तरफ। ठीक है ?"

श्याओ मुस्कराया और विधवा युवती की ओर देखने लगा। हल्के से शरमाकर उसने सर झुका लिया। कमरे में सन्नाटा छा गया। छाएल्येन चकरा गई। इतनी छोटी बच्ची क्या समझती।

"माँ, श्याओ चाचा के यहाँ ठहर जाने में क्या हर्ज होगा ?"

माँ जवाब तो नहीं देना चाहती थी लेकिन टालने के लिए कहा, "श्री श्याओ के लिए हमारे बिस्तर में जगह नहीं है।"

छाएल्येन रूठ गई। "माँ, श्याओ चाचा यहीं सोएँगे !"

युवती के पास कोई उत्तर न था। बच्ची के भोलेभाले शब्दों पर उसका हृदय तार की तरह झंकृत हो उठा। उसकी और श्याओ की आँखें चार हुईं। फिर दोनों ने मुस्कराकर नजरें झुका लीं। वह कुछ कहना चाह रही थी, परंतु उसने आँखों में उमड़ते आँसू रोक लिए, और नन्हे बच्चे को उठा लिया। श्याओ को लगा कि उसे नहीं रुकना चाहिए। बाहर अँधेरा घिर रहा था, परंतु पानी थमने लगा था।

उसने धैर्य से छाएल्येन को पुकारा, "स्कूल में अध्यापक खाने के लिए मेरा इंतजार कर रहे होंगे। बहनी, मैं नहीं गया तो उनका खाना भी ठंडा हो जाएगा। मुझे जाना होगा।"

"सब आपका इंतजार कर रहे हैं ?"

"हाँ।"

"लान दीदी भी ?"

श्याओ हँसा। "हाँ, वह भी।"

विधवा ने पूछा कि लान दीदी कौन है। श्याओ ने समझाया कि वह स्कूल के प्रिंसिपल की छोटी बहन है। विधवा के माथे पर बल पड़ गए।

"छाएल्येन, तुम उन्हें दीदी कैसे कहती हो ?"

"उन्होंने ही कहा था कि दीदी कहना," बच्ची सहज भाव से बोली।

माँ की त्योरियाँ चढ़ गईं। "बदतमीज कहीं की। रत्तीभर शऊर नहीं।"

"कोई बात नहीं।" श्याओ उठ खड़ा हुआ। "कुछ भी पुकारे, कोई हर्ज नहीं।" वह छाएल्येन की ओर मुड़ा। "मुझे जाना चाहिए। क्या कल स्कूल आओगी ?"

"हाँ।" नन्ही बच्ची रुआँसी हो आई।

श्याओ ने उसके आँसू चूमकर पोंछ दिए। "अच्छा, मैं इंतजार करूँगा।"

वह बिस्तर पर पड़ी अश्रुविह्वल बच्ची को और विचारमग्न विधवा युवती को वहीं छोड़कर जल्दी से दरवाजे से बाहर आ गया।

पानी बरस रहा था, पर वह उत्साह भरी फुरती से जा रहा था। दस मिनट में वह स्कूल वापस पहुँच गया। तब तक अँधेरा घना हो आया था और सब लोग खाना खा चुके थे।

9

श्याओ के कपड़े तरबतर थे। जब वह स्कूल लौटा और उसने अपने कमरे का दरवाजा खोला तो उसने धुँधलके में ही लान को बैठे पाया। वह साफ-साफ दिख नहीं रही थी। "लान बहन," उसने मुस्कराकर उसे पुकारा। उसने अपना दाहिना हाथ उसके बाएँ कंधे पर हल्के से रखा।

"आप कहाँ थे ?" वह पूछ बैठी। क्या उसके स्वर में व्यंग्य था ?

"देखने गया था कि छाएल्येन कैसी है ?"

"नन्ही बच्ची क्या बीमार है ?"

उसकी बीमारी बड़ी नहीं है, श्याओ ने उसे बताया। वह शायद कल स्कूल आ जाएगी। वर्षा हो रही थी इसलिए वह बैठकर छाएल्येन के साथ खेलने लगा था। फिर अँधेरा होने लगा, इसलिए वर्षा हो या न हो, उसे लौटना पड़ा। उसने अभी तक कुछ खाया नहीं था। बोलते-बोलते उसने लैंप जला दिया।

"मैं आपसे एक विषय पर बात करने आई थी," लान बोली, "और मेरे भाई ने भी कहा है कि मैं आपको घर पर भोजन का निमंत्रण दे दूँ। लगता है वर्षा मेरे साथ-साथ आई। यहाँ एक घंटे से बैठी हूँ। आपके 'कला पर' तोलस्तोय के विचार के कुछ दर्जन पृष्ठ पढ़ गई। वृद्ध महोदय के विचारों से मैं पूर्णतया सहमत नहीं हूँ। परंतु खाली पेट विचारों पर बातचीत की कोई तुक नहीं। मेरे भाई आपका इंतजार कर रहे हैं। आइए हमारे साथ खाना खाइए।"

श्याओ मुस्कराया। "मैं यहीं स्कूल में कुछ खा लूँगा।"

"तो क्या मैं घर जाऊँ ?" वह व्यंग्य से पूछ बैठी। "या क्या आप चाहेंगे कि मैं खाने के बाद आऊँ ?"

वह उससे बच्चे की तरह व्यवहार कर रही थी। पर उसकी उपस्थिति में वह था भी बच्चा ही। श्याओ ने दो छाते माँग लिए, लैंप बुझाया और दोनों स्कूल से बाहर चले गए।

पानी की बूँदें उनके छातों पर टप-टप करके ताल देने लगीं। संध्या के बाद कस्बा कितना शांत हो गया था। दोनों अपने-अपने विचारों में डूबे हुए चल रहे थे।

"आज छ्येन स्कूल में दिखाई नहीं दिया," बिना सोचे-समझे श्याओ के मुँह से निकला।

"मालूम है क्यों ?" लान ने उसे निहारकर पूछा। वह मुस्कराया।

"मैं क्या जानूँ ?

"उसने मेरे भाई के पास आज सबेरे त्यागपत्र भेज दिया," वह धीरे-धीरे बता रही थी। "इस सबके मूल में मैं हूँ और आप हैं।" वह फिर उसकी ओर मुड़ी।

"मैं हूँ ?"

"हाँ ! पर मेरे भाई ने कहा था कि आपको न बताऊँ।"

"वही अच्छा रहेगा कि न बताओ। मैं परेशानी से बचूँगा। परंतु यह तो मैं बखूबी समझ सकता था कि मैं इसमें फँस गया हूँ। क्योंकि तुम मुझे पहले ही बता चुकी थीं।"

"शायद समझ सकते थे।" वह अपने सामान्य सहज भाव से बोली।

"क्या ऐसा इसलिए नहीं कि हम एक-दूसरे के प्रिय हैं ?"

वह हँसी और ये शब्द दोहराए, "एक-दूसरे के प्रिय हैं ?" उसे इस बात पर कुतूहल-सा हुआ लगा।

कुछ विराम के बाद वह बोली, "हम वास्तव में बच्चे हैं। हम मिलते ही एक-दूसरे से प्रीत कर लेते हैं। एक बच्चे को दूसरे से जैसे प्रीत होती है वैसी। यही मतलब है न आपका ?"

"हाँ।"

"परंतु हमारे बारे में छ्येन का क्या विचार है ? वह कोई बात कभी बताता नहीं है और हमेशा कोई न कोई तमाशा करता रहता है। वह खुद भी एक लतीफा है। परंतु हो सकता है उसका अनुमान इतना गलत न हो," लान बोली। उसकी आवाज थोड़ी काँप रही थी।

वह कहती गई। "मैंने भाई से वायदा किया था कि आपको न बताऊँगी परंतु मुझे बताना पड़ गया। छ्येन कहता है कि मुझे आपसे प्रेम है। हालाँकि वह जानता है कि जितना वह मुझे प्यार करता है उसका सौगुना मैं आपको प्यार करती हूँ, वह कहता है कि आप हिमखंड की तरह हैं, आप 'प्रेम' का अर्थ रत्तीभर भी नहीं जानते। उसे अपने पर ग्लानि है कि वह एक महत्त्वपूर्ण परिवार में जन्मा और पैसेवाला है। उसके पास पैसा न होता और वह अकेला होता तो मैं उसे प्यार करती।" हर बार जब लान के मुँह से प्रेम और प्यार शब्द निकलते तो वह हकलाती और सकुचाकर लजा जाती। "मैंने सही नहीं किया। क्या आप मुझे क्षमा कर देंगे ?" वह पूछने लगी। "उसने यह बात इतने जोरों से नहीं कही थी मैंने ही उसका परिष्कार कर दिया है। वह ऐसा वाहियात आदमी है।"

श्याओ को लगा वह फूट पड़ेगा। "क्या तुम उसकी वकालत कर रही हो ?"

"मैं हाथ जोड़ती हूँ, मैंने अभी जो कहा सब भूल जाएँ।"

वह उसके बहुत नजदीक थी। दोनों लगभग एक ही छाते के नीचे थे। उनके चारों तरफ वर्षा ही वर्षा थी। वह कुछ नहीं बोला।

"मैंने आपको सिर्फ इसलिए बता दिया कि हम एक-दूसरे को बच्चों की तरह चाहते हैं," वह बोलती गई।

श्याओ खिन्न होकर मुस्कराया। उसका हाथ कसकर पकड़कर वह बोला, "लान ! कहीं ऐसा न हो कि मैं तुम्हारे इस फ़ूरुङ कस्बे में मर जाऊँ।"

उसने सर झुका लिया। उसकी आँखों में आँसू थे। "जो चाहे करो, परेशान न हो। यह मेरी विनती है।"

"मैं न कभी परेशान हुआ हूँ, न होऊँगा।"

"तब तो अच्छा है।" वह रुकी फिर हिचकिचाते हुए बोली, 'मैं इस संसार में सबसे बुरी हूँ। मैं हमेशा लोगों को अपमानित करती रहती हूँ। मैं बहुत मुँहफट हूँ। भाई ने मुझे छ्येन का पत्र दिखलाया तो मेरे हाथ-पाँव सुन्न रह गए। मैंने छ्येन को दोष नहीं दिया, पर मैंने अपने भाई को फटकारा कि उसने पत्र मुझे क्यों दिखाया। वह समझ ही न पाया कि क्या कहे। उसने कहा कि भाई के प्यार के कारण उसने यह दिखला दिया। उसने मुझसे वायदा लिया कि किसी हालत में मैं आपको न बताऊँगी। परंतु आपकी प्रतिक्रिया भी मेरे ही जैसी हुई।" वह उसे ताकने लगी। "कोई कारण है कि आप मेरे लिए ईश्वर के समान हैं। मैं आपसे कुछ छिपा नहीं सकती। आप ठीक-ठीक समझ जाते हैं कि मेरे मन में क्या है और मैं हर बात उगल देती हूँ। आप मुझे डाँट सकते हैं कि मैंने आपको गुस्सा दिलाया वैसे ही जैसे मैंने अपने भाई को डाँटा था। उसने कहा था 'भाई के प्यार के कारण।...' मैं आपसे भी वही कहती हूँ कि 'मेरे प्रति अपना भाई का प्यार' याद रखें और परेशान न हों।"

श्याओ मुस्कराया। "और कुछ न कहो। मैं छ्येन पर नाराज हरगिज न होऊँगा।"

वे लॉन के अहाते के फाटक तक चुपचाप गए। उस समय उनके मन में अलग-अलग विचार थे। एक भीतर घुसने से संकोच कर रहा था और घर लौट जाना चाहता था और दूसरा जितनी जल्दी हो सके भीतर चला जाना चाहता था। दोनों ने एक-दूसरे को मुस्कराकर देखा, फिर धीरे-धीरे चुपचाप भीतर चले गए।

पाँच मिनट बाद सब तैयारी हो गई। थाओ, लान और श्याओ तीनों एक छोटी मेज के पास बैठे। थाओ बड़े भाई की तरह बीच में और वे दोनों बच्चों की तरह उनके अगल-बगल। मेजबान की आदत थी कि वह हर भोजन के साथ एक चिन (500 मिलीलीटर) शराब पीते थे। श्याओ के सामने सिर्फ एक छोटा-सा प्याला रखा गया था, क्योंकि सीधे-सादे थाओ जानते थे कि वह कोई ज्यादा पीनेवाला नहीं है। पर आज श्याओ ने एक के बाद एक तीन प्याले चढ़ा लिए। अपना प्याला मेजबान की ओर बढ़ाकर उसने हँसकर कहा, "एक और दीजिएगा।"

थाओ चौंक गए। "आपको आज इतनी तलब क्यों हो रही है?" उन्होंने मुस्कराकर पूछा।

श्याओ ने प्याला खाली करके फिर आगे बढ़ा दिया। "एक और दीजिएगा।"

"तुममें तो बड़ी समाई है," उसके पुराने मित्र ने कहा। आवाज कुछ ऊँची थी। "तुम्हारा चेहरा जरा भी लाल नहीं हुआ। अब समझा कि तुम अब तक मुझे बुद्धू बनाते रहे। सचमुच पियक्कड़ हो। आज हम दोनों छककर पिएँगे। लाओ तुम्हें बड़ा प्याला दे दूँ।"

यह कहकर उन्होंने थाङ काव्य की दो पंक्तियाँ सुनाईं :

जब मदिरा हो तो उत्सव हो,
मधु चषक चंद्र को रीते मुख मत दिखलाएँ।

अनेक बार लान ने व्याकुल होकर श्याओ की ओर देखा, परंतु वह प्याले के बाद प्याला पीता गया। अंत में वह अपने को और न रोक सकी।

"श्री श्याओ पियक्कड़ नहीं हैं, भाई। वह शराब से केवल अपने को भुला रहे हैं।"

"ठीक है, भुलाने दो," थाओ पियक्कड़ों की तरह बोले और उन्होंने फिर कविता पढ़ी :

मैं कैसे दुख भुलाऊँ,
मदिरा ही एक सहारा है।

श्याओ ने प्याला बीच में रखकर धीरे से सामने बैठी लान को समझाया, "चिंता न करो। मुझे नशा नहीं होगा और मैं अपने को भुलाना भी नहीं चाहता। ऐसा क्यों करूँ? मैं केवल कुछ साहस जुटाने के लिए शक्ति जमा कर रहा हूँ। मैं बहुत थक गया हूँ आज।"

थाओ की माँ, लगभग साठ वर्ष की सफेद बालोंवाली दयालु स्त्री, उसी समय आईं और अपनी बेटी को बरजने लगीं।

"तुम श्री श्याओ को रोकती क्यों हो ? वह ज्यादा पी जाएँगे, तो हमारे यहाँ बिस्तर हैं। रात को यहीं रह जाएँगे। झमाझम बरस रहा है। उनको ऐसे में लौटना तो यों भी नहीं चाहिए।"

लान कुछ न बोली। उसने कटोराभर चावल बेमन से खत्म किया, फिर खाना रोककर श्याओ और अपने भाई को उदास आँखों से निहारती रही।

श्याओ तीन प्याले और चढ़ा गया और खबरों के किसी विषय को लेकर अकारण गप्प मारता रहा। अंत में बोला, "बस हो गया। अब मुझे सचमुच चढ़ने लगी।"

परंतु थाओ उसे छोड़नेवाले नहीं थे। शराब की सुराही ऊपर उठाकर श्याओ का प्याला भरने का आग्रह करने लगे। जैसे उन्हें सिर्फ यह जाँचना हो कि उनका नया हमप्याला कितनी समाई रखता है। श्याओ ने दो प्याले और पिए, फिर दोनों ने प्याले मेज पर रख दिए और खाना शुरू किया।

श्याओ के गाल लाल हो गए, और उसका दिल जोरों से धड़क रहा था। उसे संतुलन रखने के लिए अपने को सँभालना पड़ा। जब वे पढ़ने के कमरे में चले गए तो लान की दयामयी माँ दो प्याले कड़क चाय लाईं और श्याओ उन्हें फौरन पी गया। सब अपने-अपने मन के विचारों में डूबे हुए थे। अपने मित्र और अपनी बहन को देखते हुए थाओ का मन हुआ कि वे दोनों विवाह कर लें तो अच्छा हो। एक के लिए उसके मन में आदर था, दूसरे के लिए प्रेम। पर वह छ्येन के पत्र का उत्तर कैसे दें ? लान जानती थी कि श्याओ ने बहुत इसलिए पी है कि उसने उसे छ्येन की हरकत बता दी है। पर उसके मन को राहत देने के लिए वह क्या कहे ? श्याओ का कई बार मन हुआ कि वह अपने पुराने मित्र से छ्येन के त्यागपत्र के बारे में पूछे, परंतु वह समझ नहीं पाया कि लान को ठेस लगाए बिना कैसे क्या कहे। वह जानबूझकर दूर-दूर के उन स्थलों की बात करने लगा जहाँ वह कभी गया था। किसी ने भी श्री छ्येन का नाम नहीं लिया।

श्याओ अपने कमरे में लौट जाना चाहता था, पर उन लोगों ने जाने नहीं दिया। वह पिए हुए था और वर्षा तेज थी।

ठीक है, उसने सोचा। वह वहीं सो रहेगा।

उन्होंने उसका बिस्तर पढ़ने के कमरे में लगा दिया और वहाँ बैठकर लैंप को ताकता रहा और जाने क्या-क्या ऊटपटाँग सोचता रहा। थाओ लड़खड़ाते हुए सोने चले गए। जरा देर बाद लान और उसकी माँ दो तरह के फल लेकर आईं। श्याओ ने अत्यधिक बेचैनी महसूस की। जब लान की माँ ने उससे कुछ सीधे-सादे सवाल पूछे—वह और झक्की बुढ़ियों की तरह नहीं थीं—कि गाँव में रहना उसे कैसा लगता है। वह संक्षेप में बोला, "सबकुछ बढ़िया है।" तब माँ चली गईं तो लान ने मुस्कराकर पूछा, "आप और पीना चाहेंगे, श्री श्याओ ?"

"क्या मतलब ?"

"थोड़ी और लीजिए।"

मगर वह झूठमूठ कह रही थी। श्याओ ने त्योरी चढ़ाकर उसकी ओर देखा। सर नीचा किए हुए वह बोला, "मेरे मन में डर था, यदि मैंने नहीं पी तो कहीं मैं रो पड़ूँगा या मुझे खाना खत्म किए बिना घर जाना पड़ेगा। तुम जानती हो कि मैं संसार में अकेला हूँ। तुम्हारा परिवार जो मुझे स्नेह देता है और तुममें से हर एक कोमल हाथों से मुझे आराम पहुँचाता है, उनसे मुझे अपने अकेलेपन का और अधिक अनुभव होता है और इस कारण मैं कष्ट पाता हूँ।"

"छ्येन के कारण नहीं ?"

"मुझे उससे क्या लेना-देना ?"

"ओह !" लान को आश्चर्य हुआ।

वह उसके सामने खड़ी होकर धीरे-धीरे कहने लगी, "अब आप सो जाइए। मेरे भाई ने भोजन के पहले बताया था कि उसने एक उत्तर तैयार किया है जिसमें छ्येन से रहने का आग्रह है।"

"बहुत अच्छा," श्याओ बोला। "फिर वह कल कक्षा में आएगा। मैं उससे मिलूँगा।"

"आप सोचते हैं कि वह कल आएगा ?"

"निश्चय ही आएगा। वह तो केवल तुम्हारे भाई की प्रतिक्रिया जान रहा था।"

"बकवास !"

"तुम नहीं मानतीं, तो अपने भाई के पत्र की प्रतिलिपि एक बार देख लो। निश्चय ही उन्होंने मेरे बारे में कोई बड़ी सूक्ष्म बात लिखी होगी।"

लान ने उत्तर नहीं दिया। उसने हाथ मिलाने को बढ़ाया और दोनों ने हाथ मिलाए। वह बेमन से कमरे के बाहर जाते-जाते कह गई, "गहरी नींद सोओ !"

10

एक महीना बीत गया।

श्याओ पर स्कूल के अंदर और बाहर दोनों जगह के लोग आक्षेप करते रहे। उसे असंतोषभरी निगाह से देखा जाता और उसकी कड़ी आलोचना की जाती। एक अविवाहित युवक जो अक्सर एक विधवा युवती के घर जाता है, उसके प्रति अत्यंत दयालु है और उसे अपने वेतन में से यथाशक्ति दे दिया करता है—वह उसके प्रति इतना समर्पित क्यों है जितना मातृभक्त पुत्र माँ के प्रति हुआ करता है। श्याओ संदेह पैदा करने से कैसे बच सकता था ? वह विधवा के बच्चों को प्यार करता था और उनके भविष्य के प्रति चिंतित था। पर क्या समाज, गाँव के प्रपंच करनेवाले यह बात समझ सकते थे ?

पहले तो केवल वयस्क पड़ोसी कुछ आश्चर्य और कुछ व्यंग्य के साथ इन लोगों पर बात करते थे। फिर एक-एक करके कई औरतें विधवा के यहाँ जा टपकने लगीं, वे उससे श्याओ के बारे में तरह-तरह के सवाल पूछती थीं। अंत में गली के बच्चों ने भी अफवाहें सुन लीं और वे भी छाएल्येन के रोकर माँ के पास भाग जाने तक चिढ़ाने लगे।

"माँ, वे कहते हैं कि मेरे दूसरे पिता हैं," बच्ची ने सुबकते हुए कहा।

विधवा युवती, अपनी बच्ची पर इस अनुचित आक्षेप को सुनकर रोने लगी और कर ही क्या सकती थी ? जब उसने श्याओ से बात की तो एक सुखमय मुस्कराहट के पीछे अपने मन की पीड़ा छिपा ली। श्याओ जानता था कि पड़ोसी किस घिनौनी दृष्टि से उन्हें देख रहे हैं। परंतु उसे परवाह न थी। वह विधवा से शांतिपूर्वक बातें करता और बच्चों से आनंदपूर्वक खेलता। वही कहावत थी कि "लोग कहें जो उन्हें भाए, मैं करूँ जो मुझे सुहाए।" शाम को जब वह पश्चिम गाँव से चलकर स्कूल लौटता तो वह काफी सुखी और अविचलित रहता।

परंतु स्कूल में कुछ थे जिनका रुझान उसके प्रति बहुत भिन्न था। लान से उसका प्रतिदिन मिलना और चिट्ठी लेना-देना कई अध्यापकों ने ताड़ लिया था। लान फ़ूरुङ की सुंदरी थी। सभी उसे जीतने को उत्सुक थे। जब उसने अपना प्रेम एक ऐसे व्यक्ति को दिया जो महज निठल्ला, आवारा समझा जाता था तो क्या लोग ईर्ष्यालु हुए बिना रह सकते थे ?

यही नहीं, लान के सीधे-सादे सगे भाई भी लान के व्यवहार को नापसंद करने लगे। उन्हें लगने लगा कि श्याओ के कमरे में लान बहुत जोर से हँसती है। अध्यापक दो गुटों में बँट गए। जब वे स्कूल की सभाओं में विवाद उठाते तो थाओ सोचने लगते कि कहीं इसका कारण यह तो नहीं कि वे लान से चिढ़े हुए हैं। एक बार उन्होंने लान को समझाया, "मैं यह नहीं कहता कि तुम श्याओ

से प्रेम न करो। पर तुम्हें लोगों की राय का भी ख्याल रहना चाहिए। प्रपंच बड़ी खराब चीज है। माँ ने सुना तो क्या कहेंगी? तुम्हारे भले के लिए ही कहता हूँ। सोचकर देखो।"

लान सुलगती आँखों से उन्हें घूरने लगी। "लोग जो मन में आए कहते रहें," उसने तमककर कहा। "मैं वही करूँगी जो मेरे मन में आएगा।"

एक दिन रविवार के तीसरे पहर लान श्याओ के कमरे में बैठी थी। अच्छी-भली बातें हो रही थीं। आरुङ एक पत्र लेकर आया। उसने श्याओ को वह थमा दिया।

"एक अजनबी ने दिया है और कहा है कि आपको फौरन पहुँचा दिया जाए। क्यों, यह मुझे नहीं मालूम।"

"वह कहाँ है?"

"वह चला गया है।"

आरुङ विदा हुआ। श्याओ ने अचरज में पड़कर लिफाफे पर निगाह डाली। पास में खड़ी लान बोली, "इसे पढ़िएगा मत।"

"देख तो लूँ," उसने कहा। उसने लिफाफे को फाड़कर उसमें रखा कागज निकाला। दोनों पढ़ने लगे। किसी का नाम नजर नहीं आया, सिर्फ आठ पंक्तियाँ थीं :

> दूसरे महीने में कस्बे में
> अज्ञात क्षेत्र से अध्यापक आया,
> गिद्ध-सी आँखें हैं
> किंतु खरे सोने का है हृदय।
> वह बाईं बाँह से विधवा युवती को लिपटाता है
> और दाहिनी बढ़ाता हमारे फूल को चुनने को,
> यदि वह यहाँ से खदेड़ा नहीं जाता तो
> कोई कुमारी सुरक्षित नहीं रह सकती।

श्याओ का रंग उड़ गया। शरीर काँपने लगा। उसने पत्र को मरोड़ डाला और कड़वी हँसी हँसकर लान से बोला, "मैं अब यहाँ और नहीं रह पाऊँगा।"

"सच तो ईश्वर जानता है," लान ने आँखों में आँसू भरकर कहा। "आपको उनकी बातों पर ध्यान नहीं देना चाहिए।"

दोनों ने एक-दूसरे की तरफ देखा। धीरे-धीरे श्याओ ने सर झुकाया।

"एक सप्ताह पहले मैं तुम्हारे भाई से अपने जाने के बारे में बताना चाहता था। किंतु मैं छाएल्येन के भविष्य के बारे में चिंतित हूँ और तुमसे बिछुड़ने से मुझे घृणा है, इसलिए मैंने कुछ दिन और बर्दाश्त करना स्वीकार किया। पर अब, जैसा कि तुम देख रही हो, मुझे चले ही जाना चाहिए। हमें छाएल्येन के बारे में निर्णय करना होगा।"

उसके स्वर में बड़ी निराशा भरी थी, मानो उसे अभी विदा लेनी होगी। विदा की पीड़ा दोनों को साल रही थी। मौन के एक बोझिल क्षण के बाद लान ने जोर देकर कहा, "क्या आप अफवाहों से डरते हैं? क्या नीचतापूर्ण षड्यंत्रों से आप चकरा गए हैं? मैं तो समझती थी कि आप भावना को तर्क से जीत लेते हैं।"

"यदि मेरी संकल्पशक्ति न होती तो मैं अब तक बेहोश हो गया होता," उसने बुझे-बुझे स्वर में उत्तर दिया।

"मुझे जरा जाँच कर लेने दीजिए। मैं पता लगाऊँगी कि इसके पीछे कौन है। मैं अपने भाई से पूछूँगी कि यह किसकी लिखावट है।" लान ने पत्र की सिकुड़नें खोलकर उसे मेज पर सीधा किया।

"इसे अपने भाई को न दिखाना। वह भी परेशान हो जाएँगे।"

"मैं निश्चय ही इसकी जड़ तक जाना चाहती हूँ," वह गर्व से बोली।

"उससे क्या लाभ होगा ?" श्याओ ने पूछा। "यदि वह मुझसे द्वंद्व युद्ध लड़ने को तैयार होता तो ऐसी चिट्ठी न लिखता। मुझे मार ही डालता और किस्सा खत्म हो जाता।"

रोते हुए लान ने कागज की धज्जियाँ करके फेंक दीं। उसने श्याओ के हाथ कसकर पकड़ लिए।

"ऐसा मत कहिए। वे नीच हैं, उनको छोड़िए। देखने दीजिए उन्हें कि हम कितने घनिष्ठ हैं, श्याओ। क्या कर लेंगे वे ? उन्हें अपनी खोपड़ी दीवार से टकराकर फोड़ लेने दीजिए। हिम्मत कीजिए, श्याओ।"

"ठीक है," श्याओ ने जबर्दस्ती मुस्कराकर कहा। "आओ कुछ और बात करें।" कमरे का वातावरण तनाव से भरा और बोझिल था। श्याओ बोलता गया, "वैसे मैं यहाँ कुछ वर्ष ठहरने की योजना बनाकर आया था। हर हाल में हमेशा तो नहीं रहता। तीन साल में हजार से कुछ ऊपर दिन ही तो होते। अंत में तो मुझे जाना ही होता। मैंने सोचा था, लान, कि तब तुम छाएल्येन का जिम्मा ले लोगी।"

"ऐसा मत कहिए।" लान थोड़ी-सी नाराज हुई। "उसका जिम्मा तो मैं आपके निरीक्षण में ही ले सकती हूँ।"

"यदि उसकी माँ उसे देने को राजी हो जाए तो संभवतः मैं उसे अपने साथ ले जा सकता हूँ।"

किसी ने दरवाजा खटखटाया। श्याओ ने खोला। छाएल्येन तेजी से आई। वह उत्तेजित थी और उसका चेहरा आँसुओं से तर था।

"क्या हुआ, बहनी ?" उन्होंने चौंककर पूछा।

"माँ बीमार हैं। वह बड़बड़ा रही हैं। छोटा भैया उनके पास पड़ा रो रहा है, पर वह उसकी ओर ध्यान ही नहीं दे रही हैं।"

बच्ची की आँखों से आँसू बहने लगे। श्याओ और लान ने सर हिलाए। श्याओ ने बच्ची को बाँहों में भर लिया और लान से कहा, "क्या करूँ ?"

"चलें उन्हें देख आएँ। मैं कभी उनके घर नहीं गई।"

"तुम भी चलोगी ?"

"चल सकती हूँ ?"

दोनों के चेहरे पर रूखी मुस्कराहट आ गई। लान बोली, "क्षणभर ठहरें। मैं आरुङ से थर्मामीटर मँगवा लेती हूँ। हम बच्चे की माँ का बुखार देखेंगे।"

दोनों बच्ची के हाथ पकड़े हुए साथ-साथ निकल पड़े।

11

जब वे विधवा के घर में घुसे तो वह बिस्तर पर बच्चे को गोद में लिए पड़ी हुई थी।

"भीतर मत आना, भीतर मत आना," वह चिल्लाई। "मुझे अकेले ही कूद पड़ने दो।"

"वह बड़बड़ा रही है," श्याओ ने चिंतित होकर लान से कहा। "सुना ?"

लान ने हामी भरी। उसने अपना हाथ श्याओ की बाँह पर रखा।

विधवा युवती चिल्लाई, "पीछे देखो, शेर है। ओह, शेर, शेर।"

वह रोने को हो रही थी। श्याओ बिस्तर तक गया। "होश करो, मैं हूँ—श्याओ।"

बच्चा उसका स्तन मुँह में लिए दूध पी रहा था। उसकी छाती साँसों के साथ उभरती और नीची होती थी। श्याओ ने आँखें हटा लीं और निराशा में बिस्तर के पायताने देखने लगा। नन्ही छाएल्येन

अपनी माँ के पास आ गई। "माँ," वह रोकर बोली। विधवा ने मुँह मोड़कर उसे देखा तो धीरे-धीरे पहचानने लगी। एकाएक श्याओ को देखकर उसने बच्चे को और अपने स्तन को रजाई से ढक लिया।

"आप आए हैं ?" वह बोली।

"और सुश्री थाओ मेरे साथ आई हैं।"

लान ने विधवा को देखकर सर हिलाकर नमस्कार किया और पूछा, "क्या अब आपकी तबीयत बेहतर है ?"

"मैं ठीक हूँ," स्त्री की आवाज कमजोर थी। "प्यास लगी है।"

"चाय दूँ ?"

स्त्री ने कोई उत्तर तो नहीं दिया पर उसकी आँखें छलछला आईं। लान ने कमरे में जहाँ-तहाँ खोजा कि एक चायदानी मिल जाए, तभी छाएल्येन एक चायदानी ले आई। उसमें बूँदभर पानी भी न था। लान नन्ही बच्ची के साथ चाय बनाने चली गई।

"आपको और सुश्री थाओ को आने के लिए धन्यवाद," विधवा ने आह भरकर कहा।

"दरअसल मुझे कुछ नहीं हुआ है। बस यों ही गर्मी चढ़ जाती है और चक्कर आने लगता है। छाएल्येन फिजूल घबरा गई। क्या वह आपको बुलाने गई थी ?"

"हम आपसे यों भी मिलने आनेवाले थे।"

औरत के आँसू बच्चे के बालों पर टपक पड़े। स्त्री ने उन्हें हाथ से पोंछ दिया। वह बोली कुछ नहीं। बच्चा दूध पीता रहा।

"बुखार हो तो बच्चे को दूध नहीं पिलाना चाहिए," श्याओ बोला।

"उसे खिलाने को और कुछ है नहीं। वैसे भी मैं ठीक हूँ।"

श्याओ खड़ा सोचता रहा।

संध्या होने तक स्त्री इस काबिल हो गई कि बिस्तर से उठ सकी। श्याओ और लान स्कूल चले गए।

उसी शाम को लान ने श्याओ को एक और पत्र भेजा। पत्र पर जो संख्या थी उससे लगता था कि यह उसका पंद्रहवाँ पत्र है। श्याओ लैंप के पास जा बैठा और उसने पत्र को फैलाकर मेज पर रख लिया।

मेरे प्रिय बड़े भाई,

अपने बीस से अधिक वर्ष मैंने एक अँधेरे तालाब में पड़ी मछली की तरह गुजारे। अपनी पीड़ा को छोड़ मैंने किसी की पीड़ा नहीं पहचानी। अब आपके प्रशिक्षण में मैं जीवन का सच्चा अर्थ जानने लगी हूँ।

कोई कारण होगा जिससे मैं नन्हीं छाएल्येन के परिवार को उतना ही चाहने लगी हूँ जितना आप चाहते हैं। वह विधवा कितनी सहृदय, मधुर और शिष्ट है। यद्यपि मेरा स्वभाव उससे कुछ भिन्न है, फिर भी मैं उसे बहन बनाना चाहूँगी और उसके अनुभव से सीख लेकर अपने अनगढ़ और अबोध अंतर को सुधारना चाहूँगी। हे ईश्वर, तूने उससे उसका पति क्यों छीन लिया ? क्या सारे जगत का रचनेवाला चाहता है कि लोग इस तरह दुख उठाएँ। वह इस दुख को झेल ले, तो भी मैं ईश्वर की निंदा करूँगी।

क्या आपको तब की याद है जब हम उसके घर में बैठे थे ? मैं भी मानो रो रही हूँ। मैं चारों दीवारों पर नजर डालती हूँ और उसके बच्चों को, उसके कपड़ों को निहारती हूँ, मैं उसका पीला मुर्झाया चेहरा देखती हूँ और खाट पर बीमार पड़ी उस बेचारी के अकेलेपन की पीड़ा को याद करती हूँ। हे ईश्वर ! तूने उस पर यह विपदा क्यों डाली ? और मैं सोचती हूँ कि श्याओ

आपके पंख इस ओर न मुड़ गए होते और आपको हमारे गाँव में न लाए होते तो इस परिवार पर कौन तरस खाता? कौन इसे अपनी करुणा देता? रोग के कष्ट में पड़ी वह कराहती है और हाय-हाय करती है और बच्चे उसके बिस्तर के पास सारे दिन बैठे रोते रहते हैं। परंतु मैं उनके बारे में लगातार सोचते रहने के सिवा कर ही क्या सकती हूँ?

बड़े भाई, आप महान हैं, मैं उसे बहन बनाना चाहती हूँ। अब से हमें एक-दूसरे की सहायता करनी चाहिए।

अफवाहों के बारे में मेरे भाई ने आज रात खाते समय मुझसे बात की। उन्होंने रोज की तरह थोड़ी शराब पी रखी थी। दुखी स्वर में मुझसे बोले, 'बाहर शीत भरी हवा बह रही है।' मेरे भाई के मन में अफवाह फैलानेवालों के लिए नफरत के सिवा और कुछ नहीं—आशा है आप उनके शब्दों का गलत अर्थ न लेंगे। एक प्याला और पीने के बाद वह बोले, 'लोग भद्र पुरुषों को भी अपने टुच्चे प्रतिमानों से जाँचते हैं।'

परंतु उनका कहना है कि जिस किसी ने वह पद्य लिखा वह स्कूल का व्यक्ति नहीं है। मैंने उनसे बहस की और बार-बार कहा कि वह या तो कनफ्यूशियसवादी फ़ाङ साहब होंगे या श्री धनपतराय होंगे जो जरा-जरा देर में कपड़े बदला करते हैं। मेरे भाई कसम खाकर कहने लगे कि नहीं, ऐसा नहीं है। हम दोनों अपनी-अपनी बात पर अड़ गए तो माँ हँस पड़ीं।

श्री श्याओ, मुझे विश्वास है कि आपकी जैसी प्रखर बुद्धिवाला व्यक्ति इन चेंचें करनेवालों पर ध्यान नहीं देगा। हमें छोड़कर जाने की मत सोचिएगा। आपकी सच्चाई और ईमानदारी एक दिन फ़ूरुङ पर छा जाएगी। आप हमारे स्कूल के नीरस भोजन का स्वाद बहुत दिन तक चखते रहें।

आपकी छोटी बहन—लान

श्याओ का दिमाग कोरा हो गया था मानो लान की भावनाओं ने उसके सब विचारों को खदेड़ बाहर किया हो। आखिरकार उसने दराज से कागज निकाला और लिखा :

मैं मानो एक भँवर में पड़ गया हूँ। मुझे ऐसा अनुभव पहले कभी नहीं हुआ। मेरा सर चकरा रहा है। कहीं मैं स्वप्न तो नहीं देख रहा?

तुम्हें याद है छाएल्येन की माँ ने बड़बड़ाहट में क्या कहा था। क्या सचमुच मेरे पीछे शेर आ रहा है? क्या यही बाकी रह गया है कि वह मुझे मार डाले? क्योंकि मुझे लगता है कि चाहे जो हो जाए मैं उस बेचारी विधवा को "अकेले कूद नहीं पड़ने" दे सकता।

मैंने सबकुछ सोच लिया है। खाते वक्त मैं यही सोचता रहा। मैं बहादुर हूँ, मैं लड़ूँगा। मेरी पिस्तौल तैयार है। जब असली शेर आएगा मैं उसके सर पर निशाना साधकर पिस्तौल दाग दूँगा। लान, क्या तुम यह समझती हो कि मैं क्रूर हूँ? कुत्ते को मारना और बात है, भेड़िए को मारना और। तुम जानती हो कि वह औरत क्यों बीमार पड़ी? उसने अपनी बड़बड़ाहट में जो कहा उससे तुम्हें उत्तर मिल जाएगा।

मैं परेशान नहीं हूँ। तुम सुखी रहो।

तुम्हारा निर्भीक बड़ा भाई—श्याओ

पत्र पूरा करके वह सोने चला गया। उसने अपने को बहुत दृढ़ पाया।

अगले दिन छाएल्येन स्कूल आई। अपना बस्ता लिए हुए वह श्याओ के पास दौड़ती आई और बोली, "श्याओ चाचा, माँ ने कहा है कि वह अब एकदम अच्छी हो गई हैं। उन्होंने आपको और लान दीदी को धन्यवाद कहलाया है।"

कमरे में कई अध्यापक बैठे हुए थे, फ़ाङ मओ भी वहीं था। बड़ी मस्ती में बैठे दम साधे वे

श्याओ और नन्ही बच्ची को उत्सुकता से देख रहे थे। जानबूझकर औरों को सुनाते हुए श्याओ ने पूछा, "क्या तुम्हारी माँ ने बिस्तर छोड़ दिया ?"

"हाँ, वह उठ पड़ी हैं।"

"क्या उन्होंने कुछ खाया है ?"

"हाँ, खाया है।"

"क्या उन्होंने वह दवा खत्म कर दी जो लान दीदी ने उन्हें कल रात दी थी ?"

बच्ची मानो कुछ समझी नहीं।

"मैं नहीं जानती," वह बोली। श्याओ ने उसका गाल चूम लिया और वह खुशी से दौड़ती बाहर चली गई।

12

अगली शाम को, श्याओ अपने कमरे में बेचैन टहल रहा था। हालाँकि कोई ऐसी गर्मी न थी, कमरे में बड़ी घुटन लग रही थी। मेज पर कागज पड़ा हुआ था जैसे वह पत्र लिखने जा रहा हो। पर वह सिर्फ आगे-पीछे टहल रहा था। अपने उत्तप्त मानस को शीतल करने के लिए ठंडी हवा की खोज में दरवाजा खोलने ही वाला था कि छ्येन अंदर आ गया, मानो श्याओ ने उसे बुलाया हो। भड़कीले कपड़े पहने मुस्कराते हुए विनम्र बनकर छ्येन ने धैर्य से पूछा, "क्या आप कहीं बाहर जा रहे थे, श्री श्याओ ?"

"नहीं।"

"क्या आप व्यस्त हैं ?"

"नहीं।"

छ्येन ने मेज पर निगाह डाली।

"पत्र लिख रहे हैं ?"

"लिखना चाह रहा हूँ, पर समझ नहीं पा रहा हूँ कि क्या लिखूँ।"

"किसे लिख रहे हैं ?"

यह पूछते हुए छ्येन कमरे में चारों ओर इस तरह ताकने लगा, जैसे श्याओ के पत्र पानेवाले को खोज रहा हो। श्याओ ने झट जवाब जड़ा, "लान को।"

सजीले नौजवान ने कुर्सी ले ली और उस पर शरमीली लड़की की तरह आँखें नीची किए बैठ रहा। श्याओ ने उससे पूछा, "कोई खबर लाए हैं, श्री छ्येन ?"

छ्येन ने सर उठाया और मुस्कराया। "खबर ?"

"हाँ। गाँव की गप।"

"गप क्यों होने लगी ? श्री श्याओ की पूरे कस्बे में इज्जत होती है। आपको यहाँ आए दो महीने से भी कम हुआ है, पर आपकी प्रसिद्धि भैंसें चरानेवाले छोकरों तक भी पहुँच चुकी है।"

श्याओ नम्रतापूर्वक मुस्कराया। वह सोचने लगा कि मेरे इस प्रतिद्वंद्वी प्रेमी के विचार में क्या योजना होगी। क्या वह वास्तव में सच कह रहा है ?

"यहाँ होना मेरा सौभाग्य है," श्याओ ने कहा।

"यदि आपका यह विचार है तो मैं आशा करता हूँ कि आप यहाँ हमेशा के लिए रह जाएँगे।"

"हमेशा के लिए रह सकता हूँ ?"

"हमारे फ़ुरुङ कस्बे के निवासी बन जाइए," छ्येन ने कहा। कुछ अंतराल के बाद बोला, "क्या आप यहाँ घर बसाना चाहेंगे ?"

श्याओ का हृदय आनंद से उमड़ पड़ा। "क्या मतलब ?" उसने सवाल किया।

"मैंने ऐसा ही कुछ सुना है, कृपया गलत न समझें।" उसका तौर-तरीका अभी तक मुलायम था। श्याओ निर्विकार भाव से हँसा।

"यह तो शुभ समाचार है। लोगों का क्या कहना है कि मैं किसको ब्याहने जा रहा हूँ ?"

"कोई तो आपके मन में है ही।"

"नहीं, कोई नहीं है।"

छ्येन भी हँसा। "आप एक अत्यंत सुंदर लुभावनी औरत को, एक दुर्लभ और उत्कृष्ट औरत को छिपा रहे हैं।"

श्याओ वैसे ही निर्विकार मुस्कराया। "सचमुच ? मैंने तो अभी किसी को चुना नहीं ?"

छ्येन कुछ हिचकिचाया। "लोग कहते हैं कि आप छाएल्येन की माँ से प्रेम करते हैं। वह बहुत आकर्षक है। पश्चिम गाँव में हर कोई उसके पत्नीसुलभ गुणों की प्रशंसा करता है।"

"बकवास। मैं किसी और से प्रेम करता हूँ।" श्याओ थोड़ा रुष्ट हो गया था, परंतु उसने मुस्कराहट के अंदर अपना गुस्सा छिपा लिया।

"क्या आप बता सकते हैं कि वह कौन है ?" छ्येन ने नखरे से पूछा।

"लान, थाओ की बहन।"

"आप उससे प्रेम करते हैं ?"

"हाँ," श्याओ ने जोर देकर कहा। छ्येन चुप रह गया। श्याओ ने हँसकर पूछा, "क्या आप भी उससे प्रेम करते हैं ?"

"हाँ, मैं उसे जान से ज्यादा चाहता हूँ," छ्येन ने करुण स्वर में उत्तर दिया।

श्याओ मुस्कराया। "क्या वह आपसे प्यार करती है ?"

"करती थी," छ्येन धीरे से बोला।

"और अब ?"

"अब नहीं जानता।"

"मैं बताता हूँ, श्री छ्येन। अब वह मुझसे प्यार करती है।"

"आपसे ?"

"हाँ। सो अच्छा ही है। यदि वह हम दोनों से एकसाथ प्यार करती तो हम दोनों को द्वंद्व युद्ध लड़ना पड़ता। क्या आप लड़ना चाहते हैं, श्री छ्येन ?"

"द्वंद्व युद्ध ? इसकी जरूरत ही नहीं। यह तो पश्चिमी देशों का असभ्य तरीका है। आप हमारी दोस्ती की खातिर उसे छोड़ नहीं सकते क्या ?"

श्याओ उत्तर देने के पहले कई क्षण सोचता रहा। "वह आपसे प्यार नहीं करती है। क्या मैं उसे मजबूर कर सकता हूँ ?"

"आपके आने के पहले वह मुझसे ही प्यार करती थी, श्री श्याओ।" छ्येन लगभग रोने लगा। "वह मुझे प्यार करती थी और हमारी सगाई भी होनेवाली थी। पर तभी आप आ गए और वह आपके प्रेम में पड़ गई। जिस दिन आप आए उसी शाम आप पर नजर पड़ते ही वह आपको चाहने लगी। परंतु मुझ निराश प्रेमी की तो सोचिए, मुझे कैसा लगता होगा ? आप समझ सकते हैं। मैं तो मरने की पीड़ा से भी अधिक दुख उठा रहा हूँ। मैं उसके प्यार में पागल हूँ। दिन का एक-एक क्षण उसकी याद में बीतता है और रात का उसके सपनों में। अब वह आपसे प्रेम करती है। यह तो मैं पहले ही जान गया था। पर मैं समझा था कि आप छाएल्येन की माँ को चाहते हैं। अब जाना कि आप लान को भी प्रेम करते हैं। अब और क्या बचा है सिवा इसके कि मैं अपनी जान ले लूँ !..."

"यह सब मुझे क्यों बता रहे हैं ?" श्याओ ने अधीर होकर टोका। "आप लान से प्रेम करते

हैं तो उससे विवाह का प्रस्ताव करें। मुझे बताने से क्या फायदा ?"

"मैं आपके आगे हाथ जोड़ता हूँ," छ्येन ने निवेदन किया। "अब जीवन में मेरा सुखी या दुखी रहना आपकी कृपा पर निर्भर है। यदि आप राजी हो जाएँ तो मैं आपका इस जीवन में ही नहीं उस जीवन में भी ऋणी रहूँगा, चाहे मेरे पास फूटी कौड़ी भी न रहे।"

"साहस जुटाओ श्री छ्येन, और यह बात लान को बता दें। मुझे बताने से क्या फायदा ? मैं क्या मदद कर सकूँगा ?"

"आप कर सकेंगे, श्री श्याओ। आप बस लान को चिट्ठी लिखना छोड़ दीजिए। श्री थाओ चाहते हैं कि वह पढ़ाना छोड़ दे। आप उसे पत्र नहीं लिखेंगे तो वह मुझसे फिर प्यार करने लगेगी। मेरा पिछला अनुभव यही कहता है। मेरे जीवन का सुख आपके हाथ में है। आप तो विश्व की रक्षा करनेवाले व्यक्ति हैं। पहले मेरी रक्षा कीजिए। श्री श्याओ, आत्महत्या से मुझे बचाइए।"

"इस बार बात और है, श्री छ्येन। वह आपसे दोबारा प्यार न करेगी।"

"और नहीं है, श्री श्याओ। मेरी विनती सुनिए, उसे और पत्र न लिखिए।"

वह चुप हो गया। श्याओ ने उसे क्रोध से भरकर देखा। वह नहीं जानता था कि छ्येन इतना काइयाँ, इतना कमजोर होगा। श्याओ भीतर-भीतर सुलग उठा। छ्येन का गिड़गिड़ाना इस तरह जारी था जैसे नदी का बाँध टूट गया हो और पानी बहे जा रहा हो। कुछ ही देर बाद वह बोला, "और श्री श्याओ, छाएल्येन की माँ के साथ घर बसाने में मैं आपकी भरसक मदद करूँगा।"

श्याओ उछलकर खड़ा हो गया। "बस अब कुछ मत कहिए, श्री छ्येन। जो करना है मैं करूँगा। अब आप कृपया जाइए।"

उसने दरवाजा खोला और क्रोध से उबलता स्वयं तेजी से बाहर निकल गया। श्याओ स्कूल के बाग तक रास्तेभर दौड़ता हुआ गया और जाकर एक सदाबहार वृक्ष के तने से टिककर खड़ा हो गया। ठंडी रात थी। वह मानो उस ठंडी रात में घुलकर मिल जाना चाहता था। प्रयत्नपूर्वक उसने अपने दौड़ते हुए मन को बाँध लिया और उस व्यर्थ क्रोध को शांत किया जो युवा छैला ने उसके मन में अकारण पैदा किया था। वह तिरस्कार से हँस दिया।

करीब आधे घंटे तक वहाँ खड़े रहकर श्याओ को ठंडक और उदासी महसूस होने लगी। वह पलटा और अपने कमरे में चला गया। वह बेवकूफ का बच्चा छ्येन जा ही चुका था। चिढ़ से भरे हुए श्याओ ने कुछ देर विचार किया और फिर थका हुआ बिस्तर पर गिर पड़ा।

"प्रेम, मुझे मुक्त करो," उसने उसाँस भरकर कहा। "मुझे जाने दो।"

13

योंही समय बीतता गया। तीन दिन बाद छाएल्येन ने फिर नागा किया। जब दस बजे की घंटी पर लान स्कूल पहुँची तो उसने बच्ची के बारे में पूछा।

"उसकी माँ फिर बीमार पड़ गई होगी," श्याओ ने कहा।

"बीमार नहीं पड़ेगी तो क्या होगा ?" लान बोली। "वह ऐसी औरत है कि हर बात उसके दिल को लग जाती है। इस तरह की परिस्थिति में, जब गाँव में कोई व्यक्ति सहानुभूति नहीं करता और लोग पीठ पीछे फबतियाँ कसते हैं, वह बीमार न होती हो तो भी हो जाए। हम...मैं..." उसने कहते-कहते श्याओ से आँख मिलाई मानो भूल सुधार रही हो। "मैं भुला देती हूँ कि लोग मेरे बारे में क्या कहते हैं। इसलिए मैं बीमार नहीं पड़ती। मेरे रोग तो पुराने हैं। पर वह...इस समाज में...उन बच्चों की कैसे कटेगी ?" लान को और भी कुछ कहने का मन था, पर कोई मतलब नहीं था।

श्याओ ने उसे जवाब दिया, "हम आज तीसरे पहर उनसे मिलने जाएँगे।"

वह कह भी न पाया था कि छाएल्येन आँखों में आँसू भरे दौड़ी हुई आई। दोनों ने हैरानी से पूछा, "छाएल्येन, क्या हुआ?"

बच्ची ने उत्तर नहीं दिया। वह अपना बस्ता बगल में दबाए खड़ी रही।

"तुम्हारी माँ की तबीयत अच्छी तो है न?"

"वह एकदम अच्छी हैं।"

नन्ही बच्ची बहुत दुखी थी। वह न हिली न डुली, खड़ी रही। लान उसके पास पंजों के बल बैठ गई।

"तुम इतने दिन आईं क्यों नहीं, बहनी। पढ़ना नहीं चाहती हो क्या?"

"माँ ने कहा था श्याओ चाचा को बताना मत। उन्होंने कहा, मैं स्कूल जाऊँ। छोटा भैया फिर बीमार पड़ गया है। उसे बुखार आया और माँ रातभर सोई नहीं। वह कहती हैं वह बीमार है मगर श्याओ चाचा को न बताना। उन्होंने कहा, मैं स्कूल जाऊँ।"

बच्ची रुआँसी दिख रही थी। श्याओ हक्काबक्का रह गया। लान ने छोटी बच्ची को लिपटा लिया और उसके गले लग गई।

"हम क्या करें?" उसने श्याओ से पूछा।

वह कुछ जवाब न देकर सोच में पड़ गया।

"क्या करें?"

"मैं कुछ समझ नहीं पा रहा हूँ।"

"यहाँ के लोग बातें बहुत फैलाते हैं, और आप सहृदय व्यक्ति हैं।"

श्याओ उदास होकर मुस्कराया। "समय को जल्दी से बीत जाने दें। अगले दर्जे की घंटी बज गई है।" वह यह कहकर इमारत में घुस गया।

शाम के भोजन के पहले वह फिर छाएल्येन के घर की दिशा में मुस्कराते हुए खुश-खुश टहलने लगा। उसे लगा कि उसे उन लोगों से किसी अदृश्य दीवार ने अलग कर दिया है।

जब वह उनके दरवाजे के पास आया तो उसे भीतर से छाएल्येन की माँ का रोना सुनाई दिया। वह घबरा उठा। उसने दरवाजा ठेलकर खोल दिया। नन्हा शिशु बिस्तर पर पड़ा हुआ था। विधवा उसके पास बैठी थी। छाएल्येन कहीं दिख नहीं रही थी।

"क्या हुआ है?" उसने दिल थामकर पूछा।

युवती ने मुँह उठाकर उसे देखा, फिर उसने सर झुका लिया और रोना बंद कर दिया।

"इसे क्या तकलीफ है?"

"परसों से बीमार है। हालत बिगड़ती जा रही है।"

श्याओ बिस्तर के पास आया। बच्चे की आँखें अधमुँदी थीं। श्याओ ने उसका चेहरा छुआ। वह गरम था। हर साँस के साथ उसके नथुने फड़कते थे। श्याओ खड़ा होकर उसे ध्यान से देखता रहा। कई बार बच्चे को खाँसी आई और उसने बलगम घूँटा। "निमोनिया?" श्याओ सोचने लगा।

"कोई दवा दी?" उसने पूछा।

"थोड़ी बहुत दी है, जो समझ में आई। डाक्टर को नहीं दिखाया है। हाल बहुत बुरा है। मैंने छाएल्येन को एक ऐसे वैद्य को बुलाने भेजा है जो बहुत पैसा नहीं लेता है।"

"क्या इसे अपना दूध पिलाया है?"

"उसे दूध पीने का मन ही नहीं होता।"

श्याओ चुप रह गया। फिर पूछा, "छाएल्येन को गए कितनी देर हुई?"

"आधा घंटा हुआ होगा। लगता है कहीं रास्ता भूल गई है। वैद्य पास में ही रहता है।"

"देसी डाक्टर है?"

"हाँ।"

श्याओ ने उस छोटे से कमरे में दो चक्कर लगाए। "चिंता मत करिए," उसने समझाया। "बच्चे का अपना प्रारब्ध है। उसका रोग विषम नहीं है। दो-चार बार वैद्यजी देख लेंगे। ठीक हो जाएगा। पर क्या कोई पश्चिमी दवा देनेवाला डाक्टर पास में नहीं मिलेगा ?"

"मुझे मालूम नहीं?"

धीरे-धीरे अँधेरा घिर आया और संध्या ने अपनी असली शक्ल दिखा दी।

"श्री श्याओ," विधवा धीमे-धीमे बोलने लगी, "यह रोग शायद दुर्भाग्यपूर्ण है। कल स्वप्न में कई अपशकुन देख चुकी हूँ। कल रात मैंने देखा कि एक लाल मुँहवाले और एक काले मुँहवाले दैत्यों ने इसे मेरी गोद से छीन लिया। ऐसा स्वप्न मुझे क्यों आया ? क्या इसका अर्थ यह है कि हम ली वंश का यह अंतिम बीज भी नहीं बचा रख सकते ?" वह थमी, उसका गला रुँध आया। "श्री श्याओ, अगर मेरे बच्चे के जीने की आस नहीं रही तो मैं...कैसे...जिऊँगी ?"

श्याओ के हृदय में पीड़ा उठी। वह उठकर उसके पास आया।

"कैसी अज्ञान की बात है ? स्वप्न तो सिर्फ अंधविश्वास होते हैं !" वह फिर चहलकदमी करने लगा। "आप बस बच्चे की सेवा में ध्यान लगाएँ और उसे जल्दी नीरोग करें। मन से सब अनर्गल विचार निकाल फेंकें।"

उसने फिर बिस्तर पर निगाह डाली। शिशु गफलत में था, उसकी साँस भारी थी और वह खाँस-खाँस उठता था।

"सपनों से क्या होता है ? क्या वे सच्चे होते हैं ? कल रात मैंने देखा कि मैं नदी में कूद पड़ा और बेहोश हो गया। मैं एक लकड़ी से चिपट गया और धारा मुझे सागर की ओर बहा ले चली। और तब मैं..." वह 'मर गया' कहते-कहते रुक गया। इसके बजाय कहा, "क्या इसका मतलब यह है कि आज मैं वाकई नदी में फलाँग पड़नेवाला हूँ ?"

वह रुक-रुककर और वजन दे-देकर बोल रहा था। उसका उद्देश्य था कि विधवा के मन से अपने बच्चे के लिए अंधविश्वासजन्य भय निकाल दे।

"मगर श्रीमान, आप नहीं जानते..." वह तुरंत बोली, परंतु तभी उसकी बात अधूरी रह गई क्योंकि छाएल्येन दौड़ी हुई आ गई थी।

आध मिनट में एक सफेद बालोंवाला बुजुर्ग वैद्य आ पहुँचा। दिखता था कि उसे स्वयं वैद्य की जरूरत है। पहले तो उसने आहिस्ते-आहिस्ते श्याओ का मुआयना किया। फिर कमर झुकाकर उसने धीरे-धीरे चौड़े फ्रेम का एक चश्मा लगाया और नन्हे शिशु की ओर ध्यान दिया। उसने बच्चे की पहले बाईं फिर दाईं नब्ज देखी। उसने बच्चे की पलकें हाथ से खोलीं और उसकी आँखों में झाँका। उसने बच्चे का मुँह पकड़कर खोल दिया और उसके गले की जाँच की। बच्चे ने रोना शुरू कर दिया।

"उसे कुछ नहीं हुआ है," वैद्य बोला। "कुछ भी तो नहीं। दो-तीन दिन में वह एकदम ठीक हो जाएगा।"

"कुछ नहीं हुआ," विधवा खुश होकर बोली, "वैद्यजी !"

"मेरा साठ साल का अनुभव बताता है कि बच्चों के ऐसे कष्टों में उपचार की आवश्यकता नहीं होती," वैद्य ने तिरस्कारपूर्वक कहा, "परंतु मैं इसे कुछ न कुछ दवा दे देता हूँ।"

उसने अपनी आस्तीन के अंदर से कलम-कागज निकाला। लैंप की रोशनी में उसने एक दर्जन जड़ी-बूटियों के नाम लिख डाले। विधवा ने उसे चालीस फ़न (एक फ़न=युवान का सौवाँ हिस्सा) दिए और वे उसने शिष्टाचार दिखाते हुए अपने बटुए में रख लिए। श्याओ व्यथा में विचारमग्न छाएल्येन को गोद में लिए हुए था। झुकी कमरवाले वैद्य ने उसे एक बार फिर सर से पाँव तक देखा और चला गया। माँ उसे बाहर तक पहुँचा आई।

वह लौटी तो खुशी से मुस्करा तो रही थी पर उसके स्वर में शंका झलक रही थी।

"वैद्य कहते हैं उसे कोई रोग नहीं है।"

"मैंने कहा था न कि चिंता का कोई कारण नहीं है," श्याओ बोला, पर उसके स्वर में आस्था नहीं थी।

"पर उसे देखो। वैद्य कैसे कहता है कि वह बीमार नहीं है?"

"मैं जाकर औषधि ले आता हूँ। फिर देखेंगे।"

कुछ ही देर बाद मंदता से युवती बोली, "श्री श्याओ, आपने अभी तक खाना नहीं खाया।"

"औषधि ले आऊँ तब जाकर खा लूँगा।"

वह शून्य में देखती बैठी रही। उसे खुद खाने का मन नहीं था। श्याओ ने नुसखा ले लिया और बाहर चला गया। छाएल्येन भी गुमसुम-सी थी। वह उसे दरवाजे तक पहुँचा आई।

14

अगले दिन श्याओ फिर छाएल्येन के घर गया। शिशु अब भी जबर्दस्त बीमार था। श्याओ वहाँ गया और लौटा पर सब बेकार था। वह बच्चे की जरा भी मदद नहीं कर सका। विधवा युवती चौकसी करती बैठी रही। अब वह उसे देखकर मुस्कराती नहीं थी।

लान शाम को स्कूल में आई तो कुछ किताबें वापस लाई। उन्हें श्याओ को लौटाते हुए वह अनमनी-सी मुस्कराकर बोली, "भीतर एक पत्र रखा है।"

उसने कुछ एलबम उधार लिए और चुपचाप लौट गई।

श्याओ अपने कमरे में अकेला खड़ा रहा। उसे पत्र पढ़ने की इच्छा नहीं थी। उसे लगा कि यह तरीका ही वाहियात और बेमतलब है। परंतु आखिरकार उसने एक किताब में से एक लंबा पट्टीनुमा कागज निकाला। उस पर सुंदर लिपि में लिखा हुआ था :

> मेरे हिसाब से आज पाँच दिन हो गए हैं और आपका उत्तर नहीं आया। अवश्य रोग को देखकर आप विचलित हो गए हैं, पर इतना तनाव भी क्यों? जब आप आए थे, तब से आज कितने बदल गए हैं। आप क्रमशः उदासीन होते गए हैं। जितनी चिंता करेंगे उतना ही निराश अनुभव करेंगे। मेरे भाई कहते हैं कि आप पिछले कुछ दिनों से बहुत दुबले हो गए हैं। क्या आपने अपना हाल कभी देखा है, श्री श्याओ?
>
> मैं भी औरों की तरह नहीं हूँ। आपका और ईश्वर का लाख-लाख धन्यवाद। मैंने अपना दिल कड़ा कर लिया है। मैं बहादुर बन गई हूँ, क्या आप यह जानते हैं? दो दिन हुए किसी कारण से मेरे भाई ने कहा मैं पढ़ाना बंद कर दूँ। उन्होंने मुझे इस्तीफा देने पर मजबूर करना चाहा। मैं हँसकर रह गई। अंत में वह बोले, "तुम न दोगी तो मैं इस्तीफा दूँगा। इतने अध्यापकों के बीच एक अध्यापिका। कितनी अफवाहें बाहर फैलती हैं।" मैं तटस्थता से बोली, "जाइए, दे दीजिए इस्तीफा। मैं तो पढ़ाती रहूँगी। जब तक स्कूल चलता है, मैं छोड़ूँगी नहीं।"
>
> अगले दिन मैंने जानबूझकर कक्षा में इस बात की थोड़ी-सी खबर फैला दी। उसी रात विद्यार्थी मेरे भाई से मिलने गए। उन्होंने कहा, "आप इन्हें किसी हाल में जाने नहीं दे सकते। इनके जाने पर तो हम श्री छ्येन को खदेड़ बाहर करेंगे।"
>
> मेरे भाई अब पछताते हैं। वह मुझसे क्षमा माँगते हैं। और उनके मन में आपके लिए अपार आदर है। उनके मन में आपके प्रति जो अस्वीकार का भाव था वह बिल्कुल बिखर गया है। वह कहते हैं, "अबकी छ्येन इस्तीफा देकर देखे, मैं स्वीकार कर लूँगा।" "मुझे सख्त रहना चाहिए," उन्होंने हँसकर कहा। "यही पवित्र शिक्षा और पवित्र मैत्री के हित में होगा!"

देखा मैं जीती या नहीं ? अत्यंत प्रिय बड़े भाई, हमारी कोई समस्या नहीं है। आप चैन से रहिए।

कृपया अपने कुशल मंगल की कुछ शब्दों में तो सूचना दें।

फिर आज-तीसरे पहर मैं छाएल्येन के छोटे भाई को देखने गई थी। दुख से कहना पड़ता है कि मुझे वह इस जगत में बहुत दिन जीता नहीं दीखता। उसे यह रोग माँ से लगा था और ऊपर से वह कुर्सी पर से लुढ़क पड़ा, इसी से रोग विषम हो गया है। वह चल बसे तो उसकी माँ को चैन ही मिलेगा। आप मुझे बेदिल कहेंगे पर और चारा ही क्या है ? इस उमर में बरसों विधवा बनी रहना बड़ा कठोर होगा। पर यह शिशु साथ रहा तो उससे विवाह कौन करेगा ? दुर्भाग्यवश बह न रहे तो स्त्री विवाह कर सकती है। यही मैं सोच रही थी। मैंने सुना है कि एक युवक व्यापारी है जो उससे विवाह करना चाहता है।

कृपया अपना कुशल समाचार दें, चाहे कुछ शब्दों में ही दें।

आपकी छोटी बहन—लान

श्याओ डेस्क के सामने बैठा व्याकुल भाव से खिड़की के बाहर ताक रहा था। उसने सोचा कि वह उत्तर नहीं लिखेगा, जब कल लान से भेंट होगी तो वह उसे सबकुछ बता देगा। उसने लाल स्याही की दावात में कलम डुबोई ताकि विद्यार्थियों की कापियाँ जाँच डाले। पर उसका मन भटकने लगा और उसने एक सादे कागज पर आड़ू का फूल आँक डाला। जब उसने देखा कि वह क्या कर बैठा है, वह खिन्न होकर हँसा और उसे मिटा दिया। फिर वह कापियाँ जाँचने लगा।

दूसरे दिन सबेरे उसने उठकर मुँह धोया ही था कि छाएल्येन दौड़ती हुई आ पहुँची।

"इतने सबेरे कैसे आ गई, बहनी ?" वह उसे देखते ही बोला।

"माँ कहती हैं कि शायद नन्हा भाई अब नहीं जिएगा," वह धीमे से बोली।

"क्या ?"

"माँ कहती हैं कि क्या जाने श्याओ चाचा कुछ कर सकते हैं या नहीं।"

श्याओ ने बच्ची का हाथ थाम लिया। "तुम्हारी माँ कैसी हैं ?"

"वह हरदम रोती रहती हैं।"

"मैं तुम्हारे साथ चलता हूँ।" यह कहकर श्याओ ने एक दूसरे अध्यापक से बात की और छाएल्येन के साथ तेजी से स्कूल के द्वार से बाहर निकल गया। सबेरे की ठंडी हवा के थपेड़ों से श्याओ को बीच-बीच में खाँसी आने लगी।

"आप खाँस रहे हैं ?" नन्ही बच्ची बोली।

"हाँ, शायद जुकाम है।"

"क्यों ? ऐसा क्यों ?"

"मैं कल आधी रात के बाद तक खुले मैदान में टहलता रहा।"

"किसलिए ?" बच्ची ने उसके साथ तेजी से चलते हुए आँख उठाकर देखा।

"यह तुम नहीं समझोगी, बहनी।"

छाएल्येन के पास कोई उत्तर नहीं था। परंतु वह वयस्क मन के रहस्यों को भेदने का प्रयत्न करने लगी थी। थोड़े अंतर के बाद बोली, "क्या आपको रात में सपने आते हैं ? क्या उन्हीं के मारे आप सोना नहीं चाहते थे ?"

श्याओ हँसा और उसने सर हिलाया। "हाँ, यही बात है।"

"आपको किसके बारे में सपने आते हैं ?"

"किसी खास व्यक्ति के बारे में नहीं आते।"

"माँ के और मेरे बारे में नहीं ?"

"कभी-कभी तुम्हारे बारे में आते हैं।"

नन्ही बच्ची ने ऐसे कहा मानो कहानी बता रही हो कि हाल में उसने उसको सपनों में देखा था। वह पहाड़ पर थे। एक भेड़िए ने उन्हें जबड़ों में दबोच लिया और उठा ले गया। वह उनके पीछे रोती-चिल्लाती दौड़ी और तभी उसकी माँ ने उसे जगा दिया और वह सहमकर माँ की गोद में छिप गई।

"मैंने अम्मा से पूछा, 'क्या श्याओ चाचा इस समय पहाड़ पर हैं। वहाँ क्या कर रहे हैं वह।' और अम्मा ने कहा, 'वह तो स्कूल में जैसे हम सब सो रहे हैं वैसे ही सो रहे हैं।' फिर मेरा डर छूट गया।"

श्याओ ने उसे एकटक ताका मानो उसके चेहरे पर कोई महत्त्व की बात पढ़ी जा रही हो। इसी बीच घर आ गया था और उन दोनों के मन के विचार तथा बातचीत थम गई थी। चेहरे पर एक और ही भाव लिए हुए वे चुपचाप घर में घुसे।

विधवा युवती बैठी हुई थी। उसने अपने प्रारब्ध के बारे में सोच-विचार किया।

श्याओ पलंग के पास गया। नन्हे शिशु की आँखें मुँदी हुई थीं। साँस तेजी से चल रही थी।

"छोटे भैया," श्याओ ने प्यार से पुकारा।

शिशु के शरीर में आँखें खोलने की ताकत भी नहीं रह गई थी।

श्याओ ने उसका माथा, हाथ और पाँव छूकर देखे। बच्चे की देह तप रही थी, नथुने फड़क रहे थे। श्याओ ने उसकी माँ से पूछकर जाना कि बच्चे का हाल रात में कैसा रहा।

"इससे बिल्कुल काम नहीं चलेगा," उसने कहा। "यहाँ कोई अच्छे डाक्टर हैं नहीं और बच्चे को शायद निमोनिया हुआ है। मैं दवादारू के बारे में थोड़ा बहुत जानता हूँ। क्या करूँ ?"

श्याओ तनाव से भरा हुआ था। थोड़ी देर के मौन के बाद उसने कहा, "मैं उसे ऐसे ही नहीं रहने दे सकता। कुछ उपाय करता हूँ। हो सकता है लाभ हो जाए।"

विधवा युवती उछल पड़ी। "श्री श्याओ, आप मेरे बच्चे का इलाज करना जानते हैं ?"

"सच तो यह है कि नहीं जानता। मगर खाली बैठे-बैठे देखते रहने से क्या फायदा ?" वह एक क्षण सोचने लगा, फिर बोला, "तसलाभर पानी उबालो और एक छोटा तौलिया ले आओ। कमरा अगर कुछ और गरम होता तो अच्छा रहता।"

माँ अवाक् खड़ी रह गई।

"श्याओ चाचा छोटा तौलिया माँग रहे हैं, अम्मा," छाएल्येन ने उसे याद दिलाया। फिर इंतजार किए बिना उस प्यारी मुन्नी ने खुद जाकर श्याओ को तौलिया दे दिया।

"क्या आप उसका मुँह धोनेवाले हैं ?" उसने पूछा।

"नहीं। मैं इसे गरम पानी में डुबोऊँगा और तुम्हारे भाई के सीने पर रख दूँगा।"

यह सुनकर विधवा थकी-थकी पानी उबालने चली गई।

श्याओ ने उससे कहा कि बच्चे को पकड़े रहे और वह उसके कपड़े उतारने लगा। फिर उसने तौलिए को गरम पानी में डुबोया, थोड़ा-सा ठंडा किया, निचोड़ा, बच्चे के सीने पर लपेटा और कपड़े फिर से पहना दिए।

सारे दिन बच्चा रोया नहीं था। अब मानो इस उपचार से रोने लगा, मगर आँखों में आँसू नहीं थे। माँ के सीने में खुशी की किरण खिली, आशा की डोर बँधी। उसने कभी सोचा भी न था कि तौलिए और गरम पानी से इलाज भी संभव है। यह वास्तव में ईश्वर का भेजा नुसखा था। उसे विश्वास हो गया कि उसका बच्चा सचमुच नीरोग हो जाएगा।

कमरा शांत था। उसने बच्चे को बाँहों में ले लिया, अपना सर झुकाकर उसके बालों से लगा लिया और युवक की ओर कनखियों से देखा जो छाएल्येन को गोद में लिए छोटी कुर्सी पर बैठा हुआ

था। उसका मन कहीं दूर चला गया। स्वर्ग से आया हो या धरती से, वह निश्चय ही फरिश्ता था क्योंकि उसने घने बादलों को चीर दिया था और सूरज दिखला दिया था। वह उसके पाँवों पर झुककर उसे अपना ईश्वर कहना चाहती थी।

आधे घंटे तक मौन छाया रहा मानो वे बच्चे की प्रतिक्रिया की प्रतीक्षा कर रहे हों।

"हम पट्टी को एक घंटे बाद बदलेंगे," श्याओ ने कहा।

"क्या आपको पढ़ाने नहीं जाना है ?"

"सबेरे केवल एक कक्षा है। मैंने छुट्टी पहले ही माँग ली है।"

युवती ने उत्तर नहीं दिया। श्याओ को अकेलापन लगने लगा। वह छाएल्येन की ओर मुड़ा। "किताब ले आओ बहनी, मैं कुछ सवाल पूछूँगा।"

छाएल्येन ने उसकी ओर ताका फिर दौड़ती हुई चली गई। विधवा की आँखों से आँसू बह निकले। "मैं आपसे कभी उऋण न हो पाऊँगी !"

"क्या ?" श्याओ ने कुछ अचरज से कहा मानो उसने ठीक-ठीक सुना न हो।

"आप हमारे ऊपर बहुत-बहुत कृपालु रहे हैं," आँसू बहाती हुई विधवा ने दबे स्वर में कहा। "आपने हम तीनों की प्राणरक्षा की है, सारे परिवार को बचाया है। हम कैसे आपका एहसान चुकाएँगे ?"

श्याओ अचकचाकर जबर्दस्ती हँसा। "यह मत कहिए। लोग एकजुट रहें तभी व्यक्ति को जीवन में आनंद अनुभव होगा।"

छाएल्येन अपनी किताब ले आई और श्याओ प्रश्न पूछने लगा। विधवा अपने से कहने लगी, "ईश्वर ने इन्हें भेजा है। बच्चा निश्चय ही चंगा हो जाएगा। आह, भगवान सबकुछ देखता है। मैं क्यों दुखी होऊँ। भगवान मेरी सुध बिसरा देंगे तो श्री श्याओ को तो कभी न बिसारेंगे। बच्चा कल सबेरे तक निश्चय ही चंगा हो जाएगा।"

श्याओ जानता था शिशु की अस्वस्थता से जो पीड़ा उसके मन में हो रही थी, वह उसे कुछ विचलित कर गई थी। उसने उसकी ओर कुछ विस्मय से देखा। उसने दुख भुलाकर चेहरा घुमा लिया। श्याओ ने नजरें झुका लीं और छोटी बच्ची से बातें करता रहा।

15

दस बज रहे होंगे। सुनहरे फूलों की तरह धूप धरती पर बिखरी हुई थी। मेघों में, वृक्षों पर, बहते हुए झरनों में, हृदयों में, सभी जगह वसंत आ रहा था। छाएल्येन का छोटा-सा भाई कई दिन से बीमार रहने के बाद अब सुधर रहा था। पलंग की पटिया पर बैठी विधवा चुपचाप सोचती थी। वह चेहरे पर बरबस मुस्कान ले आई थी। उसकी कठिनाइयाँ थोड़ी-बहुत कम हो गई थीं। श्याओ एक छोटी कुर्सी पर बैठा था। छाएल्येन कमरेभर में खेलती हुई दौड़ रही थी। वातावरण और दिनों की अपेक्षा कम उदास था। सहसा कोई कमरे में घुसा और दरवाजे पर हाँफता हुआ खड़ा रह गया। वह लान थी। मुनिया ने उसका नाम पुकारा और दौड़ी हुई आई। लान ने धीमे से पूछा, "मुन्ना कैसा है ?"

"ईश्वर की कृपा है कि कुछ बेहतर है," विधवा ने उत्तर दिया।

लान ने बिस्तर पर झुककर बच्चे के चेहरे को ताका।

श्याओ उठा और हाथ मलने लगा। "अब आप आ गई हैं तो मैं जा सकता हूँ।"

"थोड़ा ठहरिए। हम साथ-साथ लौटेंगे।"

"आपको आज दोबारा आने की जरूरत नहीं," विधवा युवती ने श्याओ से कहा। "कुछ होता है तो मैं छाएल्येन को भेजकर आपको बुलवा लूँगी।"

लान ने चारों ओर देखा मानो कुछ खोज रही हो, और कहा, "अच्छा, तो चलें।"

छोटी लड़की उन्हें दरवाजे तक पहुँचा आई, पर वह चाहती नहीं थी कि वे जाएँ। उन दोनों ने सर हिलाया यानी वह लौट जाए और आगे बढ़ गए।

"आप अब कहाँ जानेवाले हैं ?" लान ने श्याओ से पूछा।

"स्कूल, और कहाँ ?"

"थोड़ा ठहरिए, नहर के किनारे टहलें जरा देर। मुझे आपसे कुछ बातें करनी हैं।"

श्याओ सहमत हो गया।

वह उसे देखने लगा। उसने नजरें नीची करके पूछा, "क्या छ्येन ने आपसे कुछ अनुरोध किया है ?"

"क्या ? कुछ नहीं।"

"मुझसे मत छिपाइए। आप तो झूठ नहीं बोलते हैं। मुझसे ही झूठ क्यों बोल रहे हैं ?"

"क्या हुआ, बहन ?" श्याओ ने सहजभाव से पूछा।

"जब आप मुझसे इस तरह बर्ताव करते हैं तो मुझे दुख होता है," वह थके स्वर में बोली। "छ्येन मेरा घोर शत्रु बन गया है। उसने मेरा भी नाम बदनाम किया है और आपका भी। हमारे बारे में सारी अफवाहें वही फैलाता है। मेरे पास इसका सबूत है। उसे और कोई काम ही नहीं है सिवा दूसरों के 'रहस्य' गढ़ने के, वाहियात आदमी।"

"गढ़ने दो। हमारा क्या बिगड़ता है।"

"आप शायद भूल गए हैं। पिछली रात उसने मुझे एक पत्र भेजा। उसे पढ़कर तो मैं मानो मर ही गई। इतना बेशर्म आदमी भी कभी पैदा हुआ है ?" वह रुकी, फिर रूखे स्वर से बोली, "मेरे सारे परिवार ने उसे ठुकरा दिया है। आपने उससे क्यों कहा कि हिम्मत बटोरकर मुझसे प्रस्ताव करे ? उससे मित्रता के कारण या क्या ?"

उसके स्वर में शिकायत थी। श्याओ गंभीर हो उठा। चमकती आँखों के साथ बोला, "क्या कह रही हो, लान ?"

लान ने एक पत्र निकाला और उसे थमा दिया। अब तक वे नहर के किनारे ठंडी छाँह में पहुँच गए थे। वृक्षों पर कोंपलें आ रही थीं और उनकी परछाईं पीलिमा लिए हुए हरी घास पर पड़ रही थी। वसंत ग्रामांचल को चुनरी उढ़ा रहा था। वे बैठ गए। श्याओ ने चिट्ठी लिखने का एक रंगीन कागज खोला और पढ़ा।

प्रिय लान,

तुम्हें मेरा निवेदन स्वीकार करना ही पड़ेगा। मैंने उस आदमी से बात कर ली है जिसे तुम प्यार करती हो और वह तुम्हें मुझे दे देने को राहगत हो गया है। जाहिर है कि उसकी कोई और प्रेमिका भी है। वह तुम्हें अब प्यार नहीं करता। प्यारी लान, अब तुम मेरी हो।

मैंने तय कर लिया है कि तुम इनकार करोगी तो मैं भिक्षु बन जाऊँगा या आत्महत्या कर लूँगा। मैं तुम्हारे बिना नहीं रहना चाहता। पिछले पत्र में मैं तुम्हें बता चुका हूँ कि गए महीने मैं कितना दुखी रहा। तुम मुझ पर दया करो।

इन जाड़ों में मैं अमरीका जाने की सोच रहा हूँ। आशा करता हूँ कि तुम मेरे साथ चलोगी। जब वह व्यक्ति और वह विधवा विवाह करेंगे तो मैं उन्हें पाँच हजार यूवान भेंट दूँगा।

पत्र के अंत में था। 'सादर तुम्हारा,' और हस्ताक्षर था 'छ्येन'।

श्याओ हँसा और लान से बोला, "क्या इस अनुरोध से तुम विचलित हो गई हो ?"

वह गुस्से में घास को घूर रही थी। उसने उत्तर नहीं दिया।

"तुमने एक बार कहा नहीं था कि जब तुम्हें कोई वाहियात पत्र मिलता है तो तुम उसे हँसकर

रद्दी की टोकरी में फेंक देती हो ? वैसा ही नहीं कर सकतीं ?"

आँखों में आँसू भरकर लान ने जवाब दिया, "उसने मेरा अपमान किया है। आपने भला उससे मेरे बारे में बात क्यों की ?"

श्याओ को बड़ा दुख हुआ। छ्येन ने क्या उसका भी अपमान नहीं किया था ? वह छ्येन से बात नहीं करना चाहता था। पर अब लान उसे दोष दे रही थी मानो वह कोई हत्यारा हो जो उसे मार डालना चाहता हो। श्याओ को भी बहुत दुख हुआ और लान के निकट आकर बोला, "अपने को मेरी जगह रखकर देखो, लान। तुमने भी उससे ऐसे ही बात की होती। मैं तुम्हारा चरित्र, भावनाएँ और आकांक्षाएँ जानता हूँ। मुझ पर विश्वास नहीं होता ?"

"होता है, हृदय से होता है। फिर भी, आपको उससे बात नहीं करनी चाहिए थी। हम लोगों ने उसकी अफवाहों पर ध्यान नहीं दिया, तभी उसने यह मुलायमियत का रुख आजमाया। आप इस चाल में आ ही क्यों गए ?"

"मैं नहीं आया। अगर मैं सोचता कि तुम उसे तनिक भी चाहती हो, या यह कि तुम्हें उसके लिए थोड़ा भी आकर्षण है, अथवा यह कि तुम एक दृढ़ लड़की नहीं हो, तो मैं उससे कभी न कहता कि तुमसे प्रस्ताव करे।" वह चुप हो गया। फिर बोला, "लान, उसकी बात न करें।"

दोनों हाथ जमीन पर टिकाकर श्याओ ने सर लटका लिया। उसका हृदय फटा जा रहा था।

लान ने धीरे से कहा, "पर आपने क्यों नहीं ?..." उसकी बोली धीमी पड़ गई।

"मैंने क्यों नहीं क्या किया ?" वह जबरन मुस्कराया।

उसने भी मुस्कराने की कोशिश की। "अपने आप समझ लें।"

दोनों देर तक मौन रहे। काँपते स्वर में श्याओ बोला, "मैंने हमेशा सोचा है कि नर और नारी में निष्काम संबंध से अच्छा और कोई संबंध हो ही नहीं सकता। तुम नहीं मानतीं कि यह संभव है ? तुम नहीं मानतीं कि लोग सचमुच एक-दूसरे को प्यार कर सकते हैं ? आह, मैं नहीं जानता कि मैं कैसा आदमी बननेवाला हूँ और भविष्य में मेरे लिए क्या निश्चित है। परिस्थितियाँ मुझे बदल भी दे सकती हैं। एक महाभँवर में मैं फँस जा सकता हूँ। इसीलिए मैं तुम्हें अपनी बहन बनाना चाहता हूँ, ताकि मैं बेहद अकेला न हो जाऊँ, ताकि मेरी भूलें सुधारने में तुम मदद करती रहो। क्या सबसे अच्छा यही नहीं लगता ?"

"हाँ," वह बोली। मगर उसकी 'हाँ' ऐसी लगी जैसे 'न' कह रही हो।

"प्रेम मैं नहीं चाहता," वह उदास स्वर में कहता गया, "और विवाह की तो मैंने सोची भी नहीं। इसलिए मैंने तुम्हारे पत्रों का तुरंत उत्तर नहीं दिया, लान।" कुछ अंतराल के बाद वह बोलता गया, "जीवन, जीवन क्या है ? मित्रों के साथ जब मैं आनंद मना रहा होता हूँ तब भी मैं अकेला और उदास हो जाता हूँ। ऐसे आदमी का तो परिवार नहीं होना चाहिए।"

लान ने धीमे स्वर में कहा, "आप अपने को परिवार से वंचित रख सकते हैं, परंतु प्यार से वंचित नहीं रख सकते। वह नहीं है तो फिर जीवन में रखा क्या है ?"

"मैं प्रेम से इनकार नहीं करता। क्या मैं एक छोटी लड़की को बहन की तरह और एक बड़ी लड़की को भी बहन की तरह प्यार नहीं करता ? मैं इससे अधिक रंगीन किस्म के प्यार का इच्छुक नहीं।"

उसकी ओर झुककर वह शरमाती हुई बोली, "परंत लोग मानव ही हैं, श्याओ। सभी की एक-सी कामनाएँ होती हैं।"

श्याओ ने आँखें झुका लीं। दोनों हँसे।

हल्की-हल्की धूप सेंकते हुए दोनों अपने-अपने विचारों में खोए हुए थे।

"आशा है तुम मुझे हमेशा याद रखोगे," लान बोली।

"आशा है तुम भी।"

"हम लौट चलें ?"

"ठीक है।"

16

श्याओ स्कूल लौट गया। वह बहुत परेशान था। उसके शत्रु ने उसका घोर अपमान कर दिया था। वह पीला पड़ गया और उसने इतना कम खाया कि नौकर आरुङ पूछ बैठा, "क्या आपकी तबीयत ठीक नहीं, श्री श्याओ ?" "मैं बिल्कुल ठीक हूँ," उसने जवाब दिया। वह अपने कमरे में चला गया और गुमसुम बैठा जाने क्या ताकता रहा।

कोई आध घंटे तक वह हिला भी नहीं मानो उसका तन-मन दोनों लान के प्रेम में होश-हवास खो बैठे हों। वह लान और उसके प्यार के बारे में सोचे बिना रह ही नहीं सकता था—वह प्यार उसके मस्तिष्क में सुंदर कपड़े पहने असंख्य छोटे-छोटे बच्चों की तरह फुदक रहा था। उसके मन में अस्पष्ट विचार आया कि अपने भविष्य में जो दुर्लभ वस्तु की कमी है उसे पूरी कर ले। उसे लगा कि लान की प्रेममयी मूर्ति उसके पास खड़ी हुई है, पर जब उसने आँख उठाई तो कोई नहीं था।

दस मिनट बीत गए। प्राइमरी स्कूल के कोई तेरह-तेरह बरस के चार-पाँच छात्र अंदर आए।

"हमने सुना था आप अस्वस्थ हैं, श्री श्याओ।"

"मैं ठीक हूँ।"

"तब आपने आज सबेरे छुट्टी क्यों माँगी ? अध्यापकों ने कहा कि आप बीमार हैं। मगर हमने आपकी खिड़की से झाँका और आप लेटे हुए नहीं दिखे। हमारी समझ में नहीं आया।"

श्याओ हँसा। "और मैं जानता नहीं कि उन्होंने तुम्हें धोखा क्यों दिया। छाएल्येन का छोटा भाई बहुत बीमार है, इसलिए मैं उसे देखने चला गया था।"

छाएल्येन के परिवार को विषय बनाकर उसने बताया कि वे कितने निर्धन और असहाय थे और किस तरह कोई उनकी सहायता करनेवाला नहीं था। छात्रों ने सर झुका लिया और गहरी साँस ली।

"अध्यापकों ने आपके अच्छे इरादों को छिपाया क्यों ?" एक ने पूछा।

"मैं वाकई नहीं ज़ानता," श्याओ ने कहा।

"हो सकता है वे ईर्ष्या करते हों," एक अन्य छात्र बोल पड़ा। "आजकल कुछ लोग भले आदमियों से ईर्ष्या करते हैं।"

"नहीं, नहीं," श्याओ के पास खड़ा एक छात्र बोल पड़ा। "क्या श्री छ्येन ने बताया नहीं ? उन्होंने कहा था कि श्री श्याओ छाएल्येन की माँ से विवाह करना चाहते हैं।"

लड़का हँसा। श्याओ ने भौंहें तानीं।

"उन्होंने ऐसा कहा ?"

"हाँ, वह हमेशा हमसे प्यार के बारे में बातें किया करते हैं। वह पढ़ाते अच्छा नहीं हैं, पर प्यार के बारे में बातें करने में उस्ताद हैं। वह हर पाठ का अंतिम आधा घंटा इसी में बिताते हैं। और वह हमेशा सुश्री लान के बारे में भी बोलते रहते हैं। जब तक बोल नहीं लेते हैं उनका जी नहीं भरता।"

श्याओ दुख से चुप रहा। समूह में जो सबसे छोटा था, उसने अच्छी टिप्पणी जोड़ी, "किसको चाहिए वे सब बातें ? अगर उन्होंने पढ़ाई पूरी नहीं कराई और उन्होंने कक्षा में फिर प्यार के विषय में बोलना शुरू किया तो मैं और मेरे साथी मिलकर उन्हें कक्षा से बाहर खदेड़ देंगे।"

श्याओ उसकी ओर देखकर मुस्कराया। बेचारा लड़का गुस्से के मारे लाल हो रहा था।

"श्री श्याओ," एक दूसरे छात्र ने हँसते हुए पूछा, "आप सुश्री लान से विवाह क्यों नहीं कर लेते ?"

'तुम्हें ऐसी बात नहीं कहनी चाहिए।" श्याओ की आवाज में कुछ डाँट भी थी। "तुम बच्चे हो, ये सब बातें नहीं समझते हो।"

"वह हमारे कस्बे की रानी हैं।" उसी छात्र ने जोर देकर कहा, "अगर आप उनसे विवाह कर लें तो आप राजा हो जाएँगे।"

"मैं राजा बनना नहीं चाहता। मैं सिर्फ एक साधारण नागरिक रहना चाहता हूँ।"

"परंतु सुश्री लान आपसे प्यार करती हैं।"

तभी प्रिंसिपल थाओ भीतर आ गए और छात्रों ने हल्ला मचाना बंद कर दिया। थाओ का तौरतरीका अफसरों-सा कठोर था।

"सुश्री लान की क्या बातें हो रही हैं ?"

खिसियाते हुए छात्र सरक गए। थाओ उन्हें जाते हुए देखते रहे। वह श्याओ की मेज के सामने बैठ गए।

"क्या हो रहा है ? कल छ्येन ने मुझे बताया कि तुम विधवा से विवाह करने की सोच रहे हो।"

श्याओ खड़ा हुआ, मानो जाना चाह रहा हो। "दोस्त, ऐसी बातें मत करो। हम हवा में जहर क्यों घोलें ?"

"तुमने और मेरी बहन ने मिलकर मेरे सर में चक्कर पैदा कर दिया है," थाओ ने विषाद से कहा।

"मैंने इसमें कुछ नहीं किया। अगर आप सहमत हों, मेरे भाई, अब से हम सिर्फ स्कूल की बात किया करेंगे। मुझे और किसी चीज में दिलचस्पी नहीं।"

थाओ थोड़ी देर बैठे। फिर अगली कक्षा की घंटी बज गई।

17

सूरज के साथ-साथ उसके चरणों से बँधे-बँधे समय भी बीतता गया। दो दिन बीत गए।

श्याओ खेल के मैदान में विद्यार्थियों के साथ गेंद खेल रहा था। उनकी हँसी वसंत के तीसरे चांद्रमास की धूप-सी चमक रही थी। दोपहर होने को आई और विद्यार्थी जाने को हुए तो लान खेल के मैदान के मुहाने पर आई। एक शैतान विद्यार्थी बोल उठा, "श्री श्याओ, सुश्री लान आपको खोज रही हैं।"

श्याओ ने गेंद एक विद्यार्थी को दे दी और हाँफता और पसीने से भीगा सरपट दौड़कर लान के पास चला गया। दोनों में से कोई न बोला। मानो आगे-आगे चलती हुई लान उसे उसके कमरे तक ले आई।

"तुमने खाना खा लिया ?" श्याओ ने पूछा।

"नहीं, मैं अभी-अभी छाएल्येन के घर से आई हूँ," वह निरुत्साही स्वर में बोली। श्याओ मुँह धो रहा था।

"मुन्ना कैसा है ?"

"मुन्ना मर गया।"

"मर गया ?" वह चीख पड़ा और उसने अपना तौलिया तसले में गिरा दिया।

"दो घंटे पहले जब मैं उसके घर गई थी, वह दम तोड़ रहा था। उसका गला घुट रहा था। वह देख नहीं पा रहा था। उसकी माँ और छाएल्येन रो रही थीं और उनके रोने की आवाज थी जिससे उस प्यारे बच्चे ने दम तोड़ दिया। मैंने उसके हाथ कसकर पकड़ लिए और बरबस कोशिश करने लगी कि कुछ सोचूँ। पर इसके पहले कि मैं कुछ सोच सकूँ मैंने उसके हाथ ठंडे होते पाए। उसका रंग उड़ता देखा। हे ईश्वर, मैंने उसके हाथ कस लिए जैसे शायद इस तरह उसे रोक सकूँ। पर कोई

फायदा नहीं हुआ। ईश्वर अंधा होगा तभी वह उस कलपती हुई माँ को देखकर विगलित न हुआ। बिस्तर पर पड़ी हुई वह मृत शिशु को बाँहों में पकड़कर अभागी औरत पागल की तरह रोते-रोते बेहोश हो गई। आखिरकार दो पड़ोसिनें आईं। उन्होंने उसे उठाया, ढारस बँधाना चाहा पर कोई लाभ नहीं। उसका शिशु तो अब जी नहीं उठेगा। ईश्वर उसकी नन्ही-सी आत्मा को शांति दे। वह माँ और बहन के प्यार से वंचित हो गया है। उसे अनंत शांति मिले। उसकी माँ के सारे आँसू भी उसे वापस नहीं ला सकते। वह अपनी माँ की दारुण वेदना को क्या पहचानता है?"

बोलते-बोलते लान रुकी। उसकी आँखों में आँसू छलछला रहे थे। श्याओ ने पूछा, "अब कैसी है वह?"

आँखें रूमाल से पोंछकर लान एक कदम आगे आई। वह ठिठकी, फिर बोलने लगी, "वह आधा घंटा रोई और आधी बेहोश हो गई थी। हमने उसे बिस्तर पर लिटा दिया। मैंने पड़ोसियों को कुछ पैसे दिए और उनसे कहा कि एक छोटा-सा ताबूत लाकर दफनाने की तैयारी करें। 'उसे दफन मत करो,' माँ चिल्लाई। वह इतना रो चुकी थी कि उसकी आवाज नहीं निकल रही थी। 'उसे यहाँ मेरे पास छोड़ दो। वह अपने घर में जीवित नहीं रह सका, उसे यहीं मरा ही रहने दो।'

"उसे शांत करने के मेरे सारे उपाय व्यर्थ गए। अंत में मैं अपने आप बढ़ी। मैंने बच्चे को धुले कपड़े पहनाए—कपड़े नए तो नहीं थे पर रंगीन थे और फटे नहीं थे। बच्चों को नए कपड़े पसंद हैं। उसके पास तो कभी कोई नया कपड़ा नहीं था, इसलिए वह जाना चाहता था। फिर मैंने उसके सर पर एक छोटा-सा हैट रख दिया। वह बहुत साफ-सुथरा दिख रहा था। ताबूत और जनाजे के लोग आए। 'उसे यहाँ कुछ दिन और रहने दो', माँ बिस्तर पर से ही चिल्लाई। 'बस सिर्फ कुछ दिन और।' हमने उसकी एक न सुनी। दो आदमी बच्चे को ताबूत में रखकर ले गए।

"आँखों में आँसूभरे प्यारी छाएल्येन मुझसे पूछने लगी, 'मेरे छोटे भाई को कहाँ ले जा रहे हैं?' मैंने उत्तर दिया, 'स्वर्ग को।' वह बोली, 'मैं भी जाऊँगी।' "

लान चुप हो गई। थोड़े समय बाद वह फिर कहने लगी, "अफसोस की बात है। वह बेचारी विधवा, उसने कई दिन से खाया नहीं था। और अब उसका प्यारा बच्चा भी नहीं रहा। वह बहुत दुबली हो गई है। उसकी छोटी बच्ची अभी है, पर वह माँ को दिलासा नहीं बँधा सकती।"

"मुझे जाना चाहिए," श्याओ ने गंभीर होकर कहा, "और लड़की को यहाँ स्कूल में ले आना चाहिए।"

"कोई लाभ नहीं। वह अभी अपनी माँ को छोड़ना नहीं चाहेगी।"

"घर पर सिर्फ वे दोनों ही हैं?"

"पड़ोसिनें चली गई तो मैं थोड़ी देर तक बैठी रही, परंतु घर इतना सूना-सूना लग रहा था कि मुझसे सहा नहीं गया।" लान ने सर झुका लिया। "उस बेचारी औरत पर कैसी विपत्ति आ पड़ी। कैसे जिएगी वह?"

"दूसरी शादी कर ले," श्याओ ने बुझे स्वर में कहा। "वही एक रास्ता है।" उसका दिमाग भ्रम में पड़ गया था और उसने कमरे में एक चक्कर काटा। भरी आवाज में वह बोलता गया, "कोई कारण खोजो जिससे वह दोबारा विवाह करने की कायल हो जाए। लान, तुम उससे बात करो। मैं उसके घर अब और नहीं जाना चाहता। मेरे पास उसकी मदद का अब कोई उपाय नहीं रहा। मेरा तरीका बेकार हो चुका है। मैं उनके घर अब नहीं जाऊँगा। कृपा करके छोटी लड़की को स्कूल ले आओ।"

"मैं उन्हें अपने घर आकर कुछ दिन रहने के लिए कहने की सोचती रही हूँ।" लान धीमे सुर में बोली। "घर में हर चीज उसे मृत शिशु की याद दिलाती है। बाद में हम उसकी मदद का कोई तरीका खोज लेंगे। मैं उससे अभी पुनर्विवाह के लिए नहीं कह सकती और अभी वह उस पर विचार भी नहीं करेगी—उसका बच्चा अभी-अभी तो मरा है।"

दोनों में से कोई और कुछ नहीं बोला। दोनों विचारों में डूबे रहे। बेचारी बच्ची छाएल्येन ने धीरे से श्याओ का दरवाजा खोला और उनके सामने आ खड़ी हुई। आँखों में आँसू थे। बस्ता लिए हुए थी।

चौंककर श्याओ ने पूछा, "कक्षा के लिए आई हो ?"

"माँ कहती हैं मेरा जाना जरूरी है।" लड़की ने सुबकना शुरू कर दिया। "वह कहती हैं मुझे जरूर पढ़ना चाहिए। वह कहती हैं मैं श्याओ चाचा के साथ रहूँ तो ठीक होगा।"

"क्या तुम्हारी अम्मा अभी तक रो रही हैं ?"

"नहीं। वह कहती हैं कि मैं तुम्हारे छोटे भाई से मिलने और उसे लेने जा रही हूँ।"

श्याओ का दिल घबराहट से धड़कने लगा। "क्या वह जान दे देना चाहती है ?" उसने लान से पूछा।

"यही सोचती होगी," लान ने रुआँसी होकर जवाब दिया। "मैं उसकी जगह होती तो मैं भी यही चाहती।"

"हम छाएल्येन को घर ले चलें। मुझे बस जरा हिम्मत बटोरनी होगी। मुझे उस औरत से मिलना ही होगा जिसका जीवन भेड़िए चबा गए हैं। मुझे जानना ही होगा कि उसके मन में क्या है। अगर तुम उसे समझा सकीं कि उसे तुम्हारे घर आकर कुछ दिन के लिए रहना चाहिए तो बहुत बढ़िया बात होगी। चलो लड़की के साथ वहीं चलें।"

'मैं नहीं जाती।' लान ने सर हिलाया, "अभी नहीं। आप पहले जाइए। मैं घंटेभर में वहीं आ मिलूँगी।"

"क्यों ?"

"हमारे साथ-साथ जाने की कोई जरूरत नहीं है।"

श्याओ समझ गया। छाएल्येन का हाथ पकड़कर वह तेजी से निकल गया। लान इमारत से निकली और उन्हें पश्चिम गाँव की सड़क पर लोप होते देखती रही।

18

स्त्री पुराने कपड़ों को सहेज रही थी। नन्हे-नन्हे फटे कपड़े, जो बच्चा पहन चुका था, उसने एक ओर फेंक दिए। छाएल्येन के कपड़ों को उसने तह करके मेज पर रख दिया। लगता था मानो वह बच्चे की सब चीजें, उसके पैरों की छाप भी, नदी में फेंक देना चाहती हो और छाएल्येन के जीवन को नए रूप में सजा देना चाहती हो। इस तरह पीड़ा मिट जाएगी और आनंद उसके सामने अपने बहुरंगी पंख फैला सकेगा। वह रोई नहीं। उसकी आँखों में आँसू बचे ही नहीं थे। निर्विकार भाव से उसने कपड़े तह किए। बीच-बीच में वह अपने में खो जाती थी और अज्ञात भविष्य की कल्पना करने लगती थी।

—लड़का नहीं रहा। सिर्फ लड़की बची है।

—लड़की का क्या लाभ ? उससे कोई मदद नहीं मिल सकती।

—मेरे पास कोई संपत्ति नहीं, कोई पूँजी नहीं।

—मुझे एक पुरुष की सहायता चाहिए। पर वह संभव नहीं है।

—उसके जैसे पुरुष की सहायता। वह तो एकदम असंभव।

—मैंने उसकी प्रतिष्ठा धूल में मिला दी। हमेशा यही होता है।

—अपने पति के प्रति सच्ची रहना चाहती हूँ तो मुझे उसे दुख उठाते हुए देखना पड़ेगा।

—वह सुखी हो सकता है। वह विवाह कर सकता है।

—पर मैं...मैं तो मिट गई।

छाएल्येन चुपचाप आ गई और आकर माँ के पास खड़ी हो गई। विधवा को उसका आना पता नहीं चला। "अम्मा," छोटी लड़की ने पुकारा। उसकी आँखों में आँसू थे।

"तुम गईं नहीं ? मैंने कहा था स्कूल जाओ," विधवा युवती ने चिढ़कर पूछा। वह इतनी दुर्बल हो गई थी कि उससे क्रोध भी नहीं किया जा रहा था।

"श्याओ चाचा मुझे घर ले आए।"

स्त्री ने देखा। श्याओ दरवाजे पर खड़ा था। उसने नजर हटा ली और चुप रही।

जहाँ वह खड़ा था वहीं से वह एक वाक्य बोला। लगता था इस वाक्य को उसने काफी देर तक सोच लिया था।

"जो बीत गई सो बीत गई।"

लगा कि औरत कुछ समझी नहीं। उसने उत्तर नहीं दिया।

श्याओ ने तत्काल घूरकर उसे देखा। उसके चेहरे पर उसे केवल थकान और पीड़ा दिखाई दी, और कुछ नहीं।

"बीती बातों को और मत याद करो। आपको यह सोचना चाहिए कि आप भविष्य में क्या करेंगी।"

विधवा युवती ने सर उठाया और धीरे-धीरे जवाब दिया, "श्रीमान, वही मैं सोच रही हूँ।"

"सोचना ही चाहिए।" वह और पास आ गया।

वह इतने धीमे बोली कि उसकी आवाज मुश्किल से सुन पड़ी, "ठीक ही है।"

बड़े धीमे से बड़े प्यार से उसने पूछा, "तो फिर आप करना क्या चाहती हैं ?"

उसकी आवाज अब भी दबी-दबी थी। "मैं मिट गई।"

श्याओ और निकट आ गया। छोटी लड़की के कंधे पर हाथ रखकर वह बोला, "बुरा मत मानें, खरी बात कहूँ तो यह है कि जो आपके मन में है, वह एक दुर्विचार है।"

वह रुलाई नहीं रोक सकी। ऊँचे स्वर में रोकर बोल पड़ी, "मैं आपकी कृपा की चिरकृतज्ञ रहूँगी। हर क्षण अपने जीवन में मैं आपको स्मरण रखूँगी। पर इस जीवन में यह कृतज्ञता क्या कभी चुका सकती हूँ ? मुझे तो उऋण होने के लिए संसार में बैल या घोड़ा बनकर फिर जन्म लेना होगा और आपकी सेवा करनी पड़ेगी।"

"कृपा करके ऐसी बातें न करो।"

"मैं हृदय से कह रही हूँ। पहले मैं सोचा करती थी कि जब मेरा लड़का बड़ा हो जाएगा तो हम आपको अपना ऋण चुका देंगे। पर अब वह नहीं रहा और मेरी योजना चौपट हो गई।" कहकर युवती रोने लगी और आँखें पोंछती रही।

"आपके पास छाएल्येन तो अब भी है।"

"छाएल्येन।..." उसने छोटी लड़की की ओर नजर डाली। "क्या आप उसे अपने नौकरानी बना लेंगे ?"

श्याओ कुछ नाराज हो गया। "तुम स्त्रियों का दिमाग नहीं होता। तीन बरस से भी कम का एक शिशु नहीं रहा, तो क्या हुआ ? आपका पति सत्ताईस या अट्ठाईस बरस का था, तभी उसे गोलियों ने मार डाला।"

"परंतु श्रीमान, मैं जिऊँगी कैसे ?"

वह कमरे में टहलने लगा। अपने को रोकने में असमर्थ वह बोला, "दूसरा विवाह कर लें, मैं आपको सलाह देता हूँ कि दूसरा विवाह कर लें।"

युवती तुरंत उठ खड़ी हुई। मानो उसने ऐसी बात कभी पहले सुनी न हो। संकोच से धीमी आवाज में उसने पूछा, "दूसरी शादी कर लूँ ?"

श्याओ बैठ गया। फिर उठ खड़ा हुआ। "मैं सोचता हूँ वही सबसे अच्छा होगा," वह हकलाते हुए बोला। "जीवन के बाकी वर्ष अकेले कष्ट उठाने से क्या लाभ ? जिस किसी को पसंद करती हों उसे चुन लें..." इसके आगे वह नहीं बोला, क्योंकि उसे लगा कि वह गलत बात कह रहा है। यह पवित्र स्त्री कहीं यह न समझे कि वह इससे विवाह का प्रस्ताव कर रहा है।

सचमुच, स्त्री का दिल जोरों से धड़क रहा था और साँस तेजी से चल रही थी। वह उसे एकटक ताक रही थी और रुक-रुककर बोली, "आप...आप मेरे उद्धारक हैं। आप ईश्वर के समान दयालु हैं। मैं आपका ऋण कभी चुका न पाऊँगी। बिना आपके हम तीनों जाने कब के मर गए होते। मेरा बेचारा अभागा बच्चा आज तक जिंदा न रहा होता।"

इस विषय से उसका ध्यान हटाने के लिए वह बोला, "लोगों को कष्ट झेलना सीखना और जीवन की इच्छा करनी चाहिए।"

"और नहीं तो मर जाना चाहिए, छुट्टी पा जाएँगे," वह गंभीरता से बोली।

श्याओ ने सर हिलाया। "यह सोचने का सही तरीका नहीं। क्या आपको छाएल्येन की चिंता नहीं होती ?"

छोटी लड़की उन दोनों के बीच में खड़ी थी और जो बोलता उसकी ओर बारी-बारी से देख रही थी। अब माँ ने उसे सीने से लगा लिया और बोली, "आपने हमारे साथ बहुत अच्छा बर्ताव किया, श्रीमान। हम जीवनभर आपकी सेवा करेंगे।"

"क्या ?" श्याओ चौंक पड़ा।

"मुझे और मेरी बच्ची को अपनी नौकरानी बना लें।"

"क्या मतलब ?"

"क्या आप हमें नौकरानी बनाएँगे, संरक्षक ?"

आँसू बहाते हुए वह उसके सामने घुटने टेककर झुकनेवाली ही थी कि श्याओ बहुत विचलित हो उठा। मानो इस अभागी स्त्री का जीना-मरना उसके हाथ में हो। अपने पर किसी तरह नियंत्रण कर वह जबरन मुस्कराया।

"इस बारे में हम फिर बात कर लेंगे। मैं आपकी और छाएल्येन की सहायता करने का भरसक प्रयत्न करूँगा। इतना तो मेरे बस में है।" यह कहते हुए वह सोच रहा था, "यदि मैं एक पत्नी चाहता हूँ तो मैं उससे विवाह क्यों न कर लूँ ?"

उसने इस विधवा युवती की ओर देखा। वह नहीं जानता था कि वह क्या सोच रही है। उसका चेहरा और पीला पड़ गया। आँखें पथरा गईं और वह बेहोश होकर जमीन पर गिर पड़ी।

छाएल्येन उसके पास दौड़ी आई, रोते हुए चिल्लाई, "अम्मा, अम्मा।"

उसकी माँ ने उत्तर नहीं दिया और बच्ची रोती रही। बहुत परेशान होकर श्याओ ने विधवा युवती का माथा छूकर देखा। वह बरफ की तरह ठंडा था और उस पर पसीने की बूँदें थीं। श्याओ ने उसे उठा लिया और बिस्तर पर लिटा दिया। वह कुछ बुदबुदा रही थी।

"कैसी हैं आप ? कैसा लग रहा है ?" वह व्याकुल होकर पूछने लगा।

"मैं ठीक हूँ। मुझे कुछ नहीं हुआ," वह कुछ हाँफते हुए भरी-सी आवाज में बोली। उसने अपनी आँखें मलीं मानो सोकर उठी हो। पास में खड़ी रोती हुई छोटी बच्ची चिल्ला पड़ी, "अम्मा, अम्मा।"

श्याओ भी वहीं खड़ा रहा। वह असमंजस में था। सर झुकाए हुए वह समझ नहीं पा रहा था कि क्या करना चाहिए। झंकृत तार की तरह काँपती आवाज में युवती ने कहा, "छाएल्येन, तुम्हारी अम्मा को कुछ हो जाए तो तुम श्याओ चाचा के पास रह जाना। वह तुम पर बड़े कृपालु हैं जैसे अपने सगे चाचा होते हैं।"

"आपको ऐसा बोलने की क्या जरूरत है ?" श्याओ ने दुखी मन से कहा।

"मेरा मन पिछले कुछ दिनों से बहुत गिरा-गिरा-सा रहा है।"

"आपको बड़ा कठोर आघात लगा है। आप बहुत थक गई हैं।"

"जब से बच्चा अस्वस्थ हुआ, मैं एक कौर भी खा न सकी। जब से वह नहीं रहा मैंने एक घूँट पानी भी नहीं पिया।"

"यह तो बहुत बुरी बात है। आप बहुत संकीर्ण दृष्टि से सब बातें देखती हैं।"

युवती ने उत्तर नहीं दिया। वह ऊँघ गई। थोड़ी देर बाद उसने आँखें खोलीं और श्याओ को ताका। जबर्दस्ती मुस्कराहट चेहरे पर लाकर उसने फिर युवती का माथा छुआ। वह पहले से गरम था और पसीना आना बंद हो गया था। श्याओ ने उसकी नाड़ी देखी। वह बहुत धीमी चल रही थी।

"आपको कुछ खा लेना चाहिए," उसने सलाह दी।

'मैं कुछ खाना नहीं चाहती।"

"यह गलत बात है। क्या भूखे रहकर जान दे देने का इरादा है?"

वह भी बेमन से मुस्कराई। युवक बोलता रहा, "यदि आप समझती हैं कि मैं आपका हित चाहता हूँ तो आपको मुझ पर विश्वास करना चाहिए। हरेक को कभी न कभी मरना होता है और माताएँ अक्सर बच्चे गँवा बैठती हैं। परंतु यदि हर माँ जिसका बच्चा न रहे, वह हफ्तों भूखों रहकर मर जाना चाहे तो हमारे यहाँ कोई माँ ही न रहे। जीवनभर हम भाग्य से संघर्ष करते रहते हैं। हमें भाग्य पर विजय पानी है, और अस्तित्व के अंतिम क्षण तक उससे संघर्ष करना है। अगर आप मेरी बात समझें तो ठीक रहेंगी।"

मानो केवल आधी बात समझ रही हो, विधवा युवती रूखी मुस्कान मुस्कराई और मधुर स्वर में बोली, "कृपया आप घर जाएँ, श्रीमान। मैं जानती हूँ कि आप बहुत व्यस्त हैं। मैं अब सब बात साफ-साफ समझ गई हूँ। जैसा कह रहे हैं वैसा ही करूँगी।"

श्याओ ने उसका दुर्बल हाथ अपने हाथ में ले लिया। कमरा एकदम शांत था। द्ररवाजा खुला और एक युवती आई। श्याओ ने विधवा का हाथ छोड़ दिया और सर घुमा लिया। छोटी लड़की भी माँ के सीने से हटकर अलग बैठ रही।

19

लान श्याओ के पास आई और पूछने लगी, "आप अभी तक गए नहीं?"

"वह बेहोश हो गई थीं," वह बोला। "मुझे थोड़ी देर रुक जाना पड़ा।"

विधवा की ओर मुड़कर लान ने वह हाथ थाम लिया जो श्याओ ने अभी-अभी छोड़ा था। "अब कैसा लग रहा है?"

"बेहतर है," विधवा ने कुछ कठिनाई के साथ जवाब दिया। "मैं श्री श्याओ से कहती रही हूँ कि वह स्कूल लौट जाएँ, शायद उन्होंने खाना भी नहीं खाया।"

"कोई बात नहीं।" श्याओ ने क़हा। "मगर मैं चाय चाहता हूँ। जब वह बेहोश हुई थीं तो मुझे एक प्याला गरम पानी भी नहीं दिखाई दिया।"

"मैं कुछ पानी उबालूँगी," लान ने कहा। "शायद छाएल्येन ने कुछ भी नहीं खाया। अब तीन बज चुके हैं।"

"बेचारी बच्ची भी भूखे पेट हमारे पास खड़ी रही है।"

लान रसोई में गई। केतली में पानी भरा और कुछ चैलियाँ सुलगाईं। उसने अँगीठी में लकड़ियाँ ठूँस दीं, मानो उसे पानी उबलने की प्रतीक्षा करने का समय न था। लकड़ी कच्ची थी और कमरा धुएँ से भर गया। उसकी आँखों से पानी गिरने लगा। बिस्तर से ही विधवा ने छाएल्येन को आदेश

दिया, "तुम आग सुलगाओ। देखती नहीं कि सुश्री लान काम कर रही हैं ?"

बच्ची दौड़कर अँगीठी के पास पहुँची ही थी कि पानी में बुलबुले उठने लगे। छाएल्येन ने चाय की कुछ पत्तियाँ खोज निकालीं, जिनमें ज्यादातर डंठल ही थे, और दो प्यालों में उन्हें भिगो दिया। ये प्याले उसने अतिथियों के सामने रख दिए।

कमरे का वातावरण बदल गया। ऐसा दिखता था मानो उनमें से हर एक का भाग्य अगले घंटेभर में तय हो जाना है। छोटी लड़की लान के पास सटी रही। उसकी आँखें अपनी माँ के चेहरे पर गड़ी थीं जैसे कि यह स्त्री अब उसकी माँ न रही हो। जैसे कि उसकी माँ भी उसी समय मर गई हो जब उसका छोटा भाई मरा था। और अभागी विधवा युवती जिसको स्पष्ट ही ईश्वर ने संसार की कड़ुवाहट के घूँट पीने का आदेश दिया था, अब स्वाभाविक दृष्टि से अपनी गहरी शांत आँखें लान की ओर किए और उसे एकटक ताक रही थी और एक फीकी मुस्कान उसके चेहरे पर थी। लान पलंग की पटिया पर बैठी हुई थी। फिर विधवा ने श्याओ को निहारा जो कि फर्श को घूरता सर नीचे किए खिड़की के पास खड़ा था। ऐसा लगता था कि वह उन दोनों की देह व आत्मा को खोलकर दोनों को एक में संपृक्त कर देना चाहती हो। उनके कपड़ों से ही वैभव की आभा झलकती प्रतीत होती थी। छाएल्येन को यदि उन दोनों के साथ स्थान मिल जाता तो वह संपन्न भविष्य की आशा लेकर बड़ी होती। यह सोचकर विधवा मुस्करा उठी।

कोई चौथाई घंटे तक एक सघन करुण वातावरण छाया रहा। अंत में लान बोली, "मैं आपको निमंत्रण देना चाहती हूँ कि कुछ दिन आकर मेरे घर रहो। आपको यहाँ की हर चीज देखने से ही चोट पहुँचाती है। अपना शरीर चौपट करने का क्या फायदा। छोटी लड़की को भी यहाँ कष्ट होगा। वह आपके साथ रोती रहेगी और आप भूखी रहेंगी तो वह भी भूखी रहेगी। उसकी कोमल देह यह दुख उठा भी न पाएगी। चलो, मेरे साथ कुछ दिन रहो। इस घर को बस ताला लगा दो।"

लान का स्वर मंद और नम्र था। विधवा ने उत्तर दिया, "धन्यवाद ! आपकी कृपा का मूल्य कैसे चुकाऊँ, मैं नहीं जानती। मैं अब अतीत की याद नहीं कर रही हूँ। बस यही सोच रही हूँ कि अपनी कृतज्ञता कैसे प्रकट करूँ।"

कुछ ठहरकर वह छाएल्येन से बोली, "तुम चाचा और चाची के साथ लौट जाओ। मैंने तुम्हारे लिए कुछ पकाया नहीं है। जहाँ तक मेरा सवाल है, मेरा खाने का मन नहीं चाहता।"

छाएल्येन ने आँख उठाकर लान को देखा और लान ने उसकी ओर मुस्कराकर उसे लिपटा लिया। फिर लान बच्ची की माँ से गंभीरता से बोली, "क्या आप उपवास करके जान देना चाहती हैं ?"

"मैं इतनी जल्दी मरनेवाली नहीं।"

"तब मेरे घर कुछ दिन के लिए चलो।"

विधवा ने एक क्षण सोचा। "मैं चल न पाऊँगी। मेरे पाँव अकड़ गए हैं और खल्लियाँ पड़ गई हैं।"

"मैं आदमी बुला लूँगी कि आपको उठाकर ले चलें," लान ने रानियों की तरह शान से उत्तर दिया।

"नहीं, इसकी जरूरत नहीं, धन्यवाद। मेरा बच्चा अभी-अभी मरा है। तुरंत किसी के घर जाकर रहना मुझे शोभा नहीं देगा। इस बारे में कुछ बाद में बात कर लेंगे। मैं बहुत थक गई हूँ। मैं कुछ दिन खूब आराम करना चाहती हूँ।"

कोई भी नहीं बोला। कुछ देर बाद विधवा ने कहा, "कृपया लौट जाएँ, आप दोनों लौट जाएँ।"

श्याओ ने खिड़की से आकाश को ताका। कोई चारा न था। वह और लान छाएल्येन को लेकर चले गए। किसी ने एक शब्द मुँह से न निकाला। परंतु जब वे पश्चिम गाँव से बाहर पहुँचे तो लान ने कहा, "उस स्त्री को अकेले छोड़ आना मुझे अच्छा नहीं लग रहा है।"

"मगर और किया भी क्या जा सकता था ?"

"क्या आप समझते हैं कि वह अकेली ठीकठाक रहेगी ?"

"मेरी समझ में नहीं आ रहा है कि उसकी रक्षा कैसे करूँ।" उसके स्वर में विषाद था।

लान व्याकुल हो गई। "कल सबेरे उठकर सबसे पहले मैं उससे फिर मिलने जाऊँगी।"

छाएल्येन लान के साथ घर चली गई। श्याओ स्कूल में अपने कमरे में लौट आया।

जितना ही वह विधवा युवती के बारे में सोचता उतना ही पाता कि वह खतरे में है। श्याओ के मन में अत्यंत आकुलता थी, मानो यदि कोई दुर्घटना हुई तो वही जिम्मेदार होगा।

उसने खाया नहीं, उसे भूख नहीं थी। पूरे एक घंटे तक वह विचार में मग्न रहा। गोधूलि होने पर आरुङ आया, तेल का दीया जला गया।

उसके आलोक में श्याओ ने जल्दी-जल्दी में कुछ पंक्तियाँ लिख डालीं :

स्नेहमयी लान,

नहीं जानता क्यों परंतु जीवन का सारा वैषम्य इस क्षण में मानो सिमट गया है। लगता है मानो मैं कोई हत्यारा हूँ। मैंने एक व्यक्ति की हत्या की, इसलिए शीघ्र ही मैं भी मारा जाऊँगा।

अगले तीन दिनों में मुझे उस बेचारी स्त्री को उसके संकट से यथोचित विधि से उबारना ही होगा जो समस्या की तह तक जाती हो। मैंने पूरी तरह इस पर विचार कर लिया है। लान, यदि अंत में मैं कोई और अधिक अच्छा उपाय न सोच पाया तो मैं उससे विवाह कर लूँगा। तुम यह सुनकर प्रसन्न होगी क्योंकि मुझे ज्ञात है कि तुम उसके लिए मेरे जितनी ही चिंतित हो।

परसों मैं जरूर उसे बता दूँगा। प्यारी बहन, मुझे लगता है कि यही एकमात्र रास्ता बचा है। यह हमारे लिए भी सबसे अच्छा उपाय होगा। कृपया अन्यथा न समझना।

और क्या कह सकता हूँ। हम तीनों को ईश्वर अनेक आनंद और सम्मान प्रदान करे।

मेरी अत्यंत स्नेहभरी शुभकामनाएँ

—श्याओ

उसने जल्दी से पत्र को बंद किया और आरुङ से उसे दे आने को कहा। अपने कमरे में बैठे-बैठे ही वह कड़ुवाहट से भरकर मुस्कराया।

आधे घंटे के अंदर एक नन्हा छात्र एक लिखित उत्तर ले आया। दौड़ते-दौड़ते हाँफ जाने के कारण बच्चे ने दम लेकर बोलना शुरू किया, "श्री श्याओ ! सुश्री थाओ ने कहा है कि आप उनके घर सीधे पहुँच जाएँ। छाएल्येन लगातार रोती रही है। वह अपने घर जाना चाहती है।"

"बहुत अच्छा," श्याओ ने सर हिलाकर कहा। जैसे ही विद्यार्थी लौटा, श्याओ ने पत्र खोला। लिखा था :

श्री श्याओ,

आपके निर्णय ने मुझ पर वज्र के समान आघात किया है और मैं झकझोर दी गई-सी खड़ी हूँ। क्या यह नितांत आवश्यक है कि आप यही रास्ता पकड़ें ? यदि ऐसा हो तो भले ही आगे बढ़िए।

आपकी दुखिया—लान

श्याओ ने चिट्ठी को कई बार पढ़ा। वह उसमें छिपी प्रताड़ना को समझ तो रहा था पर उसकी आँखें लान की सुंदर, ललित लिखावट को निहारे जा रही थीं मानो उसके हृदय की गहराइयों के अँधेरे झाँकना चाहती हों।

सात बजने से कुछ पहले उसने कंधों पर कोट डाला और लान के घर को चल पड़ा।

छाएल्येन खाना खा चुकी थी और सोने चली गई थी। वह बच्ची बिल्कुल पस्त हो चुकी थी। लान और श्याओ जब मिले तो दोनों के चेहरे पर फीकी-सी मुस्कान ही आ सकी। आध घंटे तक मौन रहा। तब लान बोली, "मैं आपको जानती हूँ, पर क्या यही करना जरूरी है ?"

"मैं और कोई बेहतर तरीका नहीं सोच पा रहा हूँ।"

"क्या आप उसे प्यार करते हैं ?"

श्याओ ने धीरे से कहा, "हाँ, मैं उसे प्यार करता हूँ।"

गंभीर स्वर में परंतु थोड़ी-सी बनावट लाकर लान पूछ बैठी, "मेरी बात का उत्तर दीजिए। मैं अपने को मार डालूँ, तो आप क्या करेंगे ?"

"तुम क्यों ऐसा कहती हो ?" कहते-कहते वह एक कदम करीब आ गया।

"उत्तर दीजिए कृपा करके।" उसका स्वर शांत था।

"क्या ईश्वर चाहता है कि हम सब मर जाएँ ?" वह झुंझलाकर चीख पड़ा।

थोड़ी देर के मौन के बाद लान निर्विकार ढंग से हँसी। "मैं जानती हूँ आप आत्महत्या में विश्वास नहीं करते। तथ्य यह है कि मैं जीवित रहना चाहती हूँ—सिर्फ अपनी भड़ास निकालने के लिए मैं अस्सी बरस की उम्र तक अकेली रहकर जिऊँगी और आगे भी जीती रहूँगी। जब मृत्यु के दूत मुझे दफन करने आएँगे और एक बेहद बूढ़ी औरत की खातिर रोएँगे तभी मैं मरूँगी।" आँखों में आँसू भरकर उसने कहा, "सारे लोगों में आप ही हैं जो मेरे हृदय को पहचानते हैं। अब आप मेरे बड़े भाई नहीं हैं और मैं अकेली हूँ। पर कोई बात नहीं। मैं अकेली रहने के लिए ही पैदा हुई थी। अच्छा है, सारी दुनिया घूम लूँगी। लड़की यात्रा क्यों न करे ? और नहीं तो, बाल मुँडाकर भिक्षुणी बन जाऊँगी। मुझे मूर्तिपूजा में आस्था नहीं परंतु जरूरी हो तो मैं भिक्षुणी बन सकती हूँ।"

श्याओ ने सर झुका लिया। वह अवाक् रह गया था।

"ऐसा क्यों कहती हो ?"

"जो मेरे मन में है सो कहती हूँ।"

"ऐसी बातें तुम्हारे मन में क्यों आती हैं ?"

"क्योंकि मैं जानती हूँ कि मैं अकेली हूँ।"

"नहीं, एक उज्ज्वल और आदर्श भविष्य तुम्हारे सामने है। और मेरे बारे में तो तुम्हें गलतफ़हमी है लान, मेरे कंधों पर कोई सुंदर पंख नहीं जड़े हैं।"

लान ने उसकी ओर निराश होकर देखा। "आप सही काम कर रहे हैं, बड़े भाई। अब घर जाइए।" पर यह कहकर उसने उसका हाथ पकड़ लिया मानो जाने न देना चाहती हो। थोड़ी देर बाद हाथ छोड़ा और मुँह मोड़कर बोली, "जाइए, फिर उससे प्यार कीजिए।"

श्याओ के मुँह से बोल नहीं निकला। वह भौंचक-सा लान के घर से चला और उसके अहाते के दरवाजे पर आकर खड़ा हो गया। रात घनी अँधेरी थी। क्षणभर को वह समझ नहीं पाया कि किधर जाए मानो कहीं कोई सड़क ही न रह गई हो। सर उठाकर उसने सप्तर्षि की ओर देखा।

"मनुष्य इतना जटिल प्राणी है कि हद है," सप्तर्षि मानो रुष्ट होकर कह रहे थे। "हम कभी उसे ठीक-ठीक समझ न पाएँगे।"

20

श्याओ स्कूल लौटा तो उसे स्वागत कक्ष में जमा होकर गरमागरम बहस करते कई अध्यापक खड़े मिले। कुछ जोरों से हँस रहे थे जैसे उनको असीम स्वतंत्रता का अधिकार हो। अपने विषाद से उबरने

के लिए वह उनके पास चला गया। परंतु वे अपनी हल्की-फुल्की बातें करते रहे और वह एक शब्द भी बोल न पाया। वे एक बालटीभर पानी थे और वह एक बूँदभर तेल था, दोनों का घुलना असंभव था। लगभग तभी थाओ ने प्रवेश किया। वह शायद श्याओ को खोज रहे थे, पर बोले वह सभी से, "आश्चर्य की बात है," उन्होंने अत्यंत असंतुष्ट स्वर में कहा। "मुझे कुछ पता ही नहीं। सुनता हूँ श्री श्याओ जो बंधनों से मुक्त जीवन के पक्ष में हैं, अब विवाह की योजना बना रहे हैं। मेरी बहन लान, जो प्रेम की प्रबल समर्थक है, सहसा बंधनों से मुक्त रहने का समर्थन करने लगी है। श्याओ, यह सब क्या हो रहा है ?"

बाकी लोग फौरन चुप हो गए। सबकी आँखें श्याओ की ओर हो गईं। मुस्कराकर उसने उत्तर दिया 'मैं खुद नहीं जानता।'

फ़ाङ मओ ने झट थाओ से पूछ लिया, "श्री श्याओ किससे विवाह करने जा रहे हैं ?"

"यह तो आप श्याओ से ही पूछें," स्कूल के प्रिंसिपल ने उत्तर दिया।

फ़ाङ मओ ने तुरंत पूछ लिया और श्याओ ने तुरंत जवाब भी दे दिया, "इसका उत्तर तो आपको भविष्य ही बताएगा।"

अध्यापक हँसे। "बड़ी होशियारी का जवाब है," किसी ने आवाज कसी, "जिससे कि बिल्कुल कुछ नहीं मालूम होता।"

"और मैं, बड़ा भाई, बिल्कुल भ्रम में पड़ा हुआ हूँ," थाओ ने निश्वास छोड़कर स्वीकार किया। "अभी जब मैं घर पहुँचा तो लान रो रही थी। माँ से पूछा कि क्या बात है। वह बोलीं कि तुम्हारी बहन ने घोषणा की है कि वह कभी विवाह न करेगी। 'परंतु क्यों ?' मैंने पूछा। क्योंकि श्री श्याओ विवाह कर रहे हैं, मेरी माँ ने कहा। यह अजब बात नहीं है क्या ? इस बात का लान के विवाह से क्या संबंध है ?"

"यह अजब बात बिल्कुल नहीं है," श्याओ बोला। "इसके बारे में बाद में बताऊँगा। अभी तो मैं भी ठीक समझ नहीं पा रहा हूँ।" वह उठ खड़ा हुआ जैसे जाना चाहता है। दोनों पुरुष कुछ क्षण मौन रहे फिर थाओ ने धीरे-धीरे कहा, "प्रिय मित्र, तुम इधर बहुत जल्दबाजी से काम करते रहे हो। ऐसे तरीके का विफल होना निश्चित है। यह तो मेरी बहन का तरीका है। तुम अब उसकी नकल क्यों करने लगे ?"

श्याओ कमरे में टहलने लगा। "परंतु मैं जानता था कि शुरू करने से पहले ही मैं विफल हो जाऊँगा," वह जबर्दस्ती मुस्कराया। "यह नहीं कि मैं विफल होना चाहता था। मैं बस जानता था कि मैं विफल हो जाऊँगा। आप मानते हैं मेरी बात ?"

थाओ ने सर हिला दिया। "मैं इन बातों का एक शब्द भी नहीं समझ पा रहा हूँ।"

उस क्षण, जब श्याओ के श्रोता इस विशेष समाचार पर संदेह से विचार कर रहे थे, आरुङ ने सूचना दी कि एक बुढ़िया जो श्री श्याओ से मिलना चाहती है, लपकी चली आती है। श्याओ उससे मिलने आगे बढ़ा। यह वही बुढ़िया थी जिससे स्टीमर पर भेंट हुई थी और जिसने छाएल्येन के पिता की कहानी उसे सुनाई थी।

"क्या बात है ?" उसने बुढ़िया से पूछा।

बुढ़िया भय के मारे इतना काँप रही थी कि वह बोल ही न सकी। कमरे में बैठे हरेक को देखकर वह रो-रोकर बोलने लगी, "श्रीमान, छाएल्येन कहाँ है ? उसकी अम्मा ने फाँसी लगा ली है।"

"क्या ?"

"मुझे सहसा याद आया कि उसने दो दिन से कुछ खाया नहीं है," बुढ़िया ने मुश्किल से साँस लेते हुए कहा, "तो मैंने कटोराभर दलिया गरम किया और उसके पास ले गई। थोड़ी देर लग गई थी क्योंकि मैं पहले घर साफ करने लगी। उसका दरवाजा भीतर से बंद था तो मैंने छाएल्येन को

पुकारा। किसी ने उत्तर नहीं दिया। घबराकर मैंने एक दरार में से झाँका। हाय, वह धन्नी से लटकी हुई थी। मेरे हाथ से दलिया गिर पड़ा। जमीन पर फैल गया। मैं फाटक से बाहर निकल आई और मदद के लिए लोगों को पुकारने लगी। चार-पाँच जने दौड़ते हुए आए और उन्होंने दरवाजा तोड़ा। उन्होंने रस्सी काटकर उसे उतारा पर देर हो चुकी थी। वह भयानक लग रही थी। हम उसे बचा नहीं सके, वह मर चुकी थी। मैं आपसे सलाह लेने आई हूँ, श्रीमान, उसको दफन करने का क्या उपाय किया जाय। उसके कोई निकट के रिश्तेदार नहीं हैं।"

बुढ़िया ने कमरे में चारों ओर निगाह दौड़ाई। "छाएल्येन कहाँ है? उसे घर जाकर माँ के पास बैठकर रोना चाहिए।" सदमे से डरी और घबराई बुढ़िया बेहद बदहवास थी।

खड़े सुनते अध्यापक पत्थर की तरह जड़ हो गए। श्याओ ने कहा, "छोटी लड़की को मत बुलाओ। मैं चलता हूँ।"

वह तुरंत निकल पड़ा जैसे उसे बचा लेगा। थाओ और फ़ाङ मओ और दो-तीन और जने पीछे-पीछे चले।

उनमें से कोई नहीं बोला। केवल उनके कदमों की आवाज सड़क पर पश्चिम गाँव की ओर जल्दी-जल्दी चलते हुए आ रही थी। खेत नीरव थे, अँधेरे थे। दूर कहीं उल्लू की तीखी बोली सुन पड़ती थी। अध्यापक विधवा युवती के लिए दया और दुख से भरे थे।

जिस बिस्तर पर उसकी लाश पड़ी थी उसके चारों ओर चार-पाँच पड़ोसी जमा हो गए थे। श्याओ और अध्यापक आगे बढ़े। "अभागी औरत।" ये शब्द श्याओ की जबान पर थे, पर उसने मुँह से निकलने नहीं दिए। वह मौन खड़ा रहा। आँसू गालों पर ढुलकते रहे। विधवा का मुँह एक बार देखकर उसका चेहरा रुआँसा हो गया और शव को उसने सर से पैर तक चादर ओढ़ा दी। पड़ोसी पुरुषों के साथ दरवाजे पर लौटकर उसने उनके साथ यह तय किया कि कल वह दफना दी जाए। उसने रात को शव के पास टिकने के लिए औरों से जो ज्यादा निडर औरतें थीं, उनमें से दो को पैसे देकर रख लिया।

सब चुप हो गए।

अगले सबेरे श्याओ बिस्तर में ही था कि लान दौड़ती हुई उसके कमरे में आई।

"कैसे क्या हुआ?" उसने पूछा। उसकी आँखों में आँसू थे।

"यह अशुभ हुआ।...बेचारी मुन्नी?"

"वह अभी अबोध है। वह कहती रहती है कि मुझे अम्मा के पास जाना है। मेरा विचार है कि मुझे उसे अपनी माँ को अंतिम बार देख लेने के लिए ले जाना चाहिए।"

"जैसा चाहो। मैं उठ रहा हूँ।"

लान चली गई।

श्याओ ने छुट्टी ले ली और विधवा युवती के दफन का प्रबंध कराया। वह पति की तरह व्यवहार कर रहा था, बस यही था कि वह बहुत रोया नहीं। उन्होंने उसे पहाड़ी की ढलान पर दफन किया। जब चूना पोत दिया गया तो वह स्कूल लौट आया। तीसरे पहर के पाँच बज रहे थे। थाओ और लान—लान छाएल्येन को थामे हुए थी—प्रतीक्षा कर रहे थे। क्षणभर कोई कुछ न बोला। छोटी लड़की ने रोते-रोते पूछा, "श्याओ चाचा, क्या अम्मा फिर जागेंगी?"

"नहीं, प्यारी बच्ची।"

'मैं अम्मा के पास जाऊँगी, अम्मा के पास।"

उसको लिपटाते हुए, उसके बाल सहलाते हुए, स्वयं रोते हुए लान ने छोटी लड़की को आश्वस्त

किया, "वह जागेंगी। निश्चय ही जागेंगी। वह कुछ दिन में जाग जाएँगी।"

सिसकती हुई बच्ची शांत हो गई।

धीमे स्वर में श्याओ बोला, "मैं उसे कब्र पर ले जाऊँगा। इससे उसे अपनी माँ की याद आगे के दिनों में बनी रहेगी और वह मृत्यु की गंभीरता कुछ समझ सकेगी।"

"आज तो अब बहुत देर हो गई है। वैसे भी वह बहुत समझ नहीं सकती। मेरे भाई भी विधवा की आत्महत्या का महत्त्व समझ नहीं पा रहे हैं। छोटी लड़की को न ले जाइए।"

लान के ईमानदार भाई सिर्फ मुस्कराकर रह गए।

लान छाएल्येन को अपने घर वापस ले जाने के लिए उठी तो थाओ बोले, "आपके पिछले कुछ दिन बड़े कठिन बीते हैं, श्री श्याओ। आप हमारे फ़ूरुङ कस्बे में मानो पढ़ाने नहीं बल्कि दुख उठाने आए हों। आज हमारे साथ रात को भोजन करें और कुछ पिएँ। इससे आपकी चिंताएँ कुछ सुलझ जाएँगी। आपका भविष्य निश्चय ही ज्यादा सुखद है।"

श्याओ ने उत्तर नहीं दिया।

"कृपया अवश्य आएँ," लान का आग्रह था। "मैं भी दो-एक घूँट पीना चाहती हूँ। मैं खुद बुरी तरह घुट रही हूँ।"

इस तरह वे गोधूलि में थाओ के घर तक टहलते गए। खाना शीघ्र तैयार हो गया। परंतु श्याओ को वह भोजन पिछले भोजन की तुलना में निरानंद और नीरस लग रहा था। मानो वह भोजन नहीं था, शोकसभा थी।

उसने बहुत-सी शराब पी। थाओ ने जितने प्याले बढ़ाए, उसने एक से भी इनकार नहीं किया, मुस्कराता रहा। लान भी मुस्कराती रही और उसे पीते देखती रही। वे आध घंटे से स्कूल के मामलों की बातें कर रहे थे तभी तीन-चार अध्यापक आ गए। उनमें फ़ाङ मओ भी था।

लान खा चुकी थी। उसने कुर्सी खाली करके मेज पर जगह बना दी। एक प्याला शराब पीकर फ़ाङ मओ ने कुछ पिए हुए-से स्वर में कहा, "तो अब कोई पंद्रह दिन तक फ़ूरुङ में कुछ उत्तेजना रहेगी। छाएल्येन की माँ की आत्महत्या ने सबको चोट पहुँचाई है। यह वास्तव में समाचारपत्रों के लायक सुर्खी है। 'माँ बच्चे के बिना रहने के बजाय मरी।' "

"वह बहुत अच्छी स्त्री थी," थाओ बोले। "वास्तव में उसे मरने को मजबूर होना पड़ा। बेचारी, हाय !"

"आत्महत्या की खबर कस्बेभर में फैल गई है," एक और अध्यापक ने कहा। "हर कोई सड़क पर यही बात कर रहा है। कुछ आहें भरते हैं, कुछ रोते हैं। कई कहते हैं कि उसने अपने दिवंगत पति के लिए अपने को बलिदान कर दिया। कुछ पूछते हैं कि छाएल्येन का क्या होगा। आपकी कीर्ति हमारे कस्बेभर में फैल गई है, श्री श्याओ। हर कोई आपसे मिलना चाहता है।"

"श्री श्याओ सचमुच प्रशंसनीय हैं," फ़ाङ मओ ने कहा, "परंतु उनके प्रयत्न निष्फल हुए।"

"ऐसा क्यों कहते हैं आप ?" श्याओ एकाएक बोल उठा।

"बरफबारी के उस दिन वे लोग ठंड से जमकर मर गए होते। सौभाग्य से आप उधर आ निकले। पर अब तो बच्चा भी नहीं रहा, और युवती भी मर गई। क्या इससे सिद्ध नहीं होता कि..."

"क्या तुम कहना चाहते हो कि मैंने उनकी जान इसलिए बचाई थी कि मुझे किसी इनाम की लालसा थी?" श्याओ ने क्रोध से बात काटी।

फ़ाङ मओ तुरंत पलट गया। "ओह नहीं, किसी इनाम की नहीं। हालाँकि उस समय तुमको क्या पता था कि वे इस तरह मरेंगे जैसे वे मरे।"

कुछ नशे में श्याओ कठोर होकर मुस्कराया। "वे मर गए हैं और किस्सा खत्म हो गया है! तब मैं निश्चय ही यह नहीं आशा करता था कि माँ बच्चे को एक महत्त्वपूर्ण राष्ट्रीय व्यक्ति बनाएगी

और उसकी कीर्ति से प्रसन्न होकर उसे कहेगी, 'बेटे तुमने प्रतिदान नहीं चुकाया,' और फिर वह मुझे अपने घर में निमंत्रित करके मेरे बाकी दिनों मेरा भरणपोषण करेगा। हा-हा, ऐसी कुछ आशा मुझे नहीं थी।"

लान हँसी। लाल चेहरेवाला फ़ाङ मओ हकलाने लगा, "मेरी बात का गलत अर्थ मत लगाओ। मैं तो तुम्हारे प्रति आदर के कारण बोल रहा हूँ। पहले कस्बे में कई लोगों के मन में कुछ गलत विचार आते थे क्योंकि तुम कई बार विधवा युवती के घर आते-जाते दिखाई दिए थे। अब मेरा विश्वास है कि वे समझते हैं।"

"मैं फिर पूछता हूँ, क्या सोचकर आप ऐसा कह रहे हैं?"

फ़ाङ मओ हिचका। अंत में वह अपने को रोक न सका और बोल पड़ा, "वे सोचते थे कि यदि तुममें और विधवा में प्रेम चल रहा है तो लड़के के रास्ते से हट जाने पर तुम खुलकर मिलजुल सकोगे। विधवा अपनी जान क्यों दे देती ? अब उन्हें दिख गया है कि तुम दोनों में ऐसा कुछ न था।"

श्याओ का सीना फटने-फटने को हो आया। उसने एक प्याला शराब गले में उँड़ेल दी और बुदबुदाया, "पापी प्रमादियों के मन...उनके शब्द..." उसने बात पूरी नहीं की। वह लान को देखने लगा।

लान ने मौन रह अपना सर झुकाया। छाएल्येन खाना पूरा करके लान के सीने पर सर टिकाकर बैठ रही।

"मेरी अम्मा कहाँ है ?" बच्ची ने दुखभरे स्वर में पूछा।

"सुनो, सुनो," लान ने धीमे से कहा, "अध्यापक लतीफे सुना रहे हैं। जब तुम्हें सोना हो मुझे बताना और मैं तुम्हें बिस्तर पर ले जाऊँगी।"

"मैं सोने के लिए घर जाना चाहती हूँ।"

"वहाँ तुम अकेली रहोगी।"

"फिर भी मैं वहीं जाऊँगी।"

आँखों में आँसू भरे हुए लान ने अपना सर छाएल्येन के कान के पास टिका दिया। "यहाँ हमारे पास एक बढ़िया पलंग है, छोटी बहन। उस पर फूल खुदे हैं और रजाइयाँ सुंदर लाल रंग की हैं। लान बहन तुम्हें प्यार करती है। यहीं मेरे पास रहो।"

छोटी लड़की चुप रह गई।

सबने खाना पूरा कर लिया। फाङ मओ तथा अन्य अध्यापकों ने इजाजत ली और गए। उनका कहना था कि स्कूल में रात को कक्षाएँ लगेंगी।

21

उस रात आठ बजे श्याओ कुछ-कुछ नशे में थाओ परिवार के पढ़ने के कमरे में बैठा था। उसके विचार उलझे हुए थे। छाएल्येन सो चुकी थी। वह उस अनाथ बच्ची के लिए कैसे प्रबंध करेगा? वह स्वयं अनाथ पलकर बड़ा हुआ था। शायद उनका भविष्य एकरूप ही लगता है। वह उसे हमेशा अपने साथ रखेगा और उसे बेटी की तरह चाहेगा।

परंतु फ़ूरुङ का वातावरण विषाक्त था। उसमें श्याओ को बर्दाश्त करने की शक्ति न थी। और पढ़ाने में अब उसका मन नहीं लगता था। उसे लगता था कि उसका भविष्य एक धुंध में छिप गया है जिसमें से कुछ परिवर्तन प्रकट हो रहे हैं और उन्हें वह न रोक सकता है न दबा सकता है। परंतु कम से कम एक धुंध से दूसरी अज्ञात धुंध तक भाग तो सकता है।

रात के सर्वव्यापी अँधेरे में से राक्षसी चेहरे झाँकते दिखाई दे रहे थे। श्याओ ने अपने पर नियंत्रण करना चाहा। उसने चाहा कि इस काले जंगल से निकल भागे, घुटनों-घुटनों ऊँची इस धारा को पार

कर ले। उस पार एक अलग भाग्य की खोज करे।

उसने अपने जलते गालों पर हाथ रखा। दिल जोरों से धड़क रहा था। लान अंदर आई और उसके पास खड़ी हो गई। झुँझलाई हुई कुछ देर मौन रहकर फिर वह जबर्दस्ती हँस पड़ी।

"क्या सोच रहे हैं?"

"कल बताऊँगा।"

लान ने सर उठाया और बाहर काले आकाश की ओर ताका। "मुझे जानना बहुत जरूरी भी नहीं है।"

वह आँख उठाकर लान की ठोड़ी को देखने लगा। "हम घटनाओं की प्रतीक्षा करेंगे, तब," बनावटी मुस्कान के साथ वह बोला।

"अब आप क्या चाहते हैं ?" वह फौरन पूछ बैठी। उसने नजरें नीची कीं और दोनों की आँखें चार हुईं।

"कोई खास चीज नहीं।"

"हाँ।" वह धीमे से उसकी ओर मुड़ गई और मुस्कराई। "आप फिर टालमटोल कर रहे हैं। मैं कहती हूँ उस स्त्री को भूल जाएँ। जो बीत गई सो बीत गई। उसका अंत दुखद था पर ऐसे ही वह होना निश्चित था। उसका हमसे कोई संबंध न था। भविष्य हमारा है। अपना आनंद खोज लेना हमारे ऊपर है।"

कुछ हल्के-फुल्के स्वर में वह बोली, "बेकार की बातें बहुत हो चुकीं। मैं आपका पियानो सुनना चाहती हूँ। बहुत दिन से मैंने आपका पियानो नहीं सुना, बजाइए न?"

श्याओ मुस्कराया। "अच्छा, अगर सचमुच चाहती हो तो सुनो। पर मुझे लगता है कि मैं पहले जैसा बजा नहीं पाऊँगा।"

"इसका निर्णय मुझे करने दें।"

वह पियानो के पास गया। उसके मन में एक शास्त्रीय रचना थी जो उस अनुभव की वेदना प्रकट करती थी जो अभी उन्हें हुआ था। पर वह कोई ठीक-ठीक चीज सोच नहीं पाया न वह कोई पूरी गीतगाथा ही याद कर पाया। वह निश्चल बैठा रह गया।

"आप बजाते क्यों नहीं? क्या सोच रहे हैं?"

बिना सर घुमाए ही वह बोला, "कोई गाना चुन दीजिए।" वह एक क्षण सोचती रही। "मेरा हृदय पहाड़ों में है,' यह कैसा रहेगा?"

श्याओ ने उत्तर नहीं दिया। वह संगीत पुस्तक में तर्ज की रचना देखने लगा और बजाने लगा। तीन चरणों के बाद वह रुक गया।

"आप चौथा चरण क्यों नहीं बजाते?" लान का प्रश्न आया।

"कविता बहुत दुखभरी है।"

"तब कुछ और बजाइए।"

"मुझे ज्यादा कुछ आता नहीं।"

"कोई अपनी ही रचना हो?"

"मेरी कोई रचना नहीं।"

" 'घर, प्यारा घर' बजाइए। मैं गाऊँगी।"

"वह भी कोई बहुत बढ़िया नहीं।"

"तब क्या बढ़िया है?"

"कोई शोक संगीत।"

"नहीं, वह मुझे नहीं चाहिए।"

श्याओ पियानो पर से उठ खड़ा हुआ।

"आप बजाएँगे नहीं?"

"क्या बजाऊँ?"

"अच्छे भाई!" लान ने रूठने का अभिनय किया। उसे वह बहुत अधिक निरुत्साह दिख रहा था। "कुछ जानदार चीज बजाइए, कुछ खुशी से भरी चीज।"

"कला को केवल दुख भुलानेवाली चीज नहीं होना चाहिए। बेहतर है हम किसी गंभीर विषय पर बात करें।"

"आप क्या कहना चाहते हैं?"

"फिर बताऊँगा।"

"आपको कल तक रुकना तो नहीं पड़ेगा?" लान ने मजाक बनाते हुए पूछा।

"मुझे बोलना ही पड़ेगा," श्याओ ने गुस्से की एक झलक दिखाते हुए कहा।

लान ने खुशी से उसके दोनों हाथ अपने हाथों में ले लिए। "तो अभी जल्दी बताइए।"

उसने हाथ छुड़ाकर पीठ के पीछे बाँध लिए। धीमी आवाज में बोला, "मैं यहाँ नहीं रह सकता!"

"क्या?" लान चौंक उठी। उसका चेहरा लैंप की रोशनी में पीला दिखाई देने लगा।

"मैं तुम्हारे भाई से कह देनेवाला हूँ कि मैं त्यागपत्र दे रहा हूँ," श्याओ ने निस्तेज होकर कहा। "उन्हें मेरा त्यागपत्र मानना ही पड़ेगा। मैं ऐसा करना नहीं चाहता था। मैं तो कुछ वर्ष और टिकना चाहता था। परंतु टिक नहीं सकूँगा। लोगों की आँखों में जो दिखता है वह मुझे रोकता है। मैं इस नई घटना से बिल्कुल टूट गया हूँ। इन दिनों मुझे लगता रहा है जैसे मैं अँधेरे में पहाड़ों पर खो गया हूँ। मैं एक क्षण की देर भी नहीं कर सकता। तुम्हारे और अपने हित में मुझे चले जाना चाहिए।"

कमरे में मौन था। फिर वह बोलता गया, "कल या परसों मैं सामान बाँधकर चला जाऊँगा। मैं रह नहीं सकता।"

"आपके पास कोई कारण नहीं," लान आँखों में आँसू भरे हुए बोली। "आपके पास कोई कारण नहीं।"

श्याओ ने प्रयत्न करके मुस्कराहट दिखाई। "तुम्हारे यह कहने में कोई तर्क नहीं कि 'कोई कारण नहीं है'।"

"मैं नहीं मानती कि कोई कहेगा कि आपने उस विधवा को मार डाला!"

वातावरण में बहुत तनाव भर गया। लान ने गुस्से से अपने आँसू रूमाल से पोंछ दिए। श्याओ अचल खड़ा रहा।

"आप एकदम गलत कह रहे हैं," वह उत्तेजना से बोली। "क्या जरूरी है कि हम हर एक के पापों का प्रायश्चित करते फिरें। क्या जीवन में आनंद खोजने का कोई कारण नहीं?"

"शांत हो जाओ, लान!"

उसने मेज पर से शीशे की एक पट्टी उठा ली जो कागज दबाने के काम आती थी और उसे तोड़कर दो टुकड़े कर दिए। "आप गलत कह रहे हैं," वह चीखी। "अपने विचार बदल डालिए!"

श्याओ मुस्कराकर रह गया। लान ने ठोड़ी ऊपर उठाकर पूछा, "क्या आप एक दकियानूसी व्यक्ति बनना चाहते हैं?"

"यहाँ रुके रहने का मुझे कोई कारण नहीं दीखता।" श्याओ का स्वर दुर्बल था।

"कारण है, अवश्य है," लान पागल की तरह चीखी। "कारण मैं हूँ।"

वह मेज पर सर और बाँहें फैलाकर बैठ गई।

"अगर तुम आग्रह करती हो कि मैं ठहरूँ...तो पहले मैं अपना त्यागपत्र तुम्हें दूँगा।"

"आप अपना विचार बदल नहीं सकते?"

"इस विषय में कल फिर बात करेंगे। ठीक है? सब बातों का सावधानी से विश्लेषण करना चाहिए। तुम्हारा अतिभावुकतावाद मेरे पास तर्क की कोई जगह नहीं छोड़ता।"

"आप अतिसंवेदनशील हैं और आपका तर्क गलत है!"

श्याओ ने भौंहें तानीं और वह दो कदम आगे बढ़ा। बहुत अकुलाकर उसने कहा, "हम प्रतीक्षा करें और कल हमें बताएगा कि क्या करना उचित है। अभी तो मैं स्कूल वापस जाता हूँ।"

लान पहले से अधिक शांत थी। "जरा और देर तक बात करें। कुछ है जिस पर मैं चाहती हूँ कि आप विचार करें।"

वह पास खिसक आया। अब वे लगभग आमने-सामने थे।

"मुझे देखो," वह बोला। "मेरा माथा छुओ। मैं अस्वस्थ हूँ।"

लान ने दोनों हाथ उसके गालों पर रख दिए। "क्या बात है?" उसने स्वर दबाकर पूछा।

"बहुत थक गया हूँ।"

"यहीं क्यों नहीं सो जाते?"

"मुझे वापस जाने दो।"

"क्या सर घूम रहा है?"

"नहीं, कल सबेरे जरा जल्दी स्कूल आ जाना।"

"ठीक है।" लान ने सर हिलाकर हामी भरी। उसने कुछ सोचते हुए दाएँ-बाएँ देखा।

उसके भाई प्रिंसिपल थाओ हाथ में एक लैंप लिए हुए आए।

"आपका चेहरा शराब से अब भी लाल है।" उन्होंने श्याओ से कहा।

"भाई। श्री श्याओ कहते हैं कि उनका जी अच्छा नहीं।"

"पिछले कुछ दिनों में इन्होंने अपने को थका डाला है। श्याओ, आप सचमुच वफादार आदमी हैं। आज रात यहीं सो जाइए।"

"नहीं, मैं बस अभी जा रहा हूँ। मैं स्कूल वापस पहुँच जाऊँगा।"

एक थकी-सी मुस्कान के साथ श्याओ तुरंत दरवाजे से निकल गया।

22

जब वह थोड़ी देर में थाओ के घर से रात की ठंडी हवा में निकला तो उसकी रीढ़ की हड्डी में कँपकँपी दौड़ गई। उसने माथे को हाथ लगाया। वह जल रहा था। उसने अपनी नाड़ी की गति मापी। बहुत तेज थी। उसने दाँत भींच लिए। 'कहीं मैं बीमार तो नहीं पड़ गया?' वह सोचने लगा। घिसटते-घिसटते उसे लगा कि तन में कोई ताकत नहीं रह गई है जैसे कोई कायर युद्धक्षेत्र में पहली बार जा रहा हो।

उसने चाल बढ़ा दी। वह जानता था कि रात की यह हवा अभी गुजर जाएगी। पुल के पास ठहरकर वह पानी की कलकल सुनने लगा। वह धारा के किनारे तक जाकर वहाँ बैठ जाना चाहता था जिससे उसका जी शीतल हो जाए। परंतु उसका मन उचट गया और वह स्कूल लौट आया। उसके चेहरे पर मुस्कराहट थी और दिल भी मुस्करा रहा था। उसके मन में कोई विशेष योजना नहीं थी, लेकिन वह निराश बिल्कुल नहीं था। उसे इस जगह मुस्कराना ही था—वह सोचने लगा कि न चाहते हुए भी वह तब से कितना बदल गया है जब से दूसरे चांद्रमास में वह आया था। वह दो बड़े पहियों के बीच एक छोटा पहियाभर था। जब लान या विधवा युवती चलती तो वह भी उनके साथ-साथ चलता।

कमरे में लौटकर वह विद्यार्थियों की अभ्यास पुस्तकें जाँचने लगा। पर उसे जोरों की कँपकँपी

छूट रही थी। वह चक्कर खा रहा था और उसकी पीठ पर पसीना बह निकला था। उसने दरवाजा बंद कर लिया, परंतु ताला नहीं लगाया और कपड़े उतारकर बिस्तर में घुस गया।

'यह तो केवल वसंत की ठंडक है,' उसने सोचा। 'वास्तव में मैं बीमार नहीं पड़ूँगा।'

सबेरे एक बजे उसे तेज बुखार आ गया। वह उठा। वह जानता था कि वह अस्वस्थ हो गया है। उसने एक प्याला गरम पानी पिया। पर वह सो नहीं पा रहा था। यह ज्वर नहीं था जो उसे तंग कर रहा था बल्कि उससे उत्पन्न कुछ साधारण प्रश्न थे, "क्या इसके कारण मैं कस्बे में बँधा रह जाऊँगा? यदि मैं अच्छा होने के पहले चला गया तो क्या मैं छाएल्येन को साथ ले जा सकूँगा?..." श्याओ ने अपने-आपको प्रयत्नपूर्वक शांत किया। वह बहुत सोचना नहीं चाहता था।

अगले सबेरे आरुङ उसके लिए उबला हुआ गरम पानी ले आया। कुछ क्षण बाद लान ने दरवाजा ठेलकर प्रवेश किया।

"कैसा लग रहा है?" वह पूछने लगी।

"कल रात को मुझे बुखार चढ़ा रहा," उसने बिस्तर पर से ही जवाब दिया, "पर अब बिल्कुल ठीक हूँ।" उसने पूछा कि क्या बजा है।

"पूरे आठ।"

"तो मैं उठ ही जाऊँ। मुझे आज सबेरे कक्षा पढ़ानी है।"

वह खिड़की से बाहर देखने लगी। कुछ विद्यार्थी पेड़ के नीचे बैठे पढ़ रहे थे। श्याओ उठ बैठा। उसका सर घूम रहा था, कान बज रहे थे और आँखों के सामने अँधेरा छा रहा था। वह फिर तकिए के सहारे लुढ़क गया।

"लान, मैं उठ नहीं पा रहा हूँ।"

"क्या हो गया है आपको?"

"मुझे चक्कर आ रहा है।"

एक और अध्यापक आया। उसने श्याओ का हाल पूछा। दो-एक दिन बिस्तर में लेटने की सलाह दी और चला गया। फ़ाङ मओ आया। वह भी इधर-उधर की पूछकर और आराम की राय देकर चला गया। दोनों कुछ जानना चाह रहे थे हालाँकि उनका उद्देश्य स्पष्ट नहीं था। लान श्याओ के पलंग की पटिया पर बैठी थी और बच्चे की तरह उसकी सेवा कर रही थी।

कुछ कोमलता से, कुछ अलगाव से उसने उलाहना दिया "आप हर बात को बहुत गंभीरता से लेते हैं, इसीलिए आप तकलीफ उठाते हैं। आपको तनाव से निकलना चाहिए। अभी आप बीमार हैं और मुझे यह बात पूछनी नहीं चाहिए थी, पर पूछनी पड़ रही है। कल रात जब आपने मुझे बताया कि आप त्यागपत्र देने जा रहे हैं, क्या आप सचमुच दे देते? मैं एक उद्धत व्यक्ति हूँ। आप यह जानते हैं।"

"सबकुछ ठीक है," उसने लान को भरोसा दिलाया। "तुम कोई चिंता न करो।" उसने अपना हाथ उसके हाथ पर रख दिया।

"आपका हाथ कितना गरम है," वह बोली, मानो विश्वास ही न हो रहा हो।

उसने उसे पीने का पानी दिया और पूछा कि क्या उसे डाक्टर को बुलाना चाहिए। उसने कहा, "नहीं," और वह उसके साथ छाएल्येन के बारे में बात करती रही। फिर मिनट पर मिनट बीतते गए और लान ने अपना सारा समय वहीं बिता दिया।

दस बजे के करीब श्याओ को एक बार फिर कँपकँपी लगी। उसकी सारी देह सिकुड़ने लगी। कुछ विद्यार्थी चले आए।

"श्री श्याओ कैसे हैं, सुश्री थाओ?" उन्होंने लान से पूछा।

"कुछ ठंड खा गए हैं।"

विद्यार्थी उसके बिस्तर के पास जमा हो गए। वे कह रहे थे कि श्याओ खेल के मैदान में चलें और कसरत करें। उससे बदन में गर्मी आ जाएगी।

"मेरी देह में इतनी ताकत ही नहीं है," श्याओ ने कहा।

"पर हम यहाँ खड़े-खड़े आपको कँपकँपाते नहीं देख सकते," एक विद्यार्थी बोला। "हम आपको उठाकर ले चलेंगे।"

विद्यार्थियों का प्रस्ताव बचकाना और हँसने योग्य था। लान उन शोर मचाते लड़कों से छुटकारा नहीं पा सकी जो कमरे में आकर भर गए थे। पर उसने सोचा कि इससे श्याओ का मन बहलेगा। एक घंटा यही सब चलता रहा कि स्कूल के प्रिंसिपल आ गए। तब अधिकांश लड़के-लड़कियाँ जल्दी-जल्दी बाहर चले गए। परंतु एक-दो पढ़ाकू विद्यार्थी श्याओ से पाठ के कुछ कठिन शब्द पूछने के लिए रुके रह गए। उसने धीमे-धीमे बोलकर उन्हें सब समझा दिया।

थाओ ने उसे उलाहना दिया, "आप बीमार हैं, परंतु आराम नहीं करते।"

श्याओ हँसा। "इससे शायद मैं मर जाऊँगा।"

"भाई," लान ने थाओ से कहा, "श्री श्याओ और एक सप्ताह पढ़ा नहीं पाएँगे। बेहतर हो कि उनकी जगह किसी को बुला लें। उन्हें ठीक तरह थोड़ा आराम करने दीजिए।"

श्याओ ने कोई टिप्पणी नहीं की। "ठीक है," थाओ ने कहा, "परंतु मेरे मन में एक बेहतर विचार है, तुम वाङ से मेरी तरफ से पूछो।"

"यदि आप किसी को मेरी जगह सप्ताहभर के लिए रख लें तो मुझे अच्छा रहेगा," श्याओ ने मुस्कराकर थाओ से कहा। "मैं जल्दी ही अच्छा हो जाऊँगा। पर मैं कल भी अच्छा हो गया तो कक्षा शुरू करने से पहले आपका प्रसिद्ध न्वीफ़ू पर्वत देखना चाहूँगा। यह एक अच्छा मौका है।"

"जरूर देख सकते हो, पर हम तुम्हारे साथ जाते तो और भी अच्छा रहता। मैं तुम्हारे साथ यहाँ तीन बरस पढ़ाने का एक शर्तनामा करना चाहूँगा। हम किसी भी वर्ष गर्मी की छुट्टियों में यात्रा कर सकते हैं। अभी जब बीमार हो तभी क्यों जाते हो?"

"मैं तो अभी जाना चाहता हूँ। भविष्य के बारे में कौन कह सकता है? मेरी इस छोटी-सी सनक को पूरा कर दें। क्यों इतनी देर तक के लिए टालते हैं?"

"उस दशा में, भाई," लान बोली, "हम वसंत में भ्रमण की एक योजना बना लें। यद्यपि मैं न्वीफ़ू पर्वत हो आई हूँ, मैं एक बार फिर जाना चाहूँगी। हम अगले कुछ दिनों में निकल चलें।"

"मैं अकेले जाना पसंद करूँगा," श्याओ ने कहा।

"अकेले यात्रा करने में क्या मजा है?" भाई-बहन दोनों ने अचरज से पूछा।

धीरे-धीरे सम्हल-सम्हलकर श्याओ ने जवाब दिया, "मैं अपने में मस्त रहना पसंद करता हूँ। समूह में यात्रा के मजे उठाने की मेरी स्कूली उमर खत्म हो गई। अब मुझे लगता है कि अकेले भटकते हुए ही वास्तव में मैं आजाद रहता हूँ। किसी चोटी पर चढ़ें, तो जब तक चाहें उस पर बैठे रहें। जिस पेड़ के नीचे चाहें सो जाएँ या जिस झरने के पास चाहें डेरा जमा दें। दूसरे शब्दों में जो चाहें सो करें। परंतु कोई साथ होगा तो वह निश्चय ही आपको पागल कहेगा। मैं अकेले जाना चाहता हूँ ताकि आजाद रह सकूँ।"

बाकी दोनों सोचते रह गए। कुछ बोले नहीं।

"कृपया मेरे लिए एक एवजी जल्दी से रख दीजिए," श्याओ ने कहा।

थाओ सहमत हो गए और चले गए। कमरा एकदम शांत रह गया।

बाहर बच्चे खेल रहे थे और उनकी खिलखिलाहट की आवाजें श्याओ और लान के कानों में पड़ रही थीं। पर दोनों अकेलापन अनुभव कर रहे थे। श्याओ सो नहीं पा रहा था।

"तुम्हें घर जाना चाहिए," वह बोला।

"जब मिडल स्कूल छूटेगा तभी चली जाऊँगी।...क्या आप सचमुच अकेले यात्रा करना चाहते हैं?"

"निश्चित रूप से।"

"मैं आपके साथ जाना चाहती हूँ," वह हिचकते हुए बोली, "चाहे कुछ भी हो जाए।"

"ठहरो, ठहरो !" उसने पीड़ाभरे स्वर में कहा। "हमारे सामने लंबा जीवन पड़ा हुआ है!" उसने तकिए पर मुँह दूसरी ओर कर लिया।

उसका उत्तर दुखभरा था। "मैं जानती हूँ आप नहीं..." आगे के शब्द वह कह न पाई। सहसा स्वर बदलकर वह कहने लगी, "सो जाइए। मैं चली जाऊँगी तो आप सो जाएँगे। सो जाइए।"

वह स्वागत कक्ष में गई और उसने अखबार पढ़े। जब कक्षा की घंटी बजी तो वह छाएल्येन को लेकर घर जाने लगी। उसका दिल बरफ से ढका-सा जमा हुआ था।

तीसरे पहर दूसरी कक्षा पढ़ाने के बाद लान फिर श्याओ के कमरे में पहुँची। उसने पूछा, "कैसी तबीयत है?"

"पहले से बहुत अच्छी है, धन्यवाद।"

"आपने कुछ खाया कि नहीं?"

"खाने का अभी मन नहीं है।"

"थोड़ा भी नहीं?" उसने आरुङ को दो सेब और आधा पौंड मिश्री लाने को कहा। जब ये चीजें आ गईं तो उसने सेब छीले और उनकी महीन-महीन फाँकें बनाईं। उसका तरीका बड़ा प्यारा था। श्याओ ने मिश्री और सेब खाया। उसके हाथ-पाँव कमजोर हो गए थे और शरीर ऐसे लगता था जैसे सूरज की गर्मी में गल गया हो। एक मधुर अवसाद उसके हृदय में भरा हुआ था। उसे याद आया कि जब वह पंद्रह वर्ष का था उसकी बड़ी चचेरी बहन ने उसके बीमार पड़ने पर उसकी कैसी देखभाल की थी। उसने लान से मुस्कराकर कहा, "तुम दस बरस पहले की मेरी चचेरी बहन की तरह हो। मैं तुम्हें बहन नहीं कहूँगा, चचेरी बहन कहूँगा। कैसा रहेगा?"

"क्या बातें कर रहे हैं आप?"

श्याओ ने उत्तर नहीं दिया। वह बोली, "क्या आप अपने अतीत की बातें सोच रहे हैं?"

"मैं उस चचेरी बहन की बात सोच रहा हूँ, जिसने मुझे पाला-पोसा।"

"क्यों? आप तो एक ऐसे व्यक्ति हैं जो कभी अपने अतीत की बातें नहीं सोचते हैं।"

"जब वर्तमान सुधराई से नहीं बीतता, हम अतीत की स्मृतियों में लौट आते हैं।"

"इसका क्या मतलब है?"

"कुछ नहीं।"

"क्या आप अब भी न्वीफ़ू पर्वत जाना चाहेंगे?"

"हाँ।" उसने अपना हाथ उसकी बाँह पर रख दिया और कुछ ऊँचे स्वर में बोला, "यदि मेरी चचेरी बहन अब भी जीवित होती।...अब तो तुम्हीं मेरी चचेरी बहन हो।"

"आप मुझे जो चाहें सो कहें, बस मैं आपके पास रहती रहूँ।"

श्याओ ने उसका हाथ मुँह तक ले जाकर चूम लिया। वह दयनीय दिख रहा था।

"तुमसे मेरी भेंट क्यों हुई ?" उसने पूछा। "जब तुम पास में होती हो तो मेरी इच्छाशक्ति जाने क्यों इतनी घट जाती है।"

"यह।...यही मेरे साथ भी होता है," लान ने लाज से सर झुकाते हुए स्वीकार किया।

"मगर तुम्हें जानना चाहिए," उसने गंभीरता से कहा, "मेरे कुछ आदर्श हैं, कोई लक्ष्य है। मैं नहीं चाहता कि..."

"आप क्या नहीं चाहते?" वह जल्दी-जल्दी साँस ले रही थी।

"विवाह करना।"

"ऐसा मत कहिए, ऐसा मत कहिए," शरमाते हुए उसने जल्दी से श्याओ का मुँह अपने हाथ से बंद कर दिया। "मैं यह शब्द भी नहीं सुनना चाहती। कोई कारण नहीं कि लोग स्वतंत्र और स्वच्छंद न रह सकें।"

बड़ी देर तक दोनों में से कोई नहीं बोला।

23

शाम को पानी बरसा और लान भीगते हुए घर गई। कुछ अध्यापक आए और श्याओ के साथ बैठे। वे विभिन्न वादों पर इतनी ऊँची-ऊँची बातें कर रहे थे कि लगता था मानो कोई औपचारिक बहस हो। श्याओ ने कुछ नहीं कहा। वे दस बजे के करीब चले गए।

अगले दिन सबेरे आठ बजे लान छाएल्येन को स्कूल ले आई। वह अच्छी-खासी नर्स लग रही थी। वह श्याओ से मिलने आई जो कि बिस्तर में उठ बैठा था।

"इतनी जल्दी आने की क्या वजह?"

उसका जवाब निश्छल और स्पष्ट था। "कोई कारण है कि जब मैं आपको देखती हूँ तो प्रसन्न रहती हूँ और जब नहीं देखती तो उदास हो जाती हूँ।"

श्याओ ने क्षणभर सोचा। "अपनी माँ के पास जाओ," वह मुस्कराया। "उनके चेहरे पर क्या भाव है, उसको जाँचो।"

"मैं नहीं जानती क्यों," लान ने धीमे सुर में कहा, "परंतु सारा परिवार मुझे हिमशैल जैसा जान पड़ता है।"

श्याओ कुछ नहीं बोला। इसके बाद दोनों दूसरी बातें करते रहे।

अगले दिन भी उन्होंने मधुर घनिष्ठता में समय बिताया।

चौथे दिन शाम को चाँद निर्मल और उज्ज्वल था। श्याओ बिस्तर से उठ चुका था। वह और लान और थाओ कस्बे के बाहर नदी के किनारे-किनारे टहल रहे थे। वृक्ष, खेत, पानी की धारा सब कुछ चाँदनी में बहुत सुंदर दिख रहा था। श्याओ ने आह भरी।

"मैं तीन दिन से घर के बाहर नहीं निकला। सारी दुनिया बदल गई-सी लगती है। वही चाँद है मगर आज रात को कितना अलग दिख रहा है।"

"तुम्हारा चित्त आज अधिक सुस्थिर है," थाओ ने स्नेह से कहा। "संभवतः तुम आज रात प्रसन्न हो।"

"शायद हूँ, या जैसा आप कहते, 'संभवतः।' मैं इस भावना का, और इस मौसम का लाभ उठाना चाहता हूँ और कल न्वीफ़ू पर्वत जाना चाहता हूँ।"

"कितने दिन तुम बाहर रहोगे?"

"इस तरह की यात्रा में कितने दिन लगने चाहिए?"

"तीन दिन काफी होंगे।"

"तब फिर तीन ही दिन बाहर रहूँगा।"

"भाई," लान ने कहा, "श्री श्याओ पूरी तरह चंगे नहीं हुए हैं। मेरे विचार से उन्हें जाना नहीं चाहिए। रोग से उठकर एक दिन बाद यात्रा करते किसी को नहीं सुना गया।"

"मेरी बीमारी कुछ नहीं है। मैंने तीन दिन सिवा आराम करने के कुछ नहीं किया। आराम नहीं, बल्कि आरामतलबी। मैं बस खाता रहा हूँ और तुम्हारे साथ समय बिताता रहा हूँ। मैं कभी इतना खुश नहीं था। मैं हर बात का बारीकी से विश्लेषण कर सकता हूँ। हर दर्जे की स्पष्टता के साथ अपने

विचार संगठित कर सकता हूँ। इसलिए कल न्वीफ़ू पर्वत रवाना होने का मेरा निर्णय पूरी तरह सही है। लान, तुम चिंता न करो।"

"निश्चय ही आप जो चाहेंगे मैं उससे सहमत होऊँगी," लान ने विरक्त स्वर में कहा, "परंतु भाई आपके पुराने मित्र हैं और मैं भी हूँ, इसलिए हम सब स्वाभाविक रूप से चिंतित हैं कि आप क्या करते हैं, क्या नहीं। मुझे लगता है कि आप इस बीच कुछ अधिक अस्वाभाविक हो गए हैं।"

"यह तो इसलिए कि मैं बीमार था। हो सकता है कि थोड़ा-बहुत चिड़चिड़ा हो गया होऊँ। अब कैसा हूँ मैं?"

लान ने एक क्षण सोचा।

"आपको हम लोगों में कोई आस्था नहीं?"

"आस्था, मेरी हर मित्र में आस्था है। हर मानव में।" श्याओ ने जोर देकर कहा। वह मुस्कराया।

लान धीमे-धीमे बोलने लगी। "मुझे लगता है कि आपके और मेरे विचार हमेशा अलग-अलग दिशाओं में जाते हैं।"

वह पलटा और उसके सामने शांत और शुद्ध भाव से खड़ा हो गया। "हाँ, मैं सोचता हूँ कि यह मेरे 'शताब्दी के शेष' का व्यक्ति होने के कारण है।"

"इसका अर्थ क्या माना जाता है?" थाओ बीच में बोल पड़े।

"स्वयं हिसाब लगाकर देख लें।"

" 'शताब्दी का शेष,' " लान कहने लगी, "बीसवीं शताब्दी को शेष तो होना ही है। मेरा विचार है कि एक युवा व्यक्ति को सबसे पहले जो चीज चाहिए वह है प्रेम।"

वह थाओ की ओर मुड़ी और ऊँचे स्वर में बोली, "भाई, क्या आप मानते हैं कि प्रेम के अलावा जीवन में कुछ और भी है जिसका अर्थ है?"

थाओ चौंक पड़े। "प्रेम, प्रेम, मैं इसके बिना एक दिन भी जीवित नहीं रह सकता। मगर तुम कुछ अलग हो। तुम रह सकती हो। तुमने खुद नहीं कहा था कि प्रेम क्या चीज है!"

लान सर झुकाकर अपनी परछाईं को ताकने लगी। "मैंने जो कुछ भी कहा हो, मैं अब आश्वस्त हूँ कि प्यार होता है। वास्तव में सच्चे जीवन का सारांश ही सच्चा प्रेम है। मैंने अतीत में प्रेम से इनकार किया था और मेरा जीवन झूठा था।"

श्याओ नहीं बोला। थाओ ने लान से शरारतभरा सवाल किया। "अब तुम किससे प्यार करती हो?"

लान ने सर घुमा लिया। "अगर तुम नहीं जानते तो तुम मेरे भाई कहलाने लायक नहीं!"

थाओ हँसे। "यह बात तुमने अपने नालायक भाई से पहली बार नहीं कही है।" वह अपने मित्र की ओर घूमकर पूछने लगे, "और तुम, श्याओ, तुम्हारा क्या ख्याल है, मेरी बहन के बारे में?"

"ऐसे सवाल मत पूछिए! ये बहुत अस्पष्ट हैं।"

"मैं आप दोनों में से किसी को खुश नहीं कर पा रहा हूँ।" थाओ ईमानदार बनने का अभिनय करते हुए बैठ गए।

श्याओ ने कहा, "मैं मानता हूँ कि मनुष्य को अपने विश्वास के अनुसार दृढ़ता से काम करना चाहिए। बस यही बात है। इसमें और कुछ क्या कहना।...क्या बजा होगा? लान हमें वापस लौट जाना चाहिए।"

थाओ ने आसमान पर नजर डाली। "देखो, चाँद पर धुंध छा गई है।"

"निस्संदेह, मौसम तो बदल ही सकता है," श्याओ ने कहा।

लान और नजदीक आ गई। "अगर कल आँधी चली तो आप नहीं जाएँगे।"

श्याओ उसे देखकर मुस्कराया और आहिस्ते से बोला, "अच्छी बात है।"

वे लौटे। भाई-बहन घर की ओर चल दिए और श्याओ स्कूल की ओर।

स्कूल के रास्तेभर श्याओ सोचता रहा और जब वह अपने कमरे में पहुँचा तो बैठकर कुछ और सोचता रहा। उसने तय किया कि कल वह निश्चित रूप से चला जाएगा। वह छ्येन को कन्नी काटते देखना और बर्दाश्त नहीं कर सकेगा।

उसने अपनी चीजें सम्हालना शुरू किया। रोजमर्रा के इस्तेमाल की चीजें उसने एक छोटे चमड़े के बक्से में रखीं और लान ने उसे जो बीस पत्र लिखे थे वे भी रूमाल में लपेटकर उसने बक्से में साथ ले जाने के लिए रखे। परंतु तभी उसे एक दूसरा विचार आ गया। उसने चिट्ठियाँ निकाल लीं, उन्हें संगीत की स्वरलिपि पुस्तिका में रखा और एक बड़े बक्स के तले में रख दिया जो वह पीछे छोड़े जा रहा था।

उसने पहनने के कपड़े बहुत कम लिए, क्योंकि मौसम धीरे-धीरे गरम हो जानेवाला था। उन कपड़ों के अलावा जो वह पहने था, उसने केवल दो कमीजें रख लीं।

अपने इस हल्के से सामान को बाँधने के बाद उसने विद्यार्थियों की अभ्दास पुस्तिकाएँ मेज पर रखीं और उनको जाँचने लगा। उनकी गड्डी उसके सर से ऊँची निकल रही थी। उसने बाएँ कोनों में ग्रेड लिखे और टिप्पणियाँ कीं, "अगर आप इसी परिश्रम से प्रयत्न करते रहे तो आपका भविष्य निरंतर समृद्ध होता जाएगा" या "बेहद लापरवाह।..."

आधी रात को आरुङ आया और बोला, "आपका स्वास्थ्य ठीक नहीं रहा है, श्री श्याओ। आप सोते क्यों नहीं।"

"मैं विद्यार्थियों की अभ्यास पुस्तिकाओं की जाँच कर खत्म कर देना चाहता हूँ।"

"क्या यह काम आप कल या परसों नहीं कर सकते?"

आरुङ चला गया, परंतु जब तक अंतिम पुस्तिका की जाँच पूरी नहीं हो गई श्याओ ने पुस्तिकाएँ जाँचना नहीं छोड़ा।

तब तक रात के दो बज चुके थे। उस समय ग्रामांचल में मृत्यु से भी घना सन्नाटा रहता है।

उसने खिड़की से झाँककर चाँद को देखा। वह तब भी सुंदर था। उसने सोने की तैयारी में कमरे में चारों तरफ देखा। तभी उसने सहसा अनुभव किया कि उसके पास पैसा बहुत कम है। परंतु इस समय रात को वह कहाँ से उधार माँगे? वह बिस्तर के पास उलझन में खड़ा रह गया। तब एक और विचार उसके मन में आया।

"जो भी हो, मैं भूखा नहीं रहूँगा!" वह बिस्तर में घुस गया।

पर वह सो नहीं सका। पीड़ाभरी भावनाएँ उसके हृदय में घुमड़ने लगीं। वह मन ही मन हर व्यक्ति की याद करने लगा। लान की छवि विशेष रूप से स्पष्ट हुई। जाने क्यों वह याद नहीं कर पाया कि उसके माता-पिता की छवि क्या थी। उसकी आँखें नम हो आईं।

"पिता, माता, क्या तुम्हारा बेटा सही काम कर रहा है?"

"हाँ, सही है," उसने स्वयं उत्तर दिया। "करते रहो!"

वह सारी रात करवटें बदलता रहा। उसे नींद आए तब तक तीसरी बार मुर्गे बाँग दे चुके थे।

24

अगले दिन सात बजे सबेरे श्याओ अपना छोटा बक्सा लिए हुए खेल के मैदान से गुजर रहा था कि थाओ दौड़ते हुए आए। हाँफते हुए थाओ ने पुकारा, "मेरी विनती है कि तुम आज मत जाओ, मेरे मित्र। कुछ दिन और प्रतीक्षा करो और मैं भी तुम्हारे साथ चलूँगा। पिछली रात जब हम घर लौटे, मेरी बहन रोने लगी। वह मुझसे बहुत नाराज है। वह कहती है कि मैं अपने मित्रों से भला बर्ताव

नहीं करता। उसने मुझे इतनी सख्त बातें सुनाईं कि मेरा सर चकराने लगा। मेरे पुराने मित्र, मैं तुमसे अनुनय करता हूँ, मत जाओ।"

"प्रत्यंचा पर तीर तना हुआ है," श्याओ ने शांत स्वर में उत्तर दिया।

"मेरी माँ भी यही कहती हैं कि तुम भूल कर रहे हो," थाओ बोलता गया। "वह कहती हैं कि उन्होंने किसी व्यक्ति को अपनी बीमारी से उठते ही लंबी यात्रा पर निकलते हुए नहीं सुना।"

श्याओ मुस्कराया। "क्या आपका ख्याल है, मैं लौटकर आने के लिए नहीं बचूँगा?"

"यह मैं कैसे सोच सकता हूँ?" थाओ ने जवाब दिया। "बकवास मत करो, प्यारे दोस्त।"

"अच्छा तो फिर अब सात बजे हैं। मैं और देर नहीं कर सकता। घाट तक दस ली (पाँच किलोमीटर) की दूरी है और जहाज आठ बजे खुलता है।"

लाचार होकर थाओ ने सर झुका लिया। "इस पर बात कर लें।"

"बात क्या करनी है। दोपहर तक क्या बात करें तब तक तो मैं न्वीफ़ू पर्वत पहुँच चुका होऊँगा।"

"श्री थाओ," एक वृद्ध अध्यापक ने आग्रह किया, "श्री श्याओ को यह यात्रा कर लेने दीजिए। पहाड़ों में कुछ दिन छुट्टी मनाना उनके लिए लाभकारी होगा। पश्चिम गाँव की दुर्घटना के बाद यहाँ रहना उनके दिल की उदासी बढ़ा रहा है।"

श्याओ मुस्कराया। "तो आखिरकार ऐसे लोग हैं जो मेरे हित में बोल सकते हैं। मगर तुम और तुम्हारी बहन की तरह सब कोई मेरे चारों ओर मँडराते रहे तो मैं पागल हो जाऊँगा। अच्छा तो फिर मिलेंगे।"

उसने चमड़े का बक्स उठा लिया और स्कूल के परिसर से बाहर चला गया।

"चलो, तुम्हें घाट तक पहुँचा आऊँ," थाओ ने पीछे से आवाज दी।

मुड़कर श्याओ ने जवाब दिया, "बेहतर होगा कि तुम एक घंटा पढ़ा लो। बीस ली आने-जाने में समय क्यों खर्च करते हो?" यह कहकर वह चला गया।

श्याओ ने तेजी से कदम उठाए। सूरज सबेरे के दूधिया आकाश में चमक रहा था और हल्की-सी बयार बह रही थी, पर वह ग्रामांचल की सुंदरता से प्रभावित नहीं हो रहा था। वसंतागम पर जब वह यहाँ आया था तब की भावनाओं की स्मृति अब केवल एक उदासी बच रही है। किसान अपनी-अपनी कुदाली लिए खेतों पर जा रहे थे। श्याओ सोचने लगा कि क्या उसे भी किसान बन जाना चाहिए।

एक छोटे से गाँव से गुजरते हुए उसने गोद में बच्चा लिए सर झुकाए एक नौजवान औरत को अपनी तरफ आते हुए देखा। एक क्षण के लिए उसको लगा कि विधवा और उसका बच्चा लौट आया है और वह ठिठककर एकटक देखने लगा। औरत उसके पास से धीरे-धीरे गुजर गई। वह अपने बच्चे से धीरे-धीरे बोलकर जाने क्या कहती जा रही थी। छाएल्येन की माँ से उसकी सूरत इतनी मिलती थी कि ताज्जुब होता था। उसके चेहरे पर वही पीड़ा भी थी।

'हमारे इस विशाल देश में इस तरह की औरतें और बच्चे जाने कितने होंगे?' श्याओ सोचने लगा। 'बच्चों और स्त्रियों को बचाओ!'

फिर वह तेजी से कदम बढ़ाने लगा।

जब वह जहाज पर चढ़ा तो लंगर उठने ही वाला था। उसके डेक पर पैर रखते ही जहाज चल दिया। हाँफते हुए उसने पीछे छूटते तट से कहा, "विदा प्रेमिका, मित्र, छोटे भाइयो और बहनो, विदा।"

श्याओ जहाज के कक्ष में पहुँचा। जिस जहाज से वह आया था वह उससे बड़ा था। यात्रा का एक अंश समुद्र से होना था। चार घंटे से पहले न्वीफ़ू पर्वत नहीं पहुँचेंगे। बहुत यात्री नहीं थे। कुछ तीर्थयात्री थे जो पर्वत के मंदिर में धूपदीप दान करने जा रहे थे।

थाओ ने अपने मित्र की प्रतीक्षा की। तीसरे दिन तक श्याओ लौटा नहीं था। मिनट-मिनट करके दिन बीत गया और श्याओ की कोई खबर नहीं आई। थाओ विचलित हो उठे। जब रात को वह

घर पहुँचे तो देखा कि छाएल्येन लान के पास बैठी रो रही है और जिद्द कर रही है कि बताओ श्याओ चाचा कहाँ हैं।

"क्या वह मर गए?" बच्ची ने रोकर पूछा। "वह क्यों नहीं आते?"

थाओ की माँ को भी चिंता हुई। परंतु थाओ और लान ने कहा, "कल सबेरे तक प्रतीक्षा करेंगे। कल वह निश्चय ही आ जाएगा।"

अगले दिन तीसरे पहर तीन बजे तक श्याओ का कोई चिन्ह नहीं था। परंतु डाकिया उसकी लिखी एक चिट्ठी लाया जिस पर भेजनेवाले का पता था, "पिछौल मठ, न्वीफू पर्वत।"

चौंककर थाओ ने उसे खोला। कहीं उनका मित्र वहीं अस्वस्थ न हो गया हो। भिक्षु तो नहीं ही बना होगा। चिट्ठी खोलकर थाओ ने उसे फुर्ती से पढ़ा। उनकी आँखें एकदम जल रही थीं। श्याओ के लाइलाज काम ने उसके इस वफादार मित्र को निराश किया था और गहरी चोट पहुँचाई थी। पत्र इस प्रकार था :

प्रिय पुराने मित्र,

मैं यहाँ दो दिन हुए सकुशल पहुँच गया और अब तक सब दर्शनीय स्थान देख चुका हूँ, शायद ही कोई बचा हो। यह सुंदर स्थान है, बस एक दूसरी दुनिया ही है। पर मैं तो सिर्फ एक "मुसाफिर" हूँ। मुझे यहाँ रहने की कोई इच्छा नहीं।

तुम यहाँ का दृश्य भली भाँति जानते हो, इसलिए समुद्र, चट्टान आदि का आँखों देखा वर्णन क्या करूँ। मैं केवल यह बता देना चाहता हूँ कि मैं फ़ूरुङ क्यों नहीं लौटूँगा।

जिस दिन से मैंने तुम्हारी धरती पर पाँव रखा मुझे उस विधवा युवती के प्रति, जिसने मानो किसी अतिप्राकृतिक शक्ति की प्रेरणा से आत्महत्या की, गहरी सहानुभूति थी। क्यों थी? यह मैं ठीक-ठीक नहीं कह सकता। परंतु समाज उत्तेजन पसंद करता है। उसे अपने बालदार हाथों से लोगों के हृदय को उथलपुथल करने में मजा आता है। इसलिए तुम, लान और मैं सबने दुख उठाया। हमारी आत्मा को जितना गहरा घाव लग सकता था उतना ही लगा। मैंने उस घाव को टाल दिया होता। मैंने हमेशा निराधार आरोपों और ईर्ष्या को अपने लिए श्रेयस्कर पाया है। तुम्हारी बहन भी यही मानती है। गपबाजी की उसे तनिक भी चिंता नहीं होती। परंतु जब विधवा ने अपने पुत्र की मृत्यु के बाद आत्महत्या कर ली तो तुम्हीं कहो, मुझे कैसा लगता? तुम तो जानते हो कि ऐसा उसने मेरे और तुम्हारी बहन के लिए प्यार के कारण किया।

लान स्वर्ग से उतरी एक देवी है। उसने मुझे अपने प्रेम के बहुरंगी रेशमी धागों से बाँध लिया और मैं उसका सदा के लिए बंदी हो गया। मैं एक सौभाग्यशाली व्यक्ति हूँ। मैंने सपना देखा था कि मैं एक भव्य मीनार हूँ जिसमें अकेली तुम्हारी बहन रहती है। अक्सर कमरे में टहलते हुए मैं स्कूल की घंटी भूल जाता था। जब विद्यार्थी दौड़ते हुए मेरी खिड़की पर आते और मेरा नाम पुकारते, तभी मैं जान पाता कि कक्षा आरंभ करने का समय हो गया है।

"जागो," मैं अपने से कहता। "अक्ल से काम लो।" और खुद से मैं कहता, "कोई बात नहीं है, वह मेरे लिए बहन के समान है।"

परंतु छाएल्येन की माँ के मरने के बाद सबकुछ बदल गया। हम चारों ओर से घिर गए, मानो एक बड़ी सेना हमारे ऊपर चढ़ी आ रही हो। चारों ओर से तेजी से तीर चल रहे थे, मैं उनसे बिंधकर मर जाता। ऐसे में मैं तुम्हारी बहन का प्यार कैसे स्वीकार कर सकता था। मैं अपने हृदय का कहा मानता या अपने मस्तिष्क का। जब मैं परिस्थिति का सामना तर्क से और अधिक नहीं कर पाया तो मैंने वही रास्ता पकड़ा जो बचा था, पलायन।

अब मैं एक चक्र से बाहर आ गया हूँ। अब मैं फिर वही व्यक्ति हूँ जो दो महीने पहले था, एक अकेला घुमक्कड़। हवा मेरे बालों को बिखेर देती है, कोहरा मेरे सीने पर गिरता है।

एक विराट समुद्र में द्वीप पर खड़ा मैं प्रकृति के तत्त्वों से स्वर टकराता हुआ हँसता और गाता हूँ।

जहाँ तक छाएल्येन का प्रश्न है, मुझे तुम पर बोझ डालना ही पड़ेगा। पर मैं जानता हूँ कि तुम उसकी अच्छी तरह देखभाल करोगे। जैसे ही मेरा जीवन फिर स्थिर हो जाएगा मैं उसको बुलवा भेजूँगा। मैं उसे हमेशा अपने पास रखना चाहता हूँ।

अपना असबाब मैं फिलहाल तुम्हारे पास छोड़े जा रहा हूँ। सौभाग्य से उसमें कुछ भी बहुमूल्य चीज नहीं है। जब छाएल्येन को लेने किसी को भेजूँगा तो उसे मँगना लूँगा। यदि मेरी किसी पुस्तक में तुम्हारी या लान की दिलचस्पी हो तो पढ़ने में संकोच मत करना। मुझे नहीं लगता कि मैं संगीत का अध्ययन आगे जारी रखूँगा।

आज तीसरे पहर पाँच बजे मैं शाङ्हाए का जहाज पकड़ रहा हूँ। वहाँ से कहाँ जाऊँगा, यह तय नहीं किया है। लोग कहते हैं कि आलोक दक्षिण में है। मैं वह आलोक देखना चाहूँगा। परंतु विद्या, लोग कहते हैं, उत्तर में है। तो शायद मैं उत्तर में जाकर सुंदर फूलों के पौधे लगाना चाहूँगा। मेरे जैसा युवक जो किसी से बँधता नहीं, स्थितियों के साथ अपने को बदलता रह सकता है।

पहले मैंने यह पत्र तुम्हारी बहन को लिखना चाहा था। परंतु बहुत सोचने पर भी तय न कर पाया कि क्या लिखूँ। आशा है तुम मेरी ओर से उसे भी समझा दोगे। मुझे विश्वास है कि अपनी बुद्धि के बूते पर वह समझ जाएगी कि मैं बिना विदा लिए क्यों चला गया। आशा करता हूँ वह अपनी देखभाल अच्छी तरह करेगी।

बाकी फिर कभी।

—श्याओ

जब थाओ पत्र पढ़ चुके तो उन्होंने अपने सहयोगियों से कहा, "श्री श्याओ शाङ्हाए चले गए हैं। वह लौटेंगे नहीं।"

"वह नहीं लौटेंगे?"

हर कोई चकित रह गया। विद्यार्थी और आरुङ भी भीड़ लगाकर खड़े हो गए।

बहुत ही परेशान होकर थाओ घर लौटे। लौटते ही लान ने उनसे पूछा, "श्री श्याओ लौट आए हैं?"

"यह पत्र पढ़ो।" बुझे हुए मन से उन्होंने उसे पत्र दे दिया। लान ने काँपते हाथों से पत्र लिया। पढ़कर वह कुछ क्षण मौन रही फिर आँखों में आँसू भरकर बोली, "भाई, शाङ्हाए जाकर श्री श्याओ को वापस ले आओ।"

थाओ भौंचक रह गए। उनकी माँ ने प्रवेश किया और पूछने लगीं कि क्या बात हो गई है। लान बोली, "अम्मा, श्री श्याओ लौट नहीं रहे हैं। वह शाङ्हाए चले गए हैं। उनके पास एक पैसा भी नहीं है। उनके कपड़े तक यहीं हैं। भाई हैं जिन्होंने उन्हें जाने दिया। अब भाई ही जाकर उन्हें लाएँ।"

"यह तो तुम मुझसे अन्याय करती हो, लान," थाओ ने गुस्से से डाँटकर कहा। "यह तुम्हारा स्वभाव था जिसके कारण श्री श्याओ को भाग जाना पड़ा।"

"तब मैं स्वयं जाऊँगी। मैं छाएल्येन को अपने साथ ले जाऊँगी," लान परेशान होकर गुस्से से चिल्लाई। "इस परिस्थिति में मैं यहाँ और नहीं रह सकती। मैं भी अपनी जान दे दूँगी।"

"क्या कह रही हो बेटी?" उसकी माँ ने रोते हुए पूछा। बेटे की ओर मुड़कर उसने आदेश दिया, "शाङ्हाए का एक चक्कर लगा आओ। बेचारी छाएल्येन का कोई नहीं है। श्याओ को वापस जरूर ले आना। मुझे स्वीकार है कि लान उससे विवाह कर ले।"

"लाखों लोगों के बीच मैं उसे कहाँ से खोज पाऊँगा?" थाओ ने दबी जबान पूछा।

"तुम्हें जाना होगा," उसकी माँ ने दूसरी बार आदेश दिया।

"इसका अर्थ यह है कि तुम अपने मित्र के प्रति वफादार नहीं हो," लान ने आग्रह किया। "क्या तुम कहना चाहते हो कि तुम चाहो तो उसे खोज नहीं निकाल सकते?"

ईमानदार थाओ का क्रोध धुल गया और वह हँस पड़े। अपनी बहन को देखकर बोले, "सबसे अच्छा तो यह होगा कि तुम भी मेरे साथ चलो।"

विनाश

रओ शि

जाड़ों की ठिठुरती ठंडी रात थी। तीखी हवा बह रही थी। एक दीनहीन स्त्री ने अपने शिशु पर दृष्टि डाली जिसे उसने तीन रात पहले जन्म दिया था। वह चीथड़ों-गुदड़ों में लिपटी बैठी थी। उसके पीले चेहरे पर दीपक की फीकी मटमैली रोशनी पड़ रही थी। मरी हुई आवाज में उसने अपने पति को, जो तीस-पैंतीस वर्ष का रहा होगा, पुकारा, "जो मैंने कहा है वही करो। वही सबसे अच्छा तरीका है।"

गोद में पड़े बच्चे को उसने फटी-फटी सूनी आँखों से निहारा। सिर्फ उसकी नन्ही-सी खोपड़ी पर के सुनहरे रोयें ही दिख रहे थे।

"इसे अभी ले जाओ," स्त्री ने आग्रह किया। "देर होती जा रही है, मौसम ठंडा है और रास्ता लंबा है। जल्दी निकल जाना बेहतर है।"

परंतु उसने बच्चे को सीने से नहीं हटाया। वह थोड़ा-सा आगे को झुकी और उसे और लिपटा लिया। आदमी निराश होकर आँखें नीची किए बोला, "क्या कल जाने से काम नहीं चलेगा। कल, बस कल तक रुको। कल तक हवा भी कम हो जाएगी।"

"आज रात!" एक बार फिर उसने बच्चे को प्यार किया।

"इस पर बात कर लें...मैं सोचता हूँ..."

"और कोई चारा नहीं है। हमारे पास चावल का एक दाना भी नहीं। ईंधन की एक-एक लकड़ी खत्म हो चुकी। कोई और रास्ता ही नहीं बचा है।"

गुमसुम उसने सर हिला दिया। आदमी तो बस सुन्न रह गया था। उसने बच्चे को उठाया। उसकी आँखें लाल हो रही थीं। वह दरवाजे से बड़े-बड़े डग भरता बाहर निकल गया। सिसकती हुई स्त्री ने उसको पीछे से पुकारा, "जल्दी-जल्दी जाना, और उसे कसकर ओढ़ाए रखना। दरवाजे की घंटी बजाना मत भूल जाना।"

आदमी ने उत्तर नहीं दिया, तीर-सी बरफीली हवा में बढ़ता चला गया।

सात-आठ ली तो वह बिना ठहरे चलता गया फिर एक पहाड़ी के सिरे पर बैठकर सुस्ताने लगा। आँधी के थपेड़े मारते पागल झोंके पथ के दोनों ओर वृक्षों को कभी एक ओर और कभी दूसरी ओर झुका देते और उसकी साँस उखड़ जाती। उसने सर से पाँव तक कपड़ों में लिपटे शिशु को खोलकर एक बार फिर उस बहुमूल्य संपत्ति को निहारा जिसे अब वह त्यागने ही वाला था। उसने जो देखा उससे उसका दिल बैठ गया। शिशु की आँखें कसकर मुँदी हुई थीं। उसकी साँस चलनी बंद हो गई थी। बच्चे का दम घुट गया था!

"हाय!" आदमी ने तड़पकर चीत्कार किया। वह जिस चट्टान पर बैठा वहाँ से लगभग लुढ़ककर जमीन पर आ गया। पर जो हो ही गया था उसके आगे उसका क्या बस था।

'क्या मैं इसे घर वापस ले जाऊँ? पत्नी से क्या कहूँगा? अनाथालय में जो बच्चे ले जाए जाते

हैं वे शीघ्र ही मर जाते हैं।' उसने सोचा। उसने शव को वहीं पहाड़ी पर दफन कर देना निश्चित किया।

पर उसका साहस निचुड़ गया था। आँसू गालों पर बहते रहे और वह शिशु के शव को घुटनों पर रखे बैठा रहा। फिर वह रो-रोकर विलाप करने लगा। शोर सुनकर पर्वतीय रखवाले आ पहुँचे। उसने उनसे एक फावड़ा उधार माँगा। वे उसे ढाढ़स बँधाने लगे।

"गरीबों को बच्चों का हक नहीं होता," उन्होंने कहा। "बहुत दुखी मत हो। तुम अभी जवान हो। बिल्कुल संभव है कि तुम्हारे और एक बेटा हो।"

वे वापस भीतर चले गए। एक वृद्धा ने दरवाजे पर कागज का धन जलाया क्योंकि बच्चे को अपनी परलोक की यात्रा में उसकी जरूरत पड़ेगी।

परंतु पति तुरंत घर नहीं लौट सका। उसने सोचा कि थोड़ी देर रुककर लौटना ठीक होगा ताकि उसकी पत्नी को संदेह न होने पाए। वह बैठा ही रहा, बैठा ही रहा और रात घिसटती गई। हवा की, पानी की और वृक्षों की ध्वनियाँ—ये सब उसने स्पष्ट सुनीं। अपने को सम्हालते हुए उसने डरावनी रात की आवाजों के आक्रमणों से अपने को बचाया।

धीरे-धीरे उसने अपने घर का दरवाजा खोला। स्त्री अब भी बिस्तर पर निश्चल बैठी थी। उसकी आँखें रोने से लाल और सूजी हुई थीं। आदमी उसके पास सहमा-सहमा आया।

"तुम सोईं क्यों नहीं?" उसने पूछा।

"मैं तुम्हारे आने की प्रतीक्षा कर रही थी," वह आहिस्ते से बोली।

आदमी उसके सामने आकर खड़ा हुआ। वह जोरों से रो पड़ता, परंतु सारी शक्ति लगाकर उसने अपने को सम्हाल लिया। स्त्री आहिस्ता से बोली, "क्या तुम उसे वहाँ ले गए थे?"

"मैं ले गया था।"

"सीधे अनाथालय तक?"

"सीधे अनाथालय तक।"

उसके उत्तर प्रतिध्वनियों जैसे थे। स्त्री सुनकर सशंक हो गई।

"क्या तुमने घंटी बजाई थी?"

"बजाई थी।"

"क्या तुमने उन्हें बाहर आते देखा था?"

"हाँ।"

"क्या तुमने बच्चे को रोते सुना था?"

"हाँ, बहुत सवाल मत पूछो!" आदमी ने अधीर होकर जवाब दिया।

स्त्री कडुवाहटभरी मुस्कान मुस्कराई। "तब मैं निश्चिंत हो रहूँ?"

"हाँ, हाँ, क्यों नहीं!"

"तो कल जाऊँ या परसों?"

"जाऊँ कहाँ?" आदमी चकरा गया।

"अनाथालय में, दाई बनने के लिए।"

"क्या कहा?"

"और क्या, मैंने पहले ही बताया था। क्या तुम भूल गए?"

आदमी का दिल बैठने लगा। "तुम जाकर अपने ही बच्चे की देखभाल करना चाहती हो?"

"हाँ।"

"असंभव।"

"यह तो एक सही विचार है। इस तरह मैं खाने को भी पाती रहूँगी और कुछ पैसे भी जमा कर लूँगी।"

"क्या तुमने तय कर लिया है कि यही करना है?"

"क्यों नहीं, क्या दिमाग वहीं पहाड़ पर भूल आए?"

आदमी धम से एक कुर्सी में बैठ रहा और सिसकने लगा। "नहीं, यह नहीं होगा। तुम कल नहीं जाओगी।"

स्त्री कडुवाहट से हँसी। दृढ़ता से बोली, "तब फिर परसों।"

दो दिन बाद उसने कस्बे के अनाथालय में प्रवेश किया।

उसने प्रत्येक शिशु को गौर से देखा पर कई दर्जन में से कोई भी उसका नहीं था। उसने दूसरी दाइयों से भी नर बच्चों के बारे में पूछा। पता चला कि केवल दो हैं और दोनों चार-चार महीने से ऊपर के थे। उसने सोचा कि यह तो बड़ी अजब बात है। डरती-डरती वह कार्यालय में गई। बड़ी मीठी मुस्कान दिखाकर उसने दरवाजे में से झाँका और एक मुंशी को मुख़ातिब हुई।

"क्या परसों रात यहाँ कोई शिशु लाया गया था, महाशय?"

मुंशी ने दीवार पर लगी तालिका पर एक नजर डालकर कहा, "हाँ। तुम क्यों यह पूछती हो?"

जबर्दस्ती मुस्कराकर औरत बोली, "बात यह है कि एक पड़ोसिन ने, एक लड़की ने एक अवैध बच्चे को जन्म दिया है।...महाशय आप बता दें कि क्या जो बच्चा लाया गया है, नर है कि मादा?"

मुंशी ने फिर तालिका देखी। वह दाँत फाड़कर मुस्कराया, "नर है।"

"सचमुच? बहुत बढ़िया बात है! मुझे बताएँ कि बच्चा कहाँ है और उसे दिखाएँ तो मैं उसकी एक बड़ी मजेदार बात आपको बताऊँ।"

मुंशी ने सर हिलाया। उसके चेहरे पर एक कठोर भाव आ गया। "तुम्हारा सर फिर गया है? देखो, मैं तुम्हें सिर्फ बेवकूफ बना रहा था। कोई बच्चा यहाँ परसों रात को नहीं लाया गया। नर, मादा, अवैध—सभी तरह के बच्चे हर रात को लाए जाते हैं। परंतु हुआ यह कि परसों रात को यहाँ कोई बच्चा नहीं आया।"

स्त्री के पाँव जवाब दे गए। उसे गहरी चोट लगी और वह बड़ी मुश्किल से उसे सह पाई।

"हो सकता है तुमको गलत तारीख बताई गई हो," मुंशी ने कहा। "अच्छा, लड़की और उसके अवैध बच्चे के बारे में तुम्हारी मजेदार कहानी तो सुनें।"

सर झुकाए हुए औरत ने धीरे से मुँह फेर लिया। "कुछ सुनाने को नहीं है। जो बच्चा उसके हुआ था निश्चय ही मर चुका है।"

वह गुमसुम-सी अनाथालय के कमरे में हर दाई को बाँहों में एक-एक बच्ची लिए बैठी देख सकती थी। वह समझ नहीं पा रही थी कि क्या सोचे। उसे लगता था कि वह पर्वत के एक खड्ड में से, जिसमें वह गिर पड़ी है, डूबते सूरज को देख रही है। वह चाहती थी कि वह तुरंत घर लौट जाए और पति से पूछताछ करे। परंतु परिस्थिति इसका अवसर भी नहीं दे रही थी।

कुछ दिन बाद वह उससे मिलने आया। वह उसे खींचकर एक कोने में ले गई।

"हमारा बच्चा कहाँ है?" उसने पूछा।

"यहाँ नहीं है क्या?" पति ने आहिस्ते-आहिस्ते पूछा।

"नहीं। मैंने सब शिशु देख लिए जो यहाँ कुछ दिनों में लाए गए थे। उनमें से कोई भी हमारा

नहीं है।"

"तब मैं नहीं जानता।"

"कैसे नहीं जानते तुम?"

आदमी ने सर झुका लिया। "वह मर गया होगा।"

"वह नहीं मर सकता।" स्त्री की आवाज ऊँची हो गई। "वह मरा भी होता तो उसके आने की सूचना दर्ज होती पर उस रात को कुछ भी दर्ज नहीं है।" आदमी के पास शब्द नहीं थे। उसकी पत्नी आग्रह करती रही।

"मुझे बताओ, क्या हुआ? कहाँ छिपा रखा है तुमने मेरा बच्चा?"

उसे याद आया कि रखवालों ने क्या कहा था। "गरीबों को बच्चों का हक नहीं होता," उसने दोहराया। "बहुत दुख मत मानो।"

"क्या कहना चाहते हो?"

उसने चाहा कि न कहे परंतु शब्द उसके मुँह से निकल ही पड़े। "वह रास्ते में ही मर गया था। पहाड़ी की ढलान पर उसे दफन कर दिया था।"

"क्या कहा? क्या मतलब?..." औरत फूट-फूटकर रो पड़ी।

"तुम दोनों ने कानून तोड़ा है," मुंशी ने पति-पत्नी को डपटकर कहा, "अपने बच्चे को यहाँ लाना और फिर खुद दाई बनकर यहाँ काम करना गैरकानूनी है। मैं पुलिस को बुलाता हूँ और तुम दोनों को थाने भिजवाता हूँ!"

आँसू रोकते हुए स्त्री ने कहा, "हमारे कोई बच्चा नहीं है, महाशय। हमारा लड़का तो मर ही चुका है। हमारा यहाँ कौन बच्चा है?"

"इससे कोई फर्क नहीं पड़ता। तुम्हारा इरादा तो यही था। मैं तुम्हें थाने भेज रहा हूँ।"

औरत घुटनों के बल झुकी। "क्या बच्चे को जन्म देना कानून का उल्लंघन है। मेरे अब कोई बेटा नहीं, महाशय। हमें माफ कर दीजिए!"

मुंशी गुस्से से कदम बढ़ाकर दफ्तर की ओर चला गया। स्त्री पति की बाँहों में गिरकर बेहोश हो गई।

मेरे पिता

चाओ तीच्याङ

मैं केवल सात वर्ष का था कि मेरे पिता रओ शि की हत्या हो गई। यह शाङहाए की बात है जो हमारे घर से जरा दूर ही था। घटना घर के लोगों से एकदम छिपा रखी गई। जो जानते थे, हमारे सामने उसका जिक्र करने की हिम्मत नहीं करते थे। इस तरह जब मैं जूनियर मिडल स्कूल के दूसरे वर्ष में पहुँचा और मैंने लू श्युन (लू शुन) का 'दो हृदय' पढ़ा तब जाकर मुझे पता चला कि कैसे और क्यों मेरे पिता की हत्या हुई थी। और मेरी दादी को तो अपनी अंतिम साँस छोड़ने तक नहीं मालूम हो पाया कि उनका बेटा जिंदा है या मर गया।

प्रतिक्रियावादी क्वोमिनताङ के खूनी राज में हमने कठिनाइयों, दुखों और अपमान का जीवन बिताया। हम मुक्ति के लिए वैसे ही तड़पते थे जैसे किसान सूखे के दिनों में जलभरे मेघ के लिए तड़पता है। अंततः मुक्ति हुई और हम सबने सांत्वना की गहरी साँस ली।

मेरे पिता के देहांत के बाद मेरी माँ, मेरे दादा, दादी और चाचा से अलग रहने लगीं। जब तक दादी जीवित रहीं मैं तब तक अपने दादा-दादी के पास रहा, उसके बाद माँ के पास वापस चला गया।

मेरी पाँच बरस की बहन और तीन बरस के भाई को पालने-पोसने में मेरी माँ को बड़ा परिश्रम करना पड़ा था। वह निरंतर हमारे खाने-पहनने के बारे में चिंता किया करतीं। लोग उन पर हँसते क्योंकि वह हमेशा जरूरत से ज्यादा ढीले और पुराने ढंग के कपड़े पहने रहा करतीं और घर के सारे काम स्वयं अपने हाथ से करतीं। उन्होंने न कभी किसी से कोई मदद ली, न कोई शिकायत की, बल्कि हर मुसीबत को दाँत भींचकर झेला। हमने ये सब कठिनाइयाँ एक दुखभरे मौन में काटीं। जब हम पर मुसीबतें पड़तीं और कठिनाइयाँ आतीं, पिता का नाम ही हमें आशा, साहस और आस्था दिलाने वाला एकमात्र सहारा होता।

कुछ और बताएँ आपको उनके बारे में : माँ हमें बताया करती थीं कि पिता हमारी बहन को बहुत दुलार करते थे और हमेशा उसे अपने साथ टहलाने ले जाते थे। एक बार उन्होंने माँ से कहा, "तुम लोग लड़कों के प्रति पक्षपात करते हो और लड़कियों को नीची निगाह से देखते हो। क्या वे कोई और होती हैं? मैं तो खुद लड़कियों के पक्ष में हूँ।"

मेरे पिता सिद्धांत पर चलनेवाले व्यक्ति थे। जब वह अपने जन्म के नगर में शिक्षा विभाग के प्रधान थे तो किसी ने एक प्राथमिक विद्यालय में प्रधानाचार्य का पद प्राप्त करने के लिए प्रयत्न किया और गोश्त की एक बड़ी रान उनके पास भेंट में भेजी। पर मेरे पिता ने एकदम उसे मना कर दिया। आदमी ने आग्रह किया। रान दोनों के हाथों में आगे-पीछे होती रही। आखिरकार आदमी को उसे शरमाकर वापस लेना ही पड़ा। मेरे पिता ईमानदार व्यक्ति थे और कभी भ्रष्ट लेनदेन में शामिल नहीं होते।

लाए फ़ा नामक एक राजगीर हमारा पड़ोसी था। उसके चेहरे पर मुर्दनी छाई रहती और उसके कपड़े हमेशा चूने और कालिख से पुते रहते। वह बीस-पच्चीस की उम्र में ही तपेदिक से मर गया। जब वह जीवित था, अक्सर पड़ोसियों से हमारी ओर इशारा करके कहा करता था, "इसके पिता

ने कम्युनिज्म के लिए जान दी। भविष्य में दशा सुधरना निश्चित है। पर अभी उन्हें कष्ट उठाने पड़ रहे हैं और हमें उनकी मदद करनी चाहिए।" सुननेवालों में से कुछ सिर्फ हँस देते क्योंकि वे समझ न पाते कि यह जो कह रहा है उसका सिरपैर क्या है। पर वह ईमानदारी से कहता, "मैं सचमुच ऐसा ही मानता हूँ, सचमुच।"

रओ शि का संक्षिप्त परिचय

चुङ छङ

7 फरवरी 1931 को क्वोमिनताङ सरकार ने पाँच युवा क्रांतिकारी लेखकों की गुप्त रूप से हत्या कर दी थी। ये थे रओ शि और उनके मित्र फ़ङ खङ तथा उनके साथ इन फ़ू, ली वेइसन और हू येफिङ। इस खूनी हत्या ने चीन के समस्त साहित्यिक जगत को हिला दिया। 25 अप्रैल को, मृतकों की स्मृति में बड़ी वेदना के साथ लू श्युन ने लेख लिखा जिसका शीर्षक था 'चीनी जनता का क्रांतिकारी साहित्य और अग्रदूतों का खून'। उन्होंने लिखा, "चीनी जनता का जो क्रांतिकारी साहित्य आज और कल के बीच में लिखा जा रहा है वह प्रताड़ना और मिथ्या प्रचार के बावजूद विकसित हो रहा है और आखिरकार घोर अँधेरे में उसका पहला परिच्छेद हमारे साथियों के रक्त से लिखा जा चुका है।" लू श्युन ने इन क्रांतिकारी लेखकों के लिए गहरा शोक प्रकट किया और आशा प्रकट की कि चीन का क्रांतिकारी साहित्य, जो कि संघर्ष के दौर में पनप रहा है, आगे बढ़ता रहेगा।

रओ शि 1901 में चच्याङ प्रांत की निङहाए काउंटी में पैदा हुए थे। उनका परिवार पीढ़ियों से विद्वानों का परिवार रहा था। परंतु परिवार की आर्थिक परिस्थिति इतनी बिगड़ गई कि उनके पिता को व्यापार से जीविका कमानी पड़ी और वह रओ शि को दस बरस की उम्र तक स्कूल नहीं भेज सके। जब रओ शि हाङचओ के प्रथम सामान्य विद्यालय में पढ़ रहे थे तो वह 'प्रभात बेला' नामक साहित्यिक संस्था के सदस्य हो गए और नए साहित्य के आंदोलन में हिस्सा लेने लगे। स्नातक बनने के बाद उन्होंने प्राथमिक विद्यालय में और अपने जन्म स्थान में पढ़ाया और बाद में एक माध्यमिक स्कूल के प्राध्यापक हो गए। वह 1928 में शाङहाए गए। वहीं प्रसिद्ध लेखक लू श्युन से उनकी गहरी दोस्ती हुई और वह उनके साथ उनकी मासिक पत्रिका 'टैटलर' में काम करने लगे। रओ शि ने 'प्रभात मंजरी' और 'कलावाटिका' पत्रिकाओं का संपादन भी किया जो लू श्युन द्वारा प्रेरित थीं और कुसुम प्रेस से प्रकाशित होती थीं। उसी समय रओ शि ने साहित्यिक लेखन भी किया और विशेष रूप से पूर्व योरपीय और स्कैंडिनेवियाई देशों के साहित्य तथा चित्रकला का परिचय भी जनता को दिया। वह 1930 के मार्च में वामपंथी लेखकों की लीग की कार्यकारिणी कमेटी के सदस्य चुने गए। उन्होंने उस संस्था के मासिक पत्र 'अंकुर' का संपादन किया। उसी वर्ष मई में उन्होंने चीन के सोवियत प्रदेशों के राष्ट्रीय सम्मेलन में प्रतिनिधि के रूप में भाग लिया। वह 7 जनवरी 1931 को च्याङ च्येशि (च्याङ काई-शेक) के गुरगों द्वारा गिरफ्तार किए गए और उसके बाद शीघ्र ही मार डाले गए।

रओ शि का साहित्यिक जीवन 1923 से आरंभ हुआ। उनके पहले कहानी संकलन 'पागल आदमी' में 1923 और 1924 में लिखी छह कहानियाँ हैं, और इसका प्रकाशन उन्होंने अपने पैसे से 1925 में किया था। 'वृद्धावस्था की मृत्यु' 1926 में लिखा गया था और उनका एकमात्र लंबा उपन्यास

है। 'पागल आदमी' और 'वृद्धावस्था में मृत्यु' दोनों नई जनवादी क्रांति के आरंभिक समय के रोमानी कथानक हैं और 'अभागे नवयुवकों' और 'दलितों' की दशा दिखाते हैं। ये रचनाएँ जो उनके प्रारंभिक प्रयत्नों की प्रतिनिधि हैं, य्वी ताफ़ू का प्रभाव दिखाती हैं जो उस समय का प्रमुख उपन्यासकार था। य्वी ताफ़ू का सर्वप्रसिद्ध उपन्यास 'पतित' भी इसी प्रकार के युवजनों का चित्रण करता है।

रओ शि का 'तीन बहनें' अप्रैल 1929 में प्रकाशित हुआ था। उसी वर्ष नवंबर में 'वसंतागम' उपन्यास छपा। 'वृद्धावस्था में मृत्यु' की भाँति इन कहानियों में युवा बुद्धिजीवियों और उनके असमान्य प्रेम-प्रसंगों का परिचय है। 'वसंतागम' का अच्छा स्वागत हुआ।

तीसरे दशक में चीन के अनेक युवा बुद्धिजीवी जीवन से असंतुष्ट थे। यथार्थ से भागने में विफल वे हताशा और निराशावाद के शिकार हो जाते थे। एकमात्र उत्तर यह था कि एक नया मार्ग अपनाया जाए। श्याओ च्येनछ्यू उन्हीं रास्ता खोजते भटकते म्लान लोगों में से एक है।

चित्रण, कथानक, भाषा और काव्यत्व में 'वसंतागम' रओ शि की पिछली रचनाओं की अपेक्षा कई कदम आगे है। यह उनकी साहित्यिक प्रतिभा और कला का पूर्ण प्रतिबिंब है।

'आशा' शीर्षक से एक और संग्रह जो कि 1928 और 1929 में लिखी 20 कहानियों का संग्रह है, 'वसंतागम' के बाद शीघ्र ही प्रकाशित हुआ। इसमें गाँव के निचले वर्गों के लोगों का चित्रण है। रओ शि की दृष्टि विस्तृत हो रही थी। उनकी प्रसिद्ध लघुकथा 'भूत और उसकी पत्नी' में एक गरीब राजगीर का चित्रण है जो आदमी कम, भूत-सा अधिक है। 'किसी ने उसकी पूरी शिकायत नहीं सुनी' एक बेचारी वृद्धा की दुखद कहानी बताती है। कहानी में कोई भावना प्रकट नहीं की गई है। यह एक निर्मम यथार्थ का चित्रण है। दुर्भाग्य से उसमें श्रमिक लोगों का वर्णन काफी गहरा नहीं है और उसकी कलात्मक गहराई 'वसंतागम' का मुकाबला नहीं कर सकती। तो भी वह लेखक की विचारधारा में परिवर्तन दिखाती है और यह बताती है कि आगामी रचनाओं के लिए उसमें तैयारी हो रही है।

इसके बाद शीघ्र ही रओ शि की कहानियों में श्रेष्ठ 'किराए की बीवी' जनवरी 1930 में छपी। लू श्युन की 'नववर्ष की बलि' में श्याङलिन की पत्नी की नियति और "किराए की बीवी" की नियति पुराने चीन की अनेक ग्रामीण औरतों के जीवन का यथार्थ है।

छुट्टी का दिन

दैज़ो कोस्तोलान्यि

धूप उजली थी।

मानो रात को फोटो खींचने के लिए आलोकित किया गया हो, वलातोन झील का बिहार धूप से चमक-दमक रहा था। बलुहे समुद्र-तट के हाशिए के भीतर सबकुछ, सफेदी से पुती कोठरियों से लेकर पीली बरसातियों तक सबकुछ निष्कलंक उजला हो रहा था। आकाश भी शुभ्र था और बबूल की धूलभरी पत्तियाँ कोरे कागज-सी सफेद थीं।

करीब ढाई बजा था।

शुहायदा ने खाना जल्दी खा लिया था। वह बंगले के सदर दरवाजे से सीढ़ियाँ उतर रहा था, जो अहाते में बगीची तक आती थीं।

"कहाँ चले?" श्रीमती शुहायदा ने पूछा। वह नन्हे-नन्हे शोख फूलों के बीच बैठी क्रोशियाकारी कर रही थीं।

"नहाने," शुहायदा ने जम्हाई लेते हुए जवाब दिया। हाथ में चेरी रंग का जाँघिया था।

"सुनो, उसे लेते जाओ," स्त्री ने मिन्नत से कहा।

"नहीं!"

"क्यों नहीं?"

"क्योंकि वह शरारती है," शुहायदा ने उत्तर दिया, "क्योंकि वह निकम्मा नालायक लड़का है,' और फिर ज़रा ठहरकर बोले, "क्योंकि वह पढ़ता नहीं है।"

"पढ़ता तो है।" पत्नी ने हाथ नचाकर विरोध किया, "सवेरे से पढ़ ही तो रहा है।"

रसोईघर के सामने कोई ग्यारह बरस का एक लड़का बेंच पर बैठा कान खुजा रहा था। उसकी गोद में एक बंद किताब पड़ी थी—उसका लैटिन-व्याकरण।

वह सुकट्टी हो रहा था और उसका सर घुटा हुआ था। वह लाल बनयाइन और सूती पतलून पहने था। उघरे पाँव में चमड़े की सैंडिल थी। माँ-बाप की ओर मिंची आँखों से वह देख रहा था।

"अच्छा," शुहायदा ने सर झटककर रुखाई से पूछा, "इसे कैसे कहोगे...वे मेरी प्रशंसा करेंगे?"

"लाडेरेटुरं," लड़के ने मुन्न से कहा। वह बिना सोचे घबराकर बोला था मगर उत्तर देने के पहले खड़ा हो गया था मानो स्कूल में हो।

"लाडेरेटुरं," शुहायदा ने व्यंग्य से सर हिलाकर हामी भरी, "लाडेरेटुरं, क्या कहने। दूसरी परीक्षा में भी तुम फेल होगे।"

"नहीं-नहीं, वह जानता है," माँ बच्चे की मदद को आई, "मगर वह गड़बड़ा जाता है। तुमसे डर जाता है वह।"

"मैं इसकी पढ़ाई छुड़ा दूँगा, सच कहता हूँ। ईश्वर की कसम," पिता गरजकर बोला, "घसियारा बनेगा या भाड़ झोंकेगा।"

उन्हें खुद मालूम नहीं उन्होंने गुस्से में ये दो धंधे क्यों सोचे थे जब कि इन दोनों का उन्हें कुछ

ज्ञान न था।

"मेरे पास आओ जानी बेटे," माँ बोली, "तुम पढ़ोगे न, क्यों बेटे?"

"यह मुझे बरबाद कर देगा, घुन्नहा कहीं का," शुहायदा कहने लगा। क्रोध उसके जीवन का रस था। "बरबाद कर देगा" उसने फिर कहा और देखा कि उसके गुस्से से उसके शरीर में खून दौड़ने लगा था और दोपहर की ऊब भाग रही थी।

"मैं पढ़ूँगा," लड़का दबी जबान में हकलाया और अपमान के अकेलेपन में उसने सहारे के लिए माँ की ओर ताका। पिता की ओर देखने की उसे ताब न थी। वह पिता को देखता नहीं था। वह केवल उन्हें अनुभव करता था। हर जगह, हर समय, नफरत से।

"मत पढ़ना।" शुहायदा ने तिरस्कार करके कहा, "पढ़ने की क्या ज़रूरत है, बेकार का काम है।"

"मगर वह पढ़ता तो है," माँ बच्चे के सर पर हाथ फेरती हुई बोली, "और तुम तो उसे माफ कर दोगे, क्यों न..." यह कहकर तत्काल वह बच्चे से बोली, "अपना जाँघिया झटपट ले आओ, तुम्हारे बापू तुम्हें तैरने साथ ले जाएँगे।"

जानी ठीक-ठीक समझ न पाया कि हो क्या रहा है। वह यह भी तय न कर सका कि उसकी माँ के हस्तक्षेप ने किस चमत्कार द्वारा उसकी और पिता की वह लंबी तकरार खत्म करा दी है। जो हो, वह दौड़कर दरवाज़े तक और दरवाज़े से अपनी छोटी-सी अँधेरी कोठरी में चला गया। वहाँ वह फुर्ती से चेरी के रंग वाला अपना जाँघिया खोजने लगा। वह उसके पिता का-सा ही था, हाँ उससे छोटा था। श्रीमती शुहायदा ने ही दोनों के बनाए थे।

पिता हिचकिचाते दिखाई दिए। अपनी पत्नी के निवेदन का स्पष्ट उत्तर न देकर वह गूज़बेरी की झाड़ी के पास ठिठके रहे; मानो लड़के के लपककर आ जाने की प्रतीक्षा कर रहे हों। फिर उन्होंने मानो इरादा बदल दिया और बगीची के छुटके दरवाज़े से निकल आए। झील की ओर वह और दिनों से धीमी चाल से चलने लगे।

लड़के को अपना जाँघिया खोजने में कई एक मिनट लग गए।

जानी माध्यमिक स्कूल की दूसरी श्रेणी में लैटिन की परीक्षा में फेल हो गया था। वह शरद में फिर परीक्षा देने की तैयारी कर रहा था परंतु कुछ ढीला-सा था। पिता ने दंड दिया था कि सप्ताह-भर तैरने को नहीं मिलेगा। ऐसे दो दिन और बिना तैरे काटने होते, इसरो हाथ आए सुनहरे अवसर का वह जी भरकर उपभोग करना चाहता था। उसने सारे कपड़े-लत्ते खँखोड़ डाले। अंततः जब उसे जाँघिया मिल गया तो उसे तह करना भूलकर हाथ में उठाए हुए वह अहाते में दौड़कर आया। माँ वहाँ उसका इंतज़ार कर रही थी। उसने पंजों के बल हुमसकर वह प्यारा मुँह चूमा जिसको उसकी इतनी फिक्र थी और फिर पिता के पीछे भागा।

माँ ने पीछे से आवाज़ दी कि मैं थोड़ी देर में तट पर आऊँगी।

शुहायदा अपने लड़के से कोई बीस कदम आगे था। अपनी चमड़े की सैंडिलों से धूल उड़ाता हुआ जानी उसके पीछे दौड़ा। कैंपियन की झाड़ी पर उसने अपने बाप को जा पकड़ा। मगर वह सीधा उसके पास तक नहीं गया, बगल-बगल दुबका हुआ ऐसे चलने लगा जैसे वह कुत्ता चले जिसे ठीक मालूम न हो कि उसे पुचकारा जाएगा या नहीं।

पिता ने एक शब्द भी नहीं कहा। उनका चेहरा, जिसे बच्चा कनखियों से बार-बार ताक रहा था, कठोर और सपाट था। वह सर उठाए शून्य में देख रहे थे। उन्होंने बगल में चलते हुए बच्चे को देखा ही नहीं जैसे कि उन्हें उसके होने का ज्ञान ही न हो।

जानी जो कि कुछ मिनट पहले बहुत खुश हो गया था फिर निराश और निस्तेज हो गया। उसे प्यास लग रही थी। वह पानी पीना चाहता था या चाहता था कि किसी पेड़ के पीछे छिप रहे

या फिर लौट ही जाय। लेकिन उसे डर था कि उसका बाप उस पर फिर चिल्लाएगा। इसलिए वह इस स्थिति को, जो कि उसने पैदा की थी, सह रहा था कि कहीं वह बद-से-बदतर न हो जाय। वह सोच रहा था कि अब मेरा क्या होगा।

घर से समुद्र तट तक पैदल चलने में चार मिनट से ज्यादा नहीं लगे। सैलानियों के बिहार जैसे होते हैं वैसी ही यह जगह भी काफी दरिद्र थी। बिजली नहीं थी, सुविधाएँ नहीं थीं। तट पत्थरों से भरा था, सारी जगह निरी घटिया दर्जे की थी। कम तनख्वाहवाले क्लर्क अपनी गर्मियों की छुट्टियाँ सपरिवार बिताने यहाँ आया करते थे।

उमस से भरे अहातों में शहतूतों के नीचे औरतें और आदमी नंगे पाँव अधनंगे बदन बैठे थे। कोई तरबूज खा रहा था, कोई भुट्टा।

शुहायदा ने जान-पहचानवालों से भलेमानुषों की तरह नमस्ते किया। विरामसंधि के इन आनंदमय क्षणों में बच्चे ने विश्वासपूर्वक नतीजा निकाला कि उसके बाप के मन में उतना गुस्सा नहीं है जितना वह देखता है। लेकिन ज़रा ही देर में उसके बाप की भौंहें फिर तन गईं।

धूप में झींगुर झंकार रहे थे। झील से उठकर एक मीठी सड़ाँध पिता-पुत्र की नाक में आई। तभी गिरा-पड़ा स्नानघर दिखाई देने लगा। लेकिन शुहायदा का मौन नहीं टूटा।

चौकीदारनी श्रीमती इस्तेनेश ने जो कि सर पर बुंदकियोंदार लाल रूमाल बाँधे थी, उन दोनों की कोठरियाँ खोल दीं—एक पिता के लिए और दूसरी, जिसमें आम तौर से श्रीमती शुहायदा कपड़े बदलती थीं, लड़के के लिए। एक पुरानी नाव की मरम्मत में लगे हुए एक नौजवान को छोड़कर समुद्र-तट पर और कोई न था। वह नौजवान उस वक्त कुछ टेढ़ी-मेढ़ी जंगखाई कीलें हथौड़ी से सीधी करने की कोशिश कर रहा था।

पहले जानी ने कपड़े बदले।

वह अपनी कोठरी से बाहर आ गया। मगर समझ नहीं पाया कि क्या करे। पहले खुद पानी में उतरने की हिम्मत उसे नहीं हो रही थी हालाँकि इसके लिए न जाने कब से वह व्याकुल था। अनिश्चय और असमंजस में अपने पिता का इंतजार करते हुए वह अपने पैरों को ऐसे बिसूरता रहा जैसे उसने उन्हें पहली बार देखा हो।

आखिरकार शुहायदा चेरी के रंग का जाँघिया पहने हुए अपनी कोठरी से बाहर निकला। वह कुछ मुटा चला था लेकिन उसकी काठी मज़बूत थी और उसका सीना काले बालों से भरा हुआ था जिसे देखकर बच्चा हमेशा चकित रह जाया करता था।

जानी ने उसके मुँह की ओर देखा। उसकी आँखों का भाव पढ़ने की कोशिश की, पर वह उनके भीतर झाँक न सका। सुनहरे फ्रेमवाला चश्मा इतना तेज़ चमक रहा था। असमंजस और लज्जा से वह खड़ा अपने पिता को झील में पैठते देखता रहा।

वह उसके पीछे-पीछे नहीं गया। एकाएक शुहायदा ने दूसरी ओर मुँह किए हुए उसको डाँट बताई।

"चले आओ!"

तब भी वह पानी में कूदा नहीं, न मेंढक की तरह तैरने का अपना आम तौर का तरीका बरता। वह बस सहमा-सहमा अपने पिता के पीछे हिचकिचाता हुआ बढ़ा। उसे प्रोत्साहन के एक शब्द की प्रतीक्षा थी। शुहायदा ने बच्चे का बर्ताव लक्ष्य किया।

"डरते हो?" उसने उधर पीठ किये हुए बेरुखी से पूछा।

"नहीं।"

"तब फिर बेवकूफ की तरह क्या कर रहे हो।"

दोनों उस बाँस के पास खड़े हुए थे जहाँ पानी बच्चे की छाती तक और पिता की कमर के

ज़रा नीचे तक आता था। दोनों ने पानी में गर्दन तक डुबकी लगाई और उसके मधुर दुलार और उसकी सेब-जैसी सफेद चमक का आनंद लिया।

शुहायदा का मन प्रसन्न हुआ तो उसे खिलवाड़ सूझा।

"दोस्ते, तुम डरपोक हो।"

"नहीं।"

शुहायदा ने अपने बेटे को दोनों हाथों से ऊपर उठाया और पानी में फेंक दिया।

जानी दूर खड़े जोरों के छपाके के साथ चूतड़ों के बल पानी पर गिरा। झील उसके तले खुल गई और फिर उसके सर के ऊपर गरजती हुई एक रहस्यमय हुंकार के साथ बंद हो गई। उसे हाथ-पाँव मारते हुए सतह तक आने में कुछ सैकिंड लगे। पानी उसके मुँह और नाक से बुलबुले बनाता हुआ निकल रहा था। उसने अपनी दोनों मुट्ठियों से अपनी चौंधियायी हुई आँखें मलीं।

"लगा।" पिता ने पूछा।

"नहीं।"

तब एक बार और हो जाय। "एक-दो"—और उसने लड़के को दोनों हाथों से उठा लिया।

"तीन" शब्द कहते ही उसने लड़के को उसी दिशा में लेकिन उससे कुछ और दूर अगले खंभे के आगे, जिससे कई रस्सियाँ बँधी हुई थीं, घुमाकर फेंक दिया। इसलिए वह देख नहीं पाया कि उसका लड़का कलाबाजी खाने के बाद जब पानी में गिरा तो वह गर्दन उठाए हुए था और उसकी बाँहें फैली हुई थीं। बिना किसी आशंका के शुहायदा दूसरी ओर देखने लगा।

उसके सामने धूप में चमकता हुआ समुद्र-तट फैला हुआ था और उसके और तट के बीच पानी की सतह ऐसे चमक रही थी जैसे लाखों तितलियाँ उस पर अपने हीरे के पंख फड़फड़ा रही हों।

पहली बार की तरह वह कुछ सैकिंड ठहरा। फिर उसने चिढ़कर आवाज़ दी—

"हो क्या रहा है?"

फिर जब मौन ही छाया रहा तो उसने धमकी के स्वर में कुछ और ऊँची फटी हुई आवाज़ लगाई—

"चले आओ, तमाशा मत करो!"

फिर भी कोई उत्तर नहीं।

"तुम कहाँ हो?" वह ज़रा और ज़ोर से चीखा और अपने चारों तरफ ताका और दूर तक भी निगाह दौड़ाई, क्योंकि जानी पानी के अन्दर भी तैर लेता था और हो सकता था कि जहाँ चाहे वहाँ निकल आए।

तो भी शुहायदा को बराबर यह अस्वस्ति का भाव बना रहा कि पिछली बार से ज़्यादा समय इस बार निकल गया है।

वह एकदम शंकाकुल हो उठा।

वह उछलकर जितनी तेज़ी से हो सकता था पानी को चीरता हुआ उस जगह पहुँचने की कोशिश करने लगा जहाँ अनुमानतः उसका लड़का लुप्त हुआ था और बराबर आवाज़ देता रहा।

"जानी, जानी।"

उसने उसे बाँस के पीछे नहीं पाया। अब वह दोनों हाथों से इस तरह पानी हटाने लगा जैसे फावड़े से बजरी हटा रहा हो। उसने जहाँ-तहाँ पानी को मथ डाला। उसने तल में झाँकने की कोशिश की लेकिन मटमैला पानी अगम ही बना रहा। उसने अपना सर, जो कि अभी तक सूखा था, पानी के भीतर डाल दिया। उसकी आँखें चश्मे के पीछे मछली की आँखों की तरह उभर आईं। फिर उसने पानी के नीचे बाकायदा खोजना शुरू किया। तल की मिट्टी पर पेट के बल लेटकर, झुककर, सिकुड़कर, पहले एक करवट, फिर दूसरी लेकर चारों ओर चक्कर लगाकर, फिर इधर-से-उधर जाकर

लेकिन सब बेकार था।

लड़का कहीं नहीं मिल रहा था और उसके चारों ओर पानी-ही-पानी था। पानी की भयंकर एकरूपता। वह हाँफता और बड़बड़ाता हुआ बाहर आकर दम लेने लगा।

जब वह पानी के नीचे था तो उसे एक अस्पष्ट-सी आशा थी कि जब वह बाहर आएगा तो उसका लड़का वहाँ आ चुका होगा। या तो हँसता हुआ बाँस के नज़दीक या उससे और आगे खड़ा होगा या शायद कपड़ा पहनने के लिए कोठरी में भाग गया होगा। लेकिन जब शुहायदा ऊपर आया तो उसने जाना कि हालाँकि नीचे समय अनंत प्रकट हो रहा था वह वास्तव में कुछ ही सेकिंड पानी के भीतर रहा था और उतनी देर में उसका लड़का झील से दूर कहीं नहीं जा सकता था।

पानी की सतह के ऊपर एक ऐसी शांत निस्संगता छाई हुई थी जिसकी कल्पना पहले कभी करना उसके लिए असंभव था।

"हैलो, हैलो।" उसने तट की ओर मुँह करके जिस स्वर में आवाज़ दी उसे वह स्वयं पहचान नहीं पाया, "वह कहीं नहीं मिल रहा है।"

जो लड़का नाव में ठोंक-पीट कर रहा था, कान पर हाथ रखकर सुनने लगा—

"क्या बात है?"

"वह कहीं है नहीं," पिता ने व्याकुल होकर जवाब दिया।

"कौन?"

"उसका पता नहीं चल रहा है।" वह इतने जोर से चिल्लाया कि उसकी आवाज़ बँध गई, "दौड़ो-दौड़ो।"

लड़के ने हथौड़ी नाव के अंदर रख दी, पतलून उतार फेंकी, जिससे कि वह सूखी रहे और झील में धँस गया। वह जितनी तेज़ी से आ सकता था आ रहा था। लेकिन पानी में खड़े हताश आदमी को लगा जैसे वह खाली इतरा रहा है। इस बीच शुहायदा ने एक के बाद एक कई गोते लगाए और घुटनों के बल चल-चलकर एक और दिशा में भी देखा। हर बार जब वह दूर तक जाता तो यह देखकर कि वह बहुत दूर निकल आया है हर बार वहीं लौटकर जाता जहाँ से चला था, और जहाँ मानो वह अपने को पहरे पर खड़ा कर आया था। वह दोनों हाथों से पकड़कर खंभे से लिपट गया मानो उसे जो चक्कर आ रहा था उसका शिकार होने से बचना चाहता हो। नौजवान जब तक शुहायदा के पास पहुँचा तब तक शुहायदा बदहवास हाँफने लगा था। वह लड़के के किसी सवाल का ठीक जवाब न दे सका।

दोनों निरुद्देश्य इधर-उधर खोजते भटक रहे थे।

तट पर श्रीमती इस्तेनेश हाथ मल रही थीं। उसकी चीख-पुकार से बीस-तीस आदमियों की भीड़ जमा हो गई थी। वे काँटे और जाल लाये, एक डोंगी भी दुर्घटना के स्थल की ओर रवाना की गई—जिसकी कोई ज़रूरत न थी; क्योंकि पानी वहाँ काफी छिछला था।

गाँव-भर में खबर फैलते देर न लगी कि कोई डूब गया है। डूब गया है, यह मानो सिद्ध हो चुका था।

ठीक उसी क्षण बगीचे के फूलों के बीच श्रीमती शुहायदा अपना क्रोशिया समेटकर रख रही थीं। वह उस अँधेरी कोठरी में गईं जिसमें थोड़ी देर पहले जानी अपना जाँघिया ढूँढ़ने गया था। उन्होंने कोठरी को ताला लगाया और जैसा कि उन्होंने जानी से वायदा किया था झील की ओर चल पड़ीं। धूप की चकाचौंध से बचने के लिए छतरी लगाए वह यह सोचती हुई कि नहाएँ या न नहाएँ धीरे-धीरे चल रही थीं। आखिर में उन्होंने न नहाने का फैसला किया। जब कैंपियन की झाड़ी आई तो उनकी उधेड़बुन का ताँता टूटकर बिखर गया और वह छतरी बंद करके दौड़ने लगीं। वह दौड़ते-ही-दौड़ते समुद्र-तट पहुँचीं।

वहाँ उन्होंने दो पुलिस के आदमी और भनभनाती हुई भीड़ देखी जिसमें अधिसंख्य देहातिनें थीं। उनमें से कई रो रही थीं।

माँ तुरंत समझ गई कि क्या हुआ है। विवश बिलखती हुई वह समुद्र-तट की ओर गिरती-पड़ती चलीं, जहाँ बालू में चित पड़े उसके बेटे के चारों ओर एक छोटी-सी भीड़ ने घेरा बाँध दिया था। उन्होंने उसे वहाँ आने नहीं दिया। उन्होंने उसे एक कुर्सी पर बिठा दिया। वह बेहोश हो चलीं। मगर बार-बार पूछती जा रही थीं कि क्या उसके जान है।

नहीं, उसके नहीं थी। उन्होंने पंद्रह मिनट खोजने के बाद उसे उस खंभे के ठीक पीछे वहीं पाया था जहाँ उसका पिता सब समय गोता मारता रहा था। उसके दिल ने धड़कना बंद कर दिया था। उसकी पुतलियों पर रोशनी बेअसर हो गई थी। डा. ने उसे उल्टा लटकाकर उसके पेट से पानी निकालकर उसके सीने को मलकर नकली साँस देने की कोशिश की थी। छोटी-छोटी मुर्दा बाँहों को बड़ी देर तक कसरत कराकर आले से दिल की धड़कन सुननी चाही थी—पर सुन नहीं पाया था। अंततः उसने अपने औजार अपने बक्से में रख लिए थे और चला गया था।

यह मौत जो इतनी अचानक, इतने धोखे से हुई थी अब हमेशा के लिए सत्य, निश्चित और अटल हो गई थी जैसे कि पर्वतों में सबसे महान् पर्वत हो।

माँ को एक किसान के रेहड़े में घर लाया गया। शुहायदा अपना चेरी रंग का जाँघिया पहने तट पर बैठा रहा। उसके चेहरे और चश्मे से पानी और आँसू टपक रहा था। वह अपने से ही कहता रहा, 'हे ईश्वर—हे ईश्वर—हे ईश्वर।' आखिरकार उसे उठाकर खड़ा किया गया और कोठरी में ले जाया गया कि वह कपड़े बदल ले।

तब तीन बजा था।

दैज़ो कोस्तोलान्यि का संक्षिप्त परिचय

[1885-1936]

कोस्तोलान्यि के जीवन में बाहरी घटनाओं का कोई घटाटोप नहीं है। अपने अधिकांश समकालीनों की भाँति उन्होंने पत्रकार के रूप में अपनी चर्या शुरू की और अंत समय तक संपादकीय दफ्तरों में काम करते रहे। उन्होंने अनेक कविता-संग्रह प्रकाशित किए, अंग्रेजी, फ्रांसीसी, इतालवी, जर्मन, जापानी और चीनी कवियों की रचनाओं का अनुवाद किया, कई उपन्यासों की रचना की (यथा : 'कोयल', 'एक खूनी कवि'; नीरो-संबंधी उपन्यास, 'सुनहरा अजदहा', 'अद्‌भुत किशोरी') और लगभग सौ मँजी हुई और रंग-भरी कहानियाँ लिखीं। निबंधों, सामयिक लेखों और उनकी गौण रचनाओं का एक मरणोपरांत संकलन ग्यारह खंडों में प्रकाशित हुआ है। दैज़ो को एक समीक्षक ने 'हंगारी साहित्य का एरियल' कहा है। वे बड़े परिश्रमी थे—और उन्होंने तेज़ी से भागते क्षणों को पकड़ने की तथा अंतर्मन के गहनतम भावों का उद्‌घाटन करने की कोशिश की है। उन्होंने लिखा, "मेरे विचार में न तो हंगरी के देहातों के बराबर रोचक और कोई दृश्य ही है न हंगरी के मध्यवर्ग से अधिक उत्तेजक और कोई विषय। मैं इसी वर्ग का व्यक्ति हूँ और इसी के बारे में लिखता हूँ।" वे हंगरी के मध्यवर्ग के ही लेखक थे, वस्तुतः उस मध्यवर्ग के लेखक जिसने अपने बौद्धिक क्षितिज का यूरोपीय परिदृश्य तक विस्तार कर लिया है और जो शताब्दी के चक्रवात से घिरकर भी अपने स्थान पर दृढ़ता से टिके रहने का प्रयास करता रहा। कोस्तोलान्यि के काव्य में बचपन की शोभा और उसका विषाद,

प्रौढ़ बनने को अनिच्छुक और असमर्थ कवि का क्रीड़ा से लगाव एवं आधुनिक मनुष्य को व्याकुल बनानेवाली बेचैनी अभिव्यक्त है। अपने जीवन के अंतिम चरण में, भयंकर रोग के वर्षों में (वे गले के कैंसर से पीड़ित थे) वे अपने काव्य-सृजन से मैग्चार गीति-काव्य के शिखर पर पहुँच गए थे। यद्यपि कुछ लोग कोस्तोलान्यि को चपल और छिछला व्यक्ति मानते थे (और कभी-कभी यह सही भी जान पड़ता था) तथापि इन वर्षों में उन्होंने विषाद, उत्सर्ग और मृत्यु-संबंधी उत्कृष्ट और दायित्वपूर्ण कविताएँ लिखीं।

अपने उपन्यासों और कहानियों में कोस्तोलान्यि ने समाज के नाना पात्रों को चित्रित करने के लिए मनोवैज्ञानिक पद्धति का सहारा लिया है और ऐसे द्वंद्वों का वर्णन किया है जिनकी परिणति या तो विषाद में होती है या फिर लेखक की एक अनोखी उपहास-मुद्रा में। लातीनी प्रांजलता, संयम, अचल-सी प्रतीत होनेवाली गरिमा, शब्दों का उत्तम चयन, अभिव्यक्ति की सूक्ष्मता—उनके लेखन के ये विशिष्ट गुण हैं। पर उनका यह शांत, स्थिर और अभिजात स्वर ही उनके वर्णन को अत्यंत मार्मिक बना देता है, क्योंकि वे अपनी ओर से कुछ कहे बिना ही विचलित करनेवाले तथ्यों को स्वयं बोलने की छूट देते हैं।

उनकी मृत्यु पर उनके मित्र और प्रशंसक ही नहीं, हंगरी का सारा साहित्य-समाज शोक में डूब गया था। टामस मान ने उनकी रचनाओं के जर्मन संस्करण की भूमिका लिखी थी। उनको विदा देते हुए मान ने लिखा : "भगवान् उनकी आत्मा को शांति दे! उनका यशःकाय और उनका नाम गौरव से मंडित हो! उनके रूप में हंगरी का एक पावन और उच्च हृदय हमसे बिछुड़ गया है! उनके स्वदेशवासियों का यह कर्तव्य है कि उन्हें सदा याद रखें। उनकी स्मृति हमारे मन में अक्षुण्ण रहेगी।"

कुछ पत्र

नेमिचंद्र जैन के नाम

1

लक्ष्मी विलास
लक्ष्मी सहाय रोड
लखनऊ
15.2.49

प्रिय भाई नेमिचंद्र जी,

कल आपको जल्दी-जल्दी में एक पोस्टकार्ड लिखा था, परंतु न तो उसमें सब कुछ लिख ही पाया, न जो कुछ लिखा उसे ठीक से ही लिख सका। आशा करता हूँ आप स्वस्थ और सानंद होंगे; और आपका 'मनमोहन' भी प्रसन्न होगा। यहाँ लखनऊ में तो वह खूब बिक रहा है। इसमें तो कोई संदेह नहीं कि निराली चीज़ है। बालसखा वगैरह उसके आगे बहुत साधारण जान पड़ते हैं।

आपको लिखा ही था कि मेरा एक छोटा भाई परसों के दिन नहीं रहा। वह ढाई, पौने तीन साल का एक बड़ा हँसमुख बच्चा था। उसका नाम ही 'मगन' पड़ गया था। अब मैं उसके बारे में क्या लिखूँ। उसके एक-एक कौतुक को याद करके रोने के लिए तो सारा जीवन पड़ा है—कम से कम तब तक जब तक समय उसे हमें भुला न दे। और ऐसा नहीं होगा। इस छोटी उमर में ही मैं एकाएक बड़ा ज्ञानी और वयःप्राप्त हो गया हूँ, केवल उसकी मृत्यु से। अधिक लिखकर आपका समय नहीं नष्ट करूँगा, फिर मुझसे कुछ लिखा भी नहीं जाता है। केवल मगन ही एक ऐसा प्राणी था जिसने मेरा दिया हुआ प्यार स्वीकार किया था।

हम लोग एक छोटे से घर में रहते हैं, अतएव घर की कोई ऐसी चीज़ नहीं, जिससे उसका संबंध न हो। मेज़ जिस पर कुरसी के द्वारा वह चढ़कर क़लमदान उलटा पुलटा करता था, शीशा जिसमें मुँह झाँककर वह 'बबुआ' कहता था, जूते मोज़े जिनमें पालिश करने की कोशिश वह किया करता था और दरवाज़े जिन पर खड़िया से उसने अपनी समझ में कुछ बड़ी-बड़ी बातें लिखी थीं—हर चीज़ में मगन की याद बसी हुई है और, मैं केवल और शक्ति माँगता हूँ कि उसकी बार-बार आती हुई याद को जीतकर दुनिया के कामधंधों में लगूँ। मुझे विश्वास ही नहीं होता कि वह हम सब लोगों के बीच से एकाएक कहीं चला गया है। वैक्सीनेशन के बाद उसे साधारण ज्वर हुआ था, तभी कहीं उसे सर्दी लग गई और बस एकदम 106° बुखार चढ़ आया। पूरे 36 घंटे वह गुमसुम 'कोमा' की हालत में पड़ा रहा और वैसे ही धीरे-धीरे उसके प्राण, हमारी आँखों के आगे, डूबते चले गए और बस।

आपको इतना लंबा-चौड़ा पर्सनल रोना लिखने का तात्पर्य यह है कि मेरा मन हलका हो। मुझे और किसी का ध्यान नहीं आया जिसे मैं यह सब लिख सकता। आपसे, कह नहीं सकता किस कारण, औरों से कुछ दूसरे प्रकार का व्यवहार करने की प्रेरणा होती है।

मेरे पिताजी की इच्छा है कि 'मगन' नाम से बच्चों का मैं एक पत्र निकालूँ। वे स्वयं स्कूल मास्टर हैं और बच्चों में इंटरेस्टेड हैं। आपका 'मनमोहन' उन्हें बहुत पसंद आया है।

आप कष्ट करके, इस विषय में मुझे कुछ आवश्यक निर्देश एवं सूचनाएँ इत्यादि देने की कृपा यदि नहीं करेंगे तो बड़ी मुश्किल होगी।

कृपया लिखिए कि पत्र निकालने के लिए किन-किन बेसिक बातों का इंतजाम मुझे करना पड़ेगा—कागज़, परमीशन, अगर कोई होती हो तो, प्रिंटिंग, पब्लिशिंग वगैरह के क्या तरीके होने चाहिए, संक्षेप में ज़रा कष्ट करके लिख भेजिए। आपके परामर्श की हम लोग प्रतीक्षा करेंगे।

एक और प्रार्थना आपसे करने का साहस करूँगा। मगन का एक चित्र, आप 'मनमोहन' में प्रकाशित कर दीजिए। मैं बहुत कृतज्ञ होऊँगा। यदि कहिए तो मैं क्वार्टर साइज़ का फोटोग्राफ भेजूँ।

कृपया अपने विषय में कुछ अधिक लिखिएगा। जन-नाट्यसंघ के प्रदर्शनों को मिस करने का बड़ा खेद है। परंतु उनकी सफलता पर बधाई स्वीकार कीजिए।

आशा है आप समय पाते ही उत्तर देंगे।

आपका,
स्नेहाभिलाषी
रघुवीर सहाय

2

लक्ष्मी विलास
लक्ष्मी सहाय रोड
लखनऊ
27.2.49

प्रिय नेमिचन्द्र जी,
नमस्ते

कल एक काम से मैं इलाहाबाद में था। अवसर का लाभ उठाकर आपके दर्शनों के लिए मैं पहले मुट्ठीगंज गया। वहाँ पता लगा कि दफ्तर बंद है। आप घर पर हो सकते हैं और क्षितीन्द्र मोहन मित्र मुस्तफ़ी महोदय, इस समय हैं तो घर पर किंतु थके हुए हैं, मिलेंगे नहीं। अतएव आपके यहाँ गया मगर आप कहीं बाहर गए हुए थे। यदि मैं एक दिन और रुकने में समर्थ होता तो अवश्य आपसे भेंट हो जाती लेकिन कुछ ऐसा हुआ कि रुकना बिलकुल असंभव हो गया और मैं कल रात की गाड़ी से लखनऊ आ गया।

मिल सकता तो और भी समय लेता, किंतु इस समय केवल इतना ही कष्ट देने के लिए क्षमाप्रार्थी हूँ कि आप मेरे पत्रों में पूछी बातों का उत्तर दे दीजिए। इसके अतिरिक्त कृपया 'माया' कार्यालय को भी मेरे पत्रों का उत्तर दे देने की याद दिलाने की कृपा करें।

आपका,
रघुवीर सहाय

श्रीयुत नेमिचन्द्र जैन
146 एलेनगंज
इलाहाबाद

3

लक्ष्मी सहाय रोड
लखनऊ
21.7.49

प्रिय नेमिचंद्र जी,

सादर नमस्कार,

आशा है सानन्द होंगे। मुझे बड़ी शर्मिंदगी है कि अभी तक मैंने आपको न रुपए भेजे न इप्टा की रिपोर्ट ही भेजी। इप्टा का शो दो बार इंटरफीयर करके रोक दिया गया इसलिए रिहर्सल्स बराबर करते जा रहे हैं। इसके अतिरिक्त कॉलेज भी खुल गया है। मन बड़ी उलझन में पड़ा रहा है और शरीर थका रहता है, अतएव करता सब कुछ हूँ परंतु कुछ भी सुचारु रूप से पूरा नहीं हो पाता। आशा है शीघ्र ही जरा कंन्सन्ट्रेट और कर सकूँगा। मुझे 1 सप्ताह का समय और दीजिएगा, तब तक मैं इप्टा संबंधी सभी काम पूरा कर सकूँगा और आपके रुपए तथा रिपोर्ट, मय किसी रचना के भेज सकूँगा।

साथ में अपने दिवंगत छोटे भाई की एक फोटो भेज रहा हूँ।

कवर पेज के लिए यह फोटो कैसी रहेगी? कवर पेज पर न सही कहीं भी प्रकाशित कर दीजिए परंतु कर दीजिए और जल्दी ही।

आपका,
चिरकृतज्ञ
सहकर्मी
रघुवीर सहाय

पुनश्च : यह बच्चा हर समय इतना प्रसन्न रहा करता था कि इसका नाम लोगों ने मगन रख दिया था और इसका असली नाम (यदुवीर सहाय) तो लोग भूल ही गए थे। यह 1 जुलाई सन् 16 को पैदा हुआ था और 13 फरवरी सन् 49 को मर गया।

मगन सचमुच बहुत हँसा करता और हर एक से दोस्ती कर लिया करता था।

बेटी हेमा सिंह के नाम

1

28.1.84

प्यारी बेटी हेमा,

तुम्हारा कार्ड मिला। जी खुश हुआ। तुम बहुत तरक्की करो और नाम कमाओ। बस इसी में मैं खुश हूँ।

तुमने लिखा है कि तुम्हें अपनी मंडली में कोई कष्ट नहीं हो रहा है। ऐसा ही चाहिए। मिलकर

रहना सीखना ही पड़ता है पर अपने स्वाभिमान की आप ही रक्षा भी करनी होती है, लचीलेपन के साथ।

घर में सब ठीक है। जैसे सकुशल ईश्वर ने पहुँचाया वैसे ही खुशी-खुशी घर लौटो।

आशीर्वाद

तुम्हारा पिता,
रघुवीर सहाय

2

4.2.95

प्यारी बेटी हेमा, खुश रहो, निर्भय रहो और बहुत तरक्की करो।

तुम्हारी याद हर समय आया करती है और तुमने जो कष्ट अपनी यात्रा के बताए हैं उन्हें याद कर करके चिंता भी होती है कि तुम्हारा स्वास्थ्य कैसा होगा। 'काठ की गाड़ी' में तुम्हारे काम की बड़ी प्रशंसा रैना जी से सुनी और उन्होंने यह भी कहा कि त्रिपुरारी की तरह हेमा को भी लेखन निर्देशन का अवसर दिया जा सकता है।

बंबई में नादिरा की पार्टी वगैरह में तुमने कुछ परिचय बनाए कि नहीं? शायद कुमार शाहानी से भेंट नहीं हुई। जो हो, जब तुम अनुभवों की समृद्धि लिए हुए लौटोगी तब तुमसे सब बातें सुनेंगे और तुम भी निश्चय ही अपने विकास के रास्ते पहचानोगी। तुमने लिखा था कि तुम ग्रो कर रही हो, यह जानकर खुशी के मारे आँखों में आँसू आ गए। बेटी, किसी कलाकार के लिए यह पहचान सकना कि वह सचमुच ग्रो कर रहा है बहुत बड़ी उपलब्धि है। मिथ्या अभिमान और भ्रम में तो जाने कितने लोग रह लेते हैं पर अंदर से विनम्र होकर अपने को बड़ा होते हुए सिर्फ सच्चे कलाकार ही पहचान पाते हैं।

मैं आज 10 दिन से तुम्हें पत्र लिखने का निश्चय कर-कर के असफल हो रहा था। रक्तचाप बहुत बढ़ गया था और साहित्य अकादेमी का पुरस्कार वितरण (25 फरवरी) हो जाने के बाद 4 दिन गोष्ठी होती रही। बेहद थक गया। तुम्हारी अम्मा अलग लो बीपी की शिकार हो गईं। पुरस्कार में मन्नू हेमन्त गौरी थे, भइया न थे, तुम न थीं। बड़ी खाली-खाली सी अनुभूति हुई पर बट्टू को मैं जबर्दस्ती ले गया था। इससे कुछ अच्छा ही रहा।

तुम्हारी कला की उन्नति ही मेरी सबसे बड़ी अभिलाषा है। तुम्हारा नाम सुनकर सर ऊँचा होता है। ईश्वर तुम्हें स्वास्थ्य दे, संकल्प दे और संघर्ष करने का साहस दे।

भइया होली में आया है। तुम नहीं हो।

सारा घर तुम्हें बहुत-बहुत प्यार दे रहा है।

तुम्हारा पापा

परिशिष्ट-2

रघुवीर सहाय से मिलने पर

सुरेश शर्मा

1972-73 की बात होगी। मैं अपने गाँव से दिल्ली आया था। राजनैतिक और सामाजिक रूप से जागरूक युवाओं के लिए उन दिनों 'दिनमान' एक आदर्श पत्र था। रघुवीर सहाय उसके चर्चित संपादक थे। मैं छात्र था लेकिन राजनीति और साहित्य की दुनिया में पूरी तरह सक्रिय था। मेरी हरी साइकिल के हैंडिल में 'दिनमान' का नया अंक हमेशा ही फँसा होता था। बहुत से लोगों की तरह मैं भी 'दिनमान' की सामग्री और उसकी संपादन शैली का दीवाना था। इसलिए दिल्ली आया तो 'दिनमान' के संपादक और कवि रघुवीर सहाय से मिलने गया। मैं सीधे 'दिनमान' के कार्यालय 10, दरियागंज पहुँचा। वहाँ रघुवीर सहाय से उनके केबिन में पहली बार मिला। लेख और फाइलों से उनका टेबल भरा था। वे कोई लेख संपादित कर रहे थे। उन्होंने इशारे से बैठने के लिए कहा। लेख के संपादन का काम पूरा करके वे मेरी ओर मुखातिब हुए। बहुत आत्मीयता से मिले जैसे वर्षों से मुझे जानते हों। उनके पास ज्यादा वक्त नहीं था। फिर भी उन्होंने अनेक अनौपचारिक और व्यक्तिगत बातें भी कीं। अंत में उन्होंने कहा कि 'दिनमान' के लिए लिखिए। 'दिनमान' के लिए जो वे चाहते थे वह लिखने का मैं समय नहीं जुटा सका। लेकिन समय-समय पर कुछ घटनाओं को लेकर मैंने प्रतिक्रियाएँ जरूर भेजीं जिन्हें उन्होंने 'दिनमान' में छापा। इसके कुछ समय के बाद ही बिहार आंदोलन शुरू हो गया। मैं उसमें शामिल था। 1974 के जून में किसी तारीख को पटना गांधी मैदान में जयप्रकाश नारायण की सभा थी। सहाय जी अचानक उस सभा में मिले। खादी का सफेद कुर्ता-पाजामा और कंधे में कैमरा। वे जेपी के भाषण के नोट्स ले रहे थे। उन्हें खड़े होकर लिखने में असुविधा हो रही थी। सहाय जी ने कहा : 'क्या थोड़ी देर आपकी पीठ पर नोटबुक रखकर मैं लिख सकता हूँ।'

मुझे यह प्रस्ताव दिलचस्प लगा। सहाय जी ने जेपी के शेष भाषण मेरी पीठ पर नोटबुक रखकर लिखे। भाषण खत्म होने पर उन्होंने कहा : 'क्षमा कीजिएगा, मैंने आपको तकलीफ दी। असल में जेपी के इस भाषण के एक-एक शब्द का महत्व था इसलिए मैंने ऐसा किया। यह बिहार आंदोलन समकालीन राजनीति में एक निर्णायक मोड़ साबित होनेवाला है।'

जेपी की सभा खत्म होते ही अचानक आँधी और बारिश शुरू हो गई। मैंने सहाय जी को सुझाव दिया कि बारिश से बचने के लिए कहीं रुक लेते हैं। उन्होंने कहा : 'नहीं, मौसम की यह पहली बारिश है। इसमें भीगने में आनंद आएगा। चलिए, भीगते हुए होटल चलते हैं।'

'लेकिन आपका कैमरा और चमड़े का थैला गीला हो जाएगा।' 'कोई बात नहीं। उससे कोई ज्यादा फर्क नहीं पड़ेगा।' यह कहते हुए सहाय जी बारिश में ही चल पड़े। वे जयप्रकाश जी के निवास के नजदीक 'अप्सरा' होटल में ठहरे थे। हम लोग भीगते हुए अप्सरा होटल आए। वहाँ उन्हें लक्ष्मीनारायण लाल मिल गए। वे भी 'अप्सरा' होटल में ही ठहरे थे। जेपी की जीवनी लिखने के लिए सामग्री जुटा रहे थे।

अगले दिन जब मैं अप्सरा होटल पहुँचा तो सहाय जी के पास फणीश्वरनाथ रेणु बैठे थे। जेपी के बिहार आंदोलन में वे भी पूरी तरह सक्रिय थे। सहाय जी ने मुझसे कहा है कि बिहार आंदोलन के बारे में रेणु जी से एक इंटरव्यू कीजिए। बातचीत के बाद रेणु जी चले गए। दोपहर हो गई

थी। सहाय जी ने कहा, 'बाहर चलकर खाना खाते हैं।'

'होटल में ही क्यों नहीं खा लेते!' 'नहीं, किसी साधारण होटल में चलते हैं, उसमें खाने का असली स्वाद होता है।'

फिर हम लोगों ने डाक बंगला चौराहे पर किसी होटल में जाकर खाना खाया। खाने के बाद सहाय जी ने कहा कि मैं यहाँ के युवा लेखकों से भी मिलकर जानना चाहता हूँ कि वे आंदोलन के बारे में क्या सोचते हैं। हम लोग आलोकधन्वा के पास गए। वे नहीं थे। लेकिन ज्ञानेन्द्रपति किराए के अपने पुराने मकान में मिल गए। आंदोलन के प्रसंग में देर तक बातें हुईं। अगले दिन जेपी ने सहाय जी को सुबह के नाश्ते पर बुलाया था। जेपी से मिलकर लौटे तो वे काफी गंभीर थे। बताया कि जेपी जल्दी ही बिहार के किसानों से अपील करनेवाले हैं कि वे सरकार को लगान न दें। इस घोषणा के बाद सरकार दमन का सिलसिला शुरू कर सकती है। उसी दिन शाम को वे दिल्ली लौट गए। बिहार आंदोलन के दौरान आपातकाल से पूर्व 'दिनमान' की भूमिका चर्चित रही। सामाजिक-राजनैतिक संघर्ष और पत्रकारिता के रचनात्मक रिश्ते को रघुवीर सहाय ने नए सिरे से परिभाषित किया। मैं भी बिहार आंदोलन में शामिल था। 18 मार्च 1974 को मैं एक जुलूस का नेतृत्व कर रहा था। मुजफ्फरपुर थाने के पास अचानक वहाँ के तत्कालीन एस.पी. ने हेलमेट से मेरे सिर पर वार किया था जिससे मेरा सिर फट गया था। सहाय जी ने इस हमले के विरुद्ध 'दिनमान' में नागार्जुन और रेणु आदि का विस्तृत बयान प्रकाशित किया था। स्वयं उन्होंने बिहार आंदोलन से संबद्ध अनेक रपटें लिखी थीं जो आज भी उस आंदोलन का सबसे अच्छा विश्लेषण है।

सिर में लगी चोट की वजह से वर्षों मेरा स्वास्थ्य ठीक नहीं रहा। मैंने सक्रिय राजनीति से किनारा कर लिया और एक बार फिर से पढ़ाई की ओर लौटा।

1977 की जुलाई में मुझे जवाहरलाल नेहरू विश्वविद्यालय, दिल्ली में शोध के लिए फेलोशिप मिल गई। मैं एम.फिल. और पी.एच.डी. करने के लिए दिल्ली आ गया। प्रसिद्ध आलोचक डॉ. नामवर सिंह मेरे गाइड थे। उन्होंने मुझसे कहा कि मैं तैलंगाना संघर्ष के दौरान लिखे और गाए जानेवाले गीतों का संकलन करके उसका विवेचन करूँ। यही मेरा शोध विषय होगा। लेकिन इस विषय पर मुझे सामग्री मिलने में कठिनाई हो रही थी। एक शाम मैं नामवर जी के साथ पहाड़ी रास्ते से होस्टल पैदल लौट रहा था। मैंने नामवर जी से निवेदन किया कि 'तैलंगाना' पर सामग्री नहीं मिल रही इसलिए क्या मैं रघुवीर सहाय के काव्य पर एम.फिल. कर सकता हूँ। नामवर जी ने स्वीकृति दे दी और मैं रघुवीर सहाय के अध्ययन विश्लेषण में लग गया जो बाईस साल बाद आज भी जारी है...।

अपने एम.फिल. के लघु शोध प्रबंध के लिए मैंने रघुवीर सहाय के काव्य का चयन सिर्फ इसलिए नहीं किया था कि वे मेरे परिचित थे। उसका कारण उनकी कविता से मेरा गहरा लगाव था। 1968 में मैट्रिक पास करने के बाद मैं कॉलेज में आया तो साहित्यिक पुस्तकों के अंतहीन संसार में मैंने प्रवेश किया। उन्हीं दिनों डॉ. नामवर सिंह की पुस्तक 'कविता के नए प्रतिमान' छपकर आई थी। उस पुस्तक में रघुवीर सहाय की कविता के विश्लेषण ने सहाय जी में मेरी दिलचस्पी पैदा की। नामवर जी की यह पुस्तक पढ़ने के बाद मैंने रघुवीर सहाय की चर्चित कविता पुस्तक 'आत्महत्या के विरुद्ध' की तलाश की। इस कविता पुस्तक में मैंने कविता का एक सर्वथा नया रूप देखा जिसने मुझे बहुत आकर्षित किया। मुझे लगा कविता आज के दौर में ऐसी ही हो सकती है।

1979 में मैंने 'रघुवीर सहाय का काव्य' शीर्षक लघु शोध प्रबंध तैयार किया। उसके परीक्षक थे रघुवीर सहाय के एक और महत्त्वपूर्ण आलोचक डॉ. रामस्वरूप चतुर्वेदी। मुझे तो अपने शोध प्रबंध से अधिक संतोष नहीं था लेकिन रामस्वरूप जी को वह इतना पसंद आया कि परीक्षक की हैसियत से उन्होंने रिपोर्ट में इस शोध प्रबंध पर एम.फिल. की बजाय पी.एच.डी. की उपाधि देने की संस्तुति की। नामवर जी से मैंने बाद में पूछा कि आपने इस शोध प्रबंध पर ही मुझे पी.एच.डी. क्यों नहीं

दिलवा दी? उन्होंने कहा : मैं चाहता था कि आप पी.एच.डी. के लिए कोई बड़ा शोध प्रबंध लिखें। मेरे मित्र डॉ. श्यामबिहारी राय की इच्छा थी कि यह लघु शोध प्रबंध तत्काल छपे। 1981 में इसे पीपुल्स लिटरेसी ने 'रघुवीर सहाय का कविकर्म' शीर्षक से पुस्तकाकार छापा। पुस्तक की पांडुलिपि बनाते हुए मैंने उसके शोधात्मक स्वरूप को बदल दिया।

रघुवीर सहाय पर शोध प्रबंध लिखते हुए उनसे बार-बार मिलना हुआ और परिचय निकटता में बदल गया। उन्होंने 'दिनमान' में मेरे अनेक लेख प्रकाशित किए। वृत्तांत लिखवाए। कोई रपट कैसे लिखें इसे अनेक बार उन्होंने बताया भी। उनके सुझाव बहुमूल्य थे। उसने मुझे पत्रकारिता की दुनिया के लिए तैयार किया।

उन दिनों रघुवीर सहाय दिल्ली में आर.के. पुरम सेक्टर 4 में एक सरकारी फ्लैट में रहते थे। वह फ्लैट ग्राउंड फ्लोर का था। चारों ओर किताबों से भरा उनका ड्राइंगरूम बहुत बड़ा नहीं था। लोगों से वे यहीं मिलते थे। उनके पास अनेक बिल्लियाँ थीं। उनमें से एक मुनमुन तो उनकी एक कहानी 'चालीस के बाद प्रेम' का पात्र भी बनी। सहाय जी अतिथि प्रेमी व्यक्ति थे। अगर जाड़ों में सहाय जी से मिलने जाएँ तो वहाँ अच्छी 'लीफ' की चाय तथा मूँगफली के पकवान मिलते थे और अगर गर्मियों में उनके साथ उनके घर पर हों तो सहाय जी की पत्नी विमलेश्वरी जी का बनाया पुदीने या उबले कच्चे आम का शर्बत। सहाय जी शर्बत पीते हुए यह कहना कभी नहीं भूलते थे कि ऐसा शर्बत सिर्फ बट्टू जी ही बना सकती हैं। वे पत्नी विमलेश्वरी जी को बट्टू कहकर पुकारते थे। बट्टू जी के अस्वस्थ रहने को लेकर वे हमेशा चिंतित रहते थे। जे.एन.यू. कैम्पस के पास निगम नाम के एक होमियोपैथी डाक्टर थे। सहाय जी अक्सर बट्टू जी को लेकर निगम के पास जाते थे। डाक्टर के यहाँ से निकलकर वे जे.एन.यू. कैम्पस आते थे तो वहाँ उनसे भेंट हो जाती थी। कैम्पस के एक कोने पर 'साउथ इंडियन ढाबा' था। वहाँ सहाय जी डोसा खाना बहुत पसंद करते थे। इस ढाबे पर उन्होंने अपनी बिल्लियों के कुछ बच्चे भी छोड़े थे। एक शाम मैं लाइब्रेरी से होस्टल जा रहा था। मैंने देखा एक हरी कार उस ढाबे पर आकर रुकी। कार का दरवाजा खुला तो मैंने पहचाना सहाय जी थे। वे ढाबे वाले से सिर्फ यह पूछने आए थे कि बिल्ली के बच्चे ठीक तो हैं! अपने पालतू से उनका लगाव गहरा था। एक बार दफ्तर से लौटे तो आते ही सोफे पर बैठकर डाक देखने लगे। उनकी बिल्ली मुनमुन उनके पास नहीं गई। वह दूर बैठी उन्हें घूर रही थी। सहाय जी को यह बात अटपटी लगी क्योंकि दफ्तर से आते ही मुनमून उनके पास आकर जब तक बैठती नहीं थी तब तक उसे चैन नहीं आता था। वे मुनमुन के असमंजस को ताड़ गए। उन्होंने कहा शायद मैंने नया चश्मा लगा रखा है इसलिए वह कुछ असहज महसूस कर रही है। उन्होंने अपना नया चश्मा उतारकर बगल में रखा और सचमुच मुनमुन उनकी बगल में आकर बैठ गई। दूसरों की भावनाओं को समझने की उनकी क्षमता अद्वितीय थी। वे गहरे संवेदनशील व्यक्ति थे। उनके व्यक्तित्व के इस गुण ने उन्हें बड़ा कवि बनाया।

पत्रकार के रूप में उनके बड़प्पन का सबसे बड़ा कारण नई खबरों से उनका असाधारण लगाव था। लिखनेवालों से अधिक उनके लिए यह महत्त्वपूर्ण था कि वे क्या लिख रहे हैं। लेखकों के प्रति सम्मान में वे किसी तरह का भेदभाव नहीं करते थे। नया से नया लेखक उनके लिए पुराने लेखकों जैसा ही महत्त्वपूर्ण था। एक दिन मैं चकित रह गया जब हल्की-सी दस्तक के बाद मैंने अपने होस्टल के कमरे का दरवाजा खोला तो सहाय जी खड़े थे। एक हल्की मुस्कान के साथ बोले, 'मैंने आपको जो रपट लिखने के लिए कहा था वह प्रेस में भेजने की तारीख आज ही है। इसलिए सोचा आपसे लेता ही चलूँ...'

खबरों के प्रति उनकी यह व्यग्रता निजी प्रसंगों में भी थी। एक बार उन्होंने मुझसे कहा : 'मैं सपरिवार हरिद्वार जा रहा हूँ। घर पर कोई नहीं होगा। क्या आप तीन दिन वहाँ रुककर मेरे लिए

आनेवाले टेलीफोन संदेश नोट कर सकते हैं?' मैंने 'हाँ' कहा और सहाय जी के घर आ गया। होस्टल की बेतरतीब जिंदगी से बाहर बहुत दिनों बाद मैं एक सुव्यवस्थित घर में था। सहाय जी के घर में बिताए दो-तीन दिन बहुत अच्छे गुजरे। वहाँ राधिका भी आ जाती थीं। राधिका जे.एन.यू में मेरे बैच की शोध छात्रा थीं। हम लोग प्रेम कर रहे थे। होस्टल में राधिका के इंतजार से किसी घर में राधिका का इंतजार ज्यादा सुंदर अनुभव था। बाद में हमने शादी की, लेकिन व्यस्तता के कारण उसमें सहाय जी पहुँच नहीं पाए। वे पटना गए हुए थे।...

जब भी मैं 'दिनमान' के दफ्तर जाता था सहाय जी के साथ ही लौटता था। इससे अपने होस्टल आने के लिए बस की भीड़ से बच जाता था। रास्ते में सहाय जी आइ.एन.ए. मार्केट के पास अक्सर गाड़ी रोककर वहाँ से नमकीन तथा तिल और मूँगफली के पकवान घर के लिए खरीदते थे। एक शाम सर्वेश्वरदयाल सक्सेना और सहाय जी एक ही साथ दफ्तर से निकले। सहाय जी ने सर्वेश्वर से कहा : 'आइए आपको घर तक छोड़ देते हैं।'

मैं और सर्वेश्वर सहाय जी की कार में पीछे बैठे। सर्वेश्वर जी ने धीरे से लेकिन बहुत रुखाई से मुझसे कहा : 'तुम वह नहीं रहे जो दिल्ली आने से पहले थे। तुम कैरियर के लिए समझौतावादी हो गए हो। तुमने मार्क्सवाद को तिलांजलि दे दी। मैं तुमसे बात नहीं करता।'

सर्वेश्वर जी को शायद यह बात अच्छी नहीं लगी थी कि मैं रघुवीर सहाय पर 'रिसर्च' कर रहा हूँ। उनके साथ अक्सर दिखाई पड़ने से भी वे खफा थे। सहाय जी ने सर्वेश्वर को बंगाली मार्केट में उनके निवास स्थान तक छोड़ा। सर्वेश्वर को छोड़कर जब वे आगे बढ़े तो सिर्फ इतना कहा कि 'सर्वेश्वर जी काफी परेशान लग रहे थे।' लगता है सहाय जी ने सारी बातें सुन ली थीं। लेकिन सर्वेश्वर जी के विरुद्ध उन्होंने एक शब्द नहीं कहा। यह उनकी खासियत थी। कभी किसी की व्यक्तिगत आलोचना उन्होंने कभी नहीं की। सहाय जी की एक और भी खासियत थी। वे किसी का सहयोग करके उसे कभी प्रदर्शित नहीं करते थे। संभवतः 1983 में जे.एन.यू. में वाइस चांसलर के खिलाफ एक बड़ा आंदोलन हुआ था। किसी वरिष्ठ अधिकारी का घेराव भी हुआ था। मैं भी उसमें शामिल था। विश्वविद्यालय प्रशासन ने इसके विरुद्ध दमनात्मक कार्रवाई की और अन्य अनेक छात्रनेताओं के साथ मुझे भी विश्वविद्यालय से निलंबित कर दिया गया। होस्टल का कमरा छोड़ना पड़ा। मेरी पी.एच.डी. की थीसिस जमा होने ही वाली थी। सहाय जी को जब यह मालूम हुआ तो वे बिना मुझे बताए तत्कालीन वीसी श्री श्रीवास्तव से मेरे प्रसंग में मिले। कुछ सप्ताह बाद मुझे पता चला कि मेरा निलम्बन वापस ले लिया गया है। मैं अब अपनी पी.एच.डी. की थीसिस जमा कर सकता हूँ। लेकिन सहाय जी ने अपने जीवन में मुझे कभी नहीं बताया कि वे मेरे लिए वीसी से मिलने गए थे। इसकी जानकारी उनके निधन के बाद मुझे बट्टू जी ने दी।

सहाय जी को इस बात का अहसास था कि मैं अपने परिवार से हजारों मील दूर यहाँ अकेला हूँ। इसलिए अक्सर अपने व्यवहार में वे पारिवारिकता का भी अहसास कराते थे। दीवाली और होली में घर आने के लिए कहते थे। इन त्योहारों में खुद भी वे काफी प्रसन्न दिखते थे। 1980 में मुझे हर्निया हुआ। उसी वर्ष अखिल भारतीय आयुर्विज्ञान संस्थान के डॉ. आत्मप्रकाश ने मेरा ऑपरेशन किया। डॉ. आत्मप्रकाश श्रीमती शीला संधू के दोस्त थे। नामवर जी के कहने पर शीला जी ने उनसे मेरे आपरेशन की व्यवस्था कराई थी। आपरेशन के दूसरे दिन पूर्ण सूर्यग्रहण था। इस सूर्यग्रहण के कृत्रिम पीले अँधेरे में सहाय जी मुझसे अस्पताल में मिलने आए। उनके हाथ में नरगिस के फूलों का गुच्छा था। उसे उन्होंने मेरे सिरहाने रख दिया। उनके व्यवहार से पारिवारिकता का यह अहसास और भी अनेक अवसरों पर हुआ। 1982 में उन्होंने कहा कि उनकी आरंभिक अप्रकाशित कविताओं का मैं संपादन करूँ। उनकी पुरानी कविताओं को पढ़ने और उसकी प्रतिलिपि बनाने में काफी परिश्रम करना पड़ रहा था। एक दिन तीन बजे तक मैं काफी थक गया और जिस तख्त पर बैठकर मैं

काम कर रहा था वहीं अर्द्ध निद्रित अवस्था में आँख बंद करके लेट गया। गुलाबी जाड़े की शुरुआत हो चुकी थी। सहाय जी कमरे में आए तो मुझे एक प्रकार से सोया हुआ पाया। वे दूसरे कमरे से एक कंबल ले आए और मुझ पर डाल दिया। मेरी खुली हुई कलम बंद करके एक ओर रख दी और अपनी बैठक में चले गए। मुझे लगा मैं अपने घर से हजार मील दूर नहीं हूँ।

1983 में जब वे 'दिनमान' से हटाए गए तो बेहद परेशान थे। इसके विरुद्ध हमने एक पर्चा निकाला था जिस पर डॉ. मैनेजर पांडेय, गोरख पांडे तथा असद जैदी आदि के हस्ताक्षर थे। सहाय जी को इससे काफी संतोष मिला था। सर्वेश्वर जी इस पर्चे से काफी परेशान हुए थे।

'दिनमान' से अलग होने के बाद सहाय जी ने अपना अधिकांश समय अनुवाद और विभिन्न अखबारों के लिए कॉलम लिखने में लगाया। वे 'जनसत्ता' के लिए 'अर्थात्' नामक साप्ताहिक कालम लिखते थे। मैं उन दिनों 'जनसत्ता' में ही काम करता था। जनसत्ता मैगजीन में काम करने की वजह से उनके इस कालम को मैं ही देखता था। सहाय जी अपना यह कालम या तो किसी से भिजवा देते थे या मैं स्वयं उनके घर से ले आता था। अक्सर वे स्वयं भी पहुँचा जाते थे। कालम लेकर जब वे 'जनसत्ता' आते थे तो देर तक हमारे पास बैठते थे। काफी देर तक बातचीत कर चुकने के बाद कभी-कभी अपनी खास शैली में कहते थे : 'क्या आपके यहाँ मिलने आनेवालों से चाय आदि पूछने का रिवाज नहीं है।' फिर हम लोग एक्सप्रेस बिल्डिंग के पीछे एक ढाबे में बैठते थे। वहाँ वे खस्ता कचौड़ी खाकर चाय बहुत शौक से पीते थे। बट्टू जी को जब मैंने एक दिन यह बात बताई तो वे एक प्रकार से नाराज हुईं और कहा कि उन्हें बाहर की तली हुई तथा मिर्चवाली चीजें खाने से मना करें। घर में उन्हें यह सब मना है। 'दिनमान' से हटने के बाद सहाय जी एक बार फिर फ्रीलांसर हो गए थे और एक फ्रीलांसर का संघर्ष उन दिनों उनके चेहरे पर हमेशा ही दिखाई देता था।

1986-87 में मैं मालवीय नगर में किराए के एक मकान में रहता था। वह प्रेस इन्क्लेव में सहाय जी के फ्लैट से अधिक दूर नहीं था। सहाय जी अक्सर रविवार को मेरे घर आते थे। उनके बेटे वसंत सहाय उन्हें अपनी मोटर साइकिल से छोड़ जाते थे। उन दिनों मेरे माता-पिता मेरे साथ ही रहते थे। सहाय जी उनसे देर तक उनके स्वास्थ्य तथा लोकपरंपरा आदि के बारे में बातें किया करते थे। राधिका उनके लिए चाय के साथ कभी-कभी पकौड़े बनाती थीं। उन्हें राधिका के बनाए पकौड़े बहुत पसंद थे। शाम को वे मेरे घर से पैदल ही अपने घर प्रेस इन्क्लेव जाते थे। मैं हमेशा उन्हें घर तक छोड़कर आता था।

अपने अंतिम दिनों में प्रेस कौंसिल के सदस्य के रूप में सहाय जी बहुत व्यस्त हो गए थे। उनसे मुलाकातें कम होने लगी थीं। उनसे आखिरी मुलाकात भूल गया हूँ लेकिन आखिरी बातचीत याद है। 9 दिसंबर 1990 को उनके जीवनकाल का अंतिम जन्मदिन था। मैंने सुबह-सुबह फोन करके उन्हें बधाई दी। उनसे आधे घंटे तक अयोध्या विवाद पर बातें होती रहीं। फिर तय हुआ कि जल्दी ही मैं उनसे मिलूँगा। लेकिन दिन तेजी से बीते और मैं उनसे मिलने नहीं जा सका। इसी महीने 30 दिसंबर 1990 की रात में साढ़े ग्यारह बजे 'जनसत्ता' से पत्रकार मनोहर नायक का फोन आया कि सहाय जी नहीं रहे। उनका जीवन वृत्त मैं उन्हें फोन पर लिखा दूँ। मैं तब तक 'जनसत्ता' छोड़कर टाइम्स सेंटर फॉर मीडिया स्टडीज में पत्रकारिता का अध्यापक होकर चला गया था। मैंने मनोहर नायक को, उद्विग्न मनःस्थिति में जितना संभव था, 'आबिचुरी' लिखा दी। अगले दिन सुबह जब सहाय जी के घर पहुँचा तो घर से उनकी अंतिम विदाई की तैयारी चल रही थी। अंतिम स्नान से पहले बट्टू जी उनके मोजे उतार रही थीं। ये मोजे बट्टू जी ने ही कल उन्हें ठंड से बचने के लिए पहनाए थे।

'अपना ख्याल रखना' : रघुवीर सहाय

[रघुवीर सहाय की जिंदगी का अंतिम दिन]

सुरेश शर्मा

30 दिसंबर, 1990। सी-3 प्रेस-इन्क्लेव दिल्ली में रघुवीर सहाय का घर। इस घर में सुबह दिल्ली के दूसरे घरों जैसी ही हुई। जरा-सा फर्क आया था तो सिर्फ सहाय जी की दिनचर्या में। वे आम तौर पर सवेरे जगते थे लेकिन आज देर से जगे– 8.10 पर। तैयार हुए और नाश्ते की मेज पर आ गए। अखबार पढ़ते हुए चाय पी, नाश्ता किया–मक्खन लगा एक स्लाइस और अमरूद की जेली। यह जेली पिछली 19 तारीख को उन्होंने खुद बनाई थी।

अखबार पढ़ते हुए वे एक पत्रकार रमण का इंतजार कर रहे थे। रमण के साथ उन्हें आज दिन भर काम करना था। प्रेस कौंसिल के सदस्य की हैसियत से वे रमण के साथ पटना गए थे। पिछले साम्प्रदायिक दंगों को लेकर अखबारों ने क्या भूमिका निभाई है इसका उन्हें विश्लेषण करना था। रिपोर्ट आज ही तैयार कर देनी थी। रमण अब तक नहीं आए। सहाय जी चिंतित थे।

इसी समय दूसरी बेटी हेमा सिंह का फोन आया–

"पापा ट्रांजिस्टर में बीकानेर स्टेशन किस मीटर पर लगता है?"

"मुझे नहीं पता बेटे, लेकिन आकाशवाणी के ड्यूटी रूम का फोन नंबर देता हूँ, वहाँ से पता कर लो।" सहाय जी ने कहा था। साथ में यह भी कहा था कि "हेमा, तुम्हें देखे बहुत दिन हो गए, जल्द ही आकर मिलो।"

फिर बड़ी बेटी मंजरी जोशी को फोन किया–"मुझे काम करने के लिए टाइपराइटर की बहुत जरूरत है, उसे जल्दी घर पहुँचा जाओ।" मंजरी जी पति हेमंत जोशी और बेटे पीयूष के साथ टाइपराइटर पहुँचा गई थीं।

इसके कुछ समय बाद उन्होंने पत्नी बट्टू जी से कहा–"बट्टू, सिर में कुछ खाली-खाली सा लग रहा है।"

"शायद भूख की वजह से ऐसा हो रहा हो। रमण का इंतजार किए बगैर कुछ खा लीजिए।" बट्टू जी ने कहा और हलका खाना ले आयीं–एक रोटी, बीन-आलू की सब्जी और दाल। सहाय जी ने एक और रोटी माँगकर खाना खत्म किया।

इसी बीच उनकी छोटी बेटी गौरी के कई दोस्त आ गए और बट्टू जी उनसे बात करने लगीं, सहाय जी ने कबूतर के एक पालतू बच्चे को खाना खिलाया। कब्बू (कबूतर) पिछले तीन हफ्तों से इस घर में पल रहा था। अपने रोशनदान में इस बच्चे को अकेला पाकर सहाय जी ने उसके उड़ने तक देखभाल करने की योजना बनाई थी।

कब्बू को खिलाने के बाद वे अपने सोनेवाले कमरे में गए फिर बेटे वसंत सहाय के कमरे में चले गए। यह आजकल उनका अध्ययनकक्ष था। गौरी के साथियों के जाने के बाद बट्टू जी सहाय जी के पास आयीं, "अरे, इतनी ठंड है और आप बिना जुराबों के हैं!" पत्नी अपने पति को जुराबें

पहनाने लगीं।

साढ़े 12 बज गये।

रमण अब तक नहीं आए थे। सहाय जी ने उन्हें फोन किया। रमण चल चुके थे। सहाय जी ने बट्टू जी से कहा "प्रेस कौंसिल का बहुत जरूरी काम वे कर रहे हैं। इसका बड़ा असर पड़ेगा। तुम्हें परेशानी हो रही है, मैं देख रहा हूँ। तुमने मेरे साथ बहुत तकलीफें झेली हैं, लेकिन पैसा ही सब कुछ नहीं है..."

डेढ़ बजे रमण आए। रमण से कहा कि खाना खाकर काम शुरू करें। दोनों खाने की मेज पर आ गए।

चावल, अरहर की दाल, आलू-पालक की सब्जी, मिर्चा और लहसुन का अचार तथा अमरूद की जेली—यह सहाय जी का अंतिम भोजन था।

खाना खत्म करने के बाद दोनों ने कॉफी पी और काम में जुट गए। साढ़े तीन बजे दोनों ने पानी पीया और साढ़े चार और पौने पाँच के बीच फिर चाय। सवा छह बजे मंजरी, हेमंत और पीयूष फिर आए। सहाय जी रिपोर्ट तैयार करने में अब भी व्यस्त थे। उन्होंने बट्टू जी से हेमंत और मंजरी के बारे में कहा कि उन्हें मत रोकना। आज मेरे पास समय नहीं है। साढ़े छह बजे वे लोग चले गए।

सात बजने में पाँच मिनट। बट्टू जी ने पूछा, "चाय पिएँगे?"

"रमण से क्यों नहीं पूछतीं?"

रमण ने चाय पीने से मना किया। फिर बट्टू जी ने कहा, "रमण अगर चाहें तो उनके लिए एक 'ड्रिंक' बना देते हैं।"

रमण ने हामी भरी। बट्टू जी को ह्स्किी नहीं मिली। सहाय जी खुद अलमारी से ढूँढकर लाए।

सात बजकर दस मिनट हो गए थे।

बट्टू जी ने कहा, "आप सुबह से बहुत थक रहे हैं, अब आराम कीजिए।"

"बट्टू, अब सिर्फ दस मिनट का काम है, फिर सब काम खत्म। उसके बाद हम खाना खाएँगे। आज 'संडे' था न। तुम्हारी फिल्म भी 'मिस' हो गई। तुम 'हॉट एअर' चलाकर उधर कमरे में लेटो, मैं काम खत्म करके अभी आता हूँ।" बट्टू जी सोनेवाले कमरे में चली गईं। कंबल डाला ही था कि रसोई से बर्तनों के इस्तेमाल की आवाज आई। बट्टू जी उठकर रसोई में आईं।

दृश्य बदल गया था।

सहाय जी की साँस बहुत तेज चल रही थी, वे भगौने में पानी गर्म करने के बाद, स्टील के गिलास में उसे डाल रहे थे, "लखनऊ में भी इसी तरह साँस फूली थी तो गर्म दूध पीने से मैं ठीक हो गया था...गर्म पानी पीने के बाद अभी ठीक हो जाता है।"

लेकिन बट्टू जी उन्हें सहारा देकर सोने के कमरे में ले गईं। सहाय जी ने वहाँ की मेज पर अपना चश्मा और गिलास सावधानी से रखा और कहा बाथरूम से आते हैं।

दो मिनट बाद बट्टू जी बाथरूम में गईं। दरवाजा पूरी तरह नहीं लगा था। कमोड पर बैठे हुए सहाय जी अपना स्वेटर उतारना चाह रहे थे। गहरी बेचैनी थी। तेज गर्मी महसूस हो रही थी। बट्टू जी ने देखा उनकी कनपटियों पर रक्त के काले थक्के जमने के निशान पड़ रहे हैं। बट्टू जी को अनिष्ट की आशंका हुई। उन्होंने सहाय जी को उठाना चाहा।

"नहीं बट्टू, मेरा वजन मत उठाओ, तुम्हें हड्डी की तकलीफ है...लेकिन क्या हो गया मुझे! मैं कुछ सोच नहीं पा रहा हूँ।"

बट्टू जी सहारा देकर उन्हें बिस्तरे पर ले आईं। वे लेट गए। लेकिन अपने पाँव बिस्तर पर खुद नहीं रख सके। बट्टू जी ने उन्हें ऊपर रखा। उनका सारा शरीर पसीने में नहाया था। बट्टू

जी ने कंबल डाला तो उसे हटा दिया। फिर उनकी कलाई बहुत जोर से पकड़ ली और बोले, "बट्टू, वहाँ सामने चेक रखे हैं, उन्हें कल जमा करा देना और अपना..." यह अधूरा वाक्य सहाय जी का अंतिम वाक्य था। "अपना..." के बाद शायद वे बट्टू जी से कहना चाहते थे कि..."खयाल रखना" यानी अपना खयाल रखना! आखिरी मुलाकात में एक पति ने अपनी पत्नी से यह कहा था...

हाथ की पकड़ ढीली होनी शुरू हुई। अंततः वह छूटकर अपने ही सीने पर गिर पड़ा। खुली आँखें बंद हो गईं।

फिर खुलीं।

बट्टू जी ने मृत्युंजय का जाप शुरू किया और सहाय जी से 'ओम' कहने को कहा। सहाय जी के होंठों में कुछ हलचल हुई पर अचानक सब ठहर गया।

एक आँख खुली थी, एक बंद।

बट्टू जी ने खुली आँख भी बंद कर दी।

उँगलियाँ उनकी नाक के पास ले गईं। कुछ क्षण पहले तक तेज-तेज चलनेवाली साँस टूट चुकी।

अब वहाँ क्या था?

सिर्फ शरीर का एक परिचित ढाँचा, जिसका उपयोग रघुवीर सहाय ने अपने समय को गति देने में किया।

इस समय घड़ी में 7 बजकर 36 मिनट हो रहे थे।

●●●